ADOLESCÊNCIA

S237a Santrock, John W.
       Adolescência / John W. Santrock ; tradução: Sandra Mallmann da Rosa ; revisão técnica: Silvia H. Koller. – 14. ed. – Porto Alegre : AMGH, 2014.
       527 p. : il. ; 28 cm.

       ISBN 978-85-8055-240-9

       1. Psicologia. 2. Psicologia do desenvolvimento. 3. Psicologia da adolescência. I. Título.

       CDU 159.922.8

Catalogação na publicação: Ana Paula M. Magnus – CRB 10/2052

JOHN W. SANTROCK

Universidade do Texas, Dallas

ADOLESCÊNCIA

14ª Edição

Tradução:
Sandra Mallmann da Rosa

Revisão técnica desta edição:
Silvia H. Koller
Doutora em Educação pela Pontifícia Universidade Católica do Rio Grande do Sul.
Professora no Instituto de Psicologia da Universidade Federal do Rio Grande do Sul.

Mc Graw Hill Education — artmed

AMGH Editora Ltda.

2014

Obra originalmente publicada sob o título
Adolescence, 14th Edition
ISBN 007811716X / 9780078117169

Original edition copyright © 2012, The McGraw-Hill Companies, Inc., New York, New York 10020. All rights reserved.

Portuguese language translation copyright © 2014, AMGH Editora Ltda., a Division of Grupo A Educação S.A. All rights reserved.

Gerente editorial: *Letícia Bispo de Lima*

Colaboraram nesta edição

Editora: *Lívia Allgayer Freitag*

Assistente editorial: *André Luís Lima*

Capa sobre arte original: *VS Gráfica*

Preparação de original: *Amanda Guizzo Zampieri*

Leitura final: *Marcos Vinícius Martim da Silva*

Editoração eletrônica: *Techbooks*

Equipe de auxiliares de revisão técnica:
Airi Macias Sacco
Ana Paula Lazzaretti de Souza
Angelo Brandelli Costa
Bruno Figueiredo Damásio
Carlos José Nieto Silva
Clarissa Pinto Pizarro de Freitas
Diogo Araújo de Sousa
Giovanna Wanderley Petrucci
Jean von Hohendorff
Jenny Amanda Ortiz Muñoz
Juliane Callegaro Borsa
Luciana Dutra Thomé
Maria Clara Pinheiro de Paula Couto
Susana Inés Núñez Rodriguez

Reservados todos os direitos de publicação, em língua portuguesa, à
AMGH EDITORA LTDA., uma parceria entre GRUPO A EDUCAÇÃO S.A. e McGRAW-HILL EDUCATION
Av. Jerônimo de Ornelas, 670 – Santana
90040-340 – Porto Alegre – RS
Fone: (51) 3027-7000   Fax: (51) 3027-7070

É proibida a duplicação ou reprodução deste volume, no todo ou em parte, sob quaisquer formas ou por quaisquer meios (eletrônico, mecânico, gravação, fotocópia, distribuição na Web e outros), sem permissão expressa da Editora.

Unidade São Paulo
Av. Embaixador Macedo Soares, 10.735 – Pavilhão 5 – Cond. Espace Center
Vila Anastácio – 05095-035 – São Paulo – SP
Fone: (11) 3665-1100   Fax: (11) 3667-1333

SAC 0800 703-3444 – www.grupoa.com.br

IMPRESSO NO BRASIL
PRINTED IN BRAZIL
Impresso sob demanda na Meta Brasil a pedido de Grupo A Educação.

Sobre o **autor**

John W. Santrock completou seu PhD na Universidade de Minnesota em 1973. Lecionou na Universidade de Charleston e na Universidade da Geórgia antes de se associar ao Programa de Psicologia e Desenvolvimento Humano da Universidade do Texas, em Dallas, onde atualmente é docente em diversos cursos de graduação.

John foi membro do conselho editorial do *Child Development and Developmental Psychology*. Sua pesquisa sobre a custódia paterna é amplamente citada e utilizada no testemunho de peritos para promover flexibilidade e considerações alternativas em disputas pela custódia dos filhos.

Durante muitos anos, John esteve envolvido com tênis como jogador, professor e treinador de jogadores profissionais do esporte. Na Universidade de Miami (Flórida), a equipe de tênis na qual jogava ainda detém o recorde da 1ª Divisão do NCAA pelo maior número de vitórias consecutivas (137) em todos os esportes. Sua esposa, May Jo, possui mestrado em Educação Especial e trabalhou como professora e corretora de imóveis. Ele tem duas filhas – Tracy, que também é corretora de imóveis, e Jennifer, que é especialista em vendas de equipamentos médicos. Tem também uma neta, Jordan, de 20 anos, atualmente estudante de graduação na Universidade Metodista do Sul, e dois netos, Alex, 7 anos, e Luke, 5 anos. Na última década, John também usou seu tempo pintando arte expressionista.

John Santrock, em uma turma de graduação.

Para Tracy e Jennifer, cujo amadurecimento me ajudou a apreciar as maravilhas do desenvolvimento adolescente.

Palavras do **autor**

Fazendo conexões... da minha sala de aula para a *adolescência* e para você

Tendo ensinado, durante três décadas, a cada ano uma turma de graduação em desenvolvimento adolescente, estou sempre procurando formas de aprimorar minha disciplina e seus textos. Todos os anos eu peço que os 50 a 75 alunos da minha disciplina de desenvolvimento adolescente me digam do que gostam na disciplina e no livro e o que acham que poderia ser melhorado.

Uma palavra resume bem aquilo sobre o que os estudantes têm falado nos últimos anos, quando lhes pergunto sobre suas vidas, e o que observo neles mais do que nas décadas anteriores: **Conexão**. Conexão e comunicação sempre foram temas importantes na vida dos adolescentes, mas quanto mais tenho falado com os estudantes ultimamente, mais a palavra *conexão* surge nas conversas. Como parte de uma nova discussão da geração atual de adolescentes e adultos emergentes, os mileniais, descrevo no texto os resultados de uma recente pesquisa do Pew Research Center sobre o mundo da mídia digital dos adolescentes, que revelou que a forma principal pela qual os adolescentes agora se conectam com seus amigos é por meio da mensagem de texto, ultrapassando o contato pessoal (Lenhart et al., 2010b)! Nessa pesquisa, 81% dos jovens entre 18 e 24 anos tinham um perfil num *site* de redes sociais como o Facebook.

Tendo em mente essas novas mudanças na vida dos adolescentes e adultos emergentes, explorei com meus alunos como eles achavam que eu poderia aprimorar a disciplina e o livro utilizando a *conexão* como tema. A seguir temos o resultado dessas conversações focadas no tema das *conexões* e como o incorporei aos objetivos principais do livro nesta nova edição:

1. **Conectando processos atuais no desenvolvimento adolescente** para orientar os estudantes a fazerem *conexões atuais* com os diferentes aspectos do desenvolvimento adolescente.
2. **Conectando a pesquisa ao que sabemos sobre desenvolvimento adolescente** para apresentar aos estudantes as melhores *teorias e as pesquisas* mundiais mais recentes sobre adolescência e adultez emergente.
3. **Conectando o desenvolvimento adolescente ao mundo real** para ajudar os estudantes a entenderem como *aplicar* o conteúdo sobre adolescência e adultez emergente ao mundo real e melhorar a vida dos jovens; e para motivá-los a pensarem profundamente sobre *suas jornadas pessoais como jovens* e a entenderem melhor quem eles foram, são e serão.

Fazendo **conexões**

As conexões desempenham um papel-chave no aprendizado do estudante e são a força propulsora que está por trás de *Adolescência*.

> **conexão** com o desenvolvimento
>
> **Tecnologia.** Quando são levadas em conta as mídias multitarefas, os jovens de 11 a 14 anos passam uma média de quase 12 horas por dia de exposição às mídias. Cap. 12, p. 404

Conectando processos atuais no desenvolvimento adolescente

✷ *Conexão com o desenvolvimento* destaca as ligações entre os tópicos do desenvolvimento adolescente e as conexões entre os processos biológico, cognitivo e socioemocional.

✷ *Conectar* as perguntas dentro dos capítulos e nas seções "Revisar Conectar Refletir" permite que os estudantes pratiquem as conexões entre os tópicos sobre o desenvolvimento.

Conectando a pesquisa ao que sabemos sobre desenvolvimento adolescente

✷ *Conexões com a pesquisa* descrevem um estudo ou programa para ilustrar como é conduzida a pesquisa em desenvolvimento adolescente e como ela influencia nosso entendimento desta disciplina.

✷ **Os** *principais especialistas* no campo deram contribuições detalhadas sobre o conteúdo e proporcionaram esclarecimentos essenciais sobre novas pesquisas e achados nos seus campos de estudo.

✷ *Cobertura das pesquisas mais atuais* – com mais de 1.000 referências de 2009, 2010, 2011 e 2012.

> *O texto apresenta resumos muito concisos de questões essenciais e pesquisas muito atuais referentes a importantes temas da adolescência e da adultez emergente. O livro proporciona ao estudante uma excelente e bem escrita introdução a uma série de temas que, por meio de perguntas orientadoras, podem ser vinculados a sua própria experiência.*
>
> JANE KROGER
> *Universidade Western Washington e Universidade de Tromsø, Noruega*

Conectando o desenvolvimento adolescente ao mundo real

✻ ***Conexão com saúde e bem-estar*** descreve a influência do desenvolvimento num contexto do mundo real sobre tópicos que incluem a autoestima crescente dos adolescentes, educação sexual eficaz, desenvolvimento moral de crianças e adolescentes, estratégias para adultos emergentes e seus pais, estratégias eficazes e ineficazes para fazer amigos e estratégias de enfrentamento na adolescência e na idade adulta.

✻ ***Conexão com carreiras*** e o apêndice ***Carreiras em desenvolvimento adolescente*** traçam o perfil de carreiras que requerem educação e treinamento em várias áreas do desenvolvimento humano, mostrando aos estudantes até onde o conhecimento desse campo poderá conduzi-los.

✻ ***Conexão com os adolescentes*** e ***Conexão com adultos emergentes*** compartilham experiências pessoais de adolescentes e adultos emergentes reais.

✻ ***Refletir sua jornada de vida pessoal***, no final das seções de cada capítulo, pede que os alunos reflitam sobre alguns aspectos da discussão apresentada na seção que acabaram de ler e façam conexão com sua própria vida.

✻ ***Recursos para melhorar a vida dos adolescentes***, no final de cada capítulo, traz inúmeros recursos, como livros, *websites* e organizações, que fornecem informações valiosas para a melhoria da vida dos adolescentes em muitas áreas diferentes.

Consultores

Como o desenvolvimento adolescente transformou-se em um campo vasto e complexo, um único autor e mesmo vários autores dificilmente conseguirão estar a par de todo o conteúdo em constante e rápida mudança nas muitas e diferentes áreas do desenvolvimento dessa faixa etária. Para resolver esse problema, John Santrock buscou a contribuição dos principais especialistas de inúmeras áreas do desenvolvimento adolescente. Esses consultores forneceram avaliações e recomendações detalhadas na(s) sua(s) área(s) de conhecimento.

Os seguintes profissionais estiveram entre aqueles que contribuíram como consultores especialistas para uma ou mais das seis edições anteriores deste livro: Susan Harter, Charles Irwin, Elizabeth Susman, James Marcia, Nancy Guerra, Gerald Patterson, Catherine Cooper, Reed Larson, Daniel Keating, Ruth Chao, Luc Goosens, Shirley Feldman, Kathryn Wentzel, Joseph Allen, Nancy Galambos, L. Monique Ward, Lisa Crockett, John Schulenberg, Wyndol Furman, Mitchell Prinstein, Bonnie Leadbetter, James Rest, Lisa Diamond, Diane Halpern, Jennifer Connolly, Allan Wigfield, Lorah Dorn, Allison Ryan, Lawrence Walker, John Gibbs e Bonnie Barber.

A seguir estão as biografias dos consultores especialistas desta edição, os quais, assim como os consultores especialistas das seis edições anteriores, literalmente representam os melhores no campo do desenvolvimento adolescente.

Peter Benson

Peter Benson é um dos principais especialistas mundiais em políticas sociais, iniciativas comunitárias e aspectos positivos do desenvolvimento adolescente. Dr. Benson é presidente e CEO do Search Institute, com base em Minneapolis, um dos principais centros de pesquisa do mundo sobre desenvolvimento humano positivo. Associou-se à equipe do Search Institute após vários anos no ambiente acadêmico e tornou-se presidente do instituto em 1985. Ele possui doutorado e mestrado em psicologia social pela Universidade de Denver, além de mestrado em psicologia da religião pela Universidade de Yale. Em 1990, lançou um sistema estrutural baseado em pesquisas de Recursos para o Desenvolvimento, que atualmente é a abordagem mais amplamente reconhecida do desenvolvimento positivo dos jovens nos Estados Unidos e por todo o mundo. Essa estrutura é agora utilizada por 600 iniciativas comunitárias e mais de 10.000 escolas, agências e programas em 60 nações. Recentemente, ele se dedicou à conceituação de uma nova compreensão de "prosperidade".

Nina Mounts

Nina Mounts é uma das principais especialistas em relações familiares e com os pares na adolescência. A Dra. Mounts obteve seu PhD em estudos da infância e da família na Universidade de Winsconsin-Madison. Atualmente é professora no Departamento de Psicologia na Universidade do Norte de Illinois, onde também é diretora do Northern Illinois University Collaborative on Early Adolescence. Sua pesquisa tem o foco nas ligações entre os contextos dos pais e dos pares durante a adolescência. As pesquisas da Dra. Mounts têm sido financiadas pelo Instituto National de Saúde e a Fundação Nacional de Ciência. Suas publicações já apareceram em diversos periódicos sobre o desenvolvimento infantil e adolescente.

Deborah Capaldi

Deborah Capaldi é uma das principais especialistas mundiais em problemas do desenvolvimento adolescente. Originária da Inglaterra, obteve seu PhD na Universidade do Oregon e é atualmente Cientista Sênior no Centro de Aprendizagem Social do Oregon. Seus interesses principais em pesquisa estão focados nos fatores envolvidos nas trajetórias desenvolvimentais dos comportamentos antissociais e co-ocorrentes, tais como exposição a riscos sexuais e abuso de substância. Outra ênfase recai sobre a compreensão da formação e estabilidade/instabilidade dos relacionamentos românticos e a explicação do desenvolvimento da agressão em tais relacionamentos. A Dra. Capaldi participou dos conselhos editoriais de inúmeros periódicos, incluindo *Child Development* e *Journal of Family Psychology*, além de vários comitês de avaliação do NIH (Instituto Nacional de Saúde) e do CDC (Centro de Controle e Prevenção de Doenças).

Bonnie Halpern-Felsher

Bonnie Halpern-Felsher é uma das principais especialistas mundiais em saúde e sexualidade adolescente. A Dra. Halpern-Felsher obteve seu PhD em psicologia do desenvolvimento na Universidade da Califórnia, São Francisco, onde também concluiu seu pós-doutorado em saúde. Atualmente é professora na Divisão de Medicina Adolescente, Departamento de Pediatria, na Universidade da Califórnia, São Francisco. Também é membro do corpo docente no Programa de Pós-doutorado em Psicologia e Medicina da UCSF, Centro para Saúde e Comunidade e Centro para Pesquisa e Educação no Controle do Tabaco. Sua pesquisa tem foco nos fatores cognitivos e psicossociais envolvidos nas tomadas de decisão relacionadas a saúde, percepções de risco e vulnerabilidade, comunicação em saúde e comportamento de risco. A Dra. Halpen-Felsher já foi Investigadora Principal ou Coinvestigadora Principal de diversas subvenções referentes a comportamento de risco em adolescentes. Também atuou como consultora em inúmeros programas comunitários de promoção à saúde adolescente e em comitês nacionais para a redução do uso de álcool e tabaco entre menores de idade e acidentes de carro com adolescentes. Atualmente é membro do quadro editorial do *Journal of Adolescent Health*.

Daniel Lapsley

Daniel Lapsley é um importante especialista em desenvolvimento cognitivo e moral adolescente. Obteve seu PhD na Universidade de Wiscosin e atualmente é professor da ACE (Alliance for Catholic Education) e diretor do Departamento de Psicologia na Universidade de Notre Dame. É também coordenador dos Programas Acadêmicos da Alliance for Catholic Education da Notre Dame. O Dr. Lapsley é organizador ou autor de sete livros e escreveu numerosos artigos e capítulos sobre vários temas em desenvolvimento infantil e adolescente, especialmente nas áreas da personalidade, individuação, comportamentos de risco e tomadas de decisão adolescente. Também estuda as dimensões morais da personalidade e outros temas em psicologia moral e tem escrito extensamente sobre educação moral e do caráter. Atua no momento nos quadros editoriais do *Developmental Psychology*, *Journal of Educational Psychology* e *Journal of Early Adolescence*.

Jane Kroger

Jane Kroger é uma das principais especialistas mundiais em desenvolvimento da identidade na adolescência e idade adulta. Recebeu seu PhD na Universidade Estadual da Flórida e atualmente é pesquisadora associada na Universidade Western Washington e professora emérita da Universidade de Tomsø, Noruega. A Dra. Kroger já foi membro visitante no Erik H. and Joan M. Erikson Center, Universidade de Harvard, no Henry A. Murray Center, Radcliffe College, e pesquisadora afiliada no Instituto Norueguês de Saúde Pública. Foi presidente da Sociedade para Pesquisa sobre a Formação da Identidade e já publicou numerosos artigos, capítulos de livros, monografias e livros nas áreas do desenvolvimento da identidade adolescente e adulta. Já atuou nos conselhos editoriais de periódicos no campo do desenvolvimento adolescente e formação da identidade. Seu trabalho atual está focado na metanálise do *status* da identidade adolescente e jovem, bem como no processo de desenvolvimento da identidade entre refugiados menores de idade desacompanhados que se mudam para a Noruega, provenientes de países que passam por guerras e conflitos.

Moin Syed

Moin Syed é um dos principais especialistas em desenvolvimento do *self* e desenvolvimento da identidade na adolescência e idade adulta emergente. Obteve seu PhD na Universidade da Califórnia, Santa Cruz, e atualmente é professor no Departamento de Psicologia da Universidade de Minnesota. Sua pesquisa tem foco no desenvolvimento da identidade entre adolescentes e adultos emergentes diferentes étnica e culturalmente, com ênfase especial no desenvolvimento de múltiplas identidades pessoais e sociais (etnia, condição socioeconômica e gênero, por exemplo) e nas implicações do desenvolvimento da identidade nas experiências educacionais e orientação da carreira. Ele atuou como editor ou coeditor de edições especiais do *New Directions for Child and Adolescent Development* sobre concepções interdisciplinares do desenvolvimento da identidade, numa edição do *Journal of Social Issues*, focado na sub-representação dos estudantes de minorias étnicas nos campos da ciência e engenharia, e numa edição de *Identity*, destacando avanços recentes na teoria de Erik Erikson do desenvolvimento da identidade.

Pamela King

Pamela King é uma das principais especialistas em desenvolvimento religioso e espiritual na adolescência e adultez emergente. A Dra. King fez sua graduação em psicologia na Universidade Stanford e mestrado em teologia e PhD em estudos da família no Seminário Teológico Fuller. Ela também concluiu o trabalho de pós-doutorado no Centro Stanford da Adolescência. Atualmente é professora na área de estudos da família no Centro de Pesquisas em Desenvolvimento Infantil e Adolescente na Escola de Psicologia do Seminário Teológico Fuller e ordenada na Igreja Presbiteriana (EUA). Também foi professora visitante na Universidade de Cambridge. As principais áreas de pesquisa da Dra. King são o desenvolvimento positivo dos jovens, desenvolvimento espiritual e moral e perspectivas teológicas do desenvolvimento. Suas pesquisas foram publicadas em inúmeros periódicos importantes.

Robert Laird

Robert Laird é um dos principais especialistas em processos familiares, relações entre os pares e desenvolvimento de problemas adolescentes. Obteve seu PhD em desenvolvimento humano e estudos da família na Universidade de Auburn e atualmente é professor no Departamento de Psicologia da Universidade de Nova Orleans. O Dr. Laird exerceu cargos na Universidade Estadual de Louisiana e na Universidade de Rhode Island. Seus interesses de pesquisa focam nos contextos em que crianças e adolescentes desenvolvem competências sociais e relações com os pares. Recentemente, as pesquisas do Dr. Laird tiveram como foco as decisões dos jovens adolescentes de manter os pais informados *versus* restringir o acesso dos pais à informação.

Valerie Reyna

Valerie Reyna é uma das principais especialistas em processos cognitivos no desenvolvimento adolescente. Obteve seu PhD em psicologia experimental na Universidade Rockefeller e atualmente é codiretora do Centro para Economia Comportamental e Pesquisa sobre Tomada de Decisão e professora de desenvolvimento humano, psicologia, ciência cognitiva e neurociência na Universidade Cornell. Ela publica regularmente em diversos periódicos, incluindo o *Psychological Science* e o *Medical Decision Making*. Sua pesquisa está focada em inúmeros aspectos da memória, julgamento humano e tomada de decisão. A Dra. Reyna desenvolveu a teoria do traço difuso, um modelo da relação entre representações mentais e tomada de decisão que tem sido amplamente aplicado no direito, na medicina e em saúde pública. Foi presidente da Sociedade para Julgamento e Tomada de Decisão e também é membro da Divisão de Psicologia do Desenvolvimento, Divisão de Psicologia da Educação e Divisão de Psicologia da Saúde da Associação Americana de Psicologia. É membro permanente das seções de estudo do Instituto Nacional de Saúde e também já foi membro do painel consultivo da Fundação Nacional de Ciência e da Academia Nacional de Ciências.

Agradecimentos

Agradeço o apoio e a orientação de vários profissionais da McGraw-Hill. Mike Sugarman, editor, contribuiu com conhecimentos sobre publicação e com sua visão editorial para aprimorar meus textos. Allison McNamara, editora sênior, merece menção especial por seu trabalho soberbo como nova editora deste livro. A editora sênior de desenvolvimento, Cara Labell, e a editora de desenvolvimento, Elisa Adams, fizeram um trabalho excelente na edição do original e na coordenação, página a página, das mudanças desta nova edição. Sarah Kiefer, coordenadora editorial, realizou um trabalho competente na seleção de revisores e coordenando inúmeras tarefas editoriais. Julia Flohr, gerente de marketing, contribuiu de várias formas para a produção deste livro. Agradeço muito a direção e orientação de Terry Schiesl, vice-presidente de processamento de dados eletrônicos. Kate Petrella realizou um esplêndido trabalho como editora de cópias do livro. Brett Coker e Aaron Downey fizeram um trabalho incrível na coordenação de produção.

Também gostaria de agradecer a minha esposa, Mary Jo, nossas filhas, Tracy e Jennifer, e nossos netos, Jordan, Alex e Luke, por sua maravilhosa contribuição à minha vida e por me ajudarem a entender melhor as maravilhas e os mistérios do desenvolvimento vital.

REVISORES

Devo especial gratidão aos revisores que forneceram *feedback* detalhado sobre este livro.

Consultores

O desenvolvimento adolescente se transformou num campo enorme e complexo, e dificilmente um único autor poderá ser especialista em todas as áreas do campo. Para resolver esse problema, busquei a colaboração dos principais especialistas em muitas das diferentes áreas do desenvolvimento adolescente. Eles fizeram recomendações detalhadas sobre novas pesquisas a serem incluídas. A lista de consultores deste livro (p. xiii) é literalmente o "quem é quem" no campo do desenvolvimento adolescente.

Revisão geral do texto

Também devo muitos agradecimentos aos professores de disciplinas sobre adolescência, que deram *feedback* sobre o livro. Muitas das alterações feitas em *Adolescência,* 14ª edição, estão baseadas em suas contribuições. Pelas sugestões dadas, agradeço a estas pessoas:

Revisores da 14ª edição

Janice Buckner, *Universidade de Setton Hall;* **Laura Crosetti,** *Faculdade de Comunidade de Monroe;* **Mark Durm,** *Universidade Estadual de Athens;* **Celina Echols,** *Universidade de Louisiana, região sul;* **Lisa Farkas,** *Universidade do Rowan;* **Sam Hardy,** *Universidade Brigham Young;* **Andrew Peiser,** *Faculdade Mercy;* **Melinda Russell-Stamp,** *Universidade Estadual Weber;* **Patti Tolar,** *Universidade de Houston;* **Traci Sachteleben,** *Faculdade do Sul de Illinois;* **Paul Schwartz,** *Faculdade de Mount Saint Mary;* **Andrea Wesley,** *Universidade do Sul do Mississipi.*

Revisores das edições anteriores

Alice Alexander, *Universidade Old Dominium;* **Sandy Arntz,** *Universidade do Norte de Illinois;* **Frank Ascione,** *Universidade Estadual de Utah;* **Carole Beale,** *Universidade de Massachusetts;* **Luciane A. Berg,** *Universidade do Sul de Utah;* **David K. Bernhardt,** *Universidade Carleton;* **Fredda Blanchard-Fields,** *Universidade Estadual da Louisiania;* **Kristi Blankenship,** *Universidade do Tennessee;* **Belinda Blevins-Knabe,** *Universidade do Arkansas;* **Robert Bornstein,** *Universidade de Miami;* **Ioakim Boutakidis,** *Universidade Estadual de Fullerton;* **Geraldine Brookins,** *Universidade de Minnesota;* **Jane Brower,** *Universidade do Tennesee, em Chattanooga;* **Deborah Brown,** *Universidade Friends;* **Nancy Busch-Rossnagel,** *Universidade Fordham;* **James I. Byrd,** *Universidade de Wisconsin, em Stout;* **Cheryl A.**

Camenzuli, *Universidade de Hofstra;* **Elaine Cassel,** *Universidade Marymount;* **Mark Chapell,** *Universidade do Rowan;* **Stephanie M. Clancy,** *Universidade do Sul de Illinois, em Carbondale;* **Ronald K. Craig,** *Faculdade Estadual de Cincinnati;* **Gary Creasey,** *Universidade Estadual de Illinois;* **Rita Curl,** *Universidade Estadual de Minot;* **Peggy A. DeCooke,** *Universidade do Norte de Illinois;* **Nancy Defates-Densch,** *Universidade do Norte de Illinois;* **Gypsy Denzine,** *Universidade do Norte do Arizona;* **Imma Destefanis,** *Universidade de Boston;* **R. Daniel DiSalvi,** *Faculdade Kean;* **James A. Doyle,** *Faculdade Estadual de Comunidade de Roane;* **Mark W. Durm,** *Universidade Estadual Athens;* **Laura Duvall,** *Faculdade de Comunidade Heartland;* **Kimberly DuVall-Early,** *Universidade James Madison;* **Celina Echols,** *Universidade Estadual do Sul de Louisiana;* **Richard M. Ehlenz,** *Faculdade de Comunidade de Lakewwod;* **Gene Elliot,** *Universidade Estadual de Glassboro;* **Steve Ellyson,** *Universidade Estadual de Yungstown;* **Robert Enright,** *Universidade de Winconsin, em Madison;* **Jennifer Fager,** *Universidade do Oeste de Michigan;* **Douglas Fife,** *Faculdade Estadual de Plymouth;* **Urminda Firlan,** *Universidade Estadual de Michigan;* **Leslie Fisher,** *Universidade Estadual de Cleveland;* **Martin E. Ford,** *Universidade Stanford;* **Gregory T. Fouts,** *Universidade de Calgary;* **Mary Fraser,** *Universidade Estadual de San Jose;* **Rick Froman,** *Universidade John Brown;* **Charles Fry,** *Universidade da Virginia;* **Anne R. Gayles-Felton,** *Universidade da Flórida A&M;* **Margaret J. Gill,** *Universidade de Kutztown;* **Sam Givham,** *Universidade Estadual do Mississipi;* **Page Goodwin,** *Universidade do Oeste de Illinois;* **William Gnagey,** *Universidade Estadual de Illinois;* **Nicole Graves,** *Universidade Estadual de Dakota do Sul;* **B. Jo Hailey,** *Universidade do Sul do Mississipi;* **Frances Harnick,** *Universidade do Novo México, Indian Children's Program e Lovelace-Bataan Pediatric Clinic;* **Dan Houlihan,** *Universidade Estadual de Minnesota;* **Kim Hyatt,** *Universidade Estadual Weber;* **June V. Irving,** *Universidade Estadual Ball;* **Beverly Jennings,** *Universidade do Colorado em Denver;* **Joline Jones,** *Faculdade Estadual Worcester;* **Linda Juang,** *Universidade Estadual de San Francisco;* **Alfred L. Karlson,** *Universidade de Massachusetts em Amherst;* **Lynn F. Katz,** *Universidade de Pittsburg;* **Carolyn Kaufman,** *Faculdade Estadual de Comunidade de Columbus;* **Michelle Kelley,** *Universidade Old Dominium;* **Marguerite D. Kermis,** *Faculdade de Canisius;* **Roger Kobak,** *Universidade de Delaware;* **Tara Kuther,** *Universidade Estadual do Oeste de Connecticut;* **Emmett C. Lampkin,** *Faculdade de Comunidade Scott;* **Royal Louis Lange,** *Centro Comunitário Ellsworth;* **Philip Langer,** *Universidade do Colorado;* **Heidi Legg-Burross,** *Universidade do Arizona;* **Tanya Letourneau,** *Faculdade do Condado de Delaware;* **Neal E. Lipsitz,** *Universidade de Boston;* **Nancy Lobb,** *Faculdade de Comunidade de Alvin;* **Daniel Lynch,** *Universidade de Wisconsin, em Oshkosh;* **Joseph G. Marrone,** *Faculdade de Siena;* **Ann McCabe,** *Universidade de Windsor;* **Susan McCammon,** *Universidade do Leste de Carolina;* **Sherri McCarthy-Tucker,** *Universidade do Norte do Arizona;* **E. L. McGarry,** *Universidade Estadual da Califórnia, em Fullerton;* **D. Rush McQueen,** *Universidade de Auburn;* **Sean Meegan,** *Universidade do Oeste de Illinois;* **Jessica Miller,** *Faculdade Estadual de Mesa;* **John J. Mirich,** *Faculdade Estadual Metropolitan;* **John J. Mitchell,** *Universidade de Alberta;* **Suzanne F. Morrow,** *Universidade Old Dominium;* **Lloyd D. Noppe,** *Universidade de Wisconsin, em Green Bay;* **Delores Vantrice Oates,** *Universidade deo Sul do Texas;* **Daniel Offer,** *Universidade de Michigan;* **Shana Pack,** *Universidade do Oeste de Kentucky;* **Michelle Paludi,** *Michele Paludi & Associados;* **Joycelyn G. Parish,** *Universidade Estadual do Kansas;* **Ian Payton,** *Faculdade Bathune-Cookman;* **Peggy G. Perkins,** *Universidade de Nevada;* **Richard Pisacreta,** *Universidade Estadual de Ferris;* **Gayle Reed,** *Universidade de Wisconsin, em Madison;* **James D. Reid,** *Universidde de Washington;* **Vicki Ritts,** *Faculdade de Comunidade St. Louis;* **Anne Robertson,** *Universidade de Wisconsin, em Milwaukee;* **Tonie E. Santmire,** *Universidade de Nebrasca;* **Douglas Sawin,** *Universidade do Texas;* **Mary Schumann,** *Universidade George Mason;* **Jane Sheldon,** *Universidade de Michigan, em Dearborn;* **Kim Shifren,** *Universidade de Towson;* **Susan Shonk,** *Universidaade Estadual de Nova Iorque;* **Ken Springer,** *Universidade Metodista do Sul;* **Ruby Takanishi,** *Fundação para o Desenvolvimento da Criança;* **Vern Tyler,** *Universidade do Oeste de Washington;* **Rhoda Unger,** *Faculdade Estadual de Montclair;* **Angela Vaughn,** *Faculdade Wesley;* **Elizabeth Vozzola,** *Faculdade St. Joseph's;* **Barry Wagner,** *Universidade Católica da América;* **Rob Weisskrich,** *Universidade Estadual da Califórnia, em Fullerton;* **Deborah Welsh,** *Universidade do Tennessee;* **Wanda Willard,** *Universidade Estadual de Nova Iorque em Oswego;* **Carolyn L. Williams,** *Universidade de Minnesota;* **Shelli Wynants,** *Universidade Estadual da California.*

Revisão do conteúdo

Foram feitas inúmeras alterações no conteúdo de cada um dos 13 capítulos de *Adolescência*, 14ª edição. Aqui estão algumas das principais:

Capítulo 1: Introdução
- Ampla atualização de citações de pesquisas.
- Descrição mais extensa dos efeitos de coorte (Schaie, 2011a, b).
- Material novo sobre os mileniais e como eles estão experimentando a adolescência e a adultez emergente de modo diferente das suas contrapartes em épocas anteriores.
- Inclusão de um recente estudo nacional sobre prosperidade adolescente que focou em entusiasmo, apoio nas relações e capacitação (Scales, Benson e Roehlkepartain, 2011).
- Maior cobertura e atualização da importância de relações significativas com adultos além dos pais ou responsáveis, tais como treinadores, vizinhos, professores, etc. (Benson, 2010).
- Novo material a respeito da alta porcentagem de mortes de adolescentes observada em apenas duas regiões do mundo: África subsaariana e Sudeste da Ásia (Fatusi e Hindin, 2010).
- Discussão de recente estudo transcultural com adolescentes em 12 diferentes países focado na importância do apoio parental (Kins e Beyers, 2010).
- Discussão ampliada da adultez emergente, incluindo material sobre sua probabilidade de ser universal ou não, e sua ocorrência em países europeus e Austrália, bem como nos Estados Unidos (Kins e Beyers, 2010; Sirsch et al., 2009).
- Inclusão de pesquisa recente indicando que a maioria dos jovens entre 18 e 26 anos na Índia acreditava que já havia atingido a idade adulta (Seiter e Nelson, 2011).
- Nova descrição das ideias de Joseph e Claudia Allen (2009) sobre o quanto o caminho para a idade adulta está sendo prejudicado pelo aumento na duração da adolescência; inclui suas recomendações sobre como proporcionar aos adolescentes experiências que os ajudarão a amadurecer mais efetivamente.
- Novos comentários sobre como se expandiu a pesquisa sobre adolescência e adultez emergente na primeira década do século XXI (Russel, Card e Susman, 2011).

Capítulo 2: Puberdade, saúde e fundamentos biológicos
- Comentários ampliados sobre a puberdade como processo, e não como um evento específico, e a complexidade das alterações neuroendócrinas envolvidas nas mudanças da puberdade (Dorn e Biro, 2011).
- Novas conclusões baseadas em revisão recente de pesquisas sobre o fato de que o começo da menarca não declinou tanto quanto o começo da puberdade (Dorn e Biro, 2011).
- Comentário atualizado sobre o interesse recente em estudos genéticos moleculares que procuram identificar genes que estão ligados ao começo da puberdade (Elks e Ong, 2011; Paris et al., 2010).
- Descrição de estudo recente sobre o papel do peso no desenvolvimento puberal das meninas (Christensen et al., 2010).
- Descrição de revisão de pesquisa recente indicando que a puberdade parece estar ocorrendo mais cedo para as meninas com sobrepeso, mas que este retarda o início da puberdade nos meninos; a puberdade precoce nas meninas parece se dever ao aumento no sobrepeso e à obesidade (Walvoord, 2010).
- Discussão de estudo recente sobre diferenças de gênero nos aspectos estéticos da imagem corporal dos adolescentes (Abbott e Barber, 2010).
- Descrição de estudo longitudinal recente de meninas com maturação precoce e tardia, desde a adolescência até a idade adulta emergente (Copeland et al., 2010).
- Discussão de estudo recente sobre o nível mais alto de depressão em meninas com maturação precoce e sua ligação com sensibilidade aumentada para estresse interpessoal (Natsuaki et al., 2010).
- Descrição de pesquisa recente sobre o trajeto desenvolvimental da puberdade precoce, atividade sexual precoce e delinquência em meninas (Negriff, Susman e Trickett, 2011).
- Descrição de pesquisa recente que vincula a severidade materna no começo da infância com maturação precoce e exposição a risco sexual na adolescência (Belsky et al., 2010).
- Descrição de estudo atual que encontrou ligação entre maturação precoce e abuso de substância, além de relações sexuais precoces (Gaudineau et al., 2010).
- Inclusão de informações sobre pesquisas recentes que concluíram que sofrer um acidente de carro na adolescência estava ligado a uma tendência geral a se expor a riscos (Dunlop e Romer, 2010).
- Descrição de estudo recente sobre os diferentes tipos de jovens adolescentes que buscam sensações e as ligações com apresentarem ou não problemas de comportamento (Lynn-Landsman et al., 2010).
- Material novo sobre o papel da escola na promoção dos padrões alimentares dos adolescentes, incluindo um recente estudo de intervenção que aumentou o consumo de vegetais (Wang et al., 2010).
- Descrição de estudo recente ligando um nível mais alto de exercícios na adolescência com o consumo mais baixo de álcool, cigarros e maconha (Teery-McElrath, O'Malley e Johnston, 2011).
- Discussão de estudo recente que vincula baixos níveis de exercícios a sintomas depressivos em jovens adolescentes (Sund, Larsson e Wichstrom, 2011).
- Descrição de estudo recente mostrando ligações entre exercícios aeróbios e inúmeras habilidades cognitivas em crianças e adolescentes (Best, 2011).
- Descrição de estudo recente que revelou que a atividade física intensa estava relacionada ao menor uso de drogas na adolescência (Delisle et al., 2010).

- Descrição de quatro estudos recentes que revelaram que o sono na adolescência estava relacionado a resultados desenvolvimentais negativos (Beebe, Rose e Amin, 2010; Clinkinbeard et. al., Dregan e Armstrong, 2010; McHale et al., 2010).
- Novo material introdutório conectando a discussão da evolução e a genética.
- Nova discussão do conceito da interação gene-gene (Bapat et al., 2010).
- Descrição atualizada do conceito $G \times A$, que envolve a interação da variação específica de uma medida na sequência de DNA e um aspecto específico medido do ambiente (Caspi et al., 2011; Rutter e Dodge, 2011).
- Inclusão de informações sobre um estudo $G \times A$ ligando uma interação entre um índice de plasticidade genética baseado em cinco genes e parentalidade suportiva com a autorregulação adolescente (Belsky e Beaver, 2011).

Capítulo 3: O cérebro e o desenvolvimento cognitivo

- Descrição atualizada do desenvolvimento do cérebro na adolescência (Casey, Jones e Somerville, 2011).
- Discussão ampliada sobre o papel do aumento na produção de dopamina na busca de recompensa (Doremus-Fitzwater, Valrinskaya e Spear, 2010).
- Nova discussão dos resultados positivos potenciais de alguns aspectos da exposição a riscos na adolescência (Allen e Allen, 2009).
- Nova seção, "Cognição e Emoção", na discussão das mudanças cognitivas na adultez emergente e início da idade adulta.
- Revisão da definição de pensamento pós-formal para incluir a visão de Labouvie-Vief e colaboradores (2010) sobre o papel da emoção nas mudanças cognitivas.
- Discussão de estudo recente que indica que estudantes universitários com um número maior de amigos de outras categorias têm um nível mais alto de pensamento pós-formal do que suas contrapartes com menos amigos de outras categorias (Galupo, Cartwright e Savage, 2010).
- Descrição de estudo recente que comparou a inteligência de estudantes universitários com a de adultos mais velhos em três dimensões: cognitiva, reflexiva e afetiva (Ardelt, 2010).
- Acréscimo de exemplos de diferentes aspectos da inteligência para dar aos estudantes uma indicação dos tipos de itens que são avaliados em estudos sobre inteligência (Ardelt, 2010).
- Nova discussão sobre estudo recente ligando a competência da memória de trabalho no ensino fundamental à aquisição de uma língua estrangeira no início da adolescência (Andersson, 2010).
- Nova pesquisa sobre o papel cada vez maior do córtex pré-frontal na memória funcional durante o final da adolescência (Finn et al., 2010).
- Descrição de estudo recente com estudantes universitários indicando que a metacognição é um fator essencial na habilidade de se engajar efetivamente em pensamento crítico (Magno, 2010).
- Descrição de estudo recente sobre a previsão do desempenho acadêmico com base em medidas das habilidades mentais gerais e da inteligência emocional (Song et al., 2010).
- Descrição de recente estudo de pesquisa indicando que os adolescentes percebem que são vulneráveis ao vivenciar uma morte prematura (de Bruin, Parker e Fischhoff, 2007; Fischhoff et al., 2010).
- Descrição ampliada e atualizada da importância da empatia e do desenvolvimento do ego na explicação da plateia imaginária e da fábula pessoal (Lapsley e Hill, 2010).
- Inclusão de pesquisa recente sobre a importância da distinção entre dois tipos de invulnerabilidade (perigo e psicológica), que têm resultados diferentes (Lapsley e Hill, 2010).

Capítulo 4: *Self*, identidade, emoção e personalidade

- Descrição de estudo longitudinal recente vinculando os traços da infância ao narcisismo na adolescência e na adultez emergente, e a descrição de mudanças desenvolvimentais no narcisismo dos 14 aos 23 anos (Carlson e Gjerde, 2010).
- Inclusão de pesquisa recente indicando que as diferenças de idade são mais fortes do que as diferenças geracionais no narcisismo (Roberts, Edmonds e Grijaiva, 2010).
- Descrição de estudo recente indicando que, quando os indivíduos têm entre 12 e 20 anos de idade, se envolvem de forma crescente na exploração profunda de sua identidade (Klimstra et al., 2010).
- Descrição de estudo recente sobre a consistência da identidade durante o curso da adolescência e a porcentagem de adolescentes que têm conflitos de identidade durante a adolescência (Meeus et al., 2010).
- Discussão de estudo recente em larga escala com adultos emergentes que vinculou o *status* da identidade a várias medidas de bem-estar psicológico e saúde (Schwartz et al., 2011).
- Descrição de metanálise recente que encontrou ligações entre vínculos e a realização da identidade (Arseth et al., 2009).
- Inclusão de informações a partir de um estudo recente vinculando a socialização cultural à autoestima mais elevada por meio de um caminho de centralidade étnica (Rivas-Drake, 2011).
- Descrição de revisão de pesquisa recente que concluiu que a identidade madura na adolescência está ligada a altos níveis de adaptação e traços de personalidade positivos (Meeus, 2011).
- Descrição de revisão de pesquisa recente indicando que a identidade é mais estável em adultos do que em adolescentes (Meeus, 2011).
- Descrição de pesquisa recente confirmando a teoria de Erikson de que o desenvolvimento da identidade na adolescência é um precursor da intimidade nos relacionamentos românticos na adultez emergente (Beyers e Seiffge-Krenke, 2011).
- Inclusão de material sobre as conexões entre os Cinco Grandes fatores de desenvolvimento da personalidade e identidade em estudantes universitários.
- Nova seção, "Otimismo", para refletir o interesse crescente que um estilo de pensamento otimista pode ter na melhoria da adaptação e do desenvolvimento adolescente (Duke et al., 2011; Hirsh et al., 2009; Patton et al., 2011).

Capítulo 5: Gênero

- Discussão de estudo recente sobre as diferenças de gênero no *self* em futuro próximo e distante de estudantes universitários,

- em termos de família (provedor econômico, cuidador) e carreira (Brown e Diekman, 2010).
- Novo comentário sobre as amizades, principalmente com pessoas do mesmo sexo, na adolescência até a idade adulta (Mehta e Strough, 2009; 2010).
- Descrição de estudo recente sobre como o gênero é apresentado nos vídeos musicais da MTV (Wallis, 2011).
- Inclusão de informações sobre uma recente metanálise que não revelou diferenças de gênero para a matemática em adolescentes (Lindberg et al., 2010).
- Descrição de estudo recente referente a diferenças cognitivas no gênero e até que ponto os adultos estereotipam essas diferenças (Halpern, Straight e Stephenson, 2011).
- Descrição de estudo recente em grande escala vinculando as atitudes positivas das garotas em relação à escola às suas notas mais altas e as atitudes negativas dos rapazes em relação à escola às suas notas mais baixas (Orr, 2011).
- Descrição de revisão de pesquisa recente focada nas atitudes negativas das garotas em relação à matemática e nas expectativas negativas que pais e professores têm para a competência das garotas em matemática (Gunderson, 2011).
- Discussão de estudo recente indicando que a agressão relacional aumenta na metade e no final da infância (Dishion e Piehler, 2009).
- Descrição de estudo recente ligando o controle psicológico dos pais a uma incidência maior de agressão relacional em seus filhos (Kuppens et al., 2009).
- Discussão atualizada e ampliada sobre as diferenças de gênero na emoção (Hertenstein e Keltner, 2011).
- Discussão revisada e atualizada das diferenças de gênero nos relacionamentos, incluindo informações de revisões de pesquisas recentes (Galambos et al., 2009; Perry e Pauletti, 2011).
- Descrição de revisão de pesquisa recente indicando que as diferenças de gênero na adolescência são pequenas (Perry e Pauletti, 2011).
- Inclusão de informações sobre estudo recente que indicou que o comportamento de intensificação do gênero em meninos e meninas estava vinculado a um nível mais baixo de engajamento e vínculo escolar (Ueno e McWilliams, 2010).

Capítulo 6: Sexualidade

- Descrição de estudo recente identificando a ordem temporal entre sexo oral e vaginal na adolescência (Song e Halpern-Felsher, 2010).
- Descrição de estudo sobre os resultados mais positivos de adolescentes quando têm apenas sexo oral *versus* sexo vaginal (Brady e Halpern-Felsher, 2007).
- Discussão de estudo recente que vinculava uso de álcool, menarca precoce e fraca comunicação entre pais e filho ao comportamento íntimo sexualmente precoce em meninas (Hipwell et al., 2011).
- Material reorganizado, atualizado e ampliado sobre fatores de risco na sexualidade adolescente.
- Descrição dos resultados de revisão de pesquisa recente sobre inúmeros aspectos de conectividade, tais como conectividade familiar e comunicação entre pais e adolescente sobre sexualidade e suas ligações com os resultados da sexualidade adolescente (Markham et al., 2010).
- Descrição de estudo recente vinculando os pontos fortes da família na infância à demora no início da atividade sexual e à menor probabilidade de gravidez na adolescência (Hillis et al., 2010).
- Novas informações a partir de revisão de pesquisa recente sobre o papel de normas pró-sociais e espiritualidade como fatores de proteção na redução de resultados sexuais negativos nos jovens (House et al., 2010).
- Descrição de estudo recente que examinou a porcentagem de adolescentes que relataram que haviam se masturbado em algum momento (Fortenberry et al., 2010).
- Inclusão de metanálise recente de estudos sobre diferenças de gênero na sexualidade (Petersen e Hyde, 2010).
- Descrição de estudo recente que indicou que a agressão sexual tinha maior probabilidade de ocorrer se o agressor estivesse usando substâncias, independentemente de a vítima estar ou não usando (Brecklin e Ullman, 2010).
- Nova descrição da zona vermelha na universidade e nos *campi* e da época durante a universidade em que as mulheres têm maior probabilidade de ter experiências sexuais indesejadas (Kimble et al., 2008).

Capítulo 7: Desenvolvimento moral, valores e religião

- Discussão de pesquisa recente de Gustavo Carlo e colaboradores (2010) que ilustrou a importância de serem considerados os aspectos multidimensionais do comportamento pró-social.
- Descrição de estudo recente que revelou ligações entre nível mais alto de experiência multicultural e nível mais baixo de intolerância, desenvolvimento da mentalidade e julgamento moral mais elevados (Narváez e Hill, 2010).
- Discussão ampliada da identidade moral, com ênfase na visão recente de Darcia Narváez (2010a) de que a metacognição moral, especialmente via automonitoramento e autorreflexão, está vinculada à maturidade moral.
- Descrição de estudo recente que revelou que a motivação moral dos adolescentes estava relacionada à qualidade de sua relação com seus pais (Malti e Buchmann, 2010).
- Material ampliado, revisado e atualizado sobre a teoria do domínio do desenvolvimento moral e o raciocínio social convencional (Helwig e Turiel, 2011; Nucci e Gingo, 2011; Smetana, 2011).
- Nova descrição das distinções entre religião, religiosidade e espiritualidade baseadas em análise recente feita por Pamela King e colaboradores (2011).
- Atualização das atividades e preferências religiosas de calouros universitários (Pryor et al., 2010).
- Descrição de estudo recente vinculando a frequência de participação em um serviço religioso a um nível mais baixo de abuso de substância em adolescentes (Good e Willoughby, 2010).
- Discussão de pesquisa recente sobre engajamento religioso e rendimento escolar dos adolescentes (Kang e Romo, 2011).

Capítulo 8: Famílias

- Descrição de estudo transcultural recente sobre a autoexposição adolescente aos pais e a competência social dos adolescentes (Hunter et al., 2011).
- Discussão ampliada e atualizada sobre a administração dos adolescentes acerca do acesso de seus pais a informações; inclui pesquisas recentes (Laird e Marrero, 2010; Smetana, 2011a, b).

- Descrição de estudo recente que descobriu nível mais baixo de delinquência em famílias com pelo menos um dos pais autoritativo e nível mais alto em famílias com os dois pais negligentes (Hoeve et al., 2011).
- Descrição de estudo recente sobre jovens sem-teto e a deterioração de sua resiliência associada à duração do tempo em que não tiveram residência estável (Cleverley e Kidd, 2011).
- Discussão de pesquisa recente sobre as conexões entre estilos de apego ansioso e evitativo e vários problemas de saúde (McWilliams e Bailey, 2010).
- Descrição de estudo recente que revelou a importância da ação dos pais como "andaimes" e "redes de segurança" para apoiar a transição bem-sucedida de seus filhos até a idade adulta emergente (Swartz et al., 2011).
- Descrição de análise recente que revelou uma conexão entre apego inseguro em adultos e depressão (Bakersmans-Kranenburg e van IJzendoorn, 2009).
- Descrição de estudo recente ligando o apego seguro com os pais à facilidade em fazer amizades na universidade (Parade, Leerkes e Blankson, 2010).
- Descrição ampliada e atualizada da relação entre pais divorciados e sua ligação com as visitações pelo genitor que não detém a custódia (Fabricus et al., 2010).
- Nova discussão da teoria da segurança emocional de E. Mark Cummings e colaboradores (Cummings e Davies, 2010; Cummings, El-Sheikh e Kouros, 2009) e seu foco no tipo de conflito conjugal que é negativo para o desenvolvimento de crianças e adolescentes.
- Descrição de pesquisa recente revelando que uma intervenção em famílias divorciadas que focou na melhoria da relação mãe-filho estava ligada ao aumento nas habilidades de enfrentamento de crianças e adolescentes em curto (6 meses) e longo prazos (6 anos) (Velez et al., 2011).
- Inclusão de comentário sobre o fato de o efeito do trabalho dos pais nos adolescentes não ser apenas uma questão relativa ao emprego da mãe, envolvendo frequentemente também o pai (Parke e Clarke-Stewart, 2011).
- Descrição de informações recentes sobre resultados de crianças e adolescentes concebidos pelas novas tecnologias reprodutivas, que estão sendo cada vez mais usadas por adultos *gays* e lésbicas (Golombok, 2011a, b; Golombok e Tasker, 2010).
- Discussão de pesquisa recente ligando a transmissão do divórcio pelas gerações, embora essa transmissão tenha diminuído nos últimos anos (Wolfinger, 2011).
- Discussão de estudo recente sobre a frequência com que os pais de meia-idade dão apoio a seus filhos com mais de 18 anos (Fingerman et al., 2011).

Capítulo 9: Pares, relações amorosas e estilos de vida

- Descrição de estudo recente vinculando a inteligência social dos adolescentes à sua popularidade com os pares (Meijs et al., 2010).
- Inclusão de estudo recente que focou na média das notas dos adolescentes, relacionando-a com a existência de amigos na escola e fora dela (Witkow & Fuligni, 2010).
- Descrição de pesquisa recente sobre os resultados negativos de garotas adolescentes que têm um parceiro romântico mais velho (Haydon e Halpern, 2010).
- Discussão de estudo recente sobre parceiros românticos adolescentes e resultados de delinquência (Lonardo et al., 2009).
- Descrição de pesquisa recente relacionando a satisfação conjugal da mãe à competência romântica do adolescente (Shulman, Davila e Shachar-Shapira, 2011).
- Nova descrição da conclusão de Bella DePaulo (2007, 2011) de que existe um preconceito disseminado contra adultos não casados.
- Descrição de estudo recente com casais em coabitação que encontrou que os homens estavam mais preocupados com sua perda de liberdade, enquanto as mulheres estavam mais preocupadas com a demora do casamento (Huang et al., 2011).
- Descrição de metanálise recente sobre as ligações entre coabitação e qualidade/estabilidade conjugal (Jose, O'Leary e Moyer, 2010).
- Nova seção sobre os benefícios de um bom casamento, incluindo estudo recente sobre uma taxa mais baixa do tempo de casamento vinculada à probabilidade de morte mais precoce (Henretta, 2010).

Capítulo 10: Escola

- Descrição de estudo recente ligando o controle do comportamento à preocupação com resultados positivos do estudante, como a dedicação à leitura, o que reflete o conceito de Baumrind de ensino autoritativo (Nie e Lau, 2009).
- Nova ênfase na importância dos contextos no estudo do *bullying* (Salmivalli, Peets e Hodges, 2011; Schwartz et al., 2010).
- Descrição de estudo recente sobre a vitimização dos pares e a extensão de sua conexão com o baixo rendimento acadêmico (Nakamoto e Schwartz, 2010).
- Descrição ampliada das dificuldades de aprendizagem, incluindo informações novas sobre disgrafia e discalculia.
- Descrição de estudo recente indicando atraso no desenvolvimento dos lobos frontais de crianças com TDAH, provavelmente devido a atraso ou diminuição na mielinização (Nagel et al., 2011).
- Descrição de estudo recente que ligava fumar durante a gravidez a TDAH nos filhos (Sciberras, Ukoumunne e Efron, 2011).
- Atualização e ampliação considerável da discussão sobre adolescentes superdotados.
- Nova descrição dos papéis da natureza e da aprendizagem nos superdotados.
- Material ampliado sobre a educação de adolescentes superdotados (Ambrose, Sternberg e Sriraman, 2012; Sternberg, Grigorenko e Jarvin, 2011).

Capítulo 11: Realização, trabalho e carreiras

- Novo comentário sobre a descrição de Ryan e Deci (2009) de professores que criam circunstâncias para que os alunos tenham autodeterminação, como professores que apoiam a autonomia.
- Nova discussão sobre estudo recente de práticas motivacionais parentais intrínsecas/extrínsecas e sua ligação com a motivação de crianças e adolescentes (Gottfried et. al., 2009).
- Nova discussão dos objetivos pessoais e sua importância na motivação dos estudantes (Ford e Smith, 2007; Wigfield e Cambria, 2010).

- Discussão de estudo recente sobre os resultados desenvolvimentais positivos para adolescentes com pais com alta autoeficácia (Steca et al., 2011).
- Material ampliado sobre expectativas, incluindo informações sobre o papel dos valores nas expectativas dos adolescentes (Wigfield e Cambria, 2010).

Capítulo 12: Cultura

- Descrição ampliada dos resultados negativos da pobreza para adolescentes, incluindo conexões com outros capítulos em que essas ligações são descritas.
- Material ampliado e atualizado sobre famílias imigrantes e sua orientação bicultural, incluindo pesquisa recente de Ross Parke e colaboradores (2011).
- Descrição de estudo recente indicando que a discriminação racial percebida dos adolescentes estava vinculada às visões negativas mais amplas da sociedade em relação aos afro-americanos (Seaton, Yip e Sellers, 2009).
- Discussão de estudo recente que encontrou que a discriminação racial percebida entre adolescentes afro-americanos estava vinculada a seu nível mais alto de delinquência (Martin et al., 2011).
- Novas informações sobre estudo recente de usuários pesados de mídia multitarefas e seus problemas com a interferência de estímulos irrelevantes (Ophir, Nass e Wagner, 2010).
- Inclusão de informações sobre o uso de mídias de música por adolescentes e as percepções de sua atratividade e autoestima (Kistler et. al., 2010).
- Inclusão de informações de pesquisa recente sobre uso de *videogames* e os resultados entre universitários e universitárias (Padilla-Walker et al., 2010).
- Descrição de estudo recente que encontrou relação entre exposição à violência na mídia e aumento na agressão relacional em crianças (Gentile, Mathieson e Crick, 2010).
- Novos comentários sobre mensagens de texto como sendo, no momento, o principal meio que os adolescentes utilizam para se conectar com seus amigos (Lenhart et al., 2010b).
- Discussão de pesquisa recente sobre os resultados negativos de vitimização *online* e na escola (Fredstrom, Adams e Gilman, 2011).
- Inclusão de informações de que o Facebook substituiu o Google como o *site* mais visitado em 2010.
- Discussão de pesquisa recente ligando amizade e adaptação comportamental no início da adolescência à comunicação por meio de *sites* de rede social em adultos emergentes (Mikami et al., 2010).
- Descrição de estudo recente sobre o prognóstico de uso de mídia pelos adolescentes (Padilla-Walker e Coyne, 2011).

Capítulo 13: Problemas na adolescência e na adultez emergente

- Nova e importante discussão da abordagem do desenvolvimento em cascata no estudo da psicopatologia do desenvolvimento (Masten e Cicchetti, 2010).
- Descrição ampliada e atualizada do estresse e de estratégias de enfrentamento nos relacionamentos na adolescência, incluindo diferenças de gênero (Seiffge-Krenke, 2011).
- Nova descrição de estudo prospectivo com adolescentes jovens que encontrou ligações entre um estilo de pensamento otimista e níveis mais baixos de sintomas depressivos e mais altos de abuso de substância e comportamento antissocial (Patton et al., 2011a).
- Novo conteúdo sobre enfrentamento de estressores graves, como a morte repentina de um amigo ou colega de aula na adolescência (Seiffge-Krenke, 2011).
- Descrição atualizada de tendências de uso de drogas entre estudantes universitários, incluindo diferenças de gênero (Johnston et al., 2010).
- Discussão de estudo longitudinal que revelou que o começo do uso de álcool antes dos 11 anos estava relacionado à dependência de álcool adulta (Guttmannova et al., 2011).
- Descrição de pesquisa recente que encontrou que o monitoramento parental estava ligado ao uso mais baixo de substância na adolescência (Tobler e Komro, 2010).
- Discussão de pesquisa recente sobre aspectos positivos e negativos da interação e relação dos adolescentes com seus pais e o uso de álcool e tabaco na adolescência (Guttmannova et al., 2011).
- Discussão de pesquisa recente sobre o papel do monitoramento e apoio parental durante a adolescência na redução de comportamento criminal na adultez emergente (Johnson et al., 2011).
- Descrição de estudo recente que encontrou pobreza constante como um fator de alto risco para delinquência (Najman et al., 2010).
- Discussão de pesquisa recente sobre a conectividade com a escola servindo como fator de proteção no desenvolvimento de problemas de conduta em adolescentes jovens (Loukas, Roalson e Herrera, 2010).
- Discussão de estudo recente ligando a ruminação a vários aspectos da depressão dois anos depois nas garotas adolescentes (Stone et al., 2010).
- Descrição de pesquisa indicando que a exposição à depressão materna antes dos 12 anos predizia processos de risco durante o desenvolvimento (p. ex., dificuldades nas relações familiares), o que levava ao desenvolvimento de depressão no adolescente (Garber e Cole, 2010).
- Discussão de pesquisa recente indicando que quatro tipos de *bullying* estavam vinculados à depressão dos adolescentes (Wang, Nansel e Iannotti, 2010).
- Inclusão de pesquisa recente ligando obesidade na adolescência com o desenvolvimento de obesidade severa na adultez emergente (The et al., 2010).
- Novo material envolvendo um estudo de pesquisa das diferenças de gênero ao ser provocado por ter sobrepeso (Taylor, 2011).
- Nova descrição do papel que o sobrepeso e o estresse das preocupações com o peso desempenham na explicação do aumento na depressão entre as adolescentes, incluindo pesquisa recente (Vaughan e Halpern, 2010).
- Novo comentário de final de capítulo sobre a importância da adolescência e da adultez emergente na compreensão da vida do estudante.

Recursos para **professores e estudantes**

Adolescência é acompanhado de um pacote completo de ensino e aprendizagem. Cada componente desse pacote foi completamente revisado para incluir novos conteúdos importantes.

Para o estudante

Entre na página do livro em www.grupoa.com.br para ter acesso a exercícios de autoavaliação para testar o conhecimento adquirido e a vídeos sobre o desenvolvimento adolescente que ilustram os principais conceitos e temas de cada capítulo. (Conteúdo em inglês.)

Para o professor

Os recursos para o professor estão disponíveis em www.grupoa.com.br. (Conteúdo em inglês.)

***Slides* em PowerPoint®** Essas apresentações cobrem os principais pontos de cada capítulo e incluem diagramas e gráficos do texto.

Manual do professor Esse manual contém recursos valiosos para o planejamento de aulas. Inclui uma introdução a cada capítulo, tópicos sugeridos para apresentação e discussão, exercícios para estimular o pensamento crítico, artigos sobre pesquisas, questões para testes e recomendações de vídeos e filmes.

Banco de testes Um abrangente banco de testes traz questões de múltipla escolha e dissertativas. Organizadas por capítulos, as questões são elaboradas para testar o entendimento factual, aplicado e conceitual.

Sumário

CAPÍTULO 1	Introdução	35
CAPÍTULO 2	Puberdade, saúde e fundamentos biológicos	77
CAPÍTULO 3	O cérebro e o desenvolvimento cognitivo	113
CAPÍTULO 4	*Self*, identidade, emoção e personalidade	152
CAPÍTULO 5	Gênero	184
CAPÍTULO 6	Sexualidade	207
CAPÍTULO 7	Desenvolvimento moral, valores e religião	240
CAPÍTULO 8	Famílias	268
CAPÍTULO 9	Pares, relações amorosas e estilos de vida	305
CAPÍTULO 10	Escola	338
CAPÍTULO 11	Realização, trabalho e carreiras	364
CAPÍTULO 12	Cultura	391
CAPÍTULO 13	Problemas na adolescência e na adultez emergente	414

Sumário detalhado

CAPÍTULO 1 INTRODUÇÃO 35

Perspectiva histórica 36
História inicial 36
Os séculos XX e XXI 37
Estereotipação dos adolescentes 40
Uma visão positiva da adolescência 41
CONEXÃO COM OS ADOLESCENTES *Querendo ser tratado como uma pessoa ativa* 42

Os adolescentes pelo mundo 43
A perspectiva global 43
CONEXÃO COM OS ADOLESCENTES *Doly Akter, melhorando as vidas das adolescentes das favelas de Bangladesh* 44

A natureza do desenvolvimento 45
Processos e períodos 46
Transições no desenvolvimento 48

CONEXÃO COM ADULTOS EMERGENTES *Chris Barnard* 49
CONEXÃO COM SAÚDE E BEM-ESTAR *Saúde e bem-estar se modificam na adultez emergente?* 51
Questões sobre o desenvolvimento 54

A ciência do desenvolvimento adolescente 56
Ciência e método científico 56
Teorias do desenvolvimento adolescente 57
Pesquisa do desenvolvimento adolescente 63

APÊNDICE   CARREIRAS EM DESENVOLVIMENTO ADOLESCENTE 74

CAPÍTULO 2 PUBERDADE, SAÚDE E FUNDAMENTOS BIOLÓGICOS 77

Puberdade 78
Determinantes da puberdade 78
Estirão do crescimento 82
Maturação sexual 83
Tendências seculares na puberdade 84
CONEXÃO COM OS ADOLESCENTES *Mulheres loiras atraentes e homens altos musculosos* 85
Dimensões psicológicas da puberdade 86
CONEXÃO COM SAÚDE E BEM-ESTAR *Como podem ser identificados os jovens com maturação precoce ou tardia que estão em risco de problemas de saúde?* 89
Os efeitos da puberdade são exagerados? 89
CONEXÃO COM CARREIRAS *Anne Petersen, pesquisadora e administradora* 90

Saúde 91
Adolescência: um momento crítico para a saúde 91
Saúde dos adultos emergentes 94
Nutrição 94
Exercícios e esportes 95
CONEXÃO COM OS ADOLESCENTES *Em péssima forma* 97
Sono 99

Evolução, hereditariedade e ambiente 101
A perspectiva evolucionista 101
O processo genético 103
Interação hereditariedade-ambiente 105

CAPÍTULO 3 O CÉREBRO E O DESENVOLVIMENTO COGNITIVO 113

O cérebro 114
Neurônios 114
Estrutura cerebral, cognição e emoção 115
Experiência e plasticidade 116

A visão cognitiva do desenvolvimento 118
Teoria de Piaget 118
Teoria de Vygotsky 125

A visão do processamento da informação 127
Recursos cognitivos 127
CONEXÃO COM OS ADOLESCENTES *Nós pensamos mais do que os adultos acham que pensamos* 128
Atenção e memória 128
Funcionamento executivo 130

CONEXÃO COM CARREIRAS *Laura Bickford, professora de escola de ensino médio* 135

A visão psicométrica/da inteligência 139
Testes de inteligência 140
Inteligências múltiplas 141
Hereditariedade e ambiente 143

Cognição social 145
Egocentrismo adolescente 145
CONEXÃO COM SAÚDE E BEM-ESTAR *Que papel desempenha a fábula pessoal na adaptação adolescente?* 146
Cognição social no restante do texto 147

CAPÍTULO 4   *SELF*, IDENTIDADE, EMOÇÃO E PERSONALIDADE   152

O *self*   153
Autoconhecimento   154
Autoestima e autoconceito   158
CONEXÃO COM SAÚDE E BEM-ESTAR   *Como a autoestima dos adolescentes pode ser melhorada?   162*
Identidade   163
Ideias de Erikson sobre a identidade   163
Os quatro *status* da identidade   166
Mudanças desenvolvimentais na identidade   168
Identidade e contextos sociais   169
Identidade e intimidade   172

Desenvolvimento emocional   173
As emoções da adolescência   173
Hormônios, experiência e emoções   174
Competência emocional   174

Desenvolvimento da personalidade   175
Personalidade   175
Temperamento   177

CAPÍTULO 5   GÊNERO   184

Influências biológicas, sociais e cognitivas no gênero   185
Influências biológicas no gênero   185
Influências sociais no gênero   187
Influências cognitivas no gênero   191

Estereótipos no gênero, semelhanças e diferenças   191
Estereotipação do gênero   192
Semelhanças e diferenças de gênero   192
Controvérsias sobre gênero   196
Gênero no contexto   197

Classificação de papéis de gênero   198
Masculinidade, feminilidade e androginia   198
Contexto, cultura e papéis de gênero   198

CONEXÃO COM CARREIRAS   *Cynthia de las Fuentes, psicóloga e professora universitária   199*
Androginia e educação   200
Masculinidade tradicional e problemas comportamentais em adolescentes do sexo masculino   200
Transcendência dos papéis de gênero   201

Mudanças desenvolvimentais e momentos críticos   201
Adolescência inicial e intensificação do gênero   201
A adolescência inicial é um momento crítico para as garotas?   202
CONEXÃO COM SAÚDE E BEM-ESTAR   *Como podemos melhor orientar o desenvolvimento de gênero dos adolescentes?   203*

CAPÍTULO 6   SEXUALIDADE   207

Explorando a sexualidade adolescente   208
Um aspecto normal do desenvolvimento adolescente   209
A cultura sexual   210
Desenvolvendo a identidade sexual   211
Obtendo informações de pesquisas sobre a sexualidade adolescente   211

Atitudes e comportamentos sexuais   212
Atitudes e comportamentos heterossexuais   212
CONEXÃO COM OS ADOLESCENTES   *Em conflito por uma decisão sexual   214*
CONEXÃO COM ADULTOS EMERGENTES   *Pensamentos de Christine sobre relações sexuais   217*
Atitudes e comportamentos de minorias sexuais   217
Masturbação   220
Uso de contraceptivos   221

Consequências negativas da sexualidade adolescente   222
Gravidez na adolescência   222
CONEXÃO COM OS ADOLESCENTES   *Alberto, 16 anos: querendo um tipo de vida diferente   224*
CONEXÃO COM CARREIRAS   *Lynn Blankenship, educadora em família e ciência do consumidor   226*
Doenças sexualmente transmissíveis   226
Situações de abuso e assédio sexual   231

Informações sobre sexualidade e educação sexual   234
Informações sobre sexualidade   234
Fontes de informação sobre sexualidade   234
Fatores cognitivos   235
Educação sexual nas escolas   235

CAPÍTULO 7 DESENVOLVIMENTO MORAL, VALORES E RELIGIÃO 240

Domínios do desenvolvimento moral 241
Pensamento moral 242
Comportamento moral 249
Sentimento moral 251
Personalidade moral 253

Contextos do desenvolvimento moral 254
Parentalidade 255
Escola 256

CONEXÃO COM SAÚDE E BEM-ESTAR *Como podemos criar crianças e adolescentes morais?* 256

CONEXÃO COM OS ADOLESCENTES *Encontrando uma forma de conseguir um parque* 258

Valores, religião e espiritualidade 260
Valores 260

CONEXÃO COM CARREIRAS *Constance Flanagan, professora de desenvolvimento cívico de jovens* 261
Religião e espiritualidade 261

CONEXÃO COM OS ADOLESCENTES *Nina Vasan, artista voluntária e angariadora de fundos* 262

CAPÍTULO 8 FAMÍLIAS 268

Processos familiares 269
Socialização recíproca e a família como um sistema 269
Maturação 270

Relações dos adolescentes e dos adultos emergentes com seus pais 273

CONEXÃO COM OS ADOLESCENTES *Precisando de pais como guias* 274
Os pais como gerenciadores 274
Estilos parentais 275
Coparentalidade 278
Conflito pais-adolescente 278

CONEXÃO COM CARREIRAS *Martha Chan, terapeuta de casais e família* 279
Autonomia e apego 280
Relações dos adultos emergentes com seus pais 285
Relações intergeracionais 286

CONEXÃO COM SAÚDE E BEM-ESTAR *É possível a convivência entre adultos emergentes e seus pais?* 287

Relações entre irmãos 288
Papéis dos irmãos 288
Ordem de nascimento 290

A família em mutação em uma sociedade em mutação 291
Famílias divorciadas 291

CONEXÃO COM ADULTOS EMERGENTES *Estudantes universitários refletem sobre crescer em uma família divorciada* 294
Famílias reconstituídas 295
Pais que trabalham 296
Adoção 297
Pais *gays* e lésbicas 299
Cultura e etnia 300

CAPÍTULO 9 PARES, RELAÇÕES AMOROSAS E ESTILOS DE VIDA 305

Explorando as relações entre pares e as amizades 306
Relações entre pares 306
Amizades 314

CONEXÃO COM OS ADOLESCENTES *Nós nos definíamos com adjetivos* 316
Solidão 317

CONEXÃO COM SAÚDE E BEM-ESTAR *Quais são as estratégias eficazes e ineficazes para fazer amigos?* 317

Grupos de adolescentes 318
Grupos na infância e na adolescência 318
"Panelinhas" e turmas 319

Gênero e cultura 320
Gênero 320
Condição socioeconômica e etnia 321
Cultura 321

Namoro e relações amorosas 322
Funções do namoro 322
Tipos de namoro e mudanças desenvolvimentais 323
Emoção, ajustamento e relações amorosas 325
O amor romântico e sua construção 326
Gênero e cultura 328

Estilos de vida dos adultos emergentes 330
Adultos solteiros 330
Adultos em coabitação 331
Adultos casados 331
Adultos divorciados 333
Adultos *gays* e lésbicas 334

CAPÍTULO 10 ESCOLA 338

Abordagens na educação dos estudantes 339
Abordagens contemporâneas para a aprendizagem do estudante 340

Transições na escolaridade 341
Transição para os últimos anos do ensino fundamental 341
Evasão escolar no ensino médio 341
Transição do ensino médio para o ensino superior 343
Transição do ensino superior para o mercado de trabalho 343

Os contextos sociais das escolas 344
Mudanças nos contextos socias desenvolvimentais 344
Clima e manejo da sala de aula 344
Adequação pessoa-ambiente 345

CONEXÃO COM OS ADOLESCENTES *"Você é o mais legal"* 346
Professores, pais, pares e atividades extracurriculares 346
CONEXÃO COM SAÚDE E BEM-ESTAR *Prevenção/intervenção no bullying* 349
Cultura 350
CONEXÃO COM OS ADOLESCENTES *Alunos de Tommie Lindsey, professor de retórica* 351
CONEXÃO COM CARREIRAS *James Comer, psiquiatra infantil* 353

Adolescentes excepcionais 356
Quem são os adolescentes com deficiências? 356
Dificuldades de aprendizagem 356
Transtorno de déficit de atenção/hiperatividade 357
Adolescentes superdotados 358

CAPÍTULO 11 REALIZAÇÃO, TRABALHO E CARREIRAS 364

Realização 365
A importância da realização na adolescência 366
Os processos para a realização 366
CONEXÃO COM CARREIRAS *Jaime Escalante, professor de matemática de uma escola do ensino médio* 371
Relações sociais e contextos 373
CONEXÃO COM ADULTOS EMERGENTES *Hari Prabhakar, aluno de um Caminho para um Propósito* 374
Alguns obstáculos motivacionais à realização 377
CONEXÃO COM SAÚDE E BEM-ESTAR *Você consegue resolver a procrastinação?* 379

Trabalho 380
Trabalho na adolescência 380
Trabalho durante a universidade 381
Aprendizagem baseada no trabalho/carreira 381
Trabalho na adultez emergente 382

Desenvolvimento da carreira 383
Mudanças desenvolvimentais 383
Fatores cognitivos 383
Desenvolvimento da identidade 384
CONEXÃO COM CARREIRAS *Grace Leaf, conselheira universitária/de carreira* 385
Contextos sociais 385
CONEXÃO COM CARREIRAS *Armando Ronquillo, conselheiro do ensino médio/conselheiro universitário* 387

CAPÍTULO 12 CULTURA 391

Cultura, adolescência e adultez emergente 392
A relevância da cultura para o estudo da adolescência e da adultez emergente 392
Comparações transculturais 393
Ritos de passagem 395

Status socioeconômico e pobreza 396
O que é *status* socioeconômico? 397
Variações socioeconômicas nas famílias, nos bairros e nas escolas 397
Pobreza 398

Etnia 400
Adolescência e adultez emergente: um momento crítico para os indivíduos de minorias étnicas 400
Questões étnicas 401
CONEXÃO COM OS ADOLESCENTES *Buscando uma imagem positiva para os jovens afro-americanos* 402

A mídia e a tecnologia 403
O uso da mídia 404
Televisão 405
A mídia e a música 407
Tecnologia, computadores, internet e telefones celulares 407
Políticas sociais e a mídia 410

CAPÍTULO 13 PROBLEMAS NA ADOLESCÊNCIA E NA ADULTEZ EMERGENTE 414

Explorando os problemas do adolescente e do adulto emergente 415
A abordagem biopsicossocial 415
A abordagem da psicopatologia do desenvolvimento 417
Características dos problemas na adolescência e na adultez emergente 419
Estresse e estratégias de enfrentamento 420
CONEXÃO COM OS ADOLESCENTES *Todas estressadas* 421
CONEXÃO COM CARREIRAS *Luis Vargas, psicólogo clínico infantil* 424
Resiliência 425
CONEXÃO COM SAÚDE E BEM-ESTAR *Quais estratégias de enfrentamento funcionam para adolescentes e adultos emergentes?* 425

Problemas e transtornos 426
Uso de drogas 426
Delinquência juvenil 434
Depressão e suicídio 437
Transtornos da alimentação 441

Inter-relação dos problemas e prevenção/intervenção 446
Adolescentes com múltiplos problemas 446
Prevenção e intervenção 447

Glossário 453
Referências 459
Créditos 503
Índice onomástico 507
Índice remissivo 519

capítulo 1 — INTRODUÇÃO

esboço do capítulo

Perspectiva histórica

Objetivo de aprendizagem 1 Descrever a perspectiva histórica da adolescência.

História inicial
Os séculos XX e XXI
Estereotipação dos adolescentes
Uma visão positiva da adolescência

Os adolescentes pelo mundo

Objetivo de aprendizagem 2 Discutir os adolescentes pelo mundo.

A perspectiva global

A natureza do desenvolvimento

Objetivo de aprendizagem 3 Resumir processos, períodos, transições e questões sobre o desenvolvimento relacionados à adolescência.

Processos e períodos
Transições no desenvolvimento
Questões sobre o desenvolvimento

A ciência do desenvolvimento adolescente

Objetivo de aprendizagem 4 Caracterizar a ciência do desenvolvimento adolescente.

Ciência e método científico
Teorias do desenvolvimento adolescente
Pesquisa do desenvolvimento adolescente

Foto de Jeffrey Dahmer no ensino médio.

Alice Walker.

Dr. Michael Maddaus, aconselhando um jovem problemático.

Jeffrey Dahmer teve uma infância e uma adolescência problemáticas. Seus pais brigavam constantemente antes de se divorciarem. Sua mãe tinha problemas emocionais e idolatrava seu irmão mais novo. Ele achava que seu pai o negligenciava, e havia sido abusado sexualmente por outro menino quando tinha 8 anos. Mas a maioria das pessoas que passou por infância e adolescência dolorosas não se transforma em *serial killers*, como aconteceu com Dahmer. Dahmer matou sua primeira vítima em 1978 com um haltere e outras 16 pessoas antes de ser preso e sentenciado a cumprir 15 penas de prisão perpétua.

Uma década antes do primeiro assassinato de Dahmer, Alice Walker, que posteriormente ganharia um Prêmio Pulitzer por seu livro *A Cor Púrpura*, passava seus dias lutando contra o racismo no Mississipi. Oitava filha de agricultores, Walker conheceu os efeitos brutais da pobreza. Apesar de todas as desvantagens, ela seguiu em frente até se tornar uma escritora premiada. Walker escreve sobre pessoas que, como ela mesma diz, "têm sucesso, que vêm do nada. Pessoas que triunfam."

Considere também a mudança de vida de Michael Maddaus (Broderick, 2003; Masten, Obradovic e Burt, 2006). Durante sua infância e sua adolescência em Mineápolis, sua mãe era alcoolista e seu padrasto o abusava. Ele lidava com isso passando cada vez mais tempo nas ruas, tendo sido preso mais de 20 vezes por delinquência, sendo internado com frequência em centros de detenção e raramente indo à escola. Aos 17 anos, ele se alistou na Marinha e a experiência o ajudou a adquirir autodisciplina e esperança. Após sua breve passagem pela Marinha, concluiu o supletivo e começou a ter aulas na universidade comunitária. Entretanto, continuava a ter algumas recaídas com drogas e álcool. Um momento decisivo, quando estava se tornando adulto, aconteceu no dia em que ele entregava mobília na casa de um cirurgião. O cirurgião se interessou em ajudá-lo e a sua orientação levou Michael a ingressar voluntariamente num centro de reabilitação e, posteriormente, a trabalhar juntamente com um neurocirurgião. Por fim, ele se formou, ingressou na faculdade de medicina, casou e começou uma família. Hoje, Michael Maddaus é um cirurgião de sucesso. Uma das suas atividades de voluntariado mais gratificantes é contar sua história a jovens problemáticos.

O que leva um adolescente como Jeffrey Dahmer, tão promissor, a cometer atos brutais de violência e outro, como Alice Walker, a transformar pobreza e trauma numa rica produção literária? Como podemos tentar explicar como um indivíduo igual a Michael Maddaus pode se transformar, a partir de uma infância e uma adolescência abaladas por abuso e delinquência, em um cirurgião de sucesso, enquanto outros parecem ficar tão perturbados por incômodos menores na vida? Por que alguns adolescentes são como um furacão – bem-sucedidos na escola, envolvidos numa rede de amigos e cheios de energia – enquanto outros estão sempre na margem, como meros espectadores da vida? Se você alguma vez já se perguntou o que faz os adolescentes se destacarem, você já se fez a pergunta central que exploramos neste livro.

apresentação

Adolescência, 14ª edição, é uma janela para a natureza do desenvolvimento da adolescência – a sua e a de todos os outros adolescentes. Neste capítulo, você lerá sobre a história dessa área, as características dos adolescentes de hoje, tanto nos Estados Unidos quanto no resto do mundo, e a forma como os adolescentes se desenvolvem.

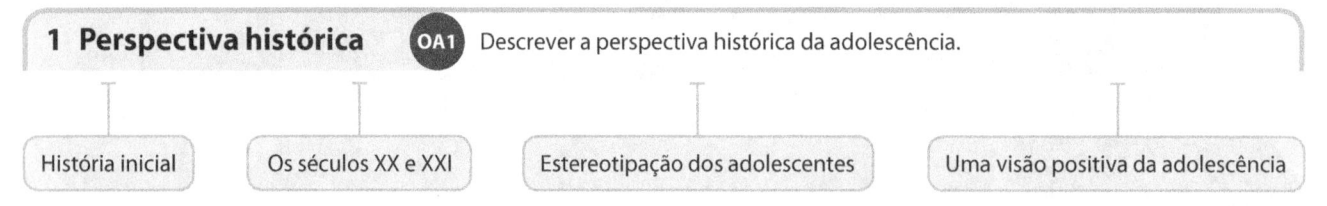

1 Perspectiva histórica

OA1 Descrever a perspectiva histórica da adolescência.

| História inicial | Os séculos XX e XXI | Estereotipação dos adolescentes | Uma visão positiva da adolescência |

"De maneira alguma a adolescência é uma simples época da vida."
—JEAN ERSKINE STEWART,
Escritor americano, século XX

Como tem sido retratada a adolescência em diferentes momentos da história? Quando começou o estudo científico da adolescência?

HISTÓRIA INICIAL

Na Grécia antiga, os filósofos Platão e Aristóteles fizeram comentários sobre a natureza da juventude. De acordo com Platão (século IV a.C.), o raciocínio não pertence à infância e aparece inicialmente na adolescência. Platão achava que as crianças deviam ocupar seu tempo com esportes e música, enquanto os adolescentes deveriam estudar ciências e matemática.

Aristóteles (século IV a.C.) argumentou que o aspecto mais importante da adolescência é a capacidade de escolha, e que a autodeterminação é uma marca da maturidade. A ênfase de Aristóteles no desenvolvimento da autodeterminação não é diferente das visões contemporâneas que encaram a independência, a identidade e a escolha da carreira como os temas principais da adolescência. Aristóteles também reconheceu o egocentrismo dos adolescentes, comentando certa vez que os adolescentes acham que sabem tudo e que estão certos disso.

Na Idade Média, crianças e adolescentes eram vistos como adultos em miniatura e estavam sujeitos a uma disciplina rígida. No século XVIII, o filosofo francês Jean-Jacques Rousseau apresentou uma visão mais clara da adolescência, restabelecendo a crença de que ser criança ou adolescente não é o mesmo que ser adulto. Como Platão, Rousseau achava que o raciocínio se desenvolve na adolescência. Ele disse que a curiosidade deve ser especialmente encorajada na educação de jovens entre 12 e 15 anos. Rousseau argumentava que, dos 15 aos 20 anos, os indivíduos amadurecem emocionalmente e o seu egoísmo é substituído por um interesse pelos outros. Assim, Rousseau concluiu que o desenvolvimento possui fases distintas. Suas ideias, no entanto, eram especulativas; apenas no início do século XX começou a exploração científica da adolescência.

OS SÉCULOS XX E XXI

O fim do século XIX e a primeira parte do século XX viram a invenção do conceito que agora chamamos de adolescência. Entre 1890 e 1920, inúmeros psicólogos, reformadores urbanos, educadores, jovens trabalhadores e conselheiros começaram a desenvolver o conceito. Naquela época, os jovens, especialmente os meninos, eram vistos cada vez mais como passivos e vulneráveis – qualidades anteriormente associadas apenas às adolescentes do sexo feminino. Quando o livro de Stanley Hall sobre adolescência foi publicado em 1904 (veja a próxima seção), desempenhou um papel essencial na reestruturação do pensamento sobre a adolescência.

Modelo de "turbulência e estresse", de G. Stanley Hall G. Stanley Hall (1844-1924) foi pioneiro no estudo científico da adolescência. Em 1904, Hall publicou suas ideias em um conjunto de dois volumes intitulado *Adolescence*, Hall foi fortemente influenciado por Charles Darwin, o famoso teórico evolucionista. Aplicando a visão de Darwin ao estudo do desenvolvimento adolescente, Hall propôs que o desenvolvimento é controlado fundamentalmente por fatores biológicos.

Modelo de turbulência e estresse é o conceito de Hall de que a adolescência é um período turbulento, carregado de conflitos e alterações no humor. Segundo sua visão, pensamentos, sentimentos e ações dos adolescentes oscilam entre presunção e humildade, boas intenções e tentação, alegria e tristeza. Um adolescente pode ser desagradável com um amigo em determinado momento e gentil no momento seguinte; ou ter necessidade de privacidade em um momento, mas, segundos depois, querer companhia.

Hall foi um gigante no campo da adolescência. Ele começou a teorização, a sistematização e o questionamento que foram além da mera especulação e da filosofia. Na verdade, devemos o começo do estudo científico da adolescência a Hall.

Visão sociocultural da adolescência, de Margaret Mead A antropóloga Margaret Mead (1928) estudou adolescentes em Samoa, ilhas dos Mares do Sul. Ela concluiu que a natureza básica da adolescência não é biológica, conforme Hall afirmava, mas sociocultural. Em culturas que proporcionam uma transição suave e gradual da infância para a idade adulta, que é a forma como se lida com a adolescência em Samoa, ela encontrou pouca turbulência e pouco estresse associados a este período. As observações de Mead dos adolescentes samoanos revelaram, ao contrário, que suas vidas eram relativamente livres de tumulto. Mead concluiu que as culturas que permitem que os adolescentes tenham relações sexuais, vejam os bebês nascerem, considerem a morte como natural, façam trabalhos importantes, façam jogos sexuais e conheçam claramente o seu papel adulto tenderão a promover uma adolescência relativamente livre de estresse. No entanto, em culturas como os Estados Unidos, em que as crianças são consideradas muito diferentes dos adultos, e a adolescência não é caracterizada pelas mesmas experiências, este período tem maior probabilidade de ser estressante.

G. Stanley Hall, pai do estudo científico da adolescência.

modelo de turbulência e estresse Conceito de G. Stanley Hall de que a adolescência é um período turbulento carregado de conflitos e alterações no humor.

A antropóloga Margaret Mead (à esquerda) com uma adolescente samoana. Mead descobriu que a adolescência em Samoa era relativamente livre de estresse, embora recentemente seus achados tenham sido criticados. *Como a visão de Mead da adolescência contrasta com a visão de Hall?*

Mais de meio século depois dos achados de Mead em Samoa, seu trabalho foi criticado como tendencioso e propenso ao erro (Freeman, 1983). A crítica atual argumenta que a adolescência samoana é mais estressante do que Mead sugeriu e que a delinquência também aparece entre os adolescentes samoanos, assim como entre os adolescentes ocidentais. Apesar da controvérsia quanto aos achados de Mead, alguns pesquisadores defenderam o trabalho dela (Holmes, 1987).

Visão intervencionista Embora a adolescência tenha uma base biológica, como argumentou G. Stanley Hall, ela também possui uma base sociocultural, como sustentava Margaret Mead. Na verdade, as condições sócio-históricas contribuíram para a emergência do conceito de adolescência. De acordo com a **visão intervencionista**, a adolescência é uma criação sócio-histórica. Especialmente importante para esta visão da adolescência são as circunstâncias históricas do começo do século XX, época em que foi aprovada a legislação que assegurou a dependência dos jovens e deixou mais administrável o seu movimento em direção à esfera econômica. Essas circunstâncias sócio-históricas incluíam: um declínio na aprendizagem, o aumento da mecanização durante a Revolução Industrial, o que elevou o nível das habilidades requeridas dos trabalhadores e exigiu uma divisão especializada do trabalho, a separação entre trabalho e casa, escolas divididas por idade, urbanização, o aparecimento de grupos de jovens como a YMCA (ACM) e os Escoteiros e os escritos de G. Stanley Hall.

Escolas, trabalho e economia são dimensões importantes da visão intervencionista da adolescência. Alguns estudiosos argumentam que o conceito de adolescência foi inventado, principalmente, como um subproduto do movimento para criar um sistema de educação pública compulsória. Sob esse ponto de vista, a função do ensino médio é transmitir habilidades intelectuais para os jovens. Entretanto, outros estudiosos argumentam que o objetivo principal do ensino médio é inserir os jovens na esfera econômica. Segundo esta visão, a sociedade estadunidense conferia o *status* de adolescência aos jovens através da legislação de cuidados à criança (Lapsley, Enright e Serlin, 1985). Ao desenvolver leis especiais para os jovens, os adultos restringiram suas opções, encorajaram sua dependência e tornaram sua entrada no mundo do trabalho mais administrável.

Os historiadores agora chamam o período entre 1890 e 1920 de "era da adolescência". Neste período, os legisladores aprovaram uma grande quantidade de legislações obrigatórias direcionadas aos jovens. Em praticamente todos os estados foram aprovadas leis que excluíam os jovens da maior parte dos empregos e exigiam que eles frequentassem o ensino médio. Boa parte dessa legislação previa sanções. Duas mudanças claras resultaram dessa legislação: redução no emprego e aumento na frequência escolar entre os jovens. De 1910 a 1930, o número de jovens entre 10 e 15 anos empregados com remuneração caiu em torno de 75%. Além disso, entre 1900 e 1930, o número de estudantes no ensino médio aumentou substancialmente. Aproximadamente 600% mais indivíduos se formaram no ensino médio em 1930 do que em 1900. Vamos olhar mais de perto como as concepções da adolescência e as experiências dos adolescentes se modificaram com os tempos de constante mudança do século XX.

Outras mudanças nos séculos XX e XXI A discussão das mudanças históricas na forma como os indivíduos vivenciaram a adolescência envolve o direcionamento do foco para as mudanças nas gerações. *Coorte* é um grupo de pessoas que nasceram num momento similar na história e, consequentemente, compartilham experiências similares. Por exemplo, os indivíduos que vivenciaram a Grande Depressão quando adolescentes provavelmente serão diferentes de seus equivalentes adolescentes durante o período otimista posterior à Segunda Guerra Mundial, na década de 1950. Na discussão e na condução de pesquisas sobre tais variações históricas, é usado o termo **efeitos de coorte**, que se refere aos efeitos devidos à época do nascimento, à era ou geração de uma pessoa, mas não propriamente à idade cronológica (Schaie, 2011; Schaie e Willis, 2012). Agora vamos explorar os potenciais efeitos de coorte no desenvolvimento dos adolescentes e adultos emergentes na última metade do século XX e primeira parte do século XXI.

Décadas de 1950 a 1970 Por volta de 1950, o período do desenvolvimento referido como adolescência havia atingido a maioridade. Ele tinha não somente identidades físicas e sociais, mas também uma identidade legal, pois cada estado desenvolveu leis especiais para jovens entre as idades de 16 e 18 até os 20 anos. Conquistar um diploma universitário – o caminho para conquistar um bom emprego – estava nas mentes de muitos adolescentes durante a

---

visão intervencionista Visão de que a adolescência é uma criação sócio-histórica. Especialmente importantes neste ponto de vista são as circunstâncias sócio-históricas do começo do século XX, época em que foi aprovada uma legislação que assegurava a dependência dos jovens e tornava o seu movimento de entrada na esfera econômica mais administrável.

efeitos de coorte Refere-se aos efeitos devidos a data de nascimento, era ou geração de uma pessoa, não propriamente à idade cronológica.

década de 1950, assim como casar, formar uma família e se estabilizar na vida com o luxo que era exibido nos comerciais de televisão.

Embora a busca dos adolescentes por uma educação superior tenha continuado na década de 1960, a muitos adolescentes afro-americanos não somente era negada uma educação universitária como eles também recebiam um ensino médio inferior. Os conflitos étnicos na forma de motins e discussões se disseminaram, e os estudantes em idade universitária estavam entre os participantes mais barulhentos.

Os protestos políticos chegaram ao seu auge no final da década de 1960 e início da década de 1970, quando milhões de adolescentes reagiram violentamente ao que eles consideravam participação imoral dos Estados Unidos na Guerra do Vietnã. Em meados dos anos 1970, os protestos radicais dos adolescentes começaram a diminuir junto com o envolvimento norte-americano no vietnã. Esses protestos foram substituídos pelo aumento da preocupação adolescente com sua ascensão por meio do rendimento escolar, universitário ou treinamento vocacional. Os interesses materiais começaram novamente a dominar a motivação dos adolescentes, enquanto os desafios ideológicos às instituições sociais começaram a retroceder.

Na década de 1970, o movimento feminista modificou a descrição e o estudo da adolescência. Nos primeiros anos, as descrições da adolescência eram mais pertinentes aos rapazes do que às moças. Os objetivos relacionados tanto à família quanto à carreira que as adolescentes possuem hoje eram em grande parte desconhecidos das garotas da década de 1890 e inicio dos anos 1900.

Mileniais Em anos recentes, a cultura popular foi atribuindo rótulos às gerações. O rótulo mais recente é **mileniais**, a geração nascida depois de 1980, os primeiros a atingirem a maioridade e começarem o novo milênio entrando na idade adulta. Duas características dos mileniais se destacam: (1) sua diversidade étnica e (2) sua conexão com a tecnologia. Uma análise recente também descreveu seus integrantes como "confiantes, autoexpressivos, liberais, otimistas e abertos à mudança" (Pew Research Center, 2010, p. 1).

Como sua diversidade étnica aumentou em relação às gerações anteriores, muitos adolescentes mileniais e jovens adultos são mais tolerantes e de mente aberta do que seus equivalentes das gerações anteriores. Uma pesquisa indicou que 60% dos adolescentes de hoje dizem que seus amigos incluem pessoas de grupos étnicos diversos (Teenage Research Unlimited, 2004). Outra pesquisa encontrou que 60% dos norte-americanos entre 18 e 29 anos tinham namorado alguém de um grupo étnico diferente do seu (Jones, 2005).

Outra mudança importante que caracteriza os mileniais é o impressionante crescimento no uso das mídias e da tecnologia (Brown e Bobkowski, 2011). De acordo com uma análise,

> eles são a primeira geração da história que está "sempre conectada". Impregnados pela tecnologia digital e pelas mídias sociais, eles tratam seus aparelhos multitarefas quase como uma extensão do próprio corpo – para o bem ou para o mal. Mais de 8 em cada 10 dizem que dormem com um telefone celular ao lado da cama, prontos para desepejar textos, chamadas telefônicas, músicas, notícias, vídeos, jogos e toques musicais para despertar. Mas, às vezes, a conveniência produz tentações. Quase dois terços admitem trocar mensagens de texto enquanto dirigem. (Pew Research Center, 2010, p. 1).

Conforme citado, provavelmente, existem aspectos positivos e negativos sobre como a revolução tecnológica está afetando os jovens. A tecnologia pode oferecer um conjunto muito rico de conhecimentos que, se usados de uma forma construtiva, podem melhorar a educação dos adolescentes (Smaldino, Lowther e Russell, 2012; Taylor e Fratto, 2012). No entanto, o possível aspecto negativo da tecnologia foi capturado num livro recente, *The Dumbest Generation: How the Digital Age Stupefies Young Americans and Jeopardizes Our Future (Or: Don't Trust Anyone Under 30* (A Geração Mais Burra: Como a Era Digital Emburrece os Jovens Americanos e Ameaça Nosso Futuro [Ou: Não Confie em Ninguém com Menos de 30 Anos]), escrito pelo professor de inglês Mark Bauerlein, da Emory University (2008). Dentre os temas do livro, está o de que muitos jovens de hoje estão mais interessados na recuperação da informação do que na formação da informação, não leem livros e não estão motivados para ler, não conseguem escrever corretamente sem um revisor ortográfico e se encapsularam num mundo de iPhones, troca de mensagens de texto, Facebook, YouTube, MySpace, Grand Theft Auto (a introdução do vídeo em 2008 trouxe um resultado de vendas de 500 milhões de dólares na primeira semana, tolhendo a venda de outros filmes e vídeos) e outros contextos de tecnologia. No que diz respeito a reter informações gerais

mileniais Geração nascida depois de 1980, a primeira a atingir a maioridade e a começar o novo milênio entrando na idade adulta. Duas características dos mileniais se destacam: (1) sua diversidade étnica e (2) sua conexão com a tecnologia.

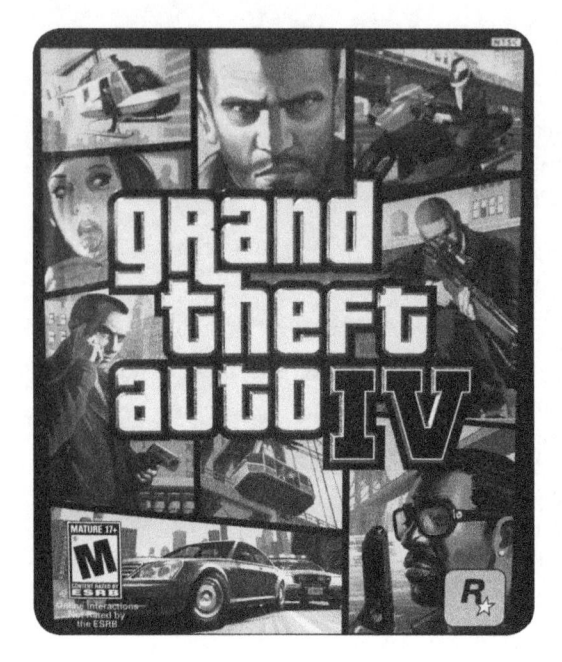

e fatos históricos, Bauerlein pode estar correto. E, em termos de algumas habilidades como a leitura e a escrita, existe uma preocupação considerável – como fica evidenciado pela ação dos empregadores norte-americanos que gastam 1,3 bilhão de dólares por ano para ensinar habilidades de escrita aos seus empregados (Begley e Interlandi, 2008). Contudo, em termos de habilidades cognitivas como pensamento e raciocínio, é provável que ele esteja errado, dado que os escores de QI vêm subindo significativamente desde a década de 1930 (Flynn, 2007). Além do mais, não existem evidências de pesquisa de que estar imerso num mundo tecnológico de iPhone, Facebook e YouTube prejudique as habilidades de pensamento (Begley e Interlandi, 2008). Teremos muito mais a discutir sobre inteligência no Capítulo 3 e sobre tecnologia no Capítulo 12.

Outra preocupação sobre a atual geração de adolescentes foi recentemente expressada em *The Path to Purpose (O Caminho para o Propósito)*, pelo importante especialista em adolescência William Damon (2008). Damon argumenta que muitos adultos norte-americanos se tornaram eficientes na busca de soluções de curto prazo para várias tarefas e problemas em suas vidas, e eles estão incutindo o mesmo desejo de gratificação imediata e pensamento limitado em suas crianças e seus adolescentes. Na visão de Damon, embora estas soluções de curto prazo (como concluir um trabalho, tirar uma boa nota no teste do dia seguinte e formar um time) sejam frequentemente adaptações necessárias a uma situação, elas podem distrair os adolescentes do pensamento sobre seus objetivos de vida como, por exemplo: "Que tipo de pessoa eu quero ser?", "O que eu quero fazer com a minha vida?", "Por que eu devo tentar ter sucesso?". Damon enfatiza também que os pais podem ajudar a remediar este problema, dando-lhes opções e orientando-os nas escolhas. Além disso, podem conversar com eles sobre trajetória, assuntos e problemas nas suas vidas que eles acham significativos e lhes transmitir como eles mesmos enfrentaram os revezes e dilemas. Vamos expandir o conceito de Damon de um caminho na busca de um propósito nos textos de nossas discussões sobre exploração da identidade (Capítulo 4), desenvolvimento moral, valores e religião (Capítulo 7) e conquistas e carreiras (Capítulo 11).

Já fizemos considerações sobre as importantes circunstâncias históricas em torno do desenvolvimento do conceito de adolescência, avaliamos como a sociedade encarou os adolescentes em diferentes momentos da história e examinamos diversas mudanças importantes que caracterizam a atual geração de adolescentes. A seguir, exploraremos por que precisamos ter precaução ao fazermos generalizações sobre os adolescentes de qualquer época. Enquanto você lê sobre a estereotipação dos adolescentes, pense sobre como o livro que acabamos de descrever – *The Dumbest Generation* (Bauerlein, 2008) – pode estar refletindo essa estereotipia.

ESTEREOTIPAÇÃO DOS ADOLESCENTES

Estereotipação é uma generalização que reflete nossas impressões e crenças a respeito de uma categoria ampla de pessoas. Todos os estereótipos carregam uma imagem de como é um membro típico de um grupo específico. Depois que atribuímos um estereótipo, é difícil abandoná-lo, mesmo diante de evidências contraditórias.

Os estereótipos dos adolescentes são abundantes: "Eles dizem que querem um emprego, mas, quando conseguem um, não querem trabalhar", "Eles são todos preguiçosos", "Eles só pensam em sexo", "Eles estão todos nas drogas, até o último deles", "Os garotos de hoje não possuem a fibra moral da minha geração", "O problema dos adolescentes de hoje é que eles ganham tudo com muita facilidade", "Eles são muito autocentrados". Na verdade, durante a maior parte do século XX e o início do século XXI, os adolescentes têm sido retratados como anormais ou desviantes, e não como normais e não desviantes. Considere a imagem de Hall de turbulência e estresse. Considere, também, as descrições que a mídia faz dos adolescentes como rebeldes, conflituosos, delinquentes e autocentrados. Especialmente preocupante é que, mesmo diante de evidências de realizações positivas dos jovens – por exemplo, o fato de que a maioria dos adolescentes participa de serviços comunitários –, muitos adultos negam os fatos ou então dizem que eles devem ser exceções (Youniss e Ruth, 2002).

A estereotipação dos adolescentes está tão difundida que o pesquisador da adolescência Joseph Adelson (1979) cunhou o termo **lacuna de generalização adolescente**, que se refere a

---

> **conexão** com o desenvolvimento
> **Tecnologia.** Quando são levadas em conta as mídias multitarefas, os jovens de 11 a 14 anos passam uma média de quase 12 horas por dia de exposição às mídias. Cap. 12, p. 404

> **conexão** com o desenvolvimento
> **Identidade.** Damon argumenta que muitos jovens hoje são indecisos e não estão avançando adequadamente em direção à resolução da identidade. Cap. 4, p. 165

estereotipação Uma generalização que reflete nossas impressões e crenças a respeito de um grupo amplo de pessoas. Todos os estereótipos se referem a uma imagem do que deve ser um membro típico de um grupo específico.

lacuna de generalização adolescente Conceito de Adelson das generalizações sobre os adolescentes com base em informações sobre um grupo limitado de adolescentes, em geral de grande visibilidade.

generalizações baseadas em informações sobre um grupo limitado de adolescentes, em geral de grande visibilidade. Alguns adolescentes desenvolvem confiança em suas capacidades, apesar dos estereótipos negativos a seu respeito. E alguns indivíduos (como Alice Walker e Michael Maddaus, discutidos na abertura deste capítulo) triunfam sobre pobreza, abuso e outras adversidades.

UMA VISÃO POSITIVA DA ADOLESCÊNCIA

A estereotipação negativa dos adolescentes é exagerada (Lerner et al., 2011; Lewin-Bizan, Bowers e Lerner, 2011; O'Connor et al., 2010). Em um estudo transcultural, Daniel Offer e colaboradores (1988) não encontraram apoio para tal visão negativa. Os pesquisadores avaliaram a autoimagem de adolescentes pelo mundo – Estados Unidos, Austrália, Bangladesh, Hungria, Israel, Itália, Japão, Taiwan, Turquia e Alemanha Ocidental – e descobriram que pelo menos 73% dos adolescentes tinham uma autoimagem positiva. Os adolescentes eram autoconfiantes e otimistas quanto ao seu futuro. Embora houvesse algumas exceções, em geral, os adolescentes eram felizes na maior parte do tempo: aproveitavam a vida, percebiam-se como capazes de exercer o autocontrole, valorizavam trabalho e escola, expressavam confiança na sua sexualidade, apresentavam sentimentos positivos em relação às suas famílias e achavam que tinham capacidade de enfrentar os estresses da vida – não exatamente o retrato de uma adolescência do tipo turbulência e estresse.

Velhos séculos e novos séculos Para muitas pessoas do século passado, nos Estados Unidos e em outras culturas ocidentais, a adolescência era percebida como um período problemático na vida, de acordo com a representação de G. Stanley Hall (1904) de turbulência e estresse. Mas, conforme o estudo recém descrito, a maioria dos adolescentes não chega nem perto de ser perturbada e problemática como sugere o estereótipo popular.

O fim de um velho século e o começo do seguinte pode estimular a reflexão sobre o que foi, assim como as visões do que poderia e deveria ser. No campo da psicologia em geral, e no seu subcampo do desenvolvimento adolescente, os psicólogos fizeram a retrospectiva de um século em que a disciplina se tornou excessivamente negativa (Seligman e Csikszentmihalyi, 2000). A psicologia havia se transformado em uma ciência demasiadamente austera, na qual as pessoas eram frequentemente caracterizadas como vítimas passivas. Os psicólogos estão agora buscando um foco no lado positivo da experiência humana e uma maior ênfase na esperança, no otimismo, nos traços individuais positivos, na criatividade e nos valores grupais e cívicos positivos, tais como responsabilidade, educação, civilidade e tolerância (King, 2011).

> Caso você esteja preocupado com o que vai ser da geração mais jovem, saiba que ela vai crescer e começar a se preocupar com a geração mais jovem.
>
> —ROGER ALLEN
> *Escritor americano contemporâneo*

Os adolescentes têm sido muito estereotipados negativamente? Explique.

Percepções geracionais e equívocos As percepções que os adultos têm da adolescência surgem de uma combinação de experiência pessoal e representações da mídia, nenhuma das quais produz uma imagem objetiva de como os adolescentes típicos se desenvolvem (Feldman e Elliot, 1990). Parte da tendência a presumir o pior sobre os adolescentes provavelmente envolve a memória curta dos adultos. Os adultos frequentemente retratam os adolescentes de hoje como mais problemáticos, menos respeitosos, mais autocentrados, mais assertivos e mais aventureiros do que eles eram.

Entretanto, em termos de gostos e maneiras, os jovens de todas as gerações pareceram radicais, amedrontados e diferentes dos adultos – diferentes na aparência, em como se comportam, na música de que gostam, no estilo dos seus cabelos e nas roupas que escolhem. É um grande erro confundir o entusiasmo dos adolescentes para experimentar novas identidades e para se envolver ocasionalmente em episódios de comportamento abusivo com hostilidade em relação aos padrões parentais e sociais. O *acting out* e o teste dos limites são as formas como os adolescentes avançam em direção à aceitação, em vez de rejeição, dos valores parentais.

Desenvolvimento positivo dos jovens O que tem sido chamado de *desenvolvimento positivo dos jovens* (DPJ) na adolescência reflete a abordagem da psicologia positiva. O desenvolvimento positivo dos jovens enfatiza os pontos fortes e as qualidades positivas dos jovens e as trajetórias desenvolvimentais que são esperadas para eles (Benson e Scales, 2009, 2011; Larson, 2011; Larson e Angus, 2011; Sullivan e Larson, 2010). O desenvolvimento positivo dos jovens foi especialmente promovido por Jacqueline Lerner e colaboradores (2009), que recentemente descreveram os "Cinco Cs" do DPJ:

- *Competência,* envolve ter uma percepção positiva das próprias ações em áreas de domínio específico – social, acadêmica, física, carreira, etc.
- *Confiança,* consiste em ter uma noção positiva global de autoestima e autoeficácia (uma noção de que se pode dominar uma situação e produzir resultados positivos).
- *Conexão,* caracteriza-se pelas relações positivas com os outros, incluindo família, amigos, professores e indivíduos da comunidade.
- *Caráter,* inclui o respeito pelas regras sociais, compreensão do certo e do errado e integridade.
- *Cuidado/compaixão,* inclui demonstrar preocupação emocional com os outros, especialmente com aqueles que estão em sofrimento.

Lerner e colaboradores (2009) concluíram que, para desenvolver essas cinco características positivas, os jovens precisam ter acesso a contextos sociais positivos – como programas para desenvolvimento de jovens e atividades organizadas para jovens – e a pessoas competentes – como professores interessados, líderes comunitários e mentores. Exploraremos melhor os programas para desenvolvimento de jovens no Capítulo 9; no Capítulo 13 examinaremos a ênfase de Peter Benson na importância dos recursos desenvolvimentais para a melhoria do desenvolvimento juvenil, que reflete a abordagem do desenvolvimento positivo dos jovens.

Uma ênfase recente no movimento para estimular o estudo do desenvolvimento positivo dos jovens, em vez de apenas os riscos e desafios com os quais os jovens se defrontam, é o

---

conexão com o desenvolvimento
Desenvolvimento dos jovens.
Muitas atividades e organizações para jovens proporcionam aos adolescentes oportunidades de desenvolverem qualidades positivas.
Cap. 9, p. 309

---

conexão COM OS ADOLESCENTES

Querendo ser tratado como uma pessoa ativa

Muitas vezes, os adolescentes são vistos como um problema com o qual ninguém realmente quer lidar. Por vezes, as pessoas ficam intimidadas e se tornam hostis quando os jovens estão dispostos a desafiar sua autoridade. É como se estivem sendo desrespeitosos. Os adolescentes, muitas vezes, não são tratados como uma pessoa ativa e como pensadores inovadores que serão os líderes de amanhã. Os adultos têm o poder de ensinar à geração mais jovem sobre o mundo e permitir que sintam que podem se expressar nesse mundo.

— *Zula, 16 anos*
Brooklyn, Nova Iorque

Que perspectiva sobre o desenvolvimento adolescente este comentário parece adotar?

florescimento (Benson e Scales, 2009, 2011; Lerner et al., 2011). Um estudo nacional com mais de 1.800 jovens de 15 anos focado no florescimento adolescente examinou a importância de identificar e apoiar os entusiasmos dos adolescentes, definidos como suas paixões ou interesses mais profundos (Scales, Benson e Roehlkepartain, 2011). Neste estudo, os jovens de 15 anos que tinham acumulado um nível mais intenso de entusiasmo, oportunidades em relacionamentos para nutrir esse entusiasmo (como experimentar relações apoiadoras com adultos) e empoderamento (cuja avaliação foi feita pedindo aos adolescentes que nomeassem as coisas que eles queriam que o próximo presidente americano abordasse) tinham maior probabilidade de serem caracterizados por resultados individuais positivos (como o índice de rendimento escolar e liderança) e maior interesse em prestar contribuições pró-sociais (como voluntariado e respeito étnico).

Revisar Conectar Refletir — OA1 Descrever a perspectiva histórica da adolescência.

Revisar
- Qual o início histórico do interesse na adolescência?
- O que caracterizava a adolescência no século XX e como os adolescentes estão mudando no século XXI?
- Até que ponto os adolescentes são estereotipados?

- Por que é necessária uma visão mais positiva da adolescência?

Conectar
- Como as mudanças sociais do século XX, conforme descritas nesta seção, mudaram a visão que a sociedade tem da adolescência?

Refletir *sua jornada de vida pessoal*
- Você provavelmente experimentou alguns exemplos de estereotipia quando adolescente. Cite alguns exemplos de circunstâncias em que você acha que foi estereotipado como adolescente?

2 Os adolescentes pelo mundo

OA2 Discutir os adolescentes pelo mundo.

A perspectiva global

Agora que você já deve ter uma boa noção dos aspectos históricos da adolescência, da estereotipação dos adolescentes e da importância em considerar os aspectos positivos do desenvolvimento de muitos adolescentes, vamos explorar melhor as condições atuais dos adolescentes.

A PERSPECTIVA GLOBAL

A forma como a adolescência é apresentada neste livro está baseada na maior parte em escritos e pesquisas de estudiosos do mundo ocidental, especialmente da Europa e da América do Norte. Na verdade, alguns especialistas argumentam que a adolescência é de modo geral pensada de uma forma "eurocêntrica" (Nsamenang, 2002). Outros observam que os avanços nos transportes e nas telecomunicações estão gerando uma cultura jovem global em que os adolescentes em todos os lugares vestem o mesmo tipo de roupas e têm estilos de cabelos similares, escutam as mesmas músicas e usam as mesmas gírias (Larson, Wilson e Rickman, 2009). Mas as diferenças culturais entre os adolescentes decididamente não desapareceram (Chen et al., 2011; Fung, 2011; Schlegel e Hewlett, 2011). Considere algumas das seguintes variações da adolescência ao redor do mundo (Brown e Larson, 2002):

- Dois terços dos adolescentes indianos aceitam que seus pais escolham um parceiro conjugal para eles.
- Nas Filipinas, muitas adolescentes sacrificam seus futuros, migrando para a cidade para ganhar dinheiro, o qual mandam para as suas famílias em casa.
- Os jovens de rua do Quênia e de outras partes do mundo aprendem a sobreviver sob circunstâncias altamente estressantes. Em alguns casos, abandonados pelos pais, envolvem-se com delinquência ou prostituição para atender às suas necessidades econômicas.

conexão com o desenvolvimento
Cultura. Estudos transculturais comparam uma cultura com outra ou mais culturas. Cap. 12, p. 393

> ### *conexão* COM OS ADOLESCENTES
>
> **Doly Akter, melhorando as vidas das adolescentes das favelas de Bangladesh**
>
> Doly Atker, 17 anos, vive numa favela em Dhaka, Bangladesh, onde os esgotos transbordam, o lixo apodrece nas ruas e as crianças são subnutridas. Quase dois terços das mulheres jovens em Bangladesh se casam antes dos 18 anos. Doly organizou recentemente um clube apoiado pela UNICEF em que as garotas vão de porta em porta para monitorar os hábitos de higiene das casas na sua vizinhança. O monitoramento conduziu a uma melhoria na higiene e na saúde das famílias. O grupo de Doly também conseguiu impedir o casamento de várias crianças, reunindo-se com os pais e convencendo-os de que os casamentos não são do interesse das suas filhas. Ao conversar com os pais na sua vizinhança, as garotas do clube enfatizam o quanto é importante para suas filhas permanecerem na escola e como fazer isso melhora o seu futuro. Doly diz que as garotas do seu grupo da UNICEF estão muito mais conscientes dos seus direitos do que suas mães jamais estiveram (UNICEF, 2007).
>
> *Que insights os adolescentes ocidentais podem ter a partir da experiência de crescimento muito diferente de Doly?* 
>
> Doly Atker, uma garota de 17 anos de Bangladesh, está altamente motivada para melhorar as vidas dos jovens no seu país.

- No Oriente Médio, muitos adolescentes não podem interagir com pessoas de outro sexo, mesmo na escola.
- Os jovens na Rússia estão se casando mais cedo para legitimar a atividade sexual.

Assim, dependendo da cultura que está sendo observada, a adolescência pode envolver muitas experiências diferentes (Cheah e Yeung, 2011; Patton et al., 2010).

As rápidas mudanças globais estão alterando a experiência da adolescência, apresentando novas oportunidades e desafios à saúde e ao bem-estar dos jovens. Por todo o mundo, as experiências dos adolescentes podem ser diferentes, de acordo com gênero, famílias, escolas, amigos e religião. No entanto, algumas tradições adolescentes permanecem em várias culturas. Brad Brown e Reed Larson (2002) resumiram algumas dessas mudanças e tradições dos jovens pelo mundo:

- *Saúde e bem-estar.* A saúde e o bem-estar dos adolescentes melhoraram em algumas áreas, mas não em outras. De um modo geral, atualmente menos adolescentes morrem de doenças infecciosas e desnutrição do que no passado (UNICEF, 2011). Entretanto, muitos comportamentos adolescentes que comprometem a saúde (especialmente uso de drogas ilícitas e sexo sem proteção) continuam em níveis que colocam os jovens em sério risco no que diz respeito a problemas de desenvolvimento (Hyde e DeLamater, 2011). Um crescimento considerável dos índices de HIV em adolescentes ocorreu em muitos países da África subsaariana (UNICEF, 2011). Quase dois terços das mortes entre adolescentes no mundo ocorrem em apenas duas regiões, a África subsaariana e o sudeste da Ásia, embora apenas 42% dos adolescentes de todo o mundo vivam nessas regiões (Fatusi e Hindin, 2010).
- *Gênero.* Pelo mundo, as experiências dos adolescentes do sexo masculino e feminino continuam a ser muito diferentes (Eagly e Wood, 2011; UNICEF, 2011). Exceto em alguns poucas áreas, como o Japão e países ocidentais, os rapazes têm muito mais acesso a oportunidades educacionais do que as moças. Em muitos países, as adolescentes têm menos liberdade para seguir uma variedade de carreiras e para ter atividades de lazer do que os rapazes. As diferenças de gênero na expressão sexual são disseminadas, especialmente em lugares como Índia, sudeste da Ásia, América Latina e países árabes, onde existem muito mais restrições sobre a atividade sexual das garotas adolescentes do que dos rapazes. Essas diferenças de gênero parecem diminuir com o passar do tempo. Em alguns países, as oportunidades educacionais e de carreira para as mulheres estão se expandindo, e em algumas partes do mundo o controle sobre as relações amorosas e sexuais das garotas está diminuindo.

Escola muçulmana só para meninos no Oriente Médio.

Adolescentes indianos numa cerimônia de casamento.

- *Família*. Um estudo recente revelou que em 12 países ao redor do mundo (África, Ásia, Austrália, Europa, Oriente Médio e as Américas) os adolescentes validaram a importância do apoio parental em suas vidas (McNeely e Barber, 2010). Entretanto, as variações nas famílias nos diferentes países também caracterizam o desenvolvimento adolescente. Em alguns países, os adolescentes crescem em famílias muito unidas, com extensas redes de parentesco que oferecem uma rede de conexões e refletem um modo tradicional de viver. Por exemplo, em países árabes, "são ensinados aos adolescentes códigos de conduta e lealdade rígidos" (Brown e Larson, 2002, p. 6). Entretanto, em países ocidentais como os Estados Unidos, muitos adolescentes crescem em famílias reconstituídas e novas famílias. A parentalidade em muitas famílias dos países ocidentais é menos autoritária do que no passado. Outras tendências que estão ocorrendo em muitos países por todo o mundo "incluem maior mobilidade da família, migração para áreas urbanas, membros da família trabalhando em cidades ou países distantes, famílias menores, menos lares com família estendida e aumento no emprego das mães" (Brown e Larson, 2002, p. 7). Infelizmente, muitas dessas mudanças podem reduzir a capacidade das famílias de dedicar tempo e recursos para os adolescentes.
- *Escola*. Em geral, o número de adolescentes na escola nos países em desenvolvimento está aumentando. No entanto, escolas em muitas partes do mundo – especialmente África, sul da Ásia e America Latina – ainda não proporcionam educação a todos os adolescentes (UNICEF, 2011). Na verdade, nos últimos anos, houve um declínio na porcentagem de adolescentes latino-americanos com acesso aos ensinos médio e superior (Welti, 2002). Além disso, muitas escolas não desenvolvem com os estudantes as habilidades de que eles precisam para terem sucesso no trabalho adulto.
- *Amigos*. Algumas culturas atribuem aos amigos um papel mais forte na adolescência do que outras (Bagwell e Schmidt, 2011; B.B. Brown e Larson, 2009). Na maioria das nações ocidentais, os amigos figuram com proeminência na vida dos adolescentes, em alguns casos assumindo responsabilidades que em outras ocasiões seriam assumidas pelos pais. Entre os jovens de rua na América do Sul, a rede de amigos serve como uma família substituta que apoia a sobrevivência em ambientes perigosos e estressantes. Em outras regiões do mundo, como em países árabes, os amigos têm um papel muito restritivo, especialmente para as garotas.

Meninos de rua no Rio de Janeiro.

Em resumo, as vidas dos adolescentes são caracterizadas por uma combinação de mudança e tradição. Pesquisadores encontraram semelhanças e diferenças nas experiências dos adolescentes em diferentes países (Fatusi e Rindin, 2010; Larson, Wilson e Rickman, 2009). No Capítulo 12, discutiremos melhor essas experiências transculturais.

Revisar Conectar Refletir — OA2 Discutir os adolescentes pelo mundo.

Revisar
- Qual é o *status* dos jovens de hoje?
- Como a adolescência está mudando para os jovens por todo o mundo?

Conectar
- Você acha que os adolescentes de outros países experimentam a estereotipação, conforme descrito anteriormente neste capítulo? Em caso positivo, por quê e como?

Refletir *sua jornada de vida pessoal*
- De que maneira a sua adolescência foi provavelmente parecida ou diferente da adolescência dos seus pais e avós?

3 A natureza do desenvolvimento

OA3 Resumir processos, períodos, transições e questões sobre o desenvolvimento relacionados à adolescência.

- Processos e períodos
- Transições no desenvolvimento
- Questões sobre o desenvolvimento

Em certos aspectos, cada um de nós se desenvolve como todos os outros indivíduos; em outros aspectos, cada um de nós é único. Na maior parte do tempo, nossa atenção está focada em nossas peculiaridades individuais, mas os pesquisadores que estudam o desenvolvimento são atraídos tanto pelas nossas características compartilhadas quanto por nossas características únicas.

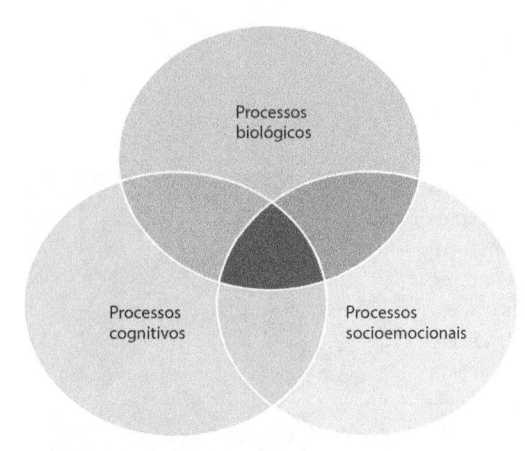

FIGURA 1.1
As mudanças desenvolvimentais são resultado de processos biológicos, cognitivos e socioemocionais. Estes processos interagem enquanto o indivíduo se desenvolve.

> **conexão** com o desenvolvimento
>
> **Desenvolvimento cerebral.** Existe ligação entre as mudanças no cérebro do adolescente e as variações de humor e a busca de emoções?
> Cap. 2, p. 100

---

desenvolvimento Padrão de mudança que inicia na concepção e continua por toda a vida. A maior parte do desenvolvimento envolve crescimento, embora também inclua a decadência (como na morte e nos momentos finais da vida).

processos biológicos Mudanças físicas no corpo de um indivíduo.

processos cognitivos Mudanças no pensamento e na inteligência de um indivíduo.

processos socioemocionais Mudanças na personalidade, nas emoções, nas relações com outras pessoas e nos contextos sociais de um indivíduo.

período pré-natal Época desde a concepção até o nascimento.

primeira infância Período do desenvolvimento que se estende desde o nascimento até os 18 ou 24 meses.

segunda infância Período do desenvolvimento que se estende do final da primeira infância até aproximadamente os 5 ou 6 anos; às vezes chamado de anos pré-escolares.

Como humanos, trilhamos alguns caminhos comuns. Cada um de nós – Leonardo da Vinci, Joana D'Arc, George Washington, Martin Luther King Jr., você e eu – começou a caminhar por volta do primeiro ano, falou mais ou menos aos 2 anos, fantasiou quando criança e se tornou mais independente quando adolescente.

O que queremos dizer quando falamos sobre o desenvolvimento de um indivíduo? **Desenvolvimento** é um padrão de mudança que inicia na concepção e continua por toda a vida. A maior parte do desenvolvimento envolve crescimento, embora também inclua a decadência (como na morte e nos momentos finais da vida). O padrão é complexo por ser o produto de diversos processos.

PROCESSOS E PERÍODOS

O desenvolvimento humano é determinado por processos biológicos, cognitivos e socioemocionais. Ele é frequentemente descrito em termos de períodos.

Processos biológico, cognitivo e socioemocional Os **processos biológicos** envolvem mudanças físicas no corpo de um indivíduo. Os genes herdados dos pais, o desenvolvimento do cérebro, os ganhos de altura e peso, os avanços nas habilidades motoras e as alterações hormonais da puberdade refletem os processos biológicos. Discutiremos esses processos mais amplamente no Capítulo 2.

Os **processos cognitivos** envolvem mudanças no pensamento e na inteligência de um indivíduo. Memorizar um poema, resolver um problema matemático e imaginar como é ser um artista de cinema refletem os processos cognitivos. O Capítulo 3 discute os processos cognitivos em detalhes.

Os **processos socioemocionais** envolvem mudanças nas emoções, na personalidade, nas relações com os outros e nos contextos sociais de um indivíduo. Ser rude com os pais, agredir os amigos, ser assertivo(a) e divertir-se em eventos sociais, como um baile da escola, além da orientação dos papéis de gênero refletem o papel dos processos socioemocionais. Os capítulos 4 a 12 focam nos processos socioemocionais no desenvolvimento adolescente.

Os processos biológico, cognitivo e socioemocional estão intrinsecamente entrelaçados. Os processos socioemocionais modelam os processos cognitivos; os processos cognitivos avançam ou restringem os processos socioemocionais e os processos biológicos influenciam os processos cognitivos. Embora você vá ler sobre esses processos em capítulos separados do livro, tenha sempre em mente que você está estudando sobre o desenvolvimento de um ser humano integrado, que possui apenas uma mente e um corpo interdependentes (veja a Figura 1.1).

A conexão entre os processos biológico, cognitivo e socioemocional é mais óbvia em dois campos que têm emergido rapidamente:

- *Neurociência cognitiva desenvolvimental*, que explora as ligações entre o desenvolvimento, os processos cognitivos e o cérebro (Diamond, Casey e Munakata, 2011).
- *Neurociência social desenvolvimental*, que examina as conexões entre os processos socioemocionais, o desenvolvimento e o cérebro (Bell, Greene e Wolfe, 2010).

Períodos do desenvolvimento O desenvolvimento é comumente descrito em termos de períodos. Nós consideramos os períodos que ocorrem na infância, na adolescência e na idade adulta. São apresentadas as variações de idade aproximada de cada período para dar uma ideia geral de quando eles começam e terminam.

Infância A infância inclui período pré-natal, primeira infância, segunda infância e terceira infância.

O **período pré-natal** é aquele desde a concepção até o nascimento – aproximadamente 9 meses. Este é um momento de crescimento extraordinário – a partir de uma única célula até um organismo completo com cérebro e capacidades comportamentais.

A **primeira infância** é o período do desenvolvimento que se estende desde o nascimento até 18 ou 24 meses. Trata-se de uma época de extrema dependência dos adultos. Muitas atividades psicológicas – por exemplo, a linguagem, o pensamento simbólico, a coordenação sensório-motora, o aprendizado social e as relações pais e filhos – começam neste período.

A **segunda infância** é o período do desenvolvimento que se estende do final da primeira infância até aproximadamente 5 ou 6 anos, por vezes chamado de anos pré-escolares. Durante esta época, as crianças pequenas aprendem a se tornar mais autossuficientes e a se cuidarem.

Elas desenvolvem prontidão para a escola (seguir instruções, identificar letras) e passam muitas horas brincando e com os amigos. A primeira série marca tipicamente o fim da segunda infância.

A **terceira infância** é o período do desenvolvimento que se estende desde aproximadamente os 6 até os 10 ou 11 anos. Neste período, as crianças dominam as habilidades fundamentais de leitura, escrita e aritmética, e são formalmente expostas a um mundo muito maior e à sua cultura. As aquisições se tornam o tema central do desenvolvimento, e a criança aumenta o autocontrole.

Adolescência Como sugere nossa linha do tempo desenvolvimental, já ocorreram um desenvolvimento e algumas experiências consideráveis antes de um indivíduo atingir a adolescência. Nenhum menino ou menina entra na adolescência como uma folha em branco, com apenas um código genético para determinar pensamentos, sentimentos e comportamentos. Em vez disso, a combinação de hereditariedade, experiências infantis e experiências da adolescência determina o curso do desenvolvimento adolescente. Durante a leitura deste livro, tenha em mente esta continuidade do desenvolvimento entre a infância e a adolescência.

Uma definição de adolescência requer uma consideração não apenas da idade, mas também das influências sócio-históricas: lembre-se da nossa discussão da visão intervencionista da adolescência. Com o contexto sócio-histórico em mente, definimos **adolescência** como o período de transição entre a infância e idade adulta que envolve mudanças biológicas, cognitivas e socioemocionais. Uma tarefa essencial da adolescência é a preparação para a idade adulta. Na verdade, o futuro de qualquer cultura depende do quanto essa preparação é efetiva.

Embora a faixa etária da adolescência possa variar com as circunstâncias culturais e históricas, nos Estados Unidos e na maioria das outras culturas, a adolescência hoje começa aproximadamente entre 10 e 13 anos e termina por volta dos 19 anos. As mudanças biológicas, cognitivas e socioemocionais da adolescência ocorrem desde o desenvolvimento das funções sexuais, passando pelos processos de pensamento abstrato, até a independência.

Cada vez mais, os desenvolvimentistas descrevem a adolescência em termos de períodos iniciais e tardios. A **adolescência inicial** corresponde, *grosso modo*, aos anos finais do ensino fundamental e inclui principalmente as mudanças puberais. O **fim da adolescência** refere-se aproximadamente à segunda metade da segunda década de vida. Interesses pela carreira, namoros e exploração da identidade estão frequentemente mais pronunciados no fim da adolescência do que na adolescência inicial. Os pesquisadores frequentemente especificam se os seus resultados se generalizam a toda a adolescência ou se são específicos da adolescência inicial ou do fim da adolescência.

A antiga visão da adolescência era a de que este é um período de transição singular e uniforme que resulta na entrada no mundo adulto. As abordagens atuais enfatizam uma variedade de transições e acontecimentos que definem o período, bem como o seu ritmo e sua sequência. Por exemplo, a puberdade e os eventos escolares são transições importantes que sinalizam a entrada na adolescência; concluir a escola e assumir o primeiro emprego em tempo integral são eventos de transição que sinalizam a saída da adolescência e a entrada na vida adulta.

Hoje, os desenvolvimentistas não acreditam que a mudança termine com a adolescência (Park, 2011; Schaie e Willis, 2012). Lembre-se de que o desenvolvimento é definido como um processo que ocorre ao longo de toda a vida. A adolescência é parte do curso da vida e, como tal, não é um período isolado do desenvolvimento. Embora tenha algumas características

"Este é o caminho para a idade adulta. Você está aqui."
© Robert Weber/The New Yorker Collection/cartoonbank.com

terceira infância Período do desenvolvimento que se estende desde aproximadamente os 6 até 10 ou 11 anos.

adolescência Período do desenvolvimento de transição da infância para a idade adulta; envolve mudanças biológicas, cognitivas e socioemocionais. A adolescência começa aproximadamente entre 10 e 13 anos e termina por volta dos 19 anos.

adolescência inicial Período do desenvolvimento que corresponde aproximadamente ao final do ensino fundamental e inclui principalmente as mudanças puberais.

fim da adolescência Período do desenvolvimento que corresponde aproximadamente à última metade da segunda década de vida. Interesses pela carreira, namoros e exploração da identidade estão frequentemente mais pronunciados no fim da adolescência do que na adolescência inicial.

Bloom County utilizou com autorização de Berkeley Brethed, the Washington Post Writers Group e o Cartoonist Group. Todos os direitos reservados.

Os filhos dos filhos dos nossos filhos. Eles olham para nós como nós olhamos para vocês; nós temos um parentesco por meio da nossa imaginação. Se somos capazes de nos tocarmos, é porque imaginamos a existência um do outro, nossos sonhos correndo para a frente e para trás ao longo de um cabo que se estende de um período até outro.

—ROGER ROSENBLATT
Escritor americano contemporâneo

idade adulta inicial Período do desenvolvimento que começa no final dos 19 anos ou início dos 20, durando até os 30 anos.

idade adulta intermediária Período do desenvolvimento que começa aproximadamente entre os 35 e 45 anos e termina entre aproximadamente 55 e 65 anos.

fim da idade adulta Período do desenvolvimento que dura aproximadamente dos 60 ou 70 anos até a morte.

únicas, o que acontece durante a adolescência está conectado com o desenvolvimento e as experiências da infância e da idade adulta (Collins, Welsh e Furman, 2009).

Idade adulta Assim como na infância e na adolescência, a idade adulta não é um período homogêneo do desenvolvimento. Os desenvolvimentistas frequentemente descrevem três períodos do desenvolvimento adulto: idade adulta inicial, idade adulta intermediária e fim da idade adulta.

A **idade adulta inicial** geralmente começa no final dos 19 anos e início dos 20, durando até os 30 anos. Esta é uma época de estabilização pessoal e independência econômica e na qual o desenvolvimento da carreira se intensifica.

A **idade adulta intermediária** começa aproximadamente entre os 35 e 45 anos e termina em algum ponto aproximadamente entre os 55 e os 65 anos. Esse período é especialmente importante na vida dos adolescentes cujos pais já estão, ou estão prestes a entrar nele. A idade adulta intermediária é uma época de crescente interesse na transmissão de valores à próxima geração, aumento na reflexão sobre o significado da vida e maior preocupação com o próprio corpo. No Capítulo 8, "Famílias", veremos como a maturação dos adolescentes e seus pais contribui para a relação pais-adolescente.

Por fim, o ritmo e o significado do ciclo vital humano seguem seu curso até o **fim da idade adulta**, período do desenvolvimento que dura aproximadamente dos 60 ou 70 anos até a morte. Esta é uma época de adaptação à diminuição da força física e da saúde, à aposentadoria e à redução na renda. O exame da própria vida e a adaptação à mudança nos papéis sociais também caracterizam o fim da idade adulta, assim como a redução das responsabilidades e o aumento da liberdade. A Figura 1.2 resume os períodos do desenvolvimento ao longo da vida humana e suas faixas etárias aproximadas.

TRANSIÇÕES NO DESENVOLVIMENTO

As transições no desenvolvimento são momentos importantes na vida das pessoas. Tais transições incluem a mudança do período pré-natal até o nascimento e primeira infância, da primeira infância até a segunda infância e da segunda infância até a terceira infância. Para os nossos

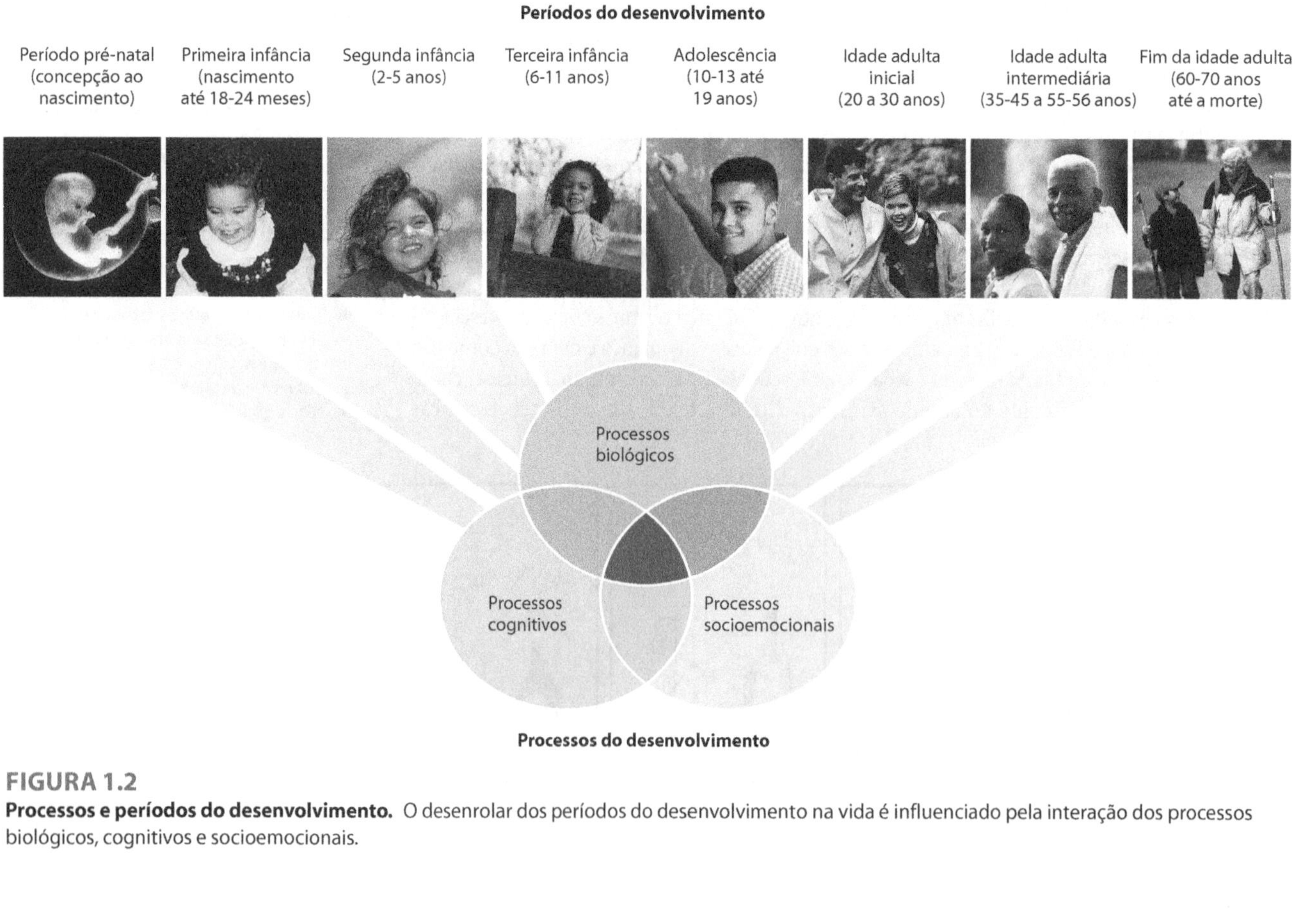

FIGURA 1.2
Processos e períodos do desenvolvimento. O desenrolar dos períodos do desenvolvimento na vida é influenciado pela interação dos processos biológicos, cognitivos e socioemocionais.

As transições no desenvolvimento desde a infância até a adolescência envolvem mudanças biológicas, cognitivas e socioemocionais. *Quais são algumas dessas mudanças?*

objetivos, duas transições importantes são da infância para a adolescência e da adolescência para a idade adulta. Vamos explorar essas transições.

Da infância para a adolescência   A transição da infância para a adolescência envolve inúmeras mudanças biológicas, cognitivas e socioemocionais. Entre as mudanças biológicas estão o acelerado crescimento, as alterações hormonais e a maturação sexual que vêm com a puberdade. No início da adolescência, acontecem mudanças no cérebro que permitem um pensamento mais avançado. Também nessa época, os adolescentes começam a ficar acordados até mais tarde e a dormir até mais tarde pela manhã.

Entre as mudanças cognitivas que ocorrem durante a transição da infância para a adolescência estão o aumento do pensamento abstrato, idealista e lógico. Quando fazem esta transição, os adolescentes começam a pensar de forma mais egocêntrica, frequentemente sentindo como se estivessem num palco, únicos e invulneráveis. Em resposta a essas mudanças, os pais depositam mais responsabilidade pela tomada de decisões sobre os ombros dos adolescentes.

Entre as mudanças socioemocionais pelas quais os adolescentes passam estão a busca pela independência, conflito com os pais e o desejo de passar mais tempo com os pares. As conversas com os amigos se tornam mais íntimas e incluem mais autoexposição. Quando as

conexão com o desenvolvimento
Escolas. A transição para os últimos anos do ensino fundamental pode ser difícil e estressante para muitos estudantes. Cap. 10, p. 341

conexão COM ADULTOS EMERGENTES

Chris Barnard

O adulto emergente Chris Barnard é um solteiro de 24 anos. Há dois anos, ele voltou para a casa dos pais, trabalhou em um emprego temporário e pensou sobre seu próximo passo na vida. Um dos empregos temporários transformou-se em permanente. Chris agora trabalha em uma associação de comércio em Washington, D.C. Com exceção da tecnologia, ele diz que sua vida é igual ao que deve ter sido a vida dos seus pais quando eles fizeram a transição para a idade adulta. Os arranjos de vida de Chris refletem a "instabilidade" característica da adultez emergente. Durante a universidade, ele mudava de dormitório todos os anos; então, quando veterano, ele saiu do campus e se mudou para um apartamento. Depois da universidade, Chris voltou para casa, depois se mudou para outro apartamento e agora está em ainda outro apartamento. Nas palavras de Chris: "Esta vai ser a estada mais longa que eu tive desde que fui para a universidade... Agora eu me instalei" (Jayson, 2006, p. 2D).

Chris Barnard, adulto emergente de 24 anos, no apartamento que divide com dois colegas.

Você caracterizaria as experiências de vida de Chris desde a universidade como contínuas ou descontínuas?

crianças entram na adolescência, frequentam escolas maiores e mais impessoais do que as escolas por série do seu bairro. As conquistas se tornam um assunto sério e aumentam os desafios acadêmicos. Também nesta época, a maturação sexual progredida produz um interesse muito maior nos relacionamentos amorosos. Os jovens adolescentes também experimentam maiores alterações de humor do que quando eram crianças.

Em resumo, a transição da infância para a adolescência é complexa e multidimensional, envolvendo mudanças em muitos diferentes aspectos da vida de um indivíduo. A negociação bem-sucedida desta transição requer uma adaptação considerável e apoio de adultos atenciosos.

Da adolescência para a idade adulta Outra transição importante ocorre da adolescência para a idade adulta (Hamilton e Hamilton, 2009). Já foi dito que a adolescência começa na biologia e termina na cultura. Ou seja, a transição da infância para a adolescência inicia com a eclosão da maturação da puberdade, enquanto a transição da adolescência para a idade adulta é determinada pelos padrões culturais e pelas experiências.

Adultez emergente Recentemente, a transição para a idade adulta vem sendo referida como **adultez emergente**, transcorrendo aproximadamente dos 18 aos 25 anos. Experimentação e exploração caracterizam o adulto emergente. Nesse ponto do desenvolvimento, muitos indivíduos ainda estão explorando a carreira profissional a seguir, qual identidade querem ter e que estilo de vida desejam adotar (p. ex., permanecer solteiro, coabitar ou se casar).

Jeffrey Arnett (2006) concluiu recentemente que as cinco características principais do adulto emergente são:

- *Exploração da identidade,* especialmente no amor e no trabalho. Esta é a época durante a qual acontecem mudanças importantes na identidade para muitos indivíduos (Kroger, Martinussen e Marcia, 2010).
- *Instabilidade.* As mudanças de residência atingem o auge nesta época, período durante o qual, frequentemente, existe instabilidade no amor, no trabalho e na educação.
- *Autofocado.* De acordo com Arnett (2006, p. 10), os adultos emergentes "são autofocados no sentido de que têm poucas obrigações sociais, deveres e comprometimento com os outros, o que os deixa com muita autonomia para administrarem suas próprias vidas."
- *Sentimento de ambivalência.* Muitos adultos emergentes não se consideram adolescentes nem adultos completos.
- *A idade das possibilidades*, uma época em que os indivíduos têm a oportunidade de transformar suas vidas. Arnett (2006) descreve dois motivos pelos quais esta época é a idade das possibilidades: (1) muitos adultos emergentes estão otimistas em relação ao seu futuro; e (2) para os adultos emergentes que passaram por momentos difíceis durante o crescimento, esta idade representa uma oportunidade de encaminhar suas vidas numa direção mais positiva (Masten e Wright, 2009).

Pesquisas recentes indicam que esses cinco aspectos caracterizam não somente os indivíduos nos Estados Unidos quando fazem a sua transição da adolescência para o início da idade adulta, mas também seus correspondentes nos países europeus e na Austrália (Buhl e Lanz, 2007; Sirsch et al., 2009). Embora a adultez emergente não caracterize o desenvolvimento em todas as culturas, ela parece ocorrer naquelas em que é adiado o momento de assumir papéis adultos e responsabilidades (Kins e Beyers, 2010).

adultez emergente Período do desenvolvimento que ocorre aproximadamente dos 18 aos 25 anos; este período de transição entre a adolescência e a idade adulta é caracterizado por experimentação e exploração.

Rhymes with Orange usado com autorização de Hillary Price, King Features Syndicate e o Cartoonist Group. Todos os direitos reservados.

A vida fica melhor para os indivíduos quando eles se tornam adultos emergentes? Para ler sobre esta questão, veja o item *Conexão com Saúde e Bem-Estar*.

Tornar-se adulto   É difícil determinar o momento exato em que um indivíduo se torna adulto. Nos Estados Unidos, o marcador mais amplamente reconhecido da entrada na idade adulta é possuir um emprego em tempo integral mais ou menos permanente, o que geralmente acontece quando o indivíduo termina a escola – ensino médio para alguns, universidade para outros, pós-graduação ou, ainda, a escola técnica para outros. Outros critérios estão longe de ser claros. A independência econômica é um dos marcadores do *status* adulto, mas conquistá-la é geralmente um longo processo. Os estudantes universitários estão cada vez mais voltando a morar com seus pais enquanto tentam se estabelecer economicamente. Um estudo longitudinal descobriu que aos 25 anos apenas um pouco mais da metade dos participantes estava totalmente independente da sua família de origem (Cohen et al., 2003). Entretanto, os achados mais impressionantes do estudo envolviam uma grande variação nas trajetórias individuais dos papéis adultos durante dez anos, dos 17 aos 27 anos; muitos dos participantes oscilaram entre o aumento e a diminuição da dependência econômica. Um estudo recente revelou que morar com os pais durante a adultez emergente retardou o processo de se tornar um adulto autossuficiente e independente (Kins e Beyers, 2010).

Outros estudos nos mostram que assumir responsabilidade sobre si mesmo é provavelmente um marcador do *status* adulto para muitos indivíduos. Em um dos estudos, mais de

---

conexão COM SAÚDE E BEM-ESTAR

Saúde e bem-estar se modificam na adultez emergente?

Como são a saúde e o bem-estar dos indivíduos na adultez emergente, em comparação à adolescência? John Schulenberg e colaboradores (Johnston, O'Malley e Bachman, 2004; Schulenberg e Zarrett, 2006) examinaram esta questão. Em sua maior parte, a vida é melhor para os adultos emergentes. Por exemplo, a Figura 1.3 mostra um aumento constante no bem-estar autorrelatado dos 18 aos 26 anos. A Figura 1.4 indica que correr riscos diminui durante a mesma estrutura temporal.

Por que a saúde e o bem-estar dos adultos emergentes melhoram em relação aos níveis da adolescência? Uma resposta possível é o aumento das escolhas individuais na sua vida diária e das decisões de vida durante a adultez emergente. Este aumento pode conduzir os adultos a mais oportunidades de exercer o autocontrole em suas vidas. Além disso, como discutimos anteriormente, a adultez emergente oferece uma oportunidade aos indivíduos que tiveram problemas de conduta durante a adolescência de terem controle das suas vidas. Porém, a falta de estrutura e apoio que frequentemente caracteriza essa fase pode produzir um declínio na saúde e no bem-estar de alguns indivíduos (Schulenberg e Zarrett, 2006).

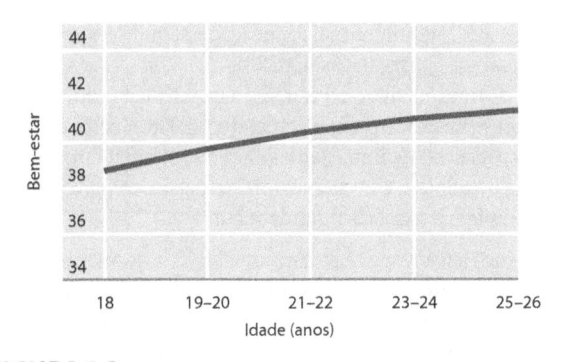

FIGURA 1.3
Bem-estar durante a adultez emergente. *Nota:* Escores baseados em uma combinação de autoestima (8 itens), autoeficácia (5 itens) e apoio social (6 itens); as respostas possíveis variavam de discordo (1) até concordo (5).

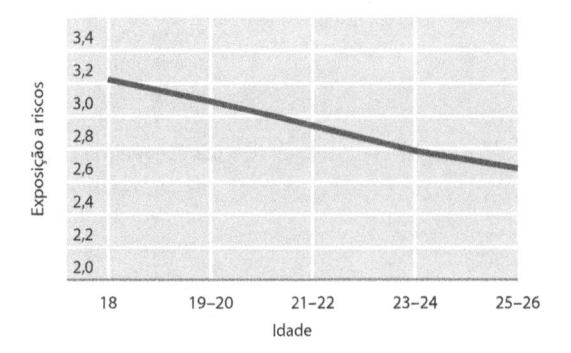

FIGURA 1.4
Exposição a riscos durante a adultez emergente. *Nota:* Os dois itens da Escala de Exposição a Riscos variavam de 1 (discordo) até 5 (concordo). O escore de exposição a riscos era a média dos dois itens que avaliavam se o adulto gostava de fazer coisas razoavelmente perigosas e se gostava de fazer alguma coisa razoavelmente arriscada.

Que fatores os adultos emergentes podem controlar e que influenciam a melhora da sua saúde e do bem-estar em relação aos seus níveis como adolescente?

O que caracteriza a adultez emergente? Mesmo que os adultos emergentes tenham experimentado uma infância e uma adolescência problemáticas, quais são alguns dos fatores que podem ajudá-los a se tornarem competentes?

70% dos estudantes universitários disseram que ser adulto significa aceitar a responsabilidade pelas consequências das suas ações, decidir sobre as próprias crenças e valores e estabelecer uma relação de igualdade adulta com os pais (Arnett, 1995). Em um estudo recente, tanto os pais quanto os estudantes universitários concordaram que assumir a responsabilidade sobre as próprias ações e desenvolver controle emocional são aspectos importantes de tornar-se adulto (Nelson et al., 2007). No entanto, pais e estudantes universitários nem sempre concordaram em outros aspectos quanto ao que é preciso para se tornar um adulto. Por exemplo, os pais tinham maior probabilidade do que os estudantes universitários de enfatizar que dirigir com segurança e não ficar bêbado são aspectos importantes de tornar-se adulto.

Em algum ponto próximo aos 20 anos, então, os indivíduos alcançam a idade adulta. Ao se tornarem adultos, eles aceitam a responsabilidade sobre si mesmos, tornam-se capazes de tomar decisões independentes e adquirem independência financeira dos seus pais (Arnett, 2006). As novas liberdades e responsabilidades da adultez emergente representam mudanças essenciais nas vidas dos indivíduos. Tenha em mente, no entanto, que uma considerável continuidade ainda une a adolescência e a idade adulta. Por exemplo, um estudo longitudinal encontrou que as visões religiosas e os comportamentos de adultos emergentes eram especialmente estáveis e que suas atitudes em relação às drogas eram estáveis em um grau menor (Bachman et al., 2002).

O que já dissemos até aqui a respeito dos determinantes do *status* adulto refere-se principalmente a indivíduos em sociedades industrializadas, especialmente os Estados Unidos. Nos países em desenvolvimento, o casamento é frequentemente um marcador mais significativo da entrada na idade adulta do que nos Estados Unidos, e geralmente ocorre muito mais cedo (Arnett, 2007; Eccles, Brown e Templeton, 2008). Assim, alguns desenvolvimentistas defendem que o termo "adultez emergente" se aplica mais a países ocidentais, como os Estados Unidos, países europeus e alguns países asiáticos, como o Japão, porém menos a países em desenvolvimento (Arnett, 2007). Em estudo recente, a maioria dos jovens entre 18 e 26 anos na Índia considerava que tinha atingido a idade adulta (Seiter e Nelson, 2011).

Também podem ocorrer variações contextuais na adultez emergente em culturas dentro de um país (Arnett e Brody, 2008). Por exemplo, nos Estados Unidos, "os mórmons se casam cedo e começam a ter filhos... portanto, eles têm um período mais breve de adultez emergente antes de assumirem o papel de adultos" (Arnett, 2004, p. 22). Além disso, em alguns países como a China e Índia, a adultez emergente é mais provável de ocorrer em áreas urbanas, porém menos provável em áreas rurais porque os jovens das áreas urbanas destes países "se casam mais tarde, têm filhos mais tarde, adquirem mais educação e têm uma gama maior de oportunidades ocupacionais e recreativas" (Arnett, 2004, p. 23).

O que determina o bem-estar de um indivíduo na transição para a idade adulta? Na visão de Jacqueline Eccles e colaboradores (Eccles, Brown e Templeton, 2008; Eccles e Gootman, 2002), três tipos de recursos são especialmente importantes para que seja feita uma transição competente durante a adolescência e a adultez emergente: intelectual, psicológico/emocional e social. A Figura 1.5 descreve exemplos desses três tipos de recursos.

Resiliência No início do capítulo, você leu a respeito da cativante história de Michael Maddaus, que conseguiu ter controle da sua vida como um adulto emergente depois de uma infância e uma adolescência problemáticas. Michael Maddaus foi resiliente. O que queremos dizer com o termo *resiliência*? **Resiliência** refere-se à adaptação positiva e à conquista bem-sucedida de resultados em face de riscos significativos e circunstâncias adversas. Em Project Competence, Ann Masten e colaboradores (Masten, 2009; Masten, Obradovic e Burt, 2006; McCormick, Kuo e Masten, 2011) examinaram a resiliência em indivíduos desde a infância até a idade adulta. Eles encontraram que os adultos que experimentaram adversidades consideráveis enquanto cresciam – mas se tornaram jovens adultos competentes – se caracterizavam por determinados fatores individuais e contextuais. A competência foi avaliada em áreas como conquistas, conduta e relações sociais. Na adultez emergente (avaliada dos 17 aos 23 anos), os indivíduos que se tornaram competentes após experimentarem dificuldades durante o crescimento eram mais

resiliência Adaptar-se positivamente e obter resultados de sucesso em face a riscos significativos e circunstâncias adversas.

inteligentes, vivenciaram maior qualidade na parentalidade e tinham menos probabilidade de terem crescido na pobreza ou em circunstâncias de baixa renda do que seus correspondentes que não se tornaram competentes quando adultos emergentes.

Outra análise focou em indivíduos que ainda estavam apresentando padrões desadaptativos na adultez emergente, mas que tinham controle das suas vidas ao final da década dos 20 e início dos 30 anos. As três características compartilhadas por esses "maduros tardios" são: receber apoio dos adultos, serem engenhosos e apresentarem aspectos positivos de autonomia. Em outra pesquisa longitudinal, "o serviço militar, o casamento e as relações amorosas, a educação superior, a afiliação a uma religião e as oportunidades de trabalho podem ser oportunidades de momentos de decisão para uma mudança no curso da vida durante a adultez emergente" (Masten, Obradovic e Burt, 2006, p. 179).

A adolescência está durando muito tempo? Joseph e Claudia Allen (2009) intitularam seu livro recente como: *Escaping the Endless Adolescence: How We Can Help Our Teenagers Grow Up Before They Grow Old* (*Escapando da Adolescência Interminável: Como Podemos Ajudar Nossos Adolescentes a Crescerem Antes Que Fiquem Velhos*), e abriram o livro com um capítulo intitulado: "Os 25 anos são os novos 15?". Eles argumentam que nas décadas mais recentes os adolescentes têm experimentado um mundo que apresenta mais desafios para o amadurecimento de um adulto competente. Nas suas palavras (p. 17),

> gerações atrás, os jovens de 14 anos dirigiam, os de 17 iam para as forças armadas e mesmo adolescentes intermediários contribuíam com seu trabalho para a renda que ajudaria a manter sua família sem dívidas. Enquanto enfrentavam outros problemas, esses jovens apresentavam maturidade adulta muito mais rapidamente do que os de hoje, que estão notavelmente bem cuidados, mas afastados, em sua maior parte, de responsabilidades, desafios e *feedback* do mundo adulto que estimulem o crescimento. Os pais da década de 1920 costumavam lamentar: "Eles crescem tão rápido." Mas parece que isso foi substituído por: "Bem... Maria ainda está morando mais um pouco em casa enquanto se organiza".

Os autores concluem que o que está acontecendo à geração atual de adolescentes é que após a adolescência eles estão vivendo "mais adolescência" em vez de se lançarem adequadamente à idade adulta. Até mesmo aqueles adolescentes que tiveram boas notas e, posteriormente, como adultos emergentes continuaram a conquistar sucesso acadêmico na universidade, encontram-se na metade da década dos 20 anos sem ter indícios de como encontrar um emprego significativo, administrar suas finanças ou viver com independência.

Os autores recomendam o seguinte para ajudar os adolescentes a amadurecer durante a sua jornada para a vida adulta:

- *Proporcionar a eles oportunidades de serem colaboradores.* Ajudá-los a se afastar da posição de consumidores, criando experiências de trabalho mais efetivas (p. ex., aprendizado de um trabalho de qualidade) ou oferecendo oportunidades de aprendizado que permitam que os adolescentes contribuam de forma significativa.
- *Dar aos adolescentes um* feedback *direto e de qualidade.* Não simplesmente enchê-los de elogios e de coisas materiais, mas deixá-los perceber como funciona o mundo real. Não protegê-los das críticas, sejam elas positivas ou negativas. Protegê-los apenas os deixa mal equipados para lidarem com os altos e baixos da realidade da vida adulta.
- *Criar conexões adultas positivas com os adolescentes.* Muitos adolescentes negam a necessidade de apoio parental ou de uma ligação com os pais, mas eles precisam da ajuda para desenvolver maturidade na caminhada para a vida adulta. Ao explorarem um mundo social mais amplo do que o da infância, os adolescentes precisam estar conectados de forma positiva aos seus pais e a outros adultos para que consigam manejar a autonomia de uma forma madura.
- *Desafiar os adolescentes a se tornarem mais competentes.* Os adultos devem fazer menos coisas pelos adolescentes, na medida em que eles conseguem realizá-las por si próprios. Proporcionar oportunidades de se envolverem em tarefas que vão além do seu nível atual expande suas mentes e os ajuda a avançar no caminho até a maturidade.

Desenvolvimento intelectual

Conhecimento das habilidades vitais e vocacionais essenciais

Hábitos racionais da mente – habilidades para pensamento crítico e raciocínio

Boa habilidade para tomar decisões

Conhecimento profundo de mais de uma cultura

Conhecimento das habilidades necessárias para transitar entre as múltiplas culturas

Sucesso escolar

Desenvolvimento psicológico e emocional

Boa saúde mental, incluindo autorrespeito positivo

Boa autorregulação emocional e habilidade de enfrentamento

Boas habilidades para solução de conflitos

Motivação para o domínio e motivação para realizações positivas

Confiança na própria eficácia pessoal

Planificação

Senso de autonomia pessoal/responsabilidade por si

Otimismo associado a realismo

Identidade pessoal e social coerente e positiva

Valores pró-sociais e culturalmente sensíveis

Espiritualidade e/ou senso de propósito na vida

Forte caráter moral

Desenvolvimento social

Conectividade – boas relações percebidas e confiança nos pais, nos amigos e em alguns outros adultos

Senso de lugar/integração social – estar conectado e ser valorizado por redes sociais mais amplas

Vinculação a instituições pró-sociais/convencionais tais como escola, igreja e centros de desenvolvimento para jovens fora da escola

Habilidade para transitar em múltiplos contextos culturais

Comprometimento com o engajamento cívico

FIGURA 1.5
Recursos pessoais que facilitam o desenvolvimento positivo dos jovens.

---

conexão com o desenvolvimento

Comunidade. O aprendizado do serviço está ligado a muitos resultados positivos para os adolescentes. Cap. 7, p. 257

conexão com o desenvolvimento

Famílias. Um apego seguro com os pais aumenta a probabilidade de que os adolescentes sejam socialmente competentes. Cap. 8, p. 282

QUESTÕES SOBRE O DESENVOLVIMENTO

O desenvolvimento deve-se mais à natureza (hereditariedade) ou ao aprendizado (ambiente)? Ele é mais contínuo e regular ou descontínuo e em estágios? Está mais determinado pelas experiências precoces ou pelas experiências posteriores? Estas são três questões importantes levantadas no estudo do desenvolvimento adolescente.

Natureza e aprendizado A **questão natureza-aprendizado** envolve o debate sobre se o desenvolvimento é primariamente influenciado pela natureza ou pelo aprendizado. Natureza refere-se à herança biológica de um organismo, e aprendizado às experiências ambientais. Os defensores da "natureza" argumentam que a influência mais importante no desenvolvimento é a herança biológica. Os defensores do "aprendizado" reivindicam que as experiências ambientais são a influência mais importante.

De acordo com os defensores da abordagem da natureza, assim como um girassol cresce de forma ordenada – a menos que esteja enfraquecido por um ambiente hostil – o ser humano também cresce de maneira ordenada. A variação de ambientes pode ser vasta, mas a abordagem da natureza argumenta que o modelo genético produz atributos comuns ao crescimento e ao desenvolvimento (Mader, 2011). Nós caminhamos antes de falarmos, falamos uma palavra antes de duas palavras, crescemos rapidamente na primeira infância e menos na segunda infância, experimentamos uma torrente de hormônios sexuais na puberdade, chegamos ao auge da nossa força física no final da adolescência e início da idade adulta e depois declinamos fisicamente. Os proponentes da natureza reconhecem que ambientes extremos – aqueles que são psicologicamente estéreis ou hostis – podem debilitar o desenvolvimento. No entanto, eles acreditam que as tendências básicas do crescimento estão geneticamente entrelaçadas nos humanos.

Em contrapartida, outros psicólogos enfatizam a importância do aprendizado ou das experiências ambientais no desenvolvimento (Grusec, 2011; Phillips e Lowenstein, 2011). As experiências percorrem uma gama que vai desde o ambiente biológico do indivíduo – nutrição, cuidados médicos, drogas e acidentes físicos – até o ambiente social – família, amigos, escola, comunidade, mídia e cultura.

Alguns pesquisadores do desenvolvimento adolescente sustentam que, historicamente, tem sido colocada muita ênfase nas mudanças biológicas da puberdade como determinantes do desenvolvimento psicológico adolescente. Eles reconhecem que a mudança biológica é uma dimensão importante da transição da infância para a adolescência, encontrada em todas as espécies primatas e em todas as culturas do mundo. Entretanto, eles argumentam que os contextos sociais (aprendizado) também desempenham papéis importantes no desenvolvimento psicológico adolescente, papéis que até recentemente não receberam atenção adequada (Reich e Vandell, 2011; Russell, 2011).

Continuidade e descontinuidade Pense, por um momento, sobre o seu desenvolvimento. O seu crescimento até você chegar à pessoa que é hoje foi gradual, como o crescimento lento e cumulativo de uma muda até se tornar um carvalho gigante, ou passou por mudanças repentinas e distintas no crescimento, como a incrível mudança de uma larva que se transforma em borboleta (veja a Figura 1.6)? O **tema da continuidade-descontinuidade** discute até que ponto o desenvolvimento envolve mudanças graduais e cumulativas (continuidade) ou estágios distintos (descontinuidade). Em sua maior parte, os desenvolvimentistas que enfatizam a experiência descreveram o desenvolvimento como um processo gradual e contínuo; os que enfatizam a natureza descreveram o desenvolvimento como uma série de estágios distintos.

Em termos de continuidade, a primeira palavra de uma criança, embora aparentemente um acontecimento abrupto e descontínuo, é, na verdade, resultado de semanas e meses de crescimento e prática. Igualmente, a puberdade, embora também aparentemente abrupta e descontínua, é, na verdade, um processo gradual que ocorre ao longo de vários anos.

Em termos de descontinuidade, cada pessoa é descrita como atravessando uma sequência de estágios em que a mudança é qualitativa, em vez de quantitativamente diferente. Quando um carvalho se desenvolve desde uma muda até uma árvore gigante, ele se torna "mais" carvalho – seu desenvolvimento é contínuo. Quando uma larva se transforma numa borboleta, ela não se torna mais larva, ela se torna outro tipo de organismo, diferente – seu desenvolvimento é descontínuo. Por exemplo, em algum ponto, a criança muda sua condição de não ser capaz de pensar abstratamente sobre o mundo para a de ser capaz. Esta é uma mudança qualitativa e descontínua no desenvolvimento, não uma mudança quantitativa e contínua.

FIGURA 1.6
Continuidade e descontinuidade no desenvolvimento. *O desenvolvimento humano é como uma muda crescendo gradualmente até se tornar um carvalho gigante? Ou ele é como uma larva que, repentinamente, se transforma em uma borboleta?*

questão natureza-aprendizado Questão que envolve o debate sobre se o desenvolvimento é primariamente influenciado pela herança biológica do organismo (natureza) ou por suas experiências ambientais (aprendizado).

tema da continuidade-descontinuidade Tema relativo a se o desenvolvimento envolve uma mudança gradual e cumulativa (continuidade) ou estágios distintos (descontinuidade).

Até que ponto o desenvolvimento de um adolescente se deve às experiências precoces ou posteriores?

Experiência precoce e posterior Outro debate importante é o **tema da experiência precoce-posterior**, cujo foco se encontra no grau em que as experiências precoces (especialmente bem no começo da infância) ou as experiências posteriores são determinantes-chave do desenvolvimento (Scaie, 2011; Smith e Hart, 2011). Isto é, se os bebês ou as crianças pequenas vivenciam circunstâncias negativas e estressantes em suas vidas, essas experiências podem ser superadas por experiências positivas posteriores na adolescência? Ou as experiências precoces são tão essenciais, possivelmente porque são as primeiras experiências prototípicas do bebê, que não podem ser superadas por um ambiente posterior mais enriquecido na infância ou na adolescência?

O tema da experiência precoce-posterior tem uma longa história e os desenvolvimentistas continuam a debatê-la (Schaie, 2011; Thompson, 2012). Alguns enfatizam que, a menos que os bebês experimentem cuidados afetivos e estimulantes até aproximadamente o primeiro ano de vida, seu desenvolvimento nunca atingirá um nível ideal (Cassidy et al., 2011). Platão estava certo quando afirmou que os bebês que eram ninados com frequência se tornavam melhores atletas. Ministros da Nova Inglaterra, no século XIX, diziam aos pais, nos sermões dominicais, que a forma como se segura o bebê determinaria o caráter futuro dos seus filhos. A ênfase na importância da experiência precoce reside na crença de que cada vida é uma trilha contínua em que uma qualidade psicológica pode ser rastreada até a sua origem.

A doutrina da experiência precoce contrasta com a visão da experiência posterior que sugere que, ao contrário de atingir uma permanência fixa depois da mudança na primeira infância, o nosso desenvolvimento continua a ser como o fluxo e o refluxo de um rio. Os defensores da experiência posterior argumentam que as crianças e os adolescentes são maleáveis ao longo do desenvolvimento e que os cuidados sensíveis posteriores são tão importantes quanto os cuidados sensíveis precoces (Antonucci, Birditt e Ajrouch, 2011). Inúmeros desenvolvimentistas do ciclo vital, que focam em toda a extensão da vida em vez de somente no desenvolvimento infantil, enfatizam que tem sido dada muito pouca atenção às experiências posteriores no desenvolvimento (Almeida, 2011; Staudinger e Gluck, 2011). Eles aceitam que as experiências precoces são contribuições importantes para o desenvolvimento, porém, não mais importantes do que as experiências posteriores. Jerome Kagan (1992, 2000, 2010) destaca que mesmo as crianças que apresentam as qualidades de um temperamento inibido, o que está vinculado à hereditariedade, têm capacidade para mudar o seu comportamento.

Avaliando as questões do desenvolvimento Quando consideramos melhor estas três questões do desenvolvimento – natureza e aprendizado, continuidade e descontinuidade e experiência precoce e posterior – é importante nos darmos conta de que a maioria dos desenvolvimentistas considera insensato assumir uma posição extrema sobre essas questões. O desenvolvimento não é todo natureza ou todo aprendizado, nem todo continuidade ou des-

tema da experiência precoce-posterior Tema que tem seu foco no grau em que as experiências precoces (especialmente no começo da infância) ou experiências posteriores são determinantes-chave no desenvolvimento.

> **conexão** com o desenvolvimento
> **Natureza e aprendizado.** A visão epigenética enfatiza o intercâmbio contínuo e bidirecional entre hereditariedade e ambiente. Cap. 2, p. 108

continuidade, também nem todo experiências precoces ou experiências posteriores. Natureza e aprendizado, continuidade e descontinuidade e experiências precoces e posteriores afetam o nosso desenvolvimento ao longo de toda a vida. Por exemplo, considerando o tema natureza-aprendizado, a chave para o desenvolvimento é a interação entre natureza e aprendizado, mais do que qualquer um dos dois fatores isolados (Gottlieb, 2007; Mandelman e Grigorenko, 2011). O desenvolvimento cognitivo de um indivíduo, por exemplo, é resultado da interação hereditariedade-ambiente, não da hereditariedade ou do ambiente isoladamente. No Capítulo 2, será discutido mais a respeito do papel da interação hereditariedade-ambiente.

Embora a maior parte dos desenvolvimentistas não assuma posições extremas sobre as questões do desenvolvimento discutidas anteriormente, esse consenso não significa uma ausência de debate acirrado sobre o peso com que o desenvolvimento é determinado por esses fatores (Kagan, 2010; Schaie e Willis, 2012). Considere os adolescentes que, quando crianças, experimentaram pobreza, negligência parental e fraca escolarização. Experiências enriquecidas na adolescência poderiam superar os "déficits" que eles encontraram precocemente no desenvolvimento? As respostas que os desenvolvimentistas dão para tais questões refletem a sua posição sobre os temas de natureza e aprendizado, continuidade e descontinuidade e experiências precoces e posteriores. As respostas também influenciam as políticas públicas direcionadas para os adolescentes e como cada um de nós vive ao longo de toda a vida.

Revisar *Conectar* Refletir OA3 Resumir processos, períodos, transições e questões sobre o desenvolvimento relacionados à adolescência.

Revisar
- Quais são os principais processos envolvidos no desenvolvimento da adolescência? Quais os principais períodos de desenvolvimento na infância, na adolescência e na idade adulta?
- Como se dá a transição da infância para a adolescência? Como é a transição da adolescência para a idade adulta?
- Quais são as três questões desenvolvimentais mais importantes?

Conectar
- Descreva como natureza e aprendizado podem contribuir para o grau de resiliência de um indivíduo.

Refletir *sua jornada de vida pessoal*
- Enquanto você faz este curso, pergunte-se sobre como você vivenciou vários aspectos da adolescência. Seja curioso. Pergunte aos seus amigos e colegas sobre as experiências deles na adolescência e compare-as com as suas. Por exemplo, pergunte-lhes como vivenciaram a transição da infância para a adolescência. Pergunte também como eles vivenciaram, ou estão vivenciando, a transição da adolescência para a idade adulta.

4 A ciência do desenvolvimento adolescente OA4 Caracterizar a ciência do desenvolvimento adolescente.

- Ciência e método científico
- Teorias do desenvolvimento adolescente
- Pesquisa do desenvolvimento adolescente

Como podemos responder as perguntas sobre os papéis da natureza e do aprendizado, estabilidade e mudança e continuidade e descontinuidade no desenvolvimento? Como podemos determinar, por exemplo, se as conquistas escolares de um adolescente mudam ou permanecem as mesmas desde a infância até a adolescência, ou como podemos descobrir se experiências positivas na adolescência podem reparar os danos causados por pais negligentes ou abusivos na infância? Para responder a tais perguntas efetivamente, precisamos nos voltar para a ciência (Jackson, 2011; Stangor, 2011).

CIÊNCIA E MÉTODO CIENTÍFICO

Alguns indivíduos têm dificuldade em pensar no desenvolvimento adolescente como uma ciência, da mesma forma que a física, a química e a biologia são ciências. Uma disciplina que estuda a mudança puberal, as relações pais-adolescente ou o pensamento adolescente pode ser igualada a disciplinas que investigam como funciona a gravidade e a estrutura dos componentes moleculares? A resposta é sim, pois a ciência não é definida pelo "objeto" que ela investiga,

> Não há nada tão prático quanto uma boa teoria.
> —**Kurt Lewin**
> *Psicólogo social americano, século XX*

Estágio oral	Estágio anal	Estágio fálico	Estágio latente	Estágio genital
Prazer do bebê centrado na boca.	Prazer da criança focado no ânus.	Prazer da criança focado nos genitais.	A criança reprime o interesse sexual e desenvolve habilidades sociais e intelectuais.	Época do redespertar sexual; a fonte do prazer sexual parte de alguém de fora da família.
Do nascimento aos 1,5 anos	Dos 1,5 aos 3 anos	Dos 3 aos 6 anos	Dos 6 anos à puberdade	Da puberdade em diante

FIGURA 1.7
Estágios freudianos.

mas sim, pela maneira como ela investiga. Esteja estudando fotossíntese, as luas de Saturno ou o desenvolvimento adolescente, o que importa é a forma como você estuda o assunto.

Ao tomar um caminho científico para estudar o desenvolvimento adolescente, é importante que se siga um *método científico*, um processo que consiste em quatro passos: (1) conceitualizar um processo ou problema a ser estudado, (2) coletar informações (dados) de pesquisa, (3) analisar esses dados e (4) tirar conclusões.

No passo (1), quando os pesquisadores estão formulando um problema a ser estudado, eles se inspiram, com frequência, em determinadas teorias e desenvolvem hipóteses. Uma **teoria** é um conjunto coerente de ideias inter-relacionadas que ajuda a explicar fenômenos e fazer previsões. Ela sugere **hipóteses**, isto é, asserções e previsões específicas que podem ser testadas. Por exemplo, uma teoria sobre *mentoring* pode afirmar que o apoio e a orientação de um adulto fazem a diferença nas vidas de crianças provenientes de contextos empobrecidos, pois o mentor dá às crianças a oportunidade de observar e imitar seus comportamentos e suas estratégias.

TEORIAS DO DESENVOLVIMENTO ADOLESCENTE

Esta seção discute aspectos essenciais de quatro orientações teóricas acerca do desenvolvimento: a psicanalítica, a cognitiva, a comportamental e social cognitiva e a ecológica. Cada uma delas contribui com uma peça importante para o quebra-cabeça do desenvolvimento adolescente. Embora as teorias discordem quanto a certos aspectos do desenvolvimento, muitas das suas ideias são muito mais complementares do que contraditórias. Juntas, elas permitem ter uma visão global do desenvolvimento adolescente em toda a sua riqueza.

Teorias psicanalíticas As **teorias psicanalíticas** descrevem o desenvolvimento como primariamente inconsciente (além da consciência) e fortemente caracterizado pela emoção. Os teóricos psicanalíticos enfatizam que o comportamento é meramente uma característica aparente e que um verdadeiro entendimento do desenvolvimento requer a análise de significados simbólicos do comportamento e do funcionamento profundo da mente. Os teóricos psicanalíticos também ressaltam que as experiências precoces com os pais modelam amplamente o desenvolvimento. Essas características são destacadas na principal teoria psicanalítica, a de Sigmund Freud (1856-1939).

A teoria de Freud Enquanto Freud ouvia, investigava e analisava seus pacientes, ficou convencido de que os problemas que eles apresentavam eram resultado de experiências precoces na vida. Ele acreditava que, à medida que as crianças vão crescendo, o foco do seu prazer e de seus impulsos sexuais muda da boca para o ânus e, por fim, para os genitais. Em consequência, de acordo com a teoria de Freud, nós passamos por cinco estágios do desenvolvimento psicossexual: oral, anal, fálico, latente e genital (veja a Figura 1.7). Nossa personalidade adulta, alegava Freud (1917), é determinada pela forma como resolvemos os conflitos entre as fontes de prazer em cada estágio e as demandas da realidade.

Freud salientava que a vida do adolescente é repleta de tensão e conflito. Para reduzir a tensão, ele acreditava que os adolescentes enterram seus conflitos em sua mente inconsciente. Freud afirma que mesmo comportamentos triviais podem se tornar significativos quando as forças inconscientes por trás deles forem reveladas. Um movimento brusco, um rabisco, uma piada, um sorriso – cada um deles pode denunciar um conflito inconsciente. Por exemplo, Barbara, 17 anos, enquanto beija e abraça Tom, exclama: "Oh, *Jeff*, eu te amo tanto". Rejeitado, Tom explode: "Por que você me chamou de Jeff? Eu achava que você não pensava mais nele. Nós precisamos ter uma conversa!". Você provavelmente poderá lembrar de momentos em que tal "ato-falho freudiano" revelou uma motivação inconsciente.

Sigmund Freud, o pioneiro da teoria psicanalítica. *Quais são algumas características da teoria de Freud?*

teoria Conjunto de ideias coerentes inter-relacionadas que ajuda a explicar fenômenos e fazer previsões.

hipóteses Asserções e previsões específicas que podem ser testadas.

teorias psicanalíticas Teorias que descrevem o desenvolvimento como primariamente inconsciente e fortemente caracterizado pela emoção. O comportamento é meramente uma característica aparente, e o funcionamento simbólico da mente deve ser analisado para se entendê-lo. As experiências precoces com os pais são enfatizadas.

Freud (1917) dividiu a personalidade em três estruturas: id, ego e superego. O *id* consiste em instintos, um reservatório de energia psíquica do indivíduo. Segundo a visão de Freud, o *id* é totalmente inconsciente e não tem contato com a realidade. Quando a criança experimenta as demandas e restrições da realidade, emerge uma nova estrutura da personalidade – o *ego*, que lida com as demandas da realidade. O *ego* é chamado de "a parte executiva" da personalidade porque toma decisões racionais.

O *id* e o *ego* não conhecem moral – eles não levam em conta se algo está certo ou errado. O *superego* é a parte moral da personalidade. O *superego* leva em conta se algo é certo ou errado. Pense no *superego* como o que costumamos referir como a nossa "consciência". Você provavelmente está começando a perceber que tanto o *id* quanto o superego tornam a vida difícil para o *ego*. O *ego* pode dizer: "Eu só faço sexo ocasionalmente, e procuro tomar as precauções adequadas porque não quero que um filho interfira no desenvolvimento da minha carreira". No entanto, o *id* está dizendo: "Eu quero me satisfazer; sexo é prazeroso". O *superego* também está trabalhando: "Eu me sinto culpado por fazer sexo".

Freud considerava a personalidade como um *iceberg*. A maior parte da personalidade se encontra abaixo do nosso nível de consciência, assim como a parte maciça de um *iceberg* está abaixo da superfície da água. O ego resolve o conflito entre as suas demandas da realidade, os desejos do *id* e as restrições do superego, por meio dos *mecanismos de defesa*. Estes são métodos inconscientes de distorcer a realidade que o ego usa para se proteger da ansiedade produzida pelas demandas conflitantes das três estruturas da personalidade. Quando o ego percebe que as demandas do id podem causar dano, a ansiedade se desenvolve, alertando o ego para resolver o conflito por meio dos mecanismos de defesa.

De acordo com Freud, a *repressão* é o mecanismo de defesa mais poderoso e penetrante. Ele expulsa da consciência os impulsos inaceitáveis do id, mandando-os de volta para a mente inconsciente. A repressão é a pedra fundamental sobre a qual se apoiam todos os outros mecanismos de defesa, uma vez que o objetivo de cada mecanismo de defesa é reprimir ou empurrar impulsos ameaçadores para fora da consciência. Freud achava que as primeiras experiências da infância, muitas das quais ele acreditava que são sexualmente carregadas, são excessivamente ameaçadoras e estressantes para que o indivíduo as maneje conscientemente, então ele as reprime.

Porém, Peter Blos (1989), um psicanalista britânico, e Anna Freud (1966), filha de Sigmund Freud, argumentaram que os mecanismos de defesa proporcionam um *insight* considerável para o desenvolvimento adolescente. Blos afirmou que a regressão durante a adolescência na verdade não é defensiva, mas um aspecto integrante, normal, inevitável e universal da puberdade. A natureza da regressão pode variar de um adolescente para outro. Pode envolver condescendência e asseio, ou pode envolver um retorno repentino à passividade que caracterizava o comportamento do adolescente durante a infância.

Anna Freud (1966) desenvolveu a ideia de que os mecanismos de defesa são a chave para a compreensão da adaptação do adolescente. Ela sustentava que os problemas da adolescência não estão enraizados no id ou em forças instintivas, mas nos "objetos de amor" do passado do adolescente. Ela argumenta que a ligação a esses objetos de amor, geralmente os pais, provém desde os tempos de bebê e é meramente suavizada ou inibida durante os anos da infância. Durante a adolescência, estes impulsos podem ser redespertados ou, ainda, os impulsos recentemente adquiridos podem se combinar com eles.

Mas tenha em mente que os mecanismos de defesa são inconscientes; os adolescentes não estão conscientes de que os estão usando para proteger seus egos e reduzir a ansiedade. Quando usados temporariamente e com moderação, os mecanismos de defesa não são necessariamente doentios. Entretanto, não pode ser permitido que os mecanismos de defesa dominem o comportamento do indivíduo e o impeçam de enfrentar a realidade. A teoria de Sigmund Freud também foi significativamente revisada por inúmeros outros teóricos psicanalíticos. Muitos contemporâneos ressaltam que ele enfatizou excessivamente os instintos sexuais; eles colocam mais ênfase nas experiências culturais como determinantes do desenvolvimento de um indivíduo. O pensamento inconsciente permanece como tema central, porém, a maioria dos psicanalistas contemporâneos argumenta que o pensamento consciente desempenha um papel maior do que Freud visualizava. A seguir, descrevemos as ideias de Erik Erikson, um importante revisionista das ideias de Freud.

A teoria de Erik Erikson   Erik Erikson reconhecia as contribuições de Freud, mas argumentava que ele julgava erroneamente algumas dimensões do desenvolvimento humano. Em primeiro lugar, Erikson (1950, 1968) afirmou que nos desenvolvemos em estágios *psicossociais*,

Anna Freud, filha de Sigmund Freud. *Como seu ponto de vista difere da visão do seu pai?*

em vez de estágios *psicossexuais*, como Freud sustentava. De acordo com Freud, a motivação primária do comportamento humano é sexual por natureza; de acordo com Erikson, ela é social e reflete um desejo de se afiliar a outras pessoas. De acordo com Freud, nossa personalidade básica é moldada nos primeiros cinco anos de vida; de acordo com Erikson, as mudanças do desenvolvimento ocorrem ao longo de toda a vida. Assim, em termos da questão das experiências precoces *versus* experiências posteriores discutidas anteriormente neste capítulo, Freud sustentava que as precoces são muito mais importantes do que as posteriores, ao passo que Erikson enfatiza a importância de ambas as experiências precoces e posteriores.

Na **teoria de Erikson**, oito estágios do desenvolvimento se desenrolam à medida que vamos passando pela vida (veja a Figura 1.8). Em cada estágio, uma tarefa desenvolvimental única confronta o indivíduo com uma crise que precisa ser resolvida. De acordo com Erikson, esta crise não é uma catástrofe, mas um momento decisivo marcado por vulnerabilidade e um potencial reforçado. Quanto mais sucesso o indivíduo tem na solução da crise, mais saudável será seu desenvolvimento.

Confiança versus *desconfiança* é o primeiro estágio psicossocial de Erikson, o qual é experimentado no primeiro ano de vida. A confiança na primeira infância prepara o terreno para uma expectativa contínua na vida de que o mundo será um lugar bom e agradável para se viver.

Autonomia versus *vergonha e dúvida* é o segundo estágio de Erikson, ocorrendo no final da primeira infância. Após adquirir confiança, o bebê começa a descobrir que o seu comportamento lhe pertence, e então começa a afirmar sua independência.

Iniciativa versus *culpa*, o terceiro estágio do desenvolvimento de Erikson, ocorre durante os anos da pré-escola. Quando a criança encontra um mundo social ampliado, ela se defronta com novos desafios que requerem um comportamento ativo, intencional e responsável. No entanto, podem surgir sentimentos de culpa se a criança for irresponsável ou se sentir ansiosa demais.

Produtividade versus *inferioridade* é o quarto estágio do desenvolvimento para Erikson, ocorrendo aproximadamente nos anos do ensino fundamental. Agora a criança precisa direcionar suas energias para o domínio do conhecimento e das habilidades intelectuais. O resultado negativo é que a criança poderá desenvolver um sentimento de inferioridade – sentindo-se incompetente e improdutiva.

Durante os anos da adolescência, os indivíduos descobrem quem eles são, para quê servem e quem serão na vida. Este é o quinto estágio do desenvolvimento para Erikson, *identidade* versus *confusão de identidade*. Se o adolescente explorar os papéis de uma maneira saudável e encontra um caminho positivo a seguir na vida, ele obterá uma identidade positiva; em caso negativo, reinará a confusão de identidade.

Intimidade versus *isolamento* é o sexto estágio do desenvolvimento segundo Erikson, o qual o indivíduo experimenta durante os primeiros anos da idade adulta. Nesta época, o indivíduo se defronta com a tarefa desenvolvimental de formar relações íntimas. Se os jovens adultos formarem amizades saudáveis e um relacionamento íntimo com outro indivíduo, a intimidade será alcançada; em caso negativo, o resultado será o isolamento.

Generatividade versus *estagnação*, o sétimo estágio do desenvolvimento para Erikson, ocorre durante idade adulta intermediária. Com o termo generatividade, Erikson quer se referir primariamente à preocupação em ajudar a geração mais jovem a se desenvolver e levar uma vida útil. O sentimento de não ter feito nada para ajudar a próxima geração é a estagnação.

Integridade versus *desespero* é o oitavo estágio do desenvolvimento, segundo Erikson, o qual é vivenciado pelo indivíduo no fim da idade adulta. Durante este estágio, o indivíduo reflete sobre o passado. Se o exame da sua vida revelar que ela foi bem vivida, a integridade será alcançada; em caso negativo, o olhar retrospectivo provavelmente irá produzir dúvida ou apreensão – o desespero que Erikson descreveu.

Estágios de Erikson	Período do desenvolvimento
Integridade versus desespero	Fim da idade adulta (60 anos em diante)
Generatividade versus estagnação	Idade adulta intermediária (40, 50 anos)
Intimidade versus isolamento	Idade adulta inicial (20, 30 anos)
Identidade versus confusão de identidade	Adolescência (10, 20 anos)
Produtividade versus inferioridade	Terceira infância (6 anos até a puberdade)
Iniciativa versus culpa	Segunda infância (anos pré-escolares, 3 a 5 anos)
Autonomia versus vergonha e dúvida	Primeira infância (1 a 3 anos)
Confiança versus desconfiança	Primeira infância (primeiro ano)

FIGURA 1.8
Os oito estágios da vida segundo Erikson.

conexão com o desenvolvimento
Identidade. Os adolescentes e adultos emergentes podem ser classificados como tendo um dos quatro *status* de identidade: difuso, moratório, outorgado ou realizado. Cap. 4, p. 166

Erik Erikson com sua esposa, Joan, uma artista. Erikson gerou uma das teorias do desenvolvimento mais importantes do século XX. *Em qual estágio da teoria de Erikson você está? A descrição de Erikson desse estágio caracteriza você?*

teoria de Erikson Teoria que inclui oito estágios do desenvolvimento humano. Cada estágio consiste de uma tarefa desenvolvimental única que confronta o indivíduo com uma crise que deve ser encarada.

Estágio sensório-motor	Estágio pré-operatório	Estágio operatório-concreto	Estágio operatório-formal
O bebê constrói uma compreensão do mundo coordenando experiências sensoriais com ações físicas. O bebê progride da ação reflexa instintiva no nascimento para o início do pensamento simbólico até o final deste estágio.	A criança começa a representar o mundo com palavras e imagens. Estas refletem um pensamento simbólico mais elaborado e vão além da conexão entre a informação sensorial e a ação física.	Agora, a criança consegue pensar logicamente sobre acontecimentos concretos e classificar objetos em grupos diferentes.	O adolescente raciocina de maneira mais abstrata e idealista.
Do nascimento aos 2 anos	Dos 2 aos 7 anos	Dos 7 aos 11 anos	Dos 11 anos até a idade adulta

FIGURA 1.9
Quatro estágios do desenvolvimento cognitivo de Piaget.

Avaliação das teorias psicanalíticas As contribuições das teorias psicanalíticas incluem uma ênfase numa estrutura desenvolvimental, nas relações familiares e nos aspectos inconscientes da mente. As críticas incluem falta de apoio científico, ênfase excessiva nos aspectos sexuais subjacentes e uma imagem muito negativa das pessoas.

Teorias cognitivas Enquanto as teorias psicanalíticas enfatizam a importância do inconsciente, as teorias cognitivas enfatizam os pensamentos conscientes. Três teorias cognitivas importantes são a teoria do desenvolvimento cognitivo de Piaget, a teoria sociocultural do desenvolvimento cognitivo de Vygotsky e a teoria do processamento da informação.

Teoria do desenvolvimento cognitivo de Piaget A **teoria de Piaget** afirma que os indivíduos constroem ativamente a sua compreensão do mundo e atravessam quatro estágios do desenvolvimento cognitivo. Dois processos estão subjacentes a esta construção cognitiva do mundo: organização e adaptação. Para entender o nosso mundo, os adolescentes organizam as suas experiências. Por exemplo, eles separam ideias importantes de ideias menos importantes e conectam umas às outra. Além de organizar suas observações e experiências, eles *se adaptam*, ajustando-se às novas demandas ambientais (Miller, 2011).

Piaget (1954) também sustenta que as pessoas atravessam quatro estágios na compreensão do mundo (veja a Figura 1.9). Cada estágio está relacionado à idade e consiste em uma forma distinta de pensamento, uma forma *diferente* de entender o mundo. Assim, de acordo com Piaget, a cognição é *qualitativamente* diferente em um estágio se comparado com outro. Como são os quatro estágios do desenvolvimento cognitivo de Piaget?

O estágio *sensório-motor*, que vai desde o nascimento até aproximadamente os 2 anos, é o primeiro estágio piagetiano. Nele, o bebê constrói uma compreensão do mundo ao coordenar as experiências sensoriais (como ver e ouvir) com as ações motoras físicas – daí o termo *sensório-motor*.

O *estágio pré-operatório*, que se estende aproximadamente dos 2 aos 7 anos, é o segundo estágio de Piaget. Neste estágio, a criança começa a ir além de simplesmente conectar informações sensoriais à ação física e representa o mundo com palavras, imagens e desenhos. Porém, de acordo com Piaget, a criança pré-escolar ainda não possui a capacidade de desempenhar o que ele chama de *operações*, isto é, ações mentais internalizadas que permitem que a criança faça mentalmente o que ela anteriormente fazia apenas fisicamente. Por exemplo, se você pensar em unir duas varetas, sem movê-las, para ver se elas são tão longas quanto outra vareta, você está realizando uma operação concreta.

O *estágio operatório-concreto*, que vai aproximadamente dos 7 aos 11 anos, é o terceiro estágio piagetiano. Neste estágio, a criança consegue realizar operações que envolvem objetos, além de poder raciocinar logicamente, contanto que possa aplicar o raciocínio a exemplos específicos ou concretos. Por exemplo, aqueles que estão no estágio operatório-concreto não conseguem imaginar os passos necessários para concluir uma equação algébrica, abstrata demais para ser pensada neste estágio do desenvolvimento.

O *estágio operatório-formal*, que surge entre as idades de 11 e 15 e continua durante toda a vida adulta, é o quarto e último estágio segundo Piaget. Neste estágio, o indivíduo vai além das experiências concretas e pensa em termos mais abstratos e lógicos. Como parte do

Jean Piaget, famoso psicólogo desenvolvimentista suíço, mudou a forma como pensamos o desenvolvimento da mente das crianças. *Quais são algumas das ideias-chave da teoria de Piaget?*

teoria de Piaget Teoria de que as crianças constroem ativamente a sua compreensão do mundo e atravessam quatro estágios do desenvolvimento cognitivo.

pensamento mais abstrato, o adolescente desenvolve imagens de circunstâncias ideais. Ele pode pensar sobre como é um pai ideal e comparar os seus pais a esse padrão. Ele começa a cogitar possibilidades para o futuro e fica fascinado com o que poderá vir a ser. Ao resolver problemas, ele se torna mais sistemático, desenvolvendo hipóteses sobre por que alguma coisa está acontecendo de determinada forma e depois testando estas hipóteses. Examinaremos melhor a teoria do desenvolvimento cognitivo de Piaget no Capítulo 3.

Teoria sociocultural do desenvolvimento cognitivo de Vygotsky Assim como Piaget, o desenvolvimentista russo Lev Vygotsky (1896-1934) enfatizou que os indivíduos constroem ativamente o seu conhecimento. No entanto, Vygotsky (1962) conferiu à interação social e à cultura papéis muito mais importantes do que Piaget. A **teoria de Vygotsky** é uma teoria sociocultural do desenvolvimento cognitivo que enfatiza como a cultura e a interação social guiam o desenvolvimento cognitivo.

Vygotsky retratou o desenvolvimento como inseparável das atividades sociais e culturais (Daniels, 2011). Ele salientou que o desenvolvimento cognitivo inclui aprender a usar as invenções da sociedade, como a linguagem, os sistemas matemáticos e as estratégias de memória. Assim, numa determinada cultura, os indivíduos aprendem a contar com o auxílio de um computador; em outra, eles podem aprender usando contas de vidro. De acordo com Vygotsky, a interação social de crianças e adolescentes com adultos e companheiros mais habilidosos é indispensável para o seu desenvolvimento cognitivo (Gauvain, 2011). Por meio dessa interação, eles aprendem a usar as ferramentas que os ajudarão a se adaptar e a ter sucesso na sua cultura. No Capítulo 3, examinaremos ideias sobre aprendizado e ensino que estão baseadas na teoria de Vygotsky.

Teoria do processamento da informação A **teoria do processamento da informação** enfatiza que os indivíduos manipulam a informação, a monitoram e desenvolvem uma estratégia sobre ela. Diferentemente da teoria de Piaget, mas semelhante à de Vygotsky, a teoria do processamento da informação não descreve o desenvolvimento em estágios. Em vez disso, de acordo com esta teoria, os indivíduos desenvolvem uma capacidade crescente para o processamento da informação, o que lhes permite adquirir conhecimentos e habilidades cada vez mais complexos (Halford e Andrews, 2011; Sternberg, 2012).

Robert Siegler (2006), um importante especialista em processamento da informação infantil afirma que pensamento é o processamento das informações. Em outras palavras, quando os adolescentes percebem, codificam, representam, armazenam e recuperam informações, eles estão pensando. Siegler enfatiza que um aspecto importante do desenvolvimento é aprender boas estratégias para o processamento da informação. Por exemplo, tornar-se um leitor melhor pode envolver aprender a monitorar os temas principais do material a ser lido.

Avaliação das teorias cognitivas As contribuições das teorias cognitivas incluem uma visão positiva do desenvolvimento e uma ênfase na construção ativa da compreensão. As críticas incluem ceticismo quanto à pureza dos estágios de Piaget e à pouca atenção às variações individuais.

Teorias comportamentais e sociais cognitivas O behaviorismo sustenta essencialmente que podemos estudar cientificamente apenas o que conseguimos observar e medir diretamente. Fora da tradição comportamental, houve um crescimento na crença de que o desenvolvimento é o comportamento observável que pode ser aprendido por meio da experiência com o ambiente (Spiegler e Guvremont, 2010). Em termos do tema da continuidade-descontinuidade discutido anteriormente neste capítulo, as teorias comportamentais e social cognitivas enfatizam a continuidade no desenvolvimento e argumentam que o desenvolvimento não ocorre na forma de estágios. Exploraremos as duas versões do behaviorismo: o condicionamento operante de Skinner e a teoria social cognitiva de Bandura.

Condicionamento operante de Skinner De acordo com B. F. Skinner (1904-1990), por meio do condicionamento operante, as consequências de um comportamento produzem mudanças na probabilidade da ocorrência do comportamento. Um comportamento seguido de um estímulo de recompensa é mais provável de se repetir, enquanto um comportamento seguido de um estímulo de punição é menos provável de se repetir. Por exemplo, quando um adulto sorri para um adolescente depois que este fez alguma coisa, é mais provável que o adolescente se envolva novamente na atividade do que se o adulto lhe lançar um olhar de reprovação.

Atualmente, existe um considerável interesse na teoria sociocultural do desenvolvimento cognitivo de Vygotsky sobre o desenvolvimento infantil. *Quais são os argumentos básicos sobre o desenvolvimento das crianças?*

conexão com o desenvolvimento

Teoria social cognitiva. Bandura enfatiza que a autoeficácia é um fator pessoal/cognitivo-chave nas aquisições dos adolescentes. Cap. 11, p. 370

teoria de Vygotsky Teoria sociocultural do desenvolvimento cognitivo que enfatiza como a cultura e a interação social guiam o desenvolvimento cognitivo.

teoria do processamento da informação Teoria que enfatiza que os indivíduos manipulam a informação, monitoram-na e desenvolvem uma estratégia sobre ela. Essenciais para esta abordagem são os processos de memória e pensamento.

Albert Bandura desenvolveu a teoria social cognitiva.

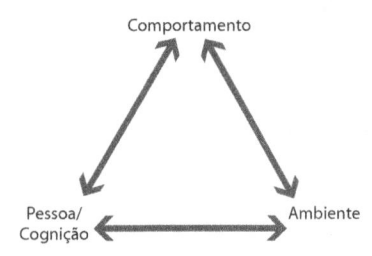

FIGURA 1.10
Teoria social cognitiva de Bandura. A teoria social cognitiva de Bandura enfatiza as influências recíprocas do comportamento, do ambiente e dos fatores pessoais/cognitivos.

teoria social cognitiva Visão de que o comportamento, o ambiente e a cognição são fatores-chave no desenvolvimento.

teoria ecológica de Bronfenbrenner Teoria focada na influência de cinco sistemas ambientais: microssistema, mesossistema, exossistema, macrossistema e cronossistema.

Segundo a visão de Skinner (1938), tais recompensas e punições modelam o desenvolvimento. Por exemplo, a abordagem de Skinner defende que pessoas tímidas aprendem a ser tímidas em consequência das experiências que têm durante o crescimento. Ocorre que as modificações em um ambiente podem ajudar um adolescente tímido a se tornar mais orientado socialmente. Além disso, para Skinner, o aspecto principal do desenvolvimento é o comportamento, não os pensamentos e os sentimentos. Ele enfatiza que o desenvolvimento consiste no padrão de mudanças comportamentais ocasionadas por recompensas e punições.

Teoria social cognitiva de Bandura Alguns psicólogos concordam com a noção behaviorista de que o desenvolvimento é aprendido e fortemente influenciado pelas interações ambientais. No entanto, diferentemente de Skinner, eles argumentam que a cognição também é importante para a compreensão do desenvolvimento. A **teoria social cognitiva** sustenta que o comportamento, o ambiente e a cognição são os principais fatores no desenvolvimento.

O psicólogo americano Albert Bandura (1925-) é o principal arquiteto da teoria social cognitiva. Bandura (1986, 2001, 2004, 2009, 2010a, 2010b) enfatiza que os processos cognitivos possuem ligações importantes com o ambiente e com o comportamento. Seu primeiro programa de pesquisa focou enfaticamente na *aprendizagem por observação* (também chamada de *imitação* ou *modelagem*), a aprendizagem que ocorre por meio da observação do que os outros fazem. Por exemplo, um jovem rapaz pode observar seu pai gritando de raiva e ameaçando as outras pessoas com hostilidade; com seus amigos, posteriormente, o jovem age muito agressivamente, apresentando as mesmas características do comportamento do seu pai. Os teóricos sociais cognitivos salientam que as pessoas adquirem um leque de comportamentos, pensamentos e sentimentos por meio da observação do comportamento dos outros e que estas observações formam uma parte importante do desenvolvimento adolescente.

O que é *cognitivo* na aprendizagem por observação segundo a visão de Bandura? Ele propõe que as pessoas representam cognitivamente o comportamento dos outros e, então, às vezes, elas mesmas acabam adotando esses comportamentos.

O modelo mais recente de aprendizagem e desenvolvimento de Bandura (2009, 2010a, 2010b) inclui três elementos: comportamento, pessoa/cognição e ambiente. A confiança que um indivíduo tem de que ele pode controlar seu sucesso é um exemplo de um fator pessoal; as estratégias são um exemplo de fator cognitivo. Conforme mostra a Figura 1.10, os fatores comportamentais, pessoais/cognitivos e ambientais operam de modo interativo.

Avaliação das teorias comportamentais e sociais cognitivas As contribuições das teorias comportamentais e sociais cognitivas incluem uma ênfase na pesquisa específica e nos determinantes ambientais do comportamento. As críticas incluem ênfase excessiva na cognição na visão de Skinner e uma atenção inadequada às mudanças no desenvolvimento.

Teoria ecológica Uma teoria ecológica que tem implicações importantes para a compreensão do desenvolvimento adolescente foi criada por Urie Bronfenbrenner (1917-2005). A **teoria ecológica de Bronfenbrenner** (1986, 2004; Bronfenbrenner e Morris, 1998, 2006) sustenta que o desenvolvimento reflete a influência de cinco sistemas ambientais: microssistema, mesossistema, exossistema, macrossistema e cronossistema (veja a Figura 1.11).

O *microssistema* é o contexto no qual o adolescente vive. Este contexto inclui a família, os amigos, a escola e os vizinhos. É no microssistema que acontecem as interações mais diretas com os agentes sociais – pais, amigos e professores, por exemplo. O adolescente não é um receptor passivo das experiências nestes contextos, mas alguém que ajuda a construir os contextos.

O *mesossistema* envolve as relações entre os microssistemas ou conexões entre os contextos. Como exemplo, cita-se a relação das experiências familiares com as experiências escolares, experiências escolares com experiências religiosas e experiências familiares com experiências com os amigos. Por exemplo, os adolescentes rejeitados pelos pais podem ter dificuldade em desenvolver relações positivas com os professores.

O *exossistema* consiste em ligações entre um contexto social em que o adolescente não tem um papel ativo e o contexto imediato do indivíduo. Por exemplo, a experiência em casa de um marido ou adolescente pode ser influenciada pelas experiências da mãe no trabalho. A mãe pode receber uma promoção que exija mais viagens, o que poderá aumentar o conflito com o marido e alterar padrões de interação com o adolescente.

O *macrossistema* envolve a cultura na qual os adolescentes vivem. A cultura se refere a padrões de comportamento, crenças e todos os outros produtos de um grupo transmitidos de geração para geração.

O *cronossistema* consiste dos padrões de eventos e transições ambientais durante o curso da vida, bem como as circunstâncias sócio-históricas. Por exemplo, o divórcio é uma transição. Pesquisadores descobriram que os efeitos negativos do divórcio nos filhos geralmente alcançam o auge no primeiro ano após o divórcio (Hetherington, 2006). Após dois anos do divórcio, a interação da família é menos caótica e mais estável. Como exemplo de circunstâncias sócio-históricas, considere como as oportunidades de carreira para garotas adolescentes têm aumentado durante os últimos 50 anos.

Bronfenbrenner (2004; Bronfenbrenner e Morris, 2006) acrescentou as influências biológicas a esta teoria e descreveu a mais nova versão como uma teoria bioecológica. Todavia, o contexto ecológico e ambiental ainda predomina na teoria de Brofenbrenner.

As contribuições da teoria incluem um exame sistemático das dimensões macro e micro dos sistemas ambientais e a atenção às conexões entre os sistemas ambientais. As críticas incluem a atenção inadequada aos fatores biológicos, assim como a pouca ênfase nos fatores cognitivos.

Uma orientação teórica eclética   Nenhuma das teorias descritas neste capítulo consegue explicar inteiramente a rica complexidade do desenvolvimento adolescente, mas cada uma delas tem contribuído para a nossa compreensão do desenvolvimento. A teoria psicanalítica explica melhor a mente inconsciente. A teoria de Erikson descreve melhor as mudanças que ocorrem no desenvolvimento adulto. As visões de Piaget, de Vygotsky e do processamento da informação fornecem a descrição mais completa do desenvolvimento cognitivo. As teorias comportamentais, sociais cognitivas e ecológica foram as mais adeptas do exame dos determinantes ambientais do desenvolvimento.

Em resumo, embora as teorias sejam guias úteis, contar com uma única teoria para explicar o desenvolvimento adolescente é provavelmente um erro. Este livro, ao contrário, assume uma **orientação teórica eclética**, que não segue uma abordagem teórica específica, mas em vez disso escolhe de cada teoria o que é considerado suas melhores características. Desta forma, você pode visualizar o estudo do desenvolvimento adolescente como ele realmente existe – com diferentes teóricos fazendo afirmações diferentes, enfatizando diferentes problemas empíricos e usando diferentes estratégias para descobrir informações.

FIGURA 1.11
Teoria ecológica do desenvolvimento de Bronfenbrenner. A teoria ecológica de Bronfenbrenner consiste em cinco sistemas ambientais: microssistema, mesossistema, exossistema, macrossistema e cronossistema. Kopp, Child Development Social Context, 1ª Ed. © 1982. Reproduzido eletronicamente com a permissão de Pearson Education, Inc., Upper Saddle River, Nova Jersey.

PESQUISA DO DESENVOLVIMENTO ADOLESCENTE

Se os especialistas e pesquisadores seguem uma orientação eclética, como eles determinam que um aspecto de uma teoria é melhor do que outro? O método científico discutido anteriormente oferece um guia. Por meio da pesquisa científica, as características das teorias podem ser testadas e aprimoradas.

De um modo geral, a pesquisa do desenvolvimento adolescente é concebida para testar hipóteses, as quais, em alguns casos, são derivadas das teorias recém descritas. Durante a pesquisa, teorias são modificadas para refletir novos dados e, ocasionalmente, surgem novas teorias.

No século XXI, a pesquisa sobre o desenvolvimento do adolescente e do adulto emergente se expandiu muito (Russell, Card e Susman, 2011). Além disso, a pesquisa sobre o desenvolvimento adolescente tem examinado cada vez mais as suas aplicações ao mundo real dos jovens (Brown, 2012; R. M. Lerner e Steinberg, 2009). Essas pesquisas envolvem uma busca pelas formas de melhorar a saúde e o bem-estar dos adolescentes. O crescimento na utilização das pesquisas sobre o desenvolvimento adolescente é descrita em todos os capítulos deste livro. Agora voltemos nossa atenção para a maneira como são coletados os dados sobre o desenvolvimento adolescente e para os delineamentos de pesquisa que são usados para estudá-lo.

Métodos de coleta de dados   Independentemente de qual seja o nosso interesse de estudo – as mudanças da puberdade, as habilidades cognitivas ou o conflito pais-adolescente –, podemos escolher diversas formas de coleta de dados. Aqui, consideramos as medidas usadas mais frequentemente, começando pela observação.

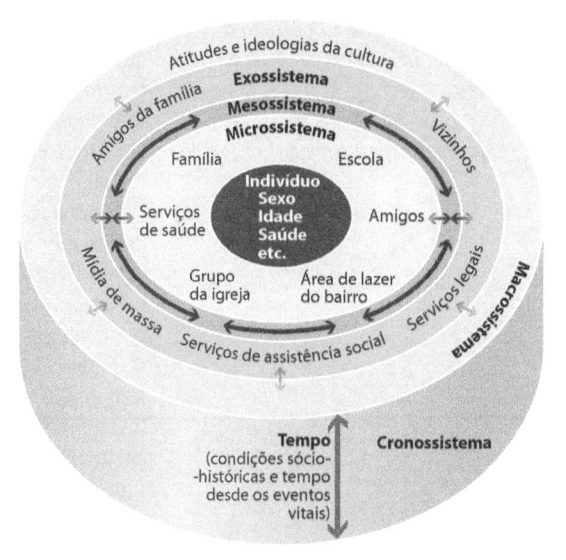

Urie Bronfenbrenner desenvolveu a teoria ecológica, uma perspectiva que está recebendo cada vez mais atenção. *Qual é a natureza da teoria ecológica?*

orientação teórica eclética   Uma orientação que não segue nenhuma abordagem teórica, mas que, em vez disso, escolhe em cada teoria o que é considerado melhor nela.

A verdade é alcançada por meio do processo minucioso de eliminação do que é falso.

—SIR ARTHUR CONAN DOYLE
Físico britânico e escritor de histórias de detetive, século XX

Observação A observação científica requer um importante conjunto de habilidades. Para que as observações sejam efetivas, elas devem ser sistemáticas (Stangor, 2011). Precisamos ter uma ideia do quê estamos procurando. Temos que saber quem estamos observando, quando e onde iremos observar, como faremos as observações e como as registraremos.

Onde devemos fazer as nossas observações? Temos duas opções: em laboratório e na vida diária.

Quando observamos cientificamente, geralmente precisamos controlar determinados fatores que determinam o comportamento, mas que não são foco da nossa investigação (Gravetter e Forzano, 2012; Langston, 2011). Por essa razão, algumas pesquisas sobre o desenvolvimento adolescente são conduzidas em **laboratório**, um ambiente controlado em que são removidos muitos dos fatores complexos do "mundo real". No entanto, a pesquisa em laboratório tem alguns empecilhos. Em primeiro lugar, é quase impossível conduzir uma pesquisa sem que os participantes tenham conhecimento de que estão sendo estudados. Em segundo lugar, o ambiente de laboratório não é natural e, assim, pode fazer os participantes se comportarem de forma artificial. Em terceiro lugar, as pessoas dispostas a ir ao laboratório de uma universidade podem não representar fielmente grupos com bagagens culturais diversas. Além disso, as pessoas que não estão familiarizadas com ambientes universitários podem ficar intimidadas pelo ambiente de laboratório.

A observação natural possibilita compreensões que, às vezes, não conseguimos obter em laboratório (Jackson, 2011). **Observação natural** significa observar o comportamento em ambientes do mundo real, sem fazer esforço para manipular ou controlar a situação. Os pesquisadores do ciclo vital conduzem observações naturais em bairros, escolas, eventos esportivos, ambientes de trabalho e *shopping centers* e em outros locais frequentados por adolescentes.

Levantamento e entrevista Às vezes, a melhor e mais rápida maneira de obter informações sobre os adolescentes é lhes perguntando. Uma das técnicas é *entrevistá-los* diretamente. Um método relacionado é o *levantamento* (às vezes citado como questionário), que é especialmente útil quando são necessárias informações de muitas pessoas (Babbie, 2011). Nesse caso, um conjunto de perguntas padronizadas é utilizado para obter informações sobre atitudes ou crenças autorrelatadas a respeito de um tópico específico. Em um bom levantamento, as perguntas são claras e não possuem pré-conceitos, permitindo que os respondentes deem suas respostas sem ambiguidades.

Levantamentos e entrevistas podem ser usados para estudar uma grande variedade de tópicos, desde crenças religiosas, hábitos sexuais, opiniões sobre o controle de armas até ideias sobre como melhorar as escolas.

Um problema com levantamentos e entrevistas é a tendência dos participantes a responder às perguntas de uma forma que eles imaginam ser socialmente aceitável ou desejável, em vez de dizerem o que realmente pensam ou sentem (Leedy e Omrod, 2010). Por exemplo, em um levantamento ou entrevista, alguns adolescentes podem dizer que não usam drogas, mesmo quando usam.

Teste padronizado Um **teste padronizado** tem procedimentos uniformes tanto para sua aplicação quanto para a contagem da pontuação. Muitos testes padronizados permitem que o desempenho de uma pessoa seja comparado ao desempenho de outros indivíduos; assim, eles

laboratório Ambiente controlado em que são removidos muitos dos fatores complexos do "mundo real".

observação natural Observação do comportamento em ambientes do mundo real.

teste padronizado Um teste com procedimentos uniformes para administração e contagem de pontos. Muitos testes padronizados permitem que o desempenho de uma pessoa seja comparado ao desempenho de outros indivíduos.

Ao conduzir levantamentos ou entrevistas com adolescentes, quais são algumas das estratégias que os pesquisadores precisam exercitar?

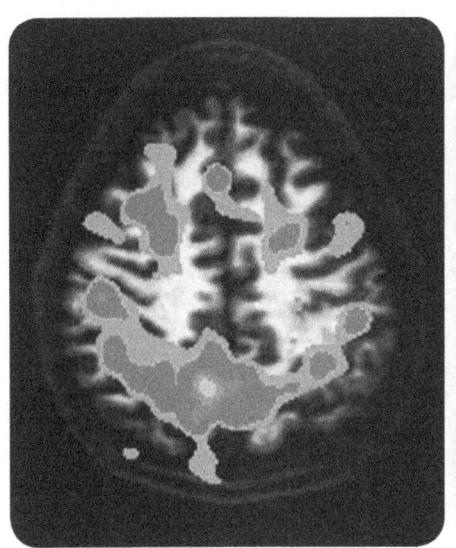

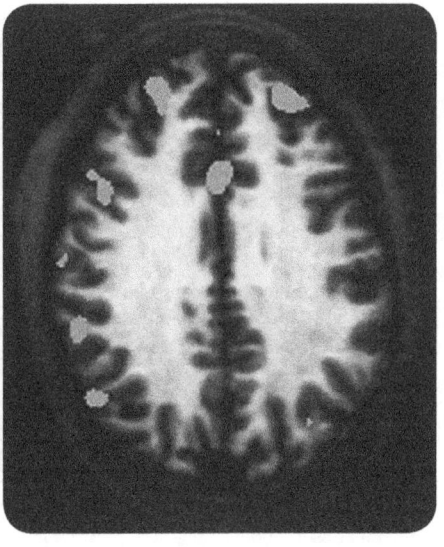

FIGURA 1.12
Imagem cerebral de adolescentes de 15 anos. As duas imagens cerebrais indicam como o álcool pode influenciar o funcionamento do cérebro de um adolescente. Observe as áreas acinzentadas (que indicam funcionamento cerebral efetivo envolvendo a memória) no cérebro do adolescente não consumidor enquanto está envolvido numa tarefa de memória, e a ausência destas áreas no cérebro do adolescente sob influência de álcool.

fornecem informações sobre diferenças individuais entre as pessoas (Drummond e Jones, 2010). Um exemplo é o teste de inteligência Stanford-Binet, que discutiremos no Capítulo 3. O seu escore no teste de inteligência Stanford-Binet diz como o seu desempenho se compara ao de milhares de outras pessoas que já se submeteram ao teste.

Uma crítica aos testes padronizados é que eles pressupõem que o comportamento de uma pessoa é consistente e estável, embora personalidade e inteligência – dois alvos primários dos testes padronizados – possam variar de acordo com a situação. Por exemplo, o adolescente pode ter um desempenho fraco num teste de inteligência padronizado no ambiente de um consultório, mas um escore muito mais alto em casa, local em que ele está menos ansioso.

Medidas fisiológicas Os pesquisadores estão usando cada vez mais medidas fisiológicas quando estudam o desenvolvimento adolescente. Um tipo de medida fisiológica envolve a avaliação dos hormônios na corrente sanguínea do adolescente. Quando a puberdade eclode, as secreções glandulares no sangue aumentam, elevando os níveis de hormônio. Para determinar a natureza destas alterações hormonais, os pesquisadores coletam amostras sanguíneas dos adolescentes que se dispõem (Dorn e Biro, 2011). A composição corporal dos adolescentes também é foco da avaliação fisiológica. Existe um interesse especial no aumento do conteúdo de gordura no corpo durante o desenvolvimento do púbere. Até recentemente, poucas pesquisas focaram na atividade cerebral dos adolescentes. No entanto, o desenvolvimento das técnicas de neuroimagem levou a uma grande movimentação nos estudos de pesquisa. Uma técnica que está sendo usada em muitos deles é a MRI – imagens por ressonância magnética, em que são usadas ondas de radio para construir imagens do tecido cerebral e da atividade química de uma pessoa (Nelson, 2011). A Figura 1.12 compara as imagens cerebrais de dois adolescentes – um abstêmio e o outro que bebe em grande quantidade – enquanto envolvidos em uma tarefa de memória.

Amostragem de experiência No **método de amostragem de experiência (ESM)**, os participantes de um estudo recebem *pagers* eletrônicos. A seguir, os pesquisadores os "bipam" em momentos aleatórios. Quando são bipados, os participantes relatam os vários aspectos da sua situação imediata, incluindo onde estão, o que estão fazendo, com quem estão e como estão se sentindo.

O ESM tem sido usado em inúmeros estudos para determinar os contextos em que os adolescentes têm maior probabilidade de passar seu tempo, quanto tempo eles passam com seus pais e amigos e a natureza das suas emoções. Usando este método, Reed Larson e Maryse Richards (1994) descobriram que nas milhares de vezes em que relataram seus sentimentos, os adolescentes experimentaram emoções mais extremas e passageiras do que as de seus pais. Por exemplo, os adolescentes tinham cinco vezes mais probabilidade do que seus pais de relatarem "muito feliz" quando eram bipados e três vezes mais probabilidade de se sentirem "muito infelizes" (veja a Figura 1.13).

Estudo de caso Um **estudo de caso** consiste em examinar em profundidade um único indivíduo. Os estudos de caso são realizados principalmente pelos profissionais em saúde mental

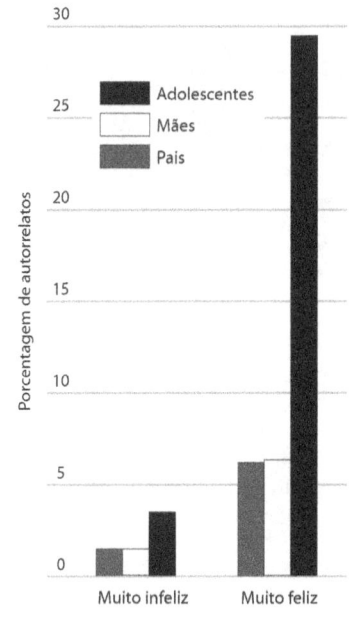

FIGURA 1.13
Extremos de emoção autorrelatados por adolescentes, mães e pais utilizando o método de amostragem de experiência. No estudo de Reed Larson e Maryse Richards (1994), adolescentes e suas mães e pais foram bipados pelos pesquisadores em momentos aleatórios, usando o método de amostragem de experiência. Os pesquisadores descobriram que os adolescentes tinham maior probabilidade de relatar emoções mais extremas do que seus pais.

método de amostragem de experiência (ESM) Método de pesquisa em que são dados *pagers* aos participantes que em seguida são bipados em momentos aleatórios, quando então lhes é solicitado que relatem vários aspectos das suas vidas.

estudo de caso Um exame em profundidade de um único indivíduo.

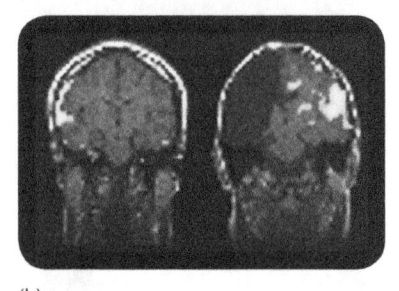

quando, por razões práticas ou éticas, os aspectos únicos da vida do indivíduo não podem ser duplicados e testados em outros indivíduos. Um estudo de caso fornece informações sobre aquela pessoa: medos, esperanças, fantasias, experiências traumáticas, criação, relações familiares, saúde ou qualquer outro aspecto que ajude o psicólogo a entender sua mente e seu comportamento (Babbie, 2011).

Considere o estudo de caso de Michael Rehbein, ilustrando a flexibilidade e a resiliência do cérebro em desenvolvimento. Aos 7 anos, Michael começou a ter convulsões incontroláveis – em torno de 400 por dia. Os médicos disseram que a única solução seria remover o hemisfério esquerdo do seu cérebro, onde estavam ocorrendo as convulsões. Embora a recuperação de Michael tenha sido lenta, por fim seu hemisfério direito começou a reorganizar e assumir as funções que normalmente residem no hemisfério esquerdo do cérebro, tais como a fala. A neuroimagem na Figura 1.14 mostra vividamente esta reorganização do cérebro de Michael. Embora os estudos de caso forneçam retratos dramáticos e detalhados das vidas das pessoas, precisamos ser cautelosos em generalizar a partir deles. O sujeito de um estudo de caso é único, com características genéticas e história pessoal que ninguém mais compartilha. Além disso, os estudos de caso envolvem julgamentos de confiabilidade desconhecida. Os psicólogos que conduzem estudos de caso raramente verificam se outros psicólogos concordam com suas observações.

Delineamentos de pesquisa   Ao conduzir uma pesquisa sobre o desenvolvimento adolescente, além do método para a coleta de dados, você também precisa de um delineamento de pesquisa. Existem três tipos principais de delineamento de pesquisa: descritivo, correlacional e experimental.

Pesquisa descritiva   Todos os métodos para coleta de dados que já discutimos podem ser usados na **pesquisa descritiva**, a qual tem por objetivo observar e registrar o comportamento. Por exemplo, um pesquisador pode observar até que ponto os adolescentes são altruístas ou agressivos uns com os outros. Por si só, a pesquisa descritiva não consegue provar a causa de alguns fenômenos, mas ela pode revelar informações importantes a respeito do comportamento das pessoas (Babbie, 2011).

Pesquisa correlacional   Em contraste com a pesquisa descritiva, a **pesquisa correlacional** vai além da descrição dos fenômenos para fornecer informações que nos ajudarão a prever como as pessoas vão agir (Heiman, 2012). Na pesquisa correlacional, o objetivo é descrever a força da relação entre dois ou mais eventos ou características. Quanto mais fortemente estiverem correlacionados os dois eventos (ou relacionados, ou associados), mais efetivamente poderemos prever um evento a partir do outro.

Por exemplo, para estudar se adolescentes com pais permissivos têm menos autocontrole do que outros adolescentes, você precisaria registrar cuidadosamente observações acerca da permissividade dos pais e do autocontrole dos seus filhos. Poderia, então, analisar os dados estatisticamente para produzir uma medida numérica, chamada **coeficiente de correlação**, um número baseado em uma análise estatística usada para descrever o grau de associação entre duas variáveis. O coeficiente de correlação varia de -1,00 a +1,00. Um número negativo significa uma relação inversa. Por exemplo, os pesquisadores encontram com frequência uma correlação negativa entre parentalidade permissiva e autocontrole dos adolescentes. Em contraste, eles encontram com frequência uma correlação positiva entre o monitoramento parental dos filhos e o autocontrole dos adolescentes.

Quanto mais alto o coeficiente de correlação (seja positivo ou negativo), mais forte a associação entre as duas variáveis. Uma correlação de 0 significa que não existe associação entre as variáveis. Uma correlação de -0,40 é mais forte do que uma correlação de +0,20 porque desconsideramos se a correlação é positiva ou negativa na determinação da força da correlação.

Mas deve haver precaução (Spatz, 2012), pois correlação não é igual a causalidade. O achado correlacional recém mencionado não significa que a parentalidade permissiva necessariamente cause baixo autocontrole nos adolescentes. Essa é uma possibilidade, mas também poderia significar que a falta de autocontrole de um adolescente fez os pais colocarem as mãos na cabeça, desanimados, e desistirem de tentar controlá-lo. Isso também poderia significar que outros fatores, como hereditariedade ou pobreza, causaram a correlação entre parentalidade permissiva e baixo autocontrole nos adolescentes. A Figura 1.15 ilustra essas interpretações possíveis dos dados correlacionais.

FIGURA 1.14
Plasticidade nos hemisférios cerebrais.
(a) Michael Rehbein, aos 14 anos. (b) O hemisfério direito de Michael (*à esquerda*) se reorganizou para assumir as funções da linguagem, normalmente desempenhadas pelas áreas correspondentes no hemisfério esquerdo de um cérebro intacto (*à direita*) (observe as áreas mais claras). Entretanto, o hemisfério direito não é tão eficiente no processamento da fala como o esquerdo, e mais áreas do cérebro são recrutadas para processar a fala.

pesquisa descritiva Pesquisa que objetiva observar e registrar o comportamento.

pesquisa correlacional Pesquisa cujo objetivo é descrever a força da relação entre dois ou mais eventos ou características.

coeficiente de correlação Um número, baseado em uma análise estatística, utilizado para descrever o grau de associação entre duas variáveis.

Correlação observada: Quando a parentalidade permissiva cresce, o autocontrole dos adolescentes decresce.

Possíveis explicações para esta correlação observada	Parentalidade permissiva → causa →	Falta de autocontrole do adolescente
	Falta de autocontrole do adolescente → causa →	Parentalidade permissiva
	Um terceiro fator, como tendências genéticas ou pobreza → ambas as causas →	Parentalidade permissiva e falta de autocontrole do adolescente

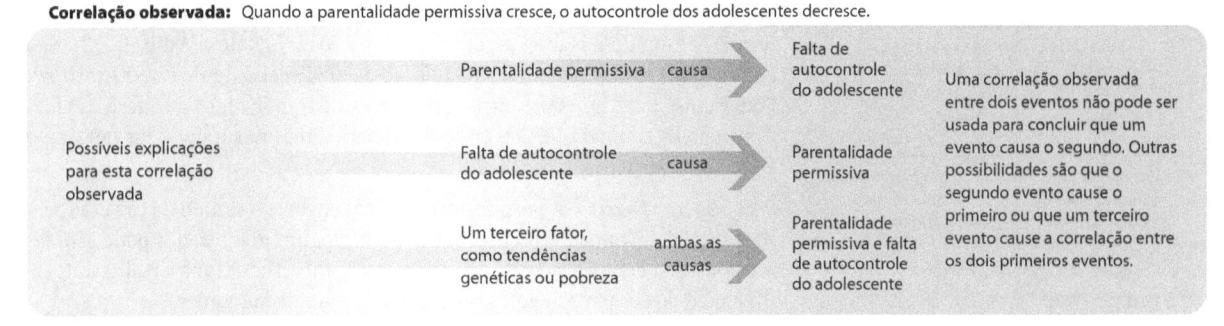

Uma correlação observada entre dois eventos não pode ser usada para concluir que um evento causa o segundo. Outras possibilidades são que o segundo evento cause o primeiro ou que um terceiro evento cause a correlação entre os dois primeiros eventos.

FIGURA 1.15
Possíveis explicações para os dados correlacionais.

Pesquisa experimental Para estudar causalidade, os pesquisadores se voltam para a **pesquisa experimental**. Um experimento é um procedimento cuidadosamente regulado, no qual manipula-se um ou mais os fatores que se acredita influenciar o comportamento estudado, enquanto todos os outros fatores são mantidos constantes (Gravetter e Forzano, 2012). Se o comportamento em estudo se altera quando um fator é manipulado, os pesquisadores dizem que o fator manipulado causou a alteração no comportamento. Em outras palavras, o experimento demonstrou causa e efeito. A causa é o fator que foi manipulado. O efeito é o comportamento que se alterou devido à manipulação. Métodos de pesquisa não experimentais (pesquisa descritiva e correlacional) não podem estabelecer causa e efeito porque eles não envolvem a manipulação de fatores maneira controlada (Stangor, 2011).

Todos os experimentos envolvem pelo menos uma variável independente e uma variável dependente. A **variável independente** é o fator que é manipulado. O termo *independente* indica que esta variável pode ser manipulada independentemente de todos os outros fatores. Por exemplo, suponha que queremos projetar um experimento para estabelecer os efeitos dos monitores educacionais (*peer tutor*) sobre o rendimento dos adolescentes. Neste exemplo, a quantidade e o tipo de monitoria educacional pode ser a variável independente.

A **variável dependente** é o fator medido; ele pode se alterar quando a variável independente é manipulada. O termo *dependente* indica que esta variável depende do que acontece quando a variável independente é manipulada. No estudo de monitoria educacional, o rendimento dos adolescentes seria a variável dependente. Ela poderia ser avaliada de várias formas, talvez por meio de escores em um teste de rendimento padronizado nacionalmente.

Em um experimento, os pesquisadores manipulam a variável independente, fornecendo experiências diferentes a um ou mais grupos experimentais e um ou mais grupos-controle. *Grupo experimental* é um grupo cuja experiência é manipulada. *Grupo-controle* é um grupo tratado como o grupo experimental em todos os aspectos, exceto pelo fator manipulado. O grupo-controle serve como linha de base contra a qual os efeitos sobre o grupo manipulado podem ser comparados. No estudo de monitoria educacional, precisaríamos ter um grupo de adolescentes que recebesse monitoria educacional (grupo experimental) e um que não recebesse (grupo-controle).

Um princípio importante em pesquisa experimental é a *designação randômica* – designação aleatória dos participantes para os grupos experimental e controle (Gravetter e Forzano, 2012). Esta prática reduz a probabilidade de que os resultados do experimento sejam afetados por diferenças preexistentes entre os grupos. Em nosso estudo do monitoramento educacional, a designação randômica reduziria enormemente a probabilidade de que os dois grupos diferissem em idade, contexto familiar, rendimento inicial, inteligência, personalidade ou saúde.

Para resumir, em nosso estudo de tutoramento educacional e rendimento adolescente, designaríamos os participantes randomicamente para dois grupos. Um (o grupo experimental) receberia o tutoramento educacional e outro (grupo-controle), não. As diferentes experiências que os grupos experimental e controle receberiam seria a variável independente. Após concluído o monitoramento educacional, os adolescentes receberiam um teste de rendimento padronizado nacionalmente (a variável dependente).

A Figura 1.16 aplica o método de pesquisa experimental a um problema diferente: se um programa de gerenciamento do tempo pode melhorar as notas dos adolescentes.

pesquisa experimental Pesquisa que envolve um experimento, um procedimento cuidadosamente regulado no qual manipula-se um ou mais dos fatores que se acredita influenciar o comportamento estudado enquanto todos os outros fatores são mantidos constantes.

variável independente Fator que é manipulado em pesquisa experimental.

variável dependente Fator que é medido em pesquisa experimental.

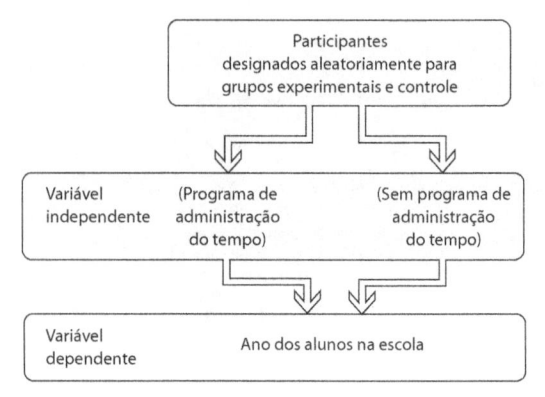

FIGURA 1.16
Designação randômica e delineamento experimental.

Pesquisa do ciclo vital Um interesse especial dos desenvolvimentistas é o tempo abrangido por uma pesquisa (Schaie, 2011; Schaie e Willis, 2012). São comuns os estudos que focam na relação da idade com alguma outra variável. Os pesquisadores têm duas opções: podem estudar indivíduos de diferentes idades e depois compará-los, ou podem estudar os mesmos indivíduos durante o seu envelhecimento.

Pesquisa transversal A **pesquisa transversal** envolve o estudo de todas as pessoas num determinado momento. Por exemplo, um pesquisador pode estudar a autoestima de jovens de 10, 15 e 12 anos. Num estudo transversal, a autoestima de todos os participantes seria avaliada num dado momento.

A principal vantagem de um estudo transversal é que os pesquisadores não têm que esperar que os indivíduos envelheçam. Entretanto, apesar dessa eficiência em relação ao tempo, a abordagem transversal tem suas desvantagens. Ela não fornece informações sobre como os indivíduos mudam ou sobre a estabilidade das suas características. Os progressos e retrocessos do desenvolvimento – os altos e baixos do crescimento e do desenvolvimento – podem ficar obscuros na abordagem transversal. Por exemplo, em um estudo transversal sobre a autoestima, os aumentos e as diminuições das médias podem ser revelados. Contudo, o estudo não mostraria como a satisfação na vida de uma criança aumentou ou diminuiu. E também não nos diria se crianças menores que tinham alta ou baixa autoestima continuaram, quando jovens adultas, a ter alta ou baixa autoestima.

Pesquisa longitudinal A **pesquisa longitudinal** envolve o estudo dos mesmos indivíduos durante um período de tempo, geralmente vários anos. Num estudo longitudinal da autoestima, o pesquisador poderia examinar a autoestima de um grupo de 10 anos, depois avaliar sua autoestima aos 15 anos e, mais uma vez, quando estivessem com 20 anos.

Os estudos longitudinais fornecem uma riqueza de informações a respeito de temas importantes como estabilidade e mudanças no desenvolvimento e a importância das experiências precoces para o desenvolvimento posterior (Little et al., 2009). Porém, eles não deixam de ter seus problemas (Gibbons, Hedeker e DuToit, 2010). São caros, e consomem muito tempo. Quanto mais tempo dura o estudo, mais participantes o abandonam – eles se mudam, ficam doentes, perdem o interesse, etc. Os participantes podem influenciar os resultados de um estudo porque aqueles que permanecem podem ser diferentes dos que o abandonaram. Os indivíduos que permanecem em um estudo longitudinal ao longo de vários anos podem ser mais compulsivos e obedientes, por exemplo, ou podem ter vidas mais estáveis.

Conduzindo pesquisas com ética A ética na pesquisa pode lhe afetar pessoalmente se alguma vez você servir como participante em um estudo. Numa situação como essa, você precisa saber dos seus direitos como participante e as responsabilidades dos pesquisadores para garantir que esses direitos sejam salvaguardados.

E se você se tornar um pesquisador em desenvolvimento no ciclo vital, precisará ter um conhecimento ainda mais profundo sobre ética. Mesmo que desenvolva apenas projetos experimentais em cursos de psicologia, você precisa considerar os direitos dos participantes nesses projetos. Um estudante pode pensar: "Eu trabalho várias horas por semana como voluntário em um lar para pessoas com retardo mental. Posso usar os residentes do lar no meu estudo para ver se um tratamento específico ajuda a melhorar a memória deles para as tarefas diárias". Porém, sem as permissões adequadas, a maioria dos estudos bem-intencionados e respeitosos, ainda assim, violam os direitos dos participantes.

Atualmente, as pesquisas propostas nas faculdades e universidades precisam passar pela avaliação de um comitê de ética em pesquisa antes de serem iniciadas. Além disso, a Associação Americana de Psicologia (APA) desenvolveu diretrizes éticas para os seus membros. O código de ética instrui os psicólogos a protegerem seus participantes de danos mentais e físicos. Antes de tudo, os interesses dos participantes precisam ser resguardados na mente do pesquisador (Jackson, 2011). As diretrizes da APA abordam quatro aspectos importantes. Primeiro, o *consentimento livre e esclarecido* – todos os participantes devem saber o que vai envolver a sua participação na pesquisa e que riscos poderão existir. Mesmo depois de dado o consentimento, os participantes devem manter o direito de se afastar do estudo a qualquer momento e por qualquer razão. Em segundo lugar, a *confidencialidade* – os pesquisadores são responsáveis por manter todos os dados que reunirem sobre os indivíduos

pesquisa transversal Estratégia de pesquisa que envolve o estudo de todas as pessoas em um determinado momento.

pesquisa longitudinal Estratégia de pesquisa na qual os mesmos indivíduos são estudados durante um longo período de tempo, geralmente vários anos.

completamente confidenciais e, sempre que possível, completamente anônimos. Terceiro, o *debriefing* – depois de concluído o estudo, os participantes devem ser informados dos objetivos e métodos que foram usados. Na maioria dos casos, o experimentador também pode de antemão informar aos participantes o objetivo da pesquisa, de um modo geral, sem que isso leve os participantes a agirem da forma que eles acham que é o que o experimentador está esperando. Em quarto lugar, *engodo* – em algumas circunstâncias, dizer de antemão aos participantes do que se trata o estudo da pesquisa altera substancialmente o comportamento dos participantes e invalida os dados do pesquisador. Entretanto, em todos os casos de engodo, o psicólogo deve se assegurar de que ele não causará danos aos participantes e que lhes será informada a completa natureza do estudo (será realizado o *debriefing*) assim que possível, depois que ele estiver concluído.

Minimizando a parcialidade Os estudos sobre os adolescentes são mais úteis quando conduzidos sem parcialidade ou preconceitos em relação a um grupo particular de pessoas. De especial interesse são o preconceito baseado no gênero e a parcialidade sobre cultura e etnia.

Preconceito de gênero A sociedade continua a ter **preconceito de gênero**, uma noção percebida sobre as capacidades masculinas e femininas que impede que os indivíduos busquem seus próprios interesses e atinjam o seu potencial. Mas o preconceito de gênero também tem tido um efeito menos óbvio dentro do campo do desenvolvimento adolescente. Por exemplo, com muita frequência, os pesquisadores tiraram conclusões sobre atitudes e condutas femininas a partir de pesquisas que envolveram apenas participantes do sexo masculino.

Quando são encontradas diferenças entre os gêneros, elas muitas vezes são indevidamente aumentadas (Matlin, 2012). Por exemplo, um pesquisador pode relatar em um estudo que 74% dos meninos tinham altas expectativas quanto ao seu rendimento *versus* apenas 67% das meninas, e continuar a falar sobre as diferenças em detalhes. Na realidade, esta pode ser uma diferença bem pequena. Ela também poderia desaparecer se o estudo fosse repetido ou então o estudo pode ter problemas metodológicos que não permitam interpretações tão fortes.

Preconceito cultural e étnico Ao mesmo tempo em que os pesquisadores estão em conflito com o preconceito de gênero, também tem sido desenvolvida a noção de que a pesquisa precisa incluir pessoas de diversos grupos étnicos (Cheah e Yeung, 2011). Historicamente, membros de grupos de minorias étnicas (afro-americanos, latinos, asiático-americanos e nativos americanos) têm sido desconsiderados na maior parte das pesquisas nos Estados Unidos e considerados simplesmente como variações da norma ou da média. Como os seus escores nem sempre se enquadram claramente nas medidas da tendência central (tais como o escore médio para refletir a média de desempenho de um grupo de participantes), minorias individuais têm sido vistas como confusões ou "ruídos" nos dados. Consequentemente, os pesquisadores as excluíram deliberadamente das amostras que selecionaram. Dado o fato de que, durante muito tempo, foram excluídos das pesquisas sobre o desenvolvimento adolescente

> **conexão** com o desenvolvimento
> **Gênero.** A pesquisa continua a achar que a estereotipação de gênero é pervasiva. Cap. 5, p. 192

preconceito de gênero Noção preconcebida em relação às capacidades masculinas e femininas que impede os indivíduos de buscarem seus próprios interesses e atinjam o seu potencial.

Olhe para estas duas fotos, uma de rapazes brancos não latinos (*à esquerda*) e outra de um grupo diverso de homens e mulheres de diferentes grupos étnicos, incluindo alguns indivíduos brancos não latinos. Considere um tópico do desenvolvimento adolescente, como parentalidade, identidade ou valores culturais. *Se você estivesse conduzindo uma pesquisa sobre este tópico, os resultados poderiam ser diferentes caso os participantes em seu estudo fossem os indivíduos na fotografia à esquerda ou os indivíduos na fotografia à direita?*

> **conexão** com o desenvolvimento
> **Diversidade.** Com muita frequência, as diferenças entre os grupos de minorias étnicas e a maioria de brancos não latinos têm sido caracterizadas como déficits por parte dos grupos étnicos minoritários.
> Cap. 12, p. 402

superficialidade étnica Utilização de um rótulo étnico como, por exemplo, afro-americano ou latino de uma forma superficial que retrata o grupo étnico como mais homogêneo do que ele é na realidade.

indivíduos de diversos grupos étnicos, podemos concluir sensatamente que a vida real dos adolescentes é talvez mais variada do que os dados de pesquisa indicaram no passado.

Os pesquisadores também tiveram uma tendência à generalização em relação aos grupos étnicos (Cheah e Yeung, 2011). **Superficialidade étnica** é usar um rótulo étnico, como, por exemplo, afro-americano ou latino, de uma forma superficial que retrata o grupo étnico como mais homogêneo do que ele é na realidade. Por exemplo, um pesquisador pode descrever assim uma amostra de pesquisa: "Os participantes eram 20 latinos e 20 anglo-americanos". Uma descrição mais completa do grupo latino seria algo assim: "Os 20 latinos participantes eram mexicano-americanos provenientes de bairros de baixa renda da área sudoeste de Los Angeles. Doze deles eram provenientes de lares em que o espanhol é a língua falada dominante e 8, de lares em que o inglês é a língua principal. Dez deles nasceram nos Estados Unidos e 10, no México. Dez se descreviam como mexicanos americanos; 4, como mexicanos; 3, como americanos; 2, como 'chicanos' e 1, como latino." A superficialidade étnica pode fazer com que os pesquisadores obtenham amostras de grupos étnicos que não são representativas da diversidade do grupo, o que poderá levar a supergeneralização e estereotipação.

Revisar *Conectar* Refletir   **OA4** Caracterizar a ciência do desenvolvimento adolescente.

Revisar
- Qual é a natureza do estudo científico do desenvolvimento adolescente? O que significa o conceito de teoria?
- Quais as quatro teorias principais do desenvolvimento adolescente?
- Quais os principais métodos usados para coletar dados sobre o desenvolvimento adolescente? Quais os principais delineamentos de pesquisa? Quais são algumas preocupações quanto ao preconceito potencial na pesquisa sobre adolescentes?

Conectar
- Que método de pesquisa você acha que trataria melhor da questão de os adolescentes por todo o mundo experimentarem a estereotipação?

Refletir *sua jornada de vida pessoal*
- Qual das teorias do desenvolvimento adolescente você acha que melhor explica o seu desenvolvimento adolescente?

ATINJA SEUS OBJETIVOS DE APRENDIZAGEM

1 Perspectiva histórica   **OA1** Descrever a perspectiva histórica da adolescência.

História inicial
- Platão afirmou que o raciocínio começa a se desenvolver na adolescência, e Aristóteles defendeu que a autodeterminação é uma indicação de maturidade. Na Idade Média, o conhecimento sobre a adolescência recuou um passo: as crianças eram vistas como adultos em miniatura. Rousseau apresentou uma visão mais clara da adolescência, incluindo uma ênfase nas diferentes fases do desenvolvimento.

Os séculos XX e XXI
- Entre 1890 e 1920, um grupo de psicólogos, reformistas urbanos e outros começaram a moldar o conceito de adolescência. G. Stanley Hall é o pai do estudo científico da adolescência. Em 1904, ele propôs a teoria da turbulência e estresse da adolescência, a qual tem fortes fundamentos biológicos. Em contraste com a visão biológica de Hall, Margaret Mead defendia uma interpretação sociocultural da adolescência. Na visão intervencionista, a adolescência é uma invenção sócio-histórica. No início do século XX, foi aprovada a legislação que assegurava a dependência dos adolescentes e postergava seu ingresso na força de trabalho. De 1900 a 1930, houve um aumento de 600% no número de formandos no ensino médio nos Estados Unidos. Os adolescentes ganharam uma posição mais proeminente na sociedade de 1920 a 1950. Em 1950, cada estado desenvolveu leis especiais para os adolescentes. Barreiras impediam que muitos indivíduos de minorias étnicas e mulheres entrassem no campo do estudo do desenvolvimento adolescente no início e na metade do século XX. Leta Hollingworth foi uma das pioneiras do sexo feminino no estudo dos adolescen-

ADOLESCÊNCIA 71

tes. Duas mudanças na geração atual de adolescentes e adultos emergentes – chamados mileniais – envolvem o crescimento da diversidade étnica e a conexão com a tecnologia. Efeitos de coorte referem-se aos efeitos devidos a época de nascimento, era ou geração de uma pessoa, mas não à idade cronológica real.

Estereotipação dos adolescentes

- Estereotipar negativamente os adolescentes em qualquer época histórica tem sido muito comum. Joseph Adelson descreveu o conceito de "lacuna de generalização adolescente", afirmando que as generalizações estão frequentemente baseadas em um grupo limitado de adolescentes de grande visibilidade.

Uma visão positiva da adolescência

- Por muito tempo, os adolescentes foram vistos de forma negativa. Pesquisas mostram que uma maioria considerável de adolescentes por todo o mundo tem autoestima positiva. A maioria dos adolescentes não está altamente em conflito, mas em busca de uma identidade.

2 Os adolescentes pelo mundo

OA2 Discutir os adolescentes pelo mundo.

A perspectiva global

- Existem muitas semelhanças e diferenças entre os adolescentes nos diferentes países. Muito do que tem sido escrito e pesquisado sobre adolescência provém de estudiosos norte-americanos e europeus. Com os avanços tecnológicos, pode estar emergindo uma cultura jovem com características similares. No entanto, ainda existem muitas variações entre os adolescentes nas diferentes culturas. Em alguns países, as tradições estão recebendo uma continuidade na socialização da adolescência, enquanto em outras estão ocorrendo mudanças substanciais nas experiências dos adolescentes. Essas tradições e mudanças envolvem saúde e bem-estar, gênero, famílias, escola e amigos.

3 A natureza do desenvolvimento

OA3 Resumir processos, períodos, transições e questões sobre o desenvolvimento relacionados à adolescência.

Processos e períodos

- O desenvolvimento é um padrão de movimento ou mudança que ocorre durante o ciclo de vida. Os processos biológicos envolvem mudanças físicas no corpo do indivíduo. Os processos cognitivos consistem em mudanças no pensamento e na inteligência. Os processos socioeconômicos focam nas mudanças nas relações entre as pessoas, na emoção, na personalidade e nos contextos sociais. O desenvolvimento é comumente dividido entre os seguintes períodos: pré-natal, primeira infância, segunda infância, terceira infância, adolescência, idade adulta inicial, idade adulta intermediária e fim da idade adulta. A adolescência é o período do desenvolvimento de transição entre a infância e a idade adulta o qual envolve mudanças biológicas, cognitivas e emocionais. Na maioria das culturas, a adolescência começa aproximadamente entre 10 e 13 anos e termina em torno dos 18-22 anos. Os desenvolvimentistas fazem uma distinção cada vez maior entre a adolescência inicial e o fim da adolescência.

Transições no desenvolvimento

- Duas importantes transições no desenvolvimento são da infância para a adolescência e da adolescência para a idade adulta. Na transição da infância para a adolescência, são proeminentes as mudanças da puberdade, embora mudanças cognitivas e socioemocionais também ocorram. Muitas vezes já foi dito que a adolescência inicia na biologia e termina na cultura. O conceito de adultez emergente foi proposto para descrever a transição da adolescência para a idade adulta. Cinco características principais da adultez emergente são: a exploração da identidade (especialmente no amor e trabalho), a instabilidade, o autofoco, o sentimento de ambivalência e as possibilidades de experiências para transformar a própria vida.

Questões sobre o desenvolvimento

- Três questões importantes sobre o desenvolvimento são (1) a questão natureza-aprendizado (o desenvolvimento se deve principalmente à hereditariedade [natureza] ou ao ambiente [aprendizado]?), (2) a questão da continuidade-descontinuidade (o desenvolvimento é mais gradual e cumulativo [continuidade] ou mais abrupto e sequencial [descontinuidade]?) e (3) a questão da experiência precoce-posterior (o desenvolvimento se deve mais às experiências precoces, especialmente na primeira e segunda infância, ou a experiências posteriores?). A maioria dos desenvolvimentistas assume posições extremas sobre essas questões, embora elas sejam amplamente debatidas.

4 A ciência do desenvolvimento adolescente

OA4 Caracterizar a ciência do desenvolvimento adolescente.

Ciência e método científico

- Para responder às questões a respeito do desenvolvimento adolescente, os pesquisadores frequentemente recorrem à ciência. Eles habitualmente seguem o método científico, o qual envolve quatro passos principais: (1) conceituar um problema, (2) coletar os dados, (3) analisar os dados e (4) tirar conclusões. A teoria está geralmente envolvida na conceituação de um problema. Teoria é um conjunto de ideias coerentes inter-relacionadas que ajuda a explicar fenômenos e a fazer previsões. Hipóteses são asserções e previsões específicas, geralmente derivadas da teoria, que podem ser testadas.

Teorias do desenvolvimento adolescente

- De acordo com as teorias psicanalíticas, o desenvolvimento depende primariamente da mente inconsciente e está fortemente apoiado na emoção. Duas teorias psicanalíticas principais foram propostas por Freud e Erikson. Freud afirmou que os indivíduos passam por cinco estágios psicossexuais. A teoria de Erikson enfatiza oito estágios psicossociais do desenvolvimento. As teorias cognitivas enfatizam pensamento, raciocínio, linguagem e outros processos cognitivos. Três teorias cognitivas principais são as de Piaget, Vygotsky e do processamento da informação. A teoria do desenvolvimento cognitivo de Piaget propõe quatro estágios do desenvolvimento cognitivo, com o estágio operatório-formal iniciando entre os 11 e 15 anos. A teoria sociocultural do desenvolvimento cognitivo de Vygotsky enfatiza como a cultura e a interação social guiam o desenvolvimento humano. A abordagem do processamento da informação destaca que os indivíduos manipulam a informação, monitoram e traçam estratégias sobre ela. As duas principais teorias comportamentais e sociais cognitivas são a do condicionamento operante de Skinner e a teoria social cognitiva. No condicionamento operante de Skinner, as consequências de um comportamento produzem alterações na probabilidade da ocorrência do comportamento. Na teoria social cognitiva, a aprendizagem pela observação é um aspecto-chave do desenvolvimento vital. Bandura enfatiza as interações recíprocas entre pessoa/cognição, comportamento e ambiente. A teoria ecológica é a visão do desenvolvimento dos sistemas ambientais de Bronfenbrenner. Ela propõe cinco sistemas ambientais. Uma orientação eclética não segue uma abordagem teórica específica, mas seleciona de cada teoria o que é considerado de melhor nela.

Pesquisa do desenvolvimento adolescente

- Os principais métodos para a coleta de dados sobre o desenvolvimento vital são observação (em ambiente de laboratório ou naturalista), levantamento (questionário) ou entrevista, teste padronizado, medidas fisiológicas, experiência, método de amostragem e estudo de caso. Os três principais delineamentos de pesquisa são: descritivo, correlacional e experimental. A pesquisa descritiva tem por objetivo observar e registrar o comportamento. Na pesquisa correlacional, o objetivo é descrever a força da relação entre dois ou mais eventos ou características. A pesquisa experimental envolve a condução de um experimento, o qual pode determinar causa e efeito. Para examinar os efeitos do tempo e idade, os pesquisadores podem conduzir estudos transversais ou longitudinais. As responsabilidades éticas dos pesquisadores incluem buscar o consentimento livre e esclarecido dos participantes, garantir a confidencialidade, informar aos participantes sobre o propósito e as potenciais consequências pessoais da participação e evitar o engodo desnecessário. Os pesquisadores precisam tomar precauções contra preconceitos de gênero, culturais e étnicos na pesquisa.

TERMOS-CHAVE

modelo de turbulência e estresse 37
visão intervencionista 38
efeitos de coorte 38
mileniais 39
estereotipação 40
lacuna de generalização adolescente 40
desenvolvimento 46
processos biológicos 46

processos cognitivos 46
processos socioemocionais 46
período pré-natal 46
primeira infância 46
segunda infância 46
terceira infância 47
adolescência 47
adolescência inicial 47

fim da adolescência 47
idade adulta inicial 48
idade adulta intermediária 48
fim da idade adulta 48
adultez emergente 50
resiliência 52
questão natureza-aprendizado 54
tema da continuidade-descontinuidade 54

tema da experiência precoce-posterior 55
teoria 57
hipóteses 57
teorias psicanalíticas 57
teoria de Erikson 59
teoria de Piaget 60
teoria de Vygotsky 61
teoria do processamento da informação 61
teoria social cognitiva 62

teoria ecológica de Bronfenbrenner 62
orientação teórica eclética 63
laboratório 64
observação natural 64
teste padronizado 64
método de amostragem de experiência (ESM) 65
estudo de caso 65
pesquisa descritiva 66

pesquisa correlacional 66
coeficiente de correlação 66
pesquisa experimental 67
variável independente 67
variável dependente 67
pesquisa transversal 68
pesquisa longitudinal 68
preconceito de gênero 69
superficialidade étnica 70

PESSOAS-CHAVE

G. Stanley Hall 37
Margaret Mead 37
Mark Bauerlein 39
William Damon 40
Joseph Adelson 40
Daniel Offer 41
Jacqueline Lerner 42
Peter Benson 42

Brad Brown e Reed Larson 44
Jeffrey Arnett 50
Jacqueline Eccles 52
Ann Masten 52
Joseph e Claudia Allen 53
Sigmund Freud 57
Peter Blos 58
Anna Freud 58

Erik Erikson 59
Jean Piaget 60
Lev Vygotsky 61
Robert Siegler 61
B. F. Skinner 61
Albert Bandura 61
Urie Bronfenbrenner 62
Reed Larson e Maryse Richards 65

RECURSOS PARA MELHORAR A VIDA DOS ADOLESCENTES

Encyclopedia of Adolescence
B. Bradford Brown and Mitch Prinstein (Eds.) (2011)
New York: Elsevier

Conjunto de cinco volumes com mais de 140 artigos escritos pelos principais especialistas no campo do desenvolvimento adolescente. Apresentando uma visão geral muito contemporânea, os tópicos incluem vários processos biológicos, cognitivos e socioemocionais.

Escaping the Endless Adolescence
Joe Allen and Claudia Allen (2009)
New York: Ballantine

Um livro magnífico e bem escrito sobre a vida de adultos emergentes, incluindo amplas recomendações aos pais sobre como guiar seus filhos de forma efetiva durante a transição da adolescência para a idade adulta.

Adolescence: Growing Up in America
Joy Dryfoos and Carol Barkin (2006)
New York: Oxford University Press

Continuação do livro anterior de Dryfoos (1990) sobre problemas adolescentes, em *Adolescence: Growing Up in America*, os autores examinam os problemas que os adolescentes enfrentam hoje e as estratégias de prevenção e intervenção que melhor funcionam.

Children's Defense Fund   www.childrensdefense.org
O Children's Defense Fund, coordenado por Marian Wright Edelman, existe para dar voz forte e efetiva às crianças e adolescentes que não podem votar, fazer *lobby* ou falar por si mesmos.

The Search Institute   www.search-institute.org
O Search Institute conduz projetos de pesquisa grandes e abrangentes para ajudar a definir caminhos para o desenvolvimento saudável de jovens de 12 a 25 anos. O instituto desenvolve recursos práticos baseados nesta pesquisa para estimular a reforma, a educação parental, os programas efetivos para depois da escola e a mobilização da comunidade. Muitos recursos estão disponíveis para *download* no site do instituto.

Handbook of Adolescent Psychology
Editado por Richard Lerner e Laurence Steinberg (2009, 3ª edição)
New York: John Wiley

Uma excelente coleção de artigos escritos pelos principais pesquisadores no campo do desenvolvimento adolescente. Inclui capítulos sobre políticas sociais, saúde, relações pais-adolescente, amigos, delinquência, sexo, puberdade e muitos outros tópicos.

APÊNDICE

Carreiras em desenvolvimento adolescente

Alguns de vocês podem estar certos quanto ao que planejam para o futuro profissional. Outros poderão não ter decidido ainda no que se especializar e estão inseguros sobre qual caminho profissional querem seguir. Cada um de nós quer encontrar uma carreira gratificante e gostar do trabalho a ser realizado. O campo do desenvolvimento adolescente oferece uma variedade incrível de opções de carreira que podem proporcionar um trabalho extremamente satisfatório.

Se você decidir seguir uma carreira sobre desenvolvimento adolescente, que opções estão à sua disposição? Existem muitas: professores de faculdades e universidades ministram cursos sobre desenvolvimento adolescentes, educação, desenvolvimento familiar e medicina; professores do ensino médio transmitem conhecimentos, compreensão e habilidades aos adolescentes; conselheiros, psicólogos clínicos e médicos ajudam os adolescentes a enfrentar com maior eficiência os desafios peculiares da adolescência e vários outros profissionais trabalham com as famílias de adolescentes para aprimorar o desenvolvimento do jovem.

Ao escolher uma dessas opções, você poderá guiar jovens na melhoria das suas vidas, ajudar outros a se entenderem melhor ou até mesmo avançar no estágio de conhecimentos neste campo. Você pode sentir muita satisfação ao realizar essas coisas. Embora um curso superior não seja absolutamente necessário em algumas áreas do desenvolvimento adolescente, você geralmente poderá ampliar consideravelmente suas oportunidades (e renda) concluindo um curso de graduação. Muitas carreiras em desenvolvimento adolescente pagam razoavelmente bem.

Se você está refletindo sobre uma carreira em desenvolvimento adolescente, enquanto está cursando esta disciplina, procure passar mais tempo com adolescentes de diferentes idades. Observe seu comportamento, converse com eles sobre suas vidas. Pense se você gostaria de trabalhar com jovens em sua vida profissional.

Outra atividade gratificante é conversar com pessoas que trabalham com adolescentes. Por exemplo, se você tem algum interesse em se tornar conselheiro escolar, telefone para uma escola, peça para falar com um conselheiro e marque um encontro para discutir o caminho profissional de conselheiro e o seu trabalho. Vá munido com uma lista de perguntas a fazer e tome notas, se quiser.

Trabalhar em uma ou mais atividades relacionadas aos seus interesses de carreira enquanto está na faculdade também poderá lhe beneficiar. Muitas faculdades e universidades oferecem estágio ou experiências de trabalho a estudantes com formação em campos como o do desenvolvimento. Em alguns casos, estas oportunidades são para ganhar créditos no curso e são pagas; em outros, elas são um trabalho estritamente voluntário. Aproveite essas oportunidades. Elas poderão proporcionar experiências valiosas para ajudá-lo a decidir se esta é a carreira certa para você e poderão ajudá-lo a entrar na universidade, se desejar seguir adiante.

Nas próximas seções, traçaremos o perfil de carreiras em três áreas: educação/pesquisa, clínica/aconselhamento/médica e famílias/relações. Estas não são as únicas opções de carreira no campo do desenvolvimento adolescente, mas lhe darão uma ideia da gama de oportunidades disponíveis e informações sobre alguns dos principais caminhos que você pode seguir. Ao apresentarmos o perfil dessas carreiras, abordamos o nível de estudo que é requerido, a natureza do treinamento e uma descrição do trabalho.

Educação/pesquisa

Educação e pesquisa oferecem uma ampla gama de oportunidades de carreira para trabalhar com adolescentes. Elas variam de professor de faculdade até professor de ensino médio e psicólogo escolar.

Professor de faculdade/universidade

Os cursos em desenvolvimento adolescente são ministrados em diferentes programas e disciplinas nas faculdades e universidades, incluindo psicologia, educação, estudos da criança e a família, assistência social e medicina. Eles são ensinados em universidades que oferecem um ou mais programas de mestrado ou doutorado em desenvolvimento; O trabalho que os professores universitários desenvolvem inclui ministrar cursos em nível de graduação e pós-graduação (ou ambos), conduzir pesquisa em uma área específica, aconselhar os estudantes e/ou coordenar a pesquisa deles e participar de comitês da faculdade ou universidade. Alguns professores universitários não conduzem pesquisas e, em vez disso, focam principalmente no ensino. É mais provável que a pesquisa faça parte do trabalho nas universidades com programas de mestrado e doutorado.

Um grau de mestrado ou doutorado é quase sempre necessário para ensinar em alguma área do desenvolvimento adolescente em uma faculdade ou universidade. Um grau de mestrado requer aproximadamente dois anos de trabalho do profissional. A obtenção de um doutorado geralmente leva de quatro a seis anos de trabalho. O treinamento envolve fazer cursos de graduação, aprender a conduzir uma pesquisa e assistir e apresentar trabalhos em encontros de profissionais. Muitos graduados trabalham como assistentes de ensino ou pesquisa dos professores, uma relação de aprendizado que os ajuda a desenvolver habilidades de ensino e pesquisa.

Se você está interessado em se tornar professor universitário, pode marcar um horário com o seu orientador para saber mais sobre a profissão e como é a carreira/trabalho.

Pesquisador

Na maioria dos casos, os indivíduos que trabalham com pesquisa terão mestrado ou doutorado em alguma área do desenvolvimento adolescente. Eles poderão trabalhar em uma universidade, talvez num programa de pesquisa, em agências governamentais como o Instituto Nacional de Saúde Mental ou na iniciativa privada. Aqueles que trabalham com pesquisa em tempo integral geram ideias de pesquisas inovadoras, planejam estudos e executam as pesquisas coletando dados, analisando-os e, em seguida, interpretando-os. Alguns passam a maior parte do seu tempo em um laboratório; outros trabalham em escolas, hospitais e outros ambientes, fora do laboratório. Os pesquisadores geralmente se empenham em publicar suas pesquisas nos chamados "periódicos científicos". Com frequência, trabalham em cooperação com outros pesquisadores e podem apresentar seus trabalhos em encontros científicos, onde tomam conhecimento de outras pesquisas.

Professor de ensino médio

Professores de ensino médio ensinam um ou mais assuntos, preparam o programa, aplicam provas, preparam as notas, monitoram o progresso dos alunos, realizam conferencias pais-professor e participam de *workshops* no local de trabalho. No mínimo, tornar-se professor de ensino médio requer curso universitário. O treinamento envolve uma ampla gama de cursos com ênfase ou concentração em educação, bem como a conclusão de um estágio de ensino com prática supervisionada.

Professor de crianças excepcionais (educação especial)

Os professores de crianças excepcionais concentram seus esforços em crianças individuais que têm deficiências ou são superdotadas. Dentre as crianças com as quais eles podem trabalhar encontram-se aquelas com dificuldades de aprendizagem, com TDAH (transtorno de déficit de atenção/hiperatividade), com retardo mental ou com uma deficiência física como a paralisia cerebral. Parte do seu trabalho é realizado dentro e parte fora da sala de aula regular. O professor de crianças excepcionais trabalha em uma relação estreita com o professor de sala de aula regular e com os pais para criar o melhor programa educacional para cada aluno. Tornar-se professor de crianças excepcionais requer, no mínimo, uma graduação de nível superior. O treinamento consiste em passar por uma ampla gama de cursos em educação com ênfase em cursos para educação de crianças com deficiências ou crianças superdotadas. Professores de crianças excepcionais geralmente continuam sua educação após a obtenção do diploma, e muitos fazem mestrado em educação especial.

Psicólogo da educação

A maioria dos psicólogos da educação ensina em faculdade ou universidade e realiza pesquisas sobre aprendizagem, motivação, manejo em sala de aula ou avaliação. Esses professores ajudam a treinar estudantes para entrarem nos campos da psicologia da educação, psicologia escolar e ensino. Muitos psicólogos da educação possuem doutorado em educação, o que requer de quatro a seis anos de trabalho de graduação.

Psicólogo escolar

Os psicólogos escolares focam na melhoria do bem-estar psicológico e intelectual de estudantes do ensino fundamental e médio. Eles podem trabalhar também no escritório centralizado de um distrito escolar ou em uma ou mais escolas onde se aplicam testes psicológicos, entrevistam os alunos e seus pais, consultam os professores e fornecem aconselhamento aos alunos e suas famílias. Os psicólogos escolares geralmente têm mestrado ou doutorado em psicologia escolar. Na universidade, eles fazem cursos em aconselhamento, avaliação, aprendizagem e outras áreas da educação e psicologia.

Clínica/aconselhamento/médica

Uma grande variedade de profissionais clínicos, de aconselhamento e médicos trabalha com adolescentes, de psicólogos clínicos a conselheiros sobre drogas na adolescência e especialistas em medicina adolescente.

Psicólogo clínico

Os psicólogos clínicos procuram ajudar as pessoas com seus problemas psicológicos. Eles trabalham com uma variedade de contextos, incluindo faculdades e universidades, clínicas, escolas médicas e em consultório privado. A maioria dos psicólogos clínicos realiza psicoterapia; alguns também fazem avaliação psicológica e alguns fazem pesquisa.

Os psicólogos clínicos precisam obter uma especialização que envolva treinamento clínico e em pesquisa ou uma que envolva apenas o treinamento clínico. Este treinamento, que geralmente leva de cinco a sete anos, inclui cursos em psicologia clínica e um ano de estágio supervisionado em um ambiente acreditado.

Psiquiatra

Assim como os psicólogos clínicos, os psiquiatras podem se especializar no trabalho com adolescentes. Eles podem trabalhar em universidades tanto como professores quanto como pesquisadores, em clínicas médicas e em consultório privado. Ao contrário dos psicólogos, no entanto, os psiquiatras podem administrar medicamentos aos clientes. Os psiquiatras precisam primeiramente obter um grau médico e depois realizar uma residência em psiquiatria. O curso de medicina leva aproximadamente seis anos para ser concluído e, a residência psiquiátrica, outros três ou quatro anos.

Enfermeiro psiquiátrico

Os enfermeiros psiquiátricos trabalham junto com os psiquiatras para a melhoria da saúde mental dos adolescentes. Esta carreira requer de dois a cinco anos de educação em um programa de enfermagem certificado. Os estudantes de enfermagem psiquiátrica fazem cursos em ciências biológicas, cuidados de enfermagem e psicologia e recebem treinamento clínico supervisionado em um ambiente psiquiátrico.

Psicólogo de aconselhamento

Os psicólogos de aconselhamento passam pelo mesmo treinamento que os psicólogos clínicos e trabalham nos mesmos ambientes. Eles podem realizar psicoterapia, ensinar ou conduzir pesquisas, mas normalmente não tratam indivíduos com transtornos mentais graves, como a esquizofrenia. Os psicólogos de aconselhamento precisam ter mestrado ou doutorado, além da licença para praticar a profissão. Um tipo de mestrado em aconselhamento leva à designação de conselheiro profissional licenciado.

Conselheiro escolar

Os conselheiros escolares ajudam os alunos a identificarem suas habilidades e interesses, e depois os guiam no desenvolvimento de planos acadêmicos e na exploração de opções de carreira. Os conselheiros do ensino médio aconselham os alunos a escolherem uma especialização, a cumprirem as exigências para admissão na faculdade, a submeterem-se a exames de ingresso, solicitação de auxílio financeiro e na obtenção de treinamento vocacional e técnico. Os conselheiros escolares também podem ajudar os estudantes a enfrentar problemas de adaptação, trabalhar com eles individualmente, em pequenos grupos ou mesmo em sala de aula. Eles frequentemente consultam pais, professores e administradores da escola para ajudar os estudantes com seus problemas. Os conselheiros escolares geralmente têm mestrado em aconselhamento.

Conselheiro de carreira

Os conselheiros de carreira ajudam os indivíduos a identificarem suas opções de carreira e os orientam ao se candidatarem a um emprego. Eles podem trabalhar na iniciativa privada ou na faculdade ou universidade, onde geralmente entrevistam os indivíduos para identificar careiras que combinam com seus interesses e habilidades. Por vezes, os conselheiros de carreira ajudam os indivíduos a criar currículos profissionais ou realizam entrevistas simuladas para ajudá-los a se prepararem para uma entrevista de emprego. Eles também podem criar e promover feiras de profissões e demais eventos de recrutamento para ajudar os indivíduos a conseguirem um emprego.

Assistente social

Os assistentes sociais estão frequentemente envolvidos em ajudar as pessoas com seus problemas sociais ou econômicos. Eles podem investigar, avaliar e tentar remediar casos relatados de abuso, negligência, riscos ou brigas domésticas. Eles podem intervir nas famílias, se necessário, e fornecem aconselhamento e serviços de referência para indivíduos e famílias. Eles frequentemente trabalham para agências com financiamento público em nível municipal, estadual ou nacional, embora cada vez mais trabalhem no setor privado em áreas como reabilitação de usuários de drogas e aconselhamento familiar. Em alguns casos, os assistentes sociais se especializam em determinados tipos de trabalho. Por exemplo, os trabalhadores sociais de atenção à família frequentemente trabalham com famílias em que uma criança, adolescente ou idoso precisa de serviços de apoio. Os assistentes sociais precisam, pelo menos, cursar a faculdade de serviço social, incluindo cursos em várias áreas da sociologia e da psicologia. Alguns assistentes sociais também têm mestrado ou doutorado.

Psicólogo da saúde

Os psicólogos da saúde trabalham com muitos profissionais diferentes de atenção à saúde, incluindo médicos, enfermeiros, psicólogos clínicos, psiquiatras e assistentes sociais, num esforço para melhorar a saúde dos adolescentes. Eles podem conduzir pesquisas, realizar avaliações clínicas ou tratamentos. Muitos psicólogos da saúde focam na prevenção por meio de pesquisas e intervenções clínicas delineadas para estimular a saúde e reduzir o risco de doenças. Mais da metade dos psicólogos da saúde realizam serviços clínicos. Dentre os contextos nos quais os psicólogos da saúde trabalham, estão os programas de cuidados primários, unidades médicas de internação e programas de cuidados especializados em áreas como a saúde da mulher, tratamento de drogas e abandono do fumo.

Os psicólogos da saúde normalmente têm doutorado em psicologia. Alguns recebem treinamento em psicologia clínica como parte do seu trabalho de graduação. Outros obtiveram seu mestrado em alguma área diferente e depois fazem um doutorado em psicologia da saúde. Um pós-doutorado geralmente leva mais dois anos de estudo. Muitos programas de doutorado em psicologia clínica, de aconselhamento, social e experimental possuem cursos especializados em psicologia da saúde.

Especialista em medicina do adolescente

Os especialistas em medicina do adolescente avaliam os problemas médicos e de comportamento que são comuns em adolescentes, incluindo transtornos do crescimento (como o atraso da puberdade), acne, transtornos da alimentação, abuso de substância, depressão, ansiedade, infecções sexualmente transmissíveis, contracepção e gravidez e questões ligadas à identidade sexual. Eles podem trabalhar na prática privada, em uma clínica médica, em um hospital ou escola médica. Como médicos clínicos, eles podem administrar medicamentos e aconselhar os pais e o adolescente de forma a melhorar a saúde deste. Muitos especialistas em medicina do adolescente também ensinam e realizam pesquisas sobre saúde e doenças na adolescência.

Os especialistas em medicina do adolescente precisam concluir a graduação e depois obter treinamento adicional na sua especialidade, o que usualmente envolve pelo menos mais três anos de estudo. Eles precisam fazer residência em pediatria ou medicina interna.

Famílias/relações

Os adolescentes, às vezes, se beneficiam da ajuda fornecida a toda a família. Uma carreira que envolve o trabalho com adolescentes e suas famílias é a terapia de casal e família.

Terapeuta de casal e família

Muitos indivíduos com problemas psicológicos se beneficiam quando a psicoterapia é realizada dentro do contexto de uma relação de casal ou familiar. Os terapeutas de casal e de família podem realizar terapia de casal, terapia de casal com indivíduos que não são casados e terapia de família com dois ou mais membros de uma família.

Os terapeutas de casal e família precisam ter especialização. Seu treinamento é similar ao de um psicólogo clínico, mas com foco nas relações conjugais ou familiares.

capítulo 2 | PUBERDADE, SAÚDE E FUNDAMENTOS BIOLÓGICOS

esboço do capítulo

Puberdade

Objetivo de aprendizagem 1 Discutir determinantes, características e dimensões psicológicas da puberdade.

Determinantes da puberdade
Estirão do crescimento
Maturação sexual
Tendências seculares na puberdade
Dimensões psicológicas da puberdade
Os efeitos da puberdade são exagerados?

Saúde

Objetivo de aprendizagem 2 Resumir a natureza da saúde do adolescente e do adulto emergente.

Adolescência: um momento crítico para a saúde
Saúde dos adultos emergentes
Nutrição
Exercícios e esportes
Sono

Evolução, hereditariedade e ambiente

Objetivo de aprendizagem 3 Explicar as contribuições da evolução, da hereditariedade e do ambiente para o desenvolvimento adolescente.

A perspectiva evolucionista
O processo genético
Interação hereditariedade-ambiente

> **E**stou meio confuso. Fico me perguntando se eu sou esquisito ou normal. Meu corpo está começando a mudar, mas com certeza não estou parecido com muitos dos meus amigos. Na maior parte do tempo, ainda pareço uma criança. Meu melhor amigo tem só 13 anos, mas parece que já tem 16 ou 17. Fico nervoso no vestiário durante as aulas de educação física, porque quando vou tomar banho fico com medo de que alguém caçoe de mim, já que não estou tão desenvolvido fisicamente quanto os outros.
>
> —Robert, 12 anos

> Não gosto dos meus seios. Eles são muito pequenos e têm uma aparência engraçada. Tenho medo de que os garotos não gostem de mim se meus seios não ficarem maiores.
>
> —Angie, 13 anos

> Não suporto a minha aparência. Tenho espinhas por todo o rosto. Meu cabelo é fraco, oleoso e nunca fica no lugar. Meu nariz é muito grande. Meus lábios são muito pequenos. Minhas pernas são muito curtas. Tenho quatro verrugas na mão esquerda e as pessoas ficam com nojo delas. Eu também. O meu corpo é um desastre!
>
> —Ann, 14 anos

> Sou baixo e não suporto isso. Meu pai tem 1,82m de altura e, cá estou eu, com 1,65m. Já tenho 14 anos. Pareço uma criança e sou provocado, principalmente pelos outros garotos. Sou sempre o último escolhido nos jogos de basquete porque sou muito baixo. As garotas parecem não se interessar por mim porque são mais altas do que eu.
>
> —Jim, 14 anos

Os comentários desses quatro adolescentes em pleno período da mudança puberal salientam a reviravolta drástica que ocorre em seus corpos depois do crescimento calmo e consistente da terceira infância. Os adolescentes jovens desenvolvem uma preocupação aguda em relação ao próprio corpo.

apresentação

As mudanças na puberdade causam perplexidade nos adolescentes. Embora essas mudanças acarretem dúvidas, temores e ansiedades, a maioria dos adolescentes consegue superá-las. Neste capítulo, iremos explorar muitos aspectos da mudança puberal, desde o estirão do crescimento e a maturação sexual até os aspectos psicológicos da puberdade. Também iremos examinar outros tópicos relacionados ao desenvolvimento físico adolescente, incluindo saúde e o papel da evolução, da hereditariedade e do ambiente no desenvolvimento adolescente.

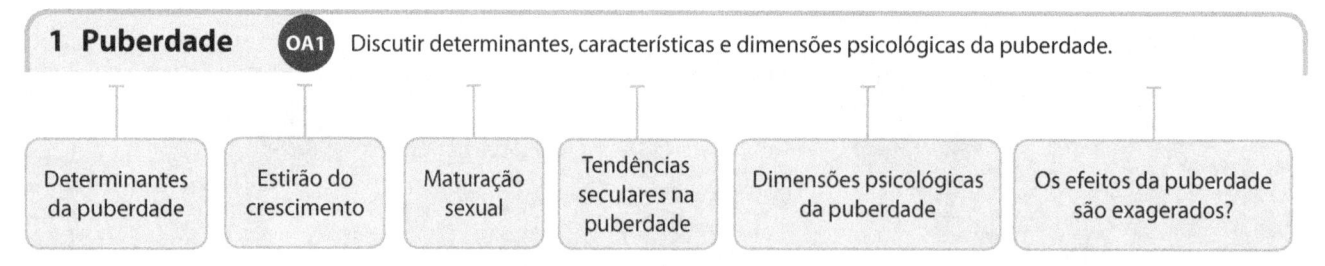

1 Puberdade — OA1 Discutir determinantes, características e dimensões psicológicas da puberdade.

- Determinantes da puberdade
- Estirão do crescimento
- Maturação sexual
- Tendências seculares na puberdade
- Dimensões psicológicas da puberdade
- Os efeitos da puberdade são exagerados?

A **puberdade** pode ser distinguida da adolescência. Praticamente, para todas as pessoas, ela termina muito antes do fim da adolescência e é frequentemente considerada como o marcador mais importante do início dessa fase. A puberdade é um período de rápida maturação física, envolvendo alterações hormonais e corporais que acontecem fundamentalmente na adolescência inicial.

DETERMINANTES DA PUBERDADE

Embora não saibamos com precisão o que dá início à puberdade, inúmeros fatores complexos estão envolvidos. A puberdade está acompanhada por mudanças no sistema endócrino, no peso, na gordura corporal e na leptina, mas não sabemos se elas são as causas ou as consequências da puberdade (Dorn e Biro, 2011; Marceau et al., 2011). Além disso, existe um interesse crescente no papel que o peso no nascimento, o ganho rápido de peso na primeira infância, a obesidade e os fatores socioculturais desempenham na emergência e nas características da puberdade. Conforme discutido a seguir, a hereditariedade é um fator importante na puberdade.

puberdade Período de rápida maturação física, envolvendo alterações hormonais e corporais que acontecem fundamentalmente na adolescência inicial.

> Na juventude, vestimo-nos com arco-íris e somos valentes como o zodíaco.
>
> —**Ralph Waldo Emerson**
> *Poeta e ensaísta americano, século XIX*

Hereditariedade A puberdade não é um acidente ambiental. O momento da emergência da puberdade está programado nos genes de cada ser humano (Mueller et al., 2010). A puberdade não acontece aos 2 ou 3 anos nem aos 20 anos. Recentemente, os cientistas começaram a fazer estudos em genética molecular na tentativa de identificar genes específicos que estão vinculados ao desencadeamento e à progressão da puberdade (Elks e Ong, 2011; Elks et al., 2010; Paris et al., 2010). Entretanto, como vimos anteriormente, a puberdade acontece entre 9 e 16 anos para a maioria dos indivíduos. Fatores ambientais também podem influenciar seu início e sua duração (Belsky et al., 2011).

Hormônios Por trás dos primeiros pelos nos meninos e do alargamento dos quadris nas meninas, encontra-se uma torrente de **hormônios**, substâncias químicas poderosas secretadas pelas glândulas endócrinas e levadas para todo o corpo pela corrente sanguínea (Pfaffle e Klammt, 2011). Duas classes de hormônios possuem concentrações significativamente diferentes em homens e mulheres: **androgênios**, a principal classe de hormônios sexuais masculinos, e **estrogênios**, a principal classe de hormônios femininos. Observe que, embora estes hormônios funcionem com maior ênfase em um sexo ou outro, eles são produzidos tanto pelos homens quanto pelas mulheres.

A *testosterona* é um androgênio que desempenha um papel importante no desenvolvimento puberal masculino. Durante a puberdade, o aumento nos níveis de testosterona está associado a inúmeras mudanças físicas nos meninos, incluindo o desenvolvimento dos genitais externos, aumento de estatura e alterações na voz (Goji et al., 2009). O nível de testosterona em meninos adolescentes também está ligado ao desejo e à atividade sexual (Cameron, 2004). O *estradiol* é um estrogênio que desempenha um papel importante no desenvolvimento puberal feminino. Quando se eleva o nível de estradiol, ocorre o desenvolvimento dos seios, o desenvolvimento uterino e as alterações no esqueleto. A identidade dos hormônios que contribuem para o desejo e a atividade sexual nos adolescentes é menos clara para as garotas do que para os meninos (Cameron, 2004). Meninos e meninas experimentam aumento de testosterona e estradiol durante a puberdade. No entanto, um estudo mostra que os níveis de testosterona aumentam 18 vezes nos meninos, mas apenas 2 vezes nas meninas durante a puberdade; os níveis de estradiol aumentam 8 vezes nas meninas, mas apenas 2 vezes nos meninos durante a puberdade (Nottelmann et al., 1987) (veja Figura 2.1).

O sistema endócrino A puberdade não é um acontecimento específico, mas um processo que se estende através de uma série de alterações neuroendócrinas coordenadas (Dorn e Biro, 2011). O começo da puberdade envolve a ativação do eixo hipotalâmico-pituitário-gonadal (HPG) (veja a Figura 2.2). O hipotálamo é uma

hormônios Substâncias químicas poderosas secretadas pelas glândulas endócrinas e levadas para todo o corpo pela corrente sanguínea.

androgênios A principal classe de hormônios sexuais masculinos.

estrogênios A principal classe de hormônios sexuais femininos.

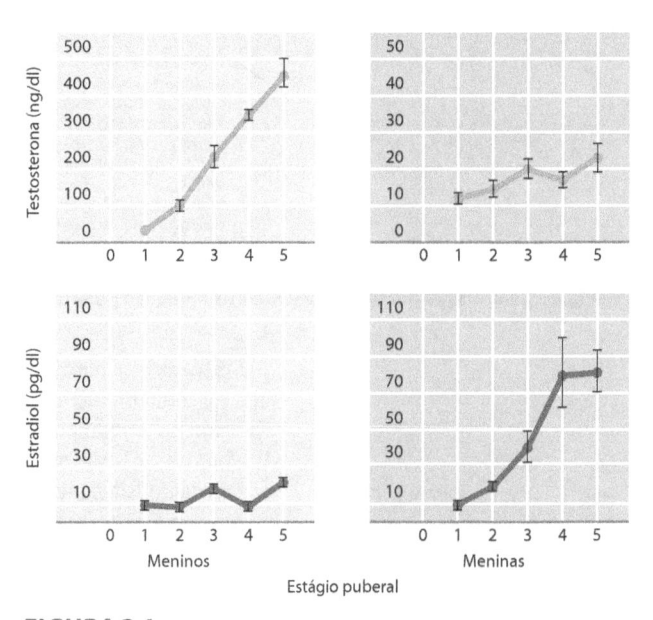

FIGURA 2.1
Níveis hormonais por sexo e estágio puberal de testosterona e estradiol. Os cinco estágios se estendem do começo (estágio 1) até o estágio mais avançado da puberdade (estágio 5). Observe o aumento significativo de testosterona nos meninos e o aumento significativo de estradiol nas meninas.

Extraído de Penguin Dreams and Stranger Things, de Berkeley Breathed. Copyright © 1985 The Washington Post Company. Com permissão de Little, Brown and Co. Copyright © 1985 Berkeley Breathed. Reimpresso com permissão de International Creative Management, Inc.

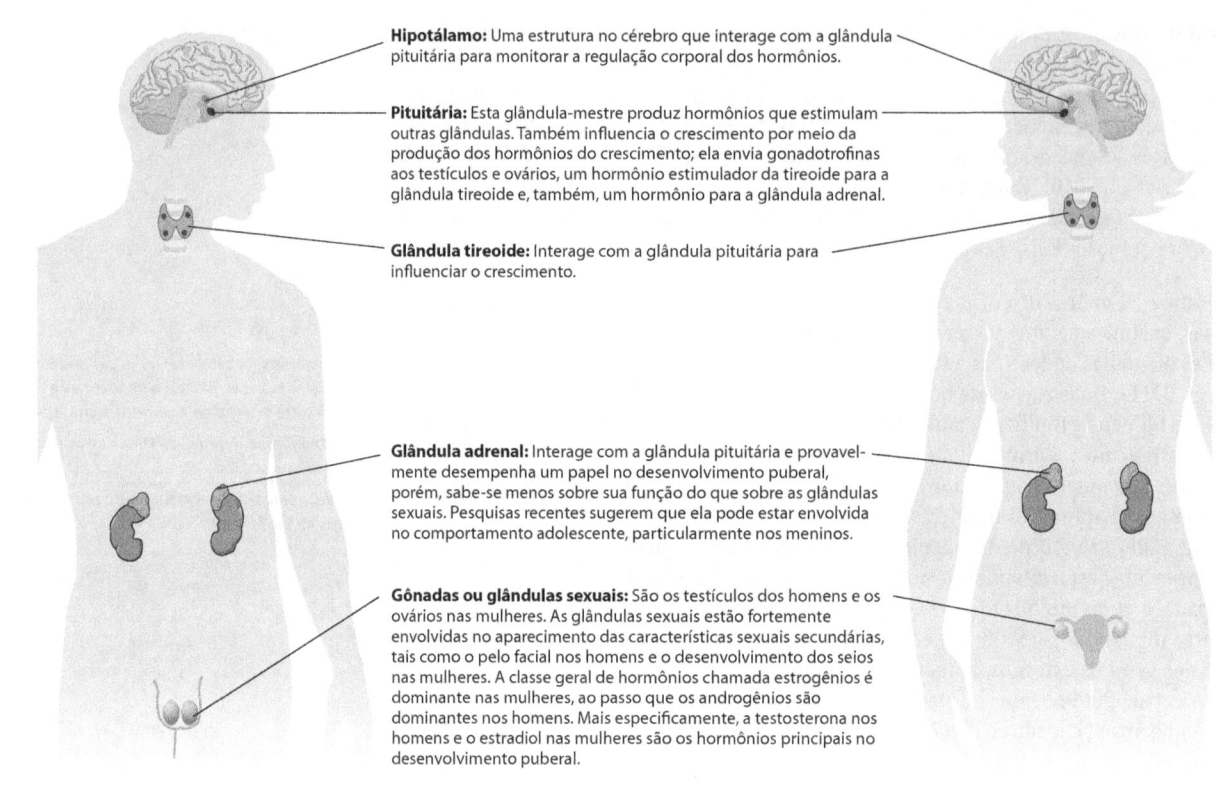

FIGURA 2.2
Principais glândulas endócrinas envolvidas na alteração puberal.

Hipotálamo: Uma estrutura no cérebro que interage com a glândula pituitária para monitorar a regulação corporal dos hormônios.

Pituitária: Esta glândula-mestre produz hormônios que estimulam outras glândulas. Também influencia o crescimento por meio da produção dos hormônios do crescimento; ela envia gonadotrofinas aos testículos e ovários, um hormônio estimulador da tireoide para a glândula tireoide e, também, um hormônio para a glândula adrenal.

Glândula tireoide: Interage com a glândula pituitária para influenciar o crescimento.

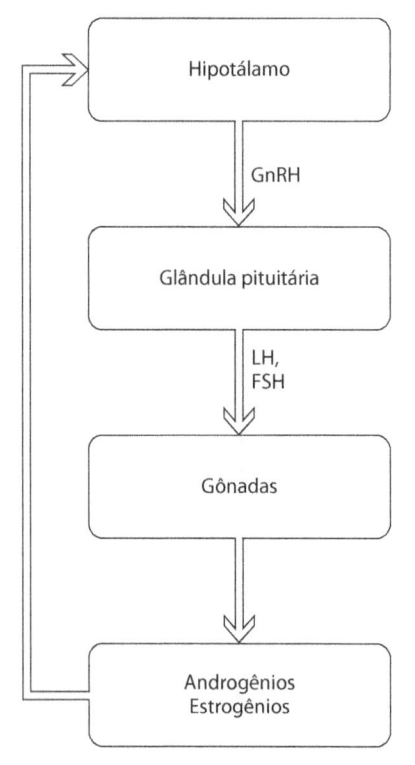

Glândula adrenal: Interage com a glândula pituitária e provavelmente desempenha um papel no desenvolvimento puberal, porém, sabe-se menos sobre sua função do que sobre as glândulas sexuais. Pesquisas recentes sugerem que ela pode estar envolvida no comportamento adolescente, particularmente nos meninos.

Gônadas ou glândulas sexuais: São os testículos dos homens e os ovários nas mulheres. As glândulas sexuais estão fortemente envolvidas no aparecimento das características sexuais secundárias, tais como o pelo facial nos homens e o desenvolvimento dos seios nas mulheres. A classe geral de hormônios chamada estrogênios é dominante nas mulheres, ao passo que os androgênios são dominantes nos homens. Mais especificamente, a testosterona nos homens e o estradiol nas mulheres são os hormônios principais no desenvolvimento puberal.

FIGURA 2.3
Sistema de *feedback* dos hormônios sexuais.

estrutura na porção mais superior do cérebro que monitora o apetite, a ingestão de líquidos e o comportamento sexual. A glândula pituitária é a glândula endócrina que controla o crescimento e regula outras glândulas. As gônadas são as glândulas sexuais – os testículos nos homens; os ovários nas mulheres. Como o sistema endócrino funciona? A glândula pituitária envia um sinal através das gonadotrofinas (hormônios que estimulam as glândulas sexuais) para que os testículos ou os ovários produzam o hormônio. A seguir, por meio da interação com o hipotálamo, a glândula pituitária detecta quando foi alcançado um nível favorável de hormônios e o mantém com secreções adicionais de gonadotrofina (Pfaffle e Klammt, 2011; Wanakowska e Polkowska, 2010).

Os níveis dos hormônios sexuais são regulados por dois hormônios secretados pela glândula pituitária: *FSH (hormônio folículo-estimulante)* e *LH (hormônio luteinizante)*. O FSH estimula o desenvolvimento dos folículos nas mulheres e a produção de esperma nos homens. O LH regula a secreção de estrogênio e o desenvolvimento dos óvulos nas mulheres e a produção de testosterona nos homens (Kuhn et al., 2010). Além disso, o hipotálamo secreta uma substância chamada *GnRH (hormônio liberador da gonadotrofina)*, que está ligada ao período puberal.

Esses hormônios são regulados por um *sistema de feedback negativo*. Se o nível de hormônios sexuais se eleva muito, o hipotálamo e a glândula pituitária reduzem a estimulação das gônadas, diminuindo a produção dos hormônios sexuais. Se o nível dos hormônios sexuais baixa demais, o hipotálamo e a glândula pituitária aumentam a produção dos hormônios sexuais.

A Figura 2.3 mostra como o sistema de *feedback* funciona. Nos homens, a produção da glândula pituitária de LH estimula os testículos a produzirem testosterona. Quando os níveis de testosterona estão muito altos, o hipotálamo diminui a produção de GnRH, e esta diminuição reduz a produção da pituitária de LH. Quando o nível de testosterona cai, o hipotálamo produz mais GnRH e o ciclo recomeça. O sistema de *feedback* negativo opera de forma similar nas mulheres, exceto que LH e GnRH regulam os ovários e a produção de estrogênio.

O sistema de *feedback* negativo no sistema endócrino pode ser comparado a um termostato e uma calefação. Se uma sala esfria, o termostato sinaliza para que a calefação seja acionada. A ação da calefação aquece o ar nessa sala, o que acaba por acionar o termostato para desligar a calefação. A temperatura da sala começa a cair gradualmente até que o termostato mais uma vez sinalize para que a calefação seja acionada e o ciclo se repita. Esse tipo de sistema é chamado de *circuito de* feedback *negativo* porque um *aumento* na temperatura *desliga* a calefação, ao passo que a *redução* na temperatura *liga* a calefação.

O nível de hormônios sexuais é baixo na infância, mas aumenta na puberdade (Dorn e Biro, 2011). É como se o termostato estivesse programado a 10°C na infância e subisse para 26°C na puberdade. No estágio mais alto de programação, as gônadas têm que produzir mais hormônios sexuais – o que elas fazem durante a puberdade.

Hormônios do crescimento Sabemos que a glândula pituitária libera gonadotrofinas que estimulam os testículos e os ovários (Enea et al., 2011; Stukenborg, Colon e Soder, 2010). Além disso, por meio da interação com o hipotálamo, a glândula pituitária também secreta hormônios que levam ao crescimento e à maturação do esqueleto, diretamente ou por meio da interação com a *glândula tireoide*, localizada na região do pescoço (veja a Figura 2.2).

No início da puberdade, o hormônio do crescimento é secretado à noite. Posteriormente, na puberdade, ele também será secretado durante o dia, embora os níveis durante o dia sejam em geral muito baixos (Susman, Dorn e Schiefelbein, 2003). O cortisol, hormônio secretado pelo córtex adrenal, também influencia o crescimento, assim como a testosterona e o estrogênio (Stroud et al., 2011).

Adrenarca e gonadarca Duas fases da puberdade estão ligadas às alterações hormonais: a adrenarca e a gonadarca (Dorn e Biro, 2011; Idkowiak et al., 2011). A **adrenarca** envolve alterações hormonais nas glândulas adrenais, localizadas logo acima dos rins. Essas alterações ocorrem surpreendentemente cedo, aproximadamente dos 6 aos 9 anos nas meninas e em torno de um ano mais tarde nos meninos, antes do que é geralmente considerado como o começo da puberdade (Dorn et al., 2006). Durante a adrenarca e continuando durante a puberdade, as glândulas adrenais secretam androgênios adrenais, como a desidroepiandrosterona (DHEA) (Miller, 2008). A adrenarca ainda não é bem compreendida (Dorn e Biro, 2011).

A **gonadarca**, que ocorre depois da adrenarca em aproximadamente dois anos, é o período em que a maioria das pessoas considera puberdade. A gonadarca envolve a maturação das características sexuais primárias (ovários nas mulheres, testículos nos homens) e secundárias (desenvolvimento dos pelos pubianos, seios e genitais) (Dorn et al., 2006). "A característica da gonadarca é a reativação do eixo hipotalâmico-pituitário-gonadal (HPG)... A ativação inicial do eixo HPG ocorreu durante o período fetal e pré-natal" (Dorn et al., 2006, p. 35).

Nos Estados Unidos, o período da gonadarca começa aproximadamente aos 9 ou 10 anos em meninas brancas não latinas e entre 8 e 9 anos nas meninas afro-americanas (Herman-Giddens, Kaplowitz e Wasserman, 2004). Nos meninos, a gonadarca se inicia em torno dos 10 ou 11 anos. A **menarca**, o primeiro período menstrual, ocorre entre a metade e o final da gonadarca nas meninas. Nos meninos, a **espermarca**, primeira ejaculação de sêmen do menino, ocorre entre o início e a metade da gonadarca. Robert, Angie, Ann e Jim, os adolescentes que descrevemos no começo deste capítulo, estão em várias fases da adrenarca e gonadarca.

adrenarca Fase da puberdade que envolve alterações hormonais nas glândulas adrenais, localizadas logo acima dos rins. Essas alterações ocorrem, aproximadamente, dos 6 aos 9 anos nas meninas e cerca de um ano mais tarde nos meninos, antes do que é geralmente considerado como o início da puberdade.

gonadarca Fase da puberdade que envolve a maturação das características sexuais primárias (ovários nas mulheres e testículos nos homens) e secundárias (desenvolvimento dos pelos pubianos, dos seios e dos genitais). Este período ocorre depois da adrenarca, em mais ou menos dois anos, e é o que a maioria das pessoas considera puberdade.

menarca Primeiro período menstrual de uma menina.

espermarca Primeira ejaculação de sêmen de um menino.

Peso, gordura corporal e leptina Alguns pesquisadores defendem que uma criança precisa atingir uma massa corporal crítica antes que inicie a puberdade, especialmente a menarca (Ackerman et al., 2006). Inúmeros estudos encontraram que o peso mais elevado, especialmente a obesidade, está ligado a desenvolvimento puberal inicial (Klapowitz, 2009). Por exemplo, um estudo recente revelou que estar acima do peso ou ser obeso estava ligado a desenvolvimento mais avançado dos seios e crescimento dos pelos pubianos em jovens de 8 a 14 anos (Christensen et al., 2010). Alguns, inclusive, propuseram que um peso corporal de 48 kg +/– 1,5 kg desencadeia a menarca e o fim do estirão do crescimento puberal (Friesch, 1984). Entretanto, esse peso específico ainda não está bem documentado (Susman, 2001).

Outros cientistas levantaram a hipótese de que o início da menarca é influenciado pela porcentagem de gordura corporal em relação ao peso total do corpo. Eles afirmam que, para que a menarca ocorra, um mínimo de 17% do peso corporal de uma menina precisa ser composto de gordura corporal. Assim como ocorre em relação ao peso específico, esta porcentagem não foi verificada com consistência. No entanto, adolescentes anoréxicas cujo peso

Quais são algumas das diferenças nas formas como meninas e meninos vivenciam o crescimento puberal?

diminui drasticamente e mulheres praticantes de determinados esportes (como ginástica e natação) podem não menstruar. Nos meninos, a subnutrição pode retardar a puberdade (Susman, Dorn e Schiefelbein, 2003).

O hormônio *leptina* pode sinalizar o começo e a progressão da puberdade. As concentrações de leptina, que são mais altas nas meninas do que nos meninos, estão relacionadas à quantidade de gordura nas meninas e de androgênio nos meninos (Lecke, Morshc e Spritzer, 2011; Xi et al., 2011). Assim, um aumento na leptina poderá indicar reservas adequadas de gordura para a reprodução e manutenção da gravidez (Hillman e Biro, 2010). Alguns pesquisadores concluem que a leptina por si pode ser uma causa necessária, mas não suficiente, da puberdade (Klapowitz, 2009).

Peso ao nascer e primeira infância O início e as características da puberdade poderiam ser influenciados pelo peso ao nascer e o ganho de peso durante a primeira infância? Existem evidências crescentes nas pesquisas da existência dessa ligação (Ibanez et al., 2011; Ong, 2010). As meninas com baixo peso ao nascer passam pela menarca aproximadamente 5 a 10 meses antes do que as meninas com peso normal ao nascer, e os meninos com baixo peso ao nascer estão em risco de volume testicular pequeno durante a adolescência (Ibanez e de Zegher, 2006). Uma revisão de pesquisa recente concluiu que a aceleração do crescimento logo após o nascimento que atinge seu pico nos primeiros 2 a 4 anos de vida prediz o início muito precoce da puberdade nas meninas (Papadimitriou et al., 2010). Esta revisão também concluiu que essa aceleração inicial do crescimento está presente em crianças que vêm a ter sobrepeso ou obesidade no final da infância e na adolescência.

Fatores socioculturais e ambientais Os fatores socioculturais e ambientais poderiam estar ligados ao *timing* puberal? Pesquisas recentes indicam que as variações culturais e experiências iniciais podem estar relacionadas ao início mais precoce da puberdade. Os adolescentes dos países desenvolvidos e grandes áreas urbanas alcançam a puberdade mais cedo do que os de países menos desenvolvidos e áreas rurais (Graham, 2005). Crianças que foram adotadas em países em desenvolvimento e levadas para países desenvolvidos frequentemente entram na puberdade mais cedo do que seus correspondentes que continuam a viver em países em desenvolvimento (Teiman et al., 2002). As meninas afro-americanas entram na puberdade mais cedo do que as latinas e não latinas e os meninos afro-americanos entram na puberdade mais cedo do que os não latinos (Biro et al., 2006; Talpade, 2008).

As experiências iniciais que estão ligadas ao começo puberal mais precoce incluem adoção, ausência paterna, baixa condição socioeconômica, conflito familiar, severidade materna, maus-tratos na infância e uso precoce de substância (Arim et al., 2011; Deardorff et al., 2011; Ellis et al., 2011). Em muitos casos, a puberdade ocorre meses mais cedo nessas situações e este início precoce da puberdade é provavelmente explicado pelos altos índices de conflito nesses contextos sociais. Um estudo recente revelou que a severidade materna na segunda infância estava ligada à maturação precoce, além da exposição a riscos sexuais na adolescência (Belsky et al., 2010). Outro estudo recente encontrou que as meninas que ingeriam álcool antes da puberdade tinham maior probabilidade de ter a puberdade retardada (Peck et al., 2011).

ESTIRÃO DO CRESCIMENTO

O crescimento se dá lentamente durante a infância; então a puberdade produz o aumento de crescimento mais rápido desde a primeira infância. A Figura 2.4 mostra que o estirão do crescimento associado à puberdade ocorre aproximadamente dois anos mais cedo para as meninas do que para os meninos. Para as meninas, a média de início do estirão do crescimento é 9 anos; para os meninos, a média é aos 11 anos. O pico da mudança puberal acontece aos 11 ½ anos para as meninas e aos 13 ½ anos para os meninos. Durante o estirão do crescimento, as meninas têm um aumento na altura de aproximadamente 9 cm por ano; os meninos, em torno de 10 cm.

A altura final de um indivíduo é geralmente um ponto intermediário entre a altura da mãe biológica e o pai biológico, ajustada para alguns centímetros a menos, no caso das meninas, e alguns centímetros a mais para os meninos.

Os meninos e as meninas que são mais baixos ou mais altos do que seus pares antes da adolescência provavelmente se manterão assim durante a adolescência. No início da adolescência, as meninas tendem a ser tão altas quanto ou mais altas do que os meninos da sua idade, mas perto do final do ensino médio, a maioria dos meninos já as alcançou ou, em

Como o peso ao nascer e o ganho de peso na primeira infância podem estar ligados ao começo da puberdade?

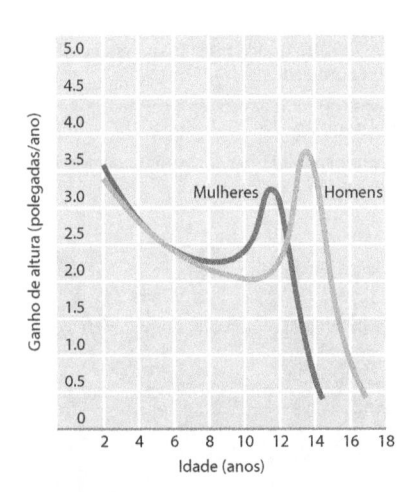

FIGURA 2.4
Estirão do crescimento puberal. Em média, o pico do estirão do crescimento que caracteriza as mudanças puberais ocorre dois anos mais cedo nas meninas (11 ½) do que nos meninos (13 ½).

ZITS Jerry Scott e Jim Borgman

© ZITS Partnership. King Features Syndicate.

muitos casos, já as ultrapassou em altura. Embora a altura no ensino fundamental propicie uma boa previsão da altura posterior na adolescência, 30% da altura de um indivíduo no fim da adolescência não é explicado pela altura da criança no ensino fundamental.

O ritmo com o qual os adolescentes ganham peso acompanha aproximadamente o mesmo cronograma do ritmo com o qual eles ganham altura. Os ganhos marcantes de peso coincidem com o início da puberdade (Dorn e Biro, 2011; Marceau et al., 2011). Metade, isto é, 50% do peso corporal adulto, é adquirido durante a adolescência (Rogol, Roemmich e Clark, 1998). No pico deste ganho de peso, as meninas ganham uma média de 8 kg em um ano, em torno dos 12 anos (aproximadamente seis meses depois do pico de aumento de altura). O pico do ganho de peso dos meninos (9 kg) ocorre quase ao mesmo tempo que o pico de aumento de altura, em torno dos 13 aos 14 anos. Durante a adolescência inicial, as meninas tendem a pesar mais do que os meninos, porém – assim como ocorre com a altura – em torno dos 14 anos os meninos começam a ultrapassar as meninas no peso.

Além do aumento no peso e na altura, a puberdade acarreta alterações na largura dos quadris e dos ombros. As meninas passam por um estirão na largura dos quadris, ao passo que os meninos aumentam a largura dos ombros. Nas meninas, o aumento na largura dos quadris está ligado ao aumento no estrogênio. Nos meninos, o aumento na largura dos ombros está associado a um aumento na testosterona (Susman e Dorn, 2009).

Por fim, o estirão mais tardio no crescimento nos meninos produz um maior comprimento das pernas do que nas meninas. Em muitos casos, a estrutura facial dos meninos fica mais angular durante a puberdade, ao passo que a das meninas fica mais redonda e macia.

MATURAÇÃO SEXUAL

Procure pensar no começo da sua própria puberdade. Dentre as mudanças impressionantes que estavam acontecendo no seu corpo, qual foi a primeira que ocorreu? Pesquisadores descobriram que as características puberais masculinas se desenvolvem na seguinte ordem: aumento no tamanho do pênis e dos testículos, aparecimento de pelos pubianos lisos, pequena mudança de voz, primeira ejaculação (espermarca – geralmente durante a masturbação ou em um sonho erótico), aparecimento de pelos pubianos encaracolados, início do crescimento máximo, crescimento de pelos nas axilas, mudanças de voz mais detectáveis e crescimento do pelo facial. Os três dos sinais mais perceptíveis de maturação sexual nos meninos são o alongamento do pênis, o desenvolvimento dos testículos e o crescimento de pelos faciais. A variação normal e idade média do desenvolvimento dessas características sexuais, junto com o estirão do crescimento, são apresentadas na Figura 2.5.

A Figura 2.6 ilustra o curso típico do desenvolvimento sexual masculino durante a puberdade. Os números da Figura 2.6 refletem os cinco estágios das características sexuais secundárias, conhecidas como estágios de Tanner (Tanner, 1962). Um estudo longitudinal recente revelou que, em média, o desenvolvimento genital dos meninos precedia seu desenvolvimento púbico em aproximadamente 4 meses (Susman et al., 2010). Neste estudo,

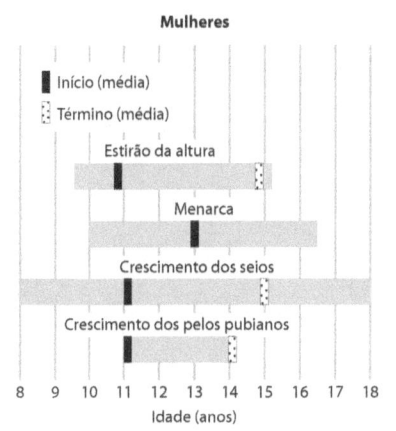

FIGURA 2.5
Variação normal e desenvolvimento médio das características sexuais em homens e mulheres.

meninos e meninas afro-americanos começaram a puberdade quase um ano antes dos meninos e meninas brancos não latinos.

Qual a ordem de aparecimento das mudanças físicas nas meninas? Em média, o desenvolvimento dos seios ocorre primeiro, seguido pelo aparecimento dos pelos pubianos. Posteriormente, aparecem pelos nas axilas. Quando ocorrem essas mudanças, a menina cresce em altura e seus quadris começam a ficar mais largos do que os ombros. Sua primeira menstruação (menarca) ocorre um pouco mais tarde no ciclo puberal. Inicialmente, os ciclos menstruais podem ser muito irregulares, e durante os primeiros anos ela poderá não ovular em todos os ciclos. Em alguns casos, a menina não se torna fértil até dois anos depois de começar seu período. Não ocorrem mudanças de voz que sejam comparáveis às dos meninos púberes. No final da puberdade, os seios das meninas ficam mais arredondados. Dois dos aspectos mais perceptíveis da mudança puberal na menina são o desenvolvimento dos pelos pubianos e dos seios. A Figura 2.5 mostra a variação e o desenvolvimento médios normais de duas características sexuais femininas e fornece informações sobre a menarca e o estirão do crescimento. A Figura 2.6 ilustra o curso típico do desenvolvimento sexual feminino durante a puberdade. Um estudo longitudinal revelou que, em média, o desenvolvimento dos seios nas meninas precedia o desenvolvimento de pelos pubianos em aproximadamente dois meses (Susman et al., 2010).

Observe que pode haver amplas variações individuais quanto ao desencadeamento e progressão da puberdade. Para os meninos, a sequência puberal pode começar aos 10 anos ou aos 13 ½. Ela pode terminar cedo, aos 13 anos, ou tarde, aos 17. A variação média é tão ampla que, levando-se em consideração dois meninos diferentes, com a mesma idade cronológica, um poderá completar a sequência puberal antes que o outro a tenha começado. Para as meninas, a idade média da menarca é ainda mais ampla, entre 9 e 15 anos.

Puberdade precoce é o termo usado para descrever o início muito precoce e a progressão rápida da puberdade. Judith Blakemore e colaboradores (2009, p. 58) descreveram recentemente as seguintes características da puberdade precoce. A puberdade precoce é geralmente diagnosticada quando o início da puberdade ocorre antes dos 8 anos nas meninas e antes dos 9 anos nos meninos. Ela ocorre aproximadamente 10 vezes mais em meninas do que em meninos. Quando a puberdade precoce ocorre, é geralmente tratada medicamente por supressores das secreções gonadotróficas, o que temporariamente interrompe as mudanças puberais (Kaplowitz, 2009). As razões para este tratamento é que as crianças que vivenciam a puberdade precoce têm probabilidade de ter baixa estatura, capacidade sexual precoce e potencial para apresentar comportamento inapropriado para a idade (Blakemore, Berenbaum e Liben, 2009).

TENDÊNCIAS SECULARES NA PUBERDADE

Imagine uma criança pequena apresentando todas as características da puberdade – uma menina de 3 anos com seios completamente desenvolvidos ou um menino um pouco mais velho, como uma forte voz masculina. Há uma proposição de que é isso o que veríamos perto do ano 2250 se a idade da puberdade continuar a diminuir no ritmo em que ocorreu em boa parte do século XX (Petersen, 1987). Contudo, é improvável que vejamos crianças pequenas púberes devido aos limites genéticos da precocidade com os quais a puberdade pode ocorrer (Elks e Ong, 2011).

O termo **tendências seculares** refere-se aos padrões do início puberal ao longo da história, especialmente através das gerações. Por exemplo, na Noruega, a menarca ocorre agora acima dos 13 anos, comparada com os 17 anos da década de 1840 (Ong, Ahmed e Dunger, 2006). Nos Estados Unidos, onde as crianças amadurecem fisicamente até um ano antes do que nos países europeus, a menarca ocorre agora em torno dos 12 ½ anos, comparadas com mais de 14 anos um século atrás (veja a Figura 2.7). Um número crescente de meninas norte-americanas está iniciando a puberdade aos 8 e 9 anos, com as meninas afro-americanas se desenvolvendo mais cedo do que as brancas não latinas (Herman-Giddens, 2007). Uma revisão de pesquisa recente concluiu que a idade na menarca não diminuiu tanto quanto o início da puberdade (Dorn e Biro, 2011). Acredita-se que a chegada mais cedo da puberdade deva-se às melhorias na saúde e na nutrição.

Entretanto, análises recentes colocam em questão generalizações de que a puberdade continuou a progredir nos últimos anos. Por exemplo, um painel de especialistas examinou

puberdade precoce Início muito precoce e progressão rápida da puberdade.

tendências seculares Padrões do início da puberdade ao longo da história, especialmente através das gerações.

DESENVOLVIMENTO SEXUAL MASCULINO

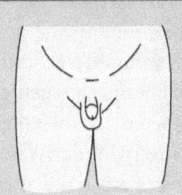

1. Sem pelos pubianos. Testículos, escroto e pênis estão quase do mesmo tamanho e formato dos de uma criança.

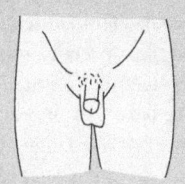

2. Um pouco de pelo macio, longo, levemente colorido, principalmente na base do pênis. Estes pelos podem ser lisos ou um pouco encaracolados. Os testículos e o escroto aumentaram e a pele do escroto se alterou. O escroto, saco que contém os testículos, baixou um pouco. O pênis só cresceu um pouco.

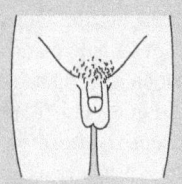

3. Os pelos estão mais escuros, mais grossos e mais encrespados. Espalharam-se de forma a cobrir levemente uma área um pouco maior. O pênis cresceu principalmente em comprimento. Os testículos e o escroto cresceram e baixaram mais do que no estágio 2.

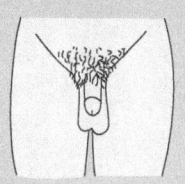

4. Os pelos agora estão escuros, crespos e grossos como os de um homem adulto. Entretanto, a área que os pelos cobrem não é tão grande quanto à de um adulto; ainda não se espalharam para as coxas. O pênis cresceu, ficando ainda mais longo e mais grosso. A glande (a cabeça do pênis) está maior. O escroto está mais escuro e maior porque os testículos ficaram maiores.

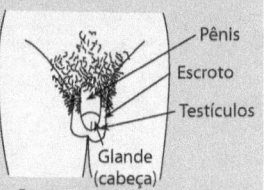

5. Os pelos se espalharam até as coxas e agora são como os de um homem adulto. Pênis, escroto e testículos estão do tamanho e formato dos de um homem adulto.

DESENVOLVIMENTO SEXUAL FEMININO

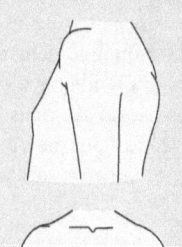

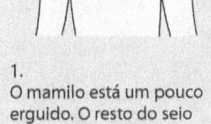

1. O mamilo está um pouco erguido. O resto do seio ainda está plano.

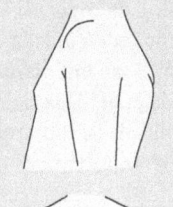

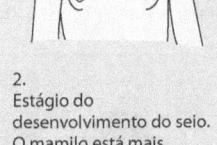

2. Estágio do desenvolvimento do seio. O mamilo está mais erguido do que no estágio 1. O seio é uma pequena elevação e a aureola está maior do que no estágio 1.

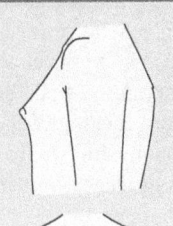

3. A aréola e o seio estão maiores do que no estágio 2. A aréola não se destaca do seio.

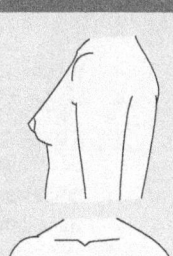

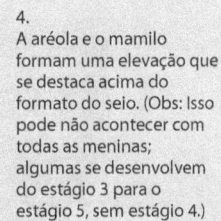

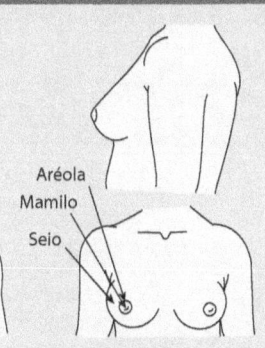

4. A aréola e o mamilo formam uma elevação que se destaca acima do formato do seio. (Obs: Isso pode não acontecer com todas as meninas; algumas se desenvolvem do estágio 3 para o estágio 5, sem estágio 4.)

5. Estágio maduro adulto. Os seios estão completamente desenvolvidos. Apenas o mamilo se destaca. A aréola se retraiu, fazendo parte do formato geral do seio.

FIGURA 2.6
Os cinco estágios puberais no desenvolvimento sexual masculino e feminino.

---

conexão COM OS ADOLESCENTES

Mulheres loiras atraentes e homens altos musculosos

Quando o colunista Bob Greene (1988) telefonou para "Connections in Chicago", uma linha de bate-papo para adolescentes, para descobrir o que os jovens adolescentes estavam dizendo uns as outros, as primeiras coisas que os garotos e garotas queriam saber – depois do primeiro nome – era a descrição física. A idealização daqueles que telefonavam era aparente. A maioria das garotas se descrevia como tendo cabelos longos e loiros, 1,68m e 50 kg. A maioria dos meninos dizia ter cabelos castanhos, 1,82m de altura, que pesavam 77kg e faziam musculação.

Pesquisas atuais sobre diferenças no gênero iriam prognosticar estas respostas? Por que ou por que não?

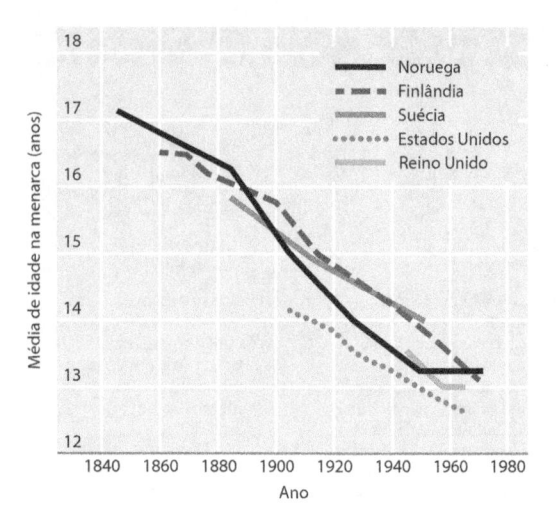

FIGURA 2.7
Médias de idades na menarca em países escolhidos ao norte da Europa e nos Estados Unidos de 1845 a 1969. Observe o declínio acentuado na idade em que as meninas passam pela menarca em cinco países diferentes. Recentemente, a idade em que as meninas passam pela menarca tem se estabilizado.

recentemente dados sobre o *timing* puberal e concordaram que o começo do desenvolvimento dos seios e a menarca ocorriam mais cedo nas meninas de 1940 a 1994, mas que os dados atuais são insuficientes para concluir que ocorreu um desenvolvimento puberal mais precoce nos meninos durante esse mesmo período (Euling et al., 2008). Além disso, uma revisão de pesquisa recente concluiu que a puberdade precoce parece estar ocorrendo apenas em meninas com sobrepeso, mas que a obesidade retarda o início puberal nos meninos (Walvoord, 2011). Nesta revisão, concluiu-se que a puberdade mais precoce nas meninas está diretamente ligada ao aumento no sobrepeso e na obesidade.

Até agora, nos ocupamos em especial com as dimensões físicas da puberdade. Como veremos a seguir, as dimensões psicológicas da puberdade também são importantes.

DIMENSÕES PSICOLÓGICAS DA PUBERDADE

O desenvolvimento puberal de um adolescente é acompanhado de inúmeras mudanças psicológicas. Procure lembrar-se de quando você estava entrando na puberdade. Você não só pensava em si de um modo diferente, mas seus pais e amigos também começaram a tratá-lo de forma diferente. Talvez você estivesse orgulhoso do seu corpo em transformação, mesmo que isso o deixasse perplexo. Talvez seus pais achassem que já não podiam mais sentar na cama e assistir televisão com você ou mesmo lhe dar um beijo de boa noite.

Foi realizado um número menor de pesquisas sobre os aspectos psicológicos da transição da puberdade masculina do que sobre as transições da puberdade feminina – possivelmente, devido à dificuldade de detectar quando ocorrem as transições nos meninos. As poluções noturnas são um marcador, embora tenha havido poucas pesquisas sobre este tópico. Os efeitos da puberdade nas meninas não só são mais fáceis de estudar, como também têm mais probabilidade de causarem fortes efeitos porque são mais óbvias do que as mudanças puberais nos meninos. Para as meninas, o aumento dos seios é mais detectável.

Imagem corporal Um aspecto psicológico da puberdade é certo entre meninos e meninas: os adolescentes são preocupados com seu corpo (Lawler e Nixon, 2010; Markey, 2010; Murray,

Os adolescentes demonstram uma forte preocupação com seu corpo em mudança e desenvolvem uma imagem de como é o seu corpo. *Por que os garotos teriam imagem corporal mais positiva do que as garotas?*

Byrne e Rieger, 2011). Talvez você olhasse para si mesmo no espelho diariamente e, às vezes, de hora em hora, para ver se detectava algo diferente no corpo em mudança. A preocupação com a própria imagem é muito intensa por toda a adolescência, mas é especialmente aguda durante a puberdade, época em que os adolescentes estão mais insatisfeitos com seu corpo do que no fim da adolescência.

Diferenças de gênero As diferenças de gênero caracterizam as percepções que os adolescentes têm do seu corpo (Murry, Byrne e Rieger, 2010; Natsuaki et al., 2010). Em geral, durante a puberdade, as meninas estão menos felizes com o corpo e têm imagem corporal mais negativa do que os meninos (Crespo et al., 2010). Quando as mudanças puberais avançam, as meninas geralmente ficam menos satisfeitas com seu corpo, provavelmente porque a gordura corporal aumenta (Markey, 2010; Yuan, 2010). Em contraste, os meninos ficam mais satisfeitos quando avançam em direção à puberdade, provavelmente por causa do aumento da massa muscular. Os estudos recentes a seguir esclarecem um pouco mais as diferenças de gênero na imagem corporal durante a adolescência:

- As garotas atribuíram um valor estético maior à imagem corporal, mas tinham uma satisfação estética mais baixa em relação ao seu corpo do que os garotos (Abbot e Barber, 2010)
- O perfil dos adolescentes com a imagem corporal mais positiva se caracterizava por comportamentos de cuidados com a saúde, especialmente exercícios regulares (Frisen e Holmqvist, 2010).
- Dentre os adolescentes brancos não latinos, latinos, afro-americanos e asiático-americanos, o bem-estar psicológico (autoestima e depressão, por exemplo) das garotas brancas não latinas era mais influenciado e o dos garotos brancos não latinos era menos influenciado pelas percepções do corpo (Yuan, 2010).
- Os aspectos negativos da puberdade nas meninas apareceram em um estudo que explorou as percepções de 400 garotos e garotas do ensino fundamental sobre os melhores e piores aspectos de ser menino ou menina (Zittleman, 2006). Na visão dessas garotas, no topo da lista das piores coisas em relação a ser menina era a biologia da mulher, que incluía temas como parto, TPM, ciclo menstrual e câncer de mama. Os garotos do ensino fundamental disseram que certos aspectos disciplinares – envolver-se em problemas, ser disciplinado e ser mais acusado do que as meninas, mesmo quando eles não tinham culpa – eram as piores coisas em relação a ser menino. Porém, outro aspecto do desenvolvimento físico estava no topo da lista das garotas como as melhores coisas em relação a ser menina – aparência (que incluía escolher roupas, cortes de cabelo e tratamentos de beleza). Os meninos disseram que o melhor de ser menino era praticar esportes.

Arte corporal (*body art*) Um número crescente de adolescentes e estudantes universitários está fazendo tatuagens e colocando *piercings* no corpo (Beznos e Coates, 2007; Mayers e Chiffriller, 2008). Muitos destes jovens se envolvem em tais modificações para serem diferentes e imprimir sua identidade como única. Em um estudo de adolescentes, 60% dos adolescentes com tatuagens tinham conceitos acadêmicos A e B (Armstrong, 1995). Neste estudo, a média de idade na qual os adolescentes faziam sua primeira tatuagem era aos 14 anos. Alguns estudos indicam que tatuagens e *piercings* corporais são marcadores de exposição a riscos na adolescência (Suris et al., 2007). Entretanto, outros pesquisadores argumentam que a arte corporal está sendo cada vez mais usada para expressar individualidade e representar autoexpressão, não rebeldia (Armstrong et al., 2004).

Hormônios e comportamento As concentrações de hormônios estão ligadas ao comportamento adolescente? Estima-se que os fatores hormonais contribuem para parte do incremento das emoções negativas e variáveis que caracterizam os adolescentes (Vermeersch et al., 2008). Nos garotos, os níveis mais elevados de andrógenios estão associados a violência e problemas de *acting out* (Van Goozen et al., 1998). Também existem algumas indicações de que os níveis aumentados de estrogênio estão ligados à depressão em garotas adolescentes (Blakemore, Berenbaum e Liben, 2009). Além disso, altos níveis de

O uso da arte corporal (*body art*), como tatuagens e *piercings*, está crescendo na adolescência e na adultez emergente. *Por que os jovens se empenham em tais modificações corporais?*

andrógenos adrenais estão associados ao afeto negativo nas garotas (Susman e Dorn, 2009). Um estudo recente encontrou que as garotas de maturação precoce com níveis altos de andrógenos adrenais tinham mais crises emocionais intensas e afeto depressivo do que as outras garotas (Graber, Brooks-Gunn e Warren, 2006).

Porém, isoladamente, os fatores hormonais não são responsáveis pelo comportamento adolescente (DeRose e Brooks-Gunn, 2008). Por exemplo, um estudo concluiu que fatores sociais influenciavam na depressão e na irritabilidade das garotas adolescentes de duas a quatro vezes mais do que os fatores hormonais (Brooks-Gunn e Warren, 1989). Outro estudo encontrou pouca conexão direta entre níveis de testosterona e comportamento de risco ou depressão entre adolescentes do sexo masculino e feminino (Booth et al., 2003). Em contraste, a ligação com comportamento de risco dependia da qualidade das relações entre os pais e o adolescente. Quando a qualidade da relação decaía, aumentava o comportamento de risco ligado à testosterona e aos sintomas de depressão. Em um estudo recente, os eventos negativos na vida são mediadores das ligações entre hormônios (estradiol e hormônio adrenal) e agressão em meninas entre 10 e 14 anos (Graber, Brooks-Gunn e Warren, 2006). Assim, os hormônios não funcionam de forma independente; a atividade hormonal é influenciada por muitos fatores ambientais, incluindo as relações entre pais e adolescente. Estresse, padrões alimentares, atividade sexual e depressão também podem ativar ou suprimir vários aspectos do sistema hormonal (DeRose e Brooks-Gunn, 2008).

Maturação precoce e tardia Você entrou na puberdade cedo, tarde ou na época? Quando os adolescentes amadurecem mais cedo ou mais tarde do que os seus pares, eles geralmente se percebem de forma diferente (de Rose et al., 2011; Graber, Nichols e Brooks-Gunn, 2010; Negriff, Susman e Trickett, 2011). No Estudo Longitudinal de Berkeley realizado há alguns anos, os meninos com maturação precoce se percebiam mais positivamente e tinham relações mais bem-sucedidas com seus pares do que os meninos com maturação tardia (Jones, 1965). Os achados para as meninas com maturação precoce foram similares, mas não tão consistentes como para os meninos. No entanto, quando os meninos de maturação tardia estavam na faixa dos 30 anos, eles haviam desenvolvido uma identidade mais positiva do que os meninos de maturação precoce (Peskin, 1967). Talvez aqueles com maturação tardia tenham tido mais tempo para explorar as opções de vida, ou quem sabe os meninos com maturação precoce tenham continuado a focar na sua condição física em vez de prestarem atenção ao desenvolvimento da carreira e realizações.

Um número crescente de pesquisadores tem encontrado que a maturação precoce aumenta a vulnerabilidade das garotas para uma série de problemas (Blumentahal et al., 2011; de Rose et al., 2011; Graber, Nichols e Brooks-Gunn, 2010; Negriff, Susman e Trickett, 2011). As garotas com maturação precoce têm maior probabilidade de fumar, beber, ficar deprimidas, ter transtornos da alimentação, envolver-se em delinquência, lutar para ser independente dos pais mais cedo e ter amigos mais velhos; e seu corpo provavelmente vai provocar respostas dos garotos, o que levará a namoros e experiências sexuais precoces (Copeland et al., 2010; de Rose et al., 2011; Negriff, Susman e Trickett, 2011). E as meninas com maturação precoce têm menor probabilidade de concluírem o ensino médio e maior probabilidade de coabitar e casar mais cedo (Cavanagah, 2009). Aparentemente, a combinação de imaturidade social e cognitiva e o desenvolvimento físico precoce resulta em que as garotas com maturação precoce sejam mais facilmente atraídas para comportamentos problemáticos, não reconhecendo os possíveis efeitos destes em longo prazo em seu desenvolvimento. Os estudos recentes a seguir documentam as consequências negativas da puberdade precoce nas meninas:

- As meninas com maturação precoce tinham maior probabilidade de se envolver em abuso de substâncias e relações sexuais precoces (Gaudineau et al., 2010).
- Um estudo de meninas entre 9 e 13 anos encontrou que a puberdade precoce estava ligada a um nível mais alto de atividade sexual e delinquência posterior na adolescência (Negriff, Susman e Trickett, 2011).
- O nível mais elevado de problemas internalizantes das meninas com maturação precoce (como a depressão) estava ligado à sua maior sensibilidade ao estresse interpessoal (Natsuaki et al., 2010).

---

conexão com o desenvolvimento

Natureza do desenvolvimento. Processos biológicos, cognitivos e socioemocionais interagem no desenvolvimento.

Cap. 1, p. 46

Quais são alguns dos fatores de risco associados à maturação precoce nas meninas?

- Um estudo longitudinal revelou que, na adolescência, as meninas com maturação precoce tinham maior probabilidade de se envolver em inúmeros problemas do que as com maturação no tempo ou tardia – por exemplo, criminalidade autorrelatada, uso de substâncias e comportamento sexual precoce (Copeland et al., 2010). Na adultez emergente (avaliada quando elas tinham entre 19 e 21 anos), o funcionamento das meninas com maturação precoce melhorou em algumas áreas; no entanto, as que apresentaram transtorno da conduta na adolescência tinham maior probabilidade de ficar deprimidas na adultez emergente, e as meninas que tiveram maturação precoce tinham maior probabilidade de terem tido muitos parceiros sexuais.
- Embora meninas brancas não latinas com maturação precoce tenham apresentado mais problemas internalizantes (depressão, por exemplo), as meninas afro-americanas que tiveram maturação precoce não apresentaram um nível mais elevado de problemas internalizantes (de Rose et al., 2011).

Quando a maturação precoce ou tardia se transforma num problema de saúde? Para ler mais a respeito de maturação precoce e tardia, veja *Conexão com Saúde e Bem-Estar*, a seguir.

conexão COM SAÚDE E BEM-ESTAR

Como podem ser identificados os jovens com maturação precoce ou tardia que estão em risco de problemas de saúde?

As crianças que entram na puberdade precocemente, as quais discutimos anteriormente neste capítulo, e um menino que ainda não teve o estirão do crescimento aos 16 anos, ou uma menina que ainda não menstruou aos 15 anos, têm maior probabilidade de chamar a atenção de um médico. As meninas e os meninos com maturação precoce ou tardia, mas que ainda estão dentro da variação normal, têm menor probabilidade de serem vistos por um médico. Apesar disso, esses meninos e essas meninas podem ter dúvidas e temores quanto a serem normais, e não levantarão esta questão a menos que um médico, conselheiro ou outra pessoa da área da saúde o faça. Uma breve discussão da sequência natural e do momento dos acontecimentos, e também das grandes variações individuais, pode ser tudo o que é necessário para tranquilizar muitos adolescentes amadurecendo muito cedo ou muito tarde.

Os profissionais da área da saúde também podem discutir com os pais sobre desenvolvimento precoce ou tardio de um adolescente. Informações sobre as pressões dos pares podem ser úteis, especialmente as pressões sobre as meninas com maturação precoce para que namorem ou tenham um comportamento adulto. Para meninas e meninos em plena puberdade, a transição para o ensino médio pode ser mais estressante (Wigfield et al., 2006).

Se o desenvolvimento puberal estiver extremamente atrasado, um médico pode recomendar tratamento hormonal. Esta abordagem poderá ou não ser útil (Richmond e Rogol, 2007). Em um estudo sobre atraso puberal prolongado em meninos, o tratamento hormonal ajudou a aumentar a altura, o interesse em namoros e as relações com os pares para alguns meninos, mas acarretou pouca ou nenhuma melhora em outros meninos (Lewis, Money e Brobow, 1977).

Em suma, a maioria dos indivíduos com maturação precoce ou tardia consegue vencer os desafios e estresses da puberdade. Para aqueles que não conseguem, discussões com profissionais da saúde e pais sensíveis poderão melhorar as habilidades de enfrentamento do adolescente.

Como um profissional da saúde sensível poderia se conectar com as preocupações de um menino ou uma menina adolescente em relação ao desenvolvimento puberal precoce ou tardio?

OS EFEITOS DA PUBERDADE SÃO EXAGERADOS?

Alguns pesquisadores questionam se os efeitos da puberdade são tão fortes quanto se acreditava anteriormente. Os efeitos da puberdade têm sido exagerados? A puberdade afeta alguns adolescentes com maior intensidade do que outros, e alguns comportamentos mais fortemente do que em outros. A imagem corporal, o interesse em namoro e o comportamento sexual são claramente afetados pela mudança puberal. Em um estudo, meninos e meninas com maturação precoce relataram mais atividade sexual e delinquência do que os com maturação tardia (Flannery, Rowe e Gulley, 1993). No entanto, se examinarmos o desenvolvimento geral de adaptação durante o ciclo vital, a puberdade e suas variações têm efeitos menos drásticos do que a maioria dos indivíduos comumente pensa. Para alguns adolescentes mais novos, o caminho até a puberdade é tempestuoso, mas para a maioria não é. Cada período do ciclo vital humano tem seus estresses, e com a puberdade não é diferente. Embora ela apresente novos desafios, a grande maioria dos adolescentes consegue vencer seus estresses eficientemente. Além das influências biológicas no desenvolvimento adolescente, as influências cognitivas e

> ### conexão COM CARREIRAS
>
> **Anne Petersen, pesquisadora e administradora**
>
> Anne Petersen tem uma carreira de destaque como pesquisadora e administradora, com foco principal no desenvolvimento adolescente. Petersen obteve três títulos (B.A., M.A. e Ph.D.) da Universidade de Chicago em matemática e estatística. Seu primeiro trabalho depois de obter seu Ph.D. foi como professora associada de pesquisa envolvendo consulta estatística, e foi neste trabalho que ela foi apresentada ao campo do desenvolvimento adolescente, o qual se tornou o foco do seu trabalho posterior.
>
> Petersen se mudou da Universidade de Chicago para a Universidade Estadual da Pensilvânia, e se tornou pesquisadora principal em desenvolvimento adolescente. Sua pesquisa incluiu foco em puberdade e gênero. Ela também ocupou diversos cargos administrativos. Na metade da década de 1990, Petersen tornou-se diretora da Fundação Nacional de Ciência e, de 1996 a 2005, foi vice-presidente sênior de programas na Fundação W.K. Kellogg. Em 2006, Anne Petersen tornou-se diretora do Centro de Estudos Avançados em Ciências Comportamentais na Universidade de Stanford e também assumiu a posição de professora de psicologia naquela universidade.
>
> Petersen diz que o que a inspirou a ingressar no campo do desenvolvimento adolescente e assumir seu cargo atual na Fundação Kellogg foi seu desejo de fazer a diferença para as pessoas, especialmente os jovens. No seu cargo na Kellogg, Petersen é responsável por toda a programação e serviços prestados pela fundação aos adolescentes. Seu objetivo é fazer a diferença para os jovens deste país e em todo o mundo. Ela acredita que os jovens têm sido neglicenciados com bastante frequência.
>
> *Anne Petersen, interagindo com adolescentes.*

sociais também moldam aqueles em quem nos transformaremos (DeRose e Brooks-Gunn, 2008; Sontag et al., 2008). Escolher as mudanças biológicas como a influência dominante durante a adolescência pode não ser sensato.

Embora a maturação extremamente precoce ou tardia possa ser fator de risco no desenvolvimento, já vimos que os efeitos gerais da maturação precoce ou tardia geralmente não são grandes. Nem todos aqueles que amadureceram precocemente irão namorar, fumar e beber, assim como nem todos os que amadureceram tarde terão dificuldades nas relações com os pares. Em alguns casos, os efeitos da série em que um adolescente está na escola são mais intensos do que o momento maturacional (Petersen e Crockett, 1985). Já que o mundo social do adolescente está organizado por séries e não pelo desenvolvimento físico, este achado não é surpreendente. Entretanto, isso não significa que a idade de maturação não tenha influência no desenvolvimento. Precisamos avaliar os efeitos da puberdade dentro de uma estrutura mais ampla da interação de fatores biológicos, cognitivos e socioemocionais (Graber, Nichols e Brooks-Gunn, 2010).

Anne Petersen proveu inúmeras contribuições ao nosso entendimento da puberdade e desenvolvimento adolescente. Para ler sobre seu trabalho e sua carreira, veja o perfil *Conexão com Carreiras*.

Revisar *Conectar* Refletir `OA1` Discutir determinantes, características e dimensões psicológicas da puberdade.

Revisar
- Quais são os principais determinantes da puberdade?
- O que caracteriza o estirão do crescimento na puberdade?
- Como se desenvolve a maturação sexual na puberdade?
- Quais são algumas tendências seculares na puberdade?
- Quais são algumas dimensões psicológicas importantes da puberdade?
- Os efeitos da puberdade são exagerados?

Conectar
- Como natureza e aprendizado (descritas no Capítulo 1) afetam o ritmo puberal?

Refletir *sua jornada de vida pessoal*
- Procure lembrar-se de quando você entrou na puberdade. O quanto você tinha de curiosidade a respeito das mudanças puberais que estavam ocorrendo? Que ideias errôneas você tinha sobre essas mudanças?

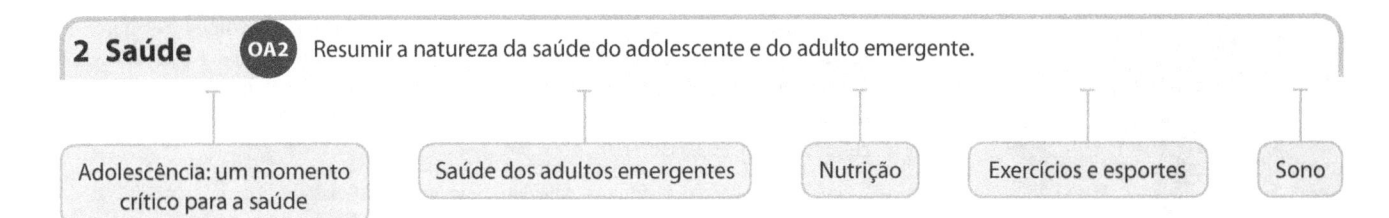

2 Saúde **OA2** Resumir a natureza da saúde do adolescente e do adulto emergente.

- Adolescência: um momento crítico para a saúde
- Saúde dos adultos emergentes
- Nutrição
- Exercícios e esportes
- Sono

Por que a adolescência seria um momento crítico para a saúde? O que caracteriza a saúde dos adultos emergentes? Quais são algumas das preocupações a respeito dos hábitos alimentares dos adolescentes? O quão os adolescentes se exercitam e qual o papel que os esportes desempenham em suas vidas? Os adolescentes dormem o suficiente? Estas são algumas das perguntas que vamos explorar nesta seção.

ADOLESCÊNCIA: UM MOMENTO CRÍTICO PARA A SAÚDE

A adolescência é um momento crítico na adoção de comportamentos que são relevantes para a saúde (Fatusi e Hindin, 2010; Yancey et al., 2011). Muitos comportamentos ligados a maus hábitos de saúde e morte prematura em adultos começam durante a adolescência. Inversamente, a formação precoce de padrões saudáveis de comportamento, como exercícios regulares e uma preferência por comidas com baixo teor de gordura e colesterol, não só produzem benefícios imediatos, como também ajudam a adiar ou prevenir incapacidade e mortalidade por doenças cardíacas, derrame, diabetes e câncer na idade adulta (Hahn, Payne e Lucas, 2011).

Infelizmente, embora os Estados Unidos tenham se tornado uma nação consciente quanto à saúde, muitos adolescentes (e adultos) ainda fumam, têm maus hábitos nutricionais e passam um tempo excessivo de suas vidas em frente à televisão (Sparling e Redican, 2011). Por que muitos desses adolescentes desenvolvem maus hábitos alimentares? Na adolescência, muitos indivíduos atingem um nível de saúde, força e energia que nunca mais igualarão pelo resto de suas vidas. Considerando-se este nível de força física, boa saúde e grande energia, não é de causar surpresa que muitos adolescentes desenvolvam maus hábitos alimentares.

Muitos especialistas em saúde concluem que a melhoria da saúde dos adolescentes envolve muito mais do que simplesmente levá-los ao consultório médico quando estão doentes (Boyce et al., 2008). Cada vez mais, os especialistas reconhecem que desenvolver ou não problemas de saúde depende principalmente do comportamento do adolescente (Turbin et al., 2006). Os objetivos destes especialistas são: (1) reduzir *comportamentos que comprometam a saúde* dos adolescentes, como abuso de drogas, violência, relações sexuais sem proteção e direção perigosa, e (2) aumentar os *comportamentos de promoção à saúde*, tais como fazer exercícios, ter alimentação nutritiva, usar cinto de segurança e ter um sono adequado.

Um estudo concluiu que estas atividades, estes recursos e estas relações promovem comportamentos de promoção à saúde nos adolescentes (Youngblade et al., 2006): (1) participação em atividades organizadas pela escola, como esportes; (2) disponibilidade de recursos positivos na comunidade, como "Boys and Girls Clubs" e voluntariado e (3) vínculo de confiança com os pais. Neste estudo, o comportamento de promoção à saúde foi avaliado perguntando aos adolescentes até que ponto eles se envolviam em comportamentos como usar o cinto de segurança e realizar atividades físicas dentro e fora da escola.

Comportamento de exposição a riscos Um tipo de comportamento que cresce na adolescência é a exposição a riscos (Rao et al., 2011). Um estudo recente revelou que a busca por sensações aumentou dos 10 aos 15 anos e depois declinou ou permaneceu estável durante o resto da adolescência e idade adulta inicial (Steinberg et al., 2008). No entanto, mesmo aqueles que têm 18 anos são "mais impulsivos, menos orientados para o futuro e mais suscetíveis à influência dos seus pares" do que os adultos na metade ou final dos 20 anos (Steinberg, 2009).

Um estudo recente sobre adolescentes concluiu que o risco aumentado de ter um acidente de carro se devia a uma tendência geral a correr riscos (Dunlop e Romer, 2010). Obviamente, nem todos os adolescentes se expõem a riscos ou bus-

Quais são algumas das características do comportamento de exposição a riscos dos adolescentes?

cam sensações. Um estudo recente classificou jovens adolescentes como buscadores de sensações de nível alto e estável, moderadamente aumentado ou baixo e estável (Lynn-Landsman et al., 2010). No estudo, os jovens adolescentes que buscavam sensações num nível baixo e estável tinham baixo nível de envolvimento em abuso de substâncias, delinquência e agressão.

No início da adolescência, muitos indivíduos buscam experiências que criam alta intensidade de sensações... Os adolescentes gostam de intensidade, excitação e agitação. Eles são atraídos por vídeos musicais que chocam e bombardeiam os sentidos. Os adolescentes vão em peso assistir a filmes de horror e chacinas. Eles dominam as filas de espera para andar em brinquedos que estimulam a adrenalina nos parques de diversões. A adolescência é uma época em que sexo, drogas, música muito alta e outras experiências de alta estimulação possuem um grande apelo. Este é um período do desenvolvimento em que o apetite pela aventura, a predileção pelos riscos e o desejo de novidade e emoções parecem atingir níveis naturalmente elevados. Embora esses padrões de alterações emocionais sejam evidentes até certo ponto na maioria dos adolescentes, é importante que se reconheça a grande variação de diferenças individuais durante este período do desenvolvimento. (Dahl, 2004, p. 6).

Os pesquisadores também identificaram que quanto mais recursos existem na comunidade, por exemplo, atividades como modelos para os jovens e adultos, menor é a probabilidade de que eles se envolvam em comportamentos de risco (Jessor, 1998; Yancey et al., 2011). Um estudo encontrou que um nível mais elevado do que foi denominado *capital social* (neste estudo, número de escolas, número de igrejas/templos/sinagogas e número de diplomas do ensino médio) estava vinculado a níveis mais baixos de comportamento de risco adolescente (neste estudo, ferimentos de bala, gravidez, tratamento para álcool e drogas e infecções sexualmente transmissíveis) (Youngblade e Curry, 2006). Outro estudo recente revelou que "sair com os amigos" em contextos não estruturados estava ligado a um aumento no comportamento de exposição a risco dos adolescentes (Yungblade e Curry, 2006). Também neste estudo, ter irmãos que se expõem a riscos estava relacionado à probabilidade de que um adolescente também se envolva em condutas de risco. Além disso, os adolescentes que tinham melhores notas tinham menor probabilidade de se envolverem em risco do que seus equivalentes com notas mais baixas. E o monitoramento parental e as habilidades de comunicação estão vinculados a um nível mais baixo de exposição a riscos (Chen et al., 2008).

Recentemente, foram propostas explicações neurobiológicas da exposição adolescente a riscos (Steinberg, 2009). O *cortex pré-frontal*, nível cerebral mais alto envolvido no raciocínio, na tomada de decisões e no autocontrole, amadurece muito mais tarde (continuando a se desenvolver no fim da adolescência e na adultez emergente) do que a amígdala cerebelosa, a principal estrutura cerebral envolvida na emoção. O desenvolvimento posterior do cortex pré-frontal, combinado com a maturidade anterior da amígdala cerebelosa pode ser uma explicação para a dificuldade dos adolescentes mais jovens em colocarem um freio nas aventuras que os expõem a riscos. Essas mudanças desenvolvimentais no cérebro dão uma explicação de por que a exposição a riscos declina quando os adolescentes vão amadurecendo (Steinberg, 2008). Abordaremos com mais detalhes essas mudanças desenvolvimentais no cérebro adolescente no Capítulo 3.

O que pode ser feito para ajudar os adolescentes a satisfazer sua motivação pela exposição a riscos sem que comprometam sua saúde? Uma estratégia é aumentar o capital social de uma comunidade, conforme foi recomendado no estudo descrito anteriormente (Youngblade et al., 2006). Como argumenta Laurence Steinberg (2004, p. 58), outra estratégia seria limitar

as oportunidades para que o julgamento imaturo acarrete consequências prejudiciais... Assim, estratégias como elevar o preço dos cigarros, leis coercitivas que controlem a venda de álcool e a elevação da idade mínima da habilitação para dirigir provavelmente seriam medidas mais efetivas na limitação do fumo, do abuso de substância, do suicídio, da gravidez e de fatalidades automobilísticas entre os jovens do que estratégias que visem torná-los mais sensatos, menos impulsivos e menos imprevidentes.

Também é importante que pais, professores, mentores e outros adultos responsáveis monitorem efetivamente o comportamento dos adolescentes (Fang, Schinke e Cole, 2010). Em muitos casos, os adultos reduzem o monitoramento dos adolescentes muito precocemente, deixando que enfrentem sozinhos ou com os amigos as situações tentadoras (Masten, 2004). Quando os adolescentes se encontram em situações tentadoras ou perigosas com supervisão adulta mínima, a inclinação a se envolverem em um comportamento de risco, combinada com a falta de capacidades regulatórias, pode levá-los a uma série de consequências negativas (Johnson et al., 2010).

Serviços de saúde Os adolescentes subutilizam os sistemas de atenção à saúde (Hoover et al., 2010). É pouco provável que os serviços de saúde atendam às necessidades dos adolescentes mais jovens, adolescentes de minorias étnicas e dos adolescentes que vivem na pobreza. Entretanto, nem toda a culpa deve ser colocada nos profissionais da saúde. Muitos adolescentes não acham que estes possam ajudá-los. E pode ser que alguns desses profissionais desejem prestar melhores serviços aos adolescentes, mas não possuem treinamento adequado e/ou tempo durante a consulta.

As diretrizes profissionais para adolescentes recomendam consultas anuais preventivas, com exames e orientação quanto aos comportamentos relacionados à saúde. No entanto, um levantamento recente em larga escala revelou que apenas 38% dos adolescentes havia feito uma consulta preventiva nos últimos 12 meses e, dentre estes, poucos receberam orientações sobre comportamentos relacionados à saúde (Irwin et al., 2009). O que causa especial preocupação é o uso reduzido dos serviços de saúde por adolescentes mais velhos do sexo masculino (Hoover et al., 2010). Um estudo norte-americano encontrou que os rapazes entre 16 e 20 anos têm significativamente menos contato com os serviços de saúde do que os que estão entre 11 e 15 anos (Marcell et al., 2002). Em contraste, as garotas entre 16 e 20 anos têm mais contato com os serviços de saúde do que as mais jovens. E outro estudo encontrou que os adolescentes tinham muito mais probabilidade de procurar um serviço de saúde por problemas relacionados a doenças do que por problemas relacionados a saúde mental, uso de tabaco ou comportamento sexual (Marcell e Halpern-Felsher, 2011).

Dentre as principais barreiras aos melhores cuidados à saúde adolescente encontram-se custo, pouca organização e disponibilidade dos serviços de saúde, falta de confidencialidade e relutância por parte dos profissionais de saúde em se comunicarem com os adolescentes a respeito de questões de saúde delicadas (Hoover et al., 2010). São poucos os profissionais da saúde que recebem algum treinamento especial para o trabalho com adolescentes. Muitos dizem que se sentem despreparados para prestar serviços como aconselhamento contraceptivo ou para avaliar o que constitui um comportamento anormal em adolescentes. É possível que os profissionais da saúde transmitam aos seus pacientes o seu desconforto na discussão de temas como sexualidade e drogas, fazendo que os adolescentes evitem discutir assuntos delicados com eles (Marcell e Millstein, 2001).

Principais causas de morte O progresso da medicina aumentou a expectativa de vida de jovens e adultos emergentes de hoje em comparação com seus correspondentes no início do século XX. Porém, ainda existem fatores que ameaçam suas vidas (Irwin, 2010; Park et al., 2008).

As três principais causas de morte entre adolescentes e adultos emergentes são acidentes, homicídios e suicídios (National Center for Health Statistics, 2010). Quase metade de todas as mortes ocorridas entre 15 e 24 anos se deve a danos involuntários, aproximadamente três quartos deles envolvendo acidentes com veículos automotores. Direção arriscada, como alta velocidade, "colar" no carro da frente e dirigir sob influência de álcool ou outras drogas, pode ser o fator mais importante que contribui para que ocorram acidentes do que a falta de experiência em dirigir. Em aproximadamente 50% das fatalidades com veículo automotor envolvendo adolescentes, o motorista tinha um nível de álcool no sangue de 0,10% – duas vezes o nível necessário para ser considerado "sob a influência de álcool" em alguns estados norte-americanos. Um alto índice de intoxicação também é encontrado em adolescentes que morrem como pedestres ou enquanto utilizam veículos recreativos.

A Society for Adolescent Health and Medicine (Sociedade de Medicina e Saúde do Adolescente) publicou recentemente um parecer sobre adolescentes e direção (D'Angelo, Halpern-Felsher e Anisha, 2010). A Sociedade recomenda um processo de três estágios

> **conexão** com o desenvolvimento
> **Desenvolvimento cerebral.** Embora o córtex pré-frontal apresente considerável desenvolvimento na infância, ele ainda não está completamente maduro na adolescência. Cap. 3, p. 115

> **conexão** com o desenvolvimento
> **Cognição social.** O contexto social desempenha um papel importante na tomada de decisão do adolescente. Cap. 3, p. 133

Qual é o padrão de uso dos serviços de saúde por adolescentes?

Estudantes se consolam em Canisteo, Nova Iorque, no memorial da ponte onde quatro adolescentes de Jasper, Nova Iorque, morreram num acidente de carro em 2007.

a começar após o aniversário de 16 anos, sendo que cada estágio requer um período mínimo de seis meses para ser concluído. Um andamento recomendado para esta abordagem em três passos é a autorização de aprendizagem, habilitação provisória restrita e habilitação definitiva. Também é recomendado o aumento no número de horas em que o adolescente é observado dirigindo, antes de passar para o estágio seguinte. Mais informações sobre programas de habilitação gradual do motorista (GDL, na sigla em inglês) aparecem no Capítulo 3, no contexto da tomada de decisão adolescente (Keating e Halpern-Felsher, 2008).

O homicídio é outra das principais causas de mortes na adolescência e na idade adulta emergente, especialmente entre afro-americanos do sexo masculino, que têm três vezes mais probabilidade de serem mortos por armas de fogo do que por causas naturais. O suicídio é a terceira causa principal de mortes na adolescência e na adultez emergente. Desde a década de 1950, o índice de suicídios entre adolescentes e adultos emergentes triplicou, embora tenha declinado nos últimos anos. Discutiremos melhor o suicídio nesta faixa etária no Capítulo 13.

SAÚDE DOS ADULTOS EMERGENTES

Os adultos emergentes têm um índice de mortalidade duas vezes maior do que o dos adolescentes (Park et al., 2008). Conforme indicado na Figura 2.8, os homens são os principais responsáveis pelos altos índices de mortalidade entre os adultos emergentes.

Além disso, se comparados com os adolescentes, os adultos emergentes se envolvem em mais comportamentos que comprometem a saúde, têm mais problemas de saúde crônicos, têm maior probabilidade de ser obesos e têm maior probabilidade de ter um transtorno mental (Irwin, 2010). Embora os adultos emergentes possam saber o que é preciso para ser saudável, com frequência, não aplicam essas informações ao seu próprio comportamento (Furstenberg, 2006). Em muitos casos, os adultos emergentes não são tão saudáveis quanto aparentam (Fatusi e Hindin, 2010).

São poucos os adultos emergentes que param para pensar como o seu estilo de vida afetará posteriormente a sua saúde na vida adulta (Sakamaki et al., 2005). Quando somos adultos emergentes, muitos de nós desenvolvemos um padrão de não tomar o café da manhã, não fazer refeições regulares e nos apoiarmos nos lanches como nossa principal fonte alimentar durante o dia, além de comer excessivamente até o ponto em que excedemos o peso normal para a nossa idade, fumamos moderadamente ou em excesso, bebemos moderadamente ou em excesso, não fazemos exercícios e temos poucas horas de sono durante a noite (American College Health Association, 2008). Esses estilos de vida estão associados a uma saúde frágil (Rimza e Moses, 2005). No Estudo Longitudinal de Berkeley – em que os indivíduos foram avaliados por um período de 40 anos – a saúde física aos 30 anos predizia a satisfação de vida aos 70 anos, mais para os homens do que para as mulheres (Mussen, Honzik e Eichhorn, 1982).

Existem alguns perigos escondidos por trás dos picos de desempenho e saúde na idade adulta inicial. Os jovens adultos podem extrair muito prazer dos recursos físicos, frequentemente recuperando-se com facilidade do estresse e dos excessos. No entanto, este comportamento poderá levá-los a forçar demais o seu corpo. Os efeitos negativos dos excessos corporais poderão não aparecer na adultez emergente, mas provavelmente se revelarão posteriormente na idade adulta inicial ou na idade adulta intermediária (Rathunde e Csikszentmihalyi, 2006).

NUTRIÇÃO

A nutrição é um aspecto importante nos comportamentos que comprometem e/ou estimulam a saúde (Seo e Sa, 2010; Schiff, 2011; Spruijt-Metz, 2011). Os hábitos alimentares de muitos adolescentes comprometem sua saúde, e um número cada vez maior de adolescentes apresenta transtornos da alimentação (Haley, Hedberg e Leman, 2010; Thompson, Manre e Vaughn, 2011). Uma comparação de adolescentes em 28 países descobriu que os adolescentes norte-americanos e britânicos tinham maior probabilidade de ingerir frituras e menor probabilidade de comer frutas e vegetais do que os adolescentes na maioria dos outros países que foram estudados (Organização Mundial da Saúde, 2000).

Com frequência, é expressa a preocupação com a tendência dos adolescentes a comerem entre as refeições. Mas a escolha que eles fazem da sua alimentação é muito mais importante do que a hora ou o local em que comem. Vegetais e frutas frescas, assim como cereais, são necessários para a complementação da

---

conexão com o desenvolvimento
Problemas e transtornos. Experiências precoces e tardias podem estar envolvidas em tentativas de suicídio. Cap. 13, p. 450

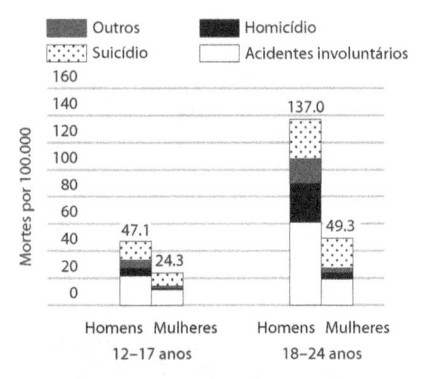

FIGURA 2.8
Taxas de mortalidade de adolescentes e adultos emergentes norte-americanos.

alimentação comumente escolhida pelos adolescentes, que tende a ter alto teor de proteína e elevado valor energético. Os adolescentes norte-americanos estão reduzindo a ingestão de frutas e vegetais. O National Youth Risk Survey (Levantamento Nacional de Risco Entre os Jovens) encontrou que os estudantes norte-americanos do ensino médio diminuíram sua ingestão de frutas e vegetais entre 1999 e 2007 (Eaton et al., 2008) (ver Figura 2.9). Uma revisão de pesquisas recente encontrou que dois fatores familiares estavam ligados ao aumento no consumo de frutas e vegetais por adolescentes: disponibilidade das frutas e vegetais em casa e consumo de frutas e vegetais pelos pais (Pearson, Biddle, Gorely, 2009). Um estudo recente revelou que fazer as refeições regularmente com a família durante a adolescência inicial estava ligado a hábitos alimentares saudáveis cinco anos mais tarde (Burgess-Champoux et al., 2009). Assim, os pais desempenham um papel importante na nutrição do adolescente por meio das escolhas alimentares que deixam disponíveis, servindo como modelos para uma nutrição saudável ou nociva e incluindo os adolescentes em refeições familiares habituais.

A escola também pode desempenhar um papel importante nos padrões alimentares adolescentes. Um estudo recente revelou que uma intervenção abrangente da escola na metade do ensino médio resultou no aumento do consumo de vegetais dois anos depois (Wang et al., 2010).

Uma preocupação especial na cultura norte-americana é a quantidade de gordura incluída na dieta. Muitos dos adolescentes de hoje vivem praticamente de refeições *fast food*, o que contribui para os altos níveis de gordura em sua dieta (Blake, 2011). Um estudo longitudinal revelou que a ingestão frequente de *fast food* (três ou mais vezes por semana) foi relatada por 24% dos garotos e 21% das meninas de 15 anos (Larson et al., 2008). Aos 20 anos, a porcentagem subiu para 33% entre os rapazes e permaneceu em 21% entre as moças.

Temos muito mais a discutir sobre nutrição no Capítulo 13. Lá também examinamos três transtornos da alimentação: obesidade, anorexia nervosa e bulimia nervosa.

EXERCÍCIOS E ESPORTES

Os adolescentes norte-americanos se exercitam o suficiente? Qual é o papel do esporte no desenvolvimento adolescente? As respostas a essas perguntas influenciam a saúde e o bem-estar dos adolescentes.

Exercícios No século IV a.C., Aristóteles comentou que a qualidade da vida é determinada pelas suas atividades. Sabemos hoje que o exercício é uma das atividades principais que melhoram a qualidade de vida, tanto na adolescência quanto na idade adulta (Cleland e Venn, 2010; Powers, Dodd e Jackson, 2011).

Mudanças desenvolvimentais Pesquisadores identificaram que os indivíduos vão se tornando menos ativos à medida que atingem a adolescência e vão atravessando esta etapa (Pate et al., 2009). Um estudo nacional recente de jovens norte-americanos entre 9 e 15 anos revelou que quase todos os que tinham entre 9 e 11 anos atendiam às recomendações do governo federal de exercício moderado a forte por dia (um mínimo de 60 minutos por dia), mas somente 31% dos jovens de 15 anos atendiam às recomendações nos dias de semana e apenas 17% correspondiam às recomendações sobre os fins de semana (Nader et al., 2008). Um estudo nacional recente também revelou que os garotos adolescentes tinham mais probabilidade de realizar exercícios moderados a fortes do que as garotas. Outro estudo nacional de adolescentes norte-americanos revelou que a atividade física aumentava até os 13 anos para meninos e meninas, mas depois declinava até os 18 anos (Kahn et al., 2008). Neste estudo, os adolescentes tinham maior probabilidade de realizar exercícios regulares quando percebiam como importante apresentar uma imagem corporal positiva para os seus amigos e quando o exercício era importante para seus pais. Ainda, outro estudo documentou que a atividade física declinava dos 12 aos 17 anos entre os adolescentes norte-americanos (Duncan et al., 2007). Neste estudo, o fato de ter amigos fisicamente ativos estava ligado a níveis mais altos de atividade física entre os adolescentes.

Também ocorrem diferenças étnicas nos índices de participação em exercícios de adolescentes norte-americanos e esses índices variam por gênero. Conforme indicado na Figura 2.10, no Levantamento Nacional de Risco Entre os Jovens, os meninos brancos não latinos se exercitavam mais, as meninas afro-americanas menos (Eaton et al., 2008). Os adolescentes norte-americanos fazem menos exercícios do que seus equivalentes em outros países? Uma comparação de adolescentes em 28 países encontrou que os adolescentes norte-americanos se exercitavam menos e comiam mais *junk food* do que os adolescentes na maioria dos outros países (Organi-

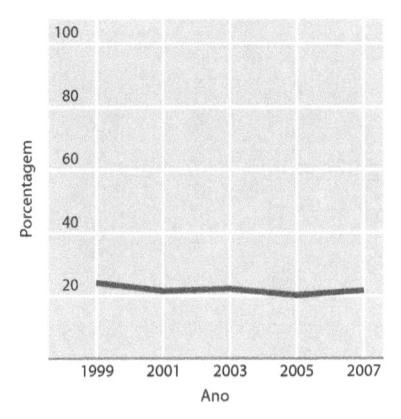

FIGURA 2.9
Porcentagem de estudantes norte-americanos do ensino médio que comiam frutas e vegetais cinco ou mais vezes por dia, de 1999 a 2007. *Nota:* O gráfico mostra porcentagem de alunos do ensino médio que haviam comido frutas e vegetais ao longo do tempo (100% de suco de frutas, frutas, salada verde, batatas – excluindo batatas fritas ou batatas chips – cenoura ou outros vegetais) cinco ou mais vezes por dia nos sete dias anteriores (Eaton et al., 2008).

conexão com o desenvolvimento
Problemas e transtornos. A porcentagem de adolescentes acima do peso e obesos aumentou drasticamente nos últimos anos.
Cap. 13, p. 442

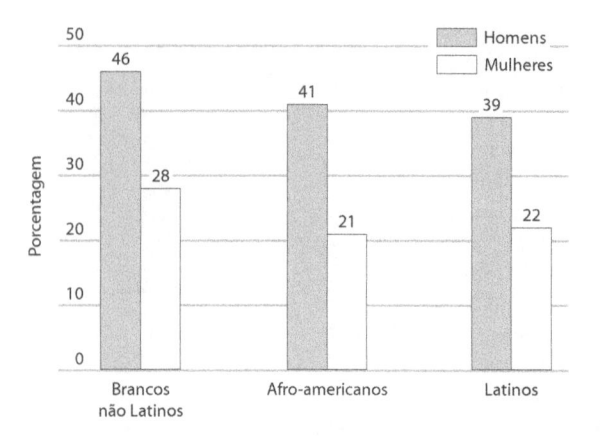

FIGURA 2.10
Proporções de exercícios dos estudantes do ensino médio nos Estados Unidos: gênero e etnia. *Nota:* Os dados são para estudantes do ensino médio que eram fisicamente ativos, praticando qualquer tipo de atividade física que aumentasse seu batimento cardíaco e fizesse-os respirar com esforço em parte do tempo, durante pelo menos 60 minutos por dia em cinco ou mais dos sete dias anteriores ao levantamento.

zação Mundial da Saúde, 2000). Apenas dois terços dos adolescentes norte-americanos se exercitavam pelo menos duas vezes por semana, comparados com 80% ou mais dos adolescentes na Irlanda, na Áustria, na Alemanha e na República Eslovaca. Os adolescentes norte-americanos apresentavam maior probabilidade de ingerir frituras e menor probabilidade de comer frutas e vegetais do que os adolescentes na maioria dos outros países estudados. As escolhas alimentares dos adolescentes norte-americanos eram similares às dos adolescentes da Inglaterra.

Benefícios positivos de exercícios na adolescência O exercício está ligado a uma série de resultados positivos na adolescência (Sund, Larson e Wichstrom, 2011). Exercícios regulares produzem um efeito positivo no peso dos adolescentes. Um estudo recente revelou que exercícios regulares dos 9 aos 16 anos, em especial, estavam associados ao peso normal nas garotas (McMurray et al., 2008). Outros resultados positivos dos exercícios na adolescência são os níveis reduzidos de triglicerídeos, menor pressão arterial e menor incidência de hepatite do tipo 2 (Butcher et al., 2008; Lobelo et al., 2010). Um estudo recente detectou que os adolescentes com menos de 20% da capacidade cardiorrespiratória estavam em risco para doenças cardiovasculares (Lobelo et al., 2010). Outra pesquisa relatada recentemente indicou que os estudantes do final do ensino fundamental e começo do ensino médio, engajados em níveis mais elevados de atividade física, tinham níveis mais baixos de uso de álcool, cigarro e maconha (Teery-McElrath, O'Malley e Johnston, 2011).

Estudos de pesquisas também sublinham outros benefícios positivos do exercício para os adolescentes. Um estudo revelou que a boa forma física na adolescência estava ligada à boa forma física na idade adulta (Mikkelsson et al., 2006). Outro estudo revelou que os adolescentes que estavam em melhor forma física tinham perfis eletrofisiológicos cerebrais indicativos de um nível mais elevado de preparação para a tarefa e inibição de resposta (que beneficiam a aprendizagem e o rendimento acadêmico) do que seus equivalentes em menos forma física (Stroth et al., 2009). E um estudo recente encontrou que o exercício físico vigoroso estava ligado a menor uso de drogas na adolescência (Delisle et al., 2010). Ainda, outro estudo recente revelou que altos níveis de exercícios na adolescência estão relacionados a padrões positivos de

Em 2007, o Texas se tornou o primeiro estado a testar a forma física dos estudantes. A estudante apresentada aqui está fazendo o exercício de levantamento de tronco. Outras avaliações incluem exercícios aeróbicos, força muscular e gordura corporal. As avaliações serão realizadas anualmente.

conexão COM OS ADOLESCENTES

Em péssima forma

Muitos garotos na minha classe estão em péssima forma física. Eles nunca fazem exercícios, exceto nas aulas de ginástica, e mesmo assim quase nem transpiram. Durante a hora do almoço, vejo alguns daqueles mesmos preguiçosos perambulando e fumando um monte de cigarros. Eles não sabem o que estão fazendo com seu corpo? Tudo o que posso dizer é que estou feliz por não ser como eles. Estou no time de basquete e, durante a temporada, o treinador nos faz correr até ficarmos exaustos. No verão, ainda jogo basquete e nado com frequência. Não sei o que eu faria sem os exercícios. Eu não suportaria ficar fora de forma.

— Brian, 14 anos

Quais são alguns dos benefícios para toda a vida dos hábitos de saúde positivos citados nesta passagem?

---

sono (melhor qualidade do sono, tempo menor para pegar no sono depois de ir para a cama, acordar menos depois de começar a dormir) e a ficar menos cansado e ter melhor concentração durante o dia (Brand et al., 2010).

Uma possibilidade empolgante é a de que o exercício possa atuar como proteção contra o estresse que os adolescentes experimentam e melhore sua saúde mental e sua satisfação na vida (Butcher et al., 2008). Considere estes estudos que apoiam esta possibilidade:

- Uma intervenção de atividades físicas durante nove meses com garotas adolescentes sedentárias melhorou sua autoimagem (Schneider, Dunton e Coper, 2008).
- Um atividade física mais intensa aos 9 e 11 anos previa autoestima mais alta aos 11 e 13 anos (Schmalz et al., 2007).
- Estudantes no final do ensino médio que se exercitavam com frequência tinham índice de rendimento escolar mais alto, usavam drogas com menos frequência, eram menos deprimidos e tinham melhor relacionamento com seus pais do que aqueles que raramente se exercitavam (Field, Diego e Sanders, 2001).
- Os baixos níveis de exercícios estavam relacionados aos sintomas depressivos em adolescentes jovens (Sund, Larsson e Wichstrom, 2010).

Uma revisão de pesquisa recente concluiu que exercícios aeróbicos também estão ligados às habilidades cognitivas de crianças e adolescentes (Best, 2011). Pesquisadores identificaram que o exercício aeróbico traz benefícios para atenção, memória, pensamento e comportamento direcionados para objetivos e criatividade em crianças e adolescentes (Best, 2011; Budde et al., 2008; Davis et al., 2007, 2011; Hillman et al., 2009; Hinkle, Tuckman e Sampson, 1993; Pesce et al., 2009).

O papel desempenhado por família, escola e TV/computador nos exercícios dos adolescentes Que fatores contextuais influenciam se os adolescentes se engajam em exercícios regulares? Três fatores são: as influências da família, da escola e da TV/computador.

Família Os pais desempenham um importante papel de influência nos padrões de exercícios dos adolescentes (Dugan, 2008). Crianças e adolescentes se beneficiam quando os pais praticam exercícios regularmente e estão em boa forma física. Crianças cujos pais fizeram com que elas se envolvessem regularmente em exercícios e esportes durante os anos do ensino fundamental têm probabilidade de continuar realizando exercícios regularmente quando adolescentes. Um estudo recente revelou que jovens de 9 a 13 anos tinham maior probabilidade de realizar atividade física durante seu tempo livre quando se sentiam seguros, tinham vários lugares para praticar atividades e tinham pais que participavam das atividades físicas com eles (Heitzler et al., 2006).

Escola Parte da culpa pelas más condições físicas de crianças e adolescentes nos Estados Unidos recai sobre as escolas norte-americanas, muitas das quais não oferecem aulas de educação física diariamente (Schmottiach e McManama, 2010). Um levantamento nacional recente revelou que apenas 30% dos jovens norte-americanos no ensino médio participavam de aulas de educação física por cinco dias em média numa semana escolar (Eaton et al., 2008). Os garotos (33%) tinham mais probabilidade de participar regularmente nesse nível do que as garotas (27%). Os alunos da 1ª série tinham maior probabilidade de

Que papéis a escola pode desempenhar na melhoria dos hábitos de exercícios dos adolescentes?

participar regularmente de uma aula de educação física (47%); os da 2ª série (30%) e os da 3ª série (31%) eram os menos prováveis.

Insistir para que crianças e adolescentes se exercitem mais intensamente na escola faz alguma diferença? Em um estudo, adolescentes sedentárias do sexo feminino foram designadas para um dos dois grupos: (1) uma turma especial de educação física que se encontrava cinco vezes por semana, com aproximadamente 40 minutos de atividade diária (dança aeróbica, basquete ou natação), em quatro dos cinco dias e, no quinto dia, uma palestra/discussão sobre a importância da atividade física e formas de se tornarem fisicamente mais ativas ou (2) um grupo-controle que não teve aulas de educação física (Jammer et al., 2004). Após quatro meses, os participantes da turma de educação física haviam melhorado sua condição cardiovascular e estilo de vida ativo (como ir caminhando em vez de dirigir curtas distâncias). Outros estudos de pesquisa encontraram benefícios positivos em programas planejados para melhorar a forma física dos estudantes (Timperio, Salmon e Ball, 2004; Veugelers e Fitzgerald, 2005).

Atividades diante da tela As atividades diante da tela (assistir televisão, usar computadores, falar ao telefone, trocar mensagens de texto ou mensagens instantâneas durante horas) podem estar relacionadas aos níveis mais baixos de boa forma física na adolescência (Leatherdale, 2010; Rey-Lopez et al., 2008; Sisson et al., 2010). Um estudo recente revelou que crianças e adolescentes que tinham os níveis mais altos de atividades diárias diante da tela (neste estudo, TV/vídeo/*videogame*) tinham menos probabilidade de praticar exercícios diários (Sisson et al., 2010). Um estudo recente revelou que crianças e adolescentes que tinham pouca atividade física e muita atividade diante da tela tinham quase duas vezes mais probabilidade de estar acima do peso do que suas contrapartes mais ativas e menos sedentárias (Sisson et al., 2010).

Esportes Os esportes desempenham um papel importante nas vidas de muitos adolescentes. Um recente estudo nacional revelou que 56% dos estudantes norte-americanos do 1º ao 3º ano do ensino médio jogavam em pelo menos um time esportivo na escola ou na comunidade (Eaton et al., 2008). Os meninos (62%) tinham maior probabilidade de jogar em algum time do que as meninas (50%).

Os esportes podem exercer influências positivas e negativas no desenvolvimento adolescente (Adie, Duda e Ntoumanis, 2010; Busseri et al., 2011). Muitas atividades esportivas podem melhorar a saúde física dos adolescentes, além do seu bem-estar, sua autoconfiança, a motivação para se sobressair e a capacidade de realizar trabalhos em equipe (Gadreau et al., 2009). Os adolescentes que passam tempo considerável ligados ao esporte têm menor probabilidade do que os outros de se envolverem em comportamentos de exposição a risco, como o uso de drogas. Os estudos recentes a seguir confirmaram os benefícios positivos dos esportes organizados para adolescentes:

- Os adolescentes que participaram de esportes tinham menor probabilidade de se envolverem em atividades de risco como evasão escolar, cigarros, relações sexuais e delinquência do que os não participantes em esportes (Nelson e Gordon-Larsen, 2006).
- Os adolescentes que participaram de esportes somados a outras atividades tiveram resultados mais positivos (competência, autodeterminação e conectividade, por exemplo) do que os adolescentes que participaram somente de esportes, somente em grupos na escola, somente em grupos religiosos ou que não se engajaram em nenhuma atividade em grupo (Linver, Roth e Brooks, 2009). Entretanto, a participação em esportes teve resultados mais positivos do que o não envolvimento em atividades.
- Os adolescentes jovens que participaram de programas de esportes e programas de desenvolvimento de jovens foram caracterizados pelo desenvolvimento positivo (competência acadêmica, confiança, caráter, gentileza e conexão social, por exemplo) (Zarret et al., 2009).

Os esportes também podem ter resultados negativos para as crianças: a pressão por conquistas e ser vencedor, contusões físicas, distração do trabalho escolar e expectativas irrealistas de sucesso como atleta. Um aspecto negativo da ampla participação em esportes pelos adolescentes norte-americanos inclui a pressão dos pais e treinadores para vencer a qualquer custo. Pesquisadores encontraram que a participação dos adolescentes em esportes competitivos está ligada a ansiedade pela competição e egocentrismo (Smith e Smoll, 1997). Além do mais, alguns adolescentes passam tanto tempo praticando esportes que suas habilidades acadêmicas acabam sendo afetadas.

conexão com o desenvolvimento
Tecnologia. Quando é levada em conta a mídia multitarefa, os jovens norte-americanos entre 11 e 14 anos usam a mídia aproximadamente 12 horas por dia, em média.
Cap. 12, p. 404

conexão com o desenvolvimento
Escola. Os adolescentes que participam de atividades extracurriculares têm notas mais altas, são mais engajados e têm menos probabilidade de abandonar a escola.
Cap. 10, p. 349

conexão com o desenvolvimento
Realizações. Carol Dweck argumenta que uma orientação para o domínio da tarefa (focando na tarefa e no processo de aprendizagem) produz mais resultados positivos nas realizações do que uma orientação para o desempenho, em que o resultado – vencer – é o aspecto mais importante da conquista.
Cap. 11, p. 368

As lesões são comuns quando os adolescentes praticam esportes (Stein e Micheli, 2010). Um estudo nacional recente com estudantes do ensino médio revelou que dentre os 80% de adolescentes que fizeram exercícios ou praticaram esportes durante os 30 dias anteriores, 22% havia passado por um médico ou enfermeiro devido a algum ferimento relacionado a exercícios ou esportes (Eaton et al., 2008). Os do 1º ano tinham maior probabilidade de estarem sujeitos às mesmas lesões; os do terceiro ano, menor probabilidade.

Cada vez mais os jovens estão forçando seu corpo além das suas capacidades, estendendo a duração, a intensidade e a frequência do seu treinamento até o ponto em que sofrem danos devido aos excessos (Patel e Baker, 2006). Outro problema que veio à tona é o uso de drogas que melhoram o desempenho, como os esteroides, por atletas adolescentes (Elliot et al., 2007).

Alguns dos problemas por que os adolescentes passam no esporte envolvem seus treinadores (Coatsworth e Conway, 2009). Muitos treinadores jovens criam um clima motivacional orientado para o desempenho, focado em vencer, no reconhecimento público e no desempenho em relação aos outros participantes. Porém, outros treinadores colocam mais ênfase na motivação para o domínio da tarefa, focalizando a atenção dos adolescentes no desenvolvimento das suas habilidades e padrões autodeterminados de sucesso. Pesquisadores identificaram que os atletas com foco no domínio têm maior probabilidade do que os outros de reconhecerem os benefícios de praticar, de persistir diante de dificuldades e de apresentar desenvolvimento significativo das habilidades durante uma temporada (Roberts, Treasure e Kavussanu, 1997).

Quais são alguns dos aspectos positivos e negativos da participação em esportes na adolescência?

Um tópico final envolvendo esportes que precisa ser examinado é a **tríade da mulher atleta**, que envolve uma combinação de transtornos da alimentação (perda de peso), amenorreia (ausência ou períodos menstruais irregulares) e osteoporose (afinamento e enfraquecimento dos ossos) (Misra, 2008). Depois que os períodos menstruais se tornaram mais regulares nas adolescentes, não ter um período menstrual por mais de três ou quatro meses pode reduzir a força dos ossos. Fadiga e fraturas por estresse podem se desenvolver. A tríade da mulher atleta frequentemente passa despercebida (Bonci et al., 2008; Joy, 2009). Estudos de pesquisa recente sugerem que a incidência da tríade da mulher atleta é baixa, mas que um número significativo de adolescentes e universitárias possui uma das características do transtorno, como transtorno da alimentação ou osteoporose (Nichols et al., 2006).

SONO

As mudanças dos padrões de sono na adolescência podem contribuir para comportamentos que comprometem a saúde do adolescente? Tem havido uma onda de interesse nos padrões de sono adolescente (Beebe, 2011; Carskadon, 2011; Fakier e Wild, 2011; Hart, Cairns e Jelalian, 2011; McHale et al., 2010).

Num levantamento nacional recente entre os jovens, apenas 31% dos adolescentes norte-americanos tinha oito ou mais horas de sono nas noites em que têm aula no dia seguinte (Eaton et al., 2008). Neste estudo, a porcentagem de adolescentes com essa quantidade de sono diminuía à medida que eles ficavam mais velhos (veja a Figura 2.11).

Outro estudo recente também identificou que os adolescentes não estão tendo sono adequado. A National Sleep Foundation (Fundação Nacional do Sono [2006]) realizou um levantamento nos Estados Unidos de 1.602 cuidadores e seus jovens de 11 a 17 anos. Quarenta e cinco por cento dos adolescentes tinha sono inadequado nas noites com aula no dia seguinte (menos de 8 horas). Os adolescentes mais velhos (do 1º ao 3º ano do ensino médio) tinham marcadamente menos horas de sono nas noites anteriores às aulas do que os adolescentes mais jovens (da 7ª à 9ª série) – 62% dos adolescentes mais velhos tinham sono inadequado comparados aos 21% dos adolescentes mais jovens. Os adolescentes que tinham sono inadequado (8 horas ou menos) nas noites anteriores às aulas tinham maior probabilidade de se sentirem mais cansados ou sonolentos, mais mal-humorados e irritados, de adormecer na

tríade da mulher atleta Uma combinação de transtornos da alimentação, amenorreia e osteoporose que pode se desenvolver em adolescentes do sexo feminino e estudantes universitárias.

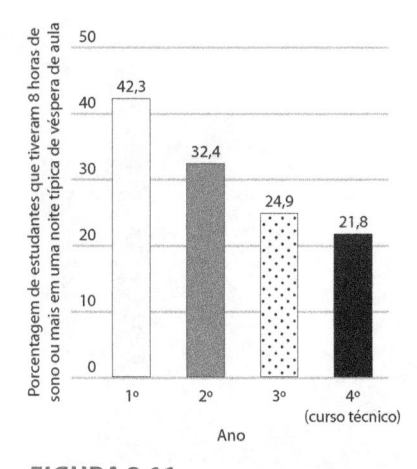

FIGURA 2.11
Mudanças do desenvolvimento nos padrões de sono dos adolescentes norte-americanos em uma noite típica de véspera de aula.

escola, ter humor depressivo e de beber refrigerantes com cafeína do que seus equivalentes que tinham um número ótimo de horas de sono (9 horas ou mais).

Os estudos recentes citados a seguir documentam a ligação negativa entre dormir pouco durante a adolescência e os problemas adolescentes:

- Adolescentes que dormem 7 horas ou menos por noite se envolviam em mais atos delinquentes do que suas contrapartes que dormiam de 8 a 10 horas (Clinkinbeard et al., 2011).
- A variabilidade do sono em cada noite e os cochilos estavam relacionados a sintomas depressivos e comportamento de exposição a riscos em adolescentes mexicano-americanos (McHale et al., 2010).
- Distúrbios do sono (insônia, por exemplo) aos 16 anos prediziam distúrbios do sono aos 23, 33 e 42 anos (Dregan e Armstrong, 2010).
- Em um estudo experimental recente, 16 adolescentes se submeteram a uma manipulação do sono que incluía cinco noites consecutivas com privação de sono (6 ½ horas na cama) e cinco noites com duração de sono saudável (10 horas na cama) (Beebe, Rose e Amin, 2010). Os dois tipos de sono eram contrabalançados, sendo administrados em sequências variadas. No final de cada sessão, os participantes assistiam a filmes educativos e faziam testes relacionados em uma sala de aula simulada. Os adolescentes que haviam experimentado a condição de sono prejudicial tiveram escores mais baixos no teste e prestavam menos atenção nos filmes.
- Uma revisão de pesquisas recente descobriu que a hora de ir dormir dos adolescentes asiáticos era ainda mais tarde do que a dos seus pares na América do Norte e na Europa, o que resulta em menos sono total e mais sonolência durante o dia nas noites anteriores à escola entre os adolescentes asiáticos (Gradisar, Gardner e Dohnt, 2011).

Muitos adolescentes, especialmente os mais velhos, ficam acordados até mais tarde à noite e dormem mais durante a manhã do que faziam quando eram crianças. Estes achados têm implicações para as horas durante as quais os adolescentes aprendem com mais eficiência na escola (Colrain e Baker, 2011).

Mary Carskadon e colaboradores (Carskadon, 2002, 2004, 2006, 2011; Crowley e Carskadon, 2010; Jenni e Carskadon, 2007; Kurth et al., 2010; Tarokh e Carskadon, 2008, 2010; Tarok, Carskadon e Acherman, 2011) conduziram vários estudos de pesquisa sobre os padrões de sono adolescente. Eles identificaram que, quando dada a oportunidade, os adolescentes dormiram uma média de 9 horas e 25 minutos por noite. A maioria tem menos de 9 horas de sono, especialmente durante a semana. Esta falta cria um déficit de sono que os adolescentes tentam recuperar no fim de semana. Os pesquisadores também descobriram que os adolescentes mais velhos tendem a ficar mais sonolentos durante o dia do que os adolescentes mais jovens. Sua teoria é de que esta sonolência não se devia ao trabalho acadêmico ou às pressões sociais. A pesquisa sugere que o relógio biológico dos adolescentes passa por uma mudança à medida que eles vão ficando mais velhos, retardando seu período de vigília em aproximadamente uma hora. O retardo na liberação do hormônio melatonina indutor do sono, o qual é produzido na glândula pineal no cérebro, parece estar subjacente a essa alteração. A melatonina é secretada por volta das 21h30 nos adolescentes mais jovens e uma hora mais tarde nos adolescentes mais velhos.

Carskadon sugeriu que se o horário de entrada na escola for muito cedo, poderá causar sonolência, desatenção em aula e baixo desempenho nos testes. Com base em sua pesquisa, a administração de uma escola em Edina, Minnesota, decidiu começar as aulas às 8h30 em vez do usual, às 7h25. Desde então eles vêm tendo menos encaminhamentos por problemas de disciplina, e o número de alunos que relatam estar doentes ou deprimidos diminuiu. O sistema escolar relata que as notas nos testes melhoraram entre os alunos do ensino médio, mas não entre os do ensino fundamental. Este resultado apoia a suspeita de Carskadon de que o início das aulas muito cedo é provavelmente mais estressante para os adolescentes mais velhos do que para os mais jovens. Além disso, um estudo recente encontrou que um retardo de apenas 30 minutos no horário de começo das aulas estava ligado a melhoras de sono, vigília, humor e saúde dos adolescentes (Owens, Belon e Moss, 2010).

No laboratório do sono de Mary Carskadon, na Universidade Brown, a atividade cerebral de uma adolescente está sendo monitorada. Carskadon (2005) diz que, pela manhã, "o cérebro dos adolescentes privados de sono está lhes dizendo que é noite... e o resto do mundo está dizendo que é hora de ir para a escola" (p. 19).

Os padrões de sono se alteram na adultez emergente? Pesquisas indicam que sim (Kloss et al., 2011; Wolfson, 2010; Galambos, Howard e Maggs, 2011). Em um estudo recente, que revelou que mais de 60% dos estudantes universitários se encontravam na categoria de qualidade de sono insatisfatório, aparece que a hora de dormir e acordar nos dias de semana dos universitários do primeiro ano é aproximadamente 1 hora e 15 minutos mais tarde do que a daqueles que estão no último ano do ensino médio (Lund et al., 2010). Entretanto, os universitários do primeiro ano tinham horário para dormir e acordar mais tarde do que os universitários do terceiro e quarto anos, indicando que aproximadamente entre os 20 e 22 anos ocorre uma inversão nos horários de dormir e acordar. Neste estudo, a qualidade insatisfatória do sono estava ligada a pior saúde física e mental, e os estudantes relataram que o estresse emocional e acadêmico causava um impacto negativo no seu sono.

Revisar *Conectar* **Refletir** (OA2) Resumir a natureza da saúde do adolescente e do adulto emergente.

Revisar
- Por que a adolescência é um momento crítico para a saúde? Qual a extensão da exposição a riscos na adolescência? O quanto os adolescentes utilizam os serviços de saúde? Quais as causas principais de morte na adolescência?
- O que caracteriza a saúde dos adultos emergentes?

- Quais são algumas das preocupações sobre os hábitos alimentares dos adolescentes?
- Que papel os exercícios e esportes desempenham na vida dos adolescentes?
- Quais são algumas das preocupações a respeito dos padrões de sono adolescente?

Conectar
- Comparar questões de saúde dos adolescentes com as dos adultos emergentes.

Refletir *sua jornada de vida pessoal*
- Como eram seus hábitos de saúde desde a época em que você entrou na puberdade até o momento em que concluiu o ensino médio? Descreva seus comportamentos de comprometimento à saúde e comportamentos de melhoria à saúde durante esse período. Desde a época do ensino médio, você reduziu seus comportamentos que comprometem a saúde? Explique.

---

3 Evolução, hereditariedade e ambiente

(OA3) Explicar as contribuições da evolução, da hereditariedade e do ambiente para o desenvolvimento adolescente.

- A perspectiva evolucionista
- O processo genético
- Interação hereditariedade-ambiente

O tamanho e a complexidade do cérebro adolescente se desenvolveram ao longo do curso da evolução. Vamos examinar a perspectiva evolucionista no desenvolvimento adolescente e depois examinar como hereditariedade e ambiente interagem para influenciar o desenvolvimento adolescente.

A PERSPECTIVA EVOLUCIONISTA

Em termos do período evolucionista, os humanos são recém-chegados à Terra. Se pensarmos na grande extensão do tempo como um calendário de um ano, os humanos chegaram à Terra nos últimos momentos de dezembro (Sagan, 1977). Quando nossos primeiros ancestrais saíram da floresta para se alimentarem nas savanas e, finalmente, para formar sociedades caçadoras nas planícies, suas mentes e comportamentos mudaram. Como se deu esta evolução?

Seleção natural e comportamento adaptativo *Seleção natural* é o processo evolucionista que favorece os indivíduos de uma espécie que melhor se adaptam para sobreviver e reproduzir. Para entender a seleção natural, voltemos à metade do século XIX, quando o naturalista britânico Charles Darwin (1809-1882) viajava pelo mundo, observando muitas espécies diferentes de animais no seu *habitat* natural. Em seu livro revolucionário, *A Origem das Espécies* (1859), Darwin observou que a maioria das espécies se reproduz em um ritmo que causaria enorme crescimento na sua população e, no entanto, as populações permaneciam praticamente constantes. Ele concluiu que deve existir uma intensa luta por alimento, água e recursos entre os muitos recém-nascidos em cada geração, porque muitos deles não sobrevivem. Darwin acreditava que aqueles que conseguem sobreviver para se reproduzir e transmitir seus genes para a geração seguinte são, provavelmente, superiores aos

> Existem cento e noventa e três espécies vivas de macacos e símios. Cento e noventa e duas deles são cobertos de pelos. A exceção é o macaco nu, autodenominado Homo Sapiens.
> — DESMOND MORRIS
> *Zoólogo britânico, século XX*

outros em diversos aspectos. Em outras palavras, os sobreviventes são mais bem adaptados ao seu mundo do que os que não sobrevivem (Raven, 2011; Starr, 2011). Durante o curso de muitas gerações, argumentou Darwin, os organismos com as características necessárias à sobrevivência formariam uma porcentagem cada vez maior da população, produzindo uma modificação gradual da espécie. No entanto, se as condições ambientais se alterassem, outras características seriam favorecidas pela seleção natural, encaminhando o processo evolucionista para uma direção diferente.

Para entender o papel da evolução no comportamento, precisamos entender o conceito de comportamento adaptativo (Brooker, 2011; Mader, 2011). Nas concepções evolucionistas da psicologia, o **comportamento adaptativo** é uma modificação do comportamento que promove a sobrevivência de um organismo no seu *habitat* natural. Todos os organismos precisam se adaptar a lugares, climas, fontes de alimento e modos de vida específicos para conseguirem sobreviver. Nos humanos, o apego garante a proximidade do bebê com seu cuidador para que ele receba alimentação e proteção do perigo. Esta característica comportamental promove a sobrevivência, da mesma forma que a garra da águia, que facilita a atividade predatória e assegura a sua sobrevivência.

Psicologia evolucionista Embora Darwin tenha apresentado a teoria da evolução pela seleção natural em 1859, apenas recentemente suas ideias foram usadas para explicar o comportamento. O campo da **psicologia evolucionista** enfatiza a importância da adaptação, da reprodução e da "sobrevivência do mais apto" na explicação do comportamento. Como a evolução favorece os organismos que são mais aptos para sobreviver e se reproduzir num ambiente específico, a psicologia evolucionista tem seu foco nas condições que permitem que os indivíduos sobrevivam ou pereçam. Segundo esta visão, o processo de seleção natural favorece aqueles comportamentos que incrementam o sucesso reprodutivo dos organismos e a sua capacidade de transmitir os genes para a geração seguinte (Cosmides, 2011).

As ideias de David Buss (2000, 2008, 2012) sobre a psicologia evolucionista produziram uma onda de interesse sobre como a evolução explica o comportamento humano. Buss argumenta que, da mesma forma que a evolução modela nossas características físicas, como a forma do nosso corpo e altura, ela também influencia nossa tomada de decisão, nosso comportamento agressivo, nossos medos e nossos padrões de acasalamento.

Psicologia evolucionista do desenvolvimento Existe um interesse crescente na utilização de conceitos da psicologia evolucionista para compreender o desenvolvimento humano (Bjorklund, 2012; Buss, 2012; Hawley, 2011). A seguir, apresentamos algumas ideias propostas pelos psicólogos evolucionistas do desenvolvimento (Bjorklund e Pellegrini, 2002).

Um conceito importante é o de que o período da infância se estendeu porque os humanos precisam de mais tempo para desenvolver um cérebro grande e aprender a complexidade das sociedades humanas. Os humanos levam mais tempo para se tornarem maduros para a reprodução do que qualquer outro mamífero (veja a Figura 2.12). Durante este período estendido da infância, as crianças desenvolvem o cérebro e as experiências necessárias para se tornarem adultos competentes numa sociedade complexa.

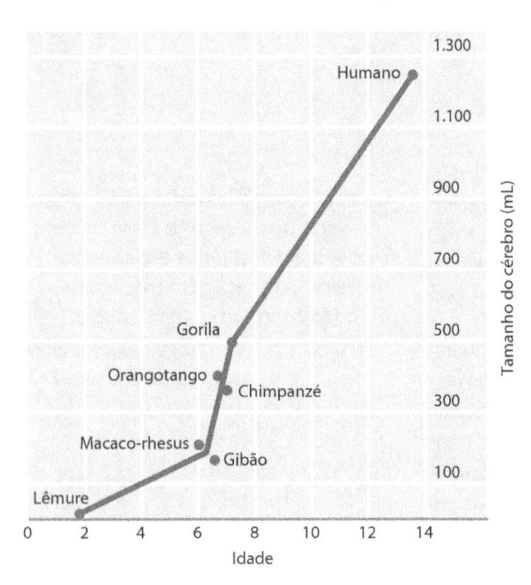

Outra ideia essencial é a de que muitos mecanismos psicológicos importantes que evoluíram são relativos a *domínios específicos*. Isto é, os mecanismos se aplicam apenas a um aspecto específico da constituição da pessoa. De acordo com a psicologia evolucionista, um exemplo é o processamento da informação. Segundo esta visão, a mente não é um dispositivo com um propósito geral que pode ser aplicado igualmente a uma ampla gama de problemas. Ao contrário, à medida que nossos ancestrais lidavam com determinados problemas recorrentes, como caçar e encontrar um abrigo, módulos especiais desenvolveram aquela informação processada relativa àqueles problemas: por exemplo, um módulo de conhecimentos físicos para seguir rastros de animais, um módulo de conhecimento matemático para negociar e um módulo para linguagem.

Os mecanismos desenvolvidos nem sempre são adaptativos na sociedade contemporânea (Hawley, 2011). Alguns comportamentos que eram adaptativos para nossos ancestrais pré-históricos podem não nos servir bem atualmente. Por exemplo, o ambiente escasso em comida dos nossos ancestrais provavel-

comportamento adaptativo Modificação do comportamento, que promove a sobrevivência do organismo no seu *habitat* natural.

psicologia evolucionista Abordagem que enfatiza a importância da adaptação da reprodução e da "sobrevivência do mais apto" na explicação do comportamento.

FIGURA 2.12
Tamanhos do cérebro de vários primatas e dos humanos em relação à duração do período de juventude.

mente levou à propensão dos humanos a comer vorazmente quando havia comida disponível e a precisar de alimentos com alto teor calórico, um traço que levaria a uma epidemia de obesidade quando a comida passasse a ser abundante (Hawley, 2011).

Avaliação da psicologia evolucionista Albert Bandura (1998), cuja teoria social cognitiva foi descrita no Capítulo 1, criticou a "biologização" da psicologia. Bandura reconhece a influência da evolução na adaptação e nas mudanças do ser humano. Porém, rejeita o que ele chama de "evolucionismo unilateral", em que o comportamento social é visto como o produto da biologia desenvolvida. Bandura enfatiza que as pressões evolucionistas favoreceram adaptações biológicas que encorajaram o uso de ferramentas, permitindo aos humanos manipular, alterar e construir novas condições ambientais. Com o tempo, as inovações ambientais crescentes e complexas dos humanos produziram novas pressões que favoreceram a evolução de sistemas cerebrais especializados para dar suporte à consciência, ao pensamento e à linguagem.

Em outras palavras, a evolução deu aos seres humanos estruturas corporais e potencialidades biológicas, e não imposições comportamentais. Com a expansão de nossas capacidades biológicas avançadas, podemos usá-las para produzir culturas diversas – agressivas ou pacíficas, igualitárias ou autocráticas. Conforme concluiu o cientista norte-americano Stephen Jay Gould (1981), na maioria dos domínios, a biologia humana permite uma ampla gama de possibilidades culturais. As guinadas abruptas das mudanças sociais, observa Bandura (1998), sublinham ampla gama de variações culturais.

A "ideia geral" da seleção natural conduzindo ao desenvolvimento de traços e comportamentos humanos é difícil de refutar ou testar porque ela se encontra em uma escala de tempo que não se presta ao estudo empírico. Assim, o estudo de genes específicos nos humanos e outras espécies – e suas ligações com traços e comportamentos – pode ser a melhor abordagem para testar ideias provenientes da perspectiva da psicologia evolucionista.

> **conexão** com o desenvolvimento
>
> **Teoria social cognitiva.** A teoria social cognitiva de Bandura enfatiza as conexões recíprocas entre comportamento, ambiente e fatores pessoais (cognitivos). Cap. 1, p. 62

O PROCESSO GENÉTICO

As influências genéticas no comportamento evoluíram ao longo do tempo e em muitas espécies. Os muitos traços e características que são geneticamente influenciados têm uma longa história evolucionista que está contida em nosso DNA. Em outras palavras, o nosso DNA não é herdado unicamente dos nossos pais; ele também é o que herdamos como espécie das espécies que vieram antes de nós. Vamos examinar mais de perto o DNA e seu papel no desenvolvimento humano.

Como as características adequadas para que uma espécie sobreviva são transmitidas de uma geração para a seguinte? Darwin não sabia, pois os genes e os princípios da genética ainda não haviam sido descobertos. Cada um de nós carrega um "código genético" que herda-

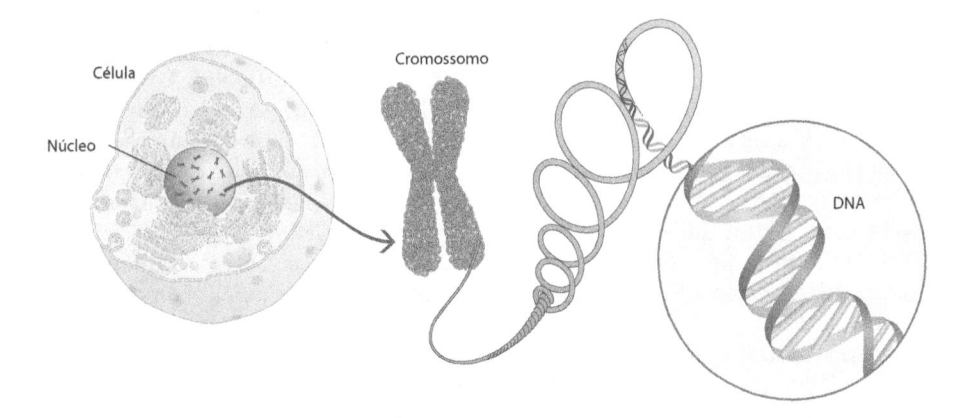

FIGURA 2.13
Células, cromossomos, genes e DNA. (*Esquerda*) O corpo contém trilhões de células, que são a unidade estrutural básica da vida. Cada célula contém uma estrutura central, o núcleo. (*Meio*) Os cromossomos e genes estão localizados no núcleo da célula. Os cromossomos são compostos de estruturas semelhantes a um fio constituídas de moléculas de DNA. (*Direita*) Um gene, um segmento de DNA que contém o código hereditário. A estrutura do DNA é uma cadeia dupla em espiral.

mos de nossos pais. Como cada óvulo fecundado é portador deste código genético, um óvulo humano fertilizado não consegue crescer dentro de uma garça, águia ou elefante.

DNA e o gene colaborador Cada um de nós começou a vida como uma única célula, pesando em torno de milionésimos de grama! Esse minúsculo pedaço de matéria abrigava todo o nosso código genético – instruções que orquestraram o crescimento a partir daquela única célula até uma pessoa composta de trilhões de células, cada uma contendo uma réplica perfeita do código genético original. Esse código é carregado por nossos genes. O que são eles e o que fazem?

O núcleo de cada célula humana contém **cromossomos**, estruturas semelhantes a um fio que contêm a extraordinária substância chamada acido desoxirribonucleico, ou DNA. O **DNA** é uma molécula complexa que contém as informações genéticas. Ele tem o formato de uma hélice dupla, assemelhando-se a uma escada em espiral. Os **genes**, unidades das informações hereditárias, são pequenos segmentos compostos de DNA, como você pode ver na Figura 2.13. Eles guiam as células para se reproduzirem e acumularem proteínas. As proteínas, por sua vez, servem como elemento fundamental das células, além de reguladores que coordenam os processos corporais (Starr, 2011).

Cada gene tem a sua função e sua localização, isto é, sua posição designada em um cromossomo específico. Atualmente, há muito interesse nos esforços para descobrir a localização específica de genes ligados a determinadas funções (Goodenough e McGuire, 2012; Plomin e Davis, 2009). Um passo importante nessa direção foi dado quando o Projeto Genoma Humano e a Celera Corporation concluíram um mapeamento preliminar do *genoma* humano – um conjunto de instruções para fazer um organismo humano (U.S. Department of Energy, 2001).

Uma das grandes surpresas do Projeto Genoma Humano foi um relatório indicando que os humanos possuem aproximadamente apenas 30 mil genes (Departamento de Energia dos Estados Unidos, 2001). Mais recentemente, o número de genes foi revisado para ainda menos, cerca de 21.500 (Ensembl Human, 2008). Os cientistas acreditavam que os humanos tivessem 100 mil genes ou mais, e eles também acreditavam que cada gene programava apenas uma proteína. Na verdade, os humanos parecem ter muito mais proteínas do que genes, portanto, não pode haver uma correspondência de um para um entre eles (Commoner, 2002; Moore, 2001). Cada segmento de DNA não está traduzido, de uma forma automática, em uma e apenas uma proteína. Ele não age independentemente, como enfatizou o psicólogo do desenvolvimento David Moore (2001), intitulando seu livro *The Dependent Gene* (*O Gene Dependente*).

Mais do que uma fonte independente de informações desenvolvimentais, o DNA colabora com outras fontes de informação para detalhar as nossas características (Diamond, 2009; Diamond, Casey e Munakata, 2011). A colaboração opera em muitos pontos. Pequenas partes de DNA são misturadas, combinadas e ligadas pelo mecanismo celular. Esse mecanismo é sensível ao seu contexto – isto é, ele é influenciado pelo que está acontecendo à sua volta. Se um gene é "ligado", trabalhando para acumular proteínas, isso também é uma colaboração. A atividade dos genes (*expressão* genética) é afetada pelo ambiente (Gottlieb, 2007; Kahn e Fraga, 2009). Por exemplo, os hormônios que circulam no sangue percorrem seu caminho dentro da célula, onde eles podem "ligar" e "desligar" os genes. E o fluxo dos hormônios pode ser afetado por condições ambientais, como luz, duração do dia, nutrição e comportamento. Inúmeros estudos mostraram que eventos externos à célula e ao indivíduo, e eventos internos na célula, podem estimular ou inibir a expressão do gene (Gottlieb, Wahlsten e Lickliter, 2006). Por exemplo, um estudo recente revelou que um aumento na concentração de hormônios do estresse, como o cortisol, produziu um aumento cinco vezes maior de danos ao DNA (Flint et al., 2007).

Em suma, um único gene é raramente a fonte de todas as informações genéticas da proteína, muito menos de um traço herdado (Gottlieb, 2007). Ao contrário de ser um grupo de genes independentes, o genoma humano consiste de muitos genes colaboradores.

O termo *interação gene-gene* está sendo usado cada vez mais para descrever estudos que focam na interdependência de dois ou mais genes para influenciar características, comportamentos, doenças e desenvolvimento (Li et al., 2008). Por exemplo, estudos recentes documentaram a interação gene-gene no câncer (Bapat et al., 2010) e em doenças cardiovasculares (Jylhava et al., 2009).

cromossomos Estruturas semelhantes a um fio que contêm o ácido desoxirribonucleico, ou DNA.

DNA Uma molécula complexa que contém informações genéticas.

genes Unidades de informações hereditárias, pequenos segmentos compostos de DNA.

O MÁGICO DE ID

Com autorização de John L. Hart e Creators Syndicate, Inc.

Genótipo e fenótipo Ninguém possui todas as características que sua estrutura genética possibilita. A herança genética de uma pessoa – o material genético real – é chamada **genótipo**. Nem todo este material genético está aparente em nossas características observáveis e mensuráveis. A maneira como o genótipo de um indivíduo se expressa em características observáveis e mensuráveis é chamada **fenótipo**. Os fenótipos incluem traços físicos, como altura, peso, cor dos olhos e pigmentação da pele, além de características psicológicas, como inteligência, criatividade, personalidade e tendências sociais.

Para cada genótipo, uma gama de fenótipos pode ser expressa (Brooker, 2011; Hartwell, 2011; Johnson, 2012). Imagine que pudéssemos identificar todos os genes que fariam um adolescente ser introvertido ou extrovertido. Poderíamos predizer a introversão ou a extroversão mensurada numa pessoa específica a partir do nosso conhecimento desses genes? A resposta é não, porque mesmo que o nosso modelo genético fosse adequado, introversão e extroversão são características moldadas pela experiência durante toda a vida. Por exemplo, o genitor poderia estimular seu filho introvertido a participar de situações sociais, encorajando-o a se tornar mais sociável. Ou, então, o genitor poderia apoiar a preferência do filho pela brincadeira solitária.

INTERAÇÃO HEREDITARIEDADE-AMBIENTE

Até aqui, discutimos os genes e como eles funcionam, e um tema fica evidente: hereditariedade e ambiente interagem para produzir o desenvolvimento. Se estivermos estudando como os genes produzem proteínas ou a sua influência na altura de uma pessoa, acabaremos discutindo as interações hereditariedade-ambiente. É possível, no entanto, diferenciar a influência da hereditariedade da influência do ambiente e descobrir o papel de cada um na produção das diferenças individuais no desenvolvimento? Quando hereditariedade e ambiente interagem, como a hereditariedade influencia o ambiente e vice-versa?

Genética do comportamento A **genética do comportamento** é o campo que procura descobrir a influência da hereditariedade e do ambiente nas diferenças individuais nos traços e no desenvolvimento humano (Gregory, Ball e Button, 2011; Koskinen et al., 2011). Se você pensar em todas as pessoas que conhece, provavelmente perceberá que elas diferem em termos do seu nível de introversão/extroversão. O que os geneticistas do comportamento tentam fazer é descobrir o que é responsável por essas diferenças – isto é, até que ponto as pessoas diferem devido a diferenças nos genes, no ambiente ou em uma combinação deles?

Para estudar a influência da hereditariedade no comportamento, os geneticistas do comportamento frequentemente usam gêmeos ou situações de adoção. No **estudo de gêmeos** mais comum, a semelhança comportamental dos gêmeos idênticos é comparada à semelhança comportamental de gêmeos fraternos. Os *gêmeos idênticos* (chamados gêmeos monozigóticos) se desenvolvem a partir da fecundação de um único óvulo que se divide em duas réplicas geneticamente idênticas, cada uma das quais se transforma em uma pessoa. Os *gêmeos fraternos* (chamados gêmeos dizigóticos) se desenvolvem a partir de

genótipo A herança genética de uma pessoa; o material genético real.

fenótipo Forma como o genótipo de um indivíduo é expresso em características observáveis e mensuráveis.

genética do comportamento Um campo de estudo que procura descobrir a influência da hereditariedade e do ambiente nas diferenças individuais nos traços e no desenvolvimento humano.

estudo de gêmeos Estudo em que a semelhança comportamental de gêmeos idênticos é comparada à semelhança comportamental de gêmeos fraternos.

Estudos de gêmeos comparam gêmeos idênticos com gêmeos fraternos. Os gêmeos idênticos se desenvolvem a partir da fertilização de um único óvulo que se divide em dois organismos geneticamente idênticos. Os gêmeos fraternos se desenvolvem a partir de óvulos separados, tornando-os geneticamente não tão semelhantes como irmãos não gêmeos. *Qual é a natureza do método de estudo de gêmeos?*

óvulos e espermatozoides separados. Embora os gêmeos fraternos compartilhem o mesmo útero, eles não são mais parecidos geneticamente do que irmãos ou irmãs não gêmeos, e eles ainda podem ser de sexos diferentes.

Por meio da comparação de grupos de gêmeos idênticos e fraternos, os geneticistas do comportamento se aproveitam do conhecimento básico de que gêmeos idênticos são mais parecidos geneticamente do que gêmeos fraternos (Silberg et al., 2010; van Soelen et al., 2011). Por exemplo, um estudo encontrou que problemas de conduta eram mais prevalentes em gêmeos idênticos do que em gêmeos fraternos; os pesquisadores concluíram que o estudo demonstrou um papel importante da hereditariedade nos problemas de conduta (Scourfield et al., 2004).

No entanto, várias questões complicam a interpretação dos estudos de gêmeos (Mandelman e Grigorenko, 2011). Por exemplo, talvez o ambiente de gêmeos idênticos seja mais semelhante do que o ambiente de gêmeos fraternos. Pode ser que os adultos enfatizem mais a semelhança dos gêmeos idênticos do que dos gêmeos fraternos, e os gêmeos idênticos podem se perceber como um "conjunto" e brincam juntos mais do que os gêmeos fraternos. Se este for o caso, as semelhanças observadas em gêmeos idênticos podem ser mais fortemente influenciadas pelo ambiente do que os resultados sugeriam.

Em um **estudo sobre adoção**, os investigadores procuram descobrir se o comportamento e as características psicológicas de crianças adotadas são mais parecidos com os de seus pais adotivos, que lhes proporcionaram o ambiente doméstico, ou se são mais parecidos com os dos pais biológicos, que contribuíram com sua hereditariedade (Loehlin, Horn e Ernst, 2007). Outra forma de estudo sobre adoção envolve a comparação de irmãos adotados e irmãos biológicos.

Correlações hereditariedade-ambiente As dificuldades que os pesquisadores encontram quando interpretam os resultados de estudos de gêmeos e estudos sobre adoção refletem as complexidades da interação hereditariedade-ambiente. Algumas dessas interações são correlações hereditariedade-ambiente – isto é, os genes dos indivíduos influenciam o tipo de ambientes aos quais eles são expostos. De certa maneira, os indivíduos "herdam" ambientes que estão relacionados ou vinculados a tendências genéticas (Plomin et al., 2009). A geneticista comportamental Sandra Scarr (1993) descreveu três formas pelas quais a hereditariedade e o ambiente estão correlacionados (veja a Figura 2.14):

- As **correlações genótipo-ambiente passivas** ocorrem porque os pais biológicos, geneticamente relacionados com o filho, fornecem à criança o ambiente em que ela é criada. Por exemplo, os pais podem ter uma predisposição genética a serem inteligentes e a lerem com habilidade. Como eles leem bem e gostam da leitura, eles dão livros para que seus filhos leiam. O resultado provável será que seus filhos, considerando-se suas predisposições herdadas dos pais, se tornarão hábeis leitores.
- As **correlações genótipo-ambiente evocativas** ocorrem porque as características de um adolescente moldadas geneticamente induzem certos tipos de ambientes físicos e sociais. Por exemplo, crianças ativas e sorridentes recebem mais estimulação social do que crianças passivas e quietas. Adolescentes cooperativos e solícitos evocam mais respostas agradáveis e educativas dos adultos à sua volta do que adolescentes não cooperativos e distraídos. Jovens inclinados ao atletismo tendem a evocar encorajamento para se engajar em esportes na escola. Em consequência, esses adolescentes tendem a se candidatar a participar de times esportivos e continuam as atividades atléticas.
- **Correlações genótipo-ambiente ativas (busca de nichos)** ocorrem quando as crianças buscam ambientes que consideram compatíveis e estimulantes. *Busca de nichos* refere-se a encontrar um contexto adequado às suas habilidades. Os adolescentes escolhem, no ambiente que os circunda, algum aspecto ao qual respondem, aprendem a respeito ou ignoram. Suas escolhas ativas dos ambientes estão relacionadas ao seu genótipo específico. Por exemplo, adolescentes atraentes tendem a procurar pares atraentes. Adolescentes inclinados à música têm probabilidade de escolher ambientes musicais em que eles podem desempenhar suas habilidades com sucesso.

Scarr conclui que a importância relativa das três correlações genótipo-ambiente se altera à medida que a criança se desenvolve desde a primeira infância até a adolescência. Na primeira infância, boa parte do ambiente que a criança experimenta é oferecido pelos adultos. Assim, as correlações genótipo-ambiente passivas são mais comuns na vida dos bebês e das

---

estudo sobre adoção Estudo em que os investigadores procuram descobrir se comportamento e características psicológicas de crianças adotadas são mais parecidos com os de seus pais adotivos, que lhes proporcionaram o ambiente doméstico, ou se são mais parecidos com os dos pais biológicos, que contribuíram com sua hereditariedade. Outra forma de estudo sobre adoção envolve a comparação de irmãos adotados e irmãos biológicos.

correlações genótipo-ambiente passivas Correlações que ocorrem porque os pais biológicos, geneticamente relacionados com o filho, fornecem à criança o ambiente onde ela é criada.

correlações genótipo-ambiente evocativas Correlações que ocorrem porque as características geneticamente moldadas de um adolescente induzem certos tipos de ambientes físicos e sociais.

correlações genótipo-ambiente ativas (busca de nichos) Correlações que ocorrem quando as crianças procuram ambientes que julgam compatíveis e estimulantes.

Correlação hereditariedade-ambiente	Descrição	Exemplos
Passiva	As crianças herdam tendências dos pais e os pais também oferecem um ambiente que combina com suas próprias tendências genéticas.	Pais com inclinações musicais geralmente têm filhos com inclinações musicais e provavelmente oferecerão aos filhos um ambiente rico em música.
Evocativa	As tendências genéticas da criança induzem estimulação do ambiente que apoia um traço particular. Assim, os genes evocam apoio do ambiente.	Uma criança alegre e extrovertida provoca sorrisos e respostas amigáveis dos outros.
Ativa (busca de nichos)	As crianças procuram ativamente no seu ambiente "nichos" que reflitam seus interesses e talentos e estejam, assim, de acordo com o seu genótipo.	Bibliotecas, campos esportivos e uma loja com instrumentos musicais são exemplos de nichos de ambientes que as crianças podem buscar se tiverem interesse em livros, talento para esportes ou talentos musicais, respectivamente.

FIGURA 2.14
Exploração das correlações hereditariedade-ambiente.

crianças pequenas do que para as crianças mais velhas e para os adolescentes, que podem estender suas experiências para além da influência familiar e criar seus ambientes com uma abrangência maior.

Os críticos argumentam que o conceito de correlação hereditariedade-ambiente atribui à hereditariedade uma influência excessiva na determinação do desenvolvimento (Gottlieb, 2007). A correlação hereditariedade-ambiente enfatiza que a hereditariedade determina os tipos de ambientes que as crianças experimentam. A seguir, examinaremos uma visão que enfatiza a importância do ambiente não compartilhado de irmãos e sua hereditariedade como influências importantes no seu desenvolvimento.

Experiências ambientais compartilhadas e não compartilhadas Os geneticistas do comportamento enfatizam que outra forma de analisar o papel do ambiente na interação hereditariedade-ambiente é considerar experiências que os adolescentes compartilham com outros adolescentes que vivem na mesma casa, assim como as experiências que não são compartilhadas (Plomin et al., 2009).

Experiências ambientais compartilhadas são experiências comuns entre irmãos, tais como as personalidades ou a orientação intelectual dos seus pais, a condição socioeconômica da família e o bairro em que eles vivem. Em contraste, as **experiências ambientais não compartilhadas** são as experiências únicas de um adolescente, tanto dentro quanto fora da família; essas experiências não são compartilhadas com um irmão. Mesmo experiências que ocorrem dentro da família podem fazer parte do "ambiente não compartilhado". Por exemplo, os pais geralmente interagem de modo diferente com cada irmão e os irmãos interagem de forma diferente com os pais. Os irmãos geralmente têm grupos de pares diferentes, amigos diferentes e professores diferentes na escola.

O geneticista do comportamento Robert Plomin (2004) identificou que a parentalidade em comum ou o ambiente compartilhado têm pequena participação nas variações de personalidade ou interesses dos adolescentes. Em outras palavras, mesmo que dois adolescentes vivam sob o mesmo teto com os mesmos pais suas personalidades são, frequentemente, muito diferentes. Além disso, os geneticistas do comportamento argumentam que a hereditariedade influencia os ambientes não compartilhados dos irmãos da maneira que descrevemos anteriormente no conceito de correlações hereditariedade-ambiente (Plomin et al., 2009). Por exemplo, um adolescente que herdou uma herança genética de ser atlético provavelmente passará mais tempo em ambientes relacionados a esportes, ao passo que um adolescente que herdou uma tendência musical terá mais probabilidade de passar seu tempo em ambientes relacionados a música.

A visão epigenética A visão da correlação ambiente-hereditariedade enfatiza como a hereditariedade dirige o tipo de experiências

experiências ambientais compartilhadas Experiências compartilhadas entre os irmãos, tais como personalidade e orientação intelectual dos pais, a condição socioeconômica da família e o bairro em que eles vivem.

experiências ambientais não compartilhadas Experiências únicas do adolescente, tanto dentro quanto fora da família, que não são compartilhadas por um irmão.

Venus e Serena Williams, estrelas do tênis. *Quais poderiam ser algumas das experiências ambientais compartilhadas e não compartilhadas que elas tiveram enquanto cresciam que teriam contribuído para seu estrelato no tênis?*

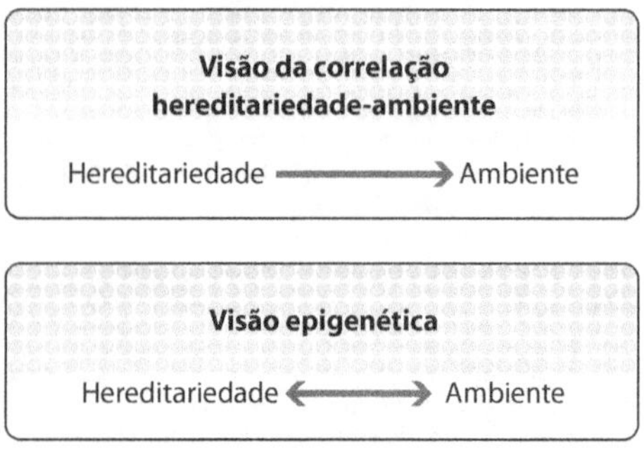

Visão da correlação hereditariedade-ambiente

Hereditariedade ⟶ Ambiente

Visão epigenética

Hereditariedade ⟵⟶ Ambiente

FIGURA 2.15
Comparação das visões da correlação hereditariedade-ambiente e epigenética.

ambientais que os indivíduos têm. Entretanto, discutimos anteriormente como o DNA é colaborativo, não determinando os traços individuais de um indivíduo de forma independente, mas em vez disso de forma interativa com o ambiente. De acordo com o conceito de um gene colaborativo, a **visão epigenética** enfatiza que o desenvolvimento é resultado de um intercâmbio contínuo e bidirecional entre hereditariedade e ambiente (Diamond, 2009; Gottlieb, 2007). A Figura 2.15 compara a visão da correlação hereditariedade-ambiente e a visão epigenética do desenvolvimento.

Interação gene x ambiente (G x A) Atualmente, um número crescente de estudos está explorando como a interação entre hereditariedade e ambiente influencia o desenvolvimento, incluindo interações que envolvem sequências específicas de DNA (Caspi et al., 2011; Narusyte et al., 2011; Rutter e Dodge, 2011). Um estudo encontrou que indivíduos com uma versão curta de um genótipo denominado 5-HTTLPR (um gene que envolve o neurotransmissor de serotonina) têm um risco elevado de desenvolver depressão apenas se *também* tiverem vidas estressantes (Caspi et al., 2003). Assim, o gene específico não se vinculava diretamente ao desenvolvimento da depressão, mas interagia com a exposição ambiental ao estresse para predizer se os indivíduos desenvolveriam depressão; contudo, alguns estudos não replicaram este achado (Risch et al., 2009). Em um estudo recente, adultos que enfrentaram uma perda parental quando crianças pequenas teriam maior probabilidade de ter vínculos não resolvidos com adultos apenas quando tivessem a versão curta do gene 5-HTTLPR (Caspers et al., 2009). A versão longa do gene transportador de serotonina forneceu, aparentemente, alguma proteção e habilidade para um melhor enfrentamento da perda parental. Além disso, outro estudo revelou que os adolescentes que enfrentaram eventos negativos bebiam em grande quantidade somente quando tinham uma variação particular do gene CRHR1 (Blomeyer et al., 2008). E um estudo recente encontrou que uma interação de um índice mais alto de plasticidade genética baseado em cinco variações de genes e suporte parental estava ligada a um nível mais alto de autorregulação adolescente (Belsky e Beaver, 2011). O tipo de pesquisa recém descrito é citado como **interação gene x ambiente (G x A)** – a interação de uma variação específica medida no DNA e um aspecto específico medido do ambiente (Diamond, 2009; Dodge e Rutter, 2011; Lee, 2011).

Conclusões sobre a interação hereditariedade-ambiente Hereditariedade e ambiente operam juntos – ou cooperam – para produzir a inteligência de uma pessoa, temperamento, altura, peso, habilidade de arremessar uma bola de beisebol, habilidade de ler, etc. (Diamond, 2009; Diamond, Casey e Munakata, 2011). Se uma garota inteligente, atraente e popular é eleita presidente da sua turma no ensino médio, seu sucesso se deve à hereditariedade ou ao ambiente? Obviamente a resposta é: aos dois.

As contribuições relativas à hereditariedade e ao ambiente não são cumulativas. Isto é, não podemos dizer que tal e tal porcentagem de natureza e tal e tal porcentagem de experiência fazem com que sejamos quem somos. Nem seria adequado dizer que toda a expressão genética acontece uma vez, na concepção ou no nascimento, depois da qual trazemos para o mundo o nosso legado genético para ver até onde ele nos leva. Os genes produzem proteínas durante toda a vida, em muitos ambientes diferentes. Ou eles não produzem proteínas, dependendo em parte do quanto esses ambientes são severos ou estimulantes.

A visão emergente é que muitos comportamentos complexos têm, provavelmente, alguma carga genética que dá às pessoas uma propensão para uma trajetória desenvolvimental específica (Plomin et al., 2009). Entretanto, na verdade, o desenvolvimento requer mais: um ambiente. Esse ambiente é complexo, assim como a mistura de genes que herdamos (Grusec, 2011). As influências ambientais têm uma variação que vai desde as coisas que agrupamos com o nome de "aprendizado" (como parentalidade, dinâmica familiar, escola e qualidade da vizinhança) até encontros biológicos (como vírus, complicações no nascimento e até mesmo eventos biológicos nas células).

Imagine, por um momento, que um grupo de genes está associado à violência nos jovens (este exemplo é hipotético porque não temos conhecimento de tal combinação). O adolescente que carrega esta mistura genética poderia ter a experiência de um mundo em que tem pais amorosos, refeições nutritivas regulares, muitos livros e uma série de professores competentes. Ou o mundo do adolescente pode incluir negligência parental, uma vizinhança em que assassinatos e crimes são ocorrências diárias e uma escolaridade inadequada. Em

---

▷ conexão com o desenvolvimento
Natureza e aprendizado. O debate da natureza e aprendizado é um dos temas principais no estudo do desenvolvimento adolescente. Cap. 1, p. 54

visão epigenética Crença de que o desenvolvimento é resultado de uma interação contínua e bidirecional entre hereditariedade e ambiente.

interação gene x ambiente (G x A) Interação de uma variação específica medida no DNA e um aspecto específico medido do ambiente.

quais desses ambientes é mais provável que os genes produzam os fundamentos biológicos da criminalidade?

Se hereditariedade e ambiente interagem para determinar o curso do desenvolvimento, isso basta para responder à pergunta sobre o que causa o desenvolvimento? Os adolescentes estão completamente à mercê dos seus genes e do ambiente enquanto se desenvolvem? A herança genética e as influências ambientais são influências infiltradas no desenvolvimento adolescente. Mas, ao pensarmos sobre o que causa o desenvolvimento, os adolescentes são unicamente o resultado da sua hereditariedade e do ambiente que vivenciam, mas também podem ser autores de um caminho desenvolvimental único, modificando o ambiente. Como um psicólogo recentemente concluiu,

> na realidade, somos tanto criaturas como criadores do nosso mundo. Nós somos [...] produto dos nossos genes e ambiente. No entanto, [...] a correnteza que molda o futuro flui através das nossas escolhas atuais. [...] Questões mentais [...] Nossas esperanças, objetivos e expectativas influenciam nosso futuro (Myers, 2010, p. 168).

Revisar Conectar Refletir **OA3** Explicar as contribuições da evolução, da hereditariedade e do ambiente para o desenvolvimento adolescente.

Revisar
- Que papel a evolução desempenhou no desenvolvimento adolescente? Como os campos da psicologia evolucionista e da psicologia evolucionista do desenvolvimento descrevem a contribuição da evolução para a compreensão da adolescência?
- O que é processo genético?

- Qual a natureza da interação hereditariedade-ambiente?

Conectar
- De que lado do tema natureza e aprendizado a psicologia do desenvolvimento evolucionista toma partido? Explique.

Refletir *sua jornada de vida pessoal*
- Alguém lhe diz que analisou seu *background* genético e suas experiências ambientais e chegou à conclusão de que o ambiente definitivamente teve pouca influência na sua inteligência. O que você diria a esta pessoa sobre a habilidade dela para fazer diagnósticos?

ATINJA SEUS OBJETIVOS DE APRENDIZAGEM

1 Puberdade   **OA1** Discutir determinantes, características e dimensões psicológicas da puberdade.

Determinantes da puberdade
- A puberdade é um período de rápida maturação física, envolvendo mudanças hormonais e corporais que acontecem primariamente na adolescência inicial. As determinantes da puberdade incluem hereditariedade, hormônios e, possivelmente, peso, porcentagem de gordura corporal e leptina. Duas classes de hormônios estão envolvidos na mudança puberal e têm concentrações significativamente diferentes no sexo masculino e no feminino, os androgênios e os estrogênios. O papel do sistema endócrino na puberdade envolve a interação do hipotálamo, da glândula pituitária e das gônadas. O FSH e LH, secretados pela glândula pituitária, são aspectos importantes deste sistema. Igualmente ocorre com o GnRH, produzido pelo hipotálamo. O sistema sexual hormonal é um sistema de *feedback* negativo. O hormônio do crescimento também contribui para a mudança puberal. Baixo peso no nascimento e ganho rápido de peso na primeira infância estão ligados a um início puberal mais precoce. A puberdade tem duas fases: adrenarca e gonadarca. O ponto culminante da gonadarca nos meninos é a espermarca; nas meninas, a menarca.

Estirão do crescimento
- O início do crescimento puberal ocorre em média aos 9 anos nas meninas e aos 11 anos nos meninos. O pico da mudança puberal nas meninas é aos 11 ½ anos; nos meninos, aos 13 ½ anos. As meninas crescem uma média de 9 cm por ano durante a puberdade; os meninos crescem uma média de 10 cm.

Maturação sexual
- A maturação sexual é uma característica-chave da mudança puberal. A variação individual na puberdade é muito ampla e é considerada normal dentro de uma ampla faixa etária.

Tendências seculares na puberdade

- As tendências seculares na puberdade aconteceram no século XX com a puberdade chegando mais cedo. Recentemente, existem indicações de que a puberdade precoce está ocorrendo apenas nas meninas acima do peso.

Dimensões psicológicas da puberdade

- Os adolescentes demonstram interesse intensificado pelo próprio corpo e pela imagem corporal. Os adolescentes mais jovens são mais preocupados com esta imagem do que os mais velhos. As meninas adolescentes têm, com frequência, uma imagem corporal mais negativa do que os meninos adolescentes. Adolescentes e estudantes universitários fazem cada vez mais tatuagens e *piercings* (a chamada *body art*). Alguns estudiosos concluem que a *body art* é um símbolo de rebeldia e está ligada a exposição a riscos, ao passo que outros argumentam que cada vez mais a *body art* está sendo usada para expressar singularidade e autoexpressão, não rebeldia. Pesquisadores encontraram conexões entre mudanças hormonais na puberdade e comportamento, mas as influências ambientais precisam ser levadas em consideração. A maturação precoce favorece, geralmente, os meninos, pelo menos durante a adolescência inicial, mas quando adultos, os meninos com maturação tardia têm uma identidade mais positiva do que os que têm maturação precoce. As meninas com maturação precoce estão em risco para uma série de problemas desenvolvimentais. Alguns estudiosos duvidam de que os efeitos da puberdade no desenvolvimento sejam tão fortes quanto se imaginava outrora. A maioria dos adolescentes com maturação precoce e tardia enfrenta os desafios da puberdade com sucesso. Para os que não se adaptam bem às alterações puberais, discussões com profissionais de saúde habilitados e com os pais poderão melhorar as habilidades de enfrentamento desses adolescentes.

Os efeitos da puberdade são exagerados?

- A puberdade tem influências importantes no desenvolvimento, porém a significância destas influências precisa ser considerada em termos de todo o ciclo vital. Alguns estudiosos argumentam que tem sido dada ênfase excessiva às mudanças biológicas da puberdade.

2 Saúde OA2 Resumir a natureza da saúde do adolescente e do adulto emergente.

Adolescência: um momento crítico para a saúde

- Muitos dos comportamentos ligados aos maus hábitos de saúde e à morte precoce nos adultos começam durante a adolescência. O envolvimento em padrões comportamentais saudáveis na adolescência, como exercícios regulares, ajuda a retardar doenças na idade adulta. Objetivos importantes são: reduzir comportamentos adolescentes que comprometem a saúde e aumentar seus comportamentos que estimulam a saúde. Os comportamentos de exposição a riscos aumentam durante a adolescência e, combinados com um atraso no desenvolvimento da autorregulação, deixam os adolescentes vulneráveis a uma série de problemas. Recentemente, mudanças cerebrais foram propostas para explicar o comportamento adolescente de exposição a riscos. Dentre as estratégias para impedir que a crescente motivação para se expor a riscos comprometa a saúde dos adolescentes estão: limitar suas oportunidades de se ferirem e monitorar seu comportamento. Os adolescentes subutilizam os serviços de saúde. As três principais causas de morte entre adolescentes são: (1) acidentes, (2) homicídio e (3) suicídio. Embora os adultos emergentes tenham um índice de morte mais alto do que os adolescentes, eles possuem poucos problemas de saúde crônicos. No entanto, muitos adultos emergentes não param para pensar sobre como seu estilo de vida afetará sua saúde posteriormente.

Saúde dos adultos emergentes

Nutrição

- Preocupações especiais com a nutrição na adolescência referem-se a comer entre as refeições, com a quantidade de gordura na dieta dos adolescentes e com o crescimento do *fast-food* nas refeições regulares.

Exercícios e esportes

- A maioria dos adolescentes não faz uma quantidade adequada de exercícios. Aproximadamente aos 13 anos, os exercícios regulares começam a declinar. As garotas norte-americanas, em especial, têm um baixo índice de prática de exercícios. Os exercícios regulares trazem muitos resultados positivos para os adolescentes, incluindo risco mais baixo de excesso de peso e maior autoestima. Os contextos da família, da escola e da TV/computador influenciam os padrões de exercícios dos adolescentes. Os esportes desempenham um papel importante na vida de muitos adolescentes. Os esportes podem acarretar consequências positivas (melhora da saúde física e bem-estar, confiança, habilidade para trabalhar em equipe) ou negativas (pressão intensa dos pais e treinadores para vencer a qualquer custo, lesões). Recentemente, a tríade da mulher atleta se transformou numa preocupação.

Sono

- Os adolescentes gostam de ir para a cama e se levantarem mais tarde do que as crianças. Este padrão pode estar ligado a mudanças desenvolvimentais no cérebro. Uma preocupação especial é: até que ponto essas mudanças nos padrões de sono afetam comportamento e rendimento acadêmicos? As mudanças desenvolvimentais continuam a ocorrer na adultez emergente.

3 Evolução, hereditariedade e ambiente

OA3 Explicar as contribuições da evolução, da hereditariedade e do ambiente para o desenvolvimento adolescente.

A perspectiva evolucionista

- Seleção natural – o processo que favorece os indivíduos de uma espécie que se adaptam melhor para sobreviver e se reproduzir – é um aspecto-chave da perspectiva evolucionista. A psicologia evolucionista é a visão de que a adaptação, a reprodução e a "sobrevivência do mais apto" são importantes na explicação do comportamento. A psicologia evolucionista do desenvolvimento promoveu inúmeras ideias, incluindo a visão de que é necessário um período "juvenil" estendido para desenvolver um cérebro grande e aprender a complexidade das comunidades sociais humanas. Os críticos argumentam que a perspectiva evolucionista não dá atenção adequada à experiência e aos humanos como uma espécie que constrói a cultura.

O processo genético

- O núcleo de cada célula humana contém cromossomos, os quais contêm DNA. Genes são pequenos segmentos de DNA que direcionam as células para se reproduzir e fabricar as proteínas que mantêm a vida. O DNA não age de forma independente para produzir um traço ou comportamento. Ao contrário, ele age colaborativamente. O genótipo refere-se à configuração única dos genes, ao passo que o fenótipo envolve características observáveis e mensuráveis.

Interação hereditariedade-ambiente

- A genética do comportamento é o campo que se preocupa com o grau e a natureza da base hereditária do comportamento. Os métodos utilizados pelos geneticistas do comportamento incluem estudos de gêmeos e estudos sobre adoção. Na visão das correlações hereditariedade-ambiente de Scarr, a hereditariedade direciona os tipos de ambientes que as crianças experimentam. Ela descreve três correlações genótipo-ambiente: passiva, evocativa e ativa (busca de nichos). Scarr argumenta que a importância relativa destas três correlações genótipo-ambiente muda à medida que a criança se desenvolve. Experiências ambientais compartilhadas referem-se a experiências em comum dos irmãos, tais como a personalidade e a orientação intelectual dos pais, a condição socioeconômica da família e a vizinhança em que eles vivem. Experiências ambientais não compartilhadas envolvem as experiências únicas do adolescente, tanto dentro quanto fora da família, que não são compartilhadas com um irmão. Muitos geneticistas do comportamento argumentam que as diferenças no desenvolvimento de irmãos se devem mais às experiências ambientais não compartilhadas (e à hereditariedade) do que às experiências ambientais compartilhadas. A visão epigenética enfatiza que o desenvolvimento é resultado de um intercâmbio contínuo e bidirecional entre hereditariedade e ambiente. Muitos comportamentos complexos possuem alguma carga genética que dá à pessoa uma propensão para uma trajetória desenvolvimental específica. Entretanto, o desenvolvimento real também requer um ambiente, e esse ambiente é complexo. A interação da hereditariedade e do ambiente é muito ampla. Ainda resta muito a ser descoberto sobre as formas específicas como hereditariedade e ambiente interagem para influenciar o desenvolvimento.

TERMOS-CHAVE

puberdade 78
hormônios 79
androgênios 79
estrogênios 79
adrenarca 81
gonadarca 81
menarca 81
espermarca 81
puberdade precoce 84
tendências seculares 84
tríade da mulher atleta 99

comportamento adaptativo 102
psicologia evolucionista 102
cromossomos 104
DNA 104
genes 104
genótipo 105
fenótipo 105
genética do comportamento 105
estudo de gêmeos 105
estudo sobre adoção 106
correlações genótipo-ambiente passivas 106

correlações genótipo-ambiente evocativas 106
correlações genótipo-ambiente ativas (busca de nichos) 106
experiências ambientais compartilhadas 107
experiências ambientais não compartilhadas 107
visão epigenética 108
interação gene x ambiente (G x A) 108

PESSOAS-CHAVE

Mary Carskadon 100
David Buss 102

Albert Bandura 103
David Moore 104

Sandra Scarr 106
Robert Plomin 107

RECURSOS PARA MELHORAR A VIDA DOS ADOLESCENTES

The Society for Adolescent Health and Medicine
www.adolescenthealth.com

Esta organização é uma fonte valiosa de informações sobre médicos competentes que se especializam no tratamento de adolescentes. Ela mantém uma lista de especialistas em adolescência recomendados em todo os Estados Unidos. A sociedade também publica o *Journal of Adolescent Health*, que contém artigos sobre uma ampla gama de temas médicos relacionados à saúde envolvendo adolescentes.

National Adolescent Health Information Center (NAHIC)
http://nahic.ucsf.edu/

Esta organização, associada à Universidade da Califórnia – em São Francisco, possui um excelente *site* que inclui dados sobre saúde adolescente, recomendações para pesquisa, política e programas, recursos de serviços de saúde e informações sobre uma iniciativa nacional para melhorar a saúde adolescente.

Journal of School Health
www.blackwellpublishing.com

Este periódico publica artigos pertinentes a aspectos da saúde de crianças e adolescentes relacionados com a escola, incluindo inúmeros programas de educação para a saúde.

capítulo 3 — O CÉREBRO E O DESENVOLVIMENTO COGNITIVO

esboço do capítulo

O cérebro

Objetivo de aprendizagem 1 Descrever as mudanças desenvolvimentais no cérebro durante a adolescência.

Neurônios
Estrutura cerebral, cognição e emoção
Experiência e plasticidade

A visão cognitiva do desenvolvimento

Objetivo de aprendizagem 2 Discutir a visão cognitiva do desenvolvimento adolescente.

Teoria de Piaget
Teoria de Vygotsky

A visão do processamento da informação

Objetivo de aprendizagem 3 Caracterizar a visão do processamento da informação na adolescência.

Recursos cognitivos
Atenção e memória
Funcionamento executivo

A visão psicométrica/da inteligência

Objetivo de aprendizagem 4 Resumir a visão psicométrica/da inteligência na adolescência.

Testes de inteligência
Inteligências múltiplas
Hereditariedade e ambiente

Cognição social

Objetivo de aprendizagem 5 Explicar como a cognição social está envolvida no desenvolvimento adolescente.

Egocentrismo adolescente
Cognição social no restante do texto

Uma das lembranças mais vívidas da minha filha mais velha, Tracy, é de quando ela tinha 12 anos. Eu havia acompanhado ela e sua irmã mais nova, Jennifer (com 10 anos na época), a um torneio de tênis. Quando entramos no restaurante para almoçar, Tracy foi correndo para o banheiro. Jennifer e eu nos olhamos, imaginando o que estaria errado. Cinco minutos depois Tracy surgiu, parecendo mais calma. Perguntei o que tinha acontecido. Sua resposta foi: "Este fio de cabelo estava fora do lugar e todas as pessoas aqui dentro estavam olhando para mim!".

Considere outra adolescente – Margaret. Durante uma conversa com sua amiga, Margaret, 16 anos, diz: "Você soube da Catherine? Ela está grávida. Você acha que eu deixaria que isso acontecesse comigo? Nunca".

Pense também em como Adam, 13 anos, se descreve: "Ninguém me entende, especialmente meus pais. Eles não têm nem ideia do que eu estou sentindo. Eles nunca passaram pela dor que estou passando".

Comentários como os de Tracy, Margaret e Adam refletem a emergência do pensamento egocêntrico durante a adolescência. Quando falamos em pensamento, geralmente o consideramos em termos de assuntos escolares como matemática e inglês, ou em soluções para problemas intelectuais. Mas o pensamento das pessoas sobre as circunstâncias sociais também são importantes. Posteriormente, neste capítulo, exploraremos melhor os pensamentos sociais dos adolescentes.

apresentação

Quando pensamos em adolescência, geralmente nos detemos nas mudanças biológicas da puberdade ou nas alterações emocionais, como a motivação para a independência, as relações com os pais e pares e os problemas, como abuso de drogas e delinquência. Além disso, quando os desenvolvimentistas estudaram os processos cognitivos, seu foco principal foi nos bebês e nas crianças pequenas, não nos adolescentes. Entretanto, veremos neste capítulo que os adolescentes também apresentam algumas mudanças cognitivas marcantes e que os pesquisadores estão descobrindo cada vez mais que essas mudanças estão ligadas ao desenvolvimento do cérebro. Para começar este capítulo, vamos explorar a explosão do interesse nas mudanças no cérebro do adolescente e depois estudaremos três visões diferentes do desenvolvimento cognitivo: a cognitiva, a do processamento da informação e a psicométrica. No final do capítulo, examinaremos a cognição social, incluindo o surgimento do egocentrismo adolescente.

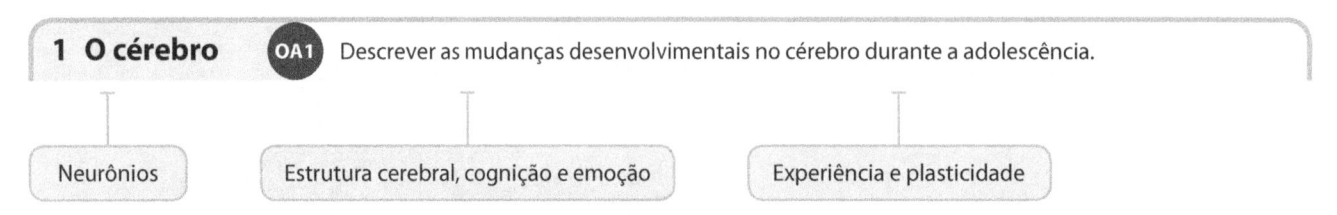

1 O cérebro — OA1 Descrever as mudanças desenvolvimentais no cérebro durante a adolescência.

- Neurônios
- Estrutura cerebral, cognição e emoção
- Experiência e plasticidade

Até recentemente, havia poucas pesquisas sobre as mudanças desenvolvimentais no cérebro durante a adolescência. Embora a pesquisa nesta área ainda esteja no seu início, um número crescente de estudos está em curso (Burnett et al., 2011; Forbes e Dahl, 2010). Os cientistas observam, agora, que o cérebro adolescente é diferente do cérebro das crianças, e que na adolescência o cérebro está ainda se desenvolvendo (Casey, Jones e Somerville, 2011; Luciana, 2010; Nelson, 2011).

NEURÔNIOS

Neurônios, ou células nervosas, são as unidades básicas do sistema nervoso. Um neurônio possui três partes: corpo celular, dendritos e axônio (veja a Figura 3.1). O *dendrito* é a parte receptora do neurônio e o *axônio* transporta as informações do corpo celular para outras células. Por meio de um processo chamado **mielinização**, o axônio de um neurônio é coberto e isolado com uma camada de células gordurosas (chamada mielina protetora), aumentando velocidade e eficiência do processamento da informação no sistema nervoso. A mielinização continua a aumentar durante a adolescência e a adultez emergente (Casey, Jones e Somerville, 2011).

Os pensamentos dos jovens são longos, longos pensamentos.
—Henry Wadsworth Longfellow,
Poeta americano, século XIX

neurônios Células nervosas, a unidade básica do sistema nervoso.

mielinização Processo pelo qual a porção de axônio do neurônio é coberta e isolada com uma camada de células gordurosas, o que aumenta a velocidade e a eficiência do processamento da informação no sistema nervoso.

Na linguagem da neurociência, o termo *massa branca* é usado para descrever a cor esbranquiçada dos axônios mielinizados, e o termo *massa cinzenta* refere-se primariamente aos dendritos e ao corpo celular do neurônio (veja a Figura 3.2). Uma mudança desenvolvimental significativa na adolescência é o aumento da massa branca e a diminuição da massa cinzenta no córtex pré-frontal (Gotgay e Thompson, 2010). A maioria dos relatos enfatiza que o aumento na massa branca durante a adolescência deve-se ao aumento da mielinização, embora uma análise recente tenha proposto que o aumento da massa branca também possa se dever a um aumento no diâmetro dos axônios (Paus, 2010).

Além do revestimento dos axônios por meio da mielinização, outro aspecto importante do desenvolvimento cerebral é o aumento significativo das conexões entre os neurônios, um processo que é chamado de *sinaptogênese* (Gotgay e Thompson, 2010). As **sinapses** são espaços entre os neurônios onde se dão as conexões entre o axônio e os dendritos. A sinaptogênese começa na primeira infância e continua durante toda a adolescência.

Pesquisadores descobriram que são feitas cerca de duas vezes mais conexões sinápticas que jamais serão usadas (Huttenlocher e Dabholkar, 1997). As conexões utilizadas são fortalecidas e sobrevivem, enquanto as não utilizadas são substituídas por outros trajetos ou desaparecem. Isto é, na linguagem da neurociência, estas conexões serão "podadas". O que resulta desta poda é que, no fim da adolescência, os indivíduos possuem "menos conexões neurais, mais seletivas e efetivas do que quando eram crianças" (Kuhn, 2009, p. 153). Essa poda sináptica pode indicar que as atividades nas quais os adolescentes optam por se engajar ou não influenciam quais conexões neurais serão fortalecidas e quais desaparecerão.

Com o começo da puberdade, os níveis de *neurotransmissores* – substâncias químicas que transportam informações através do espaço sináptico entre um neurônio e o seguinte – se modificam. Por exemplo, um aumento no neurotransmissor de dopamina ocorre tanto no córtex pré-frontal quanto no sistema límbico durante a adolescência (Ernst e Spear, 2009). Os aumentos na dopamina foram vinculados ao aumento na exposição a riscos e ao uso de drogas aditivas (Stansfield e Kirstein, 2006; Wahlstrom et al., 2010). Pesquisadores descobriram que a dopamina desempenha um papel importante na busca de recompensa (Doremus-Fitzwater, Varlinskaya e Spear, 2010; Ernst e Spear, 2009).

ESTRUTURA CEREBRAL, COGNIÇÃO E EMOÇÃO

Os neurônios não ficam simplesmente flutuando no cérebro. Conectados de forma precisa, eles formam as várias estruturas cerebrais. Usando imagens de ressonância magnética funcional (fMRI) para examinar o cérebro, cientistas descobriram recentemente que o cérebro dos adolescentes passa por mudanças estruturais significativas (Blakemore et al., 2011; Luna, Padmanabhan e O'Hearn, 2010; Smith et al., 2011). Uma fMRI cria um campo magnético em torno do corpo de uma pessoa e bombardeia o cérebro com ondas de rádio. O resultado é uma imagem computadorizada dos tecidos e das atividades bioquímicas cerebrais.

Dentre as mudanças estruturais mais importantes no cérebro durante a adolescência estão aquelas que envolvem o corpo caloso, o córtex pré-frontal e a amígdala. O **corpo caloso**, um grande feixe de fibras nervosas (axônios) que conecta os hemisférios direito e esquerdo do cérebro, engrossa na adolescência, e este espessamento melhora a habilidade do adolescente para processar informações (Giedd, 2008). Os avanços no desenvolvimento do **córtex pré-frontal** – o nível mais elevado dos lobos frontais que está envolvido no raciocínio, na tomada de decisão e no autocontrole – continua até a idade adulta emergente, aproximadamente entre 18 e 25 anos, ou ainda mais tarde (Gotgay e Thompson, 2010, Luciana, 2010). No entanto, a **amígdala** – uma parte do sistema límbico cerebral que é a sede de emoções como a raiva – matura muito antes do córtex pré-frontal (Casey, Duhoux e Malter Cohen, 2010; Casey, Jones e Somerville, 2011). A Figura 3.3 mostra as localizações do corpo caloso, do córtex pré-frontal e da amígdala.

O importante pesquisador Charles Nelson (2003) assinala que, embora os adolescentes sejam capazes de emoções muito fortes, seu córtex pré-frontal não se desenvolveu adequadamente até o ponto em que eles consigam controlar essas paixões. É como se o córtex pré-frontal ainda não tivesse o freio necessário para reduzir a intensidade emocional da amígdala. Ou, então, considere esta interpretação do desenvolvimento da emoção e da cognição nos adolescentes: "ativação precoce de sentimentos 'turbinados' associados a um conjunto não especializado de 'habilidades

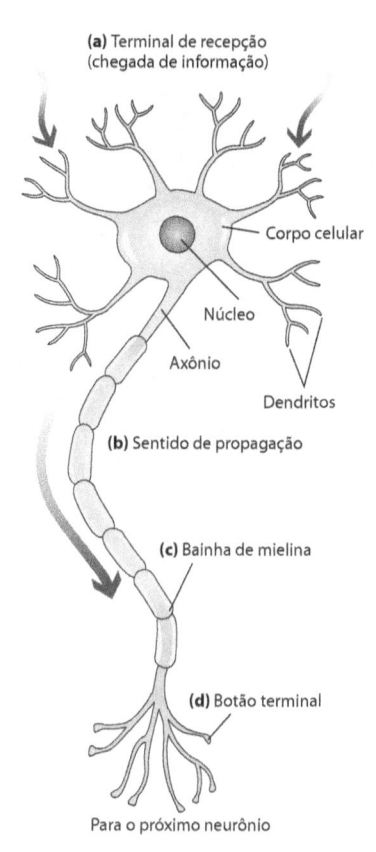

FIGURA 3.1
O neurônio. (a) Os dendritos do corpo celular recebem informações de outros neurônios, músculos ou glândulas. (b) Um axônio transmite as informações provenientes do corpo celular. (c) Uma bainha de mielina recobre a maioria dos axônios e acelera a transmissão das informações. (d) Quando termina o axônio, ele se ramifica em botões terminais.

(a) Terminal de recepção (chegada de informação)
Corpo celular
Núcleo
Axônio
Dendritos
(b) Sentido de propagação
(c) Bainha de mielina
(d) Botão terminal
Para o próximo neurônio

sinapses Espaços entre os neurônios, onde ocorrem as conexões entre o axônio e os dendritos.

corpo caloso Um grande feixe de fibras axônicas que conectam os hemisférios direito e esquerdo do cérebro.

córtex pré-frontal O nível mais elevado dos lobos frontais do cérebro, envolvido no raciocínio, na tomada de decisão e no autocontrole.

amígdala Uma parte do sistema límbico cerebral que é sede de emoções como a raiva.

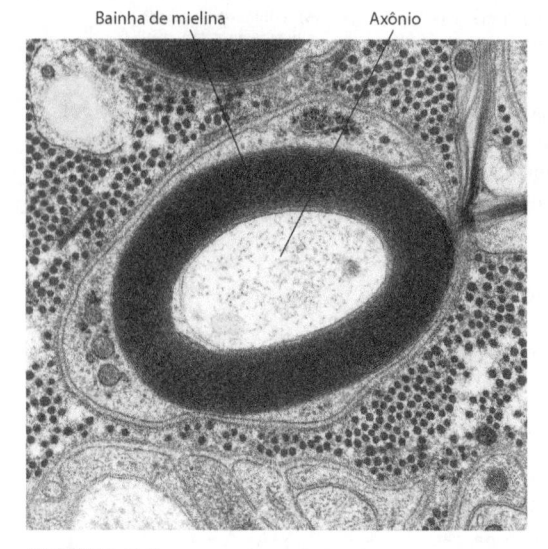

FIGURA 3.2
Uma fibra nervosa mielinizada. A bainha de mielina envolve o axônio. Esta imagem foi produzida por um microscópio eletrônico que ampliou 12 mil vezes a fibra nervosa. *Que papel a mielinização desempenha no desenvolvimento do cérebro?*

---

conexão com o desenvolvimento

Desenvolvimento do cérebro. A neurociência social do desenvolvimento é um campo desenvolvido recentemente com seu foco nas conexões entre desenvolvimento, fatores socioemocionais e a neurociência. Cap. 1, p. 46

Córtex pré-frontal
Esta região do "julgamento" refreia emoções intensas, mas não termina de se desenvolver até pelo menos a adultez emergente.

Corpo caloso
Estas fibras nervosas conectam os dois hemisférios cerebrais; elas engrossam na adolescência para processar as informações com maior eficiência.

Amígdala
A sede de emoções como a raiva; esta área se desenvolve rapidamente antes de outras regiões que ajudam a controlá-la.

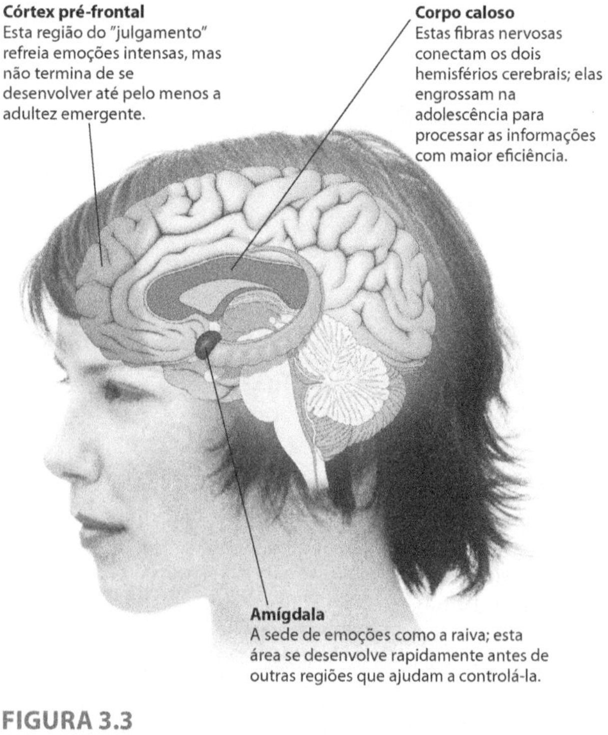

FIGURA 3.3
Córtex pré-frontal, amígdala e corpo caloso.

---

para dirigir' ou capacidades cognitivas para modular emoções e motivações fortes" (Dahl, 2004, p. 18).

Lembre-se da discussão anterior sobre os neurotransmissores que a produção de dopamina eleva-se na adolescência inicial, produzindo aumento na busca de recompensa e exposição a riscos. Em uma pesquisa recente conduzida por Laurence Steinberg e colaboradores (Albert e Steinberg, 2011a, 2011b; Cauffman et al., 2010; O'Brien et al., 2010; Steinberg, 2010, 2011; Steinberg et al., 2008, 2009), a preferência por recompensas imediatas (avaliada em contextos como o de um *gambling task* e um *videogame* de corridas) aumentou dos 14 aos 16 anos e depois declinou. Além disso, na pesquisa de Steinberg (2010, 2011), a crença dos adolescentes de que os benefícios de correr riscos superam as consequências negativas potenciais tem seu auge em torno dos 14 aos 16 anos. Em contraste, em uma pesquisa conduzida por Steinberg e colaboradores (2008, 2009), revelou-se que o controle dos impulsos aumentou de modo linear desde a pré-adolescência até a adultez emergente.

Geralmente, considera-se que o aumento na exposição a riscos na adolescência resulta em consequências negativas. No entanto, existem alguns aspectos da exposição a riscos que beneficiam os adolescentes. Estar aberto a novas experiências e desafios, mesmo que arriscados, pode ajudar o adolescente a ser flexível para aprender a respeito de aspectos do mundo que ele não teria encontrado se tivesse se esquivado de tal exploração (Allen e Allen, 2009). Posteriormente neste capítulo, revisitaremos o tema da exposição a riscos no contexto da percepção de invulnerabilidade dos adolescentes e uma pesquisa recente que distingue entre os diferentes tipos de vulnerabilidade (Lapsley e Hill, 2010; Lapsley e Stey, 2012).

Obviamente, uma questão importante é o que vem primeiro: mudanças biológicas no cérebro ou experiências que estimulam estas mudanças (Lerner, Boyd e Du, 2008)? Considere um estudo em que o córtex pré-frontal engrossou e mais conexões cerebrais se formaram quando os adolescentes resistiram à pressão dos pares (Paus et al., 2007). Os cientistas ainda precisam determinar se as mudanças cerebrais vêm primeiro ou se elas são resultado de experiências com os pares, pais e outras pessoas. Mais uma vez, encontramos o tema natureza-aprendizado, tão proeminente no exame do desenvolvimento ao longo do ciclo vital.

De acordo com o importante especialista Jay Giedd (2007, p. 1-2D), "a biologia não faz com que os jovens sejam rebeldes ou pintem o cabelo de vermelho ou usem drogas. Não quer dizer que você vai usar drogas, mas lhe dá mais chance de fazer isso".

O que sabemos agora sobre as mudanças no cérebro adolescente traz implicações para o sistema legal? Por exemplo, a pesquisa recente sobre o cérebro que acabamos de discutir pode ser usada para argumentar que, porque o cérebro do adolescente, especialmente o nível mais alto do córtex pré-frontal, ainda está se desenvolvendo, os adolescentes são menos maduros do que os adultos e, assim, não devem receber pena de morte? A especialista Elizabeth Sowell (2004) afirma que os cientistas não podem simplesmente fazer exames no cérebro dos adolescentes e decidir se eles devem ser processados como adultos. Em 2005, a pena de morte para adolescentes (abaixo de 18 anos) foi proibida pela Suprema Corte dos Estados Unidos, mas ela ainda continua a ser debatida (Ash, 2006).

EXPERIÊNCIA E PLASTICIDADE

Os cientistas estão especialmente interessados em até que ponto as experiências ambientais influenciam o desenvolvimento do cérebro. Eles também querem saber o quanto de plasticidade o cérebro conserva quando o indivíduo progride através da infância, da adolescência e da idade adulta (Diamond, Casey e Munakata,

2011). Uma análise recente indicou que a adolescência inicial é um momento de considerável plasticidade no cérebro (Gogtay e Thompson, 2010). Examinemos três perguntas que envolvem o papel da experiência e da plasticidade no desenvolvimento do cérebro na adolescência:

- *Podem ser geradas novas células nervosas na adolescência?* Até quase o fim do século XX, os cientistas sustentavam que o cérebro não gerava células novas (neurônios) depois dos primeiros anos da infância. Contudo, os pesquisadores descobriram recentemente que as pessoas podem gerar novas células cerebrais durante toda a sua vida (Marlatt, Lucassen e van Pragg, 2010). Até agora, os pesquisadores documentaram neurogênese em apenas duas regiões do cérebro, o hipocampo, envolvido na memória, e o bulbo olfativo, que funciona no olfato (Arenkiel, 2011; Glasper, Schoenfeld e Gould, 2011). Também não se sabe quais funções desempenham essas novas células cerebrais e, até o momento, os cientistas documentaram que elas duram apenas algumas semanas. Atualmente, os pesquisadores estão estudando fatores que poderiam inibir e promover a neurogênese, incluindo várias drogas, estresse, exercícios e aptidão cognitiva (Dranovsky e Leonardo, 2011; Shors et al., 2011; Wolf, Melnik e Kempermann, 2011). E eles estão explorando como o enxerto de células tronco neurais em várias regiões do cérebro, como o hipocampo, poderia aumentar a neurogênese (Szulwach et al., 2010).
- *O cérebro do adolescente pode se recuperar de uma lesão?* Na infância e na adolescência, o cérebro tem uma capacidade notável de se reparar (Nelson, 2011). No Capítulo 1, você leu a respeito de Michael Rehbein, cujo hemisfério esquerdo foi removido devido a convulsões cerebrais. A plasticidade do cérebro humano ficou evidente quando seu hemisfério direito se reorganizou para assumir funções, como a fala, que normalmente ocorrem no hemisfério esquerdo. Embora o cérebro mantenha uma plasticidade considerável na adolescência, quanto mais cedo ocorrer um dano cerebral, mais alta será a probabilidade de uma recuperação de sucesso (Yen e Wong, 2007).
- *O que nós sabemos sobre a aplicação de informações sobre o desenvolvimento cerebral à educação de adolescentes?* Infelizmente, com muita frequência as afirmações sobre as implicações da ciência do cérebro no ensino médio são especulativas e muito distantes do que os neurocientistas sabem a respeito do cérebro (Blakemor, 2010; Fischer e Immordino-Yang, 2008). Não precisamos ir muito além do alarde de que os indivíduos com o hemisfério esquerdo dominante são mais lógicos e os indivíduos com dominância do hemisfério direito são mais criativos para ver que as ligações entre a neurociência e a educação cerebral são feitas incorretamente (Sousa, 1995). Outra ligação comumente promovida entre a neurociência e a educação cerebral é de que a maior parte das mudanças principais no cérebro ocorre antes da adolescência (Fischer e Immordino-Yang, 2008). Entretanto, pesquisas recentes sobre a plasticidade do cérebro adolescente e o desenvolvimento contínuo do córtex pré-frontal até a adolescência apoiam a visão de que a educação pode beneficiar consideravelmente os adolescentes (Blakemore, 2010; Casey, Jones e Somerville, 2011).

Lee Malvo tinha 17 anos quando ele e John Muhmmad, um adulto, saíram como franco atiradores em 2002, aterrorizando a cidade de Washington, D.C., e matando 10 pessoas. A decisão da Suprema Corte dos Estados Unidos determinava que indivíduos com 18 anos ou menos, como Malvo, não podem receber a pena de morte. *O que os cientistas estão descobrindo sobre o cérebro dos adolescentes traz implicações para decisões legais como a pena de morte?*

Revisar *Conectar* **Refletir** **OA1** Descrever as mudanças desenvolvimentais no cérebro durante a adolescência.

Revisar
- O que são neurônios? Como os neurônios cerebrais mudam na adolescência?
- Que mudanças envolvendo estrutura cerebral, cognição e emoção ocorrem na adolescência?
- O quanto de plasticidade o cérebro tem na adolescência?

Conectar
- Relacione as mudanças estruturais no cérebro que ocorrem durante a adolescência com as dimensões psicológicas da puberdade discutidas no Capítulo 2.

Refletir *sua jornada de vida pessoal*
- Avalie seu estilo de vida em termos de fatores como exercícios, hábitos alimentares, se o seu sono é adequado e o quanto você se desafia a aprender e conquistar. Considerando o que você aprendeu sobre plasticidade cerebral, quais são as implicações da influência do seu estilo de vida no desenvolvimento do cérebro na adolescência e na adultez emergente?

2 A visão cognitiva do desenvolvimento — OA2 Discutir a visão cognitiva do desenvolvimento adolescente.

- Teoria de Piaget
- Teoria de Vygotsky

O desenvolvimento cerebral que acabamos de discutir fornece uma fundamentação biológica para as mudanças cognitivas que caracterizam a adolescência. Reflita por um momento sobre suas habilidades de pensamento quando adolescente jovem. Suas habilidades de pensamento eram tão boas quanto são agora? Você conseguia resolver problemas abstratos e raciocinar logicamente sobre temas complexos? Ou essas habilidades melhoraram durante os anos do ensino médio? Você pode descrever em que as suas habilidades de pensamento são melhores agora do que na época do ensino médio?

No Capítulo 1, examinamos brevemente a teoria de Jean Piaget do desenvolvimento cognitivo. Piaget tinha curiosidade pelas mudanças no pensamento que acontecem durante a infância e a adolescência. Nesta seção, exploraremos mais suas ideias sobre a cognição adolescente e a crescente popularização da teoria sociocultural do desenvolvimento cognitivo de Lev Vygotsky.

TEORIA DE PIAGET

Começamos a apresentação da teoria de Piaget descrevendo os principais processos que ele ressaltou como responsáveis pelas mudanças cognitivas no desenvolvimento. A seguir, nos voltaremos para seus estágios cognitivos, dando atenção especial ao pensamento operatório-concreto e operatório-formal.

Processos cognitivos A teoria do desenvolvimento cognitivo adolescente de Piaget é a teoria mais conhecida e mais amplamente discutida. De acordo com ele, os adolescentes são motivados a compreender seu mundo porque fazer isso é biologicamente adaptativo. Os adolescentes constroem ativamente seu mundo cognitivo; as informações do ambiente não são simplesmente despejadas dentro de suas mentes. Para entender o mundo, os adolescentes organizam suas experiências, separando as ideias importantes das menos importantes e conectando uma ideia a outra. Eles também adaptam seu pensamento para incluir ideias novas porque as informações adicionais favorecem a sua compreensão.

Ao construírem ativamente o seu mundo, os adolescentes usam esquemas. Um **esquema** é um conceito mental ou estrutura útil na organização e na interpretação da informação. Piaget estava especialmente interessado em saber como crianças e adolescentes usam os esquemas para organizar e compreender suas experiências atuais.

Piaget (1952) descobriu que crianças e adolescentes usam e adaptam seus esquemas por meio de dois processos: assimilação e acomodação. **Assimilação** é a incorporação de novas informações ao conhecimento já existente. Na assimilação, o esquema não se altera. **Acomodação** é a adaptação de um esquema às novas informações. Na acomodação, o esquema se altera.

Suponha, por exemplo, que uma garota de 13 anos queira aprender a usar um novo *smartphone* que seus pais lhe deram no seu aniversário. Embora ela nunca tenha tido a oportunidade de usar um, a partir da experiência e da observação ela se dá conta de que precisa pressionar uma tecla para ligar o aparelho. Seu comportamento se encaixa em uma estrutura conceitual já existente (assimilação). Depois que o telefone está ativado, ela pressiona um ícone na tela, mas ele não a leva até a tela que deseja. Ela também quer adicionar um aplicativo, mas não consegue descobrir como fazer isso. Ela logo percebe que precisa de ajuda para aprender a usar o *smartphone* – seja estudando melhor as instruções ou obtendo ajuda de alguém que tenha experiência no uso desse tipo de aparelho. Essa adaptação na sua abordagem demonstra sua percepção da necessidade de alterar sua estrutura conceitual (acomodação).

Equilibração, outro processo que Piaget identificou, é a mudança no pensamento de um estado para outro. Às vezes, o adolescente passa por um conflito cognitivo ou uma sensação de desequilíbrio em sua tentativa de entender o mundo. Por fim, ele resolve o conflito e alcança um balanço, ou equilíbrio, do pensamento. Piaget sustentava que os indivíduos avançam e retrocedem entre estados de equilíbrio e desequilíbrio cognitivo. Considere o comentário de Margaret no começo deste capítulo, de que ela nunca ficará grávida. Com o tempo, Margaret

Jean Piaget, principal arquiteto do campo do desenvolvimento cognitivo, aos 27 anos.

esquema Um conceito mental ou estrutura que é útil na organização e na interpretação da informação.

assimilação Incorporação de informações novas ao conhecimento já existente.

acomodação Adaptação de um esquema à informação nova.

equilibração Um mecanismo na teoria de Piaget que explica como os indivíduos passam de um estado de pensamento para o seguinte. A mudança ocorre quando os indivíduos experimentam um conflito cognitivo ou um desequilíbrio ao tentarem compreender o mundo. Por fim, o indivíduo resolve o conflito e atinge um balanço, ou equilíbrio, do pensamento.

resolverá esses conflitos à medida que seu pensamento se tornar mais avançado. No mundo do dia a dia, os adolescentes enfrentam constantemente tais inconsistências cognitivas.

Estágios do desenvolvimento cognitivo Piaget teorizou que os indivíduos se desenvolvem através de quatro estágios: sensório-motor, pré-operatório, operatório-concreto e operatório-formal (veja a Figura 3.4). Cada um destes estágios relacionados com a faixa etária consiste em formas distintas de pensamento. Essa forma *diferente* de compreender o mundo é o que faz um estágio ser mais avançado do que outro; ter simplesmente novas informações não torna o pensamento de um adolescente mais avançado. Assim, na teoria de Piaget, a cognição de uma pessoa é *qualitativamente* diferente em um estágio comparado com outro.

Pensamento sensório-motor e pré-operatório O **estágio sensório-motor**, que dura desde o nascimento até aproximadamente os 2 anos, é o primeiro estagio piagetiano. Nesse estágio, os bebês constroem uma compreensão do mundo coordenando as experiências sensoriais (tais como visão e audição) com ações físicas e motoras – daí o termo sensório-motor.

O **estágio pré-operatório**, que se estende aproximadamente dos 2 aos 7 anos, é o segundo estágio piagetiano. Nesse estágio, a criança começa a representar o mundo com palavras, imagens e desenhos. O pensamento simbólico vai além de simples conexões de informações e ação.

Pensamento operatório-concreto O **estágio operatório-concreto**, que se estende aproximadamente dos 7 aos 11 anos, é o terceiro estágio piagetiano. O raciocínio lógico substitui o pensamento intuitivo, contanto que o raciocínio possa ser aplicado a exemplos específicos ou concretos. De acordo com Piaget, o pensamento operatório-concreto envolve *operações* – ações mentais que permitem que o indivíduo faça mentalmente o que antes fazia fisicamente.

Piaget usou o termo *conservação* para se referir à capacidade de um indivíduo de reconhecer que comprimento, número, massa, quantidade, área, peso e volume dos objetos e substâncias não se alteram durante as transformações que alteram a sua aparência. Os pensadores operatórios-concretos possuem habilidades de conservação; os pensadores pré-operatórios não.

Outra característica do pensamento operatório-concreto é a *classificação*, ou raciocínio de inclusão de classe. As crianças que se engajam na classificação conseguem organizar sistematicamente objetos em hierarquia de classes e subclasses.

> Nós nascemos capazes de aprender.
>
> —JEAN-JACQUES ROUSSEAU
> *Filósofo francês nascido na Suíça, século XVIII*

estágio sensório-motor Primeiro estágio do desenvolvimento de Piaget, estendendo-se do nascimento até aproximadamente os 2 anos. Neste estágio, os bebês constroem uma compreensão do mundo ao coordenarem experiências sensoriais com ações físicas e motoras.

estágio pré-operatório Segundo estágio de Piaget, que dura aproximadamente dos 2 aos 7 anos. Neste estágio, as crianças começam a representar seu mundo com palavras, imagens e desenhos.

estágio operatório-concreto Terceiro estágio de Piaget, que se estende aproximadamente dos 7 aos 11 anos. Neste estágio, a crianças conseguem realizar operações. O raciocínio lógico substitui o pensamento intuitivo, contanto que o raciocínio possa ser aplicado a exemplos específicos ou concretos.

Estágio sensório-motor
Os bebês adquirem conhecimento do mundo por meio das ações físicas que realizam nele. Os bebês coordenam as experiências sensoriais com essas ações físicas. Um bebê progride da ação reflexa e instintiva na época do nascimento até o começo do pensamento simbólico já no final do estágio.

Do nascimento aos 2 anos

Estágio pré-operatório
A criança começa a usar representações mentais para compreender o mundo. O pensamento simbólico, refletido no uso das palavras e imagens, é usado nessa representação mental, que vai além da conexão das informações sensoriais com a ação física. Contudo, existem algumas restrições no pensamento da criança neste estágio, tais como egocentrismo e centralização.

Dos 2 aos 7 anos

Estágio operatório-concreto
A criança pode agora raciocinar logicamente sobre eventos concretos, entende o conceito de conservação, organiza objetos em classes hierárquicas (classificação) e coloca os objetos em séries ordenadas (seriação).

Dos 7 aos 11 anos

Estágio operatório-formal
O adolescente raciocina de forma mais abstrata, idealista e lógica (hipotético-dedutivo).

Dos 11 anos à idade adulta

FIGURA 3.4
Os quatro estágios do desenvolvimento cognitivo de Piaget.

"Ben está no primeiro ano do ensino médio e está questionando todas as coisas certas."
© Edward Koren/The New Yorker Collection/www.cartoonbank.com

A capacidade dos adolescentes de raciocinar hipoteticamente e de avaliar o que é ideal versus o que é real poderia levá-los a se engajarem em demonstrações como este protesto por melhores relações étnicas? Que outras causas poderiam ser atraentes para as recém-descobertas habilidades cognitivas dos adolescentes de raciocínio hipotético-dedutivo e idealista?

estágio operatório-formal Quarto e último estágio de Piaget do desenvolvimento cognitivo, que ele afirmava ocorrer entre os 11 e 15 anos. É caracterizado pelo pensamento abstrato, idealista e lógico.

raciocínio hipotético-dedutivo Termo de Piaget para a capacidade do adolescente, no estágio operatório-formal, de desenvolver hipóteses ou suposições melhores sobre os caminhos para resolver problemas; então, sistematicamente, eles deduzem, ou concluem, o melhor caminho a seguir na solução do problema.

Embora o pensamento operatório-concreto seja mais avançado do que o pensamento pré-operatório, ele tem suas limitações. O raciocínio lógico substitui o pensamento intuitivo contanto que os princípios possam ser aplicados a exemplos específicos *concretos*. Por exemplo, a criança operatória-concreta não consegue imaginar os passos necessários para concluir uma equação algébrica, uma afirmação abstrata sem conexão com o mundo concreto.

Pensamento operatório-formal O **estágio operatório-formal** é o quarto e último estágio do desenvolvimento cognitivo de Piaget. O pesquisador sustentou que este estágio emerge dos 11 aos 15 anos. O poder do pensamento em desenvolvimento do adolescente abre novos horizontes cognitivos e sociais. Quais são as características do pensamento operatório-formal? A mais significativa é que o pensamento operatório-formal é mais abstrato do que o pensamento operatório-concreto. O adolescente não está mais limitado às experiências reais e concretas como âncoras para o seu pensamento. Ele consegue invocar situações fictícias – acontecimentos que são possibilidades puramente hipotéticas ou proposições estritamente abstratas – e raciocina com lógica sobre elas.

A qualidade abstrata do pensamento do adolescente no nível operatório-formal fica evidente na sua habilidade para resolver problemas verbais. Enquanto o pensador operatório-concreto precisa ver os elementos concretos A, B e C para conseguir fazer a inferência lógica de que se $A = B$ e $B = C$, então $A = C$, o pensador operatório-formal pode resolver este problema meramente por meio da representação verbal.

Outra indicação da qualidade abstrata do pensamento adolescente é sua tendência crescente a pensar sobre o pensamento em si. Como um adolescente comentou: "Comecei a pensar em por que eu estava pensando no que eu estava pensando. Depois comecei a pensar sobre por que eu estava pensando sobre por que eu estava pensando sobre o que eu estava pensando". Se esta declaração parece abstrata, ela é e caracteriza o foco aumentado do adolescente no pensamento e em suas qualidades abstratas. Posteriormente neste capítulo, retornaremos ao tema do pensamento sobre o pensamento, o qual é chamado *metacognição*.

Além de ser abstrato, o pensamento operatório-formal é cheio de idealismo e possibilidades. Enquanto as crianças geralmente pensam de forma concreta sobre o que é real e limitado, os adolescentes começam a se envolver em especulações mais amplas sobre as características ideais – qualidades que eles desejam em si mesmos e nos outros. Tais pensamentos levam frequentemente os jovens a se compararem consigo mesmos e com outros no que se refere a esses padrões ideais. E, durante a adolescência, os pensamentos dos indivíduos são frequentemente voos fantasiosos sobre possibilidades futuras. Não é incomum que o adolescente fique impaciente com esses padrões ideais recém-descobertos e perplexo sobre quais dos muitos ideais irá adotar. Ao mesmo tempo em que os adolescentes pensam de forma mais abstrata e idealista, eles também pensam com mais lógica. Os adolescentes começam a raciocinar como um cientista, imaginando formas de resolver problemas e testar soluções sistematicamente. Piaget deu a este tipo de solução de problema um nome imponente, **raciocínio hipotético-dedutivo** – isto é, a capacidade de desenvolver hipóteses, ou suposições melhores, sobre como resolver problemas como equações de álgebra. Depois de desenvolver uma hipótese, o pensador operatório-formal sistematicamente deduz ou conclui o melhor caminho a seguir na solução do problema. Em contraste, as crianças têm mais probabilidade de resolver problemas por tentativa e erro.

Piaget sustentava que o pensamento operatório-formal é a melhor descrição de como os adolescentes pensam. No entanto, o pensamento operatório-formal não é um estágio homogêneo do desenvolvimento. Nem todos os adolescentes são pensadores operatórios-formais maduros. Ao contrário, alguns desenvolvimentistas argumentam que o pensamento operatório-formal consiste de dois subperíodos (Broughton, 1983):

- *Pensamento operatório-formal inicial*. A recém-descoberta habilidade dos adolescentes de pensar de forma hipotética produz pensamentos irrestritos, com possibilidades ilimitadas. Neste período inicial, o voo da fantasia pode submergir na realidade e o mundo é percebido muito subjetivamente e idealisticamente. A assimilação é o processo dominante neste subperíodo.

- *Pensamento operatório-formal tardio.* Quando os adolescentes testam seu raciocínio em contraste com a experiência, o balanço intelectual é restaurado. Por meio da acomodação, os adolescentes começam a se adaptar à mudança drástica que experimentaram. O pensamento formal tardio pode surgir na metade do período da adolescência.

Segundo esta visão de dois períodos, a assimilação caracteriza o pensamento operatório-formal inicial e a acomodação caracteriza o pensamento operatório-formal tardio (Lapsley, 1990).

Em seus primeiros trabalhos, Piaget (1952) indicou que tanto o início quanto a consolidação do pensamento operatório-formal são concluídos durante a adolescência inicial, aproximadamente dos 11 aos 15 anos. Posteriormente, Piaget (1972) revisou seu ponto de vista e concluiu que o pensamento operatório-formal não é atingido completamente até o final da adolescência, entre aproximadamente os 15 e os 20 anos.

Ainda assim, sua teoria não esclarece adequadamente as diferenças individuais que caracterizam o desenvolvimento cognitivo dos adolescentes, documentadas em inúmeras investigações (Kuhn, 2009). Alguns adolescentes iniciais são pensadores operatórios-formais, outros não. Por exemplo, uma revisão de investigações a respeito do pensamento operatório-formal revelou que apenas um em cada três estudantes da 9ª série é um pensador operatório-formal (Strahan, 1983). Alguns investigadores identificaram que o pensamento operatório-formal aumentava com a idade na adolescência; outros não encontraram este resultado. Na verdade, muitos estudantes universitários e adultos também não pensam de modo operatório-formal. Investigadores revelaram que de 17% a 67% dos estudantes universitários pensam no nível operatório-formal (Elkind, 1961; Tomlinson-Keasey, 1972).

Ao mesmo tempo que muitos adolescentes iniciais estão recém começando a pensar de maneira operatória-formal, outros estão no ponto de consolidação de seu pensamento operatório-concreto, usando-o de forma mais consistente do que faziam na infância. Perto do fim da adolescência, muitos jovens estão começando a consolidar seu pensamento operatório-formal, usando-o de forma mais consistente. E há, com frequência, uma variação entre as áreas de conteúdo do pensamento operatório-formal, assim como há no pensamento operatório-concreto na infância. Um adolescente de 14 anos pode raciocinar no nível operatório-formal quando analisa equações de álgebra, mas não quando resolve problemas verbais ou quando raciocina sobre relações interpessoais.

Avaliação da teoria de Piaget Quais foram as contribuições principais de Piaget? Sua teoria resistiu ao teste do tempo? Nesta seção, examinamos as contribuições de Piaget e as críticas ao seu trabalho.

Contribuições Piaget foi um gigante no campo da psicologia do desenvolvimento. Devemos a ele o campo atual do desenvolvimento cognitivo, assim como uma longa lista de conceitos magistrais duradouros: assimilação, acomodação, conservação e pensamento hipotético-dedutivo, dentre outros. Também devemos a Piaget a visão atual das crianças como pensadoras ativas e construtoras (Miller, 2011).

Piaget foi um gênio quando se tratou de observar crianças. Suas observações cuidadosas documentaram novas formas inventivas de descobrir como as crianças agem no mundo e se adaptam a ele. Piaget nos mostrou aspectos importantes que devem ser procurados no desenvolvimento cognitivo, como a mudança do pensamento pré-operatório para o pensamento operatório-concreto. Ele também indicou que as crianças precisam fazer suas experiências se encaixarem em seus esquemas, ou estruturas cognitivas, embora elas possam simultaneamente adaptar seus esquemas à experiência. Ele também revelou que a mudança cognitiva é provável de ocorrer se o contexto for estruturado para permitir um movimento gradual até o nível seguinte. Devemos a Piaget a crença atual de que um conceito não surge de repente, pronto, mas, em vez disso, desenvolve-se por meio de uma série de realizações que conduzem a um entendimento cada vez mais abrangente.

Críticas A teoria de Piaget não deixou de ser questionada (Miller, 2011). As questões levantadas dizem respeito ao momento e à natureza de sua visão em estágios do desenvolvimento cognitivo, a se ele falhou no estudo adequado e detalhado dos principais processos cognitivos e aos efeitos da cultura no desenvolvimento cognitivo. Consideremos cada uma destas críticas por vez.

No que se refere ao momento e aos estágios, descobriu-se que algumas habilidades surgem antes do que Piaget pensava (Miller, 2011). Por exemplo, foi demonstrada a conser-

Um professor excelente e educação na lógica da ciência e da matemática são experiências culturais importantes que promovem o desenvolvimento do pensamento operatório. *Piaget pode ter subestimado o papel da cultura e da instrução no desenvolvimento cognitivo das crianças?*

vação de número aos 3 anos (que Piaget afirmou surgir aproximadamente aos 7 anos, no estágio das operatório-concreto). Outras habilidades cognitivas geralmente surgem mais tarde do que indicado por Piaget. Muitos adolescentes ainda pensam de forma operatória-concreta ou ainda estão começando a ter domínio sobre as operações formais. Mesmo quando adultos, muitos indivíduos não são pensadores operatórios-formais. As evidências não apoiam a visão de Piaget de que antes dos 11 anos as crianças não possuem pensamento abstrato e que possuem a partir dos 11 anos (Kuhn, 2009). Assim, o desenvolvimento cognitivo dos adolescentes não é dividido em estágios, como Piaget pensava.

Um grupo de desenvolvimentistas cognitivos, os **neopiagetianos**, concluiu que a teoria de Piaget não se detém adequadamente na atenção, na memória e nas estratégias cognitivas que os adolescentes usam para processar a informação, e que as explicações de Piaget sobre as mudanças cognitivas são muito gerais. Eles sustentam, especialmente, que uma visão mais exata do pensamento infantil e adolescente requer mais conhecimento das estratégias que eles usam, da rapidez e da forma automática como processam a informação, as tarefas cognitivas particulares envolvidas no processamento da informação e a divisão dos problemas cognitivos em passos menores e mais precisos.

O principal proponente da visão neopiagetiana foi o psicólogo do desenvolvimento canadense Robbie Case (1992, 2000). Case aceita os quatro estágios do desenvolvimento cognitivo de Piaget, mas enfatiza que uma descrição mais precisa das mudanças dentro de cada estágio é necessária. Ele enfatiza que a crescente habilidade das crianças e dos adolescentes para processar a informação de modo eficiente está ligada ao crescimento do seu cérebro e ao desenvolvimento da memória. Em particular, Case cita a crescente capacidade de manter a informação na memória de trabalho (uma bancada de trabalho para a memória similar à memória de curto prazo) e manipulá-la com mais eficiência como essencial para a compreensão do desenvolvimento cognitivo.

Por fim, a cultura exerce influência mais forte no desenvolvimento do que Piaget identificou. Por exemplo, a idade na qual os indivíduos adquirem capacidades de conservação está associada, até certo ponto, ao grau em que sua cultura lhe oferece uma prática educacional relevante (Cole, 2006). Em muitos países em desenvolvimento, as oportunidades educacionais são limitadas e o pensamento operatório-formal é raro. Você lerá em breve sobre a teoria de Lev Vygotsky acerca do desenvolvimento cognitivo, na qual a cultura recebe um papel mais proeminente do que na teoria de Piaget.

Mudanças cognitivas na idade adulta Conforme discutimos anteriormente, de acordo com Piaget, adultos e adolescentes usam o mesmo tipo de raciocínio, isto é, pensam da mesma forma *qualitativamente*. Piaget reconheceu que os adultos podem ser *quantitativamente* mais avançados no seu conhecimento. Quais são algumas formas nas quais os adultos podem ser mais avançados no seu pensamento do que os adolescentes?

Pensamento realista e pragmático Alguns desenvolvimentistas propuseram que quando os jovens adultos entram no mercado de trabalho, sua forma de pensar se modifica. Uma ideia é que quando eles enfrentam as restrições da realidade promovidas pelo trabalho, o idealismo diminui (Labouvie-Vief, 1986).

Pensamento reflexivo e relativista William Perry (1970, 1999) também descreveu mudanças na cognição que acontecem na idade adulta inicial. Ele disse que os adolescentes frequentemente encaram o mundo em termos de polaridades – certo/errado, nós/eles ou bom/mau. Quando os jovens se tornam adultos, eles se afastam gradualmente deste tipo de pensamento absolutista à medida que tomam consciência das diversas opiniões e múltiplas perspectivas dos outros. Assim, na visão de Perry, o pensamento absolutista e dualista do adolescente dá vez ao pensamento reflexivo e relativista da idade adulta.

neopiagetianos Teóricos que argumentam que Piaget acertou em alguns aspectos, mas que sua teoria precisa de uma revisão considerável. Em sua revisão, eles dão maior ênfase ao processamento da informação que envolve atenção, memória e estratégias; eles também procuram apresentar explicações mais precisas sobre as mudanças cognitivas.

Ampliando a visão de Perry, Gisela Labouvie-Vief (2006) propôs recentemente que a complexidade crescente das culturas no último século gerou uma necessidade maior de um pensamento mais reflexivo e complexo, que leve em conta a natureza mutável do conhecimento e dos desafios. Ela enfatiza, também, que os principais aspectos do desenvolvimento cognitivo na adultez emergente incluem decidir sobre uma visão de mundo específica, reconhecer que essa visão de mundo é subjetiva e entender que as diversas visões de mundo devem ser reconhecidas. Segundo a perspectiva desta autora, uma variação individual considerável caracteriza o pensamento dos adultos emergentes, sendo que o nível mais avançado de pensamento é atingido somente por alguns. Ela argumenta que o nível de educação que os adultos emergentes atingem influencia especificamente como eles provavelmente maximizarão seu potencial cognitivo.

Cognição e emoção Labouvie-Vief e colaboradores (Labouvie-Vief, 2009; Labouvie-Vief, Gruhn e Studer, 2010) argumentam, também, que para entender as mudanças cognitivas na idade adulta é necessário considerar como a maturidade emocional pode afetar o desenvolvimento cognitivo. Eles concluem que, embora os adultos emergentes e adultos jovens tenham mais consciência da influência das emoções em seu pensamento, neste ponto ele é, em geral, intensamente dominado por emoções negativas que podem produzir um pensamento distorcido e egocêntrico. Nessa pesquisa, um subgrupo de adultos emergentes que têm alta empatia, flexibilidade e autonomia têm maior probabilidade de se engajar em um pensamento cognitivo-emocional complexo e integrado. Labouvie-Vief e colaboradores descobriram que a capacidade de pensar de maneira cognitiva e emocionalmente balanceada e avançada cresce na idade adulta intermediária. Além disso, eles enfatizam que, na meia-idade, os indivíduos se tornam mais intimamente reflexivos e menos dependentes do contexto no seu pensamento do que quando adultos jovens. No trabalho de Labouvie-Vief e colaboradores, podemos ver o esforço para descobrir conexões entre o desenvolvimento cognitivo e o socioemocional, descrito no Capítulo 1 como uma tendência crescente no campo do desenvolvimento vital.

Existe um quinto estágio pós-formal? Alguns teóricos reuniram essas descrições do pensamento adulto e propuseram que os adultos jovens ingressam em um novo estágio qualitativo de desenvolvimento cognitivo, o pensamento pós-formal (Sinnott, 2003). O **pensamento pós-formal** é:

- *Reflexivo, relativista e contextual*. Quando os adultos jovens se engajam na solução de problemas, eles podem pensar mais profundamente sobre muitos aspectos do trabalho, da política, dos relacionamentos e de outras áreas da vida (Labouvie-Vief, 1986). Eles descobrem que o que pode ser a melhor solução para um problema no trabalho (com um chefe ou um colega) pode não ser a melhor solução em casa (com o parceiro amoroso). Assim, o pensamento pós-formal sustenta que a resposta correta para um problema requer um pensamento reflexivo e pode variar de uma situação para outra. Alguns psicólogos argumentam que o pensamento reflexivo continua a crescer e se torna mais interno e menos contextual na meia-idade (Labouvie-Vief, Gruhn e Studer, 2010; Mascalo e Fischer, 2010).
- *Provisório*. Muitos adultos jovens também se tornam mais céticos quanto à verdade e não parecem dispostos a aceitar uma resposta final. Assim, eles passam a ver a busca pela verdade como um processo contínuo e, talvez, interminável.
- *Realista*. Os adultos jovens entendem que nem sempre o pensamento pode ser abstrato. Em muitos casos, ele precisa ser realista e pragmático.
- *Reconhecido como influenciado pela emoção*. Os adultos emergentes e adultos jovens têm mais probabilidade do que os adolescentes de entender que seu pensamento é influenciado pelas emoções. No entanto, com muita frequência, emoções negativas produzem um pensamento distorcido e egocêntrico neste ponto do desenvolvimento.

Um esforço para avaliar o pensamento pós-formal é o Questionário do Pensamento Complexo Pós-Formal (Complex Postformal Thought Questionnaire), composto por 10 itens (Sinnott e Johnson, 1997). A Figura 3.5 apresenta o questionário e lhe dá a oportunidade de avaliar seu pensamento no nível pós-formal. Um estudo recente constatou que os itens do questionário refletem três categorias principais do pensamento pós-formal: (1) Levar em conta os múltiplos aspectos de um problema ou situação, (2) Fazer uma escolha subjetiva em uma determinada situação-problema e (3) Perceber as complexidades subjacentes em uma situação (Cartwright et al., 2009).

Um estudo, utilizando o Questionário do Pensamento Complexo Pós-Formal, revelou que os estudantes universitários que tinham mais amigos de outras categorias (com base em

> **conexão** com o desenvolvimento
> **Saúde.** As flutuações emocionais na adolescência inicial podem estar ligadas aos níveis hormonais. À medida que os adolescentes se encaminham para a vida adulta, suas emoções se tornam menos extremas. Cap. 2, p. 87, Cap. 4, p. 174

pensamento pós-formal Pensamento que é reflexivo, relativista e contextual; provisório; realista; aberto a emoções e subjetivo.

Quais as características propostas para um quinto estágio do desenvolvimento cognitivo chamado de pensamento pós-formal?

sabedoria Conhecimento especializado sobre aspectos práticos da vida que permite um julgamento com excelência a respeito de questões importantes.

categorias de gênero, idade, etnia, condição socioeconômica e orientação sexual) apresentaram escores mais altos na medida do pensamento pós-formal do que seus equivalentes com menos amigos em outras categorias (Galupo, Cartwright e Savage, 2010).

É provável que as amizades com outras categorias estimulem os indivíduos a irem além do pensamento e/ou a avaliarem criticamente o pensamento estereotipado e a considerarem explicações alternativas.

O quão fortes são as evidências de um quinto estágio pós-formal do desenvolvimento cognitivo? Pesquisadores encontraram que os jovens adultos têm mais probabilidade de se engajarem no pensamento pós-formal do que os adolescentes (Commons e Richards, 2003). Mas os críticos argumentam que as pesquisas ainda precisam documentar que o pensamento pós-formal é um estágio qualitativamente mais avançado do que o pensamento operatório-formal.

Sabedoria Paul Baltes e colaboradores (2006) definem **sabedoria** como um conhecimento sobre os aspectos práticos da vida, que permite um julgamento com excelência sobre questões importantes. Este conhecimento prático envolve um *insight* excepcional sobre o desenvolvimento humano e os problemas da vida, um bom julgamento e um entendimento de como enfrentar problemas difíceis na vida. Assim, sabedoria, mais do que concepções padrão de inteligência, tem seu foco nas questões pragmáticas da vida e nas condições humanas (Sternberg, no prelo).

No que diz respeito à sabedoria, pesquisas de Baltes e colaboradores (Baltes e Kunzmann, 2007; Baltes, Lindenberger e Staudinger, 2006; Baltes e Smith, 2008) constataram que:

- *Níveis altos de sabedoria são raros.* Poucas pessoas, incluindo adultos mais velhos, atingem um nível alto de sabedoria. O fato de que apenas uma pequena porcentagem de adultos apresenta sabedoria apoia a discussão de que ela requer experiência, prática ou habilidades complexas.

Responda a cada um dos itens abaixo considerando quão bem eles caracterizam o seu pensamento de 1 = não verdadeiro até 7 = muito verdadeiro.

Não verdadeiro — Muito verdadeiro (1 2 3 4 5 6 7)

1. Eu vejo os paradoxos da vida.
2. Eu vejo mais de um método que pode ser usado para atingir um objetivo.
3. Eu estou consciente de que eu posso decidir qual realidade experimentar em um determinado momento, mas sei que a realidade é realmente multinível e mais complicada.
4. Existem muitas maneiras "corretas" para definir uma experiência de vida; eu devo tomar uma decisão final sobre como defino os problemas da vida.
5. Eu tenho consciência de que, às vezes, "ter sucesso" no dia a dia significa encontrar uma resposta aos problemas da vida; mas, às vezes, significa encontrar um caminho correto que me ajude a resolver problemas deste tipo.
6. Quase todos os problemas podem ser resolvidos pela lógica, mas isto pode requerer diferentes tipos de "lógicas".
7. Eu tenho tendência a ver diversas causas conectadas a algum evento.
8. Eu percebo que um determinado dilema sempre tem várias boas soluções.
9. Eu percebo com frequência que tenho vários objetivos em mente, ou que a vida parece ter vários objetivos em mente para mim. Então, persigo mais de um ao trilhar meu caminho na vida.
10. Eu posso ver a lógica escondida na solução dos outros aos problemas da vida, mesmo que não concorde com suas soluções e siga meu próprio caminho.

FIGURA 3.5
Questionário do Pensamento Complexo Pós-Formal. Depois de responder a estes itens, totalize seu escore, que pode variar de 10 a 70. Quanto maior seu escore, mais provavelmente você irá se engajar no pensamento pós-formal.

- *A estrutura temporal do fim da adolescência e da idade adulta inicial é a principal janela de idade para que surja sabedoria.* Não foram encontrados mais avanços na meia-idade e nos adultos mais velhos além do nível atingido quando eram jovens adultos, mas isso pode ter acontecido porque os problemas estudados não eram suficientemente relevantes para as vidas dos adultos mais velhos.
- *Outros fatores além da idade são essenciais para que a sabedoria se desenvolva até um nível alto.* Por exemplo, certas experiências na vida, como ser treinado e trabalhar em um campo relacionado a problemas difíceis da vida e ter mentores que estimulem a sabedoria, contribuem para níveis mais elevados de sabedoria. Além disso, pessoas com maior sabedoria têm valores que são mais prováveis de considerar o bem-estar dos outros mais do que a sua própria felicidade.
- *Fatores relacionados à personalidade, como abertura à experiência e criatividade, são melhores preditores de sabedoria do que fatores cognitivos como a inteligência.*

Um estudo recente comparou estudantes universitários e adultos mais velhos em uma escala de sabedoria que consistia de três dimensões: cognitiva, reflexiva e afetiva (Ardelt, 2010, p. 199):

- Os itens *cognitivos* da escala mediam a ausência de sabedoria cognitiva e incluíam itens referentes a não ter a capacidade ou não ter disponibilidade para entender algo inteiramente (p. ex., "A ignorância é uma dádiva."); tender a perceber o mundo como "ou/ou" em vez de uma forma mais complexa (p. ex., "As pessoas são boas ou más."); e não ter consciência das ambiguidades e incertezas na vida (p. ex., "Existe apenas um jeito correto de fazer alguma coisa.").
- Os itens *reflexivos* da escala avaliaram a presença da habilidade e da disponibilidade para examinar circunstâncias e problemas a partir de diferentes perspectivas (p. ex., "Sempre tento examinar todos os lados de um problema.") e ausência de autoexame e *autoinsight* (p. ex., "As coisas geralmente dão errado para mim sem que seja minha culpa").
- Os itens *afetivos* da escala avaliavam emoções positivas e generosidade (p. ex., "Às vezes sinto compaixão verdadeira por todo o mundo.") e a falta dessas características (p. ex., "Não é realmente meu problema se os outros estão com problemas e precisam de ajuda.").

Na escala geral de sabedoria, que incluía uma avaliação de todas as três dimensões combinadas, não foram encontradas diferenças entre as duas faixas etárias. Contudo, os adultos mais velhos que tinham nível universitário apresentaram escores mais altos nas dimensões reflexiva e afetiva, mas não na dimensão cognitiva da sabedoria do que os estudantes universitários.

Robert J. Sternberg (1998, 2011a), cuja teoria da inteligência será considerada posteriormente neste capítulo, argumenta que a sabedoria está ligada à inteligência prática e acadêmica. Segundo sua visão, a inteligência acadêmica é um requisito necessário para a sabedoria, porém insuficiente. Para Sternberg, o equilíbrio entre o interesse em si mesmo, o interesse pelos outros e os contextos produz um bem comum. Assim, os indivíduos sábios não cuidam apenas de si – eles também precisam considerar as necessidades e as perspectivas dos outros, bem como o contexto específico envolvido. Sternberg avalia a sabedoria, apresentando aos indivíduos problemas que requerem soluções, enfatizando vários interesses intrapessoais, interpessoais e contextuais. Ele também enfatiza que tais aspectos da sabedoria devem ser ensinados nas escolas (Sternberg, 2011a; Sternberg, Jarvin e Reznitskaya, 2011). É a ênfase de Sternberg no uso do conhecimento para o bem comum de uma forma que aborda interesses concorrentes que o diferencia da visão da sabedoria de Baltes e colaboradores.

TEORIA DE VYGOTSKY

A teoria de Lev Vygotsky (1962) foi apresentada no Capítulo 1 e estimulou interesse considerável pela visão de que o conhecimento é *situado* e *colaborativo* (Daniels, 2011). Isto é, o conhecimento é distribuído entre as pessoas e seus ambientes, o que inclui objetos, artefatos, ferramentas, livros e as comunidades em que as pessoas vivem. A distribuição sugere que o saber pode ser mais avançado por meio da interação com os outros em atividades cooperativas.

Um dos conceitos mais importantes de Vygotsky é a **zona de desenvolvimento proximal (ZDP)**, que se refere à variação de tarefas muito difíceis para um indivíduo dominar sozinho, mas que podem ser dominadas com a orientação e a assistência de adultos ou pares com mais habilidades. Assim, o nível mais baixo da ZDP é o nível da solução de um problema alcançado por um adolescente trabalhando independentemente. O limite superior é o nível de pensamento que o adolescente consegue acolher com a assistência de um instrutor capaz (veja a Figura 3.6). A ênfase de Vygotsky na ZDP sublinhou sua crença na importância das influências sociais no desenvolvimento cognitivo (Levykh, 2008).

Na abordagem de Vygotsky, a educação formal é apenas um dos agentes culturais que determinam o crescimento de um adolescente (Daniels, 2011). Pais, pares, a comunidade e a orientação tecnológica da cultura também influenciam o pensamento dos adolescentes (Rogoff et al., 2011). Por exemplo, as atitudes dos pais e pares em relação à competência intelectual afetam a motivação dos adolescentes em adquirir conhecimento. O mesmo acontece com as atitudes dos professores e de outros adultos da comunidade.

Muito embora suas teorias tenham sido propostas mais ou menos na mesma época, a maior parte do mundo tomou conhecimento da teoria de Vygotsky depois de conhecer a teoria de Piaget, portanto, a teoria de Vygotsky ainda não foi totalmente avaliada. A visão de Vygotsky acerca da importância das influências socioculturais no desenvolvimento das crianças combina com a crença atual de que é importante avaliar os fatores contextuais no aprendizado.

Embora as duas teorias sejam construtivistas, a de Vygotsky é uma **abordagem construtivista social**, que enfatiza os contextos sociais da aprendizagem e a construção do conhecimento através da interação social. Passando de Piaget para Vygotsky, a mudança conceitual é do individual para colaboração, interação social e atividade sociocultural (Gauvin, 2011). O ponto final do desenvolvimento cognitivo para Piaget é o pensamento operatório-formal. Para Vygotsky, o ponto final pode diferir, dependendo de quais habilidades são consideradas como mais importantes em uma cultura particular. Para Piaget, as crianças constroem o conhecimento transformando, organizando e reorganizando o conhecimento anterior. Para Vygotsky, crianças e adolescentes constroem conhecimento por meio da interação social (Holzman, 2009). A implicação da teoria de Piaget para o ensino é que as crianças precisam de apoio para explorar seu mundo e descobrir conhecimento. A principal implicação da teoria de Vygotsky para o ensino é que os estudantes precisam de muitas oportunidades para aprender com o professor e os pares com mais habilidades (Daniels, 2011). Tanto na teoria de Piaget quanto na de Vygotsky, os professores servem como facilitadores e guias, mais do que diretores e moldadores da aprendizagem. A Figura 3.7 compara as teorias de Vygotsky e Piaget.

Também houve críticas à teoria de Vygotsky (Karpov, 2006). Alguns críticos assinalam que Vygotsty não foi suficientemente específico quanto às mudanças em relação à idade (Gauvin e Parke, 2010). Outra crítica diz que Vygotsky não descreveu adequadamente como as mudanças nas capacidades socioemocionais contribuem para o desenvolvimento cognitivo (Gauvin, 2008). Ainda, outra crítica é de que ele enfatizou excessivamente o papel da linguagem no pensamento. A ênfase na colaboração e na orientação também tem armadilhas potenciais. Os facilitadores seriam realmente úteis em alguns casos, como quando um dos pais se torna excessivamente dominador e controlador? Além disso, alguns adolescentes podem se tornar preguiçosos e esperar ajuda quando poderiam ter feito algo por conta própria.

FIGURA 3.6
Zona de desenvolvimento proximal de Vygotsky (ZDP). A zona de desenvolvimento proximal de Vygotsky possui um limite inferior e um limite superior. As tarefas na ZDP são muito difíceis para a criança ou o adolescente realizarem sozinhos. Elas requerem a assistência de um adulto ou jovem mais habilitado. Quando crianças e adolescentes recebem instrução verbal ou uma demonstração, elas organizam as informações nas suas estruturas metais existentes para que possam eventualmente desempenhar a habilidade ou a tarefa sozinhos.

Limite superior
Nível de responsabilidade adicional que a criança pode aceitar com a assistência de um instrutor capaz

Zona de desenvolvimento proximal (ZDP)

Limite inferior
Nível de solução de problema atingido nestas tarefas pela criança que trabalha sozinha

zona de desenvolvimento proximal (ZDP) Conceito de Vygotsky que se refere à variação de tarefas muito difíceis para que um indivíduo domine sozinho, mas que podem ser dominadas com a orientação e a assistência de adultos ou pares mais capacitados.

abordagem construtivista social Abordagem que enfatiza os contextos sociais de aprendizagem e a construção de conhecimento por meio da interação social.

Revisar *Conectar* Refletir — OA2 Discutir a visão cognitiva do desenvolvimento adolescente.

Revisar
- Qual a visão de Piaget da adolescência? Quais são algumas contribuições e críticas à teoria de Piaget? Quais são algumas mudanças cognitivas possíveis na idade adulta?
- Qual a visão de Vygotsky da adolescência?

Conectar
- Compare os conceitos de pensamento pós-formal e sabedoria.

Refletir *sua jornada de vida pessoal*
- Pense em quando você tinha 8 e 16 anos. Imagine que você está assistindo a uma convenção política na televisão nestas duas idades diferentes. Em termos dos estágios do desenvolvimento cognitivo de Piaget, como suas percepções teriam se diferenciado relativamente a essas duas idades diferentes? O que você teria "visto" e compreendido quando estava com 8 anos? O que você teria "visto" e compreendido quando estava com 16 anos? Que conceitos piagetianos refletiriam essas diferenças na sua cognição?

	Vygotsky	Piaget
Contexto sociocultural	Forte ênfase	Pouca ênfase
Construtivismo	Construtivista social	Construtivista cognitivo
Estágios	Sem estágios do desenvolvimento propostos	Forte ênfase nos estágios (sensório-motor, pré-operatório, operatório-concreto e operatório-formal)
Processos principais	Zona de desenvolvimento proximal, linguagem, diálogo, ferramentas da cultura	Esquema, assimilação, acomodação, operações, conservação, classificação
Papel da linguagem	Um papel importante; a linguagem desempenha um papel poderoso na moldagem do pensamento	A linguagem tem um papel mínimo; a cognição primariamente direciona a linguagem
Visão sobre educação	A educação desempenha um papel central, ajudando as crianças a aprender as ferramentas da cultura	A educação meramente refina as capacidades cognitivas da criança que já emergiram
Implicações no ensino	O professor é um facilitador e guia, não um diretor; estabelece muitas oportunidades para as crianças aprenderem com o professor e com os pares mais habilitados	Também vê o professor como um facilitador e guia, não um diretor; dá apoio para as crianças explorarem seu mundo e descobrirem o conhecimento

FIGURA 3.7
Comparação das teorias de Vygotsky e Piaget.

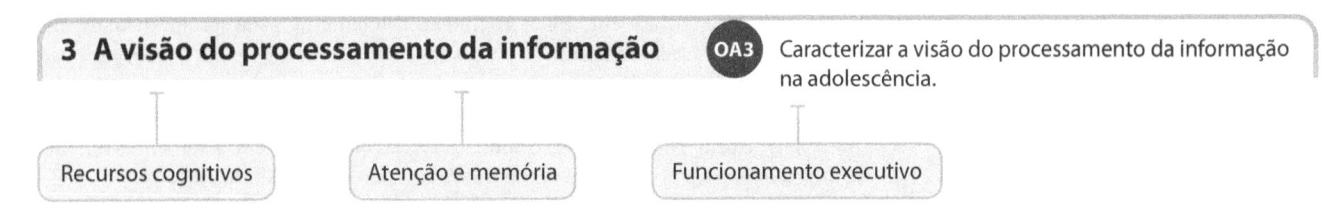

3 A visão do processamento da informação

OA3 Caracterizar a visão do processamento da informação na adolescência.

- Recursos cognitivos
- Atenção e memória
- Funcionamento executivo

No Capítulo 1, discutimos brevemente a visão do processamento da informação. Vimos que o processamento da informação inclui como a informação entra na mente dos adolescentes, como ela é armazenada e como os adolescentes recuperam a informação para pensar e resolver problemas.

Processamento da informação é uma estrutura para pensar sobre a adolescência e uma faceta desse desenvolvimento. Como estrutura, a visão do processamento da informação inclui determinadas ideias sobre como funciona a mente dos adolescentes e como estudar esse funcionamento (Kuhn, 2009). Como uma faceta do desenvolvimento, o processamento da informação muda quando a criança faz a transição da adolescência para a idade adulta. As mudanças na atenção e na memória, por exemplo, são essencialmente mudanças na forma como os indivíduos processam a informação (Mayer, 2008).

Deanna Kuhn (2009) discutiu recentemente algumas características importantes do processamento da informação e do pensamento do adolescente. Na sua visão, nos últimos anos da infância e continuando na adolescência, os indivíduos se aproximam de níveis cognitivos que podem ou não ser atingidos, em contraste com os níveis cognitivos universais que as crianças pequenas atingem. Na adolescência, está presente uma considerável variação no funcionamento cognitivo entre cada indivíduo. Essa variabilidade apoia o argumento de que os adolescentes são produtores do seu próprio desenvolvimento até um ponto além do atingido pelas crianças.

Em nossa exploração do processamento da informação, discutimos as mudanças desenvolvimentais na atenção, na memória e em inúmeros processos cognitivos de alta ordem envolvidos no funcionamento executivo. Mas, primeiramente, examinaremos a importância dos recursos cognitivos no processamento da informação.

RECURSOS COGNITIVOS

O processamento da informação é influenciado pela capacidade e pela velocidade do processamento (Frye, 2004). Essas duas características são frequentemente chamadas de *recursos*

> ### *conexão* COM OS ADOLESCENTES
>
> **Nós pensamos mais do que os adultos acham que pensamos**
>
> Não acho que os adultos entendam o quanto as crianças pensam hoje. Nós não aceitamos as coisas, simplesmente. Queremos entender por que as coisas são como são e as razões por trás das coisas. Queremos que este seja um mundo melhor e estamos pensando o tempo todo em como fazer com que seja assim. Quando ficarmos adultos, vamos tornar o mundo melhor.
>
> — *Jason, 15 anos*
> *Dallas, Texas*
>
> *Como este comentário reflete o argumento de que os adolescentes podem ter em mente diversas dimensões de um tópico ou problema simultaneamente?*

cognitivos e os adolescentes são melhores do que as crianças no manejo e na organização desses recursos de forma controlada e proposital (Kuhn e Franklin, 2006).

A maioria dos psicólogos do processamento da informação argumenta que um aumento na capacidade melhora o processamento da informação (Halford e Andrews, 2011). Por exemplo, quando a capacidade de processamento da informação dos adolescentes aumenta, eles têm maior probabilidade de ter em mente diversas dimensões de um tema ou de um problema simultaneamente, enquanto que os mais jovens têm maior tendência a focarem em apenas uma dimensão.

Qual é o papel da velocidade de processamento? Em geral, o processamento rápido está ligado a um bom desempenho em tarefas cognitivas. No entanto, pode ser atingida alguma compensação pela velocidade mais lenta do processamento, por meio de estratégias específicas.

Existem evidências abundantes de que a velocidade com a qual tais tarefas são realizadas melhora marcadamente durante a infância e nos anos da adolescência (Hommel, Li e Li, 2004; Kail, 2007; Kuhn, 2009). Em um estudo, os jovens de 10 anos eram aproximadamente 1,8 vezes mais lentos no processamento da informação do que os adultos jovens em tarefas como tempo de reação e combinação abstrata (Hale, 1990). Os jovens de 12 anos eram aproximadamente 1,5 vezes mais lentos do que os adultos jovens, mas os de 15 anos processavam informação sobre as tarefas tão rapidamente quanto os adultos jovens. Além disso, um estudo recente de crianças entre 8 e 13 anos revelou que a velocidade do processamento aumentava com a idade e, além disso, que a mudança desenvolvimental na velocidade do processamento precedia um aumento na capacidade da memória de trabalho (Kail, 2007).

ATENÇÃO E MEMÓRIA

Quando os adolescentes processam a informação rapidamente, eles têm que focar sua atenção na informação. E se precisarem usá-la posteriormente, eles terão que se lembrar dela. Atenção e memória são aspectos-chave do processamento da informação dos adolescentes.

Atenção Atenção é a concentração e a focalização do esforço mental. Os indivíduos podem alocar sua atenção de diferentes maneiras. Os psicólogos denominaram esses tipos de alocação de atenção seletiva, atenção dividida, atenção sustentada e atenção executiva.

- **Atenção seletiva** é focar num aspecto específico da experiência que é relevante, enquanto são ignorados outros que são irrelevantes. Focar a atenção em uma voz dentre muitas numa sala cheia é um exemplo de atenção seletiva.
- **Atenção dividida** envolve concentrar-se em mais de uma atividade ao mesmo tempo. Um exemplo de atenção dividida é trocar mensagens de texto enquanto ouve a aula expositiva de um instrutor.
- **Atenção sustentada** é a habilidade de manter a atenção em um estímulo selecionado por um período de tempo prolongado. Ficar focado na leitura deste capítulo do início ao fim, sem interrupção, é um exemplo de atenção sustentada.
- **Atenção executiva** envolve planejamento da ação, alocação da atenção aos objetivos, detecção e compensação do erro, monitoramento do progresso nas tarefas e manejo de circunstâncias novas ou difíceis. Um exemplo de atenção executiva é distribuir efeti-

---

atenção Concentração e foco dos recursos mentais.

atenção seletiva Foco num aspecto específico da experiência que é relevante, ao mesmo tempo que se ignora outros que são irrelevantes.

atenção dividida Concentração em mais de uma atividade ao mesmo tempo.

atenção sustentada Habilidade de manter a atenção em um estímulo selecionado por um período de tempo prolongado.

atenção executiva Tipo de atenção que envolve planejamento de ação, alocação da atenção para os objetivos, detecção e compensação de erros, monitoramento do progresso nas tarefas e manejo de circunstâncias novas ou difíceis.

Quais são algumas das mudanças na atenção durante a infância e a adolescência?

vamente a atenção para se engajar nas tarefas cognitivas mencionadas anteriormente, enquanto escreve um trabalho de 10 páginas para um curso de história.

Vamos explorar melhor a atenção dividida, sustentada e executiva. Em uma investigação, jovens de 12 anos eram marcadamente melhores do que os de 8 anos, e ligeiramente piores do que os de 20 anos quando dividiam sua atenção entre duas tarefas (Manis, Keating e Morrison, 1980). Os adolescentes podem ter mais recursos disponíveis para eles do que as crianças (por meio do aumento na velocidade, na capacidade e na automaticidade do processamento) ou podem ter mais habilidade em direcionar os recursos.

Conforme descrevemos no Capítulo 1, uma tendência que envolve a atenção dividida é a multitarefa dos adolescentes, que em alguns casos envolve dividir a atenção não somente entre duas atividades, mas até mesmo entre três ou mais (Bauerlein, 2008). Uma influência importante no crescimento da multitarefa é a disponibilidade de múltiplas mídias eletrônicas. Se uma tarefa importante for muito complexa e desafiadora, como descobrir a solução de um problema em uma lição, a multitarefa reduz consideravelmente a atenção na tarefa principal (Myers, 2008).

A atenção sustentada e a executiva também são aspectos muito importantes do desenvolvimento cognitivo adolescente. Quando os adolescentes são requisitados a se engajarem em tarefas maiores e cada vez mais complexas que requerem mais tempo para serem concluídas, sua habilidade de sustentar a atenção é essencial para o sucesso nessas tarefas. Um aumento na atenção executiva dá suporte para o rápido aumento no esforço de controle que é requerido para se engajar efetivamente nessas tarefas acadêmicas complexas (Rothbart, 2011).

Como ocorre com qualquer processo cognitivo, existem muitas diferenças individuais em como os adolescentes usam com eficiência estes diferentes tipos de atenção em sua vida diária. Por exemplo, no Capítulo 10, discutiremos o *transtorno de déficit de atenção/hiperatividade (TDAH)*, um transtorno em que os adolescentes têm problemas graves em alocar a atenção efetivamente.

Memória Existem poucos momentos em que a vida do adolescente não está imersa na memória. A memória está em funcionamento a cada passo que o adolescente dá, em cada pensamento que ele tem e em cada palavra que ele pronuncia. Memória é a retenção da informação ao longo do tempo. Ela é essencial para a vida mental e para o processamento da informação. Para ter sucesso ao aprender e raciocinar, os adolescentes precisam reter informação e recuperá-la quando necessário. Três sistemas de memória importantes estão envolvidos na aprendizagem dos adolescentes: memória de curto prazo, memória de trabalho e memória de longo prazo.

conexão com o desenvolvimento

Mídia. Um estudo recente revelou que, quando a mídia multitarefa é levada em consideração, os jovens entre 11 e 14 anos usam a mídia aproximadamente 12 horas por dia (Rideout, Foehr e Roberts, 2010). Cap. 12, p. 404

A multitarefa é benéfica para os adolescentes?

conexão com o desenvolvimento

Desenvolvimento do cérebro. Um estudo revelou que o pico da espessura do córtex cerebral ocorre 3 anos mais tarde (10, 5 anos) em crianças com TDAH (Shaw et al., 2007). Cap. 10, p. 357

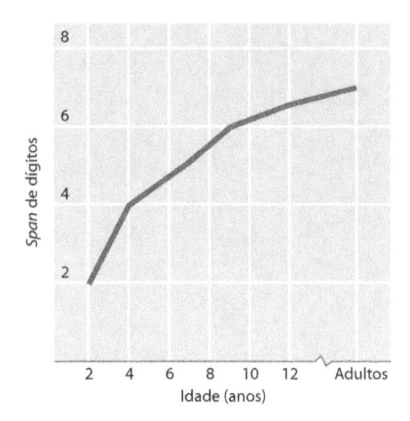

FIGURA 3.8
Mudanças desenvolvimentais no *span* de memória. Em um estudo, o *span* de memória aumentou em torno de 3 dígitos a partir dos 2 anos até 5 dígitos aos 7 anos (Dempster, 1981). Aos 12 anos, o *span* de memória aumentou em média outros 1 ½ dígitos.

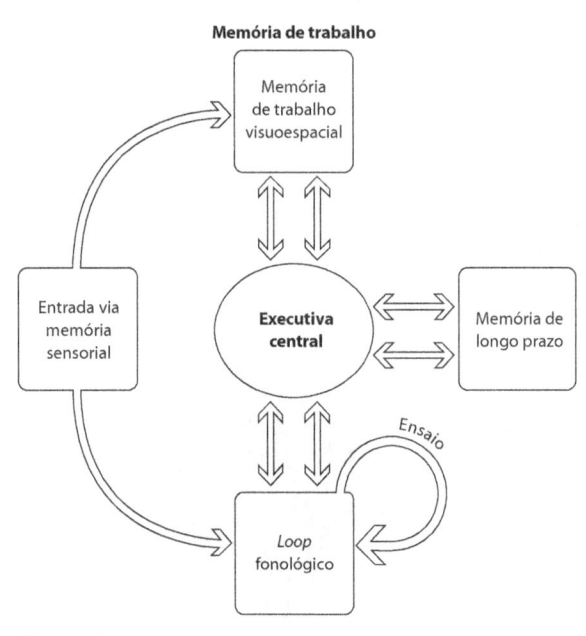

FIGURA 3.9
Memória de trabalho. No modelo de memória de trabalho de Baddeley, ela é vista como uma bancada de trabalho mental onde se realiza o processamento de um grande número de informações. A memória de trabalho consiste de três componentes principais: o *loop* fonológico e a memória de trabalho visuoespacial servem como assistentes, ajudando a executiva central a fazer o seu trabalho. A entrada da memória sensorial vai até o *loop* fonológico, onde são armazenadas informações sobre a linguagem e acontece o ensaio, e até a memória de trabalho visuoespacial, onde informações visuais e espaciais, incluindo o imaginário, são armazenadas. A memória de trabalho é um sistema de capacidade limitada e as informações são lá armazenadas por apenas um breve período. A memória de trabalho interage com a memória de longo prazo, usando informações da memória de longo prazo em seu trabalho e transmitindo as informações para a memória de longo prazo para que haja um armazenamento mais duradouro.

Memória de curto prazo É um sistema de memória de capacidade limitada em que a informação é retida por 30 segundos, a menos que seja ensaiada, caso em que ela pode ser retida por mais tempo. Uma forma comum de avaliar a memória de curto prazo é apresentar uma lista de itens a serem lembrados, o que geralmente é chamado de tarefa de *span* de memória. Se você já se submeteu a um teste de QI, provavelmente lhe foi pedido para recordar uma série de números ou palavras. Você simplesmente ouve uma pequena lista de estímulos – geralmente dígitos – apresentados num ritmo rápido (um por segundo, por exemplo). Então lhe é pedido para repetir os mesmos dígitos. Usando a tarefa de *span* de memória, pesquisadores identificaram que a memória de curto prazo aumenta muito na segunda infância e continua a crescer em crianças mais velhas e adolescentes, só que num ritmo mais lento. Por exemplo, em uma investigação, o *span* de memória aumentou em 1 ½ dígito entre as idades de 7 e 12 anos (Dempster, 1981) (veja a Figura 3.8). Tenha em mente, no entanto, as diferenças individuais no *span* de memória, que explicam o uso do teste de QI e vários testes de aptidão.

Memória de trabalho A memória de curto prazo é como um depósito passivo com prateleiras para armazenar informação até que ela seja movida para a memória de longo prazo. A memória de trabalho é um tipo de "bancada de trabalho" onde os indivíduos manipulam e reúnem informações quando tomam decisões, resolvem problemas e compreendem a linguagem escrita e falada (Baddeley, 2008, 2010a, 2010b, 2012) (veja a Figura 3.9). Muitos psicólogos preferem o termo memória de trabalho a memória de curto prazo para descrever como funciona a memória. A memória de trabalho é descrita como mais ativa e poderosa na modificação da informação do que a memória de curto prazo. Um estudo recente revelou que a capacidade da memória de trabalho aos 9 e 10 anos predizia a compreensão de uma língua estrangeira dois anos mais tarde, aos 11 e 12 anos (Andersson, 2010). Outro estudo recente encontrou que o córtex pré-frontal desempenha um papel mais importante na memória de trabalho no fim da adolescência do que na adolescência inicial (Finn et al., 2010).

Em um estudo, o desempenho de indivíduos de 6 a 57 anos foi examinado em tarefas de memória de trabalho verbal e visuoespacial (Swanson, 1999). Conforme mostra a Figura 3.10, a memória de trabalho aumentou substancialmente dos 8 aos 24 anos, independentemente da tarefa. Assim, é provável que os anos da adolescência sejam um importante período do desenvolvimento para a melhora da memória de trabalho. Observe que a memória de trabalho continua a se desenvolver durante a transição para a idade adulta e além.

Memória de longo prazo É um sistema de memória relativamente permanente que armazena grandes quantidades de informações por um longo período de tempo. A memória de longo prazo aumenta substancialmente na terceira infância e o desenvolvimento provavelmente continua durante a adolescência, embora isso não tenha sido bem documentado pelos pesquisadores. O que se sabe a respeito da memória de longo prazo é que ela depende das atividades de aprendizagem em que o indivíduo se engaja quando está aprendendo e lembrando da informação (Pressley e Hilden, 2006). A maioria das atividades de aprendizagem se enquadra na categoria das *estratégias*, atividades sob o controle consciente do aprendiz. Existem muitas atividades como essa, mas uma das mais importantes é a organização, a tendência a agrupar ou organizar itens em categorias. Em seguida teremos mais a discutir sobre estratégias.

FUNCIONAMENTO EXECUTIVO

Atenção e memória são dimensões importantes do processamento da informação, mas outras dimensões também são importantes. Essas outras dimensões envolvem o engajamento em várias atividades cognitivas de alta ordem, tais como exercitar o controle cognitivo, tomar decisões, pensar criticamente e se engajar em metacognição. Esses tipos de processos cognitivos complexos de alta ordem envolvem um conceito do

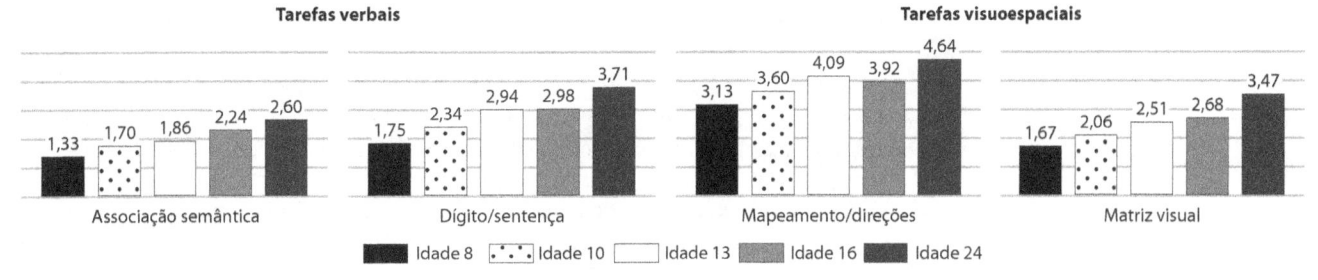

FIGURA 3.10
Mudanças desenvolvimentais na memória de trabalho. *Nota:* Os escores aqui apresentados são as médias para cada faixa etária e a idade também representa uma idade média. Os escores mais altos refletem desempenho superior da memória de trabalho.

Tarefas verbais — Associação semântica: 1,33; 1,70; 1,86; 2,24; 2,60. Dígito/sentença: 1,75; 2,34; 2,94; 2,98; 3,71.
Tarefas visuoespaciais — Mapeamento/direções: 3,13; 3,60; 4,09; 3,92; 4,64. Matriz visual: 1,67; 2,06; 2,51; 2,68; 3,47.
(Idade 8, Idade 10, Idade 13, Idade 16, Idade 24)

tipo guarda-chuva chamado de **funcionamento executivo**. Neste modelo de funcionamento cognitivo descrito anteriormente, Alan Baddeley (2008, 2010a, 2012) reconheceu a importância destes processos cognitivos de alta ordem e, na verdade, chamou este aspecto do seu modelo de *executivo central*.

O funcionamento executivo torna-se de forma crescente muito forte durante a adolescência (Kuhn, 2009; Kuhn e Franklin, 2006). Este funcionamento executivo

> assume um papel de monitoramento e administração da distribuição dos recursos cognitivos como uma função das demandas da tarefa. Em consequência, o desenvolvimento cognitivo e a aprendizagem em si se tornam mais efetivas... A emergência e o fortalecimento deste (funcionamento) executivo é sem dúvida o desenvolvimento intelectual mais importante a ocorrer na segunda década da vida (Kuhn e Franklin, 2006, p. 987).

Controle cognitivo O **controle cognitivo** envolve controle efetivo e pensamento flexível em diversas áreas, incluindo controlar a atenção, reduzir os pensamentos intervenientes e ser cognitivamente flexível (Diamond, Casey e Munakata, 2011). O controle cognitivo também foi chamado de *controle inibitório* ou *esforço de controle* para enfatizar a habilidade de resistir a uma forte inclinação a fazer uma coisa, mas em vez disso fazer o que é mais efetivo (Diamond, 2010; Rothbart, 2011).

Durante a infância e a adolescência, o controle cognitivo vai crescendo com a idade (Casey, Jones e Somerville, 2011; Luna, Padmanabhan e O'Hearn, 2010). Considera-se que o aumento do controle cognitivo se deve à maturação dos caminhos e circuitos cerebrais que consideramos anteriormente neste capítulo. Por exemplo, um estudo encontrou menos difusão e mais ativação focal no córtex pré-frontal dos 7 aos 30 anos (Durston et al., 2006). A mudança da ativação foi acompanhada de aumento na eficiência do desempenho cognitivo, especialmente do *controle cognitivo*.

Pense em todas as vezes em que os adolescentes e adultos emergentes precisam se engajar em controle cognitivo, tais como (Galinsky, 2010):

- Fazer um esforço real para perseverar em uma tarefa, evitando a interferência de pensamentos ou eventos ambientais, e em vez disso fazer o que é mais efetivo.
- Parar e pensar antes de agir para evitar dizer alguma coisa que um ou dois minutos depois gere arrependimento.
- Continuar a trabalhar em algo que é importante, porém entediante, quando existe alguma coisa muito mais divertida para fazer, inibindo o comportamento e executando a tarefa entediante, porém, importante, dizendo a si mesmo: "Eu tenho que ter autodisciplina para terminar isso".

Controle da atenção e redução da interferência de pensamentos O controle da atenção é um aspecto-chave do aprendizado e do pensamento na adolescência e na adultez emergente (Bjorklund, 2012). As distrações que podem interferir na atenção na adolescência e na adultez emergente são provenientes do ambiente externo (estudantes conversando enquanto outro está tentando ouvir uma palestra, ou o estudante ligar um *laptop* durante uma palestra e verificar uma nova solicitação de amizade em uma rede social, por exemplo) ou de distrações intrusivas provenientes de pensamentos concorrentes na mente do indivíduo. Pensamentos auto-orientados, como preocupação, insegurança e pensamentos intensos, emocionalmente

funcionamento executivo Um conceito do tipo guarda-chuva que envolve metacognição e processos cognitivos complexos de alta ordem que incluem exercitar o controle cognitivo, tomar decisões, raciocinar, pensar criticamente e pensar criativamente.

controle cognitivo Envolve controle efetivo e pensamento flexível em várias áreas, incluindo controle da atenção, redução de pensamentos intervenientes e ser flexível cognitivamente.

carregados, podem interferir especialmente na focalização da atenção em tarefas de pensamento (Gillig e Sanders, 2011; Walsh, 2011).

Ser cognitivamente flexível A flexibilidade cognitiva envolve estar consciente de que opções e alternativas estão disponíveis e adaptar-se à situação. Antes de os adolescentes e adultos emergentes adaptarem seu comportamento a uma situação, eles precisam tomar consciência de que precisam mudar sua forma de pensar e estar motivados para fazer isso. Ter confiança na sua habilidade de adaptar o pensamento a uma situação particular, um aspecto da autoeficácia, também é importante para ser cognitivamente flexível (Bandura, 2010a). Para avaliar o quanto você é flexível cognitivamente, veja a Figura 3.11 (Galinsky, 2010).

Tomada de decisão A adolescência é um período de aumento na tomada de decisão – quais amigos escolher, com que pessoa namorar, fazer sexo ou não, ir para a universidade, etc. (Albert e Steinberg, 2011 a, b; Kuhn, 2009; Reyna et al., 2011). O quanto de competência os adolescentes têm para tomar decisões? Em algumas revisões, os adolescentes mais velhos são descritos como mais competentes do que os adolescentes mais jovens, os quais, por sua vez, são mais competentes do que as crianças (Keating, 1990). Comparados com as crianças, os adolescentes jovens têm maior probabilidade de gerar opções diferentes, examinar uma situação a partir de uma variedade de perspectivas, prever as consequências dessas decisões e considerar a credibilidade das fontes.

Um estudo documenta que adolescentes mais velhos são melhores em tomada de decisão do que os adolescentes mais jovens (Lewis, 1981). Foram apresentados dilemas a estudantes do final do ensino fundamental e do ensino médio, envolvendo a escolha de um procedimento médico. Os estudantes mais velhos tinham maior probabilidade de mencionar espontaneamente uma variedade de riscos, recomendar uma consulta com outro especialista e prever consequências futuras. Por exemplo, quando perguntado sobre ter ou não uma cirurgia estética, um estudante do ensino médio disse que precisam ser examinados os diferentes aspectos da situação, juntamente como seus efeitos no futuro do indivíduo, especialmente nas relações com as outras pessoas. Em contraste, um estudante do final do ensino fundamental apresentou uma visão mais limitada, comentando sobre os efeitos da cirurgia em relação a ser rejeitado para um encontro, o dinheiro envolvido e ser provocado pelos pares.

Em resumo, adolescentes mais velhos frequentemente tomam melhores decisões do que os adolescentes mais jovens os quais, por sua vez, tomam melhores decisões do que as crianças. A habilidade de regular as próprias emoções durante a tomada de decisão, de lembrar de decisões anteriores e de suas consequências e de adaptar a tomada de decisão posterior com base nessas consequências parecem melhorar com a idade, pelo menos até o início da idade adulta (Klaczynski, Byrnes e Jacobs, 2001).

Porém, as habilidades dos adolescentes mais velhos para a tomada de decisão estão longe de serem perfeitas, mas obviamente nós também não tomamos decisões perfeitas quando adultos (Kuhn, 2009). Por exemplo, adolescentes e adultos impulsivos e que frequentemente buscam sensações não tomam decisões eficazes (Galvan et al., 2007).

Ser capaz de tomar decisões competentes não garante que os indivíduos façam isso na vida diária, na qual uma gama de experiências geralmente entra em jogo. Como exemplo, os cursos

Circule o número que melhor reflete como você pensa em relação a cada um dos quatro itens:

	Exatamente como você	Muito como você	Um pouco como você	Não muito como você	Nem um pouco como você
1. Quando tento alguma coisa que não funciona, é difícil para mim desistir e tentar outra solução.	1	2	3	4	5
2. Eu me adapto a mudanças com muita facilidade.	5	4	3	4	5
2. Quando não consigo convencer alguém sobre o meu ponto de vista, geralmente consigo entender por que não.	5	4	3	4	5
4. Eu não sou muito rápido para aceitar ideias novas.	1	2	3	4	5

Some os seus números em cada um dos quatro itens: Escore Total: _____
Se o seu escore total estiver entre 20 e 15, então você tem uma alta taxa de flexibilidade cognitiva. Se você pontuou entre 9 e 14, você está na categoria média, e se o seu escore foi abaixo de 8, você provavelmente poderia melhorar.

FIGURA 3.11
O quanto você é flexível cognitivamente?

de treinamento de motoristas melhoram as habilidades cognitivas e motoras de adolescentes em níveis iguais, ou às vezes superiores, aos de adultos. No entanto, o treinamento dos motoristas não tem sido efetivo na redução do alto índice de acidentes de trânsito com adolescentes, embora recentemente pesquisadores tenham identificado que a implementação de um programa gradual para o licenciamento de motoristas (em inglês, GDL) pode reduzir os índices de acidentes e mortalidade de motoristas adolescentes (Keating, 2007). Os componentes do GDL incluem um período de controle do aprendiz, certificação de prática de direção, restrição para dirigir à noite e restrição de passageiros. Além do GDL, o monitoramento e as expectativas parentais podem reduzir os acidentes de trânsito com adolescentes (Keating e Halpern-Felshner, 2008). Por exemplo, os pais podem restringir e monitorar a presença dos pares dos adolescentes no veículo.

Quais são algumas das decisões que os adolescentes têm que tomar? O que caracteriza sua tomada de decisão?

A maioria das pessoas toma melhores decisões quando estão calmas do que quando excitadas emocionalmente, o que pode ser especialmente verdade para os adolescentes (Rivers, Reyna e Mills, 2008; Steinberg et al., 2009). Lembre-se, a partir de nossa discussão anterior neste capítulo sobre o desenvolvimento do cérebro, de que os adolescentes têm tendência a serem emocionalmente intensos. Assim, o mesmo adolescente que toma uma decisão inteligente quando está calmo pode tomar uma decisão insensata quando excitado emocionalmente (Casey, Getz e Galvan, 2008; Giedd, 2008). No calor do momento, então, as emoções dos adolescentes podem ter domínio sobre sua capacidade de tomar decisões.

O contexto social desempenha um papel-chave na tomada de decisão adolescente (Albert e Steinberg, 2011a, b). Por exemplo, a disponibilidade dos adolescentes para tomar decisões arriscadas é mais provável de ocorrer em contextos em que as substâncias e outras tentações estão prontamente disponíveis (Gerrard et al., 2008; Reyna e Rivers, 2008). Uma pesquisa recente revela que a presença dos pares em situações de exposição a risco aumenta a probabilidade de que os adolescentes tomem decisões arriscadas (Albert e Steinberg, 2011a, 2011b). Num estudo sobre a exposição a riscos envolvendo uma tarefa de direção simulada, a presença dos pares aumentou em 50% a decisão de um adolescente de se engajar em direção perigosa, mas não teve nenhum efeito nos adultos (Gardner e Steinberg, 2005). Uma visão é de que a presença dos pares ativa no cérebro o sistema de recompensas, especialmente os caminhos da dopamina (Albert e Steinberg, 2011a, 2011b: Steinberg, 2010).

Os adolescentes precisam de mais oportunidades de praticar e discutir a tomada de decisão realista. Muitas decisões no mundo real sobre temas como sexo, drogas e direção perigosa

Como as emoções e os contextos sociais influenciam a tomada de decisão dos adolescentes?

ocorrem em uma atmosfera de estresse que inclui restrições de tempo e envolvimento emocional. Uma estratégia para melhorar a tomada de decisão adolescente em tais circunstâncias é oferecer mais oportunidades para que se engajem em exercícios de representação (i.e., *role-playing*) e em solução de problemas em grupo. Outra estratégia é que os pais envolvam os adolescentes em atividades adequadas para tomada de decisão.

Uma proposta para explicar a tomada de decisão adolescente é o **modelo de processo dual**, que afirma que a tomada de decisão é influenciada por dois sistemas cognitivos – um analítico e um experiencial, que competem um com o outro (Klaczynski, 2001; Reyna e Farley, 2006; Reyna et al., 2011). O modelo de processo dual enfatiza que é o sistema experiencial – monitoramento e gerenciamento das experiências reais – que beneficia a tomada de decisão dos adolescentes, e não o sistema analítico. Segundo esta visão, os adolescentes não se beneficiam ao se engajarem em análise cognitiva reflexiva, detalhada de nível superior sobre uma decisão, especialmente em contextos de alto risco no mundo real. Em tais contextos, os adolescentes apenas precisam saber que existem algumas circunstâncias que são tão perigosas que precisam ser evitadas a todo o custo (Mills, Reyna e Strada, 2008). Entretanto, alguns especialistas em cognição adolescente argumentam que em muitos casos os adolescentes se beneficiam dos dois sistemas, analítico e experiencial (Kuhn, 2009).

Pensamento crítico É pensar reflexivamente e produtivamente, avaliando as evidências (Bonney e Sternberg, 2011; Galinsky, 2010). Em uma pesquisa com estudantes que estavam na 6ª e 9ª séries do ensino fundamental e na 3ª série do ensino médio, o pensamento crítico aumentou com a idade, mas ainda ocorria apenas em 43% dos estudantes que estavam no último ano do ensino médio (Klaczynski e Narasimham, 1998). Muitos adolescentes apresentaram vieses de autoconveniência em seu pensamento.

A adolescência é um período transicional importante no desenvolvimento do pensamento crítico (Keating, 1990). Entre as mudanças cognitivas que permitem a melhora no pensamento crítico durante este período estão as seguintes:

- Aumento na velocidade, automaticidade e capacidade de processamento da informação, que libera os recursos cognitivos para outros propósitos.
- Maior amplitude de conhecimento do conteúdo numa variedade de domínios.
- Aumento na habilidade de construir novas combinações de conhecimentos.
- Uma amplitude maior e uso mais espontâneo de estratégias e procedimentos para obtenção e aplicação do conhecimento, tais como planejamento, consideração das alternativas e monitoramento cognitivo.

Embora a adolescência seja um período importante no desenvolvimento das habilidades de pensamento crítico, se uma base sólida de habilidades fundamentais (como leitura e escrita e habilidades em matemática) não for desenvolvida durante a infância, é improvável que as habilidades para o pensamento crítico se desenvolvam adequadamente na adolescência.

Desenvolveu-se interesse considerável pelo ensino do pensamento crítico em escolas (Fairweather e Cramond, 2011). O psicólogo cognitivo Robert J. Sternberg (1985) conclui que a maioria dos programas escolares que ensinam pensamento crítico é falha. Ele acha que as escolas focam excessivamente nas tarefas de raciocínio formal e não o suficiente nas habilidades para pensamento crítico necessárias na vida diária. Dentre as habilidades de pensamento crítico que Sternberg observa que os adolescentes precisam na vida diária estão: reconhecer que os problemas existem, definir os problemas mais claramente, enfrentar problemas sem uma resposta certa única ou qualquer critério claro para o ponto em que o problema é resolvido (como escolher uma carreira gratificante), tomar decisões sobre temas de relevância pessoal (como decidir fazer uma operação arriscada), obter informações, pensar em grupo e desenvolver abordagens de longo prazo para problemas de longo prazo.

Uma forma de encorajar os estudantes a pensar criticamente é apresentar-lhes temas ou artigos controversos que apresentem ambos os lados de um assunto a ser discutido (Kuhn e Franklin, 2006). Alguns professores evitam fazer os estudantes se engajarem nesses tipos de debates ou discussões de pensamento crítico porque não é "educado" ou "gentil" (Winn, 2004). No entanto, o pensamento crítico é promovido quando os estudantes se defrontam com relatos conflitantes de discussões e debates, o que pode motivá-los a investigar mais profundamente um tema ou a tentar resolver um problema (Kuhn, 2009; Kuhn e Franklin, 2006).

"Pelo amor de Deus, pense! Por que ele está sendo tão gentil com você?"
© Sam Gross/The New Yorker Collection/www.cartoonbank.com

modelo de processo dual Afirma que a tomada de decisão é influenciada por dois sistemas – um analítico e um experiencial, que competem um com o outro; neste modelo, é o sistema experiencial – monitoramento e gerenciamento das experiências reais – que beneficia a tomada de decisão adolescente.

pensamento crítico Pensar reflexivamente e produtivamente e avaliar as evidências.

> ### conexão COM CARREIRAS
>
> **Laura Bickford, professora de ensino médio**
>
> Laura Bickford ensina inglês e jornalismo no ensino médio e é diretora do Departamento de Inglês na Nordhoff High School em Ojai, Califórnia.
>
> Bickford acredita especialmente que é importante estimular os alunos a pensar. Ela diz que "o chamado para ensinar é o chamado para ensinar os alunos a pensar". Ela acredita que os professores precisam mostrar aos alunos o valor que existe em fazerem suas próprias perguntas, em terem discussões e em se engajarem em conversas intelectuais estimulantes. Bickford diz que ela também encoraja os alunos a se engajarem em estratégias metacognitivas (saber sobre o saber). Por exemplo, ela pede que os alunos comentem sobre o seu aprendizado depois de serem concluídas determinadas partes dos projetos. Ela pede que os alunos continuem lendo os seus registros para que possam observar o próprio pensamento enquanto ele acontece.
>
> Laura Bickford trabalhando com estudantes.
>
> *Para maiores informações sobre o trabalho que professores do ensino médio realizam, ver apêndice do Capítulo 1.*

Levar os estudantes a pensar criticamente nem sempre é uma tarefa fácil. Muitos deles ingressam em um curso com uma história de aprendizagem passiva, tendo sido incentivados a recitar a resposta correta para uma pergunta, em vez de empenhar um esforço intelectual para pensar de formas mais complexas. Ao usar mais tarefas que exigem que os estudantes se focalizem num tema, uma pergunta ou um problema, em vez de simplesmente recitar fatos, os professores estimulam a habilidade dos estudantes de pensar criticamente.

Para ler sobre o trabalho de uma professora de ensino médio que encoraja os estudantes a pensar criticamente, veja o perfil *Conexão com Carreiras*.

Pensamento criativo Criatividade é a habilidade de pensar em novas formas de descobrir soluções únicas para os problemas. Assim, inteligência, que discutimos brevemente, e criatividade não são a mesma coisa. J. P. Guilford (1967) foi o primeiro a fazer esta distinção, contrastando o **pensamento convergente**, que produz uma resposta correta e é característico do tipo de pensamento necessário em um teste de inteligência convencional, e o **pensamento divergente**, que produz muitas respostas para uma mesma pergunta e é mais característico da criatividade. Por exemplo, um item típico em um teste de inteligência convencional é: "Quantos *'quarters'* (sendo 1 quarter equivalente a ¼ de dólar) você terá em troca de 60 *'dimes'* (600 centavos)?". Esta pergunta tem apenas uma reposta correta. Em contraste, as perguntas seguintes têm muitas respostas possíveis: "Que imagem vem à sua mente quando você escuta a expressão: *sentado sozinho em uma sala escura*?" ou "Você consegue pensar em alguns usos diferentes para um clipe de papel?".

Inteligência e criatividade estão relacionadas? Embora a maioria dos adolescentes criativos seja bastante inteligente, o inverso não é necessariamente verdadeiro (Lubart, 2003). Muitos adolescentes extremamente inteligentes não são muito criativos.

Uma preocupação especial é que o pensamento criativo dos adolescentes parece estar declinando. Um estudo de aproximadamente 300 mil crianças, adolescentes e adultos norte-americanos identificou que os escores de criatividade subiram até o ano de 1990, mas desde então vêm declinando constantemente (Kim, 2010). Dentre as causas prováveis do declínio da criatividade estão o número de horas que crianças e adolescentes norte-americanos assistem TV, jogam *videogames*, estão conectados em redes sociais e trocam mensagens de texto em vez de se engajarem em atividades criativas; bem como a falta de ênfase nas habilidades de pensamento criativo nas escolas (Beghetto e Kaufman, 2011; Runco e Spritzker, 2011; Sternberg, 2011 b, c). Alguns países, no entanto, estão, de modo crescente, colocando mais ênfase

criatividade Capacidade de pensar de formas novas e incomuns e descobrir soluções únicas para os problemas.

pensamento convergente Um padrão de pensamento em que os indivíduos produzem uma resposta correta; característico dos itens dos testes de inteligência convencionais; cunhado por Guilford.

pensamento divergente Um padrão de pensamento em que os indivíduos produzem muitas respostas para uma mesma pergunta; mais característico da criatividade do que do pensamento convergente; cunhado por Guilford.

"O que você quer dizer com 'O que é isto?' Isto é a expressão espontânea e livre de uma mente jovem ainda não limitada pelas restrições da representação narrativa ou pictórica."
Sidney Harris. ScienceCartoonsPlus.com. Usado com autorização.

no pensamento criativo nas escolas. Por exemplo, historicamente, o pensamento criativo foi tipicamente desencorajado nas escolas chinesas. Entretanto, os educadores chineses estão agora encorajando os professores a utilizarem mais tempo de aula em atividades criativas (Plucker, 2010).

Um objetivo de ensino importante é ajudar os alunos a serem mais criativos (Fairweather e Cramond, 2011; Hennesey, 2011; Sternberg, 2011b, 2011c). Os professores precisam reconhecer que os alunos apresentarão maior criatividade em alguns domínios do que em outros (Runco e Spritzker, 2011). Um estudante que apresenta habilidades de pensamento criativo em matemática poderá não exibir estas habilidades em arte, por exemplo.

Ambientes escolares que estimulam o trabalho independente são estimulantes, mas não distrativos, e fazem com que os recursos prontamente disponíveis incentivem a criatividade dos estudantes. Existe uma preocupação crescente de que a legislação do governo norte-americano *No Child Left Behind* tenha prejudicado o desenvolvimento do pensamento criativo dos estudantes ao focar a atenção na memorização dos materiais para que se saíssem bem nos testes padronizados (Kaufman e Sternberg, 2007).

Apresentamos aqui algumas boas estratégias para aumentar as habilidades de pensamento criativo dos adolescentes:

- *Fazer os adolescentes se engajarem em* brainstorming *e proporem o maior número de ideias possível.* O *brainstorming* é uma técnica em que os indivíduos são encorajados a propor ideias criativas em um grupo, comparar as ideias uns dos outros e dizer de forma prática o que vier à mente. No entanto, reconheça que alguns adolescentes são mais criativos quando trabalham sozinhos. De fato, uma revisão de pesquisa sobre *brainstorming* concluiu que, para muitos indivíduos, trabalhar sozinho pode gerar mais e melhores ideias do que trabalhar em grupos (Rickards e deCock, 2003). Uma razão para isso é que em grupo, alguns indivíduos contribuem apenas com umas poucas ideias, enquanto outros fazem a maior parte do pensamento criativo. Entretanto, pode haver benefícios com o *brainstorming* que apoiam o seu uso, como, por exemplo, a formação de equipes.
- *Apresentar aos adolescentes ambientes que estimulem a criatividade.* Alguns ambientes nutrem a criatividade; outros a enfraquecem (Csikszentmihalyi e Nakamura, 2006; Sternberg, 2012; Strati, Shernoff e Kackar, 2011). As pessoas que encorajam a criatividade frequentemente contam com a curiosidade natural dos adolescentes. Elas apresentam exercícios e atividades que estimulam os adolescentes a encontrar soluções intuitivas para problemas, em vez de fazerem inúmeras perguntas que requerem respostas mecânicas. Os adultos também encorajam a criatividade ao levarem os adolescentes a locais onde a criatividade é valorizada.
- *Não exercer controle excessivo.* Teresa Amabile (1993) afirma que dizer às pessoas exatamente como realizar as coisas faz com que elas achem que qualquer originalidade é um erro e que qualquer exploração é uma perda de tempo. Deixar os adolescentes escolherem seus interesses e apoiar suas inclinações torna menos provável que sua curiosidade natural seja destruída do que se fosse ditado em quais atividades eles devem se engajar.
- *Encorajar a motivação interna.* O uso excessivo de prêmios como estrelas douradas ou dinheiro pode abafar a criatividade, minando o prazer intrínseco que os adolescentes extraem de atividades criativas. A motivação criativa dos adolescentes é a satisfação gerada pelo trabalho em si. A competição por prêmios e avaliações formais geralmente minam a motivação intrínseca e a criatividade (Amabile e Hennesey, 1992; Hennesey, 2011).
- *Desenvolver a confiança dos adolescentes.* Para expandir a criatividade dos adolescentes, encoraje-os a acreditar na própria habilidade para criar algo inovador e vantajoso. A construção da confiança dos adolescentes em suas habilidades criativas se alia ao conceito de Bandura (2010a) de autoeficácia, a crença de que a pessoa consegue ter o domínio de uma situação e produzir resultados positivos.

conexão com o desenvolvimento

Trabalho. A motivação intrínseca vem de processos como autodeterminação, escolha pessoal, interesse e esforço. Cap. 11, p. 366

Um garoto adolescente pintando nas ruas da nação africana de Zamzibar. *Se você fosse trabalhar com adolescentes, encorajando sua criatividade, quais estratégias usaria?*

- *Orientar os adolescentes para serem persistentes e postergarem a gratificação.* A maioria dos produtos criativos de sucesso leva anos para se desenvolver. A maioria dos indivíduos criativos trabalha em ideias e projetos durante meses e anos sem serem recompensados por seus esforços (Sternberg e Williams, 1996). Os adolescentes não se tornam peritos em esportes, música e arte do dia para a noite. Em geral, são necessários muitos anos trabalhando em alguma coisa para que alguém se torne um perito nela; o mesmo acontece com um pensador criativo que produz um produto único e valioso.
- *Encorajar os adolescentes a correr riscos intelectuais.* Indivíduos criativos assumem riscos intelectuais e procuram descobrir ou inventar algo nunca descoberto ou inventado antes (Sternberg e Williams, 1996). Eles arriscam passar tempo demais em uma ideia ou projeto que pode não funcionar. A criatividade dos adolescentes é beneficiada quando eles não têm medo de falhar ou de fazer algo errado (Sternberg, 2011b, 2011c).
- *Apresentar os adolescentes a pessoas criativas.* Pense nas pessoas mais criativas da sua comunidade. Os professores podem convidar essas pessoas para virem às suas salas de aula e pedir-lhes que descrevam o que os ajuda a serem criativos ou que demonstrem suas habilidades criativas. Um escritor, um poeta, um músico, um cientista e muitos outros podem trazer seu material de apoio e produções para a aula, transformando-a num teatro para estimular a criatividade dos estudantes.

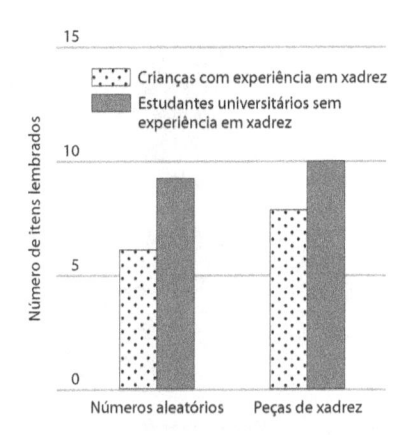

FIGURA 3.12
Memória para números e peças de xadrez.

Expertise Recentemente, os psicólogos demonstraram um interesse crescente nos especialistas e nos novatos em um domínio específico de conhecimento (Ackerman, 2011; Sternberg, 2010). Um especialista é o oposto de um novato (alguém que recém está começando a aprender uma área de conteúdo). O que, exatamente, os especialistas fazem tão bem? Eles são melhores do que os novatos em (National Research Council, 1999):

- detectar características e padrões significativos da informação;
- acumular mais conhecimento sobre o conteúdo e organizá-lo de um modo que demonstre uma compreensão do tema;
- recuperar aspectos importantes do conhecimento com pouco esforço.

Nas áreas em que crianças e adolescentes são especialistas, sua memória geralmente é extremamente boa. Na verdade, ela frequentemente supera a dos adultos que são novatos naquela área de conteúdo. Esta superioridade foi documentada em um estudo de especialistas em xadrez com 10 anos (Chi, 1978). Essas crianças eram excelentes jogadoras de xadrez, mas não especialmente brilhantes em outros aspectos. Como acontece com a maioria dos que têm 10 anos, o *span* de sua memória para dígitos era mais curto do que o dos adultos. Entretanto, quando lhes era apresentado um tabuleiro de xadrez, eles se lembravam muito mais das configurações do que os adultos novatos no xadrez (veja a Figura 3.12).

O conhecimento dos especialistas, mais do que o dos novatos, é organizado em torno de ideias ou conceitos importantes (National Research Council, 1999). Essa habilidade proporciona aos especialistas uma compreensão muito mais aprofundada do conhecimento do que aos novatos. Os especialistas em uma área específica geralmente possuem uma rede de informações muito mais elaborada sobre aquela área do que os novatos. As informações que eles representam na memória têm mais nós, mais interconexões e melhor organização hierárquica.

O que determina se alguém se torna um especialista ou não? Motivação e prática podem levar alguém à condição de especialista? Ou a *expertise* também requer uma boa dose de talento?

Uma perspectiva é que um tipo específico de prática – *a prática deliberada* – é necessário para se tornar um especialista. A prática deliberada envolve uma prática que está em um nível adequado de dificuldade para o indivíduo, proporciona um *feedback* corretivo e possibilita oportunidades para repetição (Ericsson et al., 2006). Em um estudo com violinistas numa academia de música, a intensidade com que as crianças se engajavam na prática deliberada distinguia novatos de especialistas (Ericsson, Krampe e Tesch-Römer, 1993). Os melhores violinistas tinham uma média de 7.500 horas de prática deliberada aos 18 anos e os bons violinistas apenas 5.300 horas. Muitos indivíduos desistem de se tornar especialistas porque não empenham o esforço necessário para se engajarem numa prática deliberada ampla durante muitos anos.

Como o talento e a prática deliberada estão envolvidos na expertise?

Essa prática ampla requer motivação considerável. Estudantes que não estão motivados para praticar por longas horas provavelmente não se tornarão especialistas numa área específica. Assim, um estudante que reclama sobre todo o trabalho, não persevera e não pratica amplamente a solução de problemas matemáticos durante muitos anos não irá se tornar um especialista em matemática. No entanto, geralmente também é necessário que exista talento para que alguém se torne um especialista (Ruthsatz et al., 2008; Sternberg, 2012). Muitos indivíduos tentaram se tornar grandes músicos ou atletas, mas desistiram depois de desempenhos comuns. No entanto, músicos como Beethoven e atletas como Tiger Woods não teriam desenvolvido *expertise* em seus campos se não estivessem altamente motivados e não se engajassem em prática deliberada ampla. O talento isoladamente não faz de ninguém um especialista.

Metacognição Já discutimos algumas formas importantes pelas quais os adolescentes processam a informação. Nesta seção, exploraremos como eles monitoram o seu processamento da informação e pensam sobre o pensar.

O que é metacognição? Anteriormente, neste capítulo, ao discutirmos a teoria de Piaget, aprendemos que os adolescentes aumentam seu pensamento sobre o pensar. Os psicólogos cognitivos chamam este tipo de pensamento de **metacognição** – isto é, cognição sobre a cognição, ou "saber sobre o saber" (Flavel, 2004).

A metacognição está sendo cada vez mais reconhecida como uma habilidade cognitiva muito importante não só na adolescência, mas também na adultez emergente. Comparados às crianças, os adolescentes possuem uma capacidade aumentada de monitorar e administrar os recursos cognitivos para atenderem de modo efetivo às demandas de uma tarefa de aprendizagem (Kuhn, 2009). Esta habilidade aumentada de metacognição resulta em melhoria no funcionamento cognitivo e na aprendizagem. Um estudo longitudinal recente revelou que dos 12 aos 14 anos, os adolescentes aumentaram o uso de habilidades metacognitivas e as usaram com maior eficiência nas aulas de matemática e história (van der Stel e Veenman, 2010). Por exemplo, os estudantes de 14 anos monitoravam sua própria compreensão de texto com mais frequência e faziam isso com maior eficiência do que seus equivalentes mais jovens. Outro estudo recente documentou a importância de habilidades metacognitivas como planejamento, estratégias e monitoramento na habilidade de estudantes universitários para pensar criticamente (Magno, 2010).

Foram ensinadas habilidades metacognitivas a estudantes para ajudá-los a resolver problemas. Em um estudo, para cada uma das 30 lições diárias envolvendo problemas verbais de matemática, um professor orientava os alunos com baixo rendimento escolar a reconhecer quando não sabiam o significado de uma palavra, não tinham as informações necessárias para resolver um problema, não sabiam como subdividir um problema em passos específicos ou não sabiam realizar um cálculo (Cardelle-Elawar, 1992). Após concluirem estas lições, os estudantes que receberam treinamento metacognitivo tinham melhor rendimento em matemática e melhor atitude em relação à matemática.

Estratégias Além da metamemória, a metacognição inclui conhecimento sobre estratégias. Na visão de Michael Pressley (2003), a chave para a educação é ajudar os estudantes a aprenderem um repertório rico de estratégias que resultem em soluções para os problemas. Os bons pensadores, com frequência usam estratégias e planejamento efetivo para resolver problemas. Os bons pensadores sabem também quando e onde usar estas estratégias. Entender quando e onde usar estratégias frequentemente resulta do monitoramento da situação de aprendizagem.

Pressley e colaboradores (Pressley et al., 2001, 2003, 2004, 2007) passaram um tempo considerável nestes últimos anos, observando o ensino de estratégias por professores e o uso de estratégias por estudantes de turmas do ensino fundamental e médio. Eles concluem que o ensino de estratégias é muito menos completo e intenso do que o que os alunos precisam para aprender a usar estratégias de forma eficiente. Eles argumentam que a educação precisa ser reestruturada de modo que sejam dadas aos estudantes mais oportunidades de se tornarem aprendizes estratégicos competentes.

Como exemplo do quanto as estratégias são importantes para os adolescentes, uma metanálise recente (uso de técnicas estatísticas para combinar os resultados dos estudos) revelou que a intervenção de maior sucesso na melhora da qualidade da escrita de estudantes

metacognição Cognição sobre a cognição, ou o "saber sobre o saber".

da metade do ensino fundamental até o fim do ensino médio foi a instrução de estratégias (Graham e Perin, 2007).

Habilidades de pensamento em domínios específicos Nosso estudo da metacognição enfatizou principalmente a importância de algumas habilidades cognitivas gerais, como as estratégias e a autorregulação, para um indivíduo tornar-se um melhor pensador. Na verdade, os pesquisadores descobriram que as habilidades metacognitivas podem ser ensinadas. Por exemplo, adolescentes foram ensinados com eficiência a terem consciência do seu processo de pensamento e a se engajarem na autorregulação do seu aprendizado (Schunk, 2011; Veenman, 2011).

No entanto, também é muito importante que sejam ensinadas aos adolescentes habilidades de pensamento em domínios específicos (De La Paz e McCutchen, 2011; Duschl e Hamilton, 2011). Quanto a isso, uma revisão concluiu que uma das maiores conquistas da psicologia educacional é ensinar habilidades de pensamento em domínios específicos (Mayer e Wittrock, 2006). Assim, uma tradição rica em programas educacionais de qualidade tem sido o ensino de habilidades de pensamento dentro de assuntos específicos, tais como escrita, matemática, ciências e história (Alexander e Mayer, 2011; Ewards, Esmonde e Wagner, 2011; Levstik, 2011). Pesquisadores descobriram que "é possível analisar e ensinar os processos cognitivos subjacentes necessários em tarefas como a compreensão de uma passagem, a escrita de um ensaio, a resolução de um problema aritmético, a resposta a uma pergunta específica ou a explicação de um acontecimento histórico..." (Mayer e Wittrock, 2006).

O planejamento é uma habilidade cognitiva geral importante para todos os adolescentes e adultos emergentes usarem, mas eles também se beneficiam quando aplicam esta e outras habilidades cognitivas a assuntos específicos (Halonn e Sntrock, 2012; Mayer, 2008, 2012). Por exemplo, um estudo examinou como atividades de pré-escrita podem afetar a qualidade da escrita de estudantes universitários (Kellogg, 1994). Conforme indicado na Figura 3.13, a atividade de planejamento de um resumo era a atividade de pré-escrita que mais ajudava os escritores.

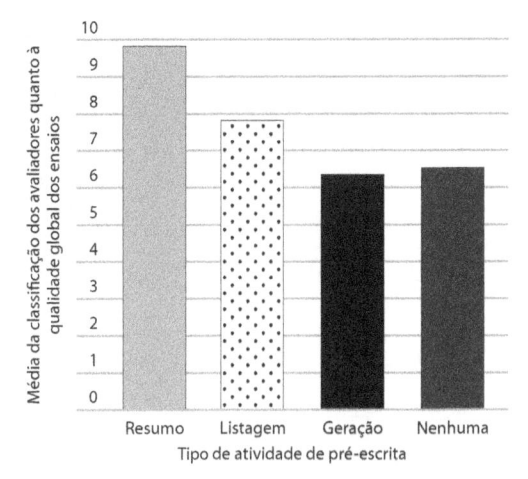

FIGURA 3.13
Relação das atividades de pré-escrita com a qualidade do ensaio. A atividade de pré-escrita mais efetiva para os universitários foi o resumo, que envolvia criar uma descrição com as ideias relevantes abaixo de subtítulos multiníveis. Os avaliadores classificaram a qualidade de cada ensaio de 1 (mais baixa) até 10 (mais alta).

Revisar *Conectar* **Refletir** **OA3** Caracterizar a visão do processamento da informação na adolescência.

Revisar
- O que caracteriza o desenvolvimento dos recursos cognitivos?
- Que mudanças desenvolvimentais caracterizam atenção e memória na adolescência?
- O que é funcionamento executivo? Como a tomada de decisão adolescente pode ser descrita? O que caracteriza o pensamento crítico na adolescência? O que distingue um especialista de um novato e como os indivíduos se tornam especialistas? O que é metacognição e como ela se modifica ao longo do desenvolvimento? O que é aprendizagem autorregulatória? O quanto o pensamento em domínios específicos é importante?

Conectar
- Como a pesquisa sobre controle cognitivo lançou luz sobre o comportamento adolescente de exposição a riscos, descrito no Capítulo 2?

Refletir *sua jornada de vida pessoal*
- Como eram suas habilidades de estudo durante a adolescência? Como as suas habilidades de estudo mudaram desde a adolescência? A metacognição desempenhou um papel importante no desenvolvimento das suas habilidades de estudo?

---

4 A visão psicométrica/da inteligência   **OA4** Resumir a visão psicométrica/da inteligência na adolescência.

- Testes de inteligência
- Inteligências múltiplas
- Hereditariedade e ambiente

As duas visões da cognição adolescente que discutimos até aqui – a cognitiva e o processamento da informação – não enfatizam as variações individuais na inteligência. A **visão psicométrica/da inteligência** enfatiza a importância das diferenças individuais na inteligência; muitos defensores dessa visão favorecem o uso de testes de inteligência. Um tema crescente no campo da inteligência envolve explicar melhor quais são realmente os componentes da inteligência.

visão psicométrica/da inteligência Uma visão que enfatiza a importância das diferenças individuais na inteligência; muitos defensores desta visão também argumentam que a inteligência deve ser avaliada com testes de inteligência.

Como pode ser definida a inteligência? **Inteligência** é a habilidade para resolver problemas, adaptar-se a e aprender com as experiências do dia a dia. Porém, mesmo esta definição mais ampla não satisfaz a todos. Como você verá em seguida, Robert Sternberg (2011b, 2011c; 2012) propõe que o *know-how* prático deve ser considerado parte da inteligência. Segundo sua visão, inteligência envolve pesar as opções cuidadosamente e agir com critério, além de desenvolver estratégias para melhorar as deficiências. Além disso, uma definição de inteligência baseada em uma teoria como a de Lev Vygotsky, discutida anteriormente neste capítulo, teria que incluir a habilidade de usar as ferramentas da cultura com a ajuda de indivíduos mais capacitados. Como inteligência é um conceito amplo e abstrato, não é de causar surpresa que haja tantas maneiras diferentes de defini-la.

O interesse na inteligência com frequência teve sua atenção dirigida para as diferenças individuais e para a avaliação. As *diferenças individuais* são formas estáveis e consistentes nas quais as pessoas são diferentes umas das outras. Podemos falar de diferenças individuais na personalidade ou em algum outro domínio, mas é no domínio da inteligência que tem sido direcionada a maior parte da atenção quanto às diferenças individuais. Por exemplo, um teste de inteligência pretende nos informar se um adolescente consegue raciocinar melhor do que outros que se submeteram ao teste (Lohman e Lakin, 2011; Stanovich, West e Toplak, 2011).

TESTES DE INTELIGÊNCIA

Robert Sternberg recorda como ficou aterrorizado quando teve que se submeter a testes de QI quando criança. Literalmente congelou, conta ele, quando chegou a hora de realizar esses testes. Mesmo depois de adulto, Sternberg fica abalado com a humilhação quando recorda de ter sido solicitado, na 7ª série, a fazer um teste de QI com os alunos da 6ª série. Sternberg, por fim, superou suas ansiedades em relação os testes de QI. Ele não somente começou a ter um melhor desempenho neles, como também aos 13 anos criou seu próprio teste de QI e começou a usá-lo para avaliar seus colegas de aula – isto é, até o psicólogo-chefe do sistema escolar descobrir e repreendê-lo. Sternberg tornou-se tão fascinado pela inteligência que fez do estudo dela uma das suas buscas de toda a vida. Posteriormente neste capítulo, discutiremos sua teoria da inteligência. Para começar, porém, voltemos no tempo para examinar o primeiro teste de inteligência válido.

Os testes Binet Em 1904, o Ministro da Educação francês pediu ao psicólogo Alfred Binet que criasse um método de identificação das crianças incapazes de aprender na escola. Os administradores escolares queriam reduzir a superlotação, colocando os alunos que não se beneficiavam com o ensino regular da sala de aula em escolas especiais. Binet e seu aluno Theophile Simon desenvolveram um teste de inteligência para atender a essa solicitação. O teste é chamado de Escala de 1905. Ele consistia de 30 questões sobre tópicos que variavam da habilidade de tocar a própria orelha até a habilidade de fazer desenhos de memória e definir conceitos abstratos.

Binet desenvolveu o conceito de **idade mental (IM)**, o nível de desenvolvimento mental de um indivíduo em relação aos outros. Não muito depois, em 1912, William Stern criou o conceito de **quociente de inteligência (QI)**, a idade mental de uma pessoa dividida pela idade cronológica (IC), multiplicada por 100. Ou seja: QI = IM/IC X 100. Se a idade mental for a mesma que a idade cronológica, então o QI será 100. Se a idade mental estiver acima da idade cronológica, então o QI será mais de 100. Se a idade mental estiver abaixo da idade cronológica, então o QI será menos do que 100.

O teste Binet foi revisado muitas vezes para incorporar os avanços no conhecimento da inteligência e dos testes de inteligência. Estas revisões são chamadas de *testes Stanford-Binet* (pois foi na Universidade de Stanford que as revisões foram feitas). Ao administrarem o teste a um grande número de pessoas de diferentes idades e diferentes contextos, pesquisadores descobriram que os escores no Stanford-Binet se aproximam de uma distribuição normal (veja a Figura 3.14). Uma **distribuição normal** é simétrica, com uma maioria dos escores situando-se na parte intermediária da variação possível dos escores, com poucos escores aparecendo nos extremos da variação.

Em 2004, o teste – agora chamado Stanford-Binet 5 – foi revisado para analisar a resposta de um indivíduo em cinco áreas de conteúdo: raciocínio fluido, conhecimento, raciocínio quantitativo, raciocínio visuoespacial e memória de trabalho. Também é obtido um escore geral combinado.

Alfred Binet construiu o primeiro teste de inteligência depois de lhe ser pedido que criasse uma medida para determinar quais crianças se beneficiariam do ensino nas escolas francesas.

inteligência Habilidade para resolver problemas, adaptar-se e aprender com as experiências do dia a dia; nem todos concordam sobre o que constitui a inteligência.

idade mental (IM) Nível de desenvolvimento mental de um indivíduo em relação aos outros; um conceito desenvolvido por Binet.

quociente de inteligência (QI) A idade mental testada de uma pessoa, dividida pela sua idade cronológica e multiplicada por 100.

distribuição normal Uma distribuição simétrica de valores ou escores, com uma maioria dos escores situando-se na parte intermediária da variação possível dos escores, com poucos escores aparecendo nos extremos da variação.

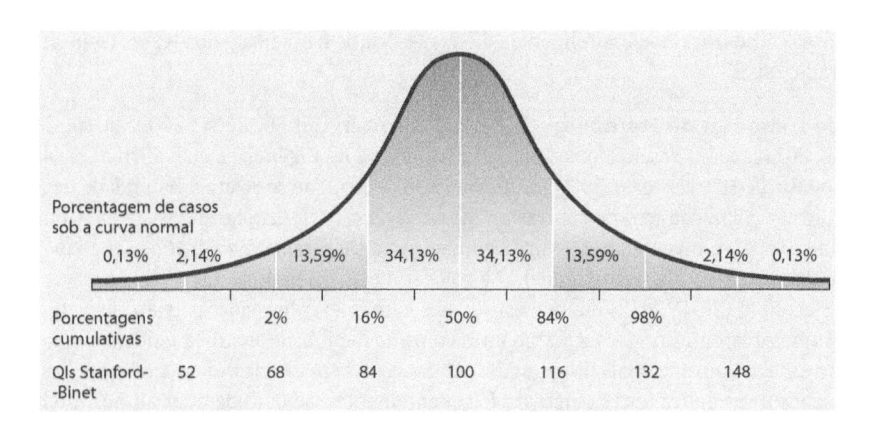

FIGURA 3.14
A curva normal e os escores de QI do teste Stanford-Binet. A distribuição dos escores do QI se aproximam de uma curva normal. A maior parte da população se situa na parte intermediária da variação dos escores, entre 84 e 116. Observe que são raros os escores extremamente altos e extremamente baixos. Apenas aproximadamente 1 em cada 50 indivíduos tem um QI superior a 132 ou inferior a 68.

As escalas Wechsler Outro grupo de testes amplamente utilizado é chamado de Escalas Wechsler, desenvolvidas por David Wechsler. Elas incluem a Escala Wechsler de Inteligência para a Idade Pré-Escolar e Primária – Terceira Edição (WPPSI-III) para testar crianças de 2 anos e 6 meses até 7 anos e 3 meses; a Escala Wechsler de Inteligência para Crianças – Quarta Edição (WISC-IV) para crianças e adolescentes de 6 a 16 anos; e a Escala Wechsler de Inteligência para Adultos – Terceira Edição (WAIS-III) para adolescentes e adultos de 16 a 89 anos.

As escalas Wechsler não somente fornecem um QI global, como também produzem vários escores adicionais combinados (p. ex., o Índice de Compreensão Verbal, o Índice de Memória de Trabalho e o Índice de Velocidade de Processamento), permitindo que o examinador identifique rapidamente padrões de pontos fortes e pontos fracos em diferentes áreas da inteligência do estudante. Três das subescalas de Wechsler são apresentadas na Figura 3.15.

Usando testes de inteligência Os testes psicológicos são ferramentas. Como toda ferramenta, sua eficiência depende de conhecimento, habilidade e integridade do usuário. Um martelo pode ser usado para construir um belo armário de cozinha ou pode ser usado como uma arma para um assalto. Como um martelo, os testes psicológicos podem ser usados para propósitos positivos ou podem ser mal utilizados. Aqui estão alguns cuidados quanto ao QI que podem ajudá-lo a evitar as armadilhas do uso de informações sobre a inteligência de um adolescente de formas negativas:

- *Evitar estereotipação e expectativas*. Uma preocupação especial é que os escores em um teste de QI podem conduzir a estereótipos e expectativas sobre os adolescentes. Generalizações apressadas são feitas frequentemente com base num escore de QI. Um teste de QI sempre deve ser considerado como a medida de um desempenho atual. Ele não é uma medida do potencial fixo. Mudanças maturacionais e experiências ricas no ambiente podem promover avanços na inteligência de um adolescente.
- *Saber que o QI não é um indicador único de competência*. Outra preocupação quanto aos testes de QI ocorre quando eles são usados como a principal ou única avaliação de competência. Um alto QI não é o valor humano final. É importante que se considerem não somente a competência dos estudantes em áreas como as habilidades verbais, mas também suas habilidades práticas, suas habilidades de relacionamento e seus valores morais (Mayer et al., 2011).

INTELIGÊNCIAS MÚLTIPLAS

É mais apropriado que se pense na inteligência de um adolescente como uma habilidade geral ou como uma série de habilidades específicas? Robert Sternberg e Howard Gardner propuseram teorias influentes que descrevem tipos específicos de inteligência. O conceito de inteligência emocional também foi

Subescalas verbais

Semelhanças
Um indivíduo precisa pensar com lógica e abstração para responder a uma série de perguntas sobre como coisas podem ser similares.

Exemplo: "Em que aspectos um leão e um tigre são semelhantes?"

Compreensão
Esta subescala é concebida para medir julgamento e bom senso de um indivíduo.

Exemplo: "Qual é a vantagem de guardar dinheiro em um banco?"

Subescalas não verbais

Desenho dos blocos
Um indivíduo precisa unir um grupo de blocos multicoloridos para combinar com os desenhos que o examinador mostra. São avaliadas a coordenação visuomotora, a organização perceptual e a habilidade para visualizar espacialmente.

Exemplo: "Use os quatro blocos à esquerda para construir o padrão à direita."

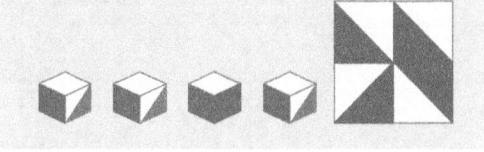

FIGURA 3.15
Exemplo de subescalas da Escala Wechsler de Inteligência para Adultos – Terceira Edição (WAIS-III). A Escala Wechsler inclui 11 subescalas, 6 verbais e 5 não verbais. Três das subescalas são apresentadas aqui. Itens simulados semelhantes aos encontrados na Escala Wechsler de Inteligência para Adultos – Terceira Edição (WAIS-III). Copyright © 1997 NCS Pearson, Inc. Reproduzido com permissão. Todos os direitos reservados. "*Escala Wechsler de Inteligência para Adultos*" e "*WAIS*" são marcas registradas, nos EUA e/ou outros países, da Pearson Education, Inc. ou sua(s) afiliada(s).

proposto como um tipo de inteligência diferente da que é medida pelos testes de inteligência tradicionais.

Teoria triárquica de Sternberg   Robert J. Sternberg (1986, 2004, 2009, 2010, 2011a, 2011b, 2011c, 2012) desenvolveu a **teoria triárquica da inteligência**, a qual afirma que a inteligência surge em três formas: (1) *inteligência analítica*, que se refere à habilidade de analisar, julgar, avaliar, comparar e contrastar, (2) *inteligência criativa*, que consiste da habilidade de criar, planejar, inventar, determinar e imaginar e (3) *inteligência prática*, que envolve a habilidade de usar, aplicar, implementar e colocar ideias em prática.

Sternberg (2010, 2012) diz que estudantes com diferentes padrões triárquicos têm desempenhos diferentes na escola. Estudantes com alta habilidade analítica tendem a se favorecer em escolas convencionais. Eles geralmente se saem bem em classes em que o professor dá aula expositiva e aplica testes objetivos. Frequentemente, são considerados alunos inteligentes, tiram boas notas, saem-se bem em testes de QI tradicionais e no SAT e, posteriormente, conseguem admissão em faculdades competitivas.

Estudantes com escores altos em inteligência criativa geralmente não estão no degrau mais alto na sua turma. Estudantes criativamente inteligentes podem não se adequar às expectativas dos professores sobre como as tarefas devem ser feitas. Eles dão respostas singulares, pelo que podem ser repreendidos ou receberem uma nota baixa.

Da mesma forma que os estudantes com alta inteligência criativa, aqueles com inteligência prática com frequência não se relacionam bem com as demandas escolares. No entanto, estes estudantes com frequência se saem bem fora das paredes da sala de aula. Suas habilidades sociais e seu bom senso permitem que se tornem administradores, empresários ou políticos de sucesso, apesar dos registros escolares sem destaques.

Sternberg (2010, 2012) argumenta que é importante que o ensino em sala de aula dê aos estudantes oportunidades de aprenderem por meio dos três tipos de inteligência.

As oito estruturas da mente de Gardner   Howard Gardner (1983, 1993, 2002) sugere que existem oito tipos de inteligência, ou "estruturas mentais". Elas são descritas aqui com exemplos dos tipos de vocações em que elas são refletidas como pontos fortes (Campbell, Campbell e Dickinson, 2004):

- *Linguística*. Habilidade de pensar em palavras e usar a linguagem para expressar significado. (Ocupações: autores, jornalistas, locutores)
- *Lógico-matemática*. Habilidade de realizar operações matemáticas. (Ocupações: cientistas, engenheiros, contadores)
- *Espacial*. Habilidade de pensar tridimensionalmente. (Ocupações: arquitetos, artistas, marinheiros)
- *Corporal-cinestésica*. Habilidade de manipular objetos e estar fisicamente apto. (Ocupações: cirurgiões, artesãos, dançarinos, atletas)
- *Musical*. Sensibilidade para agudeza de som, melodia, ritmo e tom. (Ocupações: compositores, músicos e ouvintes sensíveis)
- *Interpessoal*. Habilidade de entender e interagir efetivamente com os outros. (Ocupações: professores e profissionais de saúde mental bem-sucedidos)
- *Intrapessoal*. Habilidade de entender a si mesmo. (Ocupações: teólogos, psicólogos)
- *Naturalista*. Habilidade de observar padrões na natureza e entender os sistemas naturais e os criados pelo homem. (Ocupações: fazendeiros, botânicos, ecologistas, paisagistas)

De acordo com Gardner, todas as pessoas têm todos esses tipos de inteligência, porém em graus variáveis. Em consequência, preferimos aprender e processar a informação de diferentes maneiras. As pessoas aprendem melhor quando podem aplicar a inteligência em que são fortes à tarefa.

As teorias de Gardner e Sternberg incluem uma ou mais categorias relacionadas à inteligência social. Na teoria de Gardner, as categorias são inteligência interpessoal e inteligência intrapessoal; na teoria de Sternberg, inteligência prática. Outra teoria que enfatiza aspectos interpessoais, intrapessoais e práticos da inteligência é chamada **inteligência emocional**, a qual foi popularizada por Daniel Goleman (1995) em seu livro *Inteligência Emocional*. O conceito de inteligência emocional foi desenvolvido inicialmente por Peter Salovey e John Mayer (1990), que a definem como a habilidade de perceber e expressar emoção de forma adequada e

---

Robert J. Sternberg, que desenvolveu a teoria triárquica da inteligência.

"Você é inteligente, mas lhe faltam três inteligências."
© Donald Reilly/The New Yorker Collection/www.cartoonbank.com

teoria triárquica da inteligência   Visão de Steinberg de que a inteligência surge em três formas principais: analítica, criativa e prática.

inteligência emocional   Habilidade de perceber e expressar emoção de forma adequada e adaptativa, de entender a emoção e o conhecimento emocional, de usar sentimentos para facilitar o pensamento e de manejar as emoções em si mesmo e nos outros.

adaptativa (como considerar a perspectiva do outro), de entender a emoção e o conhecimento emocional (como entender os papéis que as emoções desempenham na amizade e no casamento), de usar sentimentos para facilitar o pensamento (como estar com um humor positivo, o qual está ligado ao pensamento criativo) e de manejar as emoções em si mesmo e nos outros (como ser capaz de controlar a própria raiva). Em um estudo, a avaliação da inteligência emocional previu as notas finais de alunos do ensino médio (Gil-Olarte Marquez, Palomera Martin e Brackett, 2006).

Continua a haver considerável interesse no conceito de inteligência emocional (Lomas et al., 2011; Mayer et al., 2011; Parker, Keefer e Wood, 2011; Takeuchi et al., 2011). Um estudo recente de estudantes universitários revelou que um teste de habilidades mentais gerais e uma avaliação da inteligência emocional estavam ligados ao desempenho acadêmico, embora o teste de habilidades mentais gerais fosse melhor preditor (Song et al., 2010). Nesse estudo, a inteligência emocional foi relacionada à qualidade das relações com os pares. Os críticos argumentam que, muito frequentemente, a inteligência emocional amplia demais o conceito de inteligência e que ainda não foi adequadamente avaliada e pesquisada (Matthews, Zeidner e Roberts, 2006, 2011).

As pessoas têm uma ou muitas inteligências? A Figura 3.16 apresenta uma comparação das visões de Sternberg, Gardner e Mayer/Salovey/Goleman. Observe que a visão de Sternberg é única na ênfase dada à inteligência criativa e que a de Gardner inclui vários tipos de inteligência que não são abordados pelas outras visões. Essas teorias de inteligência múltipla têm muito a oferecer. Elas nos estimularam a pensar de forma mais abrangente sobre o que compõe a inteligência e a competência das pessoas (Sternberg, 2011b, c, 2012). E elas motivaram os educadores a desenvolver programas que instruem os estudantes em diferentes domínios (Campbell, 2008).

Qual das oito inteligências de Gardner as adolescentes estão usando nesta situação?

As teorias de inteligências múltiplas têm suas críticas (Jensen, 2008). Alguns críticos argumentam que a base de pesquisa para apoiar essas teorias ainda não foi desenvolvida. Em particular, alguns críticos dizem que a classificação de Gardner parece arbitrária. Por exemplo, se as habilidades musicais representam um tipo de inteligência, por que também não nos referimos à inteligência para xadrez, inteligência para pugilismo, etc.?

Muitos psicólogos ainda apoiam o conceito de *g* (inteligência geral) (Davis, Arden e Plomin, 2008; Jensen, 2008). Por exemplo, um especialista em inteligência, Nathan Brody (2007), argumenta que é provável que pessoas que se sobressaem em um tipo de tarefa intelectual também se sobressaiam em outras tarefas intelectuais. Assim, os indivíduos que se saem bem na memorização de listas de dígitos provavelmente também se sairão bem na solução de problemas verbais e problemas de planos espaciais. Essa inteligência geral inclui raciocínio ou pensamento abstrato e habilidade para a solução de problemas (Brody, 2007; Carroll, 1993).

Alguns especialistas que defendem a existência da inteligência geral concluem que os indivíduos também possuem habilidades intelectuais específicas (Brody, 2007; Chiappe e MacDonald, 2005; Hunt, 2011). Em um estudo, John Carroll (1993) conduziu um extenso exame de habilidades intelectuais e concluiu que todas as habilidades intelectuais estão relacionadas umas com as outras, uma visão que apoia o conceito de inteligência geral, mas acrescenta que também existem muitas habilidades especializadas. Algumas dessas habilidades especializadas, como as habilidades espaciais e habilidades mecânicas, não estão adequadamente refletidas no currículo da maioria das escolas. Em resumo, ainda se caracteriza uma controvérsia quanto a ser mais adequado conceituar a inteligência como uma habilidade geral, como habilidades específicas ou ambas (Davis et al., 2011; Sternberg, 2011b, 2012). Sternberg (2011a, 2011b, 2012), na verdade, aceita que existe um *g* nos tipos das tarefas analíticas que os testes de QI tradicionais avaliam, mas acha que a abrangência das tarefas intelectuais que esses testes medem é muito limitada.

HEREDITARIEDADE E AMBIENTE

Um tema constante que envolve a inteligência é até que ponto ela se deve à hereditariedade ou ao ambiente. No Capítulo 2, indicamos como é difícil separar essas influências, mas isso não impediu os psicólogos de tentarem desenredá-las.

Sternberg	Gardner	Mayer/Salovey/Goleman
Analítica	Linguística Lógico-matemática	
Criativa	Espacial Corporal-cinestética Musical	
Prática	Interpessoal Intrapessoal	Emocional
	Naturalista	

FIGURA 3.16
Comparação das visões de Sternberg, Gardner e Mayer/Salovey/Goleman.

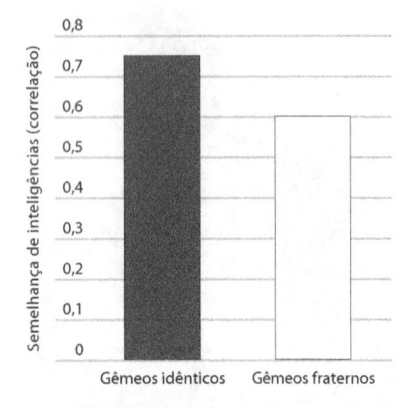

FIGURA 3.17
Correlação entre escores no teste de inteligência e *status* de gêmeos. O gráfico representa um resumo dos achados de pesquisas que compararam os escores nos testes de inteligência de gêmeos idênticos e fraternos. Foi encontrada uma diferença de aproximadamente 0,15, com uma correlação mais alta para os gêmeos idênticos (0,75) e uma correlação mais baixa para gêmeos fraternos (0,60).

conexão com o desenvolvimento
Natureza e aprendizado. A visão epigenética enfatiza que o desenvolvimento é um intercâmbio constante e bidirecional entre hereditariedade e ambiente. Cap. 2, p. 107

Hereditariedade Qual é o efeito da hereditariedade na inteligência? Um comitê de pesquisadores respeitados formado pela Associação Americana de Psicologia concluiu que, no fim da adolescência, pesquisas revelam uma forte influência da hereditariedade na inteligência (Neisser et al., 1996). No entanto, a maioria das pesquisas sobre hereditariedade e ambiente não inclui ambientes que sejam radicalmente diferentes. Assim sendo, não causa surpresa que muitos estudos sobre hereditariedade, ambiente e inteligência apresentem o ambiente como uma influência relativamente fraca na inteligência (Fraser, 1995).

Uma estratégia para o exame do papel da hereditariedade na inteligência é comparar os QIs de gêmeos idênticos e fraternos. Lembre-se do Capítulo 2, no qual foi discutido que gêmeos idênticos possuem exatamente a mesma composição genética, mas os gêmeos fraternos não. Se a inteligência for determinada geneticamente, dizem alguns investigadores, os QIs de gêmeos idênticos devem ser mais semelhantes do que a inteligência dos gêmeos fraternos. Pesquisadores descobriram que os QIs de gêmeos idênticos são mais semelhantes do que os dos gêmeos fraternos, mas em alguns estudos a diferença não é muito grande (Grigorenko, 2000) (veja a Figura 3.17).

Ambiente Uma forma de estudar a influência do ambiente na inteligência é comparar os adolescentes que tiveram diferentes níveis de instrução. A instrução influencia a inteligência, com os efeitos maiores ocorrendo quando os adolescentes não tiveram educação formal por um grande período de tempo, o que está ligado à inteligência mais baixa (Ceci e Gilstrap, 2000).

Outro efeito possível da educação pode ser visto nos escores no teste de QI que crescem rapidamente por todo o mundo (Flynn, 1999, 2007, 2011). Os escores de QI vêm crescendo tão rápido que uma alta porcentagem de pessoas consideradas de inteligência média na virada do século XX, hoje seriam consideradas com inteligência abaixo da média (veja a Figura 3.18). Se hoje uma amostra representativa de pessoas se submetesse ao teste Stanford-Binet usado em 1932, em torno de um quarto seria definido como tendo inteligência muito superior, um rótulo geralmente atribuído a menos de 3% da população. Como este aumento ocorreu em um período de tempo relativamente curto, ele não pode ser atribuído à hereditariedade mas, ao contrário, pode se dever ao crescimento no nível de educação atingido por uma porcentagem muito maior da população mundial ou a outros fatores ambientais como a explosão de informações às quais as pessoas estão expostas (Rönnlund e Nilsson, 2008). O aumento mundial nos escores dos testes de inteligência que ocorreu num curto período de tempo foi chamado de *efeito Flynn*, levando o nome do pesquisador que o descobriu: James Flynn (1999, 2007, 2011).

Interação hereditariedade e ambiente Atualmente, a maioria dos pesquisadores concorda que genética e ambiente interagem para influenciar a inteligência (Mandelman e Grigo-

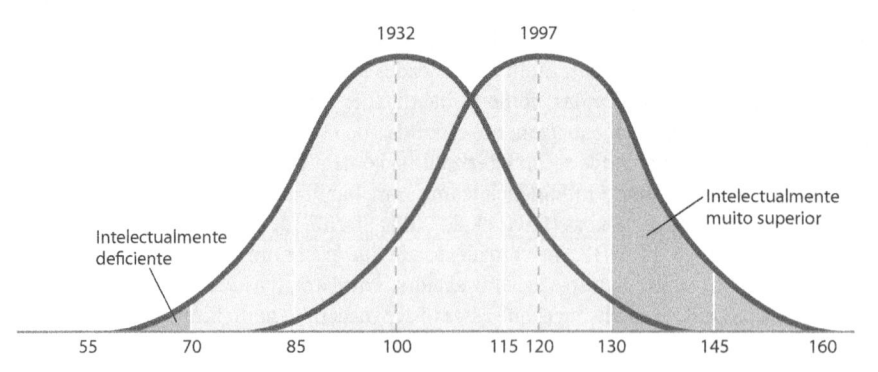

FIGURA 3.18
Aumento dos escores de QI de 1932 a 1997. Conforme medido pelo teste de inteligência Stanford-Binet, as crianças norte-americanas parecem estar mais inteligentes. Os escores de um grupo testado em 1932 se situaram ao longo da curva de sino, com metade abaixo de 100 e metade acima. Estudos mostram que, se as crianças se submetessem ao mesmo teste hoje, metade delas teria um escore acima de 120 na escala de 1932. Poucas delas teriam escores no extremo "intelectualmente deficiente", à esquerda, e aproximadamente um quarto estaria na faixa "muito superior".

renko, 2011). Para muitos adolescentes, isso significa que modificações positivas no ambiente podem modificar consideravelmente seus escores de QI. Embora os dotes genéticos sempre possam influenciar a habilidade intelectual dos adolescentes, as influências ambientais e oportunidades oferecidas aos adolescentes realmente fazem a diferença.

Revisar *Conectar* **Refletir** **OA4** Resumir a visão psicométrica/da inteligência na adolescência.

Revisar
- O que é inteligência? Quais são os principais testes de inteligência? Quais são algumas estratégias na interpretação dos escores dos testes de inteligência?
- Quais teorias de inteligências múltiplas foram desenvolvidas? As pessoas têm uma inteligência ou muitas inteligências? Que papel desempenham na inteligência a hereditariedade e o ambiente?

Conectar
- Compare pensamento criativo e pensamento crítico.

Refletir *sua jornada de vida pessoal*
- Aplique as categorias de inteligência de Gadner, Sternberg e Salovey, Mayer e Goleman a você quando adolescente e adulto emergente. Faça por escrito uma descrição de si mesmo com base em cada uma dessas visões.

---

5 Cognição social

OA5 Explicar como a cognição social está envolvida no desenvolvimento adolescente.

- Egocentrismo adolescente
- Cognição social no restante do texto

Cognição social refere-se a como os indivíduos conceituam e pensam sobre seu mundo social: as pessoas que eles veem e com quem interagem, as relações com essas pessoas, os grupos dos quais participam e a forma como pensam sobre si mesmos e sobre os outros. O foco da nossa discussão será no egocentrismo adolescente e em nossa abordagem da cognição social no restante do texto.

EGOCENTRISMO ADOLESCENTE

Egocentrismo adolescente é a autoconsciência intensificada dos adolescentes, que se reflete em sua crença de que os outros estão tão interessados neles quanto eles mesmos, e na sua noção de singularidade e invulnerabilidade. David Elkind (1976) sustenta que o egocentrismo pode ser classificado em dois tipos de pensamento social: plateia imaginária e fábula pessoal.

A *plateia imaginária* refere-se ao aspecto do egocentrismo adolescente que envolve o comportamento de chamar a atenção – a tentativa de ser notado, ser visível e de estar "no palco". Um garoto adolescente pode achar que os outros estão notando alguns fios de cabelo que estão fora do lugar, do mesmo modo como ele está. Uma garota adolescente entra na sala de aula e acha que todos os olhares estão fixos na sua aparência. Os adolescentes se sentem em um palco, especialmente no início da adolescência, acreditando que são os atores principais e que todos os outros formam a plateia. Lembre-se da história da minha filha, Tracy, no começo do capítulo. Tracy estava exibindo o egocentrismo adolescente quando teve a percepção de que todas as pessoas no restaurante estavam olhando para seu fio de cabelo que estava fora do lugar.

De acordo com Elkind, a *fábula pessoal* faz parte do egocentrismo adolescente que envolve uma noção do adolescente de singularidade e invulnerabilidade. A noção que os adolescentes têm de serem únicos faz com que achem que ninguém consegue entender como realmente se sentem. Por exemplo, uma garota acha que sua mãe possivelmente não conseguirá entender a dor que ela sente porque seu namorado rompeu com ela. Como parte do esforço para manter um senso de singularidade, os adolescentes podem criar histórias sobre si mesmos, as quais são recheadas de fantasia, imergindo num mundo que está muito afastado da realidade. As fábulas pessoais frequentemente aparecem nos diários adolescentes.

cognição social A forma como os indivíduos conceituam e pensam sobre seu mundo social: as pessoas que eles veem e com quem interagem, suas relações com essas pessoas, os grupos dos quais participam e a forma com pensam sobre si mesmos e os outros.

egocentrismo adolescente A autoconsciência intensificada dos adolescentes, que se reflete na sua crença de que os outros estão tão interessados neles quanto eles mesmos, e na sua noção de singularidade e invulnerabilidade.

O que caracteriza o egocentrismo adolescente?

conexão COM SAÚDE E BEM-ESTAR

Que papel desempenha a fábula pessoal na adaptação adolescente?

Alguns desenvolvimentistas concluem que a noção de singularidade e invencibilidade que o egocentrismo gera é responsável por alguns dos comportamentos aparentemente irresponsáveis dos adolescentes, incluindo rachas, uso de drogas, relações sexuais sem preservativos e suicídio (Dolcini et al., 1989). Por exemplo, um estudo encontrou que estudantes do sexo feminino dos dois últimos anos do ensino médio que tinham alto egocentrismo adolescente tinham maior probabilidade de dizer que não ficariam grávidas por fazerem sexo sem contracepção do que suas equivalentes que tinham baixo egocentrismo adolescente (Arnett, 1990).

Um estudo de jovens entre a 7ª série do ensino fundamental e a 3ª série do ensino médio examinou se aspectos da fábula pessoal estavam ligados a vários aspectos do ajustamento adolescente (Aalsma, Lapsley e Flannery, 2006). Uma noção de invulnerabilidade estava ligada ao engajamento em comportamentos de risco como fumar cigarros, ingerir álcool e delinquência, ao passo que uma percepção de singularidade estava relacionada à depressão e a pensamentos suicidas. Um estudo posterior confirmou os achados do primeiro no que concerne à correlação entre singularidade, depressão e pensamentos suicidas (Goossens et al., 2002).

Estes achados indicam que as fábulas pessoais deveriam ser tratadas como um fator de risco para problemas psicológicos, especialmente a depressão e tendências suicidas em garotas (Aalsma, Lapsley e Flannery, 2006). Tratar a invulnerabilidade como um fator de risco para problemas de ajustamento é menos exato porque, no estudo anterior recém descrito (Aalsma, Lapsley e Flannery, 2006), o sentimento de invulnerabilidade estava associado não só a fatores de risco, mas também a alguns aspectos positivos do ajustamento, tais como enfrentamento e amor-próprio.

Outra razão para questionar a adequação do aspecto da invulnerabilidade da fábula pessoal é fornecida por outra pesquisa que revela que muitos adolescentes não se consideram invulneráveis (de Bruin, Parker e Fischhoff, 2007). Na verdade, um número crescente de pesquisas sugere que, ao contrário de se perceberem como invulneráveis, os adolescentes tendem a se retratarem como vulneráveis a apresentar morte prematura (Jamieson e Romer, 2008; Reyna e Rivers, 2008). Por exemplo, em um estudo recente, jovens de 12 a 18 anos foram questionados quanto às chances de morrerem no ano seguinte e antes de completarem 20 anos (Fischhoff et al., 2010). Os adolescentes superestimaram muito a chance de morrerem.

Alguns pesquisadores questionaram a visão de que a invulnerabilidade é um conceito unitário e argumentaram que, ao contrário, ela consiste de duas dimensões (Duggan et al., 2000; Lapsley e Hill, 2010):

Como singularidade e invulnerabilidade estão ligadas ao ajustamento e a problemas adolescentes?

- *Invulnerabilidade ao perigo,* que descreve o senso de indestrutibilidade dos adolescentes e a tendência a assumir riscos físicos (p. ex., direção perigosa em alta velocidade).
- *Invulnerabilidade psicológica,* que captura a invulnerabilidade sentida pelos adolescentes em relação ao sofrimento pessoal ou psicológico (p. ex., ter seus sentimentos feridos).

Um estudo recente revelou que os adolescentes que pontuavam alto em uma escala de invulnerabilidade ao perigo tinham maior probabilidade de se engajarem em delinquência juvenil e/ou abuso de substância, ou de ficarem deprimidos (Lapsley e Hill, 2010). Neste estudo, os adolescentes com escore alto em invulnerabilidade psicológica tinham menor probabilidade de ficarem deprimidos, tinham maior autoestima e se envolviam em relações interpessoais melhores. Em termos de invulnerabilidade psicológica, os adolescentes geralmente se beneficiam com os desafios normais do desenvolvimento de explorar opções de identidade, fazer novos amigos, convidar alguém para sair para um encontro e aprender uma nova habilidade. Todas estas tarefas importantes incluem risco e fracasso como uma opção, mas se bem-sucedidas, resultam na melhora da autoimagem.

Segundo a visão de Daniel Lapsley e colaboradores (Hill, Dugan e Lapsley, 2011; Lapsley e Stey, 2012), o processo de separação-individuação – que envolve a separação do adolescente dos seus pais e o desenvolvimento da independência e da identidade – é o responsável pelos achados recém discutidos, mais do que as mudanças desenvolvimentais cognitivas. No que diz respeito às fábulas pessoais, eles argumentam que a invulnerabilidade e a singularidade são formas do narcisismo adolescente.

Estes achados sobre as duas dimensões da percepção de invulnerabilidade possuem aplicações práticas? Por exemplo, eles poderiam identificar adolescentes em risco de se envolver em comportamento autodestrutivo como delinquência e abuso de substâncias?

Elkind (1985) defendeu que a plateia imaginária e a fábula pessoal se devem ao egocentrismo cognitivo envolvido na transição para o pensamento operatório-formal. No entanto, Daniel Lapsley e colaboradores (Hill, Duggan e Lapsley, 2011; Hill e Lapsley, 2010; Lapsley e

Hill, 2010; Lapsley e Stey, 2012) concluem que as distorções em plateia imaginária e fábula pessoal envolvem o ego do adolescente. À medida que eles vão desenvolvendo seu *self* e sua identidade distanciados dos seus pais, sua ideação de fábula pessoal provavelmente reflete um narcisismo adaptativo que apoia seu ego. Que papel, então, a fábula pessoal desempenha no ajustamento do adolescente? Veja o item *Conexão com Saúde e Bem-Estar*.

Em pesquisa anterior, Elkind identificou que o egocentrismo adolescente atingia seu pico na adolescência inicial e depois declinava (Elkind e Bowen, 1979). Contudo, um estudo recente com mais de 2.300 adolescentes e adultos emergentes de 11 a 21 anos revelou que o egocentrismo adolescente ainda era proeminente de 18 a 21 anos (adultos emergentes) e os resultados variaram entre os gêneros (Schwartz, Maynard e Uzelac, 2008). Por exemplo, adultos emergentes do sexo masculino tiveram escores mais altos na escala da plateia imaginária do que os que estavam no fim da adolescência (15 a 18 anos), mas não houve diferenças nesta escala entre as garotas.

COGNIÇÃO SOCIAL NO RESTANTE DO TEXTO

O interesse pela cognição social se desenvolveu e a abordagem se infiltrou em muitos aspectos do estudo do desenvolvimento adolescente. Na visão geral sobre o *self* e a identidade, no Capítulo 4, será explorado o papel da cognição social na compreensão do *self* e da identidade. Na avaliação do desenvolvimento moral, no Capítulo 7, será dedicado um tempo considerável à discussão da teoria de Kohlberg, um aspecto proeminente do estudo da cognição social na adolescência. Além disso, na discussão sobre famílias, no Capítulo 8, as habilidades cognitivas emergentes dos adolescentes serão avaliadas juntamente com o conflito pais-adolescente e com as estratégias de parentalidade. Além disso, na descrição das relações com os pares, no Capítulo 9, será destacada a importância do conhecimento social e do processamento da informação social nas relações com os pares.

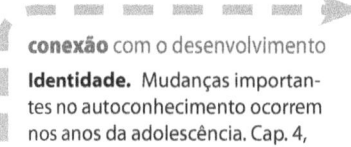

> **conexão** com o desenvolvimento
> **Identidade.** Mudanças importantes no autoconhecimento ocorrem nos anos da adolescência. Cap. 4, p. 154

Revisar *Conectar* **Refletir** (OA5) Explicar como a cognição social está envolvida no desenvolvimento adolescente.

Revisar
- O que caracteriza o egocentrismo adolescente?
- Como a cognição social está relacionada a outros tópicos discutidos neste texto?

Conectar
- Compare e contraste os conceitos de plateia imaginária e fábula pessoal.

Refletir *sua jornada de vida pessoal*
- Pense nos seus amigos no começo da adolescência, no final da adolescência e na adultez emergente. O egocentrismo adolescente declinou para todos eles enquanto se encaminhavam para o final da adolescência e a adultez emergente? Explique como seria especialmente desadaptativo se as características do egocentrismo adolescente ainda caracterizassem fortemente os indivíduos durante a adultez emergente.

ATINJA SEUS OBJETIVOS DE APRENDIZAGEM

1 O cérebro (OA1) Descrever as mudanças desenvolvimentais no cérebro durante a adolescência.

Neurônios
- Os neurônios, as unidades básicas do sistema nervoso, são compostos de corpo celular, dendritos e axônio. Mielinização é o processo por meio do qual a porção de axônio do neurônio é coberta e isolada por uma camada de células de gordura, que aumenta velocidade e eficiência do processamento da informação no sistema nervoso. A mielinização continua a crescer durante a adolescência. A sinaptogênese no córtex pré-frontal, onde ocorre o raciocínio e a autorregulação, também continua durante a adolescência.

Estrutura cerebral, cognição e emoção

- O corpo caloso, um grande feixe de fibras nervosas (axônio) que faz a conexão dos hemisférios esquerdo e direito do cérebro fica mais espesso na adolescência, e esse espessamento melhora a habilidade do adolescente para processar a informação. O córtex pré-frontal, nível mais elevado dos lobos frontais que está envolvido em raciocínio, tomada de decisão e autocontrole, amadurece muito mais tarde (continuando a se desenvolver na adultez emergente) do que a amígdala, a parte do sistema límbico que é a sede de emoções, como a raiva. O desenvolvimento posterior do córtex pré-frontal, combinado com a maturidade precoce da amígdala, pode explicar a dificuldade que os adolescentes têm de colocar freios na sua intensidade emocional.

Experiência e plasticidade

- A experiência desempenha um papel importante no desenvolvimento do cérebro na infância e na adolescência. Embora as experiências precoces sejam muito importantes para o desenvolvimento cerebral, o cérebro mantém considerável plasticidade na adolescência. Novas células cerebrais podem ser geradas na adolescência. Quanto mais cedo ocorrem lesões cerebrais, maior probabilidade de sucesso terá a sua recuperação.

2 A visão cognitiva do desenvolvimento

OA2 Discutir a visão cognitiva do desenvolvimento adolescente.

Teoria de Piaget

- Amplamente aclamada, a teoria de Piaget enfatiza os conceitos de adaptação, esquemas, assimilação, acomodação e equilibração. Piaget afirma que os indivíduos se desenvolvem através de quatro estágios cognitivos: sensório-motor, pré-operatório, operatório-concreto e operatório-formal. O pensamento operatório-formal, que surge dos 11 aos 15 anos, é caracterizado pelo pensamento abstrato, idealista e hipotético-dedutivo. Alguns especialistas sustentam que o pensamento operatório-formal tem duas fases: inicial e final. A variação individual na cognição adolescente é muito ampla. Muitos adolescentes jovens ainda estão consolidando seu pensamento operatório-concreto ou estão no início do pensamento operatório-formal, mais do que os mais velhos. As ideias de Piaget foram ampliadas na educação. Em termos das contribuições de Piaget, devemos a ele todo o campo do desenvolvimento cognitivo e uma competente lista de conceitos. Ele também foi um gênio na observação de crianças. As críticas à teoria de Piaget estão focadas nas estimativas de competência, estágios, treinamento para raciocinar em estágios mais elevados e o papel da cultura e da educação. Os neopiagetianos propuseram algumas mudanças substanciais na teoria de Piaget. Alguns especialistas afirmam que o idealismo do estágio operatório-formal de Piaget declina nos adultos jovens, sendo substituído por um pensamento mais realista e pragmático. Perry disse que os adolescentes frequentemente se engajam em pensamentos dualistas e absolutistas, enquanto os adultos jovens têm mais probabilidade de pensar reflexiva e relativamente. O pensamento pós-formal é reflexivo, relativista e contextual, provisório, realista e aberto a emoções e ao subjetivo.

- Sabedoria é o conhecimento especializado sobre os aspectos práticos da vida que permite um julgamento excelente sobre questões importantes. Baltes e colaboradores descobriram que níveis altos de sabedoria são raros, a estrutura de tempo do final da adolescência e início da idade adulta é a principal janela de idade para que surja a sabedoria, outros fatores além da idade são essenciais para que se desenvolva um nível alto de sabedoria e fatores relacionados à personalidade são melhores preditores de sabedoria do que fatores cognitivos como a inteligência. Sternberg sustenta que a sabedoria envolve tanto os aspectos acadêmicos quanto os aspectos práticos da inteligência. Sua teoria do balanço enfatiza a tomada de decisão competente que leva em conta o interesse próprio, os interesses dos outros e os contextos para produzir um bem comum. Sternberg defende que a sabedoria deve ser ensinada nas escolas.

Teoria de Vygotsky

- A visão de Vygotsky estimulou um interesse considerável na ideia de que o conhecimento é situado e colaborativo. Um dos seus conceitos importantes é o de zona de desenvolvimento proximal, que envolve a orientação dada pelos adultos e pares mais habilitados. Vygotsky argumentou que a aprendizagem das habilidades culturais é um aspecto-chave do desenvolvimento. Ambas as visões de Piaget e Vygotsky são construtivistas, embora a de Vygotsky seja uma visão construtivista social mais forte do que a de Piaget. Nas duas visões, os professores devem ser facilitadores, não diretores, da aprendizagem. As críticas à visão de Vygotsky focam a possibilidade de que os facilitadores sejam excessivamente úteis e os adolescentes esperem que os outros façam as coisas por eles.

3 A visão do processamento da informação

OA3 Caracterizar a visão do processamento da informação na adolescência.

Recursos cognitivos

- A capacidade e a velocidade de processamento, frequentemente referidas como recursos cognitivos, aumentam durante a infância e a adolescência. As mudanças no cérebro servem como fundamento biológico para as mudanças desenvolvimentais nos recursos cognitivos. Em termos de capacidade, o crescimento se reflete na capacidade das crianças mais velhas e dos adolescentes de ter em mente diversas dimensões de um tópico simultaneamente. Uma tarefa com tempo de reação tem sido usada com frequência para avaliar a velocidade do processamento. A velocidade do processamento continua a aumentar na adolescência.

Atenção e memória

- Atenção é o foco dos recursos mentais. Tipicamente, os adolescentes têm melhores habilidades de atenção do que as crianças, embora existam muitas diferenças individuais na eficiência com que os adolescentes distribuem sua atenção. As quatro formas pelas quais os adolescentes podem alocar sua atenção são: a atenção seletiva, dividida, sustentada e executiva. As multitarefas são um exemplo de atenção dividida que podem prejudicar a atenção dos adolescentes quando eles estão se engajando em uma tarefa desafiadora. Os adolescentes apresentam melhor memória de curto prazo, memória de trabalho e memória de longo prazo do que as crianças.

Funcionamento executivo

- Processos cognitivos de alta ordem, tais como exercitar o controle cognitivo, tomar decisões, raciocinar, pensar criticamente, pensar criativamente e a metacognição são frequentemente chamados de funcionamento executivo. A adolescência é caracterizada por inúmeros avanços no funcionamento executivo. O controle cognitivo envolve controle efetivo e pensamento flexível em inúmeras áreas, incluindo o controle da atenção, redução da interferência de pensamentos e ser flexível cognitivamente. Durante a infância e a adolescência, o controle cognitivo (inibição) aumenta com a idade, e esse aumento é devido provavelmente à maturação do córtex pré-frontal. Os adolescentes mais velhos tomam melhores decisões do que os mais jovens, os quais, por sua vez, são melhores nesse aspecto do que as crianças. Entretanto, ser capaz de tomar decisões competentes não significa que eles o farão na vida diária, na qual uma ampla gama de experiências entra em jogo. Os adolescentes geralmente tomam decisões melhores quando estão calmos do que quando estão emocionalmente excitados. Os contextos sociais, especialmente a presença dos pares, influenciam a tomada de decisão adolescente. O pensamento crítico envolve pensar reflexiva e produtivamente e avaliar as evidências. A adolescência é um importante período de transição no pensamento crítico devido a mudanças cognitivas como o aumento da velocidade, da automaticidade e da capacidade de processamento da informação, maior amplitude de conhecimento de conteúdo, aumento na habilidade de construir novas combinações de conhecimento e uma maior variação e uso espontâneo de estratégias. Pensar criativamente é a habilidade de pensar de formas novas e incomuns e de descobrir soluções únicas para os problemas. Guilford fez uma distinção entre pensamento convergente e divergente. Inúmeras estratégias, incluindo *brainstorming*, não controlar excessivamente, encorajar o controle interno e apresentar os adolescentes a pessoas criativas, podem ser usadas para estimular o pensamento criativo. Um especialista é o oposto de um novato (alguém que recém está começando a aprender uma área do conhecimento). Os especialistas são melhores do que os novatos na detecção de características e padrões significativos de informação, acumulando mais conhecimento de conteúdo, organizando-o efetivamente e recuperando aspectos importantes do conhecimento com pouco esforço. Tornar-se um especialista geralmente envolve talento, prática deliberada e motivação. Metacognição é a cognição sobre a cognição, ou o saber sobre o saber. Na visão de Pressley, a chave para a educação é ajudar os estudantes a aprenderem um rico repertório de estratégias que resulte em soluções para problemas. As habilidades de pensamento dos adolescentes se beneficiam quando lhes são ensinadas habilidades metacognitivas e de pensamento em domínios específicos.

4 A visão psicométrica/da inteligência

OA4 Resumir a visão psicométrica/da inteligência na adolescência.

Testes de inteligência

- Inteligência é a habilidade de resolver problemas e se adaptar e aprender com as experiências do dia a dia. Um aspecto essencial da inteligência está focado nas suas variações individuais. Tradicionalmente, a inteligência tem sido medida por testes criados para comparar o desempenho das pessoas em tarefas cognitivas. Alfred Binet desenvolveu o primeiro teste de inteligência e criou o conceito de idade mental. William Stern desenvolveu o conceito de QI para usar com o teste de Binet. As revisões do teste de Binet são chamadas de Stanford-Binet. Os escores do teste no Stanford-Binet se aproximam de uma distribuição normal. As escalas Wechsler, criadas por David Wechsler, são a outra principal ferramenta de avaliação da inteligência. Esses testes fornecem um QI global e outros escores combinados, incluindo o Índice de Memória de Trabalho e o Índice de Velocidade de Processamento. O número isolado fornecido por muitos testes de QI pode levar a falsas expectativas, e os escores do QI devem ser apenas um tipo de informação usado para avaliar um adolescente.

Inteligências múltiplas

- A teoria triárquica de Sternberg afirma que existem três tipos principais de inteligência: analítica, criativa e prática. Gardner propôs que existem oito tipos de inteligência: linguística, lógico-matemático, espacial, corporal-cinestésica, musical, interpessoal, intrapessoal e naturalista. Inteligência emocional é a habilidade de perceber e expressar emoção de forma adequada e adaptativa, de entender a emoção e o conhecimento emocional, de usar sentimentos para facilitar o pensamento e de manejar as emoções em si e nos outros. As abordagens de inteligências múltiplas ampliaram a definição de inteligência e motivaram os educadores a desenvolver programas que instruem os estudantes em diferentes domínios. Os críticos sustentam que as teorias de inteligências múltiplas têm classificações que parecem arbitrárias e fatores que, na realidade, não fazem parte da inteligência, como as habilidades musicais e a criatividade.

Hereditariedade e ambiente

- Muitos estudos mostram que, no fim da adolescência, a inteligência é fortemente influenciada pela hereditariedade, porém, muitos desses estudos não refletem ambientes radicalmente diferentes. Uma influência ambiental sobre a inteligência que é bem documentada é a instrução. Além disso, devido ao aumento no nível de educação, os escores nos testes de inteligência têm subido consideravelmente em todo o mundo nas últimas décadas – um crescimento chamado de efeito Flynn – e isso apoia o papel do ambiente na inteligência. Em suma, a inteligência é influenciada pela hereditariedade e pelo ambiente.

5 Cognição social

OA5 Explicar como a cognição social está envolvida no desenvolvimento adolescente.

Egocentrismo adolescente

- Cognição social refere-se a como as pessoas conceituam e raciocinam a respeito do seu mundo social, incluindo a relação do *self* com os outros. O egocentrismo adolescente é a autoconsciência aumentada do adolescente, espelhada na sua crença de que os outros estão tão interessados nele quanto ele mesmo. De acordo com Elkind, o egocentrismo adolescente consiste de uma plateia imaginária e uma fábula pessoal. Pesquisadores encontraram recentemente que os adolescentes na verdade superestimam sua chance de ter uma morte prematura, indicando que eles se percebem como menos invulneráveis do que indica a fábula pessoal de Elkind. Uma alternativa à visão do egocentrismo cognitivo de Elkind é a visão de que a plateia imaginária e a fábula pessoal são principalmente o resultado de mudanças nos pontos de vista e no ego adolescente. Além disso, a invulnerabilidade foi recentemente descrita como tendo duas dimensões: de perigo e psicológica – que acarretam diferentes resultados para a adolescência.

Cognição social no restante do texto

- Estudamos a cognição social ao longo de todo o texto, especialmente nos capítulos sobre *self* e identidade, desenvolvimento moral, pares e famílias.

TERMOS-CHAVE

neurônios 114
mielinização 114
sinapses 115
corpo caloso 115
córtex pré-frontal 115
amígdala 115
esquema 118
assimilação 118
acomodação 118
equilibração 118
estágio sensório-motor 119
estágio pré-operatório 119
estágio operatório-concreto 119
estágio operatório-formal 120
raciocínio hipotético-dedutivo 120

neopiagetianos 122
pensamento pós-formal 123
sabedoria 124
zona de desenvolvimento proximal (ZDP) 126
abordagem construtivista social 126
atenção 128
atenção seletiva 128
atenção dividida 128
atenção sustentada 128
atenção executiva 128
funcionamento executivo 131
controle cognitivo 131
modelo do processo dual 134
pensamento crítico 134

criatividade 135
pensamento convergente 135
pensamento divergente 135
metacognição 138
visão psicométrica/da inteligência 139
inteligência 140
idade mental (IM) 140
quociente de inteligência (QI) 140
distribuição normal 140
teoria triárquica da inteligência 142
inteligência emocional 142
cognição social 145
egocentrismo adolescente 145

PESSOAS-CHAVE

Charles Nelson 115
Laurence Steinberg 116
Jay Giedd 116
Elizabeth Sowell 116
Jean Piaget 118
Robbie Case 122
William Perry 122
Gisela Labouvie-Vief 123

Paul Baltes 124
Robert Sternberg 125
Lev Vygotsky 125
Deanna Kuhn 127
Alan Baddeley 131
J. P. Guilford 135
Michael Pressley 138
Alfred Binet 140

William Stern 140
David Wechsler 141
Howard Gardner 141
Peter Salovey e John Mayer 142
Daniel Goleman 142
Nathan Brody 143
David Elkind 145
Daniel Lapsley 146

RECURSOS PARA MELHORAR A VIDA DOS ADOLESCENTES

Brain and Cognition
(dezembro de 2010, Vol. 72, 1-164)
Esta edição do periódico reuniu importantes especialistas no campo do desenvolvimento cerebral na adolescência para escreverem sobre a situação atual do conhecimento e das pesquisas nesta área.

Adolescent Thinking
Deanna Kuhn in R. M. Lerner & L. Steinberg (Eds.)
Manual de Psicologia Adolescente (Handbook of Adolescent Psychology) (2009, 3ª Ed.)
Nova Iorque: Wiley
Um exame atualizado e profundo das importantes mudanças no funcionamento executivo e outras mudanças cognitivas na adolescência.

Adolescent Thinking – Developmental Review
(2008, Vol. 28, 1-152)
Vários especialistas importantes examinam a natureza da exposição a riscos e da tomada de decisão racional durante a adolescência.

capítulo 4
SELF, IDENTIDADE, EMOÇÃO E PERSONALIDADE

esboço do capítulo

O *self*

Objetivo de aprendizagem 1 Descrever o desenvolvimento do *self* na adolescência.

Autoconhecimento
Autoestima e autoconceito

Identidade

Objetivo de aprendizagem 2 Explicar as muitas facetas do desenvolvimento da identidade.

Ideias de Erikson sobre a identidade
Os quatro *status* da identidade
Mudanças desenvolvimentais na identidade
Identidade e contextos sociais
Identidade e intimidade

Desenvolvimento emocional

Objetivo de aprendizagem 3 Discutir o desenvolvimento emocional dos adolescentes.

As emoções da adolescência
Hormônios, experiência e emoções
Competência emocional

Desenvolvimento da personalidade

Objetivo de aprendizagem 4 Caracterizar o desenvolvimento da personalidade dos adolescentes.

Personalidade
Temperamento

Como os adolescentes se descrevem? Como você teria se descrito quando tinha 15 anos? Que características você teria enfatizado? Veremos a seguir o autorrelato de uma garota de 15 anos:

> Como sou como pessoa? Complicada! Sou sensível, amiga, extrovertida, popular e tolerante, embora também possa ser tímida, egoísta e até mesmo detestável. Detestável! Eu gostaria de ser amigável e tolerante o tempo todo. Esse é o tipo de pessoa que quero ser e fico desapontada quando não sou. Sou responsável, até mesmo estudiosa de vez em quando, mas, por outro lado, também sou folgada, porque se você é estudioso demais, você não vai ser popular. Nem sempre me saio tão bem na escola. Sou uma pessoa muito animada, especialmente com meus amigos, com quem posso ser bem bagunceira. Em casa é mais comum eu ficar mais ansiosa por causa dos meus pais. Eles querem que eu tire A em todas as matérias. Isso não é justo! Eu me preocupo porque deveria tirar notas melhores. Mas ficaria envergonhada perante os meus amigos. Então geralmente sou muito estressada em casa, ou sarcástica, já que meus pais estão sempre pegando no meu pé. Mas eu realmente não entendo como posso mudar tão rápido. Quer dizer, como é que posso estar animada em um minuto, ansiosa no seguinte e depois ser sarcástica? Qual desses é o meu verdadeiro eu? Às vezes, me sinto uma impostora, especialmente com os meninos. Digamos que eu ache que algum garoto pode estar interessado em me convidar para sair. Tento agir diferente, como a Madonna. Serei sedutora e divertida. E então todo mundo, quer dizer, todos os outros estão olhando para mim como se pensassem que sou uma completa esquisita. Então fico nervosa, envergonhada, me torno radicalmente introvertida e já não sei quem sou realmente! Só estou tentando impressioná-los, ou o quê? Mas, na verdade, não me importo com o que eles pensam. Isto é, não quero me importar. Só quero saber o que meus amigos íntimos pensam. Com os meus amigos eu posso ser eu mesma. Não posso ser eu mesma com meus pais. Eles não me entendem. O que eles sabem sobre como é ser um adolescente? Eles ainda me tratam como se eu fosse uma criança. Pelo menos na escola as pessoas nos tratam mais como se fôssemos adultos. Mas isso confunde. Quer dizer, o que sou: criança ou adulto? Isso também é assustador, porque não tenho a mínima ideia do que quero ser quando crescer. Quer dizer, tenho muitas ideias. Eu e minha amiga Sheryl conversamos sobre sermos comissárias de bordo ou professoras, ou enfermeiras, ou veterinárias, talvez mãe ou atriz. Só sei que não quero ser garçonete ou secretária. Mas como decido tudo isso? Realmente não sei. Quer dizer, penso muito sobre isso, mas não consigo resolver. Tem dias em que gostaria de me tornar imune a mim mesma (Harter, 1990a, pp. 352-353).

apresentação

Este trecho ilustra o desenvolvimento da autorreflexão, da exploração da identidade e das mudanças emocionais que estão entre as características marcantes do desenvolvimento adolescente. Muito mais do que as crianças, os adolescentes buscam saber quem eles são, o que eles são e para onde irão na vida. Nas primeiras seções deste capítulo, exploramos o *self* e a identidade, os quais são frequentemente considerados aspectos centrais do desenvolvimento da personalidade na adolescência. Em seguida, voltaremos nossa atenção para o desenvolvimento emocional na adolescência e, depois, concluiremos examinando os traços de personalidade e o temperamento dos adolescentes.

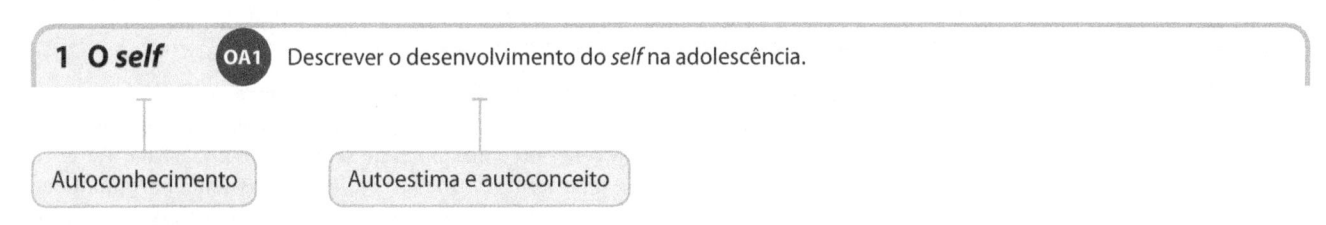

1 O *self* (OA1) Descrever o desenvolvimento do *self* na adolescência.

- Autoconhecimento
- Autoestima e autoconceito

O ***self*** consiste de todas as características de uma pessoa. Os teóricos e pesquisadores que têm seu foco no *self* geralmente argumentam que ele é o aspecto central da personalidade do indivíduo e que empresta uma dimensão integradora à nossa compreensão das diferentes características da personalidade (Thompson e Goodman, 2011; Thompson, Winer e Goodvin, 2011). Alguns aspectos do *self* foram mais estudados do que outros. Eles incluem autoconhecimento, autoestima e autoconceito.

Mais do que as crianças, os adolescentes carregam consigo uma noção de quem eles são e o que os faz diferentes de todos os outros. Veja a autodescrição de um garoto adolescente: "Sou um indivíduo do sexo masculino, animado, atleta, um liberal na política, extrovertido e compassivo". Ele se conforta em sua singularidade: "Ninguém é como eu. Tenho 1,80 m

self Todas as características de uma pessoa.

de altura e peso 72 kg. Vivo em um subúrbio e pretendo ir para a universidade estadual. Quero ser jornalista esportivo. Sou especialista em construção de canoas. Quando não estou na escola e estudando, escrevo contos sobre figuras do esporte, os quais espero publicar algum dia". Real ou imaginado, o desenvolvimento do senso de *self* e de singularidade de um adolescente é uma força motivadora em sua vida. Nossa exploração do *self* começa com informações sobre o autoconhecimento dos adolescentes e depois se volta para sua autoestima e seu autoconceito.

AUTOCONHECIMENTO

Embora os indivíduos se tornem mais introspectivos na adolescência e ainda mais na adultez emergente, seu autoconhecimento não é completamente interno; ao contrário, o autoconhecimento é uma construção social cognitiva (Harter, 2006). Isto é, as capacidades cognitivas sociais em desenvolvimento dos adolescentes e dos adultos emergentes interagem com suas experiências socioculturais para influenciar seu autoconhecimento. Estas são algumas das questões que examinaremos nesta seção: o que é autoconhecimento? Quais são algumas dimensões importantes do autoconhecimento dos adolescentes e dos adultos emergentes?

O que é autoconhecimento? **Autoconhecimento** é a representação cognitiva do *self* do indivíduo, a substância e o conteúdo das autoconcepções. Por exemplo, um garoto de 12 anos entende que é estudante, jogador de futebol, membro de uma família e amante de *videogames*. Uma garota de 14 anos entende que é jogadora de futebol, membro do conselho estudantil, fã de cinema e *rock*. O autoconhecimento de um adolescente está baseado, em parte, nos vários papéis e nas categorias de afiliação que definem quem os adolescentes são (Harter, 2006). Embora o autoconhecimento forneça os fundamentos racionais, ele não é a identidade pessoal como um todo.

Quais são algumas dimensões importantes do autoconhecimento dos adolescentes e dos adultos emergentes? O desenvolvimento do autoconhecimento na adolescência é complexo e envolve inúmeros aspectos do *self* (Harter, 2006). Vamos examinar como o autoconhecimento do adolescente se diferencia do da criança, e depois descreveremos algumas mudanças no autoconhecimento durante a adultez emergente.

Abstração e idealismo Lembre-se da nossa discussão sobre a teoria do desenvolvimento cognitivo de Piaget nos capítulos 1 e 3 de que muitos adolescentes começam a pensar de forma mais abstrata e *idealista*. Quando solicitados a se descreverem, os adolescentes têm mais probabilidade do que as crianças de usar termos abstratos e idealistas. Considere a descrição abstrata que Laurie, 14 anos, faz de si mesma: "Sou um ser humano. Sou indecisa. Não sei quem eu sou". Considere também sua descrição idealista de si: "Sou uma pessoa naturalmente sensível que realmente se preocupa com os sentimentos das pessoas. Acho que tenho boa aparência". Nem todos os adolescentes se descrevem de maneira idealista, mas a maioria dos adolescentes distingue entre o *self* real e o *self* ideal.

Diferenciação Com o passar do tempo, o autoconhecimento de um adolescente vai se tornando *diferenciado* (Harter, 2006). Os adolescentes têm maior probabilidade do que as crianças de observar variações contextuais ou situacionais ao se descreverem (Harter, Waters e Whitesell, 1996). Por exemplo, uma garota de 15 anos se descreve usando um conjunto de características em conexão com sua família, e outro conjunto de características em conexão com seus pares e amigos. Pode surgir ainda outro conjunto de características na autodescrição do seu relacionamento emocional. Em suma, os adolescentes têm mais probabilidade do que as crianças de entender que eles possuem vários *selves* diferentes, cada um variando até certo grau de acordo com um papel ou contexto específico.

O self flutuante Dada a sua natureza contraditória na adolescência, não é de causar surpresa que o *self* apresente flutuações em diferentes facetas da vida e ao longo do tempo (Harter, 1990a). A garota de 15 anos cuja citação aparece no começo deste capítulo observou que não conseguia entender como podia mudar da alegria em um momento, para ansiedade no momento seguinte, e para sarcasmo um pouco depois disso. Um pesquisador se referiu ao *self* flutuante dos adolescentes como "o *self* barométrico" (Rosenberg, 1979). Na maioria dos ca-

---

> Conhece-te a ti mesmo, pois uma vez que nos conhecemos, podemos aprender a cuidar de nós mesmos. De outra forma, nunca conseguiremos.
>
> —Sócrates
> *Filósofo grego, século V a.C.*

conexão com o desenvolvimento
Teoria cognitiva. No quarto estágio do desenvolvimento cognitivo de Piaget, o pensamento se torna mais abstrato, idealista e lógico. Cap. 3, p. 120

autoconhecimento A representação cognitiva do *self* de um indivíduo; a substância e o conteúdo das autoconcepções.

sos, o *self* continua a ser caracterizado pela instabilidade até o fim da adolescência ou mesmo na idade adulta inicial, quando é construída uma teoria mais unificada do *self*. Teremos mais considerações a fazer sobre as flutuações nas emoções dos adolescentes no final do capítulo.

Contradições do self Quando os adolescentes começam a diferenciar seu conceito de *self* em múltiplos papéis em diferentes contextos de relações, eles percebem contradições potenciais entre seus diferentes *selves*. Em um estudo, Susan Harter (1986) pediu a estudantes da 8ª série do ensino fundamental, e 1ª e 3ª séries do ensino médio que se descrevessem. Ela identificou que o número de autodescrições contraditórias mencionadas (mau humor *e* compreensão, feio *e* atraente, entediado *e* curioso, cuidadoso *e* descuidado, introvertido *e* divertido) aumentavam marcadamente entre a 8ª série do ensino fundamental e a 1ª série do ensino médio. Embora o número de autodescrições contraditórias mencionadas pelos estudantes declinasse na 3ª série do ensino médio, elas ainda ultrapassavam as observadas na 8ª série. Os adolescentes desenvolvem a habilidade cognitiva de detectar essas inconsistências quando se esforçam para construir uma teoria geral do *self* (Harter e Monsour, 1992).

Quais são algumas das características do autoconhecimento na adolescência?

Self *real* versus *ideal,* verdadeiro versus *falso* A habilidade emergente dos adolescentes de construir *selves* ideais pode lhes causar perplexidade. Embora a capacidade de reconhecer uma discrepância entre o *self real* e o *ideal* represente um avanço cognitivo, o teórico humanista Carl Rogers (1950) defendeu que uma forte discrepância entre o *self* real e o ideal é um sinal de desajustamento. Uma discrepância muito grande entre o *self* real de um indivíduo e o *self* ideal – a pessoa que ele quer ser – é capaz de produzir um sentimento de fracasso e autocrítica que podem até mesmo desencadear depressão.

Embora alguns teóricos considerem desadaptativa uma forte discrepância entre *self* ideal e *self* real, outros argumentam que isto não é necessariamente verdade, especialmente na adolescência. Segundo uma das visões, um aspecto importante do *self* ideal ou imaginado é o **self possível**: aquele no qual os indivíduos podem se transformar em quem eles gostariam de se transformar e em quem eles temem se transformar (Markus e Nurius, 1986). Assim, os *selves* possíveis dos adolescentes incluem tanto o que eles esperam ser quanto o que eles temem vir a ser (Quilan, Jaccard e Blanton, 2006). Segundo este ponto de vista, a presença do *self* desejado e do *self* temido é psicologicamente saudável, dando equilíbrio à perspectiva e à motivação de um adolescente. Isto é, os atributos do *self* positivo futuro – ingressar em uma boa universidade, ser admirado, ter uma carreira de sucesso – podem direcionar as ações positivas de um adolescente, ao passo que os atributos do *self* negativo futuro – ficar desempregado, ficar sozinho, não ingressar numa boa universidade – podem identificar comportamentos a ser evitados.

self possível Em quem os indivíduos podem se transformar, em quem eles gostariam de se transformar e em quem eles têm medo de se transformar.

Os adolescentes conseguem distinguir entre seus *verdadeiros* e *falsos* selves? De acordo com uma pesquisa, sim (Harter e Lee, 1989). Os adolescentes têm maior probabilidade de exibirem seus falsos *selves* com os colegas de aula e em situações românticas ou de encontros amorosos; eles têm menor probabilidade de apresentar seus falsos *selves* aos amigos mais próximos. Os adolescentes podem exibir um falso *self* para impressionar os outros ou para experimentar novos comportamentos ou papéis. Eles podem achar que os outros não entendem seus verdadeiros *selves* ou que os outros os forçam a se comportarem de maneira falsa. Alguns adolescentes relatam que não gostam do seu comportamento de falso *self*, mas outros dizem que isso não os incomoda. Um estudo encontrou que a autenticidade experimentada do *self* é mais alta entre os adolescentes que dizem receber apoio dos seus pais (Harter, Stocker e Robinson, 1996).

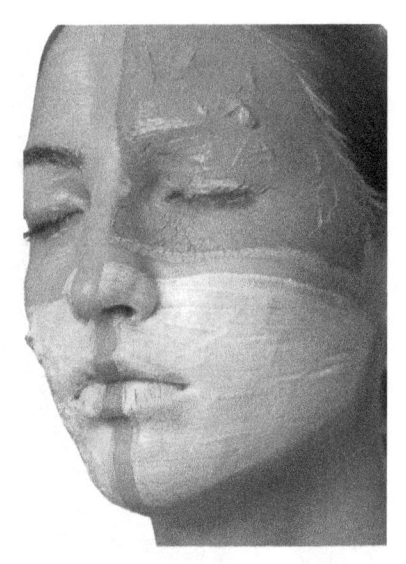

Comparação social Os adolescentes jovens têm mais probabilidade do que as crianças de se compararem com os outros e de entenderem que os outros estão fazendo comparações sobre eles (Ruble et al., 198; Sebastian, Burnett e Blakemore, 2010). As crenças de um indivíduo sobre como ele é visto é chamada de *espelho* do *self*. Contudo, a maioria dos adolescentes não está disposta a *admitir* que faz comparações sociais porque eles encaram a comparação social como socialmente indesejável. Ou seja, eles acham que reconhecer suas razões para a comparação social poderá colocar em perigo a sua popularidade. Basear-se nas informações da comparação social pode ser confuso para os adolescentes devido ao grande número de grupos de referência à disposição. Os adolescentes devem se comparar aos colegas de aula em geral? Aos amigos do mesmo gênero que eles? Aos adolescentes populares, atléticos e de boa

O que caracteriza os possíveis selves *adolescentes?*

aparência? Levar em consideração todos esses grupos de comparação social simultaneamente pode ser desconcertante para os adolescentes.

Autoconsciência Os adolescentes têm maior probabilidade que as crianças de serem conscientes e preocupados com seu autoconhecimento (Harter, 2006). Embora os adolescentes se tornem mais introspectivos, eles nem sempre desenvolvem o autoconhecimento no isolamento social. Os adolescentes se voltam para seus amigos na busca de apoio e autoclarificação, incluindo as opiniões dos amigos nas suas autodefinições emergentes. Conforme comentou um pesquisador em autodesenvolvimento, os amigos dos adolescentes são, frequentemente, a principal fonte de autoavaliações refletidas, o espelho social para o qual os adolescentes ansiosamente direcionam seu olhar (Rosenberg, 1979).

Autoproteção Na adolescência, o senso de confusão e conflito estimulado pelos esforços para se entender é acompanhado de uma necessidade de *proteger o self*. Em um esforço para *proteger o* self, os adolescentes estão propensos a negar suas características negativas. Por exemplo, na investigação de Harter sobre o autoconhecimento, os adolescentes tinham mais probabilidade a ver autodescrições positivas como *atraente, divertido, sensível, delicado e curioso* como aspectos centrais importantes do *self* e a ver autodescrições negativas como *feio, medíocre, deprimido, egoísta e nervoso* como aspectos periféricos menos importantes do *self* (Harter, 1986). Esta tendência está de acordo com a inclinação adolescente de se descrever de forma idealista.

O self *inconsciente* Na adolescência, autoconhecimento envolve um maior reconhecimento de que o *self* inclui componentes inconscientes e também conscientes. Entretanto, não é provável que ocorra este reconhecimento antes do fim da adolescência. Isto é, os adolescentes mais velhos têm maior probabilidade do que os mais jovens de acreditarem que determinados aspectos da sua experiência mental estão além da sua consciência ou controle.

Um self *ainda não muito coerente e integrado* Devido à proliferação de *selves* e autorrelatos irrealistas durante a adolescência, a tarefa de integração dessas autoconcepções variantes se torna problemática (Harter, 2006). Somente mais tarde, geralmente na adultez emergente, os indivíduos realmente integram com sucesso os muitos aspectos do *self* (Luyckx et al., 2010).

Adultez emergente e idade adulta Na adultez emergente, o autoconhecimento se torna mais integrador, com as partes discrepantes do *self* reunidas mais sistematicamente. Os adultos emergentes podem detectar inconsistências nas suas autodescrições anteriores quando tentam construir uma teoria geral do *self*, um senso integrado de identidade.

Como a autoconsciência se modifica quando os indivíduos atravessam a adolescência?

Como vimos no Capítulo 3, Gisela Labouvie-Vief (2006) conclui que ocorre uma considerável reestruturação do *self* na adultez emergente. Ela enfatiza que os aspectos principais do autodesenvolvimento na adultez emergente envolvem um aumento na autorreflexão e uma decisão sobre uma visão de mundo específica.

No entanto, Labouvie-Vief (2006) argumenta que, embora os adultos emergentes se engajem em pensamentos mais complexos e críticos do que quando eram adolescentes, muitos ainda têm dificuldade em integrar sua visão mais complexa do mundo. Ela afirma que essa dificuldade resulta do fato de os adultos emergentes ainda serem facilmente influenciados por serem suas emoções, o que pode distorcer seu pensamento e fazê-los egoístas e autoprotetores. Em sua pesquisa, é somente entre os 30 e 39 anos que os adultos desenvolvem efetivamente uma visão de mundo coerente e integrada.

Como o autoconhecimento se modifica na adultez emergente?

Autoconhecimento e contextos sociais Já vimos que o autoconhecimento dos adolescentes pode variar nas relações e nos papéis sociais. Pesquisadores identificaram que os retratos que os adolescentes fazem de si podem diferir dependendo de se eles se descrevem quando estão com sua mãe, seu pai, seu amigo próximo, seu parceiro amoroso ou seus pares. Eles também podem diferir dependendo se sua descrição é no papel de estudante, atleta ou empregado. Igualmente, os adolescentes podem criar *selves* diferentes dependendo de sua origem étnica ou cultural e das suas experiências (Lalonde e Chandler, 2004).

Os múltiplos *selves* de jovens etnicamente diferentes refletem suas experiências ao circularem por seus múltiplos mundos da família, dos pares, da escola e da comunidade (Cooper et al., 2002; Rossiter, 2008). Quando jovens norte-americanos de origens diferentes se movimentam de uma cultura para outra, eles podem encontrar barreiras relativas à língua, ao racismo, ao gênero, à imigração e à pobreza. Em cada um dos seus mundos diferentes, no entanto, eles também podem encontrar recursos – nas instituições, em outras pessoas e em si mesmos. Os jovens com dificuldades em circular entre os mundos podem vivenciar alienação da sua escola, da família e dos pares. Isso, por sua vez, poderá levar a outros problemas. Contudo, os jovens que conseguem circular efetivamente entre mundos diferentes conseguem desenvolver *selves* biculturais ou multiculturais e se transformarem em "elementos de ligação entre as culturas" para os outros.

Hazel Markus e colaboradores (Markus e Kitayama, 2010; Markus, Mullally e Kitayama, 1999) ressaltam que é importante entender como os múltiplos *selves* emergem por meio da participação em práticas culturais. Eles defendem que todos os *selves* são específicos da

conexão com o desenvolvimento

Teoria cognitiva. A compreensão das mudanças cognitivas na adultez emergente e na idade adulta inicial requer a consideração de como a maturidade emocional pode afetar o desenvolvimento cognitivo. Cap. 3, p. 123

A perspectiva contemporânea sobre o *self* enfatiza a construção de múltiplas representações do *self* em diferentes contextos relacionais.

—SUSAN HARTER
*Psicóloga contemporânea,
Universidade de Denver*

De que forma os múltiplos selves *do adolescente da primeira foto são diferentes dos adolescentes da foto seguinte?*

conexão com o desenvolvimento

Cultura. Uma forma de estudar as culturas é categorizá-las como individualistas ou coletivistas.
Cap. 12, p. 394

autoestima A dimensão avaliativa global do *self*; também chamada de amor-próprio ou autoimagem.

autoconceito Avaliações do *self* em domínios específicos.

Indicadores positivos

1. Dá diretivas ou comandos aos outros
2. Usa uma qualidade de voz apropriada à situação
3. Expressa opiniões
4. Senta com os outros durante as atividades sociais
5. Trabalha cooperativamente em um grupo
6. Encara os outros quando está falando ou estão falando com ele
7. Mantém contato visual durante a conversa
8. Inicia um contato amistoso com os outros
9. Mantém um espaço confortável entre ele e os outros
10. Tem pouca hesitação na fala, fala com fluência

Indicadores negativos

1. Rebaixa os outros, provocando, colocando apelidos ou fazendo fofocas
2. Usa gestos dramáticos ou fora do contexto
3. Toca os outros de forma inadequada ou evita o contato físico
4. Dá desculpas para as falhas
5. Alardeia excessivamente quanto às suas realizações, habilidades e aparência
6. Rebaixa-se verbalmente; autodepreciação
7. Fala muito alto, abruptamente ou num tom dogmático

FIGURA 4.1
Indicadores comportamentais de autestima.

---

cultura e emergem quando os indivíduos se adaptam aos seus ambientes culturais. Nos contextos norte-americanos, especialmente em contextos de condição socioeconômica média, a cultura promove e mantém a individualidade. Quando dada a oportunidade para se descreverem, os norte-americanos apresentam não só descrições atuais, mas também noções dos seus *selves* futuros. Eles apresentam com frequência uma necessidade de múltiplos *selves* que sejam estáveis e consistentes. No Japão, múltiplos *selves* são geralmente descritos em termos de relatividade com os outros (Sedikes e Brewer, 2001). Para muitos japoneses, autoaperfeiçoamento também é um aspecto importante destes múltiplos *selves*. Markus e colaboradores (2006) reconhecem que os grupos culturais são caracterizados pela diversidade, mas conclui que é útil depositar os aspectos dominantes dos múltiplos *selves* em uma cultura.

Até este ponto, discutimos muitos aspectos do autoconhecimento. Lembre-se, no entanto, que o *self* envolve não só o autoconhecimento, mas também autoestima e autoconceito. Isto é, os adolescentes não tentam apenas definir e descrever os atributos do *self* (autoconhecimento), eles também avaliam esses atributos (autoconceito e autoestima).

AUTOESTIMA E AUTOCONCEITO

O que são autoestima e autoconceito? Como eles são medidos? Alguns domínios são mais proeminentes para a autoestima dos adolescentes do que outros? Como as relações com os pais e os pares influenciam a autoestima dos adolescentes? Quais são as consequências da baixa autoestima em adolescentes e adultos emergentes e como a autoestima deles pode ser levantada?

O que são autoestima e autoconceito? No campo da psicologia do desenvolvimento, a importante especialista Susan Harter (2006) distingue entre autoestima e autoconceito. Segundo sua visão, **autoestima**, também chamada de *amor-próprio* ou *autoimagem*, é a dimensão avaliativa global do *self*. Por exemplo, um adolescente ou adulto emergente pode perceber que não é meramente uma pessoa, mas uma boa pessoa. Obviamente, nem todos os adolescentes e adultos emergentes possuem uma imagem global positiva de si mesmos. Um adolescente com baixa autoestima pode se descrever como uma má pessoa.

Na visão de Harter, **autoconceito** refere-se a avaliações do *self* em domínios específicos. Os adolescentes e os adultos emergentes fazem autoavaliações em muitos domínios – acadêmico, atlético, físico, etc. Por exemplo, um adolescente pode ter um *autoconceito* acadêmico negativo porque não está se saindo bem na escola, mas ter um autoconceito atlético positivo porque ele é um grande nadador. Em suma, autoestima refere-se às autoavaliações globais; o autoconceito, às avaliações de domínios específicos.

Nem sempre os investigadores fizeram distinção entre autoestima e autoconceito, às vezes, usando os termos como sinônimos ou sem defini-los precisamente (Donnellan e Robins, 2009). Enquanto você lê o restante da discussão sobre autoestima e autoconceito, a distinção entre autoestima como uma autoavaliação global e autoconceito como uma avaliação de domínios específicos poderá ajudá-lo a manter os termos adequados.

Medindo autoestima e autoconceito A avaliação da autoestima e do autoconceito nem sempre tem sido fácil, especialmente no que se refere aos adolescentes (Dusek e McIntyre, 2003). Durante muitos anos, os instrumentos de avaliação foram criados primariamente para crianças ou para adultos, sendo dada pouca atenção aos adolescentes. Então, Susan Harter (1989) desenvolveu uma medida separada para adolescentes: o Perfil de Autopercepção para Adolescentes. Ele avalia oito domínios – competência escolar, competência atlética, aceitação social, aparência física, comportamento, amizades próximas, relações amorosas e competência no trabalho – mais a autoestima global. O instrumento para adolescentes tem três domínios de habilidade não presentes no instrumento para crianças: competência no trabalho, relações amorosas e amizades próximas.

Alguns especialistas em avaliação argumentam que uma combinação de vários métodos deve ser usada na mensuração da autoestima. Além do autorrelato, a classificação da autoestima de um adolescente por outros e observações do comportamento do adolescente em vários contextos podem oferecer um quadro mais completo e mais preciso da autoestima. Os pares, professores, pais e mesmo outras pessoas que não conhecem o adolescente podem ser solicitados a classificar a autoestima do adolescente. As expressões faciais do adolescente e o ponto até onde ele se parabeniza ou se condena também são bons indicadores de como ele se vê. Por exemplo, adolescentes que raramente sorriem ou raramente agem como se estivessem felizes estão revelando um aspecto sobre a sua autoestima. Uma investigação que utilizou observações comportamentais na avaliação da autoestima mostra alguns comportamentos positivos e também negativos que podem fornecer indícios sobre a autoestima do adolescente (veja a Figura 4.1) (Savin-Williams e Demo, 1983). Utilizando uma variedade de métodos (como autorrelato e observações do comportamento) e obtendo informações de várias fontes (como o adolescente, seus pais, amigos e professores), é provável que os investigadores consigam montar um quadro mais preciso da autoestima do adolescente.

Autoestima: percepção e realidade A autoestima reflete percepções que nem sempre estão de acordo com a realidade (Krueger, Vohs e Baumeister, 2008). A autoestima de um adolescente ou adulto emergente pode indicar uma percepção quanto a ele ser ou não inteligente e atraente, por exemplo, mas essa percepção pode não ser adequada. Assim, alta autoestima pode se referir a percepções adequadas e justificadas do próprio valor como pessoa e seus sucessos e conquistas, mas também pode indicar um senso de superioridade arrogante, grandioso e injustificado sobre os outros. Do mesmo modo, baixa autoestima pode sugerir uma percepção adequada das próprias deficiências ou insegurança e inferioridade distorcidas, até mesmo patológicas.

Narcisismo refere-se à abordagem autocentrada e egoísta em relação aos outros. Tipicamente, os narcisistas não têm consciência do seu verdadeiro *self* e de como os outros os percebem. Esta falta de percepção contribui para os seus problemas de ajustamento (Hill e Lapsley, 2011; Lapsley e Stey, 2012). Os narcisistas são excessivamente autocentrados e autocongratulatórios, encarando suas necessidades e seus desejos como os mais importantes. Em consequência, os narcisistas raramente apresentam qualquer tipo de empatia com os outros. De fato, os narcisistas frequentemente desvalorizam as pessoas à sua volta para proteger sua autoestima precária, embora eles geralmente respondam com raiva e vergonha quando os outros não os admiram e não os tratam de acordo com suas fantasias grandiosas sobre si mesmos. Os narcisistas chegam ao auge da sua grandiosidade quando sua autoestima é ameaçada. Eles podem chegar a uma exaltação extrema caso apresentem um desempenho insatisfatório.

Um estudo revelou que os adolescentes narcisistas eram mais agressivos do que outros adolescentes, mas somente quando se sentiam humilhados (Thomaes et al., 2008). A baixa autoestima não estava ligada à agressão, mas o narcisismo combinado com alta autoestima estava relacionado à agressão excepcionalmente alta. E um estudo longitudinal recente identificou que adolescentes e adultos emergentes narcisistas eram mais impulsivos, histriônicos, ativos e autofocados quando crianças do que os outros (Carlson e Gjerde, 2010). Nesse estudo, o narcisismo aumentava dos 14 aos 18 anos e depois declinava levemente dos 18 aos 23 anos.

Até agora, o narcisismo foi retratado como um aspecto negativo do desenvolvimento adolescente e do adulto emergente. No entanto, Daniel Lapsley e Matthew Aalsma (2006) encontraram que o ajustamento dos estudantes universitários variava de acordo com o tipo de narcisismo. Em sua pesquisa, os narcisistas moderados apresentavam ajustamento saudável, ao passo que os narcisistas ocultos e manifestos se caracterizavam por um fraco ajustamento. Os narcisistas ocultos foram descritos como refletindo "grandiosidade narcisista e escondidos por trás de uma fachada de inadequação pessoal, inferioridade e vulnerabilidade" (p. 68). Os narcisistas manifestos exibiam abertamente sua grandiosidade e abusividade em alto nível.

Os adolescentes e adultos emergentes de hoje são mais autocentrados e narcisistas do que seus equivalentes em gerações anteriores? Uma pesquisa feita por Jean Twenge e colaboradores (2008a, 2008b) indicou que, comparados com os *baby boomers* (pessoas nascidas entre 1946 e 1964) pesquisados em 1975, os estudantes do final do ensino médio pesquisados em 2006 eram mais autossatisfeitos de um modo geral e muito mais confiantes de que seriam ótimos empregados, parceiros e pais. Eles chamam os adolescentes de hoje de *geração eu*. No entanto, outras análises em grande escala não re-

narcisismo Uma abordagem autocentrada e egoísta em relação aos outros.

O que caracteriza os indivíduos narcisistas?

conexão com o desenvolvimento
Cognição social. O egocentrismo adolescente cresce na adolescência inicial. Cap. 3, p. 147

velaram aumento no narcisismo de estudantes do nível médio e universitários de 1976 até 2006 (Trzesniewski e Donnellan, 2010; Trzesniewski, Donnellan e Robins, 2008a, 2008b). Em suma, existem controvérsias sobre até que ponto as gerações recentes de adolescentes têm autoestima mais alta e são mais narcisistas do que as gerações anteriores (Arnett, 2010; Donnellan e Trzesniewski, 2010; Eckersley, 2010; Roberts, Edmonds e Grijaiva, 2010; Twenge e Campbell, 2010).

Em uma análise recente, as mudanças etárias no narcisismo eram muito mais fortes do que as mudanças geracionais (Roberts, Edmonds e Grijaiva, 2010). Nesse estudo, abrangendo três gerações, os estudantes universitários eram os mais narcisistas, seguidos pelos seus pais e, por fim, os avós destes estudantes eram os menos narcisistas. Esses pesquisadores dizem que é muito mais adequado denominar os adolescentes e adultos emergentes de hoje como *eu desenvolvimental* do que como *eu geracional*.

A autoestima se altera durante a adolescência e a adultez emergente? Pesquisadores descobriram que a autoestima geralmente diminui quando as crianças fazem a transição do ensino fundamental para o nível médio (Twenge e Campbell, 2001). De fato, durante e logo após muitas transições vitais, a autoestima dos indivíduos diminui. Essa diminuição na autoestima pode ocorrer durante a transição do ensino fundamental para o ensino médio e do ensino médio para a universidade.

A autoestima flutua durante toda a vida. Um estudo transversal avaliou a autoestima de uma amostra muito grande e diversa de 326.641 indivíduos de 9 a 90 anos (Robins et al., 2002). Aproximadamente dois terços dos participantes eram dos Estados Unidos. Foi pedido aos participantes que respondessem ao item: "Eu tenho autoestima alta" em uma escala de 5 pontos, na qual 5 correspondia a "concordo plenamente" e 1 correspondia a "discordo totalmente". A autoestima decrescia na adolescência, aumentava na década dos 20 anos, nivelava-se na década dos 30, subia dos 40 até a metade da década dos 60 anos e então caía na década dos 70 e 80 anos (veja a Figura 4.2). Na maioria das idades, os homens relataram autoestima mais alta do que as mulheres.

Outro estudo também encontrou que a disparidade entre os gêneros (mais baixa para as mulheres) na autoestima diminuía quando os indivíduos entravam na adultez emergente dos 18 aos 25 anos (Galambos, Barker e Krahn, 2006). Neste estudo, o apoio social e o casamento estavam ligados a um aumento na autoestima, ao passo que o desemprego estava relacionado à diminuição na autoestima.

Alguns pesquisadores argumentam que, embora possa haver uma diminuição na autoestima durante a adolescência, a queda é, na verdade, muito leve e não tão acentuada quanto apresentada na mídia (ou nos meios de comunicação) (Hyde, 2005, 2011; Kling et al., 1999). Observe também na Figura 4.2 que, apesar da diminuição na autoestima entre as garotas

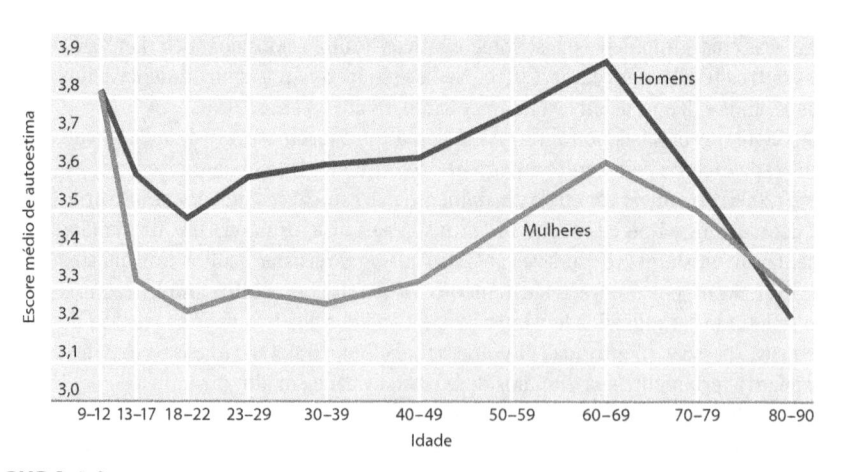

FIGURA 4.2
Autoestima durante o ciclo vital. Um estudo em larga escala pediu que mais de 300 mil indivíduos classificassem até que ponto eles tinham autoestima em uma escala de 5 pontos, na qual 5 correspondia a "concordo plenamente" e 1 correspondia a "discordo totalmente". A autoestima caía na adolescência e no fim da idade adulta. A autoestima das mulheres era mais baixa do que a autoestima dos homens durante maior parte do ciclo vital.

adolescentes, seu escore médio (3.3) ainda era um pouco mais alto do que o ponto neutro na escala (3.0).

Uma explicação para o declínio na autoestima entre as mulheres durante a adolescência inicial tem o foco na sua imagem corporal mais negativa durante a puberdade, se comparada à dos garotos (Harter, 2006). Outra explicação envolve o maior interesse que as adolescentes jovens têm nas relações sociais e a sociedade não retribuir esse interesse.

Uma preocupação atual é que muitos dos estudantes universitários cresceram recebendo elogios vazios e, como consequência, têm autoestima exagerada (Graham, 2005; Stipek, 2005). Com muita frequência, eles receberam elogios por desempenhos medíocres. Agora, na universidade, eles podem ter dificuldade em lidar com competição e críticas. O título de um livro, *Dumbing Down Our Kids: Why American Children Feel Good About Themselves But Can't Read, Write, or Add* (*Emburrecendo Nossos Filhos: Por Que as Crianças Americanas Sentem-se Bem Consigo Mesmas Mas Não Sabem Ler, Escrever ou Somar*) (Sykes, 1995), capturou vividamente o tema de que muitos problemas acadêmicos dos estudantes norte-americanos podem ser provenientes, pelo menos em parte, de elogios sem merecimento como parte de um esforço de estimular sua autoestima. Apesar dessas preocupações, conforme indicado anteriormente, permanece a controvérsia em torno dos adolescentes e jovens emergentes de gerações atuais serem ou não mais narcisistas do que gerações anteriores (Trzesniewski e Donnellan, 2010; Twenge e Campbell, 2010).

A autoestima está ligada ao sucesso na escola e à iniciativa? O desempenho escolar e a autoestima estão apenas moderadamente correlacionadas, e essas correlações não sugerem que a autoestima produza melhor desempenho escolar (Baumeister et al., 2003). Nem sempre os esforços para aumentar a autoestima dos estudantes levam à melhora no desempenho escolar (Davies e Brember, 1999). Adolescentes com autoestima alta têm mais iniciativa, mas isso pode produzir consequências positivas ou negativas (Baumeister et al., 2003). Adolescentes com alta autoestima tendem tanto a ações pró-sociais quanto antissociais.

Alguns domínios estão mais estreitamente ligados à autoestima do que outros? No Capítulo 2, vimos o quanto muitos adolescentes se preocupam com a sua imagem corporal (Markey, 2010). A aparência física, em especial, contribui fortemente para a autoestima na adolescência (Harter, 2006). Na pesquisa de Harter (1999), por exemplo, a autoestima global foi mais fortemente correlacionada à aparência física, ligação esta encontrada tanto nos Estados Unidos quanto em outros países (veja a Figura 4.3). Em outro estudo, o conceito que os adolescentes tinham da sua atratividade física era o prognóstico mais forte da sua autoestima global (Lord e Eccles, 1994). Esta forte associação entre a aparência percebida e o autoconceito geral não está limitada à adolescência, mas se mantém durante a maior parte do ciclo vital, desde a segunda infância até a meia-idade (Harter, 1999).

Contextos sociais e autoestima Contextos sociais, como as famílias, os pares e a escola, contribuem para o desenvolvimento da autoestima de um adolescente (Roustit et al., 2010). Um estudo encontrou que quando aumentava a coesão da família, a autoestima do adolescente crescia ao longo do tempo (Baldwin e Hoffman, 2002). Neste estudo, a coesão familiar estava baseada na quantidade de tempo que a família passava junta, a qualidade da sua comunicação e até que ponto o adolescente estava incluído nas tomadas de decisões. Em outra investigação, os seguintes atributos parentais foram associados à alta autoestima dos garotos: expressão de afeição, preocupação com os problemas do garoto, harmonia no lar, participação em atividades familiares conjuntas, disponibilidade para fornecer ajuda competente e organizada quando os meninos precisavam, definição de regras claras e justas, cumprimento das regras e permissão de liberdade para os meninos dentro de limites bem definidos (Coopersmith, 1967).

O julgamento dos pares adquire crescente importância na adolescência (Prinstein e Dodge, 2010; Villanti, Boulay e Juon, 2011). A ligação entre a aprovação dos pares e o autoconceito cresce durante a adolescência (Harter, 1990a). A transição do ensino fundamental para o ensino médio está associada à autoestima mais baixa (Harter, 2006). A autoestima é mais alta no último ano do ensino fundamental do que durante o ensino médio, especialmente no primeiro ano após a transição (Simmons e Blyth, 1987). Teremos muito mais a dizer a respeito da transição do ensino fundamental para o ensino médio no Capítulo 10.

Domínio	Amostras norte-americanas de Harper	Outros países
Aparência física	0,65	0,62
Competência escolar	0,48	0,41
Aceitação social	0,46	0,40
Comportamento	0,45	0,45
Competência atlética	0,33	0,30

FIGURA 4.3
Correlações entre autoestima global e domínios de competência. *Nota:* As correlações apresentadas são as correlações médias computadas em inúmeros estudos. Os outros países nesta avaliação são Inglaterra, Irlanda, Austrália, Canadá, Alemanha, Itália, Grécia, Holanda e Japão. Os coeficientes de correlação podem variar de –1,00 a +1,00. As correlações entre aparência física e autoestima global (0,65 e 0,62) são moderadamente altas.

conexão com o desenvolvimento
Gênero. As diferenças de gênero caracterizam a imagem corporal dos adolescentes. Cap. 2, p. 87

conexão com o desenvolvimento
Escola. A transição para o ensino médio é estressante para muitos indivíduos porque ela coincide com inúmeras mudanças físicas, cognitivas e socioemocionais.
Cap. 10, p. 341

conexão COM SAÚDE E BEM-ESTAR

Como a autoestima dos adolescentes pode ser melhorada?

Quatro formas de melhorar a autoestima de adolescentes e adultos emergentes são: (1) identificar as causas da baixa autoestima e os domínios de competência importantes para o *self*, (2) proporcionar apoio emocional e aprovação social, (3) estimular as realizações e (4) ajudar os adolescentes a competirem.

A identificação das fontes de autoestima de um adolescente e adulto emergente – isto é, os domínios que são importantes – é essencial para a melhoria da autoestima. Susan Harter (1990a), teórica e pesquisadora da autoestima, assinala que os programas para melhoria da autoestima na década de 1960, em que a autoestima em si era o alvo e os indivíduos eram encorajados a simplesmente se sentirem bem com relação a si mesmos, foram inócuos. Ao contrário, Harter (1998) concluiu que a intervenção precisa ocorrer no nível das causas da autoestima se a intenção for que ela melhore significativamente. Adolescentes e adultos emergentes têm a autoestima mais alta quando têm um desempenho competente em domínios importantes para o *self*. Portanto, os adolescentes e adultos emergentes devem ser encorajados a identificar e a valorizar seus domínios de competência. Por exemplo, alguns adolescentes e adultos emergentes podem ter como ponto forte as qualidades artísticas; outros, qualidades acadêmicas e outros, ainda, podem se distinguir nos esportes.

Apoio emocional e aprovação social na forma de confirmação dos outros também podem influenciar poderosamente a autoestima (Harter, 1990a, 1990b). Alguns jovens com baixa autoestima são provenientes de famílias conflituosas ou de condições em que passaram por abuso ou negligência – situações em que o apoio está indisponível. Em alguns casos, fontes alternativas de apoio podem ser implementadas, seja informalmente, por meio do incentivo de um professor, treinador ou outro adulto significativo, ou mais formalmente, por meio de programas como o *Big Brothers* e *Big Sisters*. Embora a aprovação dos pares seja cada vez mais importante durante a adolescência, tanto o apoio dos adultos quanto dos pares são influências importantes na autoestima do adolescente. Em um estudo, o apoio parental e dos pares estava relacionado ao autoconceito geral do adolescente (Robinson, 1995).

As realizações também podem estimular a autoestima dos adolescentes e adultos emergentes (Bednar, Wells e Peterson, 1995). Por exemplo, o ensino simples de habilidades reais aos adolescentes e adultos emergentes frequentemente resulta na melhora do desempenho e, assim, numa autoestima aumentada. Os adolescentes e adultos emergentes desenvolvem autoestima mais alta porque sabem quais tarefas são importantes para atingir objetivos e eles já as realizaram ou tiveram comportamentos similares. A ênfase na importância das realizações na melhora da autoestima tem muito em comum com o conceito social cognitivo de Bandura (2010a) de autoeficácia, que se refere às crenças do indivíduo de que ele consegue ter domínio sobre uma situação e produzir resultados positivos.

A autoestima geralmente cresce quando os adolescentes se deparam com um problema e tentam enfrentá-lo em vez de evitá-lo (Dyson e Renk, 2006). Enfrentar os problemas realisticamente, honestamente e não defensivamente produz pensamentos autoavaliativos favoráveis, o que conduz à aprovação autogerada que levanta a autoestima.

Quais são algumas das estratégias para aumentar a autoestima?

Os indivíduos podem ter autoestima em excesso? Como a pesquisa pode abordar esta questão?

Consequências da baixa autoestima Para a maioria dos adolescentes e adultos emergentes, o desconforto emocional da baixa autoestima é apenas temporário, mas para alguns a baixa autoestima pode se transformar em outros problemas. A baixa autoestima já foi implicada na depressão, na anorexia nervosa, na delinquência e em outros problemas de ajustamento, e até mesmo no suicídio (Kuhlberg, Pena e Zayas, 2010).

Um ponto importante precisa ser destacado a respeito de muitas das pesquisas sobre autoestima: elas são mais correlacionais do que experimentais. Correlação não é igual a causação. Assim, se um estudo correlacional encontra uma associação entre baixa autoestima e depressão, é igualmente provável que a depressão cause baixa autoestima e que baixa autoestima cause depressão.

Tenha em mente também que a seriedade do problema depende não só da natureza da baixa autoestima do adolescente e do adulto emergente, mas também de outras condições. Quando a baixa autoestima está combinada com transições escolares difíceis, uma vida familiar problemática ou outros eventos estressantes, os problemas de um indivíduo podem se intensificar.

A autoestima na adolescência prediz ajustamento e competência na idade adulta? Um estudo longitudinal na Nova Zelândia avaliou a autoestima em jovens de 11, 13 e 15 anos e o ajustamento e a competência dos mesmos indivíduos quando eles estavam com 26 anos (Trzesniewski et al., 2006). Os resultados revelaram que os adultos que se caracterizavam por saúde física e mental mais frágil, piores perspectivas econômicas e níveis mais altos de comportamento criminal tinham maior probabilidade de ter baixa autoestima na adolescência do que seus equivalentes mais ajustados e competentes.

Dadas as consequências potenciais da baixa autoestima, como a baixa autoestima dos adolescentes e adultos emergentes pode ser melhorada? Para explorar esta questão, veja o item *Conexão com Saúde e Bem-Estar*.

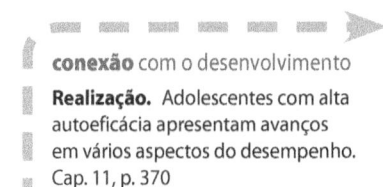

> **conexão** com o desenvolvimento
> **Realização.** Adolescentes com alta autoeficácia apresentam avanços em vários aspectos do desempenho. Cap. 11, p. 370

Revisar *Conectar* Refletir OA1   Descrever o desenvolvimento do *self* na adolescência.

Revisar
- O que é autoconhecimento? Quais são as dimensões principais do autoconhecimento na adolescência?
- O que são autoestima e autoconceito? Como eles podem ser mensurados? Existem alguns domínios mais proeminentes do que outros para a autoestima dos adolescentes? Como os contextos sociais estão ligados à autoestima dos adolescentes? Quais são as consequências da baixa autoestima? Como a autoestima dos adolescentes pode ser melhorada?

Conectar
- Contraste autoestima, autoconceito e narcisismo.

Refletir *sua jornada de vida pessoal*
- Pense sobre quais poderiam ser seus *selves* futuros. O que você prevê que o deixará mais feliz quanto aos futuros *selves* que você aspira se tornar? Que *selves* futuros contêm possibilidades negativas?

---

2 Identidade   OA2   Explicar as muitas facetas do desenvolvimento da identidade.

| Ideias de Erikson sobre a identidade | Os quatro *status* da identidade | Mudanças desenvolvimentais na identidade | Identidade e contextos sociais | Identidade e intimidade |

Identidade é quem uma pessoa é, representando uma síntese e uma integração do autoconhecimento. Até agora, a teoria mais abrangente e instigante sobre o desenvolvimento da identidade é a de Erik Erikson. Na verdade, alguns especialistas sobre adolescência consideram suas ideias como a teoria mais influente do desenvolvimento adolescente. A teoria de Erikson foi introduzida no Capítulo 1; aqui, iremos desenvolver a introdução, começando por uma análise das suas ideias sobre a identidade.

IDEIAS DE ERIKSON SOBRE A IDENTIDADE

Quem sou eu? O que eu sou? O que vou fazer com a minha vida? O que é diferente em mim? Como posso ser responsável pelo meu sucesso? Estas questões, que não são consideradas na infância, surgem como uma preocupação comum e virtualmente universal durante a adolescência. Os adolescentes clamam por soluções às questões da identidade. Erik Erikson (1950, 1968) foi o primeiro a perceber como essas questões são essenciais para a compreensão do desenvolvimento adolescente. O fato de a identidade ser considerada hoje um conceito-chave no desenvolvimento adolescente resulta diretamente do pensamento e da análise magistral de Erikson.

Revisitando as visões de Erikson sobre a identidade   Identidade *versus* confusão de identidade, o quinto estágio de Erikson do desenvolvimento, ocorre durante os anos da adolescência. Nesta época, os adolescentes se defrontam com a decisão de quem eles são, o que são e para onde irão em suas vidas. Eles se defrontam com muitos novos papéis, desde o vocacional até o amoroso. Como parte da exploração da sua identidade, os adolescentes experimentam uma **moratória psicossocial**. Termo de Erikson para a lacuna entre a segurança da infância e a autonomia da idade adulta. Durante a exploração e a busca da identidade, eles frequentemente experimentam diferentes papéis. Os adolescentes que têm sucesso no

"Quem é você?", disse a Lagarta. Alice respondeu, um tanto timidamente: "Eu – eu até nem sei, neste momento, senhor – pelo menos eu sei quem eu era quando acordei hoje de manhã, mas eu devo ter mudado diversas vezes desde então."

—Lewis Carroll
Escritor inglês, século XIX

identidade Quem uma pessoa é, representando síntese e integração do autoconhecimento.

identidade *versus* confusão de identidade Quinto estágio do desenvolvimento de Erikson, o qual ocorre durante a adolescência. Nessa época, os indivíduos se defrontam com a decisão de quem eles são, o que eles são e para onde irão em suas vidas.

moratória psicossocial Termo de Erikson para a lacuna entre a segurança da infância e a autonomia adulta que os adolescentes experimentam como parte da exploração da sua identidade.

enfrentamento destes papéis e identidades conflitantes emergem com uma nova noção de *self* inovadora e aceitável. Porém, os adolescentes que não conseguem resolver com sucesso a crise de identidade sofrem o que Erikson denomina *confusão de identidade*. Ou eles se afastam, isolando-se dos pares e da família, ou mergulham no mundo dos seus pares e perdem sua identidade no grande grupo.

Personalidade e experimentação de papéis Dois ingredientes centrais na teoria do desenvolvimento da identidade de Erikson são a personalidade e a experimentação de papéis. Conforme já vimos, Erikson enfatizou que os adolescentes enfrentam um número esmagador de escolhas, e em algum ponto durante sua juventude entram em um período de moratória psicológica. Durante esta moratória e antes de alcançarem um senso de *self* estável, eles experimentam diferentes papéis e personalidades. Eles podem ser contestadores em um momento e cooperativos em outro. Eles podem se vestir com muito asseio num dia e desleixadamente no outro. Em uma semana, eles podem gostar de um determinado amigo e na semana seguinte podem desprezá-lo. Esta experimentação da personalidade é um esforço deliberado por parte dos adolescentes para encontrar o seu lugar no mundo.

Quando os adolescentes começam gradualmente a se darem conta de que em breve serão responsáveis por si e pelas suas vidas, sua busca é sobre como serão suas vidas. Muitos pais e outros adultos, acostumados a fazer as crianças seguirem o que eles dizem, podem ficar desconcertados ou exasperados com piadas, rebeldias e rápidas mudanças de humor que acompanham a adolescência. Mas é importante que estes adultos proporcionem tempo e oportunidade para os adolescentes explorarem diferentes papéis e personalidades. Por sua vez, a maioria dos adolescentes acaba por descartar os papéis indesejados.

Existem, literalmente, centenas de papéis para os adolescentes experimentarem e, provavelmente, outras tantas maneiras de exercer cada um deles. Erikson defendeu que, no fim da adolescência, os papéis vocacionais se tornam essenciais para o desenvolvimento da identidade, especialmente em uma sociedade altamente tecnológica como os Estados Unidos. Os jovens bem treinados para entrar em uma força de trabalho que oferece o potencial de autoestima razoavelmente alta passarão por menos estresse durante esta fase de desenvolvimento da identidade. Muitos jovens podem rejeitar empregos que oferecem bom pagamento e tradicionalmente um alto *status* social, optando, em vez disso, por funções que lhes permitem serem genuinamente mais úteis aos outros, como, por exemplo, no Corpo da Paz, ou em uma clínica de saúde mental ou em uma escola para crianças de um bairro de baixa renda. Alguns jovens podem preferir o desemprego à perspectiva de um trabalho no qual achem que não conseguirão desempenhar suas funções adequadamente ou que os fará se sentirem inúteis. Para Erikson, tais escolhas refletem o desejo de alcançarem uma identidade significativa, sendo verdadeiros com eles mesmos, em vez de enterrarem sua identidade dentro da sociedade mais ampla.

A identidade é um autorretrato composto por muitas partes:

- O caminho da carreira e o trabalho que a pessoa deseja seguir (identidade vocacional/ profissional).
- Se a pessoa é politicamente conservadora, liberal ou de centro (identidade política).
- As crenças espirituais da pessoa (identidade religiosa).
- Se a pessoa é solteira, casada, divorciada ou em coabitação (identidade de relações).
- Até que ponto a pessoa está motivada a ter êxito e é intelectual (realizações, identidade intelectual).
- Se a pessoa é heterossexual, homossexual ou bissexual (identidade sexual).
- De que parte do mundo ou do país a pessoa vem e qual a intensidade com a qual ela se identifica com a sua herança cultural (identidade cultural/étnica).
- As coisas que a pessoa gosta de fazer, incluindo esportes, música e *hobbies* (interesses).
- As características de personalidade do indivíduo (introvertido ou extrovertido, ansioso ou calmo, amistoso ou hostil, etc.) (personalidade).
- A imagem corporal da pessoa (identidade física).

Alguns pensamentos contemporâneos sobre identidade As visões contemporâneas do desenvolvimento da identidade sugerem que este é um processo longo e, em muitos casos, mais gradual e menos cataclísmico do que implica o termo *crise* de Erikson (Phinney, 2008). Os teóricos de hoje observam que este processo extraordinário não se inicia nem termina

---

Erik Erikson

conexão com o desenvolvimento
Teorias. Erikson propôs que os indivíduos atravessam oito estágios no curso do desenvolvimento humano. Cap. 1, p. 59

Uma das estratégias de Erikson para explicar a natureza do desenvolvimento da identidade era analisar as vidas de indivíduos famosos. Um desses indivíduos foi Mahatma Gandhi (*ao centro*), o líder espiritual da Índia na metade do século XX, sobre quem Erikson (1969) escreveu em *Gandhi's Truth* (*A Verdade de Gandhi*).

Na medida em que o sujeito continua procurando, as respostas aparecem.

—JOAN BAEZ
Cantora folk *norte-americana, século XX*

na adolescência (Coté, 2009; Kroger, 2007; McAdams, 2011). Ele começa na primeira infância com a aparição do apego, do desenvolvimento de uma noção de *self* e da emergência da independência. E termina com revisão e avaliação da vida, na velhice. O importante, com relação ao desenvolvimento da identidade na adolescência e na adultez emergente é que, pela primeira vez, o desenvolvimento físico, cognitivo e emocional avança até o ponto em que o indivíduo pode escolher e sintetizar as idades e identificações infantis para construir um caminho viável em direção à maturidade adulta (Marcia e Carpendale, 2004). A resolução da questão da identidade durante a adolescência e a adultez emergente não significa que a identidade será estável pelo resto da vida. Um indivíduo que desenvolve uma identidade saudável é flexível e adaptativo, aberto às mudanças na sociedade, nas relações e nas carreiras. Essa abertura assegura numerosas reorganizações da identidade ao longo da vida do indivíduo.

Quais são alguns dos pensamentos contemporâneos a respeito da formação e do desenvolvimento da identidade?

Assim como os pesquisadores descrevem cada vez mais o autoconhecimento dos adolescentes e adultos emergentes em termos de múltiplos *selves*, também existe uma tendência a caracterizar a identidade dos adolescentes e dos adultos emergentes em termos de identidades múltiplas (Phinney, 2008). Embora as identidades dos adolescentes e dos adultos emergentes sejam precedidas das identidades da infância, na adolescência e na adultez emergente surgem com mais frequência questões essenciais como: "Quem sou eu?". Durante a adolescência e a adultez emergente, as identidades são caracterizadas mais fortemente pela busca do equilíbrio entre as necessidades de autonomia e as de conectividade.

A formação da identidade não acontece ordenadamente, nem é usualmente cataclísmica. Porém, ela envolve, no mínimo, o comprometimento com uma direção vocacional, uma postura ideológica e uma orientação sexual. A síntese dos componentes da identidade pode ser um processo longo e com muitas negações e afirmações de vários papéis. O desenvolvimento da identidade se dá aos poucos, por partes. As decisões não são tomadas de uma vez por todas, mas precisam ser tomadas repetidamente. Embora as decisões possam parecer triviais no momento – com quem ter um encontro, ter ou não relações sexuais, romper ou não um relacionamento, usar drogas, ir para a universidade ou conseguir um emprego, estudar ou se divertir, ser politicamente ativo ou não – com o passar dos anos, elas começam a formar o cerne do que será o indivíduo.

Uma preocupação atual sobre o desenvolvimento da identidade na adolescência e na adultez emergente foi expresso no livro *The Path to Purpose* (*O Caminho para o Propósito*) (2008), de William Damon, o qual foi discutido no Capítulo 1. Damon reconhece que o desenvolvimento bem-sucedido da identidade é um processo de longa duração, de ampla exploração e reflexão e, em alguns casos, pode envolver o adiamento de decisões por muitos anos. Entretanto, o que interessa para Damon é que muitos dos jovens de hoje não estão avançando em direção à resolução da identidade. Nas palavras de Damon (2008, p. 57):

> sua protelação está mais caracterizada pela indecisão do que pela reflexão motivada, mais pela confusão do que pela busca de objetivos claros, mais pela ambivalência do que pela determinação. A mudança sem direção não é uma moratória construtiva no que se refere tanto ao desenvolvimento quanto à sociedade. Sem um senso de direção, oportunidades são perdidas e a dúvida e o egocentrismo podem se instalar. São estabelecidos hábitos desadaptativos e os adaptativos não são desenvolvidos. [...] O que muito frequentemente está faltando é [...] o tipo de dedicação total a uma atividade ou interesse que provenha de um propósito sério, um propósito que possa dar significado e direção para a vida.

Na visão de Damon (2008, p. 47), um número excessivo de jovens está tendo que lidar com algumas das maiores questões vitais por conta própria: "Qual é minha vocação? Como devo contribuir para o mundo? Para quê estou aqui?". Damon reconhece que os adultos não podem tomar as decisões pelos jovens, mas enfatiza que é muito importante que pais, professores, mentores e outros adultos proporcionem orientação, *feedback* e contextos que aumentem a probabilidade de o jovem desenvolver uma identidade positiva. Os jovens precisam de um clima cultural que os inspire em vez de desmoralizá-los e que apoie suas chances de alcançarem suas aspirações.

---

conexão com o desenvolvimento

Realização. Em entrevistas com jovens de 12 a 20 anos, Damon descobriu que apenas cerca de 20% deles tinha uma visão clara de onde queriam chegar na vida, o que queriam conquistar e por quê.
Cap. 11, p. 373

OS QUATRO *STATUS* DA IDENTIDADE

James Marcia (1980, 1994, 2002) destaca que a teoria de Erikson do desenvolvimento da identidade implica quatro *status* de identidade, ou formas de resolver a crise de identidade: difusão da identidade, identidade outorgada, moratória da identidade e realização da identidade. Isto é, Marcia usa a extensão da crise e o compromisso de um adolescente para classificar os indivíduos de acordo com os quatro *status*. Ele define o termo **crise** como um período de desenvolvimento da identidade durante o qual o adolescente está fazendo escolhas entre alternativas significativas. (A maioria dos pesquisadores utiliza o termo *exploração*.) Por **compromisso**, ele quer expressar um investimento pessoal no que um indivíduo vai fazer.

Examinemos cada um dos quatro *status* da identidade de Marcia:

- **Difusão da identidade** é o termo de Marcia para o estado no qual os adolescentes estão quando ainda não passaram por uma crise de identidade (ou seja, ainda não exploraram alternativas significativas) e não assumiram nenhum compromisso. Os adolescentes neste *status* não só estão indecisos sobre as escolhas ocupacionais e ideológicas, como também geralmente demonstram pouco interesse em tais assuntos.
- **Identidade outorgada** é o termo de Marcia para o estado no qual os adolescentes estão quando já assumiram um compromisso, mas ainda não passaram por uma crise de identidade. Este *status* ocorre mais frequentemente quando os pais delegam compromissos aos seus adolescentes, geralmente de maneira autoritária. Assim, os adolescentes com este *status* não tiveram oportunidades adequadas de explorar abordagens diferentes, ideologias e vocações por conta própria.
- **Moratória da identidade** é o termo de Marcia para o estado dos adolescentes que estão em meio a uma crise de identidade, mas que ainda não assumiram um claro compromisso com uma identidade.
- **Realização da identidade** é o termo de Marcia para o estado de adolescentes que passaram por uma crise de identidade e assumiram um compromomisso. A Figura 4.4 resume os quatro *status* de Marcia do desenvolvimento da identidade.

Exploremos agora alguns exemplos específicos dos *status* da identidade de Marcia. Uma adolescente de 13 anos não começou a explorar sua identidade de uma forma significativa, nem assumiu um compromisso de identidade; ela tem *identidade difusa*. Os pais de um jovem de 18 anos querem que ele seja médico, então ele está planejando fazer um cursinho preparatório de medicina e não explorou adequadamente outras opções; ele está na *identidade outorgada*. Sasha, 19 anos, não está muito certa quanto ao caminho que deseja seguir na vida, mas ela foi, recentemente, a um centro de aconselhamento na sua faculdade para se informar sobre diferentes carreiras; ela está em uma *moratória da identidade*. Marcelo, 21 anos, explorou amplamente inúmeras opções de carreira na faculdade; por fim, formou-se em letras e está aguardando com ansiedade pelo seu primeiro ano como professor no ensino médio; ele está com a *identidade realizada*. Embora estes exemplos de *status* da identidade tenham foco nas carreiras, lembre-se de que a identidade como um todo possui dimensões múltiplas.

Anteriormente, neste capítulo, descrevemos diversas dimensões da identidade. Para explorar o *status* da sua identidade em diversas dimensões, veja a Figura 4.5.

A abordagem de Marcia foi duramente criticada por alguns pesquisadores que concluem que ela distorce e supersimplifica os conceitos de crise e compromisso de Erikson (Coté, 2009; Luyckx et al., 2008). Erikson enfatizou que os jovens questionam as percepções e ex-

crise Um período de desenvolvimento da identidade durante o qual o adolescente está fazendo escolhas entre alternativas significativas.

compromisso Parte do desenvolvimento da identidade no qual os adolescentes apresentam um investimento pessoal no que eles pretendem fazer.

difusão da identidade Termo de Marcia para o estado no qual os adolescentes estão quando ainda não passaram por uma crise de identidade ou não assumiram compromissos.

identidade outorgada Termo de Marcia para o estado no qual os adolescente estão quando assumiram um compromisso, mas ainda não passaram por uma crise de identidade.

moratória da identidade Termo de Marcia para o estado dos adolescentes que estão em meio a uma crise de identidade, mas que ainda não assumiram um compromisso claro com uma identidade.

realização da identidade Termo de Marcia para um adolescente que passou por uma crise de identidade e assumiu um compromisso.

Posição sobre ocupação e ideologia	*Status* da identidade			
	Difusão da identidade	Identidade outorgada	Moratória da identidade	Realização da identidade
Crise	Ausente	Ausente	Presente	Presente
Compromisso	Ausente	Presente	Ausente	Presente

FIGURA 4.4
Os quatro *status* da identidade de Marcia.

Pense profundamente sobre a sua exploração e seu compromisso nas áreas aqui listadas. Para cada área, verifique se o *status* da sua identidade é difuso, outorgado, moratório ou realizado.

Componente da identidade	Status da identidade			
	Difuso	Outorgado	Moratório	Realizado
Vocacional (carreira)				
Político				
Religioso				
Relações				
Realizações				
Sexual				
Gênero				
Étnico/Cultural				
Interesses				
Personalidade				
Físico				

FIGURA 4.5
Explorando sua identidade. Se você marcou difuso ou outorgado em muitas áreas, pare um pouco para pensar sobre o que você precisa para avançar a um *status* de moratória da identidade nessas áreas.

pectativas da sua cultura e o desenvolvimento de uma posição autônoma em relação à sua sociedade. Na abordagem de Marcia, estas questões complexas são reduzidas a se a um jovem foram ensinados determinados temas e se as alternativas foram consideradas. Igualmente, a ideia de compromisso de Erikson perde o significado de investimento pessoal em determinados projetos para toda a vida e é interpretada simplesmente como a tomada de uma firme decisão. Outros pesquisadores sustentam ainda que a abordagem de Marcia é uma contribuição valiosa para o entendimento da identidade (Berzonsky e Adams, 1999).

Recentemente, Luc Goossens, Koen Luyckx e colaboradores (Goossens e Luyckx, 2007; Luyckx et al., 2008; Luyckx et al., 2010) propuseram uma ampliação do conceito de Marcia sobre exploração e compromisso. A teorização revisionista salienta que o desenvolvimento efetivo da identidade envolve a avaliação dos compromissos de identidade dentro de uma continuidade. Dois deles, concebidos para captar este exame contínuo da identidade, são: (1) *exploração em profundidade*, que envolve "reunir informações e conversar com os outros sobre os compromissos atuais", e (2) *identificação com compromisso*, que consiste do "grau de segurança e certeza que o indivíduo tem no que se refere aos compromissos atuais" (Luyckx, 2006, p. i).

Por exemplo, considere uma estudante universitária do primeiro ano que assume um compromisso de se tornar advogada. A exploração deste compromisso em profundidade pode incluir descobrir o máximo possível sobre o que envolve ser uma advogada como, por exemplo, as exigências educacionais, o trabalho realizado por advogados em diferentes áreas, que tipo de matérias na faculdade seriam benéficas para a sua carreira, etc. Como consequência desta exploração em profundidade, a estudante universitária pode ficar mais confiante de que ser advogada é a carreira mais adequada para ela, o que reflete uma identificação com o compromisso (Goossens, 2006). Enquanto cursa o restante da faculdade, a jovem continuará a avaliar o compromisso que assumiu de se tornar advogada e poderá modificá-lo à medida que continuar a reunir novas informações e a refletir sobre o caminho que quer seguir na sua vida.

Mais recentemente, uma terceira dimensão, *exploração ruminativa (ou excessiva)*, indica como a exploração da identidade pode, às vezes, se tornar muito angustiante e possivelmente produzir depressão (Luyckx et al., 2008).

Uma forma pela qual os pesquisadores estão examinando em profundidade as mudanças de identidade é o uso da *abordagem narrativa*. Isso envolve pedir que os indivíduos contem suas histórias de vida e avaliem até que ponto elas são significativas e integradas (McAdams, 2011; McLean, Breen e Fournier, 2010; McLean e Pasupathi, 2010; Syed, 2010, 2011). O termo *identidade narrativa* "refere-se às histórias que as pessoas constroem e contam sobre si mesmas para definir para elas e para os outros quem elas são. Começando na adolescência e no início da idade adulta, nossas identidades narrativas são as histórias das quais vivemos" (McAdams, Josselson e Lieblich, 2006, p. 4). Um estudo recente usando a abordagem da identidade narrativa revelou que dos 11 aos 18 anos os meninos se engajavam de forma crescente em pensamentos sobre a falta de sentido das suas vidas, especialmente um sentido relativo ao *self* em mutação (McLean, Breen e Fournier, 2010). Em outra pesquisa, as relações, a autonomia e os eventos de mortalidade contribuíam de forma importante para a busca de uma identidade significativa no fim da adolescência e na adultez emergente (McLean e Pratt, 2006; McLean e Thorne, 2006). Também há evidências crescentes de que o manejo efetivo de eventos e circunstâncias difíceis na vida contribuem para o desenvolvimento de uma identidade significativa na adultez emergente (Pals, 2006).

MUDANÇAS DESENVOLVIMENTAIS NA IDENTIDADE

Durante a adolescência inicial, a maior parte dos jovens está primariamente nos *status* de *difusão*, *outorgado* e *moratório*. De acordo com Marcia (1987, 1996), pelo menos três aspectos do desenvolvimento dos adolescentes jovens são importantes para a formação da identidade. Os adolescentes jovens precisam ter a confiança de que têm o apoio parental, de que precisam ter estabelecido um senso de dinamismo e de que precisam ter a capacidade de assumir uma postura autorreflexiva em relação ao futuro.

Um estudo recente encontrou que quando os indivíduos passavam da adolescência para a adultez emergente, eles se engajavam de forma crescente na exploração em profundidade da sua identidade (Klimstra et al., 2010). E um estudo recente com 1.200 holandeses de 12 a 20 anos revelou que a maioria não experimentava conflitos de identidade com frequência e que o desenvolvimento da sua identidade avançava com maior tranquilidade do que se pensa comumente (Meeus et al., 2010). Entretanto, neste estudo, aproximadamente um em cada oito adolescentes passou por conflitos de identidade durante a adolescência.

Os pesquisadores desenvolveram um consenso de que muitas das principais mudanças na identidade têm maior probabilidade de ocorrerem no adultez emergente, período que se estende aproximadamente dos 18 aos 25 anos, e não na adolescência (Juang e Syed, 2010; Moshman, 2011; Swanson, 2010; Syed, 2010, 2011). Por exemplo, Alan Waterman (1985, 1992) identificou que desde os anos que precedem o ensino médio até os últimos anos da universidade, aumenta o número de indivíduos com a identidade realizada, ao passo que decresce o número de indivíduos com identidade difusa. Muitos adolescentes jovens têm identidade difusa. Os universitários veteranos têm mais probabilidade do que os estudantes do ensino médio ou os calouros universitários de terem identidade realizada.

Por que a universidade pode produzir algumas mudanças-chave na identidade? A maior complexidade das habilidades de raciocínio dos estudantes universitários, combinada com uma ampla gama de experiências novas que destacam o contraste entre casa e faculdade e entre eles e os outros, os estimula a alcançar um nível mais elevado de integração das várias dimensões da sua identidade (Phinney, 2008). Lembre-se, do Capítulo 1, de que um dos temas da adultez emergente é não ter muitos compromissos sociais, o que dá aos indivíduos considerável independência no desenvolvimento de um caminho na vida (Arnett, 2006, 2010). James Coté (2006, 2009) sustenta que, devido a essa liberdade, o desenvolvimento de uma identidade positiva na adultez emergente requer considerável autodisciplina e planejamento. Sem autodisciplina e planejamento, é provável que os adultos emergentes fiquem à deriva e não sigam uma direção particular. Coté também destaca que os adultos emergentes com maior grau de instrução têm maior probabilidade de estar a caminho da identidade positiva. Aqueles que não possuem um grau de instrução superior, diz ele, tendem a passar por mudanças frequentes de emprego, não porque eles estejam buscando uma identidade, mas porque estão simplesmente tentando ganhar a vida com dificuldade em uma sociedade que recompensa o grau de instrução superior.

Uma metanálise recente com 124 estudos, feita por Jane Kroger e colaboradores (2010) revelou que, durante a adolescência e a adultez emergente, o *status* moratório subiu constantemente até a idade de 19 anos e depois declinou; a realização da identidade aumentou durante o fim da adolescência e a adultez emergente; e os *status* de identidade outorgada e de

Como a identidade se altera na adultez emergente?

difusão da identidade declinaram durante os anos do ensino médio, mas flutuaram no fim da adolescência e no início da adultez emergente. Os estudos também identificaram que grande parte dos indivíduos não tinham identidade realizada na época em que chegava à década dos 20 anos. Este importante achado – de que tão poucos adolescentes mais velhos e adultos emergentes haviam atingido o *status* de identidade realizada – sugere que ter o domínio do desenvolvimento da identidade no fim da adolescência é mais ilusório para a maioria dos indivíduos do que Erikson (1968) considerava.

Um estudo recente com mais de 9 mil estudantes adultos emergentes em 30 universidades norte-americanas examinou vários *status* de identidade e seus vínculos com o ajustamento psicológico (Schwartz et al., 2011). Os grupos de *status* de identidade que surgiram incluíam todos os quatro *status* da identidade de Marcia (difusão da identidade, identidade outorgada, moratória da identidade e realização da identidade), embora em alguns casos tenham aparecido variações que forneceram dimensões mais específicas. Por exemplo, apareceram dois tipos de difusão: difusão difusa (baixo compromisso, porém, alta exploração ruminativa e exploração em profundidade) e difusão despreocupada (baixo compromisso, baixa exploração, baixa síntese e alta confusão). O *status* difuso dos adultos emergentes tinha a autoestima, o controle interno e o bem-estar psicológico mais baixos. O grupo despreocupado tinha o nível mais alto de problemas externalizantes (antissocial, alienado) e de comportamentos que comprometiam a saúde (uso perigoso de drogas, por exemplo) de todos os grupos de identidade. Mais homens do que mulheres foram classificados como difusos despreocupados. O grupo da realização era alto em exploração e compromisso, e os adultos emergentes com identidade realizada tinham os escores mais altos em todos os aspectos positivos do funcionamento psicológico (autoestima, lócus de controle interno, bem-estar psicológico, satisfação com a vida e felicidade que resultam das buscas na vida, por exemplo). Uma revisão de pesquisa recente também concluiu que os adolescentes com uma identidade madura apresentam altos níveis de ajustamento e um perfil de personalidade positivo (Meeus, 2011). Por exemplo, adolescentes altamente comprometidos com o desenvolvimento de sua identidade são caracterizados por níveis mais elevados de realização e estabilidade emocional (Meeus, 2011).

Uma pesquisa recente concluiu que a identidade é mais estável na idade adulta do que na adolescência (Meeus, 2011), mas a resolução da questão da identidade durante a adolescência e a adultez emergente não significa que a identidade será estável durante o resto da vida (McAdams e Cox, 2010). Muitos indivíduos que desenvolvem identidades positivas seguem os chamados ciclos "MAMA"; isto é, o *status* da sua identidade se altera de moratória (*moratory*) para realização (*achievement*), para moratória (*moratory*) e para realização (*achievement*) (Marcia, 1994). Estes ciclos podem ser repetidos durante toda a vida (Francis, Fraser e Marcia, 1989). Marcia (2008) assinala que a primeira identidade é apenas isso: ela não é, e nem seria de se esperar que fosse, o produto final.

Pesquisadores demonstraram que a consolidação da identidade – processo de refinamento e desenvolvimento das escolhas de identidade que são feitas na adultez emergente – tem continuidade até a idade adulta inicial e, possivelmente, até a primeira parte da idade adulta intermediária (Kroger, 2007). Uma pesquisa encontrou que mulheres e homens continuavam a apresentar desenvolvimento da identidade dos 27 aos 36 anos, com as mudanças principais na direção de um comprometimento maior (Pulkkinen e Kokko, 2000). Neste estudo, os adultos se encaminhavam mais frequentemente para identidades realizadas e outorgadas do que para identidades moratórias ou difusas. Além disso, quando os indivíduos avançam da idade adulta inicial para a intermediária, eles se tornam mais seguros quanto à sua identidade. Por exemplo, um estudo longitudinal de mulheres do Smith College encontrou que a certeza da identidade aumentava a partir da década dos 30 até a década dos 50 anos (Stewart, Ostrve e Helson, 2001).

IDENTIDADE E CONTEXTOS SOCIAIS

Os contextos sociais influenciam o desenvolvimento da identidade de um adolescente (Nishina et al., 2010). As perguntas que iremos explorar a este respeito são: As relações familiares influenciam o desenvolvimento da identidade? Como cultura e etnia estão ligadas ao desenvolvimento da identidade? O desenvolvimento da identidade de mulheres e homens é diferente?

conexão com o desenvolvimento

Adultez emergente. Adultos emergentes apresentam menos obrigações sociais, o que lhes permite considerável autonomia em seguir suas vidas (Arnett, 2006). Cap. 1, p. 50

conexão com o desenvolvimento

Apego. Mesmo quando os adolescentes estão buscando a autonomia, o apego aos pais é importante; o apego seguro na adolescência está vinculado a inúmeros resultados positivos. Cap. 8, p. 282

Como os pais podem influenciar o desenvolvimento da identidade do adolescente?

Influências da família na identidade Os pais são figuras importantes no desenvolvimento da identidade do adolescente (Cooper, 2011). Por exemplo, um estudo encontrou que a comunicação fraca entre mães e adolescentes, bem como conflitos persistentes com os amigos, estava ligada ao desenvolvimento menos positivo da identidade (Reis e Youniss, 2004). Catherine Cooper e colaboradores (Cooper, 2011; Cooper, Behrens e Trinh, 2009; Cooper e Grotevant, 1989) descobriram que uma atmosfera familiar que promove *tanto* a individualidade *quanto* a conectividade é importante no desenvolvimento da identidade do adolescente:

• A **individualidade** consiste de duas dimensões: a autoasserção, que é a habilidade de ter e de comunicar um ponto de vista, e a separatividade, o uso de padrões de comunicação para expressar como o indivíduo é diferente dos outros.
• A **conectividade** também consiste de duas dimensões: a mutualidade, que envolve sensibilidade ao e respeito pelo ponto de vista dos outros, e a permeabilidade, que envolve receptividade à visão dos outros.

Também aumentou o interesse das pesquisas no papel que o apego aos pais desempenha no desenvolvimento da identidade. Uma metanálise encontrou correlações de fraca a moderada entre o apego aos pais na adolescência e o desenvolvimento da identidade (Arseth et al., 2009). Neste estudo, entretanto, adolescentes com apego seguro tinham muito maior probabilidade de ter a identidade realizada do que seus equivalentes que tinham identidade difusa ou identidade outorgada.

Identidade étnica No mundo todo, os grupos de minorias étnicas sempre se esforçaram para manter sua identidade étnica ao mesmo tempo em que se misturam com a cultura dominante (Erikson, 1968). **Identidade étnica** é um aspecto persistente do *self* que inclui um sentimento de pertencimento a um grupo étnico, juntamente com as atitudes e os sentimentos relacionados a essa associação (Phinney, 2006). Assim, para adolescentes pertencentes a grupos de minorias étnicas, o processo de formação da identidade possui uma dimensão a mais: a escolha entre duas ou mais fontes de identificação: seu próprio grupo étnico e a cultura principal ou dominante (Seaton, 2010). Muitos adolescentes resolvem essa escolha desenvolvendo uma **identidade bicultural**. Ou seja, eles se identificam em alguns aspectos com o seu grupo étnico e, em outros, com a cultura da maioria (Cooper, 2011; Marks, Patton e Garcia Coll, 2011; Phinney e Baldelomar, 2011). Um estudo com estudantes universitários mexicano-americanos e asiático-americanos encontrou que eles se identificavam tanto com a cultura principal norte-americana, quanto com a sua cultura de origem (Devos, 2006).

Um estudo recente explorou a identidade bicultural em jovens de 14 a 21 anos (Marks, Patton e Garcia Coll, 2011). Os adolescentes biculturais mais jovens responderam primariamente à denominação "branco" com uma resposta inibida, sugerindo hesitação ao determinar se a denominação era "como eu" ou "não como eu".

O tempo é outro aspecto do contexto que influencia a identidade étnica. Os indicadores de identidade geralmente diferem a cada geração sucessiva de imigrantes (Phinney, 2006; Phinney e Baldelomar, 2011). Os imigrantes da primeira geração têm mais probabilidade de serem seguros quanto à sua identidade e menos probabilidade de mudarem muito; eles podem ou não desenvolver uma nova identidade. O grau em que eles começam a se sentir "americanos" parece estar relacionado ao fato de aprenderem ou não inglês, desenvolverem redes sociais além do seu grupo étnico e se tornarem culturalmente competentes em seu novo país. A segunda geração de imigrantes tem maior probabilidade de pensar em si como "americanos" – possivelmente porque lhes é concedida cidadania quando nascem. Para a segunda geração de imigrantes, a identidade étnica provavelmente estará ligada à conservação da sua língua e de redes sociais étnicas. Na terceira geração e nas posteriores, a questão se torna mais complexa. Fatores sociais amplos podem afetar até que ponto os membros dessa geração mantêm a sua identidade étnica. Por exemplo, imagens na mídia podem desestimular ou estimular os membros de um grupo étnico a se identificarem com seu grupo ou a manterem aspectos da sua cultura. A discriminação pode forçar as pessoas a se verem como isoladas do grupo majoritário e incitá-los a buscar o apoio da sua própria cultura étnica.

---

conexão com o desenvolvimento

Cultura e etnia. As experiências históricas, econômicas e sociais produzem diferenças entre os vários grupos étnicos e o grupo majoritário branco não latino nos Estados Unidos. Cap. 12, p. 401

individualidade Um elemento importante no desenvolvimento da identidade adolescente. Consiste de duas dimensões: a autoasserção, habilidade de ter e de comunicar um ponto de vista, e a separatividade, uso de padrões de comunicação para expressar como o indivíduo é diferente dos outros.

conectividade Um elemento importante no desenvolvimento da identidade adolescente. Consiste de duas dimensões: a mutualidade, que envolve sensibilidade ao e respeito pelo ponto de vista dos outros, e permeabilidade, que envolve receptividade à visão dos outros.

identidade étnica Um aspecto básico persistente do *self* que inclui um sentimento de pertencimento a um grupo étnico e as atitudes e sentimentos relacionados a essa associação.

identidade bicultural Formação da identidade que ocorre quando os adolescentes se identificam em alguns aspectos com seu grupo étnico e em outros aspectos com a cultura da maioria.

Os contextos imediatos nos quais vivem os jovens de uma minoria étnica também influenciam o desenvolvimento da sua identidade (Cooper, 2011; Markstrom, 2011; Umana-Taylor e Guimond, 2010). Nos Estados Unidos, muitos jovens de minorias étnicas vivem em bolsões de pobreza, estão expostos a drogas, gangues e crime, e interagem com jovens e adultos que abandonaram a escola ou estão desempregados. O apoio para o desenvolvimento de uma identidade positiva é raro. Em tais ambientes, programas para jovens podem representar uma contribuição importante para o desenvolvimento da identidade.

Conforme indicado nos estudos a seguir, os pesquisadores acreditam cada vez mais que uma identidade étnica positiva está relacionada a resultados positivos para os adolescentes de minorias étnicas (Umana-Taylor, Updegraff e Gonzales-Bracken, 2011):

- A herança étnica positiva dos adolescentes *navajos* estava vinculada a maior autoestima, conectividade com a escola e o funcionamento social (Jones e Galliher, 2007).
- A exploração foi um aspecto importante para o estabelecimento de um senso seguro da própria identidade étnica, o que, por sua vez, estava ligado a uma atitude positiva em relação ao próprio grupo e a outros grupos (Whitehead et al., 2009).
- A socialização cultural (medida por itens como: "Com que frequência seus pais disseram que era importante seguir as tradições do seu grupo racial ou étnico?") estava ligada a autoestima mais alta por um caminho de centralidade étnica (avaliado por itens como a importância da etnia em "Como eu me vejo?") em estudantes universitários latinos (Rivas-Drake, 2011).
- A identidade étnica estava ligada ao ajustamento dos adolescentes primariamente pela promoção de um sentimento positivo de significado (Kiang e Fuligni, 2010). Neste estudo, os adolescentes asiático-americanos relataram que se engajavam na busca por significado na vida mais do que os adolescentes brancos não latinos e latinos.

Contextos de desenvolvimento da identidade étnica Os contextos em que vivem os jovens de minorias étnicas influenciam o desenvolvimento da sua identidade (Chao e Otsuki-Clutter, 2011; Cooper, 2011; Markstrom, 2011; Moshman, 2011; Syed e Azmitia, 2010; Updegraff et al., 2010). Nos Estados Unidos, muitos jovens de minorias étnicas vivem em ambientes urbanos de baixas condições socioeconômicas, onde o apoio para o desenvolvimento de uma identidade positiva está ausente.

Pode haver aspectos dos contextos sociais nos quais os adolescentes vivem que aumentem a probabilidade de que eles desenvolvam uma identidade étnica positiva? Um estudo analisou 60 organizações para jovens que envolviam 24 mil adolescentes, durante um período de cinco anos, e descobriu que essas organizações eram especialmente boas na construção de um sentimento de orgulho étnico nos jovens de áreas pobres da cidade, com altas taxas de criminalidade (Heath e McLaughlin, 1993). Muitos jovens dessas áreas têm tempo livre demais, nada com o que se ocupar e poucos lugares para onde ir. Organizações que educam os jovens e respondem positivamente às necessidades e aos interesses deles podem estimular o desenvolvimento da sua identidade. E as organizações que percebem os jovens como capazes, merecedores e ávidos por terem uma vida saudável e produtiva contribuem de forma positiva para o desenvolvimento da identidade de jovens das minorias étnicas.

Identidade étnica na adultez emergente Jean Phinney (2006) descreveu como a identidade étnica pode mudar na adultez emergente, destacando especialmente como determinadas experiências de indivíduos de minorias étnicas podem encurtar ou prolongar essa fase. Para indivíduos de minorias étnicas que têm de assumir responsabilidades familiares e não vão para a universidade, a formação da identidade pode ocorrer mais cedo. Em contraste, especialmente para indivíduos de minorias étnicas que vão para a universidade, a formação da identidade pode levar mais tempo devido à complexidade da exploração e da compreensão de uma identidade bicultural. É provável que os desafios cognitivos da educação superior estimulem os indivíduos de minorias étnicas a refletir sobre sua identidade e examinar as

Michelle Chin, 16 anos: "Os pais não entendem que os adolescentes precisam descobrir quem eles são, o que significa muita experimentação, muitas oscilações de humor, muitas emoções e muita estranheza. Como qualquer adolescente, estou enfrentando uma crise de identidade. Ainda estou tentando descobrir se sou uma americana-chinesa ou uma americana com olhos asiáticos".

Muitos jovens de minorias étnicas precisam transitar entre "mundos múltiplos" na construção das suas identidades.

—CATHERINE COOPER
Psicóloga contemporânea do desenvolvimento, Universidade da Califórnia – Santa Cruz

conexão com o desenvolvimento

Pobreza. Viver na pobreza envolve muitos efeitos psicológicos nos adolescentes e nos adultos emergentes. Cap. 12, p. 398

Como os contextos sociais influenciam a identidade étnica dos adolescentes?

intimidade *versus* isolamento Sexto estágio do desenvolvimento de Erikson, pelo qual os indivíduos passam durante a idade adulta inicial. Nesta época, os indivíduos se defrontam com a tarefa desenvolvimental de formar relações íntimas com os outros.

---

conexão com o desenvolvimento

Gênero. Continua o debate quanto às similaridades e diferenças de gênero nos adolescentes e as suas causas. Cap. 5, p. 192

O que caracteriza o desenvolvimento da identidade étnica na adultez emergente?

mudanças na forma como eles querem se identificar. Este aumento na reflexão pode ter o foco na integração de partes da cultura da minoria étnica e da cultura branca não latina predominante. Por exemplo, alguns adultos emergentes precisam se empenhar na solução de um conflito entre a lealdade familiar e a interdependência enfatizada na sua cultura de minoria étnica e os valores de independência e da autoassertividade enfatizados pela cultura dominante branca não latina (Arnett, 2006).

Moin Syed e Margarita Azmitia (Syed, 2010, 2011; Syed e Azmitia, 2008, 2009) examinaram recentemente a identidade étnica na adultez emergente. Em um estudo, eles identificaram que a exploração da identidade étnica e o compromisso aumentavam desde o começo até o final da universidade (Syed e Azmita, 2009). A exploração, em especial, começou a aumentar no segundo ano da universidade e continuou a crescer até o último ano. Em outro estudo, Syed e Azmita (2008) encontraram que as narrativas contadas pelos adultos emergentes com *status* moratório e realizado envolviam mais experiências pessoalmente significativas que se ligavam ao seu sentimento de identidade e autointegração. Os adultos emergentes com identidade realizada falavam mais sobre experiências que envolviam preconceito e conexões culturais do que seus equivalentes com um *status* de identidade não examinado.

Gênero e identidade A apresentação clássica de Erikson do desenvolvimento da identidade refletia a divisão tradicional do trabalho entre os sexos comum na época. Erikson escreveu que os homens eram principalmente direcionados para a carreira e compromissos ideológicos, ao passo que as mulheres eram principalmente direcionadas ao casamento e à reprodução. Nas décadas de 1960 e 1970, os pesquisadores encontraram apoio para essa afirmação sobre as diferenças de gênero na identidade. Por exemplo, eles constataram que as preocupações vocacionais eram essenciais para a identidade masculina, ao passo que as preocupações de afiliação eram mais centrais para a identidade feminina (LaVoie, 1976). Nas últimas décadas, no entanto, como as mulheres desenvolveram interesses vocacionais mais consistentes, essas diferenças de gênero começaram a desaparecer (Hyde, 2005; Sharp et al., 2007).

IDENTIDADE E INTIMIDADE

Erikson (1968) defendeu que a intimidade deve se desenvolver depois que os indivíduos já se encontram a caminho do estabelecimento de uma identidade estável e de sucesso. **Intimidade *versus* isolamento** é o sexto estágio do desenvolvimento de Erikson, pelo qual os indivíduos passam durante a idade adulta inicial. Nessa época, os indivíduos se defrontam com a tarefa de formar relações íntimas com os outros. Erikson descreve intimidade como o encontro do indivíduo consigo mesmo, ao mesmo tempo em que se perde no outro. Se os adultos jovens formarem amizades e relações íntimas saudáveis com outro indivíduo, a intimidade será atingida; em caso negativo, o resultado será o isolamento.

Em um estudo com estudantes universitários não casados de 18 a 23 anos, um forte senso de *self*, expresso por meio da realização da identidade e uma orientação instrumental, era um fator importante na formação de conexões íntimas para homens e para mulheres (Madison e Foster-Clark, 1996). No entanto, insegurança e uma postura defensiva nas relações foram expressas de formas diferentes nas relações dos homens e das mulheres, com os homens apresentando maior superficialidade e as mulheres mais dependência. Outro estudo também detectou que um grau mais elevado de intimidade estava ligado a uma identidade mais forte, tanto nos universitários homens quanto nas mulheres, embora os escores de intimidade das mulheres universitárias fossem mais altos do que os dos homens (Montgomery, 2005). Um estudo recente confirmou a teoria de Erikson de que o desenvolvimento da identidade na adolescência é um precursor de intimidade nas relações amorosas durante a adultez emergente (Beyers e Seiffge-Krenke, 2011). E uma metanálise revelou uma ligação positiva entre desenvolvimento da identidade e intimidade, com a conexão sendo mais forte para os homens do que para as mulheres (Arseth et al., 2009).

Revisar Conectar Refletir

OA2 Explicar as muitas facetas do desenvolvimento da identidade.

Revisar
- Qual é a visão de Erikson sobre o desenvolvimento da identidade?
- Quais são os quatro *status* do desenvolvimento da identidade?
- Que mudanças desenvolvimentais caracterizam a identidade?

- Como os contextos sociais influenciam o desenvolvimento da identidade?
- Qual a visão de Erikson sobre identidade e intimidade?

Conectar
- Compare a influência de família e etnia/cultura no desenvolvimento da identidade.

Refletir *sua jornada de vida pessoal*
- Como você descreveria a sua identidade na adolescência? Como a sua identidade mudou desde a adolescência?

3 Desenvolvimento emocional

OA3 Discutir o desenvolvimento emocional dos adolescentes.

- As emoções da adolescência
- Hormônios, experiência e emoções
- Competência emocional

Definir emoção é difícil porque não é fácil reconhecer quando um adolescente está em um estado emocional. Para os nossos propósitos, definiremos **emoção** como o sentimento, ou afeto, que ocorre quando uma pessoa está em um estado ou em uma interação importante para o indivíduo, especialmente para o seu bem-estar. A emoção é caracterizada por um comportamento que reflete (expressa) as satisfações ou insatisfações do estado em que o indivíduo está, ou as transações que ele está experimentando.

Como as emoções estão ligadas aos dois conceitos principais que discutimos até aqui neste capítulo: *self* e identidade? A emoção está intimamente conectada à autoestima. Emoções negativas, como a tristeza, estão associadas à baixa autoestima, ao passo que emoções positivas, como a alegria, estão ligadas à alta autoestima. As experiências emocionais envolvidas em eventos como o início das experiências sexuais, encontros amorosos e dirigir um carro contribuem para o desenvolvimento da identidade do adolescente (Rosenblum e Lewis, 2003).

AS EMOÇÕES DA ADOLESCÊNCIA

A adolescência foi descrita há muito tempo como uma época de turbulência emocional (Hall, 1904). Em sua forma extrema, esta visão é muito estereotipada porque os adolescentes não estão constantemente em um estado de "turbulência e estresse". Contudo, o início da adolescência é uma época na qual os altos e baixos emocionais ocorrem com mais frequência (Rosemblum e Lewis, 2003). Os adolescentes jovens podem estar extremamente alegres em um momento e afundados na melancolia no momento seguinte. Em muitos casos, a intensidade das emoções parece desproporcional aos eventos que as provocaram (Steinberg, 2011). Os adolescentes jovens podem ter muito mau-humor, não sabendo como expressar seus sentimentos adequadamente. Com pouca ou nenhuma provocação, eles podem explodir com seus pais ou irmãos, projetando seus sentimentos desagradáveis em outra pessoa.

Como vimos no Capítulo 1, os adolescentes relataram mais emoções extremas e mais emoções momentâneas do que seus pais (Larson e Richards, 1994). Por exemplo, os adolescentes tinham cinco vezes mais probabilidade de relatar estarem "muito felizes" e três vezes mais probabilidade de relatar estarem "muito tristes" do que seus pais. Estes resultados apoiam a percepção de que os adolescentes são instáveis e inconstantes (Rosemblum e Lewis, 2003). Pesquisadores também encontraram que estudantes da 6ª série do ensino fundamental até a 1ª série do ensino médio, tanto meninos quanto meninas, vivenciam uma redução de 50% no estado "muito feliz" (Larson e Lampmn-Petraitis, 1989). Neste estudo, os adolescentes tinham mais probabilidade de relatar estados de humor levemente negativos do que os pré-adolescentes.

É importante que os adultos reconheçam que o mau-humor é um aspecto *normal* da adolescência inicial e que a maioria dos adolescentes acaba emergindo desse período mal-

emoção Sentimento, ou afeto, que ocorre quando uma pessoa está em um estado ou em uma interação importante para o indivíduo, especialmente para o seu bem-estar.

O que caracteriza as emoções dos adolescentes?

---

conexão com o desenvolvimento
Inteligência. Inteligência emocional inclui o manejo das próprias emoções de forma efetiva. Cap. 3, p. 143

Quais são algumas características da competência emocional na adolescência e na adultez emergente?

-humorado e se transforma em adultos competentes. Entretanto, para alguns adolescentes, emoções intensamente negativas podem refletir problemas sérios. Por exemplo, os índices de humor depressivo se tornam mais frequentes nas garotas durante a adolescência (Nolen-Hoeksema, 2011). Teremos muito mais a dizer sobre depressão na adolescência no Capítulo 13.

HORMÔNIOS, EXPERIÊNCIA E EMOÇÕES

Como vimos no Capítulo 2, mudanças hormonais significativas ocorrem durante a puberdade. As flutuações emocionais da adolescência inicial podem ser relacionadas à variação nos níveis hormonais durante esse período. Quando os adolescentes se encaminham para a idade adulta, seus humores se tornam menos extremos, talvez devido à sua adaptação aos níveis hormonais com o passar do tempo ou à maturação do córtex pré-frontal (Rosenblum e Lewis, 2003; Somerville, Jones e Casey, 2010).

Pesquisadores descobriram que a mudança puberal está associada a um aumento nas emoções negativas (Dorn et al., 2006). Contudo, a maioria dos pesquisadores conclui que tais influências hormonais são pequenas e geralmente estão associadas a outros fatores, como estresse, padrões alimentares, atividade sexual e relações sociais (Susman e Dorn, 2009). Na verdade, as experiências ambientais podem contribuir mais para as emoções da adolescência do que as alterações hormonais. Lembre-se do Capítulo 2 em que, em um estudo, os fatores sociais eram responsáveis por uma variância de duas a quatro vezes mais do que os fatores hormonais na depressão e na irritação de garotas adolescentes jovens (Brooks-Gunn e Waren, 1989).

Entre as experiências estressantes que podem contribuir para mudanças na emoção durante a adolescência encontram-se a transição do ensino fundamental para o ensino médio e o começo das experiências sexuais e relações amorosas. Em um estudo, relações sexuais/amorosas reais e fantasiadas eram responsáveis por mais do que um terço das emoções fortes dos jovens da 1ª à 3ª série do ensino médio (Wilson-Shockley, 1995).

Em resumo, tanto as alterações hormonais como as experiências ambientais estão envolvidas nas emoções inconstantes da adolescência. Assim, também, está a habilidade do jovem para manejar as emoções (Casey, Duhoux e Malter Cohen, 2010). No Capítulo 3, estudamos o conceito de inteligência emocional. Examinemos agora um conceito intimamente relacionado: a competência emocional.

COMPETÊNCIA EMOCIONAL

Na adolescência, os indivíduos têm maior probabilidade de ter consciência dos seus ciclos emocionais, tais como sentir-se culpado por ficar irritado. Esta nova consciência pode melhorar a sua habilidade para lidar com suas emoções. Os adolescentes também se tornam mais habilidosos na apresentação das suas emoções para os outros. Por exemplo, eles se conscientizam da importância de encobrir sua irritação nas relações sociais. E eles têm maior probabilidade de entender a importância de conseguir comunicar suas emoções de forma construtiva para melhorar a qualidade de uma relação (Saarni et al., 2006).

Embora as crescentes habilidades cognitivas e consciência dos adolescentes os preparem para lidar de modo mais eficiente com o estresse e as flutuações emocionais, muitos adolescentes não administram bem as suas emoções (Somerville, Jones e Casey, 2010). Em consequência, eles podem ficar mais propensos à depressão, à ira e à fraca regulação emocional, o que, por sua vez, pode desencadear problemas como dificuldades acadêmicas, abuso de drogas, delinquência juvenil ou transtornos da alimentação. Por exemplo, um estudo ilustrou a importância da regulação da emoção e do humor no sucesso acadêmico (Gumora e

Arsenio, 2002). Mesmo quando seu nível de habilidade cognitiva estava controlado, os adolescentes jovens que disseram ter passado por mais emoções negativas referentes à rotina acadêmica tinham seu índice geral de avaliação mais baixo.

As competências emocionais importantes para os adolescentes desenvolverem incluem as seguintes (Saarni, 1999):

Competência emocional	Exemplo
• Ter consciência de que a expressão das emoções desempenha um papel importante nas relações.	Saber que expressar raiva em relação a um amigo com frequência pode prejudicar a amizade.
• Enfrentar adaptativamente as emoções negativas, usando estratégias autorreguladoras que reduzem a intensidade e a duração de tais estados emocionais.	Reduzir a raiva, afastando-se de uma situação negativa e se engajando em uma atividade que desvie a atenção dela.
• Compreender que os estados emocionais internos não têm que corresponder às expressões externas. (Quando os adolescentes ficam mais maduros, eles começam a entender o impacto que seu comportamento emocionalmente expressivo pode causar nos outros, e levam em conta essa compreensão na forma como eles se apresentam).	Reconhecer que é possível sentir raiva e mesmo assim manejar a sua expressão emocional de modo que ela pareça neutra.
• Ter consciência dos próprios estados emocionais sem ser dominado por eles.	Diferenciar entre tristeza e ansiedade e focar no enfrentamento em vez de ser dominado por esses sentimentos.
• Ser capaz de discernir as emoções dos outros.	Perceber que outra pessoa está triste e não com medo.

Revisar *Conectar* **Refletir** OA3 Discutir o desenvolvimento emocional dos adolescentes.

Revisar
- Como você caracterizaria as emoções dos adolescentes?
- O quanto as emoções dos adolescentes estão ligadas aos seus hormônios e suas experiências?
- O que é necessário para ser competente emocionalmente na adolescência?

Conectar
- Conecte o desenvolvimento da competência emocional ao desenvolvimento da autoestima, conforme descrito na seção anterior deste capítulo.

Refletir *sua jornada de vida pessoal*
- Como você descreveria suas emoções na adolescência inicial? Você passou por mais extremos de emoção quando estava no ensino médio do que atualmente? Você aprendeu a controlar melhor suas emoções agora do que controlava na adolescência inicial? Explique.

4 Desenvolvimento da personalidade

OA4 Caracterizar o desenvolvimento da personalidade dos adolescentes.

- Personalidade
- Temperamento

Até aqui, neste capítulo, discutimos o desenvolvimento do *self*, da identidade e da emoção na adolescência e na adultez emergente. Nesta seção, exploraremos a natureza da personalidade e do temperamento na adolescência e na adultez emergente.

PERSONALIDADE

Como a personalidade pode ser definida? **Personalidade** refere-se às características pessoais permanentes dos indivíduos. Como a personalidade está ligada ao *self*, à identidade e à emoção? A personalidade é, geralmente, vista como incluindo *self* e identidade. A descrição dos traços de

personalidade As características pessoais permanentes dos indivíduos.

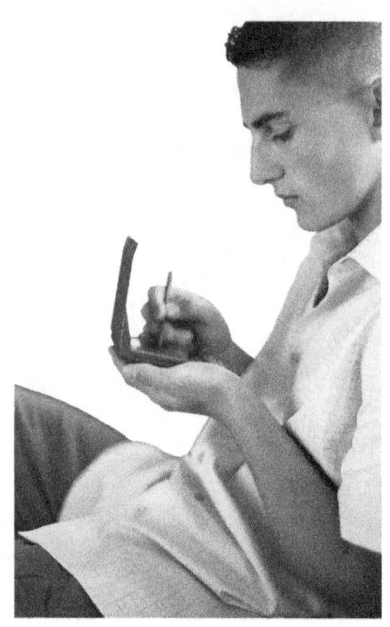

Um adolescente com alto nível de realização organiza sua agenda diária e planeja como usar seu tempo com eficiência. *Quais são algumas características da realização? Como ela está ligada à competência dos adolescentes?*

Cinco Grandes fatores da personalidade Cinco traços essenciais da personalidade: abertura à experiência, realização, extroversão, socialização e neuroticismo (estabilidade emocional).

personalidade de um indivíduo às vezes envolve emoções. Por exemplo, um adolescente pode ser descrito em termos de estabilidade/instabilidade emocional e afetividade positiva/negativa. Como esses traços se manifestam na adolescência? Quais traços são os mais importantes?

Os Cinco Grandes fatores da personalidade A procura pelos principais traços da personalidade que caracterizam as pessoas tem uma longa história (Olson e Hergenhahn, 2011). Em anos recentes, os pesquisadores focaram nos **Cinco Grandes fatores da personalidade**: abertura à experiência (*openness*), realização (*conscientiousness*), extroversão (*extraversion*), socialização (*agreeableness*) e neuroticismo (*neuroticism*) (estabilidade emocional) (veja a Figura 4.6). Se criarmos um acrônimo com os nomes desses traços na língua inglesa, obteremos a palavra OCEAN (que significa "oceano").

Boa parte das pesquisas sobre os Cinco Grandes fatores usou adultos como participantes nos estudos (Church, 2010; Lucas e Donnellan, 2009; Smits et al., 2011; McCrae e Costa, 2006). Entretanto, um número crescente de estudos envolvendo os Cinco Grandes fatores tem focado nos adolescentes (Caprara et al., 2011; Hendriks et al., 2008; Ortet et al., 2011; Selfhout et al., 2010).

O principal achado no estudo dos Cinco Grandes fatores na adolescência é a emergência da realização como um prognosticador principal de ajustamento e competência (Roberts et al., 2009). A seguir, temos uma amostra de pesquisas recentes que documentam essa ligação:

- Dos Cinco Grandes fatores, a realização foi o melhor prognosticador da média das notas no ensino médio e na universidade (Noftle e Robins, 2007).
- A realização estava ligada a melhores relações interpessoais: amizades de mais alta qualidade, melhor aceitação e menos vitimização pelos pares em estudantes da 6ª à 9ª série do ensino fundamental (Jenson-Campbell e Malcolm, 2007).
- Um estudo longitudinal de mais de 1.200 indivíduos durante sete décadas revelou que indivíduos com realização viviam mais desde a infância até o fim da idade adulta (Martin, Friedman e Schwartz, 2007).

Como os Cinco Grandes fatores se alteram durante a adolescência? Um estudo transversal recente em grande escala encontrou que vários dos Cinco Grandes fatores apresentam tendências negativas na adolescência inicial (Soto et al., 2011). Nesse estudo, os adolescentes jovens apresentaram uma diminuição na realização, na extroversão e na socialização. No entanto, a realização e a socialização aumentaram no fim da adolescência e no começo da adultez emergente.

Os Cinco Grandes fatores estão ligados ao desenvolvimento da identidade? Um estudo com mais de 2 mil estudantes universitários encontrou que ser emocionalmente estável e extrovertido estava relacionado à realização da identidade (Lounsbury et al., 2007).

O debate continua sobre se os Cinco Grandes constituem a melhor forma de conceitualizar os traços de personalidade das pessoas (Veselka, Schermer e Vernon, 2011). Uma análise propôs um modelo de seis traços – os Cinco Grandes mais uma dimensão de honestidade-humildade (Lee e Ashton, 2008). E alguns pesquisadores transversais concluem que apenas três (extroversão, socialização e realização) dos Cinco Grandes fatores retratam consistentemente os traços de personalidade das pessoas em diferentes culturas (De Raad et al., 2010).

Otimismo Os pesquisadores têm identificado que o otimismo é um traço de personalidade importante no desenvolvimento de adolescentes e adultos emergentes (Duke et al.,

Abertura à experiência	**R**ealização	**E**xtroversão	**S**ocialização	**N**euroticismo (estabilidade emocional)
• Imaginativo ou prático	• Organizado ou desorganizado	• Sociável ou retraído	• Generoso ou sem compaixão	• Calmo ou ansioso
• Interessado em variação ou rotina	• Cuidadoso ou descuidado	• Gosta de diversão ou é melancólico	• Confiante ou desconfiado	• Seguro ou inseguro
• Independente ou conformista	• Disciplinado ou impulsivo	• Afetuoso ou reservado	• Prestativo ou não cooperativo	• Autossatisfeito ou autopiedoso

FIGURA 4.6
Os Cinco Grandes fatores da personalidade. Cada um dos supertraços amplos abrange traços mais restritos e característicos.

2011; Oberle, Schonert-Reichl e Zumbo, 2011). **Otimismo** envolve ter uma visão positiva sobre o futuro e minimizar os problemas. No estudo com mais de 2 mil estudantes universitários discutido anteriormente, o traço de personalidade do otimismo estava mais fortemente ligado à realização da identidade do que qualquer um dos Cinco Grandes fatores (Lounsbury et al., 2007). Um estudo recente revelou que ter um estilo otimista de pensar estava relacionado à ideação suicida reduzida nos adolescentes que passaram por eventos vitais e potencialmente traumáticos (Hirsch et al., 2009). E adolescentes que têm um pensamento otimista têm risco reduzido de desenvolver sintomas depressivos (Patton et al., 2011; Sawyer, Pfeiffer e Spense, 2009).

Traços e situações Muitos psicólogos defendem que é melhor encarar a personalidade não somente em termos de contextos e situações (Friedman e Schstack, 2011). Eles concluem que a abordagem dos traços ignora os fatores ambientais e coloca ênfase excessiva na estabilidade e na ausência de mudanças. Esta crítica foi feita pela primeira vez por Walter Mischel (1968), que defende que a personalidade varia de acordo com a situação. Assim, os adolescentes podem se comportar de forma muito diferente quando estão em uma biblioteca do que quando estão em uma festa.

Hoje, a maioria dos psicólogos é interacionista, justificando que tanto os traços quanto as situações precisam ser levados em conta na compreensão da personalidade (Berecz, 2009). Vamos retomar as situações de estar em uma biblioteca ou em uma festa e considere as preferências de duas adolescentes: Jane, introvertida, e Sandra, extrovertida. É mais provável que Jane, a introvertida, goste mais de estar na biblioteca, ao passo que é provável que Sandra, a extrovertida, divirta-se mais na festa.

TEMPERAMENTO

Embora o estudo da personalidade tenha focado preponderantemente em adultos, o estudo do temperamento tem se limitado primariamente a bebês e crianças (Rothbart, 2011; Sanson et al., 2011). No entanto, tanto a personalidade quanto o temperamento são importantes no entendimento do desenvolvimento adolescente. **Temperamento** pode ser definido como o estilo comportamental de um indivíduo e a sua maneira característica de responder. Muitos psicólogos enfatizam que o temperamento forma a base da personalidade. Por meio das crescentes capacidades e interações com o ambiente, o temperamento se desenvolve ou se torna mais elaborado durante infância e adolescência, compondo um conjunto de traços de personalidade (Caspi e Shiner, 2006).

A ligação íntima entre temperamento e personalidade é apoiada pela pesquisa que vincula alguns dos Cinco Grandes fatores da personalidade às categorias de temperamento (Caspi e Shiner, 2006). Por exemplo, a categoria de temperamento da emocionalidade positiva está relacionada ao traço de personalidade da extroversão, às ligações emocionalmente negativas, ao neuroticismo (instabilidade emocional) e o esforço para controlar o temperamento está ligado à realização (Putnam, Sanson e Rothbart, 2002).

Categorias de temperamento Assim como acontece em relação à personalidade, os pesquisadores estão interessados em descobrir quais são as dimensões principais do temperamento (Rothbart, 2011; Sanson et al., 2011). Os psiquiatras Alexander Chess e Stella Thomas (Chess e Thomas, 1977; Thomas e Chess, 1991) acompanharam um grupo de bebês até a idade adulta e concluíram que existem três tipos básicos, ou grupos, de temperamento:

- Uma **criança fácil** está geralmente com humor positivo, estabelece rapidamente rotinas regulares e se adapta com facilidade a experiências novas.
- Uma **criança difícil** reage negativamente a muitas situações e demora a aceitar experiências novas.
- Uma **criança de aquecimento lento** tem baixo nível de atividade, é um tanto negativa e exibe baixa intensidade de humor.

Novas classificações de temperamento continuam a ser desenvolvidas (Rothbart, 2011). Em uma revisão de pesquisas sobre temperamento, Mary Rothbart e John Bates (1998) concluíram que a melhor estrutura para a classificação do temperamento envolve uma revisão das categorias de Chess e Thomas acerca de fácil, difícil e de aquecimento lento. Atualmente, a classificação geral do temperamento foca no seguinte:

---

otimismo Envolve ter uma visão positiva sobre o futuro e minimizar os problemas.

temperamento Estilo comportamental de um indivíduo e seu jeito característico de responder.

criança fácil Uma criança que, em geral, está com humor positivo, estabelece rapidamente rotinas regulares e se adapta com facilidade a experiências novas.

criança difícil Uma criança que reage negativamente a muitas situações e demora a aceitar experiências novas.

criança de aquecimento lento Uma criança que tem baixo nível de atividade, é um tanto negativa e exibe baixa intensidade de humor.

- *Afeto positivo e abordagem*. Esta categoria é muito parecida com o traço de personalidade da extroversão/introversão.
- *Afetividade negativa*. Envolve ficar facilmente angustiado. Crianças com um temperamento que envolve afetividade negativa podem se queixar e chorar com frequência. A afetividade negativa está intimamente relacionada aos traços de personalidade da introversão e do neuroticismo (instabilidade emocional).
- *Esforço para controlar o temperamento (autorregulação)*. Envolve a habilidade de controlar as próprias emoções. Assim, os adolescentes com nível alto de esforço demonstram uma habilidade de evitar que sua agitação chegue a níveis muito altos e possuem estratégias para se acalmarem. Em contraste, os adolescentes com baixo nível de controle frequentemente apresentam uma incapacidade para controlar sua agitação e ficam agitados facilmente e intensamente sensíveis (Eisenberg et al., 2002).

Um estudo recente revelou que os adolescentes caracterizados por alta afetividade positiva, baixa afetividade negativa e alto esforço no controle tinham níveis mais baixos de sintomas depressivos (Verstraeten et al., 2009).

Conexões e contextos desenvolvimentais O quanto o temperamento é estável desde a infância até a idade adulta? Os adultos jovens apresentam o mesmo estilo comportamental e respostas emocionais características do que quando eram bebês ou crianças pequenas? Por exemplo, o nível de atividade é uma dimensão importante do temperamento. Os níveis de atividade das crianças estão ligados à sua personalidade na adultez emergente e na idade adulta inicial. Em um estudo longitudinal, crianças muito ativas com a idade de 4 anos tinham probabilidade de ser muito extrovertidas aos 23 anos, um achado que reflete continuidade (Franz, 1996, p. 337). No entanto, em outros aspectos, o temperamento pode mudar. Desde a adolescência até o início da idade adulta, a maioria dos indivíduos apresenta menos oscilações emocionais de humor, torna-se mais responsável e se envolve em menos comportamentos de exposição a riscos, características que refletem descontinuidade de temperamento (Caspi, 1998).

O temperamento na infância está ligado ao ajustamento na adolescência e na idade aduta? Apresentamos aqui o que se sabe com base em alguns poucos estudos longitudinais realizados sobre este tema (Caspi, 1998). Um estudo longitudinal usando as categorias de Chess e Thomas encontrou uma ligação entre o temperamento avaliado com 1 ano e o ajustamento aos 17 anos (Guerin et al., 2003). Aqueles com temperamento mais fácil quando bebês apresentavam desenvolvimento muito favorável nos domínios comportamental e intelectual

Que categorias de temperamento foram utilizadas para descrever os adolescentes?

no final da adolescência. Os indivíduos com temperamento mais fácil experimentaram um ambiente familiar mais estimulante e coeso e tiveram mais relações positivas com seus pais durante a adolescência do que seus equivalentes com temperamento mais difícil. Quanto aos participantes caracterizados por um temperamento difícil em combinação com um ambiente familiar com muitos conflitos, ocorria um aumento nos problemas de comportamento externalizante (problemas de conduta, delinquência, etc.).

Com relação a um vínculo entre temperamento na infância e ajustamento na idade adulta, em um estudo longitudinal, as crianças com temperamento fácil dos 3 anos aos 5 anos tinham probabilidade de serem bem ajustadas quando adultos jovens (Chess e Thomas, 1977). Em contraste, muitas crianças com temperamento difícil dos 3 aos 5 anos não eram bem ajustadas quando adultos jovens. Outros pesquisadores identificaram que os meninos com temperamento difícil na infância têm menos probabilidade de continuarem sua educação formal quando adultos do que outros meninos; as meninas com um temperamento difícil na infância têm mais probabilidade de passar por conflitos conjugais quando adultas (Wachs, 2000).

Em suma, em inúmeros estudos longitudinais, um temperamento fácil na infância está ligado a um desenvolvimento e ajustamento mais favoráveis na adolescência e na idade adulta. Quando os contextos nos quais os indivíduos vivem são problemáticos, como viver num ambiente familiar com muitos conflitos, as consequências a longo prazo de ter um temperamento difícil são exacerbadas.

A inibição é outra característica do temperamento que foi amplamente estudada (Kagan, 2010). Os pesquisadores descobriram que indivíduos com um temperamento inibido na infância são menos prováveis de serem assertivos ou de experimentarem apoio social quando adolescentes e adultos emergentes, e são mais prováveis de retardarem a entrada no caminho de um emprego estável (Wachs, 2000).

Outro aspecto do temperamento é a emocionalidade e a habilidade de controlar as próprias emoções (Rothbart, 2011). Em um estudo longitudinal, indivíduos que aos 3 anos apresentavam um bom controle das suas emoções e eram resilientes diante do estresse e mais prováveis de continuar a lidar com suas emoções de modo efetivo quando adultos (Block, 1993). Em contraste, indivíduos que aos 3 anos tinham baixo controle emocional e não eram muito resilientes eram prováveis de apresentar os mesmos problemas quando adultos jovens.

Resumindo, estes estudos revelam alguma continuidade entre certos aspectos do temperamento na infância e o ajustamento na idade adulta inicial. Tenha em mente, no entanto, que essas conexões entre temperamento na infância e ajustamento adulto estão baseadas em apenas um pequeno número de estudos; mais pesquisa é necessária para verificar as ligações.

Traço de temperamento inicial: inibição

	Criança A	Criança B
Contexto interveniente		
Cuidadores	Cuidadores (pais) sensíveis e acolhedores permitem que a criança siga o próprio ritmo.	Cuidadores que usam "controle de baixo nível" inadequado e tentam forçar o filho a novas situações.
Ambiente físico	Presença de "abrigos de estímulos" ou "espaços defensáveis" para onde a criança pode se retirar quando existe excesso de estimulação.	A criança encontra continuamente ambientes barulhentos e caóticos que não permitem escape da situação.
Pares	Grupos de pares com outras crianças inibidas e com interesses comuns, de modo que a criança se sente aceita.	Grupo de pares consiste de extrovertidos atléticos, de modo que a criança se sente rejeitada.
Escola	A escola tem "pouco pessoal", de modo que é mais provável que as crianças inibidas sejam toleradas e sintam que podem dar a sua contribuição.	A escola tem "excesso de pessoal", de modo que é menos provável que as crianças inibidas sejam toleradas e mais provável que se sintam subestimadas.
Consequências na personalidade		
	Quando adulto, o indivíduo está mais próximo da extroversão (extrovertido, sociável) e é emocionalmente estável.	Quando adulto, o indivíduo está mais próximo da introversão e tem mais problemas emocionais.

FIGURA 4.7
Temperamento na infância, personalidade na idade adulta e contextos intervenientes. Experiências variadas com os cuidadores, com o ambiente físico, com os pares e com a escola podem modificar as ligações entre temperamento na infância e personalidade na idade adulta. O exemplo apresentado aqui é para a inibição.

Na verdade, Thedore Wachs (1994, 2000) propôs as formas como as ligações entre temperamento na infância e personalidade adulta podem variar, dependendo dos contextos intervenientes que um indivíduo experimenta (veja a Figura 4.7).

A combinação entre o temperamento de um indivíduo e as demandas ambientais que o indivíduo precisa enfrentar, chamada **grau de ajuste**, pode ser importante para o ajustamento de um adolescente (Rothbart, 2011; Sanson et al., 2011). Em geral, as características de temperamento de esforço de controle, maneabilidade e socialização reduzem os efeitos de ambientes adversos, ao passo que a emocionalidade negativa aumenta seus efeitos (Rothbart, 2011).

Neste capítulo, examinamos os muitos aspectos do *self*, a identidade, as emoções e a personalidade. Em nossa discussão sobre identidade e emoção, avaliamos o papel do gênero. O Capítulo 5 é dedicado exclusivamente ao tópico do gênero.

grau de ajuste A combinação entre o estilo do temperamento de um indivíduo e as demandas ambientais que o indivíduo precisa enfrentar.

Revisar *Conectar* **Refletir**　**OA4**　Caracterizar o desenvolvimento da personalidade dos adolescentes.

Revisar
- Quais são alguns traços principais da personalidade na adolescência? A personalidade é influenciada pelas situações?
- O que é temperamento e como ele está ligado à personalidade? Quais são algumas das principais categorias de temperamento? Que conexões desenvolvimentais e contextos caracterizam o temperamento?

Conectar
- Como os Cinco Grandes fatores da personalidade podem estar ligados ao conceito de exposição a riscos discutido no Capítulo 3?

Refletir *sua jornada de vida pessoal*
- Considere o seu temperamento. Descrevemos várias categorias de temperamento. Qual delas melhor descreve o seu temperamento? Seu temperamento mudou à medida que você foi crescendo, ou é quase o mesmo de quando você era criança ou adolescente? Caso o seu temperamento tenha mudado, quais fatores contribuíram para as mudanças?

ATINJA SEUS OBJETIVOS DE APRENDIZAGEM

1 O *self*　**OA1**　Descrever o desenvolvimento do *self* na adolescência.

Autoconhecimento

- Autoconhecimento é a representação cognitiva da representação do *self*, a substância e o conteúdo das autoconcepções adolescentes. As dimensões do autoconhecimento adolescente incluem: abstrato e realista, diferenciado, contradições no interior do *self*, *self* real e ideal, verdadeiro e falso, comparação social, autoconsciência, inconsciente e não ser autointegrador. O número crescente de *selves* na adolescência pode variar nas relações com as pessoas, nos papéis sociais e nos contextos socioculturais. Na adultez emergente, o autoconhecimento se torna mais integrador, reflexivo, complexo e é caracterizado por decisões sobre uma visão de mundo. No entanto, somente depois da década dos 30 anos é que uma visão de mundo coerente e integradora se desenvolve para muitos indivíduos.

Autoestima e autoconceito

- Autoestima é a dimensão global e avaliadora do *self*, e também é referida como amor-próprio ou autoimagem. Autoconceito envolve autoavaliações de domínios específicos. Por muito tempo foi dada pouca atenção ao desenvolvimento de medidas da autoestima e autoconceito especificamente adaptadas para adolescentes. O Perfil de Autopercepção de Harter é uma medida adolescente. A autoestima reflete percepções que nem sempre estão de acordo com a realidade. Assim, a autoestima pode ser justificada ou pode refletir uma visão arrogante, grandiosa e injustificada do próprio *self*. Um número crescente de estudos documenta os problemas dos adolescentes narcisistas. Há controvérsias em torno do quanto a autoestima se altera durante a adolescência e se existem diferenças de gênero na autoestima. Pesquisadores identificaram que a autoestima geralmente decai durante e logo depois de mudanças desenvolvimentais, como passar do ensino fundamental para o ensino médio. Alguns pesquisadores descobriram que a autoestima das garotas declina na adolescência inicial, embora outros pesquisadores defendam que esse declínio tenha sido exagerado e, na verdade, seja apenas modesto. A autoestima está ligada apenas moderadamente ao sucesso escolar.

Adolescentes com alta autoestima têm mais iniciativa, mas isso pode produzir tanto resultados positivos quanto negativos. A aparência física percebida contribui fortemente para a autoestima global. A aceitação dos pares também está ligada à autoestima global na adolescência. No estudo de Coopersmith, a autoestima das crianças estava associada a práticas parentais como afetividade e a permissão de liberdades aos filhos dentro de limites bem definidos. As relações com os pares e amizades também estão ligadas à autoestima. A autoestima é mais alta no ensino fundamental do que no ensino médio. Para a maior parte dos adolescentes, a baixa autoestima resulta em um desconforto emocional apenas temporário. No entanto, para outros, especialmente quando a autoestima persiste, ela está ligada à depressão, à anorexia nervosa, à delinquência e até mesmo ao suicídio. Quatro formas de aumentar a autestima dos adolescentes são: (1) identificar as causa da baixa autoestima e quais domínios de competência são importantes para o adolescente, (2) proporcionar apoio emocional e aprovação social, (3) ajudar o adolescente a ter conquistas e (4) melhorar as habilidades de enfrentamento do adolescente.

2 Identidade — OA2 Explicar as muitas facetas do desenvolvimento da identidade.

Ideias de Erikson sobre a identidade

- Identidade *versus* confusão de identidade é o quinto estágio do desenvolvimento de Erikson, o qual os indivíduos experimentam durante a adolescência. Quando os adolescentes se defrontam com novos papéis, eles entram em uma moratória psicológica. Personalidade e experimentação de papéis são dois ingredientes-chave da visão de Erikson. Em sociedades tecnológicas como a dos Estados Unidos, o papel vocacional é especialmente importante. O desenvolvimento da identidade é extraordinariamente complexo e é feito aos poucos, por partes. Uma preocupação atual expressa por William Damon é a dificuldade que muitos jovens têm hoje no desenvolvimento de uma identidade com um propósito.

Os quatro *status* da identidade

- Marcia propôs quatro *status* da identidade: difuso, outorgado, moratório e realizado. Uma combinação de crise (exploração) e compromisso produz um dos *status*. Alguns críticos discutem que os quatro *status* da identidade de Marcia supersimplificam o desenvolvimento da identidade. Recentemente, foi dada ênfase à expansão dos conceitos de exploração e de compromisso de Marcia para focar mais na exploração em profundidade e avaliação contínua do próprio compromisso.

Mudanças desenvolvimentais na identidade

- Alguns especialistas defendem que as principais mudanças ocorrem no final e não no início da adolescência. Os veteranos universitários têm mais probabilidade de ter identidade realizada do que os calouros ou estudantes do ensino médio, embora muitos estudantes universitários ainda estejam em luta com os compromissos ideológicos. Os indivíduos geralmente passam pelos ciclos MAMA (*moratory-achievement-moratory-achievement*, isto é, "moratória-realização-moratória--realização").

Identidade e contextos sociais

- Os pais são figuras importantes no desenvolvimento da identidade dos adolescentes. Pesquisadores descobriram que parentalidade democrática, individualidade, conectividade e comportamentos capacitantes estão ligados a aspectos positivos da identidade. Erikson foi especialmente sensível ao papel da cultura no desenvolvimento da identidade, sublinhando o fato de que, em todo o mundo, os grupos de minorias étnicas sempre lutaram para manter sua identidade cultural enquanto se misturavam à cultura da maioria. A adolescência é um momento especial no desenvolvimento da identidade de indivíduos de minorias étnicas porque, pela primeira vez, eles se defrontam conscientemente com sua identidade étnica. Muitos adolescentes de minorias étnicas possuem uma identidade bicultural. A identidade étnica aumenta com a idade durante a adolescência e a adultez emergente, e níveis mais altos de identidade étnica estão ligados a atitudes mais positivas. Os contextos em que vivem os adolescentes de minorias étnicas influenciam o desenvolvimento da sua identidade. É provável que os desafios cognitivos da educação superior estimulem os indivíduos de minorias étnicas a refletir sobre sua identidade. Erikson observou que os garotos adolescentes possuem uma identidade vocacional mais forte e as garotas adolescentes, uma identidade social mais forte. Entretanto, pesquisadores vêm identificando que essas diferenças no gênero estão desaparecendo.

Identidade e intimidade

- Intimidade *versus* isolamento é o sexto estágio de Erikson do desenvolvimento humano, o qual os indivíduos experimentam durante a idade adulta inicial. Erikson defendeu que uma sequência ideal é desenvolver uma identidade positiva antes de negociar a intimidade *versus* isolamento.

3 Desenvolvimento emocional **OA3** Discutir o desenvolvimento emocional dos adolescentes.

As emoções da adolescência

- Emoção é o sentimento, ou afeto, que ocorre quando uma pessoa está em um estado ou interação que é importante para si, especialmente para o seu bem-estar. Adolescentes relatam emoções mais extremas e passageiras do que as dos seus pais e, quando os indivíduos atravessam a adolescência inicial, têm menor probabilidade de relatar estarem muito felizes. No entanto, é importante que se encare a melancolia como um aspecto normal durante a adolescência inicial.

Hormônios, experiência e emoções

- Embora as mudanças puberais estejam associadas a um aumento nas emoções negativas, as influências hormonais são geralmente pequenas, e as experiências ambientais podem contribuir mais para as emoções da adolescência do que as alterações hormonais.

Competência emocional

- As crescentes habilidades cognitivas e a consciência dos adolescentes lhes dão a oportunidade de enfrentar de forma mais eficiente o estresse e as flutuações emocionais. No entanto, as cargas emocionais da adolescência podem ser esmagadoras para alguns adolescentes. Entre as competências emocionais importantes para que os adolescentes se desenvolvam estão: ter a consciência de que a expressão das emoções desempenha um papel importante nas relações, enfrentar adaptativamente as emoções negativas por meio do uso de estratégias autorreguladoras, entender como o comportamento emocionalmente expressivo influencia os outros, ter consciência dos próprios estados emocionais sem ser dominado por eles e ser capaz de perceber as emoções dos outros.

4 Desenvolvimento da personalidade **OA4** Caracterizar o desenvolvimento da personalidade dos adolescentes.

Personalidade

- É bastante antigo o interesse em descobrir os traços centrais da personalidade e, recentemente, essa busca focalizou nos Cinco Grandes fatores da personalidade: abertura à experiência, realização, extroversão, socialização e neuroticismo (estabilidade emocional). Boa parte das pesquisas sobre os Cinco Grandes fatores teve foco nos adultos, mas um número crescente desses estudos tem focado nos adolescentes. Os pesquisadores continuam a debater quais são as características principais da personalidade. Os críticos da abordagem dos traços argumentam que é colocada uma ênfase excessiva na estabilidade e não suficiente na mudança e nas influências situacionais. Atualmente, muitos psicólogos enfatizam que a personalidade é mais bem descrita se colocada em termos de traços e influências situacionais.

Temperamento

- Muitos psicólogos enfatizam que o temperamento forma os fundamentos da personalidade. Chess e Thomas descreveram três tipos básicos de temperamento: criança fácil, criança difícil e criança de aquecimento lento. As novas classificações do temperamento incluem afeto e abordagem positivos, afetividade negativa e esforço no controle (autorregulação). Foram encontradas conexões entre o temperamento dos indivíduos desde a infância até a idade adulta, embora essas ligações possam variar de acordo com os contextos da vida das pessoas. Grau de ajuste refere-se à combinação entre o temperamento de um indivíduo e as demandas ambientais dos indivíduos.

TERMOS-CHAVE

self 153
autoconhecimento 154
self possível 155
autoestima 158
autoconceito 158
narcisismo 159
identidade 163
identidade *versus* confusão de identidade 163
moratória psicossocial 163

crise 166
compromisso 166
difusão da identidade 166
identidade outorgada 166
moratória da identidade 166
realização da identidade 166
individualidade 170
conectividade 170
identidade étnica 170
identidade bicultural 170

intimidade *versus* isolamento 172
emoção 173
personalidade 175
Cinco Grandes fatores da personalidade 176
otimismo 177
temperamento 177
criança fácil 177
criança difícil 177
criança de aquecimento lento 177
grau de ajuste 180

PESSOAS-CHAVE

Susan Harter 155
Gisela Labouvie-Vief 157
Daniel Lapsley e Matthew Aalsma 159
Erik Erikson 163
William Damon 165
James Marcia 166

Luc Goossens, Kohen Luyckx e
    colaboradores 167
Alan Waterman 168
James Coté 168
Jane Kroger 168

Catherine Cooper e colaboradores 170
Jean Phinney 171
Moin Syed e Margarita Azmitia 172
Walter Mischel 177
Alexander Chess e Stella Thomas 177

RECURSOS PARA MELHORAR A VIDA DOS ADOLESCENTES

The Development of Self-Representations in Childhood and Adolescence
Susan Harter
Manual de Psicologia Infantil (2006, 6 ed.)
Nova Iorque: Wiley

Susan Harter, a importante teórica e pesquisadora do *self*, oferece uma análise em profundidade de como o *self* se desenvolve na infância e na adolescência.

Emotional Development
Carolyn Saarni, Joseph Campos, Linda Camras e David Witherspoon
in W. Damon e R. Lerner (Eds.)
Manual de Psicologia Infantil (2006, 6 ed.)
Nova Iorque: Wiley

Leia sobre pesquisas atualizadas e visões sobre como as emoções se desenvolvem em crianças e adolescentes.

Gandhi's Truth
Erik Erikson (1969)
Nova Iorque: W. W. Norton

Este livro de Erik Erikson, vencedor do Prêmio Pulitzer, que desenvolveu o conceito de identidade como um aspecto central do desenvolvimento adolescente, analisa a vida de Mahatma Gandhi, o líder espiritual da Índia na metade do século XX.

Identity Development: Adolescent Through Adulthood
Jane Kroger (2007, 2ª Ed.)
Thousand Oaks, CA: Sage

A importante especialista Jane Kroger fornece uma análise contemporânea das pesquisas sobre o desenvolvimento da identidade.

Bridging Multiple Worlds
Catherine Cooper (2011)
Nova Iorque: Oxford University Press

Este excelente livro de uma importante especialista explora o desenvolvimento de identidades e formas de melhorar as oportunidades educacionais de jovens imigrantes e minorias de baixa renda enquanto se desenvolvem da adolescência à adultez emergente.

Intersections of Personal and Social Identities
Margarita Azmitia, Moin Syed e Kimberley Radmacher (Eds.) (2008)
Novas Direções para o Desenvolvimento Infantil e Adolescente, 120, 1-16

Vários especialistas importantes discutem pesquisas e teorias sobre os inúmeros aspectos da identidade, incluindo os papéis de mídia, gênero e etnia.

Personality Development
Avshalom Caspi e Rebecca Shiner
in W. Damon e R. Lerner (Eds.)
Manual de Psicologia Infantil (2006, 6 ed.)
Nova Iorque: Wiley

Importantes especialistas descrevem pesquisas recentes sobre como a personalidade se desenvolve.

capítulo 5 GÊNERO

esboço do capítulo

Influências biológicas, sociais e cognitivas no gênero

Objetivo de aprendizagem 1 Descrever as influências biológicas, sociais e cognitivas no gênero.

Influências biológicas no gênero
Influências sociais no gênero
Influências cognitivas no gênero

Estereótipos no gênero, semelhanças e diferenças

Objetivo de aprendizagem 2 Discutir os estereótipos, as semelhanças e as diferenças de gênero.

Estereotipação do gênero
Semelhanças e diferenças de gênero
Controvérsias sobre gênero
Gênero no contexto

Classificação de papéis de gênero

Objetivo de aprendizagem 3 Caracterizar as variações na classificação de papéis de gênero.

Masculinidade, feminilidade e androginia
Contexto, cultura e papéis de gênero
Androginia e educação
Masculinidade tradicional e problemas comportamentais em adolescentes do sexo masculino
Transcendência dos papéis de gênero

Mudanças desenvolvimentais e momentos críticos

Objetivo de aprendizagem 4 Resumir as mudanças desenvolvimentais no gênero.

Adolescência inicial e intensificação do gênero
A adolescência inicial é um momento crítico para as garotas?

"Sabe, parece que as garotas são mais sensíveis do que os garotos, especialmente os garotos adolescentes. Não sabemos todos os motivos, mas temos algumas ideias de por que isso possa ser verdade. Quando uma garota chega aos 12 anos ou mais e começa a amadurecer fisicamente, parece que a natureza a está preparando para ser sensível em relação aos outros, da mesma forma que uma mãe deve ser com o seu bebê, sentir o que os outros sentem, de modo que ela saiba dar amor e apoio aos seus filhos. A nossa cultura diz coisas diferentes para os garotos. Espera-se que eles sejam 'valentes' e que não sejam levados pelas suas emoções... apesar disso, não pense que as garotas não conseguem ser assertivas e que os garotos não conseguem ser sensíveis. Na verdade, os garotos têm emoções, mas muitos deles simplesmente não sabem como expressar seus sentimentos ou têm medo de que caçoem deles."

— Zoe, 13 anos (Zager e Rubenstein, 2002, p. 21-22)

"Com todas as ideias feministas no país e a igualdade, acho que os garotos às vezes ficam constrangidos. Os garotos podem até fazer alguma coisa que eu acho ou eles acham que não seja errada, mas ainda assim eles são repreendidos por isso. Se você não é gentil com uma garota, ela acha que você não se importa. Mas se você é gentil, ela acha que você a esta tratando com exagero, como se fosse uma senhora. As garotas não entendem os garotos e os garotos não entendem as garotas muito bem."

— Toby, 17 anos (Pollack, 1998, p. 164)

Os comentários destes dois adolescentes – um garoto e uma garota – refletem a confusão que muitos adolescentes sentem sobre como agir como um homem ou como uma mulher. Em nenhum outro ponto do desenvolvimento socioemocional dos adolescentes ocorreram mudanças mais radicais nos últimos anos do que na área do gênero, e essas mudanças levaram à confusão recém-descrita sobre o comportamento de gênero.

apresentação

O que exatamente quer dizer gênero? **Gênero** refere-se às características das pessoas como homens e mulheres. Poucos aspectos da vida dos adolescentes são mais essenciais para a sua identidade e suas relações sociais do que o gênero. Um aspecto do gênero merece menção especial: um **papel de gênero** é um conjunto de expectativas que indica como mulheres e homens devem pensar, agir e sentir. Por exemplo, os homens devem ser mais assertivos do que as mulheres e as mulheres devem ser mais sensíveis do que os homens? Embora os indivíduos tomem conhecimento do gênero no começo da infância, uma nova dimensão é acrescentada ao gênero com o início da puberdade e a maturação sexual que ela acarreta. Este capítulo inicia com uma discussão sobre as influências biológicas, sociais e cognitivas no gênero. Distinguiremos os estereótipos de gênero das verdadeiras diferenças entre os sexos e examinaremos a gama de papéis de gênero que os adolescentes podem adotar. O capítulo termina explorando as mudanças desenvolvimentais no gênero que caracterizam a adolescência.

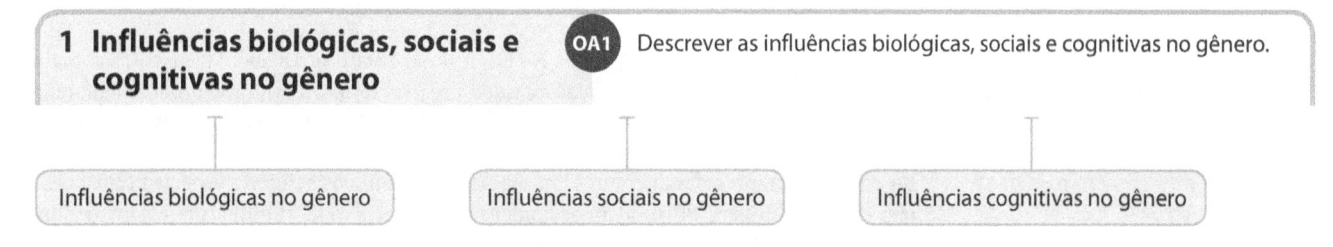

1 Influências biológicas, sociais e cognitivas no gênero

OA1 Descrever as influências biológicas, sociais e cognitivas no gênero.

- Influências biológicas no gênero
- Influências sociais no gênero
- Influências cognitivas no gênero

O desenvolvimento do gênero é influenciado por fatores biológicos, sociais e cognitivos. Nossa discussão dessas influências tem seu foco em questões como: o quanto a biologia influencia o gênero? Até que ponto a experiência modela o desenvolvimento do gênero de crianças e adolescentes? Até que ponto os fatores cognitivos influenciam o desenvolvimento do gênero?

INFLUÊNCIAS BIOLÓGICAS NO GÊNERO

A mudança puberal é uma influência biológica no comportamento de gênero na adolescência. Freud e Erikson também defenderam que as características físicas de homens e mulheres influenciam o seu comportamento. E os psicólogos evolucionistas enfatizam o papel do gênero na sobrevivência dos mais aptos.

Mudança puberal e sexualidade A puberdade intensifica os aspectos sexuais das atitudes e do comportamento de gênero dos adolescentes (Galambos, Berenbaum e McHale, 2009).

gênero As características das pessoas como homens ou mulheres.

papel de gênero Um conjunto de expectativas que indica como mulheres e homens devem pensar, agir e sentir.

É fatal ser um homem ou uma mulher pura e simplesmente; é preciso ser uma mulher masculinamente ou um homem femininamente.

—Virginia Woolf
Escritora inglesa, século XX

conexão com o desenvolvimento
Processos biológicos. Os hormônios são substâncias químicas poderosas secretadas pelas glândulas endócrinas e transportadas para todo o corpo através da corrente sanguínea. Cap. 2, p. 79

Quando seus corpos são inundados de hormônios, os meninos e as meninas adolescentes incorporam a sexualidade às suas atitudes e seus comportamentos de gênero, especialmente quando interagem com o outro sexo ou com um indivíduo do mesmo sexo por quem estão sexualmente atraídos. Dessa forma, as garotas adolescentes devem se comportar de maneira sensível e encantadora e falar com suavidade com um garoto por quem estejam sexualmente atraídas, ao passo que os garotos devem se comportar de forma assertiva, pretensiosa e forte, percebendo que esses comportamentos realçam a sua sexualidade.

Foram feitas poucas tentativas de relacionar as mudanças sexuais da puberdade com o comportamento de gênero. Entretanto, pesquisas indicaram que o comportamento sexual está relacionado às mudanças hormonais durante a puberdade, pelo menos nos meninos. Por exemplo, em um estudo, o aumento nos níveis de andrógenio estava relacionado ao aumento na atividade sexual do garoto (Udry, 1990). Quanto às garotas, os níveis de andrógenio e atividade sexual estavam relacionados, mas a atividade sexual das garotas era mais fortemente influenciada pelo tipo de amigos que elas tinham do que pelos seus níveis hormonais. O mesmo estudo também avaliou se o aumento dos hormônios na puberdade estava relacionado a comportamentos de gênero como ser afetivo, atraente, assertivo ou cínico, porém, não foi encontrada nenhuma relação significativa.

Resumindo, as mudanças puberais acarretam que a masculinidade e a feminilidade sejam renegociadas durante a adolescência, e boa parte da negociação provavelmente envolve a sexualidade. No final do capítulo, retornaremos ao papel que a puberdade desempenha nas atitudes e no comportamento de gênero.

Freud e Erikson – anatomia é destino Tanto Sigmund Freud quanto Erik Erikson defendiam que os genitais de um indivíduo influenciam seu comportamento de gênero e, portanto, que a anatomia é destino. Um dos pressupostos básicos de Freud era de que o comportamento humano está diretamente relacionado aos processos reprodutivos. A partir deste pressuposto, surgiu a crença de que o gênero e o comportamento sexual são essencialmente inatos e, portanto, instintivos. Erikson (1968) ampliou a discussão de Freud, afirmando que as diferenças psicológicas entre homens e mulheres se originam das suas diferenças anatômicas. Erikson argumentou que, devido à estrutura genital, os homens são mais intrusivos e agressivos e as mulheres mais inclusivas e passivas. Os críticos da visão "anatomia é destino" enfatizam que a experiência não recebeu os devidos créditos. Eles dizem que as mulheres e homens são mais livres para escolher seus papéis de gênero do que Freud e Erikson admitiam. Em resposta aos críticos, Erikson modificou sua visão, dizendo que atualmente as mulheres estão transcendendo sua herança biológica e corrigindo a ênfase excessiva da sociedade no papel dominante dos homens.

Psicologia evolucionista e gênero No Capítulo 2, discutimos a abordagem da psicologia evolucionista, a qual enfatiza que a adaptação humana durante a evolução produziu diferenças psicológicas entre homens e mulheres (Buss, 2008, 2012). Os psicólogos evolucionistas defendem que principalmente devido aos papéis diferentes na reprodução, homens e mulheres enfrentaram pressões diferentes nos ambientes primitivos quando a espécie humana estava evoluindo (Geary, 2010). Para os homens, em particular, ter múltiplos relacionamentos sexuais aumentou a probabilidade de transmitir seus genes, fazendo com que a seleção natural favorecesse os machos que adotaram estratégias de acasalamento de curta duração. Esses machos competiam com outros para obter mais recursos, com o objetivo de terem acesso às fêmeas. Assim, dizem os psicólogos evolucionistas, os machos desenvolveram aptidões que favorecem violência, competição e exposição a riscos.

Em contraste, de acordo com os psicólogos evolucionistas, a contribuição das fêmeas para a combinação dos genes melhorou por meio da garantia de recursos para a sua prole, o que foi promovido pela obtenção de parceiros de longo prazo que podiam manter uma família. Consequentemente, a seleção natural favoreceu as fêmeas que dedicaram esforços à parentalidade e escolheram parceiros que poderiam fornecer à sua prole recursos e proteção (Bjorklund, 2006). As mulheres desenvolveram preferências por homens ambiciosos e de sucesso que poderiam prover esses recursos (Geary, 2010).

Esse desdobramento evolucionista, de acordo com alguns psicólogos evolucionistas, explica as principais diferenças de gênero nas atitudes e nos comportamentos sexuais. Por exemplo, em um estudo, os homens relataram que gostariam de ter mais de 18 parceiras

conexão com o desenvolvimento
Teorias. A psicologia evolucionista enfatiza a importância da adaptação, da reprodução e da "sobrevivência do mais apto" na aquisição e na manutenção do comportamento. Cap. 2, p. 102

sexuais durante a vida, ao passo que as mulheres declararam que gostariam de ter apenas quatro ou cinco (Buss e Schmitt, 1993). Em outro estudo, 75% dos homens, mas nenhuma mulher, quando abordados por um estranho atraente do sexo oposto concordaram com uma proposta de sexo (Clark e Hatfield, 1989).

Tais diferenças de gênero, diz David Buss (2008, 2012), são previstas pela psicologia evolucionista. Buss argumenta que homens e mulheres diferem psicologicamente nos domínios em que se defrontaram com diferentes problemas adaptativos durante a história evolucionista. Em todos os outros domínios, prevê Buss, os sexos serão psicologicamente similares.

Os críticos da psicologia evolucionista argumentam que suas hipóteses são baseadas em especulações sobre a pré-história, sem evidências, e que em qualquer situação as pessoas não estão presas a um comportamento que foi adaptativo no passado evolucionista. Os críticos também alegam que a visão evolucionista dá pouca ênfase às variações culturais e individuais nas diferenças de gênero (Brannon, 2012; Matlin, 2012).

INFLUÊNCIAS SOCIAIS NO GÊNERO

Muitos cientistas sociais não atribuem as diferenças psicológicas de gênero às predisposições biológicas. Ao contrário, eles alegam que essas diferenças se devem principalmente às experiências sociais. Alice Eagly (2001, 2010) propôs a **teoria do papel social**, que sustenta que as diferenças de gênero resultam principalmente dos contrastes entre os papéis masculinos e femininos. Na maioria das culturas em todo o mundo, as mulheres possuem menos poder e *status* do que os homens, além de controlarem menos recursos (UNICEF, 2011). Comparadas com os homens, as mulheres realizam mais trabalho doméstico, passam menos horas em trabalho remunerado, recebem pagamentos mais baixos e são menos representadas nos níveis mais altos das organizações. De acordo com Eagly, como as mulheres se adaptaram a papéis com menos poder e menos *status* na sociedade, elas apresentaram perfis mais cooperativos e menos dominantes do que os homens. Assim, a hierarquia social e a divisão do trabalho são causas importantes de diferenças no gênero em relação ao poder, assertividade e educação (Eagly, 2010).

Influências parentais Os pais, por meio de seus comportamentos e do exemplo, influenciam o desenvolvimento do gênero de seus filhos (Maccoby, 2007). Durante a transição da infância para a adolescência, os pais permitem maior independência para os meninos do que para as meninas, e uma preocupação muito maior com a vulnerabilidade sexual das meninas faz com que os pais monitorem seu comportamento mais de perto e se assegurem de que elas estão supervisionadas. As famílias com filhas adolescentes indicam que passam por conflitos mais intensos com relação a sexo, escolha dos amigos e horário para voltar para casa do que com filhos adolescentes (Papini e Sebby, 1988).

Os pais também podem ter expectativas diferentes quanto às realizações dos seus filhos e filhas adolescentes, especialmente em áreas acadêmicas como matemática e ciências (Leaper e Friedman, 2007). Por exemplo, muitos pais acreditam que a matemática é mais importante para o futuro dos seus filhos do que para o das suas filhas. Essas crenças influenciam o valor que os adolescentes atribuem às realizações em matemática (Eccles, 1987). Abordaremos a relação entre gênero e realizações posteriormente neste capítulo.

(cartoon): "Isso é coisa de menino."
©Donald Reilly/The New Yorker Collection/
www.cartoonbank.com

Quando o homem nota a mulher,
Quando a mulher vê o homem,
Curiosamente eles observam um ao outro,
Da maneira como somente cada um consegue.

—BRYAN PROCTER
Poeta inglês, século XIX

conexão com o desenvolvimento
Realizações. As expectativas dos pais e professores são influências importantes nas realizações dos adolescentes. Cap. 11, p. 370

teoria do papel social Teoria que sustenta que as diferenças de gênero resultam essencialmente dos papéis masculinos e femininos contrastantes, com as mulheres tendo menos poder e *status* e controlando menos recursos do que os homens.

Como mães e pais interagem de forma diferente com suas filhas e filhos?

As mães e os pais frequentemente interagem de forma diferente com seus filhos. As mães são mais envolvidas com seus filhos do que os pais, embora os pais aumentem o tempo que dedicam à paternidade e têm menos probabilidade de se divorciar quando têm filhos homens (Diekman e Schmidheiny, 2004). As interações das mães com seus filhos estão frequentemente centradas em cuidados e ensino de atividades, ao passo que as interações dos pais envolvem atividades de lazer (Galmabos, Berenbaum e McHale, 2009).

Mães e pais também agem geralmente de forma diferente com seus filhos e suas filhas. Em uma pesquisa, chegaram-se às seguintes conclusões (Bronstein, 2006):

- *Estratégias de socialização maternas.* Em muitas culturas, as mães socializam suas filhas para serem mais obedientes e responsáveis do que seus filhos. Elas também impõem mais restrições à autonomia das filhas.
- *Estratégias de socialização paternas.* Os pais demonstram mais atenção aos filhos do que às filhas, se envolvem em mais atividades com os filhos e empenham mais esforços para promover o desenvolvimento intelectual dos filhos homens.

Dessa forma, apesar de uma evolução quanto a papéis de gênero mais igualitários em muitos aspectos da sociedade, muitas mães e pais apresentaram diferenças marcantes na forma como interagem com meninos e meninas, e essas diferenças persistem durante a adolescência (Bronstein, 2006; Galambs, Berenbaum e McHale, 2009).

Pesquisas recentes deram mais apoio à crença de que alguns aspectos dos papéis de gênero não são igualitários (Brown e Diekman, 2010). Estudantes universitários foram entrevistados sobre como se imaginavam em um futuro próximo (1 ano) e em um futuro distante (10-15 anos). Foram encontrados padrões de gênero mais fortes para perspectivas futuras distantes do que para as próximas. Para perspectivas distantes, as mulheres tinham maior probabilidade de listar "família", ao passo que os homens tinham maior probabilidade de listar "carreira". Em termos das perspectivas de "família" no futuro, os homens tinham mais probabilidade de listar "provedor financeiro", ao passo que as mulheres tinham mais probabilidade de listar "cuidadora".

A teoria social cognitiva tem sido especialmente importante na compreensão das influencias sociais no gênero (Bussey e Bandura, 1999). A **teoria social cognitiva de gênero** enfatiza que o desenvolvimento do gênero de crianças e adolescentes é influenciado pela sua observação e imitação do comportamento de gênero dos outros, assim como pelas recompensas e punições que eles recebem por comportamentos apropriados ou inapropriados ao seu gênero. Ao observarem seus pais e outros adultos, bem como seus pares em casa, na escola, na vizinhança e na mídia, os adolescentes estão expostos a modelos que exibem comportamentos masculinos e femininos. Os pais, frequentemente, utilizam recompensas e punições para ensinar suas filhas a serem femininas ("Karen, esse vestido lhe deixa tão bonita") e seus filhos a serem masculinos ("Bobby, você foi tão agressivo naquele jogo. Estou orgulhoso!").

Irmãos Os irmãos também têm seu papel na socialização de gênero (Galambos, Berenbaum e McHale, 2009). Um estudo revelou que, em um intervalo de dois anos na adolescência inicial, os irmãos mais novos ficaram mais parecidos com seus irmãos mais velhos em termos de papel de gênero e atividades de lazer (McHale et al., 2010). Por exemplo, se um irmão mais novo tivesse um irmão mais velho que fosse masculino e engajado em atividades de lazer masculinas, ao longo de dois anos o irmão mais moço se tornaria mais masculino e participaria de mais atividades de lazer masculinas. Em contraste, os irmãos mais velhos se tornaram menos parecidos com seus irmãos mais novos durante o período de dois anos.

Pares Os pais fornecem os primeiros modelos de comportamento de gênero, mas os pares também influenciam e modelam os comportamentos masculinos e femininos

---

conexão com o desenvolvimento
Teoria social cognitiva. A teoria social cognitiva sustenta que os fatores comportamentais, ambientais e pessoais/cognitivos são os aspectos centrais do desenvolvimento. Cap. 1, p. 62

teoria social cognitiva de gênero Teoria que enfatiza que o desenvolvimento de gênero de crianças e adolescentes ocorre por meio da observação e imitação dos comportamentos de gênero, e por meio de recompensas e punições a comportamentos adequados ou inadequados ao seu gênero.

Que papel desempenha o gênero nas relações com os pares?

(Rubin et al., 2011). Na terceira infância, as crianças demonstram clara preferência por estarem juntos dos pares do mesmo sexo (Maccoby, 1998, 2002). Depois de extensas observações em *playgrounds* da escola fundamental, dois pesquisadores caracterizaram os tipos de brincadeiras como "escola de gênero", assinalando que os meninos ensinavam uns aos outros os comportamentos masculinos exigidos e os reforçavam, e que as meninas também ensinavam umas às outras os comportamentos femininos exigidos e os reforçavam (Luria e Herzog, 1985).

Cada vez mais, os adolescentes passam muito tempo com seus pares (Brown et al., 2008). Na adolescência, a aprovação ou desaprovação dos pares é uma influência poderosa nas atitudes e no comportamento de gênero (Prinstein e Dodge, 2010). Os grupos de pares na adolescência têm maior probabilidade de serem compostos por uma mistura de meninos e meninas do que eram na infância. No entanto, um estudo recente com jovens entre 15 e 17 anos indicou que a segregação de gênero caracteriza alguns aspectos da vida social dos adolescentes (Mehta e Strough, 2010). Neste estudo, 72% dos participantes relataram que tinham mais probabilidade de "passar o tempo" com adolescentes do mesmo gênero.

Os pares podem, em parte, socializar o comportamento de gênero ao aceitarem ou rejeitarem os outros com base nos seus atributos relacionados ao gênero. Na continuação da adolescência e da idade adulta até o fim da idade adulta, as amizades também consistem principalmente de pessoas do mesmo sexo (Mehta e Strough, 2009, 2010). Teremos muito mais a discutir sobre gênero e relações com os pares no Capítulo 9.

Escola e professores Existe a preocupação de que as escolas e os professores sejam tendenciosos com meninos e meninas (Arms, Bickett e Graf, 2008). Quais evidências existem de que a sala de aula é tendenciosa contra os meninos? Aqui estão alguns fatores a ser considerados (DeZolt e Hull, 2001):

- Ser submisso, seguir regras e ser asseado e organizado é valorizado e reforçado em muitas salas de aula. Estes são comportamentos que geralmente caracterizam mais as meninas do que os meninos.
- A maioria dos professores é do sexo feminino, especialmente no ensino fundamental. Para os meninos, esta tendência pode dificultar a identificação com seus professores e o seguimento de seu modelo de comportamento, o que é mais fácil para as meninas.
- Os meninos têm mais probabilidade de ter problemas de aprendizagem do que as meninas.
- Os meninos têm mais probabilidade de ser criticados do que as meninas.
- A equipe escolar tende a ignorar problemas acadêmicos apresentados por meninos, especialmente na área da linguagem.
- A equipe escolar tende a estereotipar o comportamento dos meninos como problemático.

Que evidências existem de que a sala de aula é tendenciosa contra as meninas? Considere o ponto de vista de Myra e David Sadker (2005):

- Em uma sala de aula típica, as meninas são mais submissas, e os meninos mais impetuosos. Os meninos demandam mais atenção, as meninas têm mais probabilidade de esperar calmamente pela sua vez. Os professores têm maior probabilidade de repreender os meninos, assim como enviá-los para as autoridades escolares como ação disciplinar. Os educadores têm a preocupação de que a tendência das meninas a serem submissas e sossegadas tenha um custo: diminuição na assertividade.
- Em muitas salas de aula, os professores despendem mais tempo observando e interagindo com os meninos, ao passo que as meninas trabalham e brincam tranquilamente sozinhas. A maioria dos professores não favorece os meninos intencionalmente ao passarem mais tempo com eles, embora, no final das contas, a sala de aula acabe tendo este perfil de gênero.
- Os meninos recebem mais orientação do que as meninas e mais auxílio quando têm dificuldades com alguma questão. Os professores frequentemente dão mais tempo aos meninos para responderem a uma questão, mais pistas sobre a resposta correta e maior número de tentativas, caso eles deem a resposta errada.

Como gênero e escola estão ligados durante a adolescência?

- Os meninos têm maior probabilidade de tirar notas mais baixas do que as meninas e de ser repetentes, embora as meninas tenham mais probabilidade de acreditar que terão sucesso no trabalho acadêmico.
- Meninos e meninas ingressam na primeira série com aproximadamente os mesmos níveis de autoestima. No entanto, na metade dos anos escolares a autoestima das meninas é mais baixa do que a dos meninos.
- Quando é solicitado às crianças do ensino fundamental para listarem o que querem ser quando crescer, os meninos descrevem mais opções de carreiras do que as meninas.

Assim, existem evidências de parcialidade quanto ao gênero contra meninos e meninas nas escolas. Muitos dos profissionais escolares não estão conscientes das suas atitudes tendenciosas quanto ao gênero. Essas atitudes estão profundamente enraizadas e apoiadas pela cultura em geral. Aumentar a consciência da tendenciosidade quanto ao gênero nas escolas é uma estratégia claramente importante para sua redução.

A educação em turmas do mesmo sexo pode ser melhor para as crianças do que a educação em turmas mistas? As evidências de pesquisas relacionadas a essas questões não são claras (Blakemore, Berenbaum e Liben, 2009). Algumas pesquisas indicam que a educação com turmas do mesmo sexo apresenta resultados positivos para o rendimento das meninas, ao passo que outras pesquisas não indicam essas melhoras no rendimento das meninas ou dos meninos (Feniger, 2011; Mael, 1998; Warrington e Younger, 2003). Um estudo recente revelou que as meninas que tinham aulas de física em turmas exclusivamente femininas tinham um autoconceito relacionado à física mais positivo do que as meninas que tinham aula de física em uma turma mista (Kessels e Hannover, 2008).

Influências da mídia de massa Como já foi descrito, os adolescentes se deparam com papéis de gênero nas suas interações diárias com pais, pares e professores. As mensagens sobre papéis de gênero transmitidas pela mídia de massa também são influências importantes no desenvolvimento de gênero dos adolescentes (Starubhaar, LaRose e Davenport, 2011). Os programas de televisão direcionados para os adolescentes são extremamente estereotipados quando retratam os sexos, especialmente em relação às garotas adolescentes (Comstock e Scharrer, 2006). Um estudo identificou que as garotas adolescentes eram retratadas como preocupadas, principalmente, em namorar, fazer compras e com a aparência física (Campbell, 1988). Raramente eram retratadas como interessadas na escola ou em planos para a carreira. As garotas atraentes eram frequentemente caracterizadas como "cabeças de vento" e as garotas pouco atraentes, como inteligentes.

Outra forma estereotipada de programação que se direciona especificamente para adolescentes são os videoclipes (Roberts e Foehr, 2008). O que os adolescentes assistem na MTV e em outros programas de TV é estereotipado e direcionado para o público masculino. Um estudo recente de vídeos da MTV reforçou a visão estereotipada das mulheres como objetos sexuais e subordinadas aos homens (Wallis, 2011). A MTV foi descrita como a "terra dos sonhos" dos meninos adolescentes, repleta de mulheres bonitas e excitadas que, em número muito maior que o de homens, os procuram e até mesmo os atacam para fazer sexo, e sempre dizem sim, mesmo quando eles dizem não (Jhally, 1990).

A adolescência inicial pode ser um período de sensibilidade aumentada às mensagens da televisão com relação a papéis de gênero. Cada vez mais, os adolescentes assistem programas direcionados aos adultos que incluem mensagens sobre o comportamento apropriado para o gênero, especialmente com relação aos relacionamentos heterossexuais. Cognitivamente, os adolescentes se engajam em pensamentos mais idealistas do que as crianças, e a televisão certamente tem a sua parcela de personagens idealizados que são jovens, glamorosos e bem-sucedidos.

O mundo da televisão é estereotipado em relação ao gênero e transmite mensagens claras sobre poder e importância relativos de mulheres e homens (Calvert, 2008). Os homens são retratados como mais poderosos do que as mulheres em muitos programas de TV. Nos videoclipes, os personagens masculinos são retratados mais frequentemente como agressivos, dominantes, competentes e ativos, ao passo que os personagens femininos são mais frequentemente retratados como passivos. Em um estudo das propagandas comerciais do horário nobre, as mulheres eram sub-representadas como personagens principais, exceto em comerciais de produtos para a saúde e a beleza (Ganahl, Prinsen e Netzley, 2003).

As mulheres são geralmente retratadas de modo sexualmente provocativo na MTV e em vídeos de rock.

A mídia influencia a imagem corporal dos adolescentes, e alguns estudos revelam diferenças de gênero nesta área (Grabe e Hyde, 2009). Por exemplo, os resultados de um estudo com jovens de 10 a 17 anos evidenciaram que as garotas, mais do que os garotos, percebiam que a mídia influenciava sua imagem corporal (Polce-Lynch et al., 2001). Outro estudo revelou que quanto mais as meninas e os meninos adolescentes assistiam programas de entretenimento, mais negativas eram as suas imagens corporais (Anderson et al., 2001).

conexão com o desenvolvimento
Identidade. As garotas possuem imagem corporal mais negativa do que os garotos durante a adolescência. Cap. 2, p. 87

INFLUÊNCIAS COGNITIVAS NO GÊNERO

Observação, imitação, recompensas e punição – estes são os mecanismos pelos quais o gênero se desenvolve, de acordo com a teoria social cognitiva. Segundo esta visão, as interações entre criança/adolescente e o ambiente social são os aspectos principais do desenvolvimento do gênero. Alguns críticos que adotam uma abordagem cognitiva argumentam que essa explicação presta pouca atenção à compreensão da própria criança, e a retrata como se adquirisse os papéis de gênero de forma passiva (Martin, Ruble e Szkrybalo, 2002).

Uma teoria cognitiva influente é a **teoria do esquema de gênero**, que afirma que a tipificação de gênero emerge quando crianças e adolescentes desenvolvem gradualmente esquemas de gênero daquilo que é apropriado e inapropriado para um gênero na sua cultura (Martin e Ruble, 2010). Um *esquema* é uma estrutura cognitiva, uma rede de associações que guiam as percepções de um indivíduo. Um esquema de gênero organiza o mundo em termos de masculino e feminino. As crianças e os adolescentes são motivados internamente a perceber o mundo e a agir de acordo com seus esquemas em desenvolvimento. Pouco a pouco, crianças e adolescentes captam o que é apropriado e o que não é apropriado para o gênero na sua cultura e desenvolvem esquemas de gênero que moldam como eles percebem o mundo e o que eles lembram. As crianças e os adolescentes são motivados a agir de maneira que sejam adequadas a estes esquemas de gênero.

Resumindo, os fatores cognitivos contribuem para a forma como os adolescentes pensam e agem como homens e mulheres (Blakemore, Berenbaum e Liben, 2009). Por meio de processos biológicos, sociais e cognitivos, as crianças desenvolvem suas atitudes e seus comportamentos de gênero (Galambos, Berenbaum e McHale, 2009).

Independente dos fatores que influenciam o comportamento de gênero, as consequências do gênero se tornaram tema de intenso foco e pesquisa durante as ultimas décadas. A seguir, exploraremos os mitos e as realidades de como mulheres e homens se diferenciam ou não.

teoria do esquema de gênero Teoria que afirma que a atenção e o comportamento de um indivíduo são guiados pela motivação interna para se adequarem aos padrões e estereótipos socioculturais baseados no gênero. As mulheres são frequentemente retratadas de forma provocativa na MTV e em vídeos de rock.

Revisar *Conectar* **Refletir** **OA1** Descrever as influências biológicas, sociais e cognitivas no gênero.

Revisar
- Como podem ser definidos gênero e papéis de gênero? Quais são algumas influências biológicas importantes no gênero?
- Quais são algumas influências sociais importantes no gênero?

- Quais são algumas influências cognitivas importantes no gênero?

Conectar
- Como as características do pensamento operatório-formal de Piaget, discutidas no Capítulo 3, podem ser vinculadas à forma como os adolescentes pensam a respeito do gênero?

Refletir *sua jornada de vida pessoal*
- Qual teoria você acha que descreve melhor o seu desenvolvimento de gênero durante a adolescência? Como poderia ser uma visão eclética do desenvolvimento do gênero? (Você poderá revisar a discussão de uma orientação teórica eclética no Capítulo 1.)

---

2 Estereótipos no gênero, semelhanças e diferenças

OA2 Discutir os estereótipos, as semelhanças e as diferenças de gênero.

- Estereotipação do gênero
- Semelhanças e diferenças de gênero
- Controvérsias sobre gênero
- Gênero no contexto

O quanto a estereotipação do gênero está impregnada? Quais são as verdadeiras diferenças entre meninos e meninas e por que esta questão é tão controversa? Nesta seção, nosso objetivo não é simplesmente responder a estas perguntas, mas também discutir as controvérsias referentes ao gênero e contextualizá-lo.

ESTEREOTIPAÇÃO DO GÊNERO

Estereótipos de gênero são impressões e crenças gerais sobre homens e mulheres. Por exemplo, os homens são fortes; as mulheres são fracas. Os homens são bons mecânicos; as mulheres são boas enfermeiras. Os homens são bons com os números; as mulheres são boas com as palavras. As mulheres são emocionais; os homens não. Todas estas ideias são estereótipos. Eles são generalizações sobre um grupo que refletem amplamente crenças estabelecidas. Pesquisas recentes identificaram que os estereótipos de gênero ainda estão presentes em grande proporção atualmente, tanto nas vidas das crianças quanto nas dos adultos (Best, 2010; Matlin, 2012; Wood, 2011). Pesquisadores também descobriram que os estereótipos de gênero dos meninos são mais rígidos do que os das meninas (Blakemore, Berenbaum e Liben, 2009).

Um estudo clássico, realizado no início da década de 1970, avaliou quais traços e comportamentos estudantes universitários achavam que eram características femininas e quais eles acreditavam ser características masculinas (Broverman et al., 1972). Os traços associados aos homens foram chamados *de instrumentais*: eles incluíam características como ser independente, agressivo e orientado para o poder. Os traços associados às mulheres foram chamados de *expressivos*: eles incluíam características com ser afetiva e sensível.

Assim, os traços instrumentais associados aos homens os adequavam ao papel masculino tradicional de sair para o mundo para buscar o ganha-pão. Os traços expressivos associados às mulheres se assemelhavam ao papel feminino tradicional de ser uma cuidadora sensível e educadora no lar. No entanto, estes papéis e traços não são simplesmente diferentes; eles também são desiguais em termos de *status* social e poder. As características femininas tradicionais são pueris, adequadas para alguém que é dependente e subordinada a outros. As características masculinas tradicionais são adequadas para o enfrentamento competente do mundo mais amplo e para exercer autoridade.

Os pesquisadores continuam a constatar que os estereótipos são disseminados (Blakemore, Berenbaum e Liben, 2009; Leaper e Bigler, 2011; Matlin, 2012). Por exemplo, um estudo encontrou muitas diferenças na estereotipação das emoções de homens e mulheres (Durik et al., 2006). As mulheres eram estereotipadas como expressando mais medo, culpa, amor, tristeza, vergonha, surpresa e simpatia do que seus equivalentes masculinos. Os homens eram estereotipados como expressando mais raiva e orgulho do que suas equivalentes femininas.

SEMELHANÇAS E DIFERENÇAS DE GÊNERO

Qual é a realidade por trás dos estereótipos de gênero? Examinemos algumas das diferenças entre os sexos, tendo em mente o seguinte:

- As diferenças são referentes à média e não se aplicam a todas as mulheres ou homens.
- Mesmo quando ocorrem diferenças no gênero, geralmente existe uma sobreposição considerável entre homens e mulheres, especialmente no desenvolvimento cognitivo e socioemocional.
- As diferenças podem se dever primariamente a fatores biológicos, a fatores socioculturais ou ambos.

Primeiramente, vamos examinar as semelhança e diferenças físicas, e depois nos voltaremos para as semelhanças e diferenças cognitivas e socioemocionais.

Semelhanças e diferenças físicas Muitas diferenças físicas entre homens e mulheres estão vinculadas à saúde. Desde a concepção, as mulheres têm uma expectativa de vida mais longa e menos probabilidade de desenvolver transtornos físicos ou mentais do que os homens. As mulheres são mais resistentes a infecções, e seus vasos sanguíneos são mais elásticos do que os dos homens. Os homens têm níveis mais altos de hormônios do estresse, o que causa coagulação mais rápida e pressão arterial mais alta. Por exemplo, um estudo recente com adultos emergentes encontrou que as respostas do eixo hipotálamo-pituitária-adrenal (HPA) nos homens eram melhores do que nas mulheres depois de um teste psicológico de estresse (Uhart et al., 2006). Esta resposta maior do eixo HPA nos homens se refletia em níveis elevados de hormônios do estresse como o cortisol.

estereótipos de gênero Categorias amplas que refletem nossas impressões e crenças sobre homens e mulheres.

Boa parte das pesquisas sobre semelhanças e diferenças de gênero no cérebro foi realizada com adultos, em vez de crianças e adolescentes (Lenroot e Giedd, 2010). Entre as diferenças que foram descobertas nos estudos com adultos estão as seguintes:

- Uma parte do hipotálamo envolvida no comportamento sexual tende a ser maior em homens do que em mulheres (Swaab et al., 2011).
- Uma área do lobo parietal que funciona nas habilidades visuoespaciais tende a ser maior em homens do que em mulheres (Frederikse et al., 2000).
- Os cérebros femininos são menores do que os masculinos, mas os femininos têm mais circunvoluções; as circunvoluções maiores (chamadas convoluções) permitem mais tecido da superfície cerebral no interior do crânio das mulheres do que dos homens (Luders et al., 2004).

Embora tenham sido encontradas algumas diferenças de gênero na estrutura e na função cerebral, muitas dessas diferenças são pequenas ou são inconsistentes (Hyde, 2007). Além disso, quando se revelaram diferenças de gênero no cérebro, em muitos casos, elas não estavam diretamente ligadas a diferenças psicológicas (Blakemore, Berenbaum e Liben, 2009). Embora as pesquisas sobre as diferenças de gênero no cérebro ainda estejam engatinhando, é provável que existam muito mais semelhanças do que diferenças nos cérebros de mulheres e homens (Halpern, 2006; Hyde, 2007). As semelhanças e diferenças nos cérebros de homens e mulheres podem se dever à evolução e à hereditariedade, assim como às experiências sociais.

Semelhanças e diferenças cognitivas Não se verificam diferenças na habilidade intelectual geral – mas elas aparecem em algumas áreas cognitivas (Blakemore, Berenbaum e Liben, 2009; Galambos, Berenbaum e McHale, 2009). Muitos anos atrás, Eleanor Maccoby e Carol Jacklin (1978) concluíram que os homens possuem melhores habilidades em visuoespaciais (o tipo de habilidades necessárias para que um arquiteto projete os ângulos e as dimensões de um prédio) e em matemática, ao passo que as mulheres possuem melhores habilidades verbais do que os homens. Posteriormente, Maccoby (1987) concluiu que a diferença verbal entre homens e mulheres havia virtualmente desaparecido, mas que as diferenças matemáticas e visuoespaciais persistiam.

Na National Assessment of Educational Progress (Avaliação Nacional do Progresso Educacional, nos Estados Unidos), os garotos da 5ª e da 9ª séries continuavam a ter um desempenho um pouco melhor em matemática do que as garotas até 2007 (National Assessment of Educational Progress, 2005, 2007). Entretanto, nem todos os estudos recentes apresentaram diferenças. Um grande estudo com mais de 7 milhões de estudantes norte-americanos da 3ª série do ensino fundamental até a 3ª série do ensino médio não revelou diferenças nos escores em matemática entre meninos e meninas (Hyde et al., 2008). Além disso, uma metanálise recente não encontrou diferenças de gênero em matemática entre os adolescentes (Lindberg et al., 2010).

Uma área da matemática que foi examinada quanto a possíveis diferenças de gênero é a das habilidades visuoespaciais, que inclui ser capaz de fazer mentalmente a rotação de objetos e determinar como eles ficariam depois da rotação. Essas habilidades são importantes em cursos como geometria plana e sólida e geografia. Uma recente pesquisa de revisão revelou que os garotos possuem melhores habilidades espaciais do que as garotas (Halpern et al., 2007). Por exemplo, apesar da participação igual no National Geography Bee*, na maioria dos anos, todos os 10 finalistas eram meninos (Liben, 1995).

No entanto, alguns especialistas em gênero, como Janet Shibley Hyde (2005, 2007), concluem que as diferenças cognitivas entre mulheres e homens foram exageradas. Por exemplo, Hyde indica que existe uma sobreposição considerável nas distribuições dos escores masculinos e femininos em tarefas visuoespaciais e de matemática (veja a Figura 5.1).

O debate sobre a extensão das diferenças de gênero e até que ponto existem estereótipos sobre tais diferenças continua (Else-Quest, Hyde e Linn, 2010; Jussim et al., 2009). Em estudo recente, adultos com ensino superior fizeram estimativas do sucesso masculino e feminino em 12 tarefas cognitivas (Halpern, Straigh e Stephenson, 2011). Essas estimativas foram comparadas com pesquisas publicadas sobre as tarefas. Os adultos acertaram em geral a direção das diferenças, mas subestimaram o tamanho das diferenças.

"Então, de acordo com o estereótipo, você consegue somar dois mais dois, mas eu consigo ler o que está escrito no muro."
© 1994 Joel Pett. Reimpresso com permissão.

---

* N. de T.: Competição anual de geografia promovida pela National Geographic Society, para estudantes norte-americanos da 4ª à 8ª série.

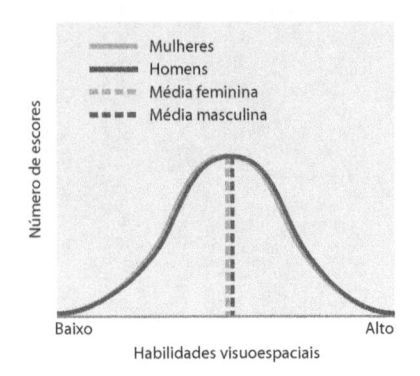

FIGURA 5.1
Habilidades visuoespaciais de homens e mulheres. Observe que, embora a média das habilidades visuoespaciais masculinas seja mais alta do que a média feminina, os escores para os dois sexos se sobrepõem quase inteiramente. Nem todos os homens têm habilidades espaciais melhores do que as mulheres – a sobreposição indica que, embora a média do escore masculino seja mais alta, muitas mulheres têm melhor desempenho do que os homens nessas tarefas.

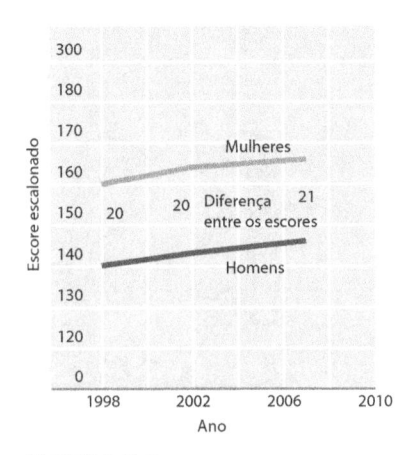

FIGURA 5.2
Diferenças de gênero nas habilidades de escrita em estudantes norte-americanos da 9ª série entre 1998 e 2007.

Existem diferenças de gênero nas habilidades de leitura e escrita? Existem fortes evidências de que as mulheres têm melhor desempenho do que os homens na leitura e na escrita. Em estudos norte-americanos, as meninas tinham melhor rendimento na leitura do que os meninos na 5ª e 9ª séries do ensino fundamental e na 4ª série do ensino infantil, com a diferença aumentando conforme os estudantes avançavam na escola (Coley, 2001; National Assessment of Educational Progress, 2005). As meninas também tiveram desempenho consideravelmente melhor do que os meninos nas habilidades de escrita, na Avaliação Nacional do Progresso Educacional, nas avaliações de estudantes da 5ª e 9 séries do ensino fundamental e da 4ª série do ensino médio. A Figura 5.2 mostra a diferença de gênero na escrita entre estudantes norte-americanos da 9ª série (National Assessment of Educational Progress, 2007).

Tenha em mente que as medidas de desempenho na escola ou os testes com escores padronizados podem refletir muitos fatores além da habilidade cognitiva. Por exemplo, o desempenho escolar pode refletir em parte as tentativas de se adequar aos papéis de gênero ou às diferenças na motivação, na autorregulação ou em outras características socioemocionais (Watt, 2008; Watt e Eccles, 2008).

Exploremos melhor as diferenças de gênero relacionadas à escolaridade e ao desempenho. Em 2009, os meninos tinham maior probabilidade de abandonar a escola do que as meninas (9% *versus* 7%) (National Center for Education Statistics, 2011). Os meninos predominam na metade inferior nas turmas do ensino médio. Isto é, embora muitos meninos tenham desempenho na média ou em nível avançado, a metade acadêmica inferior é composta de meninos. Meio século atrás, em 1961, menos de 40% das mulheres que se formavam no ensino médio ingressavam na universidade. No início de 1996, as inscrições de mulheres na universidade passaram a ser mais frequentes do que as de homens. Em 2009, quase 75% das mulheres foram para a universidade depois do ensino médio, comparado com 66% dos homens (Women in Academia, 2011).

Juntando as informações sobre o abandono escolar, a porcentagem de homens na metade inferior das suas turmas no ensino médio e a porcentagem de homens em turmas universitárias, podemos concluir que, atualmente, as mulheres demonstram maior interesse e desempenho acadêmico geral do que os homens nos Estados Unidos. As mulheres têm mais probabilidade de se envolver academicamente, de ter atenção em aula, de se empenhar mais no trabalho acadêmico e de participar mais em aula do que os homens (DeZolt e Hull, 2001). Um grande estudo recente revelou que as garotas tinham atitudes mais positivas em relação à escola do que os garotos (Orr, 2011). E, além disso, que as atitudes positivas das garotas estavam ligadas às suas notas mais altas; as atitudes negativas dos garotos em relação à escola estavam relacionadas às suas notas mais baixas.

Apesar dessas características positivas das garotas, das crescentes evidências de que existe semelhança nas habilidades em matemática e ciências entre garotas e garotos e dos esforços da legislação para alcançar a igualdade de gênero recentes, as diferenças de gênero nas carreiras de ciências, tecnologia e matemática continuam a favorecer os homens (Watt, 2008; Watt e Eccles, 2008). No final do ensino médio, as garotas têm menos probabilidade de fazer cursos de matemática de nível superior e menos probabilidade de planejar entrar nos campos de ciência, tecnologia, engenharia e matemática. Uma pesquisa de revisão recente concluiu que as garotas têm atitudes mais negativas em relação à matemática e que a expectativas de pais e professores quanto à competência das crianças em matemática estão frequentemente baseadas no gênero, a favor dos garotos (Gunderson et al., 2011). No Capítulo 11 abordaremos o tópico da disparidade entre os gêneros no desenvolvimento da carreira.

Semelhanças e diferenças socioemocionais Os "homens são de Marte" e as "mulheres são de Vênus"? Esta pergunta foi feita no título do livro popular de John Gray (1992) sobre as diferenças de gênero nos relacionamentos. A resposta a essa pergunta é não. Homens e mulheres não são tão diferentes que devam ser considerados como provenientes de planetas diferentes (Perry e Paulletti, 2011). Para quase todas as características socioemocionais imagináveis, os pesquisadores examinaram se existiam diferenças entre homens e mulheres. Examinamos aqui quatro delas: agressão, comunicação nas relações, comportamento pró-social (comportamento que tem intenção de beneficiar outras pessoas) e autorregulação da emoção e do comportamento.

Agressão Uma das diferenças de gênero mais consistentes é que os meninos são fisicamente mais agressivos do que as meninas. A diferença ocorre em todas as culturas e aparece muito cedo no desenvolvimento infantil (Kistner et al., 2010). A diferença na agressão física é especialmente verificada quando as crianças são provocadas. Embora os meninos sejam consistentemente mais agressivos fisicamente do que as meninas, as meninas poderiam apresentar tanta ou maior agressão verbal, como gritar, do que os meninos? Quando é examinada a agressão verbal, as diferenças de gênero tipicamente desaparecem ou são, por vezes, ainda mais pronunciadas nas meninas (Eagly e Steffen, 1986).

Recentemente, tem havido um interesse crescente na *agressão relacional*, a qual envolve prejudicar alguém por meio da manipulação de um relacionamento (Hemphill et al., 2010; Werner e Hill, 2010). A agressão relacional inclui comportamentos como fazer com que os outros não gostem de um determinado indivíduo, espalhando boatos maldosos sobre a pessoa ou a isolando (Underwood, 2011). A agressão relacional aumenta na terceira infância (Dishion e Piehler, 2009). Achados contraditórios têm caracterizado a pesquisa sobre se as garotas apresentam mais agressão relacional do que os garotos, porém uma de suas conclusões é que a agressão relacional abrange uma maior porcentagem da agressão geral das garotas do que dos garotos (Putallaz et al., 2007). Uma pesquisa de revisão recente revelou que as garotas se engajam em mais agressão relacional do que os garotos na adolescência, mas não na infância (Smith, Rose e Schwartz-Mette, 2010). Um estudo recente também encontrou ligações entre parentalidade e agressão relacional nos filhos (Kuppens et al., 2009). Neste estudo, o controle psicológico dos pais estava ligado a uma incidência mais alta de agressão relacional em seus filhos.

Existem diferenças de gênero na emoção? As garotas são mais prováveis de expressar suas emoções abertamente e intensamente do que os garotos, especialmente na expressão de tristeza e de medo (Blakemore, Berenbaum e Liben, 2009). As garotas também são melhores em ler as emoções dos outros e têm maior probabilidade de demonstrar empatia do que os garotos (Blakemore, Berenbaum e Liben, 2009).

Uma habilidade importante é ser capaz de regular e controlar as próprias emoções e o comportamento (Eisenberg, Spinrad e Eggum, 2010; Thompson e Goodman, 2011). Os meninos geralmente apresentam menos autorregulação do que as meninas (Blakemore, Berenbaum e Liben, 2009). Este baixo autocontrole pode se traduzir em problemas de comportamento.

Comunicação nas relações A sociolinguista Deborah Tannen (1990) distingue entre conversa relacional e conversa retórica:

- **Conversa relacional** é a linguagem da conversação e uma forma de estabelecer conexões e negociar relações. As garotas gostam mais da conversa relacional e orientada para a relação do que os rapazes.
- **Conversa retórica** é a conversa que fornece informações. Falar em público é um exemplo de conversa retórica. Os homens ocupam o palco central por meio da conversa retórica com performances verbais como contar histórias, fazer gracejos e apresentar informações.

Tannen diz que meninos e meninas crescem em mundos de falas diferentes – os pais, os irmãos, os pares, os professores e outras pessoas falam de maneira diferente com meninos e meninas. O brinquedo de meninos e meninas também é diferente. Os meninos tendem a brincar em grandes grupos que são estruturados hierarquicamente, e seus grupos geralmente têm um líder que diz aos outros o que fazer e como fazer. Os jogos dos meninos têm vencedores e perdedores e frequentemente são motivo para discussões. Os meninos frequentemente se vangloriam da sua habilidade e discutem sobre quem é o melhor em quê. Em contraste, as meninas têm mais tendência a brincar em pequenos grupos ou pares, e no centro do mundo de uma menina geralmente se encontra uma melhor amiga. Nas amizades e nos grupos de pares das meninas, a intimidade é universal. A tomada de vez (*turn-taking*) é mais características dos jogos das meninas do que dos meninos. Em boa parte do tempo, as meninas gostam simplesmente de sentar e conversar umas com as outras, estando mais preocupadas em ser gostadas pelas outras do que em fazer manobras para conseguir *status* acerca de alguma coisa.

Pesquisadores identificaram que as meninas são mais "orientadas para as pessoas" e que os garotos adolescentes são mais "orientados para as coisas" (Galambos et al., 2009; Su, Rounds e Armstrong, 2009). Em uma recente pesquisa de revisão, esta conclusão foi apoiada por achados de que as meninas ocupam mais o seu tempo com relacionamentos, ao passo

---

Do que são feitos os menininhos?
Sapos e lesmas e rabos de cachorrinhos.
Do que são feitas as menininhas?
Açúcar e tempero
E tudo o que é bom.

—J. O. Halliwell
Autor inglês, século XIX

---

conversa relacional A linguagem da conversação, estabelecendo conexões e negociando relações.

conversa retórica Conversa que fornece informações; a fala em público é um exemplo.

O que os pesquisadores descobriram a respeito das semelhanças e diferenças na eloquência, no discurso de afiliação e no discurso autoassertivo em crianças e adolescentes?

que os meninos passam mais tempo sozinhos, jogando *videogames* e praticando esportes; que as meninas trabalham em empregos de meio-turno orientados para as pessoas, como garçonete e babá, ao passo que os meninos têm maior probabilidade de buscar trabalhos de meio-turno que envolvam trabalho manual e o uso de ferramentas; que as meninas estão interessadas em carreiras mais orientadas para as pessoas, como ensino e serviço social, ao passo que os meninos têm mais probabilidade de se interessarem em carreiras orientadas para objetos, como mecânica e engenharia (Perry e Pauletti, 2011). Além disso, em apoio à visão de Tannen, os pesquisadores encontraram que as garotas adolescentes têm maior autorrevelação (comunicação de detalhes íntimos sobre si) em relacionamentos íntimos e são melhores do que os garotos na escuta ativa em uma conversa (Leaper e Friedman, 2007).

Entretanto, a visão de Tannen foi criticada quanto a ser extremamente simplificada e que a comunicação entre homens e mulheres é mais complexa do que Tannen sugere (Edwards e Hamilton, 2004). Além disso, alguns pesquisadores encontraram semelhanças nas estratégias de comunicação nos relacionamentos de homens e mulheres. Em um estudo, homens e mulheres durante uma conversa descreveram e responderam a problemas de relacionamento de maneiras mais semelhantes do que diferentes (MacGeorge, 2004).

Comportamento pró-social Há diferenças de gênero no comportamento pró-social? As meninas se veem como mais pró-sociais e empáticas (Eisenberg et al., 2009). Durante a infância e a adolescência, as meninas se engajam em mais comportamentos pró-sociais do que os meninos (Hastings, Utendale e Sullivan, 2007). A maior diferença de gênero ocorre para comportamentos gentis e atenciosos, com uma diferença menor quanto ao compartilhamento.

Emoção e sua regulação Ocorrem diferenças de gênero em alguns aspectos da emoção (Hertenstein e Keltner, 2011). As mulheres expressam mais as emoções do que os homens, são melhores do que os homens no reconhecimento das emoções, sorriem mais, choram mais e são mais felizes (Gross, Fredrickson e Levenson, 1994; LaFrance, Hecht e Paluck, 2003). Os homens relatam sentir e expressar mais raiva do que as mulheres (Kring, 2000).

Uma habilidade importante é ser capaz de regular e controlar as próprias emoções e o comportamento (Thompson, Winer e Goodvin, 2011). Os meninos geralmente apresentam menos autorregulação do que as meninas (Eisenberg, Spinrad e Eggum, 2010). Este baixo autocontrole pode se traduzir em problemas de comportamento. Em um estudo, a baixa autorregulação das crianças estava relacionada a maior agressão, provocação aos outros, reação exagerada à frustração, baixa cooperação e incapacidade para adiar a gratificação (Block e Block, 1980).

CONTROVÉRSIAS SOBRE GÊNERO

A controvérsia quanto à extensão das diferenças de gênero e o que poderia causá-las ainda existe. Como vimos anteriormente, psicólogos evolucionistas como David Buss (2012) defendem que as diferenças de gênero são grandes e causadas pelos problemas adaptativos que foram enfrentados ao longo da história evolucionista. Alice Eagly (2010) também conclui que as diferenças de gênero são substanciais, mas chega a uma conclusão diferente sobre a sua causa. Ela enfatiza que as diferenças de gênero se devem a condições sociais que tiveram como consequência menos poder e menor controle para as mulheres do que para os homens.

Em contraste, Jane Shibley (2005, 2007) conclui que as diferenças de gênero têm sido muito exageradas, especialmente por livros populares como o de John Gray (1992), *Homens São de Marte, Mulheres São de Vênus*, e o de Deborah Tannen (1990), *Você Simplesmente Não Me Entende*. Ela argumenta que as pesquisas demonstram que mulheres e homens são semelhantes na maioria dos fatores psicológicos. Em uma pesquisa de revisão, Hyde (2005) resumiu os resultados de 44 metanálises das diferenças e semelhanças de gênero. Na maioria das áreas, as diferenças de gênero eram inexistentes ou pequenas, incluindo habilidade em matemática e comunicação. A maior diferença ocorreu quanto às habilidades motoras (favorecendo os homens), seguidas pela sexualidade (os homens se masturbam mais e têm maior probabilidade de defender o sexo, a relação casual e sem compromisso) e agressão física (os homens são mais

---

conexão com o desenvolvimento

Desenvolvimento moral. Comportamento pró-social é o comportamento com a intenção de beneficiar outra pessoa. Cap. 7, p. 250

Existem mais diferenças em cada sexo do que entre eles.

—IVY COMPTON-BURNETT
Escritora inglesa, século XX

agressivos fisicamente do que as mulheres). Uma pesquisa de revisão recente também concluiu que as diferenças de gênero na adolescência são muito pequenas (Perry e Pauletti, 2011).

É bem provável que o estudo de Hyde e a recente pesquisa de revisão (Perry e Pauletti, 2011) ainda não sejam suficientes para acalmar a controvérsia quanto às diferenças e semelhanças de gênero, sendo que as pesquisas devem continuar para fornecer uma base para julgamentos mais precisos sobre esta controvérsia.

GÊNERO NO CONTEXTO

Ao pensarmos sobre gênero, é importante considerarmos o contexto no qual o comportamento, está inserido já que o comportamento de gênero frequentemente varia de acordo com os contextos (Eagly, 2010; Perry e Pauletti, 2011). Considere o comportamento de ajuda. Os homens têm maior probabilidade de ajudar nos contextos em que está presente um perigo percebido e eles se sentem preparados para ajudar (Egly e Crowley, 1986). Por exemplo, os homens têm mais probabilidade do que as mulheres de ajudarem uma pessoa que está sozinha na estrada com um pneu furado; problemas com automóvel são uma área em que muitos homens se sentem preparados. Em contraste, quando o contexto envolve dedicar um tempo para ajudar uma criança com um problema pessoal, as mulheres têm mais probabilidade de ajudar do que os homens porque existe pouco perigo presente e as mulheres se sentem mais preparadas para educar. Em muitas culturas, as garotas apresentam mais dedicação do que os garotos. Entretanto, nas poucas culturas em que ambos regularmente tomam conta dos irmãos mais moços, meninas e meninos são semelhantes em suas tendências de prover cuidados (Whiting, 1989).

O contexto também é relevante para as diferenças de gênero na demonstração de emoções. Considere a raiva. Os homens têm maior probabilidade de demonstrar raiva por estranhos, especialmente outros homens, quando acham que foram desafiados. Os homens também têm mais probabilidade do que as mulheres de transformar sua raiva em ação agressiva, especialmente quando a cultura endossa tal ação (Tavris e Wade, 1984).

Encontramos variações contextuais referentes ao gênero em situações específicas não somente dentro de uma cultura particular, mas também entre as culturas (Shiraev e Levy, 2010). Embora, nas últimas décadas, os papéis assumidos por homens e mulheres nos Estados Unidos tenham se tornado cada vez mais semelhantes, em muitos países os papéis de gênero permaneceram mais específicos para cada gênero (UNICEF, 2011). Por exemplo, em vários países do Oriente Médio, a divisão de trabalho entre homens e mulheres é marcante. Os homens são socializados para trabalhar na esfera pública, as mulheres, no mundo privado do lar e criando os filhos; o dever de um homem é sustentar sua família, o de uma mulher é cuidar da sua família e dos afazeres domésticos. Qualquer desvio desta orientação tradicional do papel de gênero é severamente desaprovado.

conexão com o desenvolvimento
Teorias. A teoria ecológica de Bronfenbrenner enfatiza a importância dos contextos; em sua teoria, o macrossistema inclui comparações entre as culturas. Cap. 1, p. 62

Garotas adolescentes no Irã. *Como a socialização das meninas no papel de gênero poderia ser comparada à dos Estados Unidos?*

conexão com o desenvolvimento
Cultura e etnia. As crianças e os adolescentes do leste asiático superam de forma consistente as suas equivalentes norte-americanas no desempenho em matemática. Cap. 11, p. 376

Revisar *Conectar* **Refletir** (OA2) Discutir os estereótipos, as semelhanças e as diferenças de gênero.

Revisar
- Qual a extensão da estereotipação de gênero?
- O quanto os adolescentes do sexo masculino e feminino são semelhantes ou diferentes no seu desenvolvimento físico, cognitivo e socioemocional?
- Qual é a controvérsia quanto à causa das diferenças de gênero?
- Até que ponto o desenvolvimento de gênero é influenciado pelos contextos?

Conectar
- Como as semelhanças e diferenças socioemocionais entre meninas e meninos estão relacionadas ao desenvolvimento da autoestima, discutida no Capítulo 4?

Refletir *sua jornada de vida pessoal*
- Algumas décadas atrás, a palavra *dependência* era utilizada para descrever a orientação relacional da feminilidade. Dependência assumiu uma conotação negativa para as mulheres – por exemplo, de que as mulheres não sabem se cuidar, ao passo que os homens sabem. Hoje, o termo *dependência* está sendo substituído pelo termo *habilidades relacionais*, que tem conotações mais positivas (Caplan e Caplan, 1999). Em vez de serem consideradas como dependentes, as mulheres agora são mais frequentemente descritas como hábeis na formação e manutenção de relacionamentos. Faça uma lista de palavras que você associa com masculinidade e feminilidade. Essas palavras possuem alguma conotação negativa para homens e mulheres? Em relação às palavras que possuem conotação negativa, existem palavras que poderiam ser usadas para substituí-las?

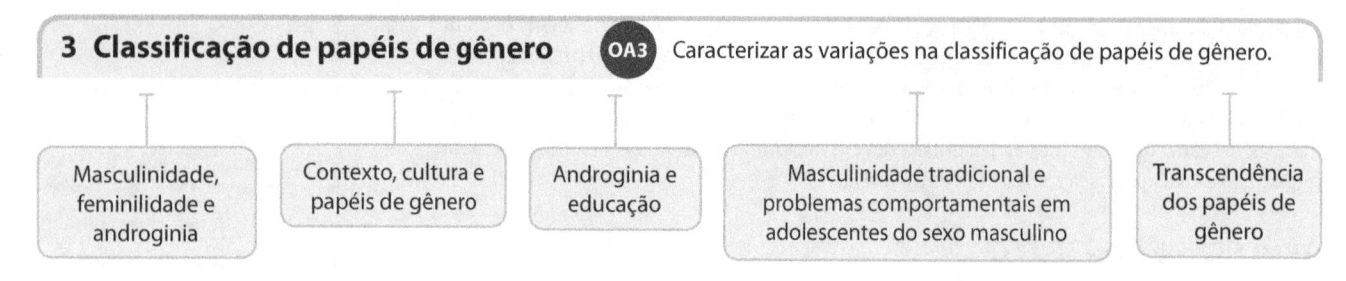

3 Classificação de papéis de gênero — OA3 Caracterizar as variações na classificação de papéis de gênero.

- Masculinidade, feminilidade e androginia
- Contexto, cultura e papéis de gênero
- Androginia e educação
- Masculinidade tradicional e problemas comportamentais em adolescentes do sexo masculino
- Transcendência dos papéis de gênero

Não faz muito tempo, era aceito que os meninos deveriam crescer e se tornar masculinos e as meninas deveriam se tornar femininas, que os meninos são feitos de "sapos e lesmas" e as meninas são feitas de "açúcar e tempero e tudo o que é bom". Vamos explorar mais essas classificações de gênero de meninos e meninas como "masculino" e "feminino".

MASCULINIDADE, FEMINILIDADE E ANDROGINIA

No passado, um menino bem adaptado devia ser independente, agressivo e poderoso. Uma menina bem adaptada devia ser dependente, cuidadora e sem interesse pelo poder. As características masculinas eram consideradas saudáveis e boas para a sociedade; as características femininas eram consideradas indesejáveis.

Na década de 1970, quando homens e mulheres estavam insatisfeitos com a carga imposta pelos seus papéis estereotipados, foram exploradas alternativas para "masculinidade" e "feminilidade". Em vez de pensar em masculinidade e feminilidade como um *continuum*, com uma significando menos do que a outra, foi proposto que os indivíduos poderiam apresentar tanto traços expressivos quanto instrumentais. Este pensamento levou ao desenvolvimento do conceito de **androginia**, ou seja, a presença de muitas características masculinas e femininas no mesmo indivíduo (Bem, 1977; Spence e Helmreich, 1978). O indivíduo andrógino pode ser um homem assertivo (masculino) e sensível aos sentimentos dos outros (feminino), ou uma mulher podia ser dominante (masculina) e atenciosa (feminina).

Foram desenvolvidas algumas medidas para avaliar a androginia. Uma das medidas de gênero mais utilizadas, o Bem Sex-Role Inventory (Inventário do Papel Sexual de Bem), foi construída por uma importante proponente inicial da androginia, Sandra Bem (1977). A Figura 5.3 apresenta exemplos de itens masculinos e femininos do Bem Sex-Role Inventory. Com base nas respostas a este inventário, os indivíduos são classificados como tendo uma das quatro orientações de papel de gênero – masculina, feminina, andrógina ou indiferenciada (veja a Figura 5.4):

- O indivíduo andrógino é simplesmente uma mulher ou homem que tem muitos traços masculinos e femininos. Nenhuma nova característica é usada para descrever o indivíduo andrógino.
- Um indivíduo feminino tem muitos traços femininos e poucos traços masculinos.
- Um indivíduo masculino tem muitos traços instrumentais e poucos traços expressivos.
- Uma pessoa indiferenciada tem poucos traços tanto femininos quanto masculinos.

As mulheres e os homens andróginos, de acordo com Bem, são mais flexíveis e mais saudáveis mentalmente do que os indivíduos masculinos ou femininos; os indivíduos indiferenciados são os menos competentes. Um estudo identificou que a androginia estava relacionada ao bem-estar e a níveis mais baixos de estresse (Stake, 2000). Outro estudo com adultos emergentes revelou que os indivíduos andróginos relatavam melhores práticas de saúde (como o uso do cinto de segurança, fumar menos) do que os indivíduos masculinos, femininos ou indiferenciados (Shifren, Furnham e Bauserman, 2003).

CONTEXTO, CULTURA E PAPÉIS DE GÊNERO

O conceito de classificação de papéis de gênero envolve uma categorização do tipo "traços de personalidade" de um indivíduo. No entanto, é importante que se pense em personalidade em termos de traços e contexto, e não apenas nos traços de personalidade isoladamente (Friedman e Schustack, 2011). Nos relacionamentos íntimos, um papel de gênero feminino ou andrógino pode ser mais desejável devido à natureza expressiva das relações íntimas. Contudo, um papel

---

androginia A presença de um alto grau de características femininas e masculinas desejáveis no mesmo indivíduo.

Exemplos de itens masculinos

- Defende crenças abertamente
- Impetuoso
- Disposto a correr riscos
- Dominante
- Agressivo

Exemplos de itens femininos

- Não utiliza linguagem ríspida
- Afetuosa
- Adora crianças
- Compreensiva
- Gentil

FIGURA 5.3
Inventário do Papel Sexual de Bem (BSRI). Estes itens foram extraídos do Inventário do Papel Sexual de Bem. Ao se submeter ao BSRI, a pessoa é solicitada a indicar em uma escala de 7 pontos como cada uma das 60 características a descreve melhor. A escala varia de 1 (nunca ou quase nunca verdade) a 7 (sempre ou quase sempre verdade). Os itens são classificados em dimensões independentes de masculinidade e feminilidade, além das classificações de androginia e indiferenciada. Reproduzido por permissão especial do Editor, Mind Garden, Inc., www.mindgarden.com do Inventário do Papel Sexual de Bem, de Sandra Bem. Copyright 1978, 1981, Consulting Psychologists Press, Inc. Ademais, a reprodução é proibida sem o consentimento por escrito do Editor.

de gênero masculino ou andrógino pode ser mais desejável em contextos acadêmicos e de trabalho devido às demandas de ação e assertividade. Por exemplo, um estudo evidenciou que indivíduos masculinos e andróginos tinham expectativas mais altas de serem capazes de controlar as consequências dos seus esforços acadêmicos do que os indivíduos femininos ou indiferenciados (Choi, 2004).

A importância de se considerar o gênero no contexto fica mais aparente quando se examina o que é o comportamento culturalmente prescrito para homens e para mulheres em diferentes países em todo o mundo (Gibbons, 2000). Um número crescente de crianças e adolescentes nos Estados Unidos e em outros países modernizados, como a Suécia, está sendo criado para agir de forma andrógina. Nos Estados Unidos, nos últimos 30 a 40 anos, ocorreu um declínio na adoção de papéis de gênero tradicionais. Por exemplo, nos últimos anos, as estudantes universitárias norte-americanas apresentaram uma propensão a abandonar seus aventais para investir em carreiras. Em 1967, mais de 40% das universitárias e mais de 60% dos universitários concordavam com a afirmação: "As atividades da mulher casada são mais restritas ao lar e à família." Em 2005, essas porcentagens caíram para 15% entre as universitárias e 26% entre os universitários (Pryor et al., 2005). Conforme apresentado na Figura 5.5, a maior mudança nessas atitudes ocorreu na década de 1960 e início da década de 1970.

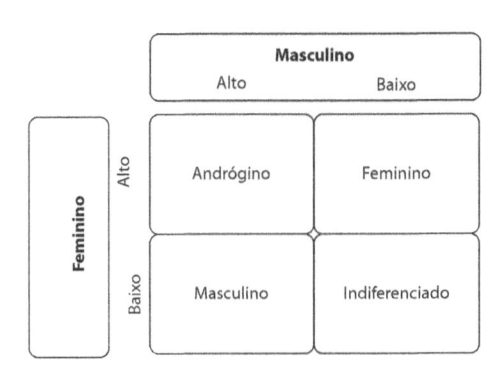

FIGURA 5.4
Classificação de papéis de gênero.

Porém, os papéis tradicionais de gênero continuam dominantes nas culturas de muitos países em todo o mundo. Nessas culturas, o dever do homem é o de sustentar sua família; o dever da mulher é cuidar da sua família e dos afazeres domésticos. Qualquer desvio desta orientação de papel de gênero tradicional é severamente desaprovado. Nos Estados Unidos, o contexto cultural dos adolescentes influencia como meninas e meninos serão socializados. Em um estudo, adolescentes latinos de ambos os sexos foram socializados de forma diferente à medida que iam crescendo (Raffaelli e Ontai, 2004). As latinas tinham muito mais restrições do que os latinos quanto a hora de voltar para casa, interação com membros do outro sexo, aquisição da carteira de motorista, possibilidades de emprego e envolvimento em atividades extraclasse. Para ler sobre o trabalho de uma profissional interessada neste assunto, veja o perfil em *Conexão com Carreiras*.

O acesso das mulheres à educação melhorou bastante em todo o mundo, mas ainda fica atrás da educação dos homens. Por exemplo, de acordo com a análise da UNICEF (2003) sobre a educação ao redor do mundo, aos 18 anos, as garotas haviam recebido 4,4 anos a menos do que os rapazes. Esta deficiência na educação reduz suas chances de desenvolverem seu potencial para o futuro. As exceções quanto aos menores índices de participação na educação e na conclusão dos estudos para as garotas ocorrem nas nações ocidentais, no Japão e Filipinas (Brown e Larson, 2002). Na maioria dos países, a obtenção de treinamento avançado ou pós-graduação é mais alta para os homens (Fussell e Greene, 2002).

---

conexão COM CARREIRAS

Cynthia de las Fuentes, psicóloga e professora universitária

Cynthia de las Fuentes é professora na Universidade Nossa Senhora do Lago, em San Antonio. Ela se graduou em psicologia e fez doutorado em aconselhamento psicológico na Universidade do Texas, em Austin. Entre os cursos que ela ministra, estão a psicologia das mulheres, psicologia latina e teorias de aconselhamento.

Cynthia é presidente da Divisão de Psicologia das Mulheres na Associação Americana de Psicologia. "Muitas mulheres jovens," diz ela, "tomam como certo que o movimento feminista atingiu seus objetivos – como o pagamento igual para as mulheres ou diretos reprodutivos – e não se dão conta de que ainda há muito trabalho a ser feito." Ela é interessada em "aprender sobre as intersecções das identidades das pessoas, como mulher e latina, e como as duas funcionam em conjunto." (Winerman, 2005, p. 66-67).

Cynthia de las Fuentes.

Para mais informações sobre o trabalho que realizam os professores universitários e psicólogos que trabalham com aconselhamento psicológico, veja o apêndice do Capítulo 1.

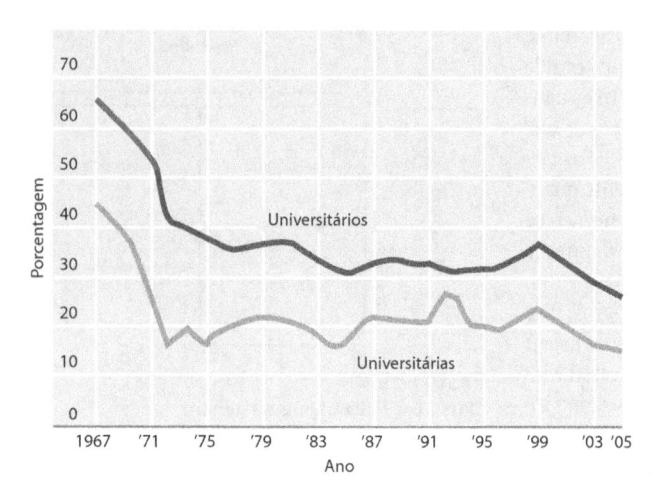

FIGURA 5.5
Mudança de atitudes quanto aos papéis de gênero. *Nota:* Os dados mostram a porcentagem de estudantes universitários norte-americanos do primeiro ano que concordam com a afirmação: "As atividades das mulheres casadas estão mais restritas ao lar e à família", de 1967 a 2005.

Apesar dessas lacunas entre os gêneros, estão surgindo evidências de crescimento na igualdade de gêneros. Por exemplo, "entre as famílias de renda mais alta na Índia e no Japão, os pais estão assumindo mais responsabilidades nos cuidados aos filhos. As taxas de emprego e oportunidades de carreira para as mulheres estão se expandindo em muitas partes do mundo. Em algumas nações, o controle dos relacionamentos sociais das garotas, especialmente as relações amorosas e sexuais, está menos intenso." (Brown e Larson, 2002, p. 16).

ANDROGINIA E EDUCAÇÃO

A androginia pode e deve ser ensinada aos estudantes? Em geral, é mais fácil ensinar androginia para as meninas do que para os meninos e mais fácil ensiná-la antes das séries do ensino médio. Por exemplo, em um estudo, foi colocado em prática por um ano o tema do gênero no currículo do jardim de infância, da 6ª série do ensino fundamental e da 1ª série do ensino médio (Guttentag, Bray, 1976). Foram incluídos livros, discussão de materiais e exercícios em sala de aula com uma tendência andrógina. O programa teve mais sucesso com os estudantes da 6ª série e menos sucesso com os da 1ª série do ensino médio. Os alunos desta série, especialmente os meninos, apresentaram um efeito bumerangue, no qual tinham mais atitudes de papel de gênero tradicionais após o ano de instrução da androginia do que antes disso.

Depois desses achados confusos, os defensores dos programas de androginia argumentam que a tipificação sexual tradicional é prejudicial para todos os estudantes e impediu, em especial, que muitas garotas tivessem oportunidades iguais. Os críticos desses programas respondem que eles são muito carregados de julgamento de valor e ignoram a diversidade dos papéis de gênero em nossa sociedade.

MASCULINIDADE TRADICIONAL E PROBLEMAS COMPORTAMENTAIS EM ADOLESCENTES DO SEXO MASCULINO

Em nossa discussão acerca da masculinidade, consideramos, até aqui, que o papel masculino é entendido como um *status* proeminente nos Estados Unidos e na maioria das outras culturas. No entanto, pode haver um lado negativo na masculinidade tradicional, especialmente na adolescência? Um número crescente de teóricos e pesquisadores do gênero conclui que sim (Levant, 2001).

A preocupação quanto à forma tradicional como os meninos têm sido criados foi chamada por William Pollack (1999) de "crise nacional da meninice" em seu livro *Meninos de Verdade*. Ele diz que, apesar de ter havido uma considerável discussão a respeito do "homem sensível", pouco foi feito para mudar o que ele chama de "código dos meninos".

Pollack justifica que esse código diz aos meninos que eles devem demonstrar pouca ou nenhuma emoção à medida que vão crescendo. Com muita frequência, os meninos são socializados para não demonstrarem seus sentimentos e serem valentes, diz Pollack. Os meninos aprendem o código dos meninos em muitos contextos diferentes – nos parques, nas salas de aula, nos acampamentos, nas reuniões com os amigos – e o código é ensinado pelos pais, pares, treinadores, professores e outros adultos. Pollack, assim como muitos outros, observa que os meninos se beneficiariam se fossem socializados para expressar suas ansiedades e preocupações, em vez de ficarem contidos, além de aprenderem a regular melhor sua agressividade.

Também existe uma preocupação especial com os meninos que adotam um forte papel masculino na adolescência, porque cada vez mais se constata que isso está associado a problemas de comportamento. Joseph Pleck (1983, 1995) conclui que o que define a masculinidade tradicional em muitas culturas ocidentais inclui comportamentos que não têm aprovação social, mas validam a masculinidade do adolescente. Isto é, na cultura dos adolescentes, os rapazes percebem que serão vistos como mais masculinos se fizerem sexo antes do

Quais são algumas das preocupações em relação aos meninos que adotam um forte papel masculino?

casamento, beberem álcool, usarem drogas e participarem de atividades ilegais. Um estudo recente revelou que meninos e meninas que se envolviam em comportamentos extremos tipificados pelo gênero (hipergênero) tinham níveis mais baixos de engajamento escolar e de vínculo com a escola (Ueno e McWilliams, 2010).

TRANSCENDÊNCIA DOS PAPÉIS DE GÊNERO

Alguns críticos da androginia dizem que já se falou o suficiente e que existe conversa demais a respeito de gênero. Eles enfatizam que a androginia não é a panaceia que se havia previsto (Paludi, 2002). Uma alternativa é a **transcendência de papel de gênero**, a visão de que quando a competência de um indivíduo está em questão, ela deve ser conceitualizada com base na pessoa e não com base na masculinidade, feminilidade ou androginia (Pleck, 1983). Ou seja, devemos pensar sobre nós mesmos como pessoas, não como masculino, feminino ou andrógino. Os pais devem educar seus filhos para serem meninos e meninas competentes, não masculinos, femininos ou andróginos, dizem os críticos do papel de gênero. Eles argumentam que a classificação dos papéis de gênero leva à estereotipação excessiva.

Revisar Conectar Refletir (OA3) Caracterizar as variações na classificação de papéis de gênero.

Revisar
- Como os papéis de gênero tradicionais podem ser descritos? O que é androginia? Como a androginia está relacionada à competência social?
- Como contexto e cultura influenciam os papéis de gênero?
- O quanto a androginia pode ser ensinada com eficiência nas escolas?

- Como a masculinidade tradicional está ligada ao comportamento dos rapazes?
- O que é transcendência de gênero?

Conectar
- Compare e contraste os conceitos de androginia e transcendência de papel de gênero.

Refletir *sua jornada de vida pessoal*
- Como você descreveria hoje a sua classificação de papel de gênero? Você está satisfeito com a sua classificação de papel de gênero? Quais fatores contribuíram para a sua classificação?

---

4 Mudanças desenvolvimentais e momentos críticos

(OA4) Resumir as mudanças desenvolvimentais no gênero.

- Adolescência inicial e intensificação do gênero
- A adolescência inicial é um momento crítico para as garotas?

Que mudanças ocorrem durante a adolescência inicial que afetam os papéis de gênero? A adolescência inicial é um momento crítico no desenvolvimento das garotas?

ADOLESCÊNCIA INICIAL E INTENSIFICAÇÃO DO GÊNERO

No começo deste capítulo, consideramos como as mudanças da puberdade podem estar ligadas ao comportamento de gênero. Ampliamos aqui essa discussão. Durante a adolescência inicial, os indivíduos desenvolvem os aspectos físicos adultos do seu sexo. Alguns teóricos e pesquisadores propuseram que, com o início da puberdade, meninas e meninos passam por uma intensificação nas expectativas relacionadas ao gênero (Basow, 2006). A **hipótese da intensificação do gênero** afirma que as diferenças psicológicas e comportamentais entre meninos e meninas ficam maiores durante a adolescência inicial devido às pressões crescentes de socialização para que se ajustem aos papéis de gênero masculino e feminino (Hill e Lynch, 1983; Lynch, 1991). A puberdade pode assinalar aos outros – pais, pares e professores – que um adolescente está se aproximando da idade adulta e deve começar a agir de uma forma estereotipada masculina ou feminina. Alguns pesquisadores relataram evidências de intensificação do gênero na adolescência inicial (Hill e Lynch, 1983). Entretanto, um recente estudo longitudinal recente com indivíduos de 7 a 19 anos revelou diferenças de gênero estáveis de interesses em atividades, mas um declínio no interesse por atividades tipicamente femininas

transcendência de papel de gênero A crença de que, quando a competência de um indivíduo está em questão, ela não deve ser conceitualizada com base na masculinidade, feminilidade ou androginia, mas baseada na pessoa.

hipótese da intensificação do gênero Hipótese que afirma que as diferenças psicológicas e comportamentais entre meninos e meninas tornam-se maiores durante a adolescência inicial devido à crescente pressão da socialização para se adequarem aos papéis de gênero masculino e feminino.

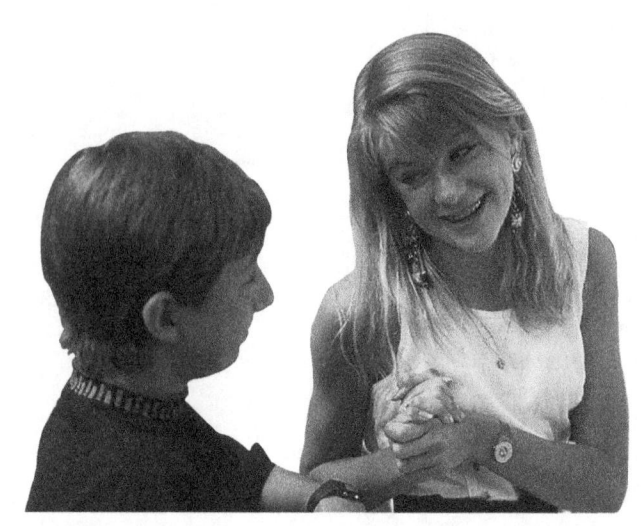

O que é a hipótese da intensificação do gênero? Quais são as evidências para esta hipótese?

> **conexão** com o desenvolvimento
> **Desenvolvimento moral.** Gilligan argumenta que a perspectiva dos cuidados, que enfatiza a importância da conectividade com os outros, é especialmente importante no desenvolvimento moral das meninas.
> Cap. 7, p. 247

Qual a visão do desenvolvimento moral para Gilligan?

ou masculinas nesta faixa etária (McHale et al., 2009). Em outro estudo recente não foram encontradas evidências de intensificação na masculinidade ou feminilidade nos adolescentes jovens (Priess, Lindberg e Hyde, 2009). Ainda não se sabe da validade da hipótese da intensificação do gênero, mas pesquisas recentes levantaram dúvidas quanto à sua precisão (Galambos, Berenbaum e McHale, 2009).

A ADOLESCÊNCIA INICIAL É UM MOMENTO CRÍTICO PARA AS GAROTAS?

Carol Gilligan realizou extensas entrevistas com meninas de 6 a 18 anos (Gilligan, 1982, 1996; Gilligan, Brown e Rogers, 1990). Ela e seus colegas relataram que as meninas revelam um conhecimento detalhado consistente das relações humanas baseado em suas experiências com os outros. De acordo com Gilligan, as meninas são sensíveis a diferentes ritmos e emoções nas relações; nas suas palavras, as meninas têm uma "voz diferente".

Gilligan também ressalta que a adolescência é um momento crítico no desenvolvimento das meninas. Segundo ela, na adolescência inicial (geralmente em torno dos 11 ou 12 anos), as meninas adquirem mais consciência de que a cultura masculina dominante não valoriza seu intenso interesse em intimidade, muito embora a sociedade valorize a dedicação e o altruísmo feminino. O dilema, diz Gilligan, é que é apresentada às garotas uma opção que faz com que elas pareçam ou egoístas (caso se tornem independentes e autossuficientes) ou altruístas (caso se mantenham responsivas aos outros). Quando as adolescentes enfrentam este dilema, afirma Gilligan, elas começam a "silenciar" sua "voz diferente", tornando-se menos confiantes e mais cautelosas ao expressarem suas opiniões. Esse estilo reticente persiste com frequência na idade adulta. Alguns pesquisadores observam que a dúvida e a ambivalência que as meninas vivenciam na adolescência inicial se traduzem em depressão e transtornos alimentares.

As variações contextuais influenciam o grau no qual as adolescentes silenciam sua "voz" (Ryan, 2003). Em um estudo, Susan Harter e colaboradores (Harter, Waters e Whitesell, 1996) constataram que as garotas femininas relatavam níveis mais baixos de voz em contextos públicos (na escola, com os professores e com os colegas), mas não em relações interpessoais mais particulares (com amigos íntimos e com os pais). Entretanto, as meninas andróginas relataram uma voz forte em todos os contextos. Foi identificado que as adolescentes que aceitam as mensagens da sociedade de que as mulheres devem ser vistas e não ouvidas estão em risco no seu desenvolvimento. Os maiores encargos ocorreram com as mulheres que não somente não tinham uma "voz", mas que também enfatizavam a importância da aparência. Ao se focarem no *self* externo, as garotas enfrentavam enormes desafios para corresponderem aos padrões culturais punitivos da atratividade.

Alguns críticos argumentam que Gilligan e colaboradores enfatizam exageradamente as diferenças no gênero (Dindia, 2006; Hyde, 2007). Eleanor Maccoby afirma que Gilligan exagera as diferenças em intimidade e conectividade entre homens e mulheres. Outros críticos encontram falhas na estratégia de pesquisa de Gilligan, que raramente inclui um grupo de comparação de meninos ou análises estatísticas. Ao contrário, Gilligan conduz extensas entrevistas com garotas e depois apresenta trechos das narrativas dessas garotas para sustentar suas ideias. Outros críticos temem que os achados de Gilligan reforcem estereótipos – as mulheres como cuidadoras e sacrificadas, por exemplo – que possam minar a luta das mulheres pela igualdade. Esses críticos dizem que a "voz diferente" de Gilligan talvez devesse ser chamada de "a voz da vítima". O que deveríamos estar salientando, dizem os críticos, é o maior número de oportunidades para as mulheres atingirem níveis mais altos de realizações e de autodeterminação.

Independentemente de qual visão você aceite, seja os argumentos conexionistas de Gilligan ou os argumentos da realização/autodeterminação, existem evidências crescentes de que a adolescência é um momento crítico no desenvolvimento psicológico das mulheres (Basow,

2006). No Capítulo 4, consideramos um grande estudo nacional que revelou uma diminuição da autoestima de meninos e meninas durante a adolescência, mas uma diminuição mais substancial para as meninas do que para os meninos (Robins et al., 2002). Em outro levantamento nacional realizado pela Associação Americana de Mulheres Universitárias (1992), as meninas revelaram uma queda significativamente maior na autoestima durante a adolescência do que os meninos. E, ainda, outro estudo também mostrou que a autoestima das garotas declinou durante a adolescência (Rosner e Rierdan, 1994). Aos 8 e aos 9 anos, 60% das meninas eram confiantes e assertivas e se sentiam bem consigo mesmas, comparadas com 67% dos meninos. No entanto, durante os oito anos seguintes, a autoestima das meninas caía 31 pontos percentuais – apenas 29% das meninas no ensino médio se sentiam positivas ao seu respeito. Nesta mesma faixa etária, a autoestima dos meninos caiu 21 pontos – deixando 46% dos meninos do ensino médio com alta autoestima, o que significa uma diferença de 17 pontos percentuais. Outro estudo evidenciou que a autoestima de garotas do ensino médio era mais baixa do que a das meninas do ensino fundamental e das universitárias (Frost e McKelvie, 2004). Tenha em mente, no entanto, que conforme discutimos no Capítulo 4, alguns psicólogos concluem que as diferenças de gênero na autoestima durante a adolescência são bem pequenas (Hyde, 2007).

Também devemos reconhecer que muitos especialistas enfatizam a importância de que as adolescentes e as mulheres adultas emergentes mantenham sua competência nos relacionamentos e sejam automotivadas (Brabeck e Brabeck, 2006). Segundo Phyllis Bronstein (2006, p. 269), "não é benéfico que nem os indivíduos nem a sociedade como um todo designem um conjunto de valores e comportamentos para um sexo e um conjunto diferente para

conexão com o desenvolvimento
Identidade. Autoestima, também chamada de amor-próprio ou autoimagem, é a dimensão avaliativa global do *self*. Cap. 4, p. 158

---

conexão COM SAÚDE E BEM-ESTAR

Como podemos melhor orientar o desenvolvimento de gênero dos adolescentes?

Meninos

- *Encorajar os meninos a serem mais sensíveis nos relacionamentos e se engajarem em comportamentos pró-sociais.* Uma tarefa de socialização importante é ajudar os meninos a se interessarem mais em ter relações íntimas positivas e a se tornarem mais cuidadores. Os pais podem desempenhar um papel especialmente importante para os meninos nesse aspecto, servindo como modelos sensíveis e cuidadores.
- *Encorajar os meninos a serem menos agressivos fisicamente.* Com muita frequência os meninos são estimulados a serem duros, viris e agressivos. Uma estratégia positiva é encorajá-los a serem assertivos sem ser excessivamente agressivos fisicamente.
- *Encorajar os meninos a lidar melhor com suas emoções.* Esta orientação envolve não somente ajudar os meninos a regular suas emoções, como o controle da raiva, mas também ajudá-los a aprender a expressar suas ansiedades e preocupações em vez de mantê-las contidas.
- *Trabalhar com os meninos para melhorar seu desempenho escolar.* As meninas têm melhores notas, empregam mais esforço nas tarefas acadêmicas e têm menor probabilidade de serem encaminhadas para turmas especiais/aulas de reforço do que os meninos. Pais e professores podem ajudar os meninos enfatizando a importância da escola e esperando deles um melhor esforço acadêmico.

Meninas

- *Encorajar as meninas a ter orgulho das suas habilidades de relacionamento e cuidado.* O forte interesse que as meninas demonstram nos relacionamentos e nos cuidados deve ser recompensado pelos pais e professores.
- *Encorajar as meninas a desenvolver suas autocompetências.* Ao mesmo tempo em que orientam as meninas a preservarem seus pontos fortes em relacionamentos, os adultos podem ajudá-las a desenvolverem sua ambição e realizações.
- *Encorajar as meninas a serem mais seguras de si.* As meninas tendem a ser mais passivas do que os meninos e podem se beneficiar se forem encorajadas a serem mais seguras de si.
- *Encorajar as realizações das meninas.* Esta diretriz pode envolver o incentivo às meninas para terem maiores expectativas acadêmicas, expondo-as a uma gama maior de opções de carreira.

Meninos e meninas

- *Ajudar os adolescentes a reduzir estereótipos e discriminação de gênero.* Não se envolva em estereotipação e discriminação de gênero – caso contrário, você estará servindo como modelo para os adolescentes.

Como a adoção de um conjunto de sugestões para meninas e outro para os meninos pode garantir que não estejamos designando um conjunto de valores e comportamentos para um sexo e um conjunto diferente para o outro?

o outro". Como poderíamos colocar esta visão em prática? O item *Conexão com Saúde e Bem-Estar* fornece algumas recomendações para a melhoria da vida de adolescentes segundo o gênero.

Neste capítulo, examinamos muitos aspectos do gênero. Vimos que a sexualidade influencia o gênero mais na adolescência do que na infância. No Capítulo 6, iremos explorar a sexualidade adolescente mais detalhadamente.

Revisar *Conectar* **Refletir** OA4 Resumir as mudanças desenvolvimentais no gênero.

Revisar
- Como a adolescência inicial pode influenciar o desenvolvimento do gênero?
- A adolescência inicial é um momento crítico para as meninas?

Conectar
- Como a intensificação do gênero pode estar ligada às influências da mídia?

Refletir *sua jornada de vida pessoal*
- Seu comportamento de gênero mudou quando você passou pela adolescência inicial? Explique.

ATINJA SEUS OBJETIVOS DE APRENDIZAGEM

1 Influências biológicas, sociais e cognitivas no gênero
OA1 Descrever as influências biológicas, sociais e cognitivas no gênero.

Influências biológicas no gênero

- Gênero refere-se às características das pessoas como mulheres ou homens. Um papel de gênero é um conjunto de expectativas que prescreve como mulheres e homens devem pensar, agir e sentir. Devido às mudanças da puberdade, a sexualidade desempenha um papel mais importante no desenvolvimento do gênero para os adolescentes do que para as crianças. As teorias de Freud e Erikson promovem a ideia de que a anatomia é o destino. Os desenvolvimentalistas atuais são interacionistas quando as influências biológicas e ambientais estão em questão. Segundo a visão da psicologia evolucionista, as adaptações evolucionistas produziram diferenças sexuais psicológicas, especialmente na área da seleção do parceiro. No entanto, devem ser feitas críticas à psicologia evolucionista, especialmente em termos de cultura e gênero. Foram descobertas diferenças de gênero nas trajetórias desenvolvimentais do cérebro na adolescência, mas, de um modo geral, existem mais semelhanças do que diferenças nos cérebros de homens e mulheres.

Influências sociais no gênero

- Na visão do papel social, as mulheres possuem menos poder e *status* do que os homens e controlam menos recursos. Segundo esta visão, a hierarquia de gênero e a divisão sexual do trabalho são causas importantes do comportamento diferenciado dos sexos. A teoria social cognitiva do gênero enfatiza que o desenvolvimento de gênero nos adolescentes é influenciado pelas suas observações e pela imitação do comportamento de gênero dos outros, bem como por recompensas e punições de comportamentos apropriados e de comportamentos inapropriados ao gênero. Os pais e irmãos influenciam os papéis de gênero dos adolescentes. Mães e pais geralmente interagem com seus adolescentes de forma diferente e também interagem de forma diferente com seus filhos e com suas filhas. Os pares são especialmente competentes em gratificar comportamentos apropriados ao gênero. Ainda existem preocupações sobre a desigualdade de gênero na educação. Apesar das melhorias, a televisão continua a retratar os homens como mais competentes do que as mulheres.

Influências cognitivas no gênero

- A teoria do esquema de gênero diz que a tipificação do gênero emerge quando os indivíduos desenvolvem esquemas para o que é apropriado e inapropriado ao gênero na sua cultura.

2 Estereótipos no gênero, semelhanças e diferenças

OA2 Discutir os estereótipos, as semelhanças e as diferenças de gênero.

- Estereotipação do gênero
- Semelhanças e diferenças de gênero
- Controvérsias sobre gênero
- Gênero no contexto

- Estereótipos de gênero são impressões gerais e crenças a respeito de homens e mulheres. Os estereótipos de gênero são amplamente difundidos.

- Existem inúmeras diferenças físicas entre homens e mulheres. No domínio cognitivo, as diferenças de gênero em matemática são pequenas ou inexistentes. Entretanto, as meninas superam os meninos nas habilidades de leitura e escrita, obtêm melhores notas na escola e têm menor probabilidade de evasão escolar. As diferenças socioemocionais incluem as seguintes: os homens são fisicamente mais agressivos e ativos; as mulheres apresentam mais interesse pelos relacionamentos, são melhores na autorregulação do comportamento e da emoção e se engajam em mais comportamentos pró-sociais.

- Continua a haver controvérsia quanto à extensão das diferenças de gênero e o que as causa. Buss defende que as diferenças de gênero são extensas e causadas pela história evolucionista individual. Eagly também conclui que as diferenças de gênero são amplas, mas que elas são causadas pelas condições sociais. Hyde afirma que as diferenças de gênero têm sido exageradas e que mulheres e homens são parecidos na maioria dos fatores psicológicos.

- O gênero no contexto é um conceito importante. Os papéis de gênero podem variar de acordo com a cultura nas quais os adolescentes se desenvolvem e os contextos imediatos nos quais eles se comportam.

3 Classificação de papéis de gênero

OA3 Caracterizar as variações na classificação de papéis de gênero.

- Masculinidade, feminilidade e androginia
- Contexto, cultura e papéis de gênero
- Androginia e educação
- Masculinidade tradicional e problemas comportamentais em adolescentes do sexo masculino
- Transcendência dos papéis de gênero

- No passado, era esperado que o homem bem adaptado apresentasse traços instrumentais e que a mulher bem adaptada apresentasse traços expressivos. Na década de 1970, foram introduzidas alternativas para os papéis de gênero. Foi proposto que os indivíduos competentes devessem apresentar tanto traços masculinos quanto femininos. Esse pensamento levou ao desenvolvimento do conceito de androginia, a presença de traços masculinos e femininos em um mesmo indivíduo. As medidas de papéis de gênero classificam, em geral, os indivíduos como masculinos, femininos, andróginos ou indiferenciados. A maioria dos indivíduos andróginos é flexível e mentalmente saudável, embora o contexto específico e a cultura do indivíduo também determinem o quanto a sua orientação de papel de gênero será adaptativa.

- Ao pensarmos sobre gênero, é importante que tenhamos em mente o contexto no qual o comportamento de gênero é apresentado. Em muitos países, os papéis de gênero tradicionais ainda são dominantes.

- Os programas de educação em androginia têm tido mais sucesso com garotas do que com garotos, e também mais sucesso com crianças do que com adolescentes.

- Uma preocupação especial é a de que os meninos criados de um modo tradicional são socializados para ocultar suas emoções. Pesquisadores evidenciaram que problemas de comportamento caracterizam, com frequência, os adolescentes altamente masculinos.

- Uma alternativa à androginia afirma que tem sido dada uma ênfase excessiva no gênero, e que uma estratégia melhor é pensar na competência em termos de pessoas, em vez de gênero.

4 Mudanças desenvolvimentais e momentos críticos

OA4 Resumir as mudanças desenvolvimentais no gênero.

- Adolescência inicial e intensificação do gênero

- A hipótese da intensificação do gênero afirma que as diferenças psicológicas e comportamentais entre meninos e meninas ficam maiores durante a adolescência devido às pressões de socialização crescentes para se adequarem aos papéis de gênero tradicionais. Ainda não há uma conclusão sobre

> A adolescência inicial é um momento crítico para as garotas?

a validade da hipótese da intensificação do gênero, embora um número crescente de estudos não esteja apoiando a hipótese.

- Gilligan defende que as meninas chegam a um momento crítico no seu desenvolvimento na adolescência inicial. Elas começam a perceber que o seu interesse intenso em intimidade não é premiado pela sociedade, a qual é dominada pelos homens. Alguns críticos dizem que Gilligan exagera nas diferenças de gênero quanto à intimidade.

TERMOS-CHAVE

gênero 185
papel de gênero 185
teoria do papel social 187
teoria social cognitiva de gênero 188

teoria do esquema de gênero 191
estereótipos de gênero 192
conversa relacional 195
conversa retórica 195

androginia 198
transcendência de papel de gênero 201
hipótese da intensificação do gênero 201

PESSOAS-CHAVE

Sigmund Freud 185
Erik Erikson 185
David Buss 187
Alice Eagly 187

Eleanor Maccoby 193
Carol Jacklin 193
Janet Shibley Hyde 193
Deborah Tannen 195

Sandra Bem 198
Joseph Pleck 200
Carol Gilligan 202

RECURSOS PARA MELHORAR A VIDA DOS ADOLESCENTES

Gender Development in Adolescence
Nancy Galambos, Sheri Berenbaum e Susan McHale
in R. Lerner e L. Seinberg (Eds.)
Manual de Adolescência (2009, 3 ed.)
Nova Iorque: Wiley

É apresentada uma discussão atualizada de muitas áreas diferentes de pesquisa sobre o desenvolvimento do gênero na adolescência.

Gender Development
Judith Blakemore, Sheri Berenbaum e Lynn Liben (2009)
Nova Iorque: Psychology Press

Importantes especialistas apresentam um retrato contemporâneo detalhado do que se sabe a respeito do desenvolvimento do gênero.

The Inside Story on Teen Girls
Karen Zager e Alice Rubenstein (2002)
Washington, DC: Associação Americana de Psicologia

Apresenta uma visão sobre a vida das adolescentes, com muitas recomendações excelentes sobre tópicos como identidade, puberdade, sexo, namoro, escola, pares e relações com os pais.

Meninos de Verdade
William Pollack (1999)
Editora Alegro

Pollack examina as formas como os meninos foram criados e conclui que é preciso uma mudança importante nessa criação.

YMCA www.ymca.net

A YMCA oferece inúmeros programas para meninos adolescentes. São disponibilizados vários programas de saúde pessoal e esportes. O *website* fornece informações sobre a YMCA mais próxima da sua localidade.

ACM (YMCA of Brazil) www.ymca.org.br

A ACM é a YMCA no Brasil, no *site* da federação, em português, é possível conhecer as atividades desenvolvidas pela instituição no País e localizar as unidades espalhadas pelos estudos.

YWCA www.ywca.org

A YWCA promove saúde, participação em esportes e boa forma física para mulheres e garotas. Seus programas incluem instrução em saúde, prevenção de gravidez na adolescência, educação para a vida familiar, melhora da autoestima parentalidade e nutrição. O *website* fornece informações sobre a YWCA mais próxima da sua localidade.

Revista de estudos feministas http://www.scielo.br/scielo.php?script=sci_serial&pid=0104-026X&lng=pt&nrm=iso

Divulga a produção de conhecimento no campo dos estudos feministas e de gênero, buscando dar subsídios aos debates teóricos nessa área, bem como instrumentos analíticos que possam contribuir às práticas dos movimentos de mulheres.

Cadernos Pagu http://www.scielo.br/scielo.php?script=sci_serial&pid=0104-8333&lng=pt&nrm=iso

Publicação que busca contribuir para a ampliação e a consolidação do campo de estudos de gênero no Brasil, por meio da veiculação de resultados de pesquisas inéditas e de textos ainda não traduzidos no país, viabilizando, assim, a difusão de conhecimentos na área e a leitura crítica da produção internacional.

capítulo 6 — SEXUALIDADE

esboço do capítulo

Explorando a sexualidade adolescente

Objetivo de aprendizagem 1 Discutir algumas ideias básicas sobre a natureza da sexualidade adolescente.

Um aspecto normal do desenvolvimento adolescente
A cultura sexual
Desenvolvendo a identidade sexual
Obtendo informações de pesquisas sobre a sexualidade adolescente

Atitudes e comportamentos sexuais

Objetivo de aprendizagem 2 Resumir atitudes e comportamentos sexuais na adolescência.

Atitudes e comportamentos heterossexuais
Atitudes e comportamentos de minorias sexuais
Masturbação
Uso de contraceptivos

Consequências negativas da sexualidade adolescente

Objetivo de aprendizagem 3 Descrever as principais consequências negativas da sexualidade que podem surgir na adolescência.

Gravidez na adolescência
Doenças sexualmente transmissíveis
Situações de abuso e assédio sexual

Informação sexual e educação sexual

Objetivo de aprendizagem 4 Caracterizar a informação sobre sexualidade e educação sexual dos adolescentes.

Informações sobre sexualidade
Fontes de informação sobre sexualidade
Fatores cognitivos
Educação sexual nas escolas

Acho que quando você dá um beijo *sexy* em uma garota, você tem que abrir seus lábios e colocar a sua língua na boca da garota. Isso não parece muito *sexy* para mim. Não consigo imaginar como uma garota iria gostar disso. E se ela tiver aparelho nos dentes e a sua língua ficar arranhada? E como é que você vai respirar? Às vezes eu gostaria de ter um irmão mais velho para quem eu pudesse perguntar coisas assim.

—Frank, 12 anos

Não posso acreditar que eu esteja tão apaixonada! Recém o conheci na semana passada, mas eu sei que essa é a verdade. Ele é muito mais velho do que os meninos de quem eu já gostei antes. Ele é mais velho e tem seu próprio carro. Quando ele me trouxe para casa ontem à noite, ficamos tão excitados que achei que fôssemos fazer sexo. Tenho certeza de que isso vai acontecer na próxima vez em que sairmos juntos. Isso vai contra tudo o que me ensinaram – mas não consigo entender como isso pode ser errado, se estou tão apaixonada e ele faz com que eu me sinta fantástica!

—Amy, 15 anos

Ken e eu fomos acampar no fim de semana passado e agora tenho certeza de que sou *gay*. Já faz muito tempo que eu me sinto atraído por outros garotos, como no vestiário da escola. Às vezes, era constrangedor. Ken e eu somos grandes amigos e, muitas vezes, brincávamos de luta e coisas assim. Acho que ele percebia o meu jeito. Agora eu sei. Mais cedo ou mais tarde, terei que assumir, como ele diz, mas sei que isso vai causar muita tensão para os meus pais e para mim.

—Tom, 15 anos

Tenho sorte porque tenho uma boa aparência e sou popular. Namoro desde a época do ensino médio e sei como me cuidar. É divertido quando você sai com um rapaz e pode ter intimidade. Só tem uma coisa, Dan e eu tivemos relações sexuais há algumas semanas e estou com medo de estar grávida. Ele usou contraceptivo, mas talvez não tenha funcionado. Ou talvez eu só esteja atrasada. De qualquer forma, se eu tiver um bebê, dou conta disso. Minha tia não era casada quando engravidou do meu primo e tudo deu certo.

—Claire, 16 anos

Quase um mês atrás, a filha de uma amiga da minha mãe descobriu ser HIV positivo. Até então, minha mãe e meu padrasto nunca tinham falado sobre sexo comigo, mas agora eles estão se revezando para me dar sermões sobre o tema "não tenha relações sexuais até se casar". Dá um tempo! Nicole e eu estamos juntos há um ano e meio. O que eles acham que nós fazemos quando saímos, só conversamos? Além disso, meu pai verdadeiro nunca se casou de novo e tem namoradas o tempo todo. Toda a minha vida, assisti a filmes e a programas de TV nos quais pessoas não casadas dormem juntas e o pior que acontece é, talvez, um coração partido. Não conheço a filha daquela mulher, mas ela deve ter se envolvido com pessoas de péssimo caráter. Sempre uso camisinha.

—Sean, 17 anos

apresentação

Durante a adolescência e a adultez emergente, a vida dos jovens está direcionada para sexualidade. Estes são períodos do desenvolvimento nos quais os indivíduos se preocupam em explorar o sexo e incorporam a sexualidade à sua identidade. No Capítulo 2, estudamos a base biológica da maturação sexual, incluindo a época dessas mudanças e os hormônios que estão envolvidos nelas. Este capítulo focaliza as experiências, as atitudes e os comportamentos sexuais dos adolescentes e dos adultos emergentes. Começamos por uma visão geral da sexualidade na adolescência e na adultez emergente e depois examinamos alguns problemas que envolvem a atividade sexual, tais como gravidez na adolescência, doenças sexualmente transmissíveis e situações de abuso. A seguir, exploramos as formas pelas quais os adolescentes aprendem sobre sexo.

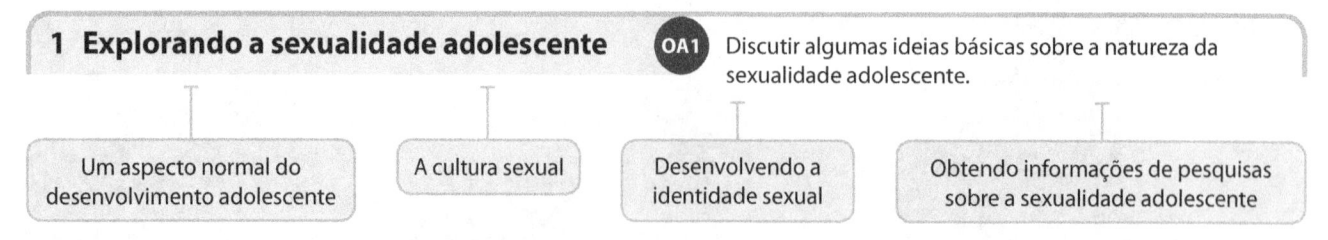

1 Explorando a sexualidade adolescente

OA1 Discutir algumas ideias básicas sobre a natureza da sexualidade adolescente.

- Um aspecto normal do desenvolvimento adolescente
- A cultura sexual
- Desenvolvendo a identidade sexual
- Obtendo informações de pesquisas sobre a sexualidade adolescente

Os adolescentes têm uma curiosidade quase insaciável sobre os mistérios do sexo. Eles se questionam se são sexualmente atraentes, como devem se comportar sexualmente e sobre o que o futuro reserva para a sua vida sexual. A maioria dos adolescentes acaba conseguindo desenvolver uma identidade sexual madura, entretanto, como os adultos podem atestar, sempre existem momentos de vulnerabilidade e confusão ao longo da sua vida sexual.

UM ASPECTO NORMAL DO DESENVOLVIMENTO ADOLESCENTE

Muito do que ouvimos a respeito da sexualidade adolescente envolve problemas como a gravidez na adolescência e as doenças sexualmente transmissíveis. Embora sejam preocupações significativas, é importante não perder de vista o fato de que a sexualidade é um aspecto normal da adolescência (Tolman e McCleland, 2011).

Um tema importante da adolescência salientado neste livro é que muito frequentemente os adolescentes são estereotipados (Lerner et al., 2011; Lewin-Bizan, Bowers e Lerner, 2011). Os temas da estereotipação negativa e os problemas adolescentes também se aplicam ao tópico da sexualidade adolescente (Diamond e Savin-Williams, 2011). Apesar de termos a intenção de discutir vários problemas que podem ocorrer na área da sexualidade adolescente, é importante ter em mente que a maioria dos adolescentes tem atitudes sexuais saudáveis e se engaja e comportamentos sexuais que não irão comprometer sua jornada até a vida adulta.

Todas as sociedades prestam atenção à sexualidade adolescente. Em algumas sociedades, os adultos acompanham as adolescentes para protegê-las dos meninos; outras sociedades promovem casamentos muito precoces. Ainda, outras sociedades, como os Estados Unidos, permitem alguma experimentação sexual, embora haja uma gama variada de opiniões sobre até onde essa experimentação deve ser permitida.

Os capítulos 2 ao 5 introduziram tópicos que servem como pano de fundo para a compreensão das atitudes e do comportamento sexual na adolescência. No Capítulo 2, vimos que um aspecto importante das mudanças puberais envolve a maturação sexual e um aumento acentuado nos androgênios nos meninos e estrogênios nas meninas. Também discutimos como a puberdade está atualmente começando mais cedo do que nas gerações anteriores, o que pode levar a encontros amorosos e atividade sexual precoces.

No Capítulo 3, indicamos que os adolescentes jovens tendem a exibir uma forma de egocentrismo no qual eles se percebem como únicos e invulneráveis. Isso pode levá-los a se expor a riscos sexuais. Em momentos de emoção, como os envolvidos na experimentação sexual, o impulso sexual dos adolescentes pode dominar sua capacidade de tomar decisões competentes.

No Capítulo 4, consideramos a identidade sexual como uma das dimensões da identidade pessoal. A intimidade com o outro é um aspecto importante da natureza da sexualidade adolescente.

No Capítulo 5, examinamos as diferenças físicas e biológicas entre mulheres e homens. Também vimos que, de acordo com a hipótese da intensificação do gênero, as mudanças puberais podem levar meninos e meninas a se adequarem ao comportamento masculino e feminino tradicional, respectivamente. Além disso, quando estudantes universitários são solicitados a classificar a potência do seu impulso sexual, os homens relatam níveis mais altos de desejo sexual do que as mulheres. A transição desenvolvimental adolescente, então, pode ser vista como uma ponte entre a assexualidade da infância e a identidade sexual plenamente desenvolvida da idade adulta.

Os capítulos 8, 9 e 10 incluem discussões importantes para a compreensão da sexualidade adolescente. No Capítulo 8, veremos que um conflito intenso e prolongado com os pais está associado a problemas sexuais, como também a falta de monitoramento parental. Uma melhor relação com os pais está correlacionada com a postergação das relações sexuais, relações menos frequentes e menor número de parceiros na adolescência. Mais adiante, neste capítulo, veremos que os adolescentes recebem muito pouca educação sexual dos seus pais, e que estes e os adolescentes raramente discutem sobre sexo.

No Capítulo 9, leremos sobre como irmãos, pares e amigos do mesmo sexo geralmente discutem a sexualidade. Também veremos que a precocidade dos encontros amorosos está associada a inúmeros problemas dos adolescentes e que o amor romântico é importante (especialmente para as garotas) na adolescência.

No Capítulo 10, estudamos como a escola está desempenhando um papel cada vez mais importante na sexualidade adolescente. E, como veremos mais adiante neste capítulo, atualmente, a maioria dos pais reconhece que a educação sexual nas escolas é um aspecto importante da educação.

> A excitação sexual surge como um novo fenômeno na adolescência e é importante que a sexualidade seja encarada como um aspecto normal do desenvolvimento adolescente.
>
> —SHIRLEY FELDMAN
> *Psicóloga contemporânea, Universidade de Stanford*

conexão com o desenvolvimento
Processos biológicos. A maturação precoce nas meninas está ligada a experiências sexuais mais precoces. Cap. 2, p. 88

> **conexão** com o desenvolvimento
>
> **Os pares.** Encontros amorosos precoces e "ficar" com alguém estavam ligados à gravidez na adolescência.
> Cap. 9, p. 325

No Capítulo 12, descreveremos as grandes variações culturais na sexualidade. Em algumas culturas, a sexualidade é intensamente reprimida, já outras possuem padrões muito mais liberais.

Como você pode ver, a sexualidade tem vínculo com, praticamente, todas as áreas do desenvolvimento adolescente que discutimos neste livro. Exploremos agora a cultura sexual a que estão expostos os adolescentes.

A CULTURA SEXUAL

É importante que a adolescência seja colocada dentro de um contexto de sexualidade mais amplo na cultura (King, 2012; Welsh, 2011). Ao passo que há 50 anos o sexo estava reservado para casais casados, hoje o sexo é amplamente admitido entre adultos casados e solteiros. O sexo entre adolescentes não casados é uma extensão dessa tendência geral em direção a uma maior permissividade sexual na cultura adulta. Na cultura, o tema do sexo transmite mensagens contraditórias para os jovens: por um lado, é dito aos adolescentes (especialmente às garotas) para não manterem relações sexuais, por outro lado, eles veem o sexo retratado na mídia como positivo (especialmente para os rapazes). Assim, não é de causar surpresa que os adolescentes achem tão confuso o desenvolvimento e as escolhas sexuais. Considere a seguinte representação recente do sexo na mídia:

> as mensagens sobre sexualidade transmitidas (na mídia) nem sempre são as ideais [...] e são frequentemente limitadas, irrealistas e estereotipadas. A dominação é uma orientação recreativa para a sexualidade, e fazer a corte é tratado como uma competição, uma batalha dos sexos, caracterizada por desonestidade, jogos e manipulação. [...] Também proeminentes são os papéis sexuais estereotipados, apresentando as mulheres como objetos sexuais, cujo valor está baseado na sua aparência física, e apresentando os homens como jogadores movidos a sexo que buscam "marcar pontos" a todo o custo (Ward, Day e Epstein, 2006, p. 57).

O sexo é retratado explicitamente em filmes, nos programas de televisão, em vídeos, na música *pop*, no canal MTV e em *sites* da internet (Bersamin et al., 2010; Bleakley et al., 2011; Strasburger, 2010; Tolman e McClelland, 2011). Um estudo com 1.762 jovens entre 12 e 17 anos constatou que aqueles que assistiam mais programas com sexo explícito na TV tinham maior probabilidade de começar a ter relações sexuais nos 12 meses seguintes do que as seus equivalentes que assistiam menos (Collins et al., 2004). Os adolescentes que se encontravam entre os 10% que mais assistiam aos programas de TV com sexo explícito tinham duas vezes mais probabilidade de manter relações sexuais do que aqueles entre os 10% que menos assistiam. Os resultados se mantinham os mesmos se a exposição a sexo explícito envolvia comportamento sexual ou apenas conversa sobre sexo. Em outro estudo, estudantes estadunidenses do ensino médio que frequentemente assistiam a *talk-shows* e programas *sexy* do horário nobre tinham maior probabilidade de apoiar estereótipos sexuais do que seus equivalentes que assistiam a esses programas com pouca frequência (Ward e Friedman, 2006). Também nesse estudo, assistir com mais frequência e uma identificação mais intensa com personagens populares da TV tinha ligação com níveis mais altos de experiência sexual entre os adolescentes. E uma recente revisão de pesquisas concluiu que os adolescentes que assistiam a mais conteúdo sexual na TV têm maior probabilidade de começarem a ter relações sexuais antes do que seus pares que assistem a menos conteúdo sexual na TV (Brown, Strasburger, 2007). Além disso, um estudo de adolescentes durante um período de três anos revelou uma ligação entre assistir sexo na TV e risco posterior mais alto de gravidez (Chandra et al., 2009).

Cada vez mais, os adolescentes têm acesso a *sites* de sexo explícito. Um estudo recente revelou que os adolescentes que relataram já ter visitado um *site* com sexo explícito eram mais permissivos

Os adolescentes estão expostos ao sexo praticamente em todos os lugares na cultura estadunidense e o sexo é usado para vender quase tudo.

sexualmente e tinham maior probabilidade de ter múltiplos parceiros sexuais durante a vida e mais de um parceiro sexual nos últimos três meses, além de usar álcool ou outras substâncias no seu último encontro sexual e de fazer mais sexo anal do que seus equivalentes que relataram nunca terem visitado um *site* de sexo explícito (Braun-Courville e Rojas, 2009).

Adolescentes e adultos emergentes também estão usando cada vez mais a internet como recurso para informações sobre sexualidade. Um estudo recente de 177 *sites* sobre saúde sexual descobriu que eram poucas as imprecisões, mas que a qualidade das informações (como referir a autoria e citar os créditos do autor, fontes claras, etc.) era baixa (Buhi et al., 2010). A categoria com a classificação mais baixa em termos de qualidade era a de agressão sexual.

A American Academy of Pediatrics (Academia Americana de Pediatria [2010]) divulgou recentemente uma declaração de política sobre sexualidade, contracepção e mídia. Ela apontou que televisão, filmes, música e internet estão se tornando cada vez mais explícitas e, ainda, que informações sobre abstinência, responsabilidade sexual e controle de natalidade raramente estavam incluídas nessas divulgações. Exploraremos mais as influências da mídia na sexualidade adolescente no Capítulo 12.

DESENVOLVENDO A IDENTIDADE SEXUAL

Ter domínio sobre as sensações sexuais emergentes e formar uma noção de identidade sexual é uma tarefa multifacetada (Diamond e Savin-Williams, 2011; Savin-Williams, 2011; Tolman e McClelland, 2011). Este longo processo envolve aprender a manejar as sensações sexuais, como a excitação e a atração sexual, desenvolver novas formas de intimidade e aprender habilidades para regular o comportamento sexual a fim de evitar consequências indesejáveis. Desenvolver uma identidade sexual também envolve mais do que o simples comportamento sexual. As identidades sexuais emergem no contexto de fatores físicos, sociais e culturais, com a maioria das sociedades impondo restrições ao comportamento sexual dos adolescentes. A identidade sexual de um adolescente é fortemente influenciada pelas *normas sociais* relativas ao sexo – na medida em que ele percebe que seus pares estão mantendo relações sexuais, usando proteção, etc., estas normas sociais têm importante influência no comportamento sexual dos adolescentes. Por exemplo, um estudo recente revelou que quando os adolescentes percebiam que seus pares eram sexualmente permissivos, tinham um índice mais alto de iniciação das relações sexuais e se envolviam em práticas sexuais arriscadas (Potard, Courtois e Rusch, 2008).

A identidade sexual de um adolescente envolve uma indicação da orientação sexual (se o indivíduo tem atração pelo mesmo sexo ou pelo outro) e também envolve atividades, interesses e estilos de comportamento. Um estudo de 470 adolescentes australianos da 2ª à 4ª série do ensino médio encontrou variação considerável nas suas atitudes e práticas sexuais (Buzwell e Rosenthal, 1996). Alguns eram virgens e sexualmente ingênuos. Alguns tinham alta ansiedade quanto ao sexo e percebiam seus corpos como subdesenvolvidos e pouco atraentes, enquanto outros tinham baixa ansiedade sobre sexo e um interesse na exploração de opções sexuais. Outros, ainda, sentiam-se sexualmente atraentes, eram sexualmente experientes e tinham confiança em sua habilidade de manejar situações sexuais.

OBTENDO INFORMAÇÕES DE PESQUISAS SOBRE A SEXUALIDADE ADOLESCENTE

A avaliação das atitudes e do comportamento sexual nem sempre é uma questão simples (Saewyc, 2011). Pense em como você responderia se alguém lhe perguntasse: "Qual a frequência com a qual você tem relações sexuais?" ou "Quantos parceiros sexuais diferentes você teve?". Os indivíduos com mais probabilidade de responder levantamentos sobre sexo são aqueles com atitudes sexuais liberais, que se engajam em comportamentos sexuais liberais. Dessa forma, as pesquisas ficam limitadas pela relutância de alguns indivíduos em responder de modo franco a perguntas sobre assuntos extremamente pessoais e pela inabilidade dos pesquisadores para obterem alguma resposta, franca ou não, de indivíduos que simplesmente se recusam a falar sobre sexo com estranhos. Além disso, quando indagados sobre sua atividade sexual, os indivíduos podem responder a verdade ou podem dar respostas socialmente esperadas. Por exemplo, um garoto da 1ª série do ensino médio pode relatar que teve uma relação sexual, mesmo que não seja verdade, porque tem medo de que alguém pense que ele é sexualmente inexperiente. Por exemplo, um estudo de alunos do ensino médio revelou que

Os adolescentes estão expostos ao sexo em muitos contextos, incluindo a TV e a internet. *Assim, é de surpreender que os adolescentes sejam tão curiosos quanto ao sexo e se sintam tentados a experimentá-lo?*

Nascemos duas vezes: a primeira para a existência, a segunda para a vida. Uma vez como seres humanos e, posteriormente, como homens e mulheres.

—**Jean-Jacques Rousseau**
Filósofo francês nascido na Suíça, século XVIII

conexão com o desenvolvimento
Métodos de pesquisa. Uma desvantagem dos levantamentos e entrevistas é a tendência de alguns participantes a responder às perguntas de uma forma socialmente esperada. Cap. 1, p. 64

8% das garotas foram moderadas ao falar da sua experiência sexual, ao passo que 14% dos meninos exageraram a respeito das suas experiências sexuais (Siegel, Aten e Roghann, 1998). Assim, os meninos tendem a exagerar quanto às suas experiências sexuais para aumentar as percepções das suas proezas, ao passo que as meninas tendem a minimizar sua experiência sexual para que não sejam percebidas como irresponsáveis ou promíscuas (Diamond e Savin-Williams, 2009).

Revisar *Conectar* **Refletir** **OA1** Discutir algumas ideias básicas sobre a natureza da sexualidade adolescente.

Revisar
- Como a sexualidade pode ser explicada como um aspecto normal do desenvolvimento?
- A que tipo de cultura sexual os adolescentes estão expostos?
- O que está envolvido no desenvolvimento da identidade sexual na adolescência?

- Quais são algumas dificuldades na obtenção de informações sobre a sexualidade adolescente?

Conectar
- Como a cultura sexual sobre a qual você aprendeu nesta seção contribui para os estereótipos de gênero descritos no Capítulo 5?

Refletir *sua jornada de vida pessoal*
- Como você descreveria a sua identidade sexual quando adolescente e quando adulto emergente? O que contribuiu para essa identidade?

---

2 Atitudes e comportamentos sexuais   **OA2** Resumir atitudes e comportamentos sexuais na adolescência.

- Atitudes e comportamentos heterossexuais
- Atitudes e comportamentos de minorias sexuais
- Masturbação
- Uso de contraceptivos

Exploremos agora as atitudes e os comportamentos sexuais dos adolescentes. Primeiramente, estudaremos as atitudes e os comportamentos heterossexuais e depois atitudes e comportamentos das minorias sexuais.

> Como é isso de que, no corpo humano, a reprodução é a única função a ser desempenhada por um órgão do qual o indivíduo carrega apenas uma metade, de modo que ele tem que gastar uma enorme quantidade de tempo e energia para encontrar a outra metade?
>
> —François Jacob
> *Biólogo francês, século XX*

ATITUDES E COMPORTAMENTOS HETEROSSEXUAIS

Com que precocidade os adolescentes se engajam em várias atividades sexuais? Quais são os *scripts* sexuais que os adolescentes seguem? Alguns adolescentes são mais vulneráveis do que outros a um comportamento sexual irresponsável? Examinaremos cada uma destas perguntas.

Desenvolvimento das atividades sexuais em adolescentes   Qual é o perfil atual da atividade sexual dos adolescentes? Em um levantamento nacional nos Estados Unidos, realizado em 2009, 62% dos estudantes da 4ª série do ensino médio relataram que já tiveram relações sexuais, comparados com 32% dos estudantes da 1ª série do ensino médio (Eaton et al., 2010). Aos 20 anos, 77% dos jovens estadunidenses já tiveram relações sexuais (Dworkin e Santelli, 2007). Nacionalmente, 49% dos estudantes das 4ᵃˢ séries do ensino médio, 40% dos que estão nas 3ᵃˢ séries do ensino médio, 29% dos alunos das 2ᵃˢ séries e 21% dos estudantes das 1ᵃˢ séries relataram que estão sexualmente ativos (Eaton et al., 2010).

Que tendências nas atividades sexuais dos adolescentes ocorreram nas duas últimas décadas? De 1991 até 2009, um número menor de adolescentes relatou os seguintes aspectos: já ter tido relações sexuais, ser sexualmente ativo no momento, ter tido relações sexuais antes dos 13 anos e ter tido relações sexuais com quatro ou mais pessoas durante sua vida (Eaton et al., 2010) (veja a Figura 6.1).

Até muito recentemente, em todos os níveis escolares, os homens relataram ter mais probabilidade do que as mulheres de dizer que tiveram relações sexuais e que são sexualmente ativos (MMWR, 2006a). No entanto, no levantamento nacional de 2009, uma porcentagem mais alta de meninas da 4ª série do ensino médio (65%) do que de meninos (60%) relatou que havia mantido relações sexuais; uma porcentagem mais alta de meninos da 1ª série do ensino médio (34%) do que de meninas (29%) relatou ter mantido relações sexuais (Eaton et al., 2010) (veja a Figura 6.2). Os rapazes têm maior probabilidade do que seus equivalentes femininos de descrever as relações sexuais como uma experiência prazerosa.

A iniciação sexual varia de acordo com o grupo étnico nos Estados Unidos (Santelli, Abraido-Lanza e Melnikas, 2009). Os afro-americanos têm maior probabilidade de ter comportamentos sexuais mais cedo, ao passo que os asiático-americanos têm mais probabilidade de começarem mais tarde (Feldman, Turner e Araujo, 1999) (veja a Figura 6.3). Em um levantamento nacional recente, nos Estados Unidos (2009), com estudantes da 1ª até a 4ª série do ensino médio, 67% de afro-americanos, 51% de latinos e 43% de brancos não latinos disseram já ter mantido relações sexuais (Eaten et al., 2010). Neste estudo, 15% dos afro-americanos (comparados com 7% de latinos e 3% de não latinos) disseram que tiveram sua primeira experiência sexual antes dos 13 anos.

Sexo oral Pesquisas recentes indicam que o sexo oral é, atualmente, uma ocorrência comum para os adolescentes estadunidenses (Brewster e Harker Tillman, 2008; Salazar et al., 2011). Em um levantamento nacional, 55% dos rapazes estadunidenses de 15 a 19 anos e 54% das garotas da mesma idade disseram que haviam feito sexo oral (National Center for Health Statistics, 2002). A Figura 6.4 mostra as tendências desenvolvimentais quanto ao sexo oral. É importante que se observe que, neste levantamento, uma porcentagem um pouco mais alta de jovens entre 15 e 19 anos (55% dos rapazes e 54% das garotas) disse ter feito sexo oral do que ter mantido relações sexuais (49% das garotas, 53% dos rapazes). Também, neste levantamento, mais de 20% dos adolescentes que não haviam tido relações sexuais haviam feito sexo oral.

Em editorial recente no *Journal of Adolescente Health*, Bonnie Halpern-Felsher (2008) discutiu as vantagens e as desvantagens do sexo oral em contraposição ao sexo vaginal. O sexo oral evita o risco de gravidez e está ligado a menos consequências negativas do que o sexo vaginal. Entretanto, o sexo oral não está livre de riscos, estando relacionado a consequências negativas como doenças sexualmente transmissíveis (p. ex., herpes, clamídia e gonorreia). Em uma pesquisa recente, Halpern-Felsher e colaboradores examinaram os méritos do sexo oral *versus* sexo vaginal (Brady e Halpern-Felsher, 200; Song e Halpern-Felsher, 2010).

Em um estudo, foi examinada a ordem temporal entre sexo oral e vaginal em adolescentes sexualmente ativos (Song e Halpern-Felsher, 2010). Neste estudo, a maioria dos estudantes iniciou sexo vaginal depois, ou dentro do mesmo período de 6 meses, de começar com sexo oral. Aqueles que começaram com sexo oral no fim da 1ª série do ensino médio tinham 50% de chance de ter sexo vaginal no fim da 3ª série, mas aqueles que adiaram o sexo oral até o final da 1ª série tinham menos de 20% de chance de iniciar sexo vaginal no final da 1ª série.

Em outro estudo, foram exploradas as consequências do sexo oral *versus* sexo vaginal (Brady e Halpern-Felsher, 2007). Comparados aos adolescentes que fizeram sexo oral e/ou vaginal, aqueles que fizeram apenas sexo oral tinham menor probabilidade de engravidar ou contrair doenças sexualmente transmissíveis, de sentirem-se culpados ou usados, de estragarem seu relacionamento e de ter problemas com seus pais em relação ao sexo. Os adolescentes que fizeram apenas sexo oral tinham mais probabilidade de experimentarem prazer, de sentirem-se bem consigo mesmos e de melhorar seus relacionamentos em consequência da experiência sexual do que seus equivalentes que fizeram apenas sexo vaginal ou sexo oral e vaginal.

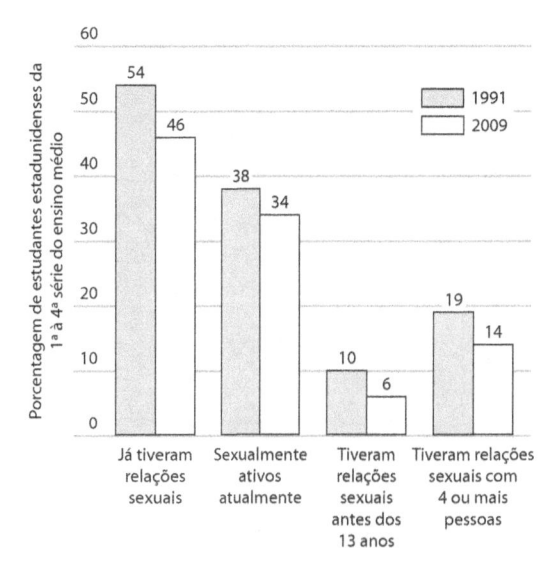

FIGURA 6.1
Atividade sexual dos adolescentes estadunidenses de 1991 até 2009. *Fonte:* After Eaten e colaboradores (2010). Dados do Governo dos Estados Unidos.

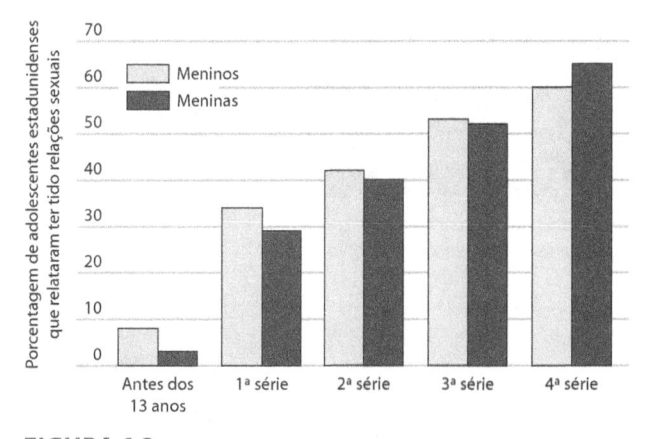

FIGURA 6.2
Momento do início das relações sexuais entre os adolescentes estadunidenses do ensino médio.

Cronograma sexual	Brancos não latinos	Afro-americanos	Latinos	Asiático-americanos
Beijo	14,3	13,9	14,5	15,7
Beijo de língua	15,0	14,0	15,3	16,2
Mão nos seios	15,6	14,5	15,5	16,9
Mão no pênis	16,1	15,0	16,2	17,8
Toque na vagina	16,1	14,6	15,9	17,1
Relação sexual	16,9	15,5	16,5	18,0
Sexo oral	17,1	16,9	17,1	18,3

FIGURA 6.3
Cronograma sexual de adolescentes brancos não latinos, afro-americanos, latinos e asiático-americanos. *Nota:* Estes dados foram relatados em 1999. No século XXI, os adolescentes estão relatando que fazem sexo oral mais cedo no cronograma. Os números refletem a porcentagem de adolescentes que relataram ter atividade sexual.

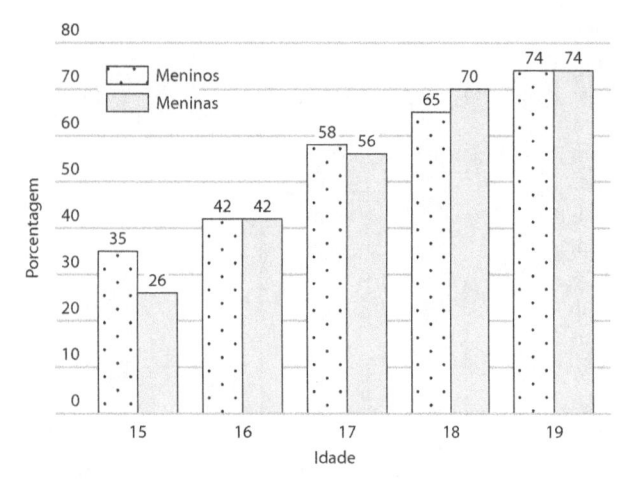

FIGURA 6.4
Porcentagem de meninos e meninas estadunidenses entre 15 e 19 anos que relatam fazer sexo oral.

Quais são algumas tendências no comportamento sexual dos adolescentes?

script sexual Um padrão estereotipado de prescrições de como os indivíduos devem se comportar sexualmente. Mulheres e homens foram socializados para seguir *scripts* sexuais diferentes.

Comparações transculturais A época da iniciação sexual varia muito entre as culturas e os gêneros e, na maioria dos casos, está vinculada aos valores culturais e aos costumes (Caroll, 2010). Em um estudo, a proporção de mulheres que tiveram sua primeira relação sexual aos 17 anos variou de 72% em Mali a 47% nos Estados Unidos e 45% na Tanzânia (Singh et al., 2000). A proporção de homens que tiveram sua primeira relação sexual aos 17 anos variou de 76% na Jamaica a 64% nos Estados Unidos e 63% no Brasil. Nem todos os países estavam representados neste estudo e, em geral, existe a concordância de que em alguns países asiáticos, como China e Japão, a primeira relação sexual ocorre muito mais tarde do que nos Estados Unidos.

A atividade sexual de jovens entre 15 e 19 anos segue padrões muito diferentes para homens e mulheres em quase todas as regiões geográficas do mundo (Singh et al., 2000). Nos países em desenvolvimento, a grande maioria dos homens sexualmente experientes nesta faixa etária não é casada, ao passo que dois terços ou mais das mulheres experientes sexualmente com essas idades são casadas. No entanto, nos Estados Unidos e em outras nações desenvolvidas, como Holanda, Suécia e Austrália, a maioria esmagadora de mulheres entre 15 e 19 anos não era casada.

***Scripts* sexuais** Quando os adolescentes exploram sua identidade sexual, eles são guiados por *scripts* sexuais. Um ***script* sexual** é um padrão estereotipado de prescrições de papel de como os indivíduos devem se comportar sexualmente. Na época em que os indivíduos atingem a adolescência, meninas e rapazes já foram socializados para seguirem *scripts* sexuais diferentes. As diferenças nos *scripts* de mulheres e homens podem causar problemas e confusões para os adolescentes enquanto estão exercitando a sua identidade sexual. As adolescentes aprendem a vincular a relação sexual ao amor (Michael et al., 1994). Elas frequentemente justificam seu comportamento sexual dizendo a si mesmas que foram arrebatadas pela paixão do momento. Inúmeros estudos identificaram que as garotas adolescentes têm maior probabilidade do que seus equivalentes masculinos de relatar estarem apaixonadas como a principal razão para serem sexualmente ativas (Hyde e DeLamater, 2011). Outros motivos que as garotas dão para serem sexualmente ativas incluem ceder à pressão masculina, a aposta de que o sexo é uma forma de conseguir um namorado, curiosidade e desejo sexual não relacionado a amor e cuidados.

A maioria das experiências sexuais adolescentes consiste de os homens tentando avançar sexualmente e ficando a cargo das mulheres estabelecerem os limites dessas investidas sexuais. A maioria dos garotos recebe uma pressão considerável dos seus pares para que tenham relações sexuais. Como comentou um adolescente, "Sinto muita pressão dos meus amigos para marcar pontos".

Deborah Tolman (2002) entrevistou inúmeras garotas sobre sua sexualidade e ficou surpresa acerca do quanto um padrão duplo ainda restringe as garotas a experimentarem e fala-

---

conexão COM OS ADOLESCENTES

Em conflito por uma decisão sexual

Elizabeth é uma adolescente que está refletindo sobre um conflito: deve ou não fazer sexo com um rapaz por quem está apaixonada. Ela diz que não é uma questão de se ela o ama ou não. Ela o ama, mas ainda não sabe se é certo ou errado fazer sexo com ele. Ele quer fazer sexo com ela, mas ela sabe que seus pais não querem que ela faça. Entre as suas amigas, algumas dizem sim, outras dizem não. Então, Elizabeth está confusa. Depois de alguns dias de reflexão, ao ser franca consigo mesma, ela chega à conclusão de que não é especial para ele. Isso finalmente a levou à resposta de não fazer sexo com ele. Ela se dá conta de que se a relação não der certo, ela vai olhar para o passado e se lamentar por isso.

As reflexões de Elizabeth revelam seu conflito para entender o que é certo e o que é errado, se deve ou não fazer sexo. No caso dela, o fato de pensar francamente sobre o assunto e admitir que não era especial para ele fez uma grande diferença em sua decisão.

Qual script *sexual se encontra subjacente à decisão de Elizabeth?*

rem sobre sexualidade, mas permite aos meninos maior liberdade quanto à sua sexualidade. Em filmes, revistas e músicas, as garotas geralmente são retratadas como objeto do desejo de alguém, mas raramente como alguém que possui desejos sexuais aceitáveis por si só. Tolman diz que as garotas enfrentam um desafio difícil relacionado ao seu *self* sexual: para ser o objeto sexual perfeito, elas devem ser atraentes, mas devem controlar o seu desejo. Um estudo recente indicou que as adolescentes frequentemente reconhecem a existência de um padrão sexual duplo no nível da sociedade e da escola, o apoio ou a aceitação na sua rede de amigos mais próximos serviram para amenizar o padrão duplo (Lyons et al., 2010).

Fatores de risco na sexualidade adolescente Muitos adolescentes não estão preparados emocionalmente para lidar com as experiências sexuais, especialmente na adolescência inicial. A atividade sexual precoce está ligada a comportamentos de risco como o uso de drogas, a delinquência e problemas relacionados com a escola (Jayakody et al., 2011; Yi et al., 2010). Em um estudo longitudinal de 10 a 12 até 25 anos, relações sexuais precoces e associar-se a companheiros com conduta desviante estavam ligados a transtornos por uso de substâncias na adultez emergente (Cornelius et al., 2007). Um estudo recente de adolescentes em cinco países, incluindo os Estados Unidos, encontrou que o uso de substâncias estava relacionado a relações sexuais precoces (Madkour et al., 2010). Outro estudo recente revelou que o uso de álcool, a menarca precoce e a comunicação deficiente entre pais e filhos estavam ligados a comportamento sexual íntimo precoce nas meninas (Hipwell et al., 2010).

Quais são alguns riscos do início precoce das relações sexuais?

Além das relações sexuais na adolescência inicial, outros fatores de risco para problemas sexuais na adolescência incluem fatores contextuais como condição socioeconômica (CSE) e pobreza, fatores familiares/parentais e dos pares e influências relacionadas com a escola (Van Ryzin et al., 2011). A porcentagem de adolescentes jovens sexualmente ativos é mais alta nas áreas de baixa renda dos centros urbanos (Silver e Bauman, 2006). Um estudo recente revelou que bairros com concentrações de pobreza prediziam a iniciação sexual de garotas e rapazes entre 15 e 17 anos (Cubbin et al., 2010).

Muitos fatores familiares estão ligados a consequências da sexualidade para os adolescentes. Uma recente revisão de pesquisas indicou que os seguintes aspectos de vinculação prediziam consequências de saúde sexual e reprodutiva para os jovens: vinculação familiar, comunicação pais-adolescente sobre sexualidade, monitoramento parental e conectividade com um parceiro (Markham et al., 2010). Um estudo recente identificou que os pontos fortes familiares na infância (p. ex., proximidade da família, apoio e receptividade às necessidades de saúde) eram protetores contra a iniciação precoce da atividade sexual e da gravidez na adolescência (Hillis et al., 2010). Outro estudo recente revelou que o comportamento de exposição a riscos era mais provável de ocorrer em garotas que viviam em lares com apenas um dos genitores (Hipwell et al., 2011). Além disso, ter irmãos mais velhos sexualmente ativos ou irmãs com filhos ou grávidas na adolescência também coloca as adolescentes em risco de gravidez (Miller, Benson, Gabraith, 2001).

Os contextos dos pares e o escolar fornecem mais informações quanto à exposição a riscos dos adolescentes (Young e Vazsonyi, 2011). Um estudo recente constatou que os adolescentes que se associaram com pares mais desviantes na adolescência inicial tinham maior probabilidade de ter mais parceiros sexuais aos 16 anos (Lansford et al., 2010). E uma revisão de pesquisas recente identificou que a conectividade estava ligada a resultados positivos da sexualidade (Markham et al., 2010). Além disso, um estudo com estudantes do ensino médio revelou que o melhor rendimento acadêmico era um fator de proteção para evitar que meninos e meninas se iniciem precocemente nas relações sexuais (Laflin, Wang e Barry, 2008).

Os fatores cognitivos estão cada vez mais implicados na exposição a riscos na adolescência (Fantasia, 2008). Dois desses fatores são os problemas de atenção e de autorregulação (a habilidade de controlar as próprias emoções e o comportamento). Um estudo longitudinal revelou que problemas de atenção e altos índices de comportamento agressivo ao ingressar na escola aumentavam o risco de múltiplos problemas de comportamento (desajuste escolar, comportamento antissocial e abuso de substância) no ensino médio, o que, por sua vez, estava ligado à iniciação precoce da atividade sexual (Schofield et al., 2008). Outro estudo longitudinal encontrou que uma fraca autorregulação aos 8 e 9 anos e a propensão a riscos (tendência a buscar sensações e a tomar más decisões) aos 12 e 13 anos preparam o terreno para o comportamento de exposição a riscos aos 16 e 17 anos (Crockett, Raffaelli e Shen, 2006).

conexão com o desenvolvimento
Desenvolvimento religioso. Certos aspectos de ser religioso estão ligados a menor exposição a risco sexual. Cap. 7, p. 264

O caráter e a espiritualidade dos adolescentes podem protegê-los de consequências sexuais negativas? Uma revisão de pesquisas recentes concluiu que as *normas pró-sociais* (que dão aos jovens informações sobre normas de comportamentos de risco, fazem os jovens se comprometer publicamente com comportamentos de um modo pró-social, como evitar comportamentos de risco, e fazem os pares e adolescentes mais velhos comunicar aspectos positivos do comportamento pró-social) e a *espiritualidade* (p. ex., ser espiritual, religioso ou acreditar em uma força maior) estavam ligadas a consequências sexuais positivas para os adolescentes: menor probabilidade de pretender ter feito sexo, sem probabilidade de se envolver em sexo precoce, fazer sexo com menos frequência e não ficar grávida (House et al., 2010). Um estudo recente também identificou que a religiosidade dos pais estava ligada a um nível mais baixo de exposição a risco sexual entre os jovens, fazendo, em parte, os adolescentes andarem com pessoas menos permissivas sexualmente (Landor et al., 2010).

Maior exploração da sexualidade em adultos emergentes Já abordamos alguns aspectos das atitudes e do comportamento heterossexual nos adultos emergentes. Faremos aqui uma análise adicional e a integração das informações sobre os padrões do comportamento heterossexual nos adultos emergentes.

Pesquisas indicam que, no começo da adultez emergente (18 anos), mais da metade dos indivíduos já manteve relações sexuais – mas ao final da adultez emergente (25 anos), a maioria dos indivíduos já teve relações sexuais (Lefkowitz e Gillen, 2006; Regenerus e Uecker, 2011). Além disso, a idade média dos casamentos nos Estados Unidos é, atualmente, de 27 anos para os homens e 26 para as mulheres (Popenoe, 2009). Assim, a adultez emergente é um período do desenvolvimento durante o qual a maioria dos indivíduos está "sexualmente ativa e não casada" (Lefkowitz e Gillen, 2006, p. 235).

Os padrões de comportamento heterossexual para homens e mulheres na adultez emergente incluem (Lefkowitz e Gillen, 2006) o seguinte:

- Os homens têm mais parceiras sexuais casuais e as mulheres relatam serem mais seletivas quanto à escolha de um parceiro sexual.
- Aproximadamente 60% dos adultos emergentes tiveram relações sexuais com apenas um indivíduo no último ano, mas comparados com os adultos jovens no final dos seus 20 e 30 anos, os adultos emergentes têm maior probabilidade de terem tido relações sexuais com dois ou mais indivíduos.
- Embora os adultos emergentes tenham relações sexuais com mais indivíduos do que os adultos jovens, eles fazem sexo com menos frequência. Aproximadamente 25% dos adultos emergentes relatam terem relações sexuais apenas duas vezes por ano ou nenhuma vez (Michael et al., 1994).
- O sexo casual é mais comum na adultez emergente do que na idade adulta jovem. Um estudo indicou que 30% dos adultos emergentes disseram que tinham transado com alguém e haviam tido relações sexuais durante a faculdade (Paul, McManus e Hayes, 2000).

Quais são alguns indicadores de comportamento heterossexual de risco em adultos emergentes, como ter relações sexuais casuais e sem proteção? Alguns achados de pesquisa indicam que os indivíduos que se tornam sexualmente ativos na adolescência se envolvem em mais comportamentos sexuais de risco na adultez emergente do que seus equivalentes que retardam sua iniciação sexual até a adultez emergente (Capaldi et al., 2002; Scott et al., 2011). Um estudo recente indicou que estudantes universitários que praticavam sexo sem segurança tinham probabilidade de também ter feito isso durante o ensino médio (Wetheril, Neal e Fromme, 2010). Os adultos emergentes mais religiosos tiveram menos parceiros sexuais e se envolvem em menos comportamentos sexuais de risco do que seus equivalentes menos religiosos (Lefkowitz, Boone e Shearer, 2004). E quando os adultos emergentes ingerem álcool, eles têm maior probabilidade de ter sexo casual e menor probabilidade de discutirem os riscos possíveis (Cooper, 2002).

Qual a extensão das diferenças de gênero na sexualidade? Uma metanálise recente revelou que os homens relataram ter um pouco mais de experiências sexuais e mais atitudes permissivas do que as mulheres na maioria dos aspectos da sexualidade (Petersen e Hyde, 2010).

Quais são algumas características dos padrões sexuais na adultez emergente?

> **conexão** COM ADULTOS EMERGENTES
>
> **Pensamentos de Christine sobre relações sexuais**
>
> Quando era caloura na faculdade, Christine tentou suprimir os desejos sexuais que tinha no seu relacionamento amoroso e, posteriormente, decidiu que era melhor perder a virgindade com um amigo do que com um namorado:
>
>> Acho que a primeira vez que você faz sexo deve ser com um amigo, não necessariamente com um namorado, porque há muitas emoções envolvidas. E com um amigo existe uma proximidade, mas não existem aqueles sentimentos profundos que podem lhe deixar realmente abatida se o relacionamento não der certo.
>
> Christine também fez estes comentários:
>
>> Na verdade, não vou desfrutar do sexo até terminar a faculdade... porque na faculdade tudo é tão agitado. Você não sabe o que vai fazer no dia seguinte ou no dia depois de amanhã. E, depois da universidade, você provavelmente vai entrar em uma rotina de ir para o trabalho, voltar para casa, alimentar seu cachorro, alimentar seu namorado, sabe? É como se você fosse ter uma vida mais estável com essa pessoa, e então acho que eles vão ser mais íntimos. E com isso você provavelmente terá um sexo melhor.
>
> (Fonte: Gilmartin, 2006, pp. 444, 447)
>
> *Os esforços de Christine para ser seletiva quanto aos seus parceiros sexuais reflete um padrão de comportamento observado entre as pessoas da sua idade?*

Para os seguintes fatores, foram encontradas diferenças mais fortes: os homens disseram que se masturbavam mais, faziam uso de pornografia, faziam sexo casual e tinham atitudes mais permissivas quanto ao sexo casual do que seus equivalentes do sexo feminino.

ATITUDES E COMPORTAMENTOS DE MINORIAS SEXUAIS

A maior parte dos indivíduos de minorias sexuais (pessoas que fazem sexo com outras do mesmo sexo) experimenta sua primeira atração sexual, comportamento sexual e se autorrotula como *gay* ou lésbica durante a adolescência (Diammond e Savin-Williams, 2009, 2011; Saewyc, 2011). No entanto, alguns indivíduos de minorias sexuais têm essas experiências pela primeira vez na adultez emergente. Além disso, embora a maioria dos *gays* e lésbicas tenha sua primeira experiência com o mesmo sexo na adolescência, eles frequentemente têm seu primeiro relacionamento mais duradouro com alguém do mesmo sexo na adultez emergente.

A preferência por um parceiro do mesmo ou do outro sexo nem sempre é uma decisão fixa, feita uma vez na vida e mantida para sempre. Por exemplo, não é incomum que um indivíduo, especialmente do sexo masculino, faça experimentações com pessoas do mesmo sexo durante a adolescência, mas não tenha esse comportamento quando adulto. Para outros, aplica-se a sequência oposta.

Até a metade do século XX, existia uma crença geral de que as pessoas ou eram heterossexuais ou homossexuais. Entretanto, houve um distanciamento na utilização do termo "homossexual" devido à sua conotação histórica negativa (Carroll, 2010; Kelly, 2011). Além do mais, o uso do termo "homossexual" como um termo claramente definido é geralmente simplificado demais. Por exemplo, muitos indivíduos relatam ter atração e comportamentos em relação ao mesmo sexo, mas não se identificam como integrante de uma **minoria sexual** – alguém que se identifica como sendo lésbica, *gay* ou bissexual. O termo **bissexual** refere-se a alguém que sente atração por pessoas de ambos os sexos. Os pesquisadores têm tido a tendência de usar termos mais descritivos e limitados do que "homossexual", preferindo termos como "homens que fazem sexo com outros homens" e "mulheres que fazem sexo com outras mulheres".

Levantamentos nacionais revelam que entre 2,3 e 2,7% dos indivíduos estadunidenses se identificam como *gays* e de 1,1 a 1,3% se identificam como lésbicas (Alan Guttmacher Institute, 1995; Michael et al., 1994). Embora as estimativas da atividade sexual com o mesmo sexo (relações sexuais ou sexo oral) estejam dentro da variação de 2 a 3% dos adultos (Remafedi et al., 1992), outras são mais altas (Mosher, Chandra e Jones, 2005).

Um levantamento nacional recente (Kann et al., 2011) revelou que a prevalência de comportamentos de risco à saúde era mais alta entre jovens de minorias sexuais do que entre jovens heterossexuais em 7 das 10 categorias de comportamento de risco: comportamentos que contribuem para a violência, comportamentos relacionados a tentativa de suicídio, uso de tabaco, uso de álcool, uso de outra droga, comportamentos sexuais e manejo do peso.

minoria sexual Alguém que se identifica como sendo lésbica, *gay* ou bissexual.

bissexual Uma pessoa que é atraída por pessoas de ambos os sexos.

Fatores associados ao comportamento de minorias sexuais Pesquisadores exploraram a possível base biológica do comportamento das minorias sexuais. Neste aspecto, avaliamos a seguir estudos de hormônios, do cérebro e de gêmeos em relação à atração pelo mesmo sexo. Os resultados dos estudos hormonais foram inconsistentes. Na verdade, se os homens de minorias sexuais recebem hormônios sexuais masculinos (androgênios), sua orientação sexual não se altera; seu desejo sexual aumenta de forma não significativa. Um período crítico muito precoce pode influenciar a orientação sexual. Do segundo ao quinto mês após a concepção, a exposição do feto a níveis hormonais característicos femininos pode fazer o indivíduo (mulher ou homem) vir a se sentir atraído por homens (Ellis e Ames, 1987). Se a hipótese deste período crítico se revelar correta, isto explicaria por que os clínicos identificaram que a orientação sexual é difícil, se não impossível, de ser modificada (Meyer-Bahlburg et al., 1995).

Os pesquisadores também examinaram as influências genéticas na orientação sexual por meio do estudo de gêmeos. Um estudo sueco recente com quase 4 mil gêmeos encontrou que apenas aproximadamente 35% da variação no comportamento sexual em homens e 19% nas mulheres eram explicados por diferenças genéticas (Langstrom et al., 2010). Este resultado sugere que, embora os genes provavelmente desempenhem seu papel na orientação sexual, eles não são o único fator (King, 2011).

A orientação sexual de um indivíduo – mesmo sexo, heterossexual ou bissexual – é mais provavelmente determinada por uma combinação de fatores genéticos, hormonais, cognitivos e ambientais (Hyde e DeLamater, 2011; King, 2011). A maioria dos especialistas em relações com o mesmo sexo acredita que não exista um único fator que cause a orientação sexual, e que o peso relativo de cada fator pode variar de indivíduo para indivíduo.

Caminhos do desenvolvimento É comumente percebido que a maioria dos *gays* e lésbicas se defronta com a atração pelo mesmo sexo na infância, não têm encontros amorosos heterossexuais e, gradualmente, reconhecem que são *gays* ou lésbicas entre a metade e o fim da adolescência (Diamond e Savin-Williams, 2009, 2011). Entretanto, existe muito mais fluidez na orientação sexual do que sugere esta abordagem (Saewyc, 2011). Muitos jovens realmente seguem este caminho desenvolvimental, mas outros não. Por exemplo, muitos jovens não têm lembrança de terem sentido atração pelo mesmo sexo e vivenciam uma noção mais abrupta desta atração no fim da adolescência (Savin-Williams, 2011). Os pesquisadores também constataram que a maioria dos adolescentes com atração pelo mesmo sexo também experimentou algum grau de atração pelo outro (Garofalo et al., 1999). E, embora alguns adolescentes que são atraídos por indivíduos do mesmo sexo se apaixonem por esses indivíduos, outros alegam que a sua atração por indivíduos do mesmo sexo é puramente física (Diamond e Savin-Williams, 2011; Savin-Williams e Ream, 2007).

conexão com o desenvolvimento
Métodos de pesquisa. Um estudo com gêmeos compara as semelhanças comportamentais entre gêmeos idênticos às existentes entre gêmeos fraternos. Cap. 2, p. 105

Quais são as características dos adolescentes de minorias sexuais?

Em resumo, os jovens de minorias sexuais têm diferentes padrões de atração inicial, frequentemente têm atração bissexual e podem ter atração física ou emocional por indivíduos do mesmo sexo, mas nem sempre se apaixonam por eles (Diamond e Savin-Williams, 2009, 2011). Teremos mais a considerar a respeito do desenvolvimento romântico e do namoro entre jovens de minorias sexuais no Capítulo 9.

Identidade *gay* e lésbica e revelação O estabelecimento de uma identidade *gay* ou lésbica é geralmente chamado de processo de revelação (Savin-Williams, 2011). Em um estudo com adolescentes *gays*, a maioria deles disse que, quando crianças, sentiam-se diferentes dos outros meninos (Newman e Muzzonigro, 1993). A média de idade de sentir a primeira paixão por um menino era de 12,7 anos, e a idade média em que perceberam ser *gays* era de 12,5 anos. A maioria dos meninos disse que se sentiu confuso quando percebeu que era *gay*. Aproximadamente metade deles disse que inicialmente tentou negar sua identidade.

Na última década, um número crescente de jovens revelou sua atração *gay*, lésbica ou bissexual aos seus pais.

— **Richard Savin-Williams**
Psicólogo contemporâneo, Universidade Cornell

Discriminação e preconceito Os sentimentos irracionais negativos contra indivíduos que têm atração por pessoas do mesmo sexo são chamados de **homofobia**. Em suas formas mais extremas, a homofobia pode levar os indivíduos a ridicularizar, agredir fisicamente ou até mesmo assassinar pessoas que eles acham que têm atração pelo mesmo sexo. Mais tipicamente, a homofobia está associada à esquiva de indivíduos com atração pelo mesmo sexo, crenças errôneas sobre o estilo de vida das minorias sexuais (como acreditar na falsa concepção de que a maioria dos molestadores de crianças tem atração pelo mesmo sexo) e discriminação sutil ou manifesta em casa, no trabalho e em outras áreas da vida (Meyer, 2003).

Um dos aspectos prejudiciais da estigmatização da atração por pessoas do mesmo sexo é a autodesvalorização dos próprios indivíduos de minorias sexuais (Bos e Gartrell, 2010; Savin-Williams et al., 2011). Uma forma comum de autodesvalorização é o processo de esconder a própria identidade social verdadeira. Sem apoio adequado e com medo da estigmatização, muitos jovens *gays* e lésbicas voltam para "dentro do armário", mas "saem dele", posteriormente, em um momento mais seguro, geralmente na universidade.

Um estudo em larga escala encontrou semelhanças e diferenças nas vidas dos adolescentes heterossexuais em relação aos que sentem atração por pessoas do mesmo sexo e em relação aos bissexuais (Bussèri et al., 2006). Ocorreram semelhanças entre as orientações sexuais para qualidade das amizades, orientação acadêmica e percepção do clima escolar. Os adolescentes bissexuais relataram os resultados mais negativos, incluindo áreas das suas vidas como a relação com os pais, o funcionamento psicológico e a vitimização. Os adolescentes atraídos por pessoas do mesmo sexo relataram menos experiências positivas do que os adolescentes exclusivamente heterossexuais nas relações com os pais, no funcionamento psicológico e na vitimização. Estes resultados confirmam achados em outros estudos que sugerem que os adolescentes não heterossexuais enfrentam certos riscos e desafios em suas vidas. No entanto, os achados também indicam que os adolescentes atraídos por pessoas do mesmo sexo têm muitos aspectos positivos nas suas vidas, incluindo pontos fortes intrapessoais (orientação acadêmica) e recursos interpessoais (qualidade das amizades) (Bussèri et al., 2006).

Outra preocupação é uma possível ligação entre risco de suicídio e orientação sexual. Em um estudo com 12 mil adolescentes, aproximadamente 15% dos jovens *gays* e lésbicas disseram ter tentado suicídio, comparados com 7% dos jovens heterossexuais (Russell e Joyner, 2001). Entretanto, Ritch Savin-Williams (2001), um importante pesquisador de adolescentes *gays* e lésbicas, sustenta que apenas um número um pouco maior de adolescentes de minorias sexuais do que os heterossexuais tenta suicídio. Segundo sua visão, muitos estudos provavelmente exageram os índices de suicídio entre adolescentes de minorias sexuais porque eles fizeram um levantamento apenas dos jovens mais perturbados, que estavam participando de grupos de apoio ou percorrendo abrigos para jovens de minorias sexuais. Uma revisão de pesquisa recente concluiu que existem resultados mistos quanto à possibilidade de os adolescentes de minorias sexuais terem maior probabilidade de tentar suicídio ou não (Saewyc, 2011). Nesta revisão, concluiu-se que a ideação e as tentativas suicidas aumentaram desde o início até a metade da década de 1990 para garotas lésbicas e bissexuais, ao passo que para os rapazes *gays*, as tendências são inconclusivas (Saewyc, 2011).

homofobia Ter sentimentos negativos irracionais contra indivíduos que têm atração pelo mesmo sexo.

Pesquisas recentes também indicam que os adolescentes de minorias sexuais têm maior probabilidade de desenvolver problemas de abuso de substância, expor-se a riscos sexuais e serem direcionados para a violência (Saewyc, 2011):

- Um estudo longitudinal revelou que adolescentes de minorias sexuais tinham mais probabilidade de começar a beber mais cedo do que seus equivalentes heterossexuais, e que a maioria dos grupos de minorias sexuais tinha níveis mais altos de uso de bebida, incluindo o beber compulsivo no fim da adolescência (Coker, Austin e Schuster, 2010).
- Os adolescentes de minorias sexuais têm maior probabilidade de ter iniciação sexual precoce (antes dos 13 anos em alguns estudos, antes dos 14 anos em outros), relatam um número mais alto de parceiros durante a vida ou recentes e têm mais doenças sexualmente transmissíveis do que os adolescentes heterossexuais, embora tenham sido encontrados resultados inconclusivos para o uso de preservativo nestes grupos (Coker; Austin e Schuster, 2010; Goodnow et al., 2008; Parkes et al., 2011; Saewyc, 2011).
- Os jovens de minorias sexuais têm maior probabilidade de serem voltados para a violência do que os jovens heterossexuais em inúmeros contextos, incluindo situações de abuso e violência nos encontros amorosos e assédio verbal e físico na escola e na comunidade (Coker, Austin e Schuster, 2010; Ryan et al., 2009; Saewyc, 2011). Entre julho e setembro de 2002, cinco adolescentes de minoria sexual cometeram suicídio, aparentemente em consequência de *bullying* e agressividade *antigay* (Halpern, 2011).

Em conclusão, muitos adolescentes de minorias sexuais passam por discriminação e rejeição nas interações com suas famílias, seus pares, suas escolas e suas comunidades (Halpern, 2011). A exposição dos jovens de minorias sexuais ao estigma e à discriminação é a principal razão dada para a sua maior probabilidade de desenvolver problemas (Saewyc, 2011). Por exemplo, um estudo recente identificou que a rejeição familiar à revelação de adolescentes de minorias sexuais estava ligada a taxas mais altas de depressão, abuso de substância e sexo sem proteção (Ryan et al., 2009). Apesar dessas circunstâncias negativas, muitos adolescentes de minorias étnicas têm sucesso em lidar com os desafios com os quais se defrontam e desenvolvem níveis de saúde e bem-estar similares aos dos seus pares heterossexuais (Saewyc, 2011).

MASTURBAÇÃO

Independentemente de a atração de um adolescente ser heterossexual ou pelo mesmo sexo, ele precisa igualmente se defrontar com sentimentos de excitação sexual. Uma forma pela qual os jovens que não estão tendo encontros amorosos ou que conscientemente optam por não ter relações sexuais ou explorações sexuais lidam com esses insistentes sentimentos de excitação sexual é por meio da masturbação.

Conforme indicado anteriormente, um *continuum* heterossexual de beijos, carícias e relação sexual ou sexo oral caracteriza as experiências sexuais de muitos adolescentes. No entanto, um número substancial de adolescentes tem experiência sexual fora deste *continuum* heterossexual por meio da masturbação ou do comportamento com o mesmo sexo. A maioria dos meninos ejacula pela primeira vez em torno dos 12 ou 13 anos. A masturbação, o contato genital com um parceiro do mesmo sexo ou do outro sexo, ou a polução noturna são circunstâncias comuns para a ejaculação.

A masturbação é a saída sexual mais frequente para muitos adolescentes, especialmente para os meninos. Um estudo recente de jovens de 14 a 17 anos revelou que 80% dos meninos e 48% das meninas relataram que haviam se masturbado em algum momento (Fortenberry et al., 2010). Os adolescentes de hoje já não se sentem tão culpados quanto à masturbação como antigamente, embora ainda possam se sentir constrangidos ou fiquem na defensiva a esse respeito. Em épocas passadas, a masturbação era acusada de causar uma série de sintomas negativos, desde verrugas até a insanidade. Hoje, apenas 15% dos adolescentes vinculam algum estigma à masturbação (Hyde e DeLamater, 2011).

Um estudo investigou as práticas de masturbação de estudantes universitários de ambos os sexos (Leitenberg, Detzer e Srebnik, 1993). Quase duas vezes mais homens do que mulheres disseram que haviam se masturbado (81% *versus* 45%), e os homens que se masturbaram fizeram isso com uma frequência três vezes maior durante a adolescência inicial e a idade adulta inicial do que as mulheres que se masturbaram nestas mesmas faixas etárias. Não foi encontrada associação entre a qualidade do ajustamento sexual na idade adulta e uma história de masturbação durante a pré-adolescência e/ou adolescência inicial.

Um adolescente participa de uma sessão de vídeo interativa desenvolvida por Julie Downs e colaboradores no Departamento de Ciências Sociais e de Decisão, na Universidade Carnegie Mellon. Os vídeos ajudam os adolescentes a avaliarem suas respostas e decisões em contextos de alto risco.

Muitos dos dados existentes sobre masturbação são difíceis de interpretar porque são baseados em autorrelatos nos quais muitos adolescentes podem não estar respondendo com precisão. É provável que a maioria dos especialistas em sexualidade adolescente concorde que os meninos se masturbam mais do que as meninas – mas a masturbação é um comportamento mais estigmatizado para as meninas, portanto, elas podem, na realidade, se masturbar mais do que indicam nos autorrelatos (Diamond, 2004).

USO DE CONTRACEPTIVOS

A atividade sexual é uma atividade normal e necessária para a procriação, mas se não forem tomadas as precauções adequadas, ela trará o risco de gravidez involuntária ou indesejada além de doenças sexualmente transmissíveis (Kelly, 2011; Welch, 2011). Esses dois riscos podem ser reduzidos significativamente por meio do uso de certas formas de contracepção e barreiras (como os preservativos) (Crooks e Baur, 2011).

Os adolescentes estão usando preservativos com mais frequência? Um estudo nacional recente revelou um aumento substancial no uso de contraceptivos (61% em 2009, comprados com 46% em 1991) entre estudantes estadunidenses do ensino médio durante a última vez em que tiveram relações sexuais (Eaton et al., 2010). Contudo, neste estudo, o uso de preservativo pelos adolescentes estadunidenses não se alterou significativamente de 2003 a 2009.

Muitos adolescentes sexualmente ativos ainda não usam contraceptivos ou os usam de forma inconsequente (Tschann et al., 2010). Em 2009, 34% dos adolescentes sexualmente ativos não tinha usado preservativo na última vez que eles tiveram relações sexuais (Eaton et al., 2010). No levantamento nacional recente feito nos Estados Unidos, entre os adolescentes sexualmente ativos, os da 1ª (64%) e 2ª séries (68%) do ensino médio relataram ter usado preservativo durante sua última relação sexual mais do que os da 3ª (61%) e 4ª séries do ensino médio (55%) (Eaton et al., 2010).

Pesquisadores também descobriram que os adolescentes estadunidenses usam menos preservativos do que seus equivalentes na Europa. Estudos recentes com jovens de 15 anos revelaram que, na Europa, 72% das garotas e 81% dos garotos haviam usado preservativos em sua última relação sexual (Currie et al., 2008); em comparação, nos Estados Unidos, 62% das garotas e 75% dos garotos usaram preservativo em sua última relação sexual (Santelli, Sandfort e Orr, 2009). O uso da pílula também continua ser maior nos países europeus (Santelli, Sandfort e Orr, 2009). Tais comparações proporcionam uma compreensão de por que os índices de gravidez na adolescência são muito maiores nos Estados Unidos do que nos países europeus.

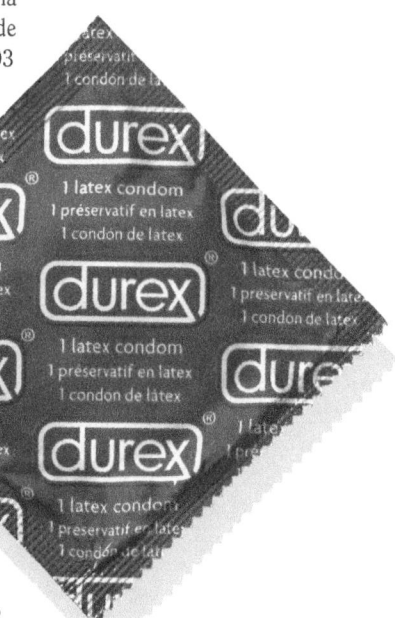

Revisar *Conectar* **Refletir** OA2	Resumir atitudes e comportamentos sexuais na adolescência.	
Revisar • Como você descreveria as atitudes e os comportamentos heterossexuais? • Como você caracterizaria comportamentos e atitudes das minorias sexuais adolescentes? • O que se sabe a respeito da masturbação na adolescência?	• O quanto os adolescentes usam contraceptivos? *Conectar* • Faça uma conexão do que você aprendeu sobre identidade no Capítulo 4 com a discussão desta seção sobre identidade e revelação *gay* e lésbica.	**Refletir** *sua jornada de vida pessoal* • Pense nas suas experiências sexuais ou falta de experiências sexuais na adolescência. O que você mudaria?

3 Consequências negativas da sexualidade adolescente

OA3 Descrever as principais consequências negativas da sexualidade que podem surgir na adolescência.

- Gravidez na adolescência
- Doenças sexualmente transmissíveis
- Situações de abuso e assédio sexual

As consequências sexuais negativas na adolescência incluem gravidez na adolescência, doenças sexualmente transmissíveis e situações de abuso e assédio sexual. Comecemos explorando a gravidez na adolescência e sua prevalência nos Estados Unidos e no mundo.

GRAVIDEZ NA ADOLESCÊNCIA

Ângela tem 15 anos. Ela reflete: "Estou com três meses de gravidez. Isso pode arruinar a minha vida. Fiz tantos planos para o futuro e agora eles estão escorrendo pelo ralo. Não tenho ninguém com quem conversar sobre o meu problema. Não posso falar com os meus pais. Eles não vão entender de jeito nenhum". As adolescentes grávidas eram, antigamente, praticamente invisíveis e nem mesmo mencionadas. Trancafiadas em lares para mães solteiras, renunciar ao bebê para adoção era sua única opção, ou então, sujeitavam-se a abortos inseguros e ilegais. Mas o segredo de ontem transformou-se no dilema de hoje. Nossa exploração da gravidez na adolescência enfoca sua incidência e sua natureza, suas consequências, os fatores cognitivos que podem estar envolvidos, os adolescentes no papel de pais e as formas pelas quais os índices de gravidez na adolescência podem ser reduzidos.

Incidência de gravidez na adolescência As adolescentes que ficam grávidas são provenientes de diferentes grupos étnicos e diferentes lugares, mas suas circunstâncias são igualmente estressantes. Para muitos adultos, elas representam uma falha na malha social dos Estados Unidos. A cada ano, mais de 200 mil mulheres nos Estados Unidos têm um filho antes de completarem 18 anos. Assim como Ângela, muitas outras engravidam no começo ou na metade da adolescência. Como disse uma mãe de Los Angeles, de 17 anos, com um filho de um ano: "Nós éramos crianças tendo crianças".

Nas comparações transculturais, os Estados Unidos continuam a ter um dos índices mais altos de gravidez e criação de filhos na adolescência dos países industrializados, apesar de haver um declínio considerável na década de 1990 (Cooksey, 2009). A taxa de gravidez na adolescência nos Estados Unidos é oito vezes mais alta do que na Holanda. Essa tremenda diferença existe apesar de os adolescentes estadunidenses não serem mais sexualmente ativos do que seus equivalentes holandeses.

Por que os índices de gravidez na adolescência nos Estados Unidos são tão altos? Três razões baseadas em estudos transculturais são (Boonstra, 2002, p. 9-10):

- *A criação dos filhos considerada como uma atividade adulta*. Nos países europeus, bem como no Canadá, existe um forte consenso de que a criação dos filhos pertence à idade adulta, "quando o jovem já concluiu seus estudos, está empregado, é independente dos seus pais e mantém relações estáveis. [...] Nos Estados Unidos, esta atitude é muito menos forte e muito mais variável entre os grupos e áreas do país".

- *Mensagens claras sobre o comportamento sexual*. Embora os adultos em outros países encorajem firmemente os adolescentes a esperarem até terem se estabelecido para depois terem filhos, eles geralmente aceitam melhor do que os estadunidenses que os adolescentes façam sexo. Na França e na Suécia, em particular, a expressão sexual adolescente é encarada como normal e positiva, mas também existe uma expectativa generalizada de que a relação sexual ocorra em relações em que haja um compromisso (na verdade, as relações entre os adolescentes estadunidenses tendem a ser mais esporádicas e mais de curta duração). Igualmente forte é a expectativa de que os jovens que estão fazendo sexo tomem atitudes para protegerem si e aos seus parceiros de gravidez e doenças sexualmente transmissíveis, uma expectativa que é muito mais forte na Europa do que nos Estados Unidos. "Em conformidade com esta visão, [...] as escolas na Grã-Bretanha, França, Suécia e na maior parte do Canadá" possuem programas de educação sexual que proporcionam informações mais abrangentes sobre prevenção do que as escolas estadunidenses. Além disso, estes países usam a mídia com muito mais frequência em "campanhas patrocinadas pelo governo para a promoção do comportamento sexual responsável".
- *Acesso a serviços de planejamento familiar*. Nos países nos quais existe maior aceitação das relações sexuais entre adolescentes, estes adolescentes também têm um acesso mais fácil aos serviços de saúde reprodutiva. "No Canadá, França, Grã-Bretanha e Suécia, os serviços contraceptivos estão integrados a outros tipos de cuidados de atenção primária e estão disponíveis de graça ou com baixo custo para todos os adolescentes. Em geral, os adolescentes (nestes países) sabem onde obter informações e serviços e receber cuidados confidenciais e sem juízo de valor. [...] Nos Estados Unidos, onde as atitudes quanto às relações sexuais na adolescência são mais conflitantes, os adolescentes têm mais dificuldade em obter serviços contraceptivos. Muitos deles não possuem seguro de saúde e não conseguem ter o controle de natalidade como parte dos seus cuidados básicos de saúde."

Aborto Um debate acalorado envolve o aborto nos Estados Unidos atualmente e é provável que este debate continue no futuro próximo. As experiências das adolescentes estadunidenses que querem fazer um aborto variam por estado e região. Trinta e oito estados proíbem o aborto depois de um tempo específico de gravidez, frequentemente após o estágio fetal (Alan Guttmacher Institute, 2001). Trinta e quatro estados exigem alguma forma de envolvimento parental na decisão de uma menor de fazer um aborto.

O aborto é mais fácil de ser realizado em alguns países, mais notadamente nos países escandinavos, do que nos Estados Unidos, onde o aborto e a atividade sexual adolescente são

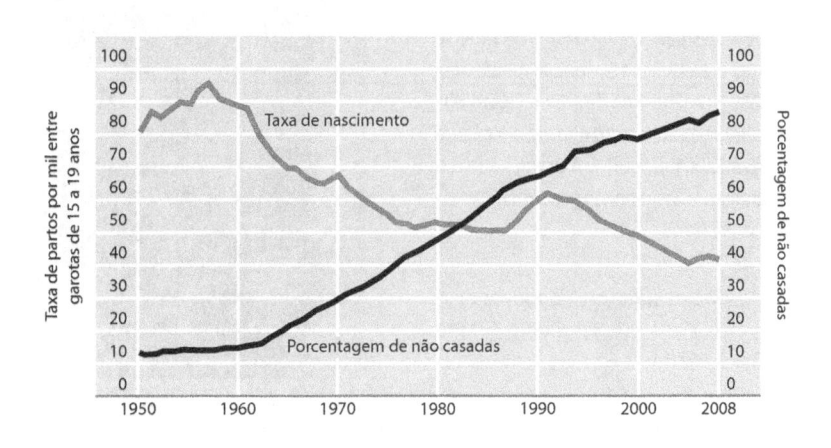

FIGURA 6.5
Partos de garotas entre 15 e 19 anos e a porcentagem de não casadas, de 1950 a 2008.

Quais são algumas consequências da gravidez na adolescência?

mais estigmatizados. Em muitos países em desenvolvimento, como a Nigéria, o aborto é muito mais inseguro do que nos Estados Unidos.

Em 2006, 27% dos casos de gravidez na adolescência terminaram em aborto (Alan Guttmacher Institute, 2010). Também nos Estados Unidos, 19% dos abortos são realizados em garotas de 15 a 19 anos, ao passo que menos de 1% é realizado com garotas com menos de 15 anos. As adolescentes têm mais probabilidade do que as mulheres de retardar o aborto até depois de 15 semanas de gravidez, quando os riscos médicos associados ao aborto aumentam significativamente.

Independentemente dos resultados das pesquisas, os defensores da vida e da escolha estão convencidos da retidão das suas posições (Hyde e DeLamater, 2011). Seu conflito tem raízes em crenças religiosas, convicções políticas e moralidade. Este conflito não tem soluções fáceis.

Consequências da gravidez na adolescência As consequências do alto índice de gravidez na adolescência são motivo para grande preocupação (Welch, 2011). A gravidez na adolescência cria riscos de saúde tanto para o bebê quanto para a mãe. Os bebês nascidos de mães adolescentes têm maior probabilidade de nascer prematuros e de ter baixo peso no nascimento – um fator marcante na mortalidade infantil – bem como problemas neurológicos e doenças infantis (Khashan, Baker e Kenny, 2010). As mães adolescentes frequentemente abandonam a escola. Embora muitas mães adolescentes retomem seus estudos mais tarde, elas geralmente não se igualam economicamente a outras mulheres que adiam engravidar até os 20 anos ou mais. Um estudo longitudinal revelou que estas características das mães adolescentes estavam relacionadas à probabilidade de terem problemas quando adultas emergentes: uma história de problemas escolares, delinquência, uso pesado de substância e problemas de saúde mental (Oxford et al., 2006).

Embora as consequências dos altos índices de gravidez na adolescência nos Estados Unidos sejam causa de grande preocupação, frequentemente não é unicamente a gravidez que leva a consequências negativas para uma mãe adolescente e seu filho. As mães adolescentes têm mais probabilidade de serem provenientes de contextos com baixa condição socioeconômica (Molina et al., 2010). Muitas mães adolescentes também não eram boas alunas antes de engravidar (Malamitsi-Puchner e Boutsikou, 2006). Entretanto, nem toda a adolescente que tem um filho vive uma vida de pobreza e tem poucas realizações. Assim, embora a gravidez na adolescência seja uma circunstância de alto risco e as adolescentes que não engravidam

---

conexão COM OS ADOLESCENTES

Alberto, 16 anos: querendo um tipo de vida diferente

A avó materna de Alberto, 16 anos, era uma viciada em heroína que morreu de câncer aos 40 anos. O pai dele, que tinha apenas 17 anos quando Alberto nasceu, havia estado na prisão durante a maior parte da vida de Alberto. Sua mãe e seu padrasto não são casados, mas vivem juntos há 12 anos e têm outros quatro filhos. O meio-irmão de Alberto abandonou a escola com 17 anos, teve um filho e agora está desempregado. Mas Alberto, que vive no Bronx, na cidade de Nova Iorque, tem planos diferentes para o seu futuro. Ele quer ser dentista, diz ele, "como aquela mulher que arrumou seus dentes na clínica do Centro Hospitalar Bronx-Lebanon quando ele era criança" (Bernstein, 2004, p. A22). E Alberto, junto com sua namorada, Jasmine, quer permanecer virgem até se casar.

Que influências culturais, negativas e positivas, podem estar ajudando Alberto a planejar seu futuro?

Alberto com sua namorada.

geralmente sejam melhores do que as que engravidam, algumas mães adolescentes se saem bem na escola e têm resultados positivos (Ahn, 1994; Leadbeater e Way, 2000).

Adolescentes como pais Os filhos de pais adolescentes enfrentam problemas ainda antes de nascerem (Chedraui, 2008). Apenas uma em cada cinco adolescentes grávidas recebe algum cuidado pré-natal durante os importantes primeiros três meses de gravidez. As adolescentes grávidas têm maior probabilidade de terem anemia e complicações relacionadas à prematuridade do que as mães entre 20 e 24 anos. Os problemas da gravidez na adolescência dobram o risco normal de dar à luz um bebê com baixo peso no nascimento (pesando abaixo de 2,5 kg), uma categoria que coloca esse bebê em risco de déficits físicos e mentais (Dryfoos e Barkin, 2006). Em alguns casos, os problemas do bebê podem ser devidos mais à pobreza do que à idade da mãe.

Estas mães adolescentes estão envolvidas em um programa em Nebraska projetado para ajudá-las a cuidarem dos seus bebês e mantê-las na escola. *Como são os adolescentes no papel de pais?*

Os bebês que escapam dos riscos médicos de ter uma mãe adolescente podem não escapar dos perigos psicológicos e sociais. As mães adolescentes são menos competentes na criação dos filhos e têm expectativas menos realistas quanto ao desenvolvimento do seu bebê do que as mães mais velhas (Osofsky, 1990). As crianças nascidas de mães adolescentes não têm um desempenho tão bom em testes de inteligência e têm mais problemas comportamentais do que as crianças nascidas de mães na década dos 20 anos (S. Silver, 1988). Um estudo longitudinal encontrou que os filhos de mulheres que tiveram seu primeiro filho durante a adolescência tinham escores mais baixos nos testes de rendimento e mais problemas comportamentais do que crianças cujas mães tiveram seu primeiro filho quando adultas (Hofferth e Reid, 2002).

Até aqui, falamos exclusivamente sobre as mães adolescentes. Embora alguns pais adolescentes estejam envolvidos com seus filhos, a maioria deles não está. Em um estudo, apenas um quarto das mães adolescentes com um filho de 3 anos disseram que o pai tinha uma relação próxima com eles (Leadbeater, Way e Raden, 1994).

Os pais adolescentes têm renda mais baixa, menos educação e mais filhos do que os homens que retardam a época de terem filhos até a década dos 20 anos ou mais. Uma razão para estas dificuldades é que o pai adolescente frequentemente combina o problema de tornar-se pai em idade precoce com o abandono da escola (Resnick, Wattenberg e Brewer, 1992).

Redução da gravidez na adolescência Esforços sérios e amplos são necessários para reduzir a gravidez na adolescência e ajudar as adolescentes grávidas e jovens mães a melhorarem suas oportunidades educacionais e ocupacionais (Graves et al., 2011; Sieving et al., 2011; Tortolero et al., 2010). John Conger (1988) fez quatro recomendações para a redução do alto índice de gravidez na adolescência: (1) educação sexual e planejamento familiar, (2) acesso a métodos contraceptivos, (3) abordagem das opções de vida e (4) amplo envolvimento e apoio da comunidade. Consideraremos cada uma destas recomendações por vez.

A educação da vida familiar apropriada à idade beneficia os adolescentes (Fallon, 2011). Uma estratégia usada em alguns desses programas de vida familiar é a boneca Baby Think It Over, um bebê em tamanho real acionado por computador que dá respostas realistas e proporciona aos adolescentes a oportunidade de vivenciar as responsabilidades de serem pais. Um estudo recente com estudantes latinas da 1ª série do ensino médio que cuidavam da boneca Baby Think It Over revelou que a experiência aumentava a idade em que diziam querer ter um filho, produzia um maior interesse na carreira e no planejamento educacional e aumentava as preocupações sobre como a possibilidade de ter um bebê poderia interferir nesses planos (de Ànda, 2006). Para ler a respeito do trabalho de um indivíduo que incorpora a boneca Baby Think It Over aos seus esforços para educar adolescentes sobre a realidade de ter um bebê, veja o perfil em *Conexão com Carreiras*.

Além da educação sexual e da vida familiar adequada à idade, os adolescentes sexualmente ativos precisam ter acesso a métodos contraceptivos (Crooks e Baur, 2011). Estas ne-

conexão COM CARREIRAS

Lynn Blankenship, educadora em família e ciência do consumidor

Lynn Blankenship é uma educadora em Família e Ciência do Consumidor. É graduada nesta área pela Universidade do Arizona. Ela ensina há mais de 20 anos, sendo os últimos 14 na Tucson High Magnet School.

Blankenship recebeu o Prêmio de Educadora do Ano em 1999-2000 da Federação de Professores Educadores de Tucson e de Professor do Ano em Ciência do Consumidor, em 1999.

Blankenship tem preferência especial por ensinar habilidades de vida para adolescentes. Uma das suas atividades favoritas é fazer os estudantes tomarem conta de um bebê que imita as necessidades dos bebês reais. Blankenship diz que esse programa causa um impacto profundo nos estudantes porque o bebê precisa ser cuidado durante as 24 horas do dia, enquanto durar a tarefa. Blankenship também coordena experiências de trabalho no mundo real e o treinamento de estudantes de diversas instituições de cuidados infantis na área de Tucson.

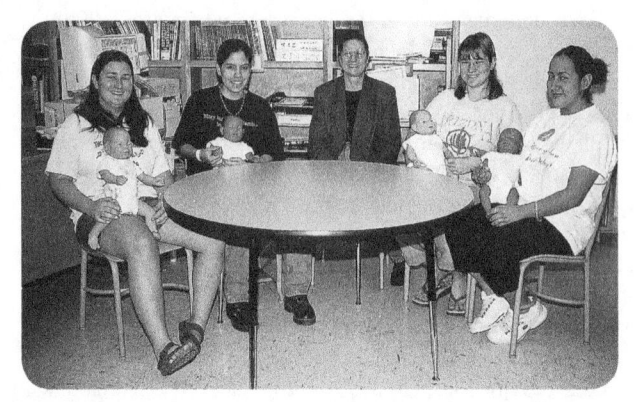

Lynn Blankenship com estudantes segurando seus bebês automatizados.

Para maiores informações sobre o que faz um educador em família e ciência do consumidor, veja o apêndice no Capítulo 1.

Quais são algumas estratégias para a redução da gravidez na adolescência?

cessidades frequentemente podem ser supridas por clínicas para adolescentes que ofereçam serviços de saúde abrangentes e de alta qualidade.

Uma melhor educação sexual, planejamento familiar e acesso a métodos contraceptivos isoladamente não irão remediar a crise da gravidez na adolescência, especialmente no caso de adolescentes de alto risco. Os adolescentes têm que ser motivados a reduzirem seu risco de gravidez. Esta motivação só irá surgir quando eles olharem para o futuro e virem que têm a oportunidade de se tornarem autossuficientes e bem-sucedidos. Os adolescentes precisam de oportunidades para melhorar suas habilidades acadêmicas e relacionadas à carreira, oportunidades de emprego, consulta para planejamento da vida e um amplo serviço em saúde mental.

Por fim, para que a prevenção da gravidez na adolescência tenha sucesso, precisamos de envolvimento e apoio mais amplo da comunidade. Este apoio é a razão principal do sucesso dos esforços de prevenção à gravidez em outras nações desenvolvidas onde os índices de gravidez na adolescência, aborto e partos são muito mais baixos do que nos Estados Unidos, apesar dos níveis similares de atividade sexual. Na Holanda, bem como em países europeus como a Suécia, o sexo não carrega o mistério e o conflito que existe na sociedade estadunidense. A Holanda não possui um programa de educação sexual obrigatório, mas os adolescentes podem obter aconselhamento contraceptivo em clínicas patrocinadas pelo governo por uma pequena taxa. A mídia holandesa também tem desempenhado um papel importante na educação do público sobre sexo por meio de programas focados no controle da natalidade, aborto e assuntos relacionados. Talvez em consequência, é pouco provável que os adolescentes holandeses façam sexo sem contracepção.

Até agora, discutimos quatro formas de reduzir a gravidez na adolescência: educação sexual e planejamento familiar, acesso a métodos contraceptivos, opções de vida e envolvimento e apoio da comunidade mais ampla. Uma quinta consideração, que é especialmente importante para as jovens adolescentes é a abstinência. A abstinência está sendo incluída de forma crescente como tema nas aulas de educação sexual que discutimos anteriormente neste capítulo; entretanto, recentemente, foram feitas críticas a programas de educação sexual que pregam unicamente a abstinência (Constantine, 2008; Schalet, 2011).

DOENÇAS SEXUALMENTE TRANSMISSÍVEIS

Tammy, 15 anos, acabou de assistir à palestra de uma especialista na sua aula de saúde. Enquanto ela saía para o corredor, ouvimos sua conversa com uma de suas amigas: "Esta palestra foi nojenta. Eu não acredito que você pode pegar todas aquelas doenças fazendo sexo. Eu acho que ela provavelmente estava tentando nos assustar. Ela passou muito tempo falando sobre AIDS, que eu ouvi dizer que as pessoas normais não pegam. Certo? Eu ouvi que apenas os homossexuais e os viciados em drogas pegam AIDS. E eu também ouvi que a gonorreia e outras doenças sexuais podem ser curadas, então qual é o problema se você pegar alguma coisa assim?". A visão de Tammy das doenças sexualmente transmissíveis – de que sempre acontecem com outra pessoa, que podem ser curadas facilmente sem nenhum prejuízo, que são muito nojentas para que uma pessoa legal ouça a respeito, muito menos as contraia – é comum entre adolescentes. A visão de Tammy está errada. Os adolescentes que estão fazendo sexo desprotegido correm o risco de contrair doenças sexualmente transmissíveis.

Doenças sexualmente transmissíveis (DSTs) são infecções que são contraídas primariamente por meio do contato sexual. Este contato não está limitado à relação vaginal, mas também inclui contato oral-genital e anal-genital. As DSTs são um problema de saúde crescente. Estimativas recentes indicam que, embora os jovens entre 15 e 24 anos representem apenas 25% da população estadunidense com experiência sexual, eles adquirem aproximadamente 50% de todas as DSTs novas (Centers for Disease Control and Prevention, 2009a).

Entre as principais DSTs que os adolescentes podem contrair estão três DSTs causadas por vírus – síndrome da imunodeficiência adquirida (AIDS), herpes genital e verrugas genitais – e três DSTs causadas por bactérias – gonorreia, sífilis e clamídia.

HIV e AIDS Nenhuma DST causou mais mortes, teve maior impacto no comportamento sexual ou criou maior temor público nas últimas décadas do que o HIV (Welch, 2011). Exploraremos aqui sua natureza e incidência, sua transmissão e sua prevenção.

AIDS significa síndrome da imunodeficiência adquirida, uma doença transmitida sexualmente causada pelo vírus da imunodeficiência humana (HIV), o qual destrói o sistema imunológico do corpo. Após a exposição ao HIV, o indivíduo está vulnerável a germes que um sistema imunológico normal poderia destruir.

Até dezembro de 2005, havia 41.149 casos cumulativos de AIDS em jovens de 13 a 24 anos nos Estados Unidos (Centers for Disease Control and Prevention, 2009b). No mundo todo, a maior preocupação quanto à AIDS se encontra na África Subsaariana, onde ela atingiu proporções epidêmicas (Burnett et al., 2011; Renju et al., 2011; Sommer, 2011; UNICEF, 2011). As adolescentes em muitos países africanos estão especialmente vulneráveis à infecção com HIV transmitida por homens adultos (Cherutich et al., 2008). Aproximadamente, seis vezes mais garotas adolescentes do que os rapazes são portadoras de AIDS nesses países. No Quênia, 25% das garotas entre 15 e 19 anos são HIV positivo, comparadas com apenas 4% dos rapazes nesta faixa etária. Em Botsuana, mais de 30% das garotas adolescentes que estão grávidas estão infectadas com HIV. Em alguns países subsaarianos, menos de 20% das mulheres e 40% dos jovens entre 15 e 19 anos relataram ter usado preservativo na última vez em que tiveram relações sexuais (Bankole et al., 2004).

A AIDS também trouxe como consequência um aumento dramático no número de crianças e adolescentes africanos órfãos e largados à própria sorte porque seus pais adquiriram a doença. Em 2006, 12 milhões de crianças e adolescentes tinham se tornado órfãos por causa da morte dos seus pais devido à AIDS (UNICEF, 2006). A previsão é de que este número aumente para 16 milhões na segunda década do século XXI; assim, nessa época, os órfãos da AIDS poderão consistir de 15 a 20% da população de alguns países subsaarianos. Em consequência do aumento dramático no número de órfãos da AIDS, mais destas crianças e adolescentes estão sendo criadas por suas avós ou por ninguém e, como consequência, elas muito frequentemente se voltam para uma vida de crime e prostituição.

Continua a haver uma grande preocupação sobre a AIDS em muitas partes do mundo, não somente na África Subsaariana (UNICEF, 2011). Nos Estados Unidos, a prevenção está especialmente voltada para grupos que apresentam a incidência mais alta de AIDS. Estes incluem usuários de drogas, indivíduos com outras DSTs, jovens *gays*, indivíduos que vivem em áreas de baixa renda, latinos e afro-americanos (Centers for Disease Control and Prevention, 2009b). Além disso, em anos recentes, tem havido um aumento na transmissão heterossexual do HIV nos Estados Unidos.

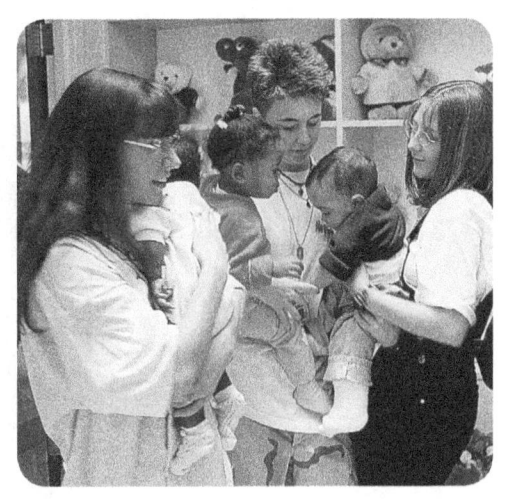

Estas não são mães adolescentes, mas adolescentes que estão participando do Teen Outreach Program (TOP), que engaja adolescentes em serviço comunitário voluntário. Estas garotas adolescentes estão trabalhando como voluntárias em um centro de cuidados infantis para bebês do *crack*. Pesquisadores identificaram que essas experiências de voluntariado podem reduzir o índice de gravidez na adolescência.

doenças sexualmente transmissíveis (DSTs) Infecções contraídas primariamente por meio do contato sexual. Este contato não está limitado à relação vaginal, mas também inclui contato oral-genital e anal-genital.

AIDS Significa síndrome da imunodeficiência adquirida, uma doença transmitida sexualmente causada pelo vírus da imunodeficiência humana (HIV), o qual destrói o sistema imunológico do corpo.

Um grupo de jovens apresenta uma peça no espaço de um mercado local em Morogoro, Tanzânia. A peça tem o objetivo de educar a comunidade sobre HIV e AIDS.

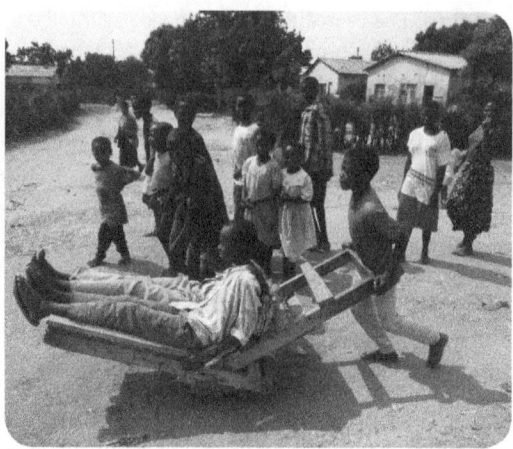

Um menino de 13 anos empurra seus amigos no seu carrinho de mão durante seu intervalo no trabalho em uma comunidade na África Subsaariana. Ele se tornou o provedor da família porque seus dois pais morreram de AIDS.

Existem algumas diferenças entre os casos de AIDS nos adolescentes em comparação com os casos de AIDS nos adultos estadunidenses:

- Uma porcentagem mais alta dos casos de AIDS em adolescentes foi adquirida por meio da transmissão heterossexual.
- Uma porcentagem mais alta de adolescentes com o vírus HIV é composta de indivíduos assintomáticos (mas se tornarão sintomáticos na idade adulta – isto é, eles são HIV positivo, mas ainda não têm AIDS).
- Uma porcentagem mais alta de casos de AIDS em afro-americanos e latinos ocorre na adolescência.
- Várias questões éticas e legais especiais estão envolvidas no exame e na informação dos parceiros e dos pais dos adolescentes.
- Os adolescentes têm menos acesso a contraceptivos e têm menor probabilidade usá-los do que os adultos.

Especialistas dizem que o HIV pode ser transmitido apenas por meio do contato sexual, pelo compartilhamento de agulhas ou pela transfusão sanguínea (o que, em anos recentes, vem sendo monitorado rigorosamente) (Kelly, 2010). Aproximadamente 90% dos casos de AIDS nos Estados Unidos continua a ocorrer entre homens que fazem sexo com outros homens e usuários de drogas intravenosas. O sexo anal envolve um risco mais alto de cortes microscópios e, portanto, do contato do sangue com o sêmen. Foi observado recentemente um aumento desproporcional de casos entre mulheres que são parceiras heterossexuais de homens bissexuais ou de usuários de drogas intravenosas (Centers for Disease Control and Prevention, 2009a). Este aumento sugere que o risco de AIDS pode estar crescendo entre indivíduos heterossexuais que têm múltiplos parceiros sexuais. A Figura 6.6 descreve o que é arriscado e o que não é no que se refere a AIDS e HIV.

Simplesmente perguntar ao parceiro de um encontro amoroso sobre a sua conduta sexual obviamente não garante proteção contra HIV ou outras DSTs. Por exemplo, em uma investigação, foi pedido a 655 estudantes universitários que respondessem perguntas sobre mentir e comportamento sexual (Cochran e Mays, 1990). Entre os 422 respondentes que disseram ser sexualmente ativos, 34% dos homens e 10% das mulheres disseram que tinham mentido para que seu parceiro fizesse sexo com eles. Uma porcentagem muito mais alta – 47% dos homens e 60% das mulheres – disseram ter mentido para um parceiro sexual potencial. Quando perguntado sobre quais aspectos do seu passado eles mais provavelmente mentiriam, mais de 40% dos homens, mas apenas 4% das mulheres, disseram que mentiriam sobre os resultados de um exame de sangue para HIV. Um estudo recente revelou que 40% dos adolescentes sexualmente ativos que eram HIV positivo não haviam divulgado a sua condição aos seus parceiros (Michaud et al., 2009).

O vírus HIV não é transmitido como resfriados ou gripes, mas pela troca de sangue infectado, sêmen ou fluidos vaginais. Isso geralmente ocorre durante a relação sexual, ao compartilhar agulhas de drogas ou com bebês que são infectados antes ou durante o nascimento.

Você não vai contrair o vírus HIV por meio de:	Contato diário com indivíduos à sua volta na escola ou local de trabalho, em festas, creches ou lojas. Nadando em uma piscina, mesmo que alguém na piscina tenha o vírus da AIDS. Mordida de um mosquito ou de percevejos, pulgas, moscas ou outros insetos. Saliva, suor, lágrimas, urina ou fezes. Um beijo. Roupas, telefones ou assentos de banheiro. Usando um copo ou outros utensílios que outra pessoa já usou. Estando em um ônibus, trem ou elevador cheio, com um indivíduo que está infectado ou que tem AIDS.
Comportamento de risco:	Suas chances de entrar em contato com o vírus aumentam se você: Tiver mais do que um parceiro sexual. Compartilhar agulhas e seringas. Fizer sexo anal, vaginal ou oral sem preservativo. Fizer sexo vaginal ou oral com alguém que é usuário de drogas. Fizer sexo com alguém que você não conhece bem ou com alguém que tenha vários parceiros sexuais. Fizer sexo sem proteção (sem preservativo) com um indivíduo infectado.
Doações e transfusões de sangue:	Você não vai entrar em contato com o vírus HIV doando sangue ou em um banco de sangue. O risco de contrair AIDS por meio de uma transfusão de sangue foi muito reduzido. Os doadores são examinados para fatores de risco e o sangue doado é testado para anticorpos do HIV.
Comportamento seguro:	Não fazer sexo. Fazer sexo que não envolva troca de fluidos (roçar, tocar, massagear). Sexo com um parceiro reciprocamente fiel e não infectado. Sexo com proteção adequada. Não usar drogas.

Fonte: America Responds to AIDS. Panfleto educativo do governo estadunidense, 1988.

FIGURA 6.6
Entendendo a AIDS: o que é e o que não é arriscado.

Como é possível, e até mesmo provável, haver entre os grupos de risco mais de uma DST ao mesmo tempo, os esforços para prevenir uma doença ajudam a reduzir a prevalência de outras. Os esforços para prevenir a AIDS também podem ajudar a prevenir gravidez na adolescência e outros problemas relacionados ao sexo. Uma ampla revisão de pesquisa recente revelou que intervenções comportamentais podem ter sucesso na redução do HIV por meio de métodos como o aumento no uso de preservativo, a redução ou a postergação do sexo com penetração e o aumento nas habilidades de comunicação entre os parceiros envolvendo sexo seguro (Johnson et al., 2011).

Herpes genital O **herpes genital** é uma doença sexualmente transmissível causada por uma ampla família de vírus com muitas estirpes diferentes, algumas das quais produzem outras doenças não sexualmente transmissíveis como aftas, varicela e mononucleose. De três a cinco dias após o contato, podem ocorrer coceira e formigamento seguidos por uma erupção de feridas dolorosas e bolhas. As crises podem durar até três semanas e podem recorrer com a frequência de poucas semanas ou pouco frequentemente, com o espaço de alguns anos. O vírus também pode passar por meio de preservativos que não sejam de látex, bem como espumas e cremes contraceptivos. Estima-se que aproximadamente 20% dos adolescentes tenham herpes genital (Centers for Disease Control and Prevention, 2009a). Também estima-se que mais de 600 mil novas infecções por herpes genital estejam aparecendo a cada ano em jovens na faixa etária de 15 a 24 anos nos Estados Unidos.

Embora drogas como o aciclovir possam aliviar os sintomas, não existe cura conhecida para o herpes. Assim, os indivíduos infectados com herpes frequentemente passam por sofrimento emocional severo, além do considerável desconforto físico. Eles podem se sentir em conflito ou relutantes quanto ao sexo, irritados devido à imprevisibilidade da infecção e temerosos de não conseguirem enfrentar a dor durante a crise seguinte. Por estas razões, muitas comunidades criaram grupos de apoio para as vítimas de herpes.

Verrugas genitais As **verrugas genitais** são causadas pelo papiloma vírus humano (HPV), o qual é difícil de detectar e nem sempre produz sintomas, porém, é muito contagioso. As verrugas genitais geralmente aparecem como pequenos e duros inchaços que não causam dor no pênis, na área vaginal e em volta do ânus. Estima-se que mais de 9 milhões de indivíduos nos Estados Unidos na faixa etária de 15 a 24 anos tenham infecção por HPV, fazendo o HPV ser a DST mais comumente adquirida nesta faixa etária. O tratamento envolve o uso de uma droga tópica, congelamento ou cirurgia. Infelizmente, as verrugas genitais podem retornar apesar do tratamento e, em alguns casos, elas estão ligadas a câncer do colo do útero e outros tipos de câncer genital. Os preservativos proporcionam alguma proteção contra a infecção por HPV. Em 2010, o Centers for Disease Control and Prevention recomendou que todas as garotas entre 11 e 12 anos, bem como aquelas entre 13 e 26 anos, recebessem uma vacina de três doses contra o HPV, o que ajuda a manter afastado o HPV e o câncer do colo do útero (Friedman et al., 2011). Meninas com 9 anos já podem receber a vacina contra o HPV.

Vamos nos voltar agora para três DSTs – gonorreia, sífilis e clamídia – causadas por bactérias.

Gonorreia A **gonorreia** é uma DST comumente chamada de "pingadeira" ou "corrimento". Ela é causada por uma bactéria chamada *Neisseria gonorrhoae*, que se desenvolve nas mucosas úmidas internas da boca, garganta, vagina, colo do útero, uretra e trato anal. A bactéria se espalha por meio do contato entre as membranas unidas infectadas de um indivíduo e as membranas de outro. Embora a incidência de gonorreia tenha declinado, estima-se que mais de 400 mil novos casos surjam a cada ano na faixa etária de 15 a 24 anos (Weinstock, Berman e Cates, 2004). Um estudo recente em larga escala revelou que os adolescentes mais prováveis de apresentar resultado positivo para gonorreia eram mulheres, afro-americanas e acima de 16 anos (Han et al., 2011).

Os primeiros sintomas de gonorreia são mais prováveis de aparecer em homens, que provavelmente terão um corrimento do pênis e queimação ao urinar. O primeiro sinal de gonorreia em mulheres, frequentemente não detectável, é uma leve irritação vaginal com corrimento. As complicações da gonorreia em homens incluem problemas na próstata, bexiga e rins, bem como esterilidade. Nas mulheres, a gonorreia pode levar à infertilidade devido a adesões abdominais ou à doença inflamatória pélvica (DIP) (Crooks e Baur, 2011). A gonorreia pode ser tratada com sucesso nos seus primeiros estágios com penicilina e outros antibióticos.

Sífilis A **sífilis** é uma DST causada pela bactéria *Treponema pallidum*, pertencente à família da espiroqueta. A espiroqueta precisa de um ambiente quente e úmido para sobreviver e é transmitida por meio do contato peniano-vaginal, oral-genital ou anal. Ela também pode ser transmitida de uma mulher grávida para o seu feto após o quarto mês de gestação. Se for tratada antes desse tempo com penicilina, a sífilis não será transmitida ao feto. Os índices de sífilis cresceram nos Estados Unidos em homens e mulheres de 15 a 24 anos de 2004 a 2008 (Centers for Disease Control and Prevention, 2009a).

Se não for tratada, a sífilis poderá progredir ao longo de quatro fases: primária (aparecem feridas chamadas cancros), secundária (ocorrem erupções cutâneas gerais), latente (pode durar vários anos, durante os quais não estão presentes sintomas declarados) e terciária (podem ocorrer doença cardiovascular, cegueira, paralisia, úlceras na pele, danos ao fígado, problemas mentais e até mesmo a morte) (Crooks e Baur, 2011). Nas suas fases iniciais, a sífilis pode ser tratada eficazmente com penicilina.

Clamídia A **clamídia**, uma das DSTs mais comuns, é chamada de *Chlamydia trachomatis*, um organismo que se espalha por meio do contato sexual e infecta os órgãos genitais de ambos os sexos. Embora menos indivíduos tenham ouvido falar da clamídia do que da gonorreia e sífilis, a sua incidência é muito mais alta. Em 2007, estima-se que mais de 2,8 milhões de

---

herpes genital Uma doença sexualmente transmissível causada por uma ampla família de vírus de diferentes estirpes. Estas estirpes produzem outras doenças não sexualmente transmissíveis como varicela e mononucleose.

verrugas genitais Uma DST causada pelo papiloma vírus humano; as verrugas genitais são muito contagiosas e são a DST mais comum contraída nos Estados Unidos na faixa etária de 15 a 24 anos.

gonorreia Uma doença sexualmente transmissível causada pela bactéria *Neisseria gonorrohae*, que se desenvolve nas mucosas úmidas internas da boca, garganta, vagina, colo do útero, uretra e trato anal. Esta DST é comumente chamada de "pingadeira" ou "corrimento".

sífilis Uma doença sexualmente transmissível causada pela bactéria *Treponema pallidum*, uma espiroqueta.

clamídia Uma das doenças sexualmente transmissíveis mais comuns, chamada de *Chlamydia trachomatis*, é um organismo que se espalha por meio do contato sexual e infecta os órgãos genitais de ambos os sexos.

novos casos de clamídia ocorreram nos Estados Unidos (Centers for Disease Control and Prevention, 2009a). Mais de 50% dos casos novos de clamídia relatados em 2007 foram em mulheres entre 15 e 25 anos. Uma recente pesquisa em larga escala identificou que os adolescentes com teste positivo para clamídia tinham maior probabilidade de ser do sexo feminino, afro-americanas e acima dos 16 anos (Han et al., 2011). Aproximadamente 10% dos estudantes universitários têm clamídia. Esta DST é altamente infecciosa; as mulheres correm 70% de risco de contraí-la em uma única relação sexual com um parceiro infectado. O risco para os homens é estimado entre 25 e 50%. A incidência anual estimada da clamídia na faixa etária entre 15 e 24 anos é de 1 milhão de indivíduos (Weinstock, Berman e Cates, 2004).

Muitas mulheres com clamídia têm poucos ou nenhum sintoma (McLure et al., 2006). Quando os sintomas aparecem, eles incluem alterações nos períodos menstruais, dor pélvica, temperatura elevada, náusea, vômitos e dores de cabeça. Os possíveis sintomas de clamídia nos homens são corrimento no pênis e queimação ao urinar.

Como muitas mulheres com clamídia são assintomáticas, a infecção frequentemente não é tratada e a clamídia se espalha para a parte superior do trato reprodutivo, onde poderá causar doença inflamatória pélvica (DIP). A resultante cicatrização do tecido nas trompas de Falópio pode causar infertilidade ou gravidez ectópica (gravidez tubária), ou seja, uma gravidez em que o óvulo fertilizado é implantado fora do útero. Um quarto das mulheres que têm DIP torna-se inférteis; múltiplos casos de DIP aumentam a taxa de infertilidade pela metade. Alguns pesquisadores sugerem que a clamídia é a causa evitável número um da infertilidade feminina.

Embora possam ocorrer sem o contato sexual e, portanto, não sejam classificadas como DSTs, as infecções do trato urinário ou da bexiga e infecções vaginais (também chamadas de *aftas*) são comuns em mulheres sexualmente ativas, especialmente aquelas que passam a ter uma vida sexual mais ativa após o casamento. Estas duas infecções se resolvem rapidamente com medicação, mas seus sintomas (urgência urinária e queimação nas infecções do trato urinário, coceira, irritação e corrimento vaginal esbranquiçado nas aftas) podem ser assustadores, especialmente para os adolescentes que já podem ter considerável ansiedade em relação ao sexo. Nós as discutimos aqui porque alguma dessas não DSTs pode levar a adolescente a um médico, enfermeiro ou clínico de planejamento familiar, dando a ela a oportunidade de receber educação sexual e sobre contracepção.

Até aqui, discutimos os problemas da gravidez na adolescência e as doenças sexualmente transmissíveis. A seguir, exploraremos os seguintes problemas sexuais: situações de abuso e assédio sexual.

SITUAÇÕES DE ABUSO E ASSÉDIO SEXUAL

A maioria das pessoas opta por manter relações sexuais ou outras atividades sexuais, mas, infelizmente, algumas pessoas forçam outras a fazerem sexo. Muitas adolescentes e mulheres jovens relatam que acham que não têm os direitos sexuais adequados (East e Adams, 2002). Estes incluem o direito de não terem relações sexuais quando não quiserem, o direito de dizer ao parceiro que ele está sendo bruto ou o direito de usar qualquer forma de controle de natalidade durante a relação sexual. Um estudo verificou que quase 20% de 904 mulheres sexualmente ativas entre 14 e 15 anos achavam que elas nunca tinham direito a tomar decisões sobre contracepção, a dizer ao seu parceiro que não querem ter relações sem controle de natalidade, que querem fazer amor de forma diferente, que o seu parceiro está sendo muito rude ou, ainda, que querem ter o direito de interromper as preliminares a qualquer momento, incluindo o ponto da relação sexual (Rickert, Sanghvi e Wiemann, 2002). Neste estudo, notas baixas na escola e inexperiência sexual estavam ligadas à falta de assertividade nas mulheres.

Comportamento sexual forçado Estupro é a relação sexual forçada com uma pessoa que não dá o seu consentimento. Nos Estados Unidos, as definições legais de estupro variam de estado para estado. Em alguns estados, por exemplo, a lei permite que os maridos forcem suas esposas a fazerem sexo. Devido às dificuldades envolvidas no relato do estupro, a incidência real não pode ser determinada com facilidade (Wolitzky-Tylor et al., 2011). Um estudo nacional recente encontrou que 7,4% das estudantes norte-americanos da 1ª até a 4ª série do ensino médio relataram ter sido forçadas fisicamente a manter relações sexuais contra a sua vontade (Eaton et al., 2010). Neste estudo, 10,5% das meninas e 4,5% dos meninos relataram terem sido forçados a manter relações sexuais.

estupro Relação sexual forçada com uma pessoa que não dá o seu consentimento.

Quais são algumas características do estupro em encontros ou por pessoas conhecidas?

estupro em encontros, ou por pessoa conhecida Atividade sexual coerciva dirigida a alguém que o perpetrador conhece.

Por que o estupro é tão disseminado na cultura estadunidense? Escritoras feministas afirmam que os homens são socializados para serem agressivos sexualmente, a considerarem as mulheres como seres inferiores e a encararem o próprio prazer como o objetivo mais importante. Pesquisadores encontraram as seguintes características comuns entre os estupradores: a agressão aumenta a sua sensação de poder ou masculinidade, em geral eles têm raiva das mulheres e querem machucar as suas vítimas. Pesquisas indicam que o estupro é mais provável de ocorrer quando estão sendo usados álcool e maconha (Fair e Vanyur, 2011; Tets, Hoffman e Livingston, 2010). Um estudo recente revelou que, independente de a vítima estar usando substâncias, a agressão sexual era mais provável de ocorrer quando o agressor estava usando substâncias (Brecklin e Ullman, 2010).

Uma forma de estupro de que não se tinha conhecimento até décadas mais recentes é o **estupro em encontros, ou por pessoa conhecida**, que é a atividade sexual dirigida a alguém que o perpetrador conhece. O estupro por pessoa conhecida é um problema crescente nas escolas do ensino médio e nos *campi* universitários (Alleyne et al., 2011; Ball, Kerig e Rosenbluth, 2009). Um estudo importante focado na agressão sexual no *campus* envolveu um levantamento por telefone de 4.446 mulheres que frequentavam faculdades de dois ou quatro anos (Fisher, Cullen e Turner, 2000). Neste estudo, um pouco menos do que 3% disseram que haviam sofrido estupro ou tentativa de estupro durante o ano acadêmico. Aproximadamente uma em cada dez mulheres disse que havia passado por estupro na sua vida. Os contatos sexuais indesejados ou não solicitados eram difundidos, com mais de um terço das mulheres universitárias tendo relatado tais incidentes. Conforme mostra a Figura 6.7, neste estudo, a maioria das mulheres (aproximadamente nove em cada dez) conhecia a pessoa que as vitimizou sexualmente. A maioria das mulheres tentou tomar atitudes de proteção contra seus agressores, mas ficaram relutantes em relatar o acontecido à polícia. Vários fatores estavam associados à vitimização sexual: morar no *campus*, não ser casada, ficar bêbada com frequência e ter sido vitimizada sexualmente em ocasião anterior.

Inúmeras faculdades e universidades descrevem a *zona vermelha* como um período de tempo no início do primeiro ano da faculdade, quando as mulheres estão especialmente em risco de experiências sexuais indesejadas. Um estudo recente revelou que elas estavam em maior risco dessas experiências sexuais indesejadas, especialmente no começo do semestre do outono, do que as mulheres do segundo ano (Kimble et al., 2008).

Em outro estudo, aproximadamente dois terços dos incidentes de vitimização sexual foram perpetrados por um parceiro amoroso (Flanagan, 1996). Ainda em outro estudo, aproximadamente 2 mil garotas da 1ª à 4ª série do ensino médio foram questionadas sobre até que ponto elas haviam passado por violência física ou sexual (Silverman et al., 2001). Em torno de 20% das garotas disseram que haviam sido agredidas fisicamente ou sexualmente por um parceiro amoroso. Além disso, o abuso físico ou sexual estava ligado ao uso de sustância.

O estupro é uma experiência traumática para a vítima e para as pessoas próximas a ela (Amstadter et al., 2011; Zinzow et al., 2011). A vítima de estupro inicialmente sente choque e entorpecimento e, frequentemente, fica desorganizada de forma aguda. Algumas mulheres demonstram seu sofrimento por meio de palavras e lágrimas; outras, demonstram um sofrimento mais internalizado. Quando as vítimas tentam fazer sua vida voltar ao normal, elas podem passar por um temor depressivo e ansiedade durante meses ou mesmo anos (Zinzow et al., 2010). Disfunções sexuais, como diminuição do desejo sexual e incapacidade de chegar ao orgasmo, ocorrem em 50% das vítimas de estupro. Muitas vítimas de estupro fazem alterações no seu estilo de vida, mudando-se para um novo apartamento ou recusando-se a sair à noite. Em torno de um quinto das vítimas de

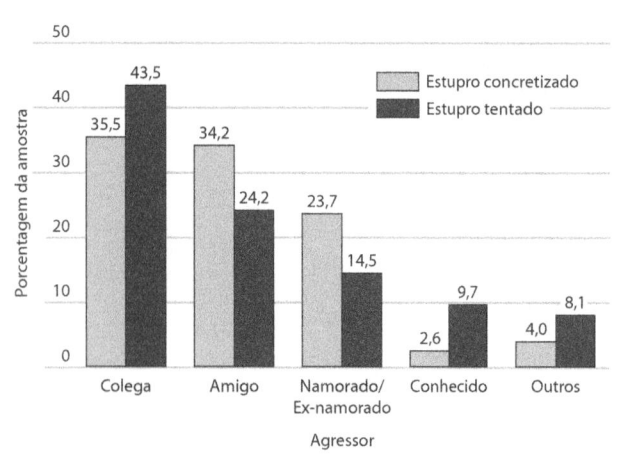

FIGURA 6.7
Estupro concretizado e estupro tentado de estudantes universitárias de acordo com a relação vítima-agressor.

estupro teve uma tentativa de suicídio – um índice oito vezes maior do que o de mulheres que não foram estupradas.

A recuperação de uma garota ou de uma mulher depende das suas capacidades de enfrentamento e do seu ajustamento psicológico anterior à agressão (Mcy, Nurius e Norris, 2006). O apoio social dos pais, do parceiro e de outras pessoas próximas a ela também são fatores importantes na recuperação, assim como a disponibilização de aconselhamento profissional, obtido por meio de um centro de atendimento a vítimas de estupro. Muitas vítimas de estupro ganham poder ao relatarem seu estupro à polícia e auxiliando na condenação do estuprador, caso ele seja preso. No entanto, as mulheres que seguem uma abordagem legal são especialmente encorajadas a usar conselheiros apoiadores para auxiliá-las durante a penosa experiência legal. Cada mulher deve poder tomar sua própria decisão individual quanto a relatar o estupro ou não.

Embora a maioria das vítimas sejam garotas e mulheres, o estupro de meninos e homens também ocorre. Homens em prisões estão especialmente vulneráveis ao estupro, em geral por parte de heterossexuais que estão usando o estupro homossexual para estabelecer sua dominação e poder dentro da prisão.

Assédio sexual Garotas e mulheres se deparam com o assédio sexual de muitas formas diferentes: desde comentários sexistas e contato físico disfarçado (palmadinhas, roçar no corpo) até propostas declaradas e ataque sexual (Taylor, Stein e Burden, 2010). Literalmente, milhões de garotas e mulheres a cada ano são assediadas sexualmente em seus ambientes de estudo e de trabalho. Um estudo recente de garotas adolescentes indicou que a maioria delas (90%) disse que havia passado por assédio sexual pelo menos uma vez (Leaper e Brown, 2008). Neste estudo, 25% das escolas relataram que haviam tido problemas com sexismo acadêmico (envolvendo ciências, matemática e tecnologia da computação) e 76% disseram que haviam se deparado com sexismo no atletismo.

Um levantamento com 2 mil universitárias feito pela American Association by University Women (2006) revelou que 62% delas relataram ter passado por assédio sexual enquanto frequentavam a universidade. A maioria das universitárias disse que o assédio sexual envolvia formas sem contato físico, como piadas, comentários e gestos. No entanto, quase um terço disse que o assédio sexual era essencialmente físico. Um estudo recente de quase 1.500 universitárias revelou que, quando foram assediadas sexualmente, elas apresentaram um aumento no sofrimento psicológico, mais doenças físicas e aumento de transtornos da alimentação (Huerta et al., 2006).

O Escritório dos Direitos Civis do Departamento de Educação dos Estados Unidos publicou um guia de 40 páginas de políticas sobre assédio sexual. Neste guia, é feita uma distinção entre o assédio sexual por permuta e assédio sexual em ambiente hostil (Chmielewski, 1997):

- **Assédio sexual por permuta** ocorre quando um empregado da escola ameaça basear uma decisão educacional (como uma nota) na submissão de uma estudante a uma conduta sexual indesejada. Por exemplo, um professor dá um "A" para uma aluna para que ela permita suas investidas sexuais, ou o professor dá um "E" devido à resistência à sua abordagem.
- **Assédio sexual em ambiente hostil** ocorre quando as estudantes são sujeitadas a conduta sexual indesejada tão severa, persistente ou disseminada que limita a capacidade da estudante de se beneficiar com a sua educação. Um ambiente hostil como este é geralmente criado por uma série de incidentes, como investidas sexuais repetidas.

O assédio sexual por permuta e o assédio em ambiente hostil são ilegais no local de trabalho e também em ambientes educacionais, mas as vítimas potenciais frequentemente não têm acesso a um mecanismo claro para relato e investigação em que possam registrar sua queixa.

O assédio sexual é uma forma de poder e de dominação de uma pessoa sobre outra, o que pode resultar em consequências prejudiciais para a vítima. O assédio sexual pode ser especialmente prejudicial quando os perpetradores são professores, empregadores ou outros adultos que têm poder e autoridade considerável sobre os estudantes. Enquanto sociedade, precisamos ser menos tolerantes quanto ao assédio sexual (Das, 2009).

---

conexão com o desenvolvimento

Pares. Relacionamentos românticos na adolescência geralmente desencadeiam aspectos positivos e negativos do ajustamento. Cap. 9, p. 325

assédio sexual por permuta Assédio sexual em que um empregado da escola ameaça basear uma decisão educacional (como uma nota) na submissão de uma estudante a uma conduta sexual indesejada.

assédio sexual em ambiente hostil Assédio sexual em que as estudantes são sujeitadas a uma conduta sexual indesejada tão severa, persistente ou disseminada que limita a capacidade da estudante de se beneficiar com a sua educação.

Revisar Conectar Refletir

OA3 Descrever as principais consequências negativas da sexualidade que podem surgir na adolescência.

Revisar
- Como você caracterizaria a gravidez na adolescência?
- Quais são as principais doenças sexualmente transmissíveis na adolescência?
- Qual é a natureza das situações de abuso e de assédio sexual na adolescência?

Conectar
- Conecte o que você aprendeu sobre doenças sexualmente transmissíveis neste capítulo com a discussão da saúde e bem-estar adolescente no Capítulo 2.

Refletir *sua jornada de vida pessoal*
- Você já passou por algumas das consequências negativas da sexualidade na adolescência e na adultez emergente que acabaram de ser descritas – gravidez na adolescência, doenças sexualmente transmissíveis, situações de abuso ou assédio sexual? Em caso positivo, existe algo que você poderia ter feito de forma diferente para evitar a(s) consequência(s) negativa(s)? Se você não passou por estas consequências negativas, que fatores provavelmente contribuíram para os resultados?

---

4 Informações sobre sexualidade e educação sexual

OA4 Caracterizar a informação sobre sexualidade e educação sexual dos adolescentes.

- Informações sobre sexualidade
- Fontes de informação sobre sexualidade
- Fatores cognitivos
- Educação sexual nas escolas

Considerando-se os altos índices de DSTs, uma preocupação especial é o conhecimento que adolescentes e adultos têm sobre essas doenças e sobre outros aspectos da sexualidade. O quanto os estadunidenses são informados sexualmente? Quais são as fontes de educação sexual dos adolescentes? Que fatores cognitivos podem estar envolvidos na eficácia da educação sexual? Qual é o papel da escola na educação sexual?

INFORMAÇÕES SOBRE SEXUALIDADE

De acordo com June Reinish (1990), diretora do Instituto Kinsey para Sexo, Gênero e Reprodução, os cidadãos estadunidenses sabem mais como seus automóveis funcionam do que como seu corpo funciona sexualmente. Os adolescentes e os adultos estadunidenses não estão afastados das mensagens sexuais; na verdade, diz Reinisch, os adolescentes são muito frequentemente inundados com mensagens sexuais, mas não fatos sexuais. A informação sexual é abundante, porém, boa parte dela é desinformação. Em alguns casos, mesmo os professores de educação sexual exibem ignorância sexual. Um professor de educação sexual no ensino médio referiu-se às zonas erógenas como "zonas errôneas", fazendo com que os alunos se perguntassem se suas zonas sexuais sensíveis eram um erro!

FONTES DE INFORMAÇÃO SOBRE SEXUALIDADE

Os adolescentes podem obter informações sobre sexo em muitas fontes, incluindo pais, irmãos, outros parentes, escola, seus pares, revistas, televisão e a internet. Uma preocupação especial é a precisão das informações sexuais às quais os adolescentes têm acesso na internet. Um estudo recente revelou que as fontes mais frequentes de informações dos adolescentes sobre sexualidade eram os amigos, os professores, as mães e a mídia (Bleakley et al., 2009). Neste estudo, aprender sobre sexo com os pais, os avós e os líderes religiosos estava ligado a prováveis crenças do adolescente em adiar ter relações sexuais, ao passo que aprender sobre sexo com amigos, primos e a mídia está relacionado a crenças que provavelmente aumentam a probabilidade de ter relações sexuais mais cedo.

Muitos pais se sentem desconfortáveis em falar sobre sexo com os adolescentes, e muitos adolescentes também se sentem desconfortáveis quanto a isso (Guilamo-Ramos et al., 2008). Um estudo revelou que 94% dos pais e 76% das mães nunca haviam discutido sobre desejo sexual com suas filhas (Feldman e Rosenthal, 1999).

Muitos adolescentes dizem que não conseguem conversar livremente com seus pais sobre assuntos sexuais, mas aqueles que conseguem conversar aberta e livremente com seus pais têm menos probabilidade de serem sexualmente ativos (Chia-Chen e Thompson, 2007). O uso de contraceptivos pelas adolescentes também aumenta quando elas relatam que se comunicam sobre sexo com seus pais (Fisher, 1987). Além disso, um estudo recente encontrou que as mulheres no primeiro semestre da faculdade que se sentiam mais confortáveis falando abertamente sobre sexo com suas mães tinham mais probabilidade de ter crenças positivas sobre preservativos e confiança no seu uso (Lefkwitz e Espinosa-Hernandez, 2006).

Os adolescentes têm muito mais probabilidade de terem conversas sobre sexo com as mães do que com seus pais (Kirkman, Rosenthal e Feldman, 2002). Essa tendência ocorre tanto entre os rapazes quanto entre as garotas, embora as adolescentes relatem ter conversas mais frequentes sobre sexo com suas mães do que seus equivalentes masculinos (Feldman e Rosenthal, 2002).

FATORES COGNITIVOS

As mudanças cognitivas têm implicações intrigantes para a educação sexual dos adolescentes (Lipsitz, 1980). Com o desenvolvimento do idealismo e a habilidade de pensar de forma mais abstrata e hipotética, alguns adolescentes jovens podem ficar imersos em um mundo mental muito distante da realidade. Eles podem ver a si mesmos como onipotentes e indestrutíveis e acreditar que coisas ruins não podem ou não irão acontecer a eles, características do egocentrismo adolescente que discutimos no Capítulo 3. Considere o aspecto da fábula pessoal do egocentrismo adolescente refletido nas palavras deste jovem de 14 anos: "Ei, isso não vai acontecer comigo". Entretanto, cada vez mais é reconhecido que uma maioria de adolescentes se encara mais como vulneráveis do que invulneráveis (Fischoff et al., 2010).

Informar os adolescentes sobre contraceptivos não é suficiente: o que parece predizer se eles usarão contraceptivos ou não é a aceitação de si mesmos e da sua sexualidade. Esta aceitação requer não só maturidade emocional, mas também maturidade cognitiva.

A maioria das discussões sobre gravidez na adolescência e a sua prevenção pressupõe que os adolescentes tenham a habilidade de prever as consequências, pesar os prováveis resultados do comportamento e projetar no futuro o que acontecerá caso eles se engajem em certos atos como a relação sexual. Isto é, a prevenção está baseada na crença de que os adolescentes têm a habilidade cognitiva de abordar a solução de problemas de uma maneira planejada, organizada e analítica. Entretanto, embora muitos adolescentes acima de 16 anos tenham estas capacidades, não significa que eles a usem, especialmente em situações carregadas emocionalmente, como quando estão excitados sexualmente ou estão sendo pressionados pelo parceiro.

Na verdade, os adolescentes jovens (de 10 a 15 anos) parecem vivenciar o sexo de uma maneira despersonalizada repleta de ansiedade e negação. Esta orientação despersonalizada em relação ao sexo provavelmente não levará a um comportamento preventivo. Jovens na metade da adolescência (entre 15 e 17 anos) frequentemente romantizam a sexualidade. Os adolescentes tardios (18 a 19 anos) são, até certo grau, realistas e orientados para o futuro em relação a experiências sexuais, assim como em relação à carreira e ao casamento.

conexão com o desenvolvimento
Cognição social. A fábula pessoal envolve o sentimento de um adolescente de singularidade pessoal e invulnerabilidade. Cap. 3, p. 145

EDUCAÇÃO SEXUAL NAS ESCOLAS

Um levantamento recente revelou que 89% dos pais em Minnesota recomendavam ensinar os adolescentes sobre abstinência e uma educação sexual abrangente que inclua informação sobre contracepção (Eisenberg et al., 2008). Os pais disseram que a maior parte dos temas da educação sexual deveria ser introduzida no ensino médio. Outros levantamentos também indicam que uma grande porcentagem dos pais estadunidenses quer que as escolas ofereçam aos adolescentes uma educação sexual abrangente (Constantine, Jerman e Juang, 2007; Ito et al., 2006). Um estudo recente indicou que os pais acham que os adolescentes muito frequentemente obtêm suas informações sobre sexo com os amigos e com a mídia (Lagus et al., 2011).

A epidemia de AIDS tem levado ao aumento na consciência da importância da educação sexual na adolescência.

Em muitos países, o conhecimento sobre contraceptivos é incluído na educação sexual. Aqui, os alunos em uma aula de educação sexual em Pequim, China, aprendem sobre preservativos.

Revisar Conectar Refletir **OA4** Caracterizar a informação sobre sexualidade e educação sexual dos adolescentes.

Revisar
- O quanto os adolescentes são informados sexualmente?
- Quais são as fontes de informação sobre sexualidade dos adolescentes?
- Que fatores cognitivos podem estar envolvidos na eficácia da educação sexual?
- Como você descreveria a educação sexual nas escolas?

Conectar
- Relembre o que você aprendeu no Capítulo 3 sobre a atenção e memória adolescente. Como essas informações apoiam a discussão desta seção sobre os adolescentes e informação sexual?

Refletir *sua jornada de vida pessoal*
- Pense em como você aprendeu os "fatos da vida". A maior parte da sua informação foi proveniente de fontes bem informadas? Você conseguia falar livremente e abertamente com seus pais sobre o que esperar sexualmente? Você adquiriu algumas falsas crenças por meio de esforços do tipo ensaio e erro? Quando você cresceu, descobriu que parte do que você achava saber sobre sexo era incorreto? Pense também na educação sexual que você recebeu na escola. Ela foi adequada? O que você que gostaria que as escolas as quais frequentou tivessem feito de forma diferente em relação à educação sexual?

ATINJA SEUS OBJETIVOS DE APRENDIZAGEM

1 Explorando a sexualidade adolescente   **OA1** Discutir algumas ideias básicas sobre a natureza da sexualidade adolescente.

Um aspecto normal do desenvolvimento adolescente

- Muito frequentemente, os problemas que os adolescentes encontram com relação à sexualidade são muito enfatizados, em vez de a sexualidade ser encarada como um aspecto normal do desenvolvimento adolescente. A adolescência é uma ponte entre a criança assexuada e o adulto sexual. A sexualidade adolescente está relacionada com muitos outros aspectos do desenvolvimento adolescente, incluindo o desenvolvimento físico e a puberdade, o desenvolvimento cognitivo, o *self* e a identidade, o gênero, a família, os pares, a escola e a cultura.

A cultura sexual

- A crescente permissividade na sexualidade adolescente está vinculada à crescente permissividade na cultura. A iniciação sexual dos adolescentes está relacionada à exposição a sexo explícito na TV.

Desenvolvendo a identidade sexual

- O desenvolvimento de uma identidade sexual é multifacetado. A identidade sexual de um adolescente envolve uma indicação de orientação sexual, interesses e estilos de comportamento.

Obtendo informações de pesquisas sobre a sexualidade adolescente

- A obtenção de informações válidas sobre o desenvolvimento da sexualidade adolescente não é uma tarefa fácil. Muitos dos dados estão baseados em entrevistas e questionários, o que pode envolver respostas inverídicas ou socialmente esperadas.

2 Atitudes e comportamentos sexuais

OA2 Resumir atitudes e comportamentos sexuais na adolescência.

Atitudes e comportamentos heterossexuais

- A progressão dos comportamentos sexuais é tipicamente: beijos, carícias, relação sexual e sexo oral. O número de adolescentes que relata já ter tido relações sexuais aumentou significativamente no século XX. A proporção de mulheres que têm relações sexuais aumentou mais rapidamente do que o dos homens. Dados nacionais indicam que, hoje, um pouco mais da metade de todos os adolescentes com 17 anos já tiveram relações sexuais, embora a porcentagem varie de acordo com o sexo, a etnia e o contexto. Adolescentes afro-americanos do sexo masculino moradores dos centros urbanos relatam a atividade sexual mais alta. A porcentagem de jovens de 15 a 17 anos que já tiveram relações sexuais diminuiu de 1991 a 2001. Um *script* sexual adolescente comum envolve que o homem tente avançar e a mulher defina os limites dessa aproximação. Os *scripts* sexuais das garotas ligam o sexo ao amor mais do que os *scripts* sexuais dos rapazes. Os fatores de risco de problemas sexuais incluem atividade sexual precoce, ter vários parceiros sexuais, não usar contracepção, envolver-se em outros comportamentos de risco como beber e delinquência, viver em um bairro de baixo nível socioeconômico, bem como fatores cognitivos como problemas de atenção e baixa autorregulação. Os padrões de comportamento heterossexual se alteram na adultez emergente.

Atitudes e comportamentos das minorias sexuais

- A atração sexual de um indivíduo – seja heterossexual ou por uma pessoa do mesmo sexo – é provavelmente causada por uma mistura de fatores genéticos, hormonais, cognitivos e ambientais. Termos como "indivíduos de minorias sexuais" (que se identificam como *gays*, lésbicas ou homossexuais) e "atraídos por pessoas do mesmo sexo" estão sendo usados de forma crescente, ao passo que o termo "homossexual" é usado menos frequentemente. Os caminhos desenvolvimentais para os jovens de minorias sexuais geralmente são diferentes, podem envolver atração bissexual e nem sempre envolvem apaixonar-se por um indivíduo do mesmo sexo. Pesquisas recentes focaram na revelação dos adolescentes da atração pelo mesmo sexo e as dificuldades que eles enfrentam ao fazer isso. As relações com os pares dos jovens de minorias sexuais são diferentes das relações dos jovens heterossexuais. Os jovens de minorias sexuais têm mais probabilidade de se envolver em abuso de substâncias, de apresentar comportamento sexual de risco e de ser alvo de violência em vários contextos. Discriminação e preconceito (homofobia) produzem estresse considerável para os adolescentes atraídos por pessoas do mesmo sexo. Considera-se que o estigma, a discriminação e a rejeição vividos pelos jovens de minoriais sexuais explicam por que eles podem desenvolver problemas. Apesar dessas experiências negativas, muitos jovens de minorias sexuais enfrentam com sucesso os desafios que encontram e têm resultados de saúde e bem-estar similares aos de seus equivalentes heterossexuais.

Masturbação

- A masturbação faz parte da atividade sexual de, virtualmente, todos os adolescentes, sendo uma das suas saídas sexuais mais frequentes.

Uso de contraceptivos

- Os adolescentes estão aumentando o uso de contraceptivos, porém, um grande número de jovens sexualmente ativos ainda não usa. Os adolescentes provenientes de ambientes de baixa condição socioeconômica têm menos probabilidade de usar contraceptivos do que seus equivalentes de classe média.

3 Consequências negativas da sexualidade adolescente

OA3 Descrever as principais consequências negativas de sexualidade que podem surgir na adolescência.

Gravidez na adolescência

- O índice de gravidez adolescente nos Estados Unidos é um dos mais altos no mundo ocidental. Felizmente, a taxa de gravidez adolescente nos Estados Unidos tem declinado nas duas últimas décadas. Uma questão complexa e passional envolvendo uma gravidez indesejada é a decisão de fazer ou não um aborto. A gravidez na adolescência aumenta os riscos para a saúde para a mãe e de seu bebê. As mães adolescentes têm maior probabilidade de abandonar a escola e ter empregos com salário mais baixo do que seus equivalentes que não têm filhos. É importante lembrar, no entanto, que não é, em geral, a gravidez isoladamente que coloca os adolescentes em risco. As mães adolescentes frequentemente são provenientes de famílias de baixa renda e já não estavam se saindo bem na escola antes da sua gravidez. Os bebês de pais adolescentes estão em risco médico e psicológico. Os pais adolescentes são menos eficientes na criação de seus filhos do que os pais mais velhos. Muitos pais adolescentes não têm uma relação próxima com o bebê e com a mãe adolescente. As recomendações para a redução da gravidez na adolescência incluem: educação sexual e planejamento familiar, acesso a contracepção, opções de vida, envolvimento e apoio da comunidade

Doenças sexualmente transmissíveis

- As doenças sexualmente transmissíveis (DSTs) são contraídas primariamente por meio do contato sexual com um parceiro infectado. O contato não está limitado à relação vaginal, mas também inclui contato oral-genital e anal-genital. AIDS quer dizer síndrome de imunodeficiência adquirida, uma doença transmitida sexualmente, causada pelo vírus da imunodeficiência humana (HIV), o qual destrói o sistema imunológico do corpo. Atualmente, a incidência de AIDS em jovens estadunidenses é relativamente baixa, porém, alcançou proporções epidêmicas na África Subsaariana, especialmente em adolescentes do sexo feminino. A AIDS pode ser transmitida por meio do contato sexual, do compartilhamento de agulhas e da transfusão sanguínea. Muitos projetos têm seu foco na prevenção da AIDS. O herpes genital é causado por uma família de vírus com estirpes diferentes. As verrugas genitais, causadas por um vírus, são a DSTs mais comuns na faixa etária dos 15 aos 24 anos. Comumente chamada de "pingadeira" ou "corrimento", a gonorreia é outra DST comum. A sífilis é causada pela bactéria *Treponema pallidum*, a espiroqueta. A clamídia é uma das DSTs mais comuns.

Situações de abuso e assédio sexual

- Alguns indivíduos forçam outros a fazerem sexo com eles. Estupro é a relação sexual forçada com uma pessoa que não dá o seu consentimento. Aproximadamente 95% dos estupros são cometidos por homens. Uma preocupação crescente é quanto ao estupro em encontros ou por conhecidos. Assédio sexual é uma forma de poder de uma pessoa sobre a outra. O assédio sexual de adolescentes está disseminado. Duas formas são o assédio sexual por permuta e o assédio sexual em ambiente hostil.

4 Informações sobre sexualidade e educação sexual

OA4 Caracterizar a informação sobre sexualidade e educação sexual dos adolescentes.

Informações sobre sexualidade

- Os adolescentes e adultos estadunidenses não são muito informados sobre sexo. As informações sobre sexo são abundantes, mas, muito frequentemente, são desinformações.

Fontes de informação sobre sexualidade

- Os adolescentes podem obter suas informações sobre sexo de muitas fontes, incluindo pais, irmãos, escolas, pares, revistas, TV e internet.

Fatores cognitivos

- Fatores cognitivos como idealismo e fábula pessoal podem dificultar a eficácia da educação sexual, especialmente com adolescentes jovens.

Educação sexual nas escolas

- Uma maioria dos estadunidenses apoia o ensino de educação sexual nas escolas, e este apoio cresceu em consonância com o aumento nas DSTs, especialmente a AIDS. Alguns especialistas acreditam que a educação sexual na escola vinculada aos centros de saúde da comunidade é uma estratégia promissora.

TERMOS-CHAVE

script sexual 214
minoria sexual 217
bissexual 217
homofobia 219
doenças sexualmente transmissíveis (DSTs) 227

AIDS 227
herpes genital 230
verrugas genitais 230
gonorreia 230
sífilis 230
clamídia 230

estupro 231
estupro em encontros, ou por pessoa conhecida 232
assédio sexual por permuta 233
assédio sexual em ambiente hostil 233

PESSOAS-CHAVE

Bonnie Halpern-Felsher 213
Deborah Tolman 215
Ritch Savin-Williams 219
June Reinisch 234

RECURSOS PARA MELHORAR A VIDA DOS ADOLESCENTES

Disque 100

O Disque Denúncia Nacional, ou Disque 100, é um serviço de proteção de crianças e adolescentes com foco em violência sexual, vinculado ao Programa Nacional de Enfrentamento da Violência Sexual contra Crianças e Adolescentes, da SPDCA/SDH. Trata-se de um canal de comunicação da sociedade civil com o poder público, que possibilita conhecer e avaliar a dimensão da violência contra crianças e adolescentes e o sistema de proteção, bem como orientar a elaboração de políticas públicas.

Disque Saúde – 136

Serviço gratuito de informação sobre saúde do Ministério da Saúde.

Informações sobre AIDS *http://www.aids.gov.br*

Portal do Ministério da Saúde sobre AIDS, doenças sexualmente transmissíveis e hepatites virais.

Saúde do Adolescente e do Jovem
http://portal.saude.gov.br/portal/saude/area.cfm?id_area=241

A área técnica da saúde do adolescente e do jovem do Ministério da Saúde se encarrega da promoção, proteção e recuperação da saúde de jovens e adolescentes. Nessa página são encontrados dados sobre crescimento e desenvolvimento; saúde sexual e reprodutiva; e redução da mortalidade por violência e acidentes.

Alan Guttmacher Institute *www.guttmacher.org*

O Instituto Alan Guttmacher é um recurso especialmente bom para informações sobre sexualidade adolescente. O Instituto publica um periódico muito respeitado, o *Perspectives on Sexual and Reproductive Health* (rebatizado em 2003, anteriormente chamava-se *Family Planning Perspectives*), que inclui artigos sobre muitas dimensões da sexualidade como, por exemplo, gravidez na adolescência, estatísticas sobre comportamento e atitudes sexuais e doenças sexualmente transmissíveis.

Sex Information and Education Council of the United States (SIECUS) *www.siecus.org*

Esta organização serve como um escritório de informações sobre educação sexual. O objetivo do grupo é promover o conceito positivo de sexualidade humana como uma integração das dimensões física, intelectual, emocional e social.

capítulo 7 — DESENVOLVIMENTO MORAL, VALORES E RELIGIÃO

esboço do capítulo

Domínios do desenvolvimento moral

Objetivo de aprendizagem 1 Discutir os domínios do desenvolvimento moral.

Pensamento moral
Comportamento moral
Sentimento moral
Personalidade moral

Contextos do desenvolvimento moral

Objetivo de aprendizagem 2 Descrever como os contextos da parentalidade e da escola podem influenciar o desenvolvimento moral.

Parentalidade
Escola

Valores, religião e espiritualidade

Objetivo de aprendizagem 3 Explicar os papéis dos valores, da religião e da espiritualidade na vida dos adolescentes e dos adultos emergentes.

Valores
Religião e espiritualidade

A prefeita da cidade diz que ela está "em todos os lugares". Recentemente, ela persuadiu o comitê escolar da cidade a considerar o fim da prática de deixar os alunos atrasados do lado de fora da sala de aula. Ela também influenciou um grupo do bairro a apoiar a sua proposta para um programa de empregos durante o inverno. De acordo com um vereador da cidade, "as pessoas estão impressionadas com a força dos seus argumentos e com a sofisticação deles" (Silva, 2005, p. B1, B4). Ela é Jewel E. Cash e tem apenas 16 anos.

Uma jovem na Academia Latina de Boston, Jewel foi criada em um dos projetos de moradia de Boston por sua mãe, uma mãe solteira. Hoje ela é membro do Conselho Consultivo de estudantes de Boston, é mentora de crianças, trabalha como voluntária em um abrigo de mulheres, dirige e dança em dois grupos e é membro de um grupo de vigília – dentre outras atividades. Jewel contou a um entrevistador do *Boston Globe*: "Vejo um problema e digo: 'Como eu posso fazer a diferença?' [...] Não posso cuidar do mundo inteiro, mesmo assim, posso tentar. [...] Estou avançando, mas quero ter certeza de que estou trazendo pessoas comigo." (Silva, 2005, pp. B1, B4).

Jewel Cash, sentada ao lado de sua mãe, participando de uma reunião de prevenção à criminalidade em um centro comunitário. Ela é um exemplo de envolvimento adolescente positivo na comunidade.

apresentação

A atenção que Jewel Cash empresta às pessoas na sua comunidade reflete o lado positivo do desenvolvimento moral, um foco importante neste capítulo. Desenvolvimento moral envolve a distinção entre o que é certo e o que é errado, o que importa às pessoas e o que as pessoas devem fazer na sua interação com as outras. Começaremos discutindo os três domínios principais do desenvolvimento moral: pensamentos, comportamento e sentimento moral, e a ênfase recente na personalidade moral. Em seguida, exploraremos os contextos em que se dá o desenvolvimento moral, focando na família e na escola. Concluímos com um exame dos valores, da religião e da espiritualidade adolescente.

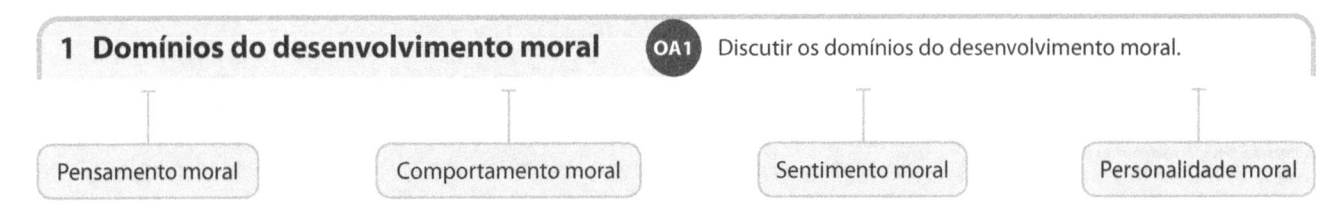

1 Domínios do desenvolvimento moral

OA1 Discutir os domínios do desenvolvimento moral.

- Pensamento moral
- Comportamento moral
- Sentimento moral
- Personalidade moral

Desenvolvimento moral envolve pensamentos, comportamentos e sentimentos relativos aos padrões de certo e errado. O desenvolvimento moral tem uma dimensão intrapessoal (os valores básicos e a noção de *self* de uma pessoa) e uma dimensão interpessoal (um foco no que a pessoa deve fazer nas suas interações com as outras pessoas). A dimensão intrapessoal regula as atividades de uma pessoa quando ela não está engajada em interação social. A dimensão interpessoal regula as interações sociais e arbitra conflitos. Exploremos melhor algumas ideias básicas sobre pensamentos, sentimentos e comportamentos morais.

Primeiramente, como os adolescentes *raciocinam*, ou pensam, sobre as regras para uma conduta ética? Por exemplo, podemos apresentar a um adolescente uma história em que alguém tem um conflito quanto a trapacear ou não em uma situação específica, como colar durante uma prova na escola. Pede-se que o adolescente decida qual é a conduta adequada que o personagem deve tomar e por quê. O foco é colocado no raciocínio que os adolescentes usam para justificar suas decisões morais.

Em segundo lugar, como os adolescentes realmente *se comportam* em circunstâncias morais? Por exemplo, com relação a colar, podemos observar os adolescentes colando e as circunstâncias ambientais que produziram e mantêm essa conduta. Poderíamos conduzir nosso estudo através de um espelho com visão unilateral enquanto os adolescentes estão realizando um exame. Poderíamos anotar se eles pegam alguma anotação para colar, olham para as respostas de outro aluno, etc.

Em terceiro lugar, como os adolescentes se *sentem* em relação aos assuntos morais? No exemplo da cola, o adolescente sente culpa suficiente para resistir à tentação? E se o adoles-

desenvolvimento moral Pensamentos, sentimentos e comportamentos relativos a padrões de certo e errado.

cente colar, os sentimentos de culpa após a transgressão podem fazê-lo desistir dessa conduta na próxima vez em que se defrontar com a tentação?

O restante da discussão do desenvolvimento moral tem foco nestas três facetas: pensamento, comportamento e sentimentos, e uma nova abordagem que enfatiza a personalidade moral. Tenha em mente que, apesar de termos separado o desenvolvimento moral em três componentes, eles geralmente estão inter-relacionados. Por exemplo, se o foco estiver no comportamento do adolescente, ainda é importante que avaliemos suas intenções (pensamento moral). Igualmente, as emoções acompanham e podem distorcer o pensamento moral.

PENSAMENTO MORAL

Como os adolescentes pensam sobre os padrões de certo e errado? Piaget tinha algumas ideias a este respeito, mas elas se aplicavam ao desenvolvimento moral das crianças. Foi Lawrence Kohlberg (1958, 1976, 1986) que criou uma importante teoria de como os adolescentes pensam sobre certo e errado. Ele propôs que o desenvolvimento moral está baseado primariamente no raciocínio moral e se desdobra em uma série de estágios.

Estágios de Kohlberg O essencial no trabalho de Kohlberg sobre o desenvolvimento moral eram as entrevistas com adolescentes de diferentes idades. Nas entrevistas, apresentava-se aos indivíduos uma série de histórias nas quais os personagens de se defrontavam com dilemas morais. A seguir, apresentamos um dos dilemas mais citados de Kohlberg.

> Na Europa, uma mulher estava perto de morrer devido a um tipo especial de câncer. Havia um medicamento que o médico achava que poderia salvar sua vida. Era uma forma de rádio que um farmacêutico havia descoberto recentemente. O medicamento era muito caro para ser preparado, mas o farmacêutico estava cobrando dez vezes o que o medicamento lhe custava para fazer. Ele pagava 200 dólares pelo rádio e cobrava 2 mil dólares por uma pequena dose do medicamento. O marido da mulher que estava doente, Heinz, procurou todas as pessoas que ele conhecia para pedir dinheiro emprestado, mas conseguiu apenas mil dólares, metade do que a dose custava. Ele contou ao farmacêutico que sua mulher estava morrendo e pediu que ele fizesse um preço mais barato ou deixasse que ele pagasse o resto depois. Mas o farmacêutico disse: "Não, descobri o medicamento, e vou ganhar dinheiro com isso." Então, Heinz ficou desesperado e arrombou a loja para roubar o medicamento para sua esposa. (Kohlberg, 1969, p. 379)

Esta história é uma das 11 que Kohlberg criou para investigar a natureza do pensamento moral. Após os entrevistados terem lido a estória, lhes era feita uma série de perguntas a respeito do dilema moral: Heinz deveria ter roubado o medicamento? Por quê? É um dever do marido roubar o medicamento para sua esposa se ele não conseguir de outra maneira? Um bom marido a teria roubado? O farmacêutico tinha o direito de cobrar tanto, já que não havia nenhuma lei determinando um limite sobre o preço? Por quê?

A partir das respostas dadas pelos entrevistados para este e outros dilemas, Kohlberg levantou a hipótese de três níveis de desenvolvimento moral, cada um dos quais é caracterizado por dois estágios (veja a Figura 7.1). Um conceito-chave na compreensão da progressão por meio dos níveis e estágios é que a moralidade dos adolescentes vai se tornando mais interna ou madura. Isto é, as razões para as decisões ou valores morais começam a ir além das razões externas ou superficiais que eles davam quando eram mais jovens. Examinemos melhor os estágios de Kohlberg.

Nível 1 de Kohlberg: raciocínio pré-convencional **Raciocínio pré-convencional** é o nível mais baixo na teoria de Kohlberg do desenvolvimento moral. Seus dois estágios são: (1) orientação para punição e obediência e (2) individualismo, propósito instrumental e igualitarismo.

- Estágio 1. *Orientação para punição e obediência* é o primeiro estágio de Kohlberg do desenvolvimento moral. Nesse estágio, o pensamento moral geralmente está atrelado à punição. Por exemplo, as crianças e os adolescentes obedecem aos adultos porque os adultos lhes dizem para obedecer.
- Estágio 2. *Individualismo, propósito instrumental e igualitarismo* é o segundo estágio da teoria de Kohlberg. Nesse estágio, os indivíduos buscam seus próprios interesses, mas também permitem que os outros façam o mesmo. Assim, o que é certo envolve uma troca igualitária. As pessoas são gentis com as outras para que, em troca, as outras sejam gentis com elas. Esse estágio foi descrito como refletindo uma atitude de "O que eu ganho com isso?".

raciocínio pré-convencional O nível mais baixo da teoria de Kohlberg do desenvolvimento moral. Neste nível, a moralidade está geralmente focada na recompensa e na punição. Os dois estágios no raciocínio pré-convencional são a orientação para a punição e para a obediência (estágio 1) e individualismo, propósito instrumental e igualitarismo (estágio 2).

Lawrence Kohlberg.

Nível 1	Nível 2	Nível 3
Nível pré-convencional Sem internalização	**Nível convencional** Internalização intermediária	**Nível pós-convencional** Internalização completa
Estágio 1 Moralidade heterônima *Os indivíduos buscam seus próprios interesses, mas deixam que os outros façam o mesmo. O que é certo envolve troca igualitária.*	**Estágio 3** Expectativas interpessoais mútuas, relações e conformidade interpessoal *Os indivíduos valorizam confiança, atenção e lealdade aos outros como base para os julgamentos morais.*	**Estágio 5** Contrato social ou utilidade e direitos individuais *Os indivíduos raciocinam que os valores, direitos e princípios fortalecem ou transcendem a lei.*
Estágio 2 Individualismo, propósito instrumental e igualitarismo. *As crianças obedecem apenas por que os adultos lhes dizem para obedecer. As pessoas baseiam suas decisões morais no medo da punição.*	**Estágio 4** Moralidade dos sistemas sociais *Os julgamentos sociais estão baseados na compreensão de ordem, lei, justiça e dever.*	**Estágio 6** Princípios éticos universais *A pessoa desenvolveu julgamentos morais baseados nos direitos humanos universais. Quando defrontados com um dilema entre lei e consciência, é seguida uma consciência pessoal e individualizada.*

FIGURA 7.1
Os três níveis e seis estágios do desenvolvimento moral de Kohlberg.

Nível 2 de Kohlberg: raciocínio convencional **Raciocínio convencional** é o segundo nível, ou intermediário, da teoria de Kohlberg do desenvolvimento moral. Os indivíduos cumprem determinados padrões (internos), mas estes são padrões de outras pessoas (externos), como os pais ou as leis da sociedade. No raciocínio convencional, os indivíduos desenvolvem expectativas quanto aos papéis sociais. O nível de raciocínio convencional consiste de dois estágios: (1) expectativas interpessoais mútuas, relações e conformidade interpessoal e (2) moralidade dos sistemas sociais.

- Estágio 3. *Expectativas interpessoais mútuas, relações e conformidade interpessoal* é o terceiro estágio do desenvolvimento moral de Kohlberg. Nesse estágio, os indivíduos valorizam a confiança, o cuidado e a lealdade aos outros como base para os julgamentos morais. As crianças e os adolescentes geralmente adotam os padrões morais dos seus pais neste estágio, buscando serem considerados por seus pais como uma "boa menina" ou um "bom menino".
- Estágio 4. *Moralidade dos sistemas sociais* é o quarto estágio da teoria do desenvolvimento moral de Kohlberg. Nesse estágio, os julgamentos morais estão baseados na compreensão da ordem social, da lei, da justiça e do dever. Por exemplo, os adolescentes podem dizer que, para que uma comunidade funcione com eficiência, ela precisa ser protegida pelas leis que são destinadas aos seus membros. Assim, no raciocínio do estágio 4, os indivíduos se engajam em uma perspectiva social que vai além das relações íntimas para entenderem a importância de ser um bom cidadão.

Nível 3 de Kohlberg: raciocínio pós-convencional **Raciocínio pós-convencional** é o nível mais alto da teoria do desenvolvimento moral de Kohlberg. Nesse nível, a moralidade é mais interna. O indivíduo reconhece caminhos morais alternativos, explora as opções e então decide sobre um código moral. No raciocínio pós-convencional, os indivíduos se engajam em verificações deliberadas de seu raciocínio para se assegurarem de que ele corresponde aos altos padrões éticos. O nível pós-convencional de moralidade consiste de dois estágios: (1) contrato social ou utilidade e direitos individuais e (2) princípios éticos universais.

- Estágio 5. *Contrato social ou utilidade e direitos individuais* é o quinto estágio de Kohlberg. Nesse estágio, os indivíduos raciocinam que os valores, os direitos e os princípios fortalecem ou transcendem a lei. A pessoa avalia a validade das leis atuais e examina os sistemas sociais em termos do grau nos quais eles preservam e protegem os direitos e valores humanos fundamentais.
- Estágio 6. *Princípios éticos universais* é o sexto e mais alto estágio na teoria do desenvolvimento moral de Kohlberg. Nesse estágio, a pessoa desenvolveu um padrão moral baseado nos direitos humanos universais. Quando defrontado com um conflito entre lei e consciência, a pessoa seguirá a consciência, mesmo que a decisão possa envolver risco pessoal.

raciocínio convencional O segundo nível, ou intermediário, na teoria de Kohlberg. Os indivíduos cumprem determinados padrões (internos), mas eles são os padrões de outros (externos), como os pais ou as leis da sociedade. O nível convencional consiste de dois estágios: expectativas interpessoais mútuas, relações e conformidade interpessoal (estágio 3) e moralidade dos sistemas sociais (estágio 4).

raciocínio pós-convencional O terceiro e mais alto nível na teoria de Kohlberg. Neste nível, a moralidade é mais interna. O nível pós-convencional consiste de dois estágios: contrato social ou utilidade e direitos individuais (estágio 5) e princípios éticos universais (estágio 6).

Descrição do estágio	Exemplos de raciocínio moral que apoiam o roubo do medicamento de Heinz	Exemplos de raciocínio moral que indicam que Heinz não deve roubar o medicamento
Raciocínio pré-convencional		
Estágio 1: Orientação para punição e obediência **Estágio 2:** Individualismo, propósito instrumental e igualitarismo	Heinz não deve deixar sua esposa morrer; se fizer isso, ele vai ter muitos problemas. Se Heinz for preso, ele pode devolver o medicamento e talvez ele não receba uma sentença muito longa.	Heinz pode ser preso e ser mandado para a cadeia. O farmacêutico é um negociante e precisa ganhar dinheiro.
Raciocínio convencional		
Estágio 3: Expectativas interpessoais mútuas, relações e conformidade interpessoal **Estágio 4:** Moralidade dos sistemas sociais	Heinz só estava fazendo o que um bom marido faria; isso mostra o quanto ele ama a sua mulher. Não é moralmente errado que neste caso Heinz roube o medicamento porque a lei não é planejada para levar em conta cada caso particular ou para prever cada circunstância.	Se sua esposa morrer, ele não poderá ser culpado por isso; a culpa é do farmacêutico. O farmacêutico é quem é o egoísta. Heinz deve obedecer à lei porque as leis servem para proteger o funcionamento produtivo e ordenado da sociedade.
Raciocínio pós-convencional		
Estágio 5: Contrato social ou utilidade e direitos individuais **Estágio 6:** Princípios éticos universais	Heinz tinha justificativa para roubar o medicamento porque uma vida humana estava em jogo, e isso transcende qualquer direito que o farmacêutico tenha em relação ao medicamento. A vida humana é sagrada devido ao princípio universal do respeito ao indivíduo, e isso está acima de qualquer outro valor.	É importante obedecer à lei porque as leis representam uma estrutura necessária de comum acordo para que os indivíduos possam viver juntos em sociedade. Heinz precisa decidir se considera ou não as outras pessoas que precisam do medicamento tanto quanto sua esposa. Ele não deve agir com base nos seus sentimentos particulares pela sua esposa, mas considerar o valor de todas as vidas que estão envolvidas.

FIGURA 7.2
Raciocínio moral nos estágios de Kohlberg em resposta à história "Heinz e o farmacêutico".

Como os indivíduos em cada um dos estágios de Kohlberg responderiam ao dilema moral de "Heinz e o farmacêutico", descrito anteriormente? A Figura 7.2 apresenta alguns exemplos de respostas.

Kohlberg defendeu que estes três níveis e estágios ocorrem em uma sequência e têm relação com a idade. Antes dos 9 anos, a maioria das crianças raciocina sobre os dilemas morais de uma forma pré-convencional; na adolescência inicial, raciocinam de forma mais convencional. A maioria dos adolescentes raciocina no estágio 3, com alguns sinais dos estágios 2 e 4. Na idade adulta inicial, um pequeno número de indivíduos raciocina de forma pós-convencional. Em uma investigação longitudinal de 20 anos, a utilização dos estágios 1 e 2 decresceu (Colby et al., 1983) (veja a Figura 7.3). O estágio 4, que não apareceu absolutamente no raciocínio moral daqueles com 10 anos, estava refletido em 62% do pensamento moral dos indivíduos de 36 anos. O estágio 5 não apareceu até a idade de 20 e 22 anos e nunca caracterizou mais de 10% dos indivíduos. Assim, os estágios morais surgiram um pouco mais tarde do que Kohlberg havia vislumbrado inicialmente, e os estágios mais altos, especialmente o estágio 6, eram extremamente indefinidos. Recentemente, o estágio 6 foi removido do manual de escores de julgamento moral de Kohlberg, mas ainda é considerado teoricamente importante no esquema do desenvolvimento moral de Kohlberg. Uma revisão dos dados de 45 estudos em 27 diferentes culturas no mundo deu apoio à universalidade dos quatro primeiros estágios de Kohlberg, mas sugeriu que os estágios 5 e 6 tendem a variar entre as culturas (Snarey, 1987).

Qualquer mudança no raciocínio moral entre o fim da adolescência e o início da idade adulta parece ser relativamente gradual (Eisenberg et al., 2009). Um estudo identificou que, quando jovens entre 16 e 19 anos e 18 e 25 anos eram solicitados a raciocinar sobre dilemas da vida real e eram codificados usando-se os estágios de Kohlberg, não havia diferenças significativas no seu raciocínio moral (Walker et al., 1995).

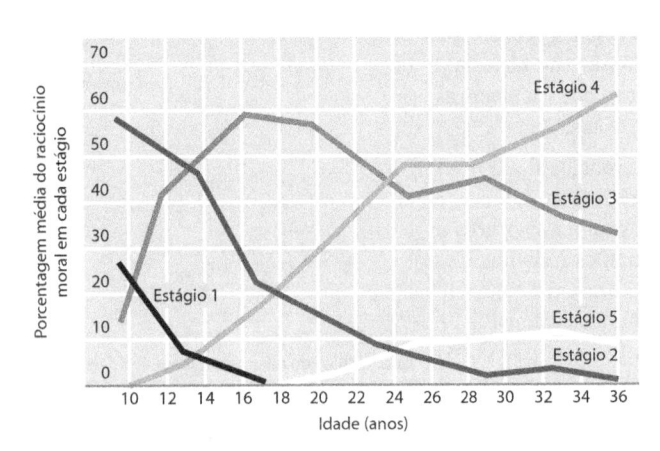

FIGURA 7.3
Idade e porcentagem de indivíduos em cada estágio de Kohlberg. Em um estudo longitudinal de homens entre 10 e 36 anos, aos 10 anos a maior parte do raciocínio moral estava no estágio 2 (Colby et al., 1983). Dos 16 aos 18 anos, o estágio 3 se tornou o tipo mais frequente de raciocínio moral e somente na metade da década dos 20 anos que o estágio 4 se tornou mais frequente. O estágio 5 não apareceu até os 20 a 22 anos e nunca caracterizou mais do que 10% dos indivíduos. Neste estudo, os estágios morais surgiram um pouco mais tarde do que Kohlberg havia previsto, e o estágio 6 estava ausente.

Influências nos estágios de Kohlberg Kohlberg teorizou que a orientação moral dos indivíduos se desenvolve em consequência do desenvolvimento cognitivo e da exposição a experiências sociais apropriadas. Crianças e adolescentes constroem seus pensamentos morais enquanto passam de um estágio para o seguinte, em vez de aceitarem passivamente uma norma cultural de moralidade. Os investigadores tentaram entender os fatores que influenciam o movimento por meio dos estágios morais, entre eles a modelagem, o conflito cognitivo, as relações com os pares e as oportunidades de assumir papéis.

Diversos investigadores tentaram avançar nos níveis de desenvolvimento moral dos indivíduos, apresentando um modelo de argumentos que refletem o pensamento moral um estágio acima dos níveis estabelecidos dos indivíduos. Estes estudos estão baseados nos conceitos do desenvolvimento cognitivo de equilíbrio e conflito (Walker e Taylor, 1991). Ao se apresentarem modelos de informações morais um pouco além do nível cognitivo do indivíduo, cria-se um desequilíbrio que motiva uma reestruturação do pensamento moral. A resolução do desequilíbrio e do conflito deve ser em direção ao aumento da competência. Em um estudo, os participantes preferiram os estágios mais altos que o seu do que os mais baixos (Walker, de Vries e Bichard, 1984). Em resumo, o pensamento moral pode ser movido para um nível mais alto por meio da exposição a modelos ou a uma discussão mais avançada do que o nível do adolescente.

Assim como Piaget, Kohlberg enfatizou que a interação com os pares é parte essencial da estimulação social que desafia os indivíduos a mudarem a sua orientação moral. Ao passo que os adultos caracteristicamente impõem regras e regulamentos às crianças, a interação do dar e do receber mútuo entre os pares oferece à criança a oportunidade de assumir o papel de outra pessoa e a gerar regras democraticamente (Rubin, Bukowski e Parker, 2006). Kohlberg salientou que as oportunidades de assumir papéis podem, em princípio, ser produzidas pelo encontro com o grupo de pares. Pesquisadores identificaram que o raciocínio moral mais avançado acontece quando os pares se engajam em conversas desafiadoras, ainda que moderadamente conflitantes (Berkowitz e Gibbs, 1983; Walker, Hennig e Krettenauer, 2000).

Kohlberg observou que certos tipos de experiências entre pais e filhos podem induzir a criança e o adolescente a pensarem em níveis mais avançados de raciocínio moral. Em particular, os pais que permitem ou encorajam a conversa sobre temas imbuídos de valores promovem o pensamento moral mais avançado nos seus filhos. Infelizmente, muitos pais não proporcionam sistematicamente aos seus filhos tais oportunidades de assumir papéis. No entanto, em um estudo, o desenvolvimento moral dos filhos estava relacionado ao estilo de discussão dos seus pais, que envolvia questionamento e interação apoiadora (Walker e Taylor,

Por que Kohlberg achava que as relações com os pares são tão importantes no desenvolvimento moral?

1991). Em anos recentes, tem sido colocada muita ênfase no papel da parentalidade no desenvolvimento moral (Thompson e Newton, 2010).

Por que a teoria de Kohlberg é importante para a compreensão do desenvolvimento moral na adolescência? A teoria de Kohlberg é essencialmente uma descrição das concepções progressivas que as pessoas usam para entender a cooperação social. Em resumo, ela conta a história desenvolvimental das pessoas tentando entender coisas como a sociedade, as regras e os papéis, as instituições e as relações. Tais concepções básicas são fundamentais para os adolescentes, para quem a ideologia se torna importante na direção das suas vidas e marca suas decisões.

Os críticos de Kohlberg A teoria de Kohlberg provocou debate, pesquisas e críticas (Gibbs, 2010; Helwig e Turiel, 2011; Narváez, 2010a, 2010b; Walker e Frimer, 2011). As críticas envolvem a ligação entre pensamento moral e comportamento moral, a qualidade da pesquisa, a consideração inadequada do papel da cultura no desenvolvimento moral e a subestimação da perspectiva do cuidado.

Pensamento moral e comportamento moral A teoria de Kohlberg foi criticada por colocar ênfase excessiva no pensamento moral e pouca ênfase no comportamento moral. As razões morais sempre podem ser um abrigo para o comportamento imoral. Alguns fraudadores bancários, presidentes e figuras religiosas endossam a grandiosidade das virtudes morais quando comentam sobre dilemas morais, mas seu próprio comportamento pode ser imoral. Ninguém quer uma nação de trapaceiros e mentirosos que raciocinam em nível pré-convencional. Os trapaceiros e mentirosos podem saber o que é certo e errado, embora, ainda assim, façam o que é errado.

Ao avaliar a relação entre pensamento moral e comportamento moral, considere o poder corruptor da racionalização e outras defesas que nos livram da autoacusação; estas incluem interpretar uma situação em nosso favor e atribuir a culpa às autoridades, às circunstâncias ou às vítimas (Bandura, 1991). Uma área em que foi encontrada uma ligação entre julgamento e comportamento moral envolve o comportamento antissocial e a delinquência. Pesquisadores identificaram que o raciocínio moral menos avançado na adolescência está relacionado ao comportamento antissocial e à delinquência (Gibbs, 2010; Taylor e Walker, 1997). Um estudo também revelou que o raciocínio moral estava relacionado ao altruísmo autorrelatado (Maclean, Walker e Matsuba, 2004).

Dados os ataques terroristas de 11 de setembro, e a continuação da guerra ao terrorismo, é intrigante explorar como ações abomináveis podem ser encobertas por um manto de virtude moral e por que isso é especialmente perigoso. O teórico social cognitivo Albert Bandura (1999, 2002) defende que as pessoas geralmente não se envolvem em condutas prejudiciais até que tenham justificado a moralidade das suas ações a si mesmas. Nesse processo de justificação moral, a conduta imoral é tornada pessoal e socialmente aceitável, retratando-a como servindo socialmente a propósitos meritórios e morais. Em muitos casos, ao longo da nossa história, os perpetradores distorceram a teologia para fazer parecer que eles mesmos estavam a serviço da vontade de Deus. Bandura dá o exemplo dos extremistas islâmicos que montam suas ações como autodefesa contra pessoas tirânicas e decadentes a quem eles veem como pessoas que querem escravizar o mundo islâmico.

Avaliação do raciocínio moral Alguns desenvolvimentistas encontram falhas na qualidade da pesquisa de Kohlberg e enfatizam que deve ser dada maior atenção à forma como o desenvolvimento moral é avaliado. Por exemplo, James Rest (1986; Rest et al., 1999) defendeu que deveriam ser usados métodos alternativos para coletar informações sobre o pensamento moral em vez de se basear em um único método que requer que os indivíduos raciocinem a respeito de dilemas morais hipotéticos. Rest também disse que as estórias de Kohlberg são extremamente difíceis de ser pontuadas. Para ajudar a remediar este problema, Rest desenvolveu sua própria medida do desenvolvimento moral, chamada Teste DIT (Defining Issues Test).

Diferente do procedimento de Kohlberg, o DIT tenta determinar quais os temas morais que os indivíduos consideram cruciais em uma determinada situação, apresentando uma série de dilemas e uma lista de considerações potenciais ao tomar uma decisão. No dilema de Heinz e o farmacêutico, é pedido que os indivíduos ordenem temas como, por exemplo, se as leis da comunidade deveriam ser preservadas ou se Heinz deveria estar disposto a ser prejudicado ou preso como assaltante. Também pode ser pedido para listarem os valores mais

Como Bandura descreve a forma como os terroristas justificam suas ações?

importantes que governam a interação humana. Eles recebem seis histórias e é pedido que classifiquem por importância cada uma das questões envolvidas na decisão do que deveria ser feito. É pedido que listem os quatro temas que consideram mais importantes. Rest defendeu que este método oferece uma forma mais válida e confiável de avaliar o pensamento moral do que o método de Kohlberg (Rest et al., 1999).

Os pesquisadores do DIT descreveram recentemente sua teoria como neokohlbergiana, refletindo uma conexão com a teoria de Kohlberg, mas com uma importante mudança em relação à sua teoria (Rest et al., 1999; Thoma, 2006). A teoria de Kohlberg, como ponto de partida, inclui a substituição do seu forte modelo de estágios com uma ênfase em uma mudança gradual do nível mais inferior até o pensamento moral mais complexo.

Os pesquisadores também identificaram que o dilema moral proposto nas histórias de Kohlberg não coincidem com os dilemas morais que muitas crianças e adultos enfrentam nas suas vidas diárias (Walker, de Vries e Trevethan, 1987; Yussen, 1977). A maioria das histórias de Kohlberg tem seu foco na família e na autoridade. Entretanto, quando um pesquisador convidou adolescentes para escreverem histórias sobre seus dilemas morais, os adolescentes geraram dilemas que eram muito mais abrangentes, focando em amigos, conhecidos e outros temas, além de família e autoridade (Yussen, 1977). Os dilemas morais dos adolescentes também foram analisados em termos do seu conteúdo. Conforme mostra a Figura 7.4, o tema moral que preocupava os adolescentes mais do que qualquer outro eram as relações interpessoais.

Tema da história	Grau 7	Grau 9	Grau 12
	Porcentagem		
Álcool	2	0	5
Direitos civis	0	6	7
Drogas	7	10	5
Relações interpessoais	38	24	35
Segurança física	22	8	3
Relações sexuais	2	20	10
Fumo	7	2	0
Roubo	9	2	0
Trabalho	2	2	15
Outros	1	26	20

FIGURA 7.4
Dilemas morais reais gerados pelos adolescentes.

Cultura e desenvolvimento moral Kohlberg enfatizou que estes estágios do raciocínio moral são universais, mas alguns críticos argumentam que sua teoria é culturalmente enviesada (Miller, 2007). Tanto Kohlbert quanto seus críticos podem estar parcialmente certos. Uma revisão de 45 estudos em 27 culturas pelo mundo, em sua maior parte não europeias, deu apoio à universalidade dos quatro primeiros estágios na sequência prevista por Kohlberg. Uma revisão de pesquisa mais recente apoiou a mudança qualitativa do estágio 2 para o estágio 3 entre as culturas (Gibbs et al., 2007). Os estágios 5 e 6, no entanto, não foram encontrados em todas as culturas (Gibbs et al., 2007; Snary, 1987). Além disso, o sistema de pontuação de Kohlberg não reconhece o raciocínio moral de nível superior em certas culturas e, assim, esse raciocínio moral é mais específico de certas culturas do que Kohlberg imaginou (Snarey, 1987).

Segundo a visão de John Gibbs (2010), a maioria dos adolescentes jovens no mundo utiliza o julgamento moral da mutualidade (estágio 3) que torna possível as amizades íntimas. E no fim da adolescência, muitos indivíduos também estão começando a entender a importância dos padrões e das instituições definidos em prol do bem comum (estágio 4). Uma exceção importante, no entanto, é o atraso do julgamento moral em adolescentes que regularmente se envolvem em delinquência.

Em suma, a abordagem de Kohlberg captura muito – mas não tudo – do raciocínio moral expressado em várias culturas pelo mundo; como acabamos de ver, existem alguns conceitos morais importantes em culturas específicas para as quais sua abordagem falha ou interpreta erroneamente (Miller, 2007).

Um estudo recente explorou as ligações entre cultura, mentalidade e julgamento moral (Narváez e Hill, 2010). Nesse estudo, um nível mais alto de experiência multicultural estava ligado a inflexibilidade (ser cognitivamente inflexível), mentalidade para o crescimento (percepção de que as próprias qualidades podem mudar e melhorar por meio do esforço) e julgamento moral superior.

Gênero e perspectiva de cuidado A crítica mais difundida à teoria de Kohlberg provém de Carol Gilligan (1982, 1992, 1996), que argumenta que a teoria de Kohlberg reflete um viés em relação ao gênero. De acordo com Gilligan, a teoria de Kohlberg está baseada em uma norma masculina que coloca princípios abstratos acima de relações e preocupações com os outros, e encara o indivíduo como alguém que toma decisões morais sozinho e de forma independente. Ela coloca a justiça no centro da moralidade. Em contraste com a **perspectiva de**

> **conexão** com o desenvolvimento
> **Métodos de pesquisa.** Os estudos transculturais fornecem informações sobre até que ponto o desenvolvimento infantil é universal, ou similar, entre as culturas ou se é específico de cada cultura. Cap. 1, p. 43; Cap. 12, p. 392

Este menino de 14 anos é considerado o sexto Buda sagrado do mundo. Em um estudo de 20 monges budistas adolescentes do sexo masculino no Nepal, a questão da justiça, um tema básico na teoria de Kohlberg, não foi o foco central na visão moral dos monges (Huebner e Garrod, 1993). Além disso, as preocupações dos monges com a prevenção do sofrimento e a importância da compaixão não estão capturadas na teoria de Kohlberg.

justiça de Kohlberg, Gilligan defende uma **perspectiva de cuidado**, uma perspectiva moral que encara as pessoas em termos das suas conexões com os outros e enfatiza a comunicação interpessoal, as relações com os outros e a preocupação pelos outros. De acordo com Gilligan, Kohlberg minimizou muito a perspectiva de cuidado, talvez porque ele era um homem, mais ainda porque sua pesquisa era feita mais com homens do que com mulheres e talvez porque ele tenha usado as respostas masculinas como modelo para a sua teoria.

Em entrevistas extensas com meninas de 6 a 18 anos, Gilligan e colaboradores constataram que as meninas interpretam persistentemente dilemas morais em termos de relações humanas e baseiam essas interpretações na escuta e observação de outras pessoas (Gilligan, 1992; Gilligan et al., 2003). Entretanto, uma metanálise (uma análise estatística que combina os resultados de muitos estudos diferentes) lança dúvida sobre o argumento de Gilligan das diferenças de gênero no julgamento moral (Jaffee e Hyde, 2000). E uma análise recente concluiu que a orientação moral das garotas tem "uma probabilidade um pouco maior de focar na consideração pelos outros do que em princípios abstratos de justiça, mas elas também podem usar orientações morais quando necessário (como os meninos...)" (Blakemore, Berenbaum e Liben, 2009, p. 132).

Teoria dos domínios: raciocínio moral, de convenções sociais e pessoal A **teoria dos domínios do desenvolvimento moral** afirma que existem diferentes domínios de conhecimento e raciocínio social, incluindo os domínios moral, das convenções sociais e pessoal. Na teoria dos domínios, o conhecimento e o raciocínio moral, convencional social e pessoal de crianças e adolescentes surgem a partir das suas tentativas de entender e lidar com diferentes formas de experiências sociais (Helwig e Turriel, 2011; Nucci e Gingo, 2011; Smetana, 2011).

Alguns teóricos e pesquisadores argumentam que Kohlberg não distingue adequadamente entre raciocínio moral e **raciocínio com base em convenções sociais** (Helwig e Turiel, 2011; Nucci e Gingo, 2011; Smetana, 2011). O raciocínio baseado em convenções sociais enfoca as regras convencionadas estabelecidas pelo consenso social para controlar o comportamento e manter o sistema social. As regras em si são arbitrárias, como levantar a mão em aula antes de falar, usar uma escada na escola para subir e outra para descer, não passar à frente de alguém quando se está em uma fila para comprar ingressos para o cinema e parar diante de um sinal de "pare" quando estiver dirigindo. Existem sanções se violamos estas convenções, embora elas possam ser alteradas por consenso.

Em contraste, o raciocínio moral foca em questões éticas e regras de moralidade. Diferentes das regras por convenções, as regras morais não são arbitrárias. Elas são compulsórias, amplamente aceitas e um tanto impessoais (Helwig e Turiel, 2011). Regras referentes a mentir, trapacear, roubar e ferir fisicamente outra pessoa são regras morais porque a violação destas regras afronta padrões éticos que vão além do consenso e das convenções sociais. Os julgamentos morais envolvem conceitos de justiça, ao passo que os julgamentos baseados em convenções sociais são conceitos de organização social. A violação de regras morais é geralmente mais séria do que a violação de regras baseadas em convenções.

A abordagem social convencional é um sério desafio à abordagem de Kohlberg porque ele defendia que as convenções sociais são um ponto de parada no caminho para uma maior sofisticação moral. Para os defensores do raciocínio convencional social, este não é inferior ao raciocínio pós-convencional, mas é algo que precisa ser desenredado do emaranhado moral (Helwig e Turiel, 2011; Smetana, 2011).

Recentemente, também foi feita uma distinção entre questões morais e de convenções, que são encaradas como legitimamente sujeitas à regulação social adulta, e as questões pessoais, que estão mais provavelmente sujeitas à tomada de decisão independente e ao discernimento pessoal da criança e do adolescente (Helwig e Turiel, 2011; Nucci e Gingo, 2011; Smetana, 2011). As questões pessoais incluem controle sobre o próprio corpo, privacidade, escolha de amigos e atividades. Assim, algumas ações pertencem a um domínio *pessoal*, não governado pelas restrições morais ou normas sociais.

Os domínios de raciocínio moral, das convenções e pessoal se formam na família. As questões morais incluem áreas como, por exemplo, mentir para os pais sobre envolvimento em comportamento desviante e roubar dinheiro de um irmão. As questões ligadas às convenções envolvem temas como, por exemplo, a hora de voltar para casa e a quem cabe a tarefa de levar o lixo para a rua. As questões pessoais envolvem, por exemplo, de que música gostar, estilos de vestir, o que colocar na decoração do quarto e que amigos escolher.

---

conexão com o desenvolvimento

Gênero. Janet Shibley Hyde concluiu que muitas das visões e estudos sobre o gênero exageram as diferenças. Cap. 5, p. 193

perspectiva de justiça Uma perspectiva moral que foca nos direitos do indivíduo. Os indivíduos tomam decisões morais de forma independente.

perspectiva de cuidado Perspectiva moral de Carol Gilligan, que encara as pessoas em termos da sua conexão com os outros e enfatiza a comunicação interpessoal, as relações com os outros e a consideração pelos outros.

teoria dos domínios do desenvolvimento moral Afirma que existem diferentes domínios de conhecimento e raciocínio social, incluindo os domínios moral, das convenções sociais e pessoal. Esses domínios surgem a partir de tentativas de crianças e adolescentes em entender e lidar com diferentes formas de experiência social.

raciocínio com base em convenções sociais Pensamentos relativos ao consenso e convenções sociais, em oposição ao raciocínio moral, que enfatiza as questões éticas.

Na teoria dos domínios, são desenvolvidas fronteiras referentes à autoridade adulta, o que pode produzir conflito entre pais e adolescente. Os adolescentes têm um grande domínio pessoal e a maioria dos pais consegue conviver com isso; entretanto, os pais têm um domínio moral mais amplo do que os adolescentes pensam ser razoável (Smetana, 2011).

COMPORTAMENTO MORAL

Vimos que uma das críticas à teoria de Kohlberg é que ela não dá atenção adequada à ligação entre pensamento moral e comportamento moral. Em nossa exploração do comportamento moral, focaremos nas seguintes questões: quais são os processos básicos que os behavioristas afirmam serem responsáveis pelo comportamento moral dos adolescentes? Como os teóricos sociais cognitivos veem o desenvolvimento moral dos adolescentes? Qual a natureza do comportamento pró-social?

Processos básicos A visão comportamental enfatiza o comportamento moral dos adolescentes. Os processos familiares de reforço, punição e imitação têm sido invocados para explicar como e por que os adolescentes aprendem determinados comportamentos morais e por que seus comportamentos diferem uns dos outros (Grusec, 2006). As conclusões gerais a serem extraídas são as mesmas que para outros domínios do comportamento social. Quando os adolescentes são reforçados positivamente por um comportamento que está de acordo com as leis e convenções sociais, eles provavelmente repetirão esse comportamento. Quando são apresentados modelos que se comportam moralmente, os adolescentes provavelmente adotarão esse mesmo comportamento. E quando os adolescentes são punidos por comportamento imoral ou inaceitável, esses comportamentos podem ser eliminados, mas à custa de punições sancionadas pelo seu próprio uso e causando efeitos colaterais emocionais para o adolescente. Por exemplo, quando motoristas adolescentes agem com responsabilidade e são elogiados pelos seus pais por fazerem isso, eles têm maior probabilidade de continuarem dirigindo com segurança. Se os adolescentes veem seus pais dirigindo com responsabilidade, eles têm maior probabilidade de seguirem os mesmos padrões. Se o privilégio de dirigir for retirado dos adolescentes que não dirigem com responsabilidade, o comportamento é eliminado, mas o adolescente poderá se sentir humilhado pela punição.

Podemos acrescentar vários qualificadores a estas conclusões gerais. A eficácia do reforço ou da punição depende da consistência com a qual eles são administrados e o plano em que são adotados. A eficácia da modelagem depende das características do modelo (poder, receptividade, singularidade, etc.) e da presença de processos cognitivos, como códigos e imaginário simbólicos, para estimular a manutenção do comportamento modelado.

A que tipos de modelos morais adultos os adolescentes estão sendo expostos na sociedade norte-americana? Esses modelos geralmente fazem o que dizem? Os adolescentes são especialmente atentos à hipocrisia adulta, e evidências indicam que eles estão certos em acreditar que muitos adultos apresentam um padrão duplo – suas ações morais nem sempre correspondem aos seus pensamentos ou pronunciamentos morais (Bandura, 1991).

Além de enfatizar o papel dos determinantes ambientais e a lacuna entre pensamento moral e ação moral, os behavioristas também enfatizam que o comportamento moral é dependente da situação. Isto é, eles dizem que não é provável que os adolescentes apresentem um comportamento moral consistente nos diversos contextos sociais (Eisenberg et al., 2009). Em uma investigação clássica do comportamento moral – uma das mais extensas já realizadas – Hugh Hartshorne e Mark May (1928-1930) observaram as respostas morais de 11 mil crianças e adolescentes que tiveram a oportunidade de mentir, trapacear e roubar em uma variedade de circunstâncias – em casa, na escola, em eventos sociais e esportes. Foi difícil de encontrar uma criança ou adolescente completamente honesto(a) ou completamente desonesto(a). Comportamentos morais específicos para a situação foi a regra. Era mais provável que os adolescentes trapaceassem quando seus amigos os pressionavam para fazer isso e quando a chance de ser descoberto era pequena. Outras análises sugerem que alguns adolescentes têm maior probabilidade de mentir, trapacear e roubar do que outros, o que é uma indicação de mais consistência do comportamento moral em alguns adolescentes do que em outros (Burton, 1984).

Apoiando ainda mais a visão dos determinantes situacionais da moralidade, um estudo recente encontrou que poucas crianças de 7 anos estavam dispostas a doar algum dinheiro após assistirem a um filme da UNICEF sobre crianças que sofrem com a pobreza (van IJzendoorn et al., 2010). No entanto, depois de uma leve exploração do assunto feita por um adulto, a maioria das crianças se dispôs a doar uma parte do seu próprio dinheiro.

Teoria social cognitiva do desenvolvimento moral A **teoria social cognitiva do desenvolvimento moral** enfatiza a distinção entre a competência moral do adolescente – a capacidade de produzir comportamentos morais – e o desempenho moral – a execução desses comportamentos em situações específicas (Mischel e Mischel, 1975). Competência, ou aquisição, é primariamente o resultado de processos sensório-cognitivos. As competências incluem o que os adolescentes são capazes de fazer, o que eles sabem, suas habilidades, sua consciência das regras e regulamentos morais e a sua habilidade cognitiva para produzir comportamentos. Em contraste, o desempenho moral dos adolescentes, ou comportamento, é determinado pela sua motivação e por recompensas e incentivos para agir de uma forma moral específica.

Albert Bandura (1991, 2002) também conclui que o desenvolvimento moral é mais bem entendido se considerado como uma combinação de fatores sociais e cognitivos, especialmente aqueles que envolvem autocontrole. Ele propõe que no desenvolvimento de um

> *self* moral, os indivíduos adotam padrões de certo e errado que servem como guias e impeditivos para a conduta. Neste processo autorregulatório, as pessoas monitoram sua conduta e as condições sob as quais ela ocorre, julgam-na em relação aos padrões morais e regulam suas ações pelas suas consequências. Elas fazem coisas que lhes proporcionam satisfação e uma noção de autovalorização. Elas evitam se comportar de alguma forma que possa violar seus padrões morais porque tal conduta produzirá autocondenação. A autocensura mantém a conduta de acordo com os padrões internos. (Bandura, 2002, p. 102)

Assim, segundo a visão de Bandura, a autorregulação, mais do que o raciocínio abstrato, é a chave para o desenvolvimento moral positivo.

De modo geral, os achados são inconclusivos em relação à associação entre pensamento e comportamento moral, embora em uma investigação com estudantes universitários, os indivíduos de raciocínio moral com princípios arraigados e muita força de ego tinham menos probabilidade de trapacear em uma situação de resistência a tentação do que seus equivalentes com poucos princípios e pouca força de ego (Hess, Lonky e Roodin, 1985).

O comportamento moral inclui aspectos negativos do comportamento – trapacear, mentir e roubar, por exemplo – e aspectos positivos do comportamento – como ter consideração pelos outros e fazer doações para uma causa justa. Exploraremos agora o lado positivo do comportamento moral: o *comportamento pró-social*.

Comportamento pró-social Muitos atos pró-sociais envolvem **altruísmo**, um interesse generoso em ajudar outra pessoa. O altruísmo é encontrado em todo o mundo humano e é um princípio orientador para cristianismo, budismo, hinduísmo, islamismo e judaísmo. Embora os adolescentes frequentemente sejam descritos como egocêntricos e egoístas, são inúmeros os seus atos de altruísmo (Grusec, Hastings e Almas, 2011; Grusec e Sherman, 2011). Encontramos exemplos no adolescente trabalhador que semanalmente coloca uma nota de um dólar na caixa de contribuições da igreja; nas lavagens de carro, vendas de salgadinhos e concertos organizados por adolescentes para angariar fundos para alimentar e ajudar crianças pobres ou com deficiência; e o adolescente que recolhe e cuida de um gato ferido. Como os psicólogos explicam estes atos altruístas?

As circunstâncias mais prováveis de envolver altruísmo por parte dos adolescentes são a emoção de empatia ou simpatia por um indivíduo em necessidade ou uma relação de proximidade entre o benfeitor e o destinatário (Clark et al., 1987). O comportamento pró-social ocorre mais frequentemente na adolescência do que na infância, embora exemplos de preocupação com outros e confortar alguém em dificuldade possa ocorrer mesmo durante os anos da pré-escola (Eisenberg, Farbes e Spinrad, 2006).

Existem diferenças de gênero no comportamento pró-social durante a adolescência? As garotas adolescentes se veem como mais pró-sociais e empáticas e também se envolvem em mais comportamento pró-social do que os rapazes (Eisenberg et al., 2009). Por exemplo, uma revisão de pesquisa constatou que durante a infância e a adolescência, as meninas se envolviam em mais comportamento pró-social (Eisenberg e Fabes, 1998). A maior diferença entre os gêneros ocorreu para o comportamento gentil e atencioso, com uma diferença menor quanto a compartilhar.

---

conexão com o desenvolvimento
Teoria social cognitiva. Quais são os temas principais da teoria social cognitiva de Bandura? Cap. 1, p. 62

Uma das belas compensações da vida é que ninguém pode tentar ajudar sinceramente outra pessoa sem que também esteja ajudando a si mesmo.

— CHARLES DUDLEY WARNER
Ensaísta norte-americano, século XIX

---

teoria social cognitiva do desenvolvimento moral Teoria que distingue entre competência moral (a capacidade de produzir comportamentos morais) e desempenho moral (execução desses comportamentos em situações específicas).

altruísmo Interesse generoso em ajudar outra pessoa.

Existem tipos diferentes de comportamento pró-social? Em um estudo recente, Gustavo Carlo e colaboradores (2010, p. 340-341) investigaram esta questão e confirmaram a presença destes seis tipos de comportamentos pró-sociais em adolescentes jovens:

- Altruísmo ("Uma das melhores coisas em fazer o trabalho de caridade é que ele parece bom.")
- Público ("Ajudar os outros enquanto estou sendo observado é quando eu trabalho melhor.")
- Emocional ("Eu geralmente ajudo os outros quando eles estão muito agitados.")
- Urgente ("Eu tenho a tendência a ajudar as pessoas que estão muito machucadas.")
- Anônimo ("Eu prefiro fazer uma doação em dinheiro sem que ninguém saiba.")
- Dócil ("Eu ajudo os outros na hora em que eles me pedem.")

Neste estudo, as garotas adolescentes relataram mais comportamento emocional, urgente, dócil e altruísta do que os rapazes, ao passo que os rapazes se engajaram em mais comportamento pró-social público. O monitoramento parental estava relacionado positivamente ao comportamento emocional, urgente e dócil, mas não os outros tipos de comportamento. Os comportamentos pró-sociais dócil, anônimo e altruísta estavam relacionados mais positivamente à religiosidade.

A maior parte das pesquisas sobre comportamento pró-social conceitualiza o conceito de uma maneira global e unidimensional. O estudo feito por Carlo e colaboradores (2010) ilustra um aspecto importante: que ao se pensar sobre e estudar o comportamento pró-social, também é importante que se considerem estas dimensões.

Perdão é um aspecto do comportamento pró-social que ocorre quando a pessoa prejudicada libera o ofensor de uma possível retaliação comportamental (Klatt e Enright, 2009). Em uma investigação, foram feitas perguntas sobre perdão a indivíduos do 4º ano de faculdade até a idade adulta (Enright, Santos e Al-Mabuk, 1989). Os adolescentes eram especialmente influenciados pela pressão dos seus pares na sua predisposição em perdoar os outros.

Gratidão é um sentimento de reconhecimento e apreciação, especialmente em resposta a alguém que fez algo gentil ou útil (Grant e Gino, 2010). Um estudo recente de adolescentes jovens revelou que a gratidão estava ligada a inúmeros aspectos positivos do desenvolvimento, incluindo satisfação com a família, otimismo e comportamento pró-social (Froh, Yurkewicz e Kashdan, 2009).

Examinamos até aqui dois dos três principais domínios do desenvolvimento moral: pensamento e comportamento. A seguir exploraremos o terceiro domínio: o sentimento moral.

Quais são algumas características do comportamento pró-social na adolescência?

perdão Um aspecto do comportamento pró-social que ocorre quando uma pessoa prejudicada libera o ofensor de uma possível retaliação comportamental.

gratidão Um sentimento de reconhecimento e apreciação, especialmente em resposta a alguém que fez algo gentil ou útil.

SENTIMENTO MORAL

Entre as ideias formuladas sobre o desenvolvimento das emoções morais encontram-se conceitos que são centrais para a teoria psicanalítica, a natureza da empatia e o papel das emoções no desenvolvimento moral.

Teoria psicanalítica Conforme discutimos no Capítulo 1, a teoria psicanalítica de Sigmund Freud descreve o superego como uma das três estruturas principais da personalidade (sendo o id e o ego as outras duas). Na teoria psicanalítica clássica de Freud, o *superego* de um indivíduo – a parte moral da personalidade – se desenvolve na segunda infância quando a criança resolve o conflito edípico e se identifica com o genitor do mesmo sexo. De acordo com Freud, um motivo para que a criança resolva o conflito edípico é aliviar o temor de perder o amor dos seus pais e de ser punida pelos seus desejos sexuais inaceitáveis em relação ao genitor do sexo oposto. Para reduzir a ansiedade, evitar a punição e manter a afeição dos pais, a criança forma o superego por meio da identificação com o genitor do mesmo sexo. Na visão de Freud, por meio dessa identificação, a criança internaliza os padrões dos pais de certo e errado que refletem as proibições da sociedade. Ao mesmo tempo, a criança volta para si a hostilidade que anteriormente era dirigida para o genitor do mesmo sexo. Essa hostilidade voltada para dentro é então experimentada autopunitivamente (e inconscientemente) como culpa. De acordo com a visão psicanalítica do desenvolvimento moral, a autopunição da culpa impede que as crianças e que, posteriormente, os adolescentes cometam transgressões. Ou seja, as crianças e os adolescentes se adaptam aos padrões da sociedade para evitar a culpa.

conexão com o desenvolvimento
Teoria psicanalítica. Freud teorizou que os indivíduos atravessam cinco estágios principais durante o desenvolvimento sexual. Cap. 1, p. 57

Segundo a visão de Freud, o superego consiste de dois componentes principais – o ideal de ego e a consciência –, os quais promovem o desenvolvimento dos sentimentos morais de crianças e adolescentes. O **ideal do ego** é o componente do superego que envolve padrões ideais aprovados pelos pais, ao passo que a **consciência** é o componente do superego que envolve comportamentos não aprovados pelos pais. O ideal de ego de um indivíduo recompensa-o ao transmitir um senso de orgulho e valor pessoal quando o indivíduo age de acordo com os padrões morais. A consciência pune o indivíduo por agir imoralmente, fazendo-o se sentir culpado e indigno. Dessa forma, o autocontrole substitui o controle parental.

Erik Erikson (1970) descreveu três estágios do desenvolvimento moral: aprendizado moral específico na infância, preocupações ideológicas na adolescência e consolidação ética na idade adulta. De acordo com Erikson, durante a adolescência os indivíduos buscam uma identidade. Se os adolescentes se desiludem com as crenças morais e religiosas que adquiriram durante a infância, é provável que percam, pelo menos temporariamente, seu senso de propósito e sintam que sua vida está vazia. Esta perda pode levá-los a procurar por uma ideologia que traga algum propósito às suas vidas. Para que a ideologia seja aceitável, ela precisa se adequar às evidências e se entrelaçar com as habilidades de raciocínio lógico do adolescente. Se os outros compartilham essa ideologia, um senso de comunidade é sentido. Para Erikson, a ideologia emerge como a guardiã da identidade durante a adolescência porque ela proporciona um senso de propósito, ajuda a vincular o presente ao futuro e contribui com significado para o comportamento (Hoffman, 1988).

Empatia Sentimentos positivos, como a empatia, contribuem para o desenvolvimento moral dos adolescentes (Eisenberg et al., 2009; Malti e Latzko, 2010). Sentir **empatia** significa reagir aos sentimentos de outra pessoa com uma resposta emocional similar aos sentimentos da outra pessoa. Embora a empatia seja vivenciada como um estado emocional, ela frequentemente possui um componente cognitivo – a capacidade de discernir estados emocionais do outro, ou o que anteriormente chamamos de *assumir a perspectiva*.

Aproximadamente, dos 10 aos 12 anos, os indivíduos desenvolvem uma empatia pelas pessoas que vivem em circunstâncias desafortunadas (Damon, 1988). As preocupações das crianças não estão mais limitadas aos sentimentos de pessoas específicas em situações que elas observam diretamente. Em vez disso, as crianças entre 10 e 12 anos ampliam suas preocupações para os problemas gerais de pessoas em circunstâncias desafortunadas – pobres, pessoas com deficiências, excluídos sociais, etc. Esta nova sensibilidade pode levar as crianças mais velhas a se comportarem de forma altruísta e, posteriormente, pode acrescentar um toque humanitário ao desenvolvimento ideológico e à visão política dos adolescentes.

Embora todos os adolescentes sejam capazes de responder com empatia, nem todos fazem isso. O comportamento empático dos adolescentes varia consideravelmente. Por exemplo, em crianças mais velhas e adolescentes, as disfunções empáticas podem contribuir para o comportamento antissocial. Alguns delinquentes condenados por crimes violentos apresentam uma falta de sentimentos pelo sofrimento de suas vítimas. Um garoto de 13 anos, condenado por assalto violento a inúmeros adultos, quando questionado quanto à dor que havia causado a uma mulher cega, disse: "O que me importa? Eu não sou ela" (Damon, 1988).

A perspectiva contemporânea Já vimos que a teoria psicanalítica clássica enfatiza a força da culpa inconsciente no desenvolvimento moral, mas que outras teorias, como a de Damon, enfatizam o papel da empatia. Atualmente, muitos desenvolvimentistas observam que sentimentos positivos, como empatia, simpatia, admiração e autoestima, e sentimentos negativos, como raiva, afronta, vergonha e culpa contribuem para o desenvolvimento moral dos adolescentes (Damon, 1995; Eisenberg et al., 2009). Quando vivenciadas com intensidade, estas emoções influenciam os adolescentes a agir de acordo com os padrões de certo e errado. Emoções como empatia, vergonha, culpa e ansiedade quanto às violações dos padrões por outras pessoas já estão presentes no começo do desenvolvimento e passam por mudanças desenvolvimentais durante a infância e a adolescência.

Essas emoções proporcionam uma base natural para que os adolescentes adquiram valores morais, orientando-os para eventos morais e motivando-os a prestar muita atenção a tais eventos (Thompson, 2009). Entretanto, as emoções morais não operam em um vácuo para construir a consciência moral dos adolescentes, e não são suficientes por si só para gerar uma responsividade moral. Elas não fornecem a "substância" da regulação moral – as regras, os valores e os padrões de comportamento que os adolescentes precisam entender e exercer. As

O que caracteriza a empatia na adolescência?

ideal do ego Componente do superego que envolve padrões ideais aprovados pelos pais.

consciência Componente do superego que envolve comportamentos desaprovados pelos pais.

empatia Reação aos sentimentos de outra pessoa com uma resposta emocional similar aos sentimentos da outra pessoa.

emoções morais estão de maneira inextricável entrelaçadas aos aspectos cognitivos e sociais do desenvolvimento dos adolescentes.

PERSONALIDADE MORAL

Até agora, examinamos três dimensões essenciais do desenvolvimento moral: pensamentos, comportamento e sentimentos. Tem surgido recentemente o interesse por uma quarta dimensão: a personalidade (Frimer et al., 2011; Walker e Frimer, 2011). Pensamentos, comportamento e sentimentos podem estar envolvidos na personalidade moral de um indivíduo. Durante muitos anos, o ceticismo caracterizou a probabilidade de que pudesse ser descoberto um conjunto de características ou traços morais que constituísse a essência da personalidade moral. Boa parte deste ceticismo provinha dos resultados do clássico estudo de Hartshrne e May (1928-1930) e da teoria e da pesquisa em aprendizagem social de Walter Mischel (1968), que defendiam que as situações superam os traços quando são feitas tentativas de prever o comportamento moral. A pesquisa e teoria posterior de Mischel (2004) e a teoria social cognitiva de Bandura (2010a, 2010b) enfatizaram a importância dos fatores "pessoais", embora ainda reconhecendo a variação das situações. Até recentemente, no entanto, havia pouco interesse no estudo do que estaria incluído em uma personalidade moral. Três aspectos da personalidade moral enfatizados recentemente são (1) a identidade moral, (2) o caráter moral e (3) os modelos morais.

Identidade moral Um aspecto central do recente interesse no papel da personalidade no desenvolvimento moral enfoca a **identidade moral.** Os indivíduos possuem uma identidade moral quando as noções e os comprometimentos morais são essenciais para a sua vida. Segundo esta visão, comportar-se de forma que viole este comprometimento moral coloca em risco a integridade do *self* (Aquino, McFarren e Laven, 2011; Narváez e Lapsley, 2009; Walker e Frimer, 2011).

Recentemente, Darcia Narváez (2010a) concluiu que um indivíduo moral maduro se preocupa com a moralidade e em ser uma pessoa moral. Para estes indivíduos, a responsabilidade moral é essencial para a sua identidade. Os indivíduos morais maduros se engajam em metacognição moral, incluindo o automonitoramento moral e a autorreflexão moral. Automonitoramento moral envolve o monitoramento dos próprios pensamentos e das ações relacionadas a situações morais e ao autocontrole, quando necessário. A autorreflexão moral abrange avaliações críticas dos autojulgamentos e dos esforços para minimizar os vieses e o autoengodo.

Caráter moral James Rest (1995) afirmou que o caráter moral não foi enfatizado adequadamente no desenvolvimento moral. Segundo a visão de Rest, *caráter moral* envolve ter força em suas convicções, persistir e superar as distrações e obstáculos. Se os indivíduos não têm caráter moral, eles poderão esmorecer sob pressão ou fadiga, não conseguirão persistir ou irão se distrair e se desestimular e, consequentemente, não conseguirão se comportar moralmente. O caráter moral pressupõe que a pessoa defina objetivos morais e que atingir esses objetivos envolva o comprometimento de agir em concordância com esses objetivos. Rest (1995) também concluiu que a motivação não foi adequadamente enfatizada no desenvolvimento moral. Na visão de Rest, *motivação moral* envolve priorizar os valores morais em detrimento de outros valores pessoais.

Lawrence Walker (2002) estudou o caráter moral examinando as concepções de excelência moral das pessoas. Dentre as virtudes morais que as pessoas enfatizam, encontram-se "honestidade, veracidade, confiança, além de consideração, compaixão e preocupação. Outros traços marcantes giram em torno das virtudes de confiabilidade, lealdade e consideração" (Walker, 2002, p. 74). Segundo a perspectiva de Walker, estes aspectos do caráter moral fornecem os alicerces para as relações e o funcionamento social positivo.

Modelos morais Modelos morais são pessoas que vivem vidas exemplares. Modelos exemplares como Jewel Cash, que foi retratada no início do capítulo, têm personalidade, identidade, caráter e um conjunto de virtudes morais que refletem excelência e comprometimento moral (Frimer et al., 2011; Walker e Frimer, 2011).

Em um estudo, foram examinados três modelos diferentes de moralidade – bravo, atencioso e justo (Walker e Hennig, 2004). Surgiram diferentes perfis de personalidade para os três modelos. O modelo bravo foi caracterizado por ser dominante e extrovertido, o modelo atencioso, por ser cuidadoso e agradável, e o modelo justo, por ser escrupuloso e aberto a

---

conexão com o desenvolvimento
Personalidade. A visão contemporânea da personalidade enfatiza a interação dos traços e das situações. Cap. 4, p. 177

conexão com o desenvolvimento
Identidade. De acordo com James Marcia, quais são os quatro *status* do desenvolvimento da identidade? Cap. 4, p. 166

identidade moral Aspecto da personalidade que está presente quando os indivíduos têm noções e comprometimentos morais que são essenciais para as suas vidas.

modelos morais Pessoas que vivem vidas exemplares.

conexão com o desenvolvimento
Personalidade. Os escrúpulos estão ligados a inúmeros resultados positivos na adolescência. Cap. 4, p. 176

Rosa Parks (foto à esquerda, sentada na parte da frente de um ônibus após a Corte Suprema dos Estados Unidos ter decretado que segregação era ilegal no sistema de ônibus municipais) e Andrei Sakharov (foto à direita) são modelos morais. Parks (1913-2005), uma costureira afro-americana de Montgomery, Alabama, tornou-se famosa pelo seu tranquilo ato revolucionário de não abrir mão do seu assento no ônibus para um homem branco não latino, em 1955. Seu ato heroico é citado por muitos historiadores como o princípio do movimento moderno pelos direitos civis nos Estados Unidos. Durante as quatro décadas seguintes, Parks continuou a trabalhar pelo progresso nos direitos civis. Sakharov (1921-1989) foi o físico soviético que passou várias décadas projetando armas nucleares para a União Soviética e veio a ser conhecido como o pai da bomba soviética de hidrogênio. No entanto, mais para o fim da vida, tornou-se um dos críticos mais declarados da União Soviética e trabalhou incansavelmente para promover os direitos humanos e a democracia.

experiências. Entretanto, vários traços caracterizaram todos os três modelos morais, considerados pelos pesquisadores como refletindo o possível núcleo do funcionamento moral. Este núcleo incluía ser honesto e confiável.

Outro estudo examinou a personalidade de adultos jovens exemplares para examinar o que caracterizava sua excelência moral (Matsuba e Walker, 2004). Quarenta adultos jovens foram indicados pelos diretores executivos de várias organizações sociais (como a Big Brothers, a AIDS Society e a Ronald McDonald House) como modelos morais, com base em seu extraordinário comprometimento moral com essas organizações sociais. Eles foram comparados a 40 adultos jovens com semelhanças de idade, educação e outras variáveis, que estavam frequentando uma universidade. Os modelos morais estavam mais avançados no raciocínio moral, no desenvolvimento de uma identidade e era maior a probabilidade de estarem mantendo relacionamentos íntimos.

Revisar *Conectar* **Refletir** **OA1** Discutir os domínios do desenvolvimento moral.

Revisar
- O que é desenvolvimento moral? Quais são os pontos principais da teoria de Kohlberg do desenvolvimento moral? Como a teoria de Kohlberg foi criticada?
- Quais são alguns processos básicos na visão comportamental do desenvolvimento moral? Qual é a visão social cognitiva do desenvolvimento moral? Qual a natureza do comportamento pró-social?
- Qual é a visão psicanalítica do desenvolvimento moral? Que papel a empatia desempenha no desenvolvimento moral? Qual a perspectiva contemporânea sobre a emoção moral?
- O que é a abordagem moral da personalidade ao desenvolvimento moral?

Conectar
- Considerando o que aprendeu no Capítulo 5 sobre as semelhanças e diferenças entre os gêneros, você ficou surpreso com os achados citados nesta seção em relação ao papel do gênero no desenvolvimento moral?

Refletir *sua jornada de vida pessoal*
- Qual das quatro abordagens que discutimos – cognitiva, psicanalítica, comportamental/social cognitiva e da personalidade – você acha que melhor descreve a forma como você se desenvolveu moralmente? Explique.

---

2 Contextos do desenvolvimento moral

OA2 Descrever como os contextos da parentalidade e da escola podem influenciar o desenvolvimento moral.

Parentalidade — Escola

Anteriormente, neste capítulo, vimos que tanto Piaget quanto Kohlberg afirmavam que as relações com os pares constituem um contexto importante para o desenvolvimento moral. As experiências do adolescente na família e na escola também são contextos importantes para o desenvolvimento moral.

PARENTALIDADE

Tanto Piaget quanto Kohlberg sustentavam que os pais não fornecem dados únicos e essenciais para o desenvolvimento moral dos filhos. Eles não acham que os pais sejam responsáveis por oferecer as oportunidades gerais e o conflito cognitivo para assumir papéis, mas reservam aos pares esse papel principal no desenvolvimento moral. Pesquisadores revelaram como pais e pares contribuem pra o desenvolvimento da maturidade moral (Day, 2010; Hastings, Utendale e Sullivan, 2007). Em geral, o raciocínio moral de nível superior na adolescência está ligado a uma parentalidade apoiadora e encoraja o adolescente a questionar e expandir o seu raciocínio moral (Eisenberg et al., 2009). A seguir, focaremos na disciplina parental e seu papel no desenvolvimento moral e, em seguida, tiraremos algumas conclusões quanto à parentalidade e ao desenvolvimento moral.

Na teoria psicanalítica de Freud, os aspectos de parentalidade que encorajam o desenvolvimento moral são práticas que provocam medo de punição e de perda do amor dos pais. Os desenvolvimentistas que estudaram técnicas de parentalidade e desenvolvimento moral focaram nas técnicas de disciplina dos pais (Grusec, 2006). Estas incluem a retirada do amor, afirmação do poder e indução (Hoffman, 1970):

- A **retirada do amor** está mais próxima da ênfase psicanalítica no medo de punição e de perda do amor dos pais. Esta é uma técnica disciplinar em que um dos genitores retira a atenção ou o amor do adolescente, como quando se recusa a falar com o adolescente ou declara um desagrado pelo adolescente.
- A **afirmação do poder** é uma técnica de disciplina na qual um dos genitores tenta obter controle sobre o adolescente ou sobre os recursos do adolescente. Exemplos incluem bater, ameaçar ou retirar privilégios.
- A **indução** é a técnica disciplinar em que um dos pais usa a razão e a explicação das consequências nos outros das ações do adolescente. Exemplos de indução incluem: "Não bata nele. Ele só estava tentando ajudar" e "Por que você está gritando com ela? Ela não tinha intenção de lhe magoar".

O teórico e pesquisador do desenvolvimento moral Martin Hoffman (1970) argumenta que qualquer tipo de disciplina desperta uma reação por parte do adolescente. A retirada do amor e a afirmação do poder têm a probabilidade de evocar um nível de reação intenso, com a retirada do amor gerando ansiedade considerável e a afirmação do poder uma hostilidade considerável. A indução é mais provável de produzir um nível moderado de reação nos adolescentes, um nível que lhes permita dar atenção aos argumentos apresentados pelos pais. Quando um genitor usa a afirmação do poder ou a retirada do amor, o adolescente pode ficar tão abalado que, mesmo que o genitor lhe dê explicações sobre as consequências das suas ações nos outros, o adolescente pode não prestar atenção a elas. A afirmação do poder apresenta os pais como modelos fracos no autocontrole – como indivíduos que não conseguem controlar seus sentimentos. Em consequência, os adolescentes podem imitar este modelo de fraco autocontrole quando se defrontarem com circunstâncias estressantes. O uso da indução, no entanto, focaliza a atenção do adolescente nas consequências de suas ações para os outros, e não nas suas falhas. Por estas razões, Hoffman (1988) observa que os pais devem usar a indução para encorajar o desenvolvimento moral dos adolescentes. Em pesquisa sobre técnicas de parentalidade, a indução está relacionada mais positivamente ao desenvolvimento moral do que a retirada do amor ou a afirmação do poder, embora os achados variem de acordo com o nível do desenvolvimento e a situação socioeconômica. Por exemplo, a indução funciona melhor com adolescentes e crianças maiores do que com crianças na pré-escola (Brody e Schaffer, 1982) e melhor com crianças de classe média do que de baixa renda (Hoffman, 1970). Crianças mais velhas e adolescentes são, em geral, mais capazes de entender as razões que lhes são apresentadas e conseguem assumir melhor uma perspectiva do que as crianças menores. Alguns teóricos acreditam que a razão pela qual a internalização dos padrões morais da sociedade é mais provável entre indivíduos de classe média do que entre os de baixa renda é que a internalização é mais gratificante na cultura da classe média (Kohn, 1977).

Como os pais podem aplicar estes achados às estratégias para criar uma criança e um adolescente moral? Para algumas sugestões, veja o item *Conexão com Saúde e Bem-Estar*.

retirada do amor Técnica de disciplina na qual um dos genitores remove a atenção ou o amor do adolescente.

afirmação do poder Técnica de disciplina na qual um dos genitores tenta obter controle sobre o adolescente ou os recursos do adolescente.

indução Técnica disciplinar na qual um dos genitores usa razão e explicação das consequências para os outros das ações do adolescente.

ESCOLA

A escola é um contexto importante para o desenvolvimento moral. A educação moral é debatida acaloradamente nos círculos educacionais. Estudaremos primeiro uma das primeiras análises da educação moral e em seguida nos voltaremos para algumas visões contemporâneas sobre a educação moral.

O currículo oculto Há mais de 70 anos, o educador John Dewey (1933) reconheceu que, mesmo quando as escolas não possuem programas específicos em educação moral, elas estão dando educação moral por meio de um "currículo oculto". O **currículo oculto** é transmitido por meio da atmosfera moral que faz parte de cada escola.

currículo oculto Atmosfera moral insidiosa que caracteriza todas as escolas.

---

conexão COM SAÚDE E BEM-ESTAR

Como podemos criar crianças e adolescentes morais?

A disciplina parental contribui para o desenvolvimento moral dos filhos, mas outros aspectos da parentalidade também desempenham um papel importante, como a oferta de oportunidades de assumir a perspectiva de modelar o comportamento e pensamento moral. Uma revisão de pesquisa concluiu que, em geral, crianças morais tendem a ter pais que fazem o seguinte (Eisenberg e Valiente, 2002, p. 134):

- São mais afetivos e apoiadores do que punitivos.
- Usam a disciplina indutiva.
- Proporcionam oportunidades nas quais os filhos tenham conhecimento das perspectivas e dos sentimentos dos outros.
- Envolvem os filhos em decisões familiares e no processo de pensamento sobre decisões morais.
- Modelam comportamentos e pensamentos morais, dando oportunidade para que os filhos façam o mesmo.
- Informam sobre quais comportamentos são esperados e por quê.
- Estimulam um senso de moralidade interna em vez de externa.

Quais são algumas características e práticas de parentalidade que estão ligadas ao desenvolvimento moral de crianças e adolescentes?

Os pais que apresentam esta configuração de comportamentos provavelmente estimulam em seus filhos a preocupação e a consideração com os outros e criam uma relação positiva entre pais e filhos. Um estudo recente encontrou que a motivação moral dos adolescentes estava positivamente ligada à qualidade da sua relação com seus pais (Malti e Buchmann, 2010). Outro estudo recente revelou que dimensões da parentalidade autoritativa (tais como uma combinação de responsividade, delegação de autonomia e exigência) prediziam um aumento na identidade moral dos adolescentes (Hardy et al., 2010).

Em termos de qualidade do relacionamento, o apego seguro pode desempenhar um papel importante no desenvolvimento moral de crianças e adolescentes. Um apego seguro pode colocar a criança em um caminho positivo para a internalização dos objetivos socializantes e valores familiares dos pais. Em um estudo recente, o apego precoce seguro neutralizava uma trajetória desadaptativa na direção de resultados antissociais (Kochanska et al., 2010a). Em outro estudo recente, a atitude disponível e cooperativa de crianças com apego seguro estava ligada a resultados positivos de socialização futura, tais como incidência mais baixa de problemas externalizantes (alto nível de agressão, por exemplo) (Kochanska, 2010b).

Recentemente, desenvolveu-se um interesse pela determinação de quais estratégias de parentalidade funcionam melhor quando crianças e adolescentes são confrontados com situações nas quais são expostos a valores externos ao seu lar e que entram em conflito com os valores dos pais (Grusec, 2006). Duas estratégias que os pais frequentemente usam neste aspecto são o encasulamento e o *pre-arming* (Bugental e Goodnow, 2006). *O encasulamento* ocorre quando os pais protegem crianças e adolescentes da exposição a comportamento desviante e, portanto, da tentação de se envolverem em comportamento moral negativo. Na adolescência, encasulamento envolve monitorar os contextos nos quais os adolescentes passam seu tempo e restringindo a sua interação com seus pares desviantes. *Pre-arming* envolve prever valores conflitantes e preparar os adolescentes para lidarem com eles em suas vidas fora do lar. Ao usarem o *pre-arming*, os pais discutem estratégias com os adolescentes para ajudá-los a enfrentarem situações prejudiciais.

Que tipo de estudos você acha que os pesquisadores precisam projetar para comparar a eficácia relativa do encasulamento e do pre-arming?

A atmosfera moral é criada pelas regras da escola e da sala de aula, pela orientação moral dos professores e administradores da escola e pelo material dos textos. Os professores servem como modelos de comportamento ético e antiético. As regras da sala de aula e as reações com os pares na escola transmitem atitudes em relação a trapaça, mentira, roubo e consideração pelos outros. Por meio dessas regras e regulamentos, a administração escolar implanta na escola um sistema de valores.

Educação do caráter Atualmente, 40 dos 50 estados norte-americanos possuem leis relativas à **educação do caráter**, uma abordagem de educação direta que envolve ensinar aos estudantes um conhecimento moral básico para evitar que se engajem em comportamento imoral e causem danos a si mesmos ou aos outros (Nucci e Narváez, 2008). O argumento é de que comportamentos como mentir, roubar e trapacear são errados, e isso deve ser ensinado aos alunos ao longo de toda a sua educação (Berkowitz, Battistich e Bier, 2008; Davidson, Lockona e Khmelkov, 2008).

Toda a escola deve ter um código moral explícito que seja claramente comunicado aos estudantes. Qualquer violação do código deve ser enfrentada com sanções. A instrução em conceitos morais específicos, como trapacear, pode assumir a forma de exemplo e definição, discussões em aula e exercícios de representação, ou recompensar os estudantes pelo comportamento apropriado. Mais recentemente, uma ênfase na importância de encorajar os estudantes a desenvolver uma perspectiva de consideração foi aceita como um aspecto relevante da educação do caráter (Noddings, 2008). Em vez de simplesmente instruir os adolescentes na contenção do envolvimento em comportamento moralmente desviante, uma perspectiva de consideração defende a educação dos estudantes quanto à importância de se engajar em comportamentos pró-sociais, tais como considerar os sentimentos dos outros, ser sensível aos outros e ajudar os outros (Roberts, 2010).

Lawrence Walker (2002) argumenta que é importante para a educação do caráter que esteja envolvida mais do que uma mera lista de virtudes morais na parede de uma sala de aula. Em vez disso, ele enfatiza que crianças e adolescentes precisam participar de discussões críticas de valores, precisam discutir e refletir sobre como incorporar as virtudes às suas vidas diariamente. Walker também defende a exposição das crianças a modelos morais que valem a pena ser imitados e fazendo as crianças participarem de serviços comunitários. A abordagem da educação do caráter reflete o domínio da personalidade moral que discutimos anteriormente neste capítulo (Walker, Frimer e Dunlop, 2011).

Clarificação dos valores Uma segunda abordagem para a oferta de educação moral é a **clarificação dos valores**, que envolve ajudar os indivíduos a esclarecerem para que servem suas vidas e pelo quê vale a pena trabalhar. Diferente da educação do caráter, que diz aos estudantes quais devem ser os valores, a clarificação dos valores encoraja os estudantes a definirem seus próprios valores e a compreenderem os valores dos outros.

Os defensores da clarificação dos valores dizem que ela não emite juízo de valor. No entanto, os críticos argumentam que seu conteúdo ofende os padrões da comunidade e que os exercícios de clarificação dos valores falham em enfatizar o comportamento certo.

Educação moral cognitiva Uma terceira abordagem da educação moral, a **educação moral cognitiva**, está baseada na crença de que os estudantes devem aprender a valorizar coisas como democracia e a justiça durante o desenvolvimento do seu raciocínio moral. A teoria de Kohlberg serviu como fundamento para inúmeros programas de educação moral cognitiva (Snarey e Samuelson, 2008). Em um programa típico, estudantes do ensino médio se encontram em um curso de um semestre de duração para discutirem diversos temas morais. O instrutor age como mediador e não como um diretor da aula. A expectativa é de que os estudantes desenvolvam noções mais avançadas de conceitos como cooperação, confiança, responsabilidade e comunidade (Power e Higgins-D'Alessandro, 2008).

Aprendizagem de serviço Durante várias décadas, tem havido um entendimento crescente de que a qualidade de uma sociedade pode ser consideravelmente melhorada quando seus cidadãos se tornam proativos na oferta de serviços à comunidade e à nação. O chamado inaugural para servir veio no discurso de John F. Kennedy depois de fazer seu juramento como presidente, em 20 de janeiro de 1961. Em suas palavras, "Não pergunte

educação do caráter Abordagem de educação moral direta que envolve ensinar aos estudantes um conhecimento moral básico para evitar que se engajem em comportamento imoral ou causem danos a si mesmos ou aos outros.

clarificação dos valores Abordagem educacional cujo foco é ajudar as pessoas a esclarecer o que é importante para elas, pelo quê vale a pena trabalhar e a que propósito servem suas vidas. Os estudantes são encorajados a definir seus próprios valores e a compreender os valores dos outros.

educação moral cognitiva Abordagem baseada na crença de que os estudantes devem aprender a valorizar coisas como democracia e a justiça enquanto seu raciocínio moral está se desenvolvendo; a teoria de Kohlberg tem sido a base para muitas abordagens de educação moral cognitiva.

conexão COM OS ADOLESCENTES

Encontrando uma forma de conseguir um parque

Uma garota de 12 anos, Katie Bell, desejava mais do que qualquer coisa um parque em Nova Jersey, sua cidade. Ela sabia que outras crianças também queriam, então, reuniu um grupo que criou ideias para levantar fundos para o parque. Eles apresentaram suas ideias para a câmara municipal. Seu grupo foi recebendo cada vez mais jovens envolvidos na ideia. Eles ajudaram a levantar fundos por meio da venda de doces e sanduíches de porta em porta. Katie diz: "Aprendemos a trabalhar como uma comunidade. Este vai ser um lugar importante para as pessoas frequentarem, fazerem piqueniques e novos amigos". Katie aconselha: "Você não irá a lugar nenhum se não tentar".

Que lições morais da sua família ou da sua escola você acha que Katie já tinha aprendido quando executou o projeto do parque?

Katie Bell (à frente) e alguns dos seus voluntários.

---

aprendizagem de serviço Forma de educação que promove a responsabilidade social e o serviço à comunidade.

Quais são algumas consequências positivas da aprendizagem de serviço?

o que o seu país pode fazer por você – pergunte o que você pode fazer pelo seu país". Esta ideia ajudou a aumentar o comprometimento do governo com o desenvolvimento de programas que enfatizassem a prestação de serviços.

No começo do capítulo você leu a respeito de uma garota de 16 anos, Jewel Cash, que está fortemente motivada para fazer a diferença em sua comunidade. Jewel Cash tem uma noção de responsabilidade social que um número crescente de programas educacionais busca promover em estudantes por meio da **aprendizagem de serviço**, uma forma de educação que promove a responsabilidade social e o serviço comunitário. Na aprendizagem de serviço, os adolescentes se envolvem em atividades como tutorar, ajudar idosos, trabalhar em um hospital, ajudar em uma creche ou limpar um terreno baldio para transformar em área de lazer. Um objetivo importante da aprendizagem de serviço é de que os adolescentes fiquem menos autocentrados e mais fortemente motivados a ajudar os outros (Davidson et al., 2010; Hart, Matsuba e Atkins, 2008). A aprendizagem de serviço é geralmente mais efetiva quando são atendidas duas condições (Nucci, 2006): (1) os alunos têm algum grau de opção pelas atividades de serviço nas quais irão participar e (2) são proporcionadas aos estudantes oportunidades de refletirem sobre a sua participação.

A aprendizagem de serviço leva educação para a comunidade (Zaff et al., 2010). Os voluntários adolescentes tendem a ser extrovertidos, comprometidos com os outros e têm um nível mais alto de autoconhecimento (Eisenberg e Morris, 2004). Além disso, um estudo revelou que as garotas adolescentes participavam mais em aprendizagem de serviço do que os meninos adolescentes (Webster e Worrell, 2008).

Pesquisadores constataram que a aprendizagem de serviço beneficia os adolescentes de inúmeras maneiras (Zaff et al., 2010). Estas melhoras no desenvolvimento adolescente relacionadas à aprendizagem de serviço incluem notas mais altas na escola, maior definição de objetivos, autoestima mais alta, uma melhora na noção de ser capaz fazer a diferença para os outros e uma maior probabilidade de servirem como voluntários no futuro. Em um estudo, 74% dos adolescentes afro-americanos e 70% dos latinos disseram que os programas de aprendizagem de serviço têm um "efeito razoável ou grande" de evitar que os estudantes abandonem a escola (Bridgeland, Dilulio e Wulsin, 2008).

Uma análise revelou que 26% das escolas de ensino médio nos Estados Unidos requer que os alunos participem de aprendizagem de serviço (Metz e Youniss, 2005). Os benefícios da aprendizagem de serviço, tanto para o voluntário quanto para o recebedor, sugerem que se deve procurar fazer mais adolescentes participarem desses programas (Enfield e Collins, 2008; Zaff et al., 2010).

Trapaça Uma preocupação da educação moral é que os estudantes não trapaceiem e como lidar com a trapaça se ela for detectada (Anderman e Anderman, 2010). A trapaça acadêmica pode assumir muitas formas, incluindo o plagiar, usar "papéis com cola" durante uma prova, copiar de um colega as respostas de um teste, comprar trabalhos e falsificar resultados de laboratório. Uma pesquisa de 2006 revelou que 60% dos estudantes de escolas secundárias disseram que haviam colado em um teste na escola durante o ano anterior, e um terço dos estudantes relataram que haviam plagiado informações da internet no ano passado (Instituto Josephson de Ética, 2006).

Por que os estudantes trapaceiam? Dentre as razões que os estudantes dão para trapacearem incluem a pressa para obterem boas notas, pressões de tempo, ensino fraco e falta de interesse (Stephens, 2008). Em termos de ensino fraco, "é mais provável que os estudantes trapaceiem quando percebem que o seu professor é incompetente, injusto e desinteressado" (Stephens, 2008, p. 140).

Uma longa história de pesquisa também implica a força da situação na determinação de se o estudante irá trapacear ou não (Hartshorne e May, 1928-1930; Vandehey, Diekhoff e LaBeff, 2007). Por exemplo, é mais provável que os estudantes colem quando não estão sendo monitorados de perto durante um teste, quando sabem que seus pares estão colando, quando eles sabem se outro estudante foi pego colando ou não e quando os escores dos estudantes são tornados públicos (Anderman e Murdsk, 2007; Harmon, Lambrinos e Kennedy, 2008). Um estudo recente revelou que estudantes universitários que se envolveram em trapaças acadêmicas eram caracterizados pelos traços de personalidade de poucos escrúpulos e baixa amabilidade (Williams, Nathanson e Paulhus, 2010).

Entre as estratégias para a redução da trapaça acadêmica encontram-se medidas preventivas como deixar claro para os alunos o que constitui trapacear, deixando claras as consequências caso eles realmente façam isso, monitorando de perto o comportamento dos alunos enquanto eles estão realizando os testes e enfatizando a importância de ser um indivíduo moral e responsável com integridade acadêmica. Ao promover a integridade acadêmica, muitas faculdades instituíram uma política de código de honra que enfatiza a autorresponsabilidade, a lealdade, a confiança e o conhecimento. O Centro de Integridade Acadêmica (Academic Integrity Center) (www.academicintegrity.org) possui extenso material à disposição para ajudar as escolas a desenvolverem políticas de integridade acadêmica.

Uma abordagem integradora Darcia Narváez (2006, 2008, 2010a, 2010b) enfatiza uma *abordagem integradora* da educação moral que abrange o pensamento moral reflexivo e o comprometimento com a justiça defendidos na abordagem de Kohlberg e o desenvolvimento de um caráter moral particular, conforme defendido na abordagem da educação do caráter. Ela destaca o Projeto de Desenvolvimento Infantil (Child Development Project) como exemplo de uma abordagem de educação moral integradora. No Projeto de Desenvolvimento Infantil, são oferecidas aos alunos múltiplas oportunidades para discutirem as experiências dos outros alunos, o que inspira a empatia e assumir a perspectiva do outro, e eles participam de exercícios que os estimulam a refletir sobre seus próprios comportamentos em termos de valores como justiça e responsabilidade social (Battistich, 2008). Os adultos orientam os alunos em tomadas de decisões éticas e os guiam para se tornarem indivíduos mais atenciosos. Os alunos experimentam uma comunidade de prestação de cuidados, não somente na sala de aula, mas também nas atividades extraclasse e por meio do envolvimento parental no programa. Avaliações de pesquisa do Projeto de Desenvolvimento Infantil

Quais são alguns fatores que influenciam os adolescentes a se envolverem em trapaça?

Sensibilidade ética	Entender expressões emocionais
	Assumir a perspectiva dos outros
	Conectar-se com os outros
	Responder à diversidade
	Controlar a parcialidade social
	Interpretar situações
	Comunicar-se com eficiência
Julgamento ético	Compreender problemas éticos
	Usar códigos e identificar critérios de julgamento
	Raciocinar de um modo geral
	Raciocinar eticamente
	Entender as consequências
	Refletir sobre o processo e os resultados
	Enfrentar e ser resiliente
Foco ético	Respeitar os outros
	Cultivar a consciência
	Agir com responsabilidade
	Ajudar os outros
	Encontrar significado na vida
	Valorizar as tradições e as instituições
	Desenvolver identidade e integridade éticas
Ação ética	Resolver conflitos e problemas
	Ser assertivo respeitosamente
	Tomar iniciativa como líder
	Colocar em prática as decisões
	Cultivar a coragem
	Perseverar
	Trabalhar com afinco

FIGURA 7.5
Habilidades na educação ética integradora. Narváez, D., *Handbook of Moral Development*. Copyright © 2006 Taylor e Francis Group LLC-Books. Reproduzido com permissão de Taylor e Francis Group LLC Books no formato Books and Other book via Copyright Clearance Center.

indicam que ele está relacionado a uma melhora na noção de comunidade, a um aumento no comportamento pró-social, à melhor compreensão interpessoal e a um aumento na solução de problemas sociais (Battistich, 2008; Solomon et al., 1990).

Outro programa moral integrador que está sendo implementado é chamado de *educação ética integradora* (Narváez, 2006, 2008, 2010a, 2010b; Narváez et al., 2004). Este programa se baseia no conceito de *expertise* com o objetivo de transformar os novatos morais em especialistas morais por meio da educação dos estudantes quanto a quatro habilidades éticas que os especialistas morais possuem: sensibilidade ética, julgamento ético, foco ético e ação ética (Narváez, 2010a). A Figura 7.5 descreve melhor os componentes destas quatro habilidades éticas.

Revisar *Conectar* **Refletir** **OA2** Descrever como os contextos da parentalidade e da escola podem influenciar o desenvolvimento moral.

Revisar
- Como a disciplina parental afeta o desenvolvimento moral? Quais são as estratégias parentais eficazes para estimular o desenvolvimento moral de crianças e adolescentes?
- Qual é o currículo oculto? Quais são algumas abordagens contemporâneas da educação moral usadas nas escolas? Como a aprendizagem de serviço afeta os adolescentes?

Conectar
- Como a identidade cultural e étnica, que você estudou no Capítulo 4, pode influenciar as abordagens parentais para o desenvolvimento moral dos seus filhos?

Refletir *sua jornada de vida pessoal*
- Que tipo de disciplina seus pais usaram com você? Que efeito você acha que isto teve sobre o seu desenvolvimento moral?

---

3 Valores, religião e espiritualidade

OA3 Explicar os papéis dos valores, da religião e da espiritualidade na vida dos adolescentes e dos adultos emergentes.

- Valores
- Religião e espiritualidade

valores Crenças e atitudes sobre como as coisas devem ser.

Como são os valores dos adolescentes e adultos emergentes de hoje? Qual é a força da religião e da espiritualidade nas vidas dos adolescentes e dos adultos emergentes?

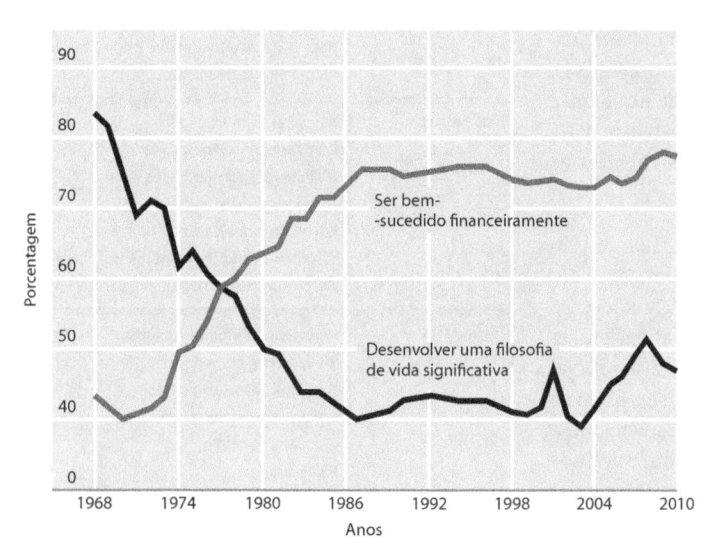

VALORES

Valores são crenças e atitudes sobre como as coisas devem ser. Eles envolvem o que é importante para nós. Nós vinculamos valores a todos os tipos de coisas: política, religião, dinheiro, sexo, educação, altruísmo, família, amigos, carreira, trapaças, respeito próprio, etc. Os valores refletem a dimensão intrapessoal da moralidade apresentada no início do capítulo.

Uma forma de medir o que as pessoas valorizam é perguntar-lhes quais são seus objetivos. Durante as três últimas décadas, estudantes universitários em idade tradicional demonstraram uma preocupação crescente com o bem-estar pessoal e uma diminuição na preocupação pelo bem-estar dos outros, especialmente os desfavorecidos (Pryor et al., 2010). Conforme apresentado na Figura 7.6, os calouros universitários de hoje são mais fortemente motivados a ter sucesso financeiro e menos motivados para desenvolver uma filosofia de vida significativa do que seus equivalentes de 20 ou até mesmo 10 anos atrás. Em 2010, 77% dos estudantes encaravam ser financeiramente bem-sucedido como um objetivo "essencial" ou "muito importante", comparados com apenas 42% em 1971.

Existem, no entanto, alguns sinais de que os estudantes universitários norte-americanos estão mudando na direção

FIGURA 7.6
Mudança nos objetivos de vida dos calouros, de 1968 a 2010. Nas três últimas décadas, ocorreu uma mudança significativa nos objetivos de vida dos calouros. Atualmente, uma porcentagem muito maior de calouros universitários afirma que um objetivo de vida "essencial" ou "muito importante" é ser bem-sucedido financeiramente, e um número muito menor afirma que desenvolver uma filosofia de vida significativa é um objetivo de vida "essencial" ou "muito importante".

conexão COM CARREIRAS

Constance Flanagan, professora de desenvolvimento cívico de jovens

Constance (Connie) Flanagan é professora de desenvolvimento cívico de jovens na Faculdade de Ciências Agrárias, na Universidade Estadual da Pensilvânia. Sua pesquisa foca na visão dos jovens sobre justiça e os fatores nas famílias, escolas e comunidades que promovem os valores, conexões e habilidades cívicas nos jovens (Flanagan, 2004).

Flanagan formou-se em Psicologia na Universidade Duquesne, fez mestrado em Educação na Universidade de Iowa e obteve seu Ph.D. na Universidade de Michigan. Ela possui um interesse especial pela melhoria da política social norte-americana para os adolescentes e trabalha como codiretora do Comitê de Desenvolvimento Infantil. Além de lecionar na graduação e na pós-graduação, realizar pesquisas e participar de vários comitês, Flanagan avalia pesquisas para possíveis publicações como membro do conselho editorial do *Journal of Adolescence Research* e *Journal of Research on Adolescence*. Ela também apresenta suas ideias e suas pesquisas em inúmeros encontros nacionais e internacionais.

Connie Flanagan com adolescentes.

---

de um interesse mais forte pelo bem-estar da sociedade. No levantamento recém descrito, o interesse pelo desenvolvimento de uma filosofia de vida significativa aumentou de 39% para 47% dos calouros norte-americanos de 2001 a 2010 (Pryor et al., 2010) (veja a Figura 7.6). Também neste levantamento, a porcentagem de calouros universitários que disseram haver uma boa chance de participarem de programas de serviço voluntário ou comunitário aumentou de 18% em 1990 para 32% em 2010 (Pryor et al., 2010).

Outra pesquisa sobre valores descobriu que aqueles adolescentes envolvidos em grupos que os conectam com outros na escola, suas comunidades ou instituições de base religiosa relatam níveis mais altos de confiança social, altruísmo, comprometimento com o bem comum das pessoas e endossam os direitos dos imigrantes para inclusão integral na sociedade (Flanagan e Faison, 2001). Nesta pesquisa, os adolescentes que não estavam envolvidos em tais grupos tinham maior probabilidade de endossarem valores de interesse pessoal e materialistas.

A pesquisa que acabamos de discutir foi realizada por Constance Flanagan e colaboradores. Para ler mais a respeito do seu trabalho, veja o perfil *Conexão com Carreiras*.

Nossa discussão dos valores relaciona-se à visão que William Damon (2008) propôs em *The Path to Purpose* (*O Caminho para um Propósito*), que descrevemos no Capítulo 1. Damon concluiu que uma dificuldade importante com a qual os jovens de hoje se defrontam é a falta de uma noção clara do que eles querem fazer das suas vidas – que muitos jovens estão essencialmente "à deriva". Damon (2008, p. 8) descobriu que apenas aproximadamente 20% dos jovens entre 12 e 22 anos nos Estados Unidos expressavam "uma clara visão de onde querem chegar, o que desejam alcançar na vida e por quê". Ele argumenta que seus objetivos e valores frequentemente estão focados no curto prazo, como tirar uma nota boa em um teste em determinada semana e conseguir um par para ir a um baile, em vez de desenvolver um plano para o futuro com base em valores positivos. Conforme indicamos no Capítulo 1, os tipos de perguntas que os adultos podem fazer aos jovens para guiá-los em direção ao desenvolvimento de valores com um propósito incluem: *"O que é mais importante na sua vida? Por que você se importa com essas coisas? O que significa ser uma boa pessoa?"* (Damon, 2008, p. 135).

> **conexão com o desenvolvimento**
> **Trabalho e realizações.** O propósito é um aspecto importante dentre os muitos aspectos da vida dos adolescentes, incluindo identidade, valores, realizações e carreiras. Cap. 1, p. 53; Cap. 11, p. 372

RELIGIÃO E ESPIRITUALIDADE

Na visão de Damon (2008), uma antiga fonte para descoberta de um propósito na vida é a religião. É possível fazer uma distinção entre religião e espiritualidade? Uma análise recente feita por Pamela King e colaboradores (2011) faz as seguintes distinções:

- **Religião** é um conjunto organizado de crenças, práticas, rituais e símbolos que aumenta a conexão de um indivíduo com um outro sagrado ou transcendente (Deus, um poder superior ou a verdade final).

religião Um conjunto organizado de crenças, práticas, rituais e símbolos que aumenta a conexão do indivíduo com um outro sagrado ou transcendente (Deus, um poder superior ou a verdade final).

conexão COM OS ADOLESCENTES

Nina Vasan, artista voluntária e angariadora de fundos

Nina Vasan fundou a ACS Teens, um grupo nacional de adolescentes voluntários que apoiam os esforços da Sociedade Americana do Câncer (ACS). A organização de Nina angariou centenas de milhares de dólares para pesquisa do câncer, ajudou a modificar leis estaduais contra o tabaco e realizou uma série de programas de controle do câncer. Ela criou uma campanha nacional de envio de cartas para obter voluntários, criou um *website* e estabeleceu uma rede de *e-mails*, deu início a uma *newsletter* e organizou chamadas telefônicas mensais para comunicar ideias e planejar projetos. Nas palavras de Nina:

> Percebi que adolescentes como eu poderiam fazer uma grande diferença na luta contra o câncer. Eu sabia que a melhor maneira de ajudar seria dar início a uma organização para adolescentes... Para fazer parte das pessoas que trazem benefícios para a raça humana é essencial e fundamental retribuir à comunidade e aos outros. (Vasan, 2002, p. 1)

O trabalho de Nina Vasan em prol do combate ao câncer envolveu a busca de um propósito. Ela diz que o sucesso do seu trabalho envolvendo o câncer pesa muito mais do que as muitas homenagens que ela já recebeu (Damon, 2008).

Que valores provavelmente motivam Nina Vasan?

Nina Vasan.

> A religião esclarece, amedronta, submete; ela dá fé, inflige remorso, inspira resoluções e inflama a devoção.
>
> — HENRY NEWMAN
> *Eclesiástico e escritor inglês, século XIX*

religiosidade O grau de afiliação a uma religião organizada, participação nos rituais e práticas prescritos, conexão com as suas crenças e envolvimento em uma comunidade de crentes.

espiritualidade Experimentar algo que vai além de si mesmo de uma maneira transcendente de viver de um modo que beneficie aos outros e à sociedade.

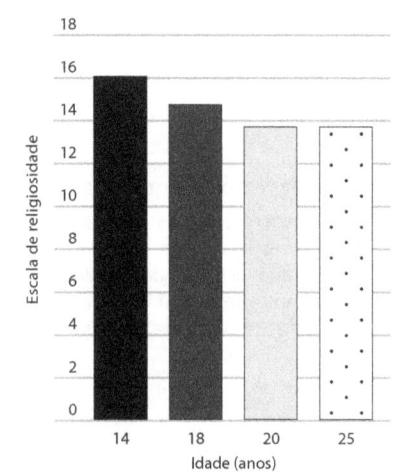

FIGURA 7.7
Mudanças desenvolvimentais na religiosidade dos 14 aos 25 anos. *Nota:* A escala de religiosidade variava de 0 a 32, com os escores mais altos indicando religiosidade mais forte.

- **Religiosidade** refere-se ao grau de afiliação a uma religião organizada, participação nos seus rituais e práticas prescritos, conexão com as suas crenças e envolvimento em uma comunidade de crentes.
- **Espiritualidade** envolve experimentar algo que vai além de si mesmo de uma maneira transcendente e viver de modo que beneficie os outros e a sociedade.

As questões religiosas são importantes para muitos adolescentes e adultos emergentes (Day, 2010; King, Carr e Boiter, 2011; Warren, Lerner e Phelps, 2011). No entanto, no século XXI, ocorreu uma tendência à diminuição no interesse religioso entre estudantes universitários. No estudo nacional com os calouros estadunidenses descrito anteriormente neste capítulo em nossa discussão dos valores, em 2010, 75% disseram que no ano anterior assistiram o serviço religioso com frequência ou ocasionalmente, abaixo dos 85% em 1997 (Pryor et al., 2010). Além disso, em 2010, quase três vezes mais dos estudantes do primeiro ano (23%) relataram que não possuem uma preferência religiosa, comparados com os estudantes do primeiro ano em 1978 (8%). Um estudo recente identificou que durante os três primeiros semestres da faculdade, os alunos tinham menos probabilidade de assistirem a serviços religiosos ou de se engajarem em atividades religiosas (Stoppa e Lefkowitz, 2010).

Um estudo desenvolvimental recente identificou que a religiosidade declinava dos 14 aos 20 anos nos Estados Unidos (Koenig, McGue e Iacono, 2008) (veja a Figura 7.7). Neste estudo, a religiosidade foi avaliada por meio de itens como frequência das orações, frequência de discussão dos ensinamentos religiosos, frequência de decisões sobre ações morais por razões religiosas e a importância global da religião na vida diária. Conforme indicado na Figura 7.7, ocorreram mais mudanças na religiosidade entre os 14 e os 18 anos do que entre os 20 e os 24 anos. Além disso, frequentar serviços religiosos tinha seu auge aos 14 anos, declinando dos 14 aos 18 anos e aumentando aos 20 anos. Ocorreram mais mudanças na frequência a serviços religiosos do que na religiosidade.

A análise do World Values Survey com jovens entre 18 e 24 anos revelou que os adultos emergentes em países menos desenvolvidos tinham mais probabilidade de serem religiosos do que seus equivalentes em países mais desenvolvidos (Lippman e Keith, 2006). Por exemplo, os relatos dos adultos emergentes de que a religião é muito importante em suas vidas variaram de 40% na Suécia a 100% no Paquistão.

Pesquisadores constataram que as garotas adolescentes são mais religiosas do que os garotos adolescentes (King e Roeser, 2009). Um estudo de jovens entre 13 e 17 anos revelou que as garotas têm maior probabilidade de participarem com frequência de serviços religiosos, de perceberem que a religião molda sua vida diária, de participar em grupos de jovens religiosos, de rezarem mais sozinhos e de se sentirem mais próximos de Deus (Smith e Denton, 2005).

O papel positivo da religião e da espiritualidade nas vidas dos adolescentes e dos adultos emergentes Pesquisadores identificaram que vários aspectos da religião estão ligados a resultados positivos para os adolescentes (Day, 2010; King e Roeser, 2009; Mellor e Freeborn, 2011). Um estudo recente revelou que um nível mais alto de envolvimento na igreja (com base nos anos de frequência, opção por participar e participação em atividades) estava relacionado a notas mais altas entre os garotos adolescentes (Kang e Romo, 2011). Frequentar a igreja pode beneficiar os estudantes porque as comunidades religiosas encorajam um comportamento socialmente aceitável, o que inclui ter bom desempenho escolar. Frequentar a igreja também pode beneficiar os estudantes porque as igrejas geralmente oferecem modelos positivos para os estudantes.

Adolescentes participando de um grupo de jovens na igreja. Quais são alguns dos aspectos positivos da religião na vida dos adolescentes?

A religião também desempenha um papel na saúde dos adolescentes e no seu engajamento ou não em comportamentos-problema (King e Roeser, 2009). Em uma amostra aleatória nacional de mais de 2 mil jovens entre 11 e 18 anos, aqueles que tinham religiosidade mais alta tinham menor probabilidade de fumar, ingerir álcool, usar maconha, evadir-se da escola, envolver-se em atividades delinquentes e ser deprimidos do que seus equivalentes com baixa religiosidade (Sinha, Cnaan e Gelles, 2007). Um estudo recente com estudantes da 1ª à 4ª série do ensino médio revelou que a participação religiosa mais frequente em uma determinada série predizia níveis mais baixos de abuso de substância na série seguinte (Good e Willoughby, 2010).

Muitos adolescentes religiosos também internalizam a mensagem da sua religião em relação à consideração e preocupação com as outras pessoas. Por exemplo, em uma pesquisa, os jovens religiosos tinham quase três vezes mais probabilidade de se engajarem em serviço comunitário do que os jovens não religiosos (Youniss, McLellan e Yates, 1999).

Mudanças desenvolvimentais A adolescência e a adultez emergente podem ser momentos especialmente importantes no desenvolvimento religioso (Day, 2010; King e Roeser, 2009). Mesmo que as crianças tenham sido doutrinadas em uma religião pelos seus pais, devido aos avanços no seu desenvolvimento cognitivo, adolescentes e adultos emergentes podem questionar quais são verdadeiramente as suas crenças religiosas.

Mudanças cognitivas Muitas das mudanças cognitivas que se acredita influenciarem o desenvolvimento religioso envolvem a teoria do desenvolvimento de Piaget, discutida no Capítulo 3. Mais do que na infância, os adolescentes pensam mais abstratamente, idealisticamente e logicamente. O aumento do pensamento abstrato permite que os adolescentes considerem várias ideias a respeito de conceitos religiosos e espirituais. Por exemplo, um adolescente pode questionar como um Deus amoroso pode existir, dado o grande sofrimento de muitas pessoas no mundo (Good e Willoughby, 2008). O crescente pensamento idealista dos adolescentes proporciona os alicerces para pensar se a religião oferece a melhor rota para um mundo melhor, mais ideal do que o presente. E o crescente raciocínio lógico dos adolescentes proporciona a capacidade de desenvolver hipóteses e escolher entre diferentes respostas às questões religiosas (Good e Willoughby, 2008).

Teoria de Erikson Durante a adolescência e a adultez emergente, especialmente na adultez emergente, o desenvolvimento da identidade se torna o foco central (Erikson, 1968; Kroger, 2007). Os adolescentes e os adultos emergentes querem saber as respostas para perguntas como: "Quem sou eu?", "Como eu sou como pessoa?", "Que tipo de vida eu quero levar?". Como parte da sua busca pela identidade, os adolescentes e adultos emergentes começam com questionamentos mais sofisticados e lógicos como perguntas do tipo: "O que eu sou neste planeta?", "Existe real-

Como o pensamento religioso se modifica na adolescência? Como a religião está ligada à saúde dos adolescentes?

mente um Deus ou um ser espiritual superior, ou eu apenas venho acreditando no que os meus pais e a igreja imprimiram na minha mente?", "Quais são realmente as minhas visões religiosas?". Um estudo constatou que a integração da identidade de estudantes universitários, definida como "até que ponto os valores morais do indivíduo se integraram à identidade", estava relacionada à orientação religiosa intrínseca, definida como "a motivação do indivíduo para se engajar na prática religiosa", e o altruísmo autorrelatado (Maclean, Walker e Matsuba, 2004, p. 429). Em uma análise, foi proposto que a ligação entre identidade e a espiritualidade na adolescência e na adultez emergente pode servir como uma porta de entrada para o desenvolvimento de uma identidade espiritual que "transcende, mas não necessariamente exclui, a identidade religiosa atribuída na infância" (Templeton e Eccles, 2006, p. 261).

Socialização religiosa e parentalidade As instituições religiosas criadas pelos adultos são designadas para apresentarem certas crenças às crianças e, assim, assegurar que elas continuem a tradição religiosa. Várias sociedades utilizam escolas dominicais, educação paroquial, transmissão tribal das tradições religiosas e ensino parental dos filhos em casa para fomentar este objetivo.

Essa socialização religiosa funciona? Em muitos casos, sim (Oser, Scalett e Bucher, 2006). Em geral, crianças e adolescentes tendem a adotar o ensino religioso de quando foram criados. Se ocorrer uma mudança ou redespertar religioso, é mais provável que aconteça durante a adolescência ou a adultez emergente.

Entretanto, é importante que se considere a qualidade da relação pais-filhos e se as mães ou os pais são mais influentes (Granqvist e Dickie, 2006; King, Ramos e Clardy, 2012; Ream e Savin-Williams, 2003). Os adolescentes que têm um relacionamento positivo com seus pais ou que possuem um apego seguro com eles, têm mais probabilidade de adotar a afiliação religiosa dos seus pais. Mas quando o conflito ou o apego inseguro caracterizam as relações pais-adolescente, os adolescentes podem procurar uma afiliação religiosa que seja diferente da dos seus pais (Streib, 1999). Inúmeros estudos também documentaram que as mães são mais influentes no desenvolvimento religioso das suas crianças e adolescentes do que os pais (King e Roeser, 2009). As mães são mais influentes possivelmente porque elas têm maior probabilidade do que os pais de irem à igreja, liderarem a oração em família e conversar com suas crianças e jovens a respeito de religião.

Muitas crianças e adolescentes demonstram um interesse pela religião, e muitas instituições religiosas criadas por adultos (como esta escola para muçulmanos, na Malásia) são designadas para apresentá-los às crenças religiosas e garantir que eles deem continuidade à tradição religiosa.

Religiosidade e sexualidade na adolescência e na adultez emergente Uma área de influência da religião sobre o desenvolvimento adolescente e na idade adulta emergente envolve a atividade sexual. Embora a variabilidade e as mudanças nos ensinamentos da igreja dificultem generalizar sobre as doutrinas religiosas, a maioria das igrejas desestimula o sexo antes do casamento. Assim, o grau de participação do adolescente e do adulto emergente nas organizações religiosas pode ser mais importante do que a afiliação a uma religião específica como um determinante das atitudes e do comportamento sexual pré-conjugal. Os adolescentes e os adultos emergentes que frequentemente assistem a serviços religiosos têm mais probabilidade de ouvirem mensagens religiosas sobre abstinência de sexo. O envolvimento de adolescentes e dos adultos emergentes em organizações religiosas também aumenta a probabilidade de que eles se tornem amigos de adolescentes que têm atitudes restritivas em relação ao sexo antes do casamento. Um estudo recente revelou que adolescentes com alta religiosidade tinham menos probabilidade de terem tido relações sexuais (Gold et al., 2010).

Como você leu no Capítulo 6, um estudo recente descobriu que a religiosidade dos pais estava ligada a um nível mais baixo de comportamento sexual de risco entre os adolescentes, em parte porque os adolescentes se relacionam com pares menos permissivos sexualmente (Landor et al., 2011). Lembre-se também da discussão sobre uma recente revisão de pesquisas no Capítulo 6, que concluiu que a *espiritualidade* estava ligada a estes resultados positivos nos adolescentes: menos probabilidade de intencionar fazer sexo, não se engajar em sexo precoce, fazer sexo com menor frequência e não engravidar (House et al., 2010).

Revisar *Conectar* **Refletir** — OA3 — Explicar os papéis dos valores, da religião e da espiritualidade na vida dos adolescentes e dos adultos emergentes.

Revisar
- O que são valores? Quais são alguns dos valores dos estudantes universitários de hoje e como eles se modificaram ao longo das três últimas décadas?
- Qual a importância da religião e da espiritualidade nas vidas dos adolescentes e dos adultos emergentes? O que caracteriza o desenvolvimento religioso e espiritual em adolescentes e adultos emergentes?

Conectar
- Como a espiritualidade pode influenciar o desenvolvimento da identidade adolescente (Capítulo 4)?

Refletir *sua jornada de vida pessoal*
- Quais eram seus valores e interesses religiosos e espirituais no ensino fundamental e no ensino médio? Eles se modificaram desde então? Em caso afirmativo, como?

ATINJA SEUS OBJETIVOS DE APRENDIZAGEM

1 Domínios do desenvolvimento moral — OA1 Discutir os domínios do desenvolvimento moral.

Pensamento moral

- O desenvolvimento moral envolve pensamentos, sentimentos e comportamentos referentes aos padrões de certo e errado, e consiste de dimensões intrapessoais e interpessoais. Kohlberg desenvolveu uma teoria provocativa do raciocínio moral. Ele defende que o desenvolvimento moral consiste de três níveis – pré-convencional, convencional e pós-convencional – e seis estágios (dois em cada nível). O aumento da internalização caracteriza os movimentos para os níveis dois e três. As influências nos estágios incluem modelagem, conflito cognitivo, relações com os pares e oportunidades de assumir papéis. Os críticos de Kohlberg afirmam que ele não deu uma atenção adequada ao comportamento moral, não avaliou adequadamente o desenvolvimento moral, subestimou as influências culturais e a perspectiva do cuidado (teoria de Gilligan). Pesquisas encontraram ligações mais fortes entre a classificação dos papéis de gênero e cuidado e comportamento pró-social do que entre sexo biológico e cuidado e o comportamento pró-social. A teoria dos domínios do desenvolvimento moral afirma que existem diferentes domínios de conhecimento e raciocínio social, incluindo moral, convencional social e pessoal.

Comportamento moral

- Os behavioristas defendem que o comportamento moral é determinado pelos processos de reforço, punição e imitação. A variabilidade das situações é destacada pelos behavioristas. O estudo clássico de Hartshorne e May encontrou variação considerável no comportamento moral em cada situação. A teoria social cognitiva do desenvolvimento moral enfatiza uma distinção entre competência moral (a capacidade de produzir comportamentos morais) e desempenho moral (desempenhar esses comportamentos em situações específicas). Os teóricos sociais cognitivos observam que Kohlberg deu atenção inadequada ao comportamento moral e às variações nas situações. O comportamento pró-social foi especialmente estudado no domínio do altruísmo. Os adolescentes se engajam em mais comportamento pró-social do que as crianças e as garotas adolescentes se engajam mais em comportamento pró-social do que os garotos adolescentes. Perdão e gratidão são aspectos importantes o comportamento pró-social.

Sentimento moral

- Na teoria de Freud, o superego – a parte moral da personalidade – é uma das três estruturas principais da personalidade. Freud também defendeu que, por meio da identificação, as crianças internalizam os padrões de certo e errado dos pais. As crianças podem se adequar aos padrões morais para evitar a culpa, segundo a visão freudiana. Os dois principais componentes do superego são o ideal do ego e a consciência. Sentir empatia significa reagir aos sentimentos dos outros com uma resposta emocional similar aos sentimentos daquela pessoa. A empatia envolve assumir a perspectiva como um componente cognitivo. A empatia se modifica com o desenvolvimento. A perspectiva contemporânea das emoções e desenvolvimento moral é de que tanto os sentimentos positivos (como a empatia) quanto os sentimentos negativos (como a culpa) contribuem para o desenvolvimento moral dos adolescentes. As emoções estão entrelaçadas com as dimensões cognitiva e moral do desenvolvimento moral.

Personalidade moral

- Recentemente, surgiu um interesse pelo estudo da personalidade moral. Este interesse direcionou o foco para a identidade moral, o caráter moral e os modelos morais. A visão de Blasi do desenvolvimento moral enfatiza a força de vontade (autocontrole), a integridade e o desejo moral. O caráter moral envolve a força das suas convicções, a persistência e a superação das distrações e obstáculos. O caráter moral consiste de ter certas virtudes, como honestidade, consideração e escrúpulos. Modelos morais são as pessoas que viveram vidas exemplares.

2 Contextos do desenvolvimento moral

OA2 Descrever como os contextos da parentalidade e da escola podem influenciar o desenvolvimento moral.

Parentalidade

- A disciplina pode envolver retirada do amor, afirmação do poder ou indução. A indução tem sido a técnica mais efetiva, especialmente com crianças de classe média. O desenvolvimento moral das crianças sofre um avanço quando os pais são apoiadores, criam oportunidades para que os seus filhos aprendam sobre as perspectivas dos outros, incluem os filhos nas tomadas de decisão familiares, servem como modelo de comportamento e pensamento moral, expressam quais são os comportamentos esperados e os motivos, e encorajam uma orientação moral interna.

Escolas

- O currículo oculto, inicialmente descrito por Dewey, é a atmosfera moral de cada escola. As abordagens contemporâneas da educação moral incluem educação do caráter, clarificação dos valores, educação moral cognitiva, aprendizagem de serviço e educação ética integradora. A trapaça é uma preocupação da educação moral e pode assumir muitas formas. Vários aspectos da situação influenciam se os estudantes irão trapacear ou não.

3 Valores, religião e espiritualidade

OA3 Explicar os papéis dos valores, da religião e da espiritualidade na vida dos adolescentes e dos adultos emergentes.

Valores

- Valores são as crenças e as atitudes sobre como as coisas devem ser. Durante as duas ultimas décadas, os adolescentes apresentaram uma preocupação crescente com o bem-estar pessoal e uma diminuição no interesse pelo bem-estar dos outros. Recentemente, os adolescentes têm apresentado um interesse crescente nos valores comunitários e nas questões sociais.

Religião e espiritualidade

- Foram feitas distinções entre os conceitos de religião, religiosidade e espiritualidade. Muitas crianças, adolescentes e adultos emergentes demonstram um interesse pela religião, e as instituições religiosas são designadas para apresentá-los às crenças religiosas. A adolescência e a adultez emergente podem ser momentos marcantes no desenvolvimento religioso e espiritual para muitos indivíduos. Vários aspectos da religião e da espiritualidade estão ligados a resultados positivos no desenvolvimento adolescente. Mudanças cognitivas – como o crescimento do pensamento abstrato, idealista e lógico – influenciam o desenvolvimento religioso e espiritual dos adolescentes. As ideias de Erikson sobre a identidade podem ser aplicadas à compreensão do interesse aumentado na religião durante a adolescência e a adultez emergente. Quando os adolescentes têm uma relação positiva e/ou um apego seguro com seus pais, frequentemente adotam as crenças religiosas deles. Foram encontradas ligações entre a sexualidade e a religiosidade dos adolescentes e dos adultos emergentes.

TERMOS-CHAVE

desenvolvimento moral 241
raciocínio pré-convencional 242
raciocínio convencional 243
raciocínio pós-convencional 243
perspectiva de justiça 248
perspectiva de cuidado 248
teoria dos domínios do desenvolvimento moral 248
raciocínio com base em convenções sociais 248
teoria social cognitiva do desenvolvimento moral 250

altruísmo 250
perdão 251
gratidão 251
ideal do ego 252
consciência 252
empatia 252
identidade moral 253
modelos morais 253
retirada do amor 255
afirmação do poder 255

indução 255
currículo oculto 256
educação do caráter 257
clarificação dos valores 257
educação moral cognitiva 257
aprendizagem de serviço 258
valores 260
religião 261
religiosidade 262
espiritualidade 262

PESSOAS-CHAVE

Lawrence Kohlberg 242
James Rest 246
John Gibbs 247
Carol Gilligan 247
Hugh Hartshorne e Mark May 249

Albert Bandura 250
Gustavo Carlo 251
Sigmund Freud 251
Erik Erikson 252
Walter Mischel 253

Lawrence Walker 253
Darcia Narváez 253
John Dewey 256
William Damon 261
Pamela King 261

RECURSOS PARA MELHORAR A VIDA DOS ADOLESCENTES

Moral Development and Reality
John C. Gibbs (2010, 2ª ed.)
Boston: Allyn e Bacon

O importante pesquisador e teórico John Gibbs apresenta um exame criterioso e contemporâneo de muitos aspectos do desenvolvimento moral, incluindo programas de tratamento para jovens antissociais.

Handbook of Moral and Character Education
Editado por Larry Nucci e Darcia Narváez (2008)
Nova Iorque: Routledge

Vários especialistas importantes descrevem seus pontos de vista sobre muitos aspectos da educação moral.

Moral Cognitions and Prossocial Responding in Adolescence
Nancy Eisenberg, Amanda Morris, Brenda McDaniel e Tracy Spinrad
in R. M. Lerner e L. Steinberg (Eds.)
Manual de Psicologia Adolescente (2009, 3 ed.)
Nova Iorque: Wiley

Importantes especialistas oferecem uma visão atualizada da teoria e da pesquisa sobre o desenvolvimento moral na adolescência.

Spiritual Development
Editado por Peter Benson, Eugene Roehlkepartain e Kathryn Hong (2008)
Thousand Oaks, CA: Sage

Especialistas renomados descrevem uma variedade de tópicos sobre o desenvolvimento da espiritualidade nos jovens.

capítulo 8 — FAMÍLIAS

esboço do capítulo

Processos familiares

Objetivo de aprendizagem 1 Discutir a natureza dos processos familiares na adolescência.

Socialização recíproca e a família como um sistema
Maturação

Relações dos adolescentes e dos adultos emergentes com seus pais

Objetivo de aprendizagem 2 Descrever as relações dos adolescentes e dos adultos emergentes com seus pais.

Os pais como gerenciadores
Estilos parentais
Coparentalidade
Conflito pais-adolescente
Autonomia e apego
Relações dos adultos emergentes com seus pais
Relações intergeracionais

Relações entre irmãos

Objetivo de aprendizagem 3 Caracterizar as relações entre irmãos na adolescência.

Papéis dos irmãos
Ordem de nascimento

A família em mutação em uma sociedade em mutação

Objetivo de aprendizagem 4 Descrever a família em mutação em uma sociedade em mutação.

Famílias divorciadas
Famílias reconstituídas
Pais que trabalham
Adoção
Pais *gays* e lésbicas
Cultura e etnia

Eu e minha mãe dependemos uma da outra. No entanto, se alguma coisa nos separar, acho que ainda assim eu ficaria bem. Sei que minha mãe continua a ter uma influência importante sobre mim. Às vezes, ela me dá nos nervos, mas, basicamente, eu ainda a amo e a respeito muito. Temos as nossas brigas e nem sempre eu consigo fazer o que quero, mas ela se dispõe a me ouvir.

— AMY, 16 ANOS

Você sai de um ponto em que seus pais são responsáveis por você até um ponto em que você quer muito mais independência. Finalmente, você é mais independente e sente como se tivesse que ser mais responsável por si; caso contrário, você não vai se sair bem nesse mundo. É importante que os pais ainda estejam ali para lhe apoiar, mas chega a hora em que você tem que se olhar no espelho e dizer: "Eu posso fazer sozinho".

— JOHN, 18 ANOS

Meu pai parece nunca ter um tempo para passar comigo. Ele viaja muito a trabalho e, quando volta para casa, ou está cansado demais para fazer alguma coisa ou então ele se estatela no sofá, fica assistindo TV e não quer ser incomodado. Ele acha que não me esforço o suficiente e que não tenho os valores tão sólidos quanto os da geração dele. É uma relação muito distante. Na verdade, passo mais tempo falando com minha mãe do que com ele. Até acho que eu poderia me esforçar um pouco mais na escola, mas, ainda assim, não acho que ele tenha o direito de me dizer essas coisas tão negativas. Gosto muito mais da minha mãe porque acho ela uma pessoa mais legal.

— TOM, 14 ANOS

Temos as nossas brigas e as nossas diferenças, e há momentos em que fico muito braba com meus pais, mas a maior parte do tempo são apenas discussões acaloradas. Tenho que dizer o que eu penso porque não acho que eles estejam sempre certos. Na maior parte das vezes, quando existe uma argumentação, nós discutimos o problema e, por fim, entramos em acordo. Mas nem sempre, porque há vezes em que as coisas ficam sem solução. Mesmo quando nós temos um conflito não resolvido, eu ainda diria que me dou muito bem com os meus pais.

— ANN, 16 ANOS

apresentação

Embora as relações pais-adolescente possam variar consideravelmente, os pesquisadores estão identificando que, em sua maior parte, as relações são: (1) aspectos muito importantes do desenvolvimento e (2) mais positivas do que se imaginava. Este capítulo examina as famílias como um contexto para o desenvolvimento adolescente. Começaremos por explorar os processos familiares e, em seguida, discutiremos as relações pais-adolescentes, seguidas das relações com os irmãos. Depois consideramos as mudanças substanciais das famílias em uma sociedade em mutação. O capítulo termina focando nas recomendações de políticas sociais para o bem-estar dos adolescentes e de suas famílias.

1 Processos familiares — OA1 Discutir a natureza dos processos familiares na adolescência.

- Socialização recíproca e a família como um sistema
- Maturação

Os pesquisadores estão especialmente interessados nos processos familiares pelos quais os adolescentes passam. Começaremos nossa exploração dos processos familiares examinando como os membros da família interagem uns com os outros.

SOCIALIZAÇÃO RECÍPROCA E A FAMÍLIA COMO UM SISTEMA

Por muitos anos, a socialização entre pais e crianças/adolescentes foi considerada como um processo de uma via: crianças e adolescentes eram vistos como produto das técnicas de socialização dos seus pais. Entretanto, hoje, as relações pais-adolescente são vistas como recíprocas (Gault-Sherman, 2011; Manongdo e Garcia, 2011; Parke e Clarke-Stewart, 2011). **Socialização recíproca** é um processo pelo qual crianças e adolescentes socializam com os pais, assim como os pais socializam com eles.

> Não basta que os pais entendam os filhos. Eles precisam conceder aos filhos o privilégio de entendê-los.
>
> — MILTON SAPERSTEIN,
> *Autor norte-americano, século XX*

socialização recíproca Processo pelo qual crianças e adolescentes socializam com os pais, assim como os pais socializam com eles.

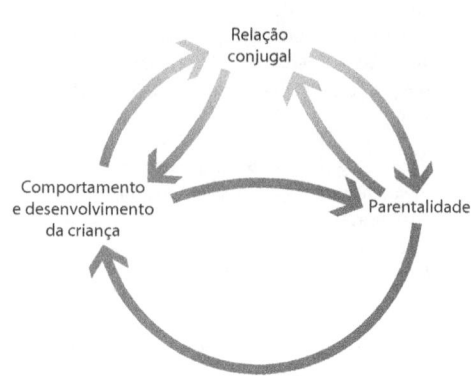

FIGURA 8.1
Interação entre adolescentes e seus pais: efeitos diretos e indiretos.

De maneira semelhante a um sistema social, a família pode ser pensada como uma constelação de subsistemas definidos em termos de geração, gênero e papel. A divisão do trabalho entre os membros da família define subunidades específicas, e os vínculos definem outras. Cada membro da família é participante em diversos subsistemas – alguns são diádicos (envolvendo duas pessoas), alguns poliádicos (envolvendo mais de duas pessoas). O pai e o adolescente representam um subsistema diádico, a mãe e o pai outro; mãe-pai-adolescente representam um subsistem poliádico, a mãe e dois irmãos, outro. Assim, quando muda o comportamento de um membro da família, ele pode influenciar o comportamento de outros (Parke e Clarke-Stewart, 2011).

Um esquema organizacional que destaca as influências recíprocas dos membros da família e os subsistemas familiares está ilustrado na Figura 8.1 (Belsky, 1981). Como mostram as setas na figura, a relação conjugal, a parentalidade e o comportamento adolescente podem ter efeitos diretos e indiretos uns nos outros. Um exemplo de efeito direto é a influência no filho do comportamento de um dos genitores. Um exemplo de efeito indireto é como a relação entre os cônjuges media a relação do genitor com o adolescente. Por exemplo, o conflito conjugal pode reduzir a eficiência da parentalidade, em cujo caso o conflito conjugal teria um efeito indireto no comportamento do adolescente.

À medida que os pesquisadores ampliaram seu foco nas famílias para além de simplesmente estudar a relação pais-adolescente, um aspecto mais estudado do sistema familiar envolve uma ligação entre as relações conjugais e a parentalidade (Carlson et al., 2011). Os achados mais consistentes são de que os pais que têm um casamento feliz são mais sensíveis, responsivos, afetuosos e carinhosos com suas crianças e seus adolescentes (Fosco e Grych, 2010). Os pesquisadores também identificaram que a satisfação conjugal está frequentemente relacionada a uma boa parentalidade. A relação conjugal é um apoio importante para a parentalidade (Cowan, Cowan e Barry, 2011; Parent et al., 2011). Quando os pais relatam mais intimidade e melhor comunicação em seu casamento, eles são mais carinhosos com suas crianças e seus adolescentes (Grych, 2002). Assim, um benefício importante e não intencional dos programas de aprimoramento do casamento é a melhoria da parentalidade – e, consequentemente, crianças e adolescentes mais saudáveis. Programas que enfocam as habilidades de parentalidade também podem se beneficiar da inclusão da atenção à relação conjugal dos participantes.

MATURAÇÃO

Mark Twain, escritor norte-americano dos séculos XIX e XX, comentou, certa vez, que quando tinha 14 anos, seu pai era tão ignorante que mal podia aguentar ficar perto dele, mas quando Mark fez 21 anos, ficou atônito em ver o quanto seu pai havia aprendido naqueles sete anos! O comentário de Twain sugere que a maturação é um tema importante nas relações pais-adolescente. Os adolescentes vão mudando à medida que fazem a transição da infância para a idade adulta, mas seus pais também mudam quando adultos.

Mudanças adolescentes Dentre as mudanças no adolescente, que podem influenciar as relações pais-adolescente, estão a puberdade, a expansão do raciocínio lógico, o aumento do pensamento idealista e o movimento em direção à independência. Várias investigações mostraram que o conflito entre pais e adolescentes, especialmente entre as mães e os filhos homens é mais estressante durante o auge do crescimento puberal (Steinberg, 1988). Além disso, os adolescentes com maturação precoce experimentam mais conflito com seus pais do que os adolescentes que amadurecem tarde ou dentro do tempo (Collins e Steinberg, 2006).

Em termos de mudanças cognitivas, o adolescente agora pode raciocinar de maneira mais lógica com os pais do que na infância. Durante a infância, os pais conseguiam despistar dizendo: "Ok, as coisas são assim. Vamos fazer do meu jeito ou então...", e o filho obedecia. Mas com o aumento das habilidades cognitivas é provável que os adolescentes não aceitem mais uma afirmação dessas como uma razão para se adequar aos ditames dos pais. Os adolescentes querem saber, geralmente em detalhes, por que eles estão sendo disciplinados. Mesmo quando os pais apresentam o que parecem ser razões lógicas para a disciplina, a sofisticação cognitiva dos adolescentes pode atentar para deficiências no raciocínio dos pais.

Além disso, o crescente pensamento idealista do adolescente entra em cena nas relações pais-adolescente. Os pais são agora avaliados com base no que deve ser um pai ideal. As interações reais com os pais, que inevitavelmente envolvem algumas comunicações negativas e falhas, são colocadas junto ao esquema do adolescente de um genitor ideal. E, como parte do seu egocentrismo, as preocupações do adolescente em como os outros o veem têm mais probabilidade de produzir reações exageradas aos comentários dos pais. Uma mãe pode comentar com sua filha adolescente que ela precisa de uma blusa nova. A filha pode, então, responder: "Qual é o problema? Você acha que eu não tenho bom gosto? Você acha que eu pareço vulgar como você? Bem, você é que é vulgar!". É provável que o mesmo comentário feito pela mãe, alguns anos antes, no final da infância, fizesse a filha reagir com uma resposta menos intensa.

Outra dimensão do mundo cognitivo em mutação do adolescente relativo às relações pais-adolescente são as expectativas que pais e adolescentes têm em relação uns aos outros. Os filhos pré-adolescentes são geralmente obedientes e fáceis de manejar. Quando entram na puberdade, as crianças começam a questionar ou a querer justificativas para as demandas parentais. Os pais podem perceber este comportamento como resistente e de oposição devido ao comportamento anteriormente obediente do filho. Os pais frequentemente respondem à falta de obediência com aumento na pressão pela obediência. Nessa situação, as expectativas que estiveram estabilizadas durante um período de mudança desenvolvimental relativamente lenta estão ficando para trás devido ao comportamento adolescente nesse período de rápida mudança puberal.

Quais dimensões do mundo socioemocional do adolescente contribuem para as relações pais-adolescente? A adolescência traz consigo novas definições quanto ao comportamento socialmente apropriado. Em nossa sociedade, essas definições estão associadas às mudanças na escolaridade. Quando fazem a transição o para o ensino médio, é exigido dos adolescentes que funcionem em um ambiente maior e mais anônimo, e com diversos professores. É exigido mais trabalho e os estudantes demonstram mais iniciativa e responsabilidade para se adaptarem com sucesso. Os adolescentes passam mais tempo com seus pares do que quando eram crianças e desenvolvem amizades mais sofisticadas do que durante a infância. Os adolescentes também começam a ser impulsionados com mais força para a independência. Em resumo, os

conexão com o desenvolvimento

Teoria cognitiva. No estágio operatório-formal, o pensamento dos adolescentes torna-se mais abstrato, idealista e lógico. Cap. 3, p. 120

conexão com o desenvolvimento

Pares. A transição para o ensino médio pode ser estressante porque ela acontece quando estão ocorrendo mudanças biológicas, cognitivas e socioemocionais significativas. Cap. 10, p. 341

Até que ponto é provável que o desenvolvimento de um adolescente seja influenciado pelas experiências precoces com seus pais?

Quais são algumas mudanças maturacionais nos pais que podem influenciar as relações pais-adolescente?

conexão com o desenvolvimento
Sexualidade. Em comparações étnicas nos Estados Unidos, as adolescentes latinas têm índice mais alto de gravidez adolescente.
Cap. 6, p. 222

trajetórias desenvolvimentais múltiplas Conceito de que os adultos seguem uma trajetória e as crianças outra; é importante a forma como essas trajetórias se mesclam.

As gerações de tudo o que é vivo se renovam em um curto espaço de tempo e, como corredores, passam adiante a tocha da vida.

— LUCRÉCIO
Poeta romano, século I a.C.

pais são forçados a se adaptar às mudanças do contexto escolar, às relações com os pares e à busca da autonomia do adolescente.

Mudanças parentais As mudanças parentais que contribuem para as relações pais-adolescente envolvem satisfação conjugal, responsabilidades financeiras, reavaliação da carreira e perspectiva de tempo, preocupações com a saúde e o corpo. Para a maioria dos pais, a satisfação conjugal aumenta depois que os adolescentes ou os adultos emergentes saem de casa (Fingerman, 2011). Além disso, os pais sentem uma carga financeira muito maior quando seus filhos estão na adolescência e na adultez emergente. Durante esse período, os pais podem reavaliar suas realizações profissionais, rever se conseguiram atingir as suas aspirações de sucesso da juventude. Eles podem olhar para o futuro e pensar em quanto tempo lhes resta para atingirem seus objetivos de vida. Muitos adolescentes, nesse meio tempo, encaram o futuro com grande otimismo, percebendo que têm uma quantidade ilimitada de tempo para realizar o que desejam. Os pais de adolescentes podem se tornar preocupados com questões como a saúde, a integridade corporal e a atratividade sexual (Almeida, 2010; Whitfield, 2011). Mesmo quando corpo e atratividade sexual não estão em decadência, muitos pais de adolescentes percebem como se estivessem. Em contraste, muitos adolescentes atingiram ou estão começando a atingir o auge da sua atratividade física, força e saúde. Embora tanto os adolescentes quanto os pais apresentem uma preocupação aumentada com seus corpos, os resultados dos adolescentes provavelmente serão mais positivos.

Trajetórias desenvolvimentais múltiplas O conceito de **trajetórias desenvolvimentais múltiplas** refere-se ao fato de que os adultos seguem uma trajetória e os adolescentes seguem outra (Parke e Buriel, 2006; Parke e Clarke-Stewart, 2011). A forma como as trajetórias de adultos e crianças/adolescentes se mesclam é importante para a compreensão do momento de ingresso nas várias tarefas familiares. As trajetórias desenvolvimentais adultas incluem o momento de entrada no casamento, coabitação ou paternidade; as trajetórias desenvolvimentais infantis incluem o período de cuidados à criança e a entrada no ensino fundamental. Os momentos de algumas tarefas e mudanças na família são planejados, como voltar ao mercado de trabalho ou adiar a hora de ter filhos, ao passo que outras não, como perda do emprego ou divórcio (Parke e Buriel, 2006).

As mudanças nos pais dos adolescentes que consideramos anteriormente são típicas do desenvolvimento na idade adulta intermediária (Fingerman e Birditt, 2011). A maioria dos pais dos adolescentes está na idade adulta intermediária ou está rapidamente se aproximando deste período da vida. No entanto, nas duas últimas décadas, o momento de ter filhos nos Estados Unidos passou por mudanças marcantes. A paternidade e a maternidade estão ocorrendo mais cedo para alguns e mais tarde para outros do que em décadas anteriores. Primeiramente, a taxa de gravidez na adolescência cresceu consideravelmente nas décadas de 1970 e 1980. Embora a taxa de gravidez na adolescência tenha diminuído desde então, ela permanece sendo uma das mais altas do mundo desenvolvido. Em segundo lugar, o número de mulheres que adiam a gravidez até os 30 e início dos 40 anos cresceu simultaneamente (Poppene e Whitehead, 2008). Já discutimos os adolescentes no papel de pais no Capítulo 6. Aqui, focaremos nas mudanças sócio-históricas relacionadas ao adiamento da gravidez até os 30 ou 40 anos.

Existem muitos contrastes entre se tornar pai na adolescência ou 15 ou 30 anos depois. O adiamento da gravidez permite um progresso considerável nos domínios ocupacional e educacional. Tanto para os homens quanto para as mulheres, a educação geralmente já foi concluída e o desenvolvimento da carreira está bem estabelecido.

O relacionamento conjugal varia com o momento de início da paternidade e maternidade. Em uma investigação, casais que começaram a ter filhos no início da década dos seus 20 anos foram comparados com os que começaram no início dos seus 30 anos (Walter, 1986). Os casais que começaram seus relacionamentos mais tarde tinham relações mais igualitárias, com os homens participando com mais frequência dos cuidados ao filho e das tarefas do lar.

A relação pais-filhos é diferente nas famílias nas quais os pais adiam ter filhos até seus 30 ou 40 anos? Investigadores encontraram que os pais mais velhos são mais afetuosos, comunicam-se melhor, encorajam mais as conquistas, fazem menos demandas aos seus filhos, são mais relaxados na imposição de regras e demonstram menos rejeição pelos seus filhos do que os pais mais jovens. Entretanto, os pais mais velhos têm menor probabilidade de se envolverem em atividades físicas ou esportes com seus filhos (MacDonald, 1987). Estes achados sugerem que as mudanças sócio-históricas estão resultando em diferentes trajetórias desenvolvimentais para muitas famílias, trajetórias estas que envolvem mudanças na forma como interagem os parceiros conjugais e pais e adolescentes.

Revisar *Conectar* **Refletir** **OA1** Discutir a natureza dos processos familiares na adolescência.

Revisar
- O que é socialização recíproca? Como a família pode ser descrita como um sistema?
- Que papéis a maturação do adolescente e a maturação dos pais desempenham na compreensão das relações pais-adolescente?

Conectar
- Com o quê a perspectiva histórica da adolescência (Capítulo 1) contribuiu para nossa visão da família como um sistema?

Refletir *sua jornada de vida pessoal*
- Pense na sua família como um sistema quando você era adolescente. Como a relação conjugal dos seus pais pode ter influenciado o seu desenvolvimento?

---

2 Relações dos adolescentes e dos adultos emergentes com seus pais

OA2 Descrever as relações dos adolescentes e dos adultos emergentes com seus pais.

- Os pais como gerenciadores
- Estilos parentais
- Coparentalidade
- Conflito pais-adolescente
- Autonomia e apego
- Relações dos adultos emergentes com seus pais
- Relações intergeracionais

Já vimos como as expectativas dos adolescentes e de seus pais frequentemente parecem violadas quando os adolescentes mudam drasticamente durante o curso da puberdade. Muitos pais veem seus filhos se transformando de seres obedientes em pessoas desobedientes, opositoras e resistentes aos padrões parentais. Os pais geralmente são severos e colocam mais pressão para o adolescente se adequar aos padrões parentais. Muitos pais, com frequência, lidam com o adolescente jovem como se esperassem que ele se tornasse um ser maduro em questão de 10 ou 15 minutos. Porém, a transição da infância para a idade adulta é uma longa jornada com muitos altos e baixos. Os adolescentes não irão se adequar aos padrões adultos imediatamente. Os pais que reconhecem que os adolescentes levam muito tempo para "fazer certo" geralmente lidam com mais competência e calma com as transgressões adolescentes do que os pais que exigem conformidade imediata aos padrões parentais. No entanto, outros pais, em vez de colocar exigências pesadas de obediência sobre seus adolescentes, fazem praticamente o contrário, permitindo que eles ajam segundo sua própria vontade, de uma forma muito permissiva.

Nossa discussão das relações pais-adolescente vai indicar que nem as demandas de alta intensidade nem tampouco a relutância em monitorar e se envolver no desenvolvimento adolescente são prováveis estratégias inteligentes de parentalidade. Além disso, exploraremos outra falsa percepção que os pais dos adolescentes muitas vezes cogitam. Os pais podem perceber que todos os conflitos com seu adolescente são ruins. Descobriremos que um grau moderado de conflito com os pais na adolescência não só é inevitável, mas também serve como uma função desenvolvimental positiva. Também exploraremos as relações entre adultos emergentes e seus pais, incluindo o exame de estratégias que os adultos emergentes e seus pais podem usar para se darem bem. E, para concluir esta seção, discutiremos como o desenvolvimento adolescente é influenciado pelas relações intergeracionais.

conexão COM OS ADOLESCENTES

Precisando de pais como guias

Stacey Christensen, 16 anos: "Tenho a sorte de ter uma comunicação aberta com meus pais. Sempre que estou em dificuldades ou apenas preciso conversar, meus pais estão por perto. Meu conselho aos pais é que deixem seus adolescentes crescerem no seu próprio ritmo, sejam francos com eles para que possam estar ao lado deles. Nós precisamos de orientação; nossos pais precisam ajudar sem serem sufocantes".

Stacey Christensen.

OS PAIS COMO GERENCIADORES

Os pais podem desempenhar um papel importante como gerenciadores de oportunidades para os adolescentes, como monitores das relações sociais dos adolescentes e como iniciadores e promotores sociais (Brown e Bakken, 2011; Parke e Buriel, 2006; Parke e Clarke-Stewart, 2011). Uma tarefa desenvolvimental importante na adolescência é desenvolver a habilidade de tomar decisões competentes de um modo cada vez mais independente. Para ajudar os adolescentes a atingirem todo o seu potencial, os pais podem assumir um papel importante como gerenciadores efetivos que encontram informações, fazem contatos e ajudam a estruturar opções e fornecem orientação (Gauvin e Perez, 2007). Os pais que preenchem esse importante papel gerencial ajudam os adolescentes a evitar armadilhas e a investir no seu caminho por meio de uma miríade de opções e de decisões com as quais se defrontam (Mounts, 2007, 2011).

Os pais podem funcionar como reguladores de oportunidades para o contato social dos adolescentes com os pares, amigos e adultos. As mães têm maior probabilidade do que os pais de ter um papel gerencial na parentalidade. Na adolescência, isso pode envolver a participação em uma reunião de pais e professores e o subsequente gerenciamento das atividades dos trabalhos de casa do adolescente.

Pesquisadores descobriram que as práticas de gerenciamento familiar estão relacionadas positivamente às notas e à responsabilidade pessoal dos adolescentes, e negativamente aos problemas relacionados com a escola (Eccles, 2007). Uma das práticas mais importantes em gerenciamento familiar neste aspecto é a manutenção de um ambiente familiar estruturado e organizado como, por exemplo, estabelecendo rotinas para a lição de casa, tarefas caseiras, hora de dormir, etc. Um estudo com famílias afro-americanas, examinou as relações entre os relatos das mães das práticas de gerenciamento familiar, incluindo rotinas, e o comportamento dos adolescentes relacionado com a escola (Taylor e Lopez, 2005). A rotina familiar (bem organizada e administrada) estava positivamente relacionada às conquistas escolares dos adolescentes, à atenção em aula e à frequência escolar, e estava negativamente ligada a problemas relativos à escola.

Um aspecto essencial do papel gerencial da parentalidade é o monitoramento efetivo, especialmente importante quando as crianças avançam para os anos da adolescência (Laird, Marrero e Sherwood, 2010; Smetana, 2010, 2011a, 2011b). O monitoramento inclui supervisão da escolha do adolescente de ambientes, atividades e amigos. Um estudo de revisão sobre o funcionamento familiar no rendimento acadêmico de estudantes afro-americanos encontrou que, quando os pais afro-americanos monitoravam o rendimento acadêmico do seu filho, conferiam se a lição de casa estava concluída, restringiam o tempo gasto em distrações não produtivas (como *videogames* e TV) e participavam de um diálogo positivo e consistente com professores e funcionários da escola, o rendimento acadêmico do seu filho apresentava benefícios (Mandara, 2006).

Um estudo recente identificou que as percepções dos adolescentes de um nível mais alto de solicitação parental (o que foi avaliado perguntando-se aos adolescentes sobre a frequência com a qual, no último mês, sua mãe iniciou uma conversa a respeito do tempo livre deles) aos 11 anos predizia um nível mais baixo de comportamento antissocial aos 12 anos, entre os adolescentes jovens que relataram ter muito tempo livre não supervisionado (Laird, Marrero e Sentse, 2010). Outro estudo recente revelou que as mães que percebiam que seu bairro era problemático relataram menor conhecimento sobre o paradeiro dos seus adolescentes (Byrnes et al., 2011). Nesse estudo, o conhecimento do paradeiro dos adolescentes estava ligado a menos uso de álcool e a menor incidência de delinquência. Como discutiremos no Capítulo 13, a falta de monitoramento parental adequado é o fator mais relacionado à delinquência juvenil.

Um interesse atual envolvendo o monitoramento parental enfoca a administração dos adolescentes em relação ao acesso que seus pais têm a informações, especialmente estratégias de divulgação ou omissão de suas atividades (Amsel e Smetana, 2011; Hamza e Willoughby, 2011; Laird e Marrero, 2011; Keijers e Laird, 2010). Pesquisadores encontraram que a divulgação sobre os lugares por onde andam, quais as atividades e com quais amigos, está ligada ao ajustamento positivo dos adolescentes (Laird e Marrero, 2010; Smetana, 2011a, 2011b). Por exemplo, um estudo recente revelou que adolescentes de três países – Costa Rica, Tailândia e África do Sul – que se engajaram em um nível mais alto de autoexposição para os pais eram mais competentes (Hunter et al., 2011).

O que caracteriza o gerenciamento dos adolescentes quanto ao acesso dos pais a informações?

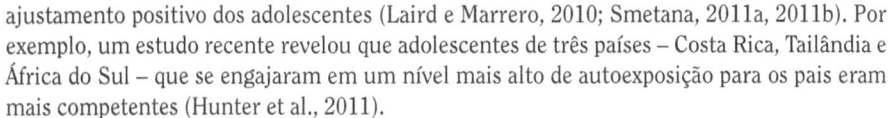

A autoexposição para os pais varia de acordo com o nível desenvolvimental e com as atividades do adolescente. Um estudo encontrou que, quando preocupados com a desaprovação dos pais, os adolescentes mais velhos divulgavam muito menos e mentiam um pouco mais do que os adolescentes mais jovens (Smetana et al., 2009). Outro estudo revelou que as razões dos adolescentes para não revelarem informações aos pais variavam em cada atividade (Smetana et al., 2007). Os adolescentes não divulgavam seu envolvimento em atividades de risco, como ingerir álcool ou andar de carro com um motorista adolescente, porque eles temiam a desaprovação ou a punição dos pais. Em contraste, os adolescentes não divulgavam muito suas atividades pessoais, como intimidade, preferências pessoais, como gastam a sua mesada e sobre o que conversam com os amigos ao telefone, porque consideravam estes como assuntos particulares.

Um estudo longitudinal recente revelou que baixos níveis de divulgação (p. ex., contar tudo ou contar se for questionado) e altos níveis de omissão (p. ex., manter algo em segredo ou mentir) estavam relacionados a comportamento antissocial aumentado e de quebra das regras um ano mais tarde (Laird e Marrero, 2010). Além disso, as estratégias de divulgação estão associadas a aspectos positivos das relações pais-adolescente, como a confiança, ao passo que as estratégias de omissão estão ligadas a aspectos negativos da relação pais-adolescente, como sentir-se controlado (Keijers e Laird, 2010). A boa-vontade do adolescente para divulgar informações aos pais também está relacionada a pais responsivos e a um nível mais alto de controle parental, os quais são componentes de um estilo parental positivo e de parentalidade autoritativa, que discutiremos na próxima seção.

ESTILOS PARENTAIS

Os pais querem que seus adolescentes cresçam e se tornem indivíduos socialmente maduros, e eles sentem, com frequência, muita frustração em seus papéis como pais. Há muito tempo, os psicólogos vêm pesquisando sobre os fatores parentais que promovem o desenvolvimento social competente nos adolescentes (Garai, McKee e Forehand, 2012; Parke e Clarke-Stewart, 2011; Phares e Rojas, 2012). Por exemplo, o behaviorista John Watson (1930) recomenda que os pais não sejam excessivamente afetuosos com seus filhos. Uma pesquisa anterior focou em uma distinção entre disciplina física e psicológica, ou entre parentalidade controladora e permissiva. Mais recentemente, tem havido maior precisão na elucidação das dimensões da parentalidade competente (Grusec, 2011).

Especialmente disseminada é a visão de Diana Baumrind (1971, 1991), que observa que os pais não devem ser nem punitivos nem indiferentes com seus adolescentes, mas, em vez disso, devem desenvolver regras e ser afetivos com eles. Ela enfatiza quatro estilos de parentalidade associados aos diferentes aspectos do comportamento social adolescente – autoritário, autoritativo, negligente e indulgente:

©Michael Fry. Usado com permissão.

parentalidade autoritária Um estilo restritivo e punitivo no qual o genitor persuade o adolescente a seguir suas orientações e a respeitar trabalho e esforço. São colocados limites e controle firmes sobre o adolescente e é permitida pouca troca verbal. Este estilo está associado a um comportamento socialmente incompetente dos adolescentes.

parentalidade autoritativa Um estilo que encoraja os adolescentes a serem independentes, mas ainda colocando limites e controle sobre suas ações. É permitida ampla reciprocidade verbal e os pais são afetuosos e cuidadores com o adolescente. Este estilo está associado a um comportamento socialmente competente dos adolescentes.

parentalidade negligente Um estilo no qual o genitor está muito pouco envolvido na vida do adolescente. Está associada a baixa competência social dos adolescentes, especialmente à falta de autocontrole.

parentalidade indulgente Um estilo no qual os pais estão altamente envolvidos com seu adolescente, mas fazem poucas demandas ou têm pouco controle sobre ele. Está associada a baixa competência social do adolescente, especialmente a falta de autocontrole.

- **Parentalidade autoritária** é um estilo restritivo e punitivo no qual o genitor persuade o adolescente a seguir suas orientações e a respeitar trabalho e esforço. O genitor autoritário coloca limites e controles firmes sobre o adolescente e permite pouca troca verbal. Por exemplo, um genitor autoritário poderia dizer: "Você vai fazer do meu jeito, e não há o que discutir!" A parentalidade autoritária está associada a um comportamento socialmente incompetente dos adolescentes. Os adolescentes com pais autoritários são frequentemente ansiosos em relação à comparação social, não conseguem iniciar uma atividade e têm fracas habilidades de comunicação.
- **Parentalidade autoritativa** é um estilo que encoraja os adolescentes a serem independentes, mas ainda coloca limites e controle sobre as suas ações. É permitida ampla reciprocidade verbal e os pais são afetuosos e cuidadores com o adolescente. Um pai autoritativo, por exemplo, poderia colocar o braço em volta do adolescente e dizer: "Você sabe que não devia ter feito isso. Vamos conversar sobre como você pode lidar melhor com a situação da próxima vez". A parentalidade autoritativa está associada a um comportamento socialmente competente dos adolescentes. Os adolescentes com pais autoritativos são autoconfiantes e socialmente responsáveis.
- **Parentalidade negligente** é um estilo no qual o genitor está muito pouco envolvido na vida do adolescente. O genitor negligente não sabe responder à pergunta: "São dez horas da noite. Você sabe onde está o seu adolescente?". A parentalidade negligente está associada a um comportamento socialmente incompetente dos adolescentes, especialmente a falta de autocontrole. Os adolescentes têm uma grande necessidade de que seus pais se importem com eles; os adolescentes cujos pais são negligentes desenvolvem a noção de que outros aspectos das vidas dos pais são mais importantes do que eles. Os adolescentes cujos pais são negligentes são socialmente incompetentes: eles demonstram fraco autocontrole e não lidam bem com a independência. Fortemente relacionada ao conceito de parentalidade negligente está a falta de monitoramento parental que, conforme discutimos anteriormente, está ligada a inúmeros resultados negativos para os adolescentes.
- **Parentalidade indulgente** é um estilo no qual os pais estão altamente envolvidos com seus adolescentes, mas fazem poucas demandas ou têm pouco controle sobre eles. Os pais indulgentes permitem que seus adolescentes façam o que quiserem, e o resultado é que os adolescentes nunca aprendem a controlar o próprio comportamento e sempre esperam que as coisas sejam do jeito deles. Alguns pais deliberadamente criam seus adolescentes desta forma porque erroneamente acreditam que a combinação de envolvimento carinhoso com poucas restrições produzirá um adolescente criativo e confiante. Contudo, a parentalidade indulgente está associada com baixa competência social dos adolescentes, especialmente falta de autocontrole.

Em nossa discussão dos estilos de parentalidade, falamos sobre os pais que variam ao longo das dimensões de aceitação, responsividade, demandas e controle. Conforme é mostrado na Figura 8.2, os quatro estilos de parentalidade – autoritário, autoritativo, negligente e indulgente – podem ser descritos em termos destas dimensões (Maccoby e Martin, 1983).

Em geral, os pesquisadores identificaram que a parentalidade autoritativa está relacionada a aspectos positivos do desenvolvimento (Milevsky, 2012; Steinberg e Silk, 2002). Por exemplo, um estudo recente revelou que a delinquência era mais baixa em famílias com pelo menos um genitor autoritativo e mais alta em famílias com os dois genitores negligentes (Hoeve et al., 2011). Por que a parentalidade autoritativa é provavelmente o estilo mais efetivo? Estas razões foram apresentadas (Steinberg e Silk, 2002):

- Os pais autoritativos estabelecem um equilíbrio adequado entre controle e autonomia, dando aos adolescentes oportunidades de desenvolver independência ao mesmo tempo em que apresentam padrões, limites e orientação de que crianças e adolescentes precisam.
- Os pais autoritativos têm maior probabilidade de engajar os adolescentes em reciprocidade verbal e permitir que expressem seus pontos de vista. É provável que esse tipo de discussão familiar ajude os adolescentes a entender as relações sociais e o que é necessário para ser uma pessoa competente socialmente.
- O afeto e o envolvimento parental proporcionado por pais autoritativos tornam o adolescente mais receptivo à influência parental.

Estilos parentais e etnia Em geral, os pais afro-americanos, latinos e asiático-americanos usam mais o estilo autoritário do que os pais brancos não latinos, que usam com mais frequência o estilo autoritativo (Fuligni, Hughes e Way, 2009). Os benefícios da parentalidade autoritativa transcendem as fronteiras da etnia, da condição socioeconômica e da composição familiar? Embora tenham sido encontradas algumas exceções, as evidências que vinculam a parentalidade autoritativa à competência por parte do adolescente aparecem em pesquisas que abrangem uma ampla gama de grupos étnicos, estratos sociais, culturas e estruturas familiares (Steinberg e Silk, 2002).

	Receptivo, responsivo	Rechaçante, indiferente
Exigente, controlador	Autoritativo	Autoritário
Complacente, não controlador	Indulgente	Negligente

FIGURA 8.2
Esquema quádruplo de estilos parentais.

No entanto, pesquisas com grupos étnicos sugerem que alguns aspectos do estilo autoritário podem estar associados a resultados positivos no filho (Dixon, Graber e Brooks-Gunn, 2008; Parke e Buriel, 2006). Elementos do estilo autoritário podem assumir diferentes significados, com diferentes efeitos, dependendo do contexto.

Aspectos das práticas tradicionais de parentalidade das crianças asiáticas são frequentemente mantidos pelas famílias asiático-americanas. Em alguns casos, estas práticas foram descritas como autoritárias. No entanto, Ruth Chao (2001, 2005, 2007; Chao e Otsuki-Clutter, 2011) defende que o estilo parental usado por muitos genitores asiático-americanos é melhor definido como um tipo de treinamento no qual os pais estão atentos e envolvidos nas vidas dos filhos em vez de refletir um controle rígido e autoritário. Assim, o estilo de parentalidade que Chao descreve – treinamento – está baseado em um tipo de controle parental que é distinto do controle mais "dominador" refletido no estilo parental autoritário. Os resultados positivos do estilo parental de treinamento nas famílias asiático-americanas aparecem no alto rendimento acadêmico das suas crianças (Stevenson e Zusho, 2002). Em pesquisa recente sobre pais adolescentes, os pais sino-americanos endossaram o controle parental e os objetivos parentais confucianos de perseverança, trabalho árduo na escola, obediência e de ser sensível aos desejos dos pais (Chao e Otsuki-Clutter, 2011; Russell, Crockett e Chao, 2010).

As práticas de parentalidade das crianças latinas encorajam o desenvolvimento de um *self* e de uma identidade impregnados na família e que requerem respeito e obediência (Harwook et al., 2002). Como nas famílias afro-americanas, existe um maior nível de arranjos transgeracionais (entre gerações) e cobitações. (Zinn e Wells, 2000).

Pesquisadores constataram que os pais afro-americanos têm maior probabilidade dos que os pais brancos não latinos de usar a punição física (Deater-Deckard e Dodge, 1997). Entretanto, o uso de punição física está ligado a problemas externalizantes na criança (como *acting out* e altos níveis de agressão) em famílias brancas não latinas, mas não em famílias afro-americanas. Uma explicação desse resultado é a necessidade dos pais afro-americanos de aplicarem regras no contexto dos ambientes perigosos nos quais é mais provável que vivam (Harrison-Hale, McLoyd e Smedley, 2004). Nesse contexto, a exigência de obediência a uma autoridade parental pode ser uma estratégia adaptativa para impedir que os filhos se engajem em comportamento antissocial que possa ter consequências sérias para a vítima ou o perpetrador.

Que estilo parental muitos asiático-americanos praticam?

Outras considerações sobre estilos parentais Várias advertências sobre estilos de parentalidade estão na ordem do dia. Primeiramente, os estilos parentais não capturam os importantes temas da socialização e da sincronia recíproca (Parke e Clarke-Stewart, 2011). Tenha em mente que os adolescentes socializam os pais, assim como os pais socializam os adolescentes (Smetana, 2011a, 2011b). Em segundo lugar, muitos pais usam uma combinação de técnicas em vez de uma única, embora uma delas possa ser dominante. Mesmo que geralmente seja recomendada uma parentalidade coerente, o genitor inteligente pode perceber a importância de ser mais permissivo em determinadas situações, mais autoritário em outras e autoritativo em outras. Além disso, alguns críticos argumentam que o conceito de estilo de parentalidade é amplo demais e que precisam ser realizadas mais pesquisas para "desembrulhar" os estilos parentais, estudando os vários componentes que compreendem os estilos (Gruse, 2011). Por exemplo, o monitoramento parental é mais importante do que o afeto para a predição de resultados do adolescente?

COPARENTALIDADE

O elemento central da coparentalidade é o de que ter uma coordenação pobre, menosprezar o outro genitor, ter falta de cooperação e afeto, além da desconexão de um dos parceiros – seja isoladamente ou em combinação com superenvolvimento por parte do outro –, são condições que colocam crianças e adolescentes em risco desenvolvimental (Solmeyer e outros, 2011). Em contraste, solidariedade parental, cooperação e afeto demonstram um claro vínculo com o comportamento pró-social de crianças e adolescentes e competência nas relações com seus pares. Quando os pais demonstram cooperação, respeito mútuo, comunicação balanceada e sintonia com as necessidades com outro, estes atributos ajudam as crianças e os adolescentes a desenvolver atitudes positivas em relação a homens e mulheres (Tamis-LeMonda e Cabrera, 2002).

Um estudo longitudinal examinou a influência do conflito de coparentalidade sobre parentalidade negativa e o desajustamento do adolescente (Feinberg, Kan e Hetherington, 2007). Nesse estudo, os pais relataram que os temas referentes à criação dos filhos eram um aspecto central do conflito de coparentalidade e que o conflito estava vinculado à parentalidade negativa e o ajustamento do adolescente, três anos mais tarde.

CONFLITO PAIS-ADOLESCENTE

Uma crença comum é de que há um enorme abismo separando pais e adolescentes, o chamado "conflito de gerações" – isto é, que durante a adolescência os valores e as atitudes dos adolescentes vão se distanciando daqueles compartilhados pelos seus pais. Em sua maior parte, o conflito de gerações é um estereótipo. Por exemplo, a maioria dos adolescentes e seus pais têm crenças similares sobre o valor da dedicação ao trabalho, das conquistas e das aspirações de carreira (Gecas e Seff, 1990). Também, com frequência, eles possuem crenças religiosas e políticas similares. Como você verá em nossa discussão das pesquisas sobre conflito pais-adolescente, uma minoria dos adolescentes (talvez de 20 a 25%) tem um alto grau de conflito com seus pais, mas para uma grande maioria o conflito é moderado ou baixo.

Dito isso, permanece o fato de que a adolescência inicial é uma época na qual o conflito pais-adolescente cresce bem além do conflito pais-criança (McKinney e Renk, 2011; Zeiders, Roosa e Tein, 2011). Este crescimento no conflito pode acontecer devido a muitos dos fatores já discutidos que envolvem maturação do adolescente e a maturação dos pais: mudanças biológicas da puberdade, mudanças cognitivas envolvendo um incremento no idealismo e no raciocínio lógico, mudanças sociais focadas na independência e na identidade, expectativas frustradas e mudanças físicas, cognitivas e sociais nos pais associadas à idade adulta intermediária. Um estudo de revisão concluiu que o conflito pais-adolescente vai diminuindo entre o começo e o fim da adolescência (Laursen, Coy e Collins, 1998).

Embora o conflito com os pais aumente consideravelmente na adolescência inicial, ele não atinge as proporções tumultuosas previstas por G. Stanley Hall no início do século XX (Laursen e Collins, 2009). Ao contrário, boa parte do conflito envolve acontecimentos cotidianos da vida familiar, como manter o quarto arrumado, vestir-se adequadamente, voltar para casa em uma determinada hora, não falar ao telefone por tempo indefinido, etc. Os conflitos raramente envolvem dilemas maiores como drogas e delinquência. Em um estudo de famílias afro-americanas de classe média, o conflito pais-adolescentes era comum, porém, de baixa intensidade e focado em questões de vida diária, como o quarto do adolescente, tarefas em casa, escolha de atividades e tarefas escolares (Smetana e Gaines, 1999). Quase todos os conflitos foram resolvidos com o adolescente cedendo aos pais, mas essa concessão declinava com a idade.

Em um estudo do conflito em diferentes relações sociais, os adolescentes relataram ter mais discordâncias com sua mãe do que com qualquer outra pessoa – seguida em ordem pelos amigos, parceiros amorosos, irmãos, pai e outros adultos e seus pares (Laursen, 1995). Em outro estudo de 64 estudantes do 2º ano do ensino médio, foram realizadas entrevistas em suas casas em três noites escolhidas aleatoriamente, durante um período de três semanas (Montemayor, 1982). Foi pedido aos adolescentes que contassem sobre os acontecimentos do dia anterior, incluindo algum conflito que tivessem tido com seus pais. Durante um período de 192 dias de acompanhamento, foi relatada uma média de 68 discussões com os pais. Isso representa um índice de 0,35 de discussões com os pais por dia ou aproximadamente uma discussão a cada três dias. A duração média das discussões era de 11 minutos. A maior parte dos conflitos foi com as mães, e a maioria era entre mães e filhas.

O conflito com os pais aumenta na adolescência inicial. Qual a natureza deste conflito na maioria das famílias norte-americanas?

No entanto, alguns relacionamentos pais-filho são caracterizados por um alto grau de conflito. Foi estimado que em aproximadamente 20 a 25% das famílias, pais e adolescentes se envolvem em conflito prolongado, intenso, repetido e doentio (Montemayor, 1982). Embora esta porcentagem represente uma minoria dos adolescentes, ela indica que 4 a 5 milhões de famílias norte-americanas se deparam com problemas sérios e altamente estressantes entre pais e adolescentes – saída da casa, delinquência juvenil, evasão escolar, gravidez e casamento precoce, afiliação a cultos religiosos e abuso de drogas (Brook et al., 1990). Em estudo recente com famílias latinas, os altos níveis de conflito com a mãe ou com o pai estavam ligados a altos níveis de comportamentos internalizantes (p. ex., depressão) e externalizantes (p. ex., delinquência) em meninos e meninas adolescentes (Crean, 2008). Nesse estudo, o apoio emocional do adolescente pelo outro genitor frequentemente servia como função protetora na redução da probabilidade de que o adolescente viesse a se envolver em problemas de comportamento. Ainda neste estudo, o conflito com a mãe era especialmente prejudicial para as garotas latinas. Para ler a respeito da carreira de um indivíduo que aconselha famílias com alto conflito pais-adolescente, veja o perfil em *Conexão com Carreiras*.

Embora em alguns casos os problemas adolescentes possam ser causados por conflito intenso e prolongado com os pais, em outros casos os problemas podem ter se originado antes do início da adolescência (Darling, 2008). Simplesmente, porque as crianças são muito menores do que os pais, esses podem conseguir reprimir o comportamento opositor. Porém, na adolescência, o aumento no tamanho e na força – especialmente nos meninos – pode resultar em uma indiferença aos ditames dos pais ou em confrontação. Ao mesmo tempo, alguns psicólogos defenderam que o conflito é uma parte normativa do desenvolvimento adolescente.

Estudos transculturais revelam que o conflito pais-adolescente em alguns países é menor do que nos Estados Unidos. Entre dois países que tinham índice de conflito mais baixo do que nos Estados Unidos estavam Japão e Índia (Larson, 1999; Rothbaum et al., 2000).

conexão COM CARREIRAS

Martha Chan, terapeuta de casais e família

Martha Chan é uma terapeuta de casais e família que trabalha para o Serviço de Aconselhamento Adolescente em Palo Alto, Califórnia. Foi diretora do programa de Serviço de Aconselhamento Adolescente por mais de uma década.

Dentre suas atividades, Chan aconselha pais e adolescentes sobre questões familiares, realiza *workshops* para pais em escolas do ensino fundamental e escreve uma coluna mensal que aborda tópicos como: "Sou mãe solteira; como faço para conversar com meu filho sobre sexo?", "Minha filha quer pintar o cabelo de roxo", "Meu filho está sofrendo *bullying*".

Para maiores informações sobre o que faz um terapeuta de casais e família, veja o apêndice do Capítulo 1.

AUTONOMIA E APEGO

Já foi dito que existem apenas dois legados que podemos deixar para nossos filhos: as raízes e as asas. Estas palavras refletem a importância do apego (ou vínculo) e da autonomia na adaptação bem-sucedida do adolescente ao mundo. Historicamente, os desenvolvimentistas demonstraram muito mais interesse pela autonomia do que pelo apego durante o período adolescente. Recentemente, no entanto, houve maior interesse no papel do apego (ou vínculo) no desenvolvimento saudável do adolescente e do adulto emergente (Kerig, Swanson e Ward, 2012). Os adolescentes e seus pais vivem em um mundo social coordenado, que envolve tanto a autonomia quanto o apego. De acordo com o interesse histórico nestes processos, discutiremos primeiramente a autonomia.

Autonomia O aumento da independência que tipifica a adolescência é interpretado por alguns pais como rebelião, mas, em muitos casos, o impulso dos adolescentes pela autonomia tem pouco a ver com os seus sentimentos pelos seus pais. As famílias psicologicamente saudáveis se adaptam ao impulso adolescente pela independência, tratando os adolescentes de forma mais adulta e incluindo-os nas tomadas de decisão familiares. As famílias psicologicamente insalubres geralmente ficam presas ao controle parental voltado para o poder e os pais avançam ainda mais para uma postura autoritária em suas relações com seus adolescentes.

A busca adolescente pela autonomia e pelo senso de responsabilidade cria constrangimento e conflito para muitos pais. Estes começam a ver seus adolescentes escapando das suas mãos. Como já discutimos, seu impulso é o de assumir um controle mais rígido quando o adolescente busca autonomia e responsabilidade pessoal. Discussões acaloradas e emocionais podem se seguir, com cada um dos lados dizendo insultos, ameaçando e fazendo o que acreditam ser necessário para conseguir o controle. Os pais podem ficar frustrados porque esperavam que o adolescente desse atenção aos seus conselhos, quisesse passar seu tempo com a família e crescesse fazendo a coisa certa. Certamente, eles preveem que seu adolescente terá alguma dificuldade em se adaptar às mudanças que a adolescência traz, mas poucos pais conseguem imaginar a intensidade da determinação dos adolescentes em passar seu tempo com seus pares e em mostrar que são eles, e não os pais, os responsáveis pelo seu sucesso ou fracasso.

A complexidade da autonomia adolescente Definir a autonomia adolescente é mais complexo e enganoso do que poderia parecer à primeira vista (McElhaney et al., 2009; Perez-Brena, Updegraff e Umana-Taylor, 2011). O termo *autonomia* em geral tem a conotação de auto-orientação e independência. Mas o que ele realmente significa? Ele é um traço interno da personalidade que caracteriza consistentemente a imunidade do adolescente à influência parental? É a capacidade de tomar decisões responsáveis sozinho? Autonomia implica comportamento consistente em todas as áreas da vida adolescente, incluindo escola, finanças, encontros amorosos e relações com os pares? Quais são as contribuições relativas dos pares e outros adultos ao desenvolvimento da autonomia do adolescente?

Um aspecto realmente importante da autonomia é a **autonomia emocional**, a capacidade de abandonar as dependências infantis dos pais. No desenvolvimento da autonomia emocional, os adolescentes vão perdendo a idealização gradualmente de seus pais, percebendo-os como pessoas, mais do que simplesmente como figuras parentais, e vão ficando menos dependentes deles para um apoio emocional imediato.

Gênero e cultura As diferenças de gênero caracterizam a concessão da autonomia na adolescência, com os meninos ganhando maior independência do que as meninas. Em um estudo, isso foi especialmente verdadeiro nas famílias norte-americanas com uma orientação tradicional de papéis de gênero (Bumpus, Crouter e MsHale, 2001). Também as famílias latinas protegem e monitoram as filhas mais de perto do que os filhos quando comparadas às famílias brancas não latinas (Allen et al., 2008).

As expectativas com relação ao momento mais adequado de autonomia adolescente variam, com frequência, entre culturas, pais e adolescentes (Fuligni, Hughes e Way, 2009; McElhaney e Allen, 2012). Por exemplo, as expectativas de autonomia precoce por parte dos adolescentes são mais prevalentes em brancos

---

autonomia emocional A capacidade de abandonar a dependência infantil dos pais.

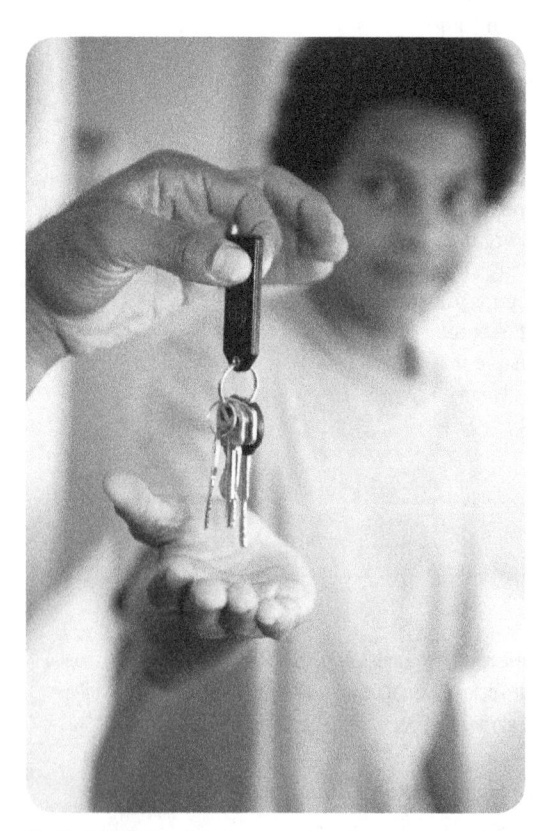

Quais são as estratégias que os pais podem usar para orientar os adolescentes no manejo efetivo da sua crescente motivação pela autonomia?

não latinos, pais solteiros e adolescentes do que em asiático-americanos ou latinos, pais casados e adolescentes (Feldman e Rosenthal, 1999). Em outro estudo, a percepção de adolescentes jovens de que seus pais promoviam mais autonomia psicológica e menos controle psicológico predizia menos sintomas depressivos dois anos mais tarde (Sher-Censor, Parke e Coltrane, 2011).

Em um estudo com adolescentes norte-americanos, eles procuravam autonomia dos pais mais cedo do que os adolescentes no Japão (Rothbaum et al., 2000). No entanto, adolescentes asiáticos criados nos Estados Unidos geralmente não buscam autonomia tão precocemente quanto seus pares anglo-americanos (Greeberger e Chu, 1996). Além disso, na transição para a idade adulta, os japoneses têm menos probabilidade de morar fora de casa do que os norte-americanos (Hendry, 1999).

Transições desenvolvimentais na autonomia e saída para a universidade Muitos adultos emergentes passam por uma transição no desenvolvimento da autonomia quando saem de casa e vão para a universidade (Kerig, Swanson e Ward, 2012; Kloep e Hendry, 2010). A transição do ensino médio para a universidade envolve um aumento na autonomia para a maioria dos indivíduos (Bucx e van Wel, 2008; Nelson et al., 2011). Para alguns, instala-se a saudade de casa; para outros, uma amostra dos privilégios de uma vida sem os pais ao redor deles é maravilhoso. No entanto, para o número crescente de estudantes cujas famílias foram destruídas pela separação e pelo divórcio, sair de casa pode ser especialmente doloroso. Os adolescentes de tais famílias podem se encontrar no papel de confortador, confidente e até mesmo cuidador dos seus pais e irmãos. Nas palavras de um calouro universitário, "Eu me sinto responsável pelos meus pais. Acho que eu não deveria, mas não consigo evitar. Isso torna mais difícil a minha separação deles, o meu desejo de ficar livre dos problemas dos outros, minha motivação para buscar a minha própria identidade". Para outros estudantes, a independência de ser um calouro universitário é igualmente estressante. De acordo com Brian, 18 anos, "Tornar-se adulto é um pouco complicado. Eu estou tendo que aprender a equilibrar a minha conta bancária, reservar as minhas passagens aéreas, lavar a minha roupa e a coisa mais difícil de todas é acordar de manhã. Eu não tenho a minha mãe para ficar batendo na porta".

Como as relações com os pais se modificam quando os indivíduos vão para a universidade?

Em um estudo, foi investigada a separação psicológica e a adaptação de 130 calouros universitários e 123 formandos (Lapsley, Rice e Shadid, 1989). Como esperado, os calouros apresentaram mais dependência psicológica dos seus pais e adaptação social e pessoal mais pobre do que os formandos. As garotas apresentaram mais dependência psicológica de seus pais do que os rapazes.

Adolescentes que fogem de casa Um número estimado em 1,6 milhão de jovens foge de casa todos os anos nos Estados Unidos (Walsh e Donaldson, 2010). Por que os adolescentes fogem das suas casas? Geralmente, os fugitivos estão desesperadamente infelizes em casa. As razões pelas quais muitos deles vão embora parecem legitimadas pelos padrões em quase todo o mundo. Quando eles fogem, geralmente não deixam indicação sobre o seu paradeiro; eles simplesmente desaparecem.

Muitos fugitivos são provenientes de famílias nas quais um dos pais ou outro adulto bate neles ou os explora sexualmente (Chen et al., 2004). Suas vidas podem estar diariamente em perigo. Seus pais podem ser viciados em drogas ou alcoolistas. Em alguns casos, a família pode estar em uma condição de pobreza tão grande que os pais são incapazes de alimentar e vestir adequadamente os seus adolescentes. Os pais podem estar tão sobrecarregados pelas suas próprias inadequações emocionais e/ou materiais que não conseguem dar aos seus adolescentes a atenção e a compreensão das quais eles precisam. Assim, os adolescentes vão para as ruas em busca das gratificações emocionais e materiais que não estão tendo em casa.

Porém, nem todos os fugitivos são de nível socioeconômico mais baixo. Adolescentes apaixonados, quando defrontados com a hostilidade parental para com o seu relacionamento, podem decidir fugir e fazer tudo por conta própria. Ou o adolescente de classe média pode decidir que já aguentou o suficiente da hipocrisia dos seus pais os quais são percebidos como pessoas que tentam fazê-lo viver de acordo com um alto padrão moral, enquanto eles próprios vivem de acordo com ideais vagos e falsos. Outro adolescente pode morar com pais que brigam constantemente. Qualquer um desses adolescentes poderia decidir que seria mais feliz se estivesse longe de casa.

Este adolescente fugiu de casa. *O quê, nas relações familiares, pode provocar que os adolescentes fujam de casa? Há como a sociedade atender melhor esses fugitivos?*

Geralmente, a fuga de casa é um processo gradual, quando os adolescentes começam a passar menos tempo em casa e mais tempo nas ruas ou com um grupo de pares. Os pais podem estar lhes dizendo que realmente querem estar com eles, compreendê-los; mas os fugitivos frequentemente acham que não são compreendidos em casa e que os pais se importam muito mais consigo mesmos. Um estudo recente de jovens desabrigados revelou que quanto mais tempo eles ficavam sem ter um abrigo estável, mais diminuía sua resiliência e deteriorava sua saúde mental (Cleverley e Kidd, 2011).

Um estudo longitudinal recente com mais de 4 mil jovens da 1ª série do ensino médio até os 21 anos encontrou que a fuga de casa estava ligada à falta de apoio parental, desvinculação da escola, sintomas depressivos e uso de substância na 1ª série (Tucker et al., 2011). Além disso, os fugitivos tinham maior índice de dependência de drogas e sintomas depressivos aos 21 anos.

Conclusões Em suma, a capacidade para conquistar autonomia e obter controle sobre o próprio comportamento na adolescência é adquirida por meio de reações adultas apropriadas ao desejo de controle do adolescente. Um indivíduo no início da adolescência não tem o conhecimento para tomar decisões apropriadas ou maduras em todas as áreas da vida. Quando o adolescente tem o impulso pela autonomia, o adulto inteligente renuncia ao controle nessas áreas nas quais o adolescente pode tomar decisões razoáveis e continua a guiá-lo nas áreas nas quais o conhecimento do adolescente é mais limitado. Gradualmente, o adolescente adquire a capacidade de tomar decisões maduras por conta própria (Harold, Colarossi e Mercier, 2007). A discussão a seguir revela em maiores detalhes o quanto é importante encarar o desenvolvimento da autonomia em relação à conectividade aos pais.

Apego e conectividade Os adolescentes não passam sozinhos da influência parental para um mundo de tomada de decisões. À medida que ficam mais autônomos, é psicologicamente saudável para eles que estejam apegados aos seus pais.

Apego seguro e inseguro Teóricos do apego como John Bowlby (1989) e Mary Ainswrth (1979) defendem que um apego seguro na primeira infância é essencial para o desenvolvimento da competência social. No **apego seguro**, os bebês usam o cuidador, geralmente a mãe, como uma base segura a partir da qual exploram o ambiente. O apego seguro é compreendido como um fundamento importante para o desenvolvimento psicológico posterior na infância, na adolescência e na idade adulta. No **apego inseguro**, os bebês ou evitam o cuidador ou demonstram resistência ou ambivalência consideráveis em relação ao cuidador. O apego inseguro está relacionado a dificuldades nos relacionamentos e a problemas no desenvolvimento posterior (Sroufe, Coffino e Carlson, 2010).

Adolescência Um dos aspectos mais amplamente discutidos do desenvolvimento socioemocional na primeira infância é o apego seguro aos seus cuidadores (Sroufe, Coffino e Carlson, 2010). Na última década, os pesquisadores exploraram se o apego seguro também seria um conceito importante nas relações dos adolescentes com seus pais (Laursen e Collins, 2009; Rosenthal e Kobak, 2010). Por exemplo, Joseph Allen e colaboradores (2009) constataram que os adolescentes que tinham um apego seguro aos 14 anos tinham mais probabilidade de relatarem que se encontravam em uma relação exclusiva, confortáveis com a intimidade nas relações e estavam aumentando sua independência financeira aos 21 anos. Uma análise recente concluiu que os resultados mais consistentes do apego seguro na adolescência envolvem relações positivas com os pares e o desenvolvimento das capacidades dos adolescentes para regular as emoções (Allen e Miga, 2010).

Muitos estudos que avaliam o apego seguro e inseguro na adolescência usam a Adult Attachment Interview (AAI, Entrevista de Apego do Adulto) (George, Main e Kaplan, 1984). Esta medida examina as memórias de um indivíduo de relações significativas de apego. Com base nas respostas às perguntas da AAI, os indivíduos são classificados como seguro/autônomo (que corresponde ao apego seguro na primeira infância) ou dentro de uma das três categorias de inseguro:

- **Apego recusado/evitativo** é uma categoria de apego inseguro na qual os indivíduos minimizam a importância do apego. Esta categoria está associada a experiências consistentes de rejeição às necessidades de apego por parte dos cuidadores. Uma conse-

---

apego seguro Padrão de apego no qual os bebês usam o seu cuidador primário, geralmente a mãe, como uma base segura a partir da qual exploram o ambiente. O apego seguro é compreendido como uma base importante para o desenvolvimento psicológico posterior na infância e na idade adulta.

apego inseguro Padrão de apego no qual os bebês ou evitam o cuidador ou demonstram resistência ou ambivalência consideráveis em relação ao cuidador. Esse padrão é compreendido como relacionado a dificuldades nos relacionamentos e a problemas no desenvolvimento posterior.

apego recusado/evitativo Uma categoria de apego inseguro na qual os indivíduos minimizam a importância do apego. Esta categoria está associada a experiências consistentes de rejeição às necessidades de apego por parte dos cuidadores. Considera-se que este estado ocorre, principalmente, devido à inconsistência da disponibilidade dos pais para os adolescentes.

quência possível do apego recusado/evitativo é que os pais e os adolescentes se distanciam mutuamente, uma situação que diminui a influência dos pais.
- **Apego preocupado/ambivalente** é uma categoria insegura na qual os adolescentes estão hiperalertas a experiências de apego. Considera-se que este estado ocorre principalmente devido à inconsistência da disponibilidade dos pais para o adolescente. Este estado pode resultar em um comportamento com alto grau de procura de apego, misturado com sentimentos de ira. O conflito entre pais e adolescentes neste tipo de apego pode ser excessivamente alto para que ocorra um desenvolvimento saudável.
- **Apego não resolvido/desorganizado** é uma categoria insegura na qual o adolescente tem um nível alto de medo e pode estar desorientado. Isto pode resultar de experiências traumáticas, como a morte de um dos pais ou abuso.

Um estudo recente usando o Important People Interview (IPI) avaliou o apego de estudantes do ensino médio (de 14 a 18 anos) e adultos emergentes universitários (de 18 a 23 anos) às quatro pessoas mais importantes nas suas vidas, seguidos dos quatro pares mais importantes (Rosenthal e Kobak, 2010). Após identificarem as pessoas importantes em suas vidas, os estudantes as ordenavam de acordo com esses contextos: vínculo de apego (proximidade, angústia de separação e situação de emergência), busca de apoio (conforto ou apoio em contextos diários) e associativo (contato social agradável). Os estudantes universitários colocaram seus parceiros amorosos nas posições mais altas e os pais em posições mais baixas do que os estudantes do nível médio. A colocação dos amigos em posições mais altas e a exclusão do pai da lista das pessoas mais importantes ou como a quarta pessoa mais importante estavam ligadas a maiores problemas de comportamento (p. ex., internalizantes, como depressão, e externalizantes, como a quebra de regras).

Conclusões sobre o conflito pais-adolescente e o apego na adolescência Em resumo, o antigo modelo de relações pais-adolescente sugeria que, quando os adolescentes amadurecem, eles se desapegam dos pais e ingressam em um mundo de autonomia separado dos pais. O antigo modelo também sugeria que o conflito pais-adolescente é intenso e estressante durante toda a adolescência. O novo modelo enfatiza que os pais servem como importantes figuras de apego, recursos e sistemas de apoio enquanto os adolescentes exploram um mundo social mais amplo e mais complexo. O novo modelo também enfatiza que, na maioria das famílias, o conflito pais-adolescente é mais moderado do que severo e que as negociações do dia a dia e as discussões menores são normais, servindo à função desenvolvimental positiva de promover a independência e a identidade (veja a Figura 8.3).

O apego nos adultos emergentes Embora as relações com os parceiros amorosos sejam diferentes das relações com os pais, os parceiros românticos preenchem algumas das mesmas necessidades para os adultos que os pais preenchem para os seus filhos (Shaver e Mikulincer, 2007, 2012). Os bebês com *apego seguro* são definidos como aqueles que usam o cuidador como uma base segura a partir da qual exploram o ambiente. Igualmente, os adultos emergentes e adultos jovens podem contar com os seus parceiros românticos como a base segura para a qual podem retornar e obter conforto e segurança nos momentos difíceis.

Os padrões de apego adulto aos parceiros na adultez emergente e idade adulta inicial refletem os padrões de apego aos pais da infância? Em um estudo retrospectivo, Cindy Hazan e Philip Shaver (1987) revelaram que os adultos jovens que tinham apego seguro nos seus relacionamentos amorosos tinham maior probabilidade de descrever seu relacionamento precoce com os pais como de apego seguro. Em um estudo longitudinal, os bebês que tinham apego seguro com 1 ano tinham apego seguro 20 anos depois nos seus relacionamentos amorosos adultos (Steele et al., 1998). Entretanto, em outro estudo longitudinal, as ligações entre os estilos de apego precoce e estilos posteriores de apego foram diminuídas por experiências estressantes e disruptivas, como a morte de um dos pais ou a instabilidade na atenção e nos cuidados (Lewis, Feiring e Rosenthal, 2000).

Hazan e Shaver (1987, p. 515) mediram os estilos de apego usando a seguinte avaliação: Leia cada parágrafo e depois faça uma marca ao lado da descrição que melhor descreve você:

1. Acho relativamente fácil ficar perto dos outros e me sinto confortável dependendo deles e eles dependendo de mim. Eu não me preocupo com ser abandonado ou com alguém ficar muito perto de mim.

---

apego preocupado/ambivalente Uma categoria de apego inseguro na qual os adolescentes estão hiperalertas a experiências de apego.

apego não resolvido/desorganizado Uma categoria de apego inseguro na qual o adolescente tem um nível incomumente alto de medo e está desorientado. Isso pode resultar de experiências traumáticas, como a morte de um dos pais ou abuso.

FIGURA 8.3
Modelos novo e antigo das relações pais-adolescente.

Modelo antigo
Autonomia, desapego dos pais; mundo dos pais e dos pares estão isolados.

Conflito intenso e estressante durante toda a adolescência; relações pais-adolescente estão cheias de tempestade e estresse praticamente todos os dias.

Modelo novo
Apego e autonomia; os pais são importantes sistemas de apoio e figuras de apego; os mundos adolescente-pais e adolescente-pares possuem conexões importantes.

O conflito pais-adolescente moderado é comum e pode servir a uma função desenvolvimental positiva; o conflito é maior na adolescência inicial.

Quais são algumas dimensões do apego na adultez emergente e como elas estão relacionadas aos padrões de relacionamento e bem-estar?

2. Fico um pouco desconfortável de ficar perto dos outros. Acho difícil confiar neles completamente e me permitir depender deles. Eu fico nervoso quando alguém fica muito perto de mim e me incomoda quando alguém tenta ficar mais íntimo do que eu me sinto confortável.
3. Acho que os outros ficam relutantes em ficar tão próximos quanto eu gostaria. Frequentemente, preocupo-me que o meu parceiro não me ame de verdade ou que não vá querer ficar comigo. Eu quero ficar muito próximo do meu parceiro e isso às vezes assusta as pessoas.

Estes itens correspondem a três estilos de apego: apego seguro (opção 1 acima) e dois estilos de apego inseguro (evitativo – opção 2 acima e ansioso – opção 3 acima):

- *Estilo de apego seguro.* Os adultos com apego seguro possuem visões positivas dos relacionamentos, encontram facilidade em estar perto de outras pessoas e não são excessivamente preocupados ou estressados em relação aos seus relacionamentos amorosos. Esses adultos tendem a desfrutar da sexualidade no contexto de uma relação de compromisso e têm menos probabilidade do que outros de ter encontros de apenas uma noite.
- *Estilo de apego evitativo.* Os indivíduos evitativo são hesitantes quanto a se envolverem em relacionamentos amorosos e quando estão em relacionamentos tendem a se distanciar dos seus parceiros.
- *Estilo de apego ansioso.* Estes indivíduos demandam proximidade, confiam menos e são mais emocionais, ciumentos e possessivos.

A maioria dos adultos (aproximadamente 60 a 80%) descreve a si mesmo como sendo de apego seguro e não é de surpreender que os adultos prefiram ter um parceiro de apego seguro (Zeifman e Hazan, 2008).

Os pesquisadores estão estudando as ligações entre os estilos atuais de apego dos adultos e muitos aspectos das suas vidas (Mikulincer et al., 2010). Por exemplo, os adultos com apego seguro estão mais satisfeitos com seus relacionamentos íntimos do que os adultos com apego inseguro, e os relacionamentos dos adultos com apego seguro têm maior probabilidade de serem caracterizados pela confiança, pelo compromisso e pela longevidade (Feeney e Monin, 2008). Um estudo recente de jovens entre 18 e 25 anos revelou que a segurança do apego predizia a qualidade percebida dos relacionamentos amorosos (Holland e Roisman, 2010). Outro estudo recente constatou que os indivíduos com apego ansioso apresentavam forte ambivalência em relação ao parceiro amoroso (Mikulincer et al., 2010). Além disso, um estudo de jovens entre 18 e 20 anos revelou que o apego seguro em relação aos pais estava relacionado à facilidade na formação de amizades na faculdade (Parade, Leerkes e Blankson, 2010). Um levantamento nacional indicou que o apego inseguro em adultos estava associado ao desenvolvimento de enfermidades e doenças crônicas, especialmente problemas no sistema cardiovascular, como hipertensão, ataque cardíaco e derrame (McWilliams e Bailey, 2010). E uma revisão de pesquisas de 10 mil entrevistas de apego nos adultos encontrou que a insegurança no apego estava relacionada a sintomas de depressão (Bakersmans-Kranenburg e van IJzendoorn, 2009).

Recentemente, foi proposto o rótulo *ruminações problemáticas sobre os pais* como um conceito baseado no apego que envolve uma história de apego negativo, um sentimento de ser rejeitado pelos pais, lamento por não ter um relacionamento melhor com os pais ou por não passar mais tempo com eles e um sentimento geral de insatisfação com os pais (Schwartz e Finlay, 2010). Além disso, um estudo de pesquisas com mais de 1.300 estudantes universitários identificou que as ruminações problemáticas sobre os pais estavam ligadas a níveis mais baixos de autoestima e satisfação com a vida, como também a sofrimento psicológico e problemas nos relacionamentos românticos (Schwartz e Finlay, 2010).

Se você tem um estilo de apego inseguro, você está preso a ele e condenado a ter relacionamentos problemáticos? As categorias de apego são relativamente estáveis na idade adulta, mas os adultos têm a capacidade de mudar seu pensamento e comportamento de apego. Embora as inseguranças do apego estejam ligadas aos problemas de relacionamento, o estilo de apego tem apenas uma contribuição moderada para o funcionamento da relação e outros fatores contribuem para a satisfação e o sucesso no relacionamento (Ein-Dor et al., 2010; Shaver e Mikulincer, 2012).

conexão com o desenvolvimento

Pares. Pesquisas recentes revelaram que a ruminação nas amizades das garotas adolescentes predizia sintomas depressivos. Cap. 13, p. 439

RELAÇÕES DOS ADULTOS EMERGENTES COM SEUS PAIS

Em sua maior parte, as relações dos adultos emergentes com seus pais melhora quando eles saem de casa. Eles ficam, com frequência, mais próximos dos seus pais e convivem com eles muito mais do que antes de terem deixado sua casa (Arnett, 2007). Porém, os desafios do relacionamento pais-adulto emergente envolvem a crescente autonomia do adulto emergente, possuindo o *status* adulto em muitas áreas, embora ainda dependa dos pais em alguns aspectos (Kerig, Swanson e Ward, 2012). Muitos adultos emergentes podem tomar suas próprias decisões sobre onde morar, se permanecem ou não na universidade, que estilo de vida adotar, se casam ou não, etc. Ao mesmo tempo, os pais frequentemente fornecem apoio aos seus filhos adultos emergentes, mesmo depois que eles saem de casa. Isso pode ser feito por meio de empréstimos e presentes em dinheiro para a educação, compra de um carro e contribuição financeira para organizar a vida, além do apoio emocional.

Na adultez emergente bem-sucedida, os indivíduos se separam da sua família de origem sem cortar os laços completamente ou fugir para algum refúgio emocional substituto. O rompimento extremo dos pais raramente resolve problemas emocionais. A adultez emergente é uma época na qual os jovens resolvem emocionalmente o que levaram consigo da sua família de origem, o que deixarão para trás e o que irão criar.

A grande maioria dos estudos dos estilos parentais focou nos resultados para crianças e adolescentes e incluiu mais as mães do que os pais. Um estudo recente revelou que os pais agem como um "andaime" e uma "rede de segurança" para apoiar a transição bem-sucedida dos seus filhos até a adultez emergente (Swartz et al., 2011). Outro estudo recente examinou os estilos parentais de mães e pais com seus filhos adultos emergentes (Nelson et al., 2011). Um estilo parental autoritativo (definido neste estudo como alta responsividade e baixo controle) por parte das mães e pais estava ligado a resultados positivos nos filhos na adultez emergente (p. ex., alta autoestima, alta aceitação social e baixa depressão). Os resultados mais negativos para os filhos adultos emergentes (p. ex., baixa autoestima, alta depressão e alta ansiedade) estavam relacionados a um estilo controlador/indulgente (baixa responsividade, alto controle) por parte das mães e dos pais.

DOONESBURY © 1991 G. B. Trudeau. Reimpresso com permissão do Universal Press Syndicate. Todos os direitos reservados.

Muitos adultos emergentes não se sentem mais forçados a atender às expectativas e desejos parentais. Eles passam por uma mudança para aprender a lidar com seus pais em uma relação de adulto para adulto, o que requer uma forma de relacionamento de respeito mútuo – na qual, no final da adultez emergente, os indivíduos podem gostar dos e aceitar seus pais como eles são.

Nos tempos econômicos incertos de hoje em dia, muitos adultos emergentes continuam a morar em casa ou voltam a viver em casa após vários anos na universidade ou depois de se formarem, ou enquanto economizam dinheiro depois de conseguirem um emprego em horário integral (Furman, 2005). Os adultos emergentes e os adultos jovens também voltam a morar com seus pais depois de um fracasso na carreira ou um divórcio. E alguns indivíduos não saem de casa até a metade ou final da década dos 20 anos porque não têm condições financeiras de se sustentar. Muitos rótulos foram dados aos adultos emergentes e adultos jovens que voltam a viver na casa dos pais incluindo "filhos bumerangue" e "B2B" (do inglês, *back-to-bedroom*, isto é, "de volta para o quarto") (Furman, 2005).

Como na maioria dos arranjos familiares, existem muitas vantagens e desvantagens quando os filhos adultos emergentes moram em casa ou voltam a morar em casa. Uma das queixas mais comuns expressadas pelos adultos emergentes e seus pais é a perda de privacidade. Os adultos emergentes reclamam que seus pais restringem sua independência, atrapalham sua vida sexual, reduzem o tempo no qual podem ficar ouvindo música e os tratam mais como crianças do que como adultos. Os pais frequentemente reclamam que a sua casa silenciosa tornou-se barulhenta, que eles dormem tarde, causando preocupação quando seus filhos adultos emergentes saem à noite, que é difícil planejar as refeições devido ao conflito de horários, que seu relacionamento como casal foi invadido e que eles têm que assumir muitas responsabilidades pelos seus filhos adultos emergentes. Em resumo, quando os adultos emergentes voltam a morar em casa, cria-se um desequilíbrio na família, o que requer considerável adaptação por parte dos pais e de seus filhos.

Como os adultos emergentes e seus pais podem se dar melhor? Veja o item *Conexão com Saúde e Bem-Estar* para algumas ideias.

RELAÇÕES INTERGERACIONAIS

As conexões entre as gerações desempenham papéis importantes no desenvolvimento ao longo de toda a vida (Fingerman e Birditt, 2011; Shulman, Scharf e Shachar-Shapira, 2012; Silverstein e Giarrusso, 2010). A cada nova geração, características de personalidade, atitudes e valores são repetidos ou modificados quando morrem membros mais velhos da família, seu legado biológico, intelectual e pessoal é transmitido para a próxima geração. Seus filhos passam a ser a geração mais velha e seus netos a segunda geração. Um estudo recente revelou que adultos emergentes e jovens adultos com filhos veem seus pais com maior frequência do que seus equivalentes que não possuem filhos (Bucx, Raaijmakers e Van Wel, 2010).

Os adultos na meia-idade desempenham um papel importante nas vidas dos jovens e dos velhos (Fingerman e Birditt, 2011; Martini e Bussèri, 2010). Os adultos de meia-idade compartilham suas experiências e transmitem valores à geração mais nova. Eles podem estar impulsionando os adolescentes para a idade adulta, adaptando-se a terem filhos crescidos voltando para casa ou a se tornarem avós. Eles também podem estar fornecendo ou recebendo assistência financeira ou cuidando de um genitor viúvo ou doente.

Os adultos de meia-idade foram descritos como a geração "sanduíche", "espremida" ou "sobrecarregada" devido às responsabilidades que têm com seus filhos adolescentes e jovens adultos por um lado, e seus pais idosos por outro (Etaugh e Bridges, 2010; Pudrovska, 2009). No entanto, uma visão alternativa é de que, nos Estados Unidos, uma geração "sanduíche", ocorre com menos frequência do que uma geração "pivô", na qual a geração do meio alterna sua atenção entre as demandas dos filhos crescidos e os pais idosos (Fingerman e Birditt, 2011).

As diferenças de gênero também caracterizam as relações intergeracionais (Etaugh e Bridges, 2010). As mulheres possuem um papel importante na conexão das relações familiares entre as gerações. As relações das mulheres com as outras gerações são consideradas mais próximas do que os outros vínculos familiares (Fingerman e Birditt, 2011; Merril, 2009).

Cultura e etnia também são aspectos importantes das relações intergeracionais. Por exemplo, a mediação cultural vem ocorrendo de forma crescente nos Estados Unidos à medi-

---

conexão com o desenvolvimento
Ambiente. As mudanças de residência atingem seu auge durante a adultez emergente, uma época em que também existe instabilidade no amor, no trabalho e na educação.
Cap. 1, p. 50

Caso você esteja preocupado sobre o que vai ser da geração mais nova, ela vai crescer e começar a se preocupar com a geração mais nova.

— ROGER ALLEN
Escritor norte-americano, século XX

conexão COM SAÚDE E BEM-ESTAR

É possível a convivência entre adultos emergentes e seus pais?

Quando adultos emergentes pedem para voltar a morar em casa, os pais e seus filhos adultos emergentes devem, de antemão, fazer combinações sobre as condições e as expectativas. Por exemplo, eles podem discutir e combinar se os adultos emergentes irão: pagar um aluguel, lavar as suas roupas, cozinhar as próprias refeições, realizar algum trabalho doméstico, pagar suas contas telefônicas, chegar e sair o quanto quiserem, ser sexualmente ativos ou ingerir bebida alcoólica em casa, etc. Se essas condições não forem negociadas no começo, com frequência, haverá conflitos, porque as expectativas dos pais e de seus filhos adultos jovens provavelmente serão frustradas. Os pais precisam tratar os filhos adultos emergentes mais como adultos do que como crianças e relaxar no seu papel de pais. Os pais devem interagir com os filhos adultos emergentes não como se eles fossem crianças dependentes que precisam ser monitoradas de perto e protegidas, mas como jovens adultos que são capazes de ter um comportamento responsável e maduro. Os adultos emergentes têm o direito de escolher o quanto dormir e comer, como se vestir, quem escolher como amigos e parceiros amorosos, que carreira seguir e como gastar o seu dinheiro. Entretanto, se os filhos adultos emergentes agirem de forma que interfira no estilo de vida dos seus pais, os pais precisam expressar isso. A discussão não deverá focar nas escolhas dos adultos emergentes, mas no quanto suas atividades são inaceitáveis enquanto estiverem vivendo juntos sob o mesmo teto.

Alguns pais não conseguem relaxar imediatamente com relação ao seu filho adulto emergente. Eles se engajam em "permanentalidade" (parentalidade permanente), o que pode impedir não só o movimento de seus filhos adultos emergentes em direção a independência e responsabilidade, mas também as suas próprias vidas pós-parentalidade. "Pais helicóptero" é outro rótulo usado para os pais que ficam rondando os filhos em seu esforço para assegurar que eles tenham sucesso na universidade e na vida adulta (Paul, 2003). Embora bem-intencionados, essa atitude intrusiva dos pais pode retardar o processo pelo qual os filhos se tornam adultos responsáveis.

Quando se mudam de volta para casa, os adultos emergentes precisam pensar em como precisarão mudar seu comportamento para fazer com que funcionem as combinações de convivência. Elina Furman (2005) faz algumas boas recomendações em *Nação Bumerangue: Como Sobreviver a Morar com Seus Pais... em Casa pela Segunda Vez*. Ela recomenda que, quando os adultos emergentes se mudam de volta para casa, eles devem ter que fazer algumas adaptações. E, conforme recomendado anteriormente, ela

Quais são algumas estratégias que podem beneficiar o relacionamento entre os adultos emergentes e seus pais?

insiste para que os adultos emergentes sentem com seus pais e negociem as regras básicas de convivência em casa antes de realmente se mudar. Furman também recomenda que os adultos emergentes definam um prazo para a sua permanência em casa e que depois fiquem focados nos seus objetivos (se é economizar dinheiro para quitar suas dívidas, economizar o suficiente para começar um negócio ou comprar sua própria casa, concluir a graduação, etc). Como muita frequência, os adultos emergentes gastam o dinheiro que economizam ao voltar para casa em luxos como gastos compulsivos, festas noturnas, roupas caras e viagens desnecessárias, o que somente retarda que tenham condições de saírem da casa dos pais.

Em que você acha que o relacionamento dos adultos emergentes com seus pais é diferente se eles não tiverem que morar em casa?

---

da que crianças e adolescentes servem como mediadores (culturais e linguísticos) para seus pais imigrantes (Villanueva e Buriel, 2010).

Os estudos a seguir apresentam evidências da importância das relações transgeracionais no desenvolvimento de adolescentes e adultos emergentes:

- Em um estudo longitudinal, a hostilidade e o engajamento positivo por parte dos pais e adolescentes durante a interação familiar aos 14 anos estavam relacionados aos níveis de hostilidade e engajamento positivo expresso pelos filhos e seus cônjuges durante interação familiar 17 anos mais tarde (Whitton et al., 2008). Um nível mais alto de hostilidade na família de origem durante a adolescência apresentou uma associação especialmente forte com um nível mais alto de hostilidade conjugal e um nível mais baixo de engajamento positivo 17 anos mais tarde.

- Ambientes familiares e pais apoiadores na infância (avaliados quando os filhos tinham de 3 a 15 anos) estavam ligados a relações mais positivas (em termos de contato, proximidade, conflito e ajuda recíproca) entre os filhos e seus pais de meia-idade quando os filhos tinham 26 anos (Belsky et al., 2001).
- Os adultos "filhos do divórcio", classificados como de apego seguro, tinham menos probabilidade de se divorciar nos primeiros anos do seu casamento do que seus equivalentes com apego inseguro (Crowell, Treboux e Brockmeyer, 2009).
- Os "filhos do divórcio" eram desproporcionalmente mais prováveis de terminar seu casamento quando comparados aos filhos de famílias nunca divorciadas, embora a transmissão do divórcio entre as gerações tenha declinado nos anos mais recentes (Wolfinger, 2011).
- Os pais de meia-idade são mais prováveis de dar apoio aos seus filhos crescidos do que aos seus pais (Fingerman et al., 2011).

Até aqui, neste capítulo, examinamos a natureza dos processos familiares, as relações de adolescentes/adultos emergentes com seus pais e os relacionamentos intergeracionais. À parte isso, existe outro aspecto do mundo familiar da maioria dos adolescentes e dos adultos emergentes: as relações com os irmãos, que discutiremos a seguir.

Como as relações entre as gerações influenciam o desenvolvimento dos adolescentes?

Revisar Conectar Refletir — OA4 Descrever as relações dos adolescentes e adultos emergentes com seus pais.

Revisar
- Como os pais podem ser gerenciadores efetivos dos adolescentes?
- Quais são os quatro importantes estilos parentais e como eles estão ligados ao desenvolvimento adolescente?
- O quanto a coparentalidade é efetiva?
- Como o conflito pais-adolescente pode ser descrito com precisão?
- Que papéis a autonomia e o apego desempenham no desenvolvimento de adolescentes e adultos emergentes?
- Quais são algumas questões envolvidas nas relações entre os adultos emergentes e seus pais?
- Como as relações intergeracionais influenciam o desenvolvimento adolescente?

Conectar
- Faça conexão entre a discussão do desenvolvimento emocional no Capítulo 4 e a discussão desta seção sobre autonomia e apego.

Refletir *sua jornada de vida pessoal*
- O que caracterizou o seu desenvolvimento de apego e autonomia até este estágio da sua vida?

3 Relações entre irmãos — OA3 Caracterizar as relações entre irmãos na adolescência.

- Papéis dos irmãos
- Ordem de nascimento

O que caracteriza os papéis dos irmãos? Enquanto examinarmos o papel que os irmãos desempenham no desenvolvimento social, você descobrirá que o conflito é uma dimensão comum das relações entre irmãos, mas que os irmãos também desempenham muitos outros papéis no desenvolvimento social (McHale, Updegraff e Whiteman, 2011; Whiteman, Jensen e Bernard, 2012). E o quanto a ordem de nascimento influencia no desenvolvimento do adolescente?

PAPÉIS DOS IRMÃOS

Aproximadamente 80% dos adolescentes norte-americanos têm um ou mais irmãos ou irmãs (Dunn, 2007). Como é sabido por todo aquele que teve irmãos, o conflito é um estilo comum de interação. No entanto, o conflito é apenas uma das muitas dimensões das relações (Conger e Kramer, 2010; Howe, Ross e Recchia, 2011; Whiteman, McHale e Soli, 2011). As relações entre irmãos adolescentes incluem ajudar, compartilhar, ensinar, lutar e brincar – e os irmãos adolescentes podem agir como apoio emocional, rivais e parceiros de comunicação (East, 2009; Howe, Ross e Recchia, 2011). Um estudo identificou que os irmãos adolescentes passavam juntos uma média de 10 horas por semana, com uma média de 12% desse tempo em situações construtivas (atividades criativas como arte, música e *hobbies*, esportes, atividades religiosas e jogos) e 25% em situações não construtivas (assistir TV e sair juntos) (Tucker, McHale e Crouter, 2001). Em famílias mexicano-americanas, os irmãos adolescentes passam ainda mais tempo juntos – mais de 17 horas por semana (Updegraff et al., 2005). Uma revisão recente concluiu que as relações entre irmãos na adolescência não são tão próximas, não são tão intensas, e nem mais igualitárias do que na infância (East, 2009).

Sobre o que os irmãos adolescentes conversam quando estão juntos? Um estudo revelou que os irmãos conversavam mais frequentemente sobre atividades extracurriculares, mídias e escola (Tucker e Winzeler, 2007). Em menos de 10% do seu tempo juntos, o foco da sua discussão era amigos, família, alimentação e imagem corporal.

Judy Dunn (2007), uma importante especialista em relações entre irmãos, descreveu recentemente três características importantes das relações entre irmãos:

- *Qualidade emocional da relação*. Emoções intensas positivas e negativas são frequentemente expressas pelos irmãos em relação uns aos outros. Muitas crianças e adolescentes possuem sentimentos confusos em relação aos seus irmãos.
- *Familiaridade e intimidade da relação*. Os irmãos em geral se conhecem muito bem e esta intimidade sugere que eles podem ou dar apoio ou provocar e sabotar uns aos outros, dependendo da situação.
- *Variação nas relações entre irmãos*. Alguns irmãos descrevem suas relações mais positivamente do que outros. Assim, existe uma variação considerável nas relações entre irmãos. Já vimos que muitos irmãos possuem sentimentos confusos em relação uns aos outros, mas alguns adolescentes descrevem seu irmão principalmente de forma afetuosa e carinhosa, ao passo que outros primariamente falam sobre o quanto seu irmão é irritante e mau.

Os pais geralmente favorecem um dos irmãos em relação aos outros e isso faz diferença no desenvolvimento do adolescente? Um estudo de 384 pares de irmãos adolescentes revelou que 65% das suas mães e 70% dos seus pais demonstravam favoritismo por um dos irmãos (Shebloski, Conger e Widaman, 2005). Quando ocorria o favoritismo de um dos irmãos, ele estava ligado à autoestima mais baixa e tristeza no irmão menos favorecido.

Em alguns casos, os irmãos podem ser influências socializantes mais fortes para os adolescentes do que seus pais ou pares (Dunn, 2007).

Na relação com os pares, no enfrentamento de professores difíceis e na discussão de assuntos tabus (como sexo), os irmãos podem ser mais influentes na socialização dos adolescentes do que os pais. Em um estudo, adolescentes mais novos e mais velhos encaravam os irmãos mais velhos como fontes de apoio para atividades sociais e acadêmicas (Tucker, McHale e Crouter, 2001).

Conflitos intensos com irmãos podem ser prejudiciais ao desenvolvimento adolescente, especialmente quando combinados com parentalidade ineficiente (East, 2009; Kramer, 2010; Milevsky, 2011). Um estudo longitudinal revelou que uma combinação de parentalidade ineficiente (fracas habilidades para solução de problemas, fracas habilidades de supervisão, conflito pais-adolescente) e conflito com irmãos (bater, brigar, roubar, trapacear) dos 10 aos 12 anos estavam ligados a comportamento antissocial e relação pobre com os pares dos 12 aos 16 anos (Bank, Burraston e Snyder, 2004). E outro estudo longitudinal constatou que um conflito maior entre irmãos estava ligado à maiores níveis de depressão e que o aumento na intimidade entre irmãos estava relacionado à competência com os pares e, para as garotas, à menores níveis de depressão (Kim et al., 2007).

Conforme recém indicado, os aspectos negativos das relações entre irmãos, como conflito intenso, estão ligados a resultados negativos para os adolescentes. Os resultados positivos podem se desenvolver não somente por meio de conflito, mas também por meio de modelagem direta do comportamento de um irmão, como quando um irmão mais novo tem um irmão mais velho com hábitos fracos de estudo e se envolve em comportamento delinquente. Em contraste, relações de proximidade e apoiadoras entre irmãos podem compensar os efeitos negativos de circunstâncias estressantes na vida do adolescente (East, 2009).

Aproximadamente 80% de nós temos um ou mais irmãos. *Quais são algumas características das relações entre irmãs na adolescência?*

Como são as relações entre irmãos na adultez emergente? A maioria dos irmãos passa menos tempo uns com os outros na adultez emergente do que quando estavam na adolescência. Sentimentos misturados sobre os irmãos ainda são comuns na adultez emergente. Entretanto, quando os irmãos saem de casa e o contato entre os irmãos se torna mais opcional, as relações conflituosas entre os irmãos na adolescência se tornam menos intensas emocionalmente (Hetherington e Kelly, 2002).

ORDEM DE NASCIMENTO

O fato de o adolescente possuir irmãos mais velhos ou mais novos já foi vinculado ao desenvolvimento de certas características de personalidade. Por exemplo, uma visão recente concluiu que "primogênitos são mais inteligentes, realizadores e conscienciosos, ao passo que os caçulas são mais rebeldes, liberais e agradáveis" (Paulhus, 2008, p. 210). Comparados com os caçulas, os primogênitos também foram descritos como mais voltados para os adultos, mais prestativos, obedientes e autocontrolados. Entretanto, quando são relatadas essas diferenças na ordem de nascimento, elas frequentemente são pequenas.

A ordem de nascimento também desempenha um papel nas relações entre os irmãos (Vandell, Minnett e Santrock, 1987). Os irmãos mais velhos invariavelmente assumem o papel dominante na interação e relatam sentirem-se mais ressentidos porque os pais dão tratamento preferencial aos irmãos mais novos.

Como são os filhos caçulas? Caracterizar os filhos caçulas é difícil porque eles podem ocupar muitas posições diferentes entre os irmãos. Por exemplo, um filho caçula pode ser o segundo homem a nascer em uma família de dois irmãos ou a terceira mulher em uma família de quatro irmãos. Em famílias com dois filhos, o perfil do filho ou filha caçula está relacionado ao sexo do seu irmão. Por exemplo, um menino com uma irmã mais velha tem maior probabilidade de desenvolver interesses "femininos" do que um menino com um irmão mais velho. De um modo geral, os caçulas geralmente desfrutam de melhores relações com os pares do que os primogênitos. O último a nascer, que é frequentemente descrito como o "bebê" da família, mesmo depois de crescido, corre o risco de se tornar excessivamente dependente. Os filhos do meio tendem a ser mais diplomáticos, frequentemente desempenhando o papel de negociadores em situações de disputas (Sutton-Smith, 1982).

A concepção popular de filho único é a de uma "criança mimada", com características indesejáveis como dependência, falta de autocontrole e comportamento autocentrado. Mas pesquisas retratam o filho único de um modo mais positivo, o qual frequentemente é orientado para realizações e exibe uma personalidade desejável, especialmente em comparação com os últimos filhos e os filhos de famílias grandes (Thomas, Coffman e Kipp, 1993).

Até agora, nossa consideração dos efeitos da ordem de nascimento sugere que a ordem de nascimento pode ser um forte prognosticador do comportamento adolescente. No entanto, pesquisadores de família encontraram que a ordem de nascimento tem sido excessivamente enfatizada. Os críticos argumentam que, quando são levados em consideração todos os fatores que influenciam o comportamento adolescente, a ordem de nascimento tem capacidade limitada de predizer o comportamento adolescente. Considere as relações entre irmãos isoladamente. Elas variam não somente na ordem do nascimento, mas também no número de irmãos, idade, diferença de idade e sexo dos irmãos. Em um estudo, os pares de irmãos do sexo masculino tinham um relacionamento menos positivo (menos atenção, menos intimidade e mais baixa resolução de conflito) do que pares de irmãos masculino/feminino ou feminino/feminino (Cole e Kerns, 2001). Considere também o temperamento dos irmãos. Pesquisadores encontraram que os traços de temperamento dos irmãos (tais como "fácil" e "difícil") e a diferença de tratamento pelos pais influenciam como os irmãos se dão (Brody, Stoneman e Burke, 1987). Os irmãos com temperamento "fácil" que são tratados de forma relativamente igual pelos pais tendem a se dar melhor um com o outro, ao passo que irmãos com temperamento "difícil", ou irmãos cujos pais deram a um dos irmãos um tratamento preferencial, têm um relacionamento pior.

Além de gênero, temperamento e tratamento diferencial dos irmãos pelos pais, pense em alguns dos outros fatores importantes nas vidas dos adolescentes que influenciam seu comportamento além da ordem de nascimento. Eles incluem hereditariedade, modelos de competência ou incompetência que os pais apresentam

A família com apenas um filho está se tornando muito mais comum na China devido à forte motivação para limitar o crescimento da população. Os efeitos dessas políticas ainda não foram examinados por completo. Em geral, o que os pesquisadores têm descoberto sobre ser filho único?

diariamente aos adolescentes, influências dos pares, fatores socioeconômicos, fatores sócio-históricos, variações culturais, etc. Embora a ordem de nascimento possa não ser um bom preditor do comportamento adolescente, as relações e a interação entre os irmãos são dimensões importantes dos processos familiares na adolescência (Dunn, 2005).

Revisar *Conectar* **Refletir** OA3 Caracterizar as relações entre irmãos na adolescência.

Revisar
- Qual a natureza do papel dos irmãos?
- Qual a intensidade com que a ordem de nascimento está ligada ao desenvolvimento adolescente?

Conectar
- Compare uma família com irmãos com uma com um único filho em termos da perspectiva da família como um sistema.

Refletir *sua jornada de vida pessoal*
- Se você cresceu com um ou mais irmãos, como foi o seu relacionamento com o(s) seu(s) irmão(s)? Se você pudesse ter mudado alguma coisa na sua relação com os seus irmãos na adolescência, como teria sido? Se você é filho único, como você acha que essa situação influenciou o seu desenvolvimento?

---

4 A família em mutação em uma sociedade em mutação

OA4 Descrever a família em mutação em uma sociedade em mutação.

- Famílias divorciadas
- Famílias reconstituídas
- Pais que trabalham
- Adoção
- Pais *gays* e lésbicas
- Cultura e etnia

Mais do que em qualquer momento na história, os adolescentes norte-americanos estão crescendo dentro de uma variedade muito mais ampla de estruturas familiares. Muitas mães passam maior quantidade de tempo do dia longe dos seus filhos. Uma em cada duas mães com um filho menor de 5 anos e cerca de duas em cada três com um filho entre 6 e 17 anos trabalham. O número de adolescentes crescendo em famílias com um único genitor é espantoso. Os Estados Unidos têm a porcentagem mais alta de famílias com um genitor, comparado a quase todos os outros países (veja a Figura 8.4). E, aos 18 anos, aproximadamente um quarto das crianças norte-americanas já vive uma parte das suas vidas em uma família reconstituída.

FAMÍLIAS DIVORCIADAS

A taxa de divórcios nos Estados Unidos cresceu significativamente nas décadas de 1960 e 1970, mas tem declinado desde a década de 1980 (Amato e Dorius, 2010). Muitos outros países no mundo também passaram por mudanças significativas na sua taxa de divórcios. Por exemplo, o Japão passou por um aumento na sua taxa de divórcios na década de 1990 e primeira década do século XXI. No entanto, a taxa de divórcios nos Estados Unidos ainda é muito mais alta do que no Japão e também mais alta do que na maioria dos países. Estima-se que 40% das

Porcentagem de famílias com apenas um dos genitores com filhos menores de 18 anos:
- Estados Unidos: 23
- Suécia: 17
- Canadá: 15
- Alemanha: 14
- Reino Unido: 13
- Austrália: 11
- França: 11
- Japão: 6

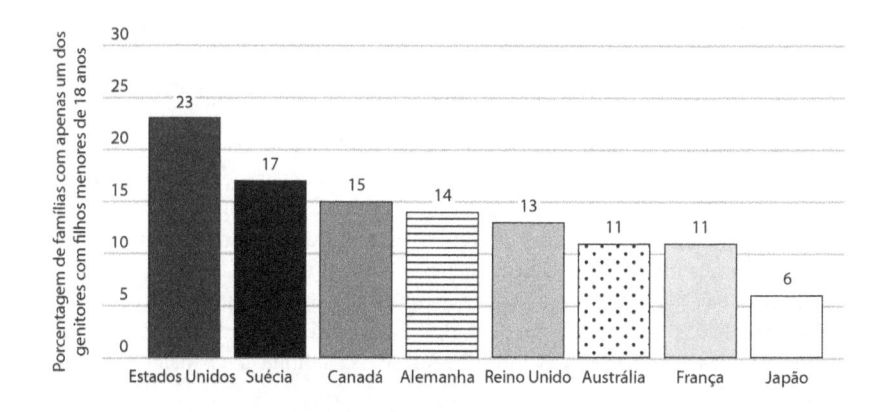

FIGURA 8.4
Famílias com apenas um genitor em diferentes países.

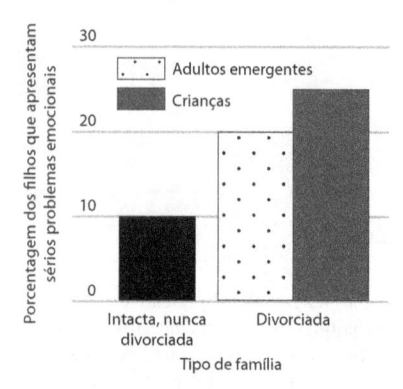

FIGURA 8.5
Problemas emocionais em crianças e adultos emergentes provenientes de famílias divorciadas. No estudo longitudinal de Hetherington, 25% das crianças de famílias divorciadas tinham problemas emocionais, mas este número diminuiu para 20% na adultez emergente. Dez por cento das crianças e dos adultos emergentes de famílias não divorciadas tinham problemas emocionais.

À medida que o casamento se tornou uma instituição mais opcional e menos permanente na América contemporânea, as crianças e os adolescentes estão encontrando estresses e desafios adaptativos associados às transições conjugais dos seus pais.

— E. Mavis Hetherington
Psicóloga contemporânea, Universidade da Virgínia

crianças nascidas de pais casados terão a experiência de divórcio dos seus pais (Hetherington e Stanley-Hagan, 2002).

Existem agora as questões que iremos explorar a respeito dos efeitos do divórcio: o ajustamento de adolescentes e adultos emergentes é melhor em famílias nunca divorciadas do que em famílias divorciadas? Os pais devem permanecer juntos por causa dos filhos? O quanto as habilidades parentais fazem diferença nas famílias divorciadas? Que fatores afetam o risco individual e a vulnerabilidade do adolescente em uma família divorciada? Que papel a situação socioeconômica desempenha nas vidas de adolescentes em famílias divorciadas? (Hetheringtn, 2005, 2006; Hetherington e Kelly, 2002; Hetherington e Stanley-Hagan, 2002).

Ajustamento dos adolescentes em famílias divorciadas A maioria dos pesquisadores defende que crianças, adolescentes e adultos emergentes provenientes de famílias divorciadas demonstram maior nível de desajustamento do que seus equivalentes em famílias não divorciadas (Hetherington, 2005, 2006; Lansford, 2009; Parke e Clarke-Stewart, 2011; Wallerstein, 2008) (veja a Figura 8.5). No estudo longitudinal conduzido por E. Mavis Hetherington e colaboradores (Hetherington, 2005, 2006; Hetherington, Cox e Cox, 1982; Hetherington e Kelly, 2002), 25% dos filhos de famílias divorciadas tinham problemas emocionais, mas este número diminuía para 20% na adultez emergente. Neste estudo, 10% das crianças e dos adultos emergentes de famílias não divorciadas apresentavam problemas emocionais.

Na pesquisa de Hetherington, os 20% de adultos emergentes provenientes de famílias divorciadas que continuavam a ter problemas emocionais eram caracterizados por comportamento impulsivo, irresponsável, antissocial ou depressivos. No final da adultez emergente, este grupo problemático estava tendo problemas no trabalho e dificuldades nas relações românticas. Os 10% dos adultos emergentes oriundos de famílias não divorciadas que tinham problemas emocionais provinham principalmente de lares nos quais o conflito familiar era alto e a parentalidade autoritativa era rara. Como na infância, os adultos emergentes que passavam de uma família intacta altamente conflituosa para um contexto familiar divorciado mais harmonioso, com um genitor amoroso e competente, tinham menos problemas emocionais. Em outro estudo longitudinal, o divórcio parental durante a infância e a adolescência estava ligado a relações mais pobres com o pai, relações românticas ou conjugais instáveis e níveis baixos de educação na idade adulta (Amato, 2006).

Aqueles que vivenciaram múltiplos divórcios estão em maior risco. Os adolescentes e adultos emergentes em famílias divorciadas têm maior probabilidade de ter problemas acadêmicos, de apresentar problemas externalizantes (como *acting out* ou delinquência) e internalizantes (como ansiedade e depressão), de ser menos responsáveis socialmente, de ter relações íntimas menos competentes, de abandonar a escola, de tornar-se sexualmente ativo em idade precoce, de usar drogas, de associar-se a pares antissociais e de ter autoestima mais baixa (Conger e Chao, 1996; Hetherington, 2005, 2006; Hetherington e Kelly, 2002). Um estudo recente revelou que as garotas adolescentes com pais divorciados eram especialmente vulneráveis ao desenvolvimento de sintomas depressivos (Oldehinkel et al., 2008).

Observe que o conflito conjugal pode ter consequências negativas para os filhos no contexto tanto do casamento quanto do divórcio (Cummings e Davies, 2010). Um estudo longitudinal revelou que o conflito em famílias não divorciadas estava associado a problemas emocionais nos filhos (Amato, 2006). Ainda, muitos dos problemas que os filhos de pais divorciados vivenciam começam durante o período pré-divórcio, uma época na qual os pais estão em frequente conflito ativo. Assim, quando os filhos de lares divorciados apresentam problemas, eles podem ser devidos não somente ao divórcio, mas ao conflito conjugal que levou ao divórcio (Thompson, 2008).

E. Mark Cummings e colaboradores (Cummings e Davies, 2010; Cummings, El Sheikh e Kouros, 2009; Cummings e Kours, 2008; Schermerhorn, Chow e Cummings, 2010) propuseram a *teoria da segurança emocional*, que tem suas raízes na teoria do apego e afirma que as crianças avaliam o conflito conjugal em termos da sua noção de segurança e proteção familiar. Eles fazem uma distinção entre o conflito conjugal que é negativo para os filhos (como externalizações emocionais hostis e táticas de conflito destrutivas) e o conflito conjugal que pode ser positivo para os filhos (como a discordância conjugal que envolve uma discussão calma da perspectiva da cada pessoa e o trabalho conjunto para chegar a uma solução).

Apesar dos problemas emocionais que têm alguns adolescentes e adultos emergentes provenientes de famílias divorciadas, a maioria das pesquisas sublinha que a maior parte dos adolescentes e adultos emergentes lida de modo competente com o divórcio dos seus pais e que a maioria dos adolescentes e adultos emergentes em famílias divorciadas não tem problemas de ajustamento significativos (Ahrons, 2007; Barber e Demo, 2006). Por exemplo, em um estudo de adultos que eram crianças quando seus pais se divorciaram, aproximadamente 80% concluiu, 20 anos após o divórcio, que a decisão dos seus pais de se divorciarem foi inteligente (Ahrons, 2004).

Os pais devem permanecer juntos por causa de seus filhos? Uma das perguntas feitas com mais frequência a respeito do divórcio é se os pais devem permanecer em um casamento infeliz ou em conflito por causa de seus filhos (Hetherington, 2005, 2006). Se o estresse e as rupturas nas relações familiares associados a um casamento infeliz e em conflito, de modo que corrói o bem-estar das crianças e adolescentes, foi reduzido pelo movimento para uma família divorciada e com um genitor, o divórcio pode vir a ser vantajoso (Yu et al., 2010). No entanto, se a redução nos recursos e o aumento nos riscos associados ao divórcio também vierem acompanhados de parentalidade inapta e manutenção ou aumento do conflito – não somente entre o casal divorciado, mas também entre pais, filhos e irmãos –, a melhor opção para os filhos seria que um casamento infeliz fosse mantido (Hetherington e Stanley-Hagan, 2002). Estes são os "ses", e é difícil determinar como eles se desenvolverão se os pais permanecerem juntos em um casamento hostil ou se divorciarem.

O quanto os processos familiares influenciam as famílias divorciadas? Em famílias divorciadas, os processos familiares importam muito (Hetherington, 2006; Lansford, 2009; Clarke e Clarke-Stewart, 2011; Sigal et al., 2011). Quando os pais divorciados mantêm um relacionamento harmonioso e usam a parentalidade autoritativa, o ajustamento dos adolescentes é melhorado (Hetherington, 2006). Quando os pais divorciados conseguem concordar sobre estratégias de criação dos filhos e conseguem manter uma relação cordial entre si, as visitas frequentes do genitor que não está com a custódia geralmente beneficia o filho (Fabricus et al., 2010).

Entretanto, dois estudos longitudinais revelaram que o conflito (especialmente quando é intenso e prolongado) entre pais divorciados estava ligado a problemas emocionais, relações sociais inseguras e comportamento antissocial em adolescentes (Hetherington, 2006). O apego seguro também influencia. Pesquisadores demonstraram que ocorre um desequilíbrio, incluindo habilidades parentais diminuídas, no ano seguinte ao divórcio, mas que dois anos após o divórcio ocorreu reestabilização e as habilidades de parentalidade melhoraram (Hetherington, 1989). O envolvimento do pai com os filhos decai mais do que o envolvimento da mãe, especialmente no caso de pais de meninas. Aproximadamente de um quarto a um terço dos adolescentes em famílias divorciadas, comparados com 10% de famílias não divorciadas, se afastaram das suas famílias, passando o menor tempo possível em casa e em interação com os membros da família (Hetherington e Kelly, 2002). Este afastamento é maior entre os meninos do que entre as meninas em famílias divorciadas. No entanto, se houver um adulto atencioso fora de casa, como um mentor, o afastamento poderá ser uma solução positiva para uma circunstância familiar desorganizada e conflitada. Além disso, um estudo recente em famílias divorciadas revelou que uma intervenção focada na melhoria da relação mãe-filho estava ligada a melhorias na qualidade do relacionamento que aumentavam as habilidades de enfrentamento de crianças e adolescentes em curto prazo (6 meses) e longo prazo (6 anos) (Velez et al., 2011).

Que fatores estão envolvidos em vulnerabilidade e risco individual do adolescente em uma família divorciada? Entre os fatores envolvidos em vulnerabilidade e risco individual estão o ajustamento emocional do adolescente antes do divórcio, personalidade e temperamento, momento no desenvolvimento, gênero e custódia. Crianças e adolescentes cujos pais se divorciam mais tarde apresentam um ajustamento mais fraco antes do rompimento (Amato e Dorius, 2010).

Personalidade e temperamento também desempenham um papel no ajustamento adolescente em famílias divorciadas. Os adolescentes socialmente maduros e responsáveis, que apresentam poucos problemas de comportamento e que possuem um temperamento fácil, são mais capazes de lidar com o divórcio dos seus pais (Hetherington e Stanley-Hagan, 2002).

Que questões estão envolvidas na decisão dos pais de permanecer juntos por causa dos filhos ou de se divorciar?

conexão com o desenvolvimento
Personalidade. Fácil, difícil e de aquecimento lento representam uma classificação de estilos de temperamento. Cap. 4, p. 177

conexão COM ADULTOS EMERGENTES

Estudantes universitários refletem sobre crescer em uma família divorciada

Universitária 1

"No início da minha adolescência, a falta diária e consistente de uma figura de pai na minha vida tornou-se a fonte de muitos problemas. Como eu me sentia privada de uma relação de qualidade com um homem, tentei satisfazer essa necessidade começando a namorar muito jovem. Eu ficava desesperada para agradar cada namorado, e isto frequentemente levava a comportamento promíscuo.

Eu era ansiosa e sedutora nas minhas interações com os homens. Parecia que não importava o quanto eu me esforçava, eu não conseguia fazer essas relações darem certo. Assim como com o meu pai – não importava o quanto eu era boa, pois o meu pai permanecia inacessível. Eu ainda sinto muito da raiva com a qual eu não consegui lidar quando era criança pequena. Agora, como uma jovem mulher, estou continuamente lutando com essas questões, tentando reorganizar a minha vida."

Universitária 2

"Sempre foi doloroso saber que tenho um pai que está vivo e é perfeitamente capaz de agir como pai, mas que não se importa comigo. Quando criança, frequentemente eu ficava deprimida e atuava. Quando fiquei mais velha, eu tinha a autoestima muito baixa. No fim do ensino fundamental, embora tivesse sucesso, eu achava que pertencia ao "grupo dos perdedores"... Depois que me formei no ensino médio, decidi que ainda precisava preencher o vazio na minha vida, descobrindo pelo menos um pouquinho a respeito do meu pai. Eu tinha 17 anos, descobri o número do telefone dele e liguei para ver se ele estaria disposto a conversar. Depois de uma longa hesitação, ele concordou. Nos encontramos e passamos o dia juntos. Ele tem me ligado regularmente desde então. Hoje eu consigo entender melhor o que eu estava sentindo durante todos aqueles anos. Agora eu consigo dizer sem culpa que a ausência do meu pai me causou muita dor. Eu já não me sinto abandonada, mas muitas das cicatrizes ainda permanecem. Eu ainda não consigo chamá-lo de 'pai'.

Para mim, houve duas consequências positivas do divórcio dos meus pais: eu descobri a minha própria força ao passar por essa experiência tão difícil e sobreviver à perda do meu pai, e desenvolvi um vínculo mais próximo com minha mãe ao compartilharmos a experiência. Eu e ela nos tornamos as melhores amigas.

Felizmente, tive meus amigos, meus professores, meus avós e meu irmão para me ajudar durante aquele tempo em que eu fazia loucuras depois do divórcio dos meus pais. As pessoas mais importantes foram o meu irmão e uma professora que eu tive na 7ª e 8ª série. O meu irmão foi importante porque ele foi a única figura constante na minha vida; nós compartilhamos todas as experiências. A minha professora foi importante porque ela teve interesse por mim e demonstrou compaixão. Os meus avós deram um apoio consistente. Eles deram dinheiro à minha mãe para o aluguel e alimentação, e pagaram escolas particulares para meu irmão e eu; eles foram como segundos pais para nós."

(De Clarke-Stewart, A. e Brentano, C. (2006). *Divorce: Causes and Consequences*)

Focar no estágio desenvolvimental da criança ou do adolescente envolve levar em conta a idade de início do divórcio e a época em que é avaliado o ajustamento da criança ou do adolescente. Na maioria dos estudos, estes fatores são confundidos com a duração de tempo desde que ocorreu o divórcio. Alguns pesquisadores encontraram que as crianças pré-escolares cujos pais se divorciam estão em maior risco de problemas a longo prazo do que as crianças mais velhas (Zill, Morrison e Coiro, 1993). A explicação para isso tem foco na sua incapacidade de avaliar realisticamente as causas e as consequências do divórcio, sua ansiedade sobre a possibilidade de abandono, responsabilização pelo divórcio e sua incapacidade para buscar fontes de apoio extrafamiliares. No entanto, problemas no ajustamento podem surgir ou aumentar durante a adolescência, mesmo se o divórcio ocorreu muito antes. Conforme discutimos anteriormente, o momento em que o divórcio ocorre, se no começo ou mais tarde no desenvolvimento da criança ou adolescentes, está ligado ao tipo de problemas que as crianças e adolescentes provavelmente irão desenvolver (Lansford et al., 2006).

Em décadas recentes, um número crescente de crianças e adolescentes têm vivido em famílias com a custódia do pai ou custódia conjunta (Ziol-Guest, 2009). Como é o ajustamento deles, comparado ao ajustamento de crianças e adolescentes em famílias com a custódia da mãe? Embora tenha havido muito poucos estudos completos sobre o tópico, uma revisão concluiu que as crianças se beneficiam da custódia conjunta porque ela facilita o envolvimento positivo contínuo de ambos os pais (Bauserman, 2003). A custódia conjunta funciona melhor para os filhos quando os pais conseguem se relacionar bem entre si (Clarke e Clarke-Stewart, 2011).

Alguns estudos demonstraram que os meninos se ajustam melhor em famílias com a custódia do pai e as meninas se ajustam melhor em famílias com a custódia da mãe, porém, outros estudos não apresentam esses resultados. Em um estudo, os adolescentes em famílias com a custódia do pai tinham índices mais altos de delinquência, que se acredita ser devido ao monitoramento menos competente por parte do pai (Buchanan, Maccoby e Dornsbusch, 1992).

Outro fator envolvido no ajustamento de um adolescente em uma família divorciada é a realocação (Kelly e Lamb, 2003). Um estudo encontrou que, quando crianças e adolescentes cujos pais se divorciaram experimentam o afastamento de um dos pais, eles apresentam ajustamento menos efetivo (Braver, Ellman e Fabricus, 2003).

Que papel desempenha a condição socioeconômica nas vidas dos adolescentes em famílias divorciadas? Em média, a renda das mães com a custódia diminui aproximadamente de 25% a 50% da sua renda pré-divórcio, em comparação com apenas 10% para os pais que têm a custódia (Emery, 1999). Esta redução na renda das mães divorciadas é tipicamente acompanhada de uma maior carga de trabalho, altos índices de instabilidade no emprego e mudanças de residência para bairros menos recomendáveis e com escolas inferiores (Sayer, 2006).

FAMÍLIAS RECONSTITUÍDAS

Os pais não só estão se divorciando mais, como também estão se casando mais (Ganong, Coleman e Jamison, 2011; Hetherington, 2006; Marsiglio e Hinojosa, 2010). Leva tempo para que os casais se casem, tenham filhos, se divorciem e depois se casem novamente. Consequentemente, existe um número muito maior de estudantes do nível fundamental e médio do que bebês ou crianças em idade pré-escolar nas famílias reconstituídas.

O número de recasamentos envolvendo crianças cresceu de forma constante nos anos recentes. Em consequência das sucessivas transições conjugais de seus pais, aproximadamente metade de todas as crianças cujos pais se divorciam terão um padrasto após quatro anos da separação dos pais. Além disso, os divórcios ocorrem em uma taxa 10% mais alta nos recasamentos do que no primeiro casamento (Cherlin e Furstenberg, 1994).

Tipos de famílias reconstituídas Existem diferentes tipos de famílias reconstituídas. Alguns tipos estão baseados na estrutura familiar, outros nas relações. A família reconstituída pode ter sido precedida por uma circunstância em que um dos cônjuges morreu. No entanto, a grande maioria de famílias reconstituídas é precedida por divórcio e não por morte.

Os três tipos comuns de família reconstituída são (1) padrasto, (2) madrasta e (3) combinada ou complexa. Em famílias reconstituídas, a mãe tipicamente tem a custódia dos filhos e se casa novamente, introduzindo um padrasto nas vidas dos seus filhos. Em famílias com madrasta, o pai geralmente tinha a custódia e se casou novamente, introduzindo uma madrasta nas vidas dos seus filhos. E, em uma família combinada ou complexa, os dois genitores trazem filhos dos casamentos anteriores para viverem na família reconstituída recém-formada.

Ajustamento Assim como nas famílias divorciadas, os adolescentes em famílias reconstituídas têm mais problemas de ajustamento do que seus equivalentes em famílias não divorciadas (Hetherington, 2006; Hetherington e Kelly, 2002; Marsiglio e Hinojosa, 2010). Os problemas de ajustamento dos adolescentes em famílias reconstituídas são muito parecidos com os dos adolescentes em famílias divorciadas: problemas acadêmicos, problemas externalizantes e internalizantes, autoestima mais baixa, atividade sexual precoce, delinquência, etc (Hetherington, 2006). O ajustamento de pais e filhos pode levar mais tempo nas famílias reconstituídas (até cinco anos ou mais) do que nas famílias divorciadas, nas quais é provável que a reestabilização ocorra no espaço de dois anos (Anderson et al., 1999; Hetherington, 2006). Um aspecto de uma família reconstituída que dificulta o ajustamento é a **ambiguidade de fronteiras**, a incerteza nas famílias reconstituídas sobre quem está dentro ou fora da família e quem está realizando ou é responsável por certas tarefas no sistema familiar.

Pesquisadores encontraram que as relações dos filhos com os genitores que têm a custódia (mãe em famílias com padrasto, pai em famílias com madrasta) são frequentemente melhores do que com o padrasto ou a madrasta (Santrock, Sitterle e Warshak, 1988). Entretanto, quando os adolescentes têm uma relação positiva com o seu padrasto ou sua madrasta, isso está relacionado a menor quantidade de problemas na vida desse adolescente (Flouri, 2004). Além disso, os adolescentes em famílias reconstituídas simples (padrasto, madrasta) frequentemente apresentam melhor ajustamento do que seus equivalentes em famílias complexas (misturadas) (Anderson et al., 1999; Hetherington, 2006).

ambiguidade de fronteiras Incerteza nas famílias reconstituídas sobre quem está dentro ou fora da família e quem está realizando ou é responsável por certas tarefas no sistema familiar.

Existe um aumento nos problemas de ajustamento de adolescentes em famílias recentemente recasadas (Hetherington, 2006; Hetherington e Clingempeel, 1992). Em pesquisa conduzida por James Bray e colaboradores (Bray, Berger e Boethel, 1999; Bray e Kelly, 1998), a formação de uma família reconstituída frequentemente significava que os adolescentes tinham que se mudar, e a mudança envolvia trocar de escola e de amigos. Levava tempo para que o padrasto ou a madrasta conhecesse os enteados. Os novos cônjuges tinham que aprender a enfrentar ao mesmo tempo os desafios do seu relacionamento e da parentalidade. Segundo a visão de Bray, a formação de uma família reconstituída era como mesclar duas culturas.

Bray e colaboradores também descobriram que, quando o padrasto ou a madrasta tentava disciplinar o enteado, com frequência, isso não funcionava muito bem. A maioria dos especialistas recomenda que no período inicial de uma família reconstituída, o genitor biológico deve ser quem exerce a disciplina com o filho quando necessário. A relação padrasto/madrasta-enteado se desenvolve melhor quando o padrasto ou a madrasta passa algum tempo com o enteado em atividades que sejam do agrado dele.

Qual a influência de viver em uma família reconstituída para o desenvolvimento adolescente?

Na análise mais recente de Hetherington (2006), os adolescentes que tinham passado vários anos em uma família reconstituída simples estavam se ajustando melhor do que nos primeiros anos da família recasada e estavam funcionando bem, em comparação com os adolescentes de famílias não divorciadas em conflito e os adolescentes de famílias reconstituídas complexas. Mais de 75% dos adolescentes em famílias reconstituídas estabelecidas há um longo tempo descreveram suas relações com seus padrastos ou suas madrastas como "próximas" ou "muito próximas". Hetherington (2006) conclui que, nas famílias reconstituídas simples, estabelecidas há um longo tempo, os adolescentes parecem se beneficiar com a presença de um padrasto ou madrasta e com os recursos por eles oferecidos.

Em termos da idade do filho, os pesquisadores identificaram a adolescência inicial é um momento especialmente difícil para a formação de uma família reconstituída (Bray e Kelly, 1998; Hetherington et al., 1999). Isso pode ocorrer porque as circunstâncias da família reconstituída exacerbam as preocupações normais do adolescente sobre identidade, sexualidade e autonomia.

Agora que já consideramos o mundo social em mutação dos adolescentes quando seus pais se divorciam e recasam, voltaremos nossa atenção para outro aspecto desse mundo em mutação – a situação em que ambos os pais trabalham.

PAIS QUE TRABALHAM

O interesse nos efeitos dos pais que trabalham no desenvolvimento das crianças e adolescentes aumentou nos últimos anos. Nossa análise do trabalho dos pais enfoca nas seguintes questões: o papel dos pais que trabalham no desenvolvimento dos adolescentes e o ajustamento dos adolescentes que ficam sozinhos em casa.

Pais que trabalham e ajustamento adolescente Uma em cada duas mães nos Estados Unidos com um filho com menos de 5 anos faz parte do mercado de trabalho; e cerca de duas em cada três com um filho entre 6 e 17 anos. O emprego materno faz parte da vida moderna, porém, seus efeitos ainda estão sendo debatidos.

A maior parte das pesquisas sobre o trabalho dos pais teve seu foco nas crianças pequenas e no emprego da mãe (Brooks-Gunn, Han e Waldfogel, 2010). Entretanto, os efeitos dos pais que trabalham também envolvem o pai quando são levadas em consideração questões como o horário de trabalho e o estresse familiar com o trabalho (O'Brien e Moss, 2010; Parke e Clarke-Stewart, 2011).

Até recentemente, pouca atenção foi dada ao papel do trabalho dos pais para os adolescentes (Crouter, 2006). Pesquisas recentes indicam que o que importa para o desenvolvimento adolescente é a natureza do trabalho dos pais, mais do que se um deles trabalha fora de casa (Goodman et al., 2011; Han, 2009; Parke e Clarke-Stewart, 2011). Ann Crouter (2006) descreveu recentemente como os pais trazem as suas experiências do trabalho para casa. Ela concluiu que os pais que têm condições de trabalho precárias, como longas horas, trabalho noturno, trabalho estressante e falta de autonomia no trabalho, têm probabilidade de ser mais irritáveis em casa e se engajam em parentalidade menos efetiva do que seus equivalentes com melhores condições de trabalho em seus empregos. As condições de trabalho negativas dos pais estão ligadas a mais problemas de comportamento e notas mais baixas em seus adolescentes. Um estudo encontrou que, quando o pai trabalhava mais de 60 horas por semana e achava que a sobrecarga do seu trabalho lhe possibilitava pouco tempo para fazer o que queria, o seu relacionamento com os seus adolescentes era mais conflitado (Crouter et al., 2011). Um achado consistente é de que as crianças (especialmente as meninas) com mães que trabalham se engajam em menos estereotipação e possuem uma visão mais igualitária de gênero (Goldberg e Lucas-Thompson, 2008).

Adolescentes que ficam sozinhos em casa Embora o trabalho da mãe não esteja necessariamente associado aos resultados negativos dos adolescentes, certo grupo de adolescentes de famílias em que as mães trabalham necessita ser melhor avaliado – aqueles a quem chamamos *latchkey adolescents* –, adolescentes que ficam sozinhos em casa. Os adolescentes que ficam sozinhos em casa em geral não veem seus pais até aproximadamente 6 ou 7 horas da noite. Eles são chamados de crianças ou adolescentes "*latchkeys*" (do inglês: *chave da porta da frente*) porque carregam consigo a chave de casa e ficam em casa enquanto seus pais ainda estão no trabalho. Muitos desses adolescentes ficam sem nenhuma supervisão por duas a quatro horas por dia durante os dias de escola, ou durante o dia inteiro por cinco dias da semana, durante os meses de verão. Um levantamento recente identificou que 15,1 milhões de crianças e adolescentes nos Estados Unidos ficam sozinhos ou sem supervisão depois da escola (Afterschool Alliance, 2009).

Em um estudo com 819 jovens de 10 a 14 anos, o cuidado fora de casa, seja supervisionado ou não, estava ligado a delinquência, uso de droga e álcool e problemas escolares (Coley, Morris e Hernandez, 2004). Algumas crianças que ficam sozinhas em casa podem crescer rápido demais, aceleradas pelas responsabilidades colocadas sobre elas. Como essas crianças lidam com a falta de limites e estrutura durante as horas em que ficam sozinhas em casa? Sem limites e supervisão parental, as crianças que ficam sozinhas em casa encontram o caminho dos problemas com mais facilidade, possivelmente roubando, vandalizando ou abusando de um irmão. Joan Lipsitz (1983), ao falar no Select Commitee on Children, Youth and Families, referiu-se à falta de supervisão adulta das crianças nas horas após a escola como um problema muito importante. Lipsitz chamou de "problema das três às seis" porque era durante este horário que o Center for Early Adolescence na Carolina do Norte, quando Lipsits era diretora, passava por um pico de encaminhamentos para receber ajuda.

Embora os adolescentes que ficam sozinhos em casa possam estar vulneráveis a problemas, tenha em mente que as experiências desses adolescentes variam enormemente, assim como as experiências de todos os adolescentes com mães que trabalham. Os pais precisam dar especial atenção às formas como podem monitorar mais efetivamente as vidas dos seus adolescentes que ficam sozinhos em casa. As variações nessas experiências sugerem que o monitoramento parental e a parentalidade autoritativa ajudam o adolescente a enfrentar mais efetivamente as experiências de ficar sozinho em casa, especialmente em resistir à pressão dos pares (Galmabos e Maggs, 1991; Steinberg, 1986). O grau no qual os adolescentes que ficam sozinhos em casa estão em risco desenvolvimental permanece indeterminado. Um sinal positivo é que os pesquisadores estão começando a realizar análises mais precisas das experiências dos adolescentes que ficam sozinhos em casa em um esforço para determinar quais aspectos dessas circunstâncias são os mais prejudiciais e quais aspectos estimulam uma adaptação melhor. Um estudo que focou nas "horas após a escola" encontrou que o contato não supervisionado com os pares, a falta de um bairro seguro e o baixo monitoramento estavam ligados a problemas externalizantes (como *acting out* e delinquência) em adolescentes jovens (Pettit et al., 1999).

Como os horários de trabalho dos pais e o estresse podem influenciar o desenvolvimento dos adolescentes?

> **conexão com o desenvolvimento**
> **Escolas.** Os adolescentes que participam de atividades extracurriculares de alta qualidade têm resultados desenvolvimentais positivos.
> Cap. 10, p. 349

ADOÇÃO

Outra variação no tipo de família em que as crianças vivem envolve a adoção, processo social e legal por meio da qual é estabelecida uma relação de pai e filho entre pessoas sem parentesco por nascimento. Como veremos a seguir, a adoção de crianças nos Estados Unidos tem se caracterizado por uma crescente diversidade nos últimos anos.

Aumento na diversidade de crianças adotadas e pais adotivos Muitas mudanças têm caracterizado as crianças adotadas e os pais adotivos nas últimas três ou quatro décadas (Brodzinsky e Pinderhughes, 2002). Na primeira metade do século XX, a maioria das crianças adotadas eram brancas, saudáveis, não latinas, que foram adotadas ao nascer ou logo depois; no entanto, em décadas recentes, quando o aborto foi legalizado e aumentou a contracepção, menos desses bebês estavam disponíveis para adoção. Cada vez mais casais norte-americanos têm adotado uma diversidade muito maior de crianças – de outros países, de outros grupos étnicos, crianças com problemas físicos e/ou mentais e crianças que foram abandonadas ou abusadas (Caste et al., 2010).

As mudanças também caracterizaram os pais adotivos nas últimas três ou quatro décadas (Brodzinsky e Pinderhughes, 2002). Na primeira metade do século XX, a maioria dos pais adotivos era de brancos não latinos de classe socioeconômica média ou alta, casados e com nenhum tipo de incapacidade. Entretanto, em décadas recentes, os pais adotivos têm se caracterizado por uma diversidade cada vez maior. Atualmente, muitas agências de adoção não têm exigências quanto à renda dos pais adotivos e também permitem que adultos de procedência variada adotem crianças, incluindo adultos solteiros, adultos *gays* ou lésbicas e adultos mais velhos.

Essas mudanças importam? Elas abrem oportunidades para muitos adolescentes e muitos casais, mas os possíveis efeitos das mudanças nas características com pais sobre os resultados dos adolescentes ainda são desconhecidos. Por exemplo, em um estudo, adolescentes adotados eram mais prováveis de ter problemas se os pais adotivos tivessem um nível de instrução baixo (Miller et al., 2000). Em outro estudo, os adotados de outras nacionalidades apresentaram menos problemas de comportamento e tinham menos probabilidade de usar serviços de saúde mental do que os adotados locais (Juffer e van IJzendoorn, 2005). São necessárias mais pesquisas antes que se possa chegar a conclusões definitivas sobre as mudanças nas características demográficas da adoção.

As mudanças na prática da adoção durante as últimas décadas tornam difícil generalizar a respeito do adolescente médio adotado ou do pai adotivo médio. No entanto, como veremos a seguir, alguns pesquisadores forneceram comparações úteis entre adolescentes adotados e adolescentes não adotados e suas famílias.

Resultados desenvolvimentais em crianças adotadas e não adotadas Como as crianças e os adolescentes adotados se saem depois que são adotados? As crianças e os adolescentes que são adotados muito cedo têm maior probabilidade de ter resultados positivos do que seus equivalentes adotados mais tarde (Bernard e Dozier, 2008).

Em geral, crianças e adolescentes adotados têm maior probabilidade de passarem por problemas psicológicos e escolares do que as crianças e adolescentes não adotados (Bernard e Dozier, 2008). Por exemplo, uma metanálise (procedimento estatístico que combina os resultados de diversos estudos) revelou que os adotados tinham muito mais probabilidade de serem usuários de serviços de saúde mental do que seus equivalentes não adotados (Juffer e van IJzendoor, 2005). As crianças e os adolescentes adotados também apresentaram mais problemas de comportamento do que os não adotados, porém, esta diferença foi pequena. Um estudo recente em larga escala constatou que as crianças adotadas têm mais probabilidade de ter dificuldades de aprendizagem do que as crianças não adotadas (Altarac e Saroha, 2007).

Pesquisas que contrastam adolescentes adotados e não adotados também encontraram características positivas entre os adolescentes adotados. Por exemplo, embora os adolescentes adotados tivessem mais probabilidade do que os adolescentes não adotados de usar drogas ilícitas e se envolverem em comportamento delinquente, os adolescentes adotados também tinham menor probabilidade de ser retraídos e maior probabilidade de se engajarem em comportamento pró-social, como ser altruísta, atencioso e apoiador para os outros (Sharma, McGue e Benson, 1996).

Resumindo, a grande maioria das crianças e dos adolescentes adotados (incluindo aqueles adotados com mais idade, de outras etnias e cruzando as fronteiras nacionais) se ajusta efetivamente e seus pais relatam uma satisfação considerável com a sua decisão de adotar (Brodzinsky e Pinderhughes, 2002; Castle et al., 2010). Uma revisão de pesquisa de 88 estudos também não revelou nenhuma diferença na autoestima de crianças e adolescentes adotados e não adotados, bem como nenhuma diferença entre os adotados de outras raças e da mesma raça (Juffer e IJzendoorn, 2007).

Quais são algumas das mudanças na prática da adoção nas últimas décadas nos Estados Unidos?

A maioria dos estudos de crianças adotadas e não adotadas compara diferentes famílias (adotivas e não adotivas). Um estudo recente usou uma estratégia diferente: estudar famílias que tinham seu próprio filho biológico e um filho adotado (Glover et al., 2010). Achados similares aos estudos de comparações entre famílias ocorreram com apenas uma pequena (porém significativa) tendência de que as crianças adotadas apresentam mais problemas internalizantes (p. ex., depressão), e externalizantes (p. ex., comportamento antissocial).

Em outras comparações, as crianças e os adolescentes adotados se saem muito melhor do que as crianças e adolescentes de lares substitutos ou em um ambiente institucional (Bernard e Dozier, 2008). Um estudo recente de bebês na China provenientes de lares substitutos e instituições revelou que o seu desenvolvimento cognitivo melhorava em 2 a 6 meses após sua adoção (van der Dries et al., 2010).

Parentalidade de adolescentes adotados Muitos dos aspectos essenciais para a parentalidade eficaz de adolescentes adotados não são diferentes do que os relacionados à parentalidade de filhos adolescentes biológicos: ser apoiador e carinhoso, envolver-se com e monitorar o comportamento do adolescente e por onde ele anda, comunicar-se bem e ajudar o adolescente a aprender a desenvolver o autocontrole. No entanto, os pais de adolescentes adotados se defrontam com algumas circunstâncias peculiares. Estas incluem reconhecer as diferenças envolvidas na vida da família adotiva, proporcionar ao filho uma criação que apoie a comunicação aberta a respeito dessas diferenças, demonstrar respeito pela família de origem e apoiar a busca do adolescente pelo *self* e pela sua identidade (Wolfgram, 2008).

A emergência do pensamento mais abstrato e lógico na adolescência fornece as bases para que o adolescente reflita sobre a sua condição de adotivo de formas mais complexas. Quando as alterações puberais focalizam a atenção do adolescente no seu corpo, muitos adolescentes adotados ficam preocupados com a falta de semelhança física entre eles e as outras pessoas da família. A busca pela identidade que caracteriza a adolescência também pode dar vez à ampla exploração do fato de que eles são adotados e como isso se enquadra na sua identidade. Os pais adotivos "precisam estar conscientes destas muitas complexidades e dar aos adolescentes o apoio de que precisam para enfrentar esses aspectos relacionadas à adoção" (Brodzinsky e Pinderhughes, 2002, p. 292).

PAIS *GAYS* E LÉSBICAS

Outro aspecto da família em mutação em uma sociedade em mutação tem seu foco nos adolescentes criados por pais *gays* ou lésbicas (Patterson e Wainright, 2010). Cada vez mais, casais *gays* e de lésbicas estão formando famílias que incluem crianças e adolescentes (veja a Figura 8.6). Deve haver mais de 1 milhão de pais *gays* e lésbicas nos Estados Unidos hoje.

Um aspecto importante das famílias *gays* e lésbicas com adolescentes é a identidade sexual dos pais na época do nascimento da criança ou da adoção (Patterson, 2009). O maior grupo de adolescentes com pais *gays* e lésbicas é provavelmente o daqueles que nasceram no contexto de relacionamentos heterossexuais, com um ou os dois genitores somente mais tarde se identificando como *gay* ou lésbica. Os pais *gays* ou lésbicas podem ser solteiros ou podem ter parceiros do mesmo gênero. Além disso, *gays* e lésbicas estão de forma crescente optando pela a parentalidade por meio da inseminação de um doador ou pela adoção. Pesquisadores descobriram que crianças e adolescentes criados por meio das novas tecnologias reprodutivas – como a fertilização *in vitro* – são tão bem ajustados quanto seus equivalentes concebidos por meio de meios naturais (Golombok, 2011a, 2011b; Golombok e Tasker, 2010). Os acordos de custódia também podem variar.

Outra questão enfoca os acordos de custódia de adolescentes. Muitos *gays* e lésbicas perderam a custódia dos seus adolescentes para os cônjuges heterossexuais após o divórcio. Por esta razão, muitos pais *gays* e mães lésbicas são genitores sem a custódia.

Os pesquisadores encontraram poucas diferenças entre crianças e adolescentes que crescem com pais *gays* e mães lésbicas e crianças e adolescentes que crescem com genitores heterossexuais (Patterson, 2009). Por exemplo, os adolescentes que crescem em famílias *gays* ou lésbicas são tão populares quan-

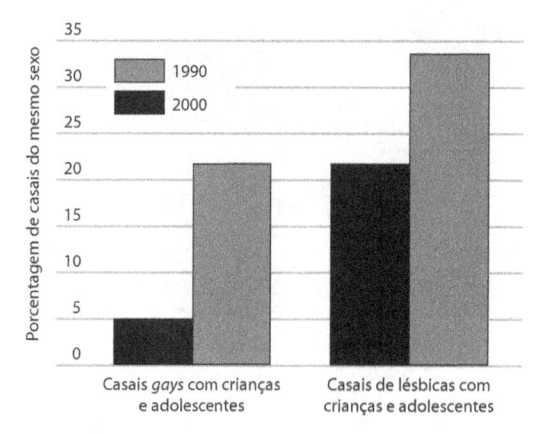

FIGURA 8.6
Porcentagem de casais *gays* e lésbicas com crianças e adolescentes: 1990 e 2000.

to seus pares, e não existem diferenças no ajustamento e na saúde mental dos adolescentes que vivem nessas famílias quando são comparados com adolescentes em famílias heterossexuais (Hyde e DeLamater, 2011).

CULTURA E ETNIA

Quais são algumas variações nas famílias em diferentes culturas? Como as famílias variam nos diferentes grupos étnicos?

Comparações transculturais As culturas variam em inúmeros aspectos que envolvem as famílias, como qual deve ser o papel do pai na família, até que ponto os sistemas de apoio estão disponíveis para as famílias e como as crianças devem ser disciplinadas (Cheah e Yeung, 2011; Conger et al., 2012; Hewlett e Macfarlan, 2010). Embora existam variações transculturais na parentalidade, em um estudo do comportamento de parentalidade em 186 culturas pelo mundo, o padrão mais comum era um estilo acolhedor e controlador, que não era nem permissivo nem restritivo (Rohner e Rohner, 1981). Os investigadores verificaram que a maioria das culturas descobriu, ao longo de muitos séculos, uma "verdade" que apenas recentemente emergiu no mundo ocidental: que o desenvolvimento social saudável de crianças e adolescentes é promovido com mais eficiência pelo amor e por algum controle parental moderado.

No entanto, em alguns países, a parentalidade autoritária continua a ser amplamente praticada (Rothbaum e Trommsdorff, 2007). No mundo árabe, as famílias de hoje ainda são muito autoritárias e dominadas pelas leis do pai (Booth, 2002). Nos países árabes, são ensinados aos adolescentes rígidos códigos de conduta e a lealdade à família.

As mudanças culturais estão acontecendo para muitas famílias em todo o mundo (Cheah e Yeung, 2011; Chen et al., 2011). Existem tendências em direção a uma maior mobilidade familiar, migração para áreas urbanas, membros da família trabalhando em cidades ou países distantes, famílias menores, menos membros na família estendida e aumento das mães com emprego (Brown e Larson, 2002). Estas tendências podem mudar os recursos que estão disponíveis para os adolescentes. Por exemplo, muitas famílias possuem poucos membros da família estendida por perto, resultando em uma diminuição do apoio e da orientação aos adolescentes. Além disso, famílias menores podem produzir mais abertura e comunicação entre os pais e os adolescentes. Teremos muitas outras considerações a fazer sobre cultura e parentalidade no Capítulo 12.

Etnia e parentalidade As famílias de minorias étnicas diferem das famílias norte-americanas brancas não latinas em seu tamanho, estrutura e composição, confiança nas redes de parentesco e nível de renda e educação (Tamis-LeMonda e McFadden, 2010). As famílias grandes e estendidas são mais comuns entre grupos de minorias étnicas do que entre os norte-americanos brancos não latinos. Por exemplo, mais de 30% das famílias latinas consistem de cinco ou mais indivíduos. As crianças afro-americanas e latinas interagem mais com avós, tias, tios, primos e parentes mais distantes do que as crianças norte-americanas brancas não latinas (McAdoo, 2006).

Os adolescentes de minorias étnicas têm mais probabilidade de ser oriundos de famílias de baixa renda do que os adolescentes norte-americanos brancos não latinos (Brandon, 2009). As famílias com um genitor são mais comuns entre os afro-americanos e latinos do que entre os norte-americanos brancos não latinos (Harris e Graham, 2007). Em comparação com as famílias com os dois genitores, os lares com um genitor frequentemente possuem recursos de tempo, dinheiro e energia mais limitados. Esta deficiência de recursos pode impelir os pais a encorajarem prematuramente a autonomia entre seus adolescentes. Os pais de minorias étnicas, em média, têm menor grau de instrução e se engajam em menos tomadas de decisões conjuntas do que os pais norte-americanos brancos não latinos. Embora as famílias empobrecidas frequentemente criem jovens competentes, pais pobres podem ter uma capacidade diminuída de parentalidade apoiadora e envolvida (McLoyd et al., 2009).

Alguns aspectos da vida caseira podem ajudar a proteger os jovens de minorias étnicas dos padrões de injustiça social. A comunidade e a família podem filtrar as mensagens racistas destrutivas, os pais podem fornecer estruturas de referência alternativas às apresentadas pela maioria e os pais também podem oferecer modelos competentes além de incentivo. E o sis-

Um adolescente de 14 anos, sua irmã de 6 anos e sua avó. A tradição cultural afro-americana de um ambiente com uma família estendida tem ajudado muitos pais afro-americanos a enfrentarem as condições sociais adversas.

Reunião familiar da família Limon, em Austin, Texas. As crianças mexicano-americanas frequentemente crescem em famílias com uma rede de parentes formada por dezenas de pessoas.

tema da família estendida em muitas famílias de minorias étnicas proporciona uma proteção importante para o estresse (Gonzales et al., 2007).

O senso de dever e obrigação familiar também varia entre os grupos étnicos (Fuligni, Hughes e Way, 2009; van Geel e Vedder, 2011). As famílias asiático-americanas e latinas colocam uma ênfase maior nos deveres e nas obrigações familiares do que as famílias brancas não latinas. Em um estudo de jovens entre 18 e 25 anos, os asiático-americanos disseram que a interdependência familiar era mais importante para eles do que expressaram os brancos não latinos (Tseng, 2004). Os pesquisadores constataram que os adolescentes asiático-americanos e latinos acham que deveriam passar mais tempo cuidando dos seus irmãos, ajudar nos afazeres de casa, ajudar seus pais no trabalho e ficar mais com a sua família do que os adolescentes com uma origem europeia (Fuligni, Tseng e Lamb, 1999).

É claro que as famílias variam individualmente, e a forma como as famílias de minorias étnicas lidam com o estresse depende de muitos fatores (Conger et al., 2012; Fuligni, Hughes e Way, 2009; van Geel e Vedder, 2011). Tudo faz diferença: se os pais são nativos ou imigrantes, há quanto tempo a família está no país, sua condição socioeconômica e sua origem nacional específica (Hayashino e Chopra, 2009). As características do contexto social da família também influenciam na sua adaptação. Quais são as atitudes em relação ao grupo étnico da família dentro da sua vizinhança ou cidade? As crianças da família podem frequentar boas escolas? Existem grupos comunitários que recebem bem as pessoas do grupo étnico da família? Os membros do grupo étnico da família formam grupos comunitários isolados?

> **conexão** com o desenvolvimento
>
> **Cultura e etnia.** Muitas famílias que imigraram para os Estados Unidos nas últimas décadas, como os mexicano-americanos e os asiático-americanos, originam-se de culturas coletivistas em que a obrigação familiar é muito forte. Cap. 12, p. 400

Revisar *Conectar* **Refletir** (OA4) Descrever a família em mutação em uma sociedade em mutação.

Revisar
- Quais são os efeitos do divórcio nos adolescentes?
- Como crescer em uma família reconstituída influencia o desenvolvimento dos adolescentes?
- Como os pais que trabalham influenciam o desenvolvimento adolescente?
- Como ser adotado afeta o desenvolvimento adolescente?

- Quais são os efeitos nos adolescentes de ter pais homoafetivos?
- Que papel a cultura e etnia desempenham nas famílias com adolescentes?

Conectar
- O que você aprendeu sobre irmãos anteriormente neste capítulo que poderia informar a sua compreensão das famílias

reconstituídas e as questões com que elas se defrontam?

Refletir *sua jornada de vida pessoal*
- Você já estudou muitos aspectos das famílias e dos adolescentes neste capítulo. Imagine que você decidiu escrever um livro descrevendo a vida na sua família quando você era adolescente. Qual seria o título do livro? Qual seria o tema principal do livro?

ATINJA SEUS OBJETIVOS DE APRENDIZAGEM

1 Processos familiares
OA1 Discutir a natureza dos processos familiares na adolescência.

- Socialização recíproca e a família como um sistema
- Maturação

- O conceito de socialização recíproca ocorre quando os adolescentes socializam os pais da mesma forma que os pais socializam os adolescentes. A família é um sistema de indivíduos em interação com diferentes subsistemas – alguns diádicos, outros poliádicos.

- As relações são influenciadas pela maturação do adolescente e pela a maturação dos pais. As mudanças adolescentes incluem puberdade, expansão do raciocínio lógico, aumento do pensamento idealista e egocêntrico, expectativas frustradas, mudanças na escolaridade, relação com pares, amizades, namoro e movimento em direção à independência. As mudanças nos pais podem incluir satisfação conjugal, compromissos econômicos, reavaliação da carreira, perspectiva do tempo e preocupações com saúde/corpo. Os adultos seguem uma trajetória desenvolvimental e os adolescentes seguem outra. Como essas trajetórias se mesclam é um aspecto importante para a compreensão do momento de entrada em várias tarefas da família.

2 Relações dos adolescentes e dos adultos emergentes com seus pais
OA2 Descrever as relações dos adolescentes e dos adultos emergentes com os seus pais.

- Os pais como gerenciadores
- Estilos parentais
- Coparentalidade
- Conflito pais-adolescente
- Autonomia e apego

- Uma tendência crescente é definir os pais como administradores das vidas dos adolescentes. Isso envolve ser um genitor que encontre informações, faça contatos, ajude a estruturar escolhas e forneça orientação. Os pais podem servir como reguladores dos contatos sociais dos seus adolescentes com seus pares, amigos e outros adultos. Um aspecto-chave do papel do gerenciador envolve o monitoramento parental. Um interesse atual enfoca no gerenciamento dos adolescentes do acesso dos seus pais à informação.

- Autoritário, autoritativo, negligente e indulgente são quatro estilos importantes de parentalidade. A parentalidade autoritativa, que encoraja a independência, mas impõe limites e controle, está mais associada ao adolescente competente socialmente do que os outros estilos. Foram encontradas algumas variações étnicas na parentalidade, como a relação positiva entre o treinamento de pais asiático-americanos e o rendimento dos seus adolescentes. Pesquisas recentes indicam que um estilo parental autoritativo também beneficia os adultos jovens, mas um estilo controlador-indulgente está relacionado a resultados negativos entre os adultos emergentes.

- A coparentalidade – situação na qual o pai e a mãe dividem a liderança e se apoiam nos papéis parentais – e o respeito mútuo aprimoram o desenvolvimento adolescente.

- O conflito com os pais aumenta na adolescência inicial, mas esse conflito é geralmente moderado e pode servir a uma função desenvolvimental positiva de aumentar exploração da independência e da identidade. O conflito de gerações é exagerado, embora em aproximadamente 20% das famílias o conflito pais-adolescente seja muito intenso e esteja vinculado a problemas do adolescente.

- Muitos pais têm muita dificuldade em impulsionar o adolescente para a autonomia. Autonomia é um conceito complexo com muitos aspectos envolvidos. As transições desenvolvimentais na autonomia incluem a adolescência inicial e o momento em que os indivíduos saem de casa e vão para a universidade. Um aspecto especial referente à autonomia envolve as fugas de casa. O controle parental inteligente renuncia ao controle nas áreas nas quais o adolescente toma decisões maduras e mantém o controle nas áreas em que o adolescente toma decisões imaturas. Os adolescentes não ingressam simplesmente em um mundo isolado dos seus pais. O apego aos pais na adolescência aumenta a probabilidade de um adolescente ser socialmente competente e explore um mundo social em expansão de uma forma saudável. De forma crescente, os pesquisadores têm classificado o apego na adolescência em uma categoria segura (seguro-autônomo) e três categorias inseguras (recusado/evitativo, preocupado/ambivalente e não resolvido/desorganizado). O crescente interesse no apego durante a adultez emergente está revelando que os adultos emergentes com apego seguro têm melhores relações sociais do que os adultos emergentes com apego inseguro.

Relações dos adultos emergentes com seus pais

- Um número crescente de adultos emergentes está voltando a morar em casa com seus pais, com frequência, por razões econômicas. Porém, os adultos emergentes e seus pais precisam se adaptar quando os adultos emergentes voltam a viver em casa.

Relações intergeracionais

- As conexões entre os pais desempenham um papel importante no desenvolvimento durante toda a vida. Um número crescente de estudos indica que as relações intergeracionais influenciam o desenvolvimento dos adolescentes. A interação conjugal, um ambiente familiar apoiador, o divórcio e transtornos da conduta na família de origem do adolescente estão entre os fatores que estão ligados a características e relacionamentos posteriores quando o adolescente se encaminha para a idade adulta.

3 Relações entre irmãos

OA3 Caracterizar as relações entre irmãos na adolescência.

Papéis dos irmãos

- As relações entre irmãos geralmente envolvem mais conflito do que as relações com outros indivíduos. No entanto, os adolescentes também compartilham muitos momentos positivos com os irmãos por meio do apoio emocional e da comunicação social.

Ordem de nascimento

- A ordem de nascimento tem sido de especial interesse e já foram relatadas as diferenças entre os primogênitos e os filhos caçula. O filho único frequentemente é mais competente socialmente do que sugere o estereótipo da "criança mimada". Um número crescente de pesquisadores de famílias acredita que os efeitos da ordem de nascimento foram superestimados e que outros fatores são mais importantes na predição do comportamento adolescente.

4 A família em mutação em uma sociedade em mutação

OA4 Descrever a família em mutação em uma sociedade em mutação.

Famílias divorciadas

- Os adolescentes em famílias divorciadas têm mais problemas de ajustamento do que seus equivalentes em famílias não divorciadas, embora o tamanho dos efeitos esteja em debate. É difícil determinar se os pais devem permanecer juntos por causa do adolescente, embora o conflito tenha um efeito negativo no adolescente. Os adolescentes são mais bem ajustados em famílias divorciadas quando seus pais têm um relacionamento harmonioso entre si e usam a parentalidade autoritativa. Entre outros fatores a serem considerados no ajustamento do adolescente estão ajustamento anterior ao divórcio, personalidade e temperamento e momento do desenvolvimento, gênero e custódia. A perda da renda pelas mães divorciadas está ligada a inúmeros outros aspectos que podem afetar o ajustamento adolescente.

Famílias reconstituídas

- Um número crescente de adolescentes está crescendo em famílias reconstituídas. Famílias reconstituídas envolvem diferentes tipos de estrutura (padrasto, madrasta, combinada). Os adolescentes em famílias reconstituídas têm mais problemas de ajustamento do que os filhos de lares não divorciados. O ajustamento é especialmente difícil nos primeiros anos da existência de uma família reconstituída e é mais difícil para os adolescentes jovens.

Pais que trabalham

- É a natureza do trabalho dos pais, e não se um dos genitores trabalha fora de casa ou não, que está vinculado ao desenvolvimento dos adolescentes. As experiências de jovens que ficam sozinhos em casa não têm um efeito uniformemente negativo nos adolescentes. Monitoramento parental e atividades estruturadas nas horas após a escola beneficiam os adolescentes que ficam sozinhos em casa.

Adoção

- Embora os adolescentes adotados tenham mais problemas do que seus equivalentes não adotados, a maioria dos adolescentes adotados se adapta efetivamente. Quando a adoção ocorre muito cedo no desenvolvimento, são melhores os resultados do adolescente. Devido às mudanças marcantes que ocorreram na adoção nas últimas décadas, é difícil generalizar sobre o adolescente adotado médio ou a família adotiva média.

Pais *gays* e lésbicas

- Existe uma considerável diversidade entre as mães lésbicas, pais *gays* e seus adolescentes. Os pesquisadores encontraram poucas diferenças entre os adolescentes que crescem em famílias *gays* ou lésbicas e os adolescentes que crescem em famílias heterossexuais.

Cultura e etnia

- A parentalidade autoritativa é a forma mais comum de parentalidade em todo o mundo. As famílias de minorias étnicas diferem das famílias brancas não latinas em seu tamanho, estrutura e composição, sua dependência de redes de parentesco e seus níveis de renda e instrução.

TERMOS-CHAVE

socialização recíproca 269
trajetórias desenvolvimentais múltiplas 272
parentalidade autoritária 276
parentalidade autoritativa 276
parentalidade negligente 276

parentalidade indulgente 276
autonomia emocional 280
apego seguro 282
apego inseguro 282

apego recusado/evitativo 283
apego preocupado/ambivalente 283
apego não resolvido/ desorganizado 283
ambiguidade de fronteiras 295

PESSOAS-CHAVE

Diana Baumrind 275
John Bowlby e Mary Ainsworth 282
Joseph Allen 282

Judy Dunn 289
E. Mavis Hetherington 292

E. Mark Cummings 292
Ann Crouter 296

RECURSOS PARA MELHORAR A VIDA DOS ADOLESCENTES

101 Insights and Strategies for Parenting Teenagers
Sheryl Feinstein (2010)
Monterey, Califórnia

Um livro excelente e fácil de ler destinado aos pais que apresenta estratégias valiosas para guiar os adolescentes durante a transição da infância para a adultez emergente.

You and Your Adolescent
Laurence Steinberg (2011)
Nova Iorque: Simon e Schuster

O importante especialista em adolescência Laurence Steinberg apresenta uma ampla visão desenvolvimental da adolescência, acompanhada de bons conselhos para os pais.

Building a Brighter Future
National Collaboration for Youth (2011)

A National Collaboration for Youth é uma das organizações nacionais mais importantes na defesa de políticas sociais positivas para os jovens e suas famílias. Neste relatório atualizado, é apresentada uma agenda essencial para os jovens da América do Norte.

Big Brothers Big Sisters of America www.bbbsa.org

As mães sozinhas e pais sozinhos que estão tendo problemas com um filho ou filha podem querer ter um adulto responsável que passe pelo menos uma tarde a cada duas semanas com seu filho ou filha.

Divorce Lessons: Real-Life Stories and What You Can Learn fom Them
Allison Clarke-Stewart e Cornelia Brentano (2006)
Charleston, Carolina do Sul: BookSurge

Um livro extraordinário que dá especial atenção às experiências e ao desenvolvimento dos adultos emergentes enquanto crescem em famílias divorciadas.

National Stepfamily Resource Center www.stepfamilies.info

Esta organização funciona como um centro de informações, recursos e apoio para famílias reconstituídas.

capítulo 9 — PARES, RELAÇÕES AMOROSAS E ESTILOS DE VIDA

esboço do capítulo

Explorando as relações entre pares e as amizades

Objetivo de aprendizagem 1 Discutir o papel das relações entre pares, as amizades e a solidão no desenvolvimento adolescente.

Relações entre pares
Amizades
Solidão

Grupos de adolescentes

Objetivo de aprendizagem 2 Resumir o que acontece nos grupos de adolescentes.

Grupos na infância e na adolescência
"Panelinhas" e turmas

Gênero e cultura

Objetivo de aprendizagem 3 Descrever os papéis do gênero e da cultura nos grupos de pares e amizades adolescentes.

Gênero
Condição socioeconômica e etnia
Cultura

Namoro e relações amorosas

Objetivo de aprendizagem 4 Caracterizar o namoro e as relações amorosas dos adolescentes.

Funções do namoro
Tipos de namoro e mudanças desenvolvimentais
Emoção, ajustamento e relações amorosas
O amor romântico e a sua construção
Gênero e cultura

Estilos de vida dos adultos emergentes

Objetivo de aprendizagem 5 Explicar a diversidade dos estilos de vida dos adultos emergentes.

Adultos solteiros
Adultos em coabitação
Adultos casados
Adultos divorciados
Adultos *gays* e lésbicas

Lynn Brown e Carol Gilligan (1992) realizaram entrevistas aprofundadas com 100 garotas entre 10 e 13 anos que estavam fazendo a transição para a adolescência. Elas ouviram o que estas garotas estavam dizendo sobre a importância dos amigos para elas. As meninas estavam muito curiosas sobre o mundo social no qual viviam e acompanhavam o que estava acontecendo com os seus pares e amigos. Elas falaram sobre o prazer que obtinham com a intimidade e a diversão das conexões humanas, e sobre o potencial para se magoarem nos relacionamentos. Elas destacaram, de modo especial, a importância da formação das "panelinhas" nas suas vidas.

Uma garota, Noura, disse que aprendeu sobre como é ser a pessoa de quem ninguém gosta e que isso foi muito doloroso. Muitas falaram sobre quantas meninas dizem coisas bonitas e gentis apenas para serem educadas, mas, com frequência, a verdade é que elas não pensam assim. Elas conhecem os benefícios de ser percebida como a garota feliz e perfeita, pelo menos na aparência. Suspeitando de que as pessoas preferem a "garota perfeita", elas experimentam essa imagem e a felicidade que pode lhes render. As "panelinhas" podem proporcionar apoio emocional às meninas que estão se esforçando para serem perfeitas, mas sabem que não são. Uma garota, Vitoria, comentou que algumas garotas como ela, que não eram muito populares, mesmo assim foram aceitas para entrar em um "clube" com outras três garotas. Ela agora sabia que, quando se sentisse triste ou deprimida, poderia contar com o apoio do "clube". Embora elas fossem as "sobras", e não fizessem parte das "panelinhas" mais populares, essas quatro garotas disseram que sabiam que havia quem gostasse delas.

Outra garota, Judy, falou sobre o seu interesse em relações amorosas. Ela disse que, embora ela e suas amigas tivessem apenas 13 anos, queriam ser românticas e também falou sobre suas longas e secretas conversas sobre os meninos com as suas amigas.

apresentação

Neste capítulo, tecemos considerações sobre os pares, as relações românticas e os estilos de vida. Quando você pensa nos seus anos de adolescência, poderá relembrar que muitos dos seus momentos mais divertidos foram passados com seus pares — ao telefone, em atividades na escola, no bairro, nos encontros, em bailes ou simplesmente dando uma volta com os amigos. Os adolescentes têm, geralmente, um número muito maior de conhecidos do que as crianças. Começando na adolescência inicial, os adolescentes também preferem, em geral, um número menor de amizades, mais intensas e íntimas do que as das crianças. As "panelinhas" e as turmas assumem maior importância quando os adolescentes "saem" juntos. Os encontros e as relações amorosas se tornam parte das vidas da maioria dos adolescentes e dos adultos emergentes, e a decisão sobre um estilo de vida específico passa a ser importante especialmente na adultez emergente.

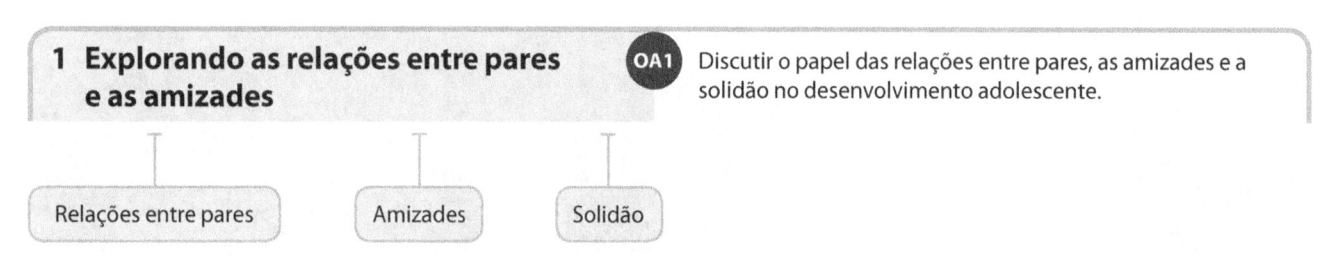

1 Explorando as relações entre pares e as amizades

OA1 Discutir o papel das relações entre pares, as amizades e a solidão no desenvolvimento adolescente.

- Relações entre pares
- Amizades
- Solidão

Os pares e os amigos desempenham papéis importantes nas vidas dos adolescentes. Vamos explorar quais são esses papéis.

RELAÇÕES ENTRE PARES

A que funções servem os grupos de pares? Como as relações familiares e entre pares estão ligadas? Até que ponto os adolescentes se engajam em conformidades? Que tipos de *status* têm os pares? Como a cognição social e as emoções influenciam as relações entre pares? Quais são algumas estratégias para melhorar as habilidades sociais?

Funções do grupo de pares Os adolescentes possuem forte necessidade de estarem ligados e de serem aceitos pelos amigos e pelo grupo mais amplo dos seus pares, o que pode resultar em sentimentos prazerosos quando eles são aceitos ou em extremo estresse e ansiedade quando são excluídos e menosprezados pelos pares. Para muitos adolescentes, o aspecto mais importante das suas vidas é como eles são vistos pelos seus pares.

Pares são os indivíduos que têm aproximadamente a mesma idade ou nível de maturidade. A interação com os pares da mesma idade serve a um papel único na cultura norte-americana. A organização por idade ocorreria mesmo que as escolas não fossem divididas em séries e os adolescentes fossem deixados por conta própria para determinarem a composição das suas sociedades. Uma das funções mais importantes do grupo de pares é fornecer uma fonte de informações sobre o mundo fora da família. A partir do grupo de pares, os adolescentes recebem *feedback* sobre as suas habilidades. Os adolescentes aprendem se o que fazem é melhor, tão bom quanto ou pior do que o que outros adolescentes fazem. Aprender isso em casa é difícil, porque os irmãos são, em geral, mais velhos ou mais novos e a rivalidade entre irmãos pode obscurecer a precisão da comparação.

A que funções servem os pares?

Enquanto você lê a respeito dos pares, tenha em mente que, embora as experiências com os pares tenham influências importantes no desenvolvimento dos adolescentes, elas variam de acordo com a forma como a experiência entre pares é medida, como os resultados são especificados e como as trajetórias desenvolvimentais são traçadas (Brechwald e Prinstein, 2011; Brown e Larson, 2009; Hartup, 2005). "Pares" e "grupo de pares" são conceitos globais. Eles podem ser conceitos benéficos para a compreensão das influências dos pares, contanto que as suas variações sejam consideradas. Por exemplo, o termo *pares* é usado para descrever um conhecido, membros de uma "panelinha", vizinhos, amigos e participantes de um grupo de atividades, como um time esportivo.

Contextos dos pares A interação com os pares é influenciada pelos contextos, que podem incluir o tipo de pares com quem o adolescente interage, como um conhecido, uma turma, uma "panelinha", um amigo, um parceiro amoroso; e a situação ou o local nos quais eles estão, como a escola, o bairro, o centro comunitário, a aula de dança, o contexto religioso, o evento esportivo etc., bem como a cultura na qual o adolescente vive (Brown et al., 2008; Dishion e Tipsord, 2011; Dodge, 2011a). Enquanto interagem com os pares nestes vários contextos, é provável que os adolescentes encontrem diferentes mensagens e diferentes oportunidades de se engajarem em comportamentos adaptativos e desadaptativos que podem influenciar o seu desenvolvimento (Brechwald e Prinstein, 2011). Estes contextos de pares também são influenciados por fatores como a forma com a qual os pais manejam com eficiência as interações dos adolescentes com seus pares e se os adultos são presentes (Mounts, 2010). Por exemplo, um estudo revelou que quando os pais não conseguiram acompanhar adequadamente os adolescentes jovens, estes eram mais suscetíveis à pressão dos pares (Steinberg, 1986).

pares Indivíduos que têm aproximadamente a mesma idade ou nível de maturidade.

Fatores de diferenças individuais As diferenças individuais entre os pares também são importantes de serem consideradas na compreensão das relações entre pares (Brechwald e Prinstein, 2011). Dentre a ampla gama de diferenças individuais que podem afetar as relações entre pares estão os traços de personalidade, como o quanto o adolescente é tímido ou extrovertido. Por exemplo, um adolescente muito tímido tem maior probabilidade do que um adolescente sociável de ser deixado de lado pelos pares e de ter ansiedade em se apresentar a novos pares. Um fator de diferença individual que prejudica as relações entre pares é o traço de emotividade negativa, que envolve um limiar relativamente baixo para raiva, medo, ansiedade e irritação. Por exemplo, um estudo revelou que os adolescentes que se caracterizavam por emotividade negativa tendiam a se engajar em comportamentos interpessoais negativos quando interagiam com um amigo ou um parceiro romântico (Hatton et al., 2008). Outras diferenças individuais incluem o quanto o adolescente está aberto à influência dos pares e o *status*/poder do adolescente em com-

conexão com o desenvolvimento

Teoria. A teoria ecológica de Bronfenbrenner enfatiza os contextos do desenvolvimento do adolescente. Cap. 1, p. 62

Quais são alguns exemplos de como os contextos sociais e os fatores de diferença individual influenciam as relações com os pares adolescentes?

paração com o *status*/poder do outro adolescente ou do grupo de pares adolescente (Brown e Larson, 2009). O fato de estar em uma posição social subalterna em uma díade ou grupo pode reduzir a probabilidade de que o adolescente possa influenciar outros pares, mas aumenta a probabilidade de que ele esteja aberto à influência dos pares.

Mudanças desenvolvimentais no tempo passado com os pares Os meninos e as meninas passam cada vez mais tempo na interação com os pares durante a terceira infância e na adolescência. Em uma investigação, as crianças interagiam com os pares durante 10% do dia aos 2 anos, 20% aos 4 anos e mais de 40% entre os 7 e os 11 anos (Barker e Wright, 1951). Em um dia de aula típico, houve 299 episódios com os pares por dia. Na adolescência, as relações entre pares ocupam uma grande fatia da vida de um indivíduo. Em uma investigação, ao longo de uma semana, meninos e meninas adolescentes jovens passaram mais do que duas vezes o tempo com os pares do que com seus pais (Condry, Simon e Bronfenbrenner, 1968).

conexão com o desenvolvimento
Personalidade. Os traços de personalidade e os estilos de comportamento influenciam o desenvolvimento do adolescente.
Cap. 4, p. 177

Os pares são necessários para o desenvolvimento? As boas relações entre pares são necessárias para o desenvolvimento social normal na adolescência. O isolamento social, ou a incapacidade de se "ligar" a uma rede social está vinculada a muitas formas diferentes de problemas e transtornos, variando da delinquência e de problemas com a bebida até depressão e dificuldades acadêmicas (Benner, 2011; Brengden et al., 2010; Dishion e Tipsord, 2011).

Relações positivas e negativas com os pares As influências dos pares podem ser tanto positivas quanto negativas (Cillessen e Bellmore, 2011; Rubin et al., 2011). Os adolescentes exploram os princípios de equidade e justiça por meio das divergências com os pares. Eles também aprendem a ser observadores perspicazes dos interesses e das perspectivas dos pares para se integrarem, de forma gradual, às atividades. E os adolescentes aprendem a ser parceiros habilidosos e sensíveis nas relações íntimas, forjando amizades de muita intimidade com alguns pares selecionados. Eles levam consigo essas habilidades de intimidade para auxiliarem a formar as bases para as relações de namoro e conjugais posteriores.

Em contraste, alguns teóricos e pesquisadores enfatizaram as influências negativas dos pares no desenvolvimento adolescente (Dishion e Tipsord, 2011). Ser rejeitado ou negligenciado pelos pares faz alguns adolescentes se sentirem solitários ou hostis. Além disso, a rejeição e a negligência pelos pares estão relacionadas à saúde mental posterior do indivíduo (Hymel et al., 2011). Para alguns adolescentes, a cultura dos pares pode ser uma influência corrupta que mina os valores e o controle parental. Igualmente, as relações com os pares estão ligadas aos padrões de uso de drogas, delinquência e depressão dos adolescentes.

Quais são alguns aspectos positivos e negativos das relações com os pares?

Ligações família-pares Alguns pesquisadores constataram que pais e adolescentes percebem que os pais têm pouca autoridade sobre as escolhas dos adolescentes em algumas áreas, mas têm mais autoridade sobre escolhas em outras. Por exemplo, as pesquisas de Judith Smetana (2002, 2008, 2011a, 2011b) revelaram que tanto os pais quanto os adolescentes encaram as relações entre pares como um terreno no qual os pais possuem pouca autoridade para ditar as escolhas dos adolescentes, em contraste com o terreno moral, religioso e educacional, no qual os pais são percebidos como tendo maior autoridade.

Os adolescentes demonstram uma forte motivação para estarem com os pares e se tornarem independentes. No entanto, não é adequado presumir-se que o movimento em direção aos pares e à autonomia não tenha ligação com o relacionamento pais-adolescentes. Os pesquisadores apresentaram evidências persuasivas de que os adolescentes vivem em um mundo conectado com os pais e com os pares, não em um mundo desconectado (Booth-LaForce e Kerns, 2009; Brown e Bakken, 2011; Mounts, 2010).

Quais são alguns aspectos pelos quais os mundos dos pais e dos pares estão conectados? As escolhas dos pais quanto ao bairro, à igreja, à escola e aos seus próprios amigos influenciam o grupo a partir do qual os adolescentes selecionam possíveis amigos (Cooper e Ayers-Lopez, 1985). Por exemplo, os pais podem escolher viver em um bairro com *playgrounds*, parques e organizações para jovens, ou em um bairro onde as casas sejam distantes entre si, onde vivam poucos adolescentes e onde as organizações para jovens não estejam bem desenvolvidas.

Os pais podem servir como modelos ou treinar os seus adolescentes quanto às maneiras de se relacionar com os pares (Mounts, 2010; Ross e Howe, 2009). Em um estudo, os pais reconheceram que recomendavam estratégias específicas aos seus adolescentes para ajudá-los a desenvolver relações mais positivas com os pares (Rubin e Sloman, 1994). Por exemplo, os pais orientaram seus adolescentes como as discussões podem ser mediadas e como se tornar menos tímidos. Eles também os encorajaram a serem tolerantes e a resistirem à pressão dos pares.

Um estudo longitudinal recente de curta duração com alunos da 8ª série focou nos preditores de múltiplas dimensões do gerenciamento parental das relações com os pares e suas ligações com as habilidades sociais dos adolescentes (Mounts, 2011). Os preditores examinados eram os *objetivos parentais para a melhoria das relações com os pares* (avaliados por itens como a frequência nos últimos três meses com a qual o genitor se envolveu nas relações do adolescente com os pares porque *ele* queria que o adolescente melhorasse essas relações) *e as crenças parentais quanto à sua autoridade sobre as relações com os pares* (avaliadas por itens como até onde o genitor estabelece regras sobre as amizades porque os amigos do adolescente falam palavrões). As dimensões do gerenciamento parental das relações com os pares incluíam *consulta* (avaliada por itens como até que ponto o adolescente pode pedir ajuda ao genitor quando estiver com um problema com um amigo); *orientação* (avaliada por

> **conexão** com o desenvolvimento
> **Problemas e transtornos.** O tipo de amigos que os adolescentes têm está ligado a se eles se envolverão em abuso de substâncias e/ou delinquência. Cap. 13, p. 417

Quais são algumas ligações entre as relações pais-adolescente e adolescente-pares?

itens como até que ponto o genitor conversa com o adolescente a respeito dos prós e contras de andar com determinadas pessoas) e *conflito referente às relações com os pares* (avaliado por itens como a frequência no último mês com que o genitor e o adolescente tiveram uma discussão porque o genitor não gostou do comportamento do adolescente quando este estava com os seus amigos). A avaliação das habilidades sociais dos adolescentes envolveu cooperação, assertividade, responsabilidade, empatia e autocontrole. Os resultados indicaram que quando o genitor tinha mais objetivos para melhorar as relações do adolescente com os pares e uma crença mais forte na sua autoridade sobre os pares, o genitor relatava o engajamento em mais conversas com o adolescente referentes à consulta, à orientação e ao conflito em relação aos pares. Quando os pais indicaram que os objetivos e as crenças dos cuidadores eram importantes na predição do gerenciamento dos pais das relações com os pares, o adolescente relatava níveis mais altos de cooperação, assertividade, empatia e autocontrole nove meses mais tarde.

Lembre-se do Capítulo 8, no qual um dos resultados mais consistentes da pesquisa sobre o apego na adolescência é que o apego seguro aos pais tem ligação com relações positivas com os pares (Allen e Miga, 2010). Contudo, embora o apego pais-adolescente esteja correlacionado a características dos adolescentes, as correlações são moderadas, uma indicação de que o sucesso ou o fracasso no apego pais-adolescente não garante necessariamente o sucesso ou fracasso nas relações com os pares. É claro que o apego seguro com os pais pode ser um recurso para o adolescente, estimulando a confiança para se engajar em relações íntimas com outros e construir as bases para as habilidades nos relacionamentos íntimos. No entanto, uma minoria significativa de adolescentes provenientes de famílias fortes e apoiadoras tem dificuldades nas relações com os pares por uma série de razões, como o fato de não ser atraente fisicamente, de ter um amadurecimento tardio e de ter uma vivência de discrepâncias em condições culturais e socioeconômicas. Por outro lado, alguns adolescentes provenientes de famílias problemáticas encontram um novo e positivo começo nas relações com os pares, que pode compensar a sua origem familiar problemática.

Pressão dos pares Os adolescentes jovens se moldam mais aos padrões dos pares do que as crianças. Em torno da 9ª série do ensino fundamental e 1ª série do ensino médio, a adequação aos pares – especialmente aos seus padrões antissociais – atinge seu auge (Bernt, 1979; Brechwld e Prinstein, 2011; Brown et al., 2008). Nesta fase, os adolescentes têm maior probabilidade de acompanhar um dos seus pares para roubar calotas de carro, grafitar um muro ou roubar maquiagem do balcão de uma loja. Outro estudo identificou que os adolescentes norte-americanos têm maior probabilidade do que os adolescentes japoneses de pressionarem seus pares para que resistam à influência parental (Rothbaum et al., 2000).

Quais os adolescentes com mais probabilidade de se conformarem aos seus pares? Mitchell Prinstein e colaboradores (Brechwald e Prinstein, 2011; Cohen e Prinstein, 2006; Prinstein, 2007; Prinstein e Dodge, 2008; Prinstein et al., 2009) realizaram recentemente uma pesquisa e procederam uma análise que trata dessa questão. Eles concluem que os adolescentes que estão inseguros quanto à sua identidade social, o que pode aparecer na forma de baixa autoestima e alta ansiedade social, têm maior probabilidade de se conformarem aos pares. Esta incerteza aumenta, com frequência, durante as épocas de transição, como as transições escolares e familiares. E os pares também têm maior probabilidade de se conformar quando estão em presença de alguém que percebem como tendo um *status* mais alto do que o seu.

Status com os pares O termo *status* **sociométrico** é usado para descrever até que ponto crianças e adolescentes são apreciados ou não pelo seu grupo de pares. O *status* sociométrico é tipicamente avaliado pedindo-se às crianças que classifiquem o quanto gostam ou não gostam de cada um dos seus colegas de aula. Ou ele pode ser avaliado pedindo-se que as crianças e os adolescentes nomeiem os pares de quem mais gostam e aqueles de quem menos gostam. A maioria dos adolescentes se molda aos padrões da maioria dos seus pares. No entanto, o adolescente rebelde ou anticonformista reage contra as expectativas do grupo de pares, afastando-se deliberadamente das ações ou crenças que o grupo defende. Os desenvolvimentistas distinguiram entre cinco tipos de *status* dos pares (Wentzel e Asher, 1995):

- As **crianças populares** são frequentemente indicadas como melhor amigo e raramente são antipatizadas pelos seus pares.

---

conexão com o desenvolvimento
Família. Os pais desempenham um papel importante nas relações dos adolescentes com os pares. Cap. 8, p. 278

status sociométrico Até que ponto as crianças e os adolescentes são apreciados ou antipatizados pelo seu grupo de pares.

crianças populares Crianças que são, com frequência, indicadas como o melhor amigo de alguém e são, raramente, antipatizadas pelos seus pares.

O que caracteriza a pressão dos pares na adolescência?

- As **crianças na média** recebem um número médio de indicações positivas e negativas dos seus pares.
- As **crianças ignoradas** raramente são indicadas como melhor amigo, mas não têm a antipatia dos seus pares.
- As **crianças rejeitadas** raramente são indicadas como melhor amigo de alguém e são ativamente antipatizadas pelos seus pares.
- As **crianças polêmicas** são frequentemente indicadas como melhor amigo de alguém e ao mesmo tempo são antipatizadas por outros.

As crianças populares possuem inúmeras habilidades sociais que contribuem para serem bem apreciadas (Cillessen e Bellmore, 2011; Cillessen, Schwartz e Mayeux, 2011; Hymel et al., 2011). Os pesquisadores constataram que as crianças populares oferecem apoio, escutam com atenção, mantêm linhas abertas de comunicação com os pares, são alegres, controlam suas emoções negativas, demonstram entusiasmo e interesse pelos outros e são autoconfiantes sem serem convencidas (Hartup, 1983; Rubin, Bukowski e Parker, 1998). Um estudo recente revelou que a importância de ser popular em comparação com outras prioridades (como amizade, realizações e interesses românticos) atingia seu auge na adolescência inicial (LaFontana e Cillessen, 2010). Outro estudo recente constatou que os adolescentes que tinham os piores resultados sociais aos 14 anos haviam sido classificados como impopulares pelos seus pares aos 13 anos (McElhaney, Antonishak e Allen, 2008).

As crianças ignoradas se engajam em baixos índices de interação com seus pares e, frequentemente, são descritas pelos pares como tímidas. As crianças rejeitadas têm, com frequência, problemas de ajustamento mais sérios do que as ignoradas (Dishion, Piehler e Myers, 2008). Em um estudo, meninos da 6ª série foram avaliados pelo período de sete anos até o fim do ensino médio (Kupersmidt e Coie, 1990). O melhor preditor de se as crianças rejeitadas se engajariam em comportamento delinquente ou abandonariam a escola mais tarde, durante a adolescência, era a agressão em relação aos pares na escola primária.

Quais são alguns status *dos pares que caracterizam os adolescentes?*

Uma análise feita por John Coie (2004, pp. 252-253) apresentou três motivos pelos quais os meninos agressivos rejeitados pelos pares têm problemas nas relações sociais:

- Primeiro, os meninos agressivos rejeitados são mais impulsivos e têm problemas em manter a atenção. Em consequência, eles têm mais probabilidade de se dispersarem em atividades contínuas na sala de aula e nas brincadeiras focadas no grupo.
- Segundo, os meninos agressivos rejeitados são mais reativos emocionalmente. É provável que eles fiquem enraivecidos com mais facilidade e tenham mais dificuldades em se acalmar posteriormente. Devido a isso, eles têm maior tendência a ficar irritados com os pares e a atacá-los verbal e fisicamente.
- Terceiro, as crianças rejeitadas possuem menos habilidades sociais para fazer amigos e manter relações positivas com os pares.

Nem todas as crianças rejeitadas são agressivas (Hymel et al., 2011). Embora a agressão e suas características relacionadas, como a impulsividade e a destrutividade, estejam subjacentes à rejeição na metade das vezes, aproximadamente 10 a 20% das crianças rejeitadas são tímidas. Em uma seção posterior, "Estratégias para aprimoramento das habilidades sociais", discutiremos formas de melhorar as habilidades sociais de crianças e adolescentes rejeitados ou ignorados.

Um comentário final a respeito dos *status* dos pares na adolescência se faz necessário (Wentzel, 2004). Boa parte das pesquisas sobre o *status* dos pares envolve amostras da terceira infância e, em alguns casos, da adolescência inicial, mas não do fim da adolescência. Uma razão para este foco é que, para se avaliar o *status* dos pares, é necessário um grupo muito bem definido de colegas de aula que se conheçam bem e que estejam em constante interação (Bellmore, Jiang e Juvonen, 2010). Em contraste com o ensino fundamental (tanto os anos iniciais quanto os anos finais), no qual os alunos permanecem com o mesmo grupo a maior parte do dia (mais prevalente para os anos iniciais do que para os anos finais), é mais difícil avaliar o *status* dos pares em contextos do ensino médio, no qual os estudantes estão em contato com um grande número de pares e provavelmente não conhecem todos os seus colegas de aula.

crianças na média Crianças que recebem um número médio de indicações positivas e negativas pelos seus pares.

crianças ignoradas Crianças que raramente são indicadas como melhor amigo de alguém, mas não são antipatizadas pelos pares.

crianças rejeitadas Crianças que raramente são indicadas como melhor amigo de alguém e são ativamente antipatizadas pelos seus pares.

crianças polêmicas Crianças que são frequentemente indicadas como melhor amigo de alguém e ao mesmo tempo são antipatizadas por outros.

> **conexão** com o desenvolvimento
>
> **Teoria.** Na teoria social cognitiva de Bandura, o desenvolvimento adolescente é influenciado pela interação recíproca entre fatores pessoais/cognitivos, ambientais e comportamentais. Cap. 1, p. 62

Cognição social e emoção   As habilidades sociais cognitivas e o conhecimento social dos adolescentes são aspectos importantes das relações de sucesso com os pares. Assim também é a habilidade de gerenciar e regular as próprias emoções.

Cognição social   A *cognição social* envolve pensamentos a respeito de questões sociais. Uma distinção pode ser feita entre conhecimento e processo na cognição social. É importante aprender sobre o conhecimento social que os adolescentes trazem consigo para as relações com os pares, e também como os adolescentes processam a informação durante a interação com os pares (Lewis e Carpendale, 2011; Meijs et al., 2010).

Quando as crianças avançam para a adolescência, elas adquirem mais conhecimento social (também às vezes chamado de inteligência social) e existem variações individuais consideráveis sobre como um adolescente sabe o que é preciso para fazer amigos e fazer os pares gostarem dele, e assim por diante. Por exemplo, o adolescente sabe que para ter um *status* alto com os pares é proveitoso entender as necessidades, os objetivos e as intenções dos outros e agir em conformidade? O adolescente sabe que dar apoio aumentará a probabilidade de se tornar popular? Ou seja, será que Mary tem consciência de que, ao dizer a Barbara coisas como "Eu gosto muito do suéter que você está vestindo hoje" e "Nossa, você com certeza é muito popular com os garotos", aumentará a probabilidade de que Barbara queira ser sua amiga? O adolescente sabe que a amizade envolve compartilhar conversas íntimas e que uma amizade geralmente evolui quando o adolescente compartilha informações particulares confidenciais com outro adolescente? E até que ponto o adolescente sabe que as habilidades para ouvir e confortar melhorarão as suas relações de amizade?

Um estudo recente de jovens entre 14 e 15 anos examinou as ligações entre inteligência social e popularidade com os pares (Meijs et al., 2010). Neste estudo, a inteligência social estava relacionada à popularidade com os pares, mas não com as realizações acadêmicas.

A partir de uma perspectiva sociocognitiva, crianças e adolescentes podem ter dificuldades nas relações com os pares devido à falta de habilidades sociocognitivas apropriadas (Dodge, 2011b; Lewis e Carpendale, 2011). Uma investigação explorou a possibilidade de que os déficits na habilidade sociocognitiva caracterizam crianças que têm dificuldades nas relações com os pares (Asarnow e Callan, 1985). Foram identificados meninos com e sem dificuldades no ajustamento com os pares e, em seguida, foram avaliados vários processos ou habilidades sociocognitivas. Estes processos incluíam a habilidade dos meninos de gerar soluções alternativas para problemas hipotéticos, avaliar essas soluções em termos da sua eficácia e descrever autoafirmações. Identificou-se que os meninos que não tinham problemas de ajustamento geravam mais soluções alternativas, propunham soluções mais assertivas e maduras, davam soluções agressivas menos intensas, demonstravam um planejamento mais adaptativo e avaliavam as respostas fisicamente agressivas menos positivamente do que os meninos com problemas de ajustamento com os pares. Por exemplo, conforme mostra a Figura 9.1, os meninos da 7ª série com *status* negativo com os pares não tinham tanta probabilidade de gerar soluções alternativas e tinham muito menos probabilidade de planejar adaptativamente do que seus equivalentes com *status* positivo com os pares.

O processamento da informação social influencia as relações com os pares (Dodge, 2011b). Por exemplo, considere a situação em que um garoto tropeça acidentalmente e, ao esbarrar em outro garoto, derruba o refrigerante da sua mão. O garoto interpreta o esbarrão erroneamente como hostilidade, o que o faz agir agressivamente de forma retalhadora contra o par. Por meio de repetidos conflitos deste tipo, os pares começam a perceber o garoto como tendo o hábito de agir de forma inapropriada. Kenneth Dodge (1993) sustenta que os adolescentes passam por cinco passos no processamento das informações sobre o seu mundo social: decodificação de pistas sociais, interpretação, busca de uma resposta, seleção de uma resposta ideal e ação. Dodge descobriu que os garotos agressivos têm maior probabilidade de perceber as ações de outro menino como hostis quando a intenção do par for ambígua. E quando os garotos agressivos procuram pistas para determinar a intenção do par, eles respondem mais rapidamente, com menos eficiência e refletindo menos do que as crianças não agressivas. Estes estão entre os fatores sociais cognitivos envolvidos nos conflitos entre os adolescentes.

Quais são alguns aspectos da cognição social envolvidos na boa relação entre pares?

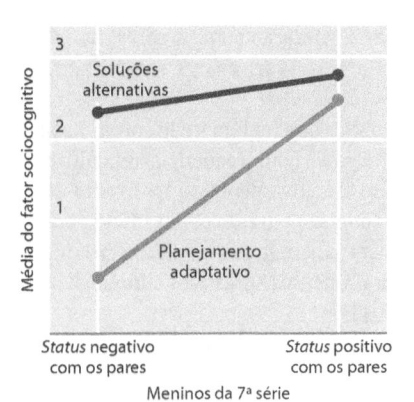

FIGURA 9.1
Geração de soluções alternativas e planejamento adaptativo por meninos com *status* negativo e positivo com os pares. Observe que os meninos com *status* negativo com os pares tinham menor probabilidade de gerar soluções alternativas e planejar do que seus equivalentes com *status* positivo com os pares.

Emoção Não somente a cognição desempenha um papel importante nas relações com os pares, mas também a emoção (Bukowski, Buhrmester e Underwood, 2011). Por exemplo, a habilidade de regular a emoção tem ligação com as relações bem-sucedidas com os pares. Os indivíduos mal-humorados e negativos emocionalmente recebem maior rejeição dos seus pares, ao passo que os indivíduos positivos emocionalmente são mais populares (Saarni et al., 2006). Os adolescentes que possuem habilidades autorreguladoras efetivas podem modular a sua expressão emocional em contextos que provocam emoções intensas, como quando um dos pares diz alguma coisa negativa (Denham et al., 2011).

Um estudo focou nos aspectos emocionais do processamento da informação social em meninos agressivos (Orobio de Castro et al., 2005). Os meninos altamente agressivos e um grupo-controle de meninos menos agressivos ouviram vinhetas que incluíam provocações que envolviam pares. Os meninos altamente agressivos expressaram menos culpa, atribuíram mais intenções hostis e geraram estratégias menos adaptativas para regulação da emoção do que os meninos do grupo de comparação.

Estratégias para aprimoramento das habilidades sociais Foram propostas inúmeras estratégias para a melhoria das habilidades sociais que podem levar a melhores relações com os pares (Ladd, Kochendefer-Ladd e Rydell, 2011). As **estratégias conglomeradas**, também chamadas de *coaching*, envolvem o uso de uma combinação de técnicas, em vez de uma única abordagem, para a melhoria das habilidades sociais dos adolescentes. Uma estratégia conglomerada pode consistir em demonstração ou modelagem de habilidades sociais apropriadas, discussão e argumentação sobre as habilidades sociais, bem como o uso do reforço pela ação em situações sociais reais.

Em um estudo que usou a estratégia conglomerada, adolescentes no final do ensino fundamental foram instruídos de forma a melhorar o autocontrole, o manejo do estresse e a solução de problemas sociais (Weissberg e Caplan, 1989). Por exemplo, quando surgiam situações-problema, os professores serviam de modelos e os alunos praticavam seis passos sequenciais:

1. Pare, acalme-se e pense antes de agir.
2. Examine o problema e diga como você se sente.
3. Defina um objetivo positivo.
4. Pense antecipadamente nas consequências.
5. Vá em frente e experimente o melhor plano.

Os adolescentes que participaram do programa melhoraram a sua habilidade de imaginar soluções criativas para situações-problema e seus professores relataram que os alunos apresentaram melhoria nas relações sociais na sala de aula após o programa.

Mais especificamente, como as crianças e os adolescentes ignorados podem ser treinados para interagirem mais efetivamente com seus pares? O objetivo dos programas de treinamento com crianças e adolescentes ignorados é frequentemente ajudá-los a atrair a atenção dos seus pares de forma positiva e manter sua atenção fazendo perguntas, ouvindo de forma atenciosa e amigável e dizendo coisas sobre si que estejam relacionadas aos interesses dos pares. Eles também aprendem a entrar em grupos mais efetivamente. O objetivo dos programas de treinamento com crianças e adolescentes rejeitados é ajudá-los a ouvir seus pares e

conexão com o desenvolvimento
Personalidade. O desenvolvimento do adolescente é caracterizado pelas alternâncias emocionais e a intensidade das emoções. Cap. 4, p. 172

estratégias conglomeradas Uso de uma combinação de técnicas, em vez de uma única abordagem, para a melhoria das habilidades sociais dos adolescentes; também chamado de *coaching*.

"ouvir o que eles dizem", em vez de tentar dominar a interação com os pares. As crianças e os adolescentes rejeitados são treinados para se juntarem aos seus pares sem tentar mudar o que está acontecendo no grupo.

Apesar dos resultados positivos de alguns programas que tentam melhorar as habilidades sociais dos adolescentes, os pesquisadores têm encontrado, com frequência, dificuldades para melhorar as habilidades sociais de adolescentes que são ativamente antipatizados e rejeitados. Muitos destes adolescentes são rejeitados porque são agressivos ou impulsivos e lhes falta autocontrole para dominar esses comportamentos. Ainda assim, alguns programas de intervenção têm tido sucesso na redução dos comportamentos agressivos e impulsivos destes adolescentes (Ladd, Kochenderfer-Ladd e Rydell, 2011).

Os programas de treinamento das habilidades sociais têm sido, em geral, mais bem-sucedidos com crianças menores de 10 anos do que com adolescentes (Malik e Furman, 1993). A reputação entre os pares se torna mais estável quando as "panelinhas" e os grupos de pares se tornam mais significativos na adolescência. Depois que o adolescente adquire uma reputação negativa entre os pares como "mau", "esquisito" ou "isolado", a atitude do grupo de pares, com frequência, demora mais para ser alterada, mesmo que o problema de comportamento do adolescente já tenha sido corrigido. Assim, os pesquisadores constataram que as intervenções nas habilidades precisam ser complementadas por esforços para mudar as mentes dos pares. Uma estratégia de intervenção como esta envolve o treinamento cooperativo do grupo (Slavin, 2012). Nesta abordagem, crianças ou adolescentes trabalham na direção de um objetivo comum que traz a promessa de mudança da reputação (Johnson e Johnson, 2009). A maioria dos programas de grupos cooperativos foi executada em ambientes acadêmicos, mas outros contextos também podem ser usados. Por exemplo, a participação em jogos e esportes cooperativos aumenta o compartilhamento e os sentimentos de felicidade. E alguns *videogames* requerem esforços cooperativos por parte dos jogadores.

AMIZADES

O crescimento de um homem é visto no coro sucessivo de seus amigos.
— RALPH WALDO EMERSON
Poeta e ensaísta norte-americano, século XIX

Observamos, anteriormente, que os pares são indivíduos que têm aproximadamente a mesma idade ou nível de maturidade. Os **amigos** são um subgrupo dos pares que estão envolvidos em mútuo companheirismo, apoio e intimidade. Assim, as relações com os amigos são muito mais próximas e com maior envolvimento do que as relações com o grupo de pares. Alguns adolescentes têm vários amigos próximos, outros apenas alguns ou, ainda, nenhum.

A importância da amizade As funções para as quais servem as amizades dos adolescentes podem ser classificadas de seis formas (Gottman e Parker, 1987) (veja a Figura 9.2):

1. *Companheirismo.* A amizade proporciona aos adolescentes um parceiro familiar, alguém que está disposto a passar algum tempo com eles e a participar de atividades colaborativas.
2. *Estimulação.* A amizade proporciona aos adolescentes informações interessantes, entusiasmo e diversão.
3. *Apoio físico.* A amizade proporciona recursos e assistência.
4. *Apoio ao ego.* A amizade proporciona a expectativa de apoio, incentivo e *feedback* que ajudam os adolescentes a manterem uma impressão de si como indivíduos competentes, atraentes e importantes.
5. *Comparação social.* A amizade proporciona informações sobre a posição dos adolescentes em relação aos outros e se eles estão se saindo bem.
6. *Intimidade.* A amizade proporciona aos adolescentes uma relação acolhedora, próxima e confiável com outro indivíduo, uma relação que envolve autorrevelações.

A importância da amizade foi ressaltada em um estudo longitudinal de dois anos (Wentzel, Barry e Caldwell, 2004). Estudantes da 7ª série que não tinham um amigo se engajaram em comportamento menos pró-social (cooperação, compartilhamento, ajudar os outros), tinham notas mais baixas e eram mais abalados emocionalmente (depressão, mal-estar) do que seus equivalentes que tinham um ou mais amigos. Dois anos mais tarde, na 9ª série, os alunos que não tinham um amigo na 7ª série continuavam sendo mais abalados emocionalmente do que seus equivalentes com um ou mais amigos.

amigos Um subgrupo dos pares que estão envolvidos em mútuo companheirismo, apoio e intimidade.

A amizade na adolescência Para a maioria das crianças, ser popular com os seus pares é um forte motivador. O foco das suas relações com os pares está no fato de os seus colegas de aula gostarem delas e de serem incluídas nas brincadeiras e conversas no refeitório. A partir da adolescência inicial, entretanto, os adolescentes preferem, em geral, ter um número menor de amizades que são mais intensas e íntimas do que as das crianças pequenas.

Harry Stack Sullivan (1953) foi o teórico mais influente no estudo das amizades adolescentes. Sullivan defendeu que os amigos também são importantes para moldar o desenvolvimento das crianças e adolescentes. Todos, disse Sullivan, têm necessidades sociais básicas, como a necessidade de apego seguro, de um companheirismo divertido, da aceitação social, da intimidade e das relações sexuais. Se estas necessidades são ou não atendidas, isso determina em grande parte o nosso bem-estar emocional. Por exemplo, se a necessidade de um companheirismo divertido não é atendida, então nos tornamos entediados e deprimidos; se a necessidade de aceitação social não é atendida, sofremos uma baixa na autoestima.

FIGURA 9.2
As funções da amizade.

Durante a adolescência, disse Sullivan, os amigos se tornam cada vez mais importantes para atender às necessidades sociais. Em particular, Sullivan defendeu que a necessidade de intimidade se intensifica durante a adolescência inicial, motivando os adolescentes a procurarem ter amigos mais próximos. Se os adolescentes não conseguem forjar essas amizades mais íntimas, eles experimentam solidão e uma redução no senso de autoestima.

Muitas das ideias de Sullivan resistiram ao teste do tempo. Por exemplo, os adolescentes relatam que revelam informações íntimas e pessoais aos seus amigos com mais frequência do que as crianças menores (Buhrmeister, 1998) (veja a Figura 9.3). Os adolescentes também dizem que dependem mais dos amigos do que dos pais para satisfazerem suas necessidades de companheirismo, de reafirmação de valor e de intimidade.

Willard Hartup (1996), que estudou a relação com os pares durante décadas, concluiu que as crianças e os adolescentes usam regularmente os amigos como recursos cognitivos e sociais. Hartup também comentou que transições normativas, como passar dos anos iniciais para os anos finais do ensino fundamental, são manejadas de forma mais competente por crianças que têm amigos do que por aquelas que não têm.

Embora ter amigos possa ser uma vantagem desenvolvimental, nem todas as amizades são iguais e a qualidade da amizade também é importante de ser considerada (Bukowski, Burhmeister e Underwood, 2011). As pessoas são diferentes de acordo com a companhia com as quais estão – isto é, quem são os seus amigos (Ali e Dwyer, 2011; Poulin et al., 2011). As vantagens desenvolvimentais ocorrem quando os adolescentes têm amigos que são socialmente hábeis, apoiadores e voltados para as realizações acadêmicas (Ryan, 2011). Entretanto, é desenvolvimentalmente desvantajoso ter amizades coercitivas, dominadas pelo conflito e de baixa qualidade (Salzinger et al., 2011).

Examinemos agora diversos estudos que documentam como as características das amizades podem influenciar se elas terão uma influência positiva ou negativa sobre o adolescente. Em um estudo, a média das notas dos amigos era um preditor consistente de realizações positivas na escola, e também estava ligada a menos abuso de drogas e fingimento (Cook, Deng e Morgano, 2007). Um estudo recente constatou que os adolescentes que tinham mais amigos na escola – em comparação com os amigos fora da escola – tinham médias de notas mais altas (Witkow e Fuligni, 2010).

Os pesquisadores identificaram que a interação com pares e amigos delinquentes aumenta muito o risco de o adolescente se tornar um delinquente (Salzinger et al., 2011). Além disso, não ter uma relação próxima com um melhor amigo, ter menos contatos com os amigos, ter amigos deprimidos e vivenciar rejeição pelos pares aumentam as tendências depressivas nos adolescentes (Brengden et al., 2010).

A amizade na adultez emergente Muitos aspectos da amizade são os mesmos na adolescência e na adultez emergente. Uma diferença entre as relações mais íntimas na adolescência

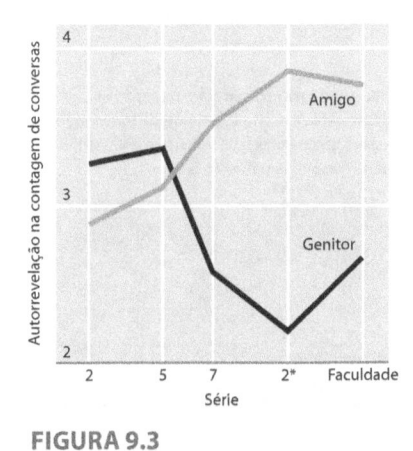

FIGURA 9.3
Mudanças desenvolvimentais nas conversas de autorrevelação. As conversas de autorrevelação com os amigos aumentaram de modo significativo na adolescência, ao passo que declinaram de modo igualmente drástico com os pais. No entanto, as conversas de autorrevelação com os pais começaram a apresentar algum crescimento durante os anos de faculdade. A mensuração da autorrevelação envolveu uma escala de classificação de 5 pontos preenchida pelas crianças e adolescentes, com o escore mais alto representando maior autorrevelação. Os dados apresentados representam as médias para cada faixa etária.
*2ª série do ensino médio.

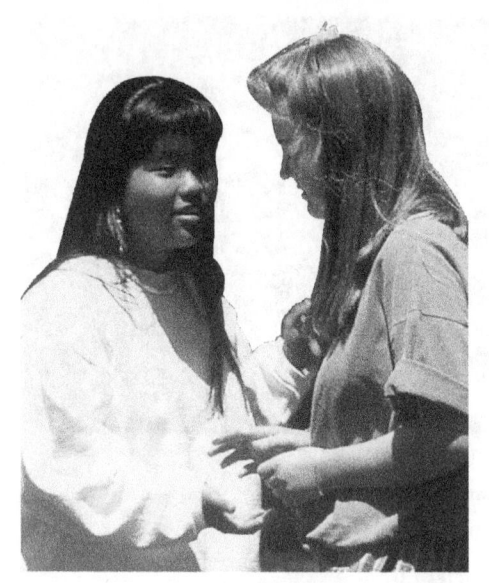

Como as características dos amigos de um adolescente influenciam se eles têm uma influência positiva ou negativa sobre o adolescente?

e na adultez emergente foi encontrada em um estudo longitudinal (Collins e van Dulmen, 2006). As relações mais próximas – entre amigos, membros da família e parceiros amorosos – eram mais integradas e semelhantes do que na adolescência. Também neste estudo, o número de amizades declinava desde o fim da adolescência até a adultez emergente.

Outra pesquisa indicou que as melhores amizades frequentemente diminuem em termos de satisfação e comprometimento no primeiro ano da universidade (Oswald e Clark, 2003). Neste estudo, manter a comunicação com os amigos do ensino médio e os mesmos melhores amigos durante a transição para a universidade diminiu o declínio.

Intimidade e semelhança Duas características importantes da amizade são a intimidade e semelhança.

Intimidade No contexto da amizade, a *intimidade* foi definida de diferentes maneiras. Por exemplo, já foi definida mais amplamente para incluir tudo, dentro de uma relação, que a faz parecer próxima ou intensa. No entanto, na maioria das pesquisas, a **intimidade na amizade** é definida de forma restrita como autorrevelação ou como compartilhamento de pensamentos privados. O conhecimento privado ou pessoal sobre um amigo também já foi usado como um índice de intimidade.

O achado mais consistente nas duas últimas décadas de pesquisa sobre as amizades adolescentes é que a intimidade é uma característica importante da amizade (Berndt e Perry, 1990). Quando é perguntado aos adolescentes jovens o que eles esperam de um amigo ou como eles podem saber se alguém é o seu melhor amigo, eles dizem, com frequência, que um melhor amigo irá compartilhar os problemas com eles, irá entendê-los e ouvi-los quando eles falam sobre os próprios pensamentos ou sentimentos. Quando as crianças menores falam sobre as suas amizades, são raros os comentários sobre autorrevelação íntima ou entendimento mútuo. Em uma investigação, a intimidade na amizade era mais proeminente nos jovens de 13 a 16 anos do que entre os de 10 a 13 anos (Buhrmester, 1990).

Semelhança Outra característica predominante da amizade é que, durante a infância e a adolescência, os amigos são geralmente semelhantes – em termos de idade, sexo, etnia e muitos outros fatores. A semelhança é denominada *homofilia*, a tendência a se associar com outros semelhantes (Brechwald e Prinstein, 2011). Os amigos geralmente têm atitudes similares em relação à escola, além de aspirações educacionais similares e orientação para realizações semelhantes.

intimidade na amizade Na maioria das pesquisas, este conceito é definido de forma mais restrita como autorrevelação ou o compartilhamento de pensamentos privados.

---

conexão COM OS ADOLESCENTES

Nós nos definíamos com adjetivos

"Eu era moderna. Dana era sofisticada. Liz era maluca. Íamos juntas para a escola, andávamos de bicicleta, matávamos aula, ficávamos bêbadas, falávamos ao telefone, fumávamos cigarros, dormíamos uma na casa da outra, discutíamos sobre meninos e sexo, íamos à igreja juntas e ficávamos com raiva umas com as outras. Nós nos definíamos com adjetivos e com a presença umas das outras. Como amigas do ensino médio, nós simultaneamente resistíamos e apressávamos a idade adulta e a condição de mulher..."

"O que era possível fazer quando eu tinha 15 e 16 anos? Nós ainda tínhamos que dizer aos nossos pais aonde íamos! Queríamos realizar atividades excitantemente proibidas como ir a boates e beber whisky. Liz, Dana e eu queríamos fazer essas coisas proibidas para sentir: ter experiências emocionais e sensuais intensas que nos retirassem da mesmice suburbana que compartilhávamos entre nós e com todos os outros que conhecíamos. Nós estávamos cansadas das experiências repetitivas que nossa cidade, nossos irmãos, nossos pais e nossa escola nos ofereciam..."

"A amizade entre Dana, Liz e eu nasceu de outra necessidade emocional: a necessidade de confiança. Nós três tínhamos atingido um ponto em nossas vidas em que nos demos conta de o quanto as relações podem ser instáveis, e todas nós ansiávamos por segurança e aceitação. As amizades à nossa volta eram frequentemente incertas. Nós queríamos e precisávamos ser capazes de gostar e poder contar umas com as outras."

(*Fonte:* Garrod et al., 1992, p. 199-200)

Como estes exemplos demonstram o papel da intimidade e da semelhança nas amizades?

Amizades entre diferentes idades Embora a maioria dos adolescentes desenvolva amizades com indivíduos que são próximos a eles em idade, alguns adolescentes se tornam melhores amigos de indivíduos mais jovens ou mais velhos. Os amigos mais velhos incentivam os adolescentes a se engajarem em comportamento delinquente ou comportamento sexual precoce? Os adolescentes que interagem com outros adolescentes mais velhos realmente se envolvem nesses comportamentos com mais frequência, mas não se sabe se o adolescente mais velho guia os mais jovens para o comportamento desviante ou se os adolescentes mais jovens já tinham a tendência a um comportamento desviante antes de desenvolver a amizade com o mais velho. Um estudo também revelou que, com o tempo, as garotas da 7ª série do ensino fundamental até a 2ª série do ensino médio tinham maior probabilidade de ter amigos homens mais velhos, o que coloca algumas garotas em uma trajetória desenvolvimental que leva ao engajamento em comportamento problemático (Poulin e Pedersen, 2007). No entanto, um estudo recente com adolescentes jovens constatou que amigos de séries mistas podem proteger garotas sem amigos da mesma série dos sentimentos de solidão, e os meninos sem amigos da mesma série, ansiosos e retraídos, da vitimização (Bowker e Spencer, 2010).

Existem estratégias que podem ajudar os adolescentes a desenvolverem amizades? Veja o item *Conexão com Saúde e Bem-Estar*.

SOLIDÃO

Em alguns casos, os indivíduos que não têm amigos são vulneráveis à solidão, e a solidão pode se instalar quando os indivíduos perdem um relacionamento íntimo (Bowker, Rubin e Coplan, 2012). Todos nós temos momentos em nossas vidas em que nos sentimos solitários, mas para alguns indivíduos a solidão é uma condição crônica. Mais do que simplesmente uma situação social indesejável, a solidão crônica está ligada a prejuízos na saúde física e men-

A solidão pode se desenvolver quando os indivíduos passam por transições vitais. Quais são algumas estratégias para a redução da solidão?

---

conexão COM SAÚDE E BEM-ESTAR

Quais são as estratégias eficazes e ineficazes para fazer amigos?

Aqui estão algumas estratégias que os adultos podem recomendar aos adolescentes para que façam amigos (Wentzel, 1997):

- *Iniciar a interação.* Aprenda a respeito de um amigo – pergunte seu nome, idade e atividades favoritas. Use estes preâmbulos pró-sociais: apresente-se, comece uma conversa e convide-o para fazer coisas.
- *Ser gentil.* Demonstre gentileza, seja atencioso e elogie a outra pessoa.
- *Engajar-se em comportamento pró-social.* Seja honesto e confiável: diga a verdade e cumpra promessas. Seja generoso, compartilhe e seja cooperativo.
- *Demonstrar respeito por você e pelos outros.* Tenha boas maneiras, seja educado e cortês e escute o que os outros têm a dizer. Tenha atitude e personalidade positivas.
- *Oferecer apoio social.* Demonstre que você se importa.

E aqui estão algumas estratégias inadequadas para fazer amigos que os adultos podem recomendar que os adolescentes evitem de usar (Wentzel, 1997):

- *Ser psicologicamente agressivo.* Demonstrar desrespeito e ter más maneiras. Usar os outros e não ser cooperativo, não compartilhar, ignorar os outros, fazer fofocas e espalhar rumores.
- *Apresentar-se negativamente.* Ser autocentrado, esnobe, pretensioso e ciumento; exibir-se; importar-se apenas consigo. Ser mau, ter más atitudes, ser irritado, ter ataques de raiva e criar problemas.

Quais são algumas estratégias eficazes e ineficazes para fazer amigos?

- *Agir de forma antissocial.* Ser fisicamente agressivo, gritar com os outros, fazer gozações, rir deles, ser desonesto, contar os segredos e quebrar promessas.

Quais destas estratégias positivas foram de sucesso para você? Alguém fez amizade com você usando uma das abordagens recomendadas?

tal (Karnick, 2005). Um estudo recente também identificou que a crescente solidão crônica dos estudantes latinos no ensino médio estava associada a dificuldades acadêmicas (Benner, 2011). Neste estudo, o apoio dos amigos diminuía o impacto da relação negativa entre solidão e as dificuldades acadêmicas.

É importante distinguir a solidão (*loneliness*, em inglês) do desejo de ficar sozinho (*solitude*, em inglês). Alguns indivíduos valorizam ter um tempo para ficarem sozinhos. A solidão frequentemente está entremeada pela passagem por transições vitais, como a mudança para uma parte diferente do país, um divórcio ou a morte de um amigo próximo ou um membro da família. Outra situação que frequentemente gera solidão é o primeiro ano de faculdade, especialmente se o estudante deixar o mundo familiar da sua cidade natal e a sua família para ingressar na universidade. Quando entram na universidade, os calouros raramente trazem consigo a popularidade e a posição social que desfrutavam quando estavam no ensino médio. É possível que exista uma dúzia de estrelas do basquete colegial, bolsistas do Mérito Nacional e ex-presidentes de grêmios estudantis em uma única ala de um dormitório universitário. Ainda mais, se os estudantes saem de casa para frequentar a universidade, eles se defrontam com a tarefa de formar relacionamentos sociais completamente novos.

Em um estudo com mais de 2.600 estudantes universitários, os indivíduos solitários tinham menor probabilidade de lidar ativamente com o estresse do que os indivíduos que conseguiam fazer amigos (Cacioppo et al., 2000). Também neste estudo, os estudantes universitários solitários tinham níveis mais altos de hormônios relacionados ao estresse e padrões mais pobres de sono do que os estudantes que tinham relações positivas com outros.

Revisar *Conectar* **Refletir** OA1 Discutir o papel das relações entre pares, as amizades e a solidão no desenvolvimento adolescente.

Revisar
- Que papéis desempenham os pares no desenvolvimento adolescente?
- Como as amizades contribuem para o desenvolvimento adolescente?
- Como você faria a distinção entre solidão e o desejo de ficar sozinho?

Conectar
- Relacione competência emocional, que foi discutida no Capítulo 4, ao tópico da cognição social que foi descrita nesta seção.

Refletir *sua jornada de vida pessoal*
- Quanto tempo você passava com os amigos na adolescência e em que atividades se engajavam? Como eram os seus amigos? Eles eram parecidos com você ou diferentes? A natureza das suas amizades se alterou desde a adolescência? Explique.

---

2 Grupos de adolescentes   OA2   Resumir o que acontece nos grupos de adolescentes.

- Grupos na infância e na adolescência
- "Panelinhas" e turmas

Durante os anos da adolescência, você provavelmente era membro de grupos formais e informais. Exemplos de grupos formais incluem o time de basquete, a equipe de ginástica, as Bandeirantes e os Escoteiros, o grêmio estudantil, etc. Um grupo mais informal poderia ser um grupo de pares, como uma "panelinha". Nosso estudo dos grupos adolescentes focaliza as diferenças entre os grupos na infância e os grupos adolescentes, "panelinhas" e turmas e as organizações de jovens.

GRUPOS NA INFÂNCIA E NA ADOLESCÊNCIA

Os grupos na infância diferem dos grupos na adolescência em vários aspectos importantes. Os membros dos grupos de crianças frequentemente são amigos ou conhecidos do bairro e os grupos geralmente não são tão formalizados quanto muitos grupos de adolescentes.

Durante os anos da adolescência, os grupos tendem a incluir uma gama mais ampla de membros; em outras palavras, outros adolescentes além dos amigos e conhecidos do bairro frequentemente são membros dos grupos de adolescentes. Tente se lembrar do grêmio estudantil, de sociedades de menção honrosa, do clube de artes, do time de futebol ou de outros grupos organizados nos seus anos finais do ensino fundamental. Se você foi membro de alguma dessas organizações, você provavelmente se lembra de que elas eram formadas por muitos indivíduos que você não conhecia antes e que formavam um grupo mais heterogêneo do que os seus grupos de pares da infância. As regras e os regulamentos provavelmente eram bem definidos e os capitães ou líderes eram eleitos ou indicados formalmente nos grupos de adolescentes.

Um estudo observacional clássico feito por Dexter Dunphy (1963) indica que a participação do sexo oposto em grupos sociais aumenta durante a adolescência. No final da infância, meninos e meninas tendem a formar pequenos grupo do mesmo sexo. Quando se encaminham para a adolescência, os grupos do mesmo sexo começam a interagir uns com os outros. Gradualmente, os líderes e membros de maior *status* formam mais grupos com base em relacionamentos de sexo misto. Os grupos mistos também interagem uns com os outros em atividades de grande grupo – em bailes e eventos atléticos, por exemplo. No fim da adolescência, a turma começa a se dissolver à medida que os casais desenvolvem relacionamentos mais sérios e fazem planos de longo prazo que podem incluir noivado e casamento. Um resumo das ideias de Dunphy é apresentado na Figura 9.4.

"PANELINHAS" E TURMAS

Em nossa discussão sobre o trabalho de Dunphy, foi observada a importância das relações heterossexuais na evolução das turmas de adolescentes. Examinaremos agora as "panelinhas" e turmas de adolescentes em maiores detalhes.

As "panelinhas" e as turmas assumem papéis mais importantes nas vidas dos adolescentes do que nas das crianças (Brown, 2011; Daddis, 2010). "**Panelinhas**" são pequenos grupos que variam de dois a doze indivíduos, em média de cinco a seis. Os membros da "panelinha" são geralmente do mesmo sexo e têm aproximadamente a mesma idade.

As "panelinhas" podem se formar porque os adolescentes se engajam em atividades similares, como fazer parte de um clube ou de uma equipe esportiva (Brown, 2011; Brown e Dietz, 2009). Vários adolescentes podem formar uma "panelinha" porque passaram bastante tempo juntos e gostam da companhia uns dos outros. Não necessariamente amigos, eles frequentemente desenvolvem uma amizade se permanecerem na "panelinha".

O que os adolescentes fazem nas "panelinhas"? Eles compartilham ideias e saem juntos. Com frequência, desenvolvem uma identidade de grupo em que acreditam que a sua "panelinha" é melhor do que as outras.

As **turmas** são maiores do que as "panelinhas" e menos pessoais. Os adolescentes geralmente fazem parte de uma turma com base na reputação, e eles podem ou não passar muito tempo juntos. Muitas turmas são definidas pelas atividades nas quais os adolescentes se engajam (como os "atletas", que são bons nos esportes ou os "drogados", que usam drogas) (Brown, 2011; Brown et al., 2008). As turmas baseadas na reputação frequentemente aparecem pela primeira vez na adolescência inicial e geralmente ficam menos proeminentes no fim da adolescência (Collins e Steinberg, 2006).

Em um estudo, a participação em turmas estava associada à autoestima adolescente (Brown e Lohr, 1987). As turmas incluíam atletas (voltadas para o atletismo), populares (estudantes bem conhecidos que lideravam as atividades sociais), normais (estudantes medianos que faziam parte das massas), drogados ou durões (conhecidos pelo uso de drogas ilícitas ou outras atividades delinquentes) e os "ninguéns" (com fracas habilidades sociais ou intelectuais). A autoestima dos atletas e dos populares era mais alta, ao passo que a dos "ninguéns" era a mais baixa. Um grupo de adolescentes que não faziam parte de uma turma tinha a autoestima equivalente à dos atletas e dos populares: este grupo era o dos independentes, que indicavam que a vinculação a uma turma não era importante para eles. Tenha em mente que estes dados são

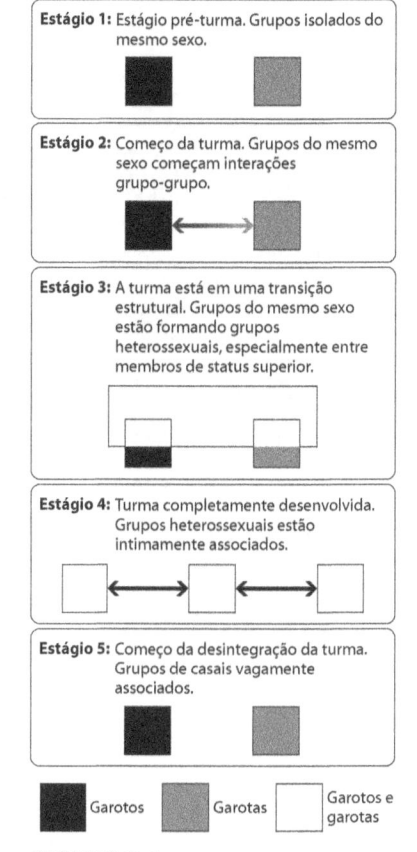

Estágio 1: Estágio pré-turma. Grupos isolados do mesmo sexo.

Estágio 2: Começo da turma. Grupos do mesmo sexo começam interações grupo-grupo.

Estágio 3: A turma está em uma transição estrutural. Grupos do mesmo sexo estão formando grupos heterossexuais, especialmente entre membros de status superior.

Estágio 4: Turma completamente desenvolvida. Grupos heterossexuais estão intimamente associados.

Estágio 5: Começo da desintegração da turma. Grupos de casais vagamente associados.

Garotos | Garotas | Garotos e garotas

FIGURA 9.4
Progressão de Dunphy das relações nos grupos de pares na adolescência.

"**panelinhas**" Pequenos grupos que variam entre dois e aproximadamente doze indivíduos, em média com cinco a seis. Os membros são geralmente do mesmo sexo e com idades aproximadas; as "panelinhas" podem se formar devido a interesses parecidos, como esportes, e também podem se formar puramente por amizade.

turmas Uma estrutura grupal maior do que as "panelinhas". Os adolescentes geralmente são membros de uma turma com base na reputação e podem ou não passar muito tempo juntos.

O que caracteriza as "panelinhas" adolescentes? Em que elas são diferentes das turmas?

correlacionais; a autoestima pode aumentar a probabilidade de um adolescente se tornar membro de uma turma, assim como a vinculação a uma turma pode aumentar a autoestima do adolescente.

Revisar *Conectar* **Refletir** — OA2 — Resumir o que acontece nos grupos de adolescentes.

Revisar
- Em que os grupos na infância são diferentes dos grupos na adolescência?
- O que são "panelinhas" e turmas? Que papel elas desempenham no desenvolvimento adolescente?

Conectar
- Contraste a participação em uma "panelinha" com a experiência de solidão discutida na seção anterior. Que influência tem cada uma delas no desenvolvimento do adolescente?

Refletir *sua jornada de vida pessoal*
- Como a participação em alguma turma ou "panelinha" influenciou seu desenvolvimento quando você era adolescente?

---

3 Gênero e cultura — OA3 — Descrever os papéis do gênero e da cultura nos grupos de pares e amizades adolescentes.

- Gênero
- Condição socioeconômica e etnia
- Cultura

GÊNERO

Existem evidências crescentes de que o gênero desempenha um papel importante no grupo de pares e nas amizades (Bukowski, Buhrmester e Underwood, 2011; Coyne, Nelson e Underwood, 2011; Rose e Smith, 2009). As evidências relativas ao grupo de pares focam no tamanho do grupo e na interação entre os grupos do mesmo sexo (Maccoby, 2002):

- *Tamanho do grupo.* A partir dos 5 anos, aproximadamente, os meninos têm mais probabilidade do que as meninas de se associarem em grupos maiores. Os meninos têm maior probabilidade de participar de jogos e esportes organizados do que as meninas.
- *Interação em grupos do mesmo sexo.* Os meninos têm, com frequência, mais probabilidade de se engajar em competição, conflito, exibições de ego, exposição a riscos e busca de dominância do que as meninas. Em contraste, as meninas têm maior probabilidade de se engajar em "discurso colaborativo", no qual elas conversam e agem de modo mais recíproco.

As amizades das garotas adolescentes são mais íntimas do que as amizades dos rapazes? As amizades das meninas na adolescência têm maior probabilidade de terem o foco na intimidade; as amizades dos rapazes tendem a enfatizar a força e a diversão (Buhrmester e Chong, 2009). Os meninos podem desencorajar uns aos outros a exibirem abertamente os seus problemas porque a sua percepção é de que a autorrevelação não é masculina (Maccoby, 2002).

Recentemente, os pesquisadores descobriram que alguns aspectos das amizades das garotas podem estar ligados a problemas adolescentes (Tompkins et al., 2011). Por exemplo, um estudo de alunos da 4ª série até a 1ª série do ensino médio revelou que a corruminação das meninas (refletida na discussão excessiva dos problemas) predizia não somente um aumento na qualidade positiva da amizade como também um aumento em futuras corruminações, bem como um aumento nos sintomas depressivos e de ansiedade. Uma implicação da pesquisa é que algumas garotas que são vulneráveis ao desenvolvimento de problemas internalizantes podem não ser detectadas por terem amizades apoiadoras.

---

conexão com o desenvolvimento

Gênero. Pesquisas recentes indicam que a agressão relacional ocorre mais nas garotas do que nos rapazes na adolescência, mas não na infância. Cap. 5, p. 195

CONDIÇÃO SOCIOECONÔMICA E ETNIA

Em muitas escolas, os grupos de pares são fortemente segregados de acordo com a condição socioeconômica e a etnia (Way e Silverman, 2012). Em escolas com um grande número de estudantes de baixo e médio nível socioeconômico, os estudantes de nível médio geralmente assumem os papéis de liderança em organizações formais, como o grêmio estudantil, a sociedade de honra ao mérito, grupos de fraternidade e irmandade, etc. As equipes de atletismo são um tipo de grupo adolescente nos quais os adolescentes afro-americanos e os adolescentes de famílias de baixa renda conseguem ter paridade ou até mesmo suplantar os adolescentes de famílias de nível socioeconômico médio e alto para conquistarem *status*.

Para muitos jovens de minorias étnicas, especialmente imigrantes, os pares do seu próprio grupo étnico fornecem uma noção essencial de fraternidade ou irmandade dentro da cultura majoritária. Grupos de pares podem se formar para se oporem aos grupos de pares da maioria e oferecerem apoio adaptativo que reduza os sentimentos de isolamento.

CULTURA

Até agora, discutimos as relações dos adolescentes com os pares no que se refere ao gênero, à condição socioeconômica e à etnia. Existem também algumas culturas estrangeiras nas quais o grupo de pares desempenha um papel diferente do que nos Estados Unidos? Em alguns países, os adultos restringem o acesso dos adolescentes aos seus pares. Por exemplo, em muitas áreas da Índia rural e nos países árabes, as oportunidades para relações com os pares na adolescência são severamente restringidas, especialmente para as garotas (Brown e Larson, 2002). Se as garotas frequentam a escola nestas regiões do mundo, é geralmente em escolas com segregação de sexo. Nestes países, a interação com o outro sexo ou as oportunidades para relacionamentos amorosos são restritas, se não totalmente proibidas (Booth, 2002).

No Capítulo 8, aprendemos que os adolescentes japoneses buscam a autonomia dos seus pais mais tarde e têm menos conflito com eles do que os adolescentes norte-americanos. Em uma análise transcultural, o grupo de pares era mais importante para os adolescentes norte-americanos do que para os adolescentes japoneses (Rothbaum et al., 2000). Os adolescentes japoneses passam menos tempo fora de casa, têm menos tempo para lazer recreativo e se engajam em menos atividades extracurriculares com os pares do que os adolescentes norte-americanos (White, 1993). Além disso, os adolescentes norte-americanos têm mais probabilidade de pressionar seus pares para resistirem à influência parental do que os adolescentes japoneses (Rothbaum et al., 2000).

Uma tendência, no entanto, é que nas sociedades nas quais o acesso dos adolescentes aos pares foi restringido, os adolescentes estão se engajando em mais interações com os pares durante a escola e em atividades de lazer compartilhadas, especialmente nos contextos de nível socioeconômico médio (Brown e Larson, 2002). Por exemplo, no sudeste da Ásia e em algumas regiões árabes, os adolescentes estão começando a confiar mais nos pares para conselhos e a compartilhar interesses com eles (Booth, 2002; Santa Maria, 2002).

Em muitos países e regiões, no entanto, os pares desempenham papéis mais proeminentes nas vidas dos adolescentes (Brown e Larson, 2002; Way e Silverman, 2012). Por exemplo, na África Subsaariana, o grupo de pares é um aspecto disseminado nas vidas dos adolescentes (Nsamenang, 2002); resultados similares foram observados na Europa e na América do Norte (Arnett, 2002).

Quais são algumas diferenças de gênero nas relações com os pares e nas amizades na adolescência?

Quais são algumas variações transculturais nas relações com os pares? Como os adolescentes norte-americanos e os japoneses socializam de formas diferentes no que se refere às relações com os pares?

conexão com o desenvolvimento
Cultura. As variações transculturais caracterizam não somente as relações com os pares, como também as relações pais-adolescente. Cap. 1, p. 43; Cap. 12, p. 393

Em algumas culturas, as crianças são colocadas no grupo de pares por um período muito maior e em uma idade muito mais precoce do que nos Estados Unidos. Por exemplo, na cultura *muriana* do oeste da Índia, tanto os meninos quanto as meninas vivem em um alojamento desde os 6 anos até se casarem (Barnouw, 1975). O alojamento é um abrigo religioso no qual os membros se dedicam ao trabalho e à harmonia espiritual. As crianças trabalham para os seus pais e os pais arranjam os casamentos dos filhos. As crianças continuam a viver no alojamento durante a adolescência, até se casarem. Em alguns contextos culturais, os pares até mesmo assumem responsabilidades geralmente assumidas pelos pais. Por exemplo, os jovens de rua na América do Sul contam com as redes de pares para ajudá-los a manejar sobrevivência nos ambientes urbanos (Welti, 2002).

Revisar *Conectar* Refletir **OA3** Descrever os papéis do gênero e da cultura nos grupos de pares e amizades adolescentes.

Revisar
- Que papel desempenha o gênero nos grupos de pares e nas amizades adolescentes?
- Como a condição socioeconômica e a etnia estão ligadas às relações dos adolescentes com os pares?
- Como a cultura está envolvida nas relações dos adolescentes com os pares?

Conectar
- Compare a influência das famílias, discutida no Capítulo 8, à das condições socioeconômicas no desenvolvimento das relações adolescentes com os pares.

Refletir *sua jornada de vida pessoal*
- Como é provável que as suas relações com os pares e as amizades durante a adolescência tenham sido diferentes, dependendo se você é do sexo feminino ou masculino?

4 Namoro e relações amorosas **OA4** Caracterizar o namoro e as relações amorosas adolescentes.

Funções do namoro | Tipos de namoro e mudanças desenvolvimentais | Emoção, ajustamento e relações amorosas | O amor romântico e sua construção | Gênero e cultura

Embora muitos meninos e meninas adolescentes tenham um intercâmbio social por meio dos grupos de pares formais e informais, é por meio do namoro que ocorrem os contatos mais sérios entre os sexos (Shulman, Davila e Shachar-Shapira, 2011). Exploraremos agora as funções do namoro.

FUNÇÕES DO NAMORO

O namoro é um fenômeno relativamente recente. Foi somente na década de 1920 que o namoro como o conhecemos hoje se tornou uma realidade e, mesmo naquela época, o seu papel principal era escolher e conseguir um parceiro. Antes desse período, a escolha do parceiro era o único propósito do namoro, e os "namorados" eram cuidadosamente monitorados pelos pais, que controlavam completamente a natureza de todas as companhias heterossexuais. Com frequência, os pais negociavam entre si quanto aos méritos dos seus adolescentes como parceiros potenciais para casamento e até mesmo escolhiam os parceiros para seus filhos. Em tempos recentes, é claro, os adolescentes adquiriram muito mais controle sobre o processo de namoro e com quem eles saem. Além do mais, o namoro evoluiu para algo muito além do que simplesmente cortejar para casar (Collins, Welsh e Furman, 2009).

Atualmente, o namoro serve pelo menos a oito funções (Paul e White, 1990);

1. O namoro pode ser uma forma de recreação. Os adolescentes que namoram parecem se divertir e veem o namoro como uma fonte de prazer.
2. O namoro é uma fonte de *status* e realizações. Parte do processo de comparação social na adolescência envolve a avaliação do *status* das pessoas com as quais o indivíduo namora: elas são as de melhor aparência, as mais populares, etc.?

3. O namoro faz parte do processo de socialização na adolescência: ele ajuda o adolescente a aprender como se dar bem com os outros e auxilia no aprendizado de maneiras e de comportamentos sociáveis.
4. O namoro envolve aprender sobre intimidade e serve como uma oportunidade de estabelecer uma relação única e significativa com uma pessoa do sexo oposto.
5. O namoro pode ser um contexto para a experimentação sexual.
6. O namoro pode proporcionar companhia por meio da interação e de atividades compartilhadas em uma relação com o sexo oposto.
7. As experiências de namoro contribuem para a formação e o desenvolvimento da identidade; o namoro ajuda os adolescentes a elucidarem sua identidade e a se separarem da sua família de origem.
8. O namoro pode ser um meio de classificação e seleção de um parceiro, mantendo assim a sua função original de fazer o cortejo.

Na primeira metade do século XX, o namoro servia principalmente como um momento de fazer o cortejo para o casamento.

TIPOS DE NAMORO E MUDANÇAS DESENVOLVIMENTAIS

Inúmeras variações de namoro e das mudanças desenvolvimentais caracterizam o namoro e as relações amorosas. Examinaremos primeiro as relações amorosas e depois nos voltaremos para as relações entre os jovens das minorias sexuais (adolescentes *gays* e lésbicas).

Relações amorosas heterossexuais Três estágios caracterizam o desenvolvimento das relações amorosas na adolescência (Connolly e McIsaac, 2009):

1. *Entrada nas atrações e associações amorosas, em torno dos 11 aos 13 anos.* Este estágio inicial é desencadeado pela puberdade. Dos 11 aos 13 anos, os adolescentes se tornam intensamente interessados em romance e isso predomina em muitas conversas com os amigos do mesmo sexo. É comum o desenvolvimento de uma paixão por alguém, e essa paixão é geralmente compartilhada com um amigo do mesmo sexo. Os adolescentes jovens podem ou não interagir com o indivíduo o qual é objeto do seu interesse. Quando ocorre o namoro, ele geralmente ocorre no contexto de um grupo.

Hoje as funções do namoro incluem fazer o cortejo, mas também muitas outras. *Quais são algumas destas funções do namoro?*

2. *Exploração das relações amorosas, em torno dos 14 aos 16 anos.* Neste ponto da adolescência, ocorre o namoro casual ou namoro no grupo – dois tipos de envolvimento amoroso. O *namoro casual* surge entre indivíduos que estão atraídos mutuamente. Estas experiências de namoro são frequentemente de curta duração, durando uns poucos meses, na melhor das hipóteses, mas, geralmente, têm a duração de umas poucas semanas. O *namoro no grupo* é comum e reflete a inclusão no contexto dos pares. Os amigos atuam, frequentemente, como um terceiro facilitador de uma relação de namoro potencial, comunicando o interesse romântico do seu amigo e confirmando se esta atração é correspondida.
3. *Consolidação dos laços amorosos diádicos, em torno dos 17 a 19 anos.* No final do ensino médio, desenvolvem-se relações amorosas mais sérias. Elas são caracterizadas por fortes laços emocionais que são mais parecidos com os relacionamentos amorosos adultos. Estes laços são, com frequência, mais estáveis e duradouros do que os laços anteriores, durando, em geral, um ano ou mais.

Duas variações destes estágios no desenvolvimento das relações amorosas na adolescência envolvem os maduros precoces e os maduros tardios (Connolly e McIsaac, 2009). Os *maduros precoces* incluem de 15 a 20% dos jovens entre 11 e 13 anos que dizem estar em um

Como são as relações de namoro na adolescência?

relacionamento amoroso no momento e 35% dos que indicam que já tiveram experiência anterior em relacionamentos amorosos. Os *maduros tardios* compreendem aproximadamente 10% dos jovens entre 17 e 19 anos que dizem não ter tido nenhuma experiência com relações amorosas e outros 15% que relatam não terem se engajado em qualquer relacionamento amoroso que tenha durado mais de quatro meses.

Em um estudo, o anúncio de que "Eu gosto de alguém" ocorreu, na 7ª série, com aproximadamente 40% dos indivíduos da amostra (Buhrmester, 2001) (veja a Figura 9.5). No entanto, foi somente na 2ª série do ensino médio que 50% dos adolescentes tinham mantido um relacionamento amoroso que tivesse durado dois meses ou mais. No último ano do ensino médio, 25% ainda não tinham se engajado neste tipo de relacionamento amoroso. Em outro estudo, uma parcela um pouco maior de adolescentes em uma relação estável de namoro disse que seu relacionamento durava 11 meses ou mais: 20% dos adolescentes de 14 anos ou menos, 35% entre 15 e 16 anos e quase 60% entre 17 e 18 anos (Carver, Joyner e Udry, 2003).

Os adolescentes, em geral, se sentem confortáveis em grupo no começo da exploração das relações amorosas (Connolly e McIsaac, 2009). Eles podem começar por andar juntos em grupos heterossexuais. Às vezes, eles simplesmente vão até a casa de alguém ou se organizam e pedem para um adulto lhes dar uma carona até o *shopping* ou até o cinema. Uma preocupação especial com o namoro precoce e com o "ficar" com alguém é o risco associado à gravidez na adolescência e aos problemas em casa e na escola.

Relações amorosas entre os jovens de minorias sexuais A maior parte das pesquisas sobre relações amorosas na adolescência focou nos relacionamentos heterossexuais. Recentemente, os pesquisadores começaram a estudar os relacionamentos amorosos em jovens *gays*, lésbicas e bissexuais (Diamond e Savin-Williams, 2009, 2011; Savin-Williams, 2011).

A média de idade de início da atividade com o mesmo sexo entre as meninas oscila entre 14 e 18 anos, e entre os meninos de 13 a 15 anos (Diamond e Savin-Williams, 2009, 2011). O parceiro inicial mais comum do mesmo sexo é um amigo próximo. Mais adolescentes lésbicas têm encontros sexuais com meninos antes da atividade com o mesmo sexo, ao passo que os adolescentes *gays* apresentam a sequência oposta (Savin-Williams, 2011).

A maioria dos jovens de minorias sexuais tem experiência sexual com o mesmo sexo, mas relativamente poucos têm relações amorosas com o mesmo sexo devido às oportunidades limitadas e à desaprovação social que tais relações podem gerar na família ou nos pares heterossexuais (Diamond e Savin-Williams, 2009, 2011). A importância do romance para os jovens de minorias sexuais foi ressaltada em um estudo que constatou que eles classificavam o rompimento de um romance atual como seu segundo problema mais estressante, perdendo apenas para contar aos pais sobre a sua orientação sexual (D'Augelli,1991). As possibilidades

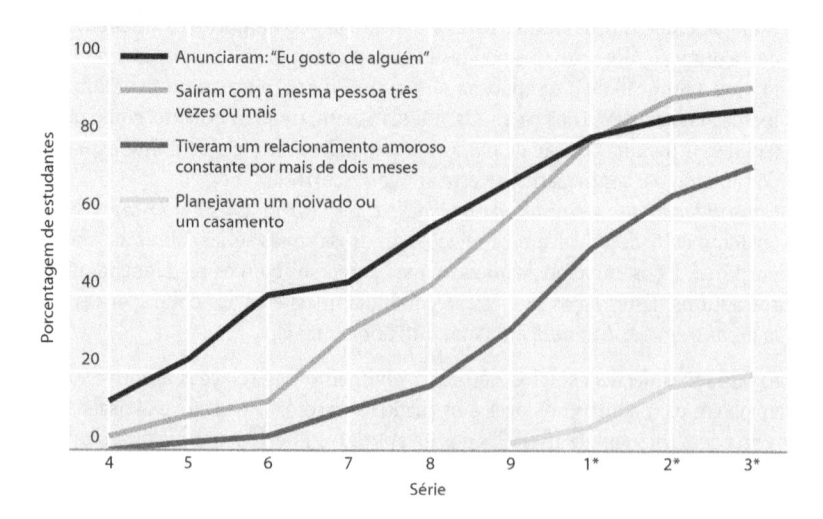

FIGURA 9.5
Idade de início da atividade amorosa. Neste estudo, o anúncio: "Eu gosto de alguém" ocorreu mais cedo, seguido por sair com a mesma pessoa três vezes ou mais, ter um relacionamento amoroso constante por mais de dois meses e, por fim, planejar um noivado ou um casamento (o que caracterizou apenas uma pequena porcentagem dos participantes na 3ª série do ensino médio) (Buhrmester, 2001).
*Referem-se às séries do ensino médio.

amorosas dos jovens das minorias sexuais são complexas (Diamond e Savin-Williams, 2009, 2011; Savin-Williams, 2011). Para abordarmos adequadamente os interesses relacionais dos jovens das minorias sexuais, não podemos fazer generalizações com base nos jovens heterossexuais e simplesmente trocar os rótulos. Em vez disso, precisamos considerar a ampla variação nos desejos sexuais dos jovens de minorias sexuais e as relações amorosas com parceiros do mesmo e do outro sexo.

EMOÇÃO, AJUSTAMENTO E RELAÇÕES AMOROSAS

As emoções amorosas podem envolver as vidas dos adolescentes e dos adultos emergentes (Crissey, 2009). Em alguns casos, estas emoções são positivas, em outros casos, negativas. Uma preocupação é que, em alguns casos, as emoções negativas são tão intensas e prolongadas que podem levar a problemas de ajustamento.

Emoções nas relações amorosas Um jovem de 14 anos conta que está apaixonado e não consegue pensar em mais nada. Uma garota de 15 anos está aflita porque "todo mundo tem namorado, menos eu". Como acabamos de ver, os adolescentes passam muito tempo pensando sobre o envolvimento amoroso. Alguns destes pensamentos podem envolver emoções positivas de compaixão e alegria, mas também podem incluir emoções negativas como preocupação, decepção e ciúmes. E o rompimento de uma relação amorosa pode resultar em depressão ou outros problemas (Sbarra, 2006).

Os relacionamentos amorosos estão, em geral, envolvidos nas experiências emocionais dos adolescentes. Em um estudo de estudantes da 1ª à 4ª série do ensino médio, as meninas deram as relações heterossexuais reais e fantasiadas como explicação para mais de um terço das suas emoções fortes e os meninos deram esta razão para 25% das suas emoções fortes (Wilson-Shockley, 1995). As emoções estavam muito menos vinculadas a escola (13%), família (9%) e relações com pares do mesmo sexo (8%). A maioria das emoções foi relatada como positiva, mas uma minoria substancial (42%) foi relatada como negativa, incluindo sentimentos de ansiedade, raiva, ciúmes e depressão.

Os adolescentes que têm um namorado ou namorada relataram maiores alterações emocionais diárias do que seus equivalentes que não tinham (Richard e Larson, 1990). Em um período de três dias, uma garota da 3ª série do ensino médio passou de "feliz porque estou com o Dan" para perturbada porque tiveram uma "grande briga" e "ele não quer me ouvir e desliga o telefone quando eu ligo" e depois se sentindo "suicida por causa da briga" e sentindo-se "feliz porque tudo está bem entre o Dan e eu".

Namoro e ajustamento Pesquisadores relacionaram namoro e relações amorosas com várias medidas do quanto os adolescentes são ajustados (Connolly e McIsaac, 2009; Furman e Collins, 2009; Vujeva e Furman, 2011). Considere os seguintes estudos:

- Quanto mais experiências amorosas tinham os jovens da 2ª série do ensino médio, mais eles relatavam níveis mais altos de aceitação social, competência nas amizades e competência amorosa; entretanto, ter mais experiência amorosa também estava relacionado a um nível mais alto de uso de substância, delinquência e comportamento sexual (Furman, Low e Ho, 2009).
- A frequência mais alta de encontros das garotas adolescentes estava relacionada a ter sintomas depressivos e pais indisponíveis emocionalmente (Steinberg e Davila, 2008).
- As garotas adolescentes que se engajavam em corruminação (discussão excessiva de problemas com as amigas) tinham maior probabilidade de estarem envolvidas em um relacionamento amoroso, e a corruminação junto com o envolvimento amoroso prediziam um aumento nos sintomas depressivos (Starr e Davila, 2009).
- Entre as garotas adolescentes, mas não entre os meninos adolescentes, ter um parceiro amoroso mais velho estava relacionado a um aumento nos sintomas depressivos, grandemente influenciado pelo aumento no uso de substância (Haydon e Halpern, 2010).
- Os adolescentes com parceiros amorosos desviantes tinham maior probabilidade de se engajarem em delinquência do que seus equivalentes

O que caracteriza as relações amorosas nos jovens das minorias sexuais?

conexão com o desenvolvimento

Sexualidade. Os jovens de minorias sexuais possuem padrões diversos de atração inicial. Cap. 6, p. 219

Como a emoção está envolvida nas relações amorosas adolescentes? Como as relações amorosas estão ligadas ao ajustamento adolescente?

com parceiros mais pró-sociais, independente do comportamento dos amigos ou dos pais (Lonardo et al., 2009).

O namoro e as relações amorosas em uma idade precoce podem ser especialmente problemáticos (Connolly e McIsaac, 2009). Pesquisadores identificaram que namoro precoce e "sair com alguém" estão relacionados a gravidez na adolescência e problemas em casa e na escola (Florsheim e Edington, 2003).

Término de uma relação amorosa Quando as coisas não vão bem em uma relação amorosa, os adolescentes e os adultos emergentes precisam considerar o término da relação. Em particular, pode ser uma decisão inteligente se você está obcecado por uma pessoa que repetidamente trai a sua confiança; ou se você está desesperadamente apaixonado por alguém que não retribui os seus sentimentos.

Estar apaixonado quando o amor não é retribuído pode levar a depressão, pensamentos obsessivos, disfunção sexual, incapacidade de trabalhar efetivamente, dificuldade para fazer novos amigos e autocondenação. Pensar com clareza em tais relações geralmente é difícil porque elas frequentemente estão ligadas a emoções excitantes.

Alguns indivíduos conseguem tirar proveito dos relacionamentos. Por exemplo, sem que nenhuma das pessoas perceba, um relacionamento pode evoluir de uma forma a criar papéis dominantes e submissos. A detecção deste padrão é um passo importante para reconstruir a relação ou terminá-la, caso os problemas não possam ser resolvidos.

Os estudos sobre os rompimentos amorosos focaram principalmente em seus aspectos negativos (Kato, 2005). Por exemplo, um estudo recente com jovens entre 18 e 20 anos revelou que o comportamento de beber em excesso, usar maconha e fumar cigarros aumentava após o término de um relacionamento amoroso (Fleming et al., 2010). Poucos estudos, no entanto, examinaram a possibilidade de que um rompimento amoroso conduza a mudanças positivas (Sbarra e Ferrer, 2006). Uma pesquisa com estudantes universitários avaliou o crescimento pessoal que se segue a um rompimento amoroso (Tashiro e Frazier, 2003). Os participantes eram 92 estudantes que haviam passado por um rompimento amoroso nos últimos nove meses. Foi pedido que descrevessem "que mudanças positivas, caso tenha havido, aconteceram em consequência do seu rompimento que podem servir para melhorar suas relações amorosas no futuro" (p. 118). Era comum o autorrelato de um crescimento positivo após os rompimentos amorosos. Os tipos mais comuns de crescimento relatados foram sentir-se mais forte emocionalmente e ter mais autoconfiança, ser mais independente e desenvolver novas amizades. As mulheres relataram mais crescimento positivo do que os homens.

O AMOR ROMÂNTICO E SUA CONSTRUÇÃO

O **amor romântico**, também chamado de amor passional ou Eros, possui fortes componentes sexuais e paixão, e frequentemente predomina na primeira parte de um relacionamento amoroso. O amor romântico caracteriza a maior parte do amor adolescente e também é extremamente importante entre os estudantes universitários. Em uma investigação, estudantes universitários não casados de ambos os sexos foram solicitados a identificar o seu relacionamento mais próximo (Berscheid, Snyder e Omoto, 1989). Mais da metade nomeou um parceiro amoroso em vez de um dos genitores, um irmão ou amigo.

Outro tipo de amor é o **amor afetuoso**, também chamado de amor companheiro, o qual ocorre quando os indivíduos desejam ter outra pessoa perto de si e têm uma afeição profunda e de cuidado por essa pessoa. Existe uma forte crença de que o amor apaixonado é mais característico do amor adulto do que do amor adolescente e que os primeiros estágios do amor possuem mais ingredientes românticos do que os estágios posteriores (Berscheid, 2010).

A atração física e a semelhança são aspectos importantes das relações amorosas. Um estudo recente revelou que os adolescentes fisicamente atraentes estavam mais satisfeitos com a sua vida amorosa (Furman e Winkles, 2010). Em outro estudo, as garotas e os rapazes que estavam namorando entre si tendiam a pertencer ao mesmo grupo étnico, a ser provenientes de contextos socioeconômicos similares e a ter sucesso acadêmico parecido quando mensurado pela média das suas notas (Furman e Simon, 2008). Em outro estudo, encontraram-se semelhanças substanciais anteriores ao relacionamento entre os adolescentes e seus futuros parceiros amorosos quanto a popularidade entre os pares, atratividade, aparência física e sin-

---

conexão com o desenvolvimento

Sexualidade. O interesse sexual desempenha um papel importante nas relações românticas dos adolescentes. Cap. 6, p. 213

O amor é um tecido fornecido pela natureza e bordado pela imaginação.

—VOLTAIRE
Filósofo francês, século XVIII

amor romântico Amor que possui fortes componentes sexuais e paixão; também chamado de amor passional ou Eros. Predomina na parte inicial de um relacionamento amoroso.

amor afetuoso Amor que ocorre quando um indivíduo deseja ter outra pessoa perto de si e possui uma afeição profunda e de cuidado por aquela pessoa; também chamado amor companheiro.

tomas depressivos (Simon, Aikins e Prinstein, 2008). Também neste estudo, a influência de um namorado sobre o adolescente foi examinada ao longo do tempo. Especialmente importante foi a influência positiva de um namorado com alto funcionamento sobre um parceiro com baixo funcionamento quando o relacionamento era mais duradouro. Por exemplo, adolescentes que relataram ter inicialmente um nível alto de depressão, mas que namoravam outro adolescente que relatava ter um nível baixo de depressão indicou que, 11 meses mais tarde, apresentariam um nível mais baixo de depressão.

Para que entendamos inteiramente as relações de namoro na adolescência, também precisamos saber como as experiências com os membros da família e os pares contribuem para a forma como os adolescentes e os adultos emergentes constroem as suas relações amorosas (Collins, Welsh e Furman, 2009; Ivanova, Mills e Veenstra, 2011; Nosko et al., 2011; Shulma, Davila e Shachar-Shapira, 2011). A história do apego está ligada às relações de casal na adolescência e na adultez emergente (Stroufe et al., 2005; Stroufe, Coffino e Carlson, 2010). Por exemplo, os bebês que têm um apego ansioso com os seus cuidadores na primeira infância têm menos probabilidade de desenvolver relações amorosas positivas na adolescência do que seus equivalentes com apego seguro. É possível que os adolescentes com apego seguro sejam mais capazes de controlar suas emoções e fiquem mais à vontade para a autorrevelação nas relações amorosas. Um estudo recente também identificou que uma relação positiva com os pais durante a adolescência estava ligada a relações amorosas de melhor qualidade na adultez emergente (Madesen e Collins, 2011). Também neste estudo, a melhor qualidade no namoro adolescente estava relacionada a um processo mais satisfatório nas relações amorosas e a um afeto menos negativo nos relacionamentos amorosos adultos.

Wyndol Furman e Elizabeth Wehner (1998) discutiram como estilos específicos de apego inseguro podem estar ligados às relações amorosas dos adolescentes. Os adolescentes com um apego seguro aos pais provavelmente terão uma aproximação nas relações amorosas com uma expectativa de proximidade, afeto e intimidade. Desta forma, a possibilidade é de que eles se sintam confortáveis em desenvolver relações amorosas próximas e íntimas. Os adolescentes com apego evitativo aos pais têm uma provável expectativa de que os parceiros amorosos sejam indiferentes e indisponíveis. Assim, eles tendem a agir de forma a se distanciarem das relações amorosas. Os adolescentes com apego preocupado/ambivalente aos pais têm a probabilidade de se decepcionar e de se frustrar com intimidade e proximidade nas relações amorosas.

As observações dos adolescentes sobre a relação conjugal dos seus pais também contribuem para a construção das suas próprias relações de namoro. Um estudo recente de garotas israelenses de 17 anos e suas mães revelou que as mães que relatavam um nível mais alto de satisfação conjugal tinham filhas que eram mais competentes nas relações amorosas (com base em dimensões múltiplas, como maturidade, coerência e percepção realista do relacio-

conexão com o desenvolvimento
Apego. Os pesquisadores estão descobrindo inúmeras ligações entre os estilos de apego e as relações amorosas na adultez emergente. Cap. 8, p. 284

Como as experiências com os membros da família influenciam a forma como os adolescentes constroem as relações de namoro?

namento amoroso) (Shulman, Davila e Shachar-Shapira, 2011). Outro estudo revelou que o conflito conjugal dos pais estava ligado ao aumento no conflito nos relacionamentos amorosos nos adultos emergentes (Cui, Finchman e Pasley, 2008).

Em um estudo clássico, E. Mavis Hetherington (1972, 1977) encontrou que o divórcio estava associado a um maior interesse em meninos por parte das filhas adolescentes do que a morte de um genitor ou viver em uma família intacta. Além disso, as filhas de pais divorciados tinham uma opinião mais negativa sobre os homens do que as garotas com outras estruturas familiares. E as garotas de famílias divorciadas e de viúvas tinham maior probabilidade de se casarem com um homem parecido com o seu pai do que as garotas de famílias intactas. Hetherington enfatiza que as mulheres das famílias intactas provavelmente tiveram mais oportunidades de resolver a relação com o pai e, por conseguinte, ficam mais livres psicologicamente para namorar e casar com alguém diferente do seu pai.

Pesquisas recentes confirmam que o divórcio dos pais influencia as relações amorosas dos adolescentes. Por exemplo, um estudo recente revelou que o primeiro relacionamento amoroso do adolescente ocorreu mais cedo em famílias divorciadas do que em famílias intactas nunca divorciadas, mas somente quando o divórcio ocorreu na adolescência inicial (Ivanova, Mills e Veenstra, 2011). Uma explicação para este momento do impacto do divórcio é o aumento da sensibilidade durante períodos de transição, como a adolescência inicial.

É provável que os pais também fiquem mais envolvidos ou interessados nos padrões de namoro e relacionamentos das suas filhas do que dos seus filhos. Por exemplo, em uma investigação, as garotas universitárias tinham muito maior probabilidade do que seus equivalentes masculinos de dizer que os pais tentaram influenciar com quem elas namoravam durante a adolescência (Knox e Wilson, 1981). Elas também indicaram que não era incomum que seus pais tentassem interferir em suas escolhas de namoro e de relacionamentos.

As relações com os pares e com as amizades também oferecem oportunidades de aprender modos de se relacionar que são transferidos para as relações amorosas (Collins, Welsh e Furman, 2009; Furman e Winkles, 2010). Um estudo longitudinal revelou que as amizades na metade da infância estavam ligadas à segurança nos namoros, como também à intimidade nos namoros aos 16 anos (Collins, Hennighusen e Sroufe, 1998; Collins e van Dulmen, 2006).

Uma pesquisa realizada por Jennifer Connolly e colaboradores (Connolly, Furman e Konarski, 2000; Connolly e Stevens, 1999; Connolly et al., 2004) documenta o papel dos pares na emergência do envolvimento amoroso na adolescência. Em um estudo, os adolescentes que faziam parte de grupos de pares com sexo misto evoluíam mais prontamente para os relacionamentos amorosos do que seus equivalentes cujos grupos de pares com sexo misto eram mais limitados (Connolly, Furman e Konarski, 2000). Outro estudo também constatou que os adolescentes jovens aumentam a sua participação em grupos de pares mistos (Connolly et al., 2004). Esta participação "não estava focada explicitamente nos namoros, mas reunia os meninos e as meninas em contextos nos quais a interação heterossexual pode ocorrer, mas não é obrigatória. [...] Especulamos que os grupos de gênero misto são importantes porque se encontram facilmente à disposição dos adolescentes jovens, os quais podem fazer parte dos mesmos dentro do nível de conforto de cada um" (p. 201).

GÊNERO E CULTURA

Os namoros e as relações amorosas podem variar de acordo com o gênero e a cultura. Pense na sua época de escola no ensino fundamental (anos iniciais e anos finais) e no ensino médio e considere como é provável que o gênero tenha influenciado as suas relações amorosas.

Gênero Os adolescentes e as adolescentes trazem motivações diferentes para a experiência do namoro? Candice Feiring (1996) constatou que sim. As garotas de 15 anos tiveram maior probabilidade de descrever o romance em termos de qualidades interpessoais; os garotos descreveram em termos de atração física. Entre os adolescentes jovens, as qualidades associativas de companheirismo, intimidade e apoio foram frequentemente mencionadas como dimensões positivas dos relacionamentos amorosos, mas amor e segurança não foram. Além disso, os adolescentes jovens descreveram a atração física mais em termos de atratividade e beleza do que em termos de sexualidade (como, por exemplo, beijar bem). Possivelmente, no

---

conexão com o desenvolvimento
Gênero. Foram encontradas diferenças entre os gêneros nos *scripts* sexuais. Cap. 6, p. 214

scripts **de namoro** Modelos cognitivos que os adolescentes e os adultos usam para guiar e avaliar as interações no namoro.

O que caracteriza os scripts *de namoros na adolescência?*

entanto, o fato de não discutirem interesses sexuais deveu-se ao desconforto dos adolescentes em falar a respeito desses sentimentos com um adulto desconhecido.

Os **scripts** de namoro são os modelos cognitivos que adolescentes e adultos usam para guiar e avaliar suas interações no namoro. Em um estudo, os primeiros encontros tinham um *script* que seguia fielmente os papéis de cada gênero (Rose e Frieze, 1993). Os rapazes seguiram um *script* proativo, as garotas um reativo. Os *scripts* dos rapazes envolviam dar início ao namoro (convidar para sair e planejar a saída), controlar o domínio público (dirigir e abrir as portas) e iniciar a interação sexual (fazer contato físico, "dar um amasso" e beijar). O *script* das garotas focava no domínio privado (preocupação com a aparência, curtir o encontro), participação na estrutura do encontro proposto pelo rapaz (ser pega em casa, deixar que ele abra as portas) e responder às atitudes sexuais dele. Estas diferenças no gênero dão mais poder aos rapazes no estágio inicial do relacionamento.

Etnia e cultura O contexto sociocultural exerce uma influência poderosa nos padrões de namoro adolescente e na seleção do parceiro. Os valores e as crenças religiosas das pessoas nas várias culturas frequentemente ditam a idade em que começam os encontros, o quanto é dado de liberdade no namoro, até que ponto os namoros são monitorados pelos pais ou outros adultos e os respectivos papéis de homens e mulheres no namoro. No mundo árabe, nos países asiáticos e na América do Sul, os adultos são, em geral, altamente restritivos nas relações amorosas das garotas adolescentes.

Quais são algumas variações étnicas no namoro durante a adolescência?

Os imigrantes trouxeram com eles esses padrões restritivos para os Estados Unidos. Por exemplo, as famílias latinas e asiáticas geralmente possuem padrões mais conservadores quanto aos namoros dos adolescentes do que a cultura anglo-americana. Em especial, quando um adolescente quer sair com alguém de fora do seu grupo étnico, o namoro pode ser uma fonte de conflito cultural para as famílias que provêm de culturas nas quais o namoro começa em uma idade mais avançada; é concedida pouca liberdade nos namoros; os encontros são monitorados e o namoro das garotas é especialmente restringido.

Em um estudo, adultos jovens latinos que viviam na região do meio-oeste dos Estados Unidos refletiram sobre a sua socialização para o namoro e a sexualidade (Raffaelli e Ontai, 2001). Como a maioria dos seus pais encarava o namoro no estilo norte-americano como uma violação dos estilos tradicionais de fazer o cortejo, limites rígidos eram impostos aos envolvimentos amorosos dos jovens. Em consequência, muitos dos latinos descreveram as suas experiências de namoro adolescente como repletas de tensão e conflito. A idade média na qual as garotas começavam a ter encontros era 15,7 anos, com as experiências mais precoces ocorrendo sem o conhecimento ou a permissão parental. Mais da metade das garotas se envolveram em "encontros às escondidas".

Revisar *Conectar* **Refletir** **OA4** Caracterizar o namoro e as relações amorosas dos adolescentes.

Revisar
- A que funções serve o namoro?
- Quais são alguns tipos diferentes de namoro? Como o namoro se modifica desenvolvimentalmente durante a adolescência?
- Como as relações amorosas estão ligadas à emoção e ao ajustamento?
- O que é amor romântico e como ele é construído?
- Como o gênero e a cultura estão envolvidos no namoro e nas relações amorosas?

Conectar
- Como os padrões de namoro adolescente norte-americanos e o objetivo dos encontros diferem dos padrões dos adolescentes de outras partes do mundo? (Veja o Capítulo 1.)

Refletir *sua jornada de vida pessoal*
- Pense na sua época do ensino fundamental (anos iniciais e anos finais) e no ensino médio. Quanto tempo você passava pensando em namoro? Se você namorava, como foram as suas experiências de namoro? O que você voltaria a fazer da mesma maneira? O que você faria diferente? Que características você procurava nas pessoas que namorava? Você era idealista demais? Que conselho você daria aos adolescentes de hoje sobre namoro e relações amorosas?

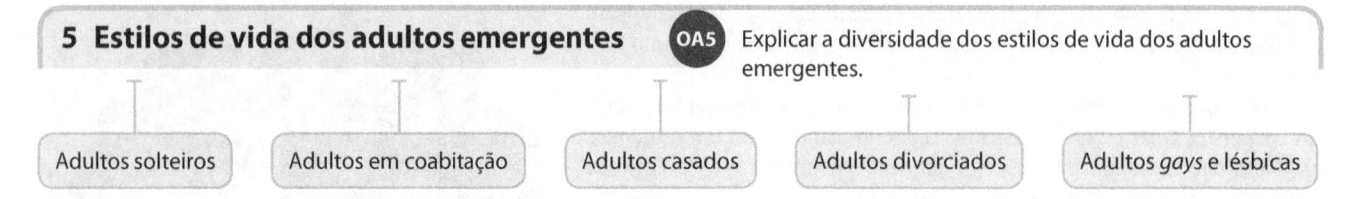

5 Estilos de vida dos adultos emergentes

OA5 Explicar a diversidade dos estilos de vida dos adultos emergentes.

- Adultos solteiros
- Adultos em coabitação
- Adultos casados
- Adultos divorciados
- Adultos *gays* e lésbicas

A adultez emergente não apenas é uma época na qual ocorrem, com frequência, mudanças nas relações amorosas; como também é uma época caracterizada por mudanças de residência e do estilo de vida. No ano 2000, aproximadamente metade dos indivíduos norte-americanos entre 18 e 24 anos estavam morando com os seus pais ou outros parentes, ao passo que aproximadamente um quarto dos que estavam entre 18 e 24 anos haviam formado seus lares, e o outro quarto estava morando com não parentes, com colegas de quarto ou um parceiro não casado (Jekielek e Brown, 2005). Dentre as perguntas que muitos adultos emergentes se fazem quando consideram suas opções de estilo de vida estão: Devo me casar? Em caso afirmativo, quando? Se eu esperar demais, vou ficar para trás? Devo ficar solteiro ou esta é uma vida muito solitária? Quero ter filhos?

Uma mudança social notável nas ultimas décadas é a diminuição do estigma vinculado aos indivíduos que não mantêm o que há muito tempo era considerado uma família convencional. Os adultos emergentes de hoje escolhem muitos estilos de vida e formam muitos tipos de famílias (Benokratis, 2011; Kunz e Kunz, 2011). Eles vivem sozinhos, ou coabitam, ou se casam, ou se divorciam ou vivem com alguém do mesmo sexo.

Em um livro recente, *The Marriage-Go-Round* (*O Carrossel do Casamento*)*, o sociólogo Andrew Cherlin (2009) concluiu que os Estados Unidos têm mais casamentos e recasamentos, mais divórcios e mais relacionamentos de coabitação (viver juntos) de curta duração do que a maioria dos países. Combine estes estilos de vida e ficará evidente que nos Estados Unidos existe mais rotatividade e movimento de entrada e saída de relacionamentos do que em praticamente qualquer outro país. Exploremos agora estes estilos variados de relacionamento.

ADULTOS SOLTEIROS

As décadas recentes testemunharam um crescimento drástico na porcentagem de adultos solteiros. Dados recentes (2009) indicam que pela primeira vez na história a proporção de indivíduos entre 25 e 34 anos que nunca foram casados (46%) excedeu o daqueles que eram casados (45%) (U.S. Census Bureau, 2010). O número crescente de adultos solteiros é resultado do crescimento nos índices de coabitação e adiamento do casamento.

Mesmo quando os solteiros gostam do seu estilo de vida e são indivíduos altamente competentes, frequentemente são estereotipados (Koropeckyj-Cox, 2009). Os estereótipos associados a ser solteiro oscilam de "promíscuo" até "solteiro desesperado, solitário e suicida". É claro que a maioria dos adultos solteiros se encontra em algum ponto entre estes extremos. Os problemas comuns dos adultos solteiros podem incluir formar relacionamentos íntimos com outros adultos, defrontar-se com a solidão e encontrar um nicho na nossa sociedade, que é direcionada para o casamento. Bella DePaulo (2007, 2011) defende que a sociedade mantém um preconceito disseminado contra adultos não casados que é visto em toda a parte, desde a perda de benefícios no emprego até um profundo preconceito social e financeiro.

As vantagens de ser solteiro incluem ter tempo para tomar decisões sobre o curso da própria vida, tempo para desenvolver recursos pessoais para alcançar objetivos, liberdade para tomar decisões autônomas e seguir os próprios cronogramas e interesses, oportunidades de explorar lugares novos e experimentar coisas novas, além de privacidade.

Um levantamento recente nos Estados Unidos com mais de 5 mil adultos solteiros acima de 21 anos revelou que os homens estão agora mais interessados em amor, casamento e filhos do que estavam os seus equivalentes das gerações anteriores (Match.com, 2011). Neste estudo, as mulheres de hoje desejam mais independência nos seus relacionamentos do que as suas mães desejavam. Em todas as faixas etárias, as mulheres relataram que, até certo ponto, mais do que os homens, elas querem ter seus próprios interesses, espaço pessoal, conta bancária,

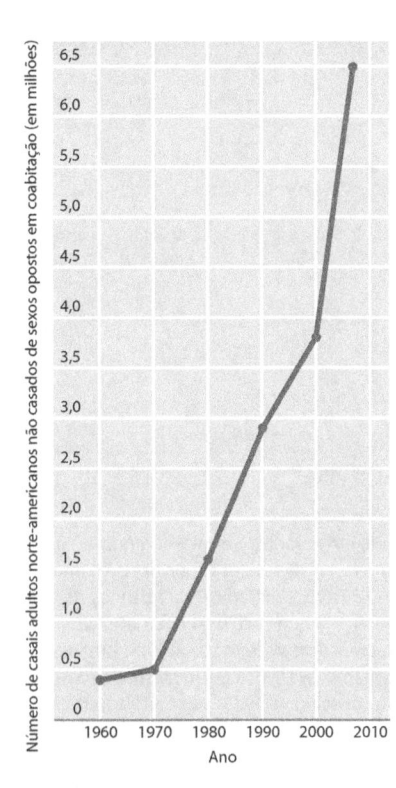

FIGURA 9.6
Aumento da coabitação nos Estados Unidos. Desde 1970, houve um aumento drástico no número de adultos não casados que vivem juntos nos Estados Unidos.

---

* N. de T.: Um trocadilho com a palavra "merry-go-round", que significa "carrossel".

saídas constantes à noite com as amigas e a liberdade de tirar férias sozinhas. Tenha em mente, entretanto, que este levantamento consistiu de adultos solteiros em um *site* de relacionamento da internet e, assim, está muito distante de ser uma amostra aleatória de adultos solteiros.

ADULTOS EM COABITAÇÃO

Coabitação refere-se a viver junto em um relacionamento sexual sem que os parceiros sejam casados.

A coabitação passou por mudanças consideráveis mais recentemente (Goodwin, Mosher e Chandra, 2010). Conforme indicado na Figura 9.6, houve um crescimento drástico no número de casais norte-americanos em coabitação desde 1970, com mais de 75% coabitando antes de se casarem (Popenoe, 2009). E a tendência não demonstra nenhum sinal de diminuição – de 3,8 milhões de casais coabitando no ano 2000 para 6,5 milhões em 2007. As taxas de coabitação são ainda maiores em alguns países – na Suécia, por exemplo, a coabitação antes do casamento é praticamente universal (Stokes e Raley, 2009).

Muitos casais encaram a coabitação não como um precursor do casamento, mas como um estilo de vida contínuo (Huang et al., 2011; McClain, 2011). Muitos destes casais não querem os aspectos oficiais do casamento. No entanto, um estudo recente de casais em coabitação identificou que os homens estavam mais preocupados com sua perda de liberdade, ao passo que as mulheres estavam mais preocupadas com a demora no casamento (Huang et al., 2011). Nos Estados Unidos, os arranjos de coabitação tendem a ter vida curta, com um terço deles durando menos de um ano (Hyde e DeLamater, 2011). Menos de um em cada dez dura mais de cinco anos. Obviamente, é mais fácil terminar uma relação de coabitação do que se divorciar.

Os casais que coabitam enfrentam certos problemas (Rhoades, Stnley e Markman, 2009). A desaprovação dos pais e outros membros da família pode exercer uma pressão emocional no casal em coabitação. Alguns casais em coabitação têm dificuldade em adquirir uma propriedade em conjunto. Os diretos legais no término do relacionamento são menos certos do que em um divórcio. Um estudo também revelou que as mulheres em coabitação experimentam um risco elevado de violência do parceiro se comparadas com as mulheres casadas (Brownridge, 2008).

Se um casal vive junto antes de casar, a coabitação ajuda ou prejudica suas chances de posteriormente ter um casamento estável e feliz? A maioria dos estudos encontrou índices mais baixos de satisfação conjugal e índices mais altos de divórcio em casais que viveram juntos antes de se casarem (Whitehead e Popenoe, 2003).

O que poderia explicar o achado de que a coabitação está ligada ao divórcio mais do que a não coabitação? A explicação que é dada com mais frequência é que o estilo de vida menos tradicional de coabitação pode atrair indivíduos menos convencionais que, antes de mais nada, não acreditam muito no casamento. Uma explicação alternativa é que a experiência de coabitação modifica as atitudes e os hábitos das pessoas de uma forma que aumenta a sua probabilidade de divórcio.

Pesquisas recentes esclareceram melhor os resultados da coabitação. Uma metanálise encontrou que a correlação negativa entre coabitação e instabilidade conjugal não se manteve quando foi examinada apenas a coabitação com o futuro parceiro conjugal, indicando que estes companheiros podem agregar um significado positivo de mais longo prazo para viverem juntos (Jose, O'Leary e Moyer, 2010). Outro estudo também revelou que para os primeiros casamentos, a coabitação com o cônjuge sem ter noivado antes estava ligada à interação mais negativa e a uma probabilidade mais alta de divórcio quando comparados aos que coabitaram após um noivado (Stanley et al., 2010). Em contraste, a coabitação pré-conjugal antes de um segundo casamento colocava os casais em risco de divórcio independente de terem noivado ou não. Além disso, uma análise recente indicou que a coabitação não tem um efeito negativo sobre o casamento se o casal não teve companheiros anteriores ou filhos antes do casamento (Cherlin, 2009).

Quais são algumas diferenças entre as relações de coabitação e de casamento? A coabitação ajuda ou prejudica as chances de um casal ter um casamento bem-sucedido?

coabitação Viver junto em um relacionamento sexual sem que os parceiros sejam casados.

ADULTOS CASADOS

Até quase 1930, o casamento estável era amplamente aceito como o ponto final do desenvolvimento adulto. Nos últimos 60 anos, entretanto, a realização pessoal dentro e fora do casamento surgiu como um objetivo que compete com a estabilidade conjugal.

(a) Nos países escandinavos, a coabitação é popular; apenas uma pequena porcentagem de jovens entre 20 e 24 anos é casada. (b) Os jovens adultos japoneses moram por mais tempo na casa dos seus pais antes de se casarem do que os adultos jovens na maioria dos países.

Tendências conjugais Nos últimos anos, as taxas de casamentos nos Estados Unidos caíram (Waite, 2009). De 2007 a 2009, a taxa de casamentos continuou a cair (National Vital Statistical Reports, 2010). Atualmente, pouco mais de 50% dos norte-americanos são casados, uma queda em relação aos 70% em 1960 (Pew Research Center, 2010).

Mais adultos estão permanecendo solteiros por mais tempo, com 27% dos adultos norte-americanos nunca tendo se casado atualmente (Pew Research Center, 2010). Em 2007, a idade média nos Estados Unidos para um primeiro casamento subiu para 27,5 anos para os homens e 25,6 anos para as mulheres, mais alta do que em qualquer outro momento da história (U.S. Census Bureau, 2008). Em 1980, a idade média para um primeiro casamento nos Estados Unidos era de 24 anos para os homens e de 21 anos para as mulheres. Além disso, o aumento na coabitação e uma pequena queda na porcentagem de indivíduos divorciados que voltam a se casar contribuem para a queda nas taxas de casamentos nos Estados Unidos (Stokes e Raley, 2009).

Apesar da queda nas taxas de casamentos, os Estados Unidos ainda constituem uma sociedade que se casa (Popenoe, 2009). Atualmente, em torno de 70% dos norte-americanos já se casaram pelo menos uma vez (U.S. Census Bureau, 2010). Em uma recente pesquisa nacional de opinião, mais de 40% dos norte-americanos com menos de 30 anos acreditam que o casamento está fadado à extinção, embora apenas 5% destes adultos jovens tenham dito que não queriam se casar (Pew Research Center, 2010). Em uma análise recente, Andrew Cherlin (2009) explicou estes resultados como refletindo o impacto do casamento como uma forma de mostrar aos amigos e à família que você tem uma vida social de sucesso.

Existe uma idade ideal para se casar? Os casamentos na adolescência têm maior probabilidade de terminar em divórcio do que os casamentos na idade adulta (Waite, 2009). Um levantamento revelou que se casar nos Estados Unidos entre os 23 e os 27 anos resultava em uma probabilidade menor de se divorciar (Glenn, 2005). Entretanto, de um modo geral, os pesquisadores não conseguiram estabelecer claramente uma idade específica ou período de anos na idade adulta para se casar que é mais provável de resultar em um casamento de sucesso (Furstenberg, 2007).

Comparações internacionais do casamento também revelam que os indivíduos nos países escandinavos se casam mais tarde do que os norte-americanos, ao passo que seus equivalentes africanos, asiáticos, latino-americanos e da Europa oriental se casam mais cedo (Waite, 2009). Na Dinamarca, por exemplo, quase 80% das mulheres e 90% dos homens entre 20 e 24 anos nunca se casaram. Na Hungria, menos de 40% das mulheres e 70% dos homens da mesma idade nunca se casaram. No países escandinavos, a coabitação é popular entre os adultos jovens; no entanto, a maioria dos escandinavos acaba por se casar (Popenoe, 2008). Na Suécia, em média, as mulheres retardam o casamento até os 31 anos, os homens até os 33. Alguns países, como a Hungria, incentivam o casamento precoce e a geração de filhos para compensar o declínio da população. Como os países escandinavos, o Japão possui uma alta proporção de pessoas jovens não casadas. Entretanto, em vez de coabitar, como os escandinavos, os jovens adultos japoneses não casados moram na casa dos pais por mais tempo antes de se casarem.

> Quando duas pessoas estão sob a influência das mais violentas, mais insanas, mais ilusórias e mais transitórias paixões, elas precisam jurar que permanecerão continuamente nessa condição entusiasmada, anormal e exaustiva até que a morte os separe.
> —GEORGE BERNARD SHAW
> *Dramaturgo irlandês, século XX*

Os benefícios de um bom casamento Existem benefícios em ter um bom casamento? Sim. Os indivíduos que são felizes no casamento vivem mais tempo, têm vidas mais saudáveis do que os indivíduos divorciados e os que têm um casamento infeliz (Choi e Marks, 2001; Waite, 2009). Um estudo indicou que quanto mais tempo as mulheres estivessem casadas, menos provavelmente elas desenvolveriam a condição de uma doença crônica e quanto mais tempo os homens estivessem casados, menor era seu risco de desenvolver uma doença (Dupre e Meadows, 2007). Um estudo recente de adultos norte-americanos acima de 50 anos também revelou que passar uma parte menor da vida adulta no casamento estava relacionado a um aumento na probabilidade de morrer em idade mais precoce (Henretta, 2010). Além do mais, um casamento infeliz pode encurtar a vida de uma pessoa em uma média de quatro anos (Gove, Style e Hughes, 1990).

Educação pré-marital A educação pré-marital acontece em grupo e tem seu foco em recomendações para o casamento. A educação pré-marital pode melhorar a qualidade de um casamento e talvez reduzir as chances de que o casamento acabe em divórcio? Pesquisadores descobriram que sim (Carroll e Doherty, 2003; Owen et al., 2011). Por exemplo, um levantamento recente com mais de 3 mil adultos revelou que a educação pré-marital estava relacionada a um nível mais alto de satisfação conjugal e comprometimento com o cônjuge, um nível mais baixo de conflito conjugal destrutivo e uma probabilidade 31% mais baixa de divórcio (Stanley et al., 2006). Os programas de educação pré-marital do estudo variavam de algumas horas até 20 horas, com uma mediana de 8 horas. É recomendável que a educação pré-marital comece aproximadamente de seis meses a um ano antes do casamento.

ADULTOS DIVORCIADOS

O divórcio se transformou em uma epidemia nos Estados Unidos (Hoelter, 2009). Entretanto, a taxa de divórcios caiu nas últimas décadas depois de atingir o pico de 5,1 divórcios por mil pessoas em 1981 e baixou para 3,6 divórcios por mil pessoas em 2009 (Centro Nacional de Estatísticas Vitais, 2010). Ainda assim, os Estados Unidos possui uma das taxas mais altas de divórcio no mundo.

Os indivíduos de alguns grupos têm uma incidência mais alta de divórcio (Amato, 2010). O casamento juvenil, o baixo nível de instrução, a baixa renda, o fato de não ter uma afiliação religiosa, de ter pais divorciados e de ter um bebê antes do casamento são fatores associados ao aumento no número de divórcios (Hoelter, 2009). E estas características de um dos parceiros aumentam a probabilidade de divórcio: alcoolismo, problemas psicológicos, violência doméstica, infidelidade e divisão inadequada do trabalho doméstico (Hoelter, 2009).

Indicamos, anteriormente, que os pesquisadores não conseguiram definir uma idade específica ideal para se casar que reduza a probabilidade de o casamento acabar em divórcio. No entanto, se ocorrer um divórcio, ele geralmente acontece no começo do casamento; a maioria deles ocorre entre o quinto e o décimo ano de casamento (Centro Nacional de Estatísticas em Saúde, 2000) (veja a Figura 9.7). Este momento pode refletir o esforço dos parceiros de permanecer em casamentos conturbados e tentar resolver as diferenças. Se depois de vários anos estes esforços não melhoram o relacionamento, eles então buscam o divórcio.

Mesmo aqueles adultos que tomaram a iniciativa para o seu divórcio enfrentam desafios depois que o casamento termina (Keyes, Hatzenbuehler e Hasin, 2011; Lee et al., 2011). Tanto as mulheres quanto os homens divorciados se queixam de solidão, diminuição na autoestima,

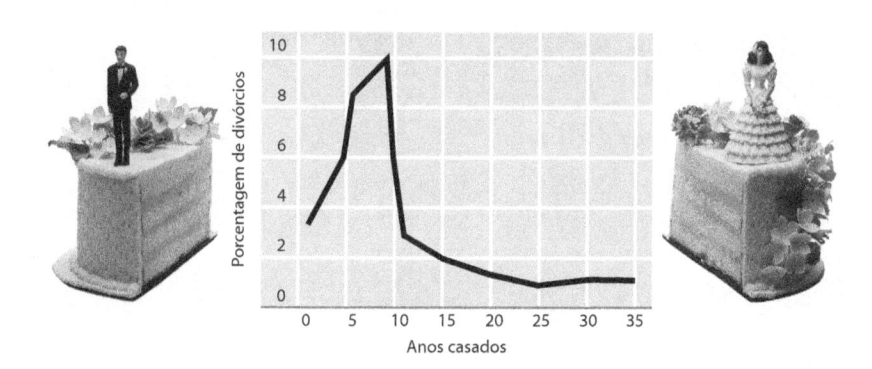

FIGURA 9.7
Taxa de divórcios em relação ao número de anos casados. Aqui é apresentada a porcentagem de divórcios como função do tempo no qual os casais ficaram casados. Observe que a maioria dos divórcios ocorre nos primeiros anos do casamento, chegando ao seu ápice entre os cinco e os dez anos de casamento.

ansiedade quanto ao desconhecido em suas vidas e dificuldade em formar novos relacionamentos íntimos satisfatórios.

Psicologicamente, uma das características mais comuns dos adultos divorciados é a dificuldade para confiar em outra pessoa em um relacionamento amoroso. Depois de um divórcio, no entanto, a vida das pessoas pode tomar diversos rumos (Tashiro, Frazier e Berman, 2005). Por exemplo, em uma pesquisa, 20% do grupo divorciado "se tornava mais competente, bem-ajustado e satisfeito consigo" após seu divórcio (Hetherington e Kelly, 2002, p. 98). Eles eram competentes em muitas áreas da vida e demonstravam uma incrível habilidade para se recuperar da circunstância estressante e criar alguma coisa significativa a partir dos problemas.

ADULTOS *GAYS* E LÉSBICAS

O contexto social e legal do casamento cria barreiras para o rompimento que geralmente não existem para parceiros do mesmo sexo (Rostosky et al., 2010). Mas, em outros aspectos, os pesquisadores constataram que as relações *gays* e lésbicas são similares – nas suas satisfações, amores, alegrias e conflitos – às relações heterossexuais (Crooks e Baur, 2011). Por exemplo, como os casais heterossexuais, os casais *gays* e lésbicas precisam encontrar um equilíbrio entre o amor romântico, a afeição, a autonomia e a igualdade que seja aceitável para ambos os parceiros (Hope, 2009). Um número crescente de casais *gays* e lésbicas está formando famílias que incluem filhos.

Os casais de lésbicas, em especial, dão alta prioridade para a qualidade dos seus relacionamentos (Fingerhut e Peplau, 2012). De fato, alguns pesquisadores constataram que os casais de *gays* e lésbicas são mais flexíveis em seus papéis de gênero do que os indivíduos heterossexuais (Marecek, Finn e Cardell, 1988). E um estudo recente de casais revelou que no curso de dez anos de coabitação, os parceiros nas relações *gays* e lésbicas apresentaram um nível médio mais alto de qualidade no relacionamento do que os casais heterossexuais (Kurdek, 2008).

Existem muitas concepções erradas sobre casais de *gays* e de lésbicas (Diamond, Fagundes e Butterworth, 2010). Contrariamente aos estereótipos, em apenas uma pequena porcentagem dos casais de *gays* e de lésbicas, um parceiro representa o papel masculino e o outro o feminino. Apenas um pequeno segmento da população *gay* possui numerosos parceiros sexuais, e isso é incomum entre as lésbicas. Além do mais, pesquisadores constataram que os casais gays e lésbicos preferem relacionamentos com comprometimento e de longo prazo (Fingerhut e Peplau, 2012). Aproximadamente metade dos casais *gays* comprometidos tem um relacionamento aberto que permite a possibilidade de sexo (mas não amor companheiro) fora do relacionamento. Os casais de lésbicas geralmente não têm esta relação aberta.

Revisar *Conectar* **Refletir** OA5 Explicar a diversidade dos estilos de vida dos adultos emergentes.

Revisar
- O que caracteriza os adultos solteiros?
- Como é a vida dos adultos em coabitação?
- Quais são alguns aspectos-chave da vida dos adultos casados?
- Como o divórcio afeta os adultos?

- O que caracteriza os estilos de vida de adultos *gays* e lésbicas?

Conectar
- Quais são algumas semelhanças e diferenças entre os relacionamentos de coabitação e os casamentos?

Refletir *sua jornada de vida pessoal*
- Que tipo de estilo de vida você está vivendo hoje? Em sua opinião, quais são as vantagens e desvantagens? Se você pudesse ter um estilo de vida diferente, qual seria? Por quê?

ATINJA SEUS OBJETIVOS DE APRENDIZAGEM

1 Explorar as relações entre pares e as amizades

OA1 Discutir o papel das relações entre pares, as amizades e a solidão no desenvolvimento adolescente.

Relações entre pares

- Pares são os indivíduos que têm aproximadamente mesma idade e mesmo nível de maturidade. Os pares fornecem um meio de comparação social e uma fonte de informações que vai além da família. Os contextos e os fatores de diferença individual influenciam as relações com os pares. As boas relações com os pares são necessárias para um desenvolvimento social normal. A incapacidade de "se conectar" a uma rede social está associada a inúmeros problemas. As relações com os pares podem ser negativas ou positivas. Sullivan salientou que as relações com os pares fornecem o contexto para aprendizagem do modo de reciprocidade simétrica das relações. Relações familiares saudáveis geralmente promovem relações saudáveis com os pares. A pressão para se adequar aos pares é forte durante a adolescência, especialmente em torno da 9ª série e 1ª série do ensino médio. As crianças populares são frequentemente indicadas como melhor amigo e raramente são antipatizadas pelos seus pares. As crianças na média recebem um número médio de indicações positivas e negativas dos seus pares. As crianças ignoradas raramente são indicadas como melhor amigo, mas não são antipatizadas pelos seus pares. As crianças rejeitadas raramente são indicadas como melhor amigo e são antipatizadas pelos pares. As crianças polêmicas são, com frequência, tanto indicadas como melhor amigo quanto antipatizadas pelos pares. O conhecimento social e as habilidades de processamento da informação social estão associados a melhores relações com os pares. A autorregulação da emoção está associada a relações positivas com os pares. As estratégias conglomeradas, também chamadas de *coaching*, envolvem o uso de uma combinação de técnicas, mais do que uma única estratégia, para aprimorar as habilidades sociais dos adolescentes.

Amizades

- Os amigos são um subgrupo dos pares que se engajam em companheirismo mútuo, apoio e intimidade. As funções da amizade incluem companheirismo, estimulação, apoio físico, apoio ao ego, comparação social e intimidade/afeição. Sullivan defende que a importância e a intimidade psicológica dos amigos próximos aumentam de modo significativo na adolescência. As pesquisas apoiam esta visão. As crianças e os adolescentes que se tornam amigos íntimos de indivíduos mais velhos se engajam em comportamentos mais desviantes do que seus equivalentes com amigos da mesma idade. As garotas que amadurecem precocemente têm maior probabilidade do que as que amadurecem tarde de ter amigos mais velhos, uma característica que pode contribuir para problemas de comportamento. Acontecem algumas mudanças nas amizades na adultez emergente. Intimidade e semelhança são duas das características mais importantes das amizades.

Solidão

- A solidão crônica está relacionada a prejuízos na saúde física e mental. A solidão frequentemente surge quando as pessoas fazem transições vitais, portanto, não é de causar surpresa que a solidão seja comum entre os calouros universitários. Indivíduos solitários de forma moderada ou intensa nunca ou raramente se sentem em sintonia com os outros e nunca ou raramente encontram companheirismo quando desejam, ao passo que os outros indivíduos podem valorizar os momentos solitários.

2 Grupos de adolescentes

OA2 Resumir o que acontece nos grupos de adolescentes.

Grupos na infância e na adolescência

- Os grupos na infância são menos formais, menos heterogêneos e menos de sexo misto do que os grupos de adolescentes. O estudo de Dunphy constatou que o desenvolvimento do grupo de adolescente evolui ao longo de cinco estágios.

"Panelinhas" e turmas

- "Panelinhas" são grupos pequenos que variam de dois a 12 indivíduos, aproximadamente, e têm em média de cinco a seis indivíduos. Os membros da "panelinha" são semelantes em idade, geralmente do mesmo sexo e frequentemente participam de atividades similares, compartilhando ideias, andando juntos e desenvolvendo uma identidade de grupo. As turmas são estruturas grupais maiores do que as "panelinhas" e são menos pessoais. Os adolescentes são membros de turmas em geral com base na reputação, e podem ou não passar muito tempo juntos. Muitas turmas são definidas pelas atividades dos adolescentes, como os atletas, os usuários de substâncias, os populares e os independentes.

3 Gênero e cultura **OA3** Descrever os papéis do gênero e da cultura nos grupos de pares e amizades adolescentes.

- **Gênero**
- O mundo social dos grupos de pares adolescentes varia de acordo com o gênero, a condição socioeconômica, a etnia e a cultura. Em termos de gênero, os meninos têm maior probabilidade de se associarem a grupos maiores e a jogos organizados do que as meninas. Os meninos também são mais prováveis do que as meninas de se engajarem em competição, conflito, exibição do ego, comportamento de risco e busca de dominância. Em contraste, as garotas têm maior probabilidade de se engajarem em discurso colaborativo. As garotas se engajam em mais intimidade nos seus relacionamentos do que os garotos.

- **Condição socioeconômica e etnia**
- Em muitos casos, os grupos de pares são segregados de acordo com a condição socioeconômica. Em alguns casos, os adolescentes de minorias étnicas nos Estados Unidos confiam mais nos pares do que os adolescentes das maiorias étnicas.

- **Cultura**
- Em alguns países, como a Índia rural, os países árabes e o Japão, os adultos restringem o acesso ao grupo de pares. Na América do Norte e na Europa, o grupo de pares é um aspecto disseminado nas vidas dos adolescentes.

4 Namoro e relações amorosas **OA4** Caracterizar o namoro e as relações amorosas dos adolescentes.

- **Funções do namoro**
- O namoro pode ser uma forma de recreação, uma fonte de *status* social e de realizações, um aspecto da socialização, um contexto para o aprendizado da intimidade e da experimentação sexual, uma fonte de companheirismo e um meio para escolher o(a) parceiro(a).

- **Tipos de namoro e mudanças desenvolvimentais**
- Três estágios caracterizam o desenvolvimento das relações amorosas na adolescência: (1) entrada nas atrações e associações amorosas, em torno dos 11 e 13 anos, (2) exploração das relações amorosas, em torno dos 14 e 16 anos e (3) consolidação dos laços amorosos diádicos, em torno dos 17 e 19 anos. Os adolescentes mais jovens geralmente começam a andar juntos em grupos de sexo misto. Uma preocupação especial é o namoro precoce, o qual está associado a uma série de problemas. Na adolescência inicial, os indivíduos passam mais tempo pensando no sexo oposto do que estando de fato com ele, mas a tendência é que isso se inverta nos anos do ensino médio. A maioria dos jovens de minorias sexuais tem experiência sexual com indivíduos do mesmo sexo, mas relativamente poucos já têm relações amorosas com pessoas do mesmo sexo.

- **Emoção, ajustamento e relações amorosas**
- As emoções das relações amorosas podem tomar conta da vida dos adolescentes. Às vezes, essas emoções são positivas, às vezes negativas, e elas podem mudar muito rapidamente. Os adolescentes que namoram têm mais problemas, como abuso de substância, do que os que não namoram, mas eles também têm maior aceitação entre os pares.

- **O amor romântico e a sua construção**
- O amor romântico, também chamado de amor apaixonado, envolve sexualidade e paixão, mais do que o amor companheiro. O amor romântico é especialmente proeminente entre adolescentes e estudantes na idade universitária tradicional. O amor companheiro é mais comum na metade e no fim da idade adulta, caracterizando-se como um amor que perdura ao longo do tempo. A visão da construção desenvolvimental enfatiza como as relações com os pais, os irmãos e os pares influenciam como os adolescentes constroem suas relações românticas. A pesquisa de Connolly revelou a importância dos pares e amigos nas relações românticas adolescentes.

- **Gênero e cultura**
- As garotas tendem a encarar o namoro como uma experiência interpessoal; os meninos encaram o namoro mais em termos de atração física. A cultura pode exercer uma influência poderosa sobre o namoro. Muitos adolescentes de famílias imigrantes enfrentam conflitos com seus pais em relação ao namoro.

5 Estilos de vida dos adultos emergentes **OA5** Explicar a diversidade dos estilos de vida dos adultos emergentes.

- **Adultos solteiros**
- Ser solteiro vem se transformando em um estilo de vida proeminente. São muitos os mitos e estereótipos sobre os solteiros, variando desde "solteiros promíscuos" até "solteiros desesperados, solitários e suicidas". Existem vantagens e desvantagens em ser solteiro, sendo a autonomia uma

- Adultos em coabitação
- Adultos casados
- Adultos divorciados
- Adultos *gays* e lésbicas

das vantagens. Intimidade, solidão e encontrar uma identidade positiva dentro de uma sociedade voltada para o casamento são preocupações dos adultos solteiros.

• A coabitação é um estilo de vida crescente para muitos adultos. Ela oferece algumas vantagens, bem como alguns problemas; não leva a uma maior felicidade conjugal, mas também não existem diferenças que sugiram que a coabitação não seja boa para um casamento.

• Embora os adultos estejam permanecendo solteiros por mais tempo e a taxa de divórcios seja alta, a maioria dos norte-americanos ainda se casa. A idade na qual os indivíduos se casam, as expectativas sobre como será o casamento e o curso do desenvolvimento do casamento variam não somente ao longo do tempo dentro de uma cultura, mas também entre as culturas. A educação pré-marital está associada a resultados positivos no relacionamento.

• A taxa de divórcios para os norte-americanos aumentou significativamente no século XX, mas começou a cair na década de 1980. O divórcio é complexo e emocional. No primeiro ano após o divórcio, ocorre um desequilíbrio no comportamento do adulto divorciado, mas alguns anos após o divórcio, certa estabilidade é atingida.

• Existem muitas falsas concepções em relação aos adultos *gays* e lésbicas. Um dos achados mais marcantes quanto aos casais *gays* e lésbicos é o quanto eles são similares aos casais heterossexuais.

TERMOS-CHAVE

pares 307
status sociométrico 310
crianças populares 310
crianças na média 311
crianças ignoradas 311
crianças rejeitadas 311

crianças polêmicas 311
estratégias conglomeradas 313
amigos 314
intimidade na amizade 316
"panelinhas" 319

turmas 319
amor romântico 326
amor afetuoso 326
scripts de namoro 328
coabitação 331

PESSOAS-CHAVE

Judith Smetana 309
Mitchell Prinstein 310
Kenneth Dodge 312
Harry Stack Sullivan 315

Willard Hartup 315
Dexter Dunphy 319
Wyndol Furman 327
Elizabeth Wehner 327

Jennifer Connolly 328
Candice Feiring 328
Andrew Cherlin 330

RECURSOS PARA MELHORAR A VIDA DOS ADOLESCENTES

Understanding Peer Influence in Children and Adolescents
Editado por Mitchell Prinstein e Kenneth Dodge (2008)

Importantes especialistas descrevem as muitas facetas das relações com os pares na adolescência, incluindo questões atuais, processos de influência dos pares, aspectos positivos e negativos das relações com os pares e *bullying*.

Adolescent Romantic Relationships
W. Andrew Collins, Deborah Welsh e Wyndol Furman (2009)
Annual Review of Psychology, Vol. 60
Palo Alto, Califórnia: Annual Reviews

Especialistas apresentam uma visão global atualizada da teoria e de pesquisas sobre este tópico tão negligenciado: os relacionamentos amorosos na adolescência.

Just Friends
Lilian Rubbin (1985)
Nova Iorque: HarperCollins

Apenas Amigos explora a natureza da amizade e da intimidade.

Marriage-Go-Round
Andrew Cherlin (2009)
Nova Iorque: Random House

O importante sociólogo Andrew Cherlin fornece informações atualizadas sobre as tendências em coabitação, casamento e divórcio.

The Seven Principles for Making Marriages Work
John Gottman e Nan Silver (1999)
Nova Iorque: Crown

John Gottman, importante especialista em relacionamentos, faz valiosas recomendações sobre o que faz os casamentos darem certo com base em sua extensa experiência de pesquisa.

capítulo 10 ESCOLA

esboço do capítulo

Abordagens na educação dos estudantes

Objetivo de aprendizagem 1 Descrever abordagens na educação dos estudantes.

Abordagens contemporâneas para a aprendizagem do estudante

Transições na escolaridade

Objetivo de aprendizagem 2 Discutir as transições na escolaridade desde a adolescência inicial até a adultez emergente.

Transição para os últimos anos do ensino fundamental
Evasão escolar no ensino médio
Transição do ensino médio para o ensino superior
Transição do ensino superior para o trabalho

Os contextos sociais das escolas

Objetivo de aprendizagem 3 Explicar como os contextos sociais das escolas influenciam o desenvolvimento adolescente.

Mudanças nos contextos sociais desenvolvimentais
Clima e manejo da sala de aula
Adequação pessoa-ambiente
Professores, pais, pares e atividades extracurriculares
Cultura

Adolescentes excepcionais

Objetivo de aprendizagem 4 Caracterizar os adolescentes excepcionais e a sua educação.

Quem são os adolescentes com deficiências?
Dificuldades de aprendizagem
Transtorno de déficit de atenção/hiperatividade
Adolescentes superdotados

ADOLESCÊNCIA 339

Para aprimorar a educação de nível médio nos Estados Unidos, o National Research Council (2004) emitiu uma forte recomendação de que os professores precisam encontrar formas de se empenhar no trabalho de motivação dos alunos para a aprendizagem. Aqui, estão algumas estratégias que vários professores premiados usam para engajar os alunos na aprendizagem:

- Um ex-aluno em risco, Henry Brown, recente Professor do Ano na Flórida, hoje ensina matemática. Metade dos seus alunos ingressa no ensino médio com habilidades em matemática abaixo do nível da 6ª série do ensino fundamental. Brown consegue engajá-los por meio do ensino de habilidades na matemática do mundo real. Em um projeto, ele criou uma corporação fictícia e fez os alunos assumirem diferentes papéis, aprendendo importantes habilidades matemáticas enquanto trabalhavam e tomavam decisões na corporação (*USA Today*, 2001).
- Peter Karpyk, professor de química do ensino médio em West Virginia, utiliza uma ampla variedade de atividades para dar vida à ciência para os alunos. Ele faz os alunos procederem com demonstrações de química nas escolas de ensino fundamental e descobriu que alguns alunos que não se saem bem nos testes se sobressaem quando ensinam as crianças. Ele também adapta seu ensino com base no *feedback* dos ex-alunos e incorpora questões dos seus testes de química da universidade como questões bônus nos seus testes para o ensino médio para desafiar e motivar seus alunos (Wong Briggs, 2005).
- Peggy Schweiger, professora de física no Texas, torna a ciência mais interessante ao dar aos alunos oportunidades de explorar problemas de ciência do dia a dia. Entre os projetos que ela desenvolve com os alunos estão fazer a instalação elétrica em uma casa de bonecas e fazer réplicas de barcos para uma regata. Uma de suas ex-alunas, Alison Arnett, de 19 anos, disse:

  > Ela nos ensinou como pensar e aprender, e não a ter sucesso nas aulas de física. Nós éramos encorajados a subir nas carteiras, grudar coisas no teto e até a atirar um ovo na cabeça dela para ilustrar a física – qualquer coisa para nos fazer descobrir que nós vivemos com a física todos os dias. (*USA Today*, 2001, p. 6)

- Carmella Williams Scott, professora do ensino fundamental (anos finais) na Geórgia, criou a Juvenile Court TV, um sistema judicial comandado pelos alunos, para que eles possam vivenciar como funcionam esses sistemas. Ela se voltou especialmente para os líderes de gangues visando à inclusão deles no sistema, pois eles comandam a escola. Scott gosta de fazer perguntas significativas para estimular o pensamento crítico dos alunos. Ela acredita que o respeito mútuo é um fator-chave do seu sucesso como professora e com os problemas de falta de disciplina que ela enfrenta em suas aulas (Wong Briggs, 1999).

Peter Karpyk se enrolou em um plástico a vácuo para demonstrar os efeitos da pressão do ar em sua aula de química no ensino médio.

Henry Brown ensina habilidades de matemática no mundo real a alunos em risco para ajudá-los a se envolver mais na aprendizagem.

Peggy Schweiger com uma aluna que está aprendendo a pensar e a descobrir como a física funciona na vida diária das pessoas.

Carmella Williams Scott tem tido sucesso na criação de uma atmosfera de aprendizagem que estimula o pensamento crítico dos alunos.

apresentação

Na juventude, nós aprendemos. Um contexto importante para a aprendizagem é a escola. A escola não somente estimula o aprendizado acadêmico dos adolescentes, mas também fornece um espaço social onde os pares, os amigos e as turmas podem ter uma influência poderosa sobre o seu desenvolvimento. Nossa exploração da escola neste capítulo enfoca as abordagens na educação dos estudantes, as transições na escolaridade, o contexto social da escola e as estratégias para a educação de adolescentes excepcionais.

1 Abordagens na educação dos estudantes

OA1 Descrever abordagens na educação dos estudantes.

Abordagens contemporâneas para a aprendizagem do estudante

Como existem diversas abordagens para ensinar os estudantes, há muita controvérsia quanto à melhor forma de ensiná-los (Parkay e Stanford, 2010). Também existe considerável interes-

Toda a arte de ensinar é apenas a arte de despertar a curiosidade natural das mentes jovens.

—ANATOLE FRANCE
Novelista francês, século XX

Não se pode dar uma educação a ninguém. Tudo o que você pode dar é a oportunidade de aprender.

—CAROLYN WARNER
Escritora norte-americana, século XX

abordagem construtivista Uma abordagem centrada no aprendiz, que enfatiza a construção cognitiva ativa do conhecimento e do entendimento do adolescente com a orientação do professor.

abordagem da instrução direta Uma abordagem centrada no professor, caracterizada pela direção e pelo controle do professor, pelo domínio das habilidades acadêmicas, pelas expectativas altas em relação aos alunos e pelo máximo de tempo gasto em tarefas de aprendizagem.

se na educação quanto à melhor forma de responsabilizar as escolas e os professores, caso os alunos estejam aprendendo ou não (Popham, 2011).

ABORDAGENS CONTEMPORÂNEAS PARA A APRENDIZAGEM DO ESTUDANTE

Existem duas abordagens contemporâneas principais na aprendizagem do estudante: a construtivista e a instrução direta. Examinaremos as duas abordagens e depois iremos considerar se os professores eficientes as utilizam.

A **abordagem construtivista** está centrada no aprendiz e enfatiza a importância de que os indivíduos construam ativamente seu conhecimento e seu entendimento com a orientação de um professor. Na visão construtivista, os professores não devem tentar simplesmente encher as mentes dos alunos com informações. Em vez disso, os estudantes devem ser encorajados a explorar seu mundo, a descobrir conhecimento, a refletir e a pensar criticamente com o monitoramento cuidadoso e a orientação significativa do professor (Appleton, 2012; McCombs, 2010; Eby, Herrell e Jordan, 2011). A crença construtivista é a de que, por muito tempo, foi exigido que os estudantes norte-americanos ficassem sentados, fossem aprendizes passivos e memorizassem mecanicamente tanto as informações relevantes quanto as irrelevantes.

Atualmente, o construtivismo inclui uma ênfase na colaboração – os estudantes trabalham juntos, empenhando esforços para saber e entender (Slavin, 2011). Um professor com uma filosofia instrucional construtivista não faria seus alunos memorizarem informações mecanicamente, mas lhes daria oportunidades para construir o conhecimento de modo significativo e para compreender o material enquanto guia o seu aprendizado (Appleton, 2012; Cruikshank, Jenkins e Metcalf, 2012; Littleton, Scanlon e Sharpes, 2011).

Em contraste, a **abordagem da instrução direta** está estruturada e centrada no professor. Ela é caracterizada pela direção e pelo controle do professor, por suas altas expectativas quanto ao progresso dos seus alunos, pelo máximo de tempo gasto pelos alunos em tarefas acadêmicas e pelos esforços do professor para manter o afeto negativo em um nível mínimo. Um objetivo importante na abordagem da instrução direta é maximizar o tempo de aprendizagem do aluno (Arendes, 2012; Borich, 2011).

Os defensores da abordagem construtivista argumentam que a abordagem da instrução direta transforma os alunos em aprendizes passivos e não os desafia adequadamente a pensar de uma forma crítica e criativa (Abruscato e DeRosa, 2010). Os entusiastas da instrução direta dizem que a abordagem construtivista não dá atenção suficiente ao conteúdo de uma disciplina, como a história ou as ciências. Eles também acreditam que as abordagens construtivistas são excessivamente relativistas e vagas.

Alguns especialistas em psicologia da educação acreditam que muitos professores eficientes utilizam uma abordagem construtivista *e* uma abordagem de instrução direta, em vez de uma ou outra exclusivamente (Bransford et al., 2006). Além disso, algumas circunstâncias podem requerer mais uma abordagem construtivista, e outras, uma abordagem de instrução direta. Por exemplo, cada vez mais os especialistas recomendam uma abordagem de instrução direta explícita e intelectualmente motivadora quando se ensinam alunos com dificuldades na leitura ou escrita (Berninger, 2006).

Revisar *Conectar* **Refletir** **OA1** Descrever abordagens na educação dos estudantes.

Revisar
- Quais são as duas principais abordagens na educação dos adolescentes?

Conectar
- Relacione o conceito de inteligências múltiplas (visto no Capítulo 3) à discussão desta seção sobre as abordagens construtivista e de instrução direta no aprendizado dos estudantes.

Refletir *sua jornada de vida pessoal*
- Quando você estava no ensino médio, que abordagens os seus professores usavam mais: da instrução direta ou a construtivista? De que abordagem você teria gostado que os seus professores usassem mais? Por quê?

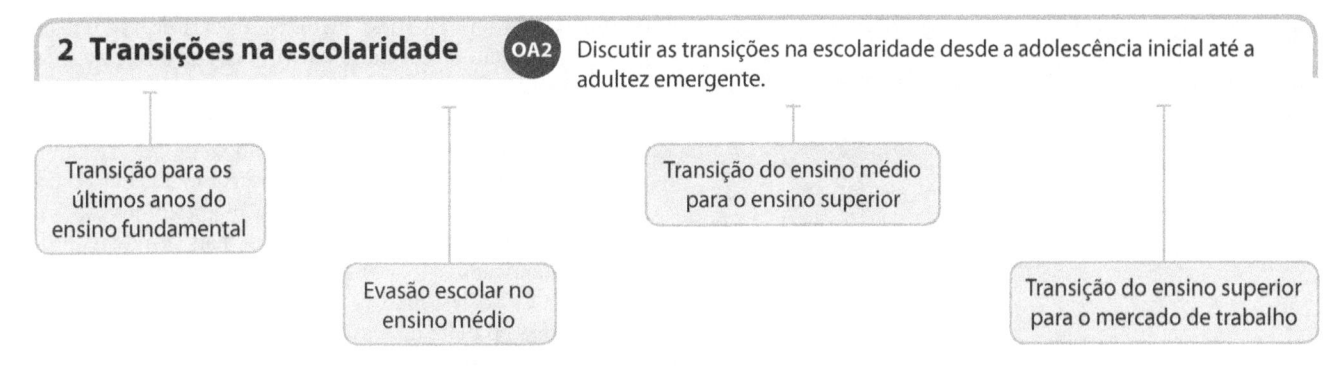

2 Transições na escolaridade

OA2 Discutir as transições na escolaridade desde a adolescência inicial até a adultez emergente.

- Transição para os últimos anos do ensino fundamental
- Evasão escolar no ensino médio
- Transição do ensino médio para o ensino superior
- Transição do ensino superior para o mercado de trabalho

Quando as crianças se tornam adolescentes e quando os adolescentes se tornam adultos, eles passam por transições na escolaridade: do ensino fundamental para o ensino médio, do ensino médio para o mercado de trabalho (no caso daqueles que não passam pela universidade), ou do ensino médio para o ensino superior, e do ensino superior para o mercado de trabalho.

TRANSIÇÃO PARA OS ÚLTIMOS ANOS DO ENSINO FUNDAMENTAL

A transição para o período que compreende os últimos anos do ensino fundamental pode ser difícil e estressante para muitos estudantes (Anderman e Dawson, 2011; Eccles e Roeser, 2011; A. Howe e Richards, 2011). Por quê? Porque ocorre em uma época em que muitas mudanças – no indivíduo, na família e na escola – estão ocorrendo simultaneamente. Essas mudanças incluem a puberdade e as questões relacionadas à imagem corporal; a emergência de pelo menos alguns aspectos do pensamento operatório-formal, incluindo as respectivas mudanças na cognição social; aumento da responsabilidade e diminuição da dependência dos pais; mudança para uma estrutura escolar maior e mais impessoal; mudança de um professor para muitos professores e de um grupo de pares pequeno e homogêneo para um grupo maior e mais heterogêneo; um foco crescente nas conquistas e no desempenho, juntamente com a avaliação dos mesmos. Pesquisadores constataram que a autoestima dos estudantes é mais alta no último ano do ensino fundamental e que eles gostam mais da escola do que no primeiro ano do ensino médio (Hawkins e Bernt, 1985; Hirsch e Rapkin, 1987). Um estudo recente nas escolas da Carolina do Norte revelou que os estudantes da 7ª série tinham muito mais probabilidade de ser citados por problemas de disciplina do que seus equivalentes em séries anteriores do ensino fundamental (Cook et al., 2008). A transição para os últimos anos do ensino fundamental é menos estressante quando os estudantes têm relações positivas com os amigos e passam pela transição em escolas voltadas para o grupo, nas quais cerca de 20 a 30 alunos assistem juntos as mesmas aulas (Hawkins e Berndt, 1985).

Também pode haver aspectos positivos nessa transição (Bellmore, Villarreal e Ho, 2011). Os alunos passam a ter mais probabilidade de se sentirem crescidos, têm mais oportunidades de passar um tempo com os pares e de identificar amigos que sejam compatíveis, e podem desfrutar da crescente independência do monitoramento parental direto. Eles também podem ser mais desafiados intelectualmente pelo trabalho acadêmico.

EVASÃO ESCOLAR NO ENSINO MÉDIO

A evasão escolar no ensino médio é vista como um sério problema educacional e social por muitas décadas. Ao deixar a escola antes de se formar, os adolescentes chegam à idade adulta com deficiências educacionais que restringem severamente o seu bem-estar econômico e social (White, 2010; Vaughn et al., 2011).

Taxas de evasão escolar no ensino médio Na última metade do século XX e nos primeiros anos do século XXI, as taxas de evasão no ensino médio norte-americano declinaram (National Center

---

conexão com o desenvolvimento

Desenvolvimento cognitivo. O pensamento operatório-formal é mais abstrato, idealista e lógico do que o pensamento operatório-concreto. Cap. 3, p. 120

Eu toco no futuro. Eu ensino.
— CHRISTA MCAULIFFE
Educadora americana e astronauta, século XX

A transição para os últimos anos do ensino fundamental ocorre simultaneamente a outras inúmeras mudanças desenvolvimentais. *Quais são algumas destas outras mudanças desenvolvimentais?*

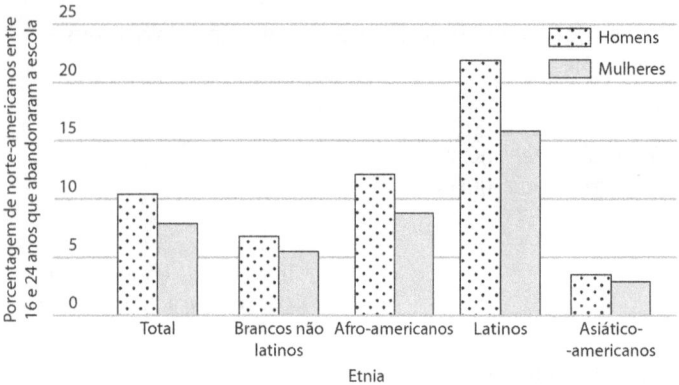

FIGURA 10.1
Taxas de evasão escolar de norte-americanos entre 16 e 24 anos por gênero e etnia. National Center for Education Statistics (2010). *The condition education 2010.* Washington, D.C.: U.S. Department of Education.

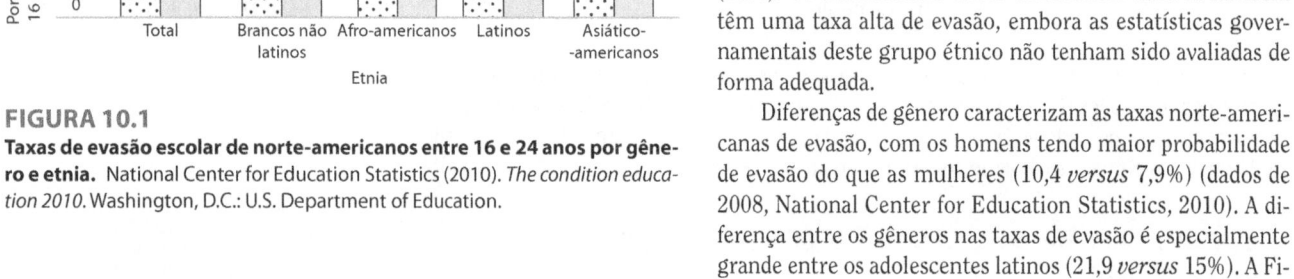

for Education Statistics, 2010). Na década de 1940, mais da metade dos jovens norte-americanos entre 16 e 24 anos abandonavam a escola; em 2008, este número baixou para 8%. As taxas de evasão de adolescentes latinos permanecem altas, embora venham diminuindo no século XXI (de 28% no ano 2000 para 18% em 2008). A taxa de evasão mais baixa ocorreu entre os adolescentes asiático-americanos (3,2%), seguidos pelos adolescentes brancos não latinos (6,2%), afro-americanos (10,4%) e depois os adolescentes latinos (18%). Os adolescentes norte-americanos nativos também têm uma taxa alta de evasão, embora as estatísticas governamentais deste grupo étnico não tenham sido avaliadas de forma adequada.

Diferenças de gênero caracterizam as taxas norte-americanas de evasão, com os homens tendo maior probabilidade de evasão do que as mulheres (10,4 *versus* 7,9%) (dados de 2008, National Center for Education Statistics, 2010). A diferença entre os gêneros nas taxas de evasão é especialmente grande entre os adolescentes latinos (21,9 *versus* 15%). A Figura 10.1 mostra as taxas de evasão de jovens entre 16 e 24 anos por etnia e gênero em 2008.

Causas da evasão Os estudantes abandonam a escola por motivos relacionados à própria escola, à família, aos pares e por razões pessoais e/ou econômicas. Os problemas relacionados à escola estão associados de forma consistente à evasão escolar (White, 2010). Em uma investigação, quase 50% daqueles que se evadiram citaram razões relacionadas à escola para o abandono, como não gostar da escola, ter sido suspenso ou expulso (Rumberger, 1995). Já 20% daqueles que abandonaram a escola (mas 40% dos estudantes latinos) citaram razões econômicas para o abandono. Muitos destes estudantes deixam a escola e vão trabalhar para ajudar no sustento da família. Os estudantes de famílias de baixa renda têm mais probabilidade de abandonar a escola do que os provenientes de famílias de classe média. Um estudo recente revelou que quando os pais das crianças estavam envolvidos com a escola na terceira infância, e quando pais e adolescentes tinham um bom relacionamento na adolescência inicial, o provável resultado era uma trajetória positiva em direção ao sucesso escolar (Englund, Egeland e Collins, 2008). Em contraste, aqueles que tinham relações pobres com seus pais tinham mais probabilidade de abandonar o ensino médio, apesar de estarem se saindo bem acadêmica e comportamentalmente. Muitos jovens que abandonaram a escola têm amigos que também a abandonaram. Aproximadamente um terço das garotas que abandonaram a escola faz isso por razões pessoais, como gravidez ou casamento.

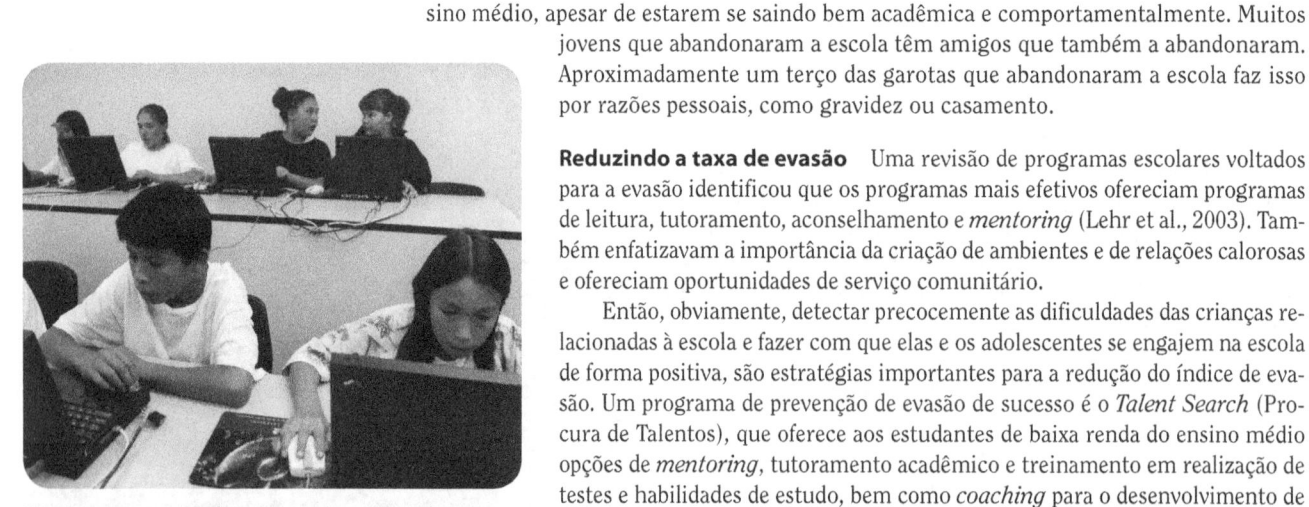

Reduzindo a taxa de evasão Uma revisão de programas escolares voltados para a evasão identificou que os programas mais efetivos oferecem programas de leitura, tutoramento, aconselhamento e *mentoring* (Lehr et al., 2003). Também enfatizavam a importância da criação de ambientes e de relações calorosas e oferecem oportunidades de serviço comunitário.

Então, obviamente, detectar precocemente as dificuldades das crianças relacionadas à escola e fazer com que elas e os adolescentes se engajem na escola de forma positiva, são estratégias importantes para a redução do índice de evasão. Um programa de prevenção de evasão de sucesso é o *Talent Search* (Procura de Talentos), que oferece aos estudantes de baixa renda do ensino médio opções de *mentoring*, tutoramento acadêmico e treinamento em realização de testes e habilidades de estudo, bem como *coaching* para o desenvolvimento de uma carreira, assistência para candidatar-se a auxílio financeiro para a faculdade e visitas a *campi* universitários (Constantine et al., 2006). Os estudantes do *Talent Search* tiveram índices altos de conclusão do ensino médio que foram 9% mais altos do que um grupo-controle de estudantes que não estavam nesse programa.

Estudantes no centro de treinamento em tecnologia na Escola de Ensino Fundamental e Médio Wellpint, localizada na reserva indígena Spokane, no estado de Washington. Um objetivo educacional importante é aumentar a taxa de conclusão do ensino médio dos adolescentes norte-americanos nativos.

TRANSIÇÃO DO ENSINO MÉDIO PARA O ENSINO SUPERIOR

Da mesma forma como a transição do ensino fundamental para o ensino médio envolve mudanças e possível estresse, assim também é a transição do ensino médio para a universidade. Em muitos aspectos, as duas transições envolvem mudanças paralelas. Deixar de ser um veterano no ensino médio e passar a ser um calouro na faculdade ativa o fenômeno *top-dog*, no qual se sai do grupo dos alunos mais velhos e mais poderosos para o grupo de alunos mais novos e menos poderosos. A transição do ensino médio para a universidade envolve um movimento para uma estrutura escolar maior e mais impessoal, a interação com pares das regiões geográficas mais diversas e, por vezes, de contextos sociais mais diversos, além de um foco crescente nas conquistas e no desempenho, bem como na avaliação dos mesmos.

Entretanto, como ocorre com a transição do ensino fundamental para o ensino médio, a transição do ensino médio para a universidade pode ter aspectos positivos. Os alunos têm maior probabilidade de se sentirem crescidos, têm mais matérias que podem escolher cursar, têm mais oportunidades de passar mais tempo com os pares, têm mais oportunidades para explorar diferentes estilos de vida e valores, desfrutam da crescente independência do monitoramento parental e podem ser mais desafiados intelectualmente pelo trabalho acadêmico (Santrock e Hanolen, 2009).

Os estudantes universitários de hoje passam por mais estresse e estão mais deprimidos do que no passado, de acordo com um estudo nacional com mais de 30 mil calouros em mais de 500 faculdades e universidades (Pryor et al., 2010). Em 2010, 29% dos alunos (16% em 1985) disse que, com frequência, se sentia "sobrecarregado com o que tenho para fazer". As garotas universitárias tinham duas vezes mais probabilidade de dizer que se sentiam sobrecarregadas por tudo o que tinham que fazer do que seus equivalentes masculinos (39 para 18%, respectivamente). E os calouros universitários, em 2010, indicaram que se sentiam mais deprimidos do que haviam indicado seus equivalentes da década de 1980. A pressão para ter sucesso na universidade, para conseguir um ótimo emprego e para ganhar muito dinheiro eram preocupações constantes entre estes estudantes.

O que deixa os estudantes universitários felizes? Um estudo com 222 estudantes universitários comparou os 10% do limite superior que eram muito felizes com os estudantes universitários na média e muito infelizes (Diener e Seligman, 2002). Aqueles muito felizes eram altamente sociáveis, mais extrovertidos e tinham relacionamentos amorosos e sociais mais fortes do que os menos felizes, que passavam mais tempo sozinhos.

TRANSIÇÃO DO ENSINO SUPERIOR PARA O MERCADO DE TRABALHO

Ter um curso superior é um forte atrativo. Os graduados na faculdade podem ingressar em carreiras que lhes proporcionarão condições financeiras consideravelmente melhores durante a vida do que aqueles que não vão para a faculdade, e as diferenças de renda entre os indivíduos de nível superior e os que apenas concluíram o ensino médio continuam a crescer (Occupational Outlook Handbook, 2010-2011). Nos Estados Unidos, os indivíduos com bacharelado ganham em média $1.000 a mais por mês do que aqueles que concluíram apenas o ensino médio. Ao longo da vida, um indivíduo com curso superior ganhará em média aproximadamente $600.000 mais do que ganhará um com formação de nível médio.

No entanto, em países da America do Norte, a transição da universidade para o trabalho é frequentemente difícil. As universidades norte-americanas treinam muitos estudantes para desenvolverem mais habilidades gerais do que habilidades vocacionais específicas, o que resulta que muitos graduados com curso superior estão mal preparados para empregos e ocupações específicas. Após terminar a faculdade, muitos indivíduos têm dificuldade para conseguir o tipo de emprego que desejam, ou até mesmo qualquer emprego. Oscilar de um emprego para outro depois da universidade também não é incomum.

As mudanças técnicas e ocupacionais aceleradas poderão, no futuro, tornar ainda mais difícil para as faculdades fornecerem um treinamento que acompanhe um mercado de trabalho fluido e em constante mudança. Assim, é importante que as universidades e os empregadores estejam mais conectados entre si para fornecerem um treinamento aprimorado que atenda às oportunidades de trabalho em mutação (Mortimer e Larson, 2002).

A transição do ensino médio para a universidade frequentemente envolve características positivas e negativas. Na universidade, os estudantes têm mais probabilidade de se sentirem crescidos, podem passar mais tempo com os pares, têm mais oportunidades de explorar diferentes estilos de vida e valores e desfrutam de maior liberdade com relação ao monitoramento parental. No entanto, a universidade envolve uma estrutura escolar maior e mais impessoal, além de um foco maior no desempenho e na sua avaliação. Como foi a sua transição para a universidade?

O que caracteriza a transição da universidade para o trabalho?

---

conexão com o desenvolvimento

Trabalho. Os adultos emergentes são caracterizados por uma diversidade de padrões escolares e de trabalho. Cap. 11, p. 382

> **Revisar** *Conectar* **Refletir** **OA2** Discutir as transições na escolaridade desde a adolescência inicial até a adultez emergente.
>
> **Revisar**
> - Como pode ser caracterizada a transição para os últimos anos do ensino fundamental?
> - O que caracteriza a evasão no ensino médio?
> - Como pode ser descrita a transição do ensino médio para a universidade?
>
> - Como pode ser resumida a transição da universidade para o mercado de trabalho?
>
> *Conectar*
> - Que impacto o conceito dos pais como "gerenciadores" (Capítulo 8) pode ter na redução das taxas de evasão no ensino médio?
>
> **Refletir** *sua jornada de vida pessoal*
> - Como foi o seu ensino médio?

3 Os contextos sociais das escolas **OA3** Explicar como os contextos sociais das escolas influenciam o desenvolvimento adolescente.

- Mudanças nos contextos sociais desenvolvimentais
- Clima e manejo da sala de aula
- Adequação pessoa-ambiente
- Professores, pais, pares e atividades extracurriculares
- Cultura

As escolas e as salas de aula variam em muitas dimensões, incluindo o tamanho da escola ou da turma e a atmosfera da escola ou da turma. A vida escolar dos adolescentes também envolve milhares de horas de interações com os professores. Uma preocupação especial é com o envolvimento dos pais na instrução dos adolescentes. Além disso, como veremos a seguir, o contexto social das escolas se modifica com o nível de desenvolvimento dos alunos.

MUDANÇAS NOS CONTEXTOS SOCIAS DESENVOLVIMENTAIS

O contexto social é diferente nos níveis da pré-escola, no ensino fundamental e no ensino médio. O contexto da pré-escola é de um ambiente protegido, cuja fronteira é a sala de aula. A sala de aula ainda é o contexto principal para a criança do ensino fundamental, embora seja provável de ela ser mais vivenciada como uma unidade social do que na pré-escola. À medida que as crianças avançam para o nível médio, o ambiente escolar aumenta sua abrangência e sua complexidade (Elmore, 2009). O campo social é a escola como um todo, mais do que a sala de aula. Os adolescentes interagem socialmente com muitos professores e pares diferentes e provenientes vários contextos étnicos e sociais. Os alunos estão frequentemente expostos a uma mistura maior de professores do sexo masculino e do feminino. E o comportamento social é fortemente valorizado em relação aos pares, às atividades extracurriculares, aos clubes e à comunidade. O estudante do ensino médio geralmente tem uma consciência da escola como um sistema social e pode estar motivado para se adequar e se adaptar ao sistema ou a desfiá-lo (Minuchin e Shapiro, 1983).

CLIMA E MANEJO DA SALA DE AULA

É importante que as salas de aula apresentem um ambiente positivo para o aprendizado (Charles, 2011; Jones, 2011). Duas estratégias gerais eficazes para a criação de ambientes positivos em sala de aula estão usando uma estratégia autoritativa e manejando com eficiência as atividades grupais.

A ideia de uma estratégia autoritativa de manejo da sala de aula é derivada da tipologia de estilos parentais de Diana Baumrind (1971), que discutimos no Capítulo 8. Assim como os pais autoritativos, os professores autoritativos têm alunos que tendem a ser autoconfiantes, que adiam a gratificação, que têm bom relacionamento com seus pares e que demonstram alta autoestima. Uma **estratégia autoritativa de manejo da sala de aula** encoraja os alunos a serem pensadores e atores independentes, mas ainda envolve o monitoramento efetivo. Os professores autoritativos engajam os alunos em uma considerável situação de reciprocidade verbal e demonstram uma atitude afetiva em relação a eles. Entretanto, eles ainda impõem limites quando necessário. Os professores esclarecem as regras, estabelecendo esses padrões com a contribuição dos alunos.

---

estratégia autoritativa de manejo da sala de aula Estratégia de ensino que encoraja os alunos a serem pensadores e atores independentes, mas ainda envolve um monitoramento efetivo. Os professores autoritativos engajam os alunos em uma considerável situação de reciprocidade verbal e demonstram uma atitude afetiva em relação a eles. Entretanto, eles ainda impõem limites quando necessário.

estratégia autoritária de manejo da sala de aula Estratégia de ensino que é restritiva e punitiva. O foco reside principalmente em manter a ordem na sala de aula mais do que na instrução e no aprendizado.

estratégia permissiva de manejo da sala de aula Estratégia de ensino que oferece aos alunos uma autonomia considerável, mas lhes dá pouco apoio para desenvolverem habilidades de aprendizagem ou para o manejo do seu comportamento.

A estratégia autoritativa contrasta com duas estratégias ineficazes: autoritária e permissiva. A **estratégia autoritária de manejo da sala de aula** é restritiva e punitiva. O foco reside principalmente em manter a ordem na sala de aula, mais do que na instrução e no aprendizado. Os professores autoritários impõem limites e controles firmes aos estudantes e têm pouca troca verbal com eles. Os alunos das salas de aula autoritárias tendem a ser aprendizes passivos, sem iniciativa nas atividades, além de expressarem ansiedade quanto à comparação social e têm habilidades pobres de comunicação.

A **estratégia permissiva de manejo da sala de aula** oferece uma autonomia considerável aos alunos, mas lhes dá pouco apoio para desenvolver habilidades de aprendizagem ou para o manejo do seu comportamento. Não é de causar surpresa que os alunos de salas de aula permissivas tenham a tendência e ter habilidades acadêmicas inadequadas e baixo autocontrole.

De um modo geral, o estilo autoritativo beneficia mais os alunos do que o estilo autoritário ou permissivo. Um estilo autoritativo ajuda os estudantes a se tornarem aprendizes ativos e autorregulados. Um estudo recente com estudantes de turmas de inglês da 9º série revelou que a combinação de controle comportamental e atenção por parte dos professores estava ligada a resultados positivos nos estudantes, como o seu engajamento na aprendizagem, o que é coerente com um estilo autoritativo (Nie e Lau, 2009).

Uma sala de aula bem gerenciada não somente estimula o aprendizado como também ajuda a prevenir o desenvolvimento de problemas acadêmicos e emocionais. As salas de aula bem administradas mantêm os alunos ocupados com tarefas ativas e apropriadamente desafiadoras. As salas de aula bem administradas têm atividades que encorajam os estudantes a ficarem mais absorvidos e motivados e a aprenderem regras e regulamentos claros (Larrivee, 2009). Em tais salas de aula, os estudantes têm menos probabilidade de desenvolver problemas acadêmicos e emocionais. Em contraste, em salas de aula com manejo deficiente, os problemas acadêmicos e emocionais dos alunos têm maior probabilidade de se desenvolver. O aluno desmotivado academicamente fica ainda menos motivado. O aluno tímido fica mais recluso. O intimidador fica mais malvado.

Os problemas dos alunos do ensino médio podem ser mais duradouros, mais profundamente arraigados e, portanto, mais difíceis de serem modificados do que os dos alunos do ensino fundamental (Weinstein, 2007). Além disso, no ensino médio os problemas de disciplina são frequentemente mais graves, na medida em que os alunos são potencialmente mais indisciplinados e até perigosos. Como a maioria dos estudantes do ensino médio tem habilidades de raciocínio mais avançadas do que os do ensino fundamental, eles podem exigir explicações mais elaboradas e lógicas das regras e da disciplina. E no ensino fundamental, a socialização dos corredores pode ser levada para a sala de aula. A cada hora, existe outro processo de "acomodação".

"Como é possível que quando o senhor diz que temos um problema, sempre sou eu que tenho o problema?" Phi Delta Kappan, out. 92. Usado com permissão.

conexão com o desenvolvimento
Diversidade. Os pais asiático-americanos recentemente foram caracterizados como pais treinadores. Cap. 8, p. 277

ADEQUAÇÃO PESSOA-AMBIENTE

Algumas das mudanças psicológicas negativas associadas ao desenvolvimento adolescente podem resultar de um descompasso entre as necessidades dos adolescentes em desenvolvimento e as oportunidades proporcionadas pelas escolas que eles frequentam (Anderman, 2011; Anderman e Dawson, 2011). Os especialistas em adolescentes Jacqueline Eccles, Allan Wigfield e colaboradores (Eccles, 2004, 2007; Ecles e Roeser, 2009; 2011; Wigfield et al., 2006) descreveram formas pelas quais podem ser criados ambientes escolares desenvolvimentalmente apropriados que combinem melhor com as necessidades dos adolescentes. Suas recomendações estão baseadas em um estudo em larga escala com 1.500 adolescentes jovens em comunidades de classe média em Michigan. Estes adolescentes foram estudados enquanto faziam a mudança da 7ª série para a 8ª série do ensino fundamental.

Eccles (2004, 2007) argumenta que a falta de adequação entre o ambiente do ensino fundamental (anos iniciais e anos finais) e as necessidades dos jovens adolescentes produz autoavaliações e atitudes negativas em relação à escola de forma crescente. Sua pesquisa revelou que os professores se tornam mais controladores justamente no momento em que os adolescentes estão buscando mais autonomia, e a relação professor-aluno se torna mais impessoal na época em que os alunos estão buscando mais independência dos seus pais e precisam de maior apoio por parte de outros adultos. Em uma época na qual os adolescentes estão mais inseguros, o aumento da ênfase nas notas e outras comparações competitivas apenas tornam as coisas piores.

Quais são algumas estratégias efetivas que os professores podem usar para manejar a sala de aula? Em quê o manejo da sala de aula é diferente no ensino médio em relação ao ensino fundamental?

> **conexão** COM OS ADOLESCENTES
>
> **"Você é o mais legal"**
>
> Só quero lhe agradecer por todo o tempo extra que você usou para me ajudar. Você não tinha que fazer isso, mas fez, e eu quero lhe agradecer por isso. Obrigado também por ser honesto comigo e não fazer rodeios, e por isso você é o mais legal. Sinto muito pelas dificuldades que eu lhe causei.
>
> Você recebe tanto lixo, mas em meio a tudo isso você permanece calmo e é um grande professor.
>
> — *Jessica, aluna da 8ª série em Macon, Georgia*
> *Carta a Chuck Rawls, seu professor, no fim do ano escolar*
>
> Qual estratégia de manejo da sala de aula o professor Chuck Rawls provavelmente adota?

Embora existam menos pesquisas sobre a transição do ensino fundamental para o ensino médio, as existentes sugerem que, assim como a transição dos anos iniciais do ensino fundamental para os anos finais, ela pode produzir problemas similares (Eccles e Roeser, 2009). As escolas de ensino médio geralmente são maiores e mais burocráticas do que as dos anos finais do ensino fundamental. Nessas escolas, a noção de comunidade geralmente é minada, com poucas oportunidades para que alunos e professores se conheçam. Em consequência, desenvolve-se facilmente a desconfiança entre alunos e professores e existe pouca comunicação sobre os objetivos e valores dos alunos. Tais contextos podem prejudicar especialmente a motivação dos alunos que não estão se saem bem academicamente.

Que lições podem ser extraídas a partir desta discussão? Talvez a mais importante seja que os alunos do ensino fundamental (anos iniciais e finais) se beneficiam quando os professores pensam em formas de tornar seus contextos escolares mais pessoais, menos formais e mais desafiadores intrinsecamente.

PROFESSORES, PAIS, PARES E ATIVIDADES EXTRACURRICULARES

O desenvolvimento dos adolescentes é influenciado pelos professores. Além disso, duas questões cada vez mais importantes são: o envolvimento dos pais na escolarização e os papéis que os pares e as atividades extracurriculares desempenham na instrução e nas conquistas acadêmicas.

Professores Professores competentes de adolescentes possuem um bom entendimento do seu desenvolvimento e sabem como criar materiais instrutivos que sejam apropriados para os níveis de desenvolvimento dos adolescentes na sala de aula (Wentzel, 2010).

Psicólogos e educadores tentaram traçar o perfil com os traços de personalidade de um bom professor, mas a complexidade da personalidade, da educação, da aprendizagem e dos indivíduos torna esta tarefa mais difícil (Morrison, 2009). No entanto, alguns traços dos professores – entusiasmo, habilidade para planejar, postura, adaptabilidade, cordialidade, flexibilidade e consciência das diferenças individuais – estão associados a resultados positivos dos estudantes, mais do que outros traços. E em um estudo, as expectativas positivas do professor estavam ligadas a um desempenho melhor do aluno (Jussim e Eccles, 1993).

> **conexão** com o desenvolvimento
> **Famílias.** Um aspecto-chave do papel de manejo dos pais é o monitoramento parental. Cap. 8, p. 283

Os pais e a escola Os pais desempenham um papel importante no sucesso do adolescente na escola. Dentre as maneiras pelas quais os pais podem contribuir positivamente para o sucesso escolar dos adolescentes estão: as práticas efetivas de manejo familiar e o envolvimento na instrução dos adolescentes.

Manejo familiar Pesquisadores identificaram que as práticas de manejo familiar estão relacionadas positivamente às notas e à autorresponsabilidade, e negativamente aos problemas relacionados à escola (Taylor, 1996). Dentre as práticas de manejo familiar, o importante a este respeito é a manutenção de um ambiente familiar estruturado e organizado como, por exemplo, o estabelecimento de rotinas para fazer os trabalhos escolares em casa, as tarefas domésticas, a hora de dormir, etc. A criação de um ambiente familiar no qual altas expectativas quanto ao desempenho estão presentes também é importante (Jeynes, 2003).

Conforme vimos no Capítulo 8, um estudo focado em famílias afro-americanas examinou as ligações entre os relatos maternos de práticas de manejo familiar, incluindo rotina e expectativas de desempenho, e o comportamento do adolescente em relação à escola (Taylor e Lopez, 2005). A rotina familiar (bem manejada e organizada) estava positivamente relacionada ao desempenho escolar dos adolescentes, a prestar atenção em aula e à frequência, e negativamente associada aos seus problemas relacionados à escola. Comparadas com as mães com baixas expectativas quanto ao desempenho, as mães com altas expectativas quanto ao desempenho tinham adolescentes que tiravam notas mais altas e tinham melhor participação na escola.

Envolvimento parental Embora o envolvimento parental seja mínimo no ensino fundamental, ele é ainda menor no ensino médio (Casas, 2011). Em um estudo, os professores listaram o envolvimento parental como a prioridade número um na melhoria da educação (Chira, 1993). Em uma análise com 16 mil estudantes, eles tinham maior probabilidade de tirar A e menor probabilidade de repetirem o ano ou serem expulsos se ambos os pais estivessem altamente envolvidos em sua instrução (National Center for Education Statistic, 1997).

Joyce Epstein (2001, 2005, 2007a, 2007b, 2009) faz as seguintes recomendações para o crescimento do envolvimento parental na instrução dos adolescentes:

- *As famílias têm a obrigação básica de proporcionar segurança e saúde aos seus adolescentes.* Muitos pais não têm conhecimento das mudanças normais adequadas à idade que caracterizam os adolescentes. Os programas família-escola podem ajudar a educar os pais sobre o curso normal do desenvolvimento adolescente. As escolas também podem oferecer programas sobre problemas de saúde na adolescência, incluindo doenças sexualmente transmissíveis, depressão, drogas, delinquência e transtornos da alimentação. As escolas também podem ajudar os pais a encontrar lugares seguros onde os seus adolescentes fiquem quando estiverem fora de casa. As escolas são prédios da comunidade que podem ser usados como locais para a execução de programas de organizações de jovens e por agências de serviço social.
- *As escolas têm a obrigação básica de se comunicar com as famílias sobre os programas escolares e o progresso individual dos seus adolescentes.* Os professores e os pais raramente se conhecem no ensino médio. São necessários programas que facilitem a comunicação mais direta e personalizada entre pais e professores. Os pais também precisam receber melhores informações sobre como as opções curriculares podem conduzir a eventuais escolhas de carreira. Este objetivo é especialmente importante no que diz respeito às garotas e aos estudantes de minorias étnicas que se matriculam em cursos de ciência e matemática.
- *O envolvimento dos pais na escola precisa aumentar.* Os pais e outros membros da família poderiam auxiliar os professores na sala de aula em vários aspectos, como no tutoramento, no ensino de habilidades específicas e promovendo assistência administrativa ou de supervisão. Tal envolvimento é especialmente importante nas escolas de bairros pobres.

Pares Já examinamos muitos aspectos das relações dos adolescentes com seus pares no Capítulo 9. Exploraremos aqui as relações com os pares nos contextos escolares.

Estrutura dos anos finais do ensino fundamental Os anos finais do ensino fundamental são estruturados de forma a encorajar os alunos a interagirem diariamente com um número maior de pares (Wentzel, 2009; Wentzel e Watkins, 2011). A relativa incerteza e a ambiguidade dos múltiplos ambientes de sala de aula e de horários de aula mais complexos podem levar os alunos dos anos finais do ensino fundamental a se voltarem uns para os outros na busca de informação, apoio social e estratégias de enfrentamento.

Status dos pares Foram estudados os *status* dos pares em relação ao sucesso escolar. Ser popular ou aceito pelos pares geralmente está associado ao sucesso acadêmico, ao passo que ser rejeitado está relacionado a resultados acadêmicos mais negativos (Bellmore, Villarreal e Ho, 2011; Wentzel, 2009).

Quais são alguns papéis importantes dos pais na instrução dos estudantes?

conexão com o desenvolvimento
Pares. Os *status* dos pares incluem crianças populares, rejeitadas, ignoradas, polêmicas e na média. Cap. 9, p. 310-311

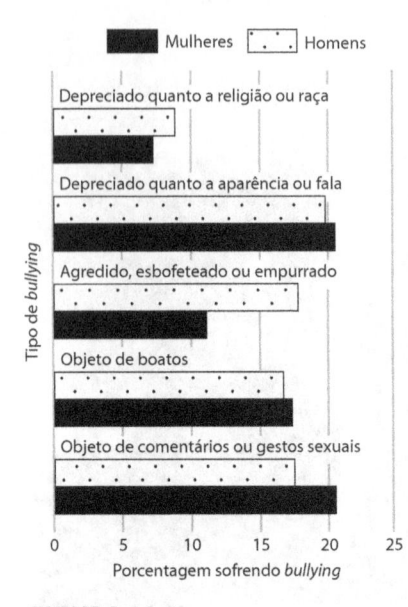

FIGURA 10.2
Comportamentos de bullying entre jovens nos Estados Unidos. Este gráfico mostra o tipo de bullying mais frequentemente sofrido pelos jovens norte-americanos. As porcentagens refletem até que ponto os estudantes disseram que sofreram um tipo particular de bullying. Em termos de gênero, observe que quando intimidados, os meninos tinham mais probabilidade de apanhar, ser esbofeteados ou empurrados do que as meninas.

> conexão com o desenvolvimento
>
> **Tecnologia.** Recentemente, tem havido um aumento substancial no assédio aos jovens e no cyberbullying pela internet.
> Cap. 12, p. 408

Bullying Um número significativo de estudantes é vitimizado por intimidadores (Espelage, Holt e Poteat, 2010; Guerra, Williams e Sadek, 2011; Salmivalli, Peets e Hodges, 2011). Em um levantamento nacional com mais de 15 mil estudantes da 7ª série do ensino fundamental até a 2ª série do ensino médio, aproximadamente um em cada três estudantes disse que havia passado por envolvimento ocasional ou frequente como vítima ou perpetrador de *bullying* (Nansel et al., 2001). Nesse estudo, o *bullying* foi definido como um comportamento verbal ou físico com a intenção de perturbar alguém menos forte (veja a Figura 10.2). Os meninos têm mais probabilidade de serem intimidadores do que as meninas, mas as diferenças no gênero referente às vítimas dos meninos são menos claras (Salmivalli e Peets, 2009).

Quem provavelmente sofrerá *bullying*? No estudo que acabamos de descrever, meninos e alunos dos anos finais do ensino fundamental tinham mais probabilidade de serem afetados (Nansel et al., 2001). As crianças que disseram ter sofrido *bullying* relataram mais solidão e dificuldade para fazer amigos, ao passo que os que cometeram *bullying* tinham maior probabilidade de ter notas baixas, fumar e ingerir álcool. Os pesquisadores identificaram que as crianças ansiosas, isoladas socialmente e agressivas frequentemente são vítimas de *bullying* (Hanish e Guerra, 2004). As crianças ansiosas e isoladas socialmente podem ser vitimizadas porque não são ameaçadoras e porque, provavelmente, não farão retaliações se forem intimidadas, ao passo que as crianças agressivas podem ser alvo de *bullying* porque o seu comportamento é irritante para os intimidadores (Rubin et al., 2011).

Os contextos sociais também influenciam o *bullying* (Schwartz et al., 2010). Pesquisas recentes indicam que 70 a 80% das vítimas e seus intimidadores estão na mesma turma na escola (Salmivalli e Peets, 2009). Os colegas de aula geralmente têm conhecimento dos incidentes de *bullying* e, em muitos casos, os testemunham. O contexto social mais amplo do grupo de pares desempenha um papel importante no *bullying* (Salmivalli, Peets e Hodges, 2011). Em muitos casos, os intimidadores atormentam as vítimas para obter um *status* mais alto no grupo de pares e precisam que os outros testemunhem as suas exibições de poder. Muitos intimidadores não são rejeitados pelo grupo de pares (Peeters, Cillessen e Scholte, 2010). Em um estudo, os intimidadores somente foram rejeitados pelos pares a quem eles eram uma ameaça potencial (Veenstra et al., 2010). Em outro estudo, os intimidadores frequentemente se associavam entre si ou, em alguns casos, mantinham a sua posição dentro do grupo de pares populares (Witvliet et al., 2010).

Quais são as consequências do *bullying*? Um estudo indicou que os intimidadores e as suas vítimas na adolescência tinham mais probabilidade de experimentar depressão e de se engajarem em ideação suicida e tentativa de suicídio do que seus equivalentes que não estavam envolvidos em *bullying* (Brunstein Klomek et al., 2007). Uma metanálise recente de 33 estudos revelou uma ligação pequena, mas significativa, entre vitimização de pares e conquistas acadêmicas mais fracas (Nakamoto e Schwartz, 2010). Outro estudo revelou que os intimidadores, as vítimas ou aqueles que foram tanto intimidadores quanto vítimas tinham mais problemas de saúde (como dores de cabeça, vertigens, transtornos do sono e ansiedade) do que seus equivalentes que não estavam envolvidos em *bullying* (Srabstein et al., 2006). E em um estudo recente, intimidadores, vítimas e intimidadores-vítimas relataram níveis mais altos de sintomas depressivos do que seus equivalentes não intimidados/não vitimizados (Fitzpatrick, Dulin e Piko, 2010). Recentemente, o *bullying* foi vinculado a estes suicídios: uma criança de 8 anos pulou de um prédio de dois andares em Houston, uma garota de 13 anos se enforcou em Houston e adolescentes molestaram uma garota em Massachusetts com tanta impiedade que ela se matou (Meyers, 2010).

Vem acontecendo, recentemente, um aumento marcante no *cyberbullying* – *bullying* na internet (Fredstrom, Adams e Gilman, 2011). Exploraremos os efeitos do *cyberbullying* nos adolescentes no Capítulo 12. Para ler a respeito de várias estratégias para a redução do *bullying*, veja o item *Conexão com Saúde e Bem-Estar*.

Amizades Outro aspecto das relações com os pares que está ligado ao sucesso escolar envolve as amizades (Wentzel e Watkins, 2011). Ter amigos, especialmente amigos que são orientados para o estudo e tiram boas notas, está relacionado a notas e escores mais altos nos testes dos adolescentes (Ryan, 2011). Um estudo longitudinal constatou que ter pelo menos um amigo estava relacionado ao sucesso acadêmico durante um período de dois anos (Wentzel e Caldwell, 1997).

conexão COM SAÚDE E BEM-ESTAR

Prevenção/intervenção no *bullying*

Ha um crescimendo no interesse, na prevenção e no tratamento do *bullying* e da vitimização (Guerra e Williams, 2010; Salmivalli, Peets e Hodges, 2011). Uma revisão de pesquisa revelou resultados variados para a intervenção feita nas escolas (Vreeman e Carroll, 2007). As intervenções feitas nas escolas variam significativamente, desde o envolvimento de toda a escola em uma campanha *antibullying* até o treinamento individualizado de habilidades sociais. Um dos programas mais promissores de intervenção no *bullying* foi criado por Dan Olweus. Este programa tem o foco em jovens entre 6 e 15 anos, com o objetivo de reduzir as oportunidades e gratificações pelo *bullying*. Os funcionários das escolas são instruídos de forma a melhorar as relações entre os pares e a tornarem as escolas mais seguras. Quando implantado adequadamente, o programa reduz o *bullying* em 30 a 70% (Olweus, 2003).

Para reduzir o *bullying*, as escolas podem adotar estas estratégias (Cohn e Canter, 2003; Hyman et al., 2006; Limber, 2004):

- Fazer os pares mais velhos trabalharem como monitores para o *bullying* e intervirem quando perceberem que está acontecendo.
- Desenvolver regras e sanções contra o *bullying* abrangendo toda a escola e afixá-las em todos os ambientes da escola.
- Formar grupos de amizade para os adolescentes que são constantemente intimidados pelos pares.
- Incorporar a mensagem do programa *antibullying* aos locais de cultos religiosos, escolas e outras áreas de atividade comunitária nas quais os adolescentes estão envolvidos.
- Encorajar os pais a reforçar comportamentos positivos nos seus adolescentes e a servir como modelos apropriados para as interações interpessoais.

Quais são algumas estratégias para reduzir o bullying?

- Identificar precocemente os intimidadores e as vítimas e usar o treinamento de habilidades sociais para melhorar o seu comportamento.
- Encorajar os pais a contatar o psicólogo, conselheiro ou assistente social da escola e pedir ajuda para o problema de *bullying* ou vitimização do seu adolescente.

Atividades extracurriculares Os adolescentes nas escolas norte-americanas geralmente têm um leque de atividades extracurriculares das quais podem participar, além dos cursos acadêmicos. Estas atividades sancionadas pelos adultos ocorrem geralmente no horário após a escola e podem ser patrocinados pela escola ou pela comunidade. Elas incluem atividades variadas como esportes, sociedades de menção honrosa, banda marcial, clube de teatro e vários clubes acadêmicos (matemática e línguas, por exemplo). Os pesquisadores descobriram que a participação em atividades extracurriculares está ligada a notas mais altas, engajamento na escola, menor probabilidade de evasão escolar, aumento na probabilidade de ir para a faculdade, autoestima mais alta e taxas mais baixas de depressão, delinquência e abuso de substância (Eccles e Roeser, 2011; Kort-Butlrt e Hagewen, 2011). Os adolescentes se beneficiam com uma variedade de atividades extracurriculares mais do que quando focam em uma única atividade (Morris e Kalil, 2006). Além disso, quanto mais anos os adolescentes passam em atividades extracurriculares, mais forte é a ligação com resultados desenvolvimentais positivos (Fredricks e Eccles, 2006). Por exemplo, um estudo longitudinal revelou que os jovens que participaram de atividades organizadas patrocinadas pela escola (p. ex., esportes, líderes de torcida, grupos de música, jogos, liderança estudantil, sociedades de honra ao mérito e clubes de serviço) e atividades patrocinadas pela comunidade (p. ex., atividades religiosas, grupos de jovens da comunidade, aulas de música/arte/dança, aulas de esportes e serviço comunitário) por dois anos durante a adolescência tinham melhores resultados educacionais e ocupacionais na idade adulta inicial do que aqueles que participaram por um ano apenas (Gardner, Roth e Brooks-Gunn, 2008). Neste estudo, a participação mais intensiva estava ligada a um sucesso educacional, ocupacional e cívico mais positivo na idade adulta inicial.

Obviamente, a qualidade das atividades extracurriculares importa muito (Blomfield e Barber, 2011; Mahoney et al., 2009). As atividades extracurriculares de alta qualidade que provavelmente promoverão o desenvolvimento adolescente incluem mentores adultos competentes e apoiadores, oportunidades para aumentar a conectividade com a escola, atividades desafiadoras e significativas e oportunidades para melhoria das habilidades (Fredricks e Eccles, 2006).

CULTURA

Conforme vimos no Capítulo 9, em algumas culturas – como os países árabes e a Índia rural – os adultos frequentemente restringem o acesso aos pares, especialmente para as meninas. A restrição aos pares inclui o contexto social das escolas, onde as meninas são educadas separadamente dos meninos. Exploraremos agora estes aspectos da cultura e das escolas: *status* socioeconômico, etnia e comparações transculturais.

Status socioeconômico e etnia Os adolescentes de baixa renda e de minorias étnicas têm mais dificuldades na escola do que seus equivalentes brancos não latinos de classe média. Por quê? Os críticos argumentam que as escolas não fizeram um bom trabalho na educação dos adolescentes e adultos emergentes de baixa renda ou de minorias étnicas para que superassem as barreiras às suas realizações (Stulberg e Weinberg, 2011). Agora, vamos explorar melhor os papéis do *status* socioeconômico e da etnia nas escolas.

A educação dos estudantes de origens de baixa renda Muitos adolescentes que se encontram na pobreza enfrentam problemas que apresentam barreiras ao seu aprendizado (Eccles e Roeser, 2011; McLoyd et al., 2009, 2011). Eles podem ter pais que não definem altos padrões educacionais para eles, que não podem ler para eles e que não têm dinheiro suficiente para pagar por materiais e experiências educacionais, como livros e passeios ao zoológico e a museus. Eles podem ser subnutridos e viver em áreas onde o crime e a violência são um modo de vida.

Comparadas às escolas em áreas de alta renda, as escolas em áreas de baixa renda têm maior probabilidade de ter mais alunos com baixos escores nos testes de desempenho, baixos índices de conclusão do curso e pequena porcentagem deles indo para a universidade; é mais provável que eles tenham professores jovens com menos experiência, mas não credenciados e não qualificados, e professores substitutos que regularmente se candidatam para ensinar; é mais provável que eles estimulem a aprendizagem mecânica e não ofereçam apoio adequado àqueles que estão aprendendo a língua inglesa (Eccles e Roeser, 2011; Entwistle, Alexander e Olson, 2010). Poucas escolas de bairros de baixa renda oferecem aos alunos ambientes que conduzam à aprendizagem (Leventhal, Dupéré e Brooks-Gunn, 2009). Muitos dos prédios e muitas das salas das escolas estão velhos e desmoronando.

A vida em famílias desfavorecidas economicamente durante a adolescência pode ter mais resultados negativos no desempenho do que circunstâncias correspondentes durante a infância (McLoyd et al., 2009, 2011). A possível diferença entre esses períodos de vida quanto aos efeitos da pobreza pode ser devido à maior consciência que os adolescentes têm das barreiras ao seu sucesso e das dificuldades que encontrarão em se tornarem bem-sucedidos.

Alguns programas inovadores indicam que a melhoria de certas características das escolas melhora o desempenho dos adolescentes provenientes de ambientes desfavorecidos eco-

> **conexão** com o desenvolvimento
> **Status socioeconômico.** As diferenças socioeconômicas são uma "forma de capital material, humano e social dentro e além da família".
> Cap. 12, p. 397

Como a participação em atividades extracurriculares influencia o desenvolvimento na adolescência e na adultez emergente?

> ### *conexão* COM OS ADOLESCENTES
>
> **Alunos de Tommie Lindsey, professor de retórica**
>
> Tommie Lindsey ensina retórica (falar em público e debater) na Logan High School, em Union City, na Califórnia. Nas escolas norte-americanas, as aulas de retórica são oferecidas principalmente nas áreas mais abastadas, porém, a maioria dos alunos de Lindsey é proveniente de ambientes pobres e de risco. Seus alunos já receberam muitas honrarias em discursos públicos.
>
> Os comentários a seguir, feitos por seus alunos, refletem as incríveis habilidades de ensino de Lindsey:
>
>> Ele é um dos poucos professores que eu conheço que se importam tanto... Ele passa horas e horas, noites e fins de semana trabalhando conosco.
>>
>> — Justin Honojoza, 17 anos
>
>> Eu estava tendo muitas dificuldades... O Sr. Lindsay me ajudou. Perguntei como eu poderia lhe retribuir e ele disse: "Apenas ajude alguém como eu ajudei você."
>>
>> — Robert Hawkins, 21 anos
>
>> Esta oportunidade extraordinária está aqui para nós estudantes e não estaria se o Sr. Lindsey não a tivesse criado.
>>
>> — Michael Joshi, 17 anos
>
> Quando era aluno na 2ª série do ensino médio, Tommie Lindsey tornou-se um orador público. Ele conta que a sua professora de inglês duvidou da sua habilidade e ele queria lhe mostrar o quanto podia ser bom como orador, preparando um discurso que recebeu aplausos de pé. Lindsey relembra: "Ela esperava que eu fosse fracassar, e eu virei a mesa... E nós fazemos isso com o nosso programa de retórica. Quando nós começamos, muitas pessoas não acreditavam que nossos garotos pudessem fazer as coisas que eles fazem". Por seus esforços excepcionais, Tommie Lindsey recebeu a prestigiada bolsa McArthur Fellowship em 2005.
>
> *Tommie Lindsey, trabalhando com seus alunos para aprimorar suas habilidades como oradores.*
>
> _____
> (Fonte: Seligson, 2005.)

nomicamente (McLoyd et al., 2011). Por exemplo, um estudo feito pelo Centro de Educação Colaborativa de uma série de escolas piloto em Boston revelou que as seguintes mudanças estavam ligadas a níveis mais altos de desempenho no ensino médio: turmas de menor tamanho, aulas mais longas, criação de mais sessões de aconselhamento e destinação de mais tempo para que os professores explorem métodos de ensino (Tung e Ouimette, 2007).

Etnia nas escolas Mais de um terço de todos os estudantes afro-americanos e quase um terço de todos os latinos frequentam a escola nos 47 maiores distritos escolares urbanos nos Estados Unidos, comparados a apenas 5% de todos os brancos não latinos e 22% de todos os estudantes asiático-americanos. Muitas dessas escolas de bairros pobres ainda são segregadas, recebem fundos insuficientes e não oferecem oportunidades adequadas para que os alunos aprendam de forma efetiva. Assim, os efeitos do *status* socioeconômico e da etnia estão, com frequência, entrelaçados (Entwistle, Alexander e Olson, 2010; Hill e Witherspoon, 2011).

Em *The Shame of the Nation* (*A Vergonha da Nação*), Jonathan Kozol (2005) descreveu suas visitas a 60 escolas norte-americanas em áreas urbanas de baixa renda em 11 estados. Ele viu muitas escolas em que 80 a 90% da população era composta de minorias, concluindo que a segregação das escolas ainda está presente para muitos estudantes de minorias pobres. Kozol encontrou muitas das desigualdades recém resumidas – salas de aula, corredores e banheiros mal-conservados, livros-texto e materiais inadequados e falta de recursos. Ele também viu professores, principalmente, instruindo os alunos a decorar o material de forma mecânica, especialmente como preparação para os testes obrigatórios, em vez de envolvê-los em pensamento de nível superior. Kozol também observou professores usando táticas disciplinares ameaçadoras com frequência para controlar a sala de aula.

Mesmo fora das escolas de bairros pobres, a segregação escolar permanece sendo um fator na educação norte-americana (Nieto e Bode, 2012). Quase um terço de todos os estudantes afro-americanos e latinos frequentam escolas nas quais 90% ou mais dos estudantes são de minorias étnicas (Banks, 2008).

Por que existe uma preocupação com as adolescentes latinas?

aprendizagem *jigsaw* Uma estratégia de sala de aula na qual alunos de diferentes origens culturais são colocados em um grupo cooperativo para construir diferentes partes de um projeto com o intuito de alcançar um objetivo comum.

As experiências escolares dos estudantes de diferentes grupos étnicos variam consideravelmente (Banks, 2010; Nieto e Bode, 2012; Rowley, Kurtz-Costes e Cooper, 2010). Os estudantes afro-americanos e latinos têm muito menos probabilidade do que os brancos não latinos ou asiático-americanos de se inscreverem em programas acadêmicos preparatórios para a universidade e têm muito mais probabilidade de estarem inscritos em programas corretivos e de educação especial. Os estudantes asiático-americanos têm muito mais probabilidade do que outros grupos de minorias étnicas de fazer cursos de matemática avançada e de ciências no ensino médio. Os estudantes afro-americanos tinham duas vezes mais probabilidade do que os latinos, norte-americanos nativos ou brancos não latinos de serem suspensos da escola.

As adolescentes latinas são uma preocupação especial (Ceballo, Huerta e Ngo, 2010; Cooper, 2011). Em um estudo, concluiu-se que as escolas norte-americanas estão fazendo um trabalho especialmente precário no atendimento às necessidades desta minoria que cresce rapidamente (Ginorio e Huston, 2010). O estudo está focado em como as futuras latinas – ou "*selves* possíveis" – são influenciadas pelas suas famílias, sua cultura, seus pares, seus professores e a mídia. O relatório indica que muitos conselheiros do nível médio encaram o sucesso como "sair de casa e ir para a universidade", embora algumas latinas, devido às responsabilidades familiares, acreditem que é importante ficar perto de casa. A taxa de latinas que concluem o ensino médio fica atrás da taxa das garotas de qualquer outro grupo de minoria étnica, exceto o grupo de norte-americanos nativos. As latinas também têm menos probabilidade de fazer um exame do SAT* do que as garotas brancas não latinas e outros grupos étnicos. Assim, é preciso um esforço maior para encorajar o sucesso acadêmico das latinas e um envolvimento mais integral das suas famílias no processo de preparação para a universidade (Suarez-Orozco e Suarez-Orozco, 2010).

A seguir apresentamos algumas estratégias para melhoria do relacionamento entre estudantes de etnias diversas:

- *Transformar a aula em uma aprendizagem jigsaw*. Quando Elliot Aronson era professor na Universidade do Texas em Austin, o sistema escolar fez contato com ele na busca de ideias sobre como reduzir a crescente tensão racial nas salas de aula. Aronson (1986) desenvolveu o conceito de **aprendizagem *jigsaw***, na qual alunos de diferentes origens culturais são colocados em um grupo cooperativo para construir diferentes partes de um projeto no intuito alcançar um objetivo comum. Aronson usou o termo *jigsaw* (do inglês, quebra-cabeça) porque ele via a técnica muito mais como um grupo de estudantes cooperando para unir peças diferentes e completar um quebra-cabeça. Como isso pode funcionar? Esportes coletivos, produções teatrais e apresentações musicais são exemplos de contextos nos quais os estudantes participam cooperativamente para alcançar um objetivo comum.
- *Encorajar os alunos a ter um contato pessoal positivo com outros alunos diferentes*. O contato unicamente não cumpre a função de melhorar as relações com outras pessoas diferentes. Por exemplo, transportar de ônibus os estudantes de minorias étnicas até escolas predominantemente de brancos não latinos, ou vice-versa, não reduziu o preconceito ou melhorou as relações entre as diferentes etnias (Minuchin e Shapiro, 1983). O que importa é o que acontece depois que as crianças e os adolescentes chegam na escola. Especialmente benéfico para melhorar as relações interétnicas é compartilhar preocupações, sucessos, fracassos, estratégias de enfrentamento, interesses e outras informações pessoais com pessoas de outras etnias. Quando coisas como estas acontecem, as pessoas tendem a olhar umas para as outras mais como indivíduos do que como membros de um grupo homogêneo.
- *Encorajar os alunos a procurar assumir outra perspectiva*. Exercícios e atividades que ajudam a ver a perspectiva das outras pessoas podem melhorar o relacionamento entre as etnias. Isso ajuda os alunos a "se colocarem no lugar" dos pares que são diferentes culturalmente e sentir como é ser tratado de maneira justa ou injusta.

---

* N. de T.: Teste padronizado para admissão na universidade nos Estados Unidos.

- *Ajudar os alunos a pensar de maneira crítica e a serem inteligentes emocionalmente no que se refere às questões culturais.* Os alunos que pensam crítica e profundamente sobre as relações étnicas têm mais probabilidade de diminuir seu preconceito. Tornar-se mais inteligente emocionalmente inclui entender as causas dos próprios sentimentos, administrar a raiva, ouvir o que os outros estão dizendo e estar motivado para compartilhar e cooperar.
- *Reduzir o preconceito.* Os professores podem reduzir o preconceito exibindo imagens de crianças de diferentes grupos étnicos e culturais, escolhendo matérias para jogo e atividades em sala de aula que incentivem o entendimento cultural, ajudando os alunos a resistirem à estereotipia e trabalhando com os pais.
- *Encarar a escola e a comunidade como uma equipe.* James Comer (2004, 2006, 2010) enfatiza que uma abordagem comunitária de equipe é a melhor forma de se educar as crianças. Estes aspectos importantes do Projeto Comer de Mudança são: (1) uma equipe de governança e administração que desenvolva um plano escolar abrangente, estratégias de avaliação e um plano de desenvolvimento de equipes; (2) uma equipe de saúde mental ou de apoio escolar e (3) um programa para os pais. Comer sustenta que toda a comunidade escolar deveria ter uma atitude cooperativa em vez de antagonista. O programa Comer está operando atualmente em mais de 600 escolas em 26 estados. Para ler mais a respeito do trabalho de James Comer, veja o quadro *Conexão com Carreiras*.
- *Ser um mediador cultural competente.* Os professores podem desempenhar um papel poderoso como mediadores culturais ao serem sensíveis ao conteúdo racista no material escolar e das interações em sala de aula, aprendendo mais a respeito dos diferentes grupos étnicos, sendo sensível às atitudes étnicas das crianças, encarando positivamente os alunos afro-americanos e pensando em formas positivas de envolver mais os pais afro-americanos como parceiros dos professores na educação das crianças (Kumar e Maehr, 2010).

Capa da edição da primavera de 2007 da revista *Teaching Tolerance* que inclui inúmeros recursos para a melhoria das relações interétnicas.

conexão COM CARREIRAS

James Comer, psiquiatra infantil

James Comer cresceu em um bairro de baixa renda no lado leste de Chicago, Indiana, e dá aos seus pais o crédito por não deixarem nenhuma dúvida quanto à importância da educação. Ele obteve seu bacharelado na Universidade de Indiana. Prosseguiu até se graduar em medicina na Faculdade de Medicina da Universidade Howard, da Escola Michigan de Saúde Pública, e fez sua formação em psiquiatria no Centro de Estudos da Infância na Escola de Medicina da Universidade de Yale. Atualmente, é professor de Psiquiatria Infantil da Fundação Maurice Falk no Centro de Estudos Infantis da Universidade de Yale e decano associado na Escola Médica da Universidade de Yale. Durante os anos em que esteve em Yale, Comer concentrou sua carreira na promoção de um foco no desenvolvimento infantil como uma forma de aperfeiçoar as escolas. Seus esforços em apoio ao desenvolvimento saudável de jovens são conhecidos internacionalmente.

O Dr. Comer talvez seja mais conhecido pela fundação do programa de Desenvolvimento Escolar, em 1968, o qual promove a colaboração dos pais, dos educadores e da comunidade para melhorar os resultados sociais, emocionais e acadêmicos das crianças. Seu conceito de trabalho em equipe está atualmente aprimorando o ambiente educacional em mais de 600 escolas por todos os Estados Unidos.

James Comer (à esquerda) com algumas crianças afro-americanas de bairros pobres que frequentam uma escola que se transformou em um ambiente melhor para aprendizagem devido à sua intervenção.

educação multicultural Educação que valoriza a diversidade e inclui as perspectivas de uma variedade de grupos culturais.

A compreensão do papel da etnia na instrução também envolve educação multicultural. A esperança é de que a educação multicultural possa contribuir para tornar a nossa nação mais parecida com o que sonhou Martin Luther King Jr., o líder dos direitos civis: uma nação onde crianças e jovens serão julgados não pela cor da sua pele, mas pela qualidade do seu caráter.

Educação multicultural é a educação que valoriza a diversidade e inclui as perspectivas de uma variedade de grupos culturais. Seus proponentes acreditam que crianças e jovens afro-americanos devem ser capacitados e que a educação multicultural beneficia todos os alunos (Banks, 2010; Grant e Sleeter, 2011). Um objetivo importante da educação multicultural é a oportunidade educacional igual para todos os estudantes. Isso inclui preencher a lacuna existente no desempenho acadêmico entre os alunos tradicionais e os alunos de grupos sub-representados (Florence, 2010).

A educação multicultural se desenvolveu a partir do movimento dos direitos civis da década de 1960 e da reivindicação de igualdade e justiça social para mulheres e pessoas de cor (Spring, 2010). Como campo, a educação multicultural inclui temas relativos a *status* socioeconômico, etnia e gênero. Uma tendência crescente na educação multicultural, no entanto, não é fazer da etnia um ponto focal, mas também incluir *status* socioeconômico, gênero, religião, deficiências, orientação sexual e outras formas de diferenças (Howe, 2010). Outro ponto importante a respeito da educação multicultural contemporânea é que muitos indivíduos acham que ela está reservada para os estudantes afro-americanos. No entanto, todos os estudantes, incluindo os brancos não latinos, podem se beneficiar com a educação multicultural (Howe, 2010).

Comparações transculturais Muitos países reconhecem que uma educação universal de qualidade para crianças e jovens é essencial para o sucesso de qualquer nação. No entanto, os países variam consideravelmente na sua capacidade de cumprir com esta missão (Feinstein e Peck, 2008).

Escolas de ensino médio Escolas de ensino médio em diferentes países compartilham várias características, mas diferem em outras. Exploremos agora as semelhanças e diferenças nas escolas de ensino médio em seis países: Austrália, Alemanha, Japão, China, Rússia e Estados Unidos.

A maioria dos países exige que as crianças comecem a escola aos 6 ou 7 anos e permaneçam até dos 14 aos 17 anos. A Rússia define que os estudantes permaneçam na escola até os 17 anos. Alemanha, Japão, Austrália e Estados Unidos exigem frequência à escola até pelo menos 15 ou 16 anos, com alguns estados, como a Califórnia, recentemente aumentando a obrigatoriedade para os 18 anos.

As escolas alemãs são divididas de acordo com três caminhos de habilidade educacional: (1) a escola principal fornece um nível básico de educação, (2) a escola de nível médio dá

A juku, ou "escola abarrotada", está disponível para os adolescentes japoneses durante o verão e após a escola. Ela oferece orientação para ajudá-los a melhorar suas notas e os seus escores no exame de ingresso para as escolas de ensino médio e universidades. A prática japonesa de exigir um exame de ingresso no ensino médio é uma raridade entre as nações.

aos estudantes uma educação mais avançada e (3) a escola acadêmica prepara os estudantes para o ingresso na universidade. As escolas alemãs, como a maioria das escolas europeias, oferecem uma educação clássica, o que inclui cursos em latim e grego. As escolas de ensino médio japonesas possuem um exame de ingresso, porém as escolas de ensino médio dos outros quatro países não possuem. Apenas Austrália e Alemanha têm exames exaustivos na conclusão do curso.

Os Estados Unidos e a Austrália estão entre os poucos países no mundo nos quais os esportes são parte integrante do sistema escolar público. Apenas umas poucas escolas particulares em outros países têm seus próprios times esportivos, instalações esportivas e eventos esportivos altamente organizados.

Os alunos da 8ª série na Austrália fazem cursos em criação de ovelhas e fiação, duas áreas de interesse econômico e cultural no país. No Japão, os estudantes fazem inúmeros cursos ocidentais além dos seus cursos japoneses básicos; estes cursos incluem literatura e línguas ocidentais (além de literatura e língua japonesa), educação física ocidental (além das aulas de artes marciais japonesas) e escultura e artesanato ocidental (além da caligrafia japonesa). O ano escolar japonês também é muito mais extenso do que o de outros países (p. ex., 225 dias *versus* 180 dias nos Estados Unidos).

Recentemente, visitei a China e entrevistei diversos pais a respeito da educação dos seus adolescentes. Vários aspectos da educação na China são dignos de nota, especialmente em comparação com os Estados Unidos. A motivação para oferecer aos adolescentes a melhor educação possível e garantir que eles trabalhem com dedicação extrema na escola e nos trabalhos de casa ficaram claramente evidentes nos comentários dos pais. Além disso, quando perguntei aos pais se existem problemas de disciplina nas escolas chinesas, eles responderam que, se um adolescente tem um péssimo comportamento na escola, a escola imediatamente o envia para casa. Na China, é considerada responsabilidade dos pais orientar seus adolescentes para se comportarem na escola e se focarem no trabalho escolar. Estas observações coincidem com a nossa descrição no Capítulo 8 dos pais asiático-americanos como pais treinadores. Quando os adolescentes chineses são mandados para casa por problemas de disciplina, eles não têm permissão de retornar até que os pais trabalhem com eles para garantir que os problemas disciplinares não voltem a ocorrer. Na China, o tamanho das salas de aula é, em geral, grande, em alguns casos tendo de 50 a 70 alunos e, no entanto, observadores descrevem essas turmas como ordeiras e disciplinadas (Cavanagh, 2007).

Universidade Como é a ida para a universidade pelo mundo? O Canadá tem a porcentagem mais alta de jovens entre 18 e 21 anos matriculados na universidade (41%), seguido por Bélgica (40%), França (36%), Estados Unidos (35%), Irlanda (31%) e Nova Zelândia (25%). (Departamento Americano de Educação, 1996). Na África, está ocorrendo o maior crescimento de porcentagem de ida para a universidade – um aumento de 28% de 1980 até 1996. Em muitos países em desenvolvimento, os relativamente poucos estudantes que se formam no ensino médio geralmente não conseguem pagar pela educação superior (Welti, 2002).

Revisar *Conectar* **Refletir** OA3 Explicar como os contextos sociais das escolas influenciam o desenvolvimento adolescente.

Revisar
- Como os contextos sociais das escolas se modificam à medida que as crianças e adolescentes vão crescendo?
- Como o clima e o manejo da sala de aula influenciam o desenvolvimento adolescente?
- Como a adequação pessoa-ambiente está envolvida na compreensão da educação de adolescentes?

- Como professores, pais, pares e atividades extracurriculares estão ligados ao desenvolvimento acadêmico dos adolescentes?
- Que papéis a condição socioeconômica e a etnia desempenham na educação adolescente? Como as escolas variam nos diferentes países?

Conectar
- Que papel o namoro e as relações amorosas dos adolescentes (discutidos no Capítulo 9) desempenham na criação do contexto social da escola?

Refletir *sua jornada de vida pessoal*
- Quais são as três características dos melhores professores que você teve nos ensinos fundamental e médio? Quais são as três características dos piores professores que você teve nos ensinos fundamental e médio?

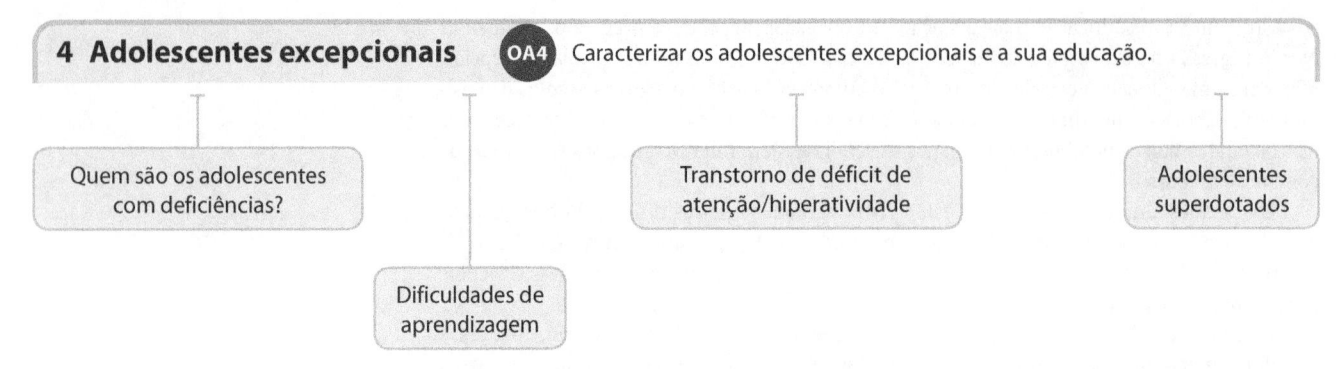

4 Adolescentes excepcionais — OA4 Caracterizar os adolescentes excepcionais e a sua educação.

- Quem são os adolescentes com deficiências?
- Dificuldades de aprendizagem
- Transtorno de déficit de atenção/hiperatividade
- Adolescentes superdotados

Por muitos anos, as escolas públicas fizeram muito pouco para educar adolescentes com deficiências. No entanto, nas últimas décadas, a legislação federal determinou que todas as crianças e os adolescentes com deficiências devem receber educação gratuita e apropriada. E, cada vez, mais estes alunos estão sendo educados em turmas regulares.

QUEM SÃO OS ADOLESCENTES COM DEFICIÊNCIAS?

Tem havido um aumento significativo na porcentagem de crianças e jovens entre 3 e 21 anos nos Estados Unidos que recebem educação especial ou atendimentos correlatos – de 8,3% em 1976-1977 para 13,3% em 2000-2001, e para 13,4% em 2007-2008 (National Center for Education Statistic, 2010). A Figura 10.3 apresenta os quatro maiores grupos de estudantes com deficiência que foram atendidos por programas federais no ano letivo de 2007-2008 (National Center for Education Statistic, 2010). Conforme indicado na Figura 10.3, os alunos com dificuldades de aprendizagem formavam o grupo maior de alunos com deficiências a receber educação especial, seguidos pelas crianças com deficiências de fala ou linguagem, retardo mental e distúrbios emocionais. As avaliações do governo norte-americano da prevalência de alunos com deficiências inclui o transtorno de déficit de atenção/hiperatividade (TDAH) na categoria de dificuldades de aprendizagem.

DIFICULDADES DE APRENDIZAGEM

Os adolescentes com **dificuldades de aprendizagem** têm dificuldades em aprender aspectos que envolvem compreensão e utilização da linguagem falada ou escrita; a dificuldade pode aparecer na audição, no pensamento, na leitura, na escrita ou na ortografia. As dificuldades de aprendizagem também podem envolver dificuldades com a matemática. Para ser classificado como dificuldade de aprendizagem, o problema não deverá ser em primeiro lugar consequência de deficiência visual, audição ou motora, retardo mental, transtornos emocionais ou de desvantagem ambiental, cultural ou econômica.

Da metade da década de 1970 até a metade da década de 1990, houve um crescimento acentuado na porcentagem de estudantes norte-americanos que recebem atendimento de educação especial para uma dificuldade de aprendizagem (de 1,8% em 1976-1977 para 5,8% em 1995-1996), embora no século XXI tenha havido um pequeno decréscimo nessa porcentagem (de 6,1% em 2000 para 5,2% em 2008) (National Center for Education Statistic, 2010). Alguns especialistas dizem que o aumento drástico reflete práticas deficientes de diagnóstico e excessos na identificação das deficiências. Eles argumentam que os professores, por vezes, são muito rápidos em rotular crianças com problemas leves de aprendizagem como portadoras de dificuldades da aprendizagem, em vez de reconhecerem que o problema pode residir na ineficiência do ensino. Outros especialistas dizem que o aumento no número de crianças rotuladas com uma "dificuldade de aprendizagem" é justificado (Hallahan, Kauffman e Pullen, 2012; Lerner e Johns, 2012).

Aproximadamente, três vezes mais meninos do que as meninas são classificados como tendo uma dificuldade de aprendizagem. Entre as explicações para esta diferença entre os gêneros estão uma maior vulnerabilidade biológica entre os meninos e uma *tendenciosidade no encaminhamento*. Isto é, os meninos têm maior probabilidade de serem encaminhados pelos professores para tratamento devido ao seu comportamento.

---

dificuldades de aprendizagem Transtornos nos quais as crianças encontram dificuldade em aprender e que envolve entender e usar a língua falada ou escrita; a dificuldade pode aparecer na escuta, no pensamento, na leitura, na escrita e na ortografia. Uma dificuldade de aprendizagem também pode envolver dificuldades com a matemática. Para ser classificado como dificuldade de aprendizagem, o problema não deve ser originalmente resultante de deficiência visual, auditiva ou motora, retardo mental, transtornos emocionais e em desvantagem ambiental, cultural ou econômica.

Deficiência	Porcentagem de todas as crianças em escolas públicas
Dificuldades de aprendizagem	5,2
Deficiências de fala e linguagem	3,0
Retardo mental	1,0
Distúrbios emocionais	0,9

FIGURA 10.3
Crianças norte-americanas com alguma deficiência que recebem atendimento de educação especial. Os dados são referentes ao ano letivo de 2007-2008 e representam as quatro categorias com o número e a porcentagem mais altos de crianças. As dificuldades de aprendizagem e o transtorno de déficit de atenção/hiperatividade estão combinados na categoria das dificuldades de aprendizagem (National Center for Education Statistics, 2010).

Aproximadamente 80% dos alunos com uma dificuldade de aprendizagem têm problemas de leitura (Shaywitz, Gruen e Shaywitz, 2007). Três tipos de dificuldades de aprendizagem são dislexia, disgrafia e discalculia:

- *Dislexia* é uma categoria reservada para indivíduos que têm um prejuízo grave na habilidade para leitura e ortografia (Anderson, e Meier-Hedde, 2011; Kirk et al., 2012).
- *Disgrafia* é uma dificuldade de aprendizagem que envolve dificuldades na escrita (Overvelde e Hulstijn, 2011; Rosenblum, Aloni e Josman, 2010). Crianças com disgrafia podem escrever muito lentamente, o produto da sua escrita pode ser virtualmente ilegível e elas podem cometer inúmeros erros de ortografia devido à sua incapacidade para combinar sons e letras.
- *Discalculia*, também conhecida como transtorno do desenvolvimento das habilidades aritméticas, é uma dificuldade de aprendizagem que envolve dificuldades na computação matemática (Kucin et al., 2011).

Pesquisadores estão usando técnicas de ressonância magnética em um esforço para revelar as regiões cerebrais que podem estar envolvidas nas dificuldade de aprendizagem (Shaywitz, Gruen e Shaywitz, 2007) (veja a Figura 10.4). Essa pesquisa indica que é improvável que as dificuldades de aprendizagem se localizem em uma única área específica. É mais provável que sejam devidos a problemas na integração das informações provenientes das múltiplas regiões do cérebro ou a dificuldades sutis nas estruturas e funções cerebrais.

Muitas intervenções focaram na melhora da habilidade da leitura (Bursuck e Damer, 2011; Rosenberg, Westling e McCleskey, 2011). A instrução intensiva durante um período de tempo por um professor competente pode melhorar a habilidade da leitura de muitos estudantes (Berninger e O'Malley, 2011; Waber, 2010).

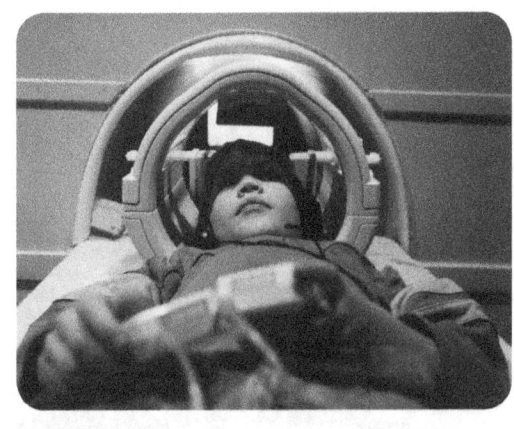

FIGURA 10.4
Mapeamento cerebral e dificuldades de aprendizagem. Um número crescente de estudos está usando a ressonância magnética para examinar os caminhos do cérebro envolvidos nas dificuldades de aprendizagem. Aqui, é apresentado Patrick Price, que tem dislexia. Patrick está atravessando um túnel de ressonância magnética encoberto por cortinas para simular um castelo infantil. Dentro do *scanner*, as crianças precisam ficar praticamente imóveis enquanto palavras e símbolos surgem em uma tela, e lhes é pedido que os identifiquem, clicando em diferentes botões.

TRANSTORNO DE DÉFICIT DE ATENÇÃO/HIPERATIVIDADE

O **transtorno de déficit de atenção/hiperatividade (TDAH)** é uma deficiência na qual as crianças ou adolescentes apresentam de modo consistente uma ou mais destas características por um período de tempo: (1) desatenção, (2) hiperatividade e (3) impulsividade. Para o diagnóstico de TDAH, é necessário que o começo destas características ocorra no início da infância e as características devem ser debilitantes para a criança. As crianças e os adolescentes que são desatentos têm dificuldade em focar em qualquer coisa e podem ficar entediadas com uma tarefa em apenas alguns minutos. As crianças e os adolescentes hiperativos apresentam altos níveis de atividade física e parecem estar sempre em movimento. Eles são impulsivos, têm dificuldade em frear suas reações e não conseguem pensar muito antes de agir. Dependendo das características que apresentam, as crianças e adolescentes com TDAH podem ser diagnosticados como: (1) TDAH predominantemente desatento, (2) TDAH predominantemente hiperativo-impulsivo ou (3) TDAH tipo combinado.

O número de crianças e adolescentes diagnosticados e tratados para TDAH cresceu substancialmente, segundo algumas estimativas, tendo dobrado na década de 1990. O transtorno ocorre de quatro a nove vezes mais em meninos do que em meninas. No entanto, há controvérsias com relação ao aumento nos diagnósticos de TDAH (Friend, 2011). Alguns especialistas atribuem o crescimento principalmente ao maior conhecimento do transtorno; outros têm a preocupação de que muitas crianças e adolescentes estejam sendo incorretamente diagnosticados (Parens e Johnston, 2009).

Causas e curso do TDAH Não foram encontradas causas definitivas do TDAH; no entanto, muitas causas foram propostas (Academia Americana de Pediatria e Reif, 2011; Faraone e Mick, 2010). Algumas crianças e adolescentes provavelmente herdam dos seus pais uma tendência a desenvolver TDAH (Durston, 2010). Outros, provavelmente, desenvolvem TDAH devido a danos cerebrais ocorridos durante o desenvolvimento pré-natal e pós-natal (Linblad e Hjern, 2010). Dentre os possíveis colaboradores precoces para o TDAH estão a exposição ao cigarro e ao álcool durante o desenvolvimento pré-natal e o baixo peso no nascimento

---

conexão com o desenvolvimento

Atenção. A atenção, que requer o foco dos recursos mentais, melhora o processamento cognitivo em muitas tarefas. Cap. 3, p. 122

transtorno de déficit de atenção/hiperatividade (TDAH) Transtorno no qual crianças e adolescentes apresentam de forma consistente uma ou mais das seguintes características durante um período de tempo: (1) desatenção, (2) hiperatividade e (3) impulsividade.

adolescentes superdotados Adolescentes que possuem inteligência acima da média (geralmente definida como um QI acima de 130) e/ou talento superior em algum domínio como arte, música ou matemática.

Muitas crianças com TDAH apresentam comportamento impulsivo, como esta criança que está se preparando para atirar um avião de papel em outras crianças. *Como você lidaria com esta situação se fosse professor e isso acontecesse na sua sala de aula?*

Chandra "Peaches" Allen, 18 anos, nasceu sem os braços. Apesar desta deficiência, ela aprendeu a escrever, comer, digitar, pintar e desenhar com os pés. Ela é bastante conhecida por suas capacidades artísticas. Ganhou três prêmios pela sua arte em várias apresentações. Ela está se preparando para entrar na universidade e planeja seguir uma carreira em arte e fisioterapia. As conquistas de Chandra Allen refletem notável adaptação e enfrentamento. Ela é um excelente exemplo de como os adolescentes podem derrotar uma deficiência e perseguir objetivos significativos.

(Knopik, 2009). Por exemplo, um estudo recente revelou que fumar cigarros durante a gravidez estava ligado ao TDAH em crianças em idade de ensino fundamental (Sciberras, Ukoumunne e Efron, 2011).

Como ocorre com as dificuldades de aprendizagem, o desenvolvimento de técnicas de mapeamento cerebral está conduzindo a uma melhor compreensão do papel do cérebro no TDAH (Hoeksema et al., 2010; Purper-Ouakil et al., 2011; Qui et al., 2011). Um estudo recente revelou que o auge da espessura do córtex cerebral ocorre três anos mais tarde (10,5 anos) em crianças com TDAH do que em crianças sem TDAH (pico aos 7,5 anos) (Shaw et al., 2007). O atraso é mais proeminente nas regiões pré-frontais do cérebro que são especialmente importantes na atenção e no planejamento (veja a Figura 10.5). Outro estudo recente também encontrou desenvolvimento atrasado nos lobos frontais do cérebro de crianças com TDAH, provavelmente devido ao retardo ou decréscimo na mielinização (Nagel et al., 2010). Os pesquisadores também estão explorando o papel que vários neurotransmissores, como a serotonina e a dopamina, podem desempenhar no TDAH (Beaulieu e Gainetdinov, 2011; Mahmoudi-Gharaei et al., 2011).

Os atrasos no desenvolvimento cerebral recém-descritos localizam-se em áreas ligadas ao funcionamento executivo. Um interesse crescente no estudo de crianças e adolescentes com TDAH é a sua dificuldade em tarefas do funcionamento executivo, como inibição do comportamento quando necessário, memória de trabalho e planejamento eficaz (Jacobson et al., 2011; Rinsky e Hinshaw, 2011; Van Fe Voorde et al., 2011).

As crescentes demandas acadêmicas e sociais do ensino formal, bem como padrões mais rígidos para o controle do comportamento, frequentemente lançam luz sobre os problemas da criança com TDAH. Os professores do ensino fundamental em geral relatam que a criança com TDAH tem dificuldade em trabalhar de forma independente, concluir as tarefas sentada no seu lugar e organizar o trabalho. Inquietação e irritabilidade também são observadas com frequência. Anteriormente, acreditava-se que o TDAH apresentasse um declínio marcante na adolescência, mas as estimativas recentes sugerem que o TDAH decresce em apenas um terço dos adolescentes. Cada vez mais está havendo um reconhecimento de que estes problemas podem continuar na idade adulta (Avisar e Shalev, 2011).

Tratamento do TDAH Medicações estimulantes como ritalina ou aderall (que tem menos efeitos colaterais que a ritalina) são efetivas na melhora da atenção de muitas crianças com TDAH, mas geralmente não melhoram sua atenção até o mesmo nível que as crianças que não têm TDAH (Stray, Ellertsen e Stray, 2010). Uma metanálise recente concluiu que os tratamentos para controle do comportamento são efetivos na redução dos efeitos do TDAH (Fabiano et al., 2009). Pesquisadores têm constatado, com frequência, que uma combinação de medicação (como ritalina) e controle do comportamento melhora o comportamento de crianças com TDAH mais do que medicação ou controle do comportamento isoladamente, embora não em todos os casos (Parens e Johnston, 2009).

Os críticos argumentam que muitos médicos se precipitam em prescrever estimulantes para crianças com formas leves de TDAH (Marcovitch, 2004). Além disso, em 2006, o governo norte-americano emitiu uma advertência sobre os riscos cardiovasculares de medicação estimulante para tratar o TDAH.

ADOLESCENTES SUPERDOTADOS

O tipo final de excepcionalidade que discutiremos é bastante diferente das deficiências que descrevemos até aqui. Os **adolescentes superdotados** têm inteligência acima da média, geralmente definida como um QI de 130 ou mais e/ou talento superior em algum domínio, como arte, música ou matemática. Os programas para superdotados na maioria dos sistemas escolares selecionam os alunos que possuem superioridade intelectual e aptidão acadêmica. Eles tendem a negligenciar os alunos talentosos em artes ou atletismo, ou que possuem outras aptidões especiais (Gardner, 2012; Mac Iver et al., 2010; Sternberg, Grigrenko e Jarvin, 2011; Winner, 2009).

Características das crianças superdotadas Excetuando suas habilidades, os alunos superdotados possuem características distintas? Lewis Terman (1925) realizou um extenso estudo de 1.500 crianças e jovens cujos QIs Stanford-Binet eram de, em média, 150. Ao contrário do mito popular de que as crianças e jovens superdotados são desajustados, Terman constatou que eles eram bem-ajustados socialmente.

Ellen Winner (1996) descreveu três critérios que caracterizam os adolescentes superdotados, seja no domínio da arte, da música ou o acadêmico:

1. *Precocidade.* As crianças e adolescentes superdotados são precoces. Eles começam a ter domínio sobre uma determinada área mais cedo do que seus pares. O aprendizado no seu domínio exige deles muito menos esforço do que para as crianças comuns. Na maioria dos casos, estas crianças e adolescentes superdotados são precoces porque possuem uma alta habilidade inata.
2. *Evolução no próprio ritmo.* Os alunos superdotados aprendem de uma forma qualitativamente diferente das crianças comuns. Um dos motivos pelos quais eles precisam de ajuda mínima dos adultos para aprender. Em muitos casos, eles resistem à instrução explícita. Eles também fazem descobertas frequentes sozinhos e resolvem problemas de forma única.
3. *Paixão pelo domínio.* Os alunos superdotados são voltados para a compreensão do domínio para o qual têm alta habilidade. Eles apresentam interesse intenso e obsessivo e uma capacidade para focar. Não precisam ser estimulados pelos pais. Eles motivam a si mesmos, diz Winner.

Natureza/aprendizado e talento em domínios específicos O talento é produto da hereditariedade ou do ambiente? Provavelmente de ambos (Ambrose, Sternberg e Sriraman, 2012; Dai, 2012). Os indivíduos superdotados recordam que possuíam sinais de alta habilidade em uma área específica já em uma idade muito precoce, antes ou no começo do treinamento formal (Howe et al., 1995). Isso sugere a importância da habilidade inata do talento. No entanto, pesquisadores também constataram que indivíduos com *status* de classe mundial em artes, matemática, ciências e esportes referem-se a um grande apoio familiar e a anos de treinamento e prática (Bloom, 1985). A prática deliberada é uma característica importante de indivíduos que se tornam especialistas em um domínio específico. Por exemplo, em um estudo, os melhores músicos praticavam duas vezes mais durante a sua vida do que aqueles com menos sucesso (Ericsson, Krampe e Tesc-Römer, 1993).

Os indivíduos altamente superdotados não são tipicamente talentosos em muitos domínios, e a busca pelo aprimoramento do talento é focada de forma crescente em trajetórias desenvolvimentais específicas daquele domínio (Horowitz, 2009; Winner, 2009). É durante a infância e a adolescência que o(s) domínio(s) no(s) qual(is) o indivíduo é superdotado emerge(m). Dessa forma, em algum ponto na infância ou adolescência, o indivíduo que irá se tornar um artista talentoso ou um matemático excepcional começa a demonstrar *expertise* naquele domínio. No que se refere ao talento específico daquele domínio, o gênio dos *softwares*, Bill Gates (1998), fundador da Microsoft e uma das pessoas mais ricas do mundo, comentou que, às vezes, você tem que ser cuidadoso quando é bom em alguma coisa e resistir à tendência de achar que você será bom em tudo. Gates explica que, como ele obteve tanto sucesso no desenvolvimento de softwares, as pessoas esperam que ele seja brilhante em outros domínios nos quais ele está muito longe de ser um gênio.

Identificar o talento de um indivíduo em um domínio específico e proporcionar oportunidades educacionais opcionais e apropriadas são tarefas que precisam ser realizadas no máximo até a adolescência (Keating, 2009). Durante a adolescência, os indivíduos talentosos tornam-se menos dependentes do apoio parental e buscam de forma crescente os seus próprios interesses.

Educação de crianças e jovens superdotados Um número crescente de especialistas defende que, nos Estados Unidos, a educação dos alunos superdotados precisa passar por uma revisão significativa (Ambrose, Sternberg e Sriraman, 2012; Gardner, 2012; VanTassel-Baska, 2012). Esta preocupação se reflete nos títulos destes livros: *O Gênio Negado: Como Parar de*

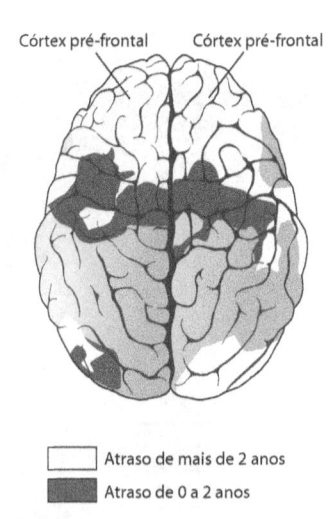

FIGURA 10.5
Regiões do cérebro nas quais as crianças com TDAH têm um pico atrasado na espessura do córtex cerebral. *Nota:* Os atrasos maiores ocorreram no córtex pré-frontal.

Aos 2 anos, o prodígio da arte Alexandra Nechita passava horas envolvida com livros para colorir e também usava caneta e tinta. Ela não se interessava por bonecas ou amigos. Aos 5 anos, já estava utilizando aquarela. Depois de ingressar na escola, ela começava a pintar logo que chegava em casa. Aos 8 anos, em 1994, ela fez a primeira exposição pública do seu trabalho. Nos anos seguintes, trabalhando com rapidez e compulsivamente em telas de 1,50m por 2,70m, ela concluiu centenas de pinturas, algumas das quais vendeu por aproximadamente $100.000 a tela. Na adolescência (acima), ela continuou a pintar – incansavelmente e apaixonadamente. Isso, diz ela, é o que ela adora fazer. Hoje uma adulta jovem, a paixão de Alexandra pela pintura permanece viva. *Quais são algumas características dos adolescentes superdotados?*

Desperdiçar Nossas Mentes Jovens Mais Brilhantes (Davidson e Davidson, 2004) e *Uma Nação Ludibriada: Como as Escolas Restringem os Alunos Mais Brilhantes da América* (Colangelo, Assouline e Gross, 2004).

Os alunos superdotados que são subdesafiados podem se tornar perturbadores, matar aulas e perder o interesse pelo desempenho. Outras vezes, eles podem simplesmente não se fazer notar em meio aos outros, tornando-se passivos e apáticos em relação à escola. É extremamente importante que os professores desafiem crianças e adolescentes superdotados a atingir altas expectativas (Ambrose, Sternberg e Sriraman, 2012; Webb et al., 2007; Winner, 2006).

Inúmeros especialistas discutem que, muito frequentemente, os alunos superdotados são isolados socialmente e subdesafiados em sala de aula (Ambrose, Sternberg e Sriraman, 2012; Karnes e Stephens, 2008). Não raramente, eles são banidos e rotulados como *nerds* ou *geeks* (fanáticos). Ellen Winner (1996, 2006) conclui que um aluno verdadeiramente superdotado frequentemente é a única criança na sala de aula que não tem oportunidade de aprender com alunos com habilidades similares às suas.

Muitos adultos eminentes relatam que a escola foi uma experiência negativa para eles, pois ficavam entediados e às vezes sabiam mais do que os seus professores (Bloom, 1985). Winner ressalta que a educação norte-americana se beneficiará quando os padrões forem aumentados para todos os alunos. Quando alguns alunos ainda estão sendo subdesafiados, ela recomenda que seja permitido que eles frequentem aulas mais avançadas no seu domínio de habilidade excepcional, como permitir que alguns alunos especialmente precoces do ensino fundamental assistam a aulas universitárias na sua área de *expertise*. Por exemplo, Bill Gates, fundador da Microsoft, teve aulas de matemática na universidade e invadiu o sistema de segurança de um computador aos 13 anos; Yo-Yo Ma, um violoncelista famoso, se formou no ensino médio aos 15 anos e frequentou a Escola Juilliard de Música, em Nova Iorque.

Neste capítulo, examinamos muitos aspectos das escolas para adolescentes. Um aspecto importante da educação de adolescentes envolve o desempenho. No Capítulo 11, examinaremos o desenvolvimento das realizações nos adolescentes.

O jovem Bill Gates, fundador da Microsoft e agora uma das pessoas mais ricas do mundo. Como muitos alunos superdotados, Gates não era especialmente interessado na escola. Ele invadiu o sistema de segurança de um computador aos 13 anos e, quando era estudante no ensino médio, obteve permissão para assistir algumas aulas de matemática na universidade. Ele abandonou Harvard e começou a desenvolver um projeto para o que veio a se tornar a Microsoft Corporation. *Quais são alguns aspectos nos quais as escolas podem enriquecer a educação de alunos talentosos como Gates para transformá-la em uma experiência mais desafiadora, interessante e significativa?*

Revisar *Conectar* **Refletir** (OA4) Caracterizar os adolescentes excepcionais e a sua educação.

Revisar
- Quem são os adolescentes com deficiências?
- Como podem ser caracterizadas as dificuldades de aprendizagem?
- O que se sabe sobre o transtorno de déficit de atenção/hiperatividade?
- Como podem ser descritos os adolescentes superdotados?

Conectar
- Como o conceito de família como um sistema (discutido no Capítulo 8) apoia os esforços dos pais para buscar o melhor para seus filhos que são excepcionais?

Refletir *sua jornada de vida pessoal*
- Pense na sua própria educação e como os alunos com dificuldades de aprendizagem eram ou não diagnosticados. Você tinha conhecimento de tais indivíduos nas turmas que você frequentou? Eles eram auxiliados por professores e/ou especialistas? Você talvez conheça uma ou mais pessoas com uma dificuldade de aprendizagem. Entreviste-as sobre suas experiências escolares e o que poderia ter sido feito de melhor para ajudá-las a aprenderem mais efetivamente.

ATINJA SEUS OBJETIVOS DE APRENDIZAGEM

1 Abordagens na educação dos estudantes
OA1 Descrever abordagens na educação dos estudantes.

Abordagens contemporâneas para a aprendizagem do estudante

- As duas principais abordagens contemporâneas da aprendizagem dos estudantes são a construtivista e a de instrução direta. A abordagem construtivista está centrada no aprendiz, que enfatiza a construção ativa e cognitiva do conhecimento e do entendimento do adolescente. A abordagem da instrução direta está centrada no professor, caracterizada pela direção e pelo controle do professor, pelo domínio das habilidades acadêmicas, pelas altas expectativas em relação aos alunos e pelo máximo de tempo utilizado em tarefas de aprendizagem. Muitos professores eficientes utilizam aspectos das duas abordagens.

2 Transições na escolaridade
OA2 Discutir as transições na escolaridade desde a adolescência inicial até a adultez emergente.

Transição para os últimos anos do ensino fundamental

- Os estudantes podem se sentir mais crescidos e identificar amigos que sejam compatíveis, além de serem mais desafiados intelectualmente. Com frequência, a transição para os anos finais do ensino fundamental é estressante porque ocorre ao mesmo tempo de inúmeras mudanças físicas, cognitivas e socioemocionais. Também há aspectos positivos.

Evasão escolar no ensino médio

- Muitos estudantes que abandonam a escola possuem deficiências educacionais que limitam o seu bem-estar econômico e social durante boa parte da vida adulta. Houve progressos na diminuição dos índices de evasão de jovens afro-americanos, mas este mesmo índice para os jovens norte-americanos nativos e latinos permanece muito alto. A evasão escolar está associada a fatores demográficos, relacionados à família, aos pares, à escola além de fatores pessoais.

Transição do ensino médio para o ensino superior

- Em muitos aspectos, a transição para a universidade se assemelha à transição dos anos iniciais para os anos finais do ensino fundamental. Uma redução na interação com os pais geralmente está envolvida nesta transição. Um problema especial, atualmente, é a descontinuidade entre o ensino médio e a universidade.

Transição do ensino superior para o mercado de trabalho

- Ter uma formação de nível superior é altamente benéfico para o aumento da renda de um indivíduo. No entanto, a transição da universidade para o mercado de trabalho é frequentemente difícil. Um dos motivos é que as universidades treinam muitos estudantes para desenvolverem habilidades mais gerais do que habilidades específicas para um emprego.

3 Os contextos sociais das escolas
OA3 Explicar como os contextos sociais das escolas influenciam o desenvolvimento adolescente.

Mudanças nos contextos sociais desenvolvimentais

- O contexto social difere nos níveis da pré-escola, do ensino fundamental e do ensino médio, crescendo em complexidade e alcance para os adolescentes.

Clima e manejo da sala de aula

- Um clima positivo na sala de aula, que é promovido por uma estratégia autoritativa de manejo das atividades grupais, melhora a aprendizagem e o rendimento dos alunos. Uma habilidade de ensino importante é o manejo da sala de aula que previna o desenvolvimento de comportamento-problema e maximize a aprendizagem. Alguns aspectos do manejo da sala de aula no ensino médio são diferentes dos aspectos no ensino fundamental.

Adequação pessoa-ambiente

- Adequação pessoa-ambiente envolve o conceito de que algumas das mudanças psicológicas negativas associadas ao desenvolvimento adolescente podem resultar de uma divergência entre as necessidades do desenvolvimento adolescente e a falta de oportunidades oferecidas pelas escolas.

Professores, pais, pares e atividades extracurriculares

- As características dos professores envolvem muitas dimensões diferentes e compilar um perfil das características de um professor competente tem sido difícil. O manejo familiar efetivo, especialmente a rotina e as expectativas de alto rendimento, está positivamente associado ao sucesso dos adolescentes na escola. O envolvimento dos pais geralmente diminui à medida que a criança avança para a adolescência. Epstein argumenta que é necessária uma colaboração maior entre as escolas, as famílias e as comunidades. A forma como os anos finais do ensino fundamental estão estruturados encoraja os alunos a interagirem com um número maior de pares diariamente. O *status* popular ou de aceitação de um par está ligado ao sucesso acadêmico; um *status* de rejeição está relacionado a menos sucesso acadêmico. Uma preocupação crescente nas escolas é o *bullying*. As vítimas de *bullying* podem sofrer efeitos negativos de curta ou longa duração. A amizade também está relacionada ao sucesso escolar. A participação em atividades extracurriculares está associada a resultados acadêmicos e psicológicos positivos.

Cultura

- Em casa, no seu bairro e na escola, os adolescentes que se encontram na pobreza se defrontam com problemas que representam barreiras à aprendizagem efetiva. Em comparação com as escolas em bairros de condição socioeconômica mais alta, as escolas em bairros de baixa renda possuem menos recursos, têm menos professores experientes e encorajam mais a aprendizagem mecânica do que habilidades de pensamento. As experiências escolares de estudantes de diferentes grupos étnicos variam consideravelmente. É importante que os professores tenham expectativas positivas e desafiem os alunos afro-americanos a obterem conquistas. As estratégias que os professores podem usar para melhorar as relações entre alunos diferentes etnicamente incluem transformar a sala de aula em um "*jigsaw*", encorajando o contato pessoal positivo, estimulando para que assumam a perspectiva do outro, encarando a escola e a comunidade como uma equipe e sendo um mediador cultural competente. Educação multicultural é a educação que valoriza a diversidade e que inclui as perspectivas de grupos culturais variados. As escolas variam entre as diferentes culturas. Por exemplo, as escolas norte-americanas enfatizam muito mais os esportes.

4 Adolescentes excepcionais

OA4 Caracterizar os adolescentes excepcionais e a sua educação.

Quem são os adolescentes com deficiências?

- Estima-se que 14% das crianças e dos adolescentes norte-americanos recebam educação especial ou atendimento relacionado. Um pouco menos de 45% dos estudantes com deficiências são classificados como tendo uma dificuldade de aprendizagem. Na classificação do governo federal, esta categoria inclui o transtorno de déficit de atenção/hiperatividade, ou TDAH.

Dificuldades de aprendizagem

- As dificuldades de aprendizagem são caracterizadas por dificuldades que envolvem a compreensão ou o uso da linguagem falada ou escrita; a dificuldade pode aparecer na audição, no pensamento, na leitura, na escrita e na ortografia. Uma dificuldade de aprendizagem também pode envolver dificuldades na matemática. Para que possa ser classificado como uma dificuldade de aprendizagem, o problema não poderá resultar primariamente de deficiências visuais, auditivas ou motoras, retardo mental, transtornos emocionais ou desvantagem ambiental, cultural ou econômica. Dislexia é uma categoria de dificuldade de aprendizagem que envolve um prejuízo severo na capacidade de ler e escrever. Disgrafia e discalculia são duas outras categorias de dificuldades de aprendizagem.

Transtorno de déficit de atenção/hiperatividade

- O transtorno de déficit de atenção/hiperatividade (TDAH) envolve problemas em uma ou mais destas áreas: desatenção, hiperatividade e impulsividade. A maioria dos especialistas recomenda uma combinação de intervenções para o TDAH – médica (estimulantes como a Ritalina) e comportamental.

Adolescentes superdotados

- Os adolescentes superdotados possuem um nível de inteligência acima da média (geralmente definida por um QI acima de 130) e/ou talento superior em algum domínio, como arte, música ou matemática. As características dos adolescentes superdotados incluem precocidade, evolução em seu próprio ritmo, paixão por dominar o conhecimento e habilidades superiores de processamento da informação. O talento provavelmente resulta da interação entre hereditariedade e ambiente e, para a maioria dos indivíduos com talentos, é relativa a um domínio específico. Críticas significativas foram feitas à forma como os adolescentes superdotados têm sido educados nos Estados Unidos.

TERMOS-CHAVE

abordagem construtivista 340
abordagem da instrução direta 340
estratégia autoritativa de manejo da sala de aula 344
estratégia autoritária de manejo da sala de aula 344
estratégia permissiva de manejo da sala de aula 344
aprendizagem *jigsaw* 352
educação multicultural 354
dificuldades de aprendizagem 357
transtorno de déficit de atenção/ hiperatividade (TDAH) 357
adolescentes superdotados 357

PESSOAS-CHAVE

Jacquelynne Eccles e Allan Wigfield 345
Joyce Epstein 347
Jonathan Kozol 351

Elliot Aronson 352
James Comer 353

James Kauffman 356
Ellen Winner 359

RECURSOS PARA MELHORAR A VIDA DOS ADOLESCENTES

Council for Exceptional Children (CEC)   *www.cec.sped.org*

O CEC mantém um centro de informações sobre educação de crianças e adolescentes excepcionais e publica material sobre uma ampla variedade de tópicos.

Encyclopedia of Education Psychology
Editada por Neal Salkind (2008, 2ª Ed., Vols. 1 e 2)
Mahwah, Nova Jersey: Erlbaum

Vários especialistas importantes abordam em profundidade muitos tópicos da psicologia da educação, desde aprendizagem e cognição até os aspectos sociais e culturais das escolas.

National Dropout Prevention Center
                                www.dropoutprevention.org

O centro opera como um escritório de informações sobre prevenção da evasão e jovens em risco e publica o periódico *National Dropout Prevention Newsletter*.

Turning Points 2000: Educating Adolescents in the 21st Century
Anthony Jackson e Gayle Davis (2000)
Nova Iorque: Teachers College Press

Esta continuação das recomendações do *Turning Points* anterior inclui inúmeras estratégias para atender às necessidades educacionais dos adolescentes.

Confronting Dogmatism in Gifted Education
Editado por Don Ambrose, Robert Sternberg e Bharath Sriraman (2012)
Nova Iorque: Routledge

Importantes especialistas discutem sobre as barreiras que impedem que os adolescentes superdotados atinjam seu potencial máximo.

capítulo 11 — REALIZAÇÃO, TRABALHO E CARREIRAS

esboço do capítulo

Realização

Objetivo de aprendizagem 1 Discutir a realização na vida dos adolescentes.

A importância da realização na adolescência
Os processos para a realização
Relações sociais e contextos
Alguns obstáculos motivacionais à realização

Trabalho

Objetivo de aprendizagem 2 Descrever o papel do trabalho na adolescência e na universidade.

Trabalho na adolescência
Trabalho durante a universidade
Aprendizagem baseada no trabalho/carreira
Trabalho na adultez emergente

Desenvolvimento da carreira

Objetivo de aprendizagem 3 Caracterizar o desenvolvimento da carreira na adolescência.

Mudanças desenvolvimentais
Fatores cognitivos
Desenvolvimento da identidade
Contextos sociais

Kim-Chi Trinh tinha apenas 9 anos no Vietnã quando seu pai usou suas economias para lhe comprar uma passagem em um barco de pesca. Aquele foi um sacrifício caro e arriscado para a família, que colocou Kim-Chi no pequeno barco, no meio de estranhos, na esperança de que ela conseguisse chegar aos Estados Unidos, onde poderia ter uma boa educação e desfrutar de uma vida melhor.

Kim chegou aos Estados Unidos e enfrentou uma sucessão de três famílias adotivas. Quando se formou no ensino médio em San Diego, em 1988, a média de suas notas era A (eram altas) e recebeu inúmeras ofertas de bolsas de estudo para a universidade. Quando lhe é perguntado por que se saiu tão bem na escola, Kim-Chi diz que é porque deve isso aos seus pais, que ainda estão no Vietnã.

Kim-Chi faz parte da onda de asiáticos brilhantes e altamente motivados que está imigrando para os Estados Unidos. Os asiático-americanos compõem o grupo de minoria étnica que cresce mais rapidamente nos Estados Unidos – atualmente, dois em cada cinco imigrantes são asiáticos. Embora os asiático-americanos configurem apenas 5% da população norte-americana, eles constituem 17% dos estudantes em Harvard, 18% no Instituto de Tecnologia de Massachusetts (MIT), 27% na Universidade da Califórnia em Berkeley e espantosos 35% na Universidade da Califórnia em Irvine.

No entanto, nem todos os asiático-americanos se saem tão bem assim. Jovens refugiados vietnamitas, cambojanos e *hmongs*, com baixo grau de instrução estão especialmente em risco para problemas relacionados à escola. Muitas histórias de crianças refugiadas estão repletas de perdas e traumas. Thuy, uma garota vietnamita de 12 anos, está nos Estados Unidos há dois anos e reside com seu pai em um pequeno apartamento com a família de um primo, com cinco pessoas, no bairro pobre de uma área metropolitana da costa oeste (Huang, 1989). Enquanto tentava escapar de Saigon, "a família se separou, e a esposa e dois filhos menores ficaram no Vietnã... O pai de Thuy tem tido muitas dificuldades para se adaptar aos Estados Unidos. Ele se esforça nas aulas de inglês, mas não conseguiu conservar vários empregos como garçom" (Huang, 1989, p. 307). Quando Thuy recebeu uma carta de sua mãe, dizendo que seu irmão de 5 anos havia morrido, seu rendimento na escola começou a decair e ela apresentou sintomas marcantes de depressão – falta de energia, perda do apetite, isolamento das relações com os pares e um sentimento geral de desesperança. Por insistência da escola, ela e seu pai foram até uma unidade para crianças e adolescentes de um centro comunitário de saúde mental. O terapeuta levou muito tempo para conseguir estabelecer uma relação de confiança com Thuy e seu pai, mas, por fim, eles começaram a confiar no terapeuta, um bom ouvinte, que lhes deu bons conselhos sobre como lidar com as experiências diferentes no novo país. O terapeuta também entrou em contato com a professora de Thuy, que disse que a menina havia se envolvido em diversos conflitos étnicos na escola. Com o auxílio da clínica de saúde mental, a escola deu início a painéis interétnicos com os alunos para abordar as diferenças culturais e discutir as razões para a hostilidade étnica. Thuy foi escolhida para participar destes painéis. Seu pai se envolveu na associação comunitária de assistência mútua e o desempenho acadêmico de Thuy começou a melhorar.

apresentação

Este capítulo enfoca na realização, no trabalho e nas carreiras. À medida que a adolescência e a adultez emergente se desenvolvem, ter êxito assume um papel mais central no desenvolvimento, o trabalho se transforma em um aspecto importante da vida e as carreiras desempenham um papel crescente. Este capítulo começa examinando por que a adolescência é um período-chave para realizações. Em seguida, nos voltaremos para o desenvolvimento dos adolescentes e dos adultos emergentes. O capítulo conclui com uma avaliação das principais teorias de desenvolvimento de carreiras e os contextos que influenciam as escolhas de carreira dos adolescentes.

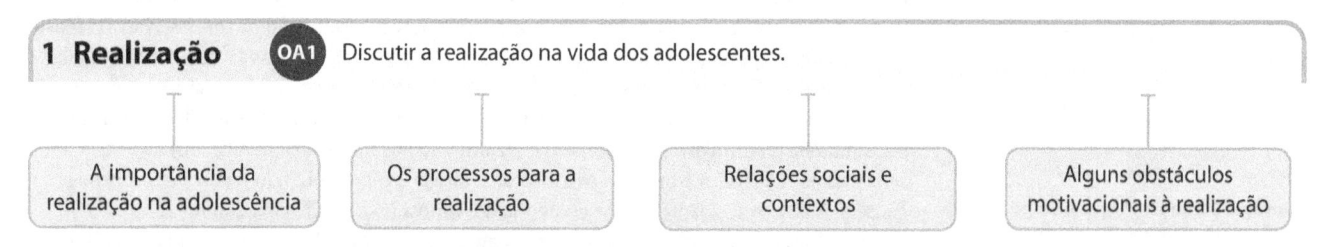

1 Realização **OA1** Discutir a realização na vida dos adolescentes.

- A importância da realização na adolescência
- Os processos para a realização
- Relações sociais e contextos
- Alguns obstáculos motivacionais à realização

Alguns desenvolvimentistas se preocupam que os Estados Unidos está, rapidamente, se transformando em uma nação de pessoas apressadas e rígidas/condicionadas, que estão criando/educan-

Meredith MacGregor, fotografada quando estava na escola de ensino médio Fairview, em Boulder, Colorado, é uma cientista aspirante e foi uma das melhores corredoras de longa distância do ensino médio no Colorado. Ela manteve 4,0 como média geral nas notas, participou de inúmeras organizações escolares e foi cofundadora do AfriAid Club. Ela foi indicada para o programa USA Today High School Academic All-Star (reconhecimento à excelência acadêmica e em serviços comunitários) e recebeu o prêmio da Fundação Intel para o Jovem Cientista (Wong Briggs, 2007). *Quais são alguns fatores que provavelmente estiveram envolvidos na motivação de Meredith para alcançar êxito?*

A vida é uma dádiva... Aceite-a.
A vida é uma aventura... Atreva-se.
A vida é um mistério... Desvende-o.
A vida é uma batalha... Enfrente-a.
A vida é um enigma... Resolva-o.
A vida é uma oportunidade... Aproveite-a.
A vida é uma missão... Realize-a.
A vida é uma meta... Atinja-a.

—Autor desconhecido

motivação intrínseca Fatores motivacionais internos como autodeterminação, curiosidade, desafio e esforço.

motivação extrínseca Fatores motivacionais externos como recompensas ou punições.

do seus jovens para se tornarem iguais – excessivamente preocupados em relação ao sucesso e ao fracasso, e preocupados demais em comparar suas conquistas com a dos outros. No entanto, um número crescente de especialistas argumenta que as expectativas quanto à realização dos jovens são baixas, que os adolescentes não são adequadamente desafiados a ter êxito e que muitos adolescentes não estão recebendo apoio e orientação adequados para atingir suas aspirações.

A IMPORTÂNCIA DA REALIZAÇÃO NA ADOLESCÊNCIA

A adolescência é um momento crítico para realizações (Anderman, 2012; Eccles e Roeser, 2010, 2011). Novas pressões sociais e acadêmicas forçam os adolescentes na direção de diferentes papéis. Estes novos papéis, em geral, envolvem mais responsabilidade. Ter realizações torna-se uma questão mais séria na adolescência e os adolescentes começam a perceber que o jogo da vida agora está começando a ser jogado de verdade. Eles podem até começar a perceber os sucessos e os fracassos atuais como preditores de resultados futuros no mundo adulto. E, à medida que as demandas começam a se intensificar, diferentes áreas das suas vidas podem entrar em conflito. Os interesses sociais dos adolescentes podem interferir no tempo que eles precisam para perseguir os objetivos acadêmicos, ou ambições em uma área podem minar o alcance de objetivos em outras, como quando o sucesso acadêmico leva à desaprovação social.

A adaptação adequada dos adolescentes a essas novas pressões acadêmicas e sociais é determinada, em parte, por fatores biológicos, motivacionais e contextuais (Anderman, Dawson, 2011; Wigfield, Klauda e Cambria, 2011; Schunk, 2012; Zimmerman e Schunk, 2011). Na verdade, o sucesso dos adolescentes se deve a mais do que apenas às suas habilidades intelectuais. Alunos que não são tão brilhantes quanto outros podem demonstrar um padrão comportamental adaptativo – ser persistente nas tarefas e confiante quanto à sua capacidade para resolver problemas, por exemplo – e se transformar em indivíduos de grande sucesso. Em contraste, alguns dos alunos mais brilhantes podem ter padrões para realizações desadaptativos – desistir facilmente e não ter confiança nas suas habilidades acadêmicas, por exemplo – e se transformar em pessoas de pouco sucesso.

OS PROCESSOS PARA A REALIZAÇÃO

Alcançar realizações envolve inúmeros processos motivacionais. Exploraremos esses processos a seguir, começando pela distinção entre motivação intrínseca e extrínseca.

Motivação intrínseca e extrínseca A **motivação intrínseca** está baseada em fatores internos, como autodeterminação, curiosidade, desafio e esforço. A **motivação extrínseca** envolve incentivos externos, como recompensas ou punições. As abordagens humanista e cognitiva enfatizam a importância da motivação intrínseca para a realização. Alguns adolescentes estudam muito porque estão motivados internamente para atingirem altos padrões no seu trabalho (motivação intrínseca). Outros, estudam muito porque desejam ter boas notas ou evitar a desaprovação dos pais (motivação extrínseca).

Evidências atuais favorecem fortemente o estabelecimento de um clima na sala de aula na qual os alunos estejam intrinsecamente motivados para aprender (Weinstein, Deci e Ryan, 2012). Por exemplo, um estudo de alunos da 3ª à 8ª série do ensino fundamental identificou que a motivação intrínseca estava positivamente ligada às notas e aos escores em testes padronizados, ao passo que a motivação extrínseca estava negativamente relacionada a esses resultados (Lepper, Corpus e Iyengar, 2005). E um estudo recente de alunos da 5ª e 6ª série do ensino fundamental revelou que a estruturação de objetivos extrinsecamente estava relacionada a um nível mais baixo de motivação independente e menor persistência na realização de tarefas (Vansteenkiste et al., 2008). As práticas motivacionais intrínsecas/extrínsecas dos pais também estão ligadas à motivação dos filhos. Em um estudo, crianças e adolescentes entre 9 e 17 anos tinham motivação intrínseca mais alta em matemática e ciências quando seus pais se envolviam em práticas intrínsecas à tarefa (estimulando o prazer e o engajamento dos filhos no aprendizado) do que quando seus pais se envolviam e práticas extrínsecas à tarefa (proporcionando recompensas externas e consequências contingentes ao desempenho dos filhos) (Gottfried et al., 2009).

Os alunos ficam mais motivados para aprender quando lhes são oferecidas escolhas, ficam mais absorvidos em desafios que vêm ao encontro das suas habilidades e quando recebem recompensas que possuem valor informativo, mas que não são usadas para controle. O elo-

Calvin e Hobbes   Bill Watterson

Calvin & Hobbes © 1991 Watterson. Distribuído pelo Universal Press Syndicate. Reproduzido com permissão. Todos os direitos reservados.

gio também pode estimular a motivação intrínseca dos alunos. Para entender a importância destes aspectos da realização no desenvolvimento adolescente, exploraremos primeiramente estas visões da motivação intrínseca: (1) autodeterminação e escolha pessoal, (2) experiências plenas e de *flow* e (3) engajamento cognitivo e autorresponsabilidade. Posteriormente, apresentaremos algumas considerações sobre motivação intrínseca e extrínseca.

Autodeterminação e escolha pessoal   Uma visão da motivação intrínseca enfatiza que os estudantes querem acreditar que estão fazendo alguma coisa pela sua própria vontade, e não por causa de sucesso ou recompensas externas (Deci, Kestner e Ryan, 2001; Mclellan e Remedios, 2011; Weinstein, Deci e Ryan, 2012). A motivação interna e o interesse intrínseco dos alunos pelas tarefas escolares aumentam quando eles têm oportunidade de fazer escolhas e assumir a responsabilidade pelo seu aprendizado (Stipek, 2002). Em um estudo, os estudantes que receberam alguma opção de escolha sobre suas atividades, de quando realizá-las e que foram encorajados a assumir responsabilidade pessoal pelo seu comportamento tiveram maiores ganhos no rendimento e tiveram maior probabilidade de se formar no ensino médio do que um grupo-controle (deCharms, 1984). Os arquitetos da teoria da autodeterminação, Richard Ryan e Edward Deci (2009) se referem aos professores que criam circunstâncias que permitem aos alunos se engajarem na autodeterminação como *professores apoiadores da autonomia*.

Experiências plenas e de flow   Mihaly Csikszentmihalyi (1990,1993; Csikszentmihalyi e Csikszentmihalyi, 2006) estudou a experiência plena das pessoas por mais de duas décadas. Estas experiências plenas ocorrem quando as pessoas relatam sentimentos de profundo prazer e felicidade. Csikszentmihalyi usa o termo **flow** para descrever experiências plenas na vida. O *flow* ocorre mais frequentemente quando as pessoas desenvolvem uma noção de domínio e ficam absortas em um estado de concentração enquanto se envolvem em uma atividade. Ele argumenta que o *flow* ocorre quando os indivíduos estão engajados em desafios que não acham nem difíceis nem fáceis demais.

Os níveis percebidos de desafio e habilidade podem originar diferentes resultados (Figura 11.1) (Brophy, 2004). É mais provável que o *flow* ocorra nas áreas nas quais os adolescentes são desafiados e se percebem como tendo um alto grau de habilidade (Strati, Shernoff e Kackar, 2012). Quando as habilidades dos adolescentes são altas, mas a atividade oferece pouco desafio, o resultado é o tédio. Quando os níveis de desafio e habilidade são baixos, ocorre a apatia. E quando os adolescentes se percebem como não tendo as habilidades adequadas para controlar uma tarefa desafiadora com as quais se defrontam, experimentam ansiedade. Em um estudo recente, os estudantes eram menos engajados na sala de aula do que em outros contextos (Shernoff, 2009). Neste estudo, os alunos eram mais engajados quando participavam de contextos que achavam desafiadores, relevantes e agradáveis. Os programas extraclasse, especialmente os que envolviam esportes organizados, enriquecimento acadêmico e atividades artísticas, despertavam o nível mais alto de engajamento nas horas após a escola (Shernoff, 2009).

Engajamento cognitivo e autorresponsabilidade   Vem sendo reconhecido de forma crescente que engajar-se cognitivamente e desenvolver autorresponsabilidade são aspectos-chave da realização (Appleton, 2012). Phyllis Blumenfeld e

flow Conceito de Csikszentmihalyi de experiências plenas na vida, as quais ele acredita que ocorram mais frequentemente quando as pessoas desenvolvem uma noção de controle e ficam absortas em um estado de concentração quando estão engajados em uma atividade.

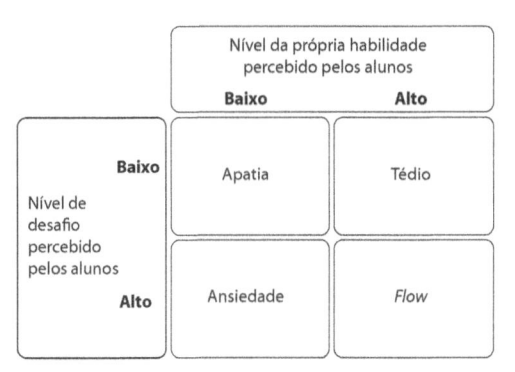

	Nível da própria habilidade percebido pelos alunos	
	Baixo	**Alto**
Nível de desafio percebido pelos alunos — Baixo	Apatia	Tédio
Nível de desafio percebido pelos alunos — Alto	Ansiedade	Flow

FIGURA 11.1
Resultados dos níveis percebidos de desafio e habilidade.

colaboradores (Blumenfeld, Kempler e Krajcik, 2006; Blumenfeld, Marx e Harris, 2006) propuseram outra variação sobre a motivação intrínseca, que enfatiza a importância da criação de ambientes de aprendizagem que incentivem os estudantes a se engajar cognitivamente e assumir a responsabilidade pelo seu aprendizado. O objetivo é fazer os alunos ficarem mais motivados para despenderem esforços a fim de persistir e dominar as ideias em vez de simplesmente se esforçarem o suficiente para tirarem boas notas. Especialmente importante no incentivo aos alunos para que se engajem cognitivamente e se tornem responsáveis pelo seu aprendizado é a inclusão de temas que interessem ao sujeito e a habilidades de aprendizagem dentro de contextos significativos, especialmente situações do mundo real que se entrelaçam com os interesses dos estudantes. Lembre-se, na história de abertura no Capítulo 10, de como professores premiados criaram experiências significativas do mundo real para que os alunos se engajem no seu aprendizado.

Considerações finais sobre motivação intrínseca e extrínseca Uma conclusão preponderante é que é importante que pais e professores encorajem os alunos a se tornarem motivados intrinsecamente, que criem ambientes de aprendizagem que promovam o engajamento cognitivo dos estudantes e a autorresponsabilidade pelo aprendizado (Blumenfeld, Marx e Harris, 2006; Townsend, 2011). Dito isso, o mundo real não é apenas de motivação intrínseca, e muito frequentemente a motivação intrínseca e extrínseca foram confrontadas uma com a outra como polaridades opostas. Em muitos aspectos das vidas dos estudantes, tanto a motivação intrínseca quanto a extrínseca estão em operação (Anderman e Anderman, 2010; Cameron e Pierce, 2008; Schunk, 2012). Tenha em mente, no entanto, que muitos psicólogos recomendam que a motivação extrínseca sozinha não é uma boa estratégia.

Nossa discussão sobre a motivação intrínseca e extrínseca prepara o terreno para considerações acerca de outros processos cognitivos envolvidos na motivação para os estudantes aprenderem. Enquanto exploramos estes outros processos cognitivos, observe como a motivação intrínseca e extrínseca continuam a ser importantes. Os processos são: (1) atribuição, (2) motivação para o domínio e a mentalidade, (3) autoeficácia, (4) expectativas, (5) estabelecimento de objetivos, planejamento e automonitoramento e (6) propósito.

Atribuição A **teoria da atribuição** afirma que os indivíduos são motivados a descobrir as causas subjacentes do próprio desempenho e comportamento. As atribuições são as causas percebidas dos resultados (Mclellan e Remedios, 2011). De certa forma, dizem os teóricos da atribuição, os adolescentes são como cientistas intuitivos, procurando explicar a causa por trás do que acontece (Weiner, 2005). Por exemplo, um estudante do ensino médio pergunta: "Por que não estou me saindo bem nesta aula?" ou "Tirei uma nota boa porque estudei muito ou o professor aplicou um teste fácil, ou ambos?". A busca por uma causa ou explicação é geralmente iniciada quando eventos inesperados e importantes acabam em fracasso, como quando um bom aluno tira uma nota baixa. Algumas das causas de fracasso e sucesso inferidas com mais frequência são capacidade, esforço, facilidade ou dificuldade da tarefa, sorte, humor e ajuda ou obstáculo de outros.

Quais as melhores estratégias para os professores usarem na ajuda aos alunos que atribuem o seu desempenho fraco a fatores como falta de capacidade, sorte e obstáculo de outros? Os psicólogos educacionais recomendam orientar os adolescentes a atribuírem seu desempenho fraco a fatores internos, como falta de esforço, em vez de atribuírem a fatores externos, com falta de sorte, ou culparem outras pessoas, como dizer que o professor criou um teste difícil demais. Eles também enfatizam que façam os adolescentes a se concentrarem na tarefa de aprendizagem em questão, em vez de se preocupar com o fracasso, que refaçam seus passos para descobrirem seus erros e analisem o problema para descobrirem outra abordagem.

Motivação para o domínio e mentalidade Tornar-se engajado cognitivamente e automotivado para melhorar está refletido nos adolescentes com uma motivação para o domínio. Estes adolescentes também têm uma mentalidade de crescimento e acreditam que podem produzir resultados positivos caso se esforcem.

Motivação para o domínio As psicólogas desenvolvimentistas Valanne Henderson e Carol Dweck (1990) constataram que os adolescentes geralmente apresentam duas respostas distintas a circunstâncias difíceis ou desafiadoras. Os adolescentes que apresentam uma **orientação para o domínio da tarefa** são orientados para a tarefa; em vez de focarem na sua capacidade,

---

teoria da atribuição Teoria que defende que, no seu esforço para entender o próprio comportamento e o desempenho, os indivíduos são motivados a descobrir suas causas subjacentes.

orientação para o domínio da tarefa Visão na qual os indivíduos focam na tarefa, em vez de focar na sua habilidade; eles se concentram em aprender estratégias e processos para a realização, em vez de se concentrarem no resultado.

eles se concentram nas estratégias de aprendizagem e no processo de realização em vez de focar-se no resultado. Aqueles com uma **orientação para o desamparo** parecem encurralados pela experiência da dificuldade, e atribuem sua dificuldade à falta de capacidade. Eles frequentemente dizem coisas como "Eu não sou muito bom nisso", mesmo que, anteriormente, possam ter demonstrado sua capacidade por meio de muitos sucessos. E, uma vez que encaram o seu comportamento como fracasso, geralmente se sentem ansiosos e o seu desempenho piora ainda mais. A Figura 11.2 descreve alguns comportamentos que podem refletir desamparo (Stipek, 2002).

Em contraste, os adolescentes orientados para o domínio geralmente se instruem para prestar atenção, pensar cuidadosamente e se lembrarem de estratégias que funcionaram para eles em situações anteriores. Eles frequentemente relatam que se sentem desafiados e entusiasmados com a dificuldade das tarefas, mais do que ameaçados por elas (Anderman e Wolters, 2006; Dorn et al., 2011). Um estudo revelou que os objetivos de domínio dos estudantes da 8ª série do ensino fundamental até a 3ª série do ensino médio estavam ligados à quantidade de esforço que empreendiam em matemática (Chouinard, Karsenti e Roy, 2007).

Outra questão na motivação envolve a definição entre adotar uma orientação para a conquista ou para o desempenho. Os adolescentes com uma **orientação para o desempenho** estão focados em vencer, mais do que nos resultados do desempenho, e acreditam que a felicidade resulta de vencer. Isso significa que os adolescentes orientados para o domínio não gostam de vencer e que os adolescentes orientados para o desempenho não estão motivados para experimentar a autoeficácia decorrente de poder receber os créditos pelas próprias conquistas? Não. No entanto, o que está envolvido é uma questão de ênfase ou grau. Para os indivíduos orientados para o domínio, vencer não é tudo; para os indivíduos orientados para o desempenho, o desenvolvimento de habilidades e a autoeficácia ficam atrás da motivação por vencer.

A lei *No Child Left Behind* (NCLB) enfatiza o teste e a responsabilização. Embora a NCLB possa motivar alguns professores e alunos a trabalhar com mais afinco, os especialistas em motivação se preocupam que isso encoraje mais uma orientação motivacional para o desempenho do que para o domínio por parte dos alunos (Meece, Anderman e Anderman, 2006).

Um último comentário precisa ser feito a respeito dos objetivos de conquista e desempenho: nem sempre eles são mutuamente excludentes. Os estudantes podem ser orientados para o domínio e, ao mesmo tempo, para o desempenho, e pesquisadores constataram que objetivos de domínio combinados com objetivos de desempenho geralmente beneficiam o sucesso dos estudantes (Anderman e Anderman, 2010; Schunk, 2012).

Mentalidade A análise mais recente da motivação, feita por Carol Dweck (2006, 2007, 2012), destaca a importância do desenvolvimento de uma **mentalidade**, a qual é definida como a visão cognitiva que os indivíduos desenvolvem para si mesmos. Ela conclui que os indivíduos possuem uma das duas mentalidades: (1) uma *mentalidade fixa*, em que eles acreditam que as suas qualidades são esculpidas em pedra e não podem mudar, ou (2) uma *mentalidade de crescimento*, em que eles acreditam que suas qualidades podem mudar e melhorar por meio do seu esforço. Uma mentalidade fixa é similar a uma orientação para o desamparo; uma mentalidade de crescimento é muito semelhante a ter uma motivação para o domínio.

Em *Mindset*, Dweck (2006) defendeu que a mentalidade dos indivíduos influencia o seu ponto de vista, seja ele otimista ou pessimista, molda seus objetivos e a intensidade com a qual eles se esforçarão para atingi-los e afeta muitos aspectos das suas vidas, incluindo realizações e sucesso na escola e nos esportes. Dweck diz que a mentalidade começa a ser moldada quando as crianças e os adolescentes interagem com seus pais, professores e treinadores, os quais têm a sua própria mentalidade, que pode ser fixa ou de crescimento.

Dweck e colaboradores (Blackwell e Dweck, 2008; Blackwell, Trzesniewski e Dweck, 2007; Dweck, 2012; Dweck e Master, 2009) recentemente incorporaram informações sobre a plasticidade do cérebro no seu esforço para aumentar a motivação dos alunos para obterem conquistas e alcançarem o sucesso. Em um estudo, eles designaram dois grupos de estudantes para oito sessões de (1) instrução em habilidades de estudo ou (2) instrução em habilidades de estudo mais informações sobre a importância do desenvolvimento de uma mentalidade de crescimento (chamada de *teoria incremental* na pesquisa) (Blackwell et al., 2007). Um dos exercícios no grupo de mentalidade de crescimento foi intitulado "Você pode cultivar seu cérebro", o qual enfatizava que o cérebro é como um músculo que pode se modificar e crescer à medida que é exercitado e desenvolve novas conexões. Os alunos foram informados de que quanto mais se desafia o cérebro a aprender, mais as células cerebrais crescem. Antes da in-

---

O aluno:
- Diz: "Eu não consigo".
- Não presta atenção às instruções do professor.
- Não pede ajuda, mesmo quando necessário.
- Não faz nada (p. ex., fica olhando pela janela).
- Adivinha ou responde aleatoriamente sem realmente tentar.
- Não demonstra orgulho pelos sucessos.
- Parece entediado e desinteressado.
- Fica apático diante da insistência do professor para que tente.
- Fica desanimado facilmente.
- Não se oferece para responder às perguntas do professor.
- Inventa manobras para se livrar ou evitar o trabalho (p. ex., precisa ir ao médico).

FIGURA 11.2
Comportamentos que sugerem desamparo.

orientação para o desamparo Visão na qual os indivíduos parecem encurralados quando passam por dificuldades e atribuem a sua dificuldade à falta de capacidade. Esta orientação mina o desempenho.

orientação para o desempenho Visão na qual os indivíduos estão focado em vencer, mais do que no resultado do desempenho. Para os alunos orientados para o desempenho, vencer resulta em felicidade.

mentalidade Visão cognitiva, fixa ou de crescimento, que os indivíduos desenvolvem para si mesmos.

Entrando no cérebro virtual. Uma tela do programa de "Brainology" de Carol Dweck, planejado para cultivar uma mentalidade de crescimento.

tervenção, ambos os grupos tinham um padrão de declínio nos escores em matemática. Após a intervenção, o grupo que apenas recebeu instrução em habilidades de estudo continuou a declinar. O grupo que recebeu a combinação de instrução em habilidades de estudo, mais a ênfase da mentalidade de crescimento sobre como a mente se desenvolve quando é desafiada, reverteu a tendência de declínio e melhorou o seu rendimento em matemática.

Em outro trabalho, Dweck criou um *workshop* baseado no computador, "Brainology" ("Cerebrologia"), para ensinar aos alunos que a inteligência pode mudar (Blackwell e Dweck, 2008). Os alunos passam por uma experiência de seis módulos sobre como funciona o cérebro e como os alunos podem fazer seu próprio cérebro se desenvolver. Depois de testados em 20 escolas da cidade de Nova Iorque, os estudantes endossaram enfaticamente o valor dos módulos sobre o cérebro baseados no computador. Um aluno disse: "Tentarei me esforçar mais porque sei que quanto mais você tenta, mais o seu cérebro sabe" (Dweck e Master, 2009, p. 137).

Autoeficácia Do mesmo modo como ter uma mentalidade de crescimento, a **autoeficácia**, crença de um indivíduo de que ele consegue dominar uma situação e produzir resultados favoráveis, é uma visão cognitiva importante a ser desenvolvida pelos adolescentes. Albert Bandura (1997, 2004, 2010a), cuja teoria sociocognitiva discutimos no Capítulo 1, defende que a autoeficácia é um fator essencial para o êxito dos adolescentes. A autoeficácia tem muito em comum com a motivação para o domínio da tarefa. Autoeficácia é a crença do "Eu posso"; desamparo é a crença do "Eu não posso" (Stipek, 2002). Os adolescentes com alta autoeficácia endossam afirmações como: "Sei que vou conseguir aprender o material desta aula" e "Espero conseguir me sair bem nesta atividade".

Dale Schunk (2008, 2012) aplicou o conceito de autoeficácia a muitos aspectos da realização dos estudantes. Segundo sua visão, a autoeficácia influencia a escolha das atividades de um estudante. Os estudantes com baixa autoeficácia para a aprendizagem podem evitar muitas tarefas de aprendizagem, especialmente as desafiadoras, ao passo que os estudantes com alta autoeficácia demonstram interesse por essas tarefas de aprendizagem. Estudantes com alta autoeficácia têm maior probabilidade de persistirem com esforço em uma tarefa e na aprendizagem do que os estudantes com baixa autoeficácia (Walsh, 2008). Um estudo recente revelou que adolescentes com alta autoeficácia tinham aspirações acadêmicas mais altas, passavam mais tempo fazendo as tarefas de casa e tinham mais probabilidade de associarem atividades de aprendizagem com experiência ideal do que seus colegas com baixa autoeficácia (Bassi et al., 2007).

Expectativas As expectativas desempenham um papel importante na realização dos adolescentes. Estas expectativas incluem não somente as expectativas dos próprios adolescentes, mas também as expectativas dos pais e dos professores.

Adolescentes O afinco com o qual os alunos se dedicarão ao trabalho escolar pode depender do quanto eles esperam alcançar. Se tiverem a expectativa de sucesso, será mais provável que trabalhem com dedicação para alcançar um objetivo do que se a expectativa

---

conexão com o desenvolvimento

Teoria social cognitiva. A teoria social cognitiva sustenta que fatores comportamentais, ambientais e pessoais/cognitivos são as influências-chave no desenvolvimento. Cap. 1, p. 62

Eles podem porque eles acham que podem.

—Virgílio
Poeta romano, século I d.C.

autoeficácia A crença de um indivíduo de que ele consegue ter domínio de uma situação e produzir resultados positivos.

for de fracasso. Jacquelynne Eccles (1987, 1993) definiu as expectativas de sucesso dos estudantes como crenças sobre como eles irão se sair nas próximas tarefas, seja em um futuro imediato ou a longo prazo (Wigfield et al., 2006). Três aspectos das crenças sobre habilidades, de acordo com Eccles, são as crenças dos estudantes sobre o quanto são bons em uma atividade particular, o quanto são bons em comparação com outros indivíduos e o quanto são bons em relação ao seu desempenho em outras atividades.

A dedicação dos alunos ao trabalho também depende do *valor* que eles depositam no objetivo (Wigfield e Cambria, 2010). De fato, a combinação de expectativas e dos valores tem sido foco de inúmeros esforços para entender melhor a motivação dos adolescentes para a realização. Segundo o modelo de Jacquelynne Eccles (1993, 2007), presume-se que as expectativas e os valores dos alunos influenciam diretamente o seu desempenho, a persistência e a escolha da tarefa.

Pais e professores A motivação de um aluno é geralmente influenciada pelas expectativas que pais, professores e outros adultos têm em relação às realizações das pessoas. Crianças e adolescentes se beneficiam quando tanto os pais quanto os professores têm expectativas altas para eles e oferecem o apoio necessário para que eles correspondam a essas expectativas (Anderman e Anderman, 2010).

Pesquisadores constataram que as expectativas dos pais estão ligadas às realizações acadêmicas das crianças e dos adolescentes (Burchinal et al., 2002). Um estudo longitudinal revelou que as crianças cujas mães tinham expectativas acadêmicas mais altas para elas na 1ª série do ensino fundamental apresentavam mais probabilidade de atingir um nível superior de resultados educacionais na adultez emergente (aos 23 anos) do que as crianças cujas mães tinham expectativas mais baixas para elas na 1ª série (Englund, Luckner e Whaley, 2003).

Um aluno e um professor na Escola de Ensino Fundamental Langston Hughes, em Chicago, uma escola cujos professores têm altas expectativas com relação aos alunos. *Como as expectativas dos professores influenciam a realização dos alunos?*

---

conexão COM CARREIRAS

Jaime Escalante, professor de matemática de uma escola do ensino médio

Imigrante da Bolívia, Jaime Escalante tornou-se professor de matemática na Garfield High School, no lado leste de Los Angeles, na década de 1970. Quando começou a ensinar em Garfield, muitos dos alunos tinham pouca confiança nas habilidades em matemática e a maioria dos professores tinha expectativas baixas quanto ao sucesso dos alunos. Escalante tomou isso como um desafio especial para melhorar as habilidades dos alunos em matemática e até mesmo levá-los ao ponto de obterem um bom desempenho no exame de cálculo do Testing Service Advanced Placement (AP).

O primeiro ano foi difícil. A aula de cálculo de Escalante começava às 8 horas da manhã. Ele disse aos alunos que as portas estariam abertas às 7 horas e que a instrução começaria às 7h30. Ele também trabalhou com os alunos depois da escola e nos finais de semana. Ele montou centenas de apostilas, disse aos alunos para fazerem muitas anotações e pediu que eles fizessem um arquivo. Ele lhes dava um teste de cinco minutos todas as manhãs e outro teste todas as sextas-feiras. Ele começou com 14 alunos, mas, no espaço de duas semanas, apenas metade permanecia. Apenas cinco alunos ficaram até a primavera. Um dos meninos que desistiu disse: "Não quero chegar às 7 horas da manhã. Por que eu deveria?".

Graças ao ensino persistente, desafiador e inspirador de Escalante, a Garfield High — uma escola assolada pela falta de recursos, pela violência e pelas precárias condições de trabalho — tornou-se a sétima no *ranking* dos Estados Unidos em cálculo. O comprometimento e a motivação de Escalante foram transmitidos para seus alunos, em muitos dos quais ninguém acreditava antes da chegada do professor. As contribuições de Escalante foram retratadas no filme *O Preço do Desafio*. Escalante, seus alunos e celebridades convidadas também apresentam conceitos básicos de matemática para alunos da 7ª série do ensino fundamental até a 4ª série do ensino médio da PBS *Futures with Jaime Escalante*. Agora aposentado do magistério, Escalante continua a trabalhar no papel de consultor para ajudar a aumentar a motivação dos alunos para se saírem bem em matemática e melhorarem suas habilidades matemáticas. A história de Escalante é um testemunho de como *um* professor pode fazer uma diferença importante na motivação e nas realizações dos alunos.

Jaime Escalante em uma sala de aula ensinando matemática.

Para mais informações sobre o trabalho de professores do ensino médio, veja o Apêndice do capítulo 1.

Um aluno trabalhando com a sua agenda diária. *Como objetivos, planejamento e autorregulação estão envolvidos na realização dos adolescentes?*

Com frequência, os pais tentam proteger a autoestima das crianças e dos adolescentes estabelecendo padrões baixos (Graham, 2005; Stipnek, 2005). Na realidade, é mais benéfico definir padrões que desafiem as crianças e os adolescentes e ter a expectativa de um desempenho nos níveis mais altos que eles são capazes de atingir. Aqueles que não são desafiados podem desenvolver baixos padrões para si mesmos, e a frágil autoconfiança que desenvolvem ao atingirem essas baixas expectativas pode ser abalada na primeira vez em que eles se defrontarem com um trabalho mais desafiador e forem mantidos padrões mais elevados.

As expectativas dos professores também são influências importantes na realização das crianças (Rubie-Davies, 2011). Em um estudo observacional de 12 salas de aula, os professores com expectativas altas passavam mais tempo oferecendo uma estrutura para a aprendizagem dos alunos, faziam perguntas de nível mais elevado e eram mais efetivos no manejo do comportamento dos alunos do que os professores com expectativas na média ou baixas (Rubie-Davies, 2007).

Para ler a respeito do trabalho de um indivíduo que tinha expectativas altas em relação aos seus alunos, veja o perfil *Conexão com Carreiras*.

Estabelecimento de objetivos e automonitoramento A autoeficácia e a realização se desenvolvem quando os indivíduos estabelecem objetivos que sejam do tipo específico, proximal e desafiador (Anderman e Anderman, 2010; Schunk, 2011). Um objetivo vago e inespecífico é "Quero ter sucesso". Um objetivo mais concreto e específico é "Quero fazer parte do grupo de honra ao mérito no fim do semestre".

Os alunos podem definir objetivos de longo prazo (distal) e curto prazo (proximal). É bom que os indivíduos estabeleçam alguns objetivos de longo prazo, como "Quero me formar no ensino médio" ou "Quero ir para a universidade", mas eles também precisam ter objetivos de curto prazo, os quais são os passos ao longo do caminho. "Tirar um A no próximo teste de matemática" é um exemplo de objetivo proximal de curto prazo. E também "Fazer todo o meu tema de casa até as 16h de domingo".

Outra boa estratégia é estabelecer objetivos desafiadores (Anderman e Anderman, 2010). Um objetivo desafiador é um comprometimento com o autoaperfeiçoamento. Um forte interesse e envolvimento nas atividades são despertados pelos desafios. Objetivos fáceis de atingir geram pouco interesse ou esforço. No entanto, os objetivos devem ser devidamente adaptados ao nível de habilidade do indivíduo. Se os objetivos forem irrealisticamente altos, o resultado será a repetição de fracassos que reduzem a autoeficácia do indivíduo.

Além disso, outra boa estratégia é desenvolver objetivos pessoais sobre futuras circunstâncias desejadas e indesejadas (Ford e Smith, 2007; Wigfield e Cambria, 2010). Os objetivos pessoais podem ser um aspecto essencial na motivação de um indivíduo para enfrentar e lidar com os desafios e oportunidades da vida (Maehr e Zusho, 2009).

Porém, não é suficiente simplesmente estabelecer objetivos. Para alcançar o êxito, também é importante planejar como atingir esses objetivos (Winne, 2011). Ser um bom planejador significa administrar o tempo com eficiência, estabelecer prioridades e ser organizado.

Os indivíduos não devem planejar apenas as atividades da próxima semana, mas também monitorar como estão seguindo os próprios planos. Depois de engajados em uma tarefa, precisam monitorar seu progresso, julgar se estão realizando bem a tarefa e avaliar os resultados para regular o que fazer no futuro (Wigfield, Klauda e Cambria, 2011). Os jovens com alto grau de êxito geralmente são aprendizes autorreguladores (Schunk, 2011). Por exemplo, jovens com alto grau de êxito monitoram mais seu aprendizado e avaliam sistematicamente seu progresso em direção ao objetivo do que os alunos com baixo grau de êxito. Encorajar os jovens a monitorar a sua aprendizagem transmite a mensagem de que eles são responsáveis pelo próprio comportamento e que o aprendizado requer a sua participação ativa e dedicada.

Um tipo de autorregulação é a *autorregulação intencional*, que envolve escolher objetivos e resultados, otimizando os meios para atingir os resultados desejados e compensando os contratempos ao longo do caminho (Gestsdottir et al., 2009). Um estudo recente identificou que a autorregulação intencional era especialmente benéfica para os jovens adolescentes de baixa renda (Urban, Lewin-Bizan e Lerner, 2010). Neste estudo, estes adolescentes com alto grau de autorregulação tinham maior probabilidade de buscar atividades extracurriculares, o que acarretava mais resultados desenvolvimentais positivos, tais como a realização acadêmica. A escolha dos objetivos ou dos resultados foi avaliada por meio de itens como: "Quando

conexão com o desenvolvimento
Identidade. William Damon (2008) conclui que muitos jovens de hoje não estão se encaminhando para uma resolução da identidade.
Cap. 4, p. 165

me decido por um objetivo, empenho-me nisso"; a otimização dos meios para alcançar os resultados desejados foi avaliada por meio de itens como: "Penso exatamente sobre como posso realizar melhor meus planos"; e a compensação pelos contratempos foi avaliada por itens como: "Quando as coisas não funcionam como deveriam, procuro outras maneiras de consegui-las".

Propósito Em capítulos anteriores, examinamos a visão que William Damon (2008) propôs em seu livro *The Path to Purpose* (*O Caminho para um Propósito*). Por exemplo, no Capítulo 4, discutimos a importância do propósito no desenvolvimento da identidade e, no Capítulo 7, vimos que o propósito é um aspecto essencial dos valores. Aqui, ampliaremos a visão de Damon e exploraremos como o propósito é um ingrediente que está ausente nas realizações de muitos adolescentes e adultos emergentes.

Para Damon, propósito é a intenção de atingir alguma coisa significativa para o indivíduo e contribuir com alguma coisa para o mundo além de si mesmo. Encontrar um propósito envolve responder a perguntas como: "*Por que* estou fazendo isso? *Por que* isso importa? *Por que* isso é importante para mim e para o mundo além de mim? *Por que* me esforço para atingir este fim?" (Damon, 2008, p. 33-34).

Em entrevistas com jovens entre 12 e 22 anos, Damon descobriu que apenas aproximadamente 20% deles tinham uma visão clara de até onde queriam chegar na vida, o que queriam alcançar e por quê. A maior porcentagem – em torno de 60% – tinha se engajado em algumas atividades potencialmente significativas, como a aprendizagem de prestação de serviço ou discussões produtivas com um conselheiro em carreiras, mas ainda não tinham um real comprometimento ou planos razoáveis para atingir esses objetivos. Um pouco mais de 20% não expressaram aspirações e, em alguns casos, disseram que não viam qualquer razão para terem aspirações.

William Damon. Segundo a visão de William Damon, o propósito é um ingrediente ausente nas realizações de muitos adolescentes e adultos emergentes. Quais são algumas estratégias que os adultos podem adotar para guiar adolescentes e adultos emergentes a incorporarem um propósito ao seu caminho rumo às realizações?

Damon conclui que a maioria dos pais e professores destaca a importância de objetivos como estudar com dedicação e obter boas notas, mas raramente discutem aonde os objetivos podem levá-los – o propósito de estudar com dedicação e obter boas notas. Damon enfatiza que, com frequência, os alunos ficam apenas nos objetivos de curto prazo e não exploram a situação como um todo no longo prazo para definir o que eles querem fazer com a sua vida. As perguntas desta entrevista que Damon (2008, p. 135) utilizou na sua pesquisa servem como estímulo para que os alunos reflitam sobre o seu propósito:

> O que é mais importante para você na sua vida?
> Por que você se importa com essas coisas?
> Você tem objetivos de longo prazo?
> Por que esses objetivos são importantes para você?
> O que significa ter uma vida boa?
> O que significa ser uma boa pessoa?
> Se você estivesse olhando para o passado e vendo sua vida como ela é agora, como você gostaria de ser lembrado?

RELAÇÕES SOCIAIS E CONTEXTOS

As relações dos adolescentes com pais, pares, professores e mentores são aspectos importantes para a sua realização. E condição socioeconômica, etnia e cultura são contextos sociais que influenciam essas realizações.

Pais Descobrimos, anteriormente, que as expectativas dos pais têm uma influência importante nas realizações dos adolescentes. Um estudo recente revelou que adolescentes com pais com alta autoeficácia relataram mais competência nas atividades de aprendizagem, menos problemas e mais oportunidades diárias para experiências positivas (Steca et al., 2011). Aqui estão algumas outras práticas parentais que resultam em melhoria nas realizações dos adolescentes (Wigfield et al., 2006):

- Conhecer o adolescente suficientemente para lhe dar a quantidade certa de desafio e a quantidade certa de apoio.

Quais são algumas formas em que as relações com os pares podem influenciar a realização de um adolescente?

conexão COM ADULTOS EMERGENTES

Hari Prabhakar, aluno de um Caminho para um Propósito

A ambição de Hari Prabhakar é se tornar um especialista internacional em saúde. Prabhakar se formou na Universidade Johns Hopkins em 2006, com dupla especialização em saúde publica e escrita. Um aluno destacado (3,9 GPA), tomou a iniciativa de realizar uma série de atividades fora da sala de aula no campo da saúde. Quando fez a transição do ensino médio para a universidade, Hari criou a Fundação de Saúde Tribal da Índia (Tribal India Health Foundation) (www.tihf.org), que dá assistência para a realização de atendimento de saúde de baixo custo em áreas rurais na Índia. Conciliando seus papéis como estudante e como diretor da fundação, Prabhakar passava em torno de 15 horas por semana dirigindo a Saúde Tribal da Índia durante seus quatro anos de faculdade.

Prabhakar também se candidatou e recebeu 16.500 dólares em bolsas de pesquisa de diferentes programas da Johns Hopkins para desenvolver seus conhecimentos em saúde pública. Ele buscou a excelência de especialistas em saúde na faculdade Hopkins para ampliar seu conhecimento da assistência médica internacional. Prabhakar também trabalhava uma média de seis horas por semana realizando pesquisas sobre anemia, a qual é prevalente entre as tribos de áreas rurais na Índia. Ele passou três meses a cada verão, durante universidade, trabalhando na Índia diretamente com os povos das tribos. Ao descrever seu trabalho, Prabhakar disse (Universidade Johns Hopkins, 2006a):

> Achei muito desafiador coordenar a operação internacional... Isto requer muito trabalho, e não há muito tempo livre. Mas vale a pena quando visito nossos pacientes e vejo como eles e a comunidade estão melhorando.

Como prêmio pelas suas realizações enquanto estudante, em 2007 Prabhakar recebeu uma bolsa de estudos Marshall para estudar na Grã-Bretanha. Ele concluiu seus dois graus de mestrado na Unidade de Serviço Médico da Universidade de Oxford e na London School of Higiene e Medicina Tropical. Prabhakar busca combinar o treinamento clínico com a administração de sistemas de saúde para aprimorar o atendimento médico a pessoas em circunstâncias de pobreza por todo o mundo. Em 2010, Prabhakar começou mais uma etapa na sua educação, ingressando na Escola Médica de Harvard.

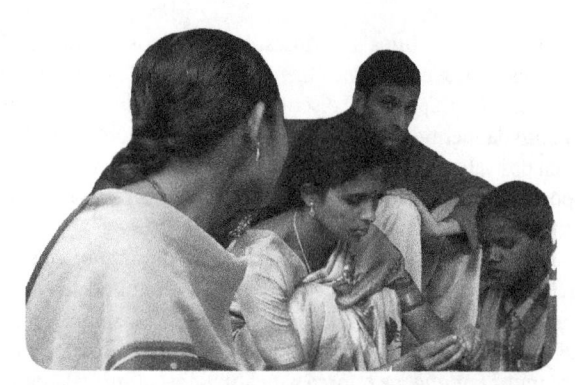

Hari Prabhakar (ao fundo) em uma área de exame que ele criou como parte da Fundação de Saúde Tribal da Índia, na Índia.

(Fontes: Universidade Johns Hopkins, 2006a, 2006b; Lunday, 2006; Marshall Scholarships, 2007; Prabhakar, 2007).

Que tipos de objetivos Prabhakar provavelmente estabeleceu para si mesmo que fortaleceram o seu extraordinário senso de propósito?

- Proporcionar um clima emocional positivo, que motive os adolescentes a internalizar os valores e objetivos de seus pais.
- Servir como modelo de comportamento de realização motivada: trabalhar com dedicação e persistir com esforço nas tarefas desafiadoras.

Pares Os pares podem afetar as realizações dos adolescentes por meio de objetivos sociais, comparações sociais e *status* dos pares (Wentzel, 2009). Ao se considerar a realização dos adolescentes, é importante que se leve em conta não apenas os objetivos acadêmicos, mas também os objetivos sociais. Um estudo revelou que os adolescentes jovens motivados a se engajar na dominância social dos seus pares tinham um nível baixo de realização (Kiefer e Ryan, 2008). Os objetivos de popularidade não estavam ligados à realização dos adolescentes.

Os adolescentes com frequência se comparam com seus pares quanto ao seu *status* acadêmico e social. Os adolescentes têm maior probabilidade do que as crianças menores de se engajar em comparação social, embora os adolescentes tenham uma tendência a negar que em algum momento se comparam com os outros (Harter, 2006). Por exemplo, na comparação social, um adolescente pode ficar sabendo que outro adolescente não se saiu bem em um teste na escola e pensar: "Sou mais inteligente do que ele". Comparações sociais positivas geralmente resultam em autoestima mais alta; comparações negativas, em autoestima mais baixa. Os adolescentes têm mais probabilidade de se compararem com outros que são mais parecidos com eles em idade, habilidades e interesses.

Os adolescentes mais aceitos pelos seus pares e que possuem boas habilidades sociais com frequência se saem melhor na escola e têm motivação acadêmica positiva para a reali-

---

◀ - - - - -
conexão com o desenvolvimento
Pares. Adolescentes com amigos que são orientados para os resultados acadêmicos têm notas mais alta na escola. Cap. 9, p. 316

zação (Rubin, Bukowski e Parker, 2006). Em contraste, adolescentes rejeitados, especialmente aqueles que são altamente agressivos, estão em risco para uma série de problemas no rendimento, incluindo tirar notas baixas e abandonar a escola (Dodge, Coie e Lynam, 2006). Um estudo recente revelou que ter amigos agressivos/perturbadores na adolescência estava ligado a menor probabilidade de se formar no ensino médio (Veronneau et al., 2008).

Professores Vimos anteriormente o quanto as expectativas dos professores são importantes para o sucesso no rendimento dos adolescentes. Aqui, exploraremos melhor o papel essencial que os professores desempenham na realização dos alunos. Quando pesquisadores observaram salas de aula, constataram que professores efetivos e engajados lhes dão apoio para que tenham um bom progresso, mas também encorajam os adolescentes a se tornarem realizadores autorregulados (Perry e Rahim, 2011). O incentivo acontece dentro de um ambiente muito positivo, no qual os adolescentes estão sendo orientados com regularidade para se motivarem a se esforçarem e a desenvolverem autoeficácia.

Nel Noddings (1992, 2001, 2006) destaca que os alunos têm maior probabilidade de se desenvolver tornando-se seres humanos competentes quando sentem que os outros se importam com eles. Esse cuidado requer que os professores venham a conhecer muito bem seus alunos. Ela afirma que isso é difícil em escolas grandes com um grande número de adolescentes em cada turma. Ela recomenda que os professores permaneçam com os mesmos alunos por dois ou três anos (voluntariamente por parte do professor e do aluno) para que os professores fiquem mais bem posicionados para atentarem aos interesses e às capacidades de cada aluno. Lembre-se do Capítulo 10 que a mesma proposta está sendo examinada nas escolas com adolescentes de alto risco, um esforço financiado pela Fundação Bill e Melinda Gates (2008).

Mentores Os **mentores** são, em geral, indivíduos mais velhos e mais experientes que são motivados para melhorar a competência e o caráter de uma pessoa mais nova. Ser mentor pode envolver demonstração, instrução, desafio e incentivo por um longo período de tempo. À medida que avança a experiência positiva de *mentoring*, o mentor e o jovem que está sendo orientado desenvolvem um laço de compromisso, e o jovem desenvolve um senso de respeito e identificação com o mentor (Hamilton e Hamilton, 2006, 2009).

O *mentoring* pode acontecer naturalmente ou por meio de um programa de *mentoring* (Hamilton e Hamilton, 2006). O *mentoring* natural não envolve qualquer programa formal, mas, por sua vez, emerge dos relacionamentos já existentes de um indivíduo. Os mentores naturais podem ser família, amigos, parentes, vizinhos, treinadores, instrutores de atividades extracurriculares, clero, líderes de grupos de jovens, chefes ou professores. Os programas de *mentoring*, arranjos mais formais do que o *mentoring* natural, envolvem a combinação de um mentor adulto com uma pessoa jovem. Em muitos programas de *mentoring*, o mentor assume um papel quase parental. Um bom mentor pode ajudar o jovem a desenvolver o senso de propósito que William Damon (2008) descreve como tão essencial para os jovens de hoje na sua busca por realizações e sucesso.

Os programas de *mentoring* estão cada vez mais sendo defendidos como uma estratégia para a melhoria do rendimento de alunos da escola secundária e da universidade que estão em risco de perder o ano (Herrera et al., 20011; Lindley, 2009; Rowley, 2009). Um dos maiores programas de *mentoring* é o Big Brother & Big Sisters (BBBS) que junta mentores voluntários e interessados com jovens em risco (Rhodes e DuBois, 2008). Em um estudo em larga escala do programa de mentoring do BBBS baseado na escola recentemente desenvolvido, ocorreram melhoras significativas em rendimento acadêmico, conduta na escola, frequência e autoeficácia acadêmica percebida dos estudantes em risco (Herrera et al., 2007). Obviamente, algumas relações de *mentoring* são mais efetivas do que outras, e a adequação entre um adolescente e um mentor requer escolha e monitoramento cuidadosos (Rhodes e Lowe, 2009).

Estudantes universitários podem desempenhar um papel importante como mentores de crianças e adolescentes em risco. Um estudo indicou que realizar o *mentoring* de alunos em risco da 4ª série do ensino fundamental melhorou a sua compreensão das crianças e do valor do *mentoring* e do trabalho comunitário (Schmidt, Marks e Derrico, 2004).

Um programa efetivo de *mentoring* foi criado na Igreja Metodista São Lucas, em Dallas, para tratar da preocupação especial com uma falta de modelos de minorias étnicas para os alunos de minorias étnicas. O programa abrangeu mais de 200 homens e 100 meninos (de 4 a 18 anos). O programa de *mentoring* envolve tutoramento acadêmico, bem como idas a atividades como eventos esportivos e culturais. Recentemente, os mentores também levaram as crianças e os adolescentes ao Centro Espacial Johnson, em Houston. Na foto, podemos ver o Dr. Leonard Berry, um mentor no programa, com Brandon Scarborough (13 anos) à frente e o seu filho Leonard (12 anos). Brandon não somente se beneficiou com o *mentoring* do Dr. Berry, como também se tornou amigo do filho dele.

mentores Indivíduos que são em geral mais velhos e mais experientes e são motivados para melhorar a competência e o caráter de uma pessoa jovem.

> **conexão** com o desenvolvimento
> **Diversidade.** Etnia refere-se a características enraizadas na herança cultural, incluindo nacionalidade, raça, religião e língua. Cap. 12, p. 400

Contextos socioculturais Até que ponto a etnia e o *status* socioeconômico afetam a realização dos adolescentes? Como a cultura influencia a realização dos adolescentes?

Etnia e condição socioeconômica A diversidade que existe entre os adolescentes de minorias étnicas fica evidente no seu rendimento (Cooper, 2011; Graham, 2011; Rowley, Kurtz-Costes e Cooper, 2010). Por exemplo, muitos alunos asiático-americanos possuem uma forte orientação acadêmica para a realização, mas alguns não.

Além de reconhecer a diversidade dentro de cada grupo cultural em termos de rendimento dos adolescentes, também é importante distinguir entre diferença e deficiência. Com muita frequência, o rendimento de alunos de minorias étnicas – especialmente afro-americanos, latinos e descendentes de indígenas – tem sido interpretado como *déficits* pelos padrões dos brancos não latinos de classe média, quando eles simplesmente são *culturalmente distintos*.

Ao mesmo tempo, muitos investigadores desconsideraram o *status* socioeconômico (SES) dos estudantes de minorias étnicas (Graham e Taylor, 2001). Muitos estudos descobriram que o *status* socioeconômico prediz melhor as realizações do que a etnia. Independente do seu contexto étnico, os alunos provenientes de famílias de classe média e alta se saem melhor do que seus colegas provenientes de contextos de baixa renda em inúmeras áreas do rendimento – expectativas de sucesso, aspirações e reconhecimento da importância do esforço, por exemplo (Gibbs, 1989). Um fator especialmente importante no rendimento mais baixo dos alunos provenientes de famílias de baixa renda é a falta de recursos adequados, como, por exemplo, ter um computador em casa para apoiar a aprendizagem do estudante (Schunk, Pintrich e Meece, 2008). Um estudo longitudinal recente revelou que as crianças afro-americanas ou crianças de famílias de baixa renda se beneficiavam mais do que as crianças de famílias de alta renda quando faziam os trabalhos de casa com mais frequência, tinham acesso à internet em casa e tinham um cartão da biblioteca da comunidade (Xia, 2010).

Sandra Graham (1986, 1990) conduziu inúmeros estudos que revelam não somente diferenças no rendimento mais significativas para o *status* socioeconômico do que para etnia, mas também a importância de se estudar a motivação do aluno de minorias étnicas no contexto da teoria motivacional geral. Suas investigações focam nas causas que os alunos afro-americanos citam para sua orientação para a realização, como por que eles têm sucesso ou fracassam. Ela constatou que os alunos afro-americanos de classe média não se enquadram no estereótipo de desmotivação. Assim como seus colegas brancos não latinos de classe média, eles possuem expectativas altas quanto à realização e entendem que o fracasso geralmente é devido à falta de esforço do que por má sorte.

Cultura Desde o início da década de 1990, o fraco desempenho das crianças e dos adolescentes norte-americanos em matemática e ciências se tornou de conhecimento público. Em uma comparação internacional recente em larga escala de jovens de 15 anos em 65 países, os cinco escores mais altos em leitura, matemática e ciências pertenciam a países asiáticos (China-Xangai, Coreia do Sul, Singapura, China-Hong Kong e Taipei), com exceção dos jovens de 15 anos da Finlândia, que foram os terceiros em leitura e segundos em ciências (OCDE, 2010).

A psicóloga educacional da UCLA, Sandra Graham, é mostrada aqui conversando com meninos adolescentes sobre motivação. Ela conduziu inúmeros estudos que revelam que os alunos afro-americanos de classe média – assim como seus colegas não latinos – possuem expectativas altas de realização e atribuem o sucesso a fatores internos como o esforço, em vez de fatores externos como a sorte.

Os jovens de 15 anos da China-Xangai conquistaram o primeiro lugar dentre os 65 países em todas as três áreas acadêmicas. Neste estudo, os jovens norte-americanos de 15 anos obtiveram o 17º lugar em leitura, 31º em matemática e 23º em ciências. A Figura 11.3 apresenta as comparações internacionais dos escores em leitura e matemática do estudo.

Harold Stevenson (1995) explorou as razões para o fraco desempenho dos alunos norte-americanos. Stevenson e colaboradores (1990) compararam o rendimento de estudantes nos Estados Unidos, China, Taiwan e Japão. Os alunos dos três países asiáticos superaram de forma consistente o rendimento dos alunos norte-americanos. E quanto mais longo o tempo no qual os alunos estavam na escola, maior se tornava a lacuna. A menor diferença entre os estudantes asiáticos e norte-americanos foi na 2ª série do ensino fundamental; a maior foi na 3ª série do ensino médio (a série mais avançada que foi estudada).

Para saber mais sobre as razões para estas grandes diferenças transculturais, Stevenson e colaboradores (1990) passaram milhares de horas observando em salas de aula e também entrevistando e pesquisando professores, alunos e pais. Eles identificaram que os professores asiáticos usavam mais tempo no ensino da matemática do que os professores norte-americanos. Por exemplo, no Japão, mais de um quarto do tempo total em sala de aula na primeira série era utilizado em instrução de matemática, comparado com apenas um décimo do tempo com alunos da primeira série nos Estados Unidos. Além disso, os alunos asiáticos ficavam na escola uma média de 240 dias por ano, comparados aos 178 dias nos Estados Unidos.

Além do tempo substancialmente maior utilizado na instrução da matemática nas escolas asiáticas em relação às escolas norte-americanas, foram encontradas diferenças entre os pais asiáticos e os norte-americanos. Os pais norte-americanos tinham expectativas muito mais baixas em relação à educação e ao rendimento dos seus filhos do que os pais asiáticos. Além disso, os pais norte-americanos tinham maior probabilidade de atribuir as realizações dos seus filhos em matemática a uma capacidade inata, ao passo que os pais asiáticos tinham maior probabilidade de dizer que eram consequência de esforço e treinamento (veja a Figura 11.4). Os alunos asiáticos tinham mais probabilidade do que os alunos norte-americanos de fazer as tarefas de casa de matemática, e os pais asiáticos tinham muito mais probabilidade de ajudar seus filhos nessas tarefas do que os pais norte-americanos (Chen e Stevenson, 1989).

Os críticos de comparações transnacionais argumentam que em muitas comparações todos os estudantes norte-americanos estão virtualmente sendo comparados com um grupo "seleto" de estudantes de outros países, especialmente nas comparações do ensino médio. Assim, concluem eles, não causa surpresa que os alunos norte-americanos não se saiam tão bem. Essa crítica vale para algumas comparações internacionais. No entanto, quando foram comparados os alunos que compõem os 25% melhores nos diferentes países, os alunos norte-americanos não pontuaram muito melhor (Mullis et al., 1998).

Leitura		Matemática	
1. China: Xangai	556	China: Xangai	600
2. Coreia	539	Singapura	562
3. Finlândia	536	China: Hong Kong	555
4. China: Hong Kong	533	Coreia	546
5. Singapura	526	Taipei Chinesa	543
6. Canadá	524	Finlândia	541
7. Nova Zelândia	521	Liechtenstein	536
8. Japão	520	Suíça	534
9. Austrália	515	Japão	529
10. Holanda	508	Canadá	527
11. Bélgica	506	Holanda	526
12. Noruega	503	China: Macau	525
13. Estônia	501	Nova Zelândia	519
14. Suíça	501	Bélgica	515
15. Islândia	500	Austrália	514
16. Polônia	500	Alemanha	513
17. Estados Unidos	500	Estônia	512
18. Liechtenstein	499	Islândia	507
19. Alemanha	497	Dinamarca	503
20. Suécia	497	Eslovênia	501
21. França	496	Noruega	498
22. Irlanda	496	França	497
23. Taipei Chinesa	495	República Eslovaca	497
24. Dinamarca	495	Áustria	496
25. Hungria	494	**média da OCDE**	**496**
26. Reino Unido	494	Polônia	495
média da OCDE	**493**	Suécia	494
27. Portugal	489	República Checa	493
28. China: Macau	487	Reino Unido	492
29. Itália	486	Hungria	490
30. Letônia	484	Luxemburgo	489
31. Grécia	483	Estados Unidos	487

FIGURA 11.3
Comparações internacionais dos escores de jovens de 15 anos em leitura e matemática. Dados da avaliação de 2009 em 65 países, feita pela organização de cooperação e desenvolvimento econômico (OCDE, 2010).

ALGUNS OBSTÁCULOS MOTIVACIONAIS À REALIZAÇÃO

Os problemas quanto ao êxito podem vir à tona quando os indivíduos não estabelecem objetivos, não planejam como alcançá-los e não monitoram o progresso em direção a eles. Também podem surgir quando os indivíduos procrastinam, são dominados pela ansiedade ou tentam proteger sua autoestima evitando o fracasso. Muitos destes obstáculos motivacionais à realização já tinham surgido durante o período do ensino médio e depois retornaram com mais intensidade durante a faculdade. Discutiremos várias estratégias que professores, conselheiros, mentores e pais podem usar para ajudar os adolescentes a superar os obstáculos à sua

Harold Stevenson e colaboradores constataram que as escolas asiáticas adotam os mesmos ideais que as norte-americanas para as suas escolas, porém são mais bem-sucedidas na sua implantação de formas interessantes e produtivas que tornam o aprendizado mais agradável para crianças e adolescentes.

— E ENTÃO, DEPOIS DO ENSINO MÉDIO, EU PASSEI DOZE ANOS NA UNIVERSIDADE E ME ESPECIALIZEI EM PROCRASTINAÇÃO.
www.CartoonStock.com

ansiedade Sentimento vago, altamente desconfortável, de medo e apreensão.

auto-obstáculo Uso de estratégias de evitação do fracasso, tais como não tentar na escola ou não estudar até o último minuto, de modo que as circunstâncias, mais do que a falta de habilidades, serão vistas como a causa do baixo desempenho.

conexão com o desenvolvimento
Autoestima. Um conjunto de estratégias que podem ser implementadas/aplicadas para aumentar a autoestima dos estudantes, também referida como amor-próprio ou autoimagem. Cap. 4, p. 162

realização. E muitos estudantes universitários também poderão se beneficiar ao adotarem estas estratégias.

Procrastinação A procrastinação é um problema comum que impede que adolescentes e adultos emergentes tenham sucesso em suas realizações (Klassen, Krawchuk e Hannok, 2012). Uma metanálise de estudos de pesquisa revelou que a procrastinação está ligada a baixa autoeficácia, baixa consciência moral, distração e baixa motivação para a realização (Steel, 2007). Outras razões para procrastinação incluem: má administração do tempo, dificuldade de concentração, medo e ansiedade (ficar angustiado com a tarefa e ter medo de tirar uma nota baixa, por exemplo), crenças negativas (p. ex., "Nunca terei sucesso em nada"), problemas pessoais (problemas financeiros, problemas com um namorado ou uma namorada, etc.), tédio, expectativas irrealistas e perfeccionismo (p. ex., acreditar que você precisa ler tudo o que está escrito sobre um assunto antes de começar a escrever um trabalho) e medo do fracasso (achar que se você não conseguir um A, você é um fracasso, por exemplo).

A procrastinação pode assumir muitas formas, incluindo estas (University of Illinois Counseling Center, 1984):

- Ignorar a tarefa na esperança de que ela desapareça.
- Subestimar o trabalho envolvido na tarefa ou superestimar as suas habilidades e recursos.
- Passar horas intermináveis em jogos no computador e navegando na internet.
- Enganar a si mesmo que um desempenho medíocre ou fraco é aceitável.
- Substituir uma atividade importante por outra de baixa prioridade. Por exemplo, você pode limpar o seu quarto em vez de estudar para um teste.
- Acreditar que pequenos e repetidos atrasos não vão lhe prejudicar.
- Fazer uma dramatização de um comprometimento com uma tarefa em vez de realizá-la. Por exemplo, você pode levar seus livros com você para uma viagem de fim de semana, mas nunca abre nenhum deles.
- Perseverar em apenas uma parte da tarefa. Por exemplo, você pode escrever e reescrever o primeiro parágrafo de um trabalho, mas nunca chegar ao corpo dele.

É possível reduzir ou eliminar a procrastinação? Para algumas estratégias comprovadas, veja o item *Conexão com Saúde e Bem-Estar*.

Ansiedade A **ansiedade** é um sentimento vago, altamente desagradável de medo e apreensão. É normal que os alunos fiquem apreensivos ou se preocupam quando enfrentam desafios escolares, como se sair bem em um teste. Na verdade, pesquisadores constataram que muitos alunos de sucesso têm níveis moderados de ansiedade (Bandura, 1997). No entanto, alguns alunos têm níveis altos de ansiedade e se preocupam constantemente, características que podem prejudicar significativamente a capacidade de obterem êxito (Parritz e Troy, 2011).

Os altos níveis de ansiedade de alguns adolescentes são resultado de expectativas irrealistas e pressão dos pais. Para muitos indivíduos, a ansiedade aumenta com o passar dos anos à medida que eles "enfrentam avaliações mais frequentes, comparação social e (para alguns) experiências de fracasso" (Eccles, Wigfield e Schiefele, 1998, p. 1043). Quando as escolas criam tais circunstâncias, é provável que elas aumentem a ansiedade dos alunos.

Foram criados inúmeros programas de prevenção para reduzir os altos níveis de ansiedade (Miltenberger, 2012; Wigfield e Eccles, 1989). Alguns programas de intervenção enfatizam técnicas de relaxamento. Esses programas geralmente são efetivos na redução da ansiedade, mas nem sempre levam a uma melhoria no rendimento. Os programas de intervenção na ansiedade ligados à preocupação enfatizam a modificação de pensamentos negativos e autodestrutivos dos alunos ansiosos por meio da tentativa de engajá-los em pensamentos mais positivos e focados na tarefa (Meichenbaum e Butler, 1980; Watson e Tharp, 2007). Esses programas têm se mostrado mais efetivos do que os programas de relaxamento na melhoria do rendimento dos alunos.

Proteção da autoestima por meio da esquiva do fracasso Alguns indivíduos estão tão interessados em proteger sua autoestima e evitar o fracasso que acabam se distraindo da busca dos objetivos e se engajam em estratégias ineficazes.

Estas estratégias incluem as seguintes (Covington, 2002; Covington e Teel, 1996):

- *Não desempenho*. A estratégia mais obvia para evitar o fracasso é não tentar. Em sala de aula, a tática do não desempenho inclui parecer interessado em responder à pergunta do professor, mas esperando que ele chame outro aluno, escorregando na sua cadeira para evitar ser visto pelo professor e evitando contato visual. Estas podem parecer enganações menores, mas podem ser presságio de outras formas mais crônicas de não envolvimento, como ausências excessivas ou evasão.
- *Procrastinação*. Os indivíduos que adiam estudar para um teste até o último minuto podem colocar a culpa no mau gerenciamento do tempo, desviando assim a atenção da possibilidade de que eles sejam incompetentes (Steel, 2007).
- *Estabelecer objetivos inalcansáveis*. Ao estabelecer objetivos tão altos que o sucesso é realmente impossível, os indivíduos podem evitar a implicação de que eles são incompetentes, porque realmente qualquer um fracassaria em alcançar este objetivo.

Os esforços para evitar o fracasso envolvem estratégias de **auto-obstáculo** (Urdan e Midgley, 2001). Isto é, alguns indivíduos deliberadamente criam obstáculos para si mesmos ao não fazerem esforço, adiando um projeto até o último minuto, desperdiçando tempo na noite anterior a um teste, etc., de modo que se o desempenho posterior for de baixo nível, estas circunstâncias, mais do que a falta de capacidade, serão vistas como a causa. Os esforços para evitar o fracasso frequentemente envolvem *estratégias de auto-obstáculo* (Leondari e Gonida, 2007). Um estudo recente revelou que estratégias de aprendizagem autorregulatória e em profundidade estavam associadas negativamente ao uso dos alunos com auto-obstáculo e que aprendizagem superficial e ansiedade diante de um teste estavam associadas positivamente ao seu uso do auto-obstáculo (Thomas e Gadbois, 2007).

Aqui estão algumas estratégias para reduzir a preocupação com a proteção da autoestima e a esquiva do fracasso (Covington, 2002):

- Estabelecer objetivos desafiadores, porém realistas.
- Fortalecer a ligação entre o seu esforço e a autoestima. Tenha orgulho do seu esforço e minimize a comparação social.
- Tenha crenças positivas sobre as suas capacidades.

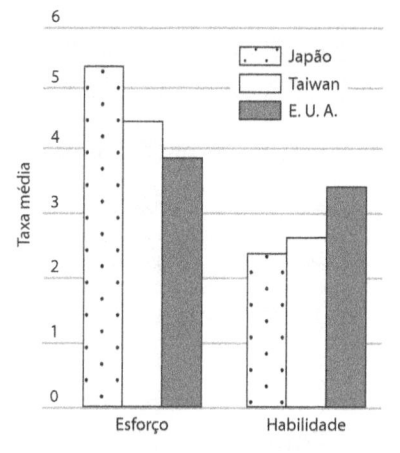

FIGURA 11.4
Crenças das mães sobre os fatores responsáveis pelo sucesso em matemática das crianças em três países. Em um estudo, era mais provável que mães do Japão e de Taiwan acreditassem que a realização dos seus filhos era devida ao esforço do que a uma habilidade inata, enquanto era mais provável que mães dos EUA acreditassem que o sucesso em matemática dos seus filhos era devido a uma habilidade inata (Stevenson, Lee e Stingler, 1986). Se pais acreditam que o sucesso em matemática dos seus filhos é devido a uma habilidade inata e seus filhos não vão bem em matemática, o motivo é que eles são menos prováveis de acreditar que a criança se beneficiará se esforçando mais.

---

conexão COM SAÚDE E BEM-ESTAR

Você consegue resolver a procrastinação?

Aqui estão algumas boas estratégias para superar a procrastinação:

- *Reconheça que a procrastinação é um problema*. Muito frequentemente, os procrastinadores não enfrentam o problema. Quando você admitir que está procrastinando, poderá começar a pensar em como resolver o problema.
- *Identifique seus valores e objetivos*. Pense em como a procrastinação pode minar os seus valores e objetivos.
- *Trabalhe na administração do seu tempo*. Faça planos anuais (ou semestrais), mensais, semanais, diários. Depois monitore como você está usando o seu tempo para encontrar formas de usá-lo mais inteligentemente.
- *Divida a tarefa em partes menores*. Às vezes, você pode procrastinar porque encara a tarefa como tão grande e opressiva que você nunca vai conseguir terminá-la. Quando for este o caso, divida a tarefa em unidades menores e defina subobjetivos para concluir uma unidade por vez. Esta estratégia pode, com frequência, fazer com que seja administrável uma tarefa que parece ser completamente impossível de ser administrada.
- *Use estratégias comportamentais*. Identifique as distrações que podem estar lhe impedindo de focar nas tarefas e atividades mais importantes. Observe quando e onde você se envolve com essas distrações. Planeje como diminuir e controlar o seu uso. Outra estratégia comportamental é fazer um contrato consigo mesmo ou com alguém que você vê regularmente relacionado ao seu problema de procrastinação. E ainda outra estratégia comportamental é incluir uma recompensa para você, que lhe dê um incentivo para completar toda ou parte da tarefa. Por exemplo, se você concluir todos os seus problemas de matemática, permita-se ir ao cinema depois de terminá-los.
- *Use estratégias cognitivas*. Fique atento a autosseduções mentais que podem levar a distrações comportamentais, como "Farei isso amanhã", "Qual é o problema de assistir uma hora ou duas de TV agora?" e "Eu não consigo fazer isso". Discuta com as distrações mentais (Watson e Tharp, 2007). Por exemplo, diga a si mesmo: "Na verdade eu não tenho muito mais tempo e com certeza depois vão surgir outras coisas", "Se eu terminar isso, vou poder me divertir mais", ou "Talvez se eu apenas for em frente e continuar fazendo isso, não vai ser tão ruim".

Você acha que estas estratégias são mais efetivas para criar motivação intrínseca ou extrínseca, ou ambas? Quais estratégias são mais prováveis de ser efetivas para possibilitar que você supere a procrastinação?

Revisar *Conectar* **Refletir** **OA1** Discutir a realização na vida dos adolescentes.

Revisar
- Por que a realização é tão importante na adolescência?
- Quais são alguns processos importantes de motivação para a realização?
- Quais são algumas relações sociais e contextos-chave que influenciam a realização dos adolescentes?
- Quais são alguns obstáculos motivacionais à realização e formas de lidar com eles?

Conectar
- Quais aspectos da realização podem beneficiar os adolescentes jovens quando eles fazem a difícil transição para o primeiro ano do ensino médio (Capítulo 10)?

Refletir *sua jornada de vida pessoal*
- Você se consideraria altamente motivado para a realização? Ou você tem problemas em se motivar para o êxito? Explique.

2 Trabalho OA2 Descrever o papel do trabalho na adolescência e na universidade.

- Trabalho na adolescência
- Trabalho durante a universidade
- Aprendizagem baseada no trabalho/carreira
- Trabalho na adultez emergente

Realização e motivação aparecem não somente na escola, mas também no trabalho. Uma das maiores mudanças nas vidas dos adolescentes nos últimos anos tem sido a crescente probabilidade de eles trabalharem em tempo parcial em algum cargo e ainda frequentarem a escola com regularidade. Nossa discussão tem seu foco nos vários aspectos do trabalho durante a adolescência e a universidade, aprendizagem baseada no trabalho/carreira e o trabalho na adultez emergente.

TRABALHO NA ADOLESCÊNCIA

Quais são os perfis de trabalho dos adolescentes por todo o mundo?

Perfis de trabalho dos adolescentes pelo mundo Em muitos países em desenvolvimento, onde é comum que os adolescentes não frequentem a escola regularmente, os meninos passam mais tempo em trabalhos que geram renda do que as meninas, ao passo que as meninas passam mais tempo em trabalhos sem remuneração do que os meninos (Larson e Verma, 1999; Larson, Wilson e Rickman, 2009). Os adolescentes jovens trabalham em média mais de oito horas por dia em muitas populações não industriais e sem instrução formal. No mundo desenvolvido, a média de trabalho é de menos de uma hora por dia durante infância e adolescência, exceto para os adolescentes norte-americanos. Por exemplo, os adolescentes norte-americanos têm muito mais probabilidade de participar em trabalho remunerado do que os adolescentes europeus e do leste asiático. Como vimos anteriormente, muitos estudantes norte-americanos do ensino médio trabalham 10 ou até mesmo 20 horas por semana. Um estudo identificou que os estudantes norte-americanos do ensino médio passavam uma média de 50 minutos por dia trabalhando em um emprego, ao passo que os adolescentes do norte da Europa passavam uma média de apenas 15 minutos por dia trabalhando (Alsaker e Flammer, 1999). Nesse estudo, o emprego entre adolescentes era praticamente inexistente na França e Rússia. Em outro estudo, 80% dos estudantes da 3ª série do ensino médio em Minneapolis tinham empregos em tempo parcial, comparados com apenas 27% dos japoneses e 26% dos taiwaneses na mesma série (Fuligni e Stevenson, 1995).

De um modo geral, o peso das evidências sugere que passar boa parte do tempo em trabalho remunerado tem benefícios desenvolvimentais limitados para os jovens, e no caso de alguns deles está associado a comportamento de risco e custos à saúde física (Larson e Verma, 1999; Larson, Wilson e Rickman, 2009). Alguns jovens, entretanto, estão engajados em atividades de trabalho desafiadoras, recebem supervisão construtiva dos adultos e possuem condições de trabalho favoráveis. Contudo, em geral, dada a natureza repetitiva da maior parte do trabalho realizado pelos adolescentes em todo o mundo, é difícil argumentar que trabalhar de 15 a 25 horas por semana em tais funções proporcione ganhos ao desenvolvimento (Larson e Verma, 1999).

Quais são algumas vantagens e desvantagens do trabalho em tempo parcial durante a adolescência?

TRABALHO DURANTE A UNIVERSIDADE

A porcentagem de estudantes universitários norte-americanos empregados em tempo integral cresceu de 34% em 1970 para 47% em 2008 (menos do que um pico de 52% em 2000) (National Center for Education Statistics, 2010). Neste levantamento recente, 81% dos estudantes universitários norte-americanos em tempo parcial estavam empregados.

Trabalhar pode compensar ou ajudar a pagar alguns custos do estudo, mas trabalhar também pode limitar as oportunidades para o aluno aprender e influenciar as notas negativamente. Um estudo nacional constatou que à medida que aumentava o número de horas trabalhadas por semana para aqueles que se identificavam primariamente como estudantes, suas notas e o número de aulas eram menores. Além disso, a escolha de turmas e o acesso à biblioteca tornaram-se mais limitados (National Center for Education Statistics, 2002) (veja a Figura 11.5).

Outra pesquisa constatou que à medida que aumenta o número de horas que os estudantes universitários trabalham, maior é a probabilidade de que eles abandonem a faculdade (National Center for Education Statistics, 1998). Assim, os estudantes universitários precisam examinar com cuidado o número de horas que trabalham e até que ponto o trabalho está tendo um impacto negativo no seu sucesso na universidade. Embora os empréstimos para pagar os estudos possam conduzir os estudantes a uma dívida considerável, trabalhar por muitas horas reduz a quantidade de tempo que eles têm para estudar e poderá diminuir a probabilidade de que estes estudantes se saiam bem ou até mesmo consigam se formar na universidade.

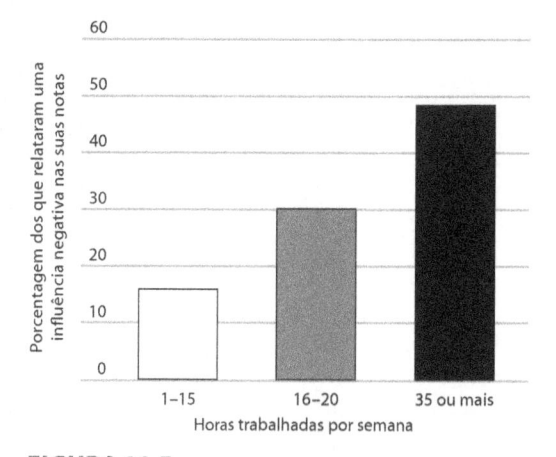

FIGURA 11.5
Relação de horas trabalhadas por semana na universidade com as notas. Entre os estudantes que trabalham para pagar as despesas escolares, 16% dos que trabalham de 1 a 15 horas por semana relataram que trabalhar influenciava negativamente as suas notas (National Center for Education Statistics, 2002). Trinta por cento dos estudantes universitários que trabalhavam de 16 a 20 horas por semana disseram o mesmo, assim como os 48% que trabalhavam 35 horas ou mais por semana.

APRENDIZAGEM BASEADA NO TRABALHO/CARREIRA

Em nossa discussão da educação no Capítulo 10, aprendemos que inúmeros especialistas observam que precisa ser construída uma melhor conexão entre a escola e as necessidades de trabalho. Uma forma de aprimorar esta conexão é por meio de experiências de aprendizado baseadas no trabalho/carreira – especialmente para aqueles adolescentes que passam diretamente do ensino médio para a força de trabalho.

Ensino médio Cada vez mais, o aprendizado baseado no trabalho/carreira tem se tornado parte do esforço para ajudar os jovens a fazer a transição da escola para o emprego. A cada ano, aproximadamente 500 mil alunos do ensino médio participam de educação cooperativa ou outros programas de ação cujos objetivos de aprendizagem são atingidos por meio de empregos em tempo parcial em cargos de escritório, comércio e outros campos vocacionais. As turmas vocacionais também incluem um grande número de empresas ligadas à escola, por meio das quais eles constroem casas, dirigem um restaurante, consertam carros, trabalham em lojas, participam de equipes em centros de cuidados infantis e outros serviços.

Recentemente, ocorreram algumas mudanças importantes no ensino vocacional. Hoje, o diploma do ensino médio possibilita cada vez menos o acesso a empregos estáveis e com salário alto. Assim, o treinamento para ocupações específicas está ocorrendo mais em faculdades de quatro anos e em institutos técnicos pós-secundários.

Nas escolas de ensino médio, novas formas de educação relacionada à carreira estão criando opções para muitos estudantes, desde aqueles com deficiências até os superdotados. Dentre os novos modelos encontram-se as academias de carreira, jovens aprendizes e programas de preparação técnica e de especialização. Estes modelos baseiam-se em temas relacionados ao trabalho para focar o currículo e preparar os alunos para a educação pós-secundária, incluindo faculdades e universidades de quatro anos.

Faculdade Os alunos de faculdades podem participar de programas cooperativos de educação ou de trabalho em tempo parcial ou no verão que sejam relevantes para o seu campo de estudo. Esta experiência pode ser essencial para ajudar os alunos a obterem o trabalho que desejam quando se formarem (Martinez, 2006). Muitos empregadores têm a expectativa de que os candidatos ao emprego tenham este tipo de experiência. Um levantamento identificou que quase 60% dos empregadores disseram que em suas contratações os recém-formados tinham experiência de educação corporativa ou de estágio (Collins, 1996).

conexão com o desenvolvimento
Identidade. A adultez emergente é caracterizada pela exploração da identidade, especialmente no trabalho e no amor, e pela instabilidade no trabalho, amor e educação.
Cap. 1, p. 50

Fonte: Copyright Dan Killeen. Usado com autorização.

Mais de mil faculdades oferecem programas co-op (educação corporativa). Um co-op é uma aprendizagem remunerada em uma carreira que um estudante de faculdade está interessado em seguir. Muitos estudantes universitários não podem participar de programas de educação corporativa até começarem os anos finais da graduação.

TRABALHO NA ADULTEZ EMERGENTE

Os padrões de trabalho dos adultos emergentes se modificaram no curso dos últimos 100 anos (Hamilton e Hamilton, 2006). À medida que um número crescente de adultos emergentes vem ingressando na educação superior, muitos deles saem de casa e iniciam sua carreira profissional em idade mais avançada. As mudanças das condições econômicas tornaram o mercado de trabalho mais competitivo para os adultos emergentes e aumentaram as exigências por trabalhadores mais habilitados (Gauthier e Furstenberg, 2005).

Os adultos emergentes se caracterizam por uma diversidade de padrões escolares e profissionais (Fouad e Bynner, 2008). Alguns adultos emergentes estão frequentando a universidade em tempo integral, outros estão trabalhando em tempo integral. Alguns adultos emergentes começam a trabalhar em tempo integral imediatamente após concluírem o ensino médio, outros, depois de se graduarem na universidade. Muitos adultos emergentes universitários abandonam a faculdade e ingressam na força de trabalho antes de se formar; alguns destes indivíduos voltam para a faculdade posteriormente. Alguns adultos emergentes estão frequentando faculdades de dois anos, outros frequentam faculdades de quatro anos; alguns estão trabalhando em tempo parcial enquanto fazem faculdade, outros não.

Estes adultos emergentes são universitários formados que começaram seu próprio negócio. Os adultos emergentes seguem uma variedade de caminhos profissionais e educacionais. *Quais são algumas destas variações na educação e no trabalho que caracterizam os adultos emergentes?*

Revisar *Conectar* Refletir OA2 Descrever o papel do trabalho na adolescência e universidade.

Revisar
- Quais são as vantagens e desvantagens do trabalho em tempo parcial durante o ensino médio e a faculdade? Qual é o perfil do trabalho adolescente pelo mundo?
- Como o trabalho durante a faculdade influencia o sucesso acadêmico do aluno?
- Quais são alguns aspectos do aprendizado baseado no trabalho/carreira?

- O que caracteriza o trabalho na adultez emergente?

Conectar
- Como a discussão desta seção sobre o trabalho adolescente pelo mundo pode ser comparada à natureza histórica do trabalho adolescente descrito no Capítulo 1?

Refletir *sua jornada de vida pessoal*
- Você trabalhou durante o ensino médio? Quais foram algumas vantagens e desvantagens da experiência, caso você tenha trabalhado? Atualmente você está trabalhando em tempo parcial ou em tempo integral enquanto está frequentando a faculdade? Em caso afirmativo, que efeito q experiência tem no seu sucesso acadêmico?

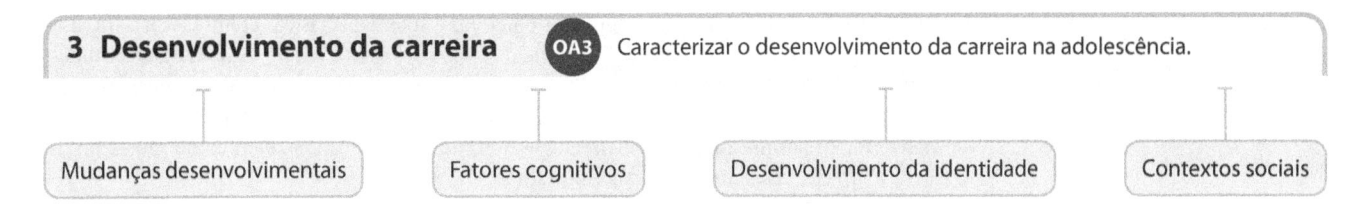

3 Desenvolvimento da carreira

OA3 Caracterizar o desenvolvimento da carreira na adolescência.

- Mudanças desenvolvimentais
- Fatores cognitivos
- Desenvolvimento da identidade
- Contextos sociais

Quais são algumas mudanças desenvolvimentais que caracterizam as escolhas de carreira dos adolescentes? Quais são alguns fatores cognitivos que afetam o desenvolvimento da carreira? Como o desenvolvimento da carreira está relacionado ao desenvolvimento da identidade? Como os fatores socioculturais afetam o desenvolvimento da carreira?

MUDANÇAS DESENVOLVIMENTAIS

Muitas crianças têm fantasias idealizadas em relação ao que desejam ser quando crescerem. Por exemplo, muitas crianças pequenas querem ser super-heróis, astros do esporte ou do cinema. Durante o ensino médio, elas geralmente começam a pensar em carreiras de uma forma um pouco menos idealizada. No final da adolescência, início da década dos 20 anos, a decisão quanto à carreira geralmente já ficou mais séria à medida que exploram diferentes possibilidades e se direcionam para a carreira na qual desejam ingressar. Na faculdade, esse caminho em geral significa escolher uma ênfase ou especialização que vise conduzir a trabalhar em um campo específico. No início e na metade da década dos 20 anos, muitos indivíduos já concluíram sua educação ou treinamento e começaram a ingressar em ocupações em tempo integral. A partir da metade da década dos 20 anos até o restante da idade adulta inicial, os indivíduos frequentemente procuram consolidar sua carreira emergente em uma determinada área. Eles podem trabalhar com muito afinco para galgar degraus na carreira e progredir quanto à posição financeira.

"Seu filho já fez a sua opção pela carreira, Mildred. Ele vai ganhar na loteria e viajar muito". © 2009. Reimpresso por cortesia de Bunny Hoest e Parade Magazine.

William Damon (2008) sustenta que não são somente as crianças que possuem fantasias idealizadas sobre as carreiras, mas que muitos adolescentes hoje também sonham com carreiras de fantasia que podem não ter nenhuma conexão com a realidade. Muito frequentemente, os adolescentes não têm ideia sobre o que é necessário para se tornar um expoente em tal carreira, e geralmente não há ninguém nas suas vidas que possa ajudá-los a atingir o auge desta carreira. Considere, por exemplo, adolescentes que jogam basquete e sonham em se tornar o próximo Kobe Bryant e adolescentes que participam de um grupo teatral e querem se tornar a próxima Angelina Jolie.

FATORES COGNITIVOS

Exploração, tomada de decisão e planejamento desempenham um papel importante nas escolhas de carreira dos adolescentes (Hirschi, Niles e Akos, 2011). Em países onde surgiram oportunidades iguais de emprego – como Estados Unidos, Canadá, Grã-Bretanha e França – a exploração de vários caminhos a serem seguidos é essencial no desenvolvimento de carreira dos adolescentes. Os adolescentes frequentemente se propõem a exploração e tomada de decisão quanto a uma carreira com considerável ambiguidade, incerteza e estresse. Muitas das decisões tomadas pelos jovens sobre a carreira envolvem mudanças atrapalhadas e não planejadas. Muitos adolescentes não exploram adequadamente as carreiras em si e também recebem pouca orientação por parte dos conselheiros nas suas escolas. Os alunos do ensino médio passam em média menos de três horas por ano com orientadores, e em algumas escolas a média é ainda mais baixa. Em muitas escolas, os alunos não apenas não sabem que informações buscar em relação às carreiras, como também não sabem como procurá-las.

> **conexão** com o desenvolvimento
> **Desenvolvimento cognitivo.** A adolescência é uma época de aumento na tomada de decisão, e a tomada de decisão parece ir melhorando durante a idade adulta inicial. Cap. 3, p. 132

William Damon (2008) descreveu em *O Caminho para um Propósito* como a maioria dos alunos do ensino médio carece de ambição quando se trata de carreiras e não está nem próxima de ter um plano adequado de como atingir seus objetivos de carreira. Muitos jovens ficam à deriva e atravessam os anos do ensino médio sem objetivos, diz Damon, comportamento esse que os coloca em risco de não atingir o seu potencial e não encontrar uma ocupação na vida que os estimule.

Em uma investigação longitudinal em grande escala, Milhaly Csikszentmihalyi e Barbara Schneider (2000) estudaram como os adolescentes norte-americanos desenvolvem atitudes e adquirem habilidades para atingir seus objetivos e suas expectativas quanto à carreira. Eles avaliaram o progresso de mais de mil estudantes de 13 distritos escolares nos Estados Unidos. Os estudantes registraram, em momentos aleatórios, pensamentos e sentimentos sobre o que faziam, e preencheram questionários referentes a escola, família, pares e aspirações de carreira. Os pesquisadores também entrevistaram os adolescentes, bem como seus amigos, pais e professores, entre os achados do estudo:

- As meninas previram os mesmos estilos de vida que os meninos em termos de educação e renda.
- Os estudantes de minorias de baixa renda foram mais positivos em relação à escola do que os estudantes mais ricos.
- Os estudantes que tiravam mais proveito da escola – e tinham as expectativas de futuro mais altas – eram aqueles que a percebiam mais como divertimento do que como trabalho.
- Objetivos vocacionais claros e boas experiências de trabalho não garantiam uma transição tranquila para o trabalho adulto. Atividades atrativas – com envolvimento intenso independente do conteúdo – eram essenciais para o desenvolvimento do otimismo e resiliência importantes para a conquista de uma vida profissional satisfatória. Este achado se ajusta ao conceito de Csikszentmihalyi de *flow*, que exploramos anteriormente no capítulo.

Em outro estudo, os adolescentes eram mais ambiciosos na década de 1990 do que os adolescentes em outros estudos realizados nas décadas de 1970 e 1980 (Schneder e Stevenson, 1999). O crescimento das ambições dos adolescentes não se restringiu às famílias de brancos não latinos de classe média, mas também caracterizou os adolescentes de famílias de baixa renda e minorias étnicas.

Atualmente, mais de 90% dos alunos do ensino médio têm a expectativa de ir para a faculdade e mais de 70% esperam trabalhar em empregos profissionais. Quatro décadas atrás, o panorama era substancialmente diferente, com apenas 55% tendo a expectativa de ir para a faculdade e 42% esperando trabalhar em empregos profissionais. No estudo sobre as ambições adolescentes na década de 1990, os pais compartilhavam as visões ambiciosas dos seus adolescentes (Schneider e Stevenson, 1999). Entretanto, tanto os adolescentes quanto seus pais não conseguiam fazer conexões significativas entre as credenciais educacionais e as futuras oportunidades de trabalho. Os pais podem melhorar esta relação se tiverem mais conhecimento sobre quais cursos seus adolescentes estão fazendo na escola, desenvolvendo uma compreensão melhor do processo de admissão à universidade, informando melhor os adolescentes sobre várias carreiras e avaliando realisticamente habilidades e interesses dos seus adolescentes em relação a essas carreiras.

Durante a faculdade, os alunos podem se beneficiar com a orientação dos conselheiros universitários, não apenas em relação às carreiras, mas também em muitos outros aspectos da vida (Murphy et al., 2010). Para ler a respeito do trabalho de um conselheiro escolar, veja o perfil em *Conexão com Carreiras*.

DESENVOLVIMENTO DA IDENTIDADE

O desenvolvimento da carreira está relacionado ao desenvolvimento da identidade do adolescente e do adulto emergente (Murrell, 2009). A decisão e o planejamento de uma carreira estão relacionados positivamente à realização da identidade, ao passo que planejamento e decisão de uma carreira estão relacionados negativamente aos *status* de moratória da identidade e difusão da identidade (Wallace-Broscious, Serafica e Osipow, 1994). Lembre-se do Capítulo 4 que a moratória da identidade descreve indivíduos que ainda não firmaram um compromisso com a identidade, mas que estão em meio à exploração de opções, ao passo que a difusão da identidade descreve indivíduos que não firmaram um compromisso nem passaram por uma crise (exploração ou alternativas). Além disso, os adolescentes que estão em meio ao processo de formação da identidade têm mais condições de articular suas opções ocupacionais e seus próximos passos na obtenção dos objetivos de curto prazo e de longo prazo. Em contraste, os adolescentes nos *status* de moratória e difusão da identidade têm mais probabilidade de encontrar dificuldades em fazer planos e tomar decisões ocupacionais.

Um estudo focou no desenvolvimento da identidade vocacional em relação a outros domínios da identidade (Skorikov e Vondracek, 1998). Um estudo transversal com 1.099 alunos

---

conexão com o desenvolvimento

Identidade. Está se formando um consenso crescente de que muitas das mudanças-chave no desenvolvimento da identidade ocorrem na adultez emergente. Cap. 4, p. 168

conexão COM CARREIRAS

Grace Leaf, conselheira universitária/de carreira

Grace Leaf é conselheira na Faculdade Comunitária Spokane, em Washington. Ela possui mestrado em liderança educacional e está trabalhando para obter seu doutorado em liderança educacional na Universidade de Gonzaga, em Washington. Seu trabalho inclui ensino, orientação aos alunos internacionais, realização de aconselhamento individual e grupal e a confecção de planejamento de carreira individual e em grupo. Leaf tenta conectar os alunos a objetivos e valores e os ajuda a planejar um programa educacional que mais se adapte às suas necessidades e visões.

Para mais informações sobre o que fazem os conselheiros de carreira, veja o apêndice do Capítulo 1.

Grace Leaf, aconselhando estudantes universitárias na Faculdade Comunitária Spokane sobre carreiras.

---

da 8ª série até o último ano do ensino médio revelou uma progressão desenvolvimental na identidade vocacional adolescente que se caracterizava pelo aumento na proporção de alunos classificados como difusos ou outorgados. (Lembre-se do Capítulo 4 que a identidade de um indivíduo pode ser classificada como difusa, outorgada, moratória e realizada, com os dois últimos *status* sendo os mais positivos.) Os *status* nos domínios gerais de identidade ideológica, religiosa, de estilo de vida e política ficaram atrás do desenvolvimento do *status* da identidade no domínio da vocação (veja a Figura 11.6). Assim, de acordo com as tarefas do desenvolvimento descritas na teoria de Erikson (1968), o desenvolvimento da identidade vocacional desempenha um papel essencial no desenvolvimento da identidade.

CONTEXTOS SOCIAIS

Nem todos os indivíduos que nascem no mundo podem crescer e se tornar um físico nuclear ou um médico – as limitações genéticas impedem que alguns adolescentes tenham um desempenho nos níveis intelectuais necessários para ingressar em tais carreiras. Igualmente, as limitações genéticas impedem alguns adolescentes de se tornarem jogadores de futebol ou dançarinos profissionais. Porém, muitas carreiras estão disponíveis para a maioria de nós, carreiras que combinam razoavelmente com as nossas habilidades. Nossas experiências socioculturais exercem forte influência sobre as escolhas de carreira em meio a uma ampla gama disponível. Entre os importantes contextos sociais que influenciam o desenvolvimento da carreira encontram-se condição socioeconômica, pais e pares, escola, gênero e etnia.

Condição socioeconômica Os canais de mobilidade ascendente abertos aos jovens de condição socioeconômica mais baixa são basicamente educacionais por natureza. A hierarquia escolar desde o ensino fundamental até o ensino médio, assim como da faculdade até a pós-graduação, está programada para orientar os indivíduos em direção a algum tipo de carreira. Menos de 100 anos atrás, acreditava-se que apenas oito anos de educação eram necessários para uma competência vocacional, e nada além disso qualificava o indivíduo para uma colocação em ocupações de *status* superior. Na metade do século XX, o diploma do ensino médio já tinha perdido terreno em sua condição de passaporte para uma carreira de sucesso e, hoje, nos locais de trabalho a faculdade é um pré-requisito para ingressar em uma ocupação com *status* superior.

Muitas das ideias que guiaram a teoria do desenvolvimento de carreiras se basearam em experiências em contextos de classe média e com bom nível de instrução. Subjacente a essa teoria encontra-se o conceito de que os indivíduos

Domínio/	Série		
Status da Identidade	8	10	12
Vocacional			
Moratória	33,5	38,0	42,1
Realização	13,5	13,5	19,6
Ideológico geral			
Moratória	25,5	27,8	36,4
Realização	5,1	11,2	5,6
Religioso			
Moratória	14,6	15,6	20,0
Realização	5,6	7,8	5,4
Estilo de vida			
Moratória	14,0	18,9	15,6
Realização	3,6	6,5	4,6
Político			
Moratória	11,3	13,8	11,2
Realização	3,1	4,8	6,5

FIGURA 11.6
Desenvolvimento do *status* da identidade em diferentes domínios. *Nota:* Os números representam porcentagens.

Os pais desempenham um papel importante nas realizações do adolescente. É importante que os pais não pressionem demais o adolescente nem o desafiem pouco.

têm uma ampla gama de opções de carreira à sua disposição para escolherem e seguirem. Entretanto, muitos jovens em circunstâncias de baixa renda têm escolhas de carreira muito mais limitadas. As barreiras com as quais se defrontam muitos jovens de áreas urbanas de baixa renda, como escolas de baixa qualidade, violência e falta de acesso ao emprego, podem restringir o acesso a carreiras que desejam (Ballentine e Roberts, 2009).

Pais e pares Os pais e os pares também exercem forte influência nas escolhas de carreira dos adolescentes. Alguns especialistas destacam que os pais norte-americanos possuem expectativas de realização muito baixas, ao passo que outros sustentam que alguns pais colocam muita pressão nos adolescentes para que tenham um desempenho além das suas capacidades.

Muitos fatores influenciam o papel dos pais no desenvolvimento de carreira dos adolescentes. Por exemplo, mães que trabalham regularmente fora de casa e demonstram esforço e orgulho pelo seu trabalho provavelmente exercem forte influência nas escolhas de carreira dos seus adolescentes. Uma conclusão razoável é que quando o pai e a mãe trabalham e gostam do seu trabalho, os adolescentes aprendem valores com ambos os pais.

Potencialmente, os pais podem influenciar as escolhas ocupacionais dos adolescentes por meio da forma como apresentam as informações sobre as ocupações e valores, bem como por meio das experiências que proporcionam aos adolescentes. Por exemplo, os pais podem transmitir aos filhos pequenos e adolescentes a importância que dão a frequentar uma faculdade e obter uma formação profissional como meio de atingir uma carreira em Medicina, Direito ou Administração. Outros pais podem transmitir uma noção de que a faculdade não é tão importante e dar maior valor a ser um astro do futebol ou de cinema.

Os pares também podem influenciar o desenvolvimento da carreira dos adolescentes (Kiuri et al., 2011). Os adolescentes geralmente escolhem dentro do ambiente escolar aqueles pares que possuem um nível de rendimento similar ao seu (Vondracek e Porfeli, 2003). Em uma investigação, quando os adolescentes tinham amigos e pais com padrões de carreira mais elevados, havia maior probabilidade de que buscassem carreiras com *status* mais elevado, mesmo que eles fossem provenientes de famílias de baixa renda (Simpson, 1962).

Influência da escola Escola, professores e conselheiros podem exercer uma influência poderosa sobre o desenvolvimento de carreira dos adolescentes. A escola é o primeiro ambiente em que os indivíduos entram em contato com o mundo do trabalho. A escola proporciona uma atmosfera para o contínuo autodesenvolvimento em relação a realização e trabalho. E a escola é a única instituição na sociedade que atualmente é capaz de prover os sistemas necessários para a educação para uma carreira – instrução, orientação, colocação e conexões com a comunidade.

O aconselhamento escolar tem sido criticado, tanto internamente quanto fora do estabelecimento educacional (Heppner e Heppner, 2003). Aqueles dentro das escolas reclamam do número maior de alunos por conselheiro escolar e do peso das obrigações administrativas além do aconselhamento. Aqueles que não fazem parte das escolas reclamam que o aconselhamento escolar é ineficaz, tendencioso e um desperdício de dinheiro (Comissão sobre Trabalho, Família e Cidadania da Fundação William T. Grant, 1988). Em primeiro lugar, é necessário um número duas vezes maior de conselheiros para atender às necessidades de todos os alunos. Em segundo lugar, deveria haver uma redefinição do papel dos professores, acompanhada de atualização e redução na carga de ensino, de modo que os professores em sala de aula possam assumir um papel mais forte no gerenciamento das necessidades de aconselhamento dos adolescentes. O papel do conselheiro profissional neste plano seria treinar e assistir os professores no seu aconselhamento e dar aconselhamento direto nas situações que o professor não conseguisse manejar. Em terceiro lugar, a ideia geral dos conselhos escolares seria abandonada e os conselheiros ficariam lotados em outro local – como em centros de serviço social do bairro ou em escritórios da Organização do Trabalho. (A Alemanha, por exemplo, reservando esta atividade para autoridades que atuam nas redes bem desenvolvidas de escritórios de trabalho/ou de carreira.) Para ler sobre o trabalho de um conselheiro no ensino médio, veja o perfil *Conexão com Carreiras*.

Gênero Como as mulheres foram muito mais socializadas para adotar papéis de educação e criação do que os homens em vez de papéis ligados à carreira, muitas delas não planejaram a

conexão COM CARREIRAS

Armando Ronquillo, conselheiro do ensino médio/conselheiro universitário

Armando Ronquillo é conselheiro no ensino médio e conselheiro universitário na escola de ensino médio Pueblo High School, a qual está localizada em uma área de baixas condições socioeconômicas em Tucson, Arizona. Mais de 85% dos alunos são de origem latina. Armando foi nomeado conselheiro de destaque entre as escolas de ensino médio no estado do Arizona, no ano 2000. Ele ajudou especialmente a aumentar o número de alunos da Pueblo High School que vão para a faculdade.

Ronquillo é graduado em educação elementar e especial e mestrado em aconselhamento. Ele aconselha estudantes quanto ao valor de permanecer na escola e sobre as oportunidades ao longo da vida que são proporcionadas por uma educação universitária. Ronquillo guia os alunos na obtenção da preparação acadêmica que lhes possibilitará ingressar na faculdade, incluindo como se candidatar a auxílio financeiro e bolsas de estudo. Ele também trabalha com os pais para ajudá-los a entender que seu filho ir para a faculdade não só é possível como financeiramente acessível.

Ronquillo trabalha com os alunos no estabelecimento de objetivos e planejamento. Ele também ajuda os alunos a planejarem o futuro em termos de períodos de tempo de um ano (curto prazo), cinco anos (médio prazo) e mais de dez anos (longo prazo). Ronquillo diz que faz isso "para ajudar os alunos a visualizar como os planos e decisões educacionais que eles fazem hoje irão afetá-los no futuro". Todos os anos, ele também organiza inúmeras visitas a *campi* universitários para os alunos da Pueblo High School.

Armando Ronquillo, aconselhando uma aluna latina do ensino médio sobre a universidade.

Para ler mais a respeito do trabalho de conselheiros escolares, veja o apêndice do Capítulo 1.

---

carreira com seriedade, não exploraram amplamente as opções de carreira e restringiram suas opções a carreiras estereotipadas quanto ao gênero (Matlin, 2012). A motivação para o trabalho é a mesma para ambos os sexos. No entanto, homens e mulheres fazem escolhas diferentes devido às suas experiências de socialização e à forma como as forças sociais estruturam as oportunidades que estão à sua disposição (Tracey, Robbins e Hofsess, 2005). Por exemplo, muitas garotas e mulheres deixam de fazer cursos na área de matemática no ensino médio ou na faculdade, o que restringe suas opções de carreira (Watt e Eccles, 2008; Watt, Eccles e Durik, 2006).

À medida que um número crescente de mulheres passa a seguir carreiras, elas são confrontadas com questões que envolvem carreira e família (Matlin, 2012). Elas deveriam postergar o casamento e planejamento de filhos para estabelecer primeiramente suas carreiras? Ou elas deveriam combinar sua carreira, o casamento e os filhos durante a década dos 20 anos? Algumas mulheres na última década abraçaram os padrões domésticos de um período histórico anterior. Elas se casaram, tiveram filhos e se comprometeram com a maternidade em tempo integral. Estas mães que ficam em casa trabalharam fora apenas de forma intermitente, quando muito, e subordinaram o papel profissional ao papel familiar.

Contudo, de forma crescente muitas mulheres se desviaram deste caminho e desenvolveram laços comprometidos e permanentes com o ambiente de trabalho, o que mais se assemelha ao padrão que em outros tempos era reservado aos homens (Sax e Bryant, 2006). Elas tiveram filhos depois que as suas carreiras estavam bem definidas e, em vez de deixarem a força de trabalho para criar os filhos, elas empenharam esforços para conciliar a carreira com a maternidade. Embora sempre tenha havido mulheres que buscaram o trabalho em vez de se casarem, as mulheres de hoje têm mais probabilidade de tentar "ter tudo".

Condição socioeconômica e etnia Muitos adolescentes que cresceram em condições de baixa renda ou pobreza se defrontam com frequência com circunstâncias desafiadoras na busca da mobilidade ascendente. Estes adolescentes podem ter dificuldade em adiar seus papéis adultos e podem não conseguir explorar integralmente as oportunidades de carreira.

Os jovens de minorias étnicas, especialmente aqueles que crescem em famílias de baixa renda, também podem enfrentar problemas para conseguir seguir adequadamente carreiras de sucesso (Banerjee, Harrell e Johnson, 2011). Um estudo recente com latinos urbanos entre 18 e 20 anos revelou que a obrigação familiar era um tema central nas decisões que eles tomavam sobre suas vidas e sua carreira após concluírem o ensino médio (Sanchez et al., 2011). Neste estudo, as circunstâncias financeiras estavam ligadas à decisão de trabalhar e/ou ir para a faculdade.

Para intervir com eficácia no desenvolvimento de carreira dos jovens de minorias étnicas, os conselheiros precisam aumentar seu conhecimento sobre os estilos de comunicação, valores referentes à importância da família, o impacto da fluência na língua e as expectativas de realização nos vários grupos das minorias étnicas (Waller, 2006). Os conselheiros precisam ter conhecimento e respeitar os valores culturais dos jovens das minorias étnicas, mas tais valores devem ser discutidos dentro do contexto das realidades do mundo educacional e ocupacional (Ulloa e Herrera, 2006).

Neste capítulo, exploramos muitos aspectos das realizações, da carreira e do trabalho. Um tópico examinado foi a influência da cultura e etnia nas realizações. No Capítulo 12 focaremos inteiramente na cultura e no desenvolvimento adolescente.

Revisar *Conectar* **Refletir** **OA3** Caracterizar o desenvolvimento da carreira na adolescência.

Revisar
- Quais são algumas mudanças desenvolvimentais que caracterizam as escolhas de carreira dos adolescentes?
- Como os fatores cognitivos estão envolvidos no desenvolvimento de carreira dos adolescentes?
- Como o desenvolvimento da identidade está ligado ao desenvolvimento de carreira na adolescência?
- Que papéis desempenha o contexto social no desenvolvimento de carreira dos adolescentes?

Conectar
- Existem aspectos do funcionamento executivo (discutido no Capítulo 3) que poderiam ser aplicados ao entendimento dos fatores cognitivos envolvidos no desenvolvimento de carreira dos adolescentes?

Refletir *sua jornada de vida pessoal*
- Quais são os seus objetivos de carreira? Anote alguns objetivos específicos de trabalho, emprego e carreira que você tem para os próximos 20, 10 e 5 anos. Seja o mais concreto e específico possível.

Ao criar os seus objetivos para a carreira, comece pelo ponto mais distante – daqui a 20 anos – e vá retrocedendo. Se você começar por um ponto próximo, correrá o risco de adotar objetivos que não estejam precisamente e claramente conectados aos seus objetivos de longo prazo.

ATINJA SEUS OBJETIVOS DE APRENDIZAGEM

1 Realização   **OA1**   Discutir a realização na vida dos adolescentes.

- A importância da realização na adolescência
- Os processos para a realização

- As pressões sociais e acadêmicas forçam os adolescentes a lidar com a realização de novas formas. Os adolescentes podem perceber que as realizações são um prognóstico de resultados futuros do mundo real no mundo adulto. As expectativas de realização crescem durante o ensino médio. A adaptação efetiva dos adolescentes a estas novas pressões é determinada em parte por fatores psicológicos, motivacionais e contextuais.

- A motivação intrínseca está baseada em fatores internos como autodeterminação, curiosidade, desafio e esforço. A motivação extrínseca inclui incentivos externos como recompensas e punição. Um dos pontos de vista é que dar aos alunos alguma opção e proporcionar oportunidades para responsabilidade pessoal aumentam a motivação intrínseca. É importante que os professores criem ambientes de aprendizagem que encorajem os alunos a se engajarem cognitivamente e a desenvolverem uma responsabilidade pelo seu aprendizado. De um modo geral, a conclusão decisiva é de que uma estratégia inteligente é criar ambientes de aprendizagem que encorajem os alunos a se motivarem intrinsecamente. No entanto, em muitas situações do mundo real, estão envolvidas ambas as motivações, intrínseca e extrínseca, e muito frequentemente as duas foram colocadas uma contra a outra, como se fossem polos opostos. A teoria da atribuição afirma que os indivíduos são motivados para descobrir as causas subjacentes do comportamento, como um esforço para entendê-lo. Na atribuição, recorrer a fatores internos, como o esforço, para explicar o desempenho tem um destaque maior do que recorrer a fatores externos, como a sorte e acusar os outros. Uma orientação para o domínio da tarefa é preferida em comparação com a orientação para o desamparo ou para o desempenho em situações de realização. Mentalidade é a visão cognitiva, seja ela fixa ou de crescimento, que os indivíduos desenvolvem para si mesmos. Dweck sustenta que um aspecto-chave do desenvolvimento dos adolescentes é guiá-los no desenvolvimento de uma mentalidade de crescimento. Autoeficácia é a crença de um indivíduo de que ele consegue dominar uma situação e atingir resultados positivos. A autoeficácia revelou-se como um processo importante para o êxito. O estabelecimento de objetivos, planejamento e automonitoramento são aspectos importantes da realização. As expectativas dos alunos quanto ao sucesso e o valor que depositam no que eles desejam atingir influenciam a sua motivação. A combinação entre expectativa e valores tem sido o foco de inúmeros esforços para a compreensão da motivação para a realização nos alunos. Os adolescentes se beneficiam quando seus pais, professores e outros adultos têm expectativas altas quanto a sua realização. Recentemente, Damon propôs que o propósito é um aspecto especialmente importante da realização que está faltando na vida de muitos adolescentes.

Relações sociais e contextos

- As relações sociais e os contextos desempenham um papel importante na realização dos adolescentes. Em termos de relações sociais pais, pares, professores e mentores podem representar aspectos-chave para a realização dos adolescentes. Em termos dos contextos sociais, a etnia, condição socioeconômica e cultura influenciam a realização dos adolescentes.

Alguns obstáculos motivacionais à realização

- Alguns dos obstáculos motivacionais à realização incluem procrastinar, deixar-se invadir pela ansiedade e proteger a autoestima por meio da esquiva do fracasso. Uma preocupação especial é que os adolescentes tenham muita ansiedade em situações de desempenho, o que por vezes está vinculado às expectativas irrealistas dos pais. O esforço para evitar o fracasso pode envolver estratégias de auto-obstáculo, como não se esforçar deliberadamente na escola ou adiar o estudo até o último minuto. As formas de lidar com os obstáculos motivacionais incluem a identificação de valores e objetivos, melhor administração do tempo e divisão da tarefa em partes menores.

2 Trabalho `OA2` Descrever o papel do trabalho na adolescência e na universidade.

Trabalho na adolescência

- Os perfis do trabalho adolescente são variados nas diferentes partes do mundo. Em muitos países em desenvolvimento, os rapazes estão em empregos consideravelmente mais bem pagos do que as garotas, que participam mais de trabalho não remunerado em casa. Os adolescentes norte-americanos estão mais envolvidos com trabalho do que seus equivalentes em muitos outros países desenvolvidos. Parece haver pouca vantagem desenvolvimental para a maioria dos adolescentes quando eles trabalham de 15 a 25 horas por semana.

Trabalho durante a universidade

- Trabalhar durante a época de faculdade pode ajudar com os custos da instrução, mas também pode causar um impacto negativo nas notas dos alunos e reduzir a probabilidade de graduação no curso.

Aprendizagem baseada no trabalho/carreira

- É crescente o interesse no aprendizado baseado no trabalho/carreira no ensino médio. Muitos estudantes universitários de sucesso se envolvem na aprendizagem cooperativa ou em programas de estágio.

Trabalho na adultez emergente

- Os padrões de trabalho dos adultos emergentes foram mudando ao longo dos últimos 100 anos e, agora, os adultos emergentes são caracterizados por uma variedade de padrões escolares e profissionais. A natureza da transição da escola para o trabalho é fortemente influenciada pelo nível de instrução do indivíduo. Muitos adultos emergentes mudam de emprego, o que pode significar uma busca ou hesitação.

3 Desenvolvimento da carreira `OA3` Caracterizar o desenvolvimento da carreira na adolescência.

Mudanças desenvolvimentais

- Muitas crianças têm fantasias sobre quais carreiras desejam seguir quando crescerem. No ensino médio, estas fantasias já diminuíram para muitos indivíduos, embora muitos adolescentes ainda tenham na fantasia uma carreira que desejam seguir, mas não possuem um plano adequado de

[Fatores cognitivos]

- como alcançar as suas aspirações. No final da adolescência, até pouco mais de 20 anos, a decisão por uma carreira geralmente já se tornou mais séria.

- Exploração, tomada de decisão e planejamento são dimensões cognitivas importantes do desenvolvimento de carreira na adolescência. Muitos adolescentes têm altas aspirações, porém não sabem como realizá-las. Damon argumenta que os adolescentes e os adultos emergentes precisam acrescentar o pensamento sobre um propósito na sua tomada de decisão sobre a carreira.

[Desenvolvimento da identidade]

- O desenvolvimento de carreira está ligado ao desenvolvimento da identidade na adolescência. Os adolescentes que já estão mais avançados no processo de identidade estão mais aptos a articular seus planos de carreira. De acordo com a teoria de Erikson, a identidade vocacional desempenha um papel importante no desenvolvimento global da identidade.

[Contextos sociais]

- Dentre os contextos sociais mais importantes que influenciam o desenvolvimento de carreira na adolescência encontram-se a condição socioeconômica, pais e pares, escola, gênero e etnia.

TERMOS-CHAVE

motivação intrínseca 366
motivação extrínseca 366
flow 367
teoria da atribuição 368

orientação para o domínio da tarefa 368
orientação para o desamparo 369
orientação para o desempenho 369
mentalidade 369

autoeficácia 370
mentores 375
ansiedade 378
auto-obstáculo 378

PESSOAS-CHAVE

Richard Ryan e Edward Deci 367
Mihaly Csikszentmihalyi 367
Carol Dweck 368
Albert Bandura 370

Dale Schunk 370
Jacquelyne Eccles 371
William Damon 373

Nel Noddings 375
Sandra Graham 376
Harold Stevenson 377

RECURSOS PARA MELHORAR A VIDA DOS ADOLESCENTES

Handbook of Self-Regulation of Learning and Performance
Editado por Barry Zimmerman e Dale Schunk (2011)
Nova Iorque: Routledge

Inúmeros especialistas importantes discutem muitos aspectos dos processos de autorregulação, aprendizagem e realização.

Mindset
Carol Dweck (2006)
Nova Iorque: Random House

São apresentadas informações abrangentes e exemplos de como os adolescentes podem desenvolver uma mentalidade de crescimento que irá aprimorar o seu rendimento.

Mentoring in Adolescence
Jean Rhodes e Sarah Lowe, in R, M, Lerner e L. Steinberg (eds.)
Handbook of Adolescent Psychology (2009, 3ª ed.)
Nova Iorque: Wiley.

Importantes especialistas descrevem pesquisas sobre *mentoring* e destacam os aspectos do *mentoring* com mais sucesso na melhoria do desempenho dos adolescentes.

What Color Is Your Parachute?
Richard Bolles (2012)
Berkeley, California: Ten Speed Press

Este é um livro extremamente popular sobre como encontrar emprego.

What Kids Need to Succeed
Peter Benson, Judy Galbraith e Pamela Espeland (2003)
Minneapolis: Search Institute

Este livro acessível apresenta ideias de senso comum para pais, educadores e trabalhadores jovens que podem ajudar os jovens a terem sucesso.

capítulo 12 CULTURA

esboço do capítulo

Cultura, adolescência e adultez emergente

Objetivo de aprendizagem 1 Discutir o papel da cultura no desenvolvimento dos adolescentes e dos adultos emergentes.

A relevância da cultura para o estudo da adolescência e da adultez emergente
Comparações transculturais
Ritos de passagem

Status socioeconômico e pobreza

Objetivo de aprendizagem 2 Descrever como o *status* socioeconômico e a pobreza estão relacionados com o desenvolvimento adolescente.

O que é *status* socioeconômico?
Variações socioeconômicas nas famílias, nos bairros e nas escolas
Pobreza

Etnia

Objetivo de aprendizagem 3 Resumir como a etnia está envolvida no desenvolvimento de adolescentes e de adultos emergentes.

Adolescência e adultez emergente: um momento crítico para os indivíduos de minorias étnicas
Questões étnicas

A mídia e a tecnologia

Objetivo de aprendizagem 4 Caracterizar os papéis da mídia e da tecnologia na adolescência e na adultez emergente.

O uso da mídia
Televisão
A mídia e a música
Tecnologia, computadores, internet e telefones celulares
Políticas sociais e a mídia

Uma garota norte-americana de 16 anos de origem japonesa (a quem chamaremos de "Sonya") estava chateada com a reação da sua família ao seu namorado norte-americano branco. "Seus pais se recusaram a conhecê-lo e, em várias ocasiões, ameaçaram renegá-la" (Sue e Morishima, 1982, p. 142). Seus irmãos mais velhos também reagiram com ira ao fato de Sonya namorar um norte-americano branco, alertando que o espancariam. Os pais também estavam contrariados porque as notas de Sonya, que eram acima da média no ensino fundamental, estavam começando a cair.

Questões geracionais contribuíram para o conflito entre Sonya e sua família (Nagata, 1989). Durante a infância, seus pais haviam passado por rígidas proibições contra o namoro com brancos e foram impedidos legalmente de se casar com alguém que não fosse japonês. Durante sua criação, os irmãos mais velhos de Sonya valorizaram o orgulho e a solidariedade étnica. Os irmãos encaravam seu namoro com um branco como uma "traição" ao seu próprio grupo étnico. Os valores culturais de Sonya e de sua família são, obviamente, diferentes.

Michael, 17 anos, norte-americano de origem chinesa e aluno do ensino médio, foi encaminhado ao terapeuta pelo conselheiro escolar porque estava deprimido e tinha tendências suicidas (Huang e Ying, 1989). Michael estava fracassando em várias matérias e, com frequência, faltava à escola. Os pais de Michael eram profissionais de sucesso que tinham a expectativa de que Michael se destacasse na escola e prosseguisse até se tornar um médico. Eles estavam decepcionados e irritados com os fracassos escolares de Michael, especialmente porque ele era o primeiro filho homem, sobre quem, nas famílias chinesas, recai a expectativa de atingir os mais altos padrões entre todos os irmãos.

O terapeuta encorajou os pais a exercerem menos pressão sobre os resultados acadêmicos de Michael e a terem expectativas mais realistas sobre ele (que não tinha interesse em se tornar médico). A frequência escolar de Michael aumentou, e seus pais perceberam a melhora na sua atitude em relação à escola. O caso de Michael ilustra como as expectativas de que os norte-americanos de origem asiática sejam "meninos prodígio" podem se tornar destrutivas.

apresentação

As circunstâncias de Sonya e Michael sublinham a importância da cultura na compreensão do desenvolvimento adolescente. Embora tenhamos muito em comum com todos os seres humanos que habitam a Terra, nós também variamos de acordo com a nossa origem cultural e étnica. O mundo cultural de adolescentes e adultos emergentes é um tema recorrente em todo este livro. E, já que a cultura é uma dimensão tão penetrante na adolescência e na adultez emergente, iremos explorá-la em maior profundidade neste capítulo. Consideraremos as comparações transculturais, estudaremos a etnia e a condição socioeconômica como aspectos principais da cultura e examinaremos as formas pelas quais o impressionante crescimento das mídias de massa afeta as vidas dos adolescentes.

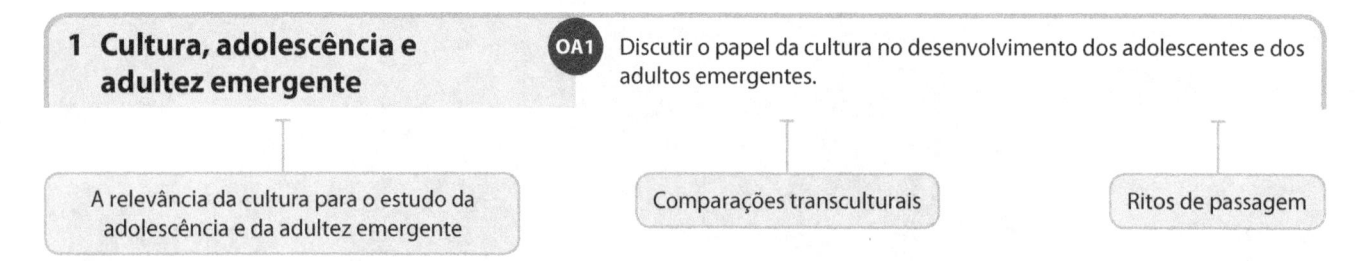

---

1 Cultura, adolescência e adultez emergente

OA1 Discutir o papel da cultura no desenvolvimento dos adolescentes e dos adultos emergentes.

- A relevância da cultura para o estudo da adolescência e da adultez emergente
- Comparações transculturais
- Ritos de passagem

---

cultura Comportamentos, padrões, crenças e todos os outros produtos de um grupo particular de pessoas que são transmitidos de geração para geração.

conexão com o desenvolvimento
Teorias. Na teoria ecológica de Bronfenbrenner, o macrossistema é o sistema ambiental que envolve a influência da cultura no desenvolvimento adolescente. Cap. 1, p. 62

No Capítulo 1, definimos **cultura** como sendo comportamentos, padrões, crenças e todos os outros produtos de um grupo específico de pessoas que são transmitidos de geração para geração. Os produtos resultam da interação entre os grupos de pessoas e o seu ambiente ao longo de muitos anos. Examinaremos aqui o papel da cultura no desenvolvimento dos adolescentes e adultos emergentes.

A RELEVÂNCIA DA CULTURA PARA O ESTUDO DA ADOLESCÊNCIA E DA ADULTEZ EMERGENTE

Para que o estudo da adolescência e da adultez emergente seja uma disciplina relevante no século XXI, deverá ser dado um enfoque muito maior à cultura e à etnia (Bennett, 2011; Parke,

Coltrane e Schofield, 2011; Schlegel e Hewlett, 2011). O amplo contato entre pessoas de variadas origens culturais e étnicas está rapidamente se tornando uma norma. As escolas e suas redondezas já não são mais a fortaleza de um grupo privilegiado cuja ordem do dia é a exclusão daqueles que têm cor de pele ou costumes diferentes. Imigrantes, refugiados e indivíduos de minorias étnicas, cada vez mais, se recusam a fazer parte de um caldeirão de culturas homogêneo, reivindicando, em vez disso, que as escolas, os empregadores e os governos respeitem os seus costumes culturais. Os refugiados e imigrantes adultos podem encontrar nos Estados Unidos mais oportunidades e empregos que remunerem melhor, mas eles estão preocupados que suas crianças e seus adolescentes possam aprender na escola atitudes que desafiem os padrões de autoridade tradicionais em casa (Brislin, 2000).

No século XX, o estudo dos adolescentes e dos adultos emergentes foi principalmente etnocêntrico, enfatizando os valores norte-americanos, em especial os valores dos homens brancos não latinos da classe média (Spencer, 2000). Psicólogos transculturais apontam que muitos dos pressupostos sobre as ideias contemporâneas em campos como a adolescência foram desenvolvidos nas culturas ocidentais (Triandis, 2007). Um exemplo do **etnocentrismo** – tendência a favorecer o próprio grupo do indivíduo em detrimento de outros grupos – é a ênfase norte-americana no indivíduo ou no *self*. Muitos países orientais, como Japão, China e Índia, são direcionados para o grupo. Assim também é com a cultura mexicana. É provável que o pêndulo tenha oscilado para longe demais na direção do individualismo em muitas culturas ocidentais.

Pessoas em todas as culturas têm uma tendência a se comportar de forma que favoreçam o seu grupo cultural, sintam-se orgulhosas dele e negativas com relação a outros grupos culturais. Durante os últimos séculos, e em um ritmo crescente nas últimas décadas, os avanços tecnológicos no transporte, na comunicação e no comércio tornaram obsoletas estas formas de pensar. A interdependência global não é mais uma questão de crença ou escolha. Ela é uma realidade da qual não se pode escapar (UNICEF, 2011). Os adolescentes e os adultos emergentes não são apenas cidadãos dos Estados Unidos ou do Canadá. Eles são cidadãos do mundo, um mundo que está se tornando cada vez mais interativo. Ao compreendermos o comportamento e os valores das culturas por todo o mundo, a esperança é que possamos interagir uns com os outros com mais eficácia e fazer deste planeta um lugar mais hospitaleiro e pacífico para se viver (Kottak e Kozaitis, 2012; Koppelman e Goodhart, 2011).

COMPARAÇÕES TRANSCULTURAIS

Conforme vimos no Capítulo 1, os **estudos transculturais**, que envolvem a comparação entre duas ou mais diferentes culturas, fornecem informações sobre outras culturas e sobre o papel da cultura no desenvolvimento. Esta comparação revela informações sobre até que ponto o

conexão com o desenvolvimento
Educação. Comparações internacionais recentes indicam que o rendimento mais alto em matemática, ciências e leitura pertence aos países asiáticos. Cap. 11, p. 377

etnocentrismo Uma tendência a favorecer o próprio grupo do indivíduo em detrimento de outros grupos.

estudos transculturais Estudos que comparam duas ou mais diferentes culturas. Estes estudos fornecem informações sobre o grau no qual o desenvolvimento nos adolescentes e nos adultos emergentes é similar, ou universal, entre as culturas, ou sobre o grau no qual ele é específico daquela cultura.

A cultura exerce um forte impacto nas vidas das pessoas. Em Xinjian, China, uma mulher se prepara para o ritual da corte a cavalo. Seu pretendente deve persegui-la, beijá-la e escapar do seu chicote – tudo isso a galope. Uma nova lei para casamentos entrou em vigor na China em 1981. A lei estabelece uma idade mínima para o casamento – 22 anos para homens e 20 anos para mulheres. Os casamentos tardios e nascimentos tardios são aspectos essenciais dos esforços da China para controlar o crescimento da população.

Os estudos transculturais envolvem a comparação entre duas ou mais diferentes culturas. É mostrada aqui uma garota de 14 anos do povo !Kung que acrescentou flores ao seu adorno de contas durante a breve estação das chuvas no deserto de Kalahari em Botswana, África. A delinquência e a violência ocorrem com muito menos frequência na pacífica cultura !Kung do que na maioria das outras culturas no mundo.

individualismo Enfatiza valores que servem ao indivíduo e dá prioridade aos objetivos pessoais e não aos objetivos coletivos.

coletivismo Enfatiza valores que servem ao grupo, subordinando os objetivos pessoais para preservar a integridade grupal.

desenvolvimento dos adolescentes e dos adultos emergentes é semelhante, ou universal, ou se é específico de cada cultura (Shiraev e Levy, 2010). Em termos de gênero, por exemplo, as experiências dos adolescentes continuam separadas em algumas culturas (Larson, Wilson e Rickman, 2009). Em muitos países, os homens têm muito mais acesso a oportunidades educacionais, mais liberdade para seguir uma variedade de carreiras e menos restrições quanto à atividade sexual do que as mulheres (UNICEF, 2011).

No Capítulo 11, discutimos o melhor desempenho em matemática e ciências dos adolescentes asiáticos quando comparados com os adolescentes norte-americanos. Um estudo recente revelou que desde o começo da 7ª série até o final da 8ª, os adolescentes norte-americanos valorizavam menos o aspecto acadêmico, e o seu comportamento motivacional também decrescia (Wang e Pomerantz, 2009). Em contraste, o valor atribuído ao aspecto acadêmico pelos adolescentes chineses não se modificava ao longo desse período, e o seu comportamento motivacional se mantinha.

Individualismo e coletivismo Em pesquisa transcultural, a procura por traços básicos se focou na dicotomia entre individualismo e coletivismo (Triandis, 2007):

- **Individualismo** envolve dar mais prioridade aos objetivos pessoais do que aos do grupo; o individualismo enfatiza valores que estão a serviço da própria pessoa, como se sentir bem, distinção pessoal, realização e independência.
- **Coletivismo** enfatiza valores que servem ao grupo, subordinando os valores pessoais para preservar a integridade do grupo, a interdependência dos membros e as relações harmoniosas.

A Figura 12.1 resume algumas das características principais de culturas individualistas e coletivistas. Muitas culturas ocidentais, como Estados Unidos, Canadá, Grã-Bretanha e Holanda, são descritas como individualistas; muitas culturas orientais, como China, Japão, Índia e Tailândia, são descritas como coletivistas. A cultura mexicana também é considerada coletivista.

Individualista	Coletivista
Foco no individual	Foco nos grupos
O *self* é determinado pelos traços pessoais, independente dos grupos; o self é estável em todos os contextos.	O *self* é definido em termos da participação em um grupo; o *self* pode mudar com o contexto
O *self* privado é mais importante	O *self* público é mais importante
Conquistas pessoais, competição e poder são importantes	As conquistas são para o benefício do grupo a que o indivíduo pertence; é enfatizada a cooperação
A dissonância cognitiva é frequente	A dissonância cognitiva é infrequente
Emoções (como raiva) são autofocadas	Emoções (como raiva) geralmente estão baseadas nas relações
As pessoas mais admiradas são autoconfiantes	As pessoas mais admiradas são modestas, discretas
Valores: prazer, realização, competição, liberdade	Valores: segurança, obediência, harmonia em grupo, relações personalizadas
Muitas relações casuais	Poucas e próximas relações
Cuida da própria reputação	Cuida da própria reputação e da do outro
Comportamentos independentes: nadar, dormir, ficar sozinho no quarto, privacidade	Comportamentos interdependentes: banho em grupo, dormir em grupo
Contato físico entre mãe e filho relativamente raro	Frequente contato físico entre mãe e filho (como abraçar, pegar no colo)

FIGURA 12.1
Características das culturas individualistas e coletivistas.

Pesquisadores constataram que as autoconcepções estão relacionadas à cultura. Em um estudo, alunos universitários norte-americanos e chineses completaram 20 frases que começavam com "Eu sou _____" (Trafimow, Triandis e Goto, 1991). Conforme indica a Figura 12.2, os estudantes universitários norte-americanos tinham uma probabilidade maior de se descreverem com traços pessoais ("Eu sou assertivo"), ao passo que os estudantes chineses tinham maior probabilidade de se identificarem por meio das suas associações a grupos ("Eu sou membro do clube de matemática").

Os seres humanos sempre viveram em grupos, fossem eles pequenos ou grandes, e sempre precisaram uns dos outros para sobreviver. Os críticos da psicologia ocidental argumentam que a ênfase ocidental no individualismo pode minar a necessidade básica da nossa espécie por relacionamentos (Kagitcibasi, 2007). Alguns cientistas sociais defendem que muitos problemas nas culturas ocidentais são intensificados pela ênfase no individualismo. Comparadas com as culturas coletivistas, as culturas individualistas têm índices mais altos de suicídio, abuso de drogas, crime, gravidez na adolescência, divórcio, abuso infantil e transtornos mentais.

Uma análise recente propôs quatro valores que refletem as crenças parentais nas culturas individualistas sobre o que é necessário para o desenvolvimento efetivo da autonomia de crianças e adolescentes: (1) *escolha pessoal*; (2) *motivação intrínseca*; (3) *autoestima* e (4) *automaximização*, que consiste em atingir o seu potencial máximo (Tamis-LeMonda et al., 2008). A análise também propôs que três valores refletem as crenças parentais nas culturas coletivistas: (1) *vínculo com a família e outras relações próximas*, (2) *orientação para o grande grupo* e (3) *respeito e obediência*.

Os críticos do conceito de culturas individualistas e coletivistas argumentam que estes termos são muito amplos e simplistas, especialmente com o crescimento da globalização (Kagitcibasi, 2007). Independentemente da sua origem cultural, as pessoas precisam tanto de uma noção positiva de si mesmas como de interação com os outros para se desenvolverem integralmente como seres humanos. A análise de Carolyn Tamis-LeMonda e colaboradores (2008) enfatiza que, em muitas famílias, as crianças não são criadas em ambientes que endossam uniformemente valores, pensamentos e ações individualistas ou coletivistas. Em vez disso, em muitas famílias, "espera-se que as crianças sejam tranquilas, assertivas, respeitosas, curiosas, humildes, autoconfiantes, independentes, dependentes, carinhosas ou reservadas, dependendo da situação, das pessoas presentes, da idade das crianças e dos círculos sociopolíticos e econômicos."

FIGURA 12.2
Autoconcepções de norte-americanos e chineses. Estudantes universitários dos Estados Unidos e da China completaram 20 frases do tipo "Eu sou _____". Ambos os grupos preencheram a lacuna com mais dados de traços pessoais do que de associação a grupos. No entanto, com maior frequência, os universitários norte-americanos preencheram a lacuna com traços pessoais, e os chineses, com dados de associação a grupos.

RITOS DE PASSAGEM

Os **ritos de passagem** são cerimônias ou rituais que marcam a transição de um indivíduo de um *status* para outro, como a entrada na idade adulta. Algumas sociedades elaboraram ritos de passagem que sinalizam a transição do adolescente para a idade adulta; outras não (Kottak e Kozaitis, 2008). Em muitas culturas primitivas, os ritos de passagem são o caminho por meio do qual os adolescentes têm acesso a práticas sagradas, responsabilidades, conhecimento e sexualidade dos adultos (Sommer, 1978). Estes ritos frequentemente envolvem cerimônias marcantes com a intenção de facilitar a separação do adolescente da sua família imediata, especialmente os meninos da sua mãe. A transformação geralmente é caracterizada por alguma forma de ritual de morte ou renascimento, ou por meio do contato com o mundo espiritual. São estabelecidos laços entre o adolescente e os instrutores adultos por meio do compartilhamento de rituais, perigos e segredos que permitem que o adolescente entre no mundo adulto. Este tipo de ritual proporciona um ingresso direto e descontínuo no mundo adulto em um momento em que o adolescente é percebido como preparado para a mudança.

A África, especialmente a África subsaariana, já foi um lugar com muitos ritos de passagem para os adolescentes. Devido à influência da cultura ocidental, muitos destes ritos estão desaparecendo atualmente, embora ainda existam alguns vestígios. Em locais onde a educação formal não está prontamente disponível, os ritos de passagem ainda prevalecem.

Carol Markstrom (2010) estudou recentemente as cerimônias de entrada na maturidade em adolescentes americanas nativas. Ela observou que muitas tribos americanas nativas consideram a transição da infância para a idade adulta como um momento importante e possivelmente vulnerável. Por isso criaram rituais de entrada na maturidade, a fim de

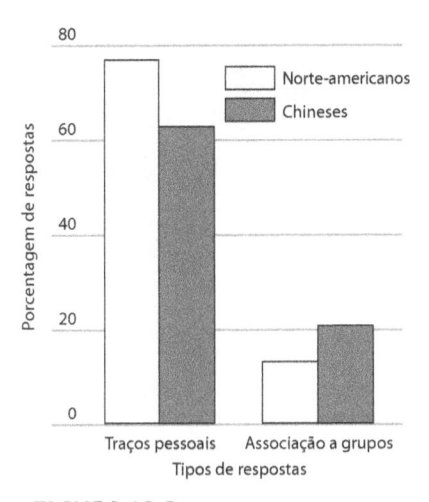

ritos de passagem Cerimônias ou rituais que marcam a transição de um indivíduo de um *status* para outro, como a entrada na vida adulta.

apoiar os valores tradicionais. Ela enfatiza que estes rituais são, frequentemente, um aspecto positivo da vida contemporânea nas tribos americanas nativas, já que seus jovens enfrentam os desafios do mundo moderno, como abuso de substância, suicídio e evasão escolar (Markstrom, 2010).

Os países industrializados ocidentais são notórios pela ausência de ritos formais de passagem que marquem a transição da adolescência para a idade adulta. Alguns grupos religiosos e sociais, no entanto, possuem cerimônias de iniciação que indicam um avanço na maturidade – o *bat mitzvah* e o *bar mitzvah* judeus, as confirmações católica e protestante e os *debuts* sociais, por exemplo. As cerimônias de formatura escolar são o que há de mais próximo de um rito cultural de passagem nos Estados Unidos. A cerimônia de formatura no ensino médio tornou-se quase universal entre os adolescentes de classe média e de um número crescente de adolescentes de baixa renda (Fasick, 1994). No entanto, a formatura no ensino médio não resulta em mudanças universais – muitos formandos do ensino médio continuam vivendo com seus pais, sendo economicamente dependentes deles e permanecendo indecisos quanto a questões de carreira e estilo de vida. Outro rito de passagem para um número crescente de adolescentes norte-americanos é a relação sexual (Halonen e Santrock, 1999). No final da adolescência, mais de 70% dos adolescentes norte-americanos já tiveram relações sexuais.

A ausência de ritos de passagem bem definidos torna tão ambígua a chegada ao *status* de adulto que muitos indivíduos não têm certeza se já alcançaram a idade adulta ou não. No Texas, por exemplo, a idade legal para começar a trabalhar é 15 anos, porém, muitos adolescentes mais jovens, e até mesmo crianças estão empregados, especialmente os imigrantes mexicanos. A idade legal para dirigir é 16 anos, mas quando existe uma situação de emergência, a carteira de motorista pode ser obtida aos 15 anos, e alguns pais podem não permitir que seu filho ou filha obtenha uma licença para dirigir aos 16 anos, achando que eles são muito jovens para esta responsabilidade. A idade legal para votar é 18 anos, e a idade para beber foi recentemente aumentada para 21 anos. Em resumo, não tem sido claramente definido quando os adolescentes se tornam adultos nos Estados Unidos, diferentemente das culturas primitivas, em que os ritos de passagem são universais.

Revisar *Conectar* **Refletir** **OA1** Discutir o papel da cultura no desenvolvimento dos adolescentes e dos adultos emergentes.

Revisar
- O que é cultura? Qual é a relevância da cultura no estudo do desenvolvimento na adolescência e na adultez emergente?
- O que são comparações transculturais? O que caracteriza as culturas individualistas e as coletivistas? Como as culturas variam quanto ao tempo que os adolescentes passam em várias atividades?

- O que são ritos de passagem? Como as culturas variam em termos de ritos de passagem?

Conectar
- Os adolescentes norte-americanos têm muito mais tempo livre à sua disposição do que seus equivalentes europeus ou asiáticos. Relacione este fato à discussão das expectativas, no Capítulo 11.

Refletir *sua jornada de vida pessoal*
- Você já passou por algum rito de passagem na sua vida? Em caso afirmativo, o que foi? Isso foi uma influência positiva ou negativa no seu desenvolvimento? Existe algum rito de passagem pelo qual você não passou, mas que gostaria de ter passado?

---

2 *Status* socioeconômico e pobreza   **OA2** Descrever como o *status* socioeconômico e a pobreza estão relacionados com o desenvolvimento adolescente.

O que é *status* socioeconômico? | Variações socioeconômicas nas famílias, nos bairros e nas escolas | Pobreza

Existem muitas subculturas dentro dos países. Por exemplo, valores e atitudes de adolescentes que crescem em um gueto urbano ou zona rural da Appalachia diferem consideravelmente dos valores e atitudes de adolescentes que crescem em uma área rica do subúrbio. Uma diferença essencial entre as subculturas é o *status* socioeconômico.

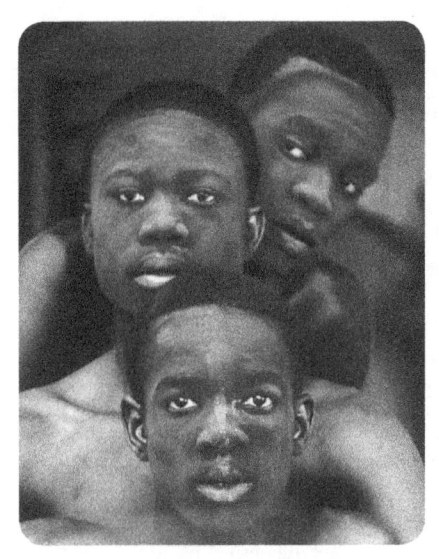

Estes meninos Kota congoleses pintavam seus rostos como parte de um rito de passagem para a idade adulta. *Que ritos de passagem têm os adolescentes norte-americanos?*

Os americanos nativos apaches do sudoeste norte-americano celebram a entrada de uma garota na puberdade com um ritual de quatro dias que inclui uma vestimenta especial, atividades durante o dia inteiro e cerimônias espirituais solenes.

Maddie Miller, 13 anos, que está compartilhando uma oração com seu pai, estudou durante um ano para se preparar para seu *bat mitzvah*.

O QUE É *STATUS* SOCIOECONÔMICO?

Status **socioeconômico (SSE)** refere-se a um agrupamento de pessoas com características ocupacionais, educacionais e econômicas similares. Indivíduos com SSE diferente possuem níveis variados de poder, influência e prestígio. Neste capítulo, por exemplo, avaliamos como é para um adolescente crescer na pobreza. O *status* socioeconômico implica determinadas desigualdades. De um modo geral, os membros de uma sociedade têm: (1) ocupações que variam em prestígio; (2) níveis diferentes de formação educacional, com alguns indivíduos tendo mais acesso do que outros a uma educação melhor; (3) recursos econômicos diferentes e (4) diferentes níveis de poder e de influência nas instituições da comunidade. Estas diferenças na capacidade de controlar os recursos e de participar dos benefícios da sociedade produzem oportunidades desiguais para os adolescentes (Conger e Conger, 2008). As diferenças socioeconômicas são uma "forma de capital material, humano e social dentro e além da família" (Hutson e Ropke, 2006, p. 425).

A quantidade de *status* socioeconômicos visivelmente diferentes depende do tamanho e da complexidade da comunidade. Na maioria das descrições do SSE feitas pelos pesquisadores, são usadas duas categorias, baixa e média, apesar de terem sido delineadas até cinco categorias. Às vezes, o SSE baixo é descrito como baixa renda, ou classe baixa, e a categoria média é descrita como média renda ou classe média. Exemplos de ocupações de baixo SSE são trabalhador de fábrica, trabalhador braçal, beneficiário da assistência social e trabalhador de manutenção. Exemplos de ocupações de SSE médio incluem vendedores, gerentes e profissionais (médico, advogado, professor, contador, etc.). Os profissionais que estão no topo na sua área, executivos corporativos de alto nível, líderes políticos e indivíduos ricos, estão entre os pertencentes à categoria de SSE superior.

VARIAÇÕES SOCIOECONÔMICAS NAS FAMÍLIAS, NOS BAIRROS E NAS ESCOLAS

As famílias, as escolas e os bairros dos adolescentes possuem características socioeconômicas (Entwistle, Alexander e Olson, 2010; Wright et al., 2012). Alguns adolescentes têm pais que possuem muito dinheiro e que trabalham em ocupações de prestígio. Estes adolescentes vivem em casas e bairros atrativos, desfrutam de férias no exterior, acampam em locais de alta qualidade e frequentam escolas onde o grupo de estudantes é, principalmente, de classe média e alta. Outros adolescentes têm pais que não possuem muito dinheiro e que trabalham em ocupações de menos prestígio. Estes adolescentes não vivem em casas e bairros muito atrativos, raramente saem de férias e frequentam escolas onde os alunos são, principalmente, de SSE baixo. Diferenças de contextos sociais podem influenciar o ajustamento e as conquistas dos adolescentes (Hutson, 2008).

status **socioeconômico (SSE)** Refere-se a um agrupamento de pessoas com características ocupacionais, educacionais e econômicas similares.

Nos Estados Unidos e na maioria das culturas ocidentais, foram encontradas diferenças na criação dos filhos entre os diferentes grupos de SSE (Hoff, Laursen e Tardif, 2002, p. 246):

- "Os pais de SSE mais baixo: (1) estão mais preocupados que seus filhos correspondam às expectativas da sociedade, (2) criam uma atmosfera familiar em que fica bem claro que os pais têm autoridade sobre os filhos," (3) usam mais a punição física ao disciplinar seus filhos e (4) são mais diretivos e conversam menos com seus filhos.
- "Os pais de SSE mais alto: (1) são mais preocupados com o desenvolvimento da iniciativa nos filhos" e adiamento da gratificação, (2) "criam uma atmosfera familiar em que os filhos têm uma participação quase igual e em que as regras são discutidas em vez de serem impostas" de forma autoritária, (3) têm menor probabilidade de usar punição física e (4) "são menos diretivos e conversam mais" com seus filhos.

Crianças e adolescentes de baixo SSE estão em risco de apresentarem baixo desempenho e problemas emocionais, bem como baixa realização profissional na idade adulta (McLoyd et al., 2009). Os problemas de adaptação social e psicológicos, como depressão, baixa autoconfiança, conflito com os pares e delinquência juvenil, são mais prevalentes entre os adolescentes pobres do que entre os adolescentes economicamente em vantagem (Gibbs e Huang, 1989). Embora os problemas psicológicos sejam mais relevantes entre os adolescentes de baixo SSE, estes adolescentes variam consideravelmente em termos de funcionamento intelectual e psicológico. Por exemplo, uma parcela considerável de adolescentes de baixo SSE tem bom desempenho escolar, mas outros têm desempenho melhor do que muitos alunos de médio SSE. Quando adolescentes de baixo SSE estão se saindo bem na escola, não é raro encontrar um dos pais, ou ambos, fazendo sacrifícios especiais para oferecer as condições de vida e apoio necessários para contribuir para o seu sucesso escolar.

No Capítulo 10, vimos que as escolas em bairros de baixo SSE têm maior probabilidade de ter menos recursos do que as escolas de bairros de alto SSE. As escolas nas áreas de SSE baixo também têm maior probabilidade de ter mais alunos com escores de rendimento mais baixos nos testes, taxas mais baixas de conclusão do curso e porcentagens mais baixas de alunos que vão para a faculdade (Engle e Black, 2008).

Até aqui, focamos nos desafios que muitos adolescentes de famílias de baixa renda enfrentam. Contudo, pesquisas de Suniya Luthar e colaboradores (Ansary e Luthar, 2009; Ansary, McMahn e Luthar, 2011; Luthar, 2006; Luthar e Goldstein, 2008) identificaram que adolescentes de famílias de alta renda também se defrontam com desafios. Os adolescentes das famílias que Luthar estudou são vulneráveis a altos índices de abuso de substância. Além disso, sua pesquisa encontrou que os adolescentes do sexo masculino provenientes de tais famílias têm mais dificuldades de ajustamento do que as garotas, sendo que as adolescentes de alta renda têm, principalmente, maior probabilidade de atingir níveis superiores de sucesso acadêmico.

conexão com o desenvolvimento
Educação. Muitos adolescentes na pobreza se defrontam com problemas que representam barreiras à sua aprendizagem. Cap. 10, p. 350

O que acontece com um sonho que é adiado? Ele resseca como uma uva-passa ao sol?

—Langston Hughes
Poeta e escritor norte-americano, século XX

POBREZA

Viver na pobreza acarreta muitos efeitos psicológicos nos adolescentes e nos adultos emergentes (Leventhal, Dupéré e Brooks-Gunn, 2009; Miller e Taylr, 2011; Murry et al., 2011; Santiago et al., 2011). Em primeiro lugar, os pobres geralmente são impotentes. Nas suas ocupações, eles raramente estão entre os que tomam decisões. As regras lhes são impostas de uma forma autoritária. Em segundo lugar, os pobres frequentemente são vulneráveis a fatalidades. Eles têm menor probabilidade de serem notificados antes de serem demitidos do trabalho e em geral não possuem recursos financeiros aos quais recorrer quando surgem problemas. Em terceiro lugar, a sua diversidade de alternativas é geralmente restrita. Apenas um número limitado de empregos está aberto para eles. Mesmo quando há alternativas disponíveis, os pobres podem não tomar conhecimento delas ou não estar preparados para tomar uma decisão sensata. Em quarto lugar, devido à educação inadequada e à dificuldade para ler corretamente, ser pobre significa ter menos prestígio.

Uma revisão concluiu que, comparados aos seus equivalentes em maior vantagem econômica, as crianças e os adolescentes pobres vivenciam desigualdades ambientais generalizadas que incluem as seguintes (Evans, 2004):

- Eles experimentam mais conflito, violência, instabilidade e caos em seus lares (Emery e Laumann-Billings, 1998).

- Eles recebem menos apoio social e seus pais são menos responsivos e mais autoritários (Bo, 1994).
- Eles assistem mais à TV e têm menos acesso a livros e computadores (Bradley et al., 2010).
- Suas escolas e creches são de qualidade inferior, e os pais monitoram menos as suas atividades escolares (Benveniste, Carnoy e Rothstein, 2003).
- O ar que respiram e a água que bebem são mais poluídos, e seus lares são mais populosos e barulhentos (Myers, Baer e Choi, 1996).
- Eles vivem em bairros mais perigosos e fisicamente degradados, com serviços municipais menos adequados (Brody et al., 2011).

Em vários pontos deste texto, são destacados os aspectos negativos e as consequências da pobreza para os adolescentes: como um fator de risco para problemas sexuais (Capítulo 6); fuga do lar (Capítulo 8); redução da renda para as mães divorciadas, o que pode levar à pobreza e suas consequências negativas para os adolescentes (Capítulo 8); inúmeros riscos e problemas relacionados com a escola, incluindo escolas inferiores, aumento no risco de evasão escolar e menor probabilidade de ingressar na faculdade (Capítulo 10); menor expectativa de realização, menor rendimento, falta de acesso a empregos e ingresso em carreiras menos desejadas (Capítulo 11) e índices mais altos de delinquência (Capítulo 13).

O que caracteriza as variações socioeconômicas nos bairros?

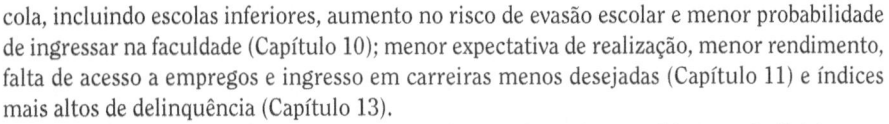

Quando a pobreza é persistente e duradoura, ela pode ter efeitos prejudiciais para as crianças e os adolescentes (Chen, Howard e Brooks-Gunn, 2011; Philipsen, Johnson e Brooks-Gunn, 2009; Williams e Hazell, 2012). Um estudo revelou que quanto mais anos os jovens entre 7 e 13 anos passavam vivendo na pobreza, mais elevados eram seus índices de estresse psicológico (Evans e Kim, 2007).

Devido aos avanços no desenvolvimento cognitivo, os adolescentes que vivem em condições de pobreza, provavelmente, são mais conscientes da sua desvantagem social e do estigma associado do que as crianças (McLoyd et al., 2009). Combinada com o aumento da sensibilidade aos pares na adolescência, esta consciência pode fazer com que eles tentem, ao máximo, esconder dos outros a sua condição de pobreza.

Uma preocupação especial é a alta porcentagem de crianças e adolescentes que crescem na pobreza em lares chefiados pela mãe (Fórum Federal Interagências de Estatísticas Sobre Crianças e Adolescentes, 2010). Vonnie McLoyd (1998) concluiu que, como as mães pobres e solitárias são mais angustiadas do que suas equivalentes de classe média, elas tendem a dar menos apoio, cuidados e a ter menos envolvimento com seus filhos. Entre as razões para o alto índice de pobreza entre as mães solteiras estão a baixa remuneração às mulheres, a instabilidade no pagamento da pensão alimentícia e o fraco suporte que é dado pelo pai (Graham e Beller, 2002).

O termo **feminização da pobreza** se refere ao fato de que muito mais mulheres do que homens vivem na pobreza. A baixa renda das mulheres, o divórcio e a resolução dos casos de divórcio pelo sistema judiciário, que deixam as mulheres com menos dinheiro do que elas e os seus filhos necessitam para um funcionamento adequado, são as causas prováveis da feminização da pobreza.

conexão com o desenvolvimento
Realização. Muitos adolescentes que cresceram em condições de baixa renda ou de pobreza frequentemente enfrentam circunstâncias desafiadoras na sua busca de mobilidade ascendente em uma carreira. Cap. 11, p. 387

feminização da pobreza Termo que reflete o fato de que mais mulheres do que homens vivem na pobreza. A baixa renda das mulheres, o divórcio e a resolução dos casos de divórcio pelo sistema judiciário, que deixa as mulheres com menos dinheiro do que elas e seus filhos precisam para funcionar adequadamente são as causas prováveis.

Revisar *Conectar* **Refletir** **OA2** Descrever como o *status* socioeconômico e a pobreza estão relacionados com o desenvolvimento adolescente.

Revisar
- O que é *status* socioeconômico?
- Quais são algumas das variações econômicas nas famílias, nos bairros e nas escolas?
- Como a pobreza está relacionada ao desenvolvimento adolescente?

Conectar
- Como a ideia da família como um sistema (Capítulo 8) se conecta com a experiência dos adolescentes que vivem na pobreza?

Refletir *sua jornada de vida pessoal*
- Como era o *status* socioeconômico da sua família durante o seu crescimento? Qual o impacto disto no seu desenvolvimento?

3 Etnia

OA3 Resumir como a etnia está envolvida no desenvolvimento de adolescentes e de adultos emergentes.

- Adolescência e adultez emergente: um momento crítico para os indivíduos de minorias étnicas
- Questões étnicas

etnia Uma dimensão da cultura baseada em herança cultural, características nacionais, raça, religião e língua.

Os adolescentes e adultos emergentes vivem em um mundo que se tornou menor e mais interativo devido à melhora significativa das viagens e das comunicações. Os adolescentes e os adultos emergentes norte-americanos também vivem em um mundo que é muito mais diversificado na sua composição étnica do que era em décadas passadas: só em Los Angeles, são faladas 93 línguas!

A **etnia** está baseada em herança cultural, características de nacionalidade, raça, religião e língua. Uma característica marcante dos Estados Unidos hoje é a crescente diversidade étnica dos adolescentes e dos adultos emergentes. Nesta seção, estudaremos os adolescentes afro-americanos, latinos, asiático-americanos e os americanos nativos, além das questões socioculturais envolvidas no seu desenvolvimento.

ADOLESCÊNCIA E ADULTEZ EMERGENTE: UM MOMENTO CRÍTICO PARA OS INDIVÍDUOS DE MINORIAS ÉTNICAS

Conforme discutimos no Capítulo 4, para os indivíduos de minorias étnicas, a adolescência e a adultez emergente com frequência representam uma situação especial no seu desenvolvimento (Fuligni, Hughes e Way; Rivas-Drake, 2011). Embora as crianças tenham noção de algumas diferenças étnicas e culturais, a primeira vez que a maioria dos indivíduos de minorias étnicas se defronta com a sua etnia é durante a adolescência. Em contraste com as crianças, os adolescentes e adultos emergentes têm capacidade para interpretar as informações étnicas e culturais, refletir sobre o passado e especular sobre o futuro. Quando amadurecem cognitivamente, os adolescentes e os adultos emergentes das minorias étnicas se tornam conscientes de como a cultura majoritária de brancos não latinos avalia o seu grupo étnico. Um pesquisador comentou que as crianças afro-americanas pequenas podem até aprender que o negro é bonito (*Black is beautiful*, em inglês), mas, quando adolescentes, concluem que o branco é poderoso (*White is powerful*) (Semaj, 1985).

A consciência que os jovens de minorias étnicas têm quanto a avaliações negativas, valores conflitantes e oportunidades ocupacionais restritas podem influenciar suas escolhas de vida e seus planos para o futuro (Dieer et al., 2006). Como expressou um jovem de minoria étnica, "O futuro parece impedido, fechado. Por que sonhar? Você não pode alcançar os seus sonhos. Por que estabelecer objetivos? Pelo menos, se você não define objetivos, você não fracassa".

Para muitos jovens de minorias étnicas, uma preocupação especial é a falta de modelos de sucesso entre as minorias étnicas. O problema é especialmente grave para os jovens de áreas urbanas pobres. Devido à falta de modelos adultos nas minorias étnicas, alguns destes jovens podem se adequar aos valores dos brancos não latinos de classe média e se identificar com modelos brancos não latinos de sucesso. No entanto, para muitos adolescentes de minorias étnicas, a etnia e a cor da pele limitam a sua aceitação dentro da cultura branca não latina. Assim, eles se defrontam com a difícil tarefa de negociar dois sistemas de valores – o do seu próprio grupo étnico e o da sociedade branca não latina. Alguns adolescentes rejeitam a cultura dominante, abdicando das recompensas controladas pelos norte-americanos brancos não latinos; outros adotam os valores e padrões da cultura da maioria branca não latina; e outros, ainda, tomam o caminho da biculturalidade (Suyemoto, 2009). Um estudo de universitários mexicano-americanos e asiático-americanos revelou que ambos os grupos étnicos expressavam uma identidade bicultural (Devos, 2006).

Pesquisas recentes indicam que muitos membros de famílias que imigraram recentemente para os Estados Unidos adotam uma orientação bicultural, selecionando características da cultura norte-americana que os ajudam a sobreviver e avançar, embora ainda mantendo aspectos de sua cultura de origem (Cheah e Yeung, 2011; Marks, Patton e Garcia Coll, 2011). Imigração também envolve mediação cultural, o que cada vez mais tem ocorrido nos

conexão com o desenvolvimento

Identidade. Os pesquisadores estão cada vez mais constatando que uma identidade étnica positiva está ligada a resultados positivos para adolescentes de minorias étnicas. Cap. 4, p. 171

Estados Unidos quando crianças e adolescentes servem como mediadores (culturais e linguísticos) para os seus pais imigrantes (Villanueva e Buriel, 2010). Ao adotarem características da cultura norte-americana, as famílias latinas estão cada vez mais aceitando a importância da educação. Embora suas taxas de evasão escolar tenham permanecido mais altas do que para outros grupos étnicos, no final da primeira década do século XXI, elas declinaram consideravelmente (National Center for Education Statistics, 2010).

Ao preservar os aspectos positivos da sua cultura de origem, conforme indica a pesquisa de Ross Parke e colaboradores (2011), as famílias latinas estão preservando um forte compromisso com a família quando imigram para os Estados Unidos, mesmo em face de ter, com frequência, empregos de baixa remuneração e obstáculos para seu avanço econômico. Por exemplo, as taxas de divórcio entre as famílias latinas são mais baixas do que entre as famílias não latinas de *status* socioeconômico similar.

QUESTÕES ÉTNICAS

Muitas questões étnicas estão envolvidas no desenvolvimento dos adolescentes e dos adultos emergentes. Exploraremos primeiramente a importância de se levar em consideração o SSE quando tiramos conclusões a respeito do papel da etnia no desenvolvimento de adolescentes e adultos emergentes.

Etnia e *status* socioeconômico Uma porcentagem maior de crianças e jovens de minorias étnicas vive em famílias caracterizadas pela pobreza do que de crianças e jovens não latinos (McLoyd et al., 2009). Conforme indicado anteriormente neste capítulo, em 2008, 35% das crianças e adolescentes afro-americanos e 31% das crianças e adolescentes latinos viviam na pobreza, comparados a 10% das crianças e adolescentes brancos não latinos (Federal Interagency Forum on Child and Family Statistics, 2010).

Muitas pesquisas sobre adolescentes e adultos emergentes de minorias étnicas fracassaram em identificar distinções entre as influências duais da etnia e do SSE. Etnia e SSE podem interagir de modo a exagerar a influência da etnia porque os indivíduos de minorias étnicas estão super-representados nos níveis socioeconômicos inferiores da sociedade norte-americana (Rowley, Kurtz-Costes e Cooper, 2010; Miller e Taylor, 2011; Wright et al., 2012). Consequentemente, os pesquisadores têm dado, com frequência, explicações étnicas sobre o desenvolvimento do adolescente e do adulto emergente que, na verdade, estavam mais baseadas no SSE do que na etnia.

Um estudo longitudinal recente ilustrou a importância de separar SSE e etnia na determinação das aspirações educacionais e ocupacionais dos indivíduos entre 14 e 26 anos (Mello, 2009). Nessa pesquisa, o SSE predizia com sucesso as aspirações educacionais e ocupacionais entre os grupos étnicos. Neste estudo, depois do controle do SSE, os jovens afro-americanos relataram as expectativas educacionais mais altas, seguidos pelos jovens latinos e asiático-americanos e das ilhas do Pacífico, brancos não latinos e americanos nativos do Alasca.

Alguns jovens de minorias étnicas provêm da classe média, porém, a vantagem econômica não lhes possibilita que escapem inteiramente do seu *status* de minoria étnica (Banks, 2010; Nieto e Bode, 2012). Os jovens de minorias étnicas de classe média ainda estão sujeitos a muito preconceito, discriminação e parcialidade pela associação à sua participação como membros de um grupo de minoria étnica. Frequentemente caracterizada como uma "minoria modelo" devido à sua forte orientação para a realização e coesão familiar, os japoneses-americanos ainda passam por estresses associados ao *status* de minoria étnica (Sue, 1990). Embora os adolescentes de minorias étnicas da classe média tenham mais recursos à sua disposição para compensar as influências do preconceito e da discriminação, eles ainda não conseguem evitar completamente as influências disseminadas dos estereótipos negativos a respeito dos grupos de minorias étnicas.

Dito isso, permanece o fato de que muitas famílias de minorias étnicas são pobres, e a pobreza contribui para as experiências

Margaret Beale Spencer, aqui mostrada (à direita) conversando com adolescentes, acredita que a adolescência é um momento crítico no desenvolvimento da identidade dos indivíduos de minorias étnicas. A maioria dos indivíduos de minorias étnicas se defronta conscientemente pela primeira vez com a sua etnia na adolescência.

conexão COM OS ADOLESCENTES

Buscando uma imagem positiva para os jovens afro-americanos

Eu quero que o país saiba que a maioria de nós, adolescentes negros, não são pessoas problemáticas vindas de lares desfeitos e a caminho da cadeia... Nas minhas relações com os meus pais, nós demonstramos respeito uns pelos outros e temos valores em nossa casa. Nós temos tradições que celebramos juntos, incluindo Natal e Kwanza.

— *Jason Leonard, 15 anos*

Como uma autoimagem positiva baseada na etnia, como a que foi aqui expressada, pode influenciar o desenvolvimento de um adolescente?

Jason Leonard.

Considerai as flores de um jardim: embora difiram em espécie, cor e forma, desde que sejam, no entanto, refrescadas pelas águas de uma fonte, revivificadas pelos sopros do vento, revigoradas pelos rios do sol, esta diversidade aumenta o seu encanto e realça a sua beleza... O quanto seria desagradável para os olhos se todas as flores e plantas, as folhas e frutos, os galhos e as árvores desse jardim fossem todos da mesma forma e cor! A diversidade dos matizes e formas enriquece e adorna o jardim e realça o seu efeito.

—ABD'UL BAHA
Líder religioso Baha'i na Pérsia, séculos XIX e XX

preconceito Atitude negativa injustificada em relação a um indivíduo por estar associado a um determinado grupo.

de vida estressantes de muitos adolescentes de minorias étnicas (Cooper, 2011; Wright et al., 2012). Vonnie McLoyd e colaboradores (McLoyd, Aikens e Burton, 2006; McLoyd et al., 2009, 2011) concluíram que os jovens de minorias étnicas, hoje, estão expostos a uma fatia desproporcional dos efeitos adversos da pobreza e do desemprego nos Estados Unidos. Assim, muitos adolescentes de minorias étnicas experimentam uma dupla desvantagem: (1) preconceito, discriminação e parcialidade devido ao seu *status* de minoria étnica e (2) os efeitos estressantes da pobreza.

Diferenças e diversidade As experiências históricas, econômicas e sociais produzem diferenças legítimas entre os vários grupos de minorias étnicas, e entre os grupos de minorias étnicas e o grupo majoritário de brancos não latinos (Kottak e Kozaitis, 2012; Wright et al., 2012). Os indivíduos que pertencem a um grupo étnico ou cultural específico agem de acordo com valores, atitudes e pressões daquela cultura. Seu comportamento, embora possivelmente diferente do comportamento da maioria, é, no entanto, geralmente funcional para eles. Reconhecer e respeitar estas diferenças são aspectos importantes do bom relacionamento com os outros em um mundo diversificado e multicultural. Cada adolescente e adulto precisa adotar a perspectiva dos indivíduos dos grupos étnicos e culturais que são diferentes dos seus e pensar: "Se eu estivesse no lugar deles, que tipo de experiências eu teria tido?", "Como eu me sentiria se eu fosse membro do grupo étnico ou cultural deles?". Tal tomada de perspectiva é uma maneira valiosa de aumentar a empatia e o conhecimento dos indivíduos acerca de outros grupos étnicos e culturais.

Preconceito, discriminação e parcialidade Preconceito é uma atitude negativa injustificada em relação a um indivíduo em razão do pertencimento a determinado grupo. O grupo a quem o preconceito é dirigido pode ser formado por pessoas de um grupo étnico específico, sexo, idade, religião ou outra diferença detectável (Johnson, 2011; Scupin, 2012). A nossa preocupação aqui é o preconceito contra grupos de minorias étnicas.

Muitos indivíduos de minorias étnicas continuam a experimentar formas persistentes de preconceito, discriminação e parcialidade (Chao e Otsuki-Clutter, 2011; Martin et al., 2011; Nieto e Bode, 2012). Os adolescentes de minorias étnicas aprendem na escola que existe, com frequência, uma tendência ao preconceito por parte dos brancos da classe média (Holladay, 2011). A discriminação e o preconceito continuam presentes na mídia, nas interações pessoais e nas conversas diárias (Alvarez, 2009). Crimes, estranhamento, pobreza, erros e degradação podem ser erroneamente atribuídos aos indivíduos de minorias étnicas ou a estrangeiros. Um estudo recente revelou que a discriminação racial percebida pelos adolescentes estava vinculada a visões negativas que a sociedade mais ampla tem em relação aos afro-americanos (Seaton, Yip e Sellers, 2009).

Pesquisas proporcionam uma visão da discriminação vivenciada por adolescentes de minorias étnicas (Berkel et al., 2010; Govia, Jackson e Sellers, 2012; Marin et al., 2012; Seaton et al., 2010). Considere os três estudos a seguir:

- A discriminação de estudantes afro-americanos da 8ª série do ensino fundamental à 2ª série do ensino médio estava relacionada ao seu nível inferior de funcionamento psicológico, incluindo estresse percebido, sintomas de depressão e menor bem-estar percebido; as atitudes mais positivas em relação aos afro-americanos estavam associadas ao funcionamento psicológico mais positivo dos adolescentes (Sellers et al., 2006). A Figura 12.3 apresenta a porcentagem de adolescentes afro-americanos que relataram ter passado por diferentes tipos de problemas raciais no último ano.
- Os americanos chineses da 6ª série passaram por situações de discriminação por parte dos seus pares comparáveis à discriminação enfrentada pelos afro-americanos da 6ª série (Rivas-Drake, Hughes e Way, 2009).
- Os adolescentes latinos encontraram mais discriminação do que os adolescentes asiático-americanos, e a discriminação estava ligada a médias escolares e a autoestima mais baixas e a sintomas mais depressivos e queixas físicas (Huynh e Fuligni, 2010).
- A discriminação racial percebida dos adolescentes afro-americanos estava ligada ao seu nível mais elevado de delinquência (Martin et al., 2011).

Tipo de problema racial	Porcentagem de adolescentes que relataram problemas raciais no último ano
Ser acusado de alguma coisa ou ser tratado com suspeita	71,0
Ser tratado como se você fosse "burro", ser humilhado	70,7
Os outros reagem a você como se estivessem com medo ou intimidados	70,1
Ser observado ou seguido quando está em lugares públicos	68,1
Ser tratado com grosseria ou desrespeito	56,4
Ser ignorado, desconsiderado, não ser servido	56,4
Os outros esperam que o seu trabalho seja inferior	54,1
Ser insultado, ouvir palavras de baixo calão ou ser assediado	52,2

FIGURA 12.3
Relatos de adolescentes afro-americanos acerca de problemas raciais no último ano.

Ocorreram progressos nas relações com as minorias étnicas, mas a discriminação e o preconceito ainda existem, e a igualdade ainda não foi atingida. Ainda há muito a ser alcançado (Bennett, 2011; Govia, Jackson e Sellers, 2011).

Até aqui, neste capítulo, examinamos o papel da cultura, do *status* socioeconômico e da etnia. Na próxima seção, veremos que existem variações substanciais entre países, grupos socioeconômicos e grupos étnicos no uso da mídia e da tecnologia.

Revisar *Conectar* **Refletir** (OA3) Resumir como a etnia está envolvida no desenvolvimento de adolescentes e de adultos emergentes.

Revisar
- Como a imigração afetou os adolescentes e os adultos emergentes das minorias étnicas?
- Por que a adolescência e a adultez emergente representam uma situação especial no desenvolvimento dos indivíduos de minorias étnicas?

Conectar
- Quais são algumas questões étnicas que ocorrem na adolescência e na adultez emergente?

Conectar
- Como os conceitos de individualismo e coletivismo, descritos anteriormente neste capítulo, podem nos ajudar a entender as experiências como imigrantes de adolescentes e adultos emergentes?

Refletir *sua jornada de vida pessoal*
- Pense por um momento na sua origem étnica. Como a sua etnia influenciou a forma como você viveu a adolescência?

---

4 A mídia e a tecnologia (OA4) Caracterizar os papéis da mídia e da tecnologia na adolescência e na adultez emergente.

- O uso da mídia
- Televisão
- A mídia e a música
- Tecnologia, computadores, internet e telefones celulares
- Políticas sociais e a mídia

Poucas mudanças na sociedade durante os últimos 40 anos tiveram maior impacto sobre os adolescentes do que a televisão e a internet (Brown e Bobkowski, 2011; Jackson, 2012; Maloy et al., 2011). As capacidades de persuasão da televisão e da internet são assombrosas. Muitos dos adolescentes de hoje já passaram mais tempo desde a infância em frente a um aparelho de televisão, e mais recentemente em frente a um computador, do que com seus pais ou em sala de aula.

O USO DA MÍDIA

Se a quantidade de tempo passado em uma atividade for uma indicação da sua importância, não resta dúvida de que a mídia desempenha um papel importante nas vidas dos adolescentes (Brown e Bobkowski, 2011). Para entender melhor os vários aspectos do uso da mídia pelos adolescentes norte-americanos, a Fundação da Família Kaiser financiou três levantamentos nacionais, em 1999, 2004 e 2009. O levantamento de 2009 incluiu mais de 2 mil jovens entre 8 e 18 anos e documentou que o uso da mídia pelos adolescentes aumentou significativamente na última década (Rideout, Foehr e Roberts, 2010). Os jovens de hoje vivem em um mundo em que estão encapsulados pela mídia, e o uso da mídia aumenta significativamente na adolescência. De acordo com o levantamento realizado em 2009, os jovens entre 8 e 11 anos usavam a mídia por 5 horas e 29 minutos por dia, os de 11 a 14 anos usavam uma média de 8 horas e 40 minutos por dia e os jovens entre 15 e 18 anos uma média de 7 horas e 58 minutos por dia (veja a Figura 12.4). Assim, a média de uso salta para mais do que 3 horas na adolescência inicial! O maior aumento de uso da mídia na adolescência inicial está relacionado à TV e ao *videogame*. O uso da TV pelos jovens tem incluído, de forma crescente, assistir TV pela internet, pelo *iPod/mp3 player* e pelo telefone celular. Conforme indica a Figura 12.4, ouvir música e usar computadores aumenta consideravelmente entre os adolescentes de 11 a 14 anos. E, no levantamento de 2009, a soma dos números referentes ao uso diário da mídia para obter-se o uso semanal conduz aos níveis estarrecedores de mais de 60 horas por semana de uso da mídia por jovens entre 11 e 14 anos e de quase 56 horas por semana por jovens entre 15 e 18 anos!

Uma tendência importante no uso da tecnologia é o aumento dramático da mídia multitarefas (Brown e Bobskowski, 2011). No levantamento de 2009, quando foi incluída a quantidade de tempo gasto em multitarefas no cômputo do uso da mídia (em outras palavras, quando cada tarefa foi contada separadamente), os jovens de 11 a 14 anos passavam um total de, aproximadamente, 12 horas por dia expostos à mídia (o total é de quase 9 horas por dia quando o efeito das multitarefas está incluído) (Rideout, Foehr e Roberts, 2010)! Neste levantamento, 39% dos alunos da 8ª série do ensino fundamental até o final do ensino médio disseram que "a maior parte do tempo" eles usam duas ou mais mídias ao mesmo tempo, como navegar na rede enquanto escutam música. Em alguns casos, a mídia multitarefas – como trocar mensagens de texto, ouvir música no *iPod* e carregar um vídeo no YouTube – é utilizada ao mesmo tempo em que estão fazendo as tarefas de casa. É difícil imaginar que isso permita que um estudante faça a sua tarefa de casa de forma eficiente, embora existam poucas pesquisas sobre o uso de mídia multitarefas. Um estudo recente comparando o uso pesado e uso leve de mídia multitarefas revelou que os usuários pesados eram mais suscetíveis à interferência de informações irrelevantes (Ophir, Nass e Wagner, 2010).

A mídia móvel, como os telefones celulares e *iPods*, estão principalmente liderando o uso da mídia pelos adolescentes. Por exemplo, no levantamento de 2004, apenas 18% dos jovens possuíam um *iPod* ou *mp3 player*; em 2009, 76% possuíam. Em 2004, 39% possuíam um telefone celular; esta cifra saltou para 66% em 2009 (Rideout, Foehr e Roberts, 2010).

Grandes diferenças individuais caracterizam todas as formas de uso da mídia pelos adolescentes. Além das diferenças de idade descritas anteriormente, gênero e etnia também influenciam o uso da mídia. As garotas passam mais tempo do que os meninos em *sites* de redes sociais e ouvindo música; os meninos passam mais tempo do que as meninas jogando

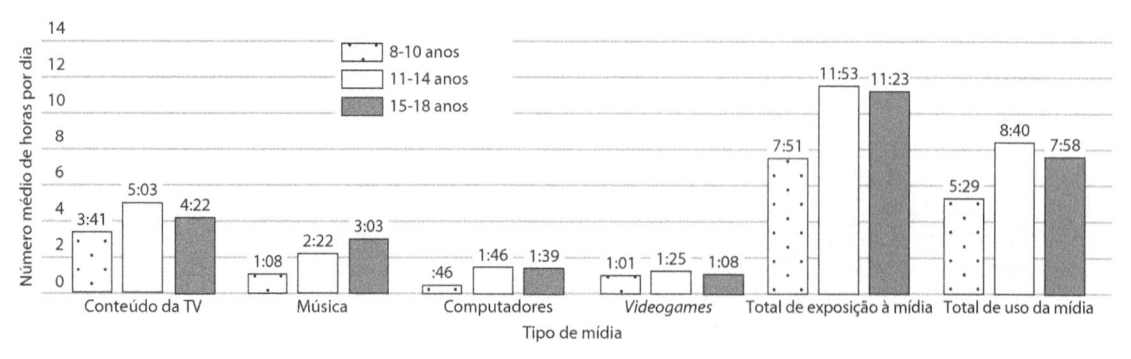

FIGURA 12.4
Tempo passado por jovens entre 8 e 18 anos utilizando a mídia em um dia típico.

videogames e jogos no computador e acessando *sites* de vídeos como o YouTube (Rideout, Foehr e Roberts, 2010).

Em um levantamento recente nos Estados Unidos, os jovens afro-americanos e latinos usavam mais mídia diariamente do que os jovens brancos não latinos (Rideout, Foehr e Roberts, 2010). A diferença étnica era especialmente pronunciada quanto a assistir TV, com os jovens afro-americanos assistindo quase 6 horas por dia, os jovens latinos mais de 5 horas e os jovens brancos não latinos 3,5 horas por dia.

TELEVISÃO

Poucas mudanças durante a segunda metade do século XX tiveram impacto maior sobre as crianças do que a televisão (Strasberger, 2009). Muitas crianças e adolescentes passam mais tempo na frente do aparelho de televisão do que com os seus pais. As capacidades persuasivas da televisão são impressionantes. As 20 mil horas de televisão assistidas até a época em que o adolescente norte-americano médio conclui o ensino médio ultrapassam o número de horas passadas em sala de aula.

Quais são algumas das influências positivas e negativas da televisão no desenvolvimento adolescente?

A televisão pode ter efeitos positivos ou negativos sobre o desenvolvimento infantil ou do adolescente. A televisão pode ter uma influência positiva apresentando programas educativos motivacionais, aumentando as informações de crianças e adolescentes sobre o mundo que está mais além do seu ambiente imediato e oferecendo modelos de comportamento pró-social (Schmidt e Vanderwater, 2008; Wilson, 2008). Entretanto, a televisão pode exercer uma influência negativa nas crianças e adolescentes ao torná-los aprendizes passivos, distraindo-os de fazer a sua tarefa de casa, ensinando-lhes estereótipos, oferecendo modelos violentos de agressão e lhes apresentando visões irrealistas do mundo (Murray e Murray, 2008). Além disso, pesquisadores identificaram que o uso excessivo da televisão está ligado a uma maior incidência de obesidade nos jovens (Escobar-Chaves e Anderson, 2008).

Televisão e violência O quanto a violência televisionada influencia o comportamento de uma pessoa? Em um estudo longitudinal, a quantidade de violência assistida na televisão aos 8 anos estava significativamente relacionada à seriedade de atos criminosos perpetrados quando adulto (Huesman, 1986). Em um segundo estudo longitudinal, a exposição infantil à violência na TV estava vinculada a comportamento agressivo por parte de jovens adultos do sexo masculino e feminino (Huesmann et al., 2003).

Essas investigações são *correlacionais*, portanto, não podemos concluir a partir delas que a violência na televisão faz com que os indivíduos sejam mais agressivos, apenas que assistir à violência na televisão está *associado* ao comportamento agressivo. No entanto, pesquisas experimentais apresentam evidências de que assistir à violência na televisão pode aumentar a agressão. Em um experimento, crianças foram designadas aleatoriamente para dois grupos: um grupo assistiu aos programas extraídos diretamente dos desenhos animados violentos, apresentados nas manhãs de sábado em 11 dias diferentes; o segundo grupo assistiu aos desenhos animados com toda a violência removida (Steur, Applefield e Smith, 1971). Em seguida, as crianças foram observadas enquanto brincavam. As crianças que assistiram à violência nos desenhos animados da TV chutavam, sufocavam e empurravam mais seus companheiros de brincadeiras do que as crianças que assistiram aos desenhos animados não violentos. Como as crianças foram designadas aleatoriamente para as duas condições (desenhos da TV com violência *versus* desenhos da TV sem violência), podemos concluir que a exposição à violência na TV aumentou a agressão neste estudo.

Como a violência na televisão está ligada à agressão infantil?

Um estudo recente revelou uma associação entre exposição à violência na mídia e agressão física e relacional (Gentile, Mathieson e Crick, 2010). Nesse estudo, a associação com a agressão relacional era mais forte para as meninas do que para os meninos.

A televisão que as crianças pequenas assistem pode influenciar o seu comportamento quando adolescentes. Se realmente for assim, esta conclusão apoia

Como jogar videogames *violentos pode estar associado à agressão adolescente?*

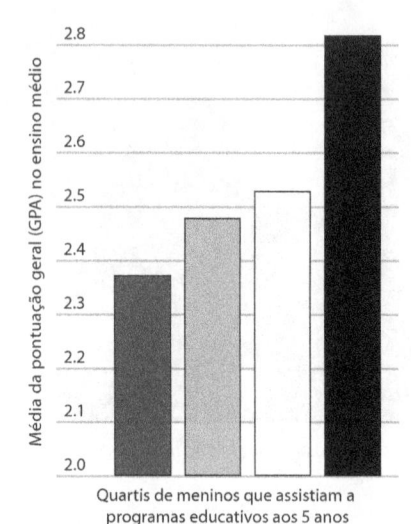

FIGURA 12.5
Assistir programas de TV educativos na segunda infância e pontuação média (GPA) dos meninos. Quando os meninos assistiam a mais programas de televisão educativos (especialmente *Vila Sésamo*) durante a pré-escola, eles tinham a pontuação média mais alta no ensino médio. O gráfico exibe os padrões precoces dos meninos que assistiam TV em quartis e as pontuações médias (GPA). A barra à esquerda é para a porcentagem mais baixa de 25% dos meninos que assistiam a programas de TV educativos, a barra ao lado para os 25% seguintes e assim por diante. A barra à direita é para os 25% dos meninos que mais assistiam programas de TV educativos durante a pré-escola.

◀ ━ ━ ━ ━ ━
conexão com o desenvolvimento
Sexualidade. O sexo é retratado explicitamente em filmes, programas de TV, vídeos, letras de músicas populares, na MTV e *sites* na internet. Cap. 6, p. 210

a visão da continuidade da adolescência que discutimos no Capítulo 1. Em um estudo longitudinal, as meninas de pré-escola que assistiam a programas violentos na TV com mais frequência tinham notas mais baixas do que aquelas que não assistiam à violência na TV com frequência quando estavam na pré-escola (Anderson et al., 2001). Além disso, assistir a programas educativos na TV durante a pré-escola estava associado a notas mais altas, mais leitura de livros e menos agressão na adolescência, especialmente, entre os meninos (veja a Figura 12.5).

Existe uma preocupação crescente com relação às crianças e aos adolescentes que jogam *videogames* violentos, especialmente aqueles que são altamente realistas (Gentile, 2011; Holtz e Appel, 2011). Uma diferença entre a televisão e os *videogames* violentos é que os *games* podem envolver crianças e adolescentes de forma tão intensa que eles experimentam um estado alterado de consciência no qual "o pensamento racional é suspenso e *scripts* agressivos altamente excitantes serão provavelmente aprendidos" (Roberts, Henriksen e Foehr, 2004, p. 498). Outra diferença envolve as recompensas diretas ("ganhar pontos") que os jogadores recebem pelo seu comportamento. Pesquisas indicam que as crianças e os adolescentes que jogam *games* eletrônicos violentos intensivamente são mais agressivos, menos sensíveis à violência na vida real, têm maior probabilidade de se envolverem em atos delinquentes e de obterem notas mais baixas na escola do que seus equivalentes que passam menos tempo jogando *games* ou que não os jogam (Escobar-Chaves e Anderson, 2008).

Existem resultados positivos para quando os adolescentes jogam *videogames*? Algumas evidências sugerem que os *videogames* melhoram as habilidades visuoespaciais dos adolescentes (Schmidt e Vanderwater, 2008). E uma pesquisa recente revelou que os alunos da 7ª à 9ª série do ensino fundamental que jogavam *videogames* pró-sociais posteriormente se comportavam de modo mais pró-social (Gentile et al., 2009).

Um estudo recente com estudantes universitários (média de 20 anos) constatou que a maioria dos rapazes jogava *videogames* semanalmente ou com mais frequência, ao passo que a maioria das universitárias não havia jogado nem mesmo um único *game* no último ano (Padilla-Walker et al., 2010). Neste estudo, o uso do *videogame* pelos rapazes universitários estava associado a um nível mais elevado de uso de drogas e a uma menor qualidade no relacionamento com os amigos e os pais. As universitárias que jogavam *videogames* tiveram um nível mais baixo de autoestima.

Em suma, a violência está constantemente presente nas mídias que os adolescentes utilizam. Pesquisadores identificaram que assistir a programas de violência na mídia está associado a comportamento agressivo dos adolescentes (Brown e Bobkowski, 2011).

Televisão e sexo Os adolescentes, diferentemente dos adultos, gostam de assistir a programas de televisão com conteúdo sexual (Hennessy et al., 2009). Assistir a estes programas pode influenciar as atitudes e o comportamento sexual dos adolescentes. Pesquisadores identificaram que a exposição a conteúdo sexual está relacionada a atitudes mais permissivas quanto ao sexo antes do casamento e ao sexo como diversão (Ward, 2002). Uma revisão de pesquisa concluiu que os adolescentes que assistem a mais conteúdo sexual na TV têm maior probabilidade de começar a ter relações sexuais mais cedo do que seus pares que assistem a menos conteúdo sexual na TV (Brown e Strasberger, 2007).

Uma preocupação especial sobre adolescentes e sexo na televisão é que, embora alguns pais e professores se sintam confortáveis em discutir escolhas ocupacionais e educacionais, independência e comportamento do consumidor com os adolescentes, eles geralmente não se sentem tão confortáveis em discutir sobre sexo. A ausência de informações antagônicas (os pares até conversam sobre sexo, mas frequentemente transmitem informações equivocadas) intensifica o papel da televisão na transmissão de informações sobre sexo. No entanto, como ocorre com a agressão na televisão, a possibilidade de o sexo na televisão influenciar o comportamento dos adolescentes vai depender de inúmeros fatores, incluindo as necessidades dos adolescentes, seus interesses, preocupações e maturidade (Strasberger, Wilson e Jordan, 2008).

Televisão e realização Quanto mais as crianças e os adolescentes assistem TV, mais baixo é o seu sucesso escolar (Comstock e Scharrer, 2006 Rideout, Foehr e Roberts, 2010). Por que assistir TV poderia estar negativamente associado à realização das crianças? As três possibilidades incluem interferência, deslocamento e gostos/preferências autoderrotistas (Comstick e Scharren, 2006). Em termos de interferência, estar com a televisão ligada enquanto faz a tarefa de casa pode distrair as crianças enquanto elas estão realizando tarefas cognitivas. Em termos de deslocamento, a televisão pode roubar tempo e atenção de tarefas relacionadas ao desempenho, como trabalho de casa, leitura, escrita e matemática. Os pesquisadores identificaram que o rendimento das crianças na leitura está negativamente associado à quantidade de tempo que elas assistem TV (Comstock e Scharrer, 2006). Em termos de gostos e preferências autoderrotistas, a televisão atrai as crianças para entretenimento, esportes, comerciais e outras atividades que despertam mais o seu interesse do que as conquistas escolares. As crianças que assistem TV excessivamente tendem a ver os livros como chatos e sem graça (Comstock e Scharrer, 2006).

Porém, alguns tipos de conteúdo da televisão – como a programação educativa para crianças pequenas – podem estimular o desempenho. Em um estudo longitudinal, assistir a programas educativos, como *Vila Sésamo* e *Mr. Roger's Neighborhood*, durante o período pré-escolar, estava relacionado a inúmeros resultados positivos durante o ensino médio, incluindo notas mais altas, mais leitura de livros e aumento na criatividade (Anderson et al., 2010). As tecnologias mais recentes, especialmente a televisão interativa, mantêm a promessa de motivar crianças e adolescentes a aprender e se tornarem mais exploratórios na solução de problemas.

A MÍDIA E A MÚSICA

Qualquer pessoa que já tenha convivido com adolescentes sabe que muitos deles passam grande parte do tempo ouvindo músicas no rádio, ouvindo os CDs das suas músicas favoritas e assistindo aos videoclipes na televisão. Aproximadamente, dois terços de todos os CDs são comprados por pessoas de 10 a 24 anos. E um terço das estações de rádio nacionais direcionam a sua programação de *rock* para os ouvintes adolescentes.

Até o presente momento, não existem estudos de causa e efeito que relacionem música ou vídeo a um risco maior do uso precoce de drogas na adolescência. Entretanto, para uma pequena porcentagem de adolescentes, certas músicas podem representar um indicador comportamental para problemas psicológicos. Por exemplo, um estudo encontrou que os adolescentes que passam mais tempo ouvindo música com conteúdo sexual degradante tinham maior probabilidade de se envolverem em relações sexuais mais precocemente do que os seus pares que passavam menos tempo ouvindo o mesmo tipo de música (Martino et al., 2006). E um estudo recente revelou que o uso mais frequente de mídias musicais estava relacionado a perceber-se como menos atraente fisicamente e como tendo uma autoestima geral mais baixa (Kistler et al., 2010). Nesse estudo, houve indicações de que os adolescentes podem usar as mídias de música como uma fonte de comparação social com o que eles avaliam como a sua atratividade física e a sua autoestima. As mídias de música também podem fornecer um contexto para modelar expectativas quanto às relações amorosas.

TECNOLOGIA, COMPUTADORES, INTERNET E TELEFONES CELULARES

Cultura envolve mudança. E, em nenhum outro lugar, esta mudança foi maior do que na revolução tecnológica. Os adolescentes de hoje estão vivendo esta revolução com o aumento no uso de computadores, internet e telefones celulares (Brown e Bobkowski, 2011; Jackson et al., 2012; Maloy et al., 2011). Eles estão usando uma variedade de aparelhos digitais para se comunicar da mesma forma que seus pais faziam usando canetas, selos postais e telefones. A nova sociedade da informação ainda depende de algumas competências básicas não tecnológicas que os adolescentes precisam desenvolver: boas habilidades de comunicação, capacidade de resolver problemas, pensar com profundidade, pensar com criatividade e ter atitudes positivas. Entretanto, a forma como os jovens buscam essas competências está sendo desafiada e ampliada de uma maneira e a uma velocidade desconhecidas pelas gerações anteriores (Maloy et al., 2011).

A internet   A **internet** é a base da comunicação mediada pelo computador. A internet é universal e conecta milhares de redes de computadores, fornecendo uma variedade incrível de informações – tanto positivas quanto negativas – que os adolescentes podem acessar.

Uso da internet pelos adolescentes   Os jovens de todo o mundo estão usando cada vez mais a internet, apesar da grande diversidade no uso entre os diferentes países no mundo e diferentes grupos socioeconômicos (Jackson et al., 2012; Uhls e Greenfield, 2009; Valkenburg e Peter, 2011). Têm surgido preocupações específicas quanto ao acesso das crianças e dos

internet Comunicação essencial mediada pelo computador. O sistema da internet é mundial e conecta milhares de redes de computadores, fornecendo uma variedade incrível de informações – tanto positivas quanto negativas – que os adolescentes podem acessar.

adolescentes às informações na internet, o que tem sido pouco controlado. Os jovens podem acessar conteúdo sexual adulto, instruções para confeccionar bombas e outras informações inapropriadas para eles (Mesch, 2008). Outra preocupação é o *bullying* e o assédio entre pares na internet (chamado de *cyberbullying*) (Brown e Bobkowski, 2011; Sontag et al., 2011). Um levantamento recente constatou que *bullying offline* e *online* eram as ameaças mais frequentes com que crianças e adolescentes se deparavam (Palfrey et al., 2009). Outro estudo recente revelou que a vitimização em ambientes *online* e escolares estava vinculada à baixa autoestima e a maior estresse e depressão (Fredstrom, Adams e Gilman, 2011). E, ainda, outro estudo recente constatou que agressão relacional *offline* e ter crenças que apoiam a agressão prediziam se os adolescentes tinham probabilidade de se engajarem em agressão na internet (Werner, Bumpus e Rock, 2010).

Um estudo recente com estudantes universitários – idade média de 20 anos – identificou que, quando a internet era usada para compras, entretenimento e pornografia, resultava em consequências negativas: nível elevado de uso de álcool e drogas, maior número de parceiros sexuais, piores relações com os amigos e os pais e autoestima mais baixa; no entanto, quando os estudantes universitários usavam a internet para trabalhos acadêmicos, eram obtidos resultados positivos: nível mais baixo de uso de drogas e maior autoestima (Padilla-Walker et al., 2010).

Em um estudo, aproximadamente metade dos pais relataram que estar *online* era mais positivo para os adolescentes do que assistir TV (Tarpley, 2001). Contudo, um levantamento nacional indicou que 42% dos jovens norte-americanos entre 10 e 17 anos haviam sido expostos à pornografia na internet no último ano, com 66% da exposição sendo indesejada (Wolak, Mitchell e Finkelhor, 2007).

O ambiente social dos adolescentes e dos adultos emergentes mediado digitalmente O ambiente social mediado digitalmente dos adolescentes e dos adultos emergentes inclui *e-mail*, mensagens instantâneas, *sites* de redes sociais, como o Facebook, salas de bate-papo, compartilhamento de vídeos e fotos, *games online* em rede e mundos virtuais (O'Keefe et al., 2011; Rideout, Foehr e Roberts, 2010; Subrahmanyam e Greenfield, 2008). O crescimento impressionante da popularidade do Facebook propagou-se recentemente quando ultrapassou o Google, em 2010, como o *site* mais visitado na internet. A maior parte destas interações sociais mediadas digitalmente começou nos computadores, porém, mais recentemente, também se transferiu para os telefones celulares, especialmente *smartphones* (Blair e Fletcher, 2011; Rideout, Foehr e Roberts, 2010; Valkenburg e Peter, 2011).

Levantamentos nacionais recentes revelaram um aumento significativo no uso das mídias sociais e das mensagens de texto pelos adolescentes (Lenhart et al., 2010a,b; Rideout, Foehr e Roberts, 2010). Em 2009, aproximadamente três quartos dos adolescentes norte-americanos entre 12 e 17 anos relataram que usavam *sites* de redes sociais (Lenhart et al., 2010b). Oitenta e um por cento dos jovens entre 18 e 24 anos criaram um perfil em uma rede social e 31% deles visitavam um *site* de rede social, pelo menos, várias vezes por dia (Lenhart et al., 2010a). Entre adultos emergentes, há mais mulheres que visitam um *site* de rede social várias vezes por dia (33%) do que seus equivalentes masculinos (24%).

Em outro relato de um levantamento nacional recente, 75% dos jovens norte-americanos entre 12 e 17 anos tinham um telefone celular (Lenhart et al., 2010a). Neste levantamento, as trocas de mensagens de texto diárias com os amigos aumentaram de 38%, em 2008, para 54% em 2009. Também neste levantamento, metade dos adolescentes enviava 50 ou mais mensagens de texto por dia, com um terço enviando 100 ou mais por dia. As garotas adolescentes entre 14 e 17 anos eram as que mais enviavam mensagens de texto, em uma

Walt Handelsman © Tribune Media Services, Inc. Todos os direitos reservados. Reproduzido com permissão.

média de mais de 100 por dia! Os meninos de 12 e 13 anos eram os que menos enviavam, aproximadamente 20 por dia. No entanto, os jovens entre 12 e 17 anos não usavam muito a rede social Twitter – apenas 8% dos que ficavam *online* disseram que haviam "twittado". E menos adolescentes estão escrevendo em *blogs* atualmente: em 2006, 28% dos adolescentes disseram que atualizavam seus *blogs*; em 2009, esta porcentagem caiu para 14%.

A mensagem de texto transformou-se no principal meio de comunicação entre os adolescentes, superando contato pessoal, *e-mail*, mensagem instantânea e chamada de voz (Lenhart et al., 2010b). Entretanto, a maioria dos adolescentes prefere utilizar o correio de voz para se conectar com seus pais.

Um estudo recente examinou a sequência de uso das tecnologias de comunicação eletrônica que os estudantes de uma universidade do meio-oeste dos Estados Unidos usavam para administrar as suas redes sociais (Yang e Brown, 2009). Neste estudo, as alunas universitárias seguiam uma sequência coerente à medida que seus relacionamentos se desenvolviam; tipicamente, começando pelo contato com pessoas novas por meio do Facebook, depois passando para as mensagens instantâneas, e em seguida, passando a "trocar números de telefones, trocar mensagens de texto, conversar ao telefone e, por fim, agendar uma hora para se conhecer, se tudo corresse bem" (Yang e Brown, 2009, p. 2). Os rapazes universitários tinham menor probabilidade de seguir esta sequência com consistência, embora a seguissem com maior frequência quando se comunicavam com as garotas do que com os rapazes, sugerindo que as mulheres mantêm um controle maior sobre os padrões de comunicação.

Pesquisas recentes identificaram que, aproximadamente, um em cada três adolescentes se expõe melhor *online* do que pessoalmente; nessa pesquisa, os rapazes relataram que se sentem mais confortáveis ao se exporem *online* do que as garotas (Schoutenn, Valkenburg e Peter, 2007; Valkenburg e Peter, 2009, 2011). Em contraste (conforme vimos no Capítulo 9), as garotas têm maior probabilidade de se sentirem mais confortáveis ao se exporem pessoalmente do que os rapazes. Assim, os rapazes podem se beneficiar com o uso da comunicação *online* com os amigos (Valkenbrug e Peter, 2009, 2011). Um estudo recente revelou que os adolescentes que eram mais ajustados aos 13 e 14 anos tinham maior probabilidade de usar as redes sociais entre os 20 e 22 anos (Mikami et al., 2010). Neste estudo, a qualidade da amizade e o ajustamento comportamental dos jovens adolescentes prediziam qualidades de interação e problemas de comportamento semelhantes nos *sites* das redes sociais na adultez emergente.

O Facebook oferece oportunidades aos adolescentes e adultos emergentes de se comunicarem com outras pessoas que compartilham dos seus interesses. O Facebook é a forma mais popular pela qual adolescentes e adultos emergentes se comunicam na internet.

Muitos adolescentes e adultos emergentes que usam o Facebook aparentemente achavam que as informações que colocavam nos *sites* eram particulares. No entanto, as redes sociais como o Facebook não são tão seguras na proteção de informações particulares quanto se pensa. Assim, se você é um usuário do Facebook, nunca deve colocar no *site* informações pessoais como número do seu seguro social, endereço, número de telefone ou data de nascimento. Outra boa estratégia é não colocar informações que empregadores atuais ou futuros possam usar contra você de alguma maneira. E uma boa estratégia final é estar ciente de que os administradores das universidades podem utilizar as informações que você expõe para avaliar se você violou as políticas da faculdade (como as políticas de uso de drogas e assédio verbal na universidade).

Obviamente, os pais precisam monitorar e regular o uso que os adolescentes fazem da internet (Jackson et al., 2012; Pujazon-Zazik e Park, 2010). Considere Bonita Willias, que começou a se preocupar com a obsessão da sua filha de 15 anos, Jade, pelo MySpace (Kornvlum, 2006). Ela ficou ainda mais preocupada quando descobriu que Jade estava postando fotos próprias sugestivas e que havia dado o número do seu celular para pessoas de diferentes partes dos Estados Unidos. Ela a colocou de castigo, bloqueou o MySpace em casa e transferiu o computador do quarto de Jade para uma sala de uso comum da família.

Os recentes estudos a seguir exploraram o papel dos pais na orientação dos adolescentes quanto ao uso da internet e de outras mídias:

- As altas estimativas dos pais sobre os perigos *online* não estavam de acordo com o baixo índice da imposição de limites e de monitoramentos das atividades *online* dos seus adolescentes (Rosen, Cheever e Carrier, 2008). Também, neste estudo, os adoles-

---

conexão com o desenvolvimento

Pares. As amizades das garotas têm mais probabilidade de focar na intimidade, ao passo que as amizades dos garotos tendem a enfatizar o poder e a excitação. Cap. 9, p. 320

O que caracteriza o ambiente social online de adolescentes e adultos emergentes?

centes que percebiam que seus pais tinham um estilo parental indulgente (muito afeto e envolvimento, mas pouco rigor e supervisão) relataram que se envolviam em mais comportamento de risco *online*, como conhecer pessoalmente alguém que inicialmente havia contatado na internet.
* A parentalidade autoritativa materna e paterna prediziam um monitoramento pró-ativo do uso da mídia pelo adolescente (Padilla-Walker e Coyne, 2011). Como parte do estilo parental autoritativo, a regulação parental incluía o uso de mediação ativa e restritiva. A mediação ativa estimula a discussão entre pais e adolescente sobre a exposição a conteúdo questionável na mídia; a mediação restritiva envolve esforços dos pais para restringir o uso de certas mídias pelos adolescentes.
* As relações problemáticas entre mãe e adolescente (aos 13 anos) que ameaçavam o apego e a autonomia prediziam uma preferência dos adultos emergentes pela comunicação *online* e uma maior probabilidade de desenvolverem uma relação com alguém que conheceram *online*, ainda que de baixa qualidade (Szwedo, Mikami e Allen, 2011).

POLÍTICAS SOCIAIS E A MÍDIA

Os adolescentes estão expostos a uma variedade crescente de mídias que transmitem mensagens que moldam os seus julgamentos e comportamentos (Roberts, Henriksen e Foehr, 2009). As seguintes iniciativas de política social foram recomendadas pelo Carnegie Council on Adolescent Development (1995):

* *Incentivar uma programação socialmente responsável.* Existem boas evidências de uma relação entre violência na mídia e agressão na adolescência. O uso da mídia também molda muitas outras dimensões do desenvolvimento adolescente – papéis de gênero, étnicos e ocupacionais, bem como padrões de beleza, vida familiar e sexualidade. Os escritores, produtores e executivos de mídia precisam perceber o quanto as suas mensagens são poderosas para os adolescentes e trabalhar com especialistas em desenvolvimento adolescente para apresentarem imagens mais positivas para os jovens.
* *Apoiar esforços públicos para tornar a mídia mais apropriada para os adolescentes.* Essencialmente, a mídia norte-americana autorregula-se no que se refere à sua influência nos adolescentes. Todas as outras nações ocidentais possuem regulamentos mais firmes do que os Estados Unidos para estimular uma programação educativa apropriada.
* *Encorajar programas de informação sobre a mídia como parte dos currículos escolares, de organizações comunitárias e de jovens e na vida familiar.* Muitos adolescentes não possuem conhecimento e habilidades necessários para analisar criticamente as mensagens da mídia. Os programas acerca da mídia devem focar não apenas na televisão, mas também na internet, jornais, revistas, rádio, vídeos, músicas e jogos eletrônicos.
* *Aumentar as apresentações na mídia de campanhas de promoção à saúde.* As campanhas de abrangência comunitária usando anúncios do serviço público na mídia vêm apresentando resultados de sucesso na redução do tabagismo e no aumento da atividade física entre os adolescentes. O uso da mídia para promover a saúde e o bem-estar dos adolescentes deve ser incrementado.
* *Ampliar as oportunidades nas quais a visão dos adolescentes possa aparecer na mídia.* A mídia deve aumentar o número de opiniões adolescentes nas suas apresentações, por meio da exibição de opiniões editoriais, de histórias como parte das notícias e de vídeos de autoria de adolescentes. Algumas escolas demonstraram que esta estratégia de inclusão dos adolescentes na mídia pode ser uma dimensão efetiva da educação.

Uma revisão das políticas sociais e da mídia pela renomada especialista Amy Jordan (2008) concluiu que um desafio bastante difícil envolve ser capaz de proteger o direito de expressão da Primeira Emenda, ao mesmo tempo em que se forneçam aos pais formas adequadas de proteger as suas crianças e seus jovens de conteúdo indesejado nos seus lares. Outros especialistas argumentam que o governo, obviamente, pode e deve promover uma programação positiva e fornecer mais subsídios para pesquisas sobre a mídia (Brooks-Gunn e Donahue, 2008). Por exemplo, o governo pode produzir mais campanhas na mídia de serviços públicos que tenham seu foco na redução de comportamentos de risco por parte dos adolescentes.

Revisar Conectar Refletir

OA4 Caracterizar os papéis da mídia e da tecnologia na adolescência e na adultez emergente.

Revisar
- O quanto os adolescentes usam a mídia? Como o seu uso varia em relação aos diferentes tipos de mídia?
- Como assistir televisão está relacionado ao desenvolvimento adolescente?
- Que papéis a música e a mídia desempenham nas vidas dos adolescentes?
- Como tecnologia, computadores, internet e telefones celulares estão ligados ao desenvolvimento adolescente?
- Quais são algumas recomendações de políticas sociais referentes ao uso da mídia pelos adolescentes?

Conectar
- Que influência o uso pesado da mídia pode ter sobre o estabelecimento de objetivos dos adolescentes, conforme descrito no Capítulo 11?

Refletir *sua jornada de vida pessoal*
- Como foi o seu uso das várias mídias na época do final do ensino fundamental e durante o ensino médio? O seu uso da mídia na adolescência influenciou o seu desenvolvimento de forma positiva ou negativa? Explique.

ATINJA SEUS OBJETIVOS DE APRENDIZAGEM

1 Cultura, adolescência e adultez emergente

OA1 Discutir o papel da cultura no desenvolvimento dos adolescentes e dos adultos emergentes.

A relevância da cultura para o estudo da adolescência e da adultez emergente

- Cultura compreende comportamentos, padrões, crenças e todos os outros produtos de um grupo específico de pessoas que são transmitidos de geração para geração. Para que o estudo da adolescência e da adultez emergente seja uma disciplina relevante no século XXI, será necessário que a maior atenção esteja focada na cultura e na etnia porque, cada vez mais, haverá contato entre pessoas de variadas origens culturais e étnicas. Por muito tempo, o estudo da adolescência e da adultez emergente foi etnocêntrico, na medida em que os participantes principais nos estudos de pesquisa eram adolescentes e adultos emergentes com *status* de classe média nos Estados Unidos.

Comparações transculturais

- Os estudos transculturais envolvem a comparação de uma cultura com uma ou mais culturas – eles fornecem informações sobre até que ponto o desenvolvimento dos adolescentes e dos adultos emergentes é específico de uma cultura. As comparações transculturais revelam informações como as variações no tempo que os adolescentes passam em diferentes atividades, variações no seu rendimento e na sexualidade. As culturas individualistas focam no indivíduo – os objetivos pessoais são mais importantes do que os objetivos grupais e os valores (sentir-se bem, sucesso, independência) são autofocados. As culturas coletivistas são centradas no grupo – o *self* é definido pelos contextos do grupo e os objetivos pessoais ficam subordinados para que se preserve a integridade do grupo.

Ritos de passagem

- Ritos de passagem são cerimônias que marcam a transição de um indivíduo de um *status* para outro, especialmente para o *status* de adulto. Em muitas culturas primitivas, os ritos de passagem são bem definidos e possibilitam a entrada no mundo adulto. Os países industrializados ocidentais não possuem ritos de passagem formais claramente delineados que marquem a transição para a idade adulta.

2 *Status* socioeconômico e pobreza

OA2 Descrever como o *status* socioeconômico e a pobreza estão relacionados com o desenvolvimento adolescente.

O que é *status* socioeconômico?

- *Status* socioeconômico (SSE) é um agrupamento de pessoas com características ocupacionais, educacionais e econômicas similares. O *status* socioeconômico geralmente inclui certas desigualdades.

Variações socioeconômicas nas famílias, nos bairros e nas escolas

- As famílias, os bairros e as escolas dos adolescentes possuem características socioeconômicas relacionadas ao desenvolvimento adolescente. Os pais em famílias de SSE baixo têm maior preocupação de que os seus filhos correspondam às expectativas da sociedade; têm um estilo parental autoritário; usam mais punição física na disciplina e são mais diretivos e conversam menos com suas crianças e adolescentes do que os pais de SSE superior. Variações no bairro como uma moradia de qualidade e a mistura de moradores de SSE alto, médio e baixo podem influenciar o ajustamento e o sucesso dos adolescentes. As escolas em áreas de SSE baixo têm menos recursos e uma maior probabilidade de ter alunos com as médias de notas mais baixas e menos alunos indo para a faculdade do que as escolas de áreas de SSE alto. Os adolescentes provenientes de famílias abastadas também enfrentam desafios de ajustamento, demonstrando especialmente altas taxas de uso de substância.

Pobreza

- A subcultura do pobre é, frequentemente, caracterizada não somente pelas dificuldades econômicas, mas também pelas dificuldades sociais e psicológicas. Quando a pobreza é persistente e duradoura, ela pode causar efeitos especialmente devastadores no desenvolvimento adolescente.

3 Etnia — OA3 Resumir como a etnia está envolvida no desenvolvimento de adolescestes e de adultos emergentes.

Adolescência e adultez emergente: um momento crítico para os indivíduos de minorias étnicas

- A adolescência e a adultez emergente são, com frequência, um momento crítico no desenvolvimento dos indivíduos de minorias étnicas. A primeira vez que a maioria dos indivíduos de minorias étnicas se defronta conscientemente com a sua etnia é durante a adolescência. À medida que amadurecem cognitivamente, os adolescentes e adultos emergentes das minorias étnicas se tornam agudamente conscientes de como a cultura branca não latina avalia o seu grupo étnico.

Questões étnicas

- Com muita frequência, os pesquisadores não distinguem adequadamente entre SSE e etnia quando estudam os grupos de minorias étnicas, resultando que as conclusões a que chegam sobre etnia são por vezes não justificadas. As experiências históricas, econômicas e sociais produzem muitas diferenças legítimas entre os grupos de minorias étnicas, e entre os grupos de minorias étnicas e a maioria branca. Com muita frequência, as diferenças foram interpretadas como déficits em grupos de minorias étnicas. O não reconhecimento da diversidade existente no interior de um grupo minoritário pode levar à estereotipação. Muitos adolescentes de minorias étnicas continuam a vivenciar preconceito, discriminação e parcialidade.

4 A mídia e a tecnologia — OA4 Caracterizar os papéis da mídia e da tecnologia na adolescência e na adultez emergente.

O uso da mídia

- Em termos de exposição, ocorreu um aumento significativo no uso da mídia, especialmente em jovens entre 11 e 14 anos. Os adolescentes estão aumentando a quantidade de tempo que passam em mídias multitarefas. O ambiente social dos adolescentes está sendo cada vez mais mediado digitalmente. Os adolescentes mais velhos reduzem a duração do tempo que assistem TV, jogam *videogame*, ouvem mais música e usam mais o computador. Existem grandes variações individuais no uso da mídia pelos adolescentes.

Televisão

- A televisão pode exercer uma influência positiva sobre os adolescentes, apresentando programas educativos motivadores, aumentando as informações dos adolescentes sobre o mundo que existe além do seu ambiente imediato e fornecendo modelos de comportamento pró-social. Os aspectos negativos da televisão incluem promover um aprendizado passivo, ser uma distração da tarefa de casa, ensinar estereótipos, fornecer modelos de agressão violentos, apresentar visões irrealistas do mundo e aumentar a obesidade. A violência na TV é não somente causa da agressão dos adolescentes, mas a maioria dos especialistas concorda que ela pode induzir a agressão e a comportamento antissocial. Também existe preocupação com relação aos *videogames* violentos que os adolescentes estão jogando. Uma preocupação especial é a forma como o sexo é retratado na televisão e a influência que isso pode ter nas atitudes e no comportamento sexual dos adolescentes. Em geral, assistir TV está relacionado negativamente à capacidade mental e à realização das crianças.

A mídia e a música

- Os adolescentes são grandes consumidores de CDs, passam muito tempo ouvindo música no rádio e assistem a videoclipes na televisão.

Tecnologia, computadores, internet e telefones celulares

- Os adolescentes de hoje estão vivendo uma revolução tecnológica por meio de computadores, internet e telefones celulares sofisticados. O ambiente social dos adolescentes e adultos emergentes está cada vez mais mediado digitalmente. A internet continua a ser o foco principal da interação social mediada digitalmente entre adolescentes e adultos emergentes, mas ela envolve de forma crescente uma variedade de aparelhos digitais, incluindo os telefones celulares (especialmente *smartphones*). O tempo que os adolescentes permanecem *online* pode trazer consequências positivas ou negativas. Um grande número de adolescentes e de estudantes universitários se engaja em redes sociais, como MySpace e Facebook.

> Políticas sociais e a mídia

- As recomendações de políticas sociais referentes à mídia incluem estimular uma programação socialmente responsável, apoiar esforços públicos para tornar a mídia mais apropriada para os adolescentes e encorajar campanhas para conhecimento da mídia.

TERMOS-CHAVE

cultura 392
etnocentrismo 393
estudos transculturais 393
individualismo 394

coletivismo 394
ritos de passagem 395
status socioeconômico (SSE) 397
feminização da pobreza 399

etnia 400
preconceito 402
internet 407

PESSOAS-CHAVE

Carolyn Tamis-LeMonda 395
Suniya Luthar 398

Vonnie McLoyd 399
Ross Parke 401

Amy Jordan 410

RECURSOS PARA MELHORAR A VIDA DOS ADOLESCENTES

The Eisenhower Foundation www.eisenhowerfoundation.org
Esta fundação financia inúmeros programas planejados para melhorar a vida de crianças e adolescentes que vivem em condições de baixa renda. A fundação está reproduzindo em vários estados o Quantum Opportunities, programa de sucesso da Fundação Ford.

Poverty and Socioeconomic Disadvantage in Adolescence
Vonnie McLoyd, Rachel Kaplan, Kelly Purcel, Erika Bagley, Cecily Hardaway e Clara Smalls in R. M. Lerner e L. Steinberg (Eds.). *Handbook of Adolescent Psychology* (2009, 3ª ed.)
Nova Iorque: Wiley
Um excelente capítulo atualizado sobre pobreza, etnia e as políticas que são necessárias para melhorar a vida das crianças e dos adolescentes que vivem em condições de pobreza.

The World's Youth
Editado por Bradford Brown, Reed Larson e T. S. Sraswathi (2002)
Fort Worth, Texas: Harcourt Brace
Este é um livro excelente sobre o desenvolvimento adolescente em oito regiões do mundo.

Generation M²: Media in the Lives of 8 – to 18-Year-Olds
Victoria Rideout, Ulla Foehr e Donald Roberts (2010)
Menlo Park, Califórnia: Fundação da Família Kaiser
O relatório detalhado do mais recente levantamento nacional sobre o uso da mídia pelos adolescentes fornece informações valiosas para compreender o uso adolescente da mídia e encontrar formas de melhorar a sua saúde.

capítulo 13
PROBLEMAS NA ADOLESCÊNCIA E NA ADULTEZ EMERGENTE

esboço do capítulo

Explorando os problemas do adolescente e do adulto emergente

Objetivo de aprendizagem 1 Discutir a natureza dos problemas na adolescência e na adultez emergente.

A abordagem biopsicossocial
A abordagem da psicopatologia do desenvolvimento
Características dos problemas na adolescência e na adultez emergente
Estresse e estratégias de enfrentamento
Resiliência

Problemas e transtornos

Objetivo de aprendizagem 2 Descrever alguns problemas e transtornos que caracterizam os adolescentes e os adultos emergentes.

Uso de drogas
Delinquência juvenil
Depressão e suicídio
Transtornos da alimentação

Inter-relação dos problemas e prevenção/intervenção

Objetivo de aprendizagem 3 Resumir a inter-relação dos problemas e as formas de prevenir ou de intervir nos problemas.

Adolescentes com múltiplos problemas
Prevenção e intervenção

Annie, uma líder de torcida de 15 anos, era alta, loira e atraente. Ninguém que lhe vendia bebidas perguntava a sua idade. Ela conseguia o dinheiro do trabalho como babá e do que sua mãe lhe dava para pagar o almoço. Annie foi retirada do grupo de líderes de torcida por faltar aos treinos com muita frequência, mas isso não a fez parar de beber. Em pouco tempo, ela e vários dos seus amigos estavam bebendo quase todos os dias. Às vezes, ela matava aula e ia para o bosque beber. Toda a vida de Annie começou a girar em torno da bebida. Depois de algum tempo, seus pais começaram a detectar o problema de Annie. Mas suas tentativas de fazê-la parar de beber por meio da punição não obtiveram sucesso. Isso continuou por dois anos e, durante o último verão, sempre que tinha um encontro com alguém, ela estava embriagada. Não faz muito tempo, Annie começou a sair com um rapaz de quem gostava muito e ele se recusou a tolerar o seu vício. Ela concordou em participar dos Alcoólicos Anônimos e já conseguiu parar de beber por quatro meses consecutivos. Sua meta é a continuidade da abstinência.

Arnie tem 13 anos. Ele tem uma história de cometer furtos e agressões físicas. O primeiro furto ocorreu quando Arnie tinha 8 anos – ele roubou um tocador de fita cassete de uma loja de aparelhos eletrônicos. A primeira agressão física aconteceu um ano depois, quando ele empurrou seu irmão de 7 anos contra a parede, bateu em seu rosto até sangrar e depois ameaçou matá-lo com uma faca de cozinha. Recentemente, os furtos e as agressões físicas aumentaram. Apenas na semana passada, ele roubou um aparelho de televisão, agrediu sua mãe repetidamente e ameaçou matá-la, quebrou as lâmpadas de alguns postes no bairro e ameaçou jovens com uma chave de fenda e um martelo. O pai de Arnie saiu de casa quando ele tinha 3 anos. Até ele ir embora, seus pais discutiam muito, e seu pai batia com frequência na mãe. A mãe de Arnie conta que, quando Arnie era mais moço, ela conseguia controlá-lo, mas nos últimos anos ela perdeu esse controle. A imprevisibilidade e periculosidade do comportamento de Arnie resultaram na recomendação de que ele fosse internado em uma instituição de apoio com outros delinquentes juvenis.

apresentação

Em vários pontos neste livro, consideramos os problemas dos adolescentes e dos adultos emergentes. Por exemplo, discutimos problemas sexuais no Capítulo 6, exploramos problemas relacionados à escola no Capítulo 10 e examinamos problemas relativos à realização no Capítulo 11. Neste capítulo, focaremos exclusivamente nos problemas dos adolescentes e dos adultos emergentes, abrangendo diferentes abordagens para a compreensão desses problemas, alguns problemas importantes que ainda não discutimos e formas de prevenir e intervir nos problemas.

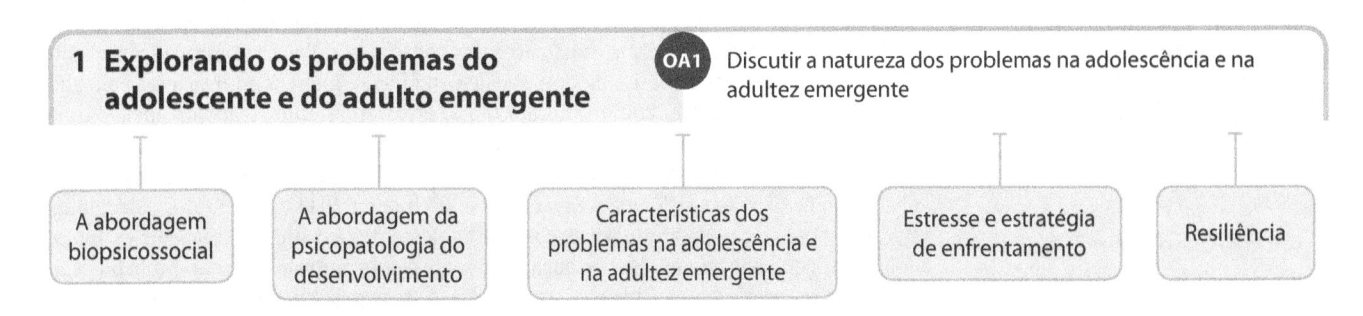

1 Explorando os problemas do adolescente e do adulto emergente

OA1 Discutir a natureza dos problemas na adolescência e na adultez emergente

- A abordagem biopsicossocial
- A abordagem da psicopatologia do desenvolvimento
- Características dos problemas na adolescência e na adultez emergente
- Estresse e estratégia de enfrentamento
- Resiliência

O que faz com que adolescentes como Annie e Arnie tenham problemas? Quais são algumas características dos problemas que adolescentes e adultos emergentes desenvolvem? Como o estresse e as estratégias de enfrentamento estão envolvidos nestes problemas? O que caracteriza os adolescentes resilientes?

A ABORDAGEM BIOPSICOSSOCIAL

A **abordagem biopsicossocial** enfatiza que os fatores biológicos, psicológicos e sociais interagem para produzir os problemas que adolescentes, adultos emergentes e pessoas de outras idades desenvolvem (veja a Figura 13.1). Assim, se um adolescente ou adulto emergente se envolve em abuso de substância, isso pode se dever a uma combinação de fatores biológicos (p. ex., hereditariedade e processos cerebrais), psicológicos (p. ex., baixa realização e baixo autocontrole) e sociais (p. ex., dificuldades de relacionamento com os pais e com os pares). Ao longo de todo o livro, exploramos os fatores biológicos, psicológicos e sociais que podem con-

abordagem biopsicossocial Abordagem que enfatiza que os problemas se desenvolvem por meio de uma interação de fatores biológicos, psicológicos e sociais.

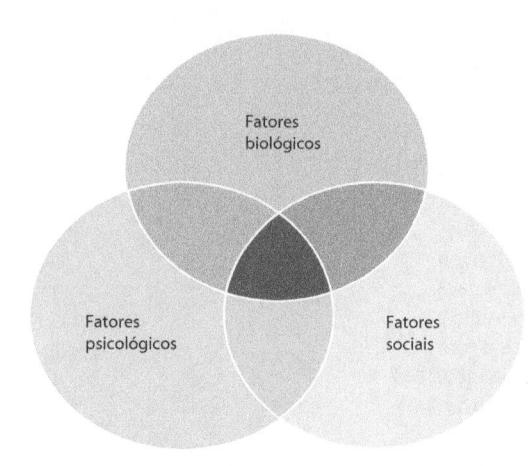

FIGURA 13.1
A abordagem biopsicossocial.

tribuir para o desenvolvimento de problemas na adolescência. Em nosso exame mais profundo da abordagem biopsicossocial, destacaremos especialmente os fatores biológicos, psicológicos e sociais com os quais a adolescência contribui de modo peculiar para estes problemas.

Fatores biológicos Os cientistas que adotam uma abordagem biológica focam em fatores como genes, puberdade, hormônios e o cérebro como causas dos problemas dos adolescentes e dos adultos emergentes.

Lembre-se do que foi visto no Capítulo 2, que a maturação precoce está ligada ao desenvolvimento de uma série de problemas entre as garotas adolescentes, incluindo abuso de drogas e delinquência (Dorn e Biro, 2011). Além disso, as alterações hormonais associadas à puberdade foram propostas como um fator no índice mais alto de depressão em garotas adolescentes do que nos rapazes (Conley e Rudolph, 2009). A forma como os adolescentes lidam com seu interesse sexual emergente também está ligada ao seu desenvolvimento ou não de problemas. Lembre-se do Capítulo 6, que discute que a relação sexual precoce está ligada a outros problemas, incluindo abuso de drogas e delinquência. Lembre-se do Capítulo 3, em que o desenvolvimento tardio do córtex pré-frontal, juntamente com a maturação precoce da amígdala, pode contribuir para o aumento na incidência de exposição a risco e busca de sensação que emergem na adolescência (Casey, Jones e Somerville, 2011). A implicação destas alterações no cérebro é que os adolescentes podem não estar suficientemente maduros no seu pensamento para controlar seu comportamento em situações arriscadas – e assim podem desenvolver problemas.

Fatores psicológicos Entre os fatores psicológicos propostos como influências importantes nos problemas adolescentes e na adultez emergente encontram-se a identidade, os traços de personalidade, a tomada de decisão e o autocontrole. No Capítulo 4, enfatizamos como o desenvolvimento de uma identidade positiva é essencial para o ajustamento saudável e o sucesso acadêmico na adolescência e na adultez emergente (Syed, 2011; Syed, Azmitia e Cooper, 2011). A busca por uma identidade coerente pode conduzir à experimentação de diferentes identidades, uma ou mais das quais poderá incluir problemas. Além disso, no Capítulo 4, descrevemos as amplas oscilações emocionais que caracterizam a adolescência, especialmente a adolescência inicial. Quando essas oscilações emocionais se tornam intensamente negativas, como na tristeza, o resultado poderá ser a depressão (Nolen-Hoeksema, 2011). A discussão mais aprofundada no Capítulo 4 focou nos Cinco Grandes (*Big Five*) fatores da personalidade. Lembre-se de que os adolescentes com baixa realização têm maior probabilidade de ter problemas de abuso de drogas e de conduta do que seus equivalentes com alta realização (Anderson et al., 2007). No Capítulo 3, exploramos como a adolescência é uma época de aumento na tomada de decisão e que para muitos adolescentes as suas emoções sobrecarregam sua capacidade de tomada de decisão, o que poderá contribuir para o desenvolvimento de problemas (Reyna e Rivers, 2008; Steinberg, 2011). Outro fator psicológico importante para a compreensão dos problemas adolescentes é o autocontrole. Por exemplo, adolescentes que não desenvolveram adequadamente o autocontrole têm mais probabilidade de desenvolver problemas de abuso de substância e de se engajarem em atos delinquentes do que aqueles que têm um nível mais alto de autocontrole (Loeber e Burke, 2011).

Fatores sociais Os fatores sociais especialmente destacados como fatores que contribuem para os problemas adolescentes são os contextos sociais da família, pares, escola, *status* socioeconômico, pobreza e o bairro onde vivem. No Capítulo 8, exploramos muitos aspectos dos processos familiares que podem contribuir para o desenvolvimento de problemas na adolescência, incluindo um alto nível de conflito persistente entre pais e adolescente, monitoramento inadequado dos adolescentes e apego inseguro (Hershenberg et al., 2011; McElhaney e Allen, 2012). Na adolescência, os indivíduos passam mais tempo com os pares do que na infância, e o maior tempo com os pares pode ter efeitos positivos ou negativos no desenvolvimento do adolescente (Brechwald e Prinstein, 2011; Trucco, Colder e Wieczorek, 2011). Lembre-se do Capítulo 9, quando indicamos que os adolescentes que não se conectam adequadamente com seus pares podem desenvolver problemas. Os adolescentes rejeitados podem ter especialmente uma tendência a desenvolver problemas. A convivência com pares e amigos que se envolvem em delinquência ou abuso de substância contribui para o desenvolvi-

---

◀ ▬ ▬ ▬ ▬ ▬ ▬
conexão com o desenvolvimento
Desenvolvimento do cérebro. Os campos emergentes da neurociência cognitiva do desenvolvimento e da neurociência social do desenvolvimento enfatizam a importância do estudo das conexões entre os processos biológico, cognitivo e socioemocional. Cap. 1, p. 46

◀ ▬ ▬ ▬ ▬ ▬ ▬
conexão com o desenvolvimento
Desenvolvimento cognitivo. Os pesquisadores estão cada vez mais interessados no estudo do papel do cérebro na conduta adolescente de exposição a risco. Cap. 3, p. 140

◀ ▬ ▬ ▬ ▬ ▬ ▬
conexão com o desenvolvimento
Personalidade. A realização está sendo cada vez mais reconhecida como um fator-chave na compreensão dos problemas adolescentes. Cap. 4, p. 176

mento destes problemas na adolescência. Além disso, alguns aspectos das relações amorosas, que emergem pela primeira vez na adolescência, estão ligados à manifestação de problemas nesta fase. Por exemplo, o namoro precoce está relacionado ao abuso de substância e o rompimento indesejado de um relacionamento amoroso está associado à depressão (Connolly e McIsaac, 2009). No Capítulo 10, discutimos o quanto muitas escolas na segunda metade do ensino fundamental são impessoais e não correspondem adequadamente às necessidades dos jovens adolescentes que estão em um ponto do seu desenvolvimento no qual estão ocorrendo alterações biológicas, cognitivas e socioemocionais significativas. A maior parte das escolas de ensino médio não possui serviços de aconselhamento adequados para ajudar os adolescentes a enfrentar estes desafios e auxiliar os adolescentes com os seus problemas. Além disso, os adolescentes que não estão engajados adequadamente na escola se evadem e frequentemente desenvolvem outros problemas como abuso de substância e delinquência. Em vários capítulos, mas especialmente no Capítulo 12, enfatizamos como o *status* socioeconômico e a pobreza contribuem para os problemas adolescentes (Borjas et al., 2011). A pobreza deixa os adolescentes vulneráveis a muitos problemas, especialmente a delinquência (Santiago et al., 2011). No entanto, lembre-se do Capítulo 12, em que destacamos que os adolescentes, especialmente os rapazes, que provêm de famílias abastadas estão em risco de desenvolver problemas de abuso de substância (Ansry e Luthar, 2009). Também no Capítulo 12, destacamos o quanto a qualidade do bairro onde os adolescentes e suas famílias vivem está vinculada ao desenvolvimento de problemas. Por exemplo, adolescentes que crescem em bairros com alto índice de criminalidade e escolas de baixa qualidade estão em maior risco de desenvolvimento de problemas (Chen, Howard e Brooks-Gunn, 2011).

A ABORDAGEM DA PSICOPATOLOGIA DO DESENVOLVIMENTO

A **abordagem da psicopatologia do desenvolvimento** tem seu foco na descrição e na exploração dos caminhos desenvolvimentais dos problemas. Muitos pesquisadores neste campo buscam estabelecer ligações entre os precursores de um problema (como fatores de risco e experiências precoces) e os resultados (como abuso de substância, delinquência e depressão) (Burk et al., 2011; Loeber e Burke, 2011; Lunkenheimer et al., 2011; Masten et al., 2010). Um caminho desenvolvimental descreve as continuidades e transformações nos fatores que influenciam os resultados. Por exemplo, a história de Arnie (descrita no começo do capítulo) indicou uma possível ligação entre experiências parentais negativas, incluindo as agressões do seu pai à sua mãe, e a delinquência de Arnie na adolescência.

A abordagem da psicopatologia do desenvolvimento geralmente envolve o uso de estudos longitudinais para acompanhar o desenvolvimento dos problemas ao longo do tempo (Burt e Roisman, 2010; Veronneau e Dishion, 2010). Esta abordagem também procura identificar os *fatores de risco* que podem predispor crianças e adolescentes a desenvolverem problemas (como abuso de substância, delinquência juvenil e depressão) (Garber e Cole, 2010), bem como os *fatores de proteção* que possam ajudar a proteger crianças e adolescentes do desenvolvimento de problemas (Bukowski, Laursen e Hoza, 2010).

Recentemente, um interesse considerável na abordagem da psicopatologia do desenvolvimento focou nas chamadas **cascatas do desenvolvimento**, que envolvem as conexões entre os domínios ao longo do tempo a influenciar os caminhos e resultados desenvolvimentais (Masten, 2011; Masten e Cicchetti, 2010). As cascatas do desenvolvimento abrangem as conexões entre inúmeros processos biológicos, cognitivos e sociais, incluindo muitos contextos sociais como família, pares, escola e cultura. Além disso, as ligações entre os domínios que produzem resultados positivos ou negativos podem ocorrer em vários pontos do desenvolvimento, como na segunda infância, no fim da adolescência ou durante a adultez emergente e nas relações intergeracionais. Gerald Patterson e colaboradores (Forgatch e Patterson, 2010; Forgatch et al., 2009; Patterson, Forgatch e De Garmo, 2010; Paterson, Reid e Dishion, 1992) conduziram amplas pesquisas durante várias décadas que envolvem uma abordagem de cascata do desenvolvimento. O tema desta abordagem

conexão com o desenvolvimento
Família. Praticamente, em todas as áreas dos problemas adolescentes, considera-se que os processos familiares e a parentalidade desempenham papéis importantes.
Cap. 8, p. 279

Quais são alguns fatores biológicos, psicológicos e sociais que podem contribuir para o desenvolvimento de problemas na adolescência?

abordagem da psicopatologia do desenvolvimento Abordagem que tem seu foco na descrição e na exploração das trajetórias desenvolvimentais dos problemas.

cascatas do desenvolvimento Uma abordagem da psicopatologia do desenvolvimento que enfatiza as conexões e a influenciam de diferentes domínios nas trajetórias e resultados desenvolvimentais.

> O termo "trajetórias desenvolvimentais" é essencial para as discussões da psicopatologia do desenvolvimento como um caminho para a conceituação das relações entre a adaptação anterior e posterior.
>
> — **Byron Egeland**
> *Psicólogo contemporâneo, Universidade de Minnesotta*

conexão com o desenvolvimento

Famílias. As relações intergeracionais estão sendo cada vez mais estudadas, no intuito de compreender a transmissão de problemas familiares através das gerações. Cap. 8, p. 286

é que níveis altos de parentalidade coerciva e níveis baixos de parentalidade positiva conduziam ao desenvolvimento de comportamentos antissociais nas crianças, o que, por sua vez, conecta crianças e adolescentes a experiências negativas nas relações com os pares (p. ex., ser rejeitado pelos pares não desviantes e se tornar amigo de pares desviantes), o que intensifica ainda mais o comportamento antissocial do adolescente (Patterson, Forgatch e De Garmo, 2010).

A identificação de fatores de risco pode sugerir caminhos para a prevenção e o tratamento (Burt e Roisman, 2010; Lieberman et al., 2011; Sandler, Wolchik e Schoenfelder, 2011). Por exemplo, pesquisadores identificaram a psicopatologia parental como um fator de risco para a depressão infantil: especificamente, os pais que sofrem de depressão, transtornos de ansiedade ou abuso de substância têm mais probabilidade de ter filhos com depressão (Dittman et al., 2011; Morris, Ciesla e Garber, 2010). Um estudo recente revelou que os sintomas depressivos maternos durante a primeira infância de um filho estavam ligados ao desenvolvimento de sintomas depressivos na infância e adolescência (Bureau, Easterbrooks e Lyons-Ruth, 2009).

Os problemas adolescentes e da adultez emergente podem ser divididos entre as categorias internalizantes e externalizantes:

- Os **problemas internalizantes** ocorrem quando os indivíduos voltam os seus problemas para seu interior. Exemplos de problemas internalizantes incluem ansiedade e depressão.
- Os **problemas externalizantes** ocorrem quando os indivíduos voltam os seus problemas para o exterior. Como exemplo de um problema externalizante, temos a delinquência juvenil.

Foram estabelecidas ligações entre padrões de problemas na infância e os resultados na adultez emergente (Loeber e Burke, 2011). Em um estudo, os indivíduos do sexo masculino com padrões internalizantes (como ansiedade e depressão) durante o ensino fundamental tinham a probabilidade de ter formas similares de problemas aos 21 anos, porém, eles não tinham um risco aumentado de problemas externalizantes quando adultos jovens (Quinton, Rutter e Gulliver, 1990). Igualmente, a presença de um padrão externalizante (como agressão ou comportamento antissocial) na infância elevava o risco de problemas antissociais aos 21 anos. Para o sexo feminino, no mesmo estudo, tanto os padrões precoces internalizantes quanto externalizantes prediziam problemas internalizantes aos 21 anos.

Alan Sroufe e colaboradores (Sroufe, 2007; Sroufe et al., 2005; Sroufe, Coffino e Carlson, 2010) identificaram que os problemas de ansiedade na adolescência estão ligados a um apego inseguro resistente na primeira infância (às vezes, o bebê se apega ao cuidador, e outras vezes repudia a proximidade) e que problemas de conduta na adolescência estão relacionados a um apego evitativo na primeira infância (o bebê evita o cuidador). Sroufe conclui que uma combinação de cuidados apoiadores precoces (segurança no apego) e competência dos pares ajuda a proteger os adolescentes de desenvolverem problemas. Em outro estudo da psicopatologia do desenvolvimento, Ann Masten (2001; Masten e Reed, 2002; Masten et al., 2010) acompanhou 205 crianças durante dez anos desde a infância até a adolescência e adultez emergente. Ela identificou que o bom funcionamento intelectual e a parentalidade serviam como fatores de proteção que evitavam que adolescentes e adultos emergentes se engajassem em comportamentos antissociais. Mais adiante, neste capítulo, exploraremos melhor estes fatores em nossa discussão dos adolescentes e dos adultos emergentes resilientes.

John Schulenberg e Nicole Zarrett (2006) descreveram saúde mental, bem-estar e problemas durante a adultez emergente e a sua continuidade/descontinuidade com a adolescência. Para a população em geral, o bem-estar tende a crescer durante a adultez emergente e alguns problemas, como roubo e danos à propriedade, diminuem. No entanto, certos transtornos mentais, como o transtorno depressivo maior, aumentam para alguns indivíduos durante a adultez emergente. Um estudo recente revelou que o uso de álcool, maconha e o sexo com muitos parceiros aumentavam, ao passo que beber após dirigir, agressão e crimes à propriedade diminuíam a partir dos últimos três meses do ensino médio até o final do primeiro ano da faculdade (Fromme, Corbin e Kruse, 2008).

Entretanto, de um modo geral, existe uma continuidade entre a presença de problemas de saúde mental na adolescência e a presença destes na adultez emergente. Quando, posteriormente neste capítulo, considerarmos vários outros problemas, como drogas, delinquência e depressão, revisitaremos a continuidade e a descontinuidade destes problemas desde a adolescência até a adultez emergente.

problemas internalizantes Desenvolvem-se quando os indivíduos voltam seus problemas para o seu interior. Exemplos incluem ansiedade e depressão.

problemas externalizantes Desenvolvem-se quando os indivíduos voltam seus problemas para o exterior. Um exemplo é a delinquência juvenil.

CARACTERÍSTICAS DOS PROBLEMAS NA ADOLESCÊNCIA E NA ADULTEZ EMERGENTE

O espectro dos problemas de adolescentes e adultos emergentes é muito amplo. Os problemas variam na sua gravidade e no quanto são comuns entre homens e mulheres e entre os diferentes grupos socioeconômicos. Alguns problemas são de curta duração; outros podem persistir durante muitos anos. Alguns problemas são mais prováveis de aparecer em um nível do desenvolvimento do que em outro. Em um estudo, depressão, matar aulas e abuso de drogas eram mais comuns entre os adolescentes mais velhos, ao passo que discussões, brigas e embriagar-se eram mais comuns entre os adolescentes mais jovens (Edelbrock, 1989).

Em uma investigação em grande escala feita por Thomas Achenbach e Craig Edelbrock (1981), os adolescentes de origem socioeconômica mais baixa tinham maior probabilidade de ter problemas do que aqueles de origem de classe média. A maioria dos problemas relatados pelos adolescentes de SSE mais baixo eram comportamentos descontrolados e externalizantes – destruição dos pertences dos outros e brigas, por exemplo. Esses comportamentos também eram mais característicos dos meninos do que das meninas. Os problemas dos adolescentes da classe média e meninas eram mais prováveis de ser excessivamente controlados e internalizantes – ansiedade ou depressão, por exemplo.

Os problemas comportamentais com maior probabilidade de levar os adolescentes a serem encaminhados a uma clínica para tratamento de doença mental eram sentimentos de infelicidade, tristeza ou depressão e baixo rendimento escolar (veja a Figura 13.2). As dificuldades de sucesso escolar, sejam estes problemas secundários a outros tipos de problemas ou problemas primários, respondem por muitos encaminhamentos de adolescentes.

Em outra investigação, Achenbach e colaboradores (1991) compararam os problemas e competências de 2.600 crianças e adolescentes de 4 a 16 anos avaliados no momento do seu ingresso em serviços de saúde mental com crianças e adolescentes demograficamente similares que não haviam sido encaminhados. As crianças e os adolescentes de SSE mais baixo tinham mais problemas e menos competências do que seus equivalentes de SSE superior. As crianças e os adolescentes tinham mais problemas quando tinham menos parentes adultos em suas casas, tinham pais biológicos não casados em suas casas, tinham pais separados ou divorciados, viviam em famílias que recebiam assistência pública ou viviam em lares em que membros da família tinham recebido atendimento em saúde mental. As crianças e os adolescentes que tinham mais problemas externalizados provinham de famílias cujos pais não eram casados, ou eram separados ou divorciados, e também de famílias que estavam recebendo assistência pública.

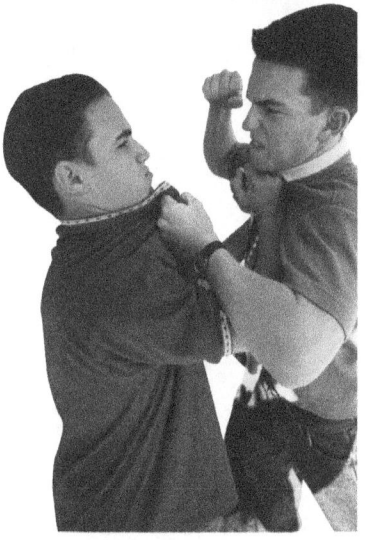

O que caracteriza os problemas internalizantes e externalizantes? Como estes problemas estão ligados ao gênero e status socioeconômico?

Muitos estudos demonstraram que fatores como pobreza, parentalidade ineficaz e transtornos mentais nos pais *predizem* problemas no adolescente (Patterson, Forgatch e De Garmo, 2010). Os preditores de problemas são chamados *fatores de risco*. Um fator de risco indica uma probabilidade elevada do resultado de um problema em grupos de pessoas que possuem aquele fator (Lynne-Landsman, Bradshaw e Ialongo, 2010). As crianças com muitos fatores de risco são consideradas como de "alto risco" para problemas na infância e adolescência, mas nem todas estas crianças desenvolverão problemas.

Alguns pesquisadores pensam primariamente em termos de fatores de risco quando estudam problemas adolescentes, ao passo que outros argumentam que conceituar os problemas em termos de fatores de risco cria uma percepção excessivamente negativa (Lerner et al., 2011). Em vez disso, eles destacam os recursos desenvolvimentais dos jovens (Kia-Keating et al., 2011). Por exemplo, Peter Benson (2006; Benson et al., 2006; Benson e Scales, 2009, 2001), diretor do Search Institute em Minneapolis, prescreveu 40 recursos desenvolvimentais de que os adolescentes precisam para atingirem resultados positivos em suas vidas. Metade destes recursos é externa, metade, interna. Foi comprovado cientificamente que cada um dos 40 recursos promove o desenvolvimento saudável do adolescente.

Os 20 recursos *externos* incluem os seguintes:

- *Apoio* (como família e vizinhança);
- *Empoderamento* (como adultos na comunidade valorizando os jovens e lhes dando papéis úteis na comunidade);
- *Limites* e expectativas (como a definição de regras e consequências claras pela família e o monitoramento do paradeiro do adolescente, bem como a existência de uma influência positiva dos pares);

Não podem me assustar com seus espaços vazios
Entre estrelas – onde não há raça humana.
Pois tenho de dentro de mim, muito mais perto,
Meus próprios desertos para me assustar.

—Robert Frost
Poeta norte-americano, século XX

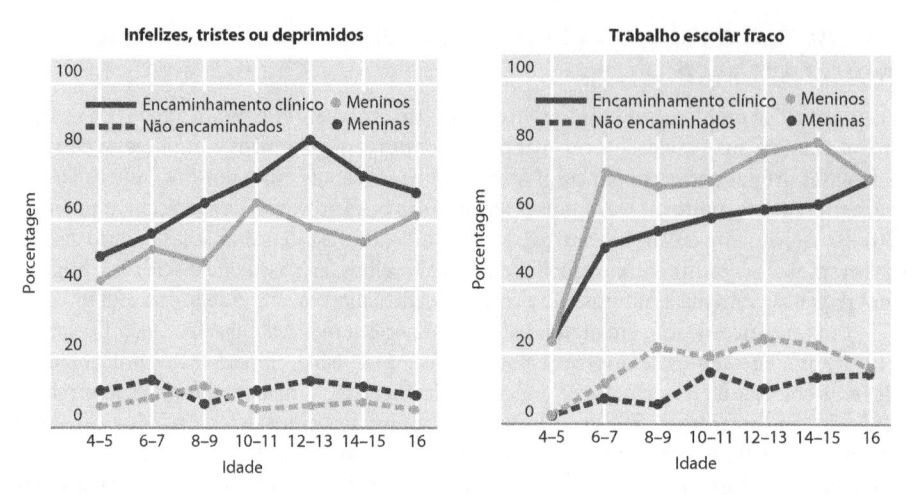

FIGURA 13.2
Os dois itens mais prováveis para diferenciar crianças e adolescentes com encaminhamento clínico e sem encaminhamento.

- Uso *construtivo* do tempo (como envolver-se em atividades criativas três ou mais vezes por semana e participar três ou mais horas por semana em programas organizados para jovens).

Os recursos *internos* incluem os seguintes:

- *Compromisso* com o aprendizado (como estar motivado para o sucesso na escola e fazer pelo menos uma hora de tarefas escolares em casa durante os dias de aula);
- *Valores positivos* (como ajudar os outros e demonstrar integridade);
- *Competências sociais* (como saber planejar e tomar decisões e possuir competências interpessoais como as habilidades de empatia e amizade);
- *Identidade positiva* (como ter um senso de controle sobre sua própria vida e elevada autoestima).

Em pesquisas conduzidas pelo Search Institute, os adolescentes com mais recursos desenvolvimentais relataram que se engajavam em menos comportamentos de risco, como uso de álcool e tabaco, relações sexuais e violência. Por exemplo, em um levantamento de mais de 12 mil estudantes a partir da 1ª série do ensino médio, 53% dos alunos com 0 a 10 recursos relataram ter usado álcool três ou um mais vezes no último mês ou ter ficado bêbados mais de uma vez nas últimas duas semanas, comparados com apenas 16% dos alunos com 21 a 30 recursos ou 4% dos alunos com 31 a 40 recursos. No outro lado da moeda, os recursos não só previnem os comportamentos de risco com também promovem alguns comportamentos que a sociedade valoriza. Por exemplo, os jovens com 31 a 40 recursos têm muito mais probabilidade de ter sucesso na escola e manter uma boa saúde física do que os jovens com 0 a 10 ou 11 a 20 recursos.

ESTRESSE E ESTRATÉGIAS DE ENFRENTAMENTO

Alan, 17 anos, comenta: "Nunca pensei que crescer seria tão difícil. Sinto pressão o tempo todo. Meus pais colocam uma pressão tremenda sobre mim. Queria que alguém me ajudasse a enfrentar melhor todas essas pressões". Exploremos a natureza do estresse em indivíduos como Alan e as formas como eles podem enfrentar efetivamente o estresse.

Estresse Embora G. Stanley Hall (1904) e outros tenham dramatizado excessivamente a extensão de sentimentos tempestuosos e do estresse na adolescência, muitos adolescentes e adultos emergentes hoje vivem circunstâncias estressantes que podem afetar o seu desenvolvimento. Mas o que é estresse? **Estresse** é a resposta dos indivíduos aos estressores, que são circunstâncias e eventos que os ameaçam e sobrecarregam as suas habilidades de enfrentamento.

Um acidente de carro, uma nota baixa em um teste, uma carteira perdida, um conflito com um amigo – todos estes eventos podem ser estressores na sua vida. Alguns estressores são *agudos*; em outras palavras, eles são acontecimentos ou estímulos repentinos, como se cortar com um copo que cai no chão. Outros estressores são crônicos, ou de longa duração, como ser

estresse A resposta dos indivíduos aos estressores, que são circunstâncias e eventos que ameaçam e sobrecarregam as suas habilidades de enfrentamento.

> **conexão** COM OS ADOLESCENTES
>
> **Todas estressadas**
>
> "Algumas amigas minhas são tão perturbadas! Minha amiga Abby está deprimida o tempo todo. Ela me contou em segredo que pensa em se matar. Eu quero contar para alguém, mas ela me fez prometer que não. Não sei o que fazer. Tenho certeza de que a minha outra amiga Alexandra tem um transtorno da alimentação. Ela fala constantemente de quantas calorias tem alguma coisa e tudo o que ela come é alface! Tento estar junto delas, mas eu tenho os meus problemas para lidar. Eu me sinto ansiosa e deprimida o tempo todo. Não sei o que fazer."
>
> — Lauren
>
> (Fonte: Zager e Rzubenstein, 2002, p. 141)
>
> ---
>
> Que estratégias de enfrentamento poderiam ajudar uma adolescente na situação de Lauren para lidar melhor com os problemas descritos aqui?

desnutrido ou possuir HIV positivo. Estes são estressores físicos, mas também existem os estressores emocionais e psicológicos, como a morte de uma pessoa querida ou ser discriminado.

Existem diferenças desenvolvimentais na quantidade de estresse que os adolescentes relatam ter experimentado? Um estudo recente de jovens de 12 a 19 anos revelou que as percepções de ter estresse diminuíam no fim da adolescência e que as estratégias de enfrentamento ativas (como buscar conselhos com os pais ou amigos sobre as dificuldades emocionais) e internas (como refletir sobre as diferentes soluções para resolver um problema) aumentavam quando os adolescentes amadureciam (Seiffge-Krenke, Aunola e Nurmi, 2009).

O estresse pode ter muitas origens diferentes para os adolescentes e os adultos emergentes (Compas e Reeslund, 2009; Morris, Ciesla e Garber, 2010; Seiffge-Krenke, 2011). Entre as origens encontram-se eventos vitais, preocupações diárias e fatores culturais.

Eventos vitais e preocupações diárias Pense na sua própria vida. Que eventos criaram mais estresse para você? Eles foram grandes problemas, como o rompimento de um relacionamento de longa duração, a morte de alguém que você amava, o divórcio dos seus pais ou um prejuízo pessoal? Ou eles foram circunstâncias do dia a dia na sua vida, como não ter tempo suficiente para estudar, brigar com o seu namorado ou namorada ou não ser suficientemente reconhecido pelo trabalho que realizou no seu emprego?

Os indivíduos que passam por mudanças importantes na vida (a perda de um parente próximo, o divórcio dos pais) têm uma incidência maior de doença cardiovascular e morte precoce do que aqueles que não passam por essas mudanças (Taylor, 2011a). Pesquisadores constataram que quando são vivenciados vários estressores simultaneamente, os efeitos podem ser agravados (Rutter e Garmezy, 1983). Por exemplo, um estudo identificou que as pessoas que se sentiam atingidas por dois estressores vitais crônicos tinham quatro vezes mais probabilidade de acabar precisando de atendimento psicológico do que aqueles que tinham que lidar com apenas um estressor crônico (Rutter, 1979). Um estudo revelou que os adolescentes que tinham relações positivas com seus pais não apresentavam um aumento nos problemas externalizantes depois de passarem por eventos vitais estressantes (Olive, Jimenez e Parra, 2008). Outro estudo constatou que os adolescentes com melhores habilidades de regulação das emoções que experimentavam eventos vitais negativos tinham menor probabilidade de desenvolver ansiedade e depressão do que seus equivalentes com habilidades de regulação das emoções menos efetivas (McLaughlin e Hatzenbuehler, 2009).

Alguns psicólogos concluem que informações sobre preocupações e emoções diárias fornecem pistas melhores sobre os efeitos dos estressores do que os eventos vitais (Rowden et al., 2011; Tomfohr et al., 2011). Aguentar um emprego maçante e tenso e viver na pobreza não aparecem nas escalas de eventos importantes na vida. No entanto, a tensão diária envolvida nessas condições de vida (preocupações diárias) cria uma vida altamente estressante e, em alguns casos, leva a um transtorno psicológico ou doenças.

O estresse nos relacionamentos é especialmente comum entre os adolescentes. Entre 46% e 82% dos eventos estressantes diários relatados pelos adolescentes incluem relações interpessoais, especialmente conflitos com pais, pares e parceiros amorosos (Seiffge-Krenke, Aunola e Nurmi, 2009). As garotas adolescentes são mais sensíveis ao estresse nos relacionamentos; elas relatam níveis mais altos de estresse nos relacionamentos e têm maior probabilidade de usar estratégias de enfrentamento que mantêm os relacionamentos (Rose e Rudolph, 2006; Seiffge-Krenke, 2011). Quando essas relações são destrutivas, permanecer nelas por muito tempo pode produzir sintomas depressivos (Grant et al., 2006).

Quais são as maiores preocupações dos estudantes universitários? Um estudo mostrou que as preocupações diárias mais frequentes dos estudantes universitários eram perder tempo, ficar sozinho e preocupação em atingir altos padrões de realização (Kanner et al., 1981). Na verdade, o medo de fracassar em nosso mundo orientado para o sucesso desempenha com frequência um papel importante na depressão de estudantes universitários. Os estudantes universitários também indicaram que se divertir, rir, ir ao cinema, ter bom relacionamento com os amigos e concluir uma tarefa eram suas fontes principais de emoções diárias.

Os críticos da abordagem das preocupações diárias argumentam que ela tem os mesmos pontos fracos das escalas de eventos vitais (Dohrenwend e Shrout, 1985). Por exemplo, saber a respeito de irritações e problemas diários de uma pessoa não nos diz nada sobre as suas percepções dos estressores, sua resiliência fisiológica ao estresse ou sobre suas habilidades ou estratégias de enfrentamento. Além do mais, as escalas das preocupações diárias e emoções diárias não foram relacionadas de forma consistente a medidas objetivas de saúde e doença.

Fatores socioculturais Os fatores socioculturais ajudam a determinar quais estressores os indivíduos provavelmente irão encontrar, tenham eles a probabilidade de perceber os eventos como estressantes ou não, e como eles acreditam que os estressores devem ser enfrentados (Borjas, 2011; Sun et al., 2010). Como exemplos dos fatores socioculturais envolvidos no estresse, vamos examinar gênero, conflito entre culturas e pobreza.

Homens e mulheres respondem aos estressores da mesma forma? Shelley Taylor (2006, 2011a, 2011b, 2011c) propôs que as mulheres têm menos probabilidade de responder a situações estressantes e ameaçadoras com uma resposta de luta e fuga do que os homens. Taylor argumenta que as mulheres têm maior probabilidade de "busca de apoio" (*tend-and-befriend*). Ou seja, as mulheres frequentemente respondem a situações estressantes protegendo a si mesmas e aos outros por meio de comportamentos de cuidados (a parte do *apoio* do modelo) e da formação de alianças com um grupo social mais amplo, especialmente um grupo formado por outras mulheres (a parte de *busca* do modelo).

Rapazes e moças adolescentes experimentam o estresse e o enfrentam de modo similar ou diferente? Um estudo recente não revelou diferenças no estresse que rapazes e moças relataram experimentar em relação à escola (como a pressão para obter boas notas), aos pais (como brigar com os pais), problemas relacionados a eles mesmos (como não gostar da própria aparência), lazer (como não ter dinheiro suficiente) e o seu futuro (como ficar desempregado) (Seiffge-Krenke, Aunola e Nurmi, 2009). Entretanto, as garotas indicaram que experimentam mais estresse nas relações com os pares (como quase não ter amigos) e utilizam estratégias mais ativas para enfrentar o estresse que incluem a ajuda dos pares.

Estresse aculturativo refere-se às consequências negativas que resultam do contato entre dois grupos culturais distintos. Muitos indivíduos que imigraram para os Estados Unidos vivenciaram estresse aculturativo (Borjas, 2011; Grigorenko e Takanishi, 2010; Liu et al., 2011).

A pobreza pode causar considerável estresse para os indivíduos e as famílias (Taylor, 2010; Williams e Hazell, 2011). Um especialista em enfrentamento nos jovens, Bruce Compas (2004, p. 279), chama a pobreza de "o problema social mais importante que os jovens enfrentam nos Estados Unidos". Como vimos no Capítulo 12, condições crônicas como moradia inadequada, bairros perigosos, sobrecarga de responsabilidades e incertezas econômicas são estressores potentes nas vidas dos indivíduos pobres. Os adolescentes terão maior probabilidade de vivenciar eventos vitais ameaçadores e incontroláveis se viverem em contextos de baixa renda do que se viverem em contextos economicamente mais favorecidos (McLoyd et al., 2009).

Estratégias de enfrentamento Nem todos os adolescentes e adultos emergentes respondem ao estresse da mesma maneira. Alguns jovens "jogam a toalha" quando uma coisa não muito importante dá errado em suas vidas. Outros são motivados a trabalhar duro para encontrar soluções para os problemas pessoais, e

estresse aculturativo Consequências negativas que resultam do contato entre dois grupos culturais distintos.

O que caracteriza o estresse aculturativo da imigração dos adolescentes nos Estados Unidos?

alguns ainda se adaptam com sucesso a circunstâncias extremamente pesadas. Uma circunstância estressante pode se tornar muito menos estressante se você souber como enfrentá-la.

O que são estratégias de enfrentamento? **Estratégias de enfrentamento** envolvem o manejo das circunstâncias pesadas, empreendendo esforços para resolver os problemas vitais e procurando dominar ou reduzir o estresse. O que faz a diferença entre esforços eficazes e ineficazes de enfrentamento?

As características do indivíduo proporcionam parte da resposta. O sucesso no enfrentamento foi vinculado a diversas características, incluindo uma noção de controle pessoal, emoções positivas e recursos pessoais (Folkman e Moskowitz, 2004). No entanto, o sucesso no enfrentamento também depende das estratégias usadas e do contexto (Hernandez, Vigna e Kelley, 2010; Zalewski et al., 2011; Wadsworth et al., 2011).

Estratégias de enfrentamento focadas no problema e na emoção Uma forma de classificar as estratégias de enfrentamento foi especialmente influente entre os psicólogos que estudam as estratégias de enfrentamento: as estratégias de enfrentamento focado no problema e as estratégias de enfrentamento focado nas emoções, propostos por Richard Lazarus (2000).

Estratégias de enfrentamento focado no problema é o termo de Lazarus para a estratégia de enfrentar diretamente os próprios problemas e tentar resolvê-los. Por exemplo, se você está tendo problemas com uma aula, você pode ir até o centro de desenvolvimento de habilidades para o estudo da sua faculdade ou universidade e ingressar em um programa de treinamento para aprender a estudar com mais eficiência. Tendo feito isso, você enfrentou o seu problema e tentou fazer alguma coisa a respeito. Uma revisão de 39 estudos documentou que o enfrentamento focado no problema estava associado a mudança positiva após vivência de trauma e adversidade (Linley e Joseph, 2004).

Estratégias de enfrentamento focado na emoção é o termo de Lazarus para a resposta ao estresse utilizando recursos emocionais, especialmente por meio do uso de mecanismos de defesa. O enfrentamento focado na emoção inclui esquiva do problema, racionalização do que aconteceu, negação de que ele está acontecendo, fazer piada do problema ou recorrer à fé religiosa para apoio. Se você usar o enfrentamento focado na emoção, poderá evitar uma aula em que está encontrando dificuldades. Você pode dizer que a aula não tem importância, negar que está tendo um problema ou rir e fazer piada dela com os seus amigos. Esta não é necessariamente uma boa forma de enfrentar um problema. Por exemplo, em um estudo, os indivíduos deprimidos tentaram evitar o enfrentamento dos problemas mais do que os indivíduos que não estavam deprimidos (Ebata e Moos, 1989). Em um estudo de jovens de áreas urbanas pobres, o enfrentamento focado na emoção estava vinculado a um maior risco para o desenvolvimento de problemas (Tolan et al., 2004).

Às vezes, o enfrentamento focado na emoção é adaptativo. Por exemplo, a negação é um mecanismo protetor para lidar com a torrente de sentimentos que surge quando a realidade da morte ou de morrer se torna grande demais. A negação pode proteger contra o impacto destrutivo do choque ao adiar o momento em que você terá que lidar com o estresse. Em outras circunstâncias, no entanto, o enfrentamento focado na emoção é desadaptativo. Negar que a pessoa com quem você estava namorando não o ama mais quando esta pessoa se comprometeu com outra impede que você prossiga com a sua vida.

Muitos indivíduos usam com sucesso os dois tipos de estratégias de enfrentamento para lidar com uma circunstância estressante (Romas e Sharma, 2010). No entanto, a longo prazo, as estratégias de enfrentamento focado no problema geralmente funciona melhor do que as estratégias de enfrentamento focado na emoção (Heppner e Lee, 2001).

Outra estratégia de enfrentamento prejudicial é o *enfrentamento evitativo*, que envolve ignorar um problema na expectativa de que ele simplesmente vá embora (Wadsworth et al., 2011). Um estudo recente verificou que os adolescentes que se engajavam em enfrentamento evitativo e enfrentamento focado na emoção tinham mais probabilidade de serem deprimidos e terem ideação suicida (Horwitz, Hill e King, 2011).

Pensar positivamente Pensar positivamente e evitar pensamentos negativos são boas estratégias quando estamos tentando lidar com o estresse em qualquer circunstância (Greenberg, 2011; McCarty, Violette e McCauley, 2011). Por quê? Um humor positivo estimula a habilidade de processar a informação de forma eficiente e aumenta a autoestima. Na maioria dos casos, uma atitude otimista é superior a uma pessimista. Ela nos dá uma sensação de que estamos controlando o nosso ambiente, o que é muito parecido com o que Bandura (2001,

Como as estratégias de enfrentamento focado no problema e as estratégias de enfrentamento focado na emoção podem ser distinguidos?

estratégias de enfrentamento Manejo de circunstâncias pesadas, despendendo um esforço para resolver os problemas vitais e procurando dominar ou reduzir o estresse.

estratégias de enfrentamento focado no problema Termo de Lazarus para a estratégia de enfrentar diretamente os próprios problemas e tentar resolvê-los.

estratégias de enfrentamento focado na emoção Termo de Lazarus para a resposta ao estresse de uma maneira emocional, especialmente por meio da utilização de mecanismos de defesa.

2009, 2010a) fala quando descreve a importância da autoeficácia no desenvolvimento de estratégias de enfrentamento. Pensar positivamente reflete o movimento psicológico positivo inicialmente descrito no Capítulo 1; lembre-se de que os psicólogos estão buscando maior ênfase nos traços individuais positivos, na esperança e no otimismo (King, 2011). Um estudo prospectivo com mais de 5 mil adolescentes jovens revelou que um estilo positivo de pensamento predizia um nível mais baixo de sintomas depressivos, além de um nível mais baixo de abuso de substância e comportamento antissocial (Patton et al., 2011a).

Apoio O apoio dos outros é um aspecto importante de ser capaz de enfrentar o estresse (Taylor, 2011a, 2011b, 2011c). Vínculos próximos e positivos com outras pessoas – como membros da família, amigos ou um mentor – funcionam como uma proteção contra o estresse nas vidas dos adolescentes e adultos emergentes (Shaver e Mikuliner, 2012).

Os indivíduos que apoiam podem recomendar ações e planos específicos para ajudar um adolescente ou adulto emergente que está sob estresse a enfrentá-lo com mais eficiência (Han, Payne e Lucas, 2011). Por exemplo, um mentor ou conselheiro pode observar que um adolescente está sobrecarregado com o trabalho acadêmico e que isso está lhe causando um estresse considerável. O mentor ou conselheiro pode, então, sugerir formas pelas quais o adolescente ou adulto emergente poderá manejar melhor o trabalho ou delegar tarefas com maior eficiência. Os amigos e membros da família podem reassegurar ao adolescente ou adulto emergente que está sob estresse que ele é uma pessoa de valor amada pelos outros. Saber que os outros se importam permite que os adolescentes e adultos emergentes enfrentem o estresse com maior tranquilidade.

Quando os adolescentes experimentam estressores graves, como a morte repentina de um amigo próximo ou colega, o evento pode ser traumático (Seiffge-Krenke, 2011). Nestes casos, é importante que o adolescente busque apoio e compartilhe seus sentimentos com outras pessoas. Uma análise recente encontrou que a relação com as redes *online* após a morte de um amigo pode ajudar os adolescentes a enfrentar melhor a situação (Williams e Merten, 2009).

Contextos e enfrentamento O enfrentamento não é um processo isolado; ele é influenciado por demandas e recursos do ambiente. As estratégias de enfrentamento precisam ser avaliadas no contexto específico em que ocorrem (Mash e Wolfe, 2009; Portes e Rivas, 2011). Por exemplo, uma determinada estratégia pode ser efetiva em uma situação, mas não em outra, dependendo da extenção em que esta situação e controlável. Assim, será adaptativo se enga-

---

conexão com o desenvolvimento

Apego. Adultos emergentes com um apego inseguro evitativo ou ansioso têm maior probabilidade de desenvolver problemas do que seus equivalentes com um apego seguro. Cap. 8, p. 285

---

conexão COM CARREIRAS

Luis Vargas, psicólogo clínico infantil

Luis Vargas é diretor do programa de Residência em Psicologia Clínica Infantil e professor no Departamento de Psiquiatria no Centro de Ciências da Saúde da Universidade do Novo México. Ele também é diretor de psicologia no Hospital Psiquiátrico Infantil da Universidade do Novo México.

O Dr. Vargas fez sua graduação em psicologia na Universidade St. Edwards no Texas, o mestrado em psicologia na Universidade de Trinity no Texas e obteve seu Ph.D. em psicologia clínica na Universidade de Nebraska-Lincoln.

Seus principais interesses são as questões culturais e a avaliação e tratamento de crianças, adolescentes e famílias. Sua motivação é encontrar novas formas de oferecer serviços de saúde mental culturalmente responsivos. Um dos seus interesses especiais é o tratamento de jovens latinos para delinquência e abuso de substância.

Luis Vargas conduzindo uma sessão terapêutica com uma garota adolescente.

Para maiores informações sobre o que fazem os psicólogos clínicos, veja o apêndice do Capítulo 1.

jar em uma estratégia de enfrentamento focada no problema antes de se fazer uma prova e no desfoco mental enquanto se espera o resultado. A abordagem contextual do enfrentamento aponta para a importância da *flexibilidade no enfrentamento*, a habilidade de modificar as estratégias de enfrentamento para atender às demandas da situação.

Para ler a respeito de um indivíduo que ajuda adolescentes a enfrentarem o estresse, veja o item *Conexão com Carreiras*.

Para ler mais sobre estratégias de enfrentamento, veja o item *Conexão com Saúde e Bem-Estar*, onde consideramos algumas das estratégias que já discutimos e são apresentas várias outras.

RESILIÊNCIA

Mesmo quando adolescentes e adultos emergentes enfrentam condições adversas como a pobreza, certas características os tornam mais resilientes (Compas e Reeslund, 2009). Conforme vimos no Capítulo 1, alguns adolescentes e adultos emergentes conseguem triunfar sobre as adversidades da vida. Ann Masten (2001, 2006, 2007, 2011; Masten et al., 2009, 2010) analisou a literatura de pesquisa sobre resiliência e concluiu que inúmeros fatores individuais (como um bom funcionamento intelectual), fatores familiares (relação de proximidade com uma figura parental) e fatores extrafamiliares (ligações com adultos pró-sociais fora da família) caracterizam os adolescentes resilientes (veja a Figura 13.3).

Fonte	Característica
Individual	Bom funcionamento intelectual Atraente, sociável, disponível Autoconfiança, elevada autoestima Talentos Fé
Familiar	Relação de proximidade com cuidador/pais Parentalidade autoritativa: carinho, estrutura, altas expectativas Estrutura socioeconômica favorável Conexões com redes apoiadoras da família estendida
Contexto Extrafamiliar	Laços com cuidadores fora da família Conexões com organizações positivas Frequência a escolas eficientes

FIGURA 13.3
Características de crianças e adolescentes resilientes.

---

conexão COM SAÚDE E BEM-ESTAR

Quais estratégias de enfrentamento funcionam para adolescentes e adultos emergentes?

Apresentamos aqui algumas estratégias de enfrentamento efetivas que podem beneficiar adolescentes e adultos emergentes:

- **Pensar positivamente e com otimismo.** Pensar positivamente e evitar pensamentos negativos são boas estratégias quando adolescentes e adultos emergentes estão tentando lidar com o estresse em quase todas as circunstâncias. Por quê? Um humor positivo estimula a habilidade de processar a informação com eficiência e aumenta a autoestima na maioria dos casos, uma atitude otimista é superior a uma pessimista. Ela proporciona uma sensação de controle do ambiente, que é como considera Albert Bandura (2001, 2009, 2010a), quando descreve a importância da autoeficácia nas estratégias de enfrentamento.

- **Aumentar o autocontrole.** O desenvolvimento de um melhor autocontrole é uma estratégia de enfrentamento efetiva. Enfrentar um problema com sucesso geralmente requer tempo – semanas, meses, até mesmo anos, em alguns casos. Muitos adolescentes e adultos emergentes que se envolvem em comportamento problemático têm dificuldade para manter um plano de enfrentamento porque o seu comportamento problemático proporciona gratificação imediata (como comer, fumar, beber, ir a uma festa em vez de estudar para um exame). Para manter um programa de autocontrole ao longo do tempo, é importante ser capaz de abrir mão da gratificação.

- **Buscar apoio social.** Pesquisadores constataram, de forma consistente, que o apoio social ajuda os adolescentes e os adultos emergentes a enfrentar o estresse (Taylor, 2011a, 2011b, 2011c). Por exemplo, adolescentes e adultos emergentes deprimidos geralmente possuem relações e menos apoiadoras com membros da família, amigos e colegas de trabalho do que seus equivalentes que não são deprimidos (Nolen-Hoeksema, 2011).

- **Consultar um conselheiro ou terapeuta.** Se adolescentes e adultos emergentes não conseguem enfrentar o(s) problema(s) que estão encontrando, é importante que busquem a ajuda profissional de um conselheiro ou terapeuta. A maioria das faculdades possui um serviço de aconselhamento que fornece aos alunos conselhos profissionais imparciais.

- **Usar múltiplas estratégias de enfrentamento.** Os adolescentes e adultos emergentes que se defrontam com circunstâncias estressantes têm muitas estratégias entre as quais escolherem (Greenberg, 2011). Geralmente, é inteligente escolher mais do que uma porque uma única estratégia poderá não funcionar em um contexto particular. Por exemplo, um adolescente ou adulto emergente que passou por um evento vital estressante ou uma série de eventos vitais (como a morte de um dos pais ou o rompimento de um relacionamento afetivo) pode consultar um profissional da saúde mental, procurar apoio social, exercitar-se regularmente, reduzir a ingestão de álcool e praticar atividades de relaxamento.

Quando utilizada isoladamente, nenhuma destas estratégias poderá ser adequada, porém o seu efeito combinado permitirá que o adolescente ou o adulto emergente enfrente o estresse com sucesso. Lembre-se do que você aprendeu ao ler a repeito de pares, família e etnia quando considerar outras estratégias que poderão ser úteis.

Masten e colaboradores (2006) concluíram que ser resiliente na adolescência está ligado a continuar a ser resiliente na adultez emergente, mas que a resiliência pode se desenvolver na adultez emergente. Eles também indicaram que durante a adultez emergente alguns indivíduos se tornam motivados para melhorar suas vidas e desenvolvem uma melhor habilidade para planejar e tomar decisões mais efetivas que colocam suas vidas em um curso desenvolvimental mais positivo. Em alguns casos, uma pessoa específica pode influenciar um adulto emergente de várias formas positivas, como foi o caso na vida de Michael Maddaus, de quem falamos no começo do Capítulo 1. Lembre-se de que após infância e adolescência repletas de estresse, conflito, decepções e problemas, a sua conexão com um mentor muito competente na adultez emergente o ajudou a transformar sua vida e ele acabou por se tornar um cirurgião de sucesso. De acordo com Masten e colaboradores (2006), um relacionamento amoroso ou o nascimento de um filho podem estimular mudanças e levar um adulto emergente a desenvolver um comprometimento mais forte com um futuro positivo.

Revisar *Conectar* **Refletir** **OA1** Discutir a natureza dos problemas na adolescência e na adultez emergente.

Revisar
- Como pode ser caracterizada a abordagem biopsicossocial?
- Como é a abordagem da psicopatologia desenvolvimental?
- Quais são algumas características gerais dos problemas adolescentes e de adultos emergentes?

- Qual é a natureza do estresse e das estratégias de enfrentamento na adolescência e adultez emergente?
- Como pode ser explicada a resiliência de alguns adolescentes e adultos emergentes?

Conectar
- Como as amizades (descritas no Capítulo 9) podem contribuir para o estresse e estratégias de enfrentamento?

Refletir *sua jornada de vida pessoal*
- Quais são os estressores mais significativos que você experimentou quando adolescente? Você os enfrentou de modo efetivo? Explique.

---

2 Problemas e transtornos

OA2 Descrever alguns problemas e transtornos que caracterizam os adolescentes e os adultos emergentes.

- Uso de drogas
- Delinquência juvenil
- Depressão e suicídio
- Transtornos da alimentação

Quais são alguns dos principais problemas e transtornos na adolescência e na adultez emergente? Eles incluem abuso de drogas e álcool, delinquência juvenil, problemas relacionados com a escola, comportamento sexual de alto risco, depressão, suicídio e transtornos da alimentação. Já discutimos os problemas relacionados com a escola e problemas sexuais em capítulos anteriores. Examinaremos aqui os outros problemas, começando pelas drogas.

USO DE DROGAS

O quanto o uso de drogas está disseminado entre adolescentes e adultos emergentes nos Estados Unidos? Qual é a natureza e quais os efeitos das várias drogas usadas pelos adolescentes e adultos emergentes? Que fatores contribuem para o uso de drogas entre adolescentes e adultos emergentes? Exploremos agora estas questões.

Tendências no uso de drogas em geral Os anos 1960 e 1970 foram uma época de um aumento acentuado no consumo de drogas ilícitas. Durante a agitação social e política daqueles anos, muitos jovens passaram a utilizar maconha, estimulantes e alucinógenos. O aumento no consumo de álcool por adolescentes e adultos emergentes durante este período também foi observado (Robinson e Greene, 1988). Dados mais precisos sobre o uso de drogas por adolescentes e adultos emergentes foram coletados nos últimos anos. A cada ano desde 1975, Lloyd Johnston e colaboradores, trabalhando no Instituto de Pesquisas Sociais da Universidade de Michigan, vêm monitorando cuidadosamente o uso de drogas dos estudantes do ensino médio dentro de uma ampla gama de escolas públicas e privadas. Desde 1991, eles também têm feito levantamentos do uso de drogas entre jovens da 9ª série do ensino fundamental até 2ª série do ensino médio e de tempos em tempos têm avaliado o uso de drogas em adultos emergentes, acompanhando-os até a idade adulta intermediária. Esta pesquisa é chamada Monitoring the Future Study (Monitorando o Futuro). Em 2010, o estudo pesquisou mais de 46 mil alunos de escolas de ensino médio em mais de 400 escolas públicas e privadas (Johnston et al., 2011).

De acordo com este estudo, a proporção de estudantes norte-americanos do final do ensino fundamental ao final do ensino médio que usavam alguma droga ilícita declinou no final da década de 1990 e nos primeiros anos do século XXI (Johnston et al., 2011) (veja a Figura 13.4). O uso de drogas entre os alunos norte-americanos do ensino médio declinou nos anos 1980, mas começou a aumentar no início da década de 1990 (Johnston et al., 2010). No fim da década de 1990 e primeira parte do século XXI, a proporção de alunos do ensino médio que relataram o uso de alguma droga ilícita declinou. O declínio geral no uso de drogas ilícitas pelos adolescentes durante este período de tempo é de aproximadamente um terço para os alunos da 9ª série do ensino fundamental, um quarto para os da 2ª série do ensino médio e um oitavo para os da 4ª série do ensino médio. A Figura 13.4 mostra a tendência no uso de drogas em geral pelos estudantes norte-americanos do ensino médio desde 1975 e pelos alunos da 9ª série do ensino fundamental até 2ª série do ensino médio desde 1991. O declínio mais notável no uso de drogas pelos adolescentes norte-americanos no século XXI ocorreu para LSD, cocaína, cigarros, sedativos, tranquilizantes e *ecstasy*. A maconha é a droga ilícita mais amplamente usada nos Estados Unidos e na Europa (Hibell et al., 2004; Johnston et al., 2011).

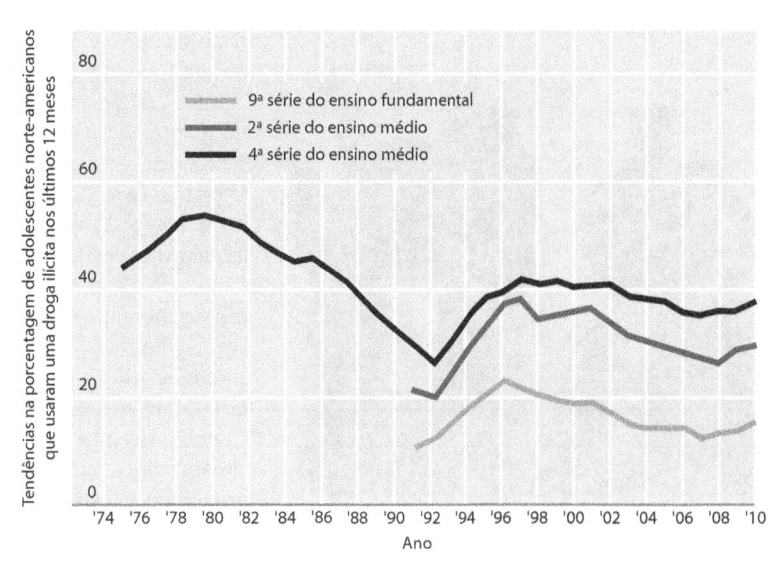

Conforme mostra a Figura 13.4, na qual a maconha está incluída, ocorreu um aumento no uso de drogas ilícitas pelos adolescentes norte-americanos em 2009 e 2010. No entanto, quando o uso de maconha é subtraído do índice de drogas ilícitas, não ocorreu aumento no uso de drogas pelos adolescentes norte-americanos em 2009 e 2010 (Johnston et al., 2011).

Johnston e colaboradores (2005) observaram que o "esquecimento geracional" contribuiu para o aumento do uso de drogas pelos adolescentes na década de 1990, quando as crenças dos adolescentes sobre os perigos das drogas se desgastaram consideravelmente. A recente retração no uso de drogas pelos adolescentes norte-americanos foi atribuída a um aumento na percepção dos perigos do uso de drogas pelos jovens (Johnston et al., 2011).

Consideremos agora separadamente algumas drogas que são usadas por alguns adolescentes e adultos emergentes.

Álcool Para saber mais sobre o papel do álcool nas vidas dos adolescentes e adultos emergentes, examinaremos o uso e abuso de álcool por adolescentes e adultos emergentes e os fatores de risco no abuso de álcool.

Uso de álcool na adolescência e na adultez emergente Qual a extensão do uso de álcool pelos adolescentes norte-americanos? O uso de álcool entre os adolescentes declinou consideravelmente nos últimos anos (Johnston et al., 2011). A porcentagem de estudantes norte-americanos da 9ª série do ensino fundamental que relatam ter ingerido álcool nos últimos 30 dias caiu de 26% em 1996 para 14% em 2010. A prevalência de 30 dias entre alunos da 2ª série do ensino médio caiu de 39% em 2001 para 29% em 2010 e entre os alunos a partir da 2ª série do ensino médio de 72% em 1980 para 41% em 2010. A compulsão alcoólica (definida nos levantamentos da Universidade de Michigan como beber quatro ou mais drinques em sequência nas duas ultimas semanas) em alunos do ensino médio declinou de 41% em 1980 para 27% em 2010. A compulsão alcoólica entre os alunos da 9ª série do ensino fundamental e 2ª série do ensino médio também caiu em anos recentes. Ocorre uma diferença consistente entre os

FIGURA 13.4
Tendências no uso de drogas pelos alunos norte-americanos da 9ª série do ensino fundamental, 2ª e 4ª séries do ensino médio. Este gráfico mostra a porcentagem de alunos norte-americanos da 9ª série do ensino fundamental, 2ª e 4ª série do ensino médio que relataram terem usado uma droga ilícita nos últimos 12 meses, de 1991 a 2010 para os alunos da 9ª e 2ª série e de 1975 a 2010 para os alunos da 4ª série do ensino médio (Johnston et al., 2011).

Que tipos de problemas estão associados à compulsão alcoólica na universidade?

sexos quanto à compulsão alcoólica, com os homens se envolvendo mais nisso do que as mulheres (Randolph et al., 2009).

A transição do ensino médio para a universidade pode ser uma transição crítica para o abuso de álcool (Johnston et al., 2010). A grande maioria dos adolescentes mais velhos e os jovens que bebem reconhecem que beber é comum entre as pessoas da sua idade e que é amplamente aceitável e até mesmo esperado pelos pares. Eles podem também perceber alguns benefícios sociais e estratégias de enfrentamento pelo uso do álcool e até mesmo de ocasionalmente beber em excesso.

Em 2009, 42% dos universitários norte-americanos relataram terem ficado bêbados nos últimos 30 dias (Johnston et al., 2010). Embora ainda seja um índice alto, a cifra de 42% em 2009 reflete um declínio de um pico de 48% em 2006. Os efeitos de beber em excesso aparecem como malefícios nos estudantes universitários. Em um levantamento nacional dos padrões de ingestão de bebidas em 140 *campi*, quase metade dos bebedores compulsivos relataram problemas que incluíam faltar às aulas, lesões corporais, problemas com a polícia e fazer sexo sem proteção (Wechsler et al., 1994). Também neste estudo, os alunos universitários com compulsão alcoólica tinham uma probabilidade 11 vezes maior de dirigir após beberem e duas vezes mais probabilidade de fazerem sexo sem proteção do que os estudantes universitários que não tinham compulsão alcoólica.

Ingerir álcool antes de sair – chamado de *pré-jogo* ou *concentração* – tornou-se comum entre os universitários e está aumentando entre os estudantes do ensino médio (Zamboanga et al., 2011). Um estudo recente revelou que quase dois terços dos alunos em um *campus* universitário haviam feito pré-jogo pelo menos uma vez em um período de duas semanas (DeJong, DeRicco e Schneider, 2010). Outro estudo recente constatou que dois terços das mulheres entre 18 e 24 anos em um *campus* universitário faziam pré-jogo (Read, Merrill e Bytschkow, 2010). Os jogos de bebedeira, cujo objetivo é ficar intoxicado, também se tornaram comuns nos *campi* universitários (Cameron et al., 2010; Labrie et al., 2011). Os altos níveis de uso de álcool estavam ligados com consistência a índices mais altos de comportamento sexual de risco, como envolver-se em sexo casual, sexo sem contraceptivos e agressões sexuais (Enyeart Smith e Wessel, 2011; Lawyer et al., 2010).

Uma preocupação especial é o aumento da compulsão alcoólica entre as mulheres durante a adultez emergente que ocorreu na década de 1990 e parte inicial da primeira década do século XXI (Davis et al., 2010; Smith e Berger, 2010). Entretanto, ocorreu um declínio na compulsão alcoólica entre os universitários do sexo masculino e feminino de 2007 a 2009 (Johnston et al., 2010). Para a ocorrência nos últimos 30 dias, os rapazes universitários (48%) ainda tinham uma probabilidade muito maior de se engajar em compulsão alcoólica do que as moças universitárias (39%) (Johnston et al., 2010).

Fatores de risco no abuso de álcool Entre os fatores de risco no abuso de álcool entre adolescentes e adultos emergentes estão hereditariedade, influências familiares, relações com os pares e determinadas características de personalidade e motivacionais. Existem evidências de uma predisposição genética ao alcoolismo, embora seja importante lembrar que tanto os fatores genéticos quanto ambientais estão envolvidos (Hart, Ksir e Ray, 2011).

O uso de álcool entre adolescentes e adultos emergentes está relacionado à parentalidade (Reimuller, Hussong e Ennett, 2011; Ryan et al., 2011; Wolff e Crockett, 2011). Os adolescentes que bebem em excesso frequentemente são provenientes de lares infelizes, nos quais existe muita tensão. Tais adolescentes têm pais que lhes prestam poucos cuidados, pais que usam práticas fracas no manejo familiar (baixo monitoramento, expectativas pouco nítidas, poucas recompensas pelo comportamento positivo) e têm pais que aprovam o uso de álcool (Barnes, Farrell e Banerjee, 1995).

O grupo de pares é especialmente importante no abuso de álcool de adolescentes e adultos emergentes (Wolff e Crockett, 2011). Por exemplo, um estudo revelou que o comportamento de beber dos amigos estava ligado ao engajamento ou não dos estudantes universitários em compulsão alcoólica (Jamison e Myers, 2008). Neste estudo, a pressão para beber era mais forte entre os pares do sexo masculino do que do sexo feminino (Jamison e Myers, 2008).

Quais são alguns fatores que contribuem para que os adolescentes bebam em excesso?

Não é apenas o uso de álcool pelos adolescentes norte-americanos que é uma preocupação maior. Também existe uma preocupação com o uso de outras drogas pelos adolescentes. A seguir, examinaremos o uso de uma série de outras drogas, começando pelos alucinógenos.

Alucinógenos Os **alucinógenos,** também chamados de drogas psicodélicas (que alteram a mente), são drogas que modificam as experiências perceptivas de um indivíduo e produzem alucinações. Discutiremos primeiro o LSD, que tem propriedades alucinógenas poderosas, e depois a maconha, um alucinógeno mais leve.

LSD O LSD (*dietilamida de ácido lisérgico*) é um alucinógeno que – mesmo em doses baixas – produz alterações perceptivas notáveis. Às vezes as imagens são prazerosas, outras vezes desagradáveis ou assustadoras. A popularidade do LSD nos anos 1960 e 1970 foi seguida de uma redução no uso no meio da década de 1970 quando os seus efeitos imprevisíveis foram divulgados. No entanto, o uso de LSD entre os adolescentes aumentou nos anos 1990 (Johnston et al., 2011). Em 1985, 1,8% dos estudantes norte-americanos do ensino médio relataram uso de LSD nos últimos 30 dias; em 1994, este índice subiu para 4,0%. Entretanto, o uso de LDS declinou para 2,3% em 2001 e caiu mais em 2010 para um pouco menos de 1% (Johnston et al., 2011).

Maconha A *maconha*, um alucinógeno mais leve que o LSD, provém da planta do cânhamo, *Cannabis sativa*. Como a maconha também pode prejudicar atenção e memória, fumar maconha não contribui para um desempenho escolar ideal. O uso da maconha por adolescentes decresceu na década de 1980. Por exemplo, em 1973, 37% dos alunos do ensino médio disseram que haviam usado maconha no último mês, mas em 1992 este número havia caído para 19% e depois, em 2006, para 18%. Porém o uso de maconha pelos adolescentes norte-americanos aumentou entre 2008 e 2010 (Johnston et al., 2011) (veja a Figura 13.5). Uma razão para que o uso da maconha tenha aumentado recentemente é que menos adolescentes percebem muito perigo associado ao seu uso (veja a Figura 13.5).

Estimulantes Os **estimulantes** são drogas que aumentam a atividade do sistema nervoso central. Os estimulantes mais amplamente utilizados são cafeína, nicotina, anfetaminas e cocaína.

Cigarros Fumar cigarros (nos quais a droga ativa é a nicotina) é um dos problemas de saúde mais sérios, ainda que possa ser prevenido. Nos Estados Unidos, o comportamento de fumar tem probabilidade de iniciar entre a 8ª série do ensino fundamental e 1ª série do ensino médio, embora uma parte considerável dos jovens ainda esteja estabelecendo hábitos regulares de fumar durante o ensino médio e a universidade. Desde que começaram os levantamentos nacionais feitos por Johnston e colaboradores, em 1975, os cigarros têm sido a substância mais usada diariamente por alunos do ensino médio (Johnston et al., 2011).

alucinógenos Drogas que alteram as experiências perceptivas de um indivíduo e produzem alucinações; também chamadas de drogas psicodélicas (que alteram a mente).

estimulantes Drogas que aumentam a atividade do sistema nervoso central.

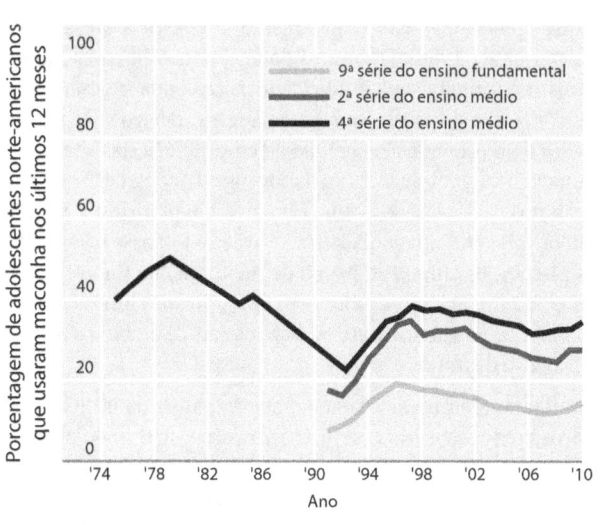

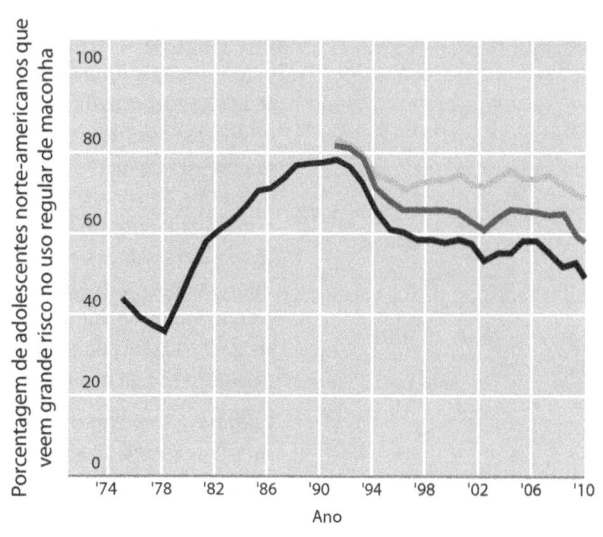

FIGURA 13.5
Tendências no uso de maconha e o risco de usá-la entre os adolescentes norte-americanos.

FIGURA 13.6
Tendências no consumo de cigarros por alunos norte-americanos do ensino médio.

"Vou te dizer uma coisa. Assim que fizer treze anos, eu vou parar."
Wayne Stayskal ©1979 Tribune Media Service, Inc.
Todos os direitos reservados. Reproduzido com permissão.

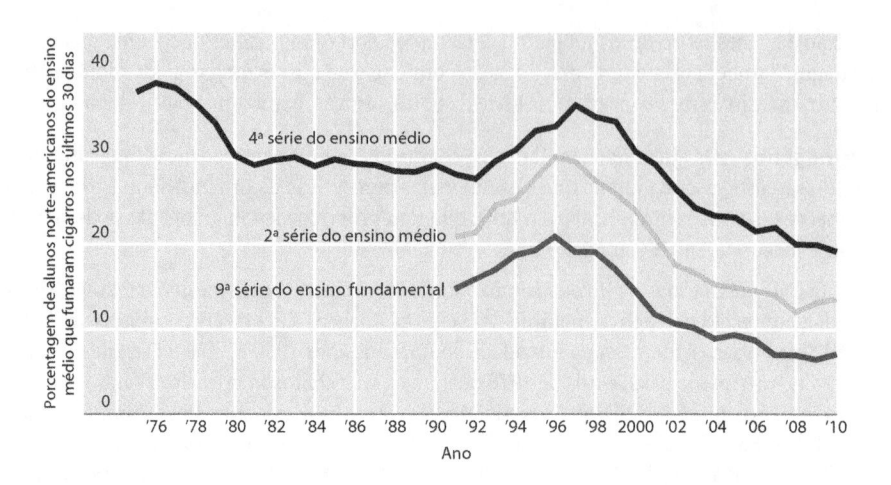

O grupo de pares desempenha um papel especialmente importante no comportamento de fumar (Metzger et al., 2011). Em um estudo, o risco do fumo atual estava ligado a redes de pares em que pelo menos metade dos membros fumavam, um ou dois melhores amigos fumavam e fumar era comum na escola (Alexander et al., 2001). E em um estudo recente, o comportamento precoce de fumar tinha maior previsão se um irmão ou par fumasse do que devido aos pais fumarem (Kelly et al., 2011).

O comportamento de fumar cigarros está diminuindo entre os adolescentes (veja a Figura 13.6). Entre os adolescentes norte-americanos, fumar atingiu seu auge em 1996 e 1997 e foi declinando gradualmente desde então (Johnston et al., 2011). Depois do auge do uso em 1996, os índices do fumo entre os alunos norte-americanos da 8ª série caiu para 50%. Em 2010, as porcentagens de adolescentes que diziam ter fumado cigarros nos últimos 30 dias eram de 19% (4ª série do ensino médio), 14% (2ª série do ensino médio) e 7% (9ª série do ensino fundamental). Desde a metade dos anos 1990, uma porcentagem crescente de adolescentes relatou que percebe fumar cigarros como perigoso, que desaprovam, que estão aceitando menos ficar perto de fumantes e que preferem namorar não fumantes (Johnston et al., 2011).

Os efeitos devastadores de começar a fumar precocemente vieram à tona em um estudo que constatou que fumar durante a adolescência causa alterações genéticas permanentes nos pulmões e aumenta em definitivo o risco de câncer de pulmão, mesmo que o fumante pare de fumar (Wienke et al., 1999). Os danos tinham muito menor probabilidade de ocorrer entre os fumantes do estudo que começaram a fumar durante seus 20 anos. Um dos achados marcantes do estudo foi que a idade precoce de começar a fumar era mais importante na predição de prejuízos genéticos do que a quantidade que os indivíduos fumavam.

Inúmeros pesquisadores desenvolveram estratégias para a interrupção dos padrões comportamentais que levavam a fumar. Em uma investigação, foram recrutados alunos do ensino médio para ajudarem os alunos da 8ª série do ensino fundamental a resistir à pressão dos pares para que fumassem (McAlister et al., 1980). Os alunos do ensino médio encorajaram os adolescentes mais jovens a resistir à influência da publicidade intensa que sugere que as mulheres livres fumam, dizendo: "Ela não é livre se estiver viciada em tabaco". Os alunos também se engajaram em exercícios de representação chamados "covarde". Nestas situações, os alunos do ensino médio chamavam os adolescentes mais jovens de "covardes" por não experimentarem um cigarro. Os alunos da 8ª série do ensino fundamental praticavam a resistência à pressão dos pares, dizendo: "Eu seria um verdadeiro covarde se fumasse só para lhe impressionar". Depois de várias sessões, os alunos do grupo de prevenção ao fumo tinham 50% menos probabilidade de começar a fumar, comparados com um grupo de alunos da 8ª série de uma escola de ensino fundamental do bairro, muito embora os pais de ambos os grupos de alunos tivessem a mesma taxa de uso de fumo.

Cocaína A *cocaína* é um estimulante que provém da coca, planta nativa da Bolívia e do Peru. A cocaína pode ter inúmeros efeitos de sérios prejuízos ao corpo, incluindo ataques cardíacos, derrame e convulsões.

Quantos adolescentes usam cocaína? O uso de cocaína nos últimos 30 dias por alunos do ensino médio caiu de um pico de 6,7% em 1985 para 1,3% em 2010 (Johnston et al., 2011). Uma porcentagem crescente de estudantes do ensino médio está chegando à conclusão de que o uso de cocaína implica riscos imprevisíveis consideráveis. Mais ainda, a porcentagem de adolescentes que usaram cocaína é perigosamente alta. Aproximadamente 1 em cada 13 experimentou cocaína pelo menos uma vez.

Anfetaminas As *anfetaminas*, frequentemente chamadas de *pep pills* (pílulas estimulantes) e *uppers* (estimulantes, aceleradores) são estimulantes amplamente prescritos, às vezes se apresentando na forma de comprimidos para dieta. O uso de anfetamina entre os alunos do ensino médio decresceu significativamente. O uso de anfetaminas nos últimos 30 dias por estes alunos declinou de 10,7% em 1982 para 3,3% em 2010 (Johnston et al., 2011). Embora o uso de comprimidos para dieta de venda livre tenha diminuído nos últimos anos, 40% das mulheres atualmente já experimentaram comprimidos para dieta na época em que se formaram no ensino médio.

Ecstasy *Ecstasy*, o nome popular da droga sintética MDMA, tem efeitos estimulantes e alucinógenos. O *ecstasy* produz sentimentos de euforia e sensações potencializadas (especialmente tato e visão). O uso de *ecstasy* pode conduzir ao aumento perigoso na pressão sanguínea, bem como derrame e ataque cardíaco.

O uso de *ecstasy* pelos adolescentes norte-americanos começou na década de 1980 e atingiu o auge em 2000 até 2001. A prevalência de 30 dias de uso em 2008 pelos alunos da 9ª série do ensino fundamental, 2ª e 4ª séries do ensino médio foi 1,1, 1,9 e 1,4%, respectivamente (menos do que 1,8, 2,6 e 2,8% em 2001). (Johnston et al., 2011). A redução no uso de *ecstasy* em 2002 coincide com o aumento do conhecimento dos adolescentes de que o *ecstasy* pode ser perigoso. Entretanto, em 2010, ocorreu um aumento no uso de *ecstasy*, possivelmente porque os jovens hoje ouviram menos sobre os perigos do *ecstasy* do que os seus predecessores.

Depressores Os **depressores** são drogas que desaceleram o sistema nervoso central, as funções corporais e o comportamento. Clinicamente, os depressores têm sido usados para reduzir a ansiedade e induzir o sono. Entre os depressores mais amplamente usados encontra-se o álcool, que discutimos anteriormente, barbitúricos e os tranquilizantes. Embora menos usados do que outros depressores, os opiáceos são especialmente perigosos.

Barbitúricos, como Nembutal (pentobarbital) e Seconal (secobarbital), são drogas depressoras que induzem o sono e reduzem a ansiedade. Tranquilizantes, como Valium (diazepam) e Xanax (alprazolan), são drogas depressoras que reduzem a ansiedade e induzem o relaxamento. Eles podem produzir sintomas de abstinência quando um indivíduo interrompe o seu uso. Desde os primeiros levantamentos do uso de drogas pelos alunos do ensino médio, iniciados em 1975, o uso de depressores diminuiu. Por exemplo, o uso de barbitúricos por estudantes do ensino médio pelo menos a cada 30 dias em 1975 era de 4,7%; em 2010, era de 2,2% (Johnston et al., 2011). Durante o mesmo período de tempo, o uso de tranquilizantes também diminuiu, de 4,1% para 2,5%, para a prevalência de 30 dias.

Opioides, constituídos pelo ópio e seus derivados, deprimem a atividade do sistema nervoso central. Eles são comumente conhecidos como narcóticos. Muitas drogas foram produzidas a partir da papoula do ópio, entre elas a morfina e a heroína (que é convertida em morfina quando entra no cérebro). Por diversas horas após a ingestão de um opioide, o indivíduo sente euforia e alívio da dor; no entanto, os opioides estão entre as drogas mais ativas fisicamente. A pessoa em seguida anseia por mais heroína e experimenta abstinência dolorosa a menos que tome mais.

Os índices de uso de heroína entre os adolescentes são bastante baixos, mas tiveram elevação significativa para o final do ensino fundamental e final do ensino médio na década de 1990 (Johnston et al., 2009). Em 2010, 0,4% dos alunos do ensino médio disseram que haviam usado heroína nos últimos 30 dias (Johnston et al., 2011).

Uma tendência alarmante surgiu recentemente no uso pelos adolescentes de analgésicos controlados. Muitos adolescentes citam os armários dos seus pais ou dos pais dos amigos como a fonte principal para os seus analgésicos controlados. Um levantamento de 2004 revelou que 18% dos adolescentes norte-americanos havia usado Vicodin (acetaminofen e hidrocodona) em algum momento da sua vida, ao passo que 10% haviam usado Oxicontin (oxicodona) (Partnership for a Drug-Free America, 2005). No levantamento da Universidade de Michigan, ocorreu uma queda significativa no uso de Vicodin em 2010, baixando de 9,7% em 2009 para 8% na 4ª série do ensino médio (Johnston et al., 2011). Estas drogas se

Paul Michaud, 18 anos, começou a tomar Oxicontin no ensino médio. Michaud diz: "Eu era viciado". Agora ele está em tratamento para drogas.

depressores Drogas que desaceleram o sistema nervoso central, as funções corporais e o comportamento.

Classificação da droga	Uso médico	Efeitos a curto prazo	Overdose	Riscos à saúde	Risco de dependência física/psicológica
DEPRESSORES					
Álcool	Alívio da dor	Relaxamento, atividade cerebral diminuída, comportamento lento, redução das inibições	Desorientação, perda da consciência, até morte com alta alcoolemia	Acidentes, dano cerebral, doença hepática, doença cardíaca, úlcera, defeitos congênitos	Física: moderado, psicológica: moderado
Barbitúricos	Pílulas para dormir	Relaxamento, sono	Dificuldade para respirar, coma, possível morte	Acidentes, coma, possível morte	Física e psicológica: moderado a alto
Tranquilizantes	Redução da ansiedade	Relaxamento, comportamento lento	Dificuldade para respirar, coma, possível morte	Acidentes, coma, possível morte	Física: baixo a moderado psicológica: moderado a alto
Opiáceos (narcóticos)	Alívio da dor	Sentimentos de euforia, torpor, náusea	Convulsões, coma, possível morte	Acidentes, doenças infecciosas como AIDS (quando a droga é injetada)	Física: alto psicológica: moderado a alto
ESTIMULANTES					
Anfetaminas	Controle do peso	Aumento no estado de alerta, excitabilidade, redução da fadiga, irritabilidade	Extrema irritabilidade, sentimentos de perseguição, convulsões	Insônia, hipertensão, desnutrição, possível morte	Física: possível; psicológica: moderada a alta
Cocaína	Anestésico local	Aumento no estado de alerta, excitabilidade, sensação de euforia; redução da fadiga, irritabilidade	Extrema irritabilidade, sentimentos de perseguição, convulsões, parada cardíaca, possível morte	Insônia, hipertensão, desnutrição, possível morte	Física: possível; psicológica: moderada (oral) a muito alta (injetada ou fumada)
ALUCINÓGENOS					
LSD	Nenhum	Fortes alucinações, percepção do tempo distorcida	Perturbação mental grave, perda de contato com a realidade	Acidentes	Física: nenhum; psicológica: baixo

FIGURA 13.7
Drogas psicotativas: depressores, estimulantes e alucinógenos.

enquadram na classe geral das drogas chamadas de narcóticos e são altamente viciantes. Neste levantamento nacional, 9% dos adolescentes também disseram que haviam abusado de medicamentos para tosse até ficarem alterados. Em 2002, a Universidade de Michigan começou a incluir Oxicontin no seu levantamento. Entre os alunos da 4ª série do ensino médio, 4% relataram o uso de Oxicontin com frequência anual em 2002, número este que teve seu pico em 2005, com 5,5%, mas que recentemente diminuiu ligeiramente para 5,1% em 2010 (Johnston et al., 2011).

Até aqui, discutimos vários depressores, estimulantes e alucinógenos. Seus usos médicos, efeitos em curto prazo, sintomas na overdose, riscos para a saúde, riscos de adição física e risco de dependência psicológica estão resumidos na Figura 13.7.

Esteroides anabolizantes Esteroides anabolizantes são drogas derivadas do hormônio sexual masculino. Elas promovem o crescimento muscular e aumentam a massa muscular. O uso não médico destas drogas implica inúmeros riscos físicos e psicológicos (National Elearinghouse for Alcohol and Drug Information, 1999). Tanto os homens quanto as mulheres que ingerem grandes doses de esteroides anabolizantes geralmente passam por alterações nas características sexuais. Os efeitos psicológicos em homens e mulheres podem envolver irritabilidade, explosões incontroláveis de raiva, graves alterações de humor (que podem conduzir a depressão quando os indivíduos interrompem o uso dos esteroides), julgamento prejudicado proveniente de sentimentos de invencibilidade e ciúme doentio.

esteroides anabolizantes Drogas derivadas do hormônio sexual masculino, testosterona. Promovem crescimento muscular e aumentam a massa corporal.

No estudo da Universidade de Michigan em 2010, 0,3% dos alunos da 9ª série do ensino fundamental, 0,5% da 2ª série e 1,1% da 4ª série do ensino médio disseram que haviam usado esteroides anabolizantes nos últimos 30 dias (Johnston et al., 2011). O índice de uso de esteroides por estudantes da 4ª série do ensino médio está em declínio desde 2004 (1,6%).

Inalantes Inalantes são produtos comuns de uso doméstico que são inalados ou aspirados por crianças e adolescentes para ficarem alterados. Exemplos de inalantes incluem cola de sapateiro, removedor de esmalte de unhas e fluidos para limpeza. O uso de inalantes a curto prazo pode causar efeitos intoxicantes que duram por vários minutos ou até mesmo várias horas se o inalante for usado repetidamente. Por fim, o usuário poderá perder a consciência. O uso de inalantes em longo prazo pode levar à deficiência cardíaca e até mesmo à morte.

O uso de inalantes é muito maior entre os adolescentes mais jovens do que os mais velhos. No levantamento nacional da Universidade de Michigan, o uso de inalantes por adolescentes norte-americanos se reduziu no século XXI (Johnston et al., 2011). O uso nos últimos 30 dias por alunos da 4ª série do ensino médio foi de 1,4% em 2010, tendo atingido o pico de 3,2% em 1995. A prevalência do uso de inalantes nos últimos 30 dias por alunos da 9ª série do ensino fundamental era de 3,6% em 1995.

Fatores no abuso de drogas de adolescentes e adultos emergentes Discutimos anteriormente os fatores que colocam adolescentes e adultos emergentes em risco para abuso de álcool. Pesquisadores também examinaram os fatores que estão relacionados ao uso de drogas em geral na adolescência e na adultez emergente, especialmente o papel do uso precoce de substância; pais, pares e escola; e as mudanças no uso de substância desde a adolescência até a adultez emergente e idade adulta inicial.

O que caracteriza o uso de inalantes por adolescentes?

Uso precoce de substância A maioria dos adolescentes se torna usuário de drogas em algum ponto do seu desenvolvimento, seja este uso limitado a álcool, cafeína e cigarros, ou ampliado para maconha, cocaína e drogas pesadas. Uma preocupação especial envolve os adolescentes que começam a usar drogas no início da adolescência ou mesmo na infância (Buchmann et al., 2009; Trucco, Colder e Wieczorek, 2011). Um estudo revelou que os indivíduos que começaram a ingerir álcool antes dos 14 anos tinham maior probabilidade de se tornarem dependentes de álcool do que seus equivalentes que começaram a beber aos 21 anos ou mais (Hingson, Heeren e Winter, 2006). Um estudo longitudinal identificou que o início do uso de álcool antes dos 11 anos estava ligado ao aumento na dependência de álcool na idade adulta (Guttmannova et al., 2011).

Pais, pares e escola Os pais desempenham um papel importante na prevenção do abuso de drogas pelos adolescentes (Kinney, 2012). Relações positivas com pais, irmãos, pares e outros podem reduzir o uso de droga entre os adolescentes (Harakeh et al., 2010; Kelly et al., 2011; Marti, Stice e Springer, 2010). Pesquisadores encontraram que o monitoramento parental está ligado a uma incidência mais baixa do uso de drogas (Tobler e Komro, 2010). Uma revisão de pesquisa recente concluiu que quanto maior a frequência com que os adolescentes jantavam com a sua família, menor era a probabilidade de que tivessem problemas de abuso de substância (Sen, 2010). E um estudo recente revelou que interações negativas com os pais estavam ligadas ao aumento do comportamento de beber e fumar na adolescência, ao passo que uma identificação positiva com os pais estava relacionada ao declínio no uso destas substâncias (Guttman et al., 2011).

conexão com o desenvolvimento
Famílias. O monitoramento parental é um aspecto-chave do manejo das vidas dos adolescentes. Cap. 8, p. 275

Um estudo longitudinal conduzido por Kenneth Dodge e colaboradores (2006) examinou as contribuições conjuntas dos pais e pares para o uso precoce de substância. A sequência de fatores relacionados ao uso de drogas por um adolescente aos 12 anos era:

- Ter nascido em uma família de risco (especialmente com uma mãe pobre, solteira ou adolescente);
- Vivenciar parentalidade autoritária elevada na infância;
- Ter problemas de conduta na escola e ser rejeitado pelos pares na infância;
- Ter maior conflito com os pais na adolescência inicial;
- Ter pouco monitoramento parental;

Que formas os pais encontraram para influenciar os seus adolescentes quanto ao uso ou não uso de drogas?

FIGURA 13.8
Compulsão alcoólica na transição da adolescência para a a idade adulta. Esta figura apresenta a porcentagem de indivíduos dos 18 aos 32 anos que disseram que haviam se engajado em compulsão alcoólica (tomando cinco ou mais drinques em alguma ocasião) durante as duas últimas semanas. Observe o declínio da compulsão alcoólica na metade da faixa dos vinte anos.

delinquência juvenil Um amplo leque de comportamentos, incluindo comportamento socialmente inaceitável, delitos de *status* e atos criminais.

delitos indexados Atos criminais, como roubo, estupro e homicídio, sejam eles cometidos por jovens ou adultos.

delitos de *status* Delitos juvenis, executados por jovens abaixo de uma idade específica, que não são tão sérios quanto os delitos indexados. Esses delitos incluem atos como beber abaixo da idade permitida, matar aula e promiscuidade sexual.

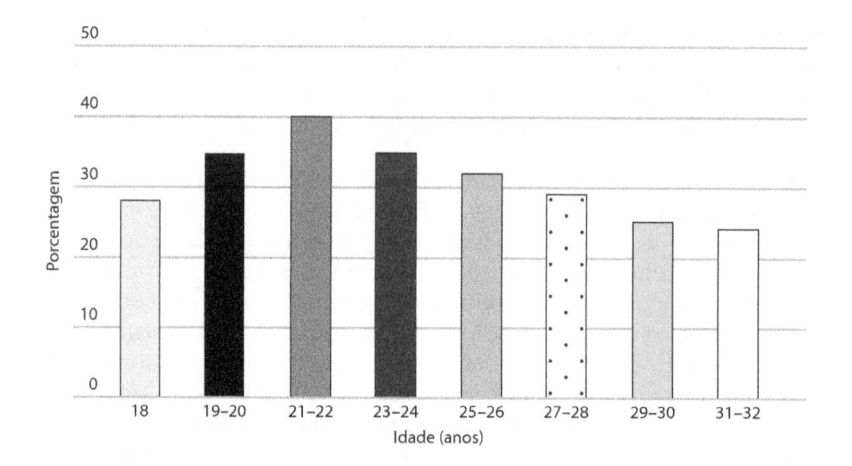

- Andar acompanhado por pares desviantes na adolescência inicial e engajar-se em uso elevado de substância.

O sucesso educacional também é um forte protetor contra a emergência de problemas com drogas na adolescência (Henry et al., 2009). Uma análise feita por Jerald Bachman e colaboradores (2008) revelou que o êxito educacional precoce reduzia consideravelmente a probabilidade de que os adolescentes desenvolvessem problemas com drogas, incluindo problemas que envolvem abuso de álcool, tabagismo e abuso de várias drogas ilícitas.

Adultez emergente e idade adulta inicial   Felizmente, na época em que os indivíduos chegam à metade da faixa dos 20 anos, muitos já reduziram seu uso de álcool e drogas (Johnston et al., 2010). Esta é a conclusão que chegaram Jerald Bachman e colaboradores (2002) em uma análise longitudinal de mais de 38 mil indivíduos (veja a Figura 13.8). Os sujeitos foram avaliados desde a época em que estavam no ensino médio até os 20 e poucos anos. Alguns dos principais achados do estudo foram os que citamos a seguir:

- Os estudantes universitários bebem mais do que os jovens que encerram sua educação após o ensino médio.
- Aqueles que não vão para a faculdade fumam mais.
- Os indivíduos solteiros usam mais maconha do que os casados.
- O uso mais pesado da bebida se dá entre os indivíduos solteiros e divorciados. Ficar noivo, casar ou até mesmo casar novamente reduz rapidamente o uso de álcool. Assim, coabitação e estado civil são fatores-chave nos índices de uso de álcool e drogas na faixa dos 20 anos.
- Os indivíduos que consideravam a religião como muito importante nas suas vidas e que frequentemente participavam de serviços religiosos tinham menos probabilidade de usar drogas do que suas contrapartes menos religiosas.

DELINQUÊNCIA JUVENIL

Arnie, de 13 anos, mencionado na seção que abriu este capítulo, é um delinquente juvenil com uma história de roubos e agressões físicas. O que é um delinquente juvenil? Quais são os antecedentes da delinquência? Que tipos de intervenções já foram usados para prevenir ou reduzir a delinquência?

O que é delinquência juvenil?   O termo **delinquência juvenil** refere-se a um grande leque de comportamentos, desde o comportamento social inaceitável (como *acting out* na escola), delitos de *status* (como fugir de casa) até atos criminais (como assalto). Para fins legais, é feita uma distinção entre delitos indexados e delitos de *status*:

- **Delitos indexados** são atos criminais, sejam eles cometidos por jovens ou adultos. Incluem atos como roubo, assalto agravado, estupro e homicídio.
- **Delitos de *status***, como fugir de casa, matar aula, beber abaixo da idade permitida, promiscuidade sexual e descontrole, são atos menos sérios. Um estudo identificou que os delitos de *status* aumentavam durante a adolescência.

Além das classificações legais de delitos indexados e delitos de *status*, muitos dos comportamentos considerados delinquentes são incluídos em classificações do comportamento anormal amplamente utilizadas. **Transtorno da conduta** é a categoria diagnóstica psiquiátrica usada quando ocorrem comportamentos múltiplos por um período de seis meses. Estes comportamentos incluem faltar aulas, fugir de casa, provocação de incêndio, crueldade com animais, arrombamento e invasão, agressões constantes e outros (Burke, 2011; Capaldi, 2012). Quando três ou mais destes comportamentos ocorrem simultaneamente antes dos 15 anos, e a criança ou adolescente é considerada de difícil manejo ou fora do controle, o diagnóstico clínico é transtorno da conduta. Um estudo recente revelou que a conectividade dos adolescentes jovens com a escola servia como um fator de proteção para problemas de conduta na adolescência inicial (Loukas, Roalon e Herrera, 2010).

Em resumo, a maioria das crianças ou adolescentes uma vez ou outra atuam ou fazem coisas que são destrutivas ou problemáticas para eles ou os outros. Se estes comportamentos ocorrem com frequência na infância ou adolescência inicial, os psiquiatras os diagnosticam com transtornos da conduta (Farrington, 2009; Loeber e Burke, 2011). Se estes comportamentos resultam em atos ilegais perpetrados por jovens, a sociedade rotula os infratores como *delinquentes*.

A quantidade de casos de delinquência na corte juvenil nos Estados Unidos aumentou significativamente de 1960 a 1996, mas teve uma leve diminuição desde 1996 (veja a Figura 13.9) (Puzzanchera e Sickmund, 2008). Observe que esta figura reflete apenas os adolescentes que foram presos e designados para os casos de delinquência na corte juvenil e não incluem aqueles que foram presos e não designados para os casos de delinquência, a figura também não inclui os jovens que cometeram delitos, mas não foram apreendidos.

Os homens têm maior probabilidade de se envolver em delinquência do que as mulheres (Colman et al., 2009). No entanto, estatísticas do governo norte-americano revelaram que a porcentagem de casos de delinquência envolvendo mulheres aumentou de 19% em 1985 para 27% em 2005 (Puzzanchera e Sickmund, 2008).

Quando os adolescentes se tornam adultos emergentes, seus índices de delinquência e crime se alteram? Análises indicam que roubo, dano à propriedade e agressão física diminuem dos 18 aos 26 anos (Schulenberg e Zarrett, 2006). O pico para dano a propriedade é entre 16 e 18 anos para os homens e entre 15 e 17 anos para as mulheres. Entretanto, o pico da violência é de 18 a 19 anos para os homens e de 19 a 21 anos para as mulheres (Farrington, 2004).

Faz-se uma distinção entre comportamento antissocial com início precoce (antes dos 11 anos) e início tardio (depois dos 11 anos). O comportamento antissocial de início precoce está associado a mais resultados desenvolvimentais negativos do que o comportamento antissocial de início tardio (Schulenberg e Zarrett, 2006). O comportamento antissocial de início precoce tem maior probabilidade de persistir na adultez emergente e está associado a mais problemas de saúde mental e relacionamento (Loeber e Burke, 2011; Loeber, Burke e Pardini, 2009).

Antecedentes da delinquência juvenil Os preditores de delinquência incluem conflito com autoridade, atos menores dissimulados seguidos por dano à propriedade e outros atos mais sérios, agressão menor seguida de luta e violência, identidade (identidade negativa), autocontrole (baixo grau), distorções cognitivas (tendência egocêntrica), idade (início precoce), sexo (masculino), expectativas quanto à educação (baixo rendimento nas séries iniciais), influência dos pares (forte influência, baixa resistência), *status* socioeconômico (baixo), papel parental (falta de monitoramento, pouco apoio e disciplina ineficaz), irmãos (ter um irmão mais velho que é delinquente) e qualidade do bairro (urbano, alta criminalidade e alta mobilidade). Um resumo destes antecedentes da delinquência é apresentado na Figura 13.10.

Examinemos em maiores detalhes os diversos fatores que estão relacionados com a delinquência. Erik Erikson (1968) observa que os adolescentes, cujo desenvolvimento restringiu o seu acesso a papéis sociais aceitáveis ou fez com que sentissem que não conseguirão corresponder às demandas que lhes são feitas, podem escolher uma identidade negativa. Os adolescentes com

Quais são algumas características do transtorno da conduta?

transtorno da conduta Categoria diagnóstica psiquiátrica para a ocorrência de atividades delinquentes múltiplas por um período de seis meses. Estes comportamentos incluem faltar aula, fugir de casa, provocar incêndio, crueldade com animais, arrombamento e invasão e agressões constantes.

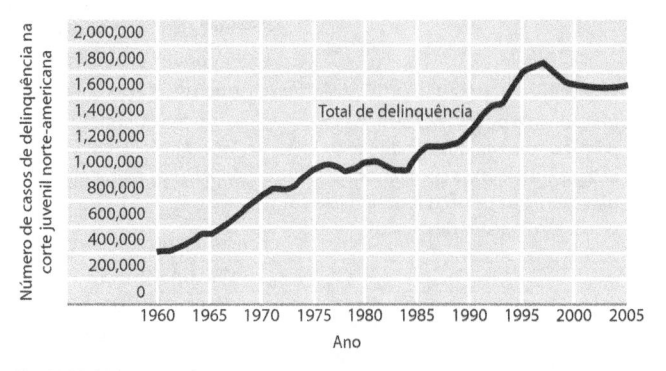

FIGURA 13.9
Número de casos de delinquência na corte juvenil norte-americana de 1960 a 2005.

uma identidade negativa podem encontrar apoio entre os pares para a sua imagem delinquente, reforçando assim a identidade negativa. Para Erikson, a delinquência é uma tentativa de estabelecer uma identidade, embora seja uma identidade negativa.

Os fatores parentais desempenham um papel-chave na delinquência (Roche et al., 2011). Lembre-se anteriormente, neste capítulo, da descrição da abordagem da cascata do desenvolvimento de Gerald Patterson e colaboradores (2010) e das pesquisas que indicam que altos níveis de parentalidade coerciva e baixos níveis de parentalidade positiva conduzem ao desenvolvimento de comportamento antissocial nas crianças, o que, por sua vez, conecta as crianças e experiências negativas nos contextos escolar e com os pares.

Exploremos melhor o papel desempenhado pelos processos familiares no desenvolvimento da delinquência. Os pais de delinquentes têm menos habilidades para desencorajar o comportamento antissocial e encorajar o comportamento qualificado do que os pais de não delinquentes. O monitoramento parental é especialmente importante para determinar se um adolescente se tornará delinquente (Laird et al., 2008). Um estudo longitudinal constatou que quanto menos os pais tinham conhecimento sobre paradeiro, atividades e pares dos seus adolescentes, maior a probabilidade de que eles se engajassem em comportamento delinquente (Laird et al., 2003). Discórdia familiar e disciplina inconsistente e inadequada também estão associados a delinquência (Capaldi e Shortt, 2003). Um estudo recente encontrou que o monitoramento parental precoce na adolescência e o apoio parental constante estavam vinculados a uma incidência mais baixa de comportamento criminal na adultez emergente (Johnson et al., 2011).

São raros os estudos que realmente demonstram em um *design* experimental que a mudança das práticas parentais na infância está relacionada a uma incidência mais baixa de delinquência juvenil na adolescência. Entretanto, um estudo recente feito por Marion Forgatch e colaboradores (2009) designou aleatoriamente mães divorciadas com filhos do sexo masculino para um grupo experimental (as mães recebiam extenso treinamento parental) e um grupo-controle (as mães não recebiam extenso treinamento parental) quando seus filhos estavam entre a 2ª e 4ª séries do ensino fundamental. O treinamento parental consistia de 14 reuniões com o grupo parental que focavam especialmente na melhoria das práticas parentais com seus filhos (incentivo de habilidades, definição de limites, monitoramento, solução de problemas e envolvimento positivo). Também foram incluídas nas sessões as melhores práticas para regulação da emoção, manejo do conflito entre os pais e conversa com os filhos sobre o divórcio. A melhoria nas práticas parentais e a redução do contato com pares desviantes estavam vinculadas aos índices mais baixos de delinquência no grupo experimental do que no grupo-controle em uma avaliação de *follow-up* de nove anos.

Um número crescente de estudos tem encontrado que os irmãos podem ter uma forte influência na delinquência (Buist, 2010). Em um estudo, os altos níveis de relações hostis entre irmãos e delinquência de um irmão mais velho estavam ligados à delinquência no irmão mais moço tanto em pares de irmãos quanto em pares de irmãs (Slomlowski et al., 2001).

Ter pares delinquentes aumenta o risco de se tornar delinquente (Brook et al., 2011; Loeber e Burke, 2011). Por exemplo, um estudo revelou que a rejeição dos pares e ter amigos desviantes entre os 7 e 13 anos estava vinculado a aumento na delinquência entre os 14 e 15 anos (Vitaro, Pedersen e Brendgen, 2007).

Embora a delinquência seja menos exclusivamente um fenômeno ligado ao *status* socioeconômico baixo do que era no passado, algumas características da cultura do SSE baixo podem promover delinquência. Envolver-se e ficar fora de problemas são características proeminentes da vida para alguns adolescentes de bairros de baixa renda. Os adolescentes de baixa renda podem ter a noção de que podem obter atenção e *status* realizando ações antissociais. Além disso, adolescentes em comunidades com altos índices de criminalidade observam muitos modelos que se envolvem em atividades criminais. Instrução de qualidade, custeio da educação e atividades organizadas no bairro podem estar faltando nestas comunidades. Um estudo recente revelou que uma parentalidade engajada e uma rede de apoio social à mãe estavam ligadas a um nível mais baixo de delinquência em famílias de baixa renda (Ghazarian e Roche, 2010). E outro estudo recente constatou que os jovens cujas famílias vivenciaram pobreza recorrente tinham duas vezes mais probabilidade de ser delinquentes entre os 14 e 21 anos (Najman et al., 2010).

Fatores cognitivos como baixo autocontrole, baixa inteligência, fraca tomada de decisão e falta de atenção prolongada, também estão implicados na delinquência (Wolf e Crockett,

---

conexão com o desenvolvimento
Métodos de pesquisa. *Designs* de pesquisa experimental, mas não *designs* de pesquisa correlacional, permitem que os pesquisadores determinem ligações de causa e efeito. Cap. 1, p. 66

conexão com o desenvolvimento
Pares. Um aspecto importante do estudo dos adolescentes é avaliar as suas companhias – ou seja, quem são os seus amigos. Cap. 9, p. 315

Antecedente	Associação com delinquência	Descrição
Conflito com autoridade	Alto grau	Jovem apresenta teimosia antes dos 12 anos, depois se torna desafiador da autoridade.
Atos encobertos	Frequente	Atos encobertos menores, como mentir, são seguidos de dano a propriedade e delinquência moderadamente grave, e posterior delinquência grave.
Atos ostensivos de agressão	Frequente	Agressão menor é seguida de luta e violência.
Identidade	Identidade negativa	Erikson defende que a delinquência ocorre porque o adolescente não consegue resolver um papel identitário.
Distorções cognitivas	Alto grau	O pensamento dos delinquentes é frequentemente caracterizado por uma variedade de distorções (como a tendência egocêntrica, externalização da culpa e inadequação) que contribuem para o comportamento inadequado e a falta de autocontrole.
Autocontrole	Baixo grau	Algumas crianças e adolescentes não adquirem o controle essencial que outros adquiriram durante o processo de crescimento.
Idade	Início precoce	O aparecimento precoce de comportamento antissocial está associado a posteriores delitos graves na adolescência. Entretanto, nem toda a criança que apresenta atuações se torna delinquente.
Sexo	Masculino	Os meninos se envolvem em mais comportamento antissocial do que as meninas, embora a meninas tenham maior probabilidade de fugir de casa. Os meninos se envolvem em atos mais violentos.
Expectativas quanto à educação e notas na escola	Baixas expectativas e notas baixas	Os adolescentes que se tornam delinquentes geralmente têm baixas expectativas educacionais e notas baixas. Suas habilidades verbais são geralmente fracas.
Influências parentais	Monitoramento (baixo), apoio (pouco), disciplina (ineficaz)	Os delinquentes frequentemente são provenientes de famílias em que os pais raramente monitoram seus adolescentes, lhes dão pouco apoio e os disciplinam de modo ineficaz.
Relações com irmãos	Irmão mais velho delinquente	O indivíduos com um irmão mais velho delinquente têm maior probabilidade de se tornarem delinquentes.
Influências dos pares	Forte influência, baixa resistência	Ter pares delinquentes aumenta enormemente o risco de se tornar delinquente.
Status socioeconômico	Baixo	Os delitos graves são cometidos mais frequentemente por homens de *status* socioeconômico baixo
Qualidade do bairro	Urbano, alta criminalidade, alta mobilidade	As comunidades frequentemente geram criminalidade. Viver em uma área de alta criminalidade, que também é caracterizada por pobreza e condições de vida com alta densidade populacional aumenta a probabilidade de uma criança se tornar delinquente. Estas comunidades frequentemente possuem escolas muito inadequadas.

FIGURA 13.10
Antecedentes de delinquência juvenil.

2011). Por exemplo, um estudo recente revelou que os delinquentes habituais de baixo QI eram caracterizados por baixo autocontrole (Koolhof et al., 2007). Outro estudo recente identificou que, aos 16 anos, os não delinquentes tinham maior probabilidade de ter um QI verbal superior e de manter atenção prolongada do que os delinquentes (Loeber et al., 2007). E em um estudo longitudinal, um dos fatores preditivos mais fortes de probabilidade reduzida de envolvimento em roubo e violência graves era o alto desempenho acadêmico (Loeber et al., 2008).

DEPRESSÃO E SUICÍDIO

Conforme vimos anteriormente no capítulo, uma das características mais frequentes dos adolescentes encaminhados para tratamento psicológico é tristeza ou depressão, especialmente entre as garotas. Nesta seção, discutiremos a natureza da depressão e suicídio na adolescência.

Quais são alguns fatores que estão ligados ao engajamento de adolescentes em atos delinquentes?

transtorno depressivo maior Diagnóstico quando um indivíduo experimenta um episódio depressivo maior e características depressivas, como letargia e depressão, por duas semanas ou mais e prejuízo no funcionamento diário.

Depressão Um adolescente que diz "Estou deprimido" ou "Estou tão pra baixo" pode estar descrevendo um humor que dure apenas umas poucas horas ou um transtorno mental de duração muito mais longa. No **transtorno depressivo maior**, um indivíduo experimenta um episódio depressivo maior e características depressivas, como letargia e desesperança, por pelo menos duas semanas ou mais e prejuízo no funcionamento diário. De acordo com a classificação dos transtornos mentais (American Psychiatric Association, 1994), o *Manual Diagnóstico e Estatístico de Transtornos Mentais – Quarta Edição (DSM-IV)*, nove sintomas definem um episódio depressivo maior, e para ser classificado como tendo transtorno depressivo maior, pelo menos cinco destes devem estar presentes por um período de duas semanas:

1. Humor deprimido na maior parte do dia;
2. Perda do interesse ou prazer em todas ou quase todas as atividades;
3. Perda ou ganho significativo de peso, ou diminuição ou aumento do apetite;
4. Insônia ou hipersonia;
5. Agitação ou retardo psicomotor;
6. Fadiga ou perda de energia;
7. Sentimento de inutilidade ou culpa excessiva ou inadequada;
8. Capacidade diminuída de pensar ou concentrar-se, ou indecisão;
9. Pensamentos recorrentes de morte e ideação suicida.

Na adolescência, os sintomas dominantes podem se manifestar de várias formas, como vestir roupas pretas, escrever poesia com temas mórbidos ou ser interessado em músicas com temas depressivos. A dificuldade para dormir pode aparecer no comportamento de assistir TV durante a noite inteira, na dificuldade em acordar para ir à escola ou dormir durante o dia. A falta de interesse em atividades geralmente prazerosas fica evidente pelo afastamento dos amigos ou ficar sozinho no quarto na maior parte do tempo. Uma falta de motivação e energia pode aparecer na falta às aulas. O tédio pode ser um resultado de sentir-se deprimido. A depressão adolescente também pode ocorrer juntamente com um transtorno da conduta, abuso de substância ou um transtorno da alimentação.

Qual a seriedade da depressão na adolescência? Os índices de ter experimentado alguma vez um transtorno depressivo maior variam de 1,5 a 2,5% em crianças em idade escolar e de 15 a 20% para adolescentes (Graber e Sontag, 2009). Em torno dos 15 anos, as garotas adolescentes têm uma taxa de depressão duas vezes maior do que a dos rapazes. Algumas das razões que foram propostas para esta diferença nos sexos são:

- As mulheres tendem a ruminar o seu humor depressivo e a ampliá-lo.
- A autoimagem das mulheres, especialmente sua imagem corporal, é mais negativa do que a dos homens.
- As mulheres experimentam mais estresse quanto a preocupações relacionadas ao peso do que os homens.
- As mudanças hormonais alteram a vulnerabilidade para depressão na adolescência, especialmente entre as garotas.

As diferenças de gênero na depressão adolescente se mantêm para outras culturas? Em muitas culturas, a diferença de gênero para o aspecto de as mulheres experimentarem mais depressão realmente se mantém, mas um estudo recente de mais de 17 mil chineses entre 11 e 22 anos revelou que os adolescentes e adultos emergentes do sexo masculino experimentavam mais depressão do que as suas contrapartes femininas (Sun et al., 2010). A explicação para a maior depressão nos homens na China focou nos eventos vitais estressantes e um estilo de enfrentamento menos positivo.

Os profissionais em saúde mental observam que a depressão não é, com frequência, diagnosticada na adolescência (Nolen-Hoeksema, 2011). Por que isso acontece? De acordo com o senso comum, os adolescentes frequentemente apresentam oscilações de humor, ruminam de forma introspectiva, expressam tédio pela vida e indicam um sentimento de desesperança. Assim, pais, professores e outros observadores podem encarar estes comportamentos como simplesmente transitórios e refletindo não um transtorno mental, mas comportamentos e pensamentos adolescentes normais.

Fatores familiares estão envolvidos na depressão adolescente (Gladstone, Beardslee e O'Connor, 2011; Hamza e Willoughby, 2011; Roche et al., 2011). Refletindo a abordagem da cascata do desenvolvimento, Deborah Capaldi, Gerald Patterson e colaboradores (Capaldi, 1992; Capaldi e Stoolmiller, 1999; Patterson, DeBaryshe e Ramsey, 1989; Patterson, Reid e Dishion, 1992) propuseram que problemas de comportamento que surgem na família na segunda infância conectados à parentalidade inadequada são levados adiante para o contexto escolar, produzindo problemas acadêmicos (notas baixas, por exemplo) e de competência social (dificuldade nas relações com os pares, por exemplo). É esperado que esta cascata de relações e contextos conectados contribuam para sintomas depressivos.

Considere também os seguintes estudos, os quais identificam o papel que os pais têm no desenvolvimento da depressão adolescente:

- O conflito entre pais e adolescente e o escasso apoio parental estavam ligados à depressão adolescente (Sheeber et al., 2007).
- A ruminação entre mãe e filha estava ligada a um aumento na ansiedade e na depressão nas filhas adolescentes (Waller e Rose, 2010).
- A exposição à depressão materna aos 12 anos predizia processos de risco durante o desenvolvimento (mais estresse e dificuldades nas relações familiares), o que traçava o curso para o desenvolvimento da depressão do adolescente (Garber e Cole, 2010).

Quais são algumas características dos adolescentes que ficam deprimidos? Quais são alguns fatores ligados às tentativas de suicídio por adolescentes?

Relações pobres com os pares também estão associadas à depressão adolescente (Conley e Rudolf, 2009). Não ter uma relação de proximidade com um melhor amigo, ter menos contato com os amigos e ser rejeitado pelos pares aumentam as tendências depressivas nos adolescentes (Vernberg, 1990). Um estudo recente revelou que quatro tipos de *bullying* estavam ligados à depressão nos adolescentes: entre os próprios provocadores, as vítimas de *bullying*, aqueles que eram tanto provocadores quanto vítimas e as vítimas de *cyberbullying* (Wang, Nansel e Iannotti, 2011). Os problemas nas relações amorosas adolescentes também podem desencadear depressão (Sternberg e Davila, 2008).

As amizades geralmente proporcionam apoio social. Um estudo recente encontrou que as amizades proporcionavam um efeito protetor para prevenir um aumento nos sintomas depressivos em adolescentes que evitavam a relação com os pares ou eram excluídos delas quando crianças (Bukowski, Laursen e Hoza, 2010). No entanto, pesquisadores constataram que um aspecto do apoio social – a tendência a ruminar por meio da frequente discussão e rediscussão dos problemas – é um fator de risco para o desenvolvimento de depressão nas garotas adolescentes (Rose, Carlson e Waller, 2007). Por exemplo, um estudo recente revelou que as garotas adolescentes que tinham um alto nível de ruminação tinham maior probabilidade dois anos depois de desenvolverem sintomas depressivos, de terem sintomas mais graves e de ficarem deprimidas por um período de tempo mais longo (Stone et al., 2011). Uma implicação desta pesquisa é que algumas garotas vulneráveis ao desenvolvimento de problemas internalizados podem não ser detectadas por terem amizades apoiadoras.

O estresse relacionado a preocupações com o peso vem contribuindo de forma crescente para uma maior incidência de depressão nas garotas do que nos rapazes adolescentes (Touchette et al., 2011). Um estudo recente revelou que uma explicação para o nível mais alto de sintomas depressivos entre as garotas adolescentes é o aumento da tendência a se perceberem acima do peso e fazerem dietas (Vaughan e Halpern, 2010).

Que tipo de tratamento é mais provável de reduzir a depressão na adolescência? Um estudo revelou que os adolescentes deprimidos se recuperavam mais rápido quando faziam uso de antidepressivo e recebiam terapia cognitivo-comportamental que envolvesse a melhoria das suas habilidades de enfrentamento do que quando usavam apenas um antidepressivo ou se submetiam unicamente à terapia cognitivo-comportamental (TADS, 2007). Entretanto, isso trouxe uma preocupação de segurança em relação à ingestão de antidepressivos como Prozac (fluoxetina). Em 2004, a U.S. Food and Drug Administration emitiu alertas quanto a essas drogas, declarando que elas aumentam ligeiramente o risco de comportamento suicida em adolescentes. No estudo recém descrito, 15% dos adolescentes deprimidos que apenas tomaram Prozac tiveram pensamentos suicidas ou tentaram suicídio, comparados com 6% que apenas receberam terapia cognitivo-comportamental e 8% que receberam Prozac e terapia cognitivo-comportamental.

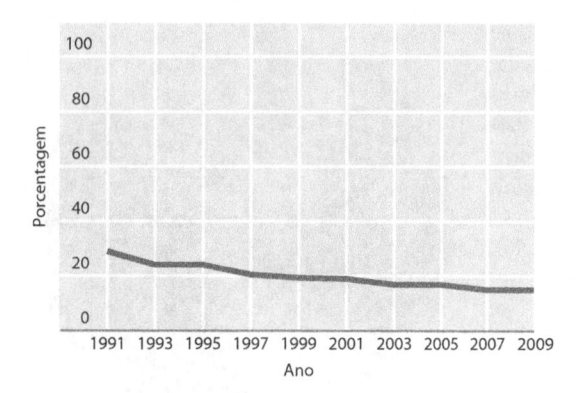

FIGURA 13.11
Porcentagem de estudantes norte-americanos da 9ª até a 4ª série que pensaram seriamente em tentar suicídio nos 12 meses anteriores, de 1991 a 2009.

Suicídio A depressão está ligada a um aumento na ideação suicida e de tentativas de suicídio na adolescência (Thompson e Light, 2011; Verona e Javdani, 2011). O comportamento suicida é raro na infância, mas tem uma escalada na adolescência e depois aumenta na adultez emergente (Park et al., 2006). O suicídio é hoje a terceira causa principal de morte em jovens entre 10 e 19 anos nos Estados Unidos (National Center for Health Statistics, 2009). Depois de atingir altos níveis na década de 1990, as taxas de suicídio em adolescentes declinaram nos últimos anos. Aproximadamente 4.400 adolescentes cometem suicídio a cada ano (Eaton et al., 2010). Os adultos emergentes têm o triplo da taxa de suicídio dos adolescentes (Park et al., 2006).

Embora uma ameaça de suicídio sempre deva ser levada a sério, muito mais adolescentes contemplam a ideia ou tentam suicídio sem sucesso do que realmente o cometem. Em um estudo nacional em 2009, 15% dos adolescentes relataram ter pensado seriamente em suicídio, 11% disseram que haviam concluído um plano para o suicídio e 7% indicaram que haviam tentado tirar a própria vida nos 12 meses anteriores ao levantamento (Eaton et al., 2010). Conforme mostra a Figura 13.11, a porcentagem de alunos da 9ª até a 4ª série do ensino médio que pensou seriamente em suicídio declinou desde 1991. As mulheres tinham maior probabilidade de tentar suicídio do que os homens, porém os homens tinham maior probabilidade de ter sucesso em cometer suicídio.

Na adultez emergente, os homens têm seis vezes mais probabilidade de cometer suicídio do que as mulheres (National Center for Injury Prevention and Control, 2006). Os homens utilizam meios mais letais, como armas, nas suas tentativas de suicídio, e as moças adolescentes têm mais probabilidade de cortar os pulsos ou tomar uma overdose de pílulas para dormir – métodos menos prováveis de resultar em morte.

Tanto as experiências precoces quanto posteriores podem estar envolvidas nas tentativas de suicídio. O adolescente pode ter uma longa história de instabilidade e infelicidade familiar. Falta de afeição e apoio emocional, alto controle e pressão quanto ao desempenho por parte dos pais durante a infância provavelmente aparecerão como fatores nas tentativas de suicídio. Uma revisão de pesquisa encontrou uma ligação indicando que adolescentes que haviam sido abusados fisicamente ou sexualmente tinham maior probabilidade de ter pensamentos suicidas do que os adolescentes que não haviam passado por experiências de abuso (Evans, Hawton e Rodham, 2005).

As relações dos adolescentes com os pares também estão ligadas a tentativas de suicídio (Matlin, Molock e Tebes, 2011). Uma revisão de pesquisa concluiu que tentativas de suicídio prévias por um membro do grupo social de um adolescente estavam ligadas à probabilidade de também haver tentativa de suicídio pelo adolescente (de Leo e Heller, 2008). O adolescente também pode carecer de amigos apoiadores. Por exemplo, um estudo recente revelou que apoio familiar, apoio dos pares e conectividade com a comunidade estavam ligados a risco mais baixo de tendências suicidas em adolescentes afro-americanos (Matlin, Molock e Tebes, 2011). Circunstâncias estressantes recentes, como obter notas ruins na escola e passar pelo rompimento de um relacionamento amoroso, podem desencadear tentativas de suicídio (Antai-Otong, 2003).

Qual é o perfil psicológico do adolescente suicida? Os adolescentes suicidas frequentemente têm sintomas depressivos (Verona e Javdani, 2011). Embora nem todos os adolescentes deprimidos sejam suicidas, a depressão é o fator mais frequentemente citado associado ao suicídio adolescente (Bethell e Rhoades, 2008; Thompson e Light, 2011). Sentimento de desesperança, baixa autoestima e elevada autoacusação também estão associados ao suicídio na adolescência (O'Donnell et al., 2004). Os estudos seguintes documentam vários fatores associados às tentativas de suicídio adolescentes:

- Estudantes da segunda metade do ensino fundamental que estavam acima do peso tinham mais probabilidade de pensar, planejar e tentar suicídio do que seus pares que não estavam acima do peso (Whetstone, Morrissey e Cummings, 2007).
- O uso de álcool na pré-adolescência estava ligado a tentativas de suicídio na adolescência (Swahn, Bossarte e Sullivent, 2008).
- Adolescentes que usavam álcool quando tristes ou deprimidos estavam em risco de uma tentativa de suicídio (Schilling et al., 2009).

- Dados do National Longitudinal Study of Adolescent Health (Estudo Nacional Longitudinal da Saúde do Adolescente) apontaram os seguintes indicadores de risco de suicídio: sintomas depressivos, um sentimento de desesperança, engajamento em ideação suicida, ter um contexto familiar de comportamento suicida e ter amigos com uma história de comportamento suicida (Thompson, Kuruwita e Foster, 2009).
- Outra análise baseada no Estudo Nacional Longitudinal da Saúde do Adolescente também identificou que a perda parental predizia um aumento nas tentativas de suicídio um ano depois, mas não sete anos depois (Thompson e Light, 2011).
- Estresse frequente e crescente, especialmente em casa, estava ligado a tentativas de suicídio em jovens latinas (Zayas et al., 2010).
- A vitimização sexual estava ligada a risco de tentativas de suicídio na adolescência (Plener, Singer e Goldbeck, 2011).

Em alguns casos, os suicídios na adolescência ocorrem em grupo. Isto é, quando um adolescente comete suicídio, outros adolescentes que tomam conhecimento disso também cometem suicídio. Tais suicídios por "imitação" levantam a questão de se os suicídios devem ou não ser reportados na mídia; uma reportagem pode plantar a ideia de cometer suicídio em outras mentes adolescentes.

A Figura 13.12 fornece informações valiosas sobre o que fazer e o que não fazer quando você suspeita que alguém possa tentar cometer suicídio.

TRANSTORNOS DA ALIMENTAÇÃO

Os transtornos da alimentação são cada vez mais comuns entre os adolescentes (Schiff, 2011; Wardlaw e Smith, 2011). Aqui estão alguns achados envolvendo transtornos da alimentação em adolescentes:

- *Imagem corporal.* Insatisfação com o corpo e a imagem corporal distorcida desempenham papéis importantes nos transtornos da alimentação adolescentes (Eichen et al., 2011). Um estudo revelou que, em geral, os adolescentes estavam insatisfeitos com o próprio corpo, sendo que os rapazes desejavam desenvolver a parte superior do corpo e as garotas queriam reduzir as medidas gerais do seu corpo (Ata, Ludden e Lally, 2007). Neste estudo, baixa autoestima e apoio social, provocações relacionadas com o peso e a pressão para perder peso estavam ligadas à imagem corporal negativa dos adolescentes. Em outro estudo, as garotas com sentimentos negativos em relação ao seu corpo na adolescência inicial tinham maior probabilidade de desenvolver transtornos da alimentação dois anos depois do que seus equivalentes que não se sentiam negativas quanto ao próprio corpo (Attir e Brooks-Gunn, 1989). E um estudo recente identificou que um aspecto-chave na explicação da depressão em adolescentes com sobrepeso envolvia a insatisfação com o corpo (Mond et al., 2011).
- *Parentalidade.* Os adolescentes que relataram observar em seus pais padrões alimentares mais saudáveis e exercícios tinham padrões alimentares mais saudáveis e praticavam mais exercícios (Pakpreo et al., 2004). Relações negativas entre pais e adoles-

conexão com o desenvolvimento

Saúde. Em geral, durante a puberdade as garotas estão menos felizes com seu corpo e têm imagem corporal mais negativa do que os rapazes. Cap. 2, p. 87

O que fazer	O que não fazer
1. Fazer perguntas diretas, de uma forma calma: "Você está pensando em se machucar?"	1. Não ignore os sinais de alerta.
2. Avaliar a seriedade da intenção suicida, fazendo perguntas sobre sentimentos, relações importantes, com quem mais a pessoa falou e a quantidade de pensamento dedicada aos meios a serem utilizados. Se uma arma, comprimidos, uma corda ou outros meios já foram obtidos e já foi desenvolvido um plano preciso, a situação é claramente perigosa. Fique com a pessoa até chegar ajuda.	2. Não se recuse a falar sobre suicídio se a pessoa abordá-lo a respeito.
	3. Não reaja com humor, desaprovação ou repulsa.
	4. Não faça falsas tranquilizações dizendo coisas como "Tudo vai ficar bem". Além disso, não dê respostas simples ou chavões como "Você tem muita coisa pelo que ser grato".
3. Seja um bom ouvinte e seja apoiador sem ser falsamente tranquilizador.	5. Não abandone o indivíduo depois que a crise tiver passado ou depois de ter começado a ajuda profissional.
4. Tente persuadir a pessoa a obter ajuda profissional e auxilie-a a conseguir esta ajuda.	

FIGURA 13.12
O que fazer e o que não fazer quando você suspeita que alguém possa tentar cometer suicídio.

cente estavam ligadas ao aumento de práticas de dietas entre as garotas durante um período de um ano (Archibald, Graber e Brookes-Gunn, 1999).
- *Atividade sexual.* As garotas que eram sexualmente ativas com seus namorados e estavam na transição puberal tinham maior probabilidade de estar em dieta ou envolvidas em padrões alimentares perturbados (Cauffman, 1994).
- *Modelos e a mídia.* As garotas altamente motivadas para se parecer com figuras do mesmo sexo na mídia tinham mais probabilidade do que seus pares de se tornarem muito preocupadas com seu peso (Field et al., 2001). Assistir comerciais com imagens femininas magras e idealizadas aumentava a insatisfação das garotas adolescentes com o próprio corpo (Hargreaves e Tiggemann, 2004). E um estudo com garotas adolescentes revelou que ler com frequência artigos de revistas sobre dietas e perda de peso estava vinculado a comportamentos pouco saudáveis de controle do peso, como fazer jejum, pular refeições e fumar mais cigarros cinco anos depois (van den Berg et al., 2007).

Examinemos agora os diferentes tipos de transtornos alimentares na adolescência, começando por sobrepeso e obesidade.

Adolescentes obesas e com sobrepeso O Centers for Disease Control and Prevention (2011) possui um categoria de obesidade para adultos, mas não tem uma categoria de obesidade para crianças e adolescentes devido ao estigma que o rótulo *obesidade* pode acarretar. Em vez disso, existem categorias para quem está com sobrepeso ou em risco de sobrepeso na infância e na adolescência. Estas categorias são determinadas pelo índice de massa corporal (IMC), o qual é computado por uma fórmula que leva em consideração altura e peso. Apenas as crianças ou adolescentes acima do percentil 95 de IMC estão incluídos na categoria de sobrepeso, e aqueles que estão acima do percentil 85 são incluídas na categoria de risco para sobrepeso.

A porcentagem de adolescentes e adultos emergentes com sobrepeso aumentou dramaticamente nas décadas de 1980, 1990 e começo da primeira década do século XXI (Spruijt-Metz, 2011). Por exemplo, a incidência de sobrepeso aumentou de 11 para 17% para os jovens norte-americanos entre 12 e 19 anos desde o início da década de 1990 até 2004 (Eaton et al., 2006). No entanto, pesquisas recentes indicam que começa a haver uma estabilização na primeira década do século XXI (Ogden, Carroll e Flegal, 2008). Uma análise recente concluiu que a estabilização no sobrepeso dos adolescentes está ocorrendo não somente nos Estados Unidos, como também na Europa, Japão e Austrália (Rokholm, Baker e Sorensen, 2010). Porém, nesta análise, a estabilização no sobrepeso era menos provável de acontecer entre os adolescentes que vivem em condições de baixa renda. Apesar da estabilização recente no sobrepeso para alguns adolescentes, o sobrepeso e a obesidade entre adolescentes ainda permanecem em níveis epidêmicos.

Ter sobrepeso quando criança é um forte fator preditor de ter sobrepeso durante a adolescência. Um estudo computou o IMC de mais de mil crianças em sete diferentes épocas entre os 2 e 12 anos (Nader et al., 2006). Oitenta por cento das crianças que estavam em risco de sobrepeso aos 3 anos também se encontravam em risco de sobrepeso ou estavam com sobrepeso aos 12 anos.

Um aumento na condição de sobrepeso também ocorreu na adultez emergente (Park et al., 2006). A média do IMC dos homens norte-americanos entre 20 e 29 anos aumentou de 24,3 no começo da década de 1960 para 26,6 em 2002, e no mesmo período a média do IMC das mulheres entre 20 e 29 anos aumentou de 22,2 para 26,6%. Estima-se que aproximadamente 17% dos adultos emergentes sejam obesos (Brown, Moore e Bzostek, 2005). Um estudo longitudinal recente acompanhou mais de 1.500 adolescentes classificados como não tendo sobrepeso, com sobrepeso ou obesos quando estavam com 14 anos (Patton et al., 2011b). Ao longo de um período de 10 anos de estudo, a porcentagem de indivíduos com sobrepeso aumentou de 20% aos 14 anos para 33% aos 24 anos. A obesidade aumentou de 4% para 7% ao longo desses 10 anos.

As crianças e os adolescentes norte-americanos têm maior probabilidade de ter sobrepeso ou de serem obesos do que seus equivalentes na maioria dos outros países (Spruijt-Metz, 2011). Uma comparação de 34 países constatou que os Estados Unidos têm o segundo mais alto índice de obesidade infantil (Jansen et al., 2005). Em outro estudo, crianças e adolescentes norte-americanos (de 6 a 18 anos) tinham quatro ve-

---

conexão com o desenvolvimento
Saúde. Uma preocupação especial é a grande quantidade de gordura e a baixa quantidade de vegetais na dieta dos adolescentes. Cap. 2, p. 94-95

zes mais probabilidade de serem classificados como obesos do que seus equivalentes na China e quase três vezes mais do que seus equivalentes na Rússia (Wang, 2000).

Os padrões alimentares estabelecidos na infância e adolescência estão fortemente vinculados à obesidade na idade adulta. Um estudo revelou que 62% dos rapazes e 73% das garotas adolescentes com percentil de IMC de 85 até 94 se tornaram adultos obesos (Wang et al., 2008). Neste estudo, entre aqueles que se situavam acima do percentil 95 de IMC, 8% dos homens e 92% das mulheres se tornaram adultos obesos. Um estudo recente de mais de 8 mil jovens entre 12 e 21 anos constatou que os adolescentes obesos tinham maior probabilidade de desenvolver obesidade grave na adultez emergente do que os adolescentes com sobrepeso ou com peso normal (The et al., 2010).

Tanto a hereditariedade quanto os fatores ambientais estão envolvidos na obesidade (Hahn, Payne e Lucas, 2011). Alguns indivíduos herdam uma tendência ao sobrepeso. Apenas 10% das crianças que não tem pais obesos se tornam obesas, ao passo que 40% das crianças que se tornam obesas têm um dos pais obeso e 70% das crianças que se tornam obesas têm os dois pais obesos. Gêmeos idênticos, mesmo quando são criados separados, têm pesos similares.

Uma forte evidência do papel do ambiente na obesidade é a duplicação do índice de obesidade nos Estados Unidos desde 1900, bem como o aumento significativo da obesidade adolescente desde a década de 1960, que foi descrito anteriormente. Este aumento drástico na obesidade se deve provavelmente à maior disponibilidade dos alimentos (especialmente alimentos ricos em gordura), a existência de aparelhos que poupam as energias e o declínio da atividade física.

Estar acima do peso ou ser obeso tem efeitos negativos na saúde adolescente, tanto em termos do desenvolvimento biológico quanto do socioemocional (Shiff, 2011; Spruijt-Metz, 2011). Em termos de desenvolvimento biológico, ter sobrepeso na adolescência está ligado a hipertensão, problemas nos quadris, problemas pulmonares e diabetes tipo 2 (com início na idade adulta) (Kavey, Daniels e Flynn, 2010). Pesquisadores identificaram que a pressão sanguínea dos adolescentes norte-americanos aumentou no século XX e que este aumento está ligado ao aumento do sobrepeso na adolescência (Sun et al., 2008). Em termos do desenvolvimento socioemocional, os adolescentes com sobrepeso têm maior probabilidade do que seus equivalentes com peso normal de ter autoestima mais baixa, de serem deprimidos; além disso, eles têm mais problemas nos relacionamentos com os pares (Vaughan e Halpern, 2010). Um estudo recente revelou que os adolescentes indicaram que, na maioria dos casos, as garotas com sobrepeso eram provocadas por isso muito mais do que os garotos com sobrepeso (Taylor, 2011).

Que tipos de intervenções tiveram sucesso na redução do sobrepeso em adolescentes? Pesquisas indicam que exercícios regulares são um componente essencial na redução de peso

Estas garotas adolescentes com sobrepeso estão participando de um acampamento para controle do peso. *Quais são alguns fatores que contribuem para que o os adolescentes tenham sobrepeso?*

na adolescência (Ingul et al., 2010; Spruijt-Metz, 2011). Uma revisão de pesquisa indicou que as abordagens clínicas que focam no adolescente e incluem uma combinação de restrição calórica, exercícios (ir para a escola a pé ou de bicicleta, participar de um programa de exercícios regular), redução da atividade sedentária (assistir TV, jogar *videogames*) e terapia comportamental (como manter um diário sobre a perda de peso e receber recompensas por atingir as metas) foram moderadamente efetivos para ajudar os adolescentes com sobrepeso a perder peso (Fowler-Brown e Kahwati, 2004). Uma revisão de pesquisa recente concluiu que as intervenções voltadas para modificar o estilo de vida familiar eram mais efetivas em ajudar crianças e adolescentes a perder peso (Oude Luttikhuis et al., 2009). Em geral, abordagens baseadas na escola (como instituir um programa para toda a escola que melhore os hábitos alimentares) foram menos efetivos do que as abordagens individuais de base clínica (Dobbins et al., 2009; Lytle, 2009). Uma revisão de pesquisa concluiu que as abordagens baseadas na escola para redução de peso dos adolescentes apresentam resultados modestos, sendo que assistir TV é o comportamento mais fácil de ser mudado, seguido pela atividade física e depois a alimentação (Sharma, 2006).

Uma preocupação é que, como as escolas estão sob crescente pressão para utilizarem mais tempo com assuntos acadêmicos, os programas orientados para a saúde provavelmente serão prejudicados (Paxson et al., 2006). Quando isso for um impedimento, uma possibilidade será incluir a prevenção à obesidade em programas extraclasse, que tenham menos conflito com as obrigações acadêmicas da escola (Story, Kaphingst e French, 2006). Outra estratégia promissora é fornecer alimentos mais saudáveis para que os alunos comam na escola (Briefel et al., 2009; Reinehr e Wabitsch, 2010). Em 2005, vários estados começaram a aprovar leis que determinam que mais alimentos saudáveis e menos alimentos não saudáveis sejam vendidos nas cantinas das escolas. As escolas também podem desempenhar um papel importante ao colocar em prática programas que aumentem a quantidade de tempo que as crianças se exercitam (Dumith et al., 2010).

Anorexia nervosa, bulimia nervosa e transtorno de compulsão alimentar Três transtornos da alimentação que podem surgir na adolescência e na adultez emergente são anorexia nervosa, bulimia nervosa e transtorno de compulsão alimentar.

Anorexia nervosa A **anorexia nervosa** é um transtorno da alimentação que envolve a busca incessante da magreza por meio da fome. A anorexia nervosa é um transtorno sério que pode levar à morte (Hebebrand e Bulik, 2011; Knoll, Bulik e Hebebrand, 2011). Três características importantes da anorexia nervosa são:

- Pesar menos do que 85% do que é considerado normal para a idade e altura.
- Possuir um temor intenso de ganhar peso. O temor não diminui com a perda de peso.
- Ter uma imagem distorcida da forma corporal. Mesmo quando estão extremamente magras, as anoréxicas se vêm como muito gordas. Elas nunca acham que estão suficientemente magras, especialmente no abdome, nas nádegas e nas coxas. Elas geralmente se pesam com frequência, tiram as medidas do seu corpo e se avaliam com crítica diante do espelho.

A anorexia nervosa em geral surge no começo ou metade da adolescência, frequentemente após um episódio de dieta e algum tipo de estresse vital. É aproximadamente dez vezes mais provável de se manifestar em mulheres do que em homens. Quando a anorexia nervosa ocorre no sexo masculino, os sintomas e outras características (como a distorção da imagem corporal e conflito familiar) são geralmente similares aos relatados pelas mulheres que têm o transtorno.

A maioria das anoréxicas é composta de adolescentes brancas não latinas ou jovens adultas provenientes de famílias com bom nível educacional e de classe média ou alta que são competitivas e exitosas. Elas estabelecem padrões muito altos, ficam estressadas por não conseguirem atingir esses padrões e são intensamente preocupadas sobre como os outros as percebem. Incapazes de atingir estas altas expectativas, elas se voltam para alguma coisa que podem controlar: seu peso. Problemas no funcionamento familiar estão cada vez mais sendo associados ao aparecimento da anorexia nervosa em garotas adolescentes (Benninghoven et al., 2007) e revisões de pesquisa recentes indicam que terapia familiar é geralmente o tratamento mais efetivo para as adolescentes com anorexia nervosa (Agras e Robinson, 2008; Fisher, Hetrick e Rushfrd, 2010; Halmi, 2009).

---

conexão com o desenvolvimento
Saúde. Pesquisadores identificaram que à medida que garotos e garotas atingem e progridem ao longo da adolescência, eles se tornam menos ativos. Cap. 2, p. 95

anorexia nervosa Um transtorno da alimentação que envolve a busca incessante da magreza por meio da fome.

A anorexia tornou-se um problema crescente para garotas adolescentes e mulheres adultas emergentes. *Quais são algumas causas possíveis da anorexia nervosa?*

A imagem da moda na cultura norte-americana contribui para a incidência da anorexia nervosa. A mídia retrata a magreza como beleza na sua escolha das modelos de moda, a quem muitas adolescentes se esforçam para copiar. E muitas das adolescentes que se esforçam para ser magras costumam andar juntas. Um estudo recente das adolescentes revelou que as amigas geralmente compartilham imagem corporal e problemas alimentares similares (Hutchinson e Raper, 2007). Neste estudo, a dieta de uma garota e seu comportamento extremo de perda de peso podem ser previstos a partir de dietas e comportamento extremo de perda de peso das suas amigas. Além disso, os *sites* de redes sociais, como o Facebook, conectam milhares de anoréxicas que podem compartilhar informações "proanas" (a favor da anorexia) sobre como impor privações aos seus corpos e a se tornarem doentiamente magras.

Bulimia nervosa Embora as anoréxicas controlem a sua ingestão por meio da restrição, a maioria das bulímicas não consegue. A **bulimia nervosa** é um transtorno da alimentação em que o indivíduo segue de forma consistente um padrão alimentar de compulsão e purga. A bulímica tem compulsão alimentar e depois purga por meio da autoindução de vômito ou usando um laxativo. Embora algumas pessoas tenham compulsão e purguem ocasionalmente e algumas experimentem isso, considera-se que uma pessoa tenha um transtorno bulímico sério somente se os episódios ocorrerem pelo menos duas vezes por semana durante três meses.

Como ocorre com as anoréxicas, a maioria das bulímicas é preocupada com comida, tem um temor intenso de ficar gorda e são pessoas deprimidas ou ansiosas (Speranza et al., 2005). Um estudo recente revelou que as bulímicas supervalorizavam peso e forma corporal, e que esta supervalorização estava ligada a maior depressão e mais baixa autoestima (Hrabosky et al., 2007). Diferentemente das anoréxicas, as pessoas com compulsão e purga em geral se encontram dentro da variação normal de peso, uma característica que torna a bulimia mais difícil de ser detectada.

A bulimia em geral começa no fim da adolescência ou idade adulta inicial. Aproximadamente 90% dos casos são mulheres. Estima-se que aproximadamente 1 a 2% das mulheres desenvolvem bulimia nervosa. Muitas mulheres que desenvolvem bulimia nervosa tinham algum sobrepeso antes do início do transtorno, e a compulsão alimentar frequentemente começava durante um episódio de dieta. Um estudo de garotas adolescentes identificou que aumento nas dietas, pressão para ser magra, importância exagerada da aparência, insatisfação com o corpo, sintomas de depressão, baixa autoestima e pouco apoio social prediziam compulsão alimentar dois anos mais tarde (Stice, Presnell e Spangler, 2002). Um estudo recente de indivíduos com anorexia nervosa ou bulimia nervosa detectou que a vivência de apego inseguro estava ligada à insatisfação com o corpo, o que era um aspecto-chave para a predição e a perpetuação destes transtornos da alimentação (Abbate-Daga et al., 2010). Neste estudo, a necessidade de aprovação era um preditor importante de bulimia nervosa. Como ocorre com a anorexia nervosa, em torno de 70% dos indivíduos que desenvolvem bulimia nervosa chegam a se recuperar do transtorno (Agras et al., 2004).

Transtorno de compulsão alimentar (TCA) O **transtorno de compulsão alimentar** (TCA) envolve compulsão alimentar frequente sem comportamentos compensatórios como a purga que caracteriza pessoas com bulimia. Como eles não purgam, os indivíduos com TCA estão geralmente com sobrepeso (New, 2008). Adolescentes e adultos emergentes que têm TCA se sentem perdendo o controle sobre o quanto comem e não conseguem parar de comer. O TCA é mais comum em indivíduos que estão com sobrepeso ou são obesos, mas também pode ocorrer em indivíduos que têm peso normal. Embora a maioria das adolescentes e adultas emergentes que são anoréxicas ou bulímicas seja do sexo feminino, aproximadamente um terço dos portadores de TCA são do sexo masculino (New, 2008). Uma revisão de pesquisa recente indicou que os dois melhores preditores que diferenciavam o TCA de outros transtornos da alimentação eram comer em segredo e o sentimento de repulsa após o episódio (White e Grilo, 2011). Um estudo recente também constatou que os indivíduos com TCA apresentavam um padrão mais negativo de emoções no dia a dia, sendo a raiva a emoção mais frequentemente relatada antes de um episódio de compulsão (Zeek et al., 2011).

Os adultos em tratamento por TCA somam aproximadamente 1 a 2 milhões de pessoas; elas frequentemente dizem que seus problemas de compulsão tiveram início na infância ou na adolescência (New, 2008). Os riscos comuns à saúde devido ao TCA são aqueles relacionados a ter sobrepeso ou ser obeso, como hipertensão, diabetes e depressão (Araujo, Santos

bulimia nervosa Transtorno da alimentação no qual o indivíduo segue de forma consistente um padrão de compulsão alimentar e posterior purga.

transtorno de compulsão alimentar (TCA) Envolve compulsão alimentar frequente sem comportamentos compensatórios como a purga que caracteriza as bulímicas.

e Nardi, 2010). Pesquisas recentes indicam que os indivíduos com TCA apresentam um grau mais alto de preocupação com o peso e a forma do que seus equivalentes obesos sem TCA (Ahrberg et al., 2011).

Revisar *Conectar* **Refletir** OA2 Descrever alguns problemas e transtornos que caracterizam os adolescentes e os adultos emergentes.

Revisar
- Quais são algumas tendências no uso de drogas por adolescentes? Quais são algumas características do uso de álcool, alucinógenos, estimulantes, depressores, esteroides anabolizantes e inalantes por adolescentes? Quais são os principais fatores relacionados ao uso de drogas por adolescentes e adultos emergentes?
- O que é delinquência juvenil? Quais são os antecedentes da delinquência juvenil? O que caracteriza a violência nos jovens?
- O que caracteriza a depressão adolescente? O quanto o suicídio é comum na adolescência e adultez emergente? Quais são algumas causas possíveis de suicídio na adolescência e na adultez emergente?
- Quais são algumas tendências em transtornos da alimentação? Quais são os principais transtornos da alimentação na adolescência e na adultez emergente? Quais são algumas das suas características?

Conectar
- Como o desenvolvimento de valores descrito no Capítulo 7 pode ser relacionado à decisão de um adolescente ou adulto emergente de se envolver no uso ou abstinência de drogas?

Refletir *sua jornada de vida pessoal*
- Imagine que você acabou de ser nomeado diretor da Comissão Presidencial Americana para o Combate ao Abuso de Drogas na Adolescência. Qual seria o primeiro programa que você tentaria colocar em prática? Quais seriam os seus componentes?

---

3 Inter-relação dos problemas e prevenção/intervenção

OA3 Resumir a inter-relação dos problemas e as formas de prevenir ou de intervir nos problemas.

- Adolescentes com múltiplos problemas
- Prevenção e intervenção

Quais problemas afetam o maior número de adolescentes? Quais são as melhores estratégias para prevenir e intervir nos problemas adolescentes?

ADOLESCENTES COM MÚLTIPLOS PROBLEMAS

Os quatro problemas que afetam o maior número de adolescentes são: (1) abuso de drogas, (2) delinquência juvenil, (3) problemas sexuais e (4) problemas relacionados à escola (Dryfoos, 1990; Dryfoos e Barkin, 2006). Os adolescentes que mais estão em risco têm mais de um destes problemas. Os pesquisadores vêm constatando de forma crescente que os problemas de comportamento na adolescência são inter-relacionados (Elkington, Bauermeister e Zimmerman, 2011). Por exemplo, o abuso pesado de substância está relacionado à atividade sexual precoce, notas mais baixas, evasão escolar e delinquência (Brady et al., 2008; Marti, Stice e Springer, 2010). O início precoce da atividade sexual está associado ao uso de cigarros e álcool, uso de maconha e outras drogas ilícitas, notas mais baixas, evasão escolar e delinquência (Harden e Mendle, 20011). A delinquência está relacionada à atividade sexual precoce, gravidez precoce, abuso de substância e evasão escolar (Pedersen e Mastekaasa, 2011). Dez por cento da população adolescente nos Estados Unidos têm sérios problemas múltiplos de comportamento (adolescentes que abandonaram a escola ou estão atrasados no seu nível escolar são usuários de drogas pesadas, usam cigarros e maconha regularmente e são sexualmente ativos, mas não usam contracepção). Muitos destes jovens em risco, mas não todos, "fazem de tudo". Em 1990, estimava-se que outros 15% dos adolescentes participam em muitos destes mesmos comportamentos, mas com uma frequência um pouco menor e com consequências menos

O que caracteriza os adolescentes que estão em maior risco?

prejudiciais (Dryfoos, 1990). Estes jovens em alto risco frequentemente se engajam em dois ou três problemas de comportamento (Dryfoos, 1990). Estima-se que em 2005 o número de jovens em alto risco tenha aumentado para 20% de todos os adolescentes norte-americanos (Dryfoos e Barkin, 2006).

PREVENÇÃO E INTERVENÇÃO

Além do entendimento de que muitos adolescentes se engajam em problemas de comportamento múltiplos, também é importante que se desenvolvam programas que reduzam os problemas adolescentes (Weissberg, Kumpfer e Seligman, 2003). Já discutimos, no capítulo anterior, várias estratégias de prevenção e intervenção em problemas adolescentes específicos, como abuso de drogas e delinquência juvenil. Focaremos aqui em algumas estratégias gerais para prevenção e intervenção nos problemas adolescentes. Em uma revisão dos programas que tiveram sucesso em prevenir e reduzir os problemas adolescentes, o pesquisador em adolescência Joy Dryfoos (1990, 1997; Dryfoos e Barkin, 2006) descreveu os componentes comuns destes programas bem-sucedidos. Os componentes comuns incluem:

> **conexão** com o desenvolvimento
> **Sexualidade.** A iniciação sexual precoce é um fator de risco no desenvolvimento adolescente. Cap. 6, p. 215

1. *Atenção individualizada intensiva.* Em programas de sucesso, os jovens em alto risco são vinculados a um adulto responsável que lhe dá atenção e trata das suas necessidades específicas (Glidden-Tracey, 2005; Nation et al., 2003). Este mesmo tema ocorreu em inúmeros programas diferentes. Em um programa contra o abuso de substância, um conselheiro de assistência ao aluno estava disponível em tempo integral para aconselhamento individual e encaminhamento para tratamento. Os programas geralmente requerem um pessoal altamente treinado e se estendem por um longo período de tempo para a manutenção dos resultados (Dryfoos e Barkin, 2006).
2. *Abordagem colaborativa entre agências e de abrangência na comunidade.* A filosofia básica dos programas de abrangência na comunidade é que inúmeros e diferentes programas e serviços têm que estar em andamento. Em um programa de sucesso contra abuso de substância, foi implantada uma campanha de promoção à saúde de abrangência na comunidade que utilizou a mídia local e educação comunitária em sintonia com um currículo sobre abuso de substância nas escolas. Os programas comunitários que incluem mudanças de políticas e campanhas na mídia são mais eficientes quando são coordenados com a família, os pares e os componentes da escola (Wandersman e Florin, 2003).
3. *Identificação e intervenção precoce.* Atingir as crianças e suas famílias antes que as crianças desenvolvam problemas, ou no começo dos seus problemas, é uma estratégia de sucesso (Aber et al., 2006).

Apresentamos aqui três programas de prevenção/estudos de pesquisa que merecem atenção:

- High Scope. Um programa de pré-escola serve como um modelo excelente para a prevenção de delinquência, gravidez, abuso de substância e evasão escolar. Operada pela Fundação High Scope, em Ypsilanti, Michigan, a Perry Preschool (Pré-Escola Perry) exerce um impacto positivo de longo prazo em seus alunos (Schweinhart et al., 2005; Weikert, 1993). Este programa de enriquecimento, dirigido por David Ewikert, presta serviço a crianças afro-americanas desfavorecidas. Elas frequentam um programa pré-escolar de dois anos de alta qualidade e recebem visitas domiciliares semanais da equipe integrante do programa. Com base nos registros oficiais da polícia, aos 19 anos os indivíduos que frequentaram o programa da Pré-Escola Perry tinham menos probabilidade de terem sido presos e relatavam menos delitos adultos do que um grupo-controle. Os alunos da Pré-Escola Perry também tinham menor probabilidade de abandonar a escola e os professores classificavam seu comportamento social como mais competente do que o de um grupo-controle que não recebeu experiência pré-escolar enriquecida. Em uma avaliação mais recente, aos 40 anos, aqueles que haviam participado do programa da Pré-Escola Perry tinham maior probabilidade

Quais são algumas estratégias para a prevenção e intervenção nos problemas adolescentes?

de participarem do mercado de trabalho, terem casa própria e tinham menos detenções (Schweinhart et al., 2005).
- Fast Track. Um programa que procura reduzir o risco de delinquência juvenil e outros problemas é o Fast Track (Conduct Problems Prevention Research Group, 2007, 2010a, 2010b; 2011; Dodge e McCourt, 2010; Jones et al., 2010; Miller et al., 2011). Escolas em quatro áreas (Durham, Carolina do Norte; Nashville, Tennessee; Seattle, Washington e a área central rural da Pensilvânia) foram identificadas como de alto risco com base na criminalidade e dados sobre pobreza na região. Os pesquisadores avaliaram mais de 9 mil crianças do jardim de infância nas quatro escolas e designaram aleatoriamente 891 das crianças de mais alto risco e risco moderado para condições de intervenção ou controle. A idade média das crianças quando começou a intervenção era de 6,5 anos. A intervenção de 10 anos consistiu de treinamento dos pais para manejo do comportamento, treinamento das crianças em habilidades sociocognitivas, tutoramento da leitura, visitas domiciliares, *mentoring* e um currículo escolar revisado que foi planejado para aumentar a competência socioemocional e reduzir a agressão.
- A ampla intervenção teve mais sucesso com crianças e adolescentes que foram identificados como de risco mais alto no jardim de infância, reduzindo sua incidência de transtorno da conduta, transtorno de déficit de atenção/hiperatividade, algum transtorno externalizado e comportamento antissocial. Os resultados positivos da intervenção começaram a ocorrer na 4ª série do ensino fundamental e continuaram até a 1ª série do ensino médio. Por exemplo, na 1ª série a intervenção reduziu em 75% a probabilidade de que as crianças de mais alto risco no jardim de infância desenvolvessem transtorno da conduta, em 53% o transtorno de déficit de atenção/hiperatividade e em 43% algum transtorno externalizado. Recentemente, foram relatados dados até os 19 anos (Miller et al., 2010). Os achados indicam que a extensa intervenção do Fast Track teve sucesso na redução dos índices de prisão dos jovens (Conduct Problems Prevention Research Group, 2010a).
- Estudo Nacional Longitudinal da Saúde do Adolescente. Este estudo é baseado em entrevistas com 12.118 adolescentes e tem implicações para a prevenção dos problemas adolescentes (Aronowitz e Morrison-Beedy, 2008; Allen e MacMillan, 2006; Beaver et al., 2009; Cubbin et al., 2005). A conectividade percebida do adolescente com um dos pais e com um professor eram os fatores principais que foram vinculados à prevenção dos problemas destes adolescentes sofrimento emocional, pensamentos e comportamento suicida, violência, uso de cigarros, uso de álcool, uso de maconha e relações sexuais precoces. Este estudo também apoia o primeiro componente dos programas de prevenção/intervenção que têm sucesso, conforme descrito no número 1 da lista no início desta seção. Isto é, a atenção individualizada intensiva é especialmente importante quando feita por pessoas importantes na vida do adolescente, como pais e professores (Greenberg et al., 2003; Kumpfer e Alvarado, 2003).

Revisar *Conectar* **Refletir** (OA3) Resumir a inter-relação dos problemas e as formas de prevenir ou de intervir nos problemas.

Revisar
- Quais os quatro problemas que afetam o maior número de adolescentes? Como estão inter-relacionados os problemas dos adolescentes?
- Quais são as três formas principais de prevenir ou intervir nos problemas adolescentes?

Conectar
- Que papel os pais desempenham na prevenção e intervenção nos problemas adolescentes (Capítulo 8)?

Refletir *sua jornada de vida pessoal*
- Você teve na adolescência algum dos problemas que foram descritos neste capítulo? Em caso afirmativo, que fatores você acha que contribuíram para o desenvolvimento do(s) problema(s)? Se você não passou por nenhum destes problemas, o que você acha que o protegeu de desenvolvê-los?

Chegamos ao final deste livro. Espero que ele e o curso tenham servido como uma janela para aprimorar o seu entendimento da adolescência e da adultez emergente, incluindo o seu próprio desenvolvimento nestes períodos importantes na sua vida. Desejo a você o melhor possível nos anos restantes da sua jornada pela vida humana.

John W. Santrock

ATINJA SEUS OBJETIVOS DE APRENDIZAGEM

1 Explorando os problemas do adolescente e do adulto emergente

OA1 Discutir a natureza dos problemas na adolescência e na adultez emergente.

- A abordagem biopsicossocial
- A abordagem da psicopatologia do desenvolvimento
- Características dos problemas na adolescência e na adultez emergente
- Estresse e estratégias de enfrentamento
- Resiliência

- Foram propostos fatores biológicos, psicológicos e sociais como causas de problemas que adolescentes, adultos emergentes e outros podem desenvolver. A abordagem biopsicossocial enfatiza que os problemas se desenvolvem por meio de uma interação dos fatores biológicos, psicológicos e sociais.

- Na abordagem da psicopatologia do desenvolvimento, a ênfase se encontra na descrição e na exploração dos caminhos desenvolvimentais dos problemas. Uma forma de se classificar os problemas de adolescentes e adultos emergentes é como internalizantes (por exemplo, depressão e ansiedade) ou externalizantes (por exemplo, delinquência juvenil).

- O espectro de problemas dos adolescentes e adultos emergentes é amplo, variando em gravidade, nível desenvolvimental, sexo e *status* socioeconômico. Adolescentes de classe média e mulheres têm mais problemas internalizantes; adolescentes de SSE baixo e homens têm mais problemas externalizantes. Os adolescentes que têm inúmeros recursos externos e internos têm menos problemas e se engajam em menos comportamentos de exposição a riscos do que seus equivalentes com poucos recursos externos e internos.

- O estresse é a resposta dos indivíduos aos estressores, que são circunstâncias e eventos que os ameaçam e sobrecarregam suas habilidades de enfrentamento. As fontes de estresse incluem eventos vitais, dificuldades diárias e fatores socioculturais (como gênero, estresse aculturativo e pobreza). Estratégias de enfrentamento envolvem o manejo da sobrecarga das circunstâncias, despender esforços para resolver os problemas da vida e procurar dominar ou reduzir o estresse. O sucesso no enfrentamento foi vinculado a uma noção de controle pessoal, a emoções positivas, a recursos pessoais e às estratégias usadas. Uma forma de se classificar essas estratégias é dividi-las entre enfrentamento focado no problema e enfrentamento focado na emoção. Na maioria das situações, o enfrentamento focado no problema é recomendado em detrimento do enfrentamento focado na emoção. Entre as estratégias para o enfrentamento efetivo estão pensar positivamente e ter apoio dos outros. O enfrentamento é influenciado pelas demandas e recursos do ambiente, e os indivíduos que enfrentam circunstâncias estressantes geralmente se beneficiam com o uso de mais de uma estratégia.

- Três conjuntos de características estão refletidos nas vidas dos adolescentes e dos adultos emergentes que apresentam resiliência em face da adversidade e desvantagem: (1) fatores individuais – como um bom funcionamento intelectual; (2) fatores familiares – como uma relação próxima com uma figura parental afetiva e (3) fatores extra familiares – vínculos com adultos pró-sociais fora da família. A resiliência na adolescência está ligada à continuidade da resiliência na adultez emergente, porém, a resiliência também pode se desenvolver na adultez emergente.

2 Problemas e transtornos

OA2 Descrever alguns problemas e transtornos que caracterizam os adolescentes e os adultos emergentes.

Uso de drogas

- Os anos 1960 e 1970 foram uma época de marcado aumento no uso de drogas ilícitas. O uso de drogas começou a declinar na década de 1980, mas aumentou novamente na década de 1990. Desde o fim da década de 1990, tem havido um declínio no uso geral de drogas ilícitas pelos adolescentes norte-americanos. Entender o uso de drogas requer um entendimento da dependência física e da dependência psicológica. O abuso de álcool é um problema maior, embora o seu uso na adolescência tenha começado a declinar. Ocorre um aumento no uso de álcool e na compulsão alcoólica durante a adultez emergente. A compulsão alcoólica por estudantes universitários é uma preocupação que persiste. O uso de álcool e drogas declina aos 20 e poucos anos. Os fatores de risco para uso de álcool incluem hereditariedade e influências negativas familiares e dos pares. Outras drogas que podem ser prejudiciais para os adolescentes incluem os alucinógenos (LSD e maconha – seu uso aumentou na década de 1990), estimulantes (como nicotina, cocaína e anfetaminas) e depressores (como barbitúricos, tranquilizantes e álcool). Uma preocupação especial é o uso do cigarro por adolescentes, embora a boa notícia seja que vem ocorrendo um declínio nos últimos anos. Uma tendência alarmante recente refere-se ao uso de analgésicos com prescrição por adolescentes. O uso de esteroides anabolizantes foi vinculado a treinamento físico de esforço, fumo e uso pesado de álcool. O uso de inalantes por adolescentes reduziu nos últimos anos. O uso de drogas na infância e na adolescência inicial tem efeitos de longo prazo mais negativos do que quando ocorre inicialmente no fim da adolescência. Os pais e os pares podem representar papéis apoiadores importantes na prevenção do uso de drogas pelo adolescente. Ter nascido em uma família de alto risco, ter problemas de conduta na escola e ser rejeitado pelos pares são fatores relacionados ao uso de drogas por jovens de 12 anos. A realização educacional precoce dos adolescentes tem uma influência positiva na redução da probabilidade de desenvolvimento de problemas com abuso de drogas e álcool. O uso de substância atinge seu auge na adultez emergente, mas começa a declinar aos 20 e poucos anos.

Delinquência juvenil

- A delinquência juvenil consiste de uma ampla gama de comportamentos, que vão desde o comportamento socialmente indesejável até delitos de *status*. Para fins legais, é feita uma distinção entre delitos indexados e delitos de *status*. O transtorno da conduta é uma categoria diagnóstica psiquiátrica usada para descrever comportamentos múltiplos de tipo delinquente que ocorrem por um período de seis meses. Os preditores de delinquência juvenil incluem conflito com autoridade, atos menores encobertos como mentir, atos ostensivos de agressão, identidade negativa, distorções cognitivas, baixo autocontrole, início precoce da delinquência, ser do sexo masculino, baixas expectativas quanto à educação e notas escolares, fraco monitoramento parental, pouco apoio parental e disciplina ineficaz, irmão mais velho delinquente, influência pesada dos pares e pouca resistência aos pares, baixo *status* socioeconômico e viver em uma área urbana com alto índice de criminalidade. Foram identificados programas efetivos de prevenção e intervenção.

Depressão e suicídio

- Os adolescentes têm uma taxa de depressão mais alta do que as crianças. As garotas adolescentes têm muito mais probabilidade de desenvolver depressão do que os rapazes. Conflito entre pais e adolescente, pouco apoio parental, fracas relações com os pares e problemas nas relações amorosas são fatores associados à depressão adolescente. O tratamento da depressão envolve tanto a terapia com drogas quanto a psicoterapia. Os adultos emergentes têm uma taxa três vezes maior de suicídio do que os adolescentes. Tanto as experiências precoces como as posteriores podem estar envolvidas no suicídio. Instabilidade familiar, falta de afeto, notas baixas na escola, falta de amizades apoiadoras e rompimentos amorosos podem desencadear tentativas de suicídio.

Transtornos da alimentação

- Os transtornos da alimentação representam um problema crescente na adolescência e na adultez emergente. A porcentagem de adolescentes com sobrepeso aumentou significativamente nas décadas de 1980 e 1990, mas começou a estabilizar na metade da primeira década do século XXI. Ser obeso na adolescência está ligado a ser obeso quando adulto. Também ocorreu um aumento de obesidade na adultez emergente. Tanto a hereditariedade como fatores ambientais estão envolvidos na obesidade. Ter sobrepeso na adolescência acarreta efeitos negativos na saúde física e no desenvolvimento socioemocional. Abordagens clínicas que focam no indivíduo adolescente e envolvem uma combinação de restrição calórica, exercícios, redução do comportamento sedentário e terapia comportamental têm sido moderadamente efetivas na ajuda aos adolescentes com sobrepeso para perderem peso. Anorexia nervosa é um transtorno da alimentação que envolve a busca incessante da magreza por meio da fome. As anoréxicas pesam menos de 85% do peso considerado normal, têm um temor intenso de ganhar peso e mesmo quando estão muito magras se veem como muito gordas. Bulimia nervosa é um transtorno da alimentação em que o indivíduo segue de forma consistente um padrão alimentar de compulsão e purga. A maioria das bulímicas é deprimida ou ansiosa, superestima seu peso e sua forma corporal e em geral se encontram dentro da faixa de peso normal. O transtorno de compulsão alimentar (TCA) envolve compulsão alimentar frequente, mas sem comportamento compensatório como a purga que caracteriza as bulímicas.

3 Inter-relação de problemas e prevenção/intervenção

OA3 Resumir a inter-relação dos problemas e as formas de prevenir e de intervir nos problemas.

Adolescentes com múltiplos problemas

- Os quatro problemas que afetam a maioria dos adolescentes são: (1) abuso de drogas, (2) delinquência juvenil, (3) problemas sexuais e (4) problemas relacionados à escola. Os pesquisadores estão constatando que os adolescentes em maior risco têm mais do que um destes problemas e que os adolescentes com o nível mais elevado de risco têm todos os quatro problemas.

Prevenção e intervenção

- Segundo a análise de Dryfoos, estes foram os componentes comuns dos programas bem-sucedidos de prevenção/intervenção: (1) atenção individual intensiva, (2) intervenção abrangendo a comunidade e (3) identificação e intervenção precoces.

TERMOS-CHAVE

abordagem biopsicossocial 415
abordagem da psicopatologia do desenvolvimento 417
cascatas do desenvolvimento 417
problemas internalizantes 418
problemas externalizantes 418
estresse 420
estresse aculturativo 422
estratégias de enfrentamento 423

estratégias de enfrentamento focado no problema 423
estratégias de enfrentamento focado na emoção 423
alucinógenos 429
estimulantes 429
depressores 431
esteroides anabolizantes 432
delinquência juvenil 434

delitos indexados 434
delitos de *status* 434
transtorno da conduta 435
transtorno depressivo maior 438
anorexia nervosa 444
bulimia nervosa 454
transtorno de compulsão alimentar (TCA) 445

PESSOAS-CHAVE

Gerald Patterson e colaboradores 417
Alan Sroufe 418
John Schulenberg e Nicole Zarrett 418
Thomas Achenbach e Craig Edelbrock 419

Peter Benson 419
Shelley Taylor 422
Richard Lazarus 423
Ann Masten 425

Lloyd Johnston 426
Kenneth Dodge 433
Deborah Capaldi 439
Joy Dryfoos 447

RECURSOS PARA MELHORAR A VIDA DOS ADOLESCENTES

Adolescence
Joy Drufoos e Carol Barkin (2006)
Nova Iorque: Oxford University Press

Um livro notável sobre os problemas adolescentes e programas e estratégias que podem prevenir e intervir com sucesso nestes problemas.

Developmental Psychopathology
Editado por Dante Cicchetti e Donald Cohen (2006)
Nova Iorque: Wiley

Esta obra em três volumes fornece informações abrangentes sobre muitos aspectos da psicopatologia do desenvolvimento.

Development and Psychopathology, 2010, Volume 22, Edições 3 e 4

Uma apresentação atualizada da teoria e pesquisa sobre o crescente interesse no papel das cascatas do desenvolvimento na predição de problemas adolescentes.

The Future of Children
(Vol, 18, N° 2, 2008)

Aborda muitos aspectos da delinquência juvenil, incluindo programas efetivos de prevenção e intervenção.

National Clearinghouse for Alcohol Information
www.health.org

Este escritório fornece informações sobre uma ampla variedade de questões relacionadas a problemas com bebida, incluindo a bebida na adolescência.

Glossário

abordagem biopsicossocial Abordagem que enfatiza que os problemas se desenvolvem por meio de uma interação de fatores biológicos, psicológicos e sociais.

abordagem construtivista Uma abordagem centrada no aprendiz, que enfatiza a construção cognitiva ativa do conhecimento e do entendimento do adolescente com a orientação do professor.

abordagem construtivista social Abordagem que enfatiza os contextos sociais de aprendizagem e a construção de conhecimento por meio da interação social.

abordagem da instrução direta Uma abordagem centrada no professor, caracterizada pela direção e pelo controle do professor, pelo domínio das habilidades acadêmicas, pelas expectativas altas em relação aos alunos e pelo máximo de tempo gasto em tarefas de aprendizagem.

abordagem da psicopatologia do desenvolvimento Abordagem que tem seu foco na descrição e na exploração das trajetórias desenvolvimentais dos problemas.

acomodação Adaptação de um esquema à informação nova.

adolescência Período do desenvolvimento de transição da infância para a idade adulta; envolve mudanças biológicas, cognitivas e socioemocionais. A adolescência começa aproximadamente entre 10 e 13 anos e termina por volta dos 19 anos.

adolescência inicial Período do desenvolvimento que corresponde aproximadamente ao final do ensino fundamental e inclui principalmente as mudanças puberais.

adolescentes superdotados Adolescentes que possuem inteligência acima da média (geralmente definida como um QI acima de 130) e/ou talento superior em algum domínio como arte, música ou matemática.

adrenarca Fase da puberdade que envolve alterações hormonais nas glândulas adrenais, localizadas logo acima dos rins. Essas alterações ocorrem, aproximadamente, dos 6 aos 9 anos nas meninas e cerca de um ano mais tarde nos meninos, antes do que é geralmente considerado como o início da puberdade.

adultez emergente Período do desenvolvimento que ocorre aproximadamente dos 18 aos 25 anos; este período de transição entre a adolescência e a idade adulta é caracterizado por experimentação e exploração.

afirmação do poder Técnica de disciplina na qual um dos genitores tenta obter controle sobre o adolescente ou os recursos do adolescente.

AIDS Significa síndrome da imunodeficiência adquirida, uma doença transmitida sexualmente causada pelo vírus da imunodeficiência humana (HIV), o qual destrói o sistema imunológico do corpo.

altruísmo Interesse generoso em ajudar outra pessoa.

alucinógenos Drogas que alteram as experiências perceptivas de um indivíduo e produzem alucinações; também chamadas de drogas psicodélicas (que alteram a mente).

ambiguidade de fronteiras Incerteza nas famílias reconstituídas sobre quem está dentro ou fora da família e quem está realizando ou é responsável por certas tarefas no sistema familiar.

amígdala Uma parte do sistema límbico cerebral que é sede de emoções como a raiva.

amigos Um subgrupo dos pares que estão envolvidos em mútuo companheirismo, apoio e intimidade.

amor afetuoso Amor que ocorre quando um indivíduo deseja ter outra pessoa perto de si e possui uma afeição profunda e de cuidado por aquela pessoa; também chamado amor companheiro.

amor romântico Amor que possui fortes componentes sexuais e paixão; também chamado de amor passional ou Eros. Predomina na parte inicial de um relacionamento amoroso.

androgênios A principal classe de hormônios sexuais masculinos.

androginia A presença de um alto grau de características femininas e masculinas desejáveis no mesmo indivíduo.

anorexia nervosa Um transtorno da alimentação que envolve a busca incessante da magreza por meio da fome.

ansiedade Sentimento vago, altamente desconfortável, de medo e apreensão.

apego inseguro Padrão de apego no qual os bebês ou evitam o cuidador ou demonstram resistência ou ambivalência consideráveis em relação ao cuidador. Esse padrão é compreendido como relacionado a dificuldades nos relacionamentos e a problemas no desenvolvimento posterior.

apego não resolvido/desorganizado Uma categoria de apego inseguro na qual o adolescente tem um nível incomumente alto de medo e está desorientado. Isso pode resultar de experiências traumáticas, como a morte de um dos pais ou abuso.

apego preocupado/ambivalente Uma categoria de apego inseguro na qual os adolescentes estão hiperalertas a experiências de apego.

apego recusado/evitativo Uma categoria de apego inseguro na qual os indivíduos minimizam a importância do apego. Esta categoria está associada a experiências consistentes de rejeição às necessidades de apego por parte dos cuidadores. Considera-se que este estado ocorre, principalmente, devido à inconsistência da disponibilidade dos pais para os adolescentes.

apego seguro Padrão de apego no qual os bebês usam o seu cuidador primário, geralmente a mãe, como uma base segura a partir da qual exploram o ambiente. O apego seguro é compreendido como uma base importante para o desenvolvimento psicológico posterior na infância e na idade adulta.

aprendizagem de serviço Forma de educação que promove a responsabilidade social e o serviço à comunidade.

aprendizagem *jigsaw* Uma estratégia de sala de aula na qual alunos de diferentes origens culturais são colocados em um grupo cooperativo para construir diferentes partes de um projeto com o intuito de alcançar um objetivo comum.

assédio sexual em ambiente hostil Assédio sexual em que as estudantes são sujeitadas a uma conduta sexual indesejada tão severa, persistente ou disseminada que limita a capacidade da estudante de se beneficiar com a sua educação.

assédio sexual por permuta Assédio sexual em que um empregado da escola ameaça basear uma decisão educacional (como uma nota) na submissão de uma estudante a uma conduta sexual indesejada.

assimilação Incorporação de informações novas ao conhecimento já existente.

atenção Concentração e foco dos recursos mentais.

atenção dividida Concentração em mais de uma atividade ao mesmo tempo.

atenção executiva Tipo de atenção que envolve planejamento de ação, alocação da atenção para os objetivos, detecção e compensação de erros, monitoramento do progresso nas tarefas e manejo de circunstâncias novas ou difíceis.

atenção seletiva Foco num aspecto específico da experiência que é relevante, ao mesmo tempo que se ignora outros que são irrelevantes.

atenção sustentada Habilidade de manter a atenção em um estímulo selecionado por um período de tempo prolongado.

auto-obstáculo Uso de estratégias de evitação do fracasso, tais como não tentar na escola ou não estudar até o último minuto, de modo que as circunstâncias, mais do que a falta de habilidades, serão vistas como a causa do baixo desempenho.

autoconceito Avaliações do *self* em domínios específicos.

autoconhecimento A representação cognitiva do *self* de um indivíduo; a substância e o conteúdo das autoconcepções.

autoeficácia A crença de um indivíduo de que ele consegue ter domínio de uma situação e produzir resultados positivos.

autoestima A dimensão avaliativa global do *self*; também chamada de amor-próprio ou autoimagem.

autonomia emocional A capacidade de abandonar a dependência infantil dos pais.

bissexual Uma pessoa que é atraída por pessoas de ambos os sexos.

bulimia nervosa Transtorno da alimentação no qual o indivíduo segue de forma consistente um padrão de compulsão alimentar e posterior purga.

cascatas do desenvolvimento Uma abordagem da psicopatologia do desenvolvimento que enfatiza as conexões e a influenciam de diferentes domínios nas trajetórias e resultados desenvolvimentais.

Cinco Grandes fatores da personalidade Cinco traços essenciais da personalidade: abertura à experiência, realização, extroversão, socialização e neuroticismo (estabilidade emocional).

clamídia Uma das doenças sexualmente transmissíveis mais comuns, chamada de *Chlamydia trachomatis*, é um organismo que se espalha por meio do contato sexual e infecta os órgãos genitais de ambos os sexos.

clarificação dos valores Abordagem educacional cujo foco é ajudar as pessoas a esclarecer o que é importante para elas, pelo quê vale a pena trabalhar e a que propósito servem suas vidas. Os estudantes são encorajados a definir seus próprios valores e a compreender os valores dos outros.

coabitação Viver junto em um relacionamento sexual sem que os parceiros sejam casados.

coeficiente de correlação Um número, baseado em uma análise estatística, utilizado para descrever o grau de associação entre duas variáveis.

cognição social A forma como os indivíduos conceituam e pensam sobre seu mundo social: as pessoas que eles veem e com quem interagem, suas relações com essas pessoas, os grupos dos quais participam e a forma com pensam sobre si mesmos e os outros.

coletivismo Enfatiza valores que servem ao grupo, subordinando os objetivos pessoais para preservar a integridade grupal.

comportamento adaptativo Modificação do comportamento, que promove a sobrevivência do organismo no seu *habitat* natural.

compromisso Parte do desenvolvimento da identidade no qual os adolescentes apresentam um investimento pessoal no que eles pretendem fazer.

conectividade Um elemento importante no desenvolvimento da identidade adolescente. Consiste de duas dimensões: a mutualidade, que envolve sensibilidade ao e respeito pelo ponto de vista dos outros, e permeabilidade, que envolve receptividade à visão dos outros.

consciência Componente do superego que envolve comportamentos desaprovados pelos pais.

controle cognitivo Envolve controle efetivo e pensamento flexível em várias áreas, incluindo controle da atenção, redução de pensamentos intervenientes e ser flexível cognitivamente.

conversa relacional A linguagem da conversação, estabelecendo conexões e negociando relações.

conversa retórica Conversa que fornece informações; a fala em público é um exemplo.

corpo caloso Um grande feixe de fibras axônicas que conectam os hemisférios direito e esquerdo do cérebro.

correlações genótipo-ambiente ativas (busca de nichos) Correlações que ocorrem quando as crianças procuram ambientes que julgam compatíveis e estimulantes.

correlações genótipo-ambiente evocativas Correlações que ocorrem porque as características geneticamente moldadas de um adolescente induzem certos tipos de ambientes físicos e sociais.

correlações genótipo-ambiente passivas Correlações que ocorrem porque os pais biológicos, geneticamente relacionados com o filho, fornecem à criança o ambiente onde ela é criada.

córtex pré-frontal O nível mais elevado dos lobos frontais do cérebro, envolvido no raciocínio, na tomada de decisão e no autocontrole.

criança de aquecimento lento Uma criança que tem baixo nível de atividade, é um tanto negativa e exibe baixa intensidade de humor.

criança difícil Uma criança que reage negativamente a muitas situações e demora a aceitar experiências novas.

criança fácil Uma criança que, em geral, está com humor positivo, estabelece rapidamente rotinas regulares e se adapta com facilidade a experiências novas.

crianças ignoradas Crianças que raramente são indicadas como melhor amigo de alguém, mas não são antipatizadas pelos pares.

crianças na média Crianças que recebem um número médio de indicações positivas e negativas pelos seus pares.

crianças polêmicas Crianças que são frequentemente indicadas como melhor amigo de alguém e ao mesmo tempo são antipatizadas por outros.

crianças populares Crianças que são, com frequência, indicadas como o melhor amigo de alguém e são, raramente, antipatizadas pelos seus pares.

crianças rejeitadas Crianças que raramente são indicadas como melhor amigo de alguém e são ativamente antipatizadas pelos seus pares.

criatividade Capacidade de pensar de formas novas e incomuns e descobrir soluções únicas para os problemas.

crise Um período de desenvolvimento da identidade durante o qual o adolescente está fazendo escolhas entre alternativas significativas.

cromossomos Estruturas semelhantes a um fio que contém o ácido desoxirribonucleico, ou DNA.

cultura Comportamentos, padrões, crenças e todos os outros produtos de um grupo particular de pessoas que são transmitidos de geração para geração.

currículo oculto Atmosfera moral insidiosa que caracteriza todas as escolas.

delinquência juvenil Um amplo leque de comportamentos, incluindo comportamento socialmente inaceitável, delitos de *status* e atos criminais.

delitos de *status* Delitos juvenis, executados por jovens abaixo de uma idade específica, que não são tão sérios quanto os delitos indexados. Esses delitos incluem atos como beber abaixo da idade permitida, matar aula e promiscuidade sexual.

delitos indexados Atos criminais, como roubo, estupro e homicídio, sejam eles cometidos por jovens ou adultos.

depressores Drogas que desaceleram o sistema nervoso central, as funções corporais e o comportamento.

desenvolvimento Padrão de mudança que inicia na concepção e continua por toda a vida. A maior parte do desenvolvimento envolve crescimento, embora também inclua a decadência (como na morte e nos momentos finais da vida).

desenvolvimento moral Pensamentos, sentimentos e comportamentos relativos a padrões de certo e errado.

dificuldades de aprendizagem Transtornos nos quais as crianças encontram dificuldade em aprender e que envolve entender e usar a língua falada ou escrita; a dificuldade pode aparecer na escuta, no pensamento, na leitura, na escrita e na ortografia. Um transtorno de aprendizagem também pode envolver dificuldades com a matemática. Para ser classificado com dificuldade de aprendizagem, o problema não deve ser originalmente resultante de deficiência visual, auditiva ou motora, retardo mental, transtornos emocionais e em desvantagem ambiental, cultural ou econômica.

difusão da identidade Termo de Marcia para o estado no qual os adolescentes estão quando ainda não passaram por uma crise de identidade ou não assumiram compromissos.

distribuição normal Uma distribuição simétrica de valores ou escores, com uma maioria dos escores situando-se na parte intermediária da variação possível dos escores, com poucos escores aparecendo nos extremos da variação.

DNA Uma molécula complexa que contém informações genéticas.

doenças sexualmente transmissíveis (DSTs) Infecções contraídas primariamente por meio do contato sexual. Este contato não está limitado à relação vaginal, mas também inclui contato oral-genital e anal-genital.

educação do caráter Abordagem de educação moral direta que envolve ensinar aos estudantes um conhecimento moral básico para evitar que se engajem em comportamento imoral ou causem danos a si mesmos ou aos outros.

educação moral cognitiva Abordagem baseada na crença de que os estudantes devem aprender a valorizar coisas como democracia e a justiça enquanto seu raciocínio moral está se desenvolvendo; a teoria de Kohlberg tem sido a base para muitas abordagens de educação moral cognitiva.

educação multicultural Educação que valoriza a diversidade e inclui as perspectivas de uma variedade de grupos culturais.

efeitos de coorte Refere-se aos efeitos devidos a data de nascimento, era ou geração de uma pessoa, não propriamente à idade cronológica.

egocentrismo adolescente A autoconsciência intensificada dos adolescentes, que se reflete na sua crença de que os outros estão tão interessados neles quanto eles mesmos, e na sua noção de singularidade e invulnerabilidade.

emoção Sentimento, ou afeto, que ocorre quando uma pessoa está em um estado ou em uma interação importante para o indivíduo, especialmente para o seu bem-estar.

empatia Reação aos sentimentos de outra pessoa com uma resposta emocional similar aos sentimentos da outra pessoa.

equilibração Um mecanismo na teoria de Piaget que explica como os indivíduos passam de um estado de pensamento para o seguinte. A mudança ocorre quando os indivíduos experimentam um conflito cognitivo ou um desequilíbrio ao tentarem compreender o mundo. Por fim, o indivíduo resolve o conflito e atinge um balanço, ou equilíbrio, do pensamento.

espermarca Primeira ejaculação de sêmen de um menino.

espiritualidade Experimentar algo que vai além de si mesmo de uma maneira transcendente de viver de um modo que beneficie aos outros e à sociedade.

esquema Um conceito mental ou estrutura que é útil na organização e na interpretação da informação.

estágio operatório-concreto Terceiro estágio de Piaget, que se estende aproximadamente dos 7 aos 11 anos. Neste estágio, a crianças conseguem realizar operações. O raciocínio lógico substitui o pensamento intuitivo, contanto que o raciocínio possa ser aplicado a exemplos específicos ou concretos.

estágio operatório-formal Quarto e último estágio de Piaget do desenvolvimento cognitivo, que ele afirmava ocorrer entre os 11 e 15 anos. É caracterizado pelo pensamento abstrato, idealista e lógico.

estágio pré-operatório Segundo estágio de Piaget, que dura aproximadamente dos 2 aos 7 anos. Neste estágio, as crianças começam a representar seu mundo com palavras, imagens e desenhos.

estágio sensório-motor Primeiro estágio do desenvolvimento de Piaget, estendendo-se do nascimento até aproximadamente os 2 anos. Neste estágio, os bebês constroem uma compreensão do mundo ao coordenarem experiências sensoriais com ações físicas e motoras.

estereotipação Uma generalização que reflete nossas impressões e crenças a respeito de um grupo amplo de pessoas. Todos os estereótipos se referem a uma imagem do que deve ser um membro típico de um grupo específico.

estereótipos de gênero Categorias amplas que refletem nossas impressões e crenças sobre homens e mulheres.

esteroides anabolizantes Drogas derivadas do hormônio sexual masculino, testosterona. Promovem crescimento muscular e aumentam a massa corporal.

estimulantes Drogas que aumentam a atividade do sistema nervoso central.

estratégia autoritária de manejo da sala de aula Estratégia de ensino que é restritiva e punitiva. O foco reside principalmente em manter a ordem na sala de aula mais do que na instrução e no aprendizado.

estratégia autoritativa de manejo da sala de aula Estratégia de ensino que encoraja os alunos a serem pensadores e atores independentes, mas ainda envolve um monitoramento efetivo. Os professores autoritativos engajam os alunos em uma considerável situação de reciprocidade verbal e demonstram uma atitude afetiva em relação a eles. Entretanto, eles ainda impõem limites quando necessário.

estratégia permissiva de manejo da sala de aula Estratégia de ensino que oferece aos alunos uma autonomia considerável, mas lhes dá pouco apoio para desenvolverem habilidades de aprendizagem ou para o manejo do seu comportamento.

estratégias conglomeradas Uso de uma combinação de técnicas, em vez de uma única abordagem, para a melhoria das habilidades sociais dos adolescentes; também chamado de *coaching*.

estratégias de enfrentamento Manejo de circunstâncias pesadas, despendendo um esforço para resolver os problemas vitais e procurando dominar ou reduzir o estresse.

estratégias de enfrentamento focado na emoção Termo de Lazarus para a resposta ao estresse de uma maneira emocional, especialmente por meio da utilização de mecanismos de defesa.

estratégias de enfrentamento focado no problema Termo de Lazarus para a estratégia de enfrentar diretamente os próprios problemas e tentar resolvê-los.

estresse A resposta dos indivíduos aos estressores, que são circunstâncias e eventos que ameaçam e sobrecarregam as suas habilidades de enfrentamento.

estresse aculturativo Consequências negativas que resultam do contato entre dois grupos culturais distintos.

estrogênios A principal classe de hormônios sexuais femininos.

estudo de caso Um exame em profundidade de um único indivíduo.

estudo de gêmeos Estudo em que a semelhança comportamental de gêmeos idênticos é comparada à semelhança comportamental de gêmeos fraternos.

estudo sobre adoção Estudo em que os investigadores procuram descobrir se comportamento e características psicológicas de crianças adotadas são mais parecidos com os de seus pais adotivos, que lhes proporcionaram o ambiente doméstico, ou se são mais parecidos com os dos pais biológicos, que contribuíram com sua hereditariedade. Outra forma de estudo sobre adoção envolve a comparação de irmãos adotados e irmãos biológicos.

estudos transculturais Estudos que comparam duas ou mais diferentes culturas. Estes estudos fornecem informações sobre o grau no qual o desenvolvimento nos adolescentes e nos adultos emergentes é similar, ou universal, entre as culturas, ou sobre o grau no qual ele é específico daquela cultura.

estupro Relação sexual forçada com uma pessoa que não dá o seu consentimento.

estupro em encontros, ou por pessoa conhecida Atividade sexual coerciva dirigida a alguém que o perpetrador conhece.

etnia Uma dimensão da cultura baseada em herança cultural, características nacionais, raça, religião e língua.

etnocentrismo Uma tendência a favorecer o próprio grupo do indivíduo em detrimento de outros grupos.

experiências ambientais compartilhadas Experiências compartilhadas entre os irmãos, tais como personalidade e orientação intelectual dos pais, a condição socioeconômica da família e o bairro em que eles vivem.

experiências ambientais não compartilhadas Experiências únicas do adolescente, tanto dentro quanto fora da família, que não são compartilhadas por um irmão.

feminização da pobreza Termo que reflete o fato de que mais mulheres do que homens vivem na pobreza. A baixa renda das mulheres, o divórcio e a resolução dos casos de divórcio pelo sistema judiciário, que deixa as mulheres com menos dinheiro do que elas e seus filhos precisam para funcionar adequadamente são as causas prováveis.

fenótipo Forma como o genótipo de um indivíduo é expresso em características observáveis e mensuráveis.

fim da adolescência Período do desenvolvimento que corresponde aproximadamente à última metade da segunda década de vida. Interesses pela carreira, namoros e exploração da identidade estão frequentemente mais pronunciados no fim da adolescência do que na adolescência inicial.

fim da idade adulta Período do desenvolvimento que dura aproximadamente dos 60 ou 70 anos até a morte.

flow Conceito de Csikszentmihalyi de experiências plenas na vida, as quais ele acredita que ocorram mais frequentemente quando as pessoas desenvolvem uma noção de controle e ficam absortas em um estado de concentração quando estão engajadas em uma atividade.

funcionamento executivo Um conceito do tipo guarda-chuva que envolve metacognição e processos cognitivos complexos de alta ordem que incluem exercitar o controle cognitivo, tomar decisões, raciocinar, pensar criticamente e pensar criativamente.

gênero As características das pessoas como homens ou mulheres.

genes Unidades de informações hereditárias, pequenos segmentos compostos de DNA.

genética do comportamento Um campo de estudo que procura descobrir a influência da hereditariedade e do ambiente nas diferenças individuais nos traços e no desenvolvimento humano.

genótipo A herança genética de uma pessoa; o material genético real.

gonadarca Fase da puberdade que envolve a maturação das características sexuais primárias (ovários nas mulheres e testículos nos homens) e secundárias (desenvolvimento dos pelos pubianos, dos seios e dos genitais). Este período ocorre depois da adrenarca, em mais ou menos dois anos, e é o que a maioria das pessoas considera puberdade.

gonorreia Uma doença sexualmente transmissível causada pela bactéria *Neisseria gonorrhae*, que se desenvolve nas mucosas úmidas internas da boca, garganta, vagina, colo do útero, uretra e trato anal. Esta DST é comumente chamada de "pingadeira" ou "corrimento".

gratidão Um sentimento de reconhecimento e apreciação, especialmente em resposta a alguém que fez algo gentil ou útil.

grau de ajuste A combinação entre o estilo do temperamento de um indivíduo e as demandas ambientais que o indivíduo precisa enfrentar.

herpes genital Uma doença sexualmente transmissível causada por uma ampla família de vírus de diferentes estirpes. Estas estirpes produzem outras doenças não sexualmente transmissíveis como varicela e mononucleose.

hipótese da intensificação do gênero Hipótese que afirma que as diferenças psicológicas e comportamentais entre meninos e meninas tornam-se maiores durante a adolescência inicial devido à crescente pressão da socialização para se adequarem aos papéis de gênero masculino e feminino.

hipóteses Asserções e previsões específicas que podem ser testadas.

homofobia Ter sentimentos negativos irracionais contra indivíduos que têm atração pelo mesmo sexo.

hormônios Substâncias químicas poderosas secretadas pelas glândulas endócrinas e levadas para todo o corpo pela corrente sanguínea.

idade adulta inicial Período do desenvolvimento que começa no final dos 19 anos ou início dos 20, durando até os 30 anos.

idade adulta intermediária Período do desenvolvimento que começa aproximadamente entre os 35 e 45 anos e termina entre aproximadamente 55 e 65 anos.

idade mental (IM) Nível de desenvolvimento mental de um indivíduo em relação aos outros; um conceito desenvolvido por Binet.

ideal do ego Componente do superego que envolve padrões ideais aprovados pelos pais.

identidade Quem uma pessoa é, representando síntese e integração do autoconhecimento.

identidade bicultural Formação da identidade que ocorre quando os adolescentes se identificam em alguns aspectos com seu grupo étnico e em outros aspectos com a cultura da maioria.

identidade étnica Um aspecto básico persistente do *self* que inclui um sentimento de pertencimento a um grupo étnico e as atitudes e sentimentos relacionados a essa associação.

identidade moral Aspecto da personalidade que está presente quando os indivíduos têm noções e comprometimentos morais que são essenciais para as suas vidas.

identidade outorgada Termo de Marcia para o estado no qual os adolescente estão quando assumiram um compromisso, mas ainda não passaram por uma crise de identidade.

identidade *versus* confusão de identidade Quinto estágio do desenvolvimento de Erikson, o qual ocorre durante a adolescência. Nessa época, os indivíduos se defrontam com a decisão de quem eles são, o que eles são e para onde irão em suas vidas.

individualidade Um elemento importante no desenvolvimento da identidade adolescente. Consiste de duas dimensões: a autoasserção, habilidade de ter e de comunicar um ponto de vista, e a separatividade, uso de padrões de comunicação para expressar como o indivíduo é diferente dos outros.

individualismo Enfatiza valores que servem ao indivíduo e dá prioridade aos objetivos pessoais e não aos objetivos coletivos.

indução Técnica disciplinar na qual um dos genitores usa razão e explicação das consequências para os outros das ações do adolescente.

inteligência Habilidade para resolver problemas, adaptar-se e aprender com as experiências do dia a dia; nem todos concordam sobre o que constitui a inteligência.

inteligência emocional Habilidade de perceber e expressar emoção de forma adequada e adaptativa, de entender a emoção e o conhecimento emocional, de usar sentimentos para facilitar o pensamento e de manejar as emoções em si mesmo e nos outros.

interação gene x ambiente (G x A) Interação de uma variação específica medida no DNA e um aspecto específico medido do ambiente.

internet Comunicação essencial mediada pelo computador. O sistema da internet é mundial e conecta milhares de redes de computadores, fornecendo uma variedade incrível de informações – tanto positivas quanto negativas – que os adolescentes podem acessar.

intimidade na amizade Na maioria das pesquisas, este conceito é definido de forma mais restrita como autorrevelação ou o compartilhamento de pensamentos privados.

intimidade *versus* isolamento Sexto estágio do desenvolvimento de Erikson, pelo qual os indivíduos passam durante a idade adulta inicial. Nesta época, os indivíduos se defrontam com a tarefa desenvolvimental de formar relações íntimas com os outros.

laboratório Ambiente controlado em que são removidos muitos dos fatores complexos do "mundo real".

lacuna de generalização adolescente Conceito de Adelson das generalizações sobre os adolescentes com base em informações sobre um grupo limitado de adolescentes, em geral de grande visibilidade.

menarca Primeiro período menstrual de uma menina.

mentalidade Visão cognitiva, fixa ou de crescimento, que os indivíduos desenvolvem para si mesmos.

mentores Indivíduos que são em geral mais velhos e mais experientes e são motivados para melhorar a competência e o caráter de uma pessoa jovem.

metacognição Cognição sobre a cognição, ou o "saber sobre o saber".

método de amostragem de experiência (ESM) Método de pesquisa em que são dados *pagers* aos participantes que em seguida são bipados em momentos aleatórios, quando então lhes é solicitado que relatem vários aspectos das suas vidas.

mielinização Processo pelo qual a porção de axônio do neurônio é coberta e isolada com uma camada de células gordurosas, o que aumenta a velocidade e a eficiência do processamento da informação no sistema nervoso.

mileniais Geração nascida depois de 1980, a primeira a atingir a maioridade e a começar o novo milênio entrando na idade adulta. Duas características dos mileniais se destacam: (1) sua diversidade étnica e (2) sua conexão com a tecnologia.

minoria sexual Alguém que se identifica como sendo lésbica, *gay* ou bissexual.

modelo de processo dual Afirma que a tomada de decisão é influenciada por dois sistemas – um analítico e um experiencial, que competem um com o outro; neste modelo, é o sistema experiencial – monitoramento e gerenciamento das experiências reais – que beneficia a tomada de decisão adolescente.

modelo de turbulência e estresse Conceito de G. Stanley Hall de que a adolescência é um período turbulento carregado de conflitos e alterações no humor.

modelos morais Pessoas que vivem vidas exemplares.

moratória da identidade Termo de Marcia para o estado dos adolescentes que estão em meio a uma crise de identidade, mas que ainda não assumiram um compromisso claro com uma identidade.

moratória psicossocial Termo de Erikson para a lacuna entre a segurança da infância e a autonomia adulta que os adolescentes experimentam como parte da exploração da sua identidade.

motivação extrínseca Fatores motivacionais externos como recompensas e punições.

motivação intrínseca Fatores motivacionais internos como autodeterminação, curiosidade, desafio e esforço.

narcisismo Uma abordagem autocentrada e egoísta em relação aos outros.

neopiagetianos Teóricos que argumentam que Piaget acertou em alguns aspectos, mas que sua teoria precisa de uma revisão considerável. Em sua revisão, eles dão maior ênfase ao processamento da informação que envolve atenção, memória e estratégias; eles também procuram apresentar explicações mais precisas sobre as mudanças cognitivas.

neurônios Células nervosas, a unidade básica do sistema nervoso.

observação natural Observação do comportamento em ambientes do mundo real.

orientação para o desamparo Visão na qual os indivíduos parecem encurralados quando passam por dificuldades e atribuem a sua dificuldade à falta de capacidade. Esta orientação mina o desempenho.

orientação para o desempenho Visão na qual os indivíduos estão focado em vencer, mais do que no resultado do desempenho. Para os alunos orientados para o desempenho, vencer resulta em felicidade.

orientação para o domínio da tarefa Visão na qual os indivíduos focam na tarefa, em vez de focar na sua habilidade; eles se concentram em aprender estratégias e processos para a realização, em vez de se concentrarem no resultado.

orientação teórica eclética Uma orientação que não segue nenhuma abordagem teórica, mas que, em vez disso, escolhe em cada teoria o que é considerado melhor nela.

otimismo Envolve ter uma visão positiva sobre o futuro e minimizar os problemas.

"panelinhas" Pequenos grupos que variam entre dois e aproximadamente doze indivíduos, em média com cinco a seis. Os membros são geralmente do mesmo sexo e com idades aproximadas; as "panelinhas" podem se formar devido a interesses parecidos, como esportes, e também podem se formar puramente por amizade.

papel de gênero Um conjunto de expectativas que indica como mulheres e homens devem pensar, agir e sentir.

parentalidade autoritária Um estilo restritivo e punitivo no qual o genitor persuade o adolescente a seguir suas orientações e a respeitar trabalho e esforço. São colocados limites e controle firmes sobre o adolescente e é permitida pouca troca verbal. Este estilo está associado a um comportamento socialmente incompetente dos adolescentes.

parentalidade autoritativa Um estilo que encoraja os adolescentes a serem independentes, mas ainda colocando limites e controle sobre suas ações. É permitida ampla reciprocidade verbal e os pais são afetuosos e cuidadores com o adolescente. Este estilo está associado a um comportamento socialmente competente dos adolescentes.

parentalidade indulgente Um estilo no qual os pais estão altamente envolvidos com seu adolescente, mas fazem poucas demandas ou têm pouco controle sobre ele. Está associada a baixa competência social do adolescente, especialmente a falta de autocontrole.

parentalidade negligente Um estilo no qual o genitor está muito pouco envolvido na vida do adolescente. Está associada a baixa competência social dos adolescentes, especialmente à falta de autocontrole.

pares Indivíduos que têm aproximadamente a mesma idade ou nível de maturidade.

pensamento convergente Um padrão de pensamento em que os indivíduos produzem uma resposta correta; característico dos itens dos testes de inteligência convencionais; cunhado por Guilford.

pensamento crítico Pensar reflexivamente e produtivamente e avaliar as evidências.

pensamento divergente Um padrão de pensamento em que os indivíduos produzem muitas respostas para uma mesma pergunta; mais característico da criatividade do que do pensamento convergente; cunhado por Guilford.

pensamento pós-formal Pensamento que é reflexivo, relativista e contextual; provisório; realista; aberto a emoções e subjetivo.

perdão Um aspecto do comportamento pró-social que ocorre quando uma pessoa prejudicada libera o ofensor de uma possível retaliação comportamental.

período pré-natal Época desde a concepção até o nascimento.

personalidade As características pessoais permanentes dos indivíduos.

perspectiva de cuidado Perspectiva moral de Carol Gilligan, que encara as pessoas em termos da sua conexão com os outros e enfatiza a comunicação interpessoal, as relações com os outros e a consideração pelos outros.

perspectiva de justiça Uma perspectiva moral que foca nos direitos do indivíduo. Os indivíduos tomam decisões morais de forma independente.

pesquisa correlacional Pesquisa cujo objetivo é descrever a força da relação entre dois ou mais eventos ou características.

pesquisa descritiva Pesquisa que objetiva observar e registrar o comportamento.

pesquisa experimental Pesquisa que envolve um experimento, um procedimento cuidadosamente regulado no qual manipula-se um ou mais dos fatores que se acredita influenciar o comportamento estudado enquanto todos os outros fatores são mantidos constantes.

pesquisa longitudinal Estratégia de pesquisa na qual os mesmos indivíduos são estudados durante um longo período de tempo, geralmente vários anos.

pesquisa transversal Estratégia de pesquisa que envolve o estudo de todas as pessoas em um determinado momento.

preconceito Atitude negativa injustificada em relação a um indivíduo por estar associado a um determinado grupo.

preconceito de gênero Noção preconcebida em relação às capacidades masculinas e femininas que impede os indivíduos de buscarem seus próprios interesses e atinjam o seu potencial.

primeira infância Período do desenvolvimento que se estende desde o nascimento até os 18 ou 24 meses.

problemas externalizantes Desenvolvem-se quando os indivíduos voltam seus problemas para o exterior. Um exemplo é a delinquência juvenil.

problemas internalizantes Desenvolvem-se quando os indivíduos voltam seus problemas para o seu interior. Exemplos incluem ansiedade e depressão.

processos biológicos Mudanças físicas no corpo de um indivíduo.

processos cognitivos Mudanças no pensamento e na inteligência de um indivíduo.

processos socioemocionais Mudanças na personalidade, nas emoções, nas relações com outras pessoas e nos contextos sociais de um indivíduo.

psicologia evolucionista Abordagem que enfatiza a importância da adaptação da reprodução e da "sobrevivência do mais apto" na explicação do comportamento.

puberdade Período de rápida maturação física, envolvendo alterações hormonais e corporais que acontecem fundamentalmente na adolescência inicial.

puberdade precoce Início muito precoce e progressão rápida da puberdade.

questão natureza-aprendizado Questão que envolve o debate sobre se o desenvolvimento é primariamente influenciado pela herança biológica do organismo (natureza) ou por suas experiências ambientais (aprendizado).

quociente de inteligência (QI) A idade mental testada de uma pessoa, dividida pela sua idade cronológica e multiplicada por 100.

raciocínio com base em convenções sociais Pensamentos relativos ao consenso e convenções sociais, em oposição ao raciocínio moral, que enfatiza as questões éticas.

raciocínio convencional O segundo nível, ou intermediário, na teoria de Kohlberg. Os indivíduos cumprem determinados padrões (internos), mas eles são os padrões de outros (externos), como os pais ou as leis da sociedade. O nível convencional consiste de dois estágios: expectativas interpessoais mútuas, relações e conformidade interpessoal (estágio 3) e moralidade dos sistemas sociais (estágio 4).

raciocínio hipotético-dedutivo Termo de Piaget para a capacidade do adolescente, no estágio operatório-formal, de desenvolver hipóteses ou suposições melhores sobre os caminhos para resolver problemas; então, sistematicamente, eles deduzem, ou concluem, o melhor caminho a seguir na solução do problema.

raciocínio pós-convencional O terceiro e mais alto nível na teoria de Kohlberg. Neste nível, a moralidade é mais interna. O nível pós-convencional consiste de dois estágios: contrato social ou utilidade e direitos individuais (estágio 5) e princípios éticos universais (estágio 6).

raciocínio pré-convencional O nível mais baixo da teoria de Kohlberg do desenvolvimento moral. Neste nível, a moralidade está geralmente focada na recompensa e na punição. Os dois estágios no raciocínio pré-convencional são a orientação para a punição e para a obediência (estágio 1) e individualismo, propósito instrumental e igualitarismo (estágio 2).

realização da identidade Termo de Marcia para um adolescente que passou por uma crise de identidade e assumiu um compromisso.

religião Um conjunto organizado de crenças, práticas, rituais e símbolos que aumenta a conexão do indivíduo com um outro sagrado ou transcendente (Deus, um poder superior ou a verdade final).

religiosidade O grau de afiliação a uma religião organizada, participação nos rituais e práticas prescritos, conexão com as suas crenças e envolvimento em uma comunidade de crentes.

resiliência Adaptar-se positivamente e obter resultados de sucesso em face a riscos significativos e circunstâncias adversas.

retirada do amor Técnica de disciplina na qual um dos genitores remove a atenção ou o amor do adolescente.

ritos de passagem Cerimônias ou rituais que marcam a transição de um indivíduo de um *status* para outro, como a entrada na vida adulta.

sabedoria Conhecimento especializado sobre aspectos práticos da vida que permite um julgamento com excelência a respeito de questões importantes.

***script* sexual** Um padrão estereotipado de prescrições de como os indivíduos devem se comportar sexualmente. Mulheres e homens foram socializados para seguir *scripts* sexuais diferentes.

***scripts* de namoro** Modelos cognitivos que os adolescentes e os adultos usam para guiar e avaliar as interações no namoro.

segunda infância Período do desenvolvimento que se estende do final da primeira infância até aproximadamente os 5 ou 6 anos; às vezes chamado de anos pré-escolares.

self Todas as características de uma pessoa.

***self* possível** Em quem os indivíduos podem se transformar, em quem eles gostariam de se transformar e em quem eles têm medo de se transformar.

sífilis Uma doença sexualmente transmissível causada pela bactéria *Treponema pallidum*, uma espiroqueta.

sinapses Espaços entre os neurônios, onde ocorrem as conexões entre o axônio e os dendritos.

socialização recíproca Processo pelo qual crianças e adolescentes socializam com os pais, assim como os pais socializam com eles.

***status* socioeconômico (SSE)** Refere-se a um agrupamento de pessoas com características ocupacionais, educacionais e econômicas similares.

***status* sociométrico** Até que ponto as crianças e os adolescentes são apreciados ou antipatizados pelo seu grupo de pares.

superficialidade étnica Utilização de um rótulo étnico como, por exemplo, afro-americano ou latino de uma forma superficial que retrata o grupo étnico como mais homogêneo do que ele é na realidade.

tema da continuidade-descontinuidade Tema relativo a se o desenvolvimento envolve uma mudança gradual e cumulativa (continuidade) ou estágios distintos (descontinuidade).

tema da experiência precoce-posterior Tema que tem seu foco no grau em que as experiências precoces (especialmente no começo da infância) ou experiências posteriores são determinantes-chave no desenvolvimento.

temperamento Estilo comportamental de um indivíduo e seu jeito característico de responder.

tendências seculares Padrões do início da puberdade ao longo da história, especialmente através das gerações.

teoria Conjunto de ideias coerentes inter-relacionadas que ajuda a explicar fenômenos e fazer previsões.

teoria da atribuição Teoria que defende que, no seu esforço para entender o próprio comportamento e o desempenho, os indivíduos são motivados a descobrir suas causas subjacentes.

teoria de Erikson Teoria que inclui oito estágios do desenvolvimento humano. Cada estágio consiste de uma tarefa desenvolvimental única que confronta o indivíduo com uma crise que deve ser encarada.

teoria de Piaget Teoria de que as crianças constroem ativamente a sua compreensão do mundo e atravessam quatro estágios do desenvolvimento cognitivo.

teoria de Vygotsky Teoria sociocultural do desenvolvimento cognitivo que enfatiza como a cultura e a interação social guiam o desenvolvimento cognitivo.

teoria do esquema de gênero Teoria que afirma que a atenção e o comportamento de um indivíduo são guiados pela motivação interna para se adequarem aos padrões e estereótipos socioculturais baseados no gênero. As mulheres são frequentemente retratadas de forma provocativa na MTV e em vídeos de rock.

teoria do papel social Teoria que sustenta que as diferenças de gênero resultam essencialmente dos papéis masculinos e femininos contrastantes, com as mulheres tendo menos poder e *status* e controlando menos recursos do que os homens.

teoria do processamento da informação Teoria que enfatiza que os indivíduos manipulam a informação, monitoram-na e desenvolvem uma estratégia sobre ela. Essenciais para esta abordagem são os processos de memória e pensamento.

teoria dos domínios do desenvolvimento moral Afirma que existem diferentes domínios de conhecimento e raciocínio social, incluindo os domínios moral, das convenções sociais e pessoal. Esses domínios surgem a partir de tentativas de crianças e adolescentes em entender e lidar com diferentes formas de experiência social.

teoria ecológica de Bronfenbrenner Teoria focada na influência de cinco sistemas ambientais: microssistema, mesossistema, exossistema, macrossistema e cronossistema.

teoria social cognitiva Visão de que o comportamento, o ambiente e a cognição são fatores-chave no desenvolvimento.

teoria social cognitiva de gênero Teoria que enfatiza que o desenvolvimento de gênero de crianças e adolescentes ocorre por meio da observação e imitação dos comportamentos de gênero, e por meio de recompensas e punições a comportamentos adequados ou inadequados ao seu gênero.

teoria social cognitiva do desenvolvimento moral Teoria que distingue entre competência moral (a capacidade de produzir comportamentos morais) e desempenho moral (execução desses comportamentos em situações específicas).

teoria triárquica da inteligência Visão de Steinberg de que a inteligência surge em três formas principais: analítica, criativa e prática.

teorias psicanalíticas Teorias que descrevem o desenvolvimento como primariamente inconsciente e fortemente caracterizado pela emoção. O comportamento é meramente uma característica aparente, e o funcionamento simbólico da mente deve ser analisado para se entendê-lo. As experiências precoces com os pais são enfatizadas.

terceira infância Período do desenvolvimento que se estende desde aproximadamente os 6 até 10 ou 11 anos.

teste padronizado Um teste com procedimentos uniformes para administração e contagem de pontos. Muitos testes padronizados permitem que o desempenho de uma pessoa seja comparado ao desempenho de outros indivíduos.

trajetórias desenvolvimentais múltiplas Conceito de que os adultos seguem uma trajetória e as crianças outra; é importante a forma como essas trajetórias se mesclam.

transcendência de papel de gênero A crença de que, quando a competência de um indivíduo está em questão, ela não deve ser conceitualizada com base na masculinidade, feminilidade ou androginia, mas baseada na pessoa.

transtorno da conduta Categoria diagnóstica psiquiátrica para a ocorrência de atividades delinquentes múltiplas por um período de seis meses. Estes comportamentos incluem faltar aula, fugir de casa, provocar incêndio, crueldade com animais, arrombamento e invasão e agressões constantes.

transtorno de compulsão alimentar (TCA) Envolve compulsão alimentar frequente sem comportamentos compensatórios como a purga que caracteriza as bulímicas.

transtorno de déficit de atenção/hiperatividade (TDAH) Transtorno no qual crianças e adolescentes apresentam de forma consistente uma ou mais das seguintes características durante um período de tempo: (1) desatenção, (2) hiperatividade e (3) impulsividade.

transtorno depressivo maior Diagnóstico quando um indivíduo experimenta um episódio depressivo maior e características depressivas, como letargia e depressão, por duas semanas ou mais e prejuízo no funcionamento diário.

tríade da mulher atleta Uma combinação de transtornos da alimentação, amenorreia e osteoporose que pode se desenvolver em adolescentes do sexo feminino e estudantes universitárias.

turmas Uma estrutura grupal maior do que as "panelinhas". Os adolescentes geralmente são membros de uma turma com base na reputação e podem ou não passar muito tempo juntos.

valores Crenças e atitudes sobre como as coisas devem ser.

variável dependente Fator que é medido em pesquisa experimental.

variável independente Fator que é manipulado em pesquisa experimental.

verrugas genitais Uma DST causada pelo papiloma vírus humano; as verrugas genitais são muito contagiosas e são a DST mais comum contraída nos Estados Unidos na faixa etária de 15 a 24 anos.

visão epigenética Crença de que o desenvolvimento é resultado de uma interação contínua e bidirecional entre hereditariedade e ambiente.

visão intervencionista Visão de que a adolescência é uma criação sócio-histórica. Especialmente importantes neste ponto de vista são as circunstâncias sócio-históricas do começo do século XX, época em que foi aprovada uma legislação que assegurava a dependência dos jovens e tornava o seu movimento de entrada na esfera econômica mais administrável.

visão psicométrica/da inteligência Uma visão que enfatiza a importância das diferenças individuais na inteligência; muitos defensores desta visão também argumentam que a inteligência deve ser avaliada com testes de inteligência.

zona de desenvolvimento proximal (ZDP) Conceito de Vygotsky que se refere à variação de tarefas muito difíceis para que um indivíduo domine sozinho, mas que podem ser dominadas com a orientação e a assistência de adultos ou pares mais capacitados.

Referências

A

Aalsma, M. C., Lapsley, D. K., & Flannery, D. J. (2006). Personal fables, narcissism, and adolescent adjustment. *Psychology in the Schools, 43,* 481–491.

Abbate-Daga, G., Gramaglia, C., Amianto, F., Marzola, E., & Fassino, S. (2010). Attach-ment insecurity, personality, and body dissatis-faction in eating disorders. *Journal of Nervous and Mental Disease, 198,* 520–524.

Abbott, B. D., & Barber, B. L. (2010). Embodied image: Gender differences in functional and aesthetic body image among Australian adolescents. *Body Image, 7,* 22–31.

Aber, J. L., Bishop-Josef, S. J., Jones, S. M., McLern, T., & Phillips, D. A. (2006). *Child development and social policy.* Washington, DC: American Psychological Association.

Abruscato, J. A., & DeRosa, D. A. (2010). *Teaching children science: A discovery approach* (7th ed.). Boston: Allyn & Bacon.

Achenbach, T. M., & Edelbrock, C. S. (1981). Behavioral problems and competencies reported by parents of normal and disturbed children aged four through sixteen. *Monographs of the Society for Research in Child Development, 46* (1, Serial No. 188).

Achenbach, T. M., Howell, C. T., Quay, H. C., & Conners, C. K. (1991). National survey of problems and competencies among four– to sixteen-year--olds. *Monographs for the Society for Research in Child Development, 56* (3, Serial No. 225).

Ackerman, A., Thornton, J. C., Wang, J., Pierson, R. N., & Horlick, M. (2006). Sex dif-ferences in the effect of puberty on the relationship between fat mass and bone mass in 926 healthy subjects, 6 to 18 years old. *Obesity, 14,* 819–825.

Ackerman, P. L. (2011). Intelligence and expertise. In R. J. Sternberg & S. B. Kaufman (Eds.), *Cambridge handbook of intelligence.* New York: Cambridge University Press.

Adelson, J. (1979, January). Adolescence and the generalization gap. *Psychology Today, 13,* 33–37.

Adie, J. W., Duda, J. L., & Ntoumanis, N. (2010). Achievement goals, competition appraisals, and the well-being of elite youth soccer players over two competitive seasons. *Journal of Sport and Exercise Psychology, 32,* 555–579.

Adler, N. E., Ozer, E. J., & Tschann, J. (2003). Abortion among adolescents. *American Psychologist, 58,* 211–217.

Afterschool Alliance. (2009). *America after 3pm.* Washington, DC: Author.

Agras, W. S., & others. (2004). Report of the National Institutes of Health workshop on overcoming barriers to treatment research in anorexia nervosa. *International Journal of Eating Disorders, 35,* 509–521.

Agras, W. S., & Robinson, A. H. (2008). Four years of progress in the treatment of the eating disorders. *Nordic Journal of Psychiatry, 62*(Suppl 47), S19–S24.

Ahn, N. (1994). Teenage childbearing and high school completion: Accounting for individual heterogeneity. *Family Planning Perspectives, 26,* 17–21.

Ahrberg, M., Trojca, D., Nasrawi, N., & Vocks, S. (2011, in press). Body image disturbance in binge eating disorder: A review. *European Eating Disorders Review.*

Ahrons, C. R. (2004). *We're still family.* New York: HarperCollins.

Ahrons, C. R. (2007). Family ties after divorce: Long-term implications for children. *Family Process, 46,* 53–65.

Ainsworth, M. D. S. (1979). Infant-mother attachment. *American Psychologist, 34,* 932–937.

Alan Guttmacher Institute. (1995). *National survey of the American male's sexual habits.* New York: Author.

Alan Guttmacher Institute. (2010, January 26). *U.S. teenage pregnancies, births, and abortions.* New York: Author.

Albert, D., & Steinberg, L. (2011a, in press). Judgment and decision making in adolescence. *Journal of Research on Adolescence.*

Albert, D., & Steinberg, L. (2011b, in press). Peer influences on adolescent risk behavior. In M. Bardo, D. Fishbein, & R. Milich (Eds.), *Inhibitory control and drug abuse prevention: From research to translation.* New York: Springer.

Alexander, C., Piazza, M., Mekos, D., & Valente, T. (2001). Peers, schools, and cigarette smoking. *Journal of Adolescent Health, 29,* 22–30.

Alexander, J., & others. (1998). *Blueprints for violence prevention: Functional family therapy.* Boulder: University of Colorado.

Alexander, P. A., & Mayer, R. E. (Eds.). (2011). *Handbook of research on learning and instruction.* New York: Routledge.

Ali, M. M., & Dwyer, D. S. (2011). Estimating peer effects in sexual behavior among adolescents. *Journal of Adolescence, 34,* 183–190.

Allen, G., & MacMillan, R. (2006). *Depression, suicidal behavior, and strain: Extending strain theory.* Paper presented at the meeting of the American Sociological Association, Montreal.

Allen, J., & Allen, C. (2009). *Escaping the endless adolescence.* New York: Ballantine.

Allen J. P., & Miga, E. M. (2010). Attachment in adolescence: A move to the level of emotion relation. *Journal of Social and Personal Relationships, 27,* 181–190.

Allen, J. P., & others. (2009, April). *Portrait of the secure teen as an adult.* Paper presented at the meeting of the Society for Research in Child Development, Denver.

Allen, M., Svetaz, M. V., Hardeman, R., & Resnick, M. D. (2008, February). *What research tells us about parenting practices and their relationship to youth sexual behavior.* Campaign to Prevent Teen and Unplanned Pregnancy. Retrieved December 2, 2008, from www.TheNationalCampaign.org

Alleyne, B., Coleman-Cowger, V. H., Crown, L., Gibbons, M. A., & Vines, L. N. (2011). The effects of dating violence, substance use, and risky sexual behavior among a diverse sample of Illinois youth. *Journal of Adolescence, 34,* 11–18.

Almeida, D. (2011). Stress and aging. In K. W. Schaie & S. L. Willis (Eds.), *Handbook of the psychology of aging* (7th ed.). New York: Elsevier.

Alsaker, F. D., & Flammer, A. (1999). *The Adolescent experience: European and American adolescents in the 1990s.* Mahwah, NJ: Erlbaum.

Altarac, M., & Saroha, E. (2007). Lifetime prevalence of learning disability among U.S. children. *Pediatrics, 119*(Suppl 1), S77–S83.

Alvarez, A. (2009). Racism: "It isn't fair." In N. Tewari & A. Alvarez (Eds.), *Asian American psychology.* Clifton, NJ: Psychology Press.

Amabile, T. M. (1993). (Commentary). In D. Goleman, P. Kafman, & M. Ray (Eds.), *The creative spirit.* New York: Plume.

Amabile, T. M., & Hennessey, B. A. (1992). The motivation for creativity in children. In A. K. Boggiano & T. S. Pittman (Eds.), *Achievement and motivation.* New York: Cambridge University Press.

Amato, P. R. (2006). Marital discord, divorce, and children's well-being: Results from a 20-year longitudinal study of two generations. In A. Clarke--Stewart & J. Dunn (Eds.), *Families count.* New York: Cambridge University Press.

Amato, P. R. (2010). Research on divorce: Continuing trends and new developments. *Journal of Marriage and the Family, 72,* 650–666.

Amato, P. R., & Dorius, C. (2010). Fathers, children, and divorce. In M. E. Lamb (Ed.), *The role of the father in child development* (5th ed.). New York: Wiley.

Ambrose, D., Sternberg, R. J., & Sriraman, B. (Eds.). (2012). *Confronting dogmatism in gifted education.* New York: Routledge.

American Academy of Pediatrics. (2010). Policy statement—sexuality, contraception, and the media. *Pediatrics, 126,* 576–582.

American Academy of Pediatrics & Reiff, M. I. (2011). *ADHD: What every parent needs to know* (2nd ed.). Washington, DC: Author.

American Association of University Women. (1992). *How schools shortchange girls: A study of major findings on girls and education.* Washington, DC: Author.

American Association of University Women. (2006). *Drawing the line: Sexual harassment on campus.* Washington, DC: Author.

American College Health Association. (2008). American College Health Association—National College Health Assessment spring 2007 reference group data report (abridged). *Journal of American College Health, 56,* 469–479.

American Psychiatric Association. (1994). *Diagnostic and statistical manual of mental disorders* (4th ed.). Washington, DC: Author.

American Psychological Association (2003). *Psychology: Scientific problem solvers.* Washington, DC: Author.

Amsel, E., & Smetana, J. G. (Eds.). (2011, in press). *Adolescent vulnerabilities and opportunities: Constructivist and developmental perspectives.* New York: Cambridge University Press.

Amstadter, A. B., & others (2011). Self-rated health in relation to rape and mental health disorders in a national sample of women. *American Journal of Orthopsychiatry, 81,* 202–210.

Anderman, E. M. (2012, in press). Adolescence. In K. Harris, S. Graham, & T. Urdan (Eds.), *APA*

handbook of educational psychology. Washington, DC: American Psychological Association.

Anderman, E. M., & Anderman, L. H. (2010). *Classroom motivation.* Upper Saddle River, NJ: Pearson.

Anderman, E. M., & Dawson, H. (2011). Learning and motivation. In P. Alexander & R. Mayer (Eds.), *Handbook of learning and instruction.* New York: Routledge.

Anderman, E. M., & Murdock, T. B. (Eds.). (2007). *Psychology of academic cheating.* San Diego: Academic Press.

Anderman, E. M., & Wolters, C. A. (2006). Goals, values, and affect: Influences on student motivation. In P. A. Alexander & P. H. Winne (Eds.), *Handbook of educational psychology* (2nd ed.). Mahwah, NJ: Erlbaum.

Anderson, D. R., Huston, A. C., Schmitt, K., Linebarger, D. L., & Wright, J. C. (2001). Early childhood viewing and adolescent behavior: The recontact study. *Monographs of the Society for Research in Child Development, 66* (1, Serial No. 264).

Anderson, E., Greene, S. M., Hetherington, E. M., & Clingempeel, W. G. (1999). The dynamics of parental remarriage. In E. M. Hetherington (Ed.), *Coping with divorce, single parenting, and remarriage.* Mahwah, NJ: Erlbaum.

Anderson, K. G., Tapert, S. F., Moadab, I., Crowley, T. J., & Brown, S. A. (2007). Personality risk profile for conduct disorder and substance use disorders in youth. *Addictive Behaviors, 32,* 2377–2382.

Anderson, P. L., & Meier-Hedde, R. (2011). *International case studies of dyslexia.* New York: Routledge.

Andersson, U. (2010). The contribution of working memory capacity to foreign language comprehension in children. *Memory, 18,* 458–472.

Ansary, N. S., & Luthar, S. S. (2009). Distress and academic achievement among adolescents of affluence: A study of externalizing and internalizing problem behaviors and school performance. *Development and Psychopathology, 21,* 319–341.

Ansary, N. S., McMahon, T. J., & Luthar, S. S. (2011, in press). Socioeconomic context and emotional-behavioral achievement links: Concurrent and prospective associations among low- and high-income youth. *Journal of Research on Adolescence.*

Antai-Otong, D. (2003). Suicide: Life span considerations. *Nursing Clinics of North America, 38,* 137–150.

Antonucci, T. C., Birditt, K. S., & Ajrouch, K. (2011). Convoys of social relations: Past, present, and future. In K. L. Fingerman, C. A. Berg, J. Smith, & T. C. Antonucci (Eds.), *Handbook of life-span development.* New York: Springer.

Appleton, J. J. (2012). Student engagement in school. In J. R. Levesque (Ed.), *Encyclopedia of adolescence.* New York: Springer.

Aquino, K., McFerran, B., & Laven, M. (2011). Moral identity and the experience of moral elevation in response to acts of uncommon goodness. *Journal of Personality and Social Behavior, 100,* 703–718.

Araujo, D. M., Santos, G. F., & Nardi, A. E. (2010). Binge eating disorder and depression: A systematic review. *World Journal of Biological Psychiatry, 11* (2, Pt 2), 199–207.

Archibald, A. B., Graber, J. A., & Brooks-Gunn, J. (1999). Associations among parent-adolescent relationships, pubertal growth, dieting, and body image in young adolescent girls: A short-term longitudinal study. *Journal of Research on Adolescence, 9,* 395–415.

Ardelt, M. (2010). Are older adults wiser than college students: A comparison of two age cohorts. *Journal of Adult Development, 17,* 193–207.

Arends, R. I. (2012). *Learning to Teach* (9th ed.). New York: McGraw-Hill.

Arenkiel, B. R. (2011, in press). Genetic approaches to reveal the connectivity of adult-born neurons. *Frontiers in Neuroscience.*

Arim, R. G., & others. (2011, in press). The family antecedents and the subsequent outcomes of early puberty. *Journal of Youth and Adolescence.*

Arms, E., Bickett, J., & Graf, V. (2008). Gender bias and imbalance: Girls in U.S. special education programs. *Gender and Education, 20,* 349–359.

Armstrong, M. L., Roberts, A. E., Owen, D. C., & Koch, J. R. (2004). Contemporary college students and body piercing. *Journal of Adolescent Health, 35,* 58–61.

Armstrong, M. L. (1995). Adolescent tattoos: Educating and pontificating. *Pediatric Nursing, 21*(6), 561–564.

Arnett, J. (1990). Contraceptive use, sensation seeking, and adolescent egocentrism. *Journal of Youth and Adolescence, 19,* 171–180.

Arnett, J. J. (1995, March). *Are college students adults?* Paper presented at the meeting of the Society for Research in Child Development, Indianapolis.

Arnett, J. J. (2004). *Emerging adulthood.* New York: Oxford University Press.

Arnett, J. J. (2006). Emerging adulthood: Understanding the new way of coming of age. In J. J. Arnett & J. L. Tanner (Eds.), *Emerging adults in America.* Washington, DC: American Psychological Association.

Arnett, J. J. (2007). Socialization in emerging adulthood. In J. E. Grusec & P. D. Hastings (Eds.), *Handbook of socialization.* New York: Guilford.

Arnett, J. J. (2010). Oh, grow up! Generational grumbling and the new life stage of emerging adulthoods—Commentary on Trzesniewski & Donnellan (2010). *Perspectives on Psychological Science, 5,* 89–92.

Arnett, J. J., & Brody, G. H. (2008). A fraught passage: The identity challenges of African American emerging adults. *Human Development, 51,* 291–293.

Aronowitz, T., & Morrison-Beedy, D. (2008). Comparison of the maternal role in resilience among impoverished and non-impoverished early adolescent African American girls. *Adolescent & Family Health, 3,* 155–163.

Aronson, E. (1986, August). *Teaching students things they think they know all about: The case of prejudice and desegregation.* Paper presented at the meeting of the American Psychological Association, Washington, DC.

Arseth, A., Kroger, J., Martinussen, M., & Marcia, J. E. (2009). Meta-analytic studies of identity status and the relational issues of attachment and intimacy. *Identity, 9,* 1–32.

Asarnow, J. R., & Callan, J. W. (1985). Boys with peer adjustment problems: Social cognitive processes. *Journal of Consulting and Clinical Psychology, 53,* 80–87.

Ash, P. (2006). Adolescents in adult court: Does the punishment fit the criminal? *The Journal of the American Academy of Psychiatry and the Law, 34,* 145–149.

Ata, R. N., Ludden, A. B., & Lally, M. M. (2007). The effect of gender and family, friend, and media influences on eating behavior and body image during adolescence. *Journal of Youth and Adolescence, 36,* 1024–1037.

Attie, I., & Brooks-Gunn, J. (1989). Development of eating problems in adolescent girls: A longitudinal study. *Developmental Psychology, 25,* 70–79.

Avisar, A., & Shalev, L. (2011). Sustained attention and behavioral characteristics associated with ADHD in adults. *Applied Neuropsychology, 18,* 107–116.

B

Babbie, E. R. (2011). *The basics of social research* (5th ed.). Boston: Cengage.

Bachman, J. G., O'Malley, P. M., Schulenberg, J. E., Johnston, L. D., Bryant, A. L., & Merline, A. C. (2002). *The decline of substance abuse in young adulthood.* Mahwah, NJ: Erlbaum.

Bachman, J. G., O'Malley, P. M., Schulenberg, J. E., Johnston, L. D., Freedman-Doan, P., & Messersmith, E. E. (2008). *The education–drug use connection.* Clifton, NJ: Psychology Press.

Baddeley, A. D. (2008). What's new in working memory?*Psychology Review, 13,* 2–5.

Baddeley, A. D. (2010a). Long-term and working memory: How do they interact? In Lars Bäckman & Lars Nyberg (Eds.), *Memory, aging and the brain: A festschrift in honour of Lars-Göran Nilsson* (pp. 18–30). Hove, UK: Psychology Press.

Baddeley, A. D. (2010b). Working memory. *Current Biology, 20,* 136–140.

Baddeley, A. D. (2012). Working memory. *Annual Review of Psychology* (Vol. 63). Palo Alto, CA: Annual Reviews.

Bagwell, C. L., & Schmidt, C. L. (2011, in press). *Friendships in childhood and adolescence.* New York: Guilford.

Bakersmans-Kranenburg, M. J., & IJzendoorn, M. H. (2009). The first 10,000 adult attachment interviews: Distributions of adult attachment representations in clinical and non-clinical groups. *Attachment and Human Development, 11,* 223–263.

Baldwin, S., & Hoffman, J. P. (2002). The dynamics of self- esteem: A growth curve analysis. *Journal of Youth and Adolescence, 31,* 101–113.

Ball, B., Kerig, P. K., & Rosenbluth, B. (2009). "Like a family but better because you can actually trust each other": The Expect Respect dating violence program for at-risk youth. *Health Promotion Practices, 10,* S44–S58.

Ballentine, J. H., & Roberts, K. A. (2009). *Our social world* (2nd ed.). Thousand Oaks, CA: Sage.

Baltes, P. B., & Kunzmann, U. (2007). Wisdom and aging. In D. C. Park & N. Scharz (Eds.), *Cognitive aging* (2nd ed.). Philadelphia: Psychology Press.

Baltes, P. B., Lindenberger, U., & Staudinger, U. (2006). Life-span theory in developmental psychology. In W. Damon & R. Lerner (Eds.), *Handbook of child psychology* (6th ed.). New York: Wiley.

Baltes, P. B., & Smith, J. (2008). The fascination of wisdom: Its nature, ontogeny, and function. *Perspectives on Psychological Science, 3,* 56–64.

Bandura, A. (1986). *Social foundations of thought and action: A social cognitive theory.* Englewood Cliffs, NJ: Prentice Hall.

Bandura, A. (1991). Social cognitive theory of moral thought and action. In W. M. Kurtines & J. Gewirtz (Eds.), *Handbook of moral behavior and development* (Vol. 1). Hillsdale, NJ: Erlbaum.

Bandura, A. (1997). *Self-efficacy.* New York: W. H. Freeman.

Bandura, A. (1998, August). *Swimming against the mainstream: Accentuating the positive aspects of humanity.* Paper presented at the meeting of the American Psychological Association, San Francisco.

Bandura, A. (1999). Moral disengagement in the perpetuation of inhumanities. *Personality and Social Psychology Review, 3*, 193–209.

Bandura, A. (2001). Social cognitive theory. *Annual Review of Psychology* (Vol. 52). Palo Alto, CA: Annual Reviews.

Bandura, A. (2002). Selective moral disengagement in the exercise of moral agency. *Journal of Moral Education, 31*, 101–119.

Bandura, A. (2004, May). *Toward a psychology of human agency*. Paper presented at the meeting of the American Psychological Society, Chicago.

Bandura, A. (2009). Self-efficacy. In D. Carr (Ed.), *Encyclopedia of the life course and human development*. Boston: Gale Cengage.

Bandura, A. (2009). Social and policy impact of social cognitive theory. In M. Mark, S. Donaldson, & B. Campbell (Eds.), *Social psychology and program/policy evaluation*. New York: Guilford.

Bandura, A. (2010a). Self-efficacy. In D. Matsumoto (Ed.), *Cambridge dictionary of psychology*. New York: Cambridge University Press.

Bandura, A. (2010b). Vicarious learning. In D. Matsumoto (Ed.), *Cambridge dictionary of psychology*. New York: Cambridge University Press.

Banerjee, M., Harrell, Z. A. T., & Johnson, D. J. (2011). Racial/ethnic socialization and parental involvement in education as predictors of cognitive ability and achievement in African American children. *Journal of Youth and Adolescence, 40*, 595–605.

Bank, L., Burraston, B., & Snyder, J. (2004). Sibling conflict and ineffective parenting as predictors of boys' antisocial behavior and peer difficulties: Additive and international effects. *Journal of Research on Adolescence, 14*, 99–125.

Bankole, A., Singh, S., Woog, V., & Wulf, D. (2004). *Risk and protection: Youth and HIV/AIDS in sub-Saharan Africa*. New York: Alan Guttmacher Institute.

Banks, J. A. (2008). *Introduction to multicultural education* (4th ed.). Boston: Allyn & Bacon.

Banks, J. A. (2010). Multicultural education: Dimensions and paradigms. In J. A. Banks (Ed.), *The Routledge international companion to multicultural education*. New York: Psychology Press.

Bapat, S. A., Krishnan, A., Ghanate, A. D., Kusumbe, A. P., & Kaira, R. S. (2010). Gene expression: Protein interaction systems network modeling identifies transformation-associated molecules and pathways in ovarian cancer. *Cancer Research, 5*, 716–729.

Barber, B. L., & Demo, D. (2006). The kids are alright (at least most of them): Links to divorce and dissolution. In M. A. Fine & J. H. Harvey (Eds.), *Handbook of divorce and relationship dissolution*. Mahwah, NJ: Erlbaum.

Barker, R., & Wright, H. F. (1951). *One boy's day*. New York: Harper.

Barnes, G. M., Farrell, M. P., & Banerjee, S. (1995). Family influences on alcohol abuse and other problem behaviors among Black and White Americans. In G. M. Boyd, J. Howard, & R. A. Zucker (Eds.), *Alcohol problems among adolescents*. Hillsdale, NJ: Erlbaum.

Barnouw, V. (1975). *An introduction to anthropology: Vol. 2. Ethnology*. Homewood, IL: Dorsey Press.

Basow, S. A. (2006). Gender role and gender identity development. In J. Worell & C. D. Goodheart (Eds.), *Handbook of girls' and women's psychological health*. New York: Oxford University Press.

Bassi, M., Steca, P., Della Fave, A., & Caprara, G. V. (2007). Academic self-efficacy beliefs and quality of experience on learning. *Journal of Youth and Adolescence, 36*, 301–312.

Bathgate, K., & Silva, E. (2010, Fall). Joining forces: The benefits of integrating schools and community providers. *New Directions in Youth Development, 127*, 63–73.

Battistich, V. A. (2008). The Child Development Project: Creating caring school communities. In L. Nucci & D. Narváez (Eds.), *Handbook of moral and character education*. Clifton, NJ: Psychology Press.

Bauerlein, M. (2008). *The dumbest generation: How the digital age stupefies young Americans and jeopardizes our future (Or, don't trust anyone under 30)*. New York: Tarcher.

Baumeister, R. F., Campbell, J. D., Krueger, J. I., & Vohs, K. D. (2003). Does high self-esteem cause better performance, interpersonal success, happiness, or healthier lifestyles? *Psychological Science in the Public Interest, 4*(1), 1–44.

Baumrind, D. (1971). Current patterns of parental authority. *Developmental Psychology Monographs, 4*(1, Pt. 2).

Baumrind, D. (1991). Effective parenting during the early adolescent transition. In P. A. Cowan & E. M. Hetherington (Eds.), *Advances in family research* (Vol. 2). Hillsdale, NJ: Erlbaum.

Bauserman, R. (2003). Child adjustment in joint-custody versus sole-custody arrangements: A meta-analytic review. *Journal of Family Psychology, 16*, 19–102.

Beaulieu, J. M., & Gainetdinov, R. R. (2011). The physiology, signaling, and pharmacology of dopamine receptors. *Pharmacology Review, 63*, 182–217.

Beaver, K. M., Wright, J. P., DeLisi, M., & Vaughn, M. G. (2009). Gene-environment interplay and delinquent involvement: Evidence of direct, indirect, and interactive effects. *Journal of Adolescent Research, 24* (March): 147–168.

Bednar, R. L., Wells, M. G., & Peterson, S. R. (1995). *Self-esteem* (2nd ed.). Washington, DC: American Psychological Association.

Beebe, D. W. (2011). Cognitive, behavioral, and functional consequences of inadequate sleep in children and adolescents. *Pediatric Clinics of North America, 58*, 649–665.

Beebe, D. W., Rose, D., & Amin, R. (2010). Attention, learning, and arousal of experimentally sleep-restricted adolescents in a simulated classroom. *Journal of Adolescent Health, 47*, 523–525.

Beghetto, R. A., & Kaufman, J. C. (Eds.). (2011). *Nurturing creativity in the classroom*. New York: Cambridge University Press.

Begley, S., & Interlandi, J. (2008, July 2). The dumbest generation? Don't be dumb. *Newsweek*. Retrieved July 15, 2008, from www.newsweek.com/id/138536

Bell, M. A., Greene, D. R., & Wolfe, C. D. (2010). Psychobiological mechanisms of cognition-emotion integration in early development. In S. D. Calkins & M. A. Bell (Eds.), *Child development at the intersection of cognition and emotion*. New York: Psychology Press.

Bellmore, A., Jiang, X. U., & Juvonen, J. (2010). Utilizing peer nominations in middle school: A longitudinal comparison between complete classroom-based and random list methods. *Journal of Research in Adolescence, 20*, 538–550.

Bellmore, A., Villarreal, V. M., & Ho, A. Y. (2011, in press). Staying cool across the first year of middle school. *Journal of Youth and Adolescence*.

Belsky, J. (1981). Early human experience: A family perspective. *Developmental Psychology, 17*, 3–23.

Belsky, J., & Beaver, K. M. (2011). Cumulative-genetic plasticity, parenting, and adolescent self-regulation. *Journal of Child Psychology and Psychiatry, 52*, 619–626.

Belsky, J., Jaffe, S., Hsieh, K., & Silva, P. (2001). Child-rearing antecedents of intergener-ational relations in young adulthood: A prospec-tive study. *Developmental Psychology, 37*, 801–813.

Belsky, J., Steinberg, L., Houts, R. M., Halpern-Felsher, B. L., & the NICHD Child Care Research Network. (2010). The development of reproductive strategy in females: Early maternal harshness → earlier menarche → increased sexual risk. *Developmental Psychology, 46*, 120–128.

Bem, S. L. (1977). On the utility of alternative procedures for assessing psychological androgyny. *Journal of Consulting and Clinical Psychology, 45*, 196–205.

Benner, A. D. (2011). Latino adolescents' loneliness, academic performance, and the buffering nature of friendships. *Journal of Youth and Adolescence, 5*, 556–567.

Bennett, C. I. (2011). *Comprehensive multicultural education* (7th ed.). Boston: Allyn & Bacon.

Benninghoven, D., Tetsch, N., Kunzendorf, S., & Jantschek, G. (2007). Body image in patients with eating disorders and their mothers, and the role of family functioning. *Comprehensive Psychiatry, 48*, 118–123.

Benokratis, N. (2011). *Marriages and families* (7th ed.). Upper Saddle River, NJ: Prentice Hall.

Benson, P. L. (2006). *All kids are our kids*. San Francisco: Jossey-Bass.

Benson, P. L. (2010). *Parent, teacher, mentor, friend: How every adult can change kids' lives*. Minneapolis: Search Institute Press.

Benson, P. L., Mannes, M., Pittman, K., & Ferber, T. (2004). Youth development, developmental assets, and public policy. In R. Lerner & L. Steinberg (Eds.), *Handbook of adolescent psychology* (2nd ed.). New York: Wiley.

Benson, P. L., & Scales, P. C. (2009). The definition and preliminary measurement of thriving in adolescence. *Journal of Positive Psychology, 4*, 85–104.

Benson, P. L., & Scales, P. C. (2011, in press). Thriving and sparks: Development and emergence of new core concepts in positive youth development. In R. J. R. Levesque (Ed.), *Encyclopedia of adolescence*. Berlin: Springer.

Benson, P. L., Scales, P. C., Hamilton, S. F., & Sesma, A. (2006). Positive youth development. In W. Damon & R. Lerner (Eds.), *Handbook of child psychology* (6th ed.). New York: Wiley.

Benveniste, L., Carnoy, M., & Rothstein, R. (2003). *All else equal*. New York: Routledge-Farmer.

Berecz, J. M. (2009). *Theories of personality*. Boston: Allyn & Bacon.

Berkel, C., & others. (2010). Discrimination and adjustment for Mexican American adolescents: A prospective examination of the benefits of culturally related values. *Journal of Research on Adolescence, 20*, 893–915.

Berkowitz, M. W., Battistich, V. A., & Bier, M. (2008). What works in character education: What is known and what needs to be known. In L. Nucci & D. Narváez (Eds.), *Handbook of moral and character education*. Clifton, NJ: Psychology Press.

Berkowitz, M. W., & Gibbs, J. C. (1983). Measuring the develop-mental features of moral discussion. *Merrill-Palmer Quarterly, 29*, 399–410.

Bernard, K., & Dozier, M. (2008). Adoption and foster placement. In M. M. Haith & J. B. Benson (Eds.), *Encyclopedia of infant and early childhood development*. Oxford, UK: Elsevier.

Berndt, T. J. (1979). Developmental changes in conformity to peers and parents. *Developmental Psychology, 15*, 608–616.

Berndt, T. J., & Perry, T. B. (1990). Distinctive features and effects of early adolescent friendships. In R. Montemayor (Ed.), *Advances in adolescent research*. Greenwich, CT: JAI Press.

Berninger, V. W. (2006). Learning disabilities. In W. Damon & R. Lerner (Eds.), *Handbook of child psychology* (6th ed.). New York: Wiley.

Berninger, V. W., & O'Malley, M. M. (2011). Evidence-based diagnosis and treatment for specific learning disabilities involving impairments in written and/or oral language. *Journal of Learning Disabilities, 44*, 167–183.

Bernstein, N. (2004, March 7). Young love, new caution. *New York Times*, p. A22.

Bersamin, M. M., Bourdeau, B., Fisher, D. A., & Grube, J. W. (2010). Television use, sexual behavior, and relationship status at last oral sex and vaginal intercourse. *Sexuality and Culture, 14*, 157–168.

Berscheid, E. (2010). Love in the fourth dimension. *Annual Review of Psychology* (Vol. 61). Palo Alto, CA: Annual Reviews.

Berscheid, E., Snyder, M., & Omoto, A. M. (1989). Issues in studying close relationships. In C. Hendrick (Ed.), *Close relationships*. Newbury Park, CA: Sage.

Best, D. L. (2010). Gender. In M. H. Bornstein (Ed.), *Handbook of cultural developmental science*. New York: Oxford University Press.

Best, J. R. (2011, in press). Effects of physical activity on children's executive function: Contributions of experimental research on aerobic exercise. *Developmental Review*.

Bethell, J., & Rhoades, A. E. (2008). Adolescent depression and emergency department use: The roles of suicidality and deliberate self-harm. *Current Psychiatry Reports, 10*, 53–59.

Beyers, E., & Seiffge-Krenke, I. (2011, in press). Does identity precede intimacy? Testing Erikson's theory on romantic development in emerging adults of the 21st century. *Journal of Adolescent Research*.

Beznos, G. W., & Coates, V. (2007, March). *Piercing and tattooing in adolescence: Psychological aspects*. Workshop at the meeting of the Society for Adolescent Medicine, Denver.

Bill and Melinda Gates Foundation. (2006). *The silent epidemic: Perspectives on high school dropouts*. Seattle: Author.

Bill and Melinda Gates Foundation. (2008). *Report gives voice to dropouts*. Retrieved August 31, 2008, from www.gatesfoundation.org/UnitedStates/Education/TransformingHighSchool/Related....

Birman, B. F., & others. (2007). *State and local implementation of the "No Child Left Behind Act." Volume II—Teacher quality under "NCLB": Interim report*. Jessup, MD: U.S. Department of Education.

Biro, F. M., & others. (2006). Pubertal correlates in black and white girls. *Journal of Pediatrics, 148*, 234–240.

Bjorklund, D. F. (2006). Mother knows best: Epigenetic inheritance, maternal effects, and the evolution of human intelligence. *Developmental Review, 26*, 213–242.

Bjorklund, D. F. (2012). *Children's thinking* (6th ed.). Boston: Cengage.

Bjorklund, D. F., & Pellegrini, A. D. (2002). *The origins of human nature*. New York: Oxford University Press.

Blackwell, L. S., & Dweck, C. S. (2008). *The motivational impact of a computer-based program that teaches how the brain changes with learning*. Unpublished manuscript. Department of Psychology, Stanford University, Palo Alto, CA.

Blackwell, L. S., Trzesniewski, K. H., & Dweck, C. S. (2007). Implicit theories of intelligence predict achievement across an adolescent tradition: A longitudinal study and an intervention. *Child Development, 78*, 246–263.

Blair, B. L., & Fletcher, A. C. (2011, in press). "The only 13-year-old on planet Earth without a cell phone": Meanings of cell phones in early adolescents' lives. *Journal of Adolescent Research*.

Blake, J. S. (2011). *Nutrition and you*. Upper Saddle River, NJ: Pearson.

Blakemore, J. E. O., Berenbaum, S. A., & Liben, I. S. (2009). *Gender development*. New York: Psychology Press.

Blakemore, S. J. (2010). The developing social brain: Implications for education. *Neuron, 65*, 744–747.

Blakemore, S. J., Dahl, R. E., Frith, U., & Pine, D. S. (2011, in press). Developmental cognitive neuroscience. *Developmental Cognitive Neuroscience*.

Blasi, A. (2005). Moral character: A psychological approach. In D. K. Lapsley & F. C. Power (Eds.), *Character psychology and character education*. Notre Dame, IN: University of Notre Dame Press.

Bleakley, A., Hennessy, M., Fishbein, M., & Jordan, A. (2009). How sources of sexual information relate to adolescents' beliefs about sex. *American Journal of Health Behavior, 33*, 37–48.

Bleakley, A., Hennessy, M., Fishbein, M., & Jordan, A. (2011, in press). Using the integrative model to explain how exposure to sexual media content influences adolescent sexual behavior. *Health Education and Behavior*.

Block, J. (1993). Studying personality the long way. In D. Funder, R. D. Parke, C. Tomlinson-Keasey, & K. Widaman (Eds.), *Studying lives through time*. Washington, DC: American Psychological Association.

Block, J. H., & Block, J. (1980). The role of ego-control and ego-resiliency in the organization of behavior. In W. A. Collins (Ed.), *Minnesota symposium on child psychology* (Vol. 13). Minneapolis: University of Minnesota Press.

Blomeyer, D., Treutlein, J., Esser, G., Schmidt, M. H., Schumann, G., & Laucht, M. (2008). Interaction between CRHRI gene and stressful life events predicts adolescent heavy alcohol use. *Biological Psychiatry, 63*, 146–151.

Blomfield, C. J., & Barber, B. L. (2011). Developmental experiences during extracurricular activities and Australian adolescents' self-concept: Particularly important for youth from disadvantaged schools. *Journal of Youth and Adolescence, 40*, 582–594.

Bloom, B. (1985). *Developing talent in young people*. New York: Ballantine.

Blos, P. (1989). The inner world of the adolescent. In A. H. Esman (Ed.), *International annals of adolescent psychiatry* (Vol. 1). Chicago: University of Chicago Press.

Blumenfeld, P. C., Kempler, T. M., & Krajcik, J. S. (2006). Motivation and cognitive engage-ment in learning environments. In R. K. Sawyer (Ed.), *The Cambridge handbook of the learning sciences*. New York: Cambridge University Press.

Blumenfeld, P. C., Marx, R. W., & Harris, C. J. (2006). Learning environments. In W. Damon & R. Lerner (Eds.), *Handbook of child psychology* (6th ed.). New York: Wiley.

Blumenthal, H., & others. (2011, in press). Elevated social anxiety among early maturing girls. *Developmental Psychology*.

Bo, I. (1994). The sociocultural environment as a source of support. In F. Nestmann & K. Hurrelmann (Eds.), *Social networks and social support in childhood and adolescence*. New York: Walter de Gruyter.

Bonci, C. M., & others. (2008). National Athletic Trainers' Association position statement: Preventing, detecting, and managing disordered eating in athletes. *Journal of Athletic Training, 43*, 80–108.

Bonney, C., & Sternberg, R. J. (2011). Learning to think critically. In P. A. Alexander & R. E. Mayer (Eds.), *Handbook of research on learning and instruction*. New York: Routledge.

Boonstra, H. (2002, February). Teen pregnancy: Trends and lessons learned. *The Guttmacher Report on Public Policy*, pp. 7–10.

Booth, A., Johnson, D. R., Granger, D. A., Crouter, A. C., & McHale, S. (2003). Testoster-one and child and adolescent adjustment: The moderating role of parent-child relationships. *Developmental Psychology, 39*, 85–98.

Booth, A., Rustenbach, E., & McHale, S. (2011, in press). Early family transitions and depressive symptom changes from adolescence to early adulthood. *Journal of Marriage and Family*.

Booth-LaForce, C., & Kerns, K. A. (2009). Child-parent attachment relationships, peer relationships, and peer-group functioning. In K. H. Rubin, W. M. Bukowksi, & B. Laursen (Eds.), *Handbook of peer interactions, relationships, and groups*. New York: Guilford.

Booth, M. (2002). Arab adolescents facing the future: Enduring ideals and pressures to change. In B. B. Brown, R. W. Larson, & T. S. Saraswathi (Eds.), *The world's youth*. New York: Cambridge University Press.

Borich, G. D. (2011). *Effective teaching methods* (7th ed.). Boston: Allyn & Bacon.

Borjas, G. J. (2011). Poverty and program participation by immigrant children. *Future of Children, 21*, 247–266.

Bos, H., & Gartrell, N. (2010). Adolescents of the USA National Longitudinal Lesbian Family Study: Can family characteristics counteract the negative effects of stigmatization? *Family Process, 49*, 559–572.

Bowker, J. C., Rubin, K., & Coplan, R. (2012). Social withdrawal during adolescence. In J. R. Levesque (Ed.), *Encyclopedia of adolescence*. New York: Springer.

Bowker, J. C., & Spencer, S. V. (2010). Friendship and adjustment: A focus on mixed-grade friendships. *Journal of Youth and Adolescence, 39*, 1318–1329.

Bowlby, J. (1989). *Secure and insecure attachment*. New York: Basic Books.

Boyce, W. F., Davies, D., Gallupe, O., & Shelley, D. (2008). Adolescent risk taking, neighborhood social capital, and health. *Journal of Adolescent Health, 43*, 246–252.

Boyle, J. R., & Provost, M. C. (2012). *Strategies for teaching students with disabilities in inclusive classrooms*. Upper Saddle River, NJ: Pearson.

Brabeck, M. M., & Brabeck, K. M. (2006). Women and relationships. In J. Worell & C. D. Goodheart (Eds.), *Handbook of girls' and women's psychological health*. New York: Oxford University Press.

Bradley, R. H., Corwyn, R. F., McAdoo, H., & Coll, C. (2001). The home environments of children in the United States: Part I. Variations by age, ethnicity, and poverty status. *Child Development, 72*, 1844–1867.

Brady, S. S., & Halpern-Felsher, B. (2007). Adolescents' reported consequences of having oral sex versus vaginal sex. *Pediatrics, 119,* 229–236.

Brady, S. S., Tschann, J. M., Pasch, L. A., Flores, E., & Ozer, E. J. (2008). Violence involvement, substance use, and sexual activity among Mexican-American and European-American adolescents. *Journal of Adolescent Health, 43,* 285–295.

Brandon, P. D. (2009). Poverty, childhood and adolescence. In D. Carr (Ed.), *Encyclopedia of the life course and human development.* Boston: Gale Cengage.

Brand, S., & others. (2010). High exercise levels are related to favorable sleep patterns and psychological functioning in adolescents: A comparison of athletes and controls. *Journal of Adolescent Health, 46,* 133–141.

Brannon, L. (2012). *Gender* (6th ed.). Boston: Allyn & Bacon.

Bransford, J., & others. (2006). Learning theories in education. In P. A. Alexander & P. H. Winne (Eds.), *Handbook of educational psychology* (2nd ed.). Mahwah, NJ: Erlbaum.

Braun-Courville, D. K., & Rojas, M. (2009). Exposure to sexually explicit web sites and adolescent sexual attitudes and behaviors. *Journal of Adolescent Health, 45,* 156–162.

Braver, S. L., Ellman, I. M., & Fabricus, W. V. (2003). Relocation of children after divorce and children's best interests: New evidence and legal considerations. *Journal of Family Psychology, 17,* 206–219.

Bray, J. H., Berger, S. H., & Boethel, C. L. (1999). Marriage to remarriage and beyond. In E. M. Hetherington (Ed.), *Coping with divorce, single parenting, and remarriage.* Mahwah, NJ: Erlbaum.

Bray, J. H., & Kelly, J. (1998). *Stepfamilies.* New York: Broadway.

Brechwald, W. A., & Prinstein, M. J. (2011). Beyond homophily: A decade of advances in understanding peer influence processes. *Journal of Research on Adolescence, 21,* 166–179.

Brecklin, L. R., & Ullman, S. E. (2010). The roles of victim and offender substance use in sexual assault outcomes. *Journal of Interpersonal Violence, 25,* 1503–1522.

Brendgen, M., Lamarche, V., Wanner, B., & Vitaro, F. (2010). Links between friendship relations and early adolescents' trajectories of depressed mood. *Developmental Psychology, 46,* 491–501.

Brewster, K. L., & Harker Tillman, K. (2008). Who's doing it? Patterns and predictors of youths' oral sexual experiences. *Journal of Adolescent Health, 42,* 73–80.

Bridgeland, J. M., Dilulio, J. J., & Wulsin, S. C. (2008). *Engaged for success.* Washington, DC: Civic Enterprises.

Briefel, R. R., Crespinsek, M. K., Cabili, C., Wilson, A., & Gleason, P. M. (2009). School food environments and practices affect dietary behaviors of U.S. public school children. *Journal of the American Dietetic Association, 100*(Suppl 2), S91–S107.

Brislin, R. W. (2000). Cross-cultural training. In A. Kazdin (Ed.), *Encyclopedia of psychology.* New York: Oxford University Press.

Broderick, R. (2003, July/August). A surgeon's saga. *Minnesota: The magazine of the University of Minnesota Alumni Association,* 26–31.

Brody, G. H., & others (2001). The influence of neighborhood disadvantage, collective socialization, and parenting on African American children's affiliation with deviant peers. *Child Development, 72,* 1231–1246.

Brody, G. H., & Schaffer, D. R. (1982). Contributions of parents and peers to children's moral socialization. *Developmental Review, 2,* 31–75.

Brody, G. H., Stoneman, Z., & Burke, M. (1987). Child temperaments, maternal differential behavior and sibling relationships. *Developmental Psychology, 23,* 354–362.

Brody, N. (2007). Does education influence intelligence? In P. C. Kyllonen, R. D. Roberts, & L. Stankov (Eds.), *Extending intelligence.* Mahwah, NJ: Erlbaum.

Brodzinsky, D. M., & Pinderhughes, E. (2002). Parenting and child development in adoptive families. In M. H. Bronstein (Ed.), *Handbook of parenting* (Vol. 1). Mahwah, NJ: Erlbaum.

Bronfenbrenner, U. (1986). Ecology of the family as a context for human development: Research perspectives. *Developmental Psychology, 22,* 723–742.

Bronfenbrenner, U. (2004). *Making human beings human.* Thousand Oaks, CA: Sage.

Bronfenbrenner, U., & Morris, P. (1998). The ecology of developmental processes. In W. Damon (Ed.), *Handbook of child psychology* (5th ed., Vol. 1). New York: Wiley.

Bronfenbrenner, U., & Morris, P. A. (2006). The ecology of developmental processes. In W. Damon & R. Lerner (Eds.), *Handbook of child psychology* (6th ed.). New York: Wiley.

Bronstein, P. (2006). The family environment: Where gender role socialization begins. In J. Worell & C. D. Goodheart (Eds.), *Handbook of girls' and women's psychological health.* New York: Oxford University Press.

Brooker, R. (2011). *Biology* (2nd ed.). New York: McGraw-Hill.

Brook, J. S., Brook, D. W., Gordon, A. S., Whiteman, M., & Cohen, P. (1990). The psychological etiology of adolescent drug use: A family interactional approach. *Genetic Psychology Monographs, 116*(2).

Brooks-Gunn, J., & Donahue, E. H. (2008). Introducing the issue. *The Future of Children, 18*(1), 3–10.

Brooks-Gunn, J., Han, W-J., & Waldfogel, J. (2010). First-year maternal employment and child development in the first seven years. *Monographs of the Society for Research in Child Development, 75*(2), 1–147.

Brooks-Gunn, J., & Warren, M. P. (1989). The psychological significance of secondary sexual characteristics in 9- to 11-year-old girls. *Child Development, 59,* 161–169.

Brophy, J. (2004). *Motivating students to learn* (2nd ed.). New York: Routledge.

Broughton, J. (1983). The cognitive develop-mental theory of adolescent self and identity. In B. Lee & G. Noam (Eds.), *Developmental approaches to self.* New York: Plenum.

Broverman, I., Vogel, S., Broverman, D., Clarkson, F., & Rosenkranz, P. (1972). Sex-role stereotypes: A current appraisal. *Journal of Social Issues, 28,* 59–78.

Brown, B. B. (2011). Popularity in peer group perspective: The role of status in adolescent peer systems. In A. H. N. Cillessen, D. Schwartz, & L. Mayeux (Eds.), *Popularity in the peer system.* New York: Guilford.

Brown, B. B., & Bakken, J. P. (2011). Parenting and adolescent peer relationships: Reinvigorating research on family-peer linkages in adolescence. *Journal of Research on Adolescence, 1,* 153–165.

Brown, B. B., Bakken, J. P., Ameriger, S. W., & Mahon, S. D. (2008). A comprehensive conceptualization of the peer influence process in adolescence. In M. J. Prinstein & K. A. Dodge (Eds.), *Understanding peer influences in children and adolescents.* New York: Guilford.

Brown, B. B., & Dietz, E. L. (2009). Informal peer groups in middle childhood and adolescence. In K. H. Rubin, W. M. Bukowski, & B. Laursen (Eds.), *Handbook of peer interaction, relationships, and groups.* New York: Guilford.

Brown, B. B., & Larson, J. (2009). Peer relationships in adolescence. In R. L. Lerner & L. Steinberg (Eds.), *Handbook of adolescent psychology* (3rd ed.). New York: Wiley.

Brown, B. B., & Larson, R. W. (2002). The kaleidoscope of adolescence: Experiences of the world's youth at the beginning of the 21st century. In B. B. Brown, R. W. Larson, & T. S. Saraswathi (Eds.), *The world's youth.* New York: Cambridge University Press.

Brown, B. B., & Lohr, M. J. (1987). Peer-group affiliation and adolescent self-esteem: An integration of ego-identity and symbolic-interaction theories. *Journal of Personality and Social Psychology, 52,* 47–55.

Brown, B. B., & Prinstein, M. (Ed.). (2011, in press). *Encyclopedia of adolescence.* New York: Elsevier.

Brown, B., Moore, K., & Bzostek, S. (2005). A portrait of well-being in early adulthood: A report to the William and Flora Hewlett Foundation. Retrieved November 15, 2005, from http://www.hewlett.org/Archives/Publications/portraitOfWellBeing.htm

Brown, E. R., & Diekman, A. B. (2010). What will I be? Exploring gender differences in near and distant possible selves. *Sex Roles, 63,* 568–579.

Brown, J. D. (2011). Older and new media: Patterns of use and effects on adolescents' health and well-being. *Journal of Research on Adolescence, 21,* 95–113.

Brown, J. D., & Bobkowski, P. S. (2011). Older and newer media: Patterns of use and effects on adolescents' health and well-being. *Journal of Research on Adolescence, 21,* 95–113.

Brown, J. D., & Strasberger, V. C. (2007). From Calvin Klein to Paris Hilton and MySpace: Adolescents, sex, and the media. *Adolescent Medicine: State of the Art Reviews, 18,* 484–507.

Brownridge, D. A. (2008). The elevated risk for violence against cohabiting women: A comparison of three nationally representative surveys of Canada. *Violence Against Women, 14,* 809–832.

Brunstein Klomek, A., Marrocco, F., Kleinman, M., Schofeld, I. S., & Gould, M. S. (2007). Bullying, depression, and suicidality in adolescents. *Journal of the American Academy of Child and Adolescent Psychiatry, 46,* 40–49.

Buchanan, C. M., Maccoby, E. E., & Dornbusch, S. (1992). Adolescents and their families after divorce: Three residential arrangements compared. *Journal of Research on Adolescence, 2,* 261–291.

Buchmann, A. F., & others. (2009). Impact of age of first drink on vulnerability to alcohol-related problems: Testing the marker hypothesis in a prospective study of young adults. *Journal of Psychiatric Research, 43,* 1205–1212.

Bucx, F., Raaijmakers, Q., & van Wel, F. (2010). Life course stage in young adulthood and intergenerational congruence in family attitudes. *Journal of Marriage and the Family, 72,* 117–134.

Bucx, F., & van Wel, F. (2008). Parental bond and life course transi-tions from adolescence to young adulthood. *Adolescence, 43,* 71–88.

Budde, H., Voelcker-Rehage, C., Pietrabyk-Kendziorra, P., Ribeiro, P., & Tidow, G. (2008). Acute aerobic exercise improves attentional performance in adolescence. *Neuroscience Letters, 441,* 219–223.

Bugental, D. B., & Goodnow, J. J. (2006). Socialization processes. In W. Damon & R. Lerner (Eds.), *Handbook of child psychology* (6th ed.). New York: Wiley.

Buhi, E. R., & others. (2010). Quality and accuracy of sexual health information web sites visited by young people. *Journal of Adolescent Health, 47,* 206–208.

Buhl, H. M., & Lanz, M. (2007). Emerging adulthood in Europe: Common traits and variability across five European countries. *Journal of Adolescent Research, 22,* 439–443.

Buhrmester, D. (1990). Friendship, interpersonal competence, and adjustment in preadolescence and adolescence. *Child Development, 61,* 1101–1111.

Buhrmester, D. (1998). Need fulfillment, interpersonal competence, and the developmental contexts of early adolescent friendship. In W. M. Bukowski & A. F. Newcomb (Eds.), *The company they keep: Friend-ship in childhood and adolescence.* New York: Cambridge University Press.

Buhrmester, D. (2001, April). *Does age at which romantic involvement starts matter?* Paper presented at the meeting of the Society for Research in Child Development, Minneapolis.

Buhrmester, D., & Chong, C. M. (2009). Friendship in adolescence. In H. Reis & S. Sprecher (Eds.), *Encyclopedia of human relationships.* Thousand Oaks, CA: Sage.

Buist, K. L. (2010). Sibling relationship quality and adolescent delinquency: A latent growth curve analysis. *Journal of Family Psychology, 24,* 400–410.

Bukowski, W. M., Buhrmester, D., & Underwood, M. K. (2011). Peer relations as a developmental context. In M. K. Underwood & L. H. Rosen (Eds.), *Social development.* New York: Guilford.

Bukowski, W. M., Laursen, B., & Hoza, B. (2010). The snowball effect: Friendship moderates escalations in depressed affect among avoidant and excluded children. *Development and Psychopathology, 22,* 749–757.

Bukowski, W. M., Motzoi, C., & Meyer, F. (2009). Friendship process, function, and outcome. In K. H. Rubin, W. M. Bukowski, & B. Laursen (Eds.), *Handbook of peer interaction, relationships, and groups.* New York: Guilford.

Bumpas, M. F., Crouter, A. C., & McHale, S. M. (2001). Parental autonomy granting during adolescence: Gender differences in context. *Developmental Psychology, 37,* 163–173.

Burchinal, M. R., Peisner-Feinberg, E., Pianta, R., & Howes, C. (2002). Development of academic skills from preschool through second grade: Family and classroom predictors of developmental trajectories. *Journal of School Psychology, 40*(5), 415–436.

Bureau, J-F., Easterbrooks, M. A., & Lyons-Ruth, K. (2009). Maternal depressive symptoms in infancy: Unique contribution to children's depressive symptoms in childhood and adolescence? *Development and Psychopathology, 21,* 519–537.

Burgess-Champoux, T. L., Larson, N., Neumark-Sztainer, D., Hannan, P. J., & Story, M. (2009). Are family meal patterns associated with overall diet quality during the transition from early to middle adolescence? *Journal of Nutrition Education and Behavior, 41,* 79–86.

Burk, L. R., & others. (2011). Sex, temperament, and family contexts: How the interaction of early factors differentially predicted adolescent alcohol use and are mediated by proximal adolescent factors. *Psychology of Addictive Behaviors, 25,* 1–15.

Burke, J. D. (2011, in press). The relationship between conduct disorder and oppositional defiant disorder and their continuity with antisocial behaviors. In D. Shaffer, E. Leibenluft, & L. A. Rohde (Eds.), *Externalizing disorders of childhood: Refining the research agenda for DSM-V.* Arlington, VA: American Psychiatric Association.

Burnett, S. M., Weaver, M. R., Mody-Pan, P. N., Reynolds Thomas, L. A., & Mar, C. M. (2011). Evaluation of an intervention to increase human immunodeficiency virus testing among youth in Manzini, Swaziland: A randomized control trial. *Journal of Adolescent Health, 48,* 507–513.

Burnett, S., Sebastian, C., Cohen-Kadosh, K., & Blakemore, S. J. (2011, in press). The social brain in adolescence: Evidence from functional magnetic resonance imaging and behavioral studies. *Neuroscience and Biobehavioral Reviews.*

Bursuck, W. D., & Damer, M. (2011). *Teaching reading to students who are at-risk or have disabilities* (2nd ed.). Upper Saddle River, NJ: Merrill.

Burt, K. B., & Roisman, G. I. (2010). Competence and psychopathology: Cascade effects in the NICHD Study of Early Child Care and Youth Development. *Developmental Psychopathology, 22,* 557–567.

Burton, R. V. (1984). A paradox in theories and research in moral development. In W. M. Kurtines & J. L. Gewirtz (Eds.), *Morality, moral behavior, and moral development.* New York: Wiley.

Buss, D. (2000). Evolutionary psychology. In A. Kazdin (Ed.), *Encyclopedia of psychology.* New York: Oxford University Press.

Buss, D. M. (2008). *Evolutionary psychology* (3rd ed.). Boston: Allyn & Bacon.

Buss, D. M. (2012). *Evolutionary psychology* (4th ed.). Boston: Allyn & Bacon.

Buss, D. M., & Schmitt, D. P. (1993). Sexual strategies theory: An evolutionary perspective on human mating. *Psychological Review, 100,* 204–232.

Busseri, M. A., Costain, K. A., Campbell, K. M., Rose-Krasnor, L., & Evans, J. (2011, in press). Brief report: Engagement in sport and identity status. *Journal of Adolescence.*

Bussêri, M. A., Willoughby, T., Chalmers, H., & Bogaert, A. R. (2006). Same-sex attraction and successful adolescent development. *Journal of Youth and Adolescence, 35,* 563–575.

Bussey, K., & Bandura A. (1999). Social cognitive theory of gender development and differentiation. *Psychological Review, 106,* 676–713.

Butcher, K., Sallis, J. F., Mayer, J. A., & Woodruff, S. (2008). Correlates of physical activity guideline compliance for adolescents in 100 U.S. cities. *Journal of Adolescent Health, 42,* 360–368.

Buzwell, S., & Rosenthal, D. (1996). Constructing a sexual self: Adolescents' sexual self-perceptions and sexual risk-taking. *Journal of Research on Adolescence, 6,* 489–513.

Byrnes, H. F., Miller, B. A., Chen, M-J., & Grube, J. W. (2011). The roles of mothers' neighborhood perceptions and specific monitoring strategies in youths' problem behaviors. *Journal of Youth and Adolescence, 36,* 649–659.

C

Cacioppo, J. T., Ernst, J. M., Burleson, M. H., McClintock, M. K., Malarkey, W. B., Hawkley, L. C., & others. (2000). Lonely traits and concomitant physiological processes: The MacArthur Social Neuroscience Studies. *International Journal of Psychophysiology, 35,* 143–154.

Calvert, S. L. (2008). Children as consumers: Advertising and marketing. *The Future of Children, 18,* 205–234.

Cameron, J. L. (2004). Interrelationships between hormones, behavior, and affect during adolescence: Understanding hormonal, physical, and brain changes occurring in association with pubertal activation of the reproductive axis. Introduction to Part III. *Annals of the New York Academy of Sciences, 1021,* 110–123.

Cameron, J. M., Heidelberg, N., Simmons, L., Lyle, S. B., Kathakali, M-V., & Correia, C. (2010). Drinking game participation among undergraduate students attending National Alcohol Screening Day. *Journal of American College Health, 58,* 499–506.

Cameron, J., & Pierce, D. (2008). Intrinsic versus extrinsic motivation. In N. J. Salkind (Ed.), *Encyclopedia of educational psychology.* Thousand Oaks, CA: Sage.

Campbell, B. (2008). *Handbook of differentiated instruction using the multiple intelligences.* Boston: Allyn & Bacon.

Campbell, C. Y. (1988, August 24). Group raps depiction of teenagers. *Boston Globe,* p. 44.

Campbell, L., Campbell, B., & Dickinson, D. (2004). *Teaching and learning through multiple intelligences* (3rd ed.). Boston: Allyn & Bacon.

Capaldi, D. M. (1992). Co-occurrence of conduct problems and depressive symptoms in early adolescent boys: II. A 2-year follow-up at grade 8. *Development and Psychopathology, 4,* 125–144.

Capaldi, D. M., & Shortt, J. W. (2003). Understanding conduct problems in adolescence from a lifespan perspective. In G. R. Adams & M. D. Berzonsky (Eds.), *Blackwell handbook of adolescence.* Malden, MA: Blackwell.

Capaldi, D. M., & Stoolmiller, M. (1999). Co-occurrence of conduct problems and depressive symptoms in early adolescent boys: III. Prediction to young-adult adjustment. *Development and Psychopathology, 11,* 59–84.

Capaldi, D. M., Stoolmiller, M., Clark, S., & Owen, L. D. (2002). Heterosexual risk behaviors in at-risk young men from early adoles-cence to young adulthood: Prevalence, prediction, and association with STD contraction. *Developmental Psychology, 38,* 394–406.

Caplan, P. J., & Caplan, J. B. (1999). *Thinking critically about research on sex and gender* (2nd ed.). New York: Longman.

Caprara, G. V., Vechhione, M., Alessandri, G., Gerbino, M., & Barbaranelli, C. (2011). The contribution of personality traits and self-efficacy beliefs to academic achievement: A longitudinal study. *British Journal of Educational Psychology, 81,* 78–96.

Cardelle-Elawar, M. (1992). Effects of teaching metacognitive skills to students with low mathematics ability. *Teaching & Teacher Education, 8,* 109–121.

Carlo, G., Knight, G. P., McGinley, M., Zamboanga, B. L., & Jarvis, L. H. (2010). The multidimensionality of prosocial behaviors and evidence of measurement equivalence in Mexican American and European American early adolescents. *Journal of Research on Adolescence, 20,* 334–358.

Carlson, K. S., & Gjerde, P. F. (2010). Preschool personality antec-ed-ents of narcissism in adoles--cence and emerging adulthood: A 20-year longitudinal study. *Journal of Research in Personality, 43,* 570–578.

Carlson, M. J., Pilkauskas, N. V., McLanahan, S. S., & Brooks-Gunn, J. (2011). Couples as partners and parents over children's early years. *Journal of Marriage and the Family, 73,* 317–334.

Carnegie Council on Adolescent Development. (1989). *Turning points: Preparing American youth for the twenty-first century*. New York: Carnegie Foundation.
Carnegie Council on Adolescent Develop-ment. (1995). *Great transitions*. New York: Carnegie Foundation.
Carroll, J. (1993). *Human cognitive abilities*. Cambridge, UK: Cambridge University Press.
Carroll, J. L. (2010). *Sexuality now* (3rd ed.). Boston: Cengage.
Carroll, J. S., & Doherty, W. J. (2003). Evaluating the effectiveness of premarital prevention programs: A meta-analytic review of outcome research. *Family Relations, 52*, 105–118.
Carskadon, M. A. (Ed.). (2002). *Adolescent sleep patterns*. New York: Cambridge University Press.
Carskadon, M. A. (2004). Sleep difficulties in young people. *Archives of Pediatric and Adolescent Medicine, 158*, 597–598.
Carskadon, M. A. (2006, March). *Too little, too late: Sleep bioregulatory processes across adolescence*. Paper presented at the meeting of the Society for Research on Adolescence, San Francisco.
Carskadon, M. A. (2011). Sleep in adolescents: The perfect storm. *Pediatric Clinics of North America, 58*, 637–647.
Cartwright, K. B., Galupo, M. P., Tyree, S. D., & Jennings, J. G. (2009). Reliability and validity of the Complex Postformal Thought questionnaire: Assessing adults' cognitive development. *Journal of Adult Development, 16*, 183–189.
Carver, K., Joyner, K., & Udry, J. R. (2003). National estimates of romantic relationships. In P. Florsheim (Ed.), *Adolescent romantic relations and sexual behavior*. Mahwah, NJ: Erlbaum.
Casas, M. (2011). *Enhancing student learning in middle school*. New York: Routledge.
Case, R. (2000). Conceptual development. In M. Bennett (Ed.), *Developmental psychology*. Philadelphia: Psychology Press.
Case, R. (Ed.). (1992). *The mind's staircase: Exploring the conceptual underpinnings of children's thought and knowledge*. Hillsdale, NJ: Erlbaum.
Casey, B. J., Duhoux, S., & Malter Cohen, M. (2010). Adolescence: What do transmission, transition, and translation have to do with it? *Neuron, 67*, 749–760.
Casey, B. J., Getz, S., & Galvan, A. (2008). The adolescent brain. *Developmental Review, 28*, 62–77.
Casey, B. J., Jones, R. M., & Somerville, L. H. (2011). Braking and accelerating of the adolescent brain. *Journal of Research on Adolescence, 21*, 21–33.
Caspers, K. M., Paraiso, S., Yucuis, R., Troutman, B., Arndt, S., & Philibert, R. (2009). Association between the serotonin transporter polymorphism (5-HTTLPR) and adult unresolved attachment. *Developmental Psychology, 45*, 64–76.
Caspi, A. (1998). Personality development across the life course. In W. Damon (Series Ed.) & N. Eisenberg (Ed.), *Handbook of child psychology: Vol. 3. Social, emotional, and personality development* (5th ed.). New York: Wiley.
Caspi, A., Hariri, A. R., Holmes, A., Uher, R., & Moffitt, T. E. (2011). Genetic sensitivity to the environment: The case of the serotonin transporter gene and its implications for studying complex diseases and traits. In K. A. Dodge & M. Rutter (Eds.), *Gene-environment interaction and developmental psychopathology*. New York: Guilford.
Caspi, A., & others. (2003). Influence of life stress on depression: Moderation by a polymorphism in the 5-HTT gene. *Science, 301*, 386–389.

Caspi, A., & Shiner, R. (2006). Personality development. In W. Damon & R. Lerner (Eds.), *Handbook of child psychology* (6th ed.). New York: Wiley.
Cassidy, J., Woodhouse, S. S., Sherman, L. J., Stupica, B., & Lejuez, C. W. (2011). Enhancing infant attachment security: An examination of treatment efficacy and differential susceptibility. *Development and Psychopathology, 23*, 131–148.
Castle, J., & others. (2010). Parents' evaluation of adoption success: A follow-up study of intercountry and domestic adoptions. *American Journal of Orthopsychiatry, 79*, 522–531.
Catalano, R. F., Gavin, L. E., & Markham, C. M. (2010). Future directions for positive youth development as a strategy to promote adolescent sexual and reproductive health. *Journal of Adolescent Health, 46*(Suppl 1), S92–S96.
Cauffman, B. E. (1994, February). *The effects of puberty, dating, and sexual involvement on dieting and disordered eating in young adolescent girls*. Paper presented at the meeting of the Society for Research on Adolescence, San Diego.
Cauffman, E., & others. (2010). Age differences in affective decision making as indexed by performance on the Iowa Gambling Task. *Developmental Psychology, 46*, 193–207.
Cavanagh, S. (2007, October 3). U.S.-Chinese exchanges nurture ties between principals. *Education Week*. Retrieved July 15, 2008, from www.edweek.org
Cavanagh, S. E. (2009). Puberty. In D. Carr (Ed.), *Encyclopedia of the life course and human development*. Boston: Gale Cengage.
Ceballo, R., Huerta, M., & Ngo, Q. E. (2010). Schooling experiences of Latino students. In J. L. Meece & J. S. Eccles (Eds.), *Handbook of schools, schooling, and human development*. New York: Routledge.
Ceci, S. J., & Gilstrap, L. L. (2000). Determi-nants of intelligence: Schooling and intelligence. In A. Kazdin (Ed.), *Encyclopedia of Psychology*. New York: Oxford University Press.
Centers for Disease Control and Prevention. (2009a, November). *Sexually transmitted disease surveillance, 2008*. Atlanta, GA: U.S. Department of Health and Human Services.
Centers for Disease Control and Prevention. (2009b). *AIDS*. Atlanta: U.S. Department of Health and Human Services.
Centers for Disease Control and Prevention. (2011). *Body mass index for children and teens*. Atlanta, GA: Author.
Chandra, A., & others. (2009). Does watching sex on television predict teen pregnancy? Findings from a national longitudinal study of youth. *Pediatrics, 122*, 1047–1054.
Chao, R. (2001). Extending research on the consequences of parenting style for Chinese Americans and European Americans. *Child Development, 72*, 1832–1843.
Chao, R. K. (2005, April). *The importance of Guan in describing control of immigrant Chinese*. Paper presented at the meeting of the Society for Research in Child Development, Atlanta.
Chao, R. K. (2007, March). *Research with Asian Americans: Looking back and moving forward*. Paper presented at the meeting of the Society for Research in Child Development, Boston.
Chao, R. K., & Otsuki-Clutter, M. (2011). Racial and ethnic differences: Sociocultural and contextual explanations. *Journal of Research on Adolescence, 21*, 47–60.
Charles, C. M. (2011). *Building classroom discipline* (10th ed.). Boston: Allyn & Bacon.

Cheah, C. S. L., & Yeung, C. (2011). The social development of immigrant children: A focus on Asian and Hispanic children in the U.S. In P. K. Smith & C. H. Hart (Eds.), *Wiley-Blackwell handbook of childhood social development* (2nd ed.). New York: Wiley.
Chedraui, P. (2008). Pregnancy among young adolescents: Trends, risk factors, and maternal-perinatal outcome. *Journal of Perinatal Medicine, 36*, 256–259.
Chen, C., & Stevenson, H. W. (1989). Home-work: A cross-cultural examination. *Child Development, 60*, 551–561.
Chen, J. J., Howard, K. S., & Brooks-Gunn, J. (2011). Neighbor-hoods matter: How neighborhood context influences individual development. In K. Fingerman, C. Berg, T. Antonucci, & J. Smith (Eds.), *Handbook of life-span psychology*. New York: Springer.
Chen, M. J., Grube, J. W., Nygaard, P., & Miller, B. A. (2008). Identifying social mechanisms for the prevention of adolescent drinking and driving. *Accident Analysis and Prevention, 40*, 576–585.
Chen, X., Chung, J., Lechcier-Kimel, R., & French, D. (2011). Culture and social development. In P. K. Smith & C. H. Hart (Eds.), *Wiley-Blackwell handbook of social development* (2nd ed.). New York: Wiley.
Chen, X., Tyler, K. A., Whitbeck, L. B., & Hoyt, D. R. (2004). Early sexual abuse, street adversity, and drug use among female homeless and runaway adolescents in the Midwest. *Journal of Drug Issues, 34*, 1–20.
Cherlin, A. J. (2009). *The marriage-go-round*. New York: Random House.
Cherlin, A. J., & Furstenberg, F. F. (1994). Stepfamilies in the United States: A reconsidera-tion. In J. Blake & J. Hagen (Eds.), *Annual Review of Sociology*, Vol. 20. Palo Alto, CA: Annual Reviews.
Cherutich, P., & others. (2008). Condom use among sexually active Kenyan female adolescents at risk for HIV-1 infection. *AIDS Behavior, 12*, 923–929.
Chess, S., & Thomas, A. (1977). Temperamental individuality from childhood to adolescence. *Journal of Child Psychiatry, 16*, 218–226.
Chia-Chen, C. A., & Thompson, E. A. (2007). Preventing adolescent risky behavior: Parents matter! *Journal for Specialists in Pediatric Nursing, 12*, 119–122.
Chiappe, D., & MacDonald, K. (2005). The evolution of domain-general mechanisms in intelligence and learning. *Journal of General Psychology, 132*, 5–40.
Childstats.gov. (2010). Retrieved October 21, 2010, from www.childstats.gov/americaschildren/eco.asp
Chi, M. T. H. (1978). Knowledge structures and memory development. In R. S. Siegler (Ed.), *Children's thinking: What develops?* Hillsdale, NJ: Erlbaum.
Chira, S. (1993, June 23). What do teachers want most? Help from parents. *New York Times*, p. 17.
Chmielewski, C. (1997, September). Sexual harassment meet Title IX. *NEA Today, 16*(2), 24–25.
Choi, H., & Marks, N. F. (2011). Socioeconomic status, marital status continuity and change, and mortality. *Journal of Aging and Health, 23*, 714–742.
Choi, N. (2004). Sex role group differences in specific, academic, and general self-efficacy. *Journal of Psychology, 138*, 149–159.
Choi, Y., He, M., & Harachi, T. W. (2008). Intergenerational cultural dissonance, parent-child conflict and bonding, and youth problem behaviors among Vietnamese and Cambodian immigrant families. *Journal of Youth and Adolescence, 37*, 85–96.

Chouinard, R., Karsenti, T., & Roy, N. (2007). Relations among competence beliefs, utility value, achievement goals, and effort in mathematics. *British Journal of Educational Psychology, 77*, 501–517.

Christensen, K. Y., & others. (2010). Progres-sion through puberty in girls enrolled in a contemporary British cohort. *Journal of Adolescent Health, 47*, 282–289.

Church, A. T. (2010). Current perspectives in the study of personality across cultures. *Perspectives on Psychological Science, 5*, 441–449.

Cillessen, A. H. N., & Bellmore, A. D. (2011). Social skills and social competence in interactions with peers. In P. K. Smith & C. H. Hart (Eds.), *Wiley-Blackwell handbook of childhood social development* (2nd ed.). New York: Wiley.

Cillessen, A. H. N., Schwartz, D., & Mayeux, L. (Eds.). (2011). *Popularity in the peer system*. New York: Guilford.

Clark, B. (2008). *Growing up gifted* (7th ed.). Upper Saddle River, NJ: Prentice Hall.

Clarke-Stewart, A., & Brentano, C. (2006). *Divorce: Causes and consequences*. New Haven, CT: Yale University Press.

Clark, M. S., Powell, M. C., Ovellette, R., & Milberg, S. (1987). Recipient's mood relationship type, and helping. *Journal of Personality and Social Psychology, 43*, 94–103.

Clark, R. D., & Hatfield, E. (1989). Gender differences in receptivity to sexual offers. *Journal of Psychology and Human Sexuality, 2*, 39–55.

Cleland, V., & Venn, A. (2010). Encouraging physical activity and discouraging sedentary behavior in children and adolescents. *Journal of Adolescent Health, 47*, 221–222.

Cleverley, K., & Kidd, S. A. (2011, in press).Resilience and suicidality among homeless youth. *Journal of Adolescence*.

Clinkinbeard, S. S., Simi, P., Evans, M. K., & Anderson, A. L. (2011, in press). Sleep and delinquency: Does amount of sleep matter? *Journal of Youth and Adolescence*.

Coatsworth, J. D., & Conway, D. E. (2009). The effects of autonomy-supportive coaching need satisfaction, and self-perceptions on initiative and identity in youth swimmers. *Developmental Psychology, 45*, 320–328.

Cochran, S. D., & Mays, V. M. (1990). Sex, lies, and HIV. *New England Journal of Medicine, 322*(11), 774–775.

Cohen, G. L., & Prinstein, M. J. (2006). Peer contagion of aggression and health-risk behavior among adolescent males: An experimental investigation of effects on public conduct and private attitudes. *Child Development, 77*, 967–983.

Cohen, P., Kasen, S., Chen, H., Hartmark, C., & Gordon, K. (2003). Variations in patterns of developmental transitions in the emerging adulthood period. *Developmental Psychology, 39*, 657–669.

Cohn, A., & Canter, A. (2003). *Bullying: Facts for schools and parents*. Washington, DC: National Association of School Psychologists Center.

Coie, J. (2004). The impact of negative social experiences on the development of antisocial behavior. In J. B. Kupersmidt & K. A. Dodge (Eds.), *Children's peer relations: From development to intervention*. Washington, DC: American Psychological Association.

Coker, T. R., Austin, S. B., & Schuster, M. A. (2010). The health and health care of lesbian, gay, and bisexual adolescents. *Annual Review of Public Health, 31*, 457–477.

Colangelo, N. C., Assouline, S. G., & Gross, M. U. M. (2004). *A nation deceived: How schools hold back America's brightest students*. Retrieved March 6, 2005, from http://nationdeceived.org/

Colby, A., Kohlberg, L., Gibbs, J., & Lieberman, M. (1983). A longitudinal study of moral judgment. *Monographs of the Society for Research in Child Development, 48*(21, Serial No. 201).

Cole, A. K., & Kerns, K. A. (2001). Perceptions of sibling qualities and activities of early adolescents. *Journal of Early Adolescence, 21*, 204–226.

Cole, M. (2006). Culture and cognitive development in phylogenetic, historical, and ontogenetic perspective. In W. Damon & R. Lerner (Eds.), *Handbook of child psychology* (6th ed.). New York: Wiley.

Coley, R. (2001). *Differences in the gender gap: Comparisons across/racial/ethnic groups in the United States*. Princeton, NJ: Educational Testing Service.

Coley, R. L., Morris, J. E., & Hernandez, D. (2004). Out-of-school care and problem behavior trajectories among low-income adolescents: Individual, family, and neighborhood character-istics as added risks. *Child Development, 75*, 948–965.

Collins, M. (1996, Winter). The job outlook for 96 grads. *Journal of Career Planning, 23*, 51–54.

Collins, R. L., & others. (2004). Watching sex on television predicts adolescent initiation of sexual behavior. *Pediatrics, 114*, e280–e289.

Collins, W. A., Hennighausen, K. H., & Sroufe, L. A. (1998, June). *Developmental precursors of intimacy in romantic relationships: A longitudinal analysis*. Paper presented at the International Conference on Personal Relationships, Saratoga Springs, NY.

Collins, W. A., & Steinberg, L. (2006). Adolescent development in interpersonal context. In W. Damon & R. Lerner (Eds.), *Handbook of child psychology* (6th ed.). New York: Wiley.

Collins, W. A., & van Dulmen, M. (2006). Friendship and romance in emerging adulthood. In J. J. Arnett & J. L. Tanner (Eds.), *Emerging adults in America*. Washington, DC: American Psychological Association.

Collins, W. A., Welsh, D. P., & Furman, W. (2009). Adolescent romantic relationships. *Annual Review of Psychology* (Vol. 60). Palo Alto, CA: Annual Reviews.

Colman, R. A., Kim, D. H., Mitchell-Herzfeld, S., & Shady, T. A. (2009). Delinquent girls grown up: Young adult offending patterns and their relation to early legal, individual, and family risk. *Journal of Youth and Adolescence, 38*, 355–366.

Colrain, I. M., & Baker, F. C. (2011). Changes in sleep as a function of adolescent development. *Neuropsychology Review, 21*, 5–21.

Comer, J. (2010). Comer School Development Program. In J. Meece & J. Eccles (Eds.), *Handbook of research on schools, schooling, and human development*. New York: Routledge.

Comer, J. P. (2004). *Leave no child behind*. New Haven, CT: Yale University Press.

Comer, J. P. (2006). Child development: The under-weighted aspect of intelligence. In P. C. Kyllonen, R. D. Roberts, & L. Stankov (Eds.), *Extending intelligence*. Mahwah, NJ: Erlbaum.

Comer, J. P. (2010). Comer School Development Program. In J. Meece & J. Eccles (Eds.), *Handbook of research on schools, schooling, and human development*. New York: Routledge.

Commoner, B. (2002). Unraveling the DNA myth: The spurious foundation of genetic engineering. *Harper's Magazine, 304*, 39–47.

Commons, M. L., & Richards, F. A. (2003). Four postformal stages. In J. Demick & C. Andreoletti (Eds.), *Handbook of adult development*. New York: Kluwer.

Compas, B. E. (2004). Processes of risk and resilience during adoles-cence: Linking contexts and individuals. In R. Lerner & L. Steinberg (Eds.), *Handbook of adolescent psychology* (2nd ed.). New York: Wiley.

Compas, B. E., & Reeslund, K. L. (2009). Processes of risk and resilience during adolescence. In R. M. Lerner & L. Steinberg (Eds.), *Handbook of adolescent psychology* (3rd ed.). New York: Wiley.

Comstock, G., & Scharrer, E. (2006). Media and popular culture. In W. Damon & R. Lerner (Eds.), *Handbook of child psychology* (6th ed.). New York: Wiley.

Condry, J. C., Simon, M. L., & Bronfenbrenner, U. (1968). *Characteristics of peer– and adult-oriented children*. Unpublished manuscript. Cornell University, Ithaca, NY.

Conduct Problems Prevention Research Group. (2007). The Fast Track randomized controlled trial to prevent externalizing psychiatric disorders: Findings from grades 3 to 9. *Journal of the American Academy of Child and Adolescent Psychiatry, 46*, 1250–1262.

Conduct Problems Prevention Research Group. (2010a, in press). The effects of the Fast Track preventive intervention on the develop-ment of conduct disorder across childhood. *Child Development*.

Conduct Problems Prevention Research Group. (2010b, in press). The difficulty of maintaining positive intervention effect: A look at disruptive behavior, deviant peer relations, and social skills during the middle school years. *Journal of Early Adolescence*.

Conduct Problems Prevention Research Group (2011). The effects of Fast Track preventive intervention on the development of conduct disorder across childhood. *Child Development, 82*, 331–345.

Conger, J. J. (1988). Hostages to the future: Youth, values, and the public interest. *American Psychologist, 43*, 291–300.

Conger, K. J., & Kramer, L. (2010). Introduction to the special section: Perspectives on sibling relationships: Advancing child development research. *Child Development Perspectives, 4*, 69–71.

Conger, R. D., & Chao, W. (1996). Adolescent depressed mood. In R. L. Simons (Ed.), *Understanding differences between divorced and intact families: Stress, interaction, and child outcome*. Thousand Oaks, CA: Sage.

Conger, R. D., & Conger, K. J. (2008). Understanding the processes through which economic hardship influences rural families and children. In D. R. Crane & T. B. Heaton (Eds.), *Handbook of families and poverty*. Thousand Oaks, CA: Sage.

Conger, R. D., & others. (2012). Resilience and vulnerability of Mexican origin youth and their families: A test of a culturally-informed model of family economic stress. In P. K. Kerig, M. S. Schulz, & S. T. Hauser (Eds.), *Adolescence and beyond*. New York: Oxford University Press.

Conley, C. S., & Rudolph, K. D. (2009). The emerging sex difference in adolescent depression: Interacting contributions of puberty and peer stress. *Developmental Psychopathology, 21*, 593–620.

Connolly, J. A., Goldberg, A., Pepler, D., & Craig, W. (2004) Mixed-gender groups, dating, and romantic relationships in early adolescence. *Journal of Research on Adolescence, 14*, 185–207.

Connolly, J. A., & McIsaac, C. (2009). Romantic relationships in adolescence. In R. M. Lerner & L. Steinberg (Eds.), *Handbook of adolescent psychology* (3rd ed.). New York: Wiley.

Connolly, J., Furman, W., & Konarski, R. (2000). The role of peers in the emergence of heterosexual romantic relationships in adolescence. *Child Development, 71,* 1395–1408.

Connolly, J., & Stevens, V. (1999, April). *Best friends, cliques, and young adolescents' romantic involvement.* Paper presented at the meeting of the Society for Research in Child Development, Albuquerque.

Constantine, J. M., Seftor, N. S., Martin, E. S., Silva, T., & Myers, D. (2006). *A study of the effect of the Talent Search program on secondary and post-secondary outcomes in Florida, Indiana, and Texas: Final report from phase II of the national evaluation.* Washington, DC: U.S. Department of Education.

Constantine, N. A. (2008). Editorial: Converging evidence leaves policy behind: Sex education in the United States. *Journal of Adolescent Health, 42,* 324–326.

Constantine, N. A., Jerman, P., & Juang, A. (2007). California parents' preferences and beliefs on school-based sexuality education policy. *Perspectives on Sexual and Reproductive Health, 39,* 167–175.

Cook, P. J., MacCoun, R., Muschkin, C., & Vigdor, J. (2008). The negative impacts of starting middle school in the sixth grade. *Journal of Policy Analysis and Management, 27,* 104–121.

Cook, T. D., Deng, Y., & Morgano, E. (2007). Friendship influences during early adolescence: The special role of friends' grade point average. *Journal of Research on Adolescence, 17,* 325–356.

Cooksey, E. C. (2009). Sexual activity, adolescent. In D. Carr (Ed.), *Encyclopedia of the life course and human development.* Boston: Gale Cengage.

Cooper, C. R. (2011). *Bridging multiple worlds.* New York: Oxford University Press.

Cooper, C. R., & Ayers-Lopez, S. (1985). Family and peer systems in early adolescence: New models of the role of relationships in development. *Journal of Early Adolescence, 5,* 9–22.

Cooper, C. R., Behrens, R., & Trinh, N. (2009). Identity development. In R. A. Shweder, T. R. Dailey, S. D. Dixon, P. J. Miller, & J. Model (Eds.), *The Chicago companion to the child.* Chicago: University of Chicago Press.

Cooper, C. R., Cooper, R. G., Azmitia, M., Chavira, G., & Gullatt, Y. (2002). Bridging multiple worlds: How African American and Latino youth in academic outreach programs navigate math pathways to college. *Applied Developmental Science, 6,* 73–87.

Cooper, C. R., & Grotevant, H. D. (1989, April). *Individuality and connectedness in the family and adolescent's self and relational competence.* Paper presented at the meeting of the Society for Research in Child Development, Kansas City.

Cooper, M. L. (2002). Alcohol use and risky sexual behavior among college students and youth: Evaluating the evidence. *Journal of Studies on Alcohol, 14,* 101–107.

Coopersmith, S. (1967). *The antecedents of self-esteem.* San Francisco: W. H. Freeman.

Copeland, W., Shanahan, L., Miller, S., Costello, E. J., Angold, A., & Maughan, B. (2010). Outcomes of early pubertal timing in young women: A prospective population-based study. *American Journal of Psychiatry, 167,* 1218–1225.

Cornelius, J. R., Clark, D. B., Reynolds, M., Kirisci, L., & Tarter, R. (2007). Early age of first sexual intercourse and affiliation with deviant peers predict development of SUD: A prospective longitudinal study. *Addictive Behavior, 32,* 850–854.

Cosmides, L. (2011). Evolutionary psychology. *Annual Review of Psychology* (Vol. 62). Palo Alto, CA: Annual Reviews.

Coté, J. E. (2006). Emerging adulthood as an institutionalized moratorium: Risks and benefits to identity formation. In J. J. Arnett & J. L. Tanner (Eds.), *Emerging adults in America.* Washington, DC: American Psychological Association.

Coté, J. E. (2009). Identity formation and self-development. In R. M. Lerner & L. Steinberg (Eds.), *Handbook of adolescent psychology* (3rd ed.). New York: Wiley.

Covington, M. V. (2002). Patterns of adaptive learning study: Where do we go from here? In C. Midgley (Ed.), *Goals, goal structures, and patterns of adaptive learning.* Mahwah, NJ: Erlbaum.

Covington, M. V., & Teel, K. T. (1996). *Overcoming student failure.* Washington, DC: American Psychological Association.

Cowan, C. P., Cowan, P. A., & Barry, J. (2011). Couples' groups for parents of preschoolers: Ten-year outcomes of a randomized trial. *Journal of Family Psychology, 25,* 240–250.

Coyne, S. M., Nelson, D. A., & Underwood, M. (2011). Aggression in children. In P. K. Smith & C. H. Hart (Eds.), *Wiley-Blackwell handbook of childhood social development* (2nd ed.). New York: Wiley.

Crean, H. F. (2008). Conflict in the Latino parent-youth dyad: The role of emotional support from the opposite parent. *Journal of Family Psychology, 22,* 484–493.

Crespo, C., Kielpikowski, M., Jose, P. E., & Pryor, J. (2010). Relationships between family connectedness and body satisfaction: A longitu-dinal study of adolescent girls and boys. *Journal of Youth and Adolescence, 39,* 1392–1401.

Crissey, S. R. (2009). Dating and romantic relationships, childhood and adolescence. In D. Carr (Ed.), *Encyclopedia of the life course and human development.* Boston: Gale Cengage.

Crockett, L. J., Raffaelli, M., & Shen, Y-L. (2006). Linking self-regulation and risk proneness to risky sexual behavior: Pathways through peer pressure and early substance use. *Journal of Research on Adolescence, 16,* 503–525.

Crooks, R. L., & Baur, K. (2011). *Our sexuality* (11th ed.). Boston: Cengage.

Crouter, A. C. (2006). Mothers and fathers at work. In A. Clarke-Stewart & J. Dunn (Eds.), *Families count.* New York: Cambridge University Press.

Crouter, A. C., Bumpus, M. F., Head, M. R., & McHale, S. M. (2001). Implications of overwork and overload for the quality of men's family relationships. *Journal of Marriage and Family, 63,* 404–416.

Crowell, J. A., Treboux, D., & Brockmeyer, S. (2009). Parental divorce and adult children's attachment representations and marital status. *Attachment and Human Development, 11,* 87–101.

Crowley, S. J., & Carskadon, M. A. (2010). Modifications to weekend recovery sleep delay circadian phase in older adolescents. *Chronobiology International, 27,* 1469–1492.

Cruikshank, D. R., Jenkins, D. B., & Metcalf, K. K. (2012). *The act of teaching* (6th ed.). New York: McGraw-Hill.

Csikszentmihalyi, M. (1990). *Flow.* New York: HarperCollins.

Csikszentmihalyi, M. (1993). *The evolving self.* New York: Harper & Row.

Csikszentmihalyi, M., & Csikszentmihalyi, I. S. (Eds.). (2006). *A life worth living.* New York: Oxford University Press.

Csikszentmihalyi, M., & Nakamura, J. (2006). Creativity through the life span from an evolutionary systems perspective. In C. Hoare (Ed.), *Handbook of adult development and learning.* New York: Oxford University Press.

Csikszentmihalyi, M., & Schneider, B. (2000). *Becoming adult.* New York: Basic Books.

Cubbin, C., Brindis, C. D., Jain, S., Santelli, J., & Braveman, P. (2010). Neighborhood poverty, aspirations and expectations, and initiation of sex. *Journal of Adolescent Health, 47,* 399–406.

Cubbin, C., Santelli, J., Brindis, C. D., & Braveman, P. (2005). Neighborhood context and sexual behaviors among adolescents: Findings from the National Longitudinal Study of Adolescent Health. *Perspectives on Sexual and Reproductive Health, 37,* 125–134.

Cui, M., Fincham, F. D., & Pasley, B. K. (2008). Young adult romantic relationships: The role of parents' marital problems and relationship efficiency. *Personality and Social Psychology Bulletin, 34,* 1226–1235.

Cummings, E. M., & Davies, P. T. (2010). *Marital conflict and children: An emotional security perspective.* New York: Guilford.

Cummings, E. M., El-Sheikh, M., & Kouros, C. D. (2009). Children and violence: The role of children's regulation in the marital aggression--child adjustment link. *Clinical Child and Family Psychology Review, 12*(1), 3–15.

Cummings, E. M., & Kouros, C. D. (2008). Stress and coping. In M. M. Haith & J. B. Benson (Eds.), *Encyclopedia of infant and early childhood development. Vol. 3* (pp. 267–281). San Diego: Academic Press.

Currie, C., & others. (2008). *Inequalities in young people's health: HBSC international report from the 2005/2006 survey.* Geneva: World Health Organization.

Cushner, K. H., McClelland, A., & Safford, P. (2012). *Human diversity in education* (7th ed.). New York: McGraw-Hill.

D

Daddis, C. (2010). Adolescent peer crowds and patterns of belief in the boundaries of personal authority. *Journal of Adolescence, 33,* 699–708.

Dahl, R. E. (2004). Adolescent brain development: A period of vulnerabilities and opportunities. *Annals of the New York Academy of Sciences, 1021,* 1–22.

Dai, D. Y. (2012). The nature-nurture debate regarding high potential: Beyond dichotomous thinking. In D. Ambrose, R. J. Sternberg, & B. Sriraman (Eds.), *Confronting dogmatism in gifted education.* New York: Routledge.

Damon, W. (1988). *The moral child.* New York: Free Press.

Damon, W. (1995). *Greater expectations.* New York: Free Press.

Damon, W. (2008). *The path to purpose: Helping our children find their calling in life.* New York: Free Press.

D'Angelo, L. J., Halpern-Felsher, B. L., & Anisha, A. (2010). Adolescents and driving: Position paper of the Society for Adolescent Health and Medicine. *Journal of Adolescent Health, 47,* 212–214.

Daniels, H. (2011). Vygotsky and psychology. In U. Goswami (Ed.), *Wiley-Blackwell handbook of childhood cognitive development* (2nd ed.). New York: Wiley.

Darling, N. (2008). Commentary: Putting conflict in context. *Mono-graphs of the Society for Research in Child Development, 73*(2), 169–175.

Darling-Hammond, N. (2011). Testing, No Child Left Behind, and educational equity. In L. M. Stulberg & S. L. Weinberg (Eds.), *Diversity in higher education.* New York: Routledge.

Darwin, C. (1859). *On the origin of species*. London: John Murray.

Das, A. (2009). Sexual harassment at work in the United States. *Archives of Sexual Behavior, 38*, 909-921.

D'Augelli, A. R. (1991). Gay men in college: Identity processes and adaptations. *Journal of College Student Development, 32*, 140-146.

Davidson, J., & Davidson, B. (2004). *Genius denied: How to stop wasting our brightest young minds*. New York: Simon & Schuster.

Davidson, M., Lickona, T., & Khmelkov, V. (2008). A new paradigm for high school character education. In L. Nucci & D. Narváez (Eds.), *Handbook of moral and character education*. Clifton, NJ: Psychology Press.

Davidson, W. S., Jimenez, T. R., Onifade, E., & Hankins, S. S. (2010). Student experiences of the adolescent diversion project: A community-based exemplar in the pedagogy of service-learning. *American Journal of Community Psychology, 46*, 442-458.

Davies, J., & Brember, I. (1999). Reading and mathematics attainments and self-esteem in years 2 and 6—an eight-year cross sectional study. *Educational Studies, 25*, 145-157.

Davis, A. E., Hyatt, G., & Arrasmith, D. (1998, February). "I Have a Dream" program. *Class One Evaluation Report*, Portland. OR: Northwest Regional Education Laboratory.

Davis, C. L., & others. (2007). Effects of aerobic exercise on overweight children's cognitive functioning: A randomized controlled trial. *Research Quarterly for Exercise and Sport, 78*, 510-519.

Davis, C. L., & others. (2011, in press). Exercise improves executive function and alters neural activation in overweight children. *Health Psychology*.

Davis, K., Christodoulou, Seider, S., & Gardner, H. (2011). The theory of multiple intelligences. In R. J. Sternberg & S. B. Kaufman (Eds.), *Cambridge handbook of intelligence*. New York: Cambridge University Press.

Davis, K. E., Norris, J., Hessler, D. M., Zawacki, T., Morrison, D. M., & George, W. H. (2010). College women's decision making: Cognitive mediation of alcohol expectancy effects. *Journal of American College Health, 58*, 481-488.

Davis, O. S. P., Arden, R., & Plomin, R. (2008). g in middle childhood: Moderate and genetic and shared environmental influence using diverse measures of cognitive ability at 7, 9, and 10 years in a large population sample of twins. *Intelligence, 36*, 68-80.

Day, J. M. (2010). Religion, spirituality, and positive psychology in adult-hood: A developmental view. *Journal of Adult Development, 17*, 215-229.

de Ànda, D. (2006). Baby Think It Over: Evaluation of an infant simulation intervention for adolescent pregnancy prevention. *Health and Social Work, 31*, 26-35.

Deardorff, J., & others. (2011). Father absence, body mass index, and pubertal timing in girls: Differential effects by family income and ethnicity. *Journal of Adolescent Health, 48*, 441-447.

Deater-Deckard, K., & Dodge, K. (1997). Externalizing behavior problems and discipline revisited: Non-linear effects and variation by culture, context and gender. *Psychological Inquiry, 8*, 161-175.

de Bruin, W. B., Parker, A. M., & Fischhoff, B. (2007). Can adolescents predict significant life events? *Journal of Adolescent Health, 41*, 208-210.

deCharms, R. (1984). Motivation enhancement in educational settings. In R. Ames & C. Ames (Eds.), *Research on motivation in education* (Vol. 1). Orlando, FL: Academic Press.

Deci, E. L., Koestner, R., & Ryan, R. M. (2001). Extrinsic rewards and intrinsic motivation in education: Reconsidered once again. *Review of Educational Research, 71*, 1-28.

DeJong, W., DeRicco, B., & Schneider, S. K. (2010). Pregaming: An exploratory study of strategic drinking by college students in Pennsylvania. *Journal of American College Health, 58*, 307-316.

De La Paz, S., & McCutchen, D. (2011). Learning to write. In P. A. Alexander & R. E. Mayer (Eds.), *Handbook of research on learning and instruction*. New York: Routledge.

de Leo, D., & Heller, T. (2008). Social modeling in the transmission of suicide. *Crisis, 29*, 11-19.

Delisle, T. T., Werch, C. E., Wong, A. H., Bian, H., & Weiler, R. (2010). Relationship between frequency and intensity of physical activity and health behaviors of adolescents. *Journal of School Health, 80*, 134-140.

Dempster, F. N. (1981). Memory span: Sources of individual and developmental differences. *Psychological Bulletin, 89*, 63-100.

Denham, S., Waren, H., von Salisch, M., Benga, O., Chin, J-C., & Geangu, E. (2011). Emotions and social development in childhood. In P. K. Smith & C. H. Hart (Eds.), *Wiley-Blackwell handbook of childhood social development* (2nd ed.). New York: Wiley.

DePaulo, B. (2007). *Singled out*. New York: St. Martin's Griffin.

DePaulo, B. (2011). Living single: Lightening up those dark, dopey myths. In W. R. Cupach & B. H. Spitzberg (Eds.), *The dark side of close relationships*. New York: Routledge.

De Raad, B., & others. (2010). Only three factors of personality description are fully replicable across languages: A comparison of 14 trait taxonomies. *Journal of Personality and Social Psychology, 98*, 160-173.

DeRose, L., & Brooks-Gunn, J. (2008), Pubertal development in early adolescence: Implications for affective processes. In N. B. Allen & L. Sheeber (Eds.), *Adolescent emotional development and the emergence of depressive disorders*. New York: Cambridge University Press.

DeRose, L. M., Shiyko, M. P., Foster, H., & Brooks-Gunn, J. (2011, in press). Associations between menarcheal timing and behavioral developmental trajectories for girls from age 6 to age 15. *Journal of Youth and Adolescence*.

Deschesnes, M., Fines, P., & Demers, S. (2006). Are tattooing and body piercing indicators of risk-taking behaviors among high school students? *Journal of Adolescence, 29*, 379-393.

Devos, T. (2006). Implicit bicultural identity among Mexican American and Asian American college students. *Cultural Diversity and Ethnic Minority Psychology, 12*, 381-402.

Dewey, J. (1933). *How we think*. Lexington, MA: D. C. Heath.

DeZolt, D. M., & Hull, S. H. (2001). Classroom and schools climate. In J. Worell (Ed.), *Encyclopedia of women and gender*. San Diego: Academic Press.

Diamond, A. (2009). The interplay of biology and the environment broadly defined. *Developmental Psychology, 45*, 1-8.

Diamond, A. (2010). Commentary in Galinsky, E. (2010). *Mind in the making*. New York: Harper Collins.

Diamond, A., Casey, B. J., & Munakata, Y. (2011). *Developmental cognitive neuroscience*. New York: Oxford University Press.

Diamond, L. M. (2004). Unpublished review of J. W. Santrock's *Adolescence*, 11th ed. (New York: McGraw-Hill).

Diamond, L. M., Fagundes, C., & Butterworth, M. R. (2010). Intimate relationships across the life span. In M. E. Lamb, A. Freund, & R. M. Lerner (Eds.), *Handbook of life-span development*. New York: Wiley.

Diamond, L. M., & Savin-Williams, R. C. (2009). Adolescent sexuality. In R. M. Lerner & L. Steinberg (Eds.), *Handbook of adolescent psychology* (3rd ed.). New York: Wiley.

Diamond, L. M., & Savin-Williams, R. C. (2011, in press). Same-sex activity in adolescence: Multiple meanings and implications. In R. F. Fassinger & S. L. Morrow (Eds.), *Sex in the margins: Erotic experiences and behaviors of sexual minorities*. Washington, DC: American Psychological Association.

Diekman, A., & Schmidheiny, K. (2004). Do parents of girls have a higher risk of divorce? An eighteen-country study. *Journal of Marriage and the Family, 66*, 651-660.

Diemer, M. A., Kauffman, A., Koenig, N., Trahan, E., & Hsieh, C. A. (2006). Challenging racism, sexism, and social injustice: Support for urban adolescents' critical consciousness development. *Cultural Diversity and Ethnic Minority Psychology, 12*, 444-460.

Diener, E., & Seligman, M. E. P. (2002). Very happy people. *Psychological Science, 13*, 81-84.

Dindia, K. (2006). Men are from North Dakota, women are from South Dakota. In K. Dindia & D. J. Canary (Eds.), *Sex differences and similarities in communication*. Mahwah, NJ: Erlbaum.

Dishion, T. J., & Piehler, T. F. (2009). Deviant by design: Peer contagion in development, interventions, and schools. In K. H. Rubin, W. M. Bukowski, & B. Laursen (Eds.), *Handbook of peer interactions, relationships, and groups*. New York: Guilford.

Dishion, T. J., Piehler, T. F., & Myers, M. W. (2008). Dynamics and ecology of adolescent peer influence. In M. J. Prinstein & K. A. Dodge (Eds.), *Understanding peer influence in children and adolescents*. New York: Guilford.

Dishion, T. J., & Tipsord, J. M. (2011). Peer contagion in child and adolescent social and emotional development. *Annual Review of Psychology* (Vol. 62). Palo Alto, CA: Annual Reviews.

Dittman, C., & others. (2011). An epidemio-logical examination of parenting and family correlates of emotional problems in young children. *American Journal of Orthopsychiatry, 81*, 360-371.

Dixon, S. V., Graber, J. A., & Brooks-Gunn, J. (2008). The roles of respect for parental authority and parenting practices in parent-child conflict among African American, Latino, and European American families. *Journal of Family Psychology, 22*, 1-10.

Dobbins, M., & others. (2009). School-based physical activity programs for promoting physical activity and fitness in children and adolescents 6-18. *Cochrane Database of Systematic Reviews (1)*, CD007651.

Dodge, K. A. (1993). Social cognitive mechanisms in the development of conduct disorder and depression. *Annual Review of Psychology* (Vol. 44). Palo Alto, CA: Annual Reviews.

Dodge, K. A. (2011a). Context matters in child and family policy. *Child Development, 82*, 433-442.

Dodge, K. A. (2011b). Social information processing models of aggressive behavior. In M. Mikulncer & P. R. Shaver (Eds.), *Understanding and reducing aggression, violence, and their consequences*.

Washington, DC: American Psychological Association.

Dodge, K. A., Coie, J. D., & Lynam, D. R. (2006). Aggression and antisocial behavior in youth. In W. Damon & R. Lerner (Eds.), *Hand-book of child psychology* (6th ed.). New York: Wiley.

Dodge, K. A., Malone, P. S., Lansford, J. E., Miller-Johnson, S., Pettit, G. S., & Bates, J. E. (2006). Toward a dynamic developmental model of the role of parents and peers in early onset substance abuse. In A. Clarke-Stewart & J. Dunn (Eds.), *Families count*. New York: Cambridge University Press.

Dodge, K. A., & McCourt, S. N. (2010). Translating models of antisocial behavioral development into efficacious intervention policy to prevent adolescent violence. *Developmental Psychobiology, 52,* 277–285.

Dodge, K. A., & Rutter, M. (Eds.). (2011). *Gene-environment interaction and developmental psychopathology*. New York: Guilford.

Dohrenwend, B. S., & Shrout, P. E. (1985). "Hassles" in the conceptualization and measurement of life event stress variables. *American Psychologist, 40,* 780–785.

Dolcini, M. M., & others. (1989). Adolescent egocentrism and feelings of invulnerability: Are they related? *Journal of Early Adolescence, 9,* 409–418.

Donnellan, M. B., & Robins, R. W. (2009). The development of personality across the life span. In G. Matthews & P. Corr (Eds.), *Cambridge Handbook of Personality*. Cambridge, UK: Cambridge University Press.

Donnellan, M. B., & Trzesniewski, K. H. (2010). Groundhog Day versus Alice in Wonderland, red herrings versus Swedish fishes, and hopefully something constructive: A reply to comments. *Perspectives on Psychological Science, 5,* 103–108.

Doremus-Fitzwater, T. L., Varlinskaya, E. I., & Spear, L. P. (2010). Motivational systems in adolescence: Possible implications for age differences in substance abuse and other risk-taking behaviors. *Brain and Cognition, 72,* 114–123.

Dorn, L. D., Dahl, R. E., Woodward, H. R., & Biro, F. (2006). Defining the boundaries of early adolescence: A user's guide to assessing pubertal status and pubertal timing in research with adolescents. *Applied Developmental Science, 10,* 30–56.

Dorn, L. H., & Biro, F. M. (2011). Puberty and its measurement: A decade in review. *Journal of Research on Adolescence, 21,* 180–195.

Dorn, L. H., Dahl, R. E., Woodward, H. R., & Biro, F. (2006). Defining the boundaries of early adolescence: A user's guide to assessing pubertal status and pubertal timing in research with adolescents. *Applied Developmental Science, 10,* 30–56.

Dranovsky, A., & Leonardo, E. D. (2011, in press). Is there a role for young hippocampal neurons in adaptation to stress? *Behavioral Brain Research*.

Dregan, A., & Armstrong, D. (2010). Adolescent sleep disturbances as predictors of adult sleep disturbances—A cohort study. *Journal of Adolescent Health, 46,* 482–487.

Drummond, R. J., & Jones, K. D. (2010). *Assessment procedures* (7th ed.). Upper Saddle River, NJ: Pearson.

Dryfoos, J. G. (1990). *Adolescents at risk: Prevalence and prevention*. New York: Oxford University Press.

Dryfoos, J. G. (1997). The prevalence of problem behaviors: Implications for programs. In R. P. Weissberg, T. P. Gullotta, R. L. Hampton, B. A. Ryan, & G. R. Adams (Eds.), *Healthy children 2010:* Enhancing children's wellness. Thousand Oaks, CA: Sage.

Dryfoos, J. G., & Barkin, C. (2006). *Adolescence*. New York: Oxford University Press.

Dugan, S. A. (2008). Exercise for preventing childhood obesity. *Physical Medicine and Rehabilitation Clinics of North America, 19,* 205–216.

Duggan, P. M., Lapsley, D. K., & Norman, K. (2000, April). *Adolescent invulnerability and personal uniqueness: Scale development and initial construct validation*. Paper presented at the 8th Biennial Meeting of the Society for Research on Adolescence, Chicago.

Duke, N. N., Skay, C. L., Pettingell, S. L., & Borowsky, I. W. (2011). Early death perception in adolescence: Identifying factors associated with change from pessimism to optimism about life expectancy. *Clinical Pediatrics, 50,* 21–28.

Dumith, S. C., & others. (2010). Overweight/obesity and physical fitness among children and adolescents. *Journal of Physical Activity and Health, 7,* 641–648.

Duncan, S. C., Duncan, T. E., Strycker, L. A., & Chaumeton, N. R. (2007). A cohort-sequential latent growth model of physical activity from 12 to 17 years. *Annals of Behavioral Medicine, 33,* 80–89.

Dunlop, S. M., & Romer, D. (2010). Adolescent and young adult car crash risk: Sensation seeking, substance use propensity, and substance use behaviors. *Journal of Adolescent Health, 46,* 90–92.

Dunn, J. (2005). Commentary: Siblings in their families. *Journal of Family Psychology, 19,* 654–657.

Dunn, J. (2007). Siblings and socialization. In J. E. Grusec & P. D. Hastings (Eds.), *Handbook of socialization*. New York: Guilford.

Dunphy, D. C. (1963). The social structure of urban adolescent peer groups. *Society, 26,* 230–246.

Dupre, M. E., & Meadows, S. O. (2007). Disaggregating the effects of marital trajectories on health. *Journal of Family Issues, 28,* 623–652.

Durik, A. M., Hyde, J. S., Marks, A. C., Roy, A. L., Anaya, D., & Schultz, G. (2006). Ethnicity and gender stereotypes of emotion. *Sex Roles, 54,* 429–445.

Durston, S. (2010). Imaging genetics in ADHD. *Neuroimage, 68,* 1114–1119.

Durston, S., & others. (2006). A shift from diffuse to focal cortical activity with development. *Developmental Science, 9,* 1–8.

Duschl, R., & Hamilton, R. (2011). Learning science. In P. A. Alexander & R. E. Mayer (Eds.), *Handbook of research on learning and instruction*. New York: Routledge.

Dusek, J. B., & McIntyre, J. G. (2003). Self-concept and self-esteem development. In G. Adams & M. Berzonsky (Eds.), *Blackwell handbook of adolescence*. Malden, MA: Blackwell.

Dweck, C. S. (2006). *Mindset*. New York: Random House.

Dweck, C. S. (2007). Boosting achievement with messages that motivate. *Education Canada, 47,* 6–10.

Dweck, C. S. (2012, in press). Social development. In P. Zelazo (Ed.), *Oxford handbook of developmental psychology*. New York: Oxford University Press.

Dweck, C. S., Mangels, J. A., & Good, C. (2004). Motivational effects on attention, cognition, and performance. In D. Yun Dai & R. J. Sternberg (Eds.), *Motivation, emotion, and cognition*. Mahwah, NJ: Erlbaum.

Dweck, C. S., & Master, A. (2009). Self-theories and motivation: Students' beliefs about intelligence. In K. R. Wentzel & A. Wigfield (Eds.), *Handbook of motivation at school*. New York: Routledge.

Dworkin, S. L., & Santelli, J. (2007). Do abstinence-plus interventions reduce sexual risk behavior among youth? *PLoS Medicine, 4,* 1437–1439.

Dyson, R., & Renk, K. (2006). Freshman adaptation to university life: Depressive symptoms, stress, and coping. *Journal of Clinical Psychology, 62,* 1231–1244.

E

Eagly, A. H. (2001). Social role theory of sex differences and similarities. In J. Worell (Ed.), *Encyclopedia of women and gender*. San Diego: Academic Press.

Eagly, A. H. (2010). Gender roles. In J. Levine & M. Hogg (Eds.), *Encyclopedia of group processes and intergroup relations*. Thousand Oaks, CA: Sage.

Eagly, A. H., & Crowley, M. (1986). Gender and helping behavior: A meta-analytic review of the social psychological literature. *Psychological Bulletin, 100,* 283–308.

Eagly, A. H., & Steffen V. J. (1986). Gender and aggressive behavior: A meta-analytic review of the social psychological literature. *Psychological Bulletin, 100,* 309–330.

Eagly, A. H., & Wood, W. (2011, in press). Gender roles in a biosocial world. In P. van Lange, A. Kruglanski, & E. T. Higgins (Eds.), *Handbook of theories in social psychology*. Thousand Oaks, CA: Sage.

East, P. (2009). Adolescent relationships with siblings. In R. M. Lerner & L. Steinberg (Eds.), *Handbook of adolescent psychology* (3rd ed.). New York: Wiley.

East, P., & Adams, J. (2002). Sexual assertiveness and adolescents' sexual rights. *Perspectives on Sexual and Reproductive Health, 34,* 198–202.

Eaton, D. K., & others. (2008). Youth risk behavior surveillance—United States, 2007. *MMWR, 57,* 1–131.

Eaton, D. K., & others. (2010). Youth risk behavior surveillance—United States 2009. *MMWR Surveillance Summary, 59*(5), 1–142.

Ebata, A. T., & Moos, R. H. (1989, April). *Coping and adjustment in four groups of adolescents*. Paper presented at the biennial meeting of the Society for Research in Child Development, Kansas City.

Eby, J. W., Herrell, A. L., & Jordan, M. L. (2011). *Teaching in elementary school: A reflective approach* (6th ed.). Boston: Allyn & Bacon.

Eccles, J. S. (1987). Gender roles and women's achievement-related decisions. *Psychology of Women Quarterly, 11,* 135–172.

Eccles, J. S. (1993). School and family effects on the ontogeny of children's interests, self-perceptions, and activity choice. In J. Jacobs (Ed.), *Nebraska Symposium on Motivation, 1992: Developmental perspectives on motivation*. Lincoln: University of Nebraska Press.

Eccles, J. S. (2004). Schools, academic motivation and stage-environment fit. In R. Lerner & L. Steinberg (Eds.), *Handbook of adolescent psychology*. New York: Wiley.

Eccles, J. S. (2007). Families, schools and developing achievement-related motivations and engagement. In J. E. Grusec & P. D. Hastings (Eds.), *Handbook of socialization*. New York: Guilford.

Eccles, J. S., Brown, B. V., & Templeton, J. (2008). A developmental framework for selecting indicators of well-being during the adolescent and young adult years. In B. V. Brown (Ed.), *Key indi-*

cators of child and youth well-being. Clifton, NJ: Psychology Press.

Eccles, J. S., & Gootman, J. (2002). Community programs to promote youth development. Washington, DC: National Research Council Institute of Medicine, National Academy Press.

Eccles, J. S., & Roeser, R. W. (2009). Schools, academic motivation, and stage-environment fit. In R. M. Lerner & L. Steinberg (Eds.), Handbook of adolescent psychology (3rd ed.). New York: Wiley.

Eccles, J. S., & Roeser, R. W. (2010). Schools, academic motivation, and stage-environment fit. In J. Meece & J. Eccles (Eds.), Handbook of research on schools, schooling, and human development. New York: Routledge.

Eccles, J. S., & Roeser, R. W. (2011). Schools as developmental con-texts during adolescence. Journal of Research on Adolescence, 21, 225–241.

Eccles, J. S., Wigfield, A., & Schiefele, U. (1998). Motivation to succeed. In W. Damon (Ed.), Handbook of child psychology (5th ed., Vol. 3). New York: Wiley.

Eckersley, R. (2010). Commentary on Trzesniewski and Donnellan (2010): A transdisciplinary perspective on young people's well being. Perspectives on Psychological Science, 5, 76–80.

Edelbrock, C. S. (1989, April). Self-reported internalizing and externalizing problems in a community sample of adolescents. Paper presented at the meeting of the Society for Research in Child Development, Kansas City.

Edwards, A. R., Esmonde, I., & Wagner, J. F. (2011). Learning mathematics. In P. A. Alexander & R. E. Mayer (Eds.), Handbook of research on learning and instruction. New York: Routledge.

Edwards, R., & Hamilton, M. A. (2004). You need to understand my gender role: An empirical test of Tannen's model of gender and communica-tion. Sex Roles, 50, 491–504.

Eichen, D. M., Conner, B. T., Daly, B. P., & Faubar, R. L. (2011, in press). Weight perception, substance use, and disordered eating behaviors: Comparing normal weight and overweight high--school students. Journal of Youth and Adolescence.

Ein-Dor, T., Mikulincer, M., Doron, G., & Shaver, P. R. (2010). The attachment paradox: How can so many of (the insecure ones) have no adaptive advantages? Perspectives on Psychological Science, 5, 123–141.

Eisenberg, M. E., Bernat, D. H., Bearinger, L. H., & Resnick, M. D. (2008). Support for comprehensive sexuality education: Perspectives from parents of school-aged youth. Journal of Adolescent Research, 42, 352–359.

Eisenberg, N., & Fabes, R. A. (1998). Prosocial development. In N. Eisenberg (Ed.), Handbook of child psychology (5th ed., Vol. 3). New York: Wiley.

Eisenberg, N., Fabes, R. A., Guthrie, I. K., & Reiser, M. (2002). The role of emotionality and regulation in children's social competence and adjustment. In L. Pulkkinen & A. Caspi (Eds.), Paths to successful development. New York: Cambridge University Press.

Eisenberg, N., Fabes, R. A., & Spinrad, T. L. (2006). Prosocial development. In W. Damon & R. Lerner (Eds.), Handbook of child psychology (6th ed.). New York: Wiley.

Eisenberg, N., & Morris, A. S. (2004). Moral cognitions and prosocial responding in adolescence. In R. Lerner & L. Steinberg (Eds.), Handbook of adolescent psychology (2nd ed.). New York: Wiley.

Eisenberg, N., Morris, A. S., McDaniel, B., & Spinrad, T. L. (2009). Moral cognitions and prosocial responding in adolescence. In R. M. Lerner & L. Steinberg (Eds.), Handbook of adolescent psychology (3rd ed.). New York: Wiley.

Eisenberg, N., Spinrad, T. R., & Eggum, N. D. (2010). Emotion-focused self-regulation and its relation to children's maladjustment. Annual Review of Clinical Psychology (Vol. 6). Palo Alto, CA: Annual Reviews.

Eisenberg, N., & Valiente, C. (2002). Parent-ing and children's prosocial and moral develop-ment. In M. H. Bornstein (Ed.), Handbook of parenting (2nd ed.). Mahwah, NJ: Erlbaum.

Eisenhower Corporation. (2010). Quantum Opportunities program. Retrieved January 10, 2010 from http://www.eisenhowerfoundation.org/qop.php

Elkind, D. (1961). Quantity conceptions in junior and senior high school students. Child Development, 32, 531–560.

Elkind, D. (1976). Child development and education: A Piagetian perspective. New York: Oxford University Press.

Elkind, D. (1985). Egocentrism redux. Developmental Review, 5, 218–226.

Elkind, D., & Bowen, R. (1979). Imaginary audience behavior in children and adolescents. Developmental Psychology, 15, 38–44.

Elkington, K. S., Bauermeister, J. A., & Zimmerman, M. A. (2011, in press). Do parents and peers matter? A prospective socio-ecological examination of substance use and sexual risk among African American youth. Journal of Adolescence.

Elks, C. E., & Ong, K. K. (2011). Whole genome associated studies for age of menarche. Briefings in Functional Genomics, 2, 91–97.

Elks, C. E., & others. (2010). Thirty new loci for age at menarche identified by a meta-analysis of genome-wide association studies. Nature Genetics, 42, 1077–1085.

Elliot, D. L., Cheong, J., Moe, E., & Goldberg, L. (2007). Cross-sectional study of female athletes reporting anabolic steroid use. Archives of Pediatric and Adolescent Medicine, 161, 572–577.

Ellis, B. J., Shirtcliff, E. A., Boyce, W. T., Deardorff, J., & Essex, M. J. (2011). Quality of early family relationships and the timing and tempo of puberty: Effects depend on biological sensitivity to context. Development and Psychopathology, 23, 85–99.

Ellis, L., & Ames, M. A. (1987). Neurohormonal functioning and sexual orientation: A theory of homosexuality-heterosexuality. Psychological Bulletin, 101, 233–258.

Elmore, R. F. (2009). Schooling adolescents. In R. M. Lerner & L. Steinberg (Eds.), Handbook of adolescent psychology (3rd ed.). New York: Wiley.

Else-Quest, N. M., Hyde, J. S., & Linn, M. C. (2010). Cross-national patterns of gender differences in mathematics: A meta-analysis. Psychological Bulletin, 136, 103–127.

Emery, R. E. (1999). Renegotiating family relationships (2nd ed.). New York: Guilford.

Emery, R. E., & Laumann-Billings, L. (1998). An overview of the nature, causes, and consequences of abusive family relationships. American Psychologist, 53, 121–135.

Enea, C., Boissea, N., Fargeas-Gluck, M. A., Diaz, V., & Duque, B. (2011, in press). Circulating androgens in women: Exercise-induced changes. Sports Medicine.

Enfield, A., & Collins, D. (2008). The relationship of service-learning, social justice, multicultural competence, and civic engagement. Journal of College Student Development, 49, 95–109.

Engle, P. L., & Black, M. M. (2008). The effect of poverty on child development and educational outcomes. Annals of the New York Academy of Science, 1136.

Englund, M. M., Egeland, B., & Collins, W. A. (2008). Exceptions to high school dropout predictions in a low-income sample: Do adults make a difference? Journal of Social Issues, 64(1), 77–93.

Englund, M. M., Luckner, A. E., & Whaley, G. (2003, April). The importance of early parenting for children's long-term educational attainment. Paper presented at the meeting of the Society for Research in Child Development, Tampa.

Enright, R. D., Santos, M. J. D., & Al-Mabuk, R. (1989). The adolescent as forgiver. Journal of Adolescence, 12, 95–110.

Ensembl Human. (2008). Explore the Homo sapiens genome. Retrieved April 14, 2008, from www.ensembl.org/Homo_sapiens/index.html

Entwistle, D., Alexander, K., & Olson, L. (2010). The long reach of socioeconomic status in education. In J. L. Meece & J. S. Eccles (Eds.), Handbook of research on schools, schooling, and human development. New York: Routledge.

Enyeart Smith, T. M., & Wessel, M. T. (2011). Alcohol, drugs, and links to sexual risk behaviors among a sample of Virginia college students. Journal of Drug Education, 41, 1–16.

Epstein, J. L. (2001). School, family, and community partnerships. Boulder, CO: Westview Press.

Epstein, J. L. (2005). Results of the Partnership Schools-CSR model for student achievement over three years. Elementary School Journal, 106, 151–170.

Epstein, J. L. (2007a). Family and community involvement. In K. Borman, S. Cahill, & B. Cotner (Eds.), American high school: An encyclopedia. Westport, CT: Greenwood.

Epstein, J. L. (2007b). Homework. In K. Borman, S. Chaill, & B. Cotner (Eds.), American high school: An encyclopedia. Westport, CT: Greenwood.

Epstein, J. L. (2009). School, family, and community partnerships. Thousand Oaks, CA: Sage.

Erickson, J. B. (1982). A profile of community youth organization members, 1980. Boys Town, NE: Boys Town Center for the Study of Youth Development.

Ericsson, K. A., Charness, N., Feltovich, P. J., & Hoffman, R. R. (2006). The Cambridge handbook of expertise and expert performance. New York: Cambridge University Press.

Ericsson, K. A., Krampe, R., & Tesch-Römer, C. (1993). The role of deliberate practice in the acquisition of expert performance. Psychological Review, 100, 363–406.

Erikson, E. H. (1950). Childhood and society. New York: W. W. Norton.

Erikson, E. H. (1968). Identity: Youth and crisis. New York: W. W. Norton.

Erikson, E. H. (1969). Gandhi's truth. New York: W. W. Norton.

Erikson, E. H. (1970). Reflections on the dissent of contemporary youth. International Journal of Psychoanalysis, 51, 11–22.

Ernst, M., & Spear, L. P. (2009). Reward systems. In M. de Haan & M. R. Gunnar (Eds.), Handbook of developmental social neuroscience. New York: Guilford.

Escobar-Chaves, S. L., & Anderson, C. A. (2008). Media and risky behavior. Future of Children, 18(1), 147–180.

Espelage, D., Holt, M., & Poteat, P. (2010). The school context, bullying, and victimization. In J. Meece & J. Eccles (Eds.), Handbook of research on schools, schooling, and human development. New York: Routledge.

Etaugh, C., & Bridges, J. S. (2010). Women's lives (2nd ed.). Boston: Allyn & Bacon.

Euling, S. Y., & others. (2008). Examination of U.S. puberty-timing data from 1940 to 1994 for secular trends: Panel findings. Pediatrics, 121(Suppl 3), S172–S191.

Evans, E., Hawton, K., & Rodham, K. (2005). Suicidal phenomena and abuse in adolescents: A review of epidemiological studies. Child Abuse and Neglect, 29, 45–58.

Evans, G. W. (2004). The environment of childhood poverty. American Psychologist, 59, 77–92.

Evans, G. W., & Kim, P. (2007). Childhood poverty and health: Cumulative risk exposure and stress dysregulation. Psychological Science, 18, 953–957.

F

Fabiano, G. A., Pelham, W. E., Coles, E. K., Gnagy, E. M., Chronis-Tuscano, A., & O'Connor, B. C. (2009). A meta-analysis of behavioral treatments for attention deficit/hyperactivity disorder. Clinical Psychology Review, 29(2), 129–140.

Fabricus, W. V., Braver, S. L., Diaz, P., & Schenck, C. (2010). Custody and parenting time: Links to family relationships and well-being after divorce. In M. E. Lamb (Ed.), The role of the father in child development (5th ed.). New York: Wiley.

Fair, C. D., & Vanyur, J. (2011). Sexual coercion, verbal aggression, and condom use consistency among college students. Journal of American College Health, 59, 273–280.

Fairweather, E., & Cramond, B. (2011). Infusing creative and critical thinking into the classroom. In R. A. Beghetto & J. C. Kaufman (Eds.), Nurturing creativity in the classroom. New York: Cambridge University Press.

Fakier, N., & Wild, L. G. (2011, in press). Associations among sleep problems, learning difficulties, and substance use in adolescence. Journal of Youth and Adolescence.

Fallon, D. (2011). Reducing teen pregnancy. Practicing Midwife, 14, 23–24.

Fang, L., Schinke, S. P., & Cole, K. C. (2010). Preventing substance use among early Asian-American girls: Initial evaluation of a web-based mother-daughter program. Journal of Adolescent Health, 47, 529–532.

Fantasia, H. C. (2008). Concept analysis: Sexual decision-making in adolescence. Nursing Forum, 43, 80–90.

Faraone, S. V., & Mick, E. (2010). Molecular genetics of attention deficit hyperactivity disorder. Psychiatric Clinics of North America, 33, 159–180.

Farrington, D. P. (2004). Conduct disorder, aggression, and delinquency. In R. M. Lerner & L. Steinberg (Eds.), Handbook of adolescent psychology (2nd ed.). New York: Wiley.

Fasick, F. A. (1994). On the "invention" of adolescence. Journal of Early Adolescence, 14, 6–23.

Fatusi, A. O., & Hindin, M. J. (2010). Adolescents and youth in developing countries: Health and development issues in context. Journal of Adolescence, 33, 499–508.

Fatusi, A. O., & Hindin, M. J. (2010). Adolescents and youths in developing countries: Health and development issues in context. Journal of Adolescence, 33, 499–508.

Federal Interagency Forum on Child and Family Statistics. (2010). America's children brief: Key national indicators of well-being 2010. Retrieved October 21, 2010, from www.childstats.gov/americaschildren/eco.asp

Feeney, B. C., & Monin, J. K. (2008). An attachment-theoretical perspective on divorce. In J. Cassidy & P. R. Shaver (Eds.), Handbook of attachment (2nd ed.). New York: Guilford.

Feinberg, M. E., Kan, M. L., & Hetherington, E. M. (2007). The longitudinal influence of coparenting conflict on parental negativity and adolescent maladjustment. Journal of Marriage and the Family, 69, 687–702.

Feinstein, L., & Peck, S. C. (2008). Unexpected pathways through education: Why do some students not succeed in school and what helps others beat the odds? Journal of Social Issues, 64(1), 1–20.

Feiring, C. (1996). Concepts of romance in 15-year-old adolescents. Journal of Research on Adolescence, 6, 181–200.

Feldman, S. S., & Elliott, G. R. (1990). Progress and promise of research on normal adolescent development. In S. S. Feldman & G. Elliott (Eds.), At the threshold: The developing adolescent. Cambridge, MA: Harvard University Press.

Feldman, S. S., & Rosenthal, D. A. (1999). Factors influencing parents' and adolescents' evaluations of parents as sex communicators. Unpublished manuscript, Stanford Center on Adolescence, Stanford University.

Feldman, S. S., & Rosenthal, D. A. (Eds.). (2002). Talking sexually: Parent-adolescent communication. San Francisco: Jossey-Bass.

Feldman, S. S., Turner, R., & Araujo, K. (1999). Interpersonal context as an influence on sexual timetables of youths: Gender and ethnic effects. Journal of Research on Adolescence, 9, 25–52.

Feniger, Y. (2011, in press). The gender gap in advanced math and science course taking: Does same-sex education make a difference? Sex Roles.

Field, A. E., Cambargo, C. A., Taylor, C. B., Berkey, C. S., Roberts, S. B., & Colditz, G. A. (2001). Peer, parent, and media influences on the development of weight concerns and frequent dieting among preadolescent and adolescent girls and boys. Pediatrics, 107, 54–60.

Field, T., Diego, M., & Sanders, C. E. (2001). Exercise is positively related to adolescents' relationships and academics. Adolescence, 36, 105–110.

Fingerhut, A. W., & Peplau, L. A. (2012, in press). Sexual orientation and romantic relationships. In C. J. Patterson & A. R. D'Augelli (Eds.), Handbook of psychology and sexual orientation. New York: Oxford University Press.

Fingerman, K. L., & Birditt, K. S. (2011). Adult children and aging parents. In K. W. Schaie (Ed.), Handbook of the psychology of aging (7th ed.). New York: Elsevier.

Fingerman, K. L., Chan, W., Pitzer, L. M., Birditt, K. S., Franks, M. M., & Zarit, S. (2011). Who gets what and why: Help middle-aged adults provide to parents and grown children. Journal of Gerontology B: Psychological Sciences and Social Sciences, 66, 87–98.

Finn, A. S., Sheridan, M. A., Kam, C. L., Hinshaw, S., & D'Esposito, M. (2010). Longitudinal evidence for functional specialization of the neural circuit supporting working memory in the human brain. Journal of Neuroscience, 18, 11062–11067.

Fischer, K. W., & Immordino-Yang, M. H. (2008). The fundamental importance of the brain and learning for education. In The Jossey-Bass reader on the brain and learning. San Francisco: Jossey-Bass.

Fischhoff, B., Bruine de Bruin, W., Parker, A. M., Millstein, S. G., & Halpern-Felsher, B. L. (2010). Adolescents' perceived risk of dying. Journal of Adolescent Health, 46, 265–269.

Fisher, B. S., Cullen, F. T., & Turner, M. G. (2000). The sexual victim-ization of college women. Washington, DC: National Institute of Justice.

Fisher, C. A., Hetrick, S. E., & Rushford, N. (2010, April 14). Family therapy for anorexia nervosa. Cochrane Database of Systematic Reviews, 4, CD004780.

Fisher, T. D. (1987). Family communication and the sexual behavior and attitudes of college students. Journal of Youth and Adolescence, 16, 481–495.

Fitzpatrick, K. M., Dulin, A., & Piko, B. (2010). Bullying and depressive symptomatology among low-income African youth. Journal of Youth and Adolescence, 39, 634–645.

Flanagan, A. S. (1996, March). Romantic behavior of sexually victimized and nonvictimized women. Paper presented at the meeting of the Society for Research on Adolescence, Boston.

Flanagan, C. A. (2004). Volunteerism leader-ship, political socialization, and civic engagement. In R. Lerner & L. Steinberg (Eds.), Handbook of adolescent psychology (2nd ed.). New York: Wiley.

Flanagan, C. A., & Faison, N. (2001). Youth civic development: Implications for social policy and programs. SRCD Social Policy Report, XV(1), 1–14.

Flannery, D. J., Rowe, D. C., & Gulley, B. L. (1993). Impact of pubertal status, timing, and age on adolescent sexual experience and delinquency. Journal of Adolescent Research, 8, 21–40.

Flavell, J. H. (2004). Theory-of-mind development: Retrospect and prospect. Merrill-Palmer Quarterly, 50, 274–290.

Fleming, C. B., White, H. R., Oesterie, S., Haggerty, K. P., & Catalano, R. F. (2010). Romantic relationship status changes and substance abuse among 18- to 20-year-olds. Journal of Studies on Alcohol and Drugs, 71, 847–856.

Flint, M. S., Baum, A., Chambers, W. H., & Jenkins, F. J. (2007). Induction of DNA damage, alteration of DNA repair, and transcriptional activation by stress hormones. Psychoneuroendocrinology, 32, 470–479.

Florence, N. (2010). Multiculturalism 101. New York: McGraw-Hill.

Florsheim, P., Moore, D., & Edgington, C. (2003). Romantic relationships among adolescent parents. In P. C. Florsheim (Ed.), Adolescent romantic relations and sexual behavior. Oxford, UK: Routledge.

Flouri, E. (2004). Correlates of parents' involvement with their adolescent children in restructured and biological two-parent families: Role of child characteristics. International Journal of Behavioral Development, 28, 148–156.

Flynn, J. R. (1999). Searching for justice: The discovery of IQ gains over time. American Psychologist, 54, 5–20.

Flynn, J. R. (2007). The history of the American mind in the 20th century: A scenario to explain gains over time and a case for the irrelevance of g. In P. C. Kyllonen, R. D. Roberts, & L. Stankov (Eds.), Extending intelligence. Mahwah, NJ: Erlbaum.

Flynn, J. R. (2011). Secular changes in intelligence. In R. J. Sternberg & S. B. Kaufman (Eds.), Cambridge handbook of intelligence. New York: Cambridge University Press.

Folkman, S., & Moskowitz, J. T. (2004). Coping: Pitfalls and promises. *Annual Review of Psychology* (Vol. 55). Palo Alto, CA: Annual Reviews.

Forbes, E. E., & Dahl, R. E. (2010). Pubertal development and behavior: Hormonal activation of social and motivational tendencies. *Brain and Cognition, 72,* 66–72.

Ford, M. E., & Smith, P. E. (2007). Thriving with social purpose: An integrative approach to the development of optimal human functioning. *Educational Psychologist, 42,* 153–171.

Forgatch, M. S., & Patterson, G. R. (2010). Parent Management Training—Oregon Model: An intervention for antisocial behavior in children and adolescents. In J. R. Weisz & A. E. Kazdin (Eds.), Evidence-based psychotherapies for children and adolescents (2nd ed.). New York: Guilford.

Forgatch, M. S., Patterson, G. R., DeGarmo, D. S., & Beldavs, Z. G. (2009). Testing the Oregon delinquency model with 9-year follow-up of the Oregon Divorce Study. *Development and Psychopathology, 21,* 637–660.

Fortenberry, J. D., & others. (2010). Sexual behaviors and condom use at last vaginal intercourse: A national sample of adolescents ages 14 to 17 years. *Journal of Sexual Medicine, 7,* 305–314.

Fosco, G. M., & Grych, J. H. (2010). Adolescent triangulation into parental conflicts: Longitudinal implications for appraisals and adolescent-parent relations. *Journal of Marriage and the Family, 72,* 254–266.

Fouad, N. A., & Bynner, J. (2008). Work transitions. *American Psychologist, 63,* 241–251.

Fowler-Brown, A., & Kahwati, L. C. (2004). Prevention and treatment of overweight in children and adolescents. *American Family Physician, 69,* 2591–2598.

Francis, J., Fraser, G., & Marcia, J. E. (1989). *Cognitive and experimental factors in moratorium-achievement (MAMA) cycles.* Unpublished manuscript. Department of Psychology, Simon Fraser University, Burnaby, British Columbia.

Franz, C. E. (1996). The implications of preschool tempo and motoric activity level for personality decades later. Reported in Caspi, A. (1998). Personality development across the life course. In W. Damon (Ed.), Handbook of child psychology (Vol. 3, p. 337). New York: Wiley.

Fraser, S. (Ed.). (1995). *The bell curve wars: Race, intelligence, and the future of America.* New York: Basic Books.

Frederikse, M., Lu, A., Aylward, E., Barta, P., Sharma, T., & Pearlson, G. (2000). Sex differences in inferior lobule volume in schizophrenia. *American Journal of Psychiatry, 157,* 422–427.

Fredricks, J. A., & Eccles, J. S. (2006). Is extracurricular participation associated with beneficial outcomes? Concurrent and longitudinal relations. *Developmental Psychology, 42,* 698–713.

Fredstrom, B. K., Adams, R. E., & Gilman, R. (2011). Electronic and school-based victimization: Unique contexts for adjustment difficulties during adolescence. *Journal of Youth and Adolescence, 40,* 405–415.

Freeman, D. (1983). *Margaret Mead and Samoa.* Cambridge, MA: Harvard University Press.

Freud, A. (1966). Instinctual anxiety during puberty. In *The writings of Anna Freud: The ego and the mechanisms of defense.* New York: International Universities Press.

Freud, S. (1917). *A general introduction to psychoanalysis.* New York: Washington Square Press.

Friedman, H. S., & Schustack, M. W. (2011). *Personality* (5th ed.). Upper Saddle River, NJ: Pearson.

Friedman, L., & others. (2011). Human papillomavirus vaccine: An updated position of the Society for Adolescent Health and Medicine. *Journal of Adolescent Health, 48,* 215–216.

Friend, M. (2011). *Special education* (3rd ed.). Upper Saddle River, NJ: Merrill.

Friend, M., & Bursick, W. D. (2012). *Including students with special needs: A practical guide for classroom teachers* (6th ed.). Upper Saddle River, NJ: Pearson.

Friesch, R. E. (1984). Body fat, puberty and fertility. *Biological Review, 59,* 161–188.

Frimer, J. A., Walker, L. J., Dunlop, W. L., Lee, B., & Riches, A. (2011, in press). The integration of agency and communion in moral personality: Evidence of enlightened self-interest. *Journal of Personality and Social Psychology.*

Frisen, A., & Holmqvist, K. (2010). What characterizes early adolescents with a positive body image? A qualitative investigation of Swedish boys and girls. *Body Image, 7,* 205–212.

Froh, J. J., Yurkewicz, C., & Kashdan, T. B. (2009). Gratitude and subjective well-being in early adolescence: Examining gender differences. *Journal of Adolescence, 32,* 633–650.

Fromme, K., Corbin, W. R., & Kruse, M. I. (2008). Behavioral risks during the transition from high school to college. *Developmental Psychology, 44,* 1497–1504.

Frost, J., & McKelvie, S. (2004). Self-esteem and body satisfaction in male and female elementary school, high school, and university students. *Sex Roles, 51,* 45–54.

Frye, D. (2004). Unpublished review of J. W. Santrock's *Child development,* 11th ed. (New York: McGraw-Hill).

Fuligni, A., Hughes, D. L., & Way, N. (2009). Ethnicity and immigration. In R. M. Lerner & L. Steinberg (Eds.), *Handbook of adolescent psychology* (3rd ed.). New York: Wiley.

Fuligni, A. J., Hughes, D. L., & Way, N. (2009). Ethnicity and immigration. In R. M. Lerner & L. Steinberg (Eds.), *Handbook of adolescent psychology* (3rd ed.). New York: Wiley.

Fuligni, A. J., Tseng, V., & Lamb, M. (1999). Attitudes toward family obligations among American adolescents from Asian, Latin American, and European backgrounds. *Child Development, 70,* 1030–1044.

Fuligni, A., & Stevenson, H. W. (1995). Time use and mathematics achievement among American, Chinese, and Japanese high school students. *Child Development, 66,* 830–842.

Fung, H. (2011). Cultural psychological perspectives on social development in childhood. In P. K. Smith & C. H. Hart (Eds.), *Wiley-Blackwell handbook of childhood social development* (2nd ed.). New York: Wiley.

Furman, E. (2005). *Boomerang nation.* New York: Fireside.

Furman, W. (2002). The emerging field of adolescent romantic relationships. *Current Directions in Psychological Science, 11,* 177–180.

Furman, W., & Collins, W. A. (2009). Adolescent romantic relationships and experiences. In K. H. Rubin, W. M. Bukowski, & B. Laursen (Eds.), *Handbook of peer interactions, relationships, and groups.* New York: Wiley.

Furman, W., Low, S., & Ho, M. J. (2009). Romantic experience and psychosocial adjustment in middle adolescence. *Journal of Clinical Child and Adolescent Psychology, 38,* 75–90.

Furman, W., & Shaeffer, L. (2003). The role of romantic relationships in adolescent development. In P. Florsheim (Ed.), *Adolescent romantic relations and sexual behavior.* Mahwah. NJ: Erlbaum.

Furman, W., & Simon, V. A. (2008). Homophily in adolescent romantic relationships. In M. J. Prinstein & K. A. Dodge (Eds.), *Understanding peer influence in children and adolescents.* New York: Guilford.

Furman, W., & Wehner, E. A. (1998). Adolescent romantic relationships: A developmental perspective. In S. Shulman & W. A. Collins (Eds.), *New directions for child development: Adolescent romantic relationships.* San Francisco: Jossey-Bass.

Furman, W., & Winkles, J. K. (2010). Predicting romantic involvement, relationship cognitions, and relational styles regarding friends and parents. *Journal of Adolescence, 33,* 827–836.

Furstenberg, F. F. (2006). Growing up healthy: Are adolescents the right target group? *Journal of Adolescent Health, 39,* 303–304.

Furstenberg, F. F. (2007). The future of marriage. In A. S. Skolnick & J. H. Skolnick (Eds.), *Family in transition* (14th ed.). Boston: Allyn & Bacon.

Fussell, E., & Greene, M. E. (2002). Demographic trends affecting youth around the world. In B. B. Brown, R. W. Larson, & T. S. Saraswathi (Eds.), *The world's youth.* New York: Cambridge University Press.

G

Galambos, N. L., Barker, E. T., & Krahn, H. J. (2006). Depression, self-esteem, and anger in emerging adulthood: Seven-year trajectories. *Developmental Psychology, 42,* 350–365.

Galambos, N. L., Berenbaum, S. A., & McHale, S. M. (2009). Gender development in adolescence. In R. M. Lerner & L. Steinberg (Eds.), *Handbook of adolescent psychology.* New York: Wiley.

Galambos, N. L., Howard, A. L., & Maggs, J. L. (2011). Rise and fall of sleep quality with student experiences across the first year of the university. *Journal of Research on Adolescence, 21,* 342–349.

Galambos, N. L., & Maggs, J. L. (1991). Out-of-school care of young adolescents and self-reported behavior. *Developmental Psychology, 27,* 644–655.

Galinsky, E. (2010). *Mind in the making.* New York: HarperCollins.

Galupo, M. P., Cartwright, K. B., & Savage, L. S. (2010). Cross-category friendships and postformal thought among college students. *Journal of Adult Development, 17,* 208–214.

Galvan, A., Hare, T., Voss, H., Glover, G., & Casey, B. J. (2007). Risk-taking and the adolescent brain: Who is at risk? *Developmental Science, 10,* F8–F14.

Ganahl, D. J., Prinsen, T. J., & Netzly, S. B. (2003). A content analysis of prime time commercials: A contextual framework of gender representation. *Sex Roles, 49,* 545–551.

Ganong, L., Coleman, M., & Jamison, T. (2011). Patterns of stepchild-stepparent relationship development. *Journal of Marriage and the Family, 73,* 396–413.

Garai, E. P., McKee, L. G., & Forehand, R. (2012). Discipline. In J. R. Levesque (Ed.), *Encyclopedia of adolescence.* New York: Springer.

Garber, J., & Cole, D. A. (2010). Intergenerational transmission of depression: A launch and grow model of change across adolescence. *Development and Psychopathology, 22,* 819–830.

Gardner, H. (1983). *Frames of mind.* New York: Basic Books.

Gardner, H. (1993). *Multiple intelligences*. New York: Basic Books.

Gardner, H. (2002). The pursuit of excellence through education. In M. Ferrari (Ed.), *Learning from extraordinary minds*. Mahwah, NJ: Erlbaum.

Gardner, H. (2012). Foreword. In D. Ambrose, R. Sternberg, & B. Sriraman (Eds.), *Confronting dogmatism in gifted education*. New York; Routledge.

Gardner, M., Roth, J., & Brooks-Gunn, J. (2008). Adolescents' participation in organized activities and developmental success 2 and 8 years after high school: Do sponsorship, duration, and intensity matter? *Developmental Psychology, 44*, 814–830.

Gardner, M., & Steinberg, L. (2005). Peer influence on risk taking, risk preference, and risky decision making in adolescence and adulthood: An experimental study. *Developmental Psychology, 41*, 625–635.

Garofalo, R., Wolf, R. C., Wissow, L. S., Woods, E. R., & Goodman, E. (1999). Sexual orientation and risk of suicide attempts among a representative sample of youth. *Archives of Pediatrics and Adolescent Medicine, 153*, 487–493.

Garrod, A., Smulyan, L., Powers, S. I., & Kilenny, R. (1992). *Adolescent portraits*. Boston: Allyn & Bacon.

Gates, W. (1998, July 20). Charity begins when I'm ready (interview). *Fortune magazine*.

Gaudineau, A., Ehlinger, V., Vayssiere, C., Jouret, B., Arnaud, C., & Godeau, E. (2010). Factors associated with early menarche: Results from the French Health Behavior in School-Aged Children (HBSC) Study. *BMC Public Health, 10*, 175.

Gaudreau, P., Amiot, C. E., & Vallerand, R. J. (2009). Trajectories of affective states in adolescent hockey players: Turning point and motivational antecedents. *Developmental Psychology, 45*, 307–319.

Gault-Sherman, M. (2011, in press). It's a two-way street: The bidirectional relationship between parenting and delinquency. *Journal of Youth and Adolescence*.

Gauthier, A. H., & Furstenberg, F. F. (2005). Historical trends in the patterns of time use among young adults in developed countries. In R. A. Setterson, F. F. Furstenberg, & R. G. Rumbaut (Eds.), *On the frontier of adulthood: Theories, research, and social policy*. Chicago: University of Chicago Press.

Gauvain, M. (2008). Vygotsky's sociocultural theory. In M. M. Haith & J. B. Benson (Eds.), *Encyclopedia of infant and early childhood development*. Oxford, UK: Elsevier.

Gauvain, M. (2011). Applying the cultural approach to cognitive development. *Journal of Cognition and Development, 12*, 121–133.

Gauvain, M., & Parke, R. D. (2010). Socialization. In M. H. Bornstein (Ed.), *Handbook of cultural developmental science*. New York: Psychology Press.

Gauvain, M., & Perez, S. M. (2007). The socialization of cognition. In J. E. Grusec & P. D. Hastings (Eds.), *Handbook of socialization*. New York: Guilford.

Gavin, L. E., Catalano, R. F., David-Ferdon, C., Gloppen, K. M., & Markham, C. M. (2010). A review of positive youth development programs that promote adolescent sexual and reproductive health. *Journal of Adolescent Health, 46*(Suppl 1), S75–S91.

Geary, D. C. (2010). *Male, female: The evolution of sex differences*. Washington, DC: American Psychological Association.

Gecas, V., & Seff, M. (1990). Families and adolescents: A review of the 1980s. *Journal of Marriage and the Family, 52*, 941–958.

Gentile, D. A. (2011). The multiple dimensions of video game effects. *Child Development Perspectives, 5*, 75–81.

Gentile, D. A., Mathieson, L. C., & Crick, N. R. (2010, in press). Media violence associations with the form and function of aggression among elementary school children. *Social Development*.

Gentile, D. A., & others. (2009). The effects of prosocial video games on prosocial behaviors: International evidence from correlational, longitudinal, and experimental studies. *Personality and Social Psychology Bulletin, 35*, 752–763.

George, C., Main, M., & Kaplan, N. (1984). *Attachment interview with adults*. Unpublished manuscript, University of California, Berkeley.

Gerrard, M., Gibbons, F. X., Houlihan, A. E., Stock, M. L., & Pomery, E. A. (2008). A dual-process approach to health risk decision-making: The prototype willingness model. *Developmental Review, 28*, 29–61.

Gestsdottir, S., Lewin-Bizan, S., von Eye, A., Lerner, J. V., & Lerner, R. M. (2009). The structure and function of selection, optimization, and compensation in adolescence: Theoretical and applied implications. *Journal of Applied Developmental Psychology, 30*(5), 585–600.

Ghazarian, S. R., & Roche, K. M. (2010). Social support and low-income, urban mothers: Longitudinal associations with delinquency. *Journal of Youth and Adolescence, 39*, 1097–1108.

Gibbons, J. L. (2000). Gender development in cross-cultural perspective. In T. Eckes & H. M. Trautner (Eds.), *The developmental social psychology of gender*. Mahwah, NJ: Erlbaum.

Gibbons, R. D., Hedeker, D., & DuToit, S. (2010). Advances in analysis of longitudinal data. *Annual Review of Clinical Psychology* (Vol. 6). Palo Alto, CA: Annual Reviews.

Gibbs, J. C. (2010). *Moral development and reality: Beyond the theories of Kohlberg and Hoffman* (2nd ed.). Boston: Allyn & Bacon.

Gibbs, J. C., Basinger, K. S., Grime, R. L., & Snarey, J. R. (2007). Moral judgment across cultures: Revisiting Kohlberg's universality claims. *Developmental Review, 27*, 443–500.

Gibbs, J. T. (1989). Black American adolescents. In J. T. Gibbs & L. N. Huang (Eds.), *Children of color*. San Francisco: Jossey-Bass.

Gibbs, J. T., & Huang, L. N. (1989). A conceptual framework for assessing and treating minority youth. In J. T. Gibbs & L. N. Huang (Eds.), *Children of color*. San Francisco: Jossey-Bass.

Giedd, J. N. (2007, September 27). Commentary in S. Jayson "Teens driven to distraction." *USA Today*, pp. D1–D2.

Giedd, J. N. (2008). The teen brain: Insights from neuroimaging. *Journal of Adolescent Health, 42*, 335–343.

Gilligan, C. (1982). *In a different voice*. Cambridge, MA: Harvard University Press.

Gilligan, C. (1992, May). *Joining the resistance: Girls' development in adolescence*. Paper presented at the symposium on development and vulnerability in close relationships, Montreal.

Gilligan, C. (1996). The centrality of relationships in psychological development: A puzzle, some evidence, and a theory. In G. G. Noam & K. W. Fischer (Eds.), *Development and vulnerability in close relationships*. Hillside, NJ: Erlbaum.

Gilligan, C., Brown, L. M., & Rogers, A. G. (1990). Psyche embedded: A place for body, relationships, and culture in personality theory. In A. I. Rabin, R. A. Zuker, R. A. Emmons, & S. Frank (Eds.), *Studying persons and lives*. New York: Springer.

Gilligan, C., Spencer, R., Weinberg, M. K., & Bertsch, T. (2003). On the listening guide: A voice-centered relational model. In P. M. Carnie & J. E. Rhodes (Eds.), *Qualitative research in psychology*. Washington, DC: American Psychological Association.

Gillig, P. M., & Sanders, R. D. (2011). Higher cortical functions: Attention and vigilance. *Innovations in Clinical Neuroscience, 8*, 43–46.

Gilmartin, S. K. (2006). Changes in college women's attitudes toward sexual intimacy. *Journal of Research on Adolescence, 16*, 429–454.

Gil-Olarte Marquez, P., Palomera Martin, R., & Brackett, M. (2006). Relating emotional intelligence to social competence and academic achievement in high school students. *Psicothema, 18*, 118–123.

Ginorio, A. B., & Huston, M. (2001). *Si! Se Puede! Yes, we can: Latinas in school*. Washington, DC: AAUW.

Girls, Inc. (1991). *Truth, trusting, and technology: New research on preventing adolescent pregnancy*. Indianapolis, IN: Author.

Gladstone, T. R., Beardslee, W. R., & O'Connor, E. E. (2011). The prevention of adolescent depression. *Psychiatric Clinics of North America, 34*, 35–52.

Glasper, E. R., Schoenfeld, T. J., & Gould, E. (2011, in press). Adult neurogenesis: Optimizing hippocampal function to suit the environment. *Behavioral Brain Research*.

Glenn, N. D. (2005). *Fatherhood in America*. Report to the National Fatherhood Initiative, Washington, DC.

Glidden-Tracey, C. (2005). *Counseling and therapy with clients who abuse alcohol or other drugs*. Mahwah, NJ: Erlbaum.

Glover, M. B., Mullineaux, P. Y., Deater-Deckard, K., & Petrill, S. A. (2010). Parents' feelings toward their adoptive and non-adoptive children. *Infant and Child Development, 19*(3), 238–251.

Gogtay, N., & Thompson, P. M. (2010). Mapping grey matter development: Implications for typical development and vulnerability to psychopathology. *Brain and Cognition, 72*, 6–15.

Goji, K., & others. (2009). Gonadotropin-independent precocious puberty associated with somatic activation mutation of the LH receptor gene. *Endocrine, 35*, 397–401.

Goldberg, W. A., & Lucas-Thompson, R. (2008). Maternal and paternal employment, effects of. In M. M. Haith & J. B. Benson (Eds.), *Encyclopedia of infant and early childhood development*. Oxford, UK: Elsevier.

Gold, M. A., & others. (2010). Associations between religiosity and sexual and contraceptive behaviors. *Journal of Pediatric and Adolescent Gynecology, 23*, 290–297.

Goldston, D. B., & others. (2008). Cultural considerations in adolescent suicide prevention and psychosocial treatment. *American Psychologist, 63*, 14–31.

Goleman, D. (1995). *Emotional intelligence*. New York: Basic Books.

Golombok, S. (2011a, in press). Why I study lesbian families. In S. Ellis, V. Clarke, E. Peel, & D. Riggs (Eds.), *LGBTQ Psychologies*. New York: Cambridge University Press.

Golombok, S. (2011b, in press). Children in new family forms. In R. Gross (Ed.), *Psychology* (6th ed.). London: Hodder Education.

Golombok, S., & Tasker, F. (2010). Gay fathers. In M. E. Lamb (Ed.), *The role of the father in child development* (5th ed.). New York: Wiley.

Gonzales, N. A., Deardorff, J., Formoso, D., Barr, A., & Barrera, M. (2006). Family mediators of the relation between acculturation and adolescent mental health. *Family Relations, 55*, 318–330.

Gonzales, N. A., Dumka, L. E., Muaricio, A. M., & German, M. (2007). Building bridges: Strategies to promote academic and psychological resilience for adolescents of Mexican origin. In J. E. Lansford, K. Deater Deckhard, & M. H. Bornstein (Eds.), *Immigrant families in contemporary society*. New York: Guilford.

Goodenough, J., & McGuire, B. A. (2012). *Biology of humans* (4th ed.). Upper Saddle River, NJ: Pearson.

Goodman, W. B., & others. (2011). Parental work stress and latent profiles of father-infant parenting quality. *Journal of Marriage and the Family, 73*, 588–604.

Good, M., & Willoughby, T. (2008). Adolescence as a sensitive period for spiritual development. *Child Development Perspectives, 2*, 32–37.

Good, M., & Willoughby, T. (2010). Evaluating the direction of effects in the relationship between religious versus non-religious activities, academic success, and substance use. *Journal of Youth and Adolescence, 40*, 680–693.

Goodnow, C., Szalacha, L. A., Robin, L. E., & Westheimer, K. (2008). Dimensions of sexual orientation and HIV-related risk among adolescent females: Evidence from a statewide survey. *American Journal of Public Health, 98*, 1051–1058.

Goodwin, P. Y., Mosher, W. D., & Chandra, A. (2010). Marriage and cohabitation in the United States: A statistical portrait based on cycle 6 (2002) of the National Survey of Family Growth. *Vital Health Statistics, 23*, 1–45.

Goossens, L. (2006, March). *Parenting, identity, and adjustment in adolescence*. Paper presented at the meeting of the Society for Research on Adolescence, San Francisco.

Goossens, L., Beyers, W., Emmen, M., & van Aken, M. A. G. (2002). The imaginary audience and personal fable. Factor analyses and concurrent validity of the "new look" measures. *Journal of Research on Adolescence, 12*, 193–215.

Goossens, L., & Luyckx, K. (2007). Identity development in college students: Variable-centered and person-centered analysis. In M. Watzlawik & A. Born (Eds.), *Capturing identity*. Lanham, MD: University of America Press.

Gottfried, A. E., Marcoulides, G. A., Gottfried, A. W., & Oliver, P. H. (2009). A latent curve model of motivational practices and developmental decline in math and science academic intrinsic motivation. *Journal of Educational Psychology, 101*, 729–739.

Gottlieb, G. (2007). Probabilistic epigenesis. *Developmental Science, 10*, 1–11.

Gottlieb, G., Wahlsten, D., & Lickliter, R. (2006). The significance of biology for human development: A developmental psychobiological systems view. In W. Damon & R. Lerner (Eds.), *Handbook of child psychology* (6th ed.). New York: Wiley.

Gottman, J. M., & Parker, J. G. (Eds.). (1987). *Conversations of friends*. New York: Cambridge University Press.

Gould, S. J. (1981). *The mismeasure of man*. New York: W. W. Norton.

Gove, W. R., Style, C. B., & Hughes, M. (1990). The effect of marriage on the well-being of adults: A theoretical analysis. *Journal of Health and Social Behavior, 24*, 122–131.

Govia, I. O., Jackson, J. S., & Sellers, S. L. (2011). Social inequalities. In K. L. Fingerman, C. A. Berg, J. Smith, & T. C. Antonucci (Eds.), *Handbook of life-span development*. New York: Springer.

Grabe, S., & Hyde, J. S. (2009). Body objectification, MTV, and psychological outcomes among female adolescents. *Journal of Applied Social Psychology, 39*, 2840–2858.

Graber, J. A., Brooks-Gunn, J., & Warren, M. P. (2006). Pubertal effects on adjustment in girls: Moving from demonstrating effects to identifying pathways. *Journal of Youth and Adolescence, 35*, 391–401.

Graber, J. A., Nichols, T. R., & Brooks-Gunn, J. (2010). Putting pubertal timing in developmental context: Implications for prevention. *Developmental Psychobiology, 52*, 254–262.

Graber, J. A., & Sontag, L. M. (2009). Internalizing problems during adolescence. In R. M. Lerner & L. Steinberg (Eds.), *Handbook of adolescent psychology* (3rd ed.). New York: Wiley.

Gradisar, M., Gardner, G., & Dohnt, H. (2011). Recent worldwide sleep patterns and problems during adolescence: A review and meta-analysis of age, region, and sleep. *Sleep Medicine, 12*, 110–118.

Graham, E. A. (2005). Economic, racial, and cultural influences on the growth and maturation of children. *Pediatrics in Review, 26*, 290–294.

Graham, J. H., & Beller, A. H. (2002). Non-resident fathers and their children: Child support and visitation from an economic perspective. In C. S. Tamis-LeMonda & N. Cabrera (Eds.), *The handbook of father involvement*. Mahwah, NJ: Erlbaum.

Graham, S. (1986, August). *Can attribution theory tell us something about motivation in blacks?* Paper presented at the meeting of the American Psychological Association, Washington, DC.

Graham, S. (1990). Motivation in Afro-Americans. In G. L. Berry & J. K. Asamen (Eds.), *Black students: Psychosocial issues and academic achievement*. Newbury Park, CA: Sage.

Graham, S. (1995, February 16). Commentary in *USA TODAY*, p. D2.

Graham, S. (2005, February 16). Commentary in *USA Today*, p. 2D.

Graham, S. (2011). School racial/ethnic diversity and disparities in mental health and academic outcomes. *Nebraska Symposium on Motivation, 57*, 73–96.

Graham, S., & Perin, D. (2007). A meta-analysis of writing instruction for adolescent students. *Journal of Educational Psychology, 99*, 445–476.

Graham, S., & Taylor, A. Z. (2001). Ethnicity, gender, and the development of achievement values. In A. Wigfield & J. S. Eccles (Eds.), *Development of achievement motivation*. San Diego: Academic Press.

Granqvist, P., & Dickie, J. R. (2006). Attach-ment and spiritual development in childhood and adolescence. In E. C. Roehlkepartain, P. E. King, & L. M. Wegener (Eds.), *The handbook of spiritual development in childhood and adolescence*. Thousand Oaks, CA: Sage.

Grant, A. M., & Gino, F. (2010). A little thanks goes a long way: Explaining why gratitude expressions motivate prosocial behavior. *Journal of Personality and Social Psychology, 98*, 946–955.

Grant, C. A., & Sleeter, C. E. (2011). *Doing multicultural education for achievement and equity*. New York: Routledge.

Grant, K. E., & others. (2006). Stressors and adolescent psychopathology: Evidence of moderating and mediating effects. *Clinical Psychology Review, 26*, 257–283.

Graves, K. N., Sentner, A., Workman, J., & Mackey, W. (2011). Building positive life skills the Smart Girls Way: Evaluation of a school-based sexual responsibility program for adolescent girls. *Health Promotion Practice, 12*, 463–471.

Gravetter, R. J., & Forzano, L. B. (2012). *Research methods for the behavioral sciences* (4th ed.). Boston: Cengage.

Gray, J. (1992). *Men are from Mars, women are from Venus*. New York: HarperCollins.

Greenberger, E., & Chu, C. (1996). Perceived family relationships and depressed mood in early adolescence: A comparison of European and Asian Americans. *Developmental Psychology, 32*, 707–716.

Greenberger, E., & Steinberg, L. (1986). *When teenagers work: The psychological social costs of adolescent employment*. New York: Basic Books.

Greenberg, J. S. (2011). *Comprehensive stress management* (12th ed.). New York: McGraw-Hill.

Greenberg, M. T., & others. (2003). Enhancing school-based prevention and youth development through coordinated social, emotional, and academic learning. *American Psychologist, 58*, 466–474.

Greene, B. (1988, May). The children's hour. *Esquire, 47*–49.

Greenwood, P. (2008). Prevention and intervention programs for juvenile offenders. *The Future of Children, 18*(2), 185–210.

Gregory, A. M., Ball, H. A., & Button, T. M. M. (2011). Behavioral genetics. In P. K. Smith & C. H. Hart (Eds.), *Wiley-Blackwell handbook of childhood social development* (2nd ed.). New York: Wiley.

Grigorenko, E. (2000). Heritability and intelligence. In R. J. Sternberg (Ed.), *Handbook of intelligence*. New York: Cambridge University Press.

Grigorenko, E. L., & Takanishi, R. (Eds.). (2010). *Immigration, diversity, and education*. New York: Routledge.

Gross, J. J., Fredrickson, B. L., & Levenson, R. W. (1994). The psychophysiology of crying. *Psychophysiology, 31*, 460–468.

Grusec, J. E. (2006). Development of moral behavior and a conscience from a socialization perspective. In M. Killen & J. G. Smetana (Eds.), *Handbook of moral development*. Mahwah, NJ: Erlbaum.

Grusec, J. E. (2011). Socialization processes in the family: Social and emotional development. *Annual Review of Psychology* (Vol. 62). Palo Alto, CA: Annual Reviews.

Grusec, J. E., Hastings, P., & Almas, A. (2011). Prosocial behavior. In P. K. Smith & C. H. Hart (Eds.), *Wiley-Blackwell handbook of childhood social development* (2nd ed.). New York: Wiley.

Grusec, J. E., & Sherman, A. (2011). Prosocial behavior. In M. K. Underwood & L. Rosen (Eds.), *Social development*. New York: Guilford.

Grych, J. H. (2002). Marital relationships and parenting. In M. H. Bornstein (Ed.), *Handbook of parenting*. Mahwah, NJ: Erlbaum.

Guerin, D. W., Gottfried, A. W., Oliver, P. H., & Thomas, C. W. (2003). *Temperament: Infancy through adolescence*. New York: Kluwer.

Guerra, N. G., & Williams, K. R. (2010). Implementing bullying prevention in diverse settings: Geographic, economic, and cultural influences. In E. M. Vernberg & B. K. Biggs (Eds.), *Preventing and treating bullying and victimization*. New York: Oxford University Press.

Guerra, N. G., Williams, K. R., & Sadek, S. (2011). Understanding bullying and victimization during childhood and adolescence: A mixed methods study. *Child Development, 82*, 295–310.

Guilamo-Ramos, V., Jaccard, J., Dittus, P., & Collins, S. (2008). Parent-adolescent communication about sexual intercourse: An analysis of maternal reluctance to communicate. *Health Psychology, 27,* 760–769.
Guilford, J. P. (1967). *The structure of intellect.* New York: McGraw-Hill.
Gumora, G., & Arsenio, W. (2002). Emotion-ality, emotion regulation, and school performance in middle school children. *Journal of School Psychology, 40,* 395–413.
Gunderson, E. A., Ramirez, G., Levine, S. C., & Beilock, S. L. (2011, in press). The role of parents and teachers in the development of math attitudes. *Sex Roles.*
Gutman, L. M., Eccles, J. S., Peck, S., & Malanchuk, O. (2011, in press). The influence of early family relations on trajectories of cigarette and alcohol use from early to late adolescence. *Journal of Adolescence.*
Guttentag, M., & Bray, H. (1976). *Undoing sex stereotypes: Research and resources for educators.* New York: McGraw-Hill.
Guttmannova, K., & others. (2011). Sensitive periods for adolescent alcohol use initiation: Predicting the lifetime occurrence and chronicity of alcohol problems in adulthood. *Journal of Studies on Alcohol and Drugs, 72,* 221–231.

H

Hahn, D. B., Payne, W. A., & Lucas, E. B. (2011). *Focus on health* (10th ed.). New York: McGraw-Hill.
Hale, S. (1990). A global developmental trend in cognitive processing speed. *Child Development, 61,* 653–663.
Haley, C. C., Hedberg, K., & Leman, R. F. (2010). Disordered eating and unhealthy weight loss practices: Which adolescents are at highest risk? *Journal of Adolescent Health, 47,* 102–105.
Halford, G. S., & Andrews, G. (2011). Information-processing models of cognitive development. In U. Goswami (Ed.), *Wiley-Blackwell handbook of childhood cognitive development* (2nd ed.). New York: Wiley.
Hallahan, D. P., Kauffman, J. M., & Pullen, P. C. (2012). *Exceptional learners* (12th ed.). Boston: Allyn & Bacon.
Hall, G. N. (2010). *Multicultural psychology* (2nd ed.). Upper Saddle River, NJ: Prentice Hall.
Hall, G. S. (1904). *Adolescence* (Vols. 1 & 2). Englewood Cliffs, NJ: Prentice Hall.
Halmi, K. A. (2009). Anorexia nervosa: An increasing problem in children and adolescents. *Dialogues in Clinical Neuroscience, 11,* 100–103.
Halonen, J. A., & Santrock, J. W. (1999). *Psychology: Contexts and applications* (3rd ed.). New York: McGraw-Hill.
Halonen, J. A., & Santrock, J. W. (2012, in press). *Your guide to college success* (7th ed.). Boston: Cengage.
Halpern, C. T. (2011). Same-sex attraction and health disparities: Do sexual minority youth really need something different for healthy development? *Journal of Adolescent Health, 48,* 5–6.
Halpern, D. F. (2006). Girls and academic success: Changing patterns of academic achievement. In J. Worell & C. D. Goodheart (Eds.), *Handbook of girls' and women's psychological health.* New York: Oxford University Press.
Halpern, D. F., Benbow, C. P., Geary, D. C., Gur, R. C., & Hyde, J. S. (2007). The science of sex differences in science and mathematics. *Psychological Science in the Public Interest, 8,* 1–51.
Halpern, D. F., Straight, C. A., & Stephenson, C. L. (2011). Beliefs about cognitive gender differences: Accurate for direction, underesti-mated for size. *Sex Roles, 64,* 336–347.
Halpern-Felsher, B. (2008). Editorial. Oral sexual behavior: Harm reduction or gateway behavior? *Journal of Adolescent Health, 43,* 207–208.
Hamilton, B. E., Martin, J. A., & Ventura, S. J. (2010, April 6). Births: Preliminary data for 2008. *National Vital Statistics Reports, 58*(16), 1–17.
Hamilton, S. F., & Hamilton, M. A. (2006). School, work, and emerging adulthood. In J. J. Arnett & J. L. Tanner (Eds.), *Emerging adults in America.* Washington, DC: American Psychological Association.
Hamilton, S. F., & Hamilton, M. A. (2009). The transition to adulthood: Challenges of poverty and structural lag. In R. M. Lerner & L. Steinberg (Eds.), *Handbook of adolescent psychology* (3rd ed.). New York: Wiley.
Hampton, J. (2008). Abstinence-only programs under fire. *Journal of the American Medical Association, 17,* 2013–2015.
Hamza, C. A., & Willoughby, T. (2011). Perceived parental monitor-ing, adolescent disclosure, and adolescent depressive symptoms: A longitudinal examination. *Journal of Youth and Adolescence, 40,* 902–915.
Han, J. S., Rogers, M. E., Nurani, S., Rubin, S., & Blank, S. (2011, in press). Patterns of chlamydia/gonorrhea positivity among voluntarily screened New York City public high school students. *Journal of Adolescent Health.*
Hannish, L. D., & Guerra, N. G. (2004). Aggressive victims, passive victims, and bullies: Developmental continuity or developmental change? *Merrill-Palmer Quarterly, 50,* 17–38.
Han, W-J. (2009). Maternal employment. In D. Carr (Ed.), *Encyclopedia of the life course and human development.* Boston: Gale Cengage.
Harakeh, Z., Scholte, R. H. J., Vermulst, A. A., de Vries, H., & Engels, R. C. (2010). The relations between parents' smoking, general parenting, parental smoking communication, and adolescents' smoking. *Journal of Research on Adolescence, 20,* 140–165.
Harden, K. P., & Mendle, J. (2011, in press). Adolescent sexual activity and the development of delinquent behavior: The role of relationship context. *Journal of Youth and Adolescence.*
Hardy, S. A., Bhattacharjee, A., Reed, A., & Aquino, K. (2010). Moral identity and psychological distance: The case of adolescent socialization. *Journal of Adolescence, 33,* 111–123.
Hargreaves, D. A., & Tiggemann, M. (2004). Idealized body images and adolescent body image: "Comparing" boys and girls. *Body Image, 1,* 351–361.
Harmon, O. R., Lambrinos, J., & Kennedy, P. (2008). Are online exams an invitation to cheat? *Journal of Economic Education, 39,* 116–125.
Harold, R. D., Colarossi, L. G., & Mercier, L. R. (2007). *Smooth sailing or stormy waters: Family transitions through adolescence and their implications for practice and policy.* Mahwah, NJ: Erlbaum.
Harrison-Hale, A. O., McLoyd, V. C., & Smedley, B. (2004). Racial and ethnic status: Risk and protective processes among African-American families. In K. L. Maton, C. J. Schellenbach, B. J. Leadbetter, & A. L. Solarz (Eds.), *Investing in children, families, and communities.* Washington, DC: American Psychological Association.

Harris, Y. R., & Graham, J. A. (2007). *The African American child.* New York: Springer.
Hart, C. L., Ksir, C. J., & Ray, O. S. (2011). *Drugs, society, and behavior* (14th ed.). New York: McGraw-Hill.
Hart, C. N., Cairns, A., & Jelalian, E. (2011). Sleep and sleep quality in children and adolescents. *Pediatric Clinics of North America, 58,* 715–733.
Hart, D., Matsuba, M. K., & Atkins, R. (2008). The moral and civic effects of learning to serve. In L. Nucci & D. Narváez (Eds.), *Handbook of moral and character education.* Clifton, NJ: Psychology Press.
Harter, S. (1986). Processes underlying the construction, maintenance, and enhancement of the self-concept of children. In J. Suls & A. Greenwald (Eds.), *Psychological perspective on the self* (Vol. 3). Hillsdale, NJ: Erlbaum.
Harter, S. (1989). *Self-perception profile for adolescents.* Denver: University of Denver, Department of Psychology.
Harter, S. (1990a). Self and identity develop-ment. In S. S. Feldman & G. R. Elliott (Eds.), *At the threshold: The developing adolescent,* Cambridge, MA: Harvard University Press.
Harter, S. (1990b). Processes underlying adolescent self-concept formation. In R. Montemayor, G. R. Adams, & T. P. Gullotta (Eds.), *From childhood to adolescence: A transitional period?* Newbury Park, CA: Sage.
Harter, S. (1998). The development of self-representations. In W. Damon (Ed.), *Handbook of child psychology* (5th ed., Vol. 3). New York: Wiley.
Harter, S. (1999). *The construction of the self.* New York: Guilford.
Harter, S. (2006). The development of self-representations in childhood and adolescence. In W. Damon & R. Lerner (Eds.), *Handbook of child psychology* (6th ed.). New York: Wiley.
Harter, S., & Lee, L. (1989). *Manifestations of true and false selves in adolescence.* Paper presented at the meeting of the Society for Research in Child Development, Kansas City.
Harter, S., & Monsour, A. (1992). Develop-mental analysis of conflict caused by opposing attributes in the adolescent self-portrait. *Developmental Psychology, 28,* 251–260.
Harter, S., Stocker, C., & Robinson, N. S. (1996). The perceived directionality of the link between approval and self-worth: The liabilities of a looking glass self orientation among young adolescents. *Journal of Research on Adolescence, 6,* 285–308.
Harter, S., Waters, P., & Whitesell, N. (1996, March). *False self behavior and lack of voice among adolescent males and females.* Paper presented at the meeting of the Society for Research on Adolescence, Boston.
Hartshorne, H., & May, M. S. (1928–1930). *Moral studies in the nature of character: Studies in deceit* (Vol. 1); *Studies in self-control* (Vol. 2); *Studies in the organization of character* (Vol. 3). New York: Macmillan.
Hartup, W. W. (1983). The peer system. In P. H. Mussen (Ed.), *Handbook of child psychology* (4th ed., Vol. 4). New York: Wiley.
Hartup, W. W. (1996). The company they keep: Friendships and their developmental significance. *Child Development, 67,* 1–13.
Hartup, W. W. (2005). Peer interaction: What causes what? *Journal of Abnormal Child Psychology, 33,* 387–394.
Hartwell, L. (2011). *Genetics* (4th ed.). New York: McGraw-Hill.
Harwood, R., Leyendecker, B., Carlson, V., Asencio, M., & Miller, A. (2002). Parenting among La-

tino families in the U.S. In M. H. Bornstein (Ed.), *Handbook of parenting* (2nd ed.). Mahwah, NJ: Erlbaum.

Hastings, P. D., Utendale, W. T., & Sullivan, C. (2007). The socialization of prosocial development. In J. E. Grusec & P. D. Hastings (Eds.), *Handbook of socialization*. New York: Guilford.

Hatton, H., Donnellan, M. B., Maysn, K., Feldman, B. J., Larsen-Rife, D., & Conger, R. D. (2008). Family and individual difference predictors of trait aspects of negative interpersonal behaviors during emerging adulthood. *Journal of Family Psychology, 22*, 448–455.

Hawkins, J. A., & Berndt, T. J. (1985, April). *Adjustment following the transition to junior high school.* Paper presented at the biennial meeting of the Society for Research in Child Development, Toronto.

Hawley, P. H. (2011). The evolution of adolescence and the adolescence of evolution: The coming of age of humans and the theory about the forces that made them. *Journal of Research on Adolescence, 21*, 307–316.

Hayashino, D., & Chopra, S. B. (2009). Parenting and raising families. In N. Tewari & A. Alvarez (Eds.), *Asian American psychology*. Clifton, NJ: Psychology Press.

Haydon, A., & Halpern, G. T. (2010). Older romantic partners and depressive symptoms during adolescence. *Journal of Youth and Adolescence, 39*, 1240–1251.

Hazan, C., & Shaver, P. R. (1987). Romantic love conceptualized as an attachment process. *Journal of Personality and Social Psychology, 52*, 522–524.

Heath, S. B. (1999). Dimensions of language development: Lessons from older children. In A. S. Masten (Ed.), *Cultural processes in child development: The Minnesota symposium on child psychology* (Vol. 29). Mahwah, NJ: Erlbaum.

Heath, S. B., & McLaughlin, M. W. (Eds.). (1993). *Identity and inner-city youth: Beyond ethnicity and gender*. New York: Teachers College Press.

Hebebrand, J., & Bulik, C. M. (2011, in press). Critical appraisal of provisional DSM-5 criteria for anorexia nervosa and an alternative proposal. *International Journal of Eating Disorders.*

Heiman, G. W. (2012). *Basic statistics for the behavioral sciences* (6th ed.). Boston: Cengage.

Heitzler, C. D., Martin, S., Duke, J., & Huhman, M. (2006). Correlates of physical activity in a national sample of children aged 9–13 years. *Preventive Medicine, 42*, 254–260.

Helwig, C. C., & Turiel, E. (2011). Children's social and moral reasoning. In P. K. Smith & C. H. Hart (Eds.), *Wiley-Blackwell handbook of childhood social development* (2nd ed.). New York: Wiley.

Hemphill, S. A., & others. (2010). Pubertal stage and the prevalence of violence and social/relational aggression. *Pediatrics, 126*, e298–e305.

Henderson, V. L., & Dweck, C. S. (1990). Motivation and achievement. In S. S. Feldman & G. R. Elliott (Eds.), *At the threshold: The developing adolescent*. Cambridge, MA: Harvard University Press.

Hendriks, A. A., Kuyper, H., Offringa, G. J., & Van der Werf, M. P. (2008). Assessing young adolescents' personality with the Five-Factor Personality Inventory. *Assessment, 15*, 304–316.

Hendry, J. (1999). *Social anthropology*. New York: Macmillan.

Hennesey, B. A. (2011). Intrinsic motivation and creativity: Have we come full circle? In R. A Beghetto & J. C. Kaufman (Eds.), *Nurturing creativity in the classroom*. New York: Cambridge University Press.

Hennessy, M., Bleakley, A., Fishbein, M., & Jordan, A. (2009). Estimating the longitudinal association between adolescent sexual behavior and exposure to sexual media content. *Journal of Sexual Research, 46*, 586–596.

Henretta, J. C. (2010). Lifetime marital history and mortality after age 50. *Journal of Aging and Health, 22*, 1198–1212.

Henry, K. L., Stanley, L. R., Edwards, R. W., Harkabus, L. C., & Chapin, L. A. (2009). Individual and contextual effects of school adjustment on adolescent alcohol use. *Prevention Science, 10*, 236–247.

Heppner, M. J., & Heppner, P. P. (2003). Identifying process variables in career counseling: A research agenda. *Journal of Vocational Behavior, 62*, 429–452.

Heppner, P., & Lee, D. (2001). Problem-solving appraisal and psychological adjustment. In C. R. Snyder & S. J. Lopez (Eds.), *Handbook of positive psychology*. New York: Oxford University Press.

Herman-Giddens, M. E. (2007). The decline in the age of menarche in the United States: Should we be concerned? *Journal of Adolescent Health, 40*, 201–203.

Herman-Giddens, M. E., Kaplowitz, P. B., & Wasserman, R. (2004). Navigating the recent articles on girls' puberty in *Pediatrics*: What do we know and where do we go from here? *Pediatrics, 113*, 911–917.

Hernandez, B. C., Vigna, J. F., & Kelley, M. L. (2010). The Youth Coping Responses Inventory: Developmental and initial validation. *Journal of Clinical Psychology, 66*, 1008–1025.

Herrera, C., Grossman, J. B., Kauh, T. J., Feldman, A. F., & McMaken, J. (2007). *Making a difference in schools: The Big Brothers Big Sisters school-based mentoring impact study*. Philadelphia, PA: Public/Private Ventures.

Herrera, C., Grossman, J. B., Kauh, T. J., & McMaken, J. (2011). Mentoring in schools: An impact study of Big Brothers Big Sisters school-based mentoring. *Child Development, 82*, 346–361.

Hershenberg, R., & others. (2011, in press). What I like about you: The association between attachment security and emotional behavior in a relationship promoting context. *Journal of Adolescence.*

Hertenstein, M. J., & Keltner, D. (2011). Gender and the communication of emotion via touch. *Sex Roles, 64*, 70–80.

Hess, L., Lonky, E., & Roodin, P. A. (1985, April). *The relationship of moral reasoning and ego strength to cheating behavior.* Paper presented at the meeting of the Society for Research in Child Development, Toronto.

Hetherington, E. M. (1972). Effects of father-absence on personality development in adolescent daughters. *Developmental Psychology, 7*, 313–326.

Hetherington, E. M. (1977). *My heart belongs to daddy: A study of the remarriages of daughters of divorcees and widows*. Unpublished manuscript, University of Virginia.

Hetherington, E. M. (1989). Coping with family transitions: Winners, losers, and survivors. *Child Development, 60*, 1–14.

Hetherington, E. M. (2005). Divorce and the adjustment of children. *Pediatrics in Review, 26*, 163–169.

Hetherington, E. M. (2006). The influence of conflict, marital problem solving, and parenting on children's adjustment in nondivorced, divorced, and remarried families. In A. Clarke-Stewart & J. Dunn (Eds.), *Families count*. New York: Cambridge University Press.

Hetherington, E. M., & Clingempeel, W. G. (1992). Coping with marital transitions: A family systems perspective. *Monographs of the Society for Research in Child Development, 57*(2–3, Serial No. 227).

Hetherington, E. M., Cox, M., & Cox, R. (1982). Effects of divorce on parents and children. In M. E. Lamb (Ed.), *Nontraditional families: Parenting and child development*. Hillsdale, NJ: Erlbaum.

Hetherington, E. M., & Kelly, J. (2002). *For better or for worse: Divorce reconsidered*. New York: Norton.

Hetherington, E. M., & others. (1999). Adolescent siblings in stepfamilies: Family functioning and adolescent adjustment. *Monographs of the Society for Research in Child Development, 64*, No. 4.

Hetherington, E. M., & Stanley-Hagan, M. (2002). Parenting in divorced and remarried families. In M. Bornstein (Ed.), *Handbook of parenting* (2nd ed.). Mahwah, NJ: Erlbaum.

Hewlett, B. S., & Macfarlan, S. J. (2010). Fathers' roles in hunter-gatherer and other small-scale cultures. In M. E. Lamb (Ed.), *The role of the father in child development* (5th ed.). New York: Wiley.

Hibell, B., & others. (2004). *The ESPAD report 2003*. The Swedish Council for Information on Alcohol and Other Drugs (CAN) and Council of Europe Pompidou Group. Stockholm, Sweden: CAN.

Hill, J. P., & Lynch, M. E. (1983). The intensification of gender-related role expectations during early adolescence. In J. Brooks-Gunn & A. C. Petersen (Eds.), *Girls at puberty: Biological and psychosocial perspectives*. New York: Plenum.

Hill, N. E., & Witherspoon, D. P. (2011). Race, ethnicity, and social class. In M. K. Underwood & L. H. Rosen (Eds.), *Social development*. New York: Guilford.

Hill, P. L., Duggan, P. M., & Lapsley, D. K. (2011, in press). Subjective invulnerability, risk behavior, and adjustment in early adolescence. *Journal of Early Adolescence.*

Hill, P. L., & Lapsley, D. K. (2011). Adaptive and maladaptive narcissism in adolescent development. In C. T. Barry, P. Kerig, K. Stellwagen, & T. D. Berry (Eds.), *Implications of narcissism and Machiavellianism for the development of prosocial and antisocial behavior in youth*. Washington, DC: American Psychological Association.

Hillis, S. D., & others. (2010). The protective effect of family strengths in childhood against adolescent pregnancy and its long-term psychological consequences. *The Permanente Journal, 4*, 18–27.

Hillman, C. H., & others. (2009). The effect of acute treadmill walking on cognitive control and academic achievement in preadolescent children. *Neuroscience, 3*, 1044–1054.

Hillman, J. B., & Biro, F. M. (2010). Dynamic changes of adiposity during puberty: Life may not be linear. *Journal of Adolescent Health, 47*, 322–323.

Hingson, R. W., Heeren, T., & Winter, M. R. (2006). Age at drinking onset and alcohol dependence: Age at onset, duration, and severity. *Archives of Pediatric and Adolescent Medicine, 160*, 739–746.

Hinkle, J. S., Tuckman, B. W., & Sampson, J. P. (1993). The psychology, physiology, and the creativity of middle school aerobic exercisers. *Elementary School Guidance & Counseling, 28*, 133–145.

Hipwell, A. E., Keenan, K., Loeber, R., & Battista, D. (2010). Early predictors of intimate sexual behaviors in an urban sample of young girls. *Developmental Psychology, 46*, 366–378.

Hipwell, A. E., Stepp, S. D., Keenan, K., Chung, T., & Loeber, R. (2011). Brief report: Parsing the heterogeneity of adolescent girls' sexual behavior: Relationships to individual and interpersonal factors. *Journal of Adolescence, 34*, 589–592.

Hirsch, B. J., & Rapkin, B. D. (1987). The transition to junior high school: A longitudinal study of self-esteem, psychological symptom-atology, school life, and social support. *Child Development, 58*, 1235–1243.

Hirsch, J. K., Wolford, K., Lalonde, S. M., Brunk, L., & Parker-Morris, A. (2009). Optimistic explanatory style as a moderator of the association between negative life events and suicide ideation. *Crisis, 30*, 48–53.

Hirschi, A., Niles, S. G., & Akos, P. (2011). Engagement in adolescent career preparation: Social support, personality, and the development of choice decidedness and congruence. *Journal of Adolescence, 34*, 173–182.

Hoeksema, E., & others. (2010). Enhanced neural activity in frontal and cerebellar circuits after cognitive training in children with attention deficit hyperactivity disorder. *Human Brain Mapping, 31*, 1942–1950.

Hoelter, L. (2009). Divorce and separation. In D. Carr (Ed.), *Encyclopedia of the life course and human development*. Boston: Gale Cengage.

Hoeve, M., Dubas, J. S., Gerris, J. R. M., van der Laan, P. H., & Smeenk, W. (2011, in press). Maternal and paternal parenting styles: Unique and combined links to adolescent and early adulthood delinquency. *Journal of Adolescence*.

Hoff, E., Laursen, B., & Tardiff, T. (2002). Socioeconomic status and parenting. In M. H. Bornstein (Ed.), *Handbook of parenting* (2nd ed.). Mahwah, NJ: Erlbaum.

Hofferth, S. L., & Reid, L. (2002). Early childbearing and children's achievement behavior over time. *Perspectives on Sexual and Reproductive Health, 34*, 41–49.

Hoffman, M. L. (1970). Moral development. In P. H. Mussen (Ed.), *Manual of child psychology* (3rd ed., Vol. 2). New York: Wiley.

Hoffman, M. L. (1988). Moral development. In M. H. Bornstein & E. Lamb (Eds.), *Developmental psychology: An advanced textbook* (2nd ed.). Hillsdale, NJ: Erlbaum.

Holladay, J. (2011, in press). Promoting tolerance and equity in schools. In J. Marsh, R. Mendoza-Denton, & J. A. Smith (Eds.), *Are we born racist?* Boston: Beacon Press.

Holland, A. S., & Roisman, G. I. (2010). Adult attachment security and young adults' dating relationships over time: Self-reported, observational, and physiological evidence. *Developmental Psychology, 46*, 552–557.

Holmes, L. D. (1987). *Quest for the real Samoa: The Mead-Freeman controversy and beyond*. South Hadley, MA: Bergin & Garvey.

Holtz, P., & Appel, M. (2011, in press). Internet use and video gaming predict problem behavior in early adolescence. *Journal of Adolescence*.

Holzman, L. (2009). *Vygotsky at work and play*. Clifton, NJ: Psychology Press.

Hommel, B., Li, K. Z. H., & Li, S-C. (2004). Visual search across the life span. *Developmental Psychology, 40*, 545–558.

Hoover, K. W., Tao, G., Berman, S., & Kent, C. K. (2010). Utilization of health services in physician offices and outpatient clinics by adolescents and young women in the United States: Implications for improving access to reproductive services. *Journal of Adolescent Health, 46*, 324–330.

Hope, D. A. (2009). Contemporary perspectives on lesbian, gay, and bisexual identities: Introduction. *Nebraska Symposium on Motivation, 54*, 1–4.

Horowitz, F. D. (2009). Introduction: A developmental understanding of giftedness and talent. In F. D. Horowitz, R. F. Subotnik, & D. J. Matthews (Eds.), *The development of giftedness and talent across the life span*. Washington, DC: American Psychological Association.

Horwitz, A. G., Hill, R. M., & King, C. A. (2011, in press). Specific coping behaviors in relation to adolescent depression. *Journal of Adolescence*.

House, L. D., Mueller, T., Reininger, B., Brown, K., & Markham, C. M. (2010). Character as a predictor of reproductive health outcomes for youth: A systematic review. *Journal of Adolescent Health, 46*(Suppl 1), S59–S74.

Howe, A., & Richards, V. (2011). *Bridging the transition from primary to secondary school*. New York: Routledge.

Howe, M. J. A., Davidson, J. W., Moore, D. G., & Sloboda, J. A. (1995). Are there early childhood signs of musical ability? *Psychology of Music, 23*, 162–176.

Howe, N., Ross, H. S., & Recchia, H. (2011). Sibling relationships in early and middle childhood. In P. K. Smith & C. H. Hart (Eds.), *Wiley-Blackwell handbook of childhood social development* (2nd ed.). New York: Wiley.

Howe, W. A. (2010). Unpublished review of J. W. Santrock's *Educational psychology*, 5th ed. (New York: McGraw-Hill).

Hrabosky, J. I., Masheb, R. M., White, M. A., & Grilo, C. M. (2007). Overvaluation of shape and weight in binge eating disorder. *Journal of Consulting and Clinical Psychology, 75*, 175–180.

Huang, L. N. (1989). Southeast Asian refugee children and adolescents. In J. T. Gibbs & L. N. Huang (Eds.), *Children of color*. San Francisco: Jossey-Bass.

Huang, L. N., & Ying, Y. (1989). Chinese American children and adolescents. In J. T. Gibbs & L. N. Huang (Eds.), *Children of color*. San Francisco: Jossey-Bass.

Huang, P. M., Smock, P. J., Manning, W. D., & Bergstrom-Lynch, C. A. (2011). He says, she says: Gender and cohabitation. *Journal of Family Issues, 32*, 876–905.

Huebner, A. M., & Garrod, A. C. (1993). Moral reasoning among Tibetan monks: A study of Buddhist adolescents and young adults in Nepal. *Journal of Cross-Cultural Psychology, 24*, 167–185.

Huerta, M., Cortina, L. M., Pang, J. S., Torges, C. M., & Magley, V. J. (2006). Sex and power in the academy: Modeling sexual harassment in the lives of college women. *Personality and Social Psychology Bulletin, 32*, 616–628.

Huesmann, L. R. (1986). Psychological processes promoting the relation between exposure to media violence and aggressive behavior by the viewer. *Journal of Social Issues, 42*, 125–139.

Huesmann, L. R., Moise-Titus, J., Podolski, C., & Eron, L. D. (2003). Longitudinal relations between children's exposure to TV violence and their aggressive and violent behavior in young adulthood: 1977–1992. *Developmental Psychology, 39*, 201–221.

Hunt, E. (2011). Where are we? Where are we going? Reflections on the current and future state of research on intelligence. In R. J. Sternberg & S. B. Kaufman (Eds.), *Cambridge handbook of intelligence*. New York: Cambridge University Press.

Hunter, S. B., Barber, B. K., Olsen, J. A., McNeely, C. A., & Bose, K. (2011). Adolescents' self-disclosure across cultures: Who discloses and why. *Journal of Adolescent Research, 26*, 447–478.

Huston, A. C., & Bentley, A. C. (2010). Human development in societal context. *Annual Review of Psychology* (Vol. 61). Palo Alto, CA: Annual Reviews.

Huston, A. C., & Ripke, N. N. (2006). Experi-ences in middle and late childhood and children's development. In A. C. Huston & M. N. Ripke (Eds.), *Developmental contexts in middle childhood*. New York: Cambridge University Press.

Hutchinson, D. M., & Rapee, R. M. (2007). Do friends share similar body image and eating problems? The role of social networks and peer influences in early adolescence. *Behavior Research and Therapy 45*, 1557–1577.

Hutson, R. A. (2008). Poverty. In N. J. Salkind (Ed.), *Encyclopedia of educational psychology*. Thousand Oaks, CA: Sage.

Huttenlocher, P. R., & Dabholkar, A. S. (1997). Regional differences in synaptogenesis in human cerebral cortex. *Journal of Comparative Neurology, 37*, 167–178.

Huynh, V. W., & Fuligni, A. J. (2010). Discrim-ina-tion hurts: The academic, psychological, and physical well-being of adolescents. *Journal of Research on Adolescence, 20*, 916–941.

Hyde, J. S. (2005). The gender similarities hypothesis. *American Psychologist, 60*, 581–592.

Hyde, J. S. (2007). New directions in the study of gender similarities and differences. *Current Directions in Psychological Science, 16*, 259–263.

Hyde, J. S., & DeLamater, J. D. (2011). *Human sexuality* (11th ed.). New York: McGraw-Hill.

Hyde, J. S., Lindberg, S. M., Linn, M. C., Ellis, A. B., & Williams, C. C. (2008). Gender similarities characterize math performance. *Science, 321*, 494–495.

Hyman, I., Kay, B., Tabori, A., Weber, M., Mahon, M., & Cohen, I. (2006). Bullying: Theory, research, and interventions. In C. M. Evertson & C. S. Weinstein (Eds.), *Handbook of classroom management: Research, practice, and contemporary issues*. Mahwah, NJ: Erlbaum.

Hymel, S., Closson, L. M., Caravita, C. S., & Vaillancourt, T. (2011). Social status among peers: From sociometric attraction to peer acceptance to perceived popularity. In P. K. Smith & C. H. Hart (Eds.), *Wiley-Blackwell handbook of childhood social development* (2nd ed.). New York: Wiley.

I

Ibanez, L., & de Zegher, F. (2006). Puberty after prenatal growth restraint. *Hormone Research, 65*(Suppl 3), 112–115.

Ibanez, L., Lopez-Bermejo, A., Diaz, M., & de Zegher, F. (2011, in press). Catch-up growth in girls born small for gestational age precedes childhood progression to high adiposity. *Fertility and Sterility*.

Idkowiak, J., & others. (2011, in press). Premature adrenarche—novel lessons from early onset androgen excess. *European Journal of Endocrinology*.

"I Have a Dream" Foundation. (2011). *About us*. Retrieved June 22, 2011, from www.ihad.org

Ingul, C. B., Tjonna, A. E., Stolen, T. O., Stoylen, A., & Wisloff, U. (2010). Impaired cardiac function among obese adolescents: Effect of aerobic interval training. *Archives of Pediatric and Adolescent Medicine, 164*, 852–859.

Irwin, C. E. (2010). Young adults are worse off than adolescents. *Journal of Adolescent Health, 46,* 405–406.

Irwin, C. E., Adams, S. H., Park, M. J., & Newacheck, P. W. (2009). Preventive care for adolescents: Few get visits and fewer get services. *Pediatrics, 123,* e565–e572.

Ito, K. E., & others. (2006). Parent opinion of sexuality education in a state with mandated abstinence education: Does policy match parental preference? *Journal of Adolescent Health, 39,* 634–641.

Ivanova, K., Mills, M., & Veenstra, R. (2011, in press). The initiation of dating in adolescence: The effect of parental divorce. The TRAILS study. *Journal of Research on Adolescence.*

J

Jackson, A., & Davis, G. (2000). *Turning points 2000.* New York: Teachers College Press.

Jackson, L. A., & others. (2012). The digital divide. In J. R. Levesque (Ed.), *Encyclopedia of adolescence.* New York: Springer.

Jackson, S. L. (2011). *Research methods* (2nd ed.). Boston: Cengage.

Jacobson, L. A., & others. (2011, in press). Working memory influences processing speed and reading fluency in ADHD. *Child Neuropsychology.*

Jaffee, S., & Hyde, J. S. (2000). Gender differences in moral orientation: A meta-analysis. *Psychological Bulletin, 126,* 703–726.

Jamieson, P. E., & Romer, D. (2008). Unrealistic fatalism in U.S. youth ages 14 to 22: Prevalence and characteristics. *Journal of Adolescent Health, 42,* 154–160.

Jamison, J., & Myers, L. B. (2008). Peer-group and price influence students drinking along with planned behavior. *Alcohol and Alcoholism, 43,* 492–497.

Jamner, M. S., Spruit-Meitz, D., Bassin, S., & Cooper, D. M. (2004). A controlled evaluation of a school-based intervention to promote physical activity among sedentary adolescent females: Project FAB. *Journal of Adolescent Health, 34,* 279–289.

Janssen, I., & others. (2005). Comparison of overweight and obesity prevalence in school-aged youth from 34 countries and their relationships with physical activity and dietary patterns. *Obesity Research, 6,* 123–132.

Jarrett, R. L. (1995). Growing up poor: The family experience of socially mobile youth in low-income African-American neighborhoods. *Journal of Adolescent Research, 10,* 111–135.

Jayakody, A., & others. (2011, in press). Early sexual risk among Black and minority ethnicity teenagers: A mixed methods study. *Journal of Adolescent Health.*

Jayson, S. (2006, June 29). The "millennials" come of age. *USA Today,* pp. 1D–2D.

Jekielek, S., & Brown, B. (2005). *The transition to adulthood: characteristics of young adults ages 18 to 24 in America.* Washington, DC: Child Trends and the Annie E. Casey Foundation.

Jenni, O. G., & Carskadon, M. A. (2007). Sleep behavior and sleep regulation from infancy through adolescence: Normative aspects. In O. G. Jenni & M. A. Carskadon (Eds.), *Sleep Medicine Clinics: Sleep in Children and Adolescents.* Philadelphia: W. B. Saunders.

Jensen, A. R. (2008). Book review. *Intelligence, 36,* 96–97.

Jenson-Campbell, L. A., & Malcolm, K. T. (2007). The importance of conscientiousness in adolescent interpersonal relationships. *Personality and Social Psychology Bulletin, 33,* 368–383.

Jessor, R. (Ed.). (1998). *New perspectives on adolescent risk behavior.* Cambridge, UK: Cambridge University Press.

Jeynes, W. H. (2003). A meta-analysis: The effects of parental involvement on minority children's academic achievement. *Education and Urban Society, 35,* 202–218.

Jhally, S. (1990). *Dreamworlds: Desire/sex/power in rock video* (Video). Amherst: University of Massachusetts at Amherst, Department of Communications.

Johns Hopkins University. (2006a, February 17). Undergraduate honored for launching health programs in India. Baltimore: Johns Hopkins University News Releases.

Johns Hopkins University. (2006b). Research: Tribal connections. Retrieved January 31, 2008, from www.krieger.jhu.edu/research/spotlight/prabhakar.html

Johnson, B. T., Scott-Sheldon, L. A., Huedo-Medina, T. B., & Carey, M. P. (2011). Interventions to reduce sexual risk for human immunodefiency virus in adolescents: A meta-analysis of trials, 1985–2008. *Archives of Pediatric and Adolescent Medicine, 165,* 177–184.

Johnson, D. R., & Johnson, F. P. (2009). *Joining together* (10th ed.). Upper Saddle River, NJ: Prentice Hall.

Johnson, K. (2011, in press). Prejudice vs. positive thinking. In J. Marsh, R. Mendoza-Denton, & J. A. Smith (Eds.), *Are we born racist?* Boston: Beacon Press.

Johnson, L., Giordano, P. C., Manning, W. D., & Longmore, M. A. (2011, in press). Parent-child relations and offending during young adulthood. *Journal of Youth and Adolescence.*

Johnson, M. D. (2012). *Human biology* (6th ed.). Upper Saddle River, NJ: Pearson.

Johnson, W. L., Giordano, P. C., Manning, W. D., & Longmore, M. A. (2010). Parent-child relations and offending during young adulthood. *Journal of Youth and Adolescence.*

Johnston, L. D., O'Malley, P. M., & Bachman, J. G. (2004). *Monitor-ing the Future national survey results on drug use, 1975–2003: Volume II, College students and adults ages 19–45* (NIH Publication No. 04-5508). Bethesda, MD: National Institute on Drug Abuse.

Johnston, L. D., O'Malley, P. M., Bachman, J. G., & Schulenberg, J. E. (2005). *Monitoring the Future national results on adolescent drug use: Overview of key findings, 2004* (NIH Publication No. 05-5726). Bethesda, MD: National Institute on Drug Abuse.

Johnston, L. D., O'Malley, P. M., Bachman, J. G., & Schulenberg, J. E. (2009). *Monitoring the Future national results on adolescent drug use: Overview of key findings, 2008.* Bethesda, MD: National Institute on Drug Abuse.

Johnston, L. D., O'Malley, P. M., Bachman, J. G., & Schulenberg, J. E. (2010). *Monitoring the Future national survey results on drug use, 1975–2009: Volume II, College students and adults ages 19–50* (NIH Publication No. 10-7585). Bethesda, MD: National Institute on Drug Abuse.

Johnston, L. D., O'Malley, P. M., Bachman, J. G., & Schulenberg, J. E. (2011). *Monitoring the Future national results on adolescent drug use: Overview of key findings, 2010.* Institute for Social Research, University of Michigan, Ann Arbor.

Jones, J. M. (2005, October 7). *Gallup Poll: Most Americans approve of interracial dating.* Princeton, NJ: Gallup.

Jones, M. C. (1965). Psychological correlates of somatic development. *Child Development, 36,* 899–911.

Jones, M. D., & Galliher, R. V. (2007). Navajo ethnic identity: Predictors of psychosocial outcomes in Navajo adolescents. *Journal of Research on Adolescence, 17,* 683–696.

Jones, V. (2011). *Practical classroom management.* Boston: Allyn & Bacon.

Jordan, A. B. (2008). Children's media policy. *The Future of Children, 18*(1), 235–253.

Jose, A., O'Leary, K. D., & Moyer, A. (2010). Does premarital cohabitation predict subsequent marital stability and marital quality? A meta-analysis. *Journal of Marriage and the Family, 72,* 105–116.

Josephson Institute of Ethics. (2006). *2006 Josephson Institute report card on the ethics of American youth. Part one—integrity.* Los Angeles: Josephson Institute.

Joy, E. A. (2009). Health-related concerns of the female athlete: A lifespan approach. *American Family Physician, 79,* 489–495.

Joyner, K. (2009). Transition to parenthood. In D. Carr (Ed.), *Encyclopedia of the life course and human development.* Boston: Gale Cengage.

Juang, L., & Syed, M. (2010). Family cultural socialization practices and ethnic identity in college-going emerging adults. *Journal of Adolescence, 33,* 347–354.

Juffer, F., & van IJzendoorn, M. H. (2005). Behavior problems and mental health referrals of international adoptees: A meta-analysis. *Journal of the American Medical Association, 293,* 2501–2513.

Juffer, F., & van IJzendoorn, M. H. (2007). Adoptees do not lack self-esteem: A meta-analysis of studies on self-esteem of transracial, international, and domestic adoptees. *Psychological Bulletin, 133,* 1067–1083.

Jussim, L., Cain, T. R., Crawford, J. T., Harber, K., & Cohen, F. (2009). The unbearable accuracy of stereotypes. In T. D. Nelson (Ed.), *Handbook of prejudice, stereotyping, and discrimination.* New York: Psychology Press.

Jussim, L., & Eccles, J. S. (1993). Teacher expectations II: Construction and reflection of student achievement. *Journal of Personality and Social Psychology, 63,* 947–961.

Jylhava, J., & others. (2009). Genetics of C-reactive protein and complement factor H have an epistatic effect on carotid artery compliance: The Cardiovascular Risk in Young Finns Study. *Clinical and Experimental Immunology, 155,* 53–58.

K

Kagan, J. (1992). Yesterday's premises, tomorrow's promises. *Developmental Psychology, 28,* 990–997.

Kagan, J. (2000). Temperament. In A. Kazdin (Ed.), *Encyclopedia of psychology.* New York: Oxford University Press.

Kagan, J. (2010). Emotions and temperament. In M. H. Bornstein (Ed.), *Handbook of cultural developmental science.* New York: Psychology Press.

Kagitcibasi, C. (2007). *Family, self, and human development across cultures.* Mahwah, NJ: Erlbaum.

Kahn, A., & Fraga, M. F. (2009). Epigenetics and aging: Status, challenges, and needs for the future. *Journals of Gerontology A: Biological Sciences and Medical Sciences, 64,* 195–198.

Kahn, J. A., & others. (2008). Patterns and determinants of physical activity in U.S. adolescents. *Journal of Adolescent Health, 42,* 369–377.

Kail, R. V. (2007). Longitudinal evidence that increases in processing speed and working memory enhance children's reasoning. *Psychological Science, 18,* 312–313.

Kang, P. P., & Romo, L. F. (2011, in press). The role of religious involvement on depression, risky behavior, and academic performance among Korean American adolescents. *Journal of Adolescence.*

Kann, L., & others. (2011). Sexual identity, sex of sexual contacts, and health-risk behaviors among students in grades 9–12—youth risk behavior surveillance, selected sites, 2001–2009. *MMWR Surveillance Summary, 60,* 1–133.

Kanner, A. D., Coyne, J. C., Schaeter, C., & Lazarus, R. S. (1981). Comparisons of two modes of stress measurement: Daily hassles and uplifts versus major life events. *Journal of Behavioral Medicine, 4,* 1–39.

Kaplowitz, P. B. (2009). Treatment of central precocious puberty. *Current Opinion in Endocrinology, Diabetes, and Obesity, 16,* 13–16.

Karnes, F. A., & Stephens, K. R. (2008). *Achieving excellence: Educating the gifted and talented.* Upper Saddle River, NJ: Prentice Hall.

Karnick, P. M. (2005). Feeling lonely: Theoretical perspectives. *Nursing Science Quarterly, 18,* 7–12.

Karniol, R., Gabay, R., Ochioin, Y., & Harari, Y. (1998). *Sex Roles, 39,* 45–58.

Karpov, Y. V. (2006). *The neo-Vygotskian approach to child development.* New York: Cambridge University Press.

Kato, T. (2005). The relationship between coping with stress due to romantic break-ups and mental health. *Japanese Journal of Social Psychology, 20,* 171–180.

Kauffman, J. M., McGee, K., & Brigham, M. (2004). Enabling or disabling? Observations on changes in special education. *Phi Delta Kappan, 85,* 613–620.

Kaufman, J. C., & Sternberg, R. J. (2007). Resource review: Creativity. *Change, 39,* 55–58.

Kavale, K. A., & Spaulding, L. S. (2011). Efficacy of special education. In M. A. Bray & T. J. Kehle (Eds.), *Oxford handbook of school psychology.* New York: Oxford University Press.

Kavey, R. E., Daniels, S. R., & Flynn, J. T. (2010). Management of high blood pressure in children and adolescents. *Cardiology Clinics, 28,* 597–607.

Keating, D. P. (1990). Adolescent thinking. In S. S. Feldman & G. R. Elliott (Eds.), *At the threshold: The developing adolescent.* Cambridge, MA: Harvard University Press.

Keating, D. P. (2007). Understanding adolescent development: Implications for driving safety. *Journal of Safety Research, 38,* 147–157.

Keating, D. P. (2009). Developmental science and giftedness: An integrated life-span framework. In F. D. Horowitz, R. F. Subotnik, & D. J. Matthews (Eds.), *The development of giftedness and talent across the life span.* Washington, DC: American Psychological Association.

Keating, D. P., & Halpern-Felsher, B. L. (2008). Adolescent drivers: A developmental perspective on risk, proficiency, and safety. *American Journal of Preventive Medicine, 35,* S272–S277.

Keijsers, L., & Laird, R. D. (2010). Introduction to special issue. Careful conversations: Adolescents managing their parents' access to information. *Journal of Adolescence, 33,* 255–259.

Kellogg, R. T. (1994). *The psychology of writing.* New York: Oxford University Press.

Kelly, A. B., & others. (2011). The influence of parents, siblings, and peers on pre– and early-teen smoking: A multilevel model. *Drug and Alcohol Review, 30,* 381–387.

Kelly, G. F. (2011). *Sexuality today* (10th ed.). New York: McGraw-Hill.

Kelly, J. B., & Lamb, M. E. (2003). Develop-mental issues in relocation cases involving young children: When, whether, and how? *Journal of Family Psychology, 17,* 193–205.

Kerig, P. K., Swanson, J. A., & Ward, R. M. (2012). Autonomy with connection: Influences of parental psychological control on mutuality in emerging adults' close relationships. In P. K. Kerig, M. S. Schulz, & S. T. Hauser (Eds.), *Adolescence and beyond.* New York: Oxford University Press.

Kessels, U., & Hannover, B. (2008). When being a girl matters less: Accessibility of gender-related self-knowledge in single-sex and coeducational classes and its impact on students' physics-related self-concept of ability. *British Journal of Educational Psychology, 78,* 273–289.

Keyes, K. M., Hatzenbuehler, M. L., & Hasin, D. S. (2011, in press). Stressful life experiences, alcohol consumption, and alcohol use disorders: The epidemiological evidence for four main types of stressors. *Psychopharmacology.*

Khashan, A. S., Baker, P. N., & Kenny, L. C. (2010, in press). Preterm birth and reduced birthweight in first and second teenage pregnancies: A register-based cohort study. *BMC Pregnancy and Childbirth.*

Kia-Keating, M., Dowdy, E., Morgan, M. L., & Noam, G. G. (2011). Protecting and promoting: An integrative conceptual model for healthy development of adolescents. *Journal of Adolescent Health, 48,* 220–228.

Kiang, L., & Fuligni, A. J. (2010). Meaning in life as a mediator of ethnic identity and adjustment among adolescents from Latin, Asian, and European American backgrounds. *Journal of Youth and Adolescence, 39,* 1253–1264.

Kiefer, S. M., & Ryan, A. M. (2008). Striving for social dominance over peers: The implications for academic adjustment during early adolescence. *Journal of Educational Psychology, 100,* 417–428.

Kimble, M., Neacsiu, A. D., Flack, W. F., & Horner, J. (2008). Risk of unwanted sex for college women: Evidence for a red zone. *Journal of American College Health, 57,* 331–338.

Kim, J.-Y., McHale, S. M., Crouter, A. C., & Osgood, D. W. (2007). Longitudinal linkages between sibling relationships and adjustment from middle childhood through adolescence. *Developmental Psychology, 43,* 960–973.

Kim, K. H. (2010, July 10). Interview. In P. Bronson & A. Merryman. The creativity crisis. *Newsweek,* 42–48.

Kimm, S. Y., & others. (2002). Obesity development during adolescence in a biracial cohort: The NHLBI Growth and Health Study. *Pediatrics, 110,* e54.

King, B. M. (2012). *Human sexuality today* (7th ed.). Upper Saddle River, NJ: Pearson.

King, L. A. (2011). *Psychology: An appreciative view* (2nd ed.). New York: McGraw-Hill.

King, P. E., Carr, A., & Boiter, C. (2011, in press). Spirituality, religiosity, and youth thriving. In R. M. Lerner, J. V. Lerner, & J. B. Benson (Eds.), *Advances in child development and behavior: Positive youth development.* New York: Elsevier.

King, P. E., Ramos, J. S., & Clardy, C. E. (2012, in press). Searching for the sacred: Religious and spiritual development among adolescents. In K. I. Pargament, J. Exline, & J. Jones (Eds.), *APA handbook of psychology, religion, and spirituality.* Washington, DC: American Psychological Association.

King, P. E., & Roeser, R. W. (2009). Religion and spirituality in adolescent development. In R. M. Lerner & L. Steinberg (Eds.), *Handbook of adolescent psychology* (3rd ed.). New York: Wiley.

Kinney, J. (2012). *Loosening the grip: A handbook of alcohol information* (10th ed.). New York: McGraw-Hill.

Kins, E., & Beyers, W. (2010). Failure to launch, failure to achieve criteria for adulthood? *Journal of Adolescent Research, 25,* 743–777.

Kirby, D. B., Laris, B. A., & Rolleri, L. A. (2007). Sex and HIV education programs: Their impact on sexual behavior of young people throughout the world. *Journal of Adolescent Health, 40,* 206–217.

Kirk, S. A., Gallagher, J. J., Coleman, M. R., & Anastaslow, N. J. (2012). *Educating exceptional children* (13th ed.). Boston: Cengage.

Kirkman, M., Rosenthal, D. A., & Feldman, S. S. (2002). Talking to a tiger: Fathers reveal their difficulties in communicating sexually with adolescents. In S. S. Feldman & D. A. Rosenthal (Eds.), *Talking sexually: Parent-adolescent communication.* San Francisco: Jossey-Bass.

Kistler, M., Rodgers, B., Power, T., Austin E. W., & Hill, L. G. (2010). Adolescents and music media: Toward an involvement-mediational model of consumption and self-concept. *Journal of Research on Adolescence, 20,* 616–630.

Kistner, J., Counts-Allan, C., Dunkel, S., Drew, C. H., David-Ferton, C., & Lopez, C. (2010). Sex differences in relational and overt aggression in the late elementary school years. *Aggressive Behavior, 36,* 282–291.

Kiuru, N., Kovisto, P., Mutanen, P., Vuori, J., & Nurmi, J-E. (2011, in press). How do efforts to enhance career preparation influence peer groups? *Journal of Research on Adolescence.*

Klaczynski, P. (2001). The influence of analytic and heuristic process-ing on adolescent reasoning and decision making. *Child Develop-ment, 72,* 844–861.

Klaczynski, P. A., Byrnes, J. P., & Jacobs, J. E. (2001). Introduction to the special issue: The development of decision making. *Applied Developmental Psychology, 22,* 225–236.

Klaczynski, P. A., & Narasimham, G. (1998). Development of scientific reasoning biases: Cognitive versus ego-protective explanations. *Developmental Psychology, 34,* 175–187.

Klassen, R. M., Krawchuk, L. L., & Hannok, W. (2012). Academic procrastination in adoles-cence. In J. R. Levesque (Ed.), *Encyclopedia of adolescence.* New York: Springer.

Klatt, J., & Enright, R. (2009). Investigating the place of forgiveness within the positive youth development paradigm. *Journal of Moral Education, 38,* 35–52.

Klimstra, T. A., Hale, W. W., Raaijmakers, Q. A. W., Branje, S. J. T., & Meeus, W. H. H. (2010). Identity formation in adolescence: Change or stability? *Journal of Youth and Adolescence, 39,* 150–162.

Kling, K. C., Hyde, J. S., Showers, C., & Buswell, B. (1999). Gender differences in self-esteem: A meta-analysis. *Psychological Bulletin, 125,* 470–500.

Kloep, M., & Hendry, L. B. (2010). Letting go or holding on? Parents' perceptions of their relationships with their children during emerging adulthood. *British Journal of Developmental Psychology, 28,* 817–834.

Kloss, J. D., Nash, C. O., Horsey, S. E., & Taylor, D. J. (2011, in press). The delivery of sleep medicine to college students. *Journal of Adolescent Health*.

Knoll, S., Bulik, C. M., & Hebebrand, J. (2011, in press). Do the currently proposed DSM-5 criteria for anorexia nervosa adequately consider developmental aspects of children and adolescents? *European Child and Adolescent Psychiatry*.

Knopik, V. S. (2009). Maternal smoking during pregnancy and child outcomes: Real or spurious effect? *Developmental Neuropsychology, 34*, 1–36.

Knox, D., & Wilson, K. (1981). Dating behaviors of university students. *Family Relations, 30*, 255–258.

Kochanska, G., Barry, R. A., Stellern, S. A., & O'Bleness, J. J. (2010a). Early attachment organization moderates the parent-child mutually coercive pathway to children's antisocial conduct. *Child Development, 80*, 1288–1300.

Kochanska, G., Woodard, J., Iim, S., Koenig, J. L., Yoon, J. E., & Barry, R. A. (2010b). Positive socialization mechanisms in secure and insecure parent-child dyads: Two longitudinal studies. *Journal of Child Psychology and Psychiatry, 51*, 998–1009.

Koenig, L. B., McGue, M., & Iacono, W. G. (2008). Stability and change in religiousness during emerging adulthood. *Developmental Psychology, 44*, 523–543.

Kohlberg, L. (1958). *The development of modes of moral thinking and choice in the years 10 to 16*. Unpublished doctoral dissertation, University of Chicago.

Kohlberg, L. (1969). Stage and sequence: The cognitive-developmental approach to socialization. In D. A. Goslin (Ed.), *Handbook of socialization theory and research*. Chicago: Rand McNally.

Kohlberg, L. (1976). Moral stages and moralization: The cognitive developmental approach. In T. Lickona (Ed.), *Moral development and behavior*. New York: Holt, Rinehart, & Winston.

Kohlberg, L. (1986). A current statement on some theoretical issues. In S. Modgil & C. Modgil (Eds.), *Lawrence Kohlberg*. Philadelphia: Falmer.

Kohler, P. K., Manhart, L. E., &. Lafferty, W. E. (2008). Abstinence-only and comprehensive sex education and the initiation of sexual activity and teen pregnancy. *Journal of Adolescent Health, 42*, 344–351.

Kohn, M. L. (1977). *Class and conformity: A study in values* (2nd ed.). Chicago: University of Chicago Press.

Ko, L. K., & Perreira, K. M. (2010). "It turned my world upside down": Latino youths' perspectives on immigration. *Journal of Adolescent Research, 25*, 465–493.

Koolhof, R., Loeber, R., Wei, E. H., Pardini, D., & D'escury, A. C. (2007). Inhibition deficits of serious delinquent boys with low intelligence. *Criminal Behavior and Mental Health, 17*, 274–292.

Koppelman, K., & Goodhart, L. (2011). *Understanding human differences* (3rd ed.). Boston: Allyn & Bacon.

Kornblum, J. (2006, March 9). How to monitor the kids? *USA Today*, p. 1D.

Koropeckyj-Cox, T. (2009). Singlehood. In D. Carr (Ed.), *Encyclopedia of the life course and human development*. Boston: Gale Cengage.

Kort-Butler, L. A., & Hagewen, K. J. (2011). School-based extracurricular activity involvement and adolescent self-esteem: A growth-curve analysis. *Journal of Youth and Adolescence, 40*, 568–581.

Koskinen, S. M., & others. (2011, in press). A longitudinal twin study of effects of adolescent alcohol abuse on the neurophysiology of attention and orienting. *Alcoholism, Clinical and Experimental Research*.

Kottak, C. P., & Kozaitis, K. A. (2012). *On being different* (4th ed.). New York: McGraw-Hill.

Kozol, J. (2005). *The shame of a nation*. New York: Crown.

Kramer, L. (2010). The essential ingredients of successful sibling relationships: An emerging framework for advancing theory and practice. *Child Development Perspectives, 4*, 80–86.

Kring, A. M. (2000). Gender and anger. In A. H. Fischer (Ed.), *Gender and emotion: Social psychological perspectives*. New York: Cambridge University Press.

Kroger, J. (2007). *Identity development: Adolescence through adulthood* (2nd ed.). Thousand Oaks, CA: Sage.

Kroger, J., Martinussen, M., & Marcia, J. E. (2010). Identity change during adolescence and young adulthood: A meta-analysis. *Journal of Adolescence, 33*, 683–698.

Krueger, J. I., Vohs, K. D., & Baumeister, R. F. (2008). Is the allure of self-esteem a mirage after all? *American Psychologist, 63*, 64–65.

Kucian, K., & others. (2011, in press). Mental number line training in children with developmental dyscalculia. *NeuroImage*.

Kuhlberg, J. A., Pena, J. B., & Zayas, L. H. (2010). Familism, parent-adolescent conflict, self-esteem, internalizing behaviors, and suicide attempts among adolescent Latinas. *Child Psychiatry and Human Development, 41*, 425–440.

Kuhn, C., & others. (2010). The emergence of gonadal hormone influences on dopaminergic function during puberty. *Hormones and Behavior, 58*, 122–137.

Kuhn, D. (2009). Adolescent thinking. In R. M. Lerner & L. Steinberg (Eds.), *Handbook of adolescent psychology* (3rd ed.). New York: Wiley.

Kuhn, D., & Franklin, S. (2006). The second decade: What develops (and how)? In W. Damon & R. Lerner (Eds.), *Handbook of child psychology* (6th ed.). New York: Wiley.

Kumar, R., & Maehr, M. (2010). Schooling, cultural diversity, and student motivation. In J. L. Meece & J. S. Eccles (Eds.), *Handbook of research on schools, schooling, and human development*. New York: Routledge.

Kumpfer, K. L., & Alvarado, R. (2003). Family-strengthening approaches for the prevention of youth problem behaviors. *American Psychologist, 58*, 457–465.

Kunz, J. (2011). *THINK marriages and families*. Upper Saddle River, NJ: Pearson.

Kupersmidt, J. B., & Coie J. D. (1990). Preadolescent peer status, aggression, and school adjustment as predictors of externalizing problems in adolescence. *Child Development, 61*, 1350–1363.

Kuppens, S., Grietens, H., Onghena, P., & Michiels, D. (2009). Relations between parental psychological control and childhood relational aggression: Reciprocal in nature? *Journal of Clinical Child and Adolescent Psychology, 38*, 117–131.

Kurdek, L. A. (2008). Change in relationship quality for partners from lesbian, gay male, and heterosexual couples. *Journal of Family Psychology, 22*, 701–711.

Kurth, S., Jenni, O. G., Riedner, B. A., Tononi, G., Carskadon, M. A., & Huber, R. (2010). Characteristics of sleep slow waves in children and adolescents. *Sleep, 33*, 475–480.

L

Labouvie-Vief, G. (1986, August). *Modes of knowing and life-span cognition*. Paper presented at the meeting of the American Psychological Association, Washington, DC.

Labouvie-Vief, G. (2006). Emerging structures of adult thought. In J. J. Arnett & J. L. Tanner (Eds.), *Emerging adults in America*. Washington, DC: American Psychological Association.

Labouvie-Vief, G. (2009). Cognition and equilibrium regulation in development and aging. In V. Bengtson & others (Eds.), *Handbook of theories of aging*. New York: Springer.

Labouvie-Vief, G., Gruhn, D., & Studer J. (2010). Dynamic integration of emotion and cognition: Equilibrium regulation in development and aging. In M. E. Lamb, A. Freund, & R. M. Lerner (Eds.), *Handbook of life-span development* (Vol. 2). New York: Wiley.

Labrie, J. W., Hummer, J., Kenney, S., Lac, A., & Pedersen, E. (2011). Identifying factors that increase the likelihood for alcohol-induced blackouts in the prepartying context. *Substance Use and Misuse, 46*, 992–1002.

Ladd, G. W., Kochenderfer-Ladd, B., & Rydell, A-M. (2011). Children's interpersonal skills and school-based relationships. In P. K. Smith & C. H. Hart (Eds.), *Wiley-Blackwell handbook of social development* (2nd ed.). New York: Wiley.

Laflin, M. T., Wang, J., & Barry, M. (2008). A longitudinal study of adolescent transition from virgin to nonvirgin status. *Journal of Adolescent Health, 42*, 228–236.

LaFontana, K. M., & Cillessen, A. H. N. (2010). Developmental changes in the priority of perceived status in childhood and adolescence. *Social Development, 19*, 130–147.

LaFrance, M., Hecht, M. A., & Paluck, E. L. (2003). The contingent smile: A meta-analysis of sex differences in smiling. *Psychological Bulletin, 129*, 305–334.

Lagus, K. A., Bernat, D. H., Bearinger, L. H., Resnick, M. D., & Eisenberg, M. E. (2011). Parental perspectives on sources of sex information for young people. *Journal of Adolescent Health*.

Laird, R. D., Criss, M. M., Pettit, G. S., Dodge, K. A., & Bates, J. A. (2008). Parents' monitoring knowledge attenuates the link between antisocial friends and adolescent delinquent behavior. *Journal of Abnormal Psychology, 36*, 299–310.

Laird, R. D., & Marrero, M. D. (2010). Information management and behavior problems: Is concealing misbehavior necessarily a sign of trouble? *Journal of Adolescence, 33*, 297–308.

Laird, R. D., & Marrero, M. D. (2011). Mothers' knowledge of early adolescents' activities following the middle school transition and pubertal maturation. *Journal of Early Adolescence, 31*, 209–233.

Laird, R. D., Marrero, M. D., & Sentse, M. (2010). Revisiting parental monitoring: Evidence that parental solicitation can be effective when needed most. *Journal of Youth and Adolescence, 39*, 1431–1441.

Laird, R. D., Marrero, M. D., & Sherwood, J. K. (2010). Developmental and interactional antecedents of monitoring in early adolescence. In V. Guilamo-Ramos, J. Jaccard, & P. Dittus (Eds.), *Parental monitoring of adolescents: Current perspectives for researchers and practitioners*. New York: Columbia University Press.

Laird, R. D., Pettit, G. S., Bates, J. E., & Dodge, K. A. (2003). Parents' monitoring-relevant knowledge and adolescents' delinquent behavior: Evidence of correlated developmental changes and reciprocal influences. *Child Development, 74,* 752–768.

Lalonde, C., & Chandler, M. (2004). Culture, selves, and time. In C. Lightfoot, C. Lalonde, & M. Chandler (Eds.), *Changing conceptions of psychological life*. Mahwah, NJ: Erlbaum.

Landale, N. S., Thomas, K. J., & Van Hook, J. (2011). The living arrangements of children of immigrants. *Futu re of Children, 21,* 43–70.

Landor, A., Simons, L. G., Simons, R. L., Brody, G. H., & Gibbons, F. X. (2011). The role of religiosity in the relationship between parents, peers, and adolescent risky sexual behavior. *Journal of Youth and Adolescence, 40,* 296–309.

Langston, W. (2011). *Research methods laboratory manual for psychology* (3rd ed.). Boston: Cengage.

Langstrom, N., Rahman, Q., Carlstrom, E., & Lichtenstein, P. (2010). Genetic and environmental effects on same-sex behavior: A population study of twins in Sweden. *Archives of Sexual Behavior, 39,* 75–80.

Lansford, J. E. (2009). Parental divorce and children's adjustment. *Perspectives on Psychological Science, 4,* 140–152.

Lansford, J. E., Malone, P. S., Castellino, D. R., Dodge, K. A., Pettit, G. S., & Bates, J. E. (2006). Trajectories of internalizing, externalizing, and grades for children who have and have not experienced their parents' divorce or separation. *Journal of Family Psychology, 20,* 292–301.

Lansford, J. E., Yu, T., Erath, S. A., Pettit, G. S., Bates, J. E., & Dodge, K. A. (2010). Developmental precursors of number of sexual partners from ages 16 to 22. *Journal of Research on Adolescence, 20,* 651–677.

Lapsley, D. K. (1990). Continuity and discontinuity in adolescent social cognitive development. In R. Montemayor, G. Adams, & T. Gulotta (Eds.), *From childhood to adolescence: A transitional period?* Newbury Park, CA: Sage.

Lapsley, D. K. (2010). Moral agency, identity, and narrative in moral development. *Human Development, 53,* 87–97.

Lapsley, D. K., & Aalsma, M. C. (2006). An empirical typology of narcissism and mental health in late adolescence. *Journal of Adolescence, 29,* 53–71.

Lapsley, D. K., Enright, R. D., & Serlin, R. C. (1985). Toward a theoretical perspective on the legislation of adolescence. *Journal of Early Adolescence, 5,* 441–466.

Lapsley, D. K., & Hill, P. L. (2010). Subjective invulnerability, optimism bias, and adjustment in emerging adulthood. *Journal of Youth and Adolescence, 39,* 847–857.

Lapsley, D. K., Rice, K. G., & Shadid, G. E. (1989). Psychological separation and adjustment to college. *Journal of Counseling Psychology, 36,* 286–294.

Lapsley, D. K., & Stey, P. (2012, in press). Adolescent narcissism. In R. Levesque (Ed.), *Encyclopedia of adolescence*. New York: Springer.

Larrivee, B. (2009). *Authentic classroom management* (3rd ed.). Upper Saddle River, NJ: Prentice Hall.

Larson, N. I., & others. (2008). Fast food intake: Longitudinal trends during the transition to young adulthood and correlates of intake. *Journal of Adolescent Health, 43,* 79–86.

Larson, R., & Lampman-Petraitis, C. (1989). Daily emotional states as reported by children and adolescents. *Child Development, 60,* 1250–1260.

Larson, R., & Richards, M. H. (1994). *Divergent realities*. New York: Basic Books.

Larson, R. W. (1999, September). Unpublished review of J. W. Santrock's *Adolescence*, 8th ed. (New York: McGraw-Hill).

Larson, R. W. (2000). Toward a psychology of positive youth develop-ment. *American Psychologist, 55,* 170–183.

Larson, R. W. (2001). How U.S. children and adolescents spend time: What it does (and doesn't) tell us about their development. *Current Directions in Psychological Science, 10,* 160–164.

Larson, R. W. (2008). Development of the capacity for teamwork in youth development. In R. K. Silbereisen & R. M. Lerner (Eds.), *Approaches to positive youth development*. Thousand Oaks, CA: Sage.

Larson, R. W. (2011). Positive development in a disorderly world. *Journal of Research on Adolescence, 21,* 317–334.

Larson, R. W., & Angus, R. M. (2011, in press). Pursuing paradox: The role of adults in creating empowering settings for youth. In M. Aber, K. Maton, & E. Seidman (Eds.), *Empowerment settings and voices for social change*. New York: Oxford University Press.

Larson, R., Wilson, S., & Rickman, A. (2009). Globalization, societal change, and adolescence across the world. In R. M. Lerner & L. Steinberg (Eds.), *Handbook of adolescent psychology* (3rd ed.). New York: Wiley.

Larson, R. W., & Richards, M. H. (1994). *Divergent realities*. New York: Basic Books.

Larson, R. W., Rickman, A. N., Gibbons, C. M., & Walker, K. C. (2011, in press). Practitioner expertise: Creating quality within the tumble of events in youth settings. *New Directions in Youth Development*.

Larson, R. W., & Verma, S. (1999). How children and adolescents spend time across the world: Work, play, and developmental opportunities. *Psychological Bulletin, 125,* 701–736.

Larson, R. W., & Walker, K. C. (2010). Dilemmas of practice: Challenges to program quality encountered by youth program leaders. *American Journal of Community Psychology, 45,* 338–349.

Larson, R. W., Wilson, S., & Rickman, A. (2009). Globalization, societal change, and adolescence across the world. In R. M. Lerner & L. Steinberg (Eds.), *Handbook of adolescent psychology* (3rd ed.). New York: Wiley.

Laursen, B. (1995). Conflict and social interac-tion in adolescent relationships. *Journal of Research on Adolescence, 5,* 55–70.

Laursen, B., & Collins, W. A. (2009). Parent-child relationships during adolescence. In R. M. Lerner & L. Steinberg (Eds.), *Handbook of adolescent psychology* (3rd ed.). New York: Wiley.

Laursen, B., Coy, K. C., & Collins, W. A. (1998). Reconsidering changes in parent-child conflict across adolescence: A meta-analysis. *Child Development, 69,* 817–832.

LaVoie, J. (1976). Ego identity formation in middle adolescence. *Journal of Youth and Adolescence, 5,* 371–385.

Lawler, M., & Nixon, E. (2011). Body dissatisfaction among adolescent boys and girls: The effects of body mass, peer appearance culture, and internalization of appearance ideals. *Journal of Youth and Adolescence, 40,* 59–71.

Lawyer, S., Resnick, H., Bakanic, V., Burkett, T., & Kilpatrick, D. (2010). Forcible, drug-facilitated, and incapacitated rape and sexual assault among undergraduate women. *Journal of American College Health, 58,* 453–460.

Lazarus, R. S. (2000). Toward better research on stress and coping. *American Psychologist, 55*(6), 665–673.

Leadbeater, B. J., & Way, N. (2000). *Growing up fast*. Mahwah, NJ: Erlbaum.

Leadbeater, B. J., Way, N., & Raden, A. (1994, February). *Barriers to involvement of father of the children of adolescent mothers*. Paper presented at the meeting of the Society for Research on Adolescence, San Diego.

Leaper, C., & Bigler, R. H. (2011). Gender. In M. K. Underwood & L. H. Rosen (Eds.), *Social development*. New York: Guilford.

Leaper, C., & Brown, C. S. (2008). Perceived experience of sexism among adolescent girls. *Child Development, 79,* 685–704.

Leaper, C., & Friedman, C. K. (2007). The socialization of gender. In J. E. Grusec & P. D. Hastings (Eds.), *Handbook of socialization*. New York: Guilford.

Leatherdale, S. T. (2010). Factors associated with communication-based sedentary behaviors among youth: Are talking on the phone, texting, and instant messaging new sedentary behaviors to be concerned about? *Journal of Adolescent Health, 47,* 315–318.

Lecke, S. B., Morsch, D. M., & Spritzer, P. M. (2011). Leptin and adiponectiin in the female life course. *Brazilian Journal of Medical and Biological Research, 44,* 381–387.

Lee, K., & Ashton, M. C. (2008). The HEXACO personality factors in the indigenous personality lexicons and 11 other languages. *Journal of Personality, 76,* 1001–1054.

Lee, L. A., Sarra, D. A., Mason, A. E., & Law, R. W. (2011). Attachment anxiety, verbal immediacy, and blood pressure: Results from a laboratory-analogue study following marital separation. *Personal Relationships, 18,* 285–301.

Lee, S. S. (2011). Deviant peer affiliation and antisocial behavior: Interaction with Monoamine Oxidase A (MAOA) genotype. *Journal of Abnormal Child Psychology, 39,* 321–332.

Leedy, P. D., & Ormrod, J. E. (2010). *Practical research* (9th ed.). Upper Saddle River, NJ: Prentice Hall.

Lefkowitz, E. S., Boone, T. L., & Shearer, T. L. (2004). Communication with best friends about sex-related topics during emerging adulthood. *Journal of Youth and Adolescence, 33,* 339–351.

Lefkowitz, E. S., & Espinosa-Hernandez, G. (2006). *Sexual related communication with mothers and close friends during the transition to university*. Unpublished manuscript, Department of Human Development and Family Studies, Pennsylvania State University, University Park, PA.

Lefkowitz, E. S., & Gillen, M. M. (2006). "Sex is just a normal part of life": Sexuality in emerging adulthood. In J. J. Arnett & J. L. Tanner (Eds.), *Emerging adults in America*. Washington, DC: American Psychological Association.

Lehr, C. A., Hanson, A., Sinclair, M. F., & Christensen, S. I. (2003). Moving beyond dropout prevention towards school completion. *School Psychology Review, 32,* 342–364.

Leitenberg, H., Detzer, M. J., & Srebnik, D. (1993). Gender differences in masturbation and the relation of masturbation experience in preadolescence and/or early adolescence to sexual behavior and adjustment in young adulthood. *Archives of Sexual Behavior, 22,* 87–98.

Lenhart, A., Ling, R., Campbell, S., & Purcell, K. (2010a, April 20). *Teens and mobile phones*. Washington, DC: Pew Research Center.

Lenhart, A., Purcell, K., Smith, A., & Zickuhr, K. (2010b, February 3). *Social media and young adults*. Washington, DC: Pew Research Center.

Lenroot, R. K., & Giedd, J. N. (2010). Sex differences in the human brain. *Brain and Cognition, 72*, 46-55.

Leondari, A., & Gonida, E. (2007). Predicting academic self-handicapping in different age groups: The role of personal achievement goals and social goals. *British Journal of Educational Psychology, 77*, 595-611.

Lepper, M. R., Corpus, J. H., & Iyengar, S. S. (2005). Intrinsic and extrinsic orientations in the classroom: Age differences and academic correlates. *Journal of Educational Psychology, 97*, 184-196.

Lerner, J. V., Phelps, E., Forman, Y., & Bowers, E. P. (2009). Positive youth develop-ment. In R. M. Lerner & L. Steinberg (Eds.), *Handbook of adolescent psychology* (3rd ed.). New York: Wiley.

Lerner, J. W., & Johns, B. (2012). *Learning disabilities and related mild disabilities* (12th ed.). Boston: Cengage.

Lerner, R. M., Boyd, M., & Du, D. (2008). Adolescent development. In I. B. Weiner & C. B. Craighead (Eds.), *Encyclopedia of psychology* (4th ed.). Hoboken, NJ: Wiley.

Lerner, R. M., & others. (2011, in press). Positive youth development: Contemporary theoretical perspectives. In A. C. Fonseca (Ed.), *Criancas e adolescentes*, Coimbra, Portugal: Nova Almedina.

Lerner, R. M., & Steinberg, L. (2009). The scientific study of adolescent development. In R. M. Lerner & L. Steinberg (Eds.), *Handbook of adolescent psychology* (3rd ed.). New York: Wiley.

Lerner, R. M., von Eye, A., Lerner, J. V., Lewin-Bizan, S., & Bowers, E. P. (2010). Special issue introduction: The meaning and measurement of thriving: A view of the issues. *Journal of Youth and Adolescence, 39*, 707-719.

Levant, R. F. (2001). Men and masculinity. In J. Worell (Ed.), *Encyclopedia of women and gender*. San Diego: Academic Press.

Leventhal, T., Dupéré, V., & Brooks-Gunn, J. (2009). Neighbor-hood influences on adolescent development. In R. M. Lerner & L. Steinberg (Eds.), *Handbook of adolescent psychology* (3rd ed.). New York: Wiley.

Levstik, L. (2011). Learning history. In P. A. Alexander & R. E. Mayer (Eds.), *Handbook of research on learning and instruction*. New York: Routledge.

Levykh, M. G. (2008). The affective establish-ment and maintenance of Vygotsky's zone of proximal development. *Educational Theory, 58*, 83-101.

Lewin-Bizan, S., Bowers, E., & Lerner, R. M. (2010). One good thing leads to another: Cascades of positive youth development among American adolescents. *Development and Psychopathology, 22*, 759-770.

Lewis, A. C. (2007). Looking beyond NCLB. *Phi Delta Kappan, 88*, 483-484.

Lewis, C., & Carpendale, J. (2011). Social cognition. In P. K. Smith & C. C. Hart (Eds.), *Wiley-Blackwell handbook of childhood social development*. New York: Wiley.

Lewis, C. G. (1981). How adolescents approach decisions: Changes over grades seven to twelve and policy implications. *Child Development, 52*, 538-554.

Lewis, M., Feiring, C., & Rosenthal, S. (2000). Attachment over time. *Child Development, 71*, 707-720.

Lewis, V. G., Money, J., & Bobrow, N. A. (1977). Idiopathic pubertal delay beyond the age of 15: Psychological study of 12 boys. *Adolescence, 12*, 1-11.

Liben, L. S. (1995). Psychology meets geography: Exploring the gender gap on the national geography bee. *Psychological Science Agenda, 8*, 8-9.

Lieberman, A. F., Chu, A., Van horn, P., & Harris, W. W. (2011). Trauma in early child-hood: Empirical evidence and clinical implications. *Development and Psychopathology, 23*, 397-410.

Limber, S. P. (2004). Implementation of the Olweus Bullying Prevention program in American schools: Lessons learned from the field. In D. L. Espelage & S. M. Swearer (Eds.), *Bullying in American schools*. Mahwah, NJ: Erlbaum.

Li, M. D., Lou, X. Y., Chen, G., Ma, J. Z., & Elston, R. C. (2008). Gene-gene interactions among CHRNA4, CHRNB2, BDNF, and NTRK2 in nicotine dependence. *Biological Psychiatry, 64*, 951-957.

Lindberg, S. M., Hyde, S. S., Petersen, J. L., & Lin, M. C. (2010). New trends in gender and mathematics performance: A meta-analysis. *Psychological Bulletin, 136*, 1123-1135.

Lindblad, F., & Hjern, A. (2010). ADHD after fetal exposure to maternal smoking. *Nicotine and Tobacco Research, 12*, 408-415.

Lindley, F. A. (2009). *The portable mentor*. Thousand Oaks, CA: Corwin Press

Linley, P. A., & Joseph, S. (2004). Positive change following trauma and adversity: A review. *Journal of Traumatic Stress, 17*, 11-21.

Linver, M. R., Roth, J. L., & Brooks-Gunn, J. (2009). Patterns of adolescents' participation in organized activities: Are sports best when combined with other activities? *Developmental Psychology, 45*, 354-367.

Lippman, L. A., & Keith, J. D. (2006). The demographics of spirituality among youth: International perspectives. In E. Roehlkepartain, P. E. King, L. Wagener, & P. L. Benson (Eds.), *The handbook of spirituality in childhood and adolescence*. Thousand Oaks, CA: Sage.

Lipsitz, J. (1980, March). *Sexual development in young adolescents*. Invited speech given at the American Association of Sex Educators, Counselors, and Therapists, New York City.

Lipsitz, J. (1983, October). *Making it the hard way: Adolescents in the 1980s*. Testimony presented at the Crisis Intervention Task Force. House Select Committee on Children, Youth, and Families, Washington, DC.

Little, T. D., Card, N. A., Preacher, K. J., & McConnell, E. (2009). Modeling longitudinal data from research on adolescence. In R. M. Lerner & L. Steinberg (Eds.), *Handbook of adolescence* (3rd ed.). New York: Wiley.

Littleton, K., Scanlon, E., & Sharples, M. (Eds.). (2011). *Orchestrating personal inquiry learning*. New York: Routledge.

Liu, F. F., & others. (2011). Family stress and coping for Mexican origin adolescents. *Journal of Clinical Child and Adolescent Psychology, 40*, 385-397.

Lobelo, F., Pate, R. R., Dowda, M., Liese, A. D., & Daniels, S. R. (2010). Cardiorespiratory fitness and clustered cardiovascular disease risk in U.S. adolescents. *Journal of Adolescent Health, 47*, 352-359.

Loeber, R., & Burke, J. D. (2011). Develop-mental pathways in juvenile externalizing and internalizing problems. *Journal of Research on Adolescence, 21*, 34-46.

Loeber, R., Burke, J., & Pardini, D. (2009). The etiology and development of antisocial and delinquent behavior. *Annual Review of Psychology* (Vol. 60). Palo Alto, CA: Annual Reviews.

Loeber, R., Farrington, D. P., Stouthamer-Loeber, M., & White, H. R. (2008). *Violence and serious theft: Development and prediction from childhood to adulthood*. New York: Routledge.

Loeber, R., Pardini, D. A., Stouthamer-Loeber, M., & Raine, A. (2007). Do cognitive, physiological, and psychosocial risk and promotive factors predict desistance from delinquency in males? *Development and Psychopathology, 19*, 867-887.

Loehlin, J. C., Horn, J. M., & Ernst, J. L. (2007). Genetic and environmental influences on adult life outcomes: Evidence from the Texas adoption project. *Behavior Genetics, 37*, 463-476.

Lohman, D. F., & Lakin, J. M. (2011). Intelligence and reasoning. In R. J. Sternberg & S. B. Kaufman (Eds.), *Cambridge handbook of intelligence*. New York: Cambridge University Press.

Lomas, J., Stough, C., Hansen, K., & Downey, L. A. (2011, in press). Brief report: Emotional intelligence, victimization, and bullying in adolescents. *Journal of Adolescence*.

Lonardo, R. A., Giordano, P. C., Longmore, M. A., & Manning, W. D. (2009). Parents, friends, and romantic partners: Enmeshment in deviant networks and adolescent delinquency involvement. *Journal of Youth and Adolescence, 38*, 367-383.

Lord, S. E., & Eccles, J. S. (1994, February). *James revisited: The relationship of domain self-concepts and values to Black and White adolescents' self-esteem*. Paper presented at the meeting of the Society for Research on Adolescence, San Diego.

Loukas, A., Roalson, L. A., & Herrera, D. E. (2010). School connectedness buffers the effects of negative family relations and poor effortful control on early adolescent conduct problems. *Journal of Research on Adolescence, 20*, 13-22.

Lounsbury, J. W., Levy, J. J., Leong, F. T., & Gibson, L. W. (2007). Identity and personality: The big five and narrow personality traits in relation to sense of identity. *Identity, 7*, 51-70.

Lubart, T. I. (2003). In search of creative intelligence. In R. J. Sternberg, J. Lautrey, & T. I. Lubert (Eds.), *Models of intelligence: International perspectives*. Washington, DC: American Psychological Association.

Lucas, R. E., & Donnellan, M. B. (2009). Age differences in personality: Evidence from a nationally representative sample of Australians. *Developmental Psychology, 45*, 1353-1363.

Luders, E., & others. (2004). Gender differences in cortical complexity. *Nature Neuroscience, 7*, 799-800.

Luna, B., Padmanabhan, A., & O'Hearn, K. (2010). What has fMRI told us about the development of cognitive control in adolescence. *Brain and Cognition, 72*, 101-113.

Lunday, A. (2006, December 4). Two Homewood seniors collect Marshall, Mitchell scholarships. *The JHU Gazette, 36*.

Lund, H. G., Reider, B. D., Whiting, A. B., & Prichard, J. R. (2010). Sleep patterns and predictors of disturbed sleep in a large popula-tion of college students. *Journal of Adolescent Health, 46*, 124-132.

Lunkenheimer, E. S., Olson, S. L., Hollenstein, T., Sameroff, A. J., & Winter, C. (2011). Dyadic flexibility and positive affect in parent-child coregulation and the development of child behavior problems. *Development and Psychopathology, 23*, 577-591.

Luria, A., & Herzog, E. (1985, April). *Gender segregation across and within settings*. Paper pre-

sented at the biennial meeting of the Society for Research in Child Development, Toronto.
Luthar, S. S. (2006). Resilience in development: A synthesis of research across five decades. In D. Cicchetti & D. J. Cohen (Eds.), *Developmental psychopathology: Vol 3. Risk, disorders, and adaptation* (2nd ed.). Hoboken, NJ: Wiley.
Luthar, S. S., & Goldstein. A. S. (2008). Substance use and related behaviors among suburban late adolescents: The importance of per-ceived parent containment. *Development and Psychopathology, 20,* 591–614.
Luyckx, K. (2006). *Identity formation in emerging adulthood: Developmental trajectories, antecedents, and consequences.* Doctoral Disseration, Katholieke Universiteit Leuven, Leuven, Belgium.
Luyckx, K., Schwartz, S. J., Berzonsky, M. D., Soenens, B., Vansteenkiste, M., Smits, I., & Goossens, L. (2008). Capturing ruminative exploration: Extending the four-dimensional model of identity formation in late adolescence. *Journal of Research in Personality, 42,* 58–62.
Luyckx, K., Schwartz, S. J., Goossens, L., Soenens, B., & Beyers, W. (2008). Develop-mental typologies of identity formation and adjustment in female emerging adults: A latent class growth analysis approach. *Journal of Research on Adolescence, 18,* 595–619.
Luyckx, K., Schwartz, S. J., Soenens, B., Vansteenkiste, M., & Goossens, L. (2010). The path from identity commitments to adjustment: Motivational underpinnings and mediating mechanisms. *Journal of Counseling and Development, 88,* 52–60.
Lynch, M. E. (1991). Gender intensification. In R. M. Lerner, A. C. Petersen, & J. Brooks-Gunn (Eds.), *Encyclopedia of adolescence* (Vol. 1). New York: Garland.
Lynne-Landsman, S. D., Bradshaw, C. P., & Ialongo, N. (2010). Testing a developmental cascade model of adolescent substance use trajectories and young adult adjustment. *Development and Psychopathology, 22,* 933–948.
Lynne-Landsman, S. D., Graber, J. A., Nichols, T. R., & Botvin, G. J. (2010, in press). Is sensation seeking a stable trait or does it change over time? *Journal of Youth and Adolescence.*
Lyons, H., Giordano, P. C., Manning, W. D., & Longmore, M. A. (2010). Identity, peer relationships, and adolescent girls' sexual behavior: An exploration of the contemporary double standard. *Journal of Sex Research, 47,* 1–13.
Lytle, L. A. (2009). School-based interventions: Where do we go from here? *Archives of Pediatric and Adolescent Medicine, 163,* 388–389.

M

Maccoby, E. E. (1987, November). Interview with Elizabeth Hall: All in the family. *Psychology Today,* 54–60.
Maccoby, E. E. (1998). *The two sexes.* Cambridge, MA: Harvard University Press.
Maccoby, E. E. (2002). Gender and group process: A developmental perspective. *Current Directions in Psychological Science, 11,* 54–57.
Maccoby, E. E. (2007). Historical overview of socialization theory and research. In J. E. Grusec & P. D. Hastings (Eds.), *Handbook of socialization.* New York: Guilford.
Maccoby, E. E., & Jacklin, C. N. (1974). *The psychology of sex differences.* Palo Alto, CA: Stanford University Press.

Maccoby, E. E., & Martin, J. A. (1983). Socialization in the context of the family. In E. M. Hetherington (Ed.), *Handbook of Child Psychology: Vol. 4, Socialization, personality, and social development.* New York: Wiley.
MacDonald, K. (1987). Parent-child physical play with rejected, neglected, and popular boys. *Developmental Psychology, 23,* 705–711.
MacGeorge, E. L. (2004). The myth of gender cultures: Similarities outweigh differences in men's and women's provisions of and responses to supportive communication. *Sex Roles, 50,* 143–175.
Mac Iver, D., Balfanz, R. W., Ruby, A., & Byrnes, V. (2010). Talent development in the middle school. In J. L. Meece & J. S. Eccles (Eds.), *Handbook of research on schools, schooling, and human development.* New York: Routledge.
Maclean, A. M., Walker, L. J., & Matsuba, M. K. (2004). Transcendence and the moral self: Identity, integration, religion, and moral life. *Journal for the Scientific Study of Religion, 43,* 429–437.
Macy, R. J., Nurius, P. S., & Norris, J. (2006). Responding in their best interests: Contextualizing women's coping with acquaintance sexual aggression. *Violence Against Women, 12,* 478–500.
Mader, S. S. (2011). *Biology* (10th ed.). New York: McGraw-Hill.
Madison, B. E., & Foster-Clark, F. S. (1996, March). *Pathways to identity and intimacy: Effects of gender and personality.* Paper presented at the meeting of the Society for Research on Adolescence, Boston.
Madkour, A. S., Farhat, T., Halpern, C. T., Godeu, E., & Gabhainn, S. N. (2010). Early adolescent sexual initiation as a problem behavior: A comparative study of five nations. *Journal of Adolescent Health, 47,* 389–398.
Madsen, S. D., & Collins, W. A. (2011, in press). The salience of romantic experiences for romantic relationship qualities in young adulthood. *Journal of Research on Adolescence.*
Maehr, M. L., & Zusho, A. (2009). Goal-directed behavior in the classroom. In K. Wentzel & A. Wigfield (Eds.), *Handbook of motivation at school.* New York: Routledge.
Mael, F. A. (1998). Single-sex and coeducational schooling: Relationships to socioemotional and academic development. *Review of Educational Research, 68*(2), 101–129.
Magno, C. (2010). The role of metacognitive skills in developing critical thinking. *Metacognition and Learning, 5,* 137–156.
Mahmoudi-Gharaei, J., Dodangi, N., Tehrani--Doost, M., & Faghihi, T. (2011, in press). Duloxetine in the treatment of adolescents with attention deficit/hyperactivity disorder: An open-label study. *Human Psychopharmacology.*
Mahoney, J., Vandell, D., Simpkins, S., & Zarrett, N. (2009). Adolescent out-of-school activities. In R. M. Lerner & L. Steinberg (Eds.), *Handbook of adolescent psychology* (3rd ed.). New York: Wiley.
Malamitsi-Puchner, A., & Boutsikou, T. (2006). Adolescent pregnancy and perinatal out-come. *Pediatric Endocrinology Reviews, 3*(Suppl 1), 170–171.
Malik, N. M., & Furman, W. (1993). Practitioner review: Problems in children's peer relations: What can the clinician do? *Journal of Child Psychology and Psychiatry, 34,* 1303–1326.
Maloy, R. W., Verock-O'Loughlin, R-E., Edwards, S. A., & Woolf, B. P. (2011). *Transforming learning with new technologies.* Boston: Allyn & Bacon.

Malti, T., & Buchmann, M. (2010). Socializa-tion and individual antecedents of adolescents' and young adults' moral motivation. *Journal of Youth and Adolescence, 39,* 138–149.
Malti, T., & Latzko, B. (2010). Children's moral emotions and moral cognition: Towards an integrative perspective. *New Directions for Child and Adolescent Development, 129,* 1–10.
Mandara, J. (2006). The impact of family functioning on African American males' academic achievement: A review and clarification of the empirical literature. *Teachers College Record, 108,* 206–233.
Mandelman, S. D., & Grigorenko, E. L. (2011). Intelligence: Genes, environments, and their interactions. In R. J. Sternberg & S. B. Kaufman (Eds.), *Cambridge handbook of intelligence.* New York: Cambridge University Press.
Manis, F. R., Keating, D. P., & Morrison, F. J. (1980). Developmental differences in the allocation of processing capacity. *Journal of Experimental Child Psychology, 29,* 156–169.
Manongdo, J. A., & Garcia, J. I. R. (2011). Maternal parenting and mental health of Mexican American youth: A bidirectional and prospective approach. *Developmental Psychology, 25,* 261–270.
Marceau, K., Ram, N., Houts, R. M., Grimm, K. J., & Susman, E. J. (2011, in press). Individual differences in boys' and girls' timing and tempo of puberty: Modeling development with nonlinear growth models. *Developmental Psychology.*
Marcell, A. V., & Halpern-Felsher, B. L. (2007). Adolescents' beliefs about preferred resources for help vary depending on the health issue. *Journal of Adolescent Health, 41,* 61–68.
Marcell, A. V., Klein, J. D., Fischer, I., Allan, M. J., & Kokotailo, P. K. (2002). Male adolescent use of health care services: Where are the boys? *Journal of Adolescent Health Care, 30,* 35–43.
Marcell, A. V., & Millstein, S. G. (2001, March). *Quality of adolescent preventive services: The role of physician attitudes and self-efficacy.* Paper presented at the meeting of the Society for Adolescent Medicine, San Diego.
Marcia, J. E. (1980). Ego identity development. In J. Adelson (Ed.), *Handbook of adolescent psychology.* New York: Wiley.
Marcia, J. E. (1987). The identity status approach to the study of ego identity development. In T. Honess & K. Yardley (Eds.), *Self and identity: Perspectives across the lifespan.* London: Routledge & Kegan Paul.
Marcia, J. E. (1994). The empirical study of ego identity. In H. A. Bosma, T. L. G. Graafsma, H. D. Grotevant, & D. J. De Levita (Eds.), *Identity and development.* Newbury Park, CA: Sage.
Marcia, J. E. (1996). Unpublished review of J. W. Santrock's *Adolescence,* 7th ed. (Dubuque, IA: Brown & Benchmark).
Marcia, J. E. (2002). Identity and psychosocial development in adulthood. *Identity: An Inter-national Journal of Theory and Research, 2,* 7–28.
Marcia, J. E., & Carpendale, J. (2004). Identity: Does thinking make it so? In C. Lightfoot, C. Lalonde, & M. Chandler (Eds.), *Changing conceptions of psychological life.* Mahwah, NJ: Erlbaum.
Marcovitch, H. (2004). Use of stimulants for attention deficit hyperactivity disorder: AGAINST. *British Medical Journal, 329,* 908–909.
Marecek, J., Finn, S. E., & Cardell, M. (1988). Gender roles in the relationships of lesbians and gay men. In J. P. De Cecco (Ed.), *Gay relationships.* New York: Harrington Park Press.

Markey, C. N. (2010, in press). Invited commentary: Why body image is important to adolescent development. *Journal of Youth and Adolescence.*

Markey, C. N. (2010). Invited commentary: Why body image is important to adolescent development. *Journal of Youth and Adolescence, 39,* 1387–1391.

Markham, C. M., & others. (2010). Connectedness as a predictor of sexual and reproductive health outcomes for youth. *Journal of Adolescent Health, 46*(Suppl 3), S23–S41.

Marks, A. K., Patton, F., & Garcia Coll, C. (2011). Being bicultural: A mixed-methods study of adolescents' implicitly and explicitly measured ethnic identities. *Developmental Psychology, 47,* 270–288.

Markstrom, C. A. (2010). *Empowerment of North American Indian girls.* Lincoln: University of Nebraska Press.

Markstrom, C. A. (2011, in press). Identity formation of American Indian adolescents: Local, national, and global considerations. *Journal of Research on Adolescence.*

Markus, H. R., & Kitayama, S. (2010). Cultures and selves: A cycle of mutual constitution. *Perspectives on Psychological Science, 5,* 420–430.

Markus, H. R., Mullally, P. R., & Kitayama, S. (1999). *Selfways: Diversity in modes of cultural participation.* Unpublished manuscript, Department of Psychology, University of Michigan.

Markus, H. R., & Nurius, P. (1986). Possible selves. *American Psychologist, 41,* 954–969.

Markus, H. R., Uchida, Y., Omoregi, H., Townsend, S. S., & Kitayama, S. (2006). Going for the gold: Models of agency in Japanese and American contexts. *Psychological Science, 17,* 103–112.

Marlatt, M. W., Lucassen, P. J., & van Pragg, H. (2010, in press). Comparison of neurogenic effects of fluoxetine, duloxetine, and running in mice. *Brain Research.*

Marshall Scholarships. (2007). Scholar profiles: 2007. Retrieved January 31, 2008, from www.marshallscholarship.org/profiles2007 .html

Marsiglio, W., & Hinojsoa, R. (2010). Stepfathers' lives: Exploring social context and interpersonal complexity. In M. E. Lamb (Ed.), *The role of the father in child development* (5th ed.). New York: Wiley.

Marti, C. N., Stice, E., & Springer, D. W. (2010). Substance use and abuse trajectories across adolescence: A latent trajectory analysis of a community-recruited sample of girls. *Journal of Adolescence, 33,* 449–461.

Martin, C. L., & Ruble, D. N. (2010). Patterns of gender development. *Annual Review of Psychology* (Vol. 61). Palo Alto, CA: Annual Reviews.

Martin, C. L., Ruble, D. N., & Szkrybalo, J. (2002). Cognitive theories of early gender development. *Psychological Bulletin, 128,* 903–933.

Martinez, A. (2006). In the fast lane: Boosting your career through cooperative education and internships. *Careers and Colleges, 26,* 8–10.

Martini, T. S., & Bussèri, M. A. (2010). Emotion regulation strategies and goals as predictors of older mothers' and daughters' helping-related subjective well-being. *Psychology and Aging, 25*(1), 48–59.

Martin, L. R., Friedman, H. S., & Schwartz, J. E. (2007). Personality and mortality risk across the lifespan: The importance of conscien-tiousness as biopsychosocial attribute. *Health Psychology, 26,* 428–436.

Martin, M. J., & others. (2011, in press). The enduring significance of racism: Discrimination, and delinquency among Black American youth. *Journal of Research on Adolescence.*

Martino, S. C., & others. (2006). Exposure to degrading versus nondegrading music lyrics and sexual behavior among youth. *Pediatrics, 118,* e430–e431.

Mascalo, M. F., & Fischer, K. W. (2010). The dynamic development of thinking, feeling, and acting over the life span. In W. F. Overton & R. M. Lerner (Eds.), *Handbook of life-span development* (Vol. 1). New York: Wiley

Mash, E. J., & Wolfe, D. A. (2009). *Abnormal child psychology* (4th ed.). Belmont, CA: Cengage.

Masten, A. S. (2001). Ordinary magic: Resilience processes in development. *American Psychologist, 56*(3), 227–238.

Masten, A. S. (2004). Regulatory processes, risk and resilience in adolescent development. *Annals of the New York Academy of Sciences, 1021,* 310–319.

Masten, A. S. (2006). Developmental psychopathology: Pathways to the future. *International Journal of Behavioral Development, 31,* 46–53.

Masten, A. S. (2007). Resilience in developing systems: Progress and promise as the fourth wave rises. *Development and Psychopathology, 19,* 921–930.

Masten, A. S. (2009). Ordinary Magic: Lessons from research on resilience in human development. Retrieved October 15, 2009, from www.cea-ace.ca/media/en/Ordinary_Magic_Summer09.pdf

Masten, A. S. (2011). Resilience in children threatened by extreme adversity: Frameworks for research, practice, and translational synergy. *Development and Psychopathology, 23,* 493–506.

Masten, A. S., & Cicchetti, D. (2010). Developmental cascades. *Development and Psychopathology, 22,* 491–495.

Masten, A. S., Cutull, J. J., Herbers, J. E., & Gabrielle-Reed, M. J. (2009). Resilience in development. In C. R. Snyder & S. J. Lopez (Eds.), *The handbook of positive psychology* (2nd ed.). New York: Oxford University Press.

Masten, A. S., Desjardins, C. D., McCormick, C. M., Kuo, S. I., & Long, J. D. (2010). The significance of childhood competence and problems for adult success in work: A develop-mental casade analysis. *Developmental Psychopa-thology, 22,* 679–694.

Masten, A. S., Obradovic, J., & Burt, K. B. (2006). Resilience in emerging adulthood: Developmental perspectives on continuity and transformation. In J. J. Arnett & J. L. Tanner (Eds.), *Emerging adults in America.* Washington, DC: American Psychological Association.

Masten, A. S., & Reed, M. G. (2002). Resilience in development. In C. R. Snyder & S. J. Lopez (Eds.), *The handbook of positive psychology.* New York: Oxford University Press.

Masten, A. S., & Wright, M. O. (2009). Resilience over the lifespan: Developmental perspective on resistance, recovery, and transformation. In J. W. Reich, A. J. Zautra, & J. S. Hall (Eds.), *Handbook of adult resilience.* New York: Wiley.

Match.com. (2011). The Match.com Single in America Study. Retrieved February 7, 2011, from http://blog.match.com/singles-study

Matlin, M. W. (2012). *Psychology of women* (7th ed.). Boston: Cengage.

Matlin, S. L., Molock, S. D., & Tebes, J. K. (2011). Suicidality and depression among African American adolescents: The role of family and peer support and community connectedness. *American Journal of Orthopsychiatry, 81,* 108–117.

Matsuba, M. K., & Walker, L. J. (2004). Extraordinary moral commitment: Young adults involved in social organizations. *Journal of Personality, 72,* 413–436.

Matthews, G., Zeidner, M., & Roberts, R. D. (2006). Models of personality and affect for education: A review and synthesis. In P. A. Alexander & P. H. Wynne (Eds.), *Handbook of educational psychology* (2nd ed.). Mahwah, NJ: Erlbaum.

Matthews, G., Zeidner, M., & Roberts, R. D. (2011). *Emotional intelligence 101.* New York: Springer.

Mayer, J. D., Salovey, P., Caruso, D. R., & Cherkasskiy, L. (2011). Emotional intelligence. In R. J. Sternberg & S. B. Kaufman (Eds.), *Cambridge handbook of intelligence.* New York: Cambridge University Press.

Mayer, R. E. (2008). *Learning and instruction* (2nd ed.). Upper Saddle River, NJ: Prentice Hall.

Mayer, R. E., & Wittrock, M. C. (2006). Problem solving. In P. A. Alexander & P. H. Winne (Eds.), *Handbook of educational psychology* (2nd ed.). Mahwah, NJ: Erlbaum.

Mayers, L. B., & Chiffriller, S. H. (2008). Body art (body piercing and tattooing) among undergraduate university students: "Then and now." *Journal of Adolescent Health, 42,* 201–203.

McAdams, D. P. (2011). Life narratives. In K. L. Fingerman, C. A. Berg, J. Smith, & T. C. Antonucci (Eds.), *Handbook of life-span development.* New York: Springer.

McAdams, D. P., & Cox, K. S. (2010). Self and identity across the life span. In R. M. Lerner, A. Freund, & M. Lamb (Eds.), *Handbook of life-span development* (Vol. 2). New York: Wiley.

McAdams, D. P., Josselson, R., & Lieblich, A. (Eds.). (2006). *Identity and story: Creating self in narrative.* Washington, DC: American Psychological Association Press.

McAdoo, H. P. (2006). *Blackwell families* (4th ed.). Thousand Oaks, CA: Sage.

McAlister, A., Perry, C., Killen, J., Slinkard, L. A., & Maccoby, N. (1980). Pilot study of smoking, alcohol, and drug abuse prevention. *American Journal of Public Health, 70,* 719–721.

McCarty, C. A., Violette, H. D., & McCauley, E. (2011, in press). Feasibility of the positive thoughts and actions prevention program for middle schoolers at risk for depression. *Depression Research and Treatment.*

McClain, L. R. (2011). Cohabitation: Parents following in their children's footsteps. *Sociological Inquiry, 81,* 260–271.

McClure, J. B., & others. (2006). Chlamydia screening in at-risk adolescent females: An evaluation of screening practices and modifiable screening correlates. *Journal of Adolescent Health, 38,* 726–733.

McCombs, B. (2010). Learner-centered practices. In J. L. Meece & J. S. Eccles (Eds.), *Handbook of research on schools, schooling, and human development.* New York: Routledge.

McCormick, C. M., Kuo, S. I-C., & Masten, A. S. (2011). Developmental tasks across the life span. In K. L. Fingerman, C. A. Berg, J. Smith, & T. C. Antonucci (Eds.), *Handbook of life-span development.* New York: Springer.

McCrae, R. R., & Costa, P. T. (2006). Cross-cultural perspectives on adult personality trait development. In D. K. Mroczek & T. D. Little (Eds.), *Handbook of personality development.* Mahwah, NJ: Erlbaum.

McElhaney, K. B., & Allen, J. P. (2012). Sociocultural perspectives on adolescent autonomy. In P. K. Kerig, M. S. Schulz, & S. T. Hauser (Eds.), *Ado-*

lescence and beyond. New York: Oxford University Press.

McElhaney, K. B., Allen, J. P., Stephenson, J. C., & Hare, A. L. (2009). Attachment and autonomy during adolescence. In R. M. Lerner & L. Steinberg (Eds.), *Handbook of adolescent psychology* (3rd ed.). New York: Wiley.

McElhaney, K. B., Antonishak, J., & Allen, J. P. (2008). "They like me, they like me not": Popularity and adolescents' perceptions of acceptance predicting social functioning over time. *Child Development, 79,* 720–731.

McHale, S. M., Kim, J. Y., Dotterer, A., Crouter, A. C., & Booth, A. (2009). The development of gendered interests and personality qualities from middle childhood through adolescence: A bio-social analysis. *Child Development, 80,* 482–495.

McHale, S. M., Kim, J. Y., Kan, M., & Updegraff, K. A. (2010). Sleep in Mexican-American adolescents: Social ecological and well-being correlates. *Journal of Youth and Adolescence, 40,* 666–679.

McHale, S. M., Updegraff, K. A., Helms-Erikson, H., & Crouter, A. C. (2001). Sibling influences on gender development in middle childhood and early adolescence: A longitudinal study. *Developmental Psychology, 37,* 115–125.

McHale, S. M., Updegraff, K. A., & Whiteman, S. D. (2011, in press). Sibling relationships. In G. W. Peterson & K. R. Bush (Eds.), *Handbook of marriage and family* (3rd ed.). New York: Springer.

McKinney, C., & Renk, K. (2011, in press). A multivariate model of parent-adolescent relationship variables in early adolescence. *Child Psychiatry and Human Development.*

McLaughlin, K. A., & Hatzenbuehler, M. L. (2009). Mechanisms linking stressful life events and mental health problems in a prospective, community-based sample of adolescents. *Journal of Adolescent Health, 44,* 153–160.

McLean, K. C., Breen, A. V., & Fournier, M. A. (2010). Constructing the self in early, middle, and late adolescent boys: Narrative identity, individuation, and well-being. *Journal of Research on Adolescence, 20,* 166–187.

McLean, K. C., & Pasupathi, M. (Eds.). (2010). *Narrative development in adolescence: Creating the storied self.* New York: Springer.

McLean, K. C., & Pratt, M. W. (2006). Life's little (and big) lessons: Identity statuses and meaning-making in the turning point narratives of emerging adults. *Developmental Psychology, 42,* 714–722.

McLean, K. C., & Thorne, A. (2006). Identity light: Entertainment stories as vehicle for self-development. In D. P. McAdams, R. Josselson, & A. Lieblich (Eds.), *Identity and story.* Washington, DC: American Psychological Association.

Mclellan, R., & Remedios, R. (2011). *Psychology for the classroom: Motivation.* New York: Routledge.

McLoyd, V. C. (1998). Children in poverty. In I. E. Siegel & K. A. Renninger (Eds.), *Handbook of child psychology* (5th ed., Vol. 4). New York: Wiley.

McLoyd, V. C., Aikens, N. L., & Burton, L. M. (2006). Childhood poverty, policy, and practice. In W. Damon & R. Lerner (Eds.), *Handbook of child psychology* (6th ed.). New York: Wiley.

McLoyd, V. C., Kaplan, R., Purtell, K. M., Bagley, E., Hardaway, C. R., & Smalls, C. (2009). Poverty and social disadvantage in adolescence. In R. M. Lerner & L. Steinberg (Eds.), *Handbook of adolescent psychology* (3rd ed.). New York: Wiley.

McLoyd, V. C., Kaplan, R., Purtell, K. M., & Huston, A. C. (2011). Assessing the effects of a work-based antipoverty program for parents on youth's future orientation and employment experiences. *Child Development, 82,* 113–132.

McMurray, R. G., Harrell, J. S., Creighton, D., Wang, Z., & Bangdiwala, S. I. (2008). Influence of physical activity on change in weight status as children become adolescents. *International Journal of Pediatric Obesity, 3,* 69–77.

McNeely, C. A., & Barber, B. K. (2010). How do parents make adolescents feel loved? Perspectives on supportive parenting from adolescents in 12 cultures. *Journal of Adolescent Research, 25,* 601–631.

McWilliams, L. A., & Bailey, S. J. (2010). Associations between adult attachment ratings and health conditions: Evidence from the National Comorbidity Survey replication. *Health Psychology, 29,* 446–453.

Meade, C. S., Kershaw, T. S., & Ickovics, J. R. (2008). The intergenerational cycle of teenage motherhood: An ecological approach. *Health Psychology, 27,* 419–429.

Mead, M. (1928). *Coming of age in Samoa.* New York: Morrow.

Meece, J. L., Anderman, E. M., & Anderman, L. H. (2006). Classroom goal structure, student motivation, and academic achievement. *Annual Review of Psychology* (Vol. 57). Palo Alto, CA: Annual Reviews.

Meeus, W. (2011). The study of adolescent identity formation 2000–2010: A review of longitudinal research. *Journal of Research in Adolescence, 21,* 75–84.

Meeus, W., van de Schoot, R., Keijser, L., Branje, S., & Schwartz, S. J. (2010). On the progression and stability of adolescent identity formation: A five-wave longitudinal study in early-to-middle and middle-to-late adolescence. *Child Development, 81,* 1565–1581.

Mehta, C. M., & Strough, J. (2009). Sex segregation in friendships and normative contexts across the life span. *Developmental Review, 29,* 201–220.

Mehta, C. M., & Strough, J. (2010). Gender segregation and gender-typing in adolescence. *Sex Roles, 63,* 251–263.

Meichenbaum, D., & Butler, L. (1980). Toward a conceptual model of the treatment of test anxiety: Implications for research and treatment. In I. G. Sarason (Ed.), *Test anxiety.* Mahwah, NJ: Erlbaum.

Meijs, N., Cillessen, A. H. N., Scholte, R. H. J., Segers, E., & Spijkerman, R. (2010). Social intelligence and academic achieve-ment as predictors of adolescent popularity. *Journal of Youth and Adolescence, 39,* 62–72.

Mellor, J. M., & Freeborn, B. A. (2011, in press). Religious partic-ipation and risky health behaviors among adolescents. *Health Economics.*

Mello, Z. R. (2009). Racial/ethnic group and socioeconomic status variation in educational and occupational expectations from adolescence to adulthood. *Journal of Applied Developmental Psychology, 30,* 494–504.

Merrill, D. M. (2009). Parent-child relationships: Later-life. In D. Carr (Ed.), *Encyclopedia of the life course human development.* Boston: Gale Cengage.

Mesch, G. S. (2008). Social bonds and Internet pornographic exposure among adolescents. *Journal of Adolescence, 32,* 601–618.

Metz, E. C., & Youniss, J. (2005). Longitudinal gains in civic development through school-based required service. *Political Psychology, 26,* 413–437.

Metzger, A., Dawes, N., Mermelstein, R., & Wakschlag, L. (2011). Longitudinal modeling of adolescents' activity involvement, problem peer associations, and youth smoking. *Journal of Applied Developmental Psychology, 32,* 1–9.

Meyer-Bahlburg, & others. (1995). Prenatal estrogens and the development of homosexual orientation. *Developmental Psychology, 31,* 12–21.

Meyer, I. H. (2003). Prejudice, social stress, and mental health in gay, lesbian, and bisexual populations: conceptual issues and research evidence. *Psychological Bulletin, 129,* 674–697.

Meyers, J. (2010, April 1). Suicides open eyes to bullying. *Dallas Morning News,* pp. 1A–2A.

Michael, R. T., Gagnon, J. H., Laumann, E. O., & Kolata, G. (1994). *Sex in America.* Boston: Little, Brown.

Michaud, P-A., & others. (2009). To say or not to say: A qualitative study on the disclosure of their condition by human immunodefi-ciency virus-positive adolescents. *Journal of Adolescent Health, 44,* 356–362.

Mikami & others. (2010). Adolescent peer relationships and behavior problems predict young adults' communication on social networking sites. *Developmental Psychology, 46,* 46–56.

Mikkelsson, L., Kaprio, J., Kautiainen, H., Kujala, U., Mikkelsson, M., & Nupponen, H. (2006). School fitness tests as predictors of adult health-related fitness. *American Journal of Human Biology, 18,* 342–349.

Mikulincer, M., Shaver, P. R., Bar-On, N., & Ein-Dor, T. (2010). The pushes and pulls of close relationships: Attachment insecurities and relational ambivalence. *Journal of Personality and Social Psychology, 98,* 450–468.

Milevsky, A. (2011). *Sibling relations in childhood and adolescence.* New York: Columbia University Press.

Milevsky, A. (2012). Parenting styles in adolescence. In J. R. Levesque (Ed.), *Encyclopedia of adolescence.* New York: Springer.

Miller, B., & Taylor, J. (2011, in press). Racial and socioeconomic status differences in depressive symptoms among Black and White youth: An examination of the mediating effects of family structure, stress, and support. *Journal of Youth and Adolescence.*

Miller, B. C., Benson, B., & Galbraith, K. A. (2001). Family relationships and adolescent pregnancy risk: A research synthesis. *Developmental Review, 21,* 1–38.

Miller, B. C., Fan, X., Christensen, M., Grotevant, H. D., & von Dulmen, M. (2000). Comparisons of adopted and nonadopted adolescents in a large, nationally representative sample. *Child Development, 71,* 1458–1473.

Miller, J. G. (2007). Insights into moral development from cultural psychology. In M. Killen & J. G. Smetana (Eds.), *Handbook of moral development.* Mahwah, NJ: Erlbaum.

Miller, P. H. (2011). Piaget's theory: Past, present, and future. In U. Goswami (Ed.), *Wiley-Blackwell handbook of childhood cognitive development* (2nd ed.). New York: Wiley-Blackwell.

Miller, W. L. (2008). Androgen synthesis in adrenarche. *Reviews in Endocrine and Metabolic Disorders, 10,* 3–17.

Mills, B., Reyna, V., & Estrada, S. (2008). Explaining contradictory relations between risk perception and risk taking. *Psychological Science, 19,* 429–433.

Miltenberger, R. G. (2012). *Behavior modification* (5th ed.). Boston: Cengage.

Minuchin, P. P., & Shapiro, E. K. (1983). The school as a context for social development. In P. H.

Mussen (Ed.), *Handbook of child psychology* (4th ed., Vol. 4). New York: Wiley.

Mischel, W. (1968). *Personality and assessment*. New York: Wiley.

Mischel, W. (2004). Toward an integrative science of the person. *Annual Review of Psychology* (Vol. 55). Palo Alto, CA: Annual Reviews.

Mischel, W., & Mischel, H. (1975, April). *A cognitive social-learning analysis of moral develop-ment*. Paper presented at the meeting of the Society for Research in Child Development, Denver.

Misra, M. (2008). Bone density in the adoles-cent athlete. *Reviews in Endocrine and Metabolic Disorders, 9*, 139–144.

MMWR. (2006a, June 9). Youth risk behavior surveillance—United States 2005, Vol. 255. Atlanta, GA: Centers for Disease Control and Prevention.

MMWR. (2006b, August 11). The global HIV/AIDS pandemic, 2006. *MMWR, 55*, 841–844.

Molina, R. C., Roca, C. G., Zamorano, J. S., & Araya, E. G. (2010). Family planning and adolescent pregnancy. *Best Practices and Research: Clinical Obstetrics and Gynecology, 24*, 209–222.

Monahan, K. C., Lee, J. M., & Steinberg, L. (2011). Revisiting the impact of part-time work on adolescent adjustment: Distinguishing between selection and socialization using propensity score matching. *Child Development, 82*, 96–112.

Mond, J., van den Berg, P., Boutelle, K., Hannan, P., & Neumark-Sztainer, D. (2011, in press). Obesity, body dissatisfaction, and emotional well--being in early and late adolescence: Findings from the Project EAT study. *Journal of Adolescent Health*.

Montemayor, R. (1982). The relationship between parent-adolescent conflict and the amount of time adolescents spend with parents, peers, and alone. *Child Development, 53*, 1512–1519.

Montgomery, M. (2005). Psychosocial intimacy and identity: From early adolescence to emerging adulthood. *Journal of Adolescent Research, 20*, 346–374.

Moore, D. (2001). *The dependent gene*. New York: W. H. Freeman.

Morreale, M. C. (2004). Executing juvenile offenders: A fundamental failure of society. *Journal of Adolescent Health, 35*, 341.

Morris, M. C., Ciesla, J. A., & Garber, J. (2010). A prospective study of stress and autonomy versus stress sensitization in adolescents at varied risk for depression. *Journal of Abnormal Psychology, 119*, 341–354.

Morrison, G. S. (2009). *Teaching in America* (5th ed.). Upper Saddle River, NJ: Prentice Hall.

Morris, P., & Kalil, A. (2006). Out of school time use during middle childhood in a low-income sample: Do combinations of activities affect achievement and behavior? In A. Huston & M. Ripke (Eds.), *Middle childhood: Contexts of development*. New York: Cambridge University Press.

Mortimer, J. T., & Larson, R. W. (2002). Macrostructural trends and the reshaping of adolescence. In J. T. Mortimer & R. W. Larson (Eds.), *The changing adolescent experience*. New York: Cambridge University Press.

Mosher, W. D., Chandra, A., & Jones, J. (2005). *Sexual behavior and selected health measures: Men and women 15–44 years of age, United States, 2002*. Hyattsville, MD: National Center for Health Statistics.

Moshman, D. (2011). *Adolescent rationality and development: Cognition, morality, and identity* (3rd ed.). New York: Psychology Press.

Mounts, N. S. (2007). Adolescents' and their mothers' perceptions of parental management of peer relationships. *Journal of Research on Adolescence, 17*, 169–178.

Mounts, N. S. (2011). Parental management of peer relationships and early adolescents' social skills. *Journal of Youth and Adolescence, 40*, 416–427.

Mueller, S. C., & others. (2010). Psychiatric characterization of children with genetic causes of hyperandrogenism. *European Journal of Endocrinology, 163*, 801–810.

Mullis, I. V. S., Martin, M. O., Beaton, A. E., Gonzales, E. J., Kelly, D. L., & Smith, T. A. (1998). *Mathematics and science achievement in the final year of secondary school*. Chestnut Hill, MA: Boston College, TIMSS International Study Center.

Murnane, R. J., & Levy, F. (1996). *Teaching the new basic skills*. New York: Free Press.

Murphy, K. A., Blustein, D. L., Bohlig, A. J., & Platt, M. G. (2010). The college-to-career transition: An exploration of emerging adulthood. *Journal of Counseling and Development, 88*, 174–181.

Murray, J. P., & Murray, A. D. (2008). Television: Use and effects. In M. M. Haith & J. B. Benson (Eds.), *Encyclopedia of infant and early childhood development*. New York: Elsevier.

Murray, K. M., Byrne, D. C., & Rieger, E. (2011). Investigating adolescent stress and body image. *Journal of Adolescence, 34*, 269–278.

Murrell, P. C. (2009). Identity, agency, and culture: Black achieve-ment and educational attainment. In L. C. Tillman (Ed.), *The SAGE handbook of African American Education*. Thousand Oaks, CA: Sage.

Murry, V. B., Berkel, C., Gaylord-Harden, N. K., Copeland-Linder, N., & Nation, M. (2011). Neighborhood poverty and adolescent development. *Journal of Research on Adolescence, 21*, 114–128.

Mussen, P. H., Honzik, M., & Eichorn, D. (1982). Early adult antecedents of life satisfaction at age 70. *Journal of Gerontology, 37*, 316–322.

Myers, D. (2008, June 2). Commentary in S. Begley & J. Interlandi, The dumbest generation? Don't be dumb. Retrieved July 22, 2008, from www.newsweek.com/id/138536/

Myers, D., Baer, W., & Choi, S. (1996). The changing problem of overcrowded housing. *Journal of the American Planning Association, 62*, 66–84.

Myers, D. G. (2010). *Psychology* (9th ed.). New York: Worth.

N

Nader, P., & others. (2006). Identifying risk for obesity in early childhood. *Pediatrics, 118*, e594–e601.

Nader, P. R., Bradley, R. H., Houts, R. M., McRitchie, S. L., & O'Brian, M. (2008). Moderate-to--vigorous physical activity from 9 to 15 years. *Journal of the American Medical Association, 300*, 295–305.

Nagata, P. K. (1989). Japanese American children and adolescents. In J. T. Gibbs & L. N. Huang (Eds.), *Children of color*. San Francisco: Jossey--Bass.

Nagel, B. J., & others. (2011). Altered white matter microstructure in children with attention-deficit/hyperactivity disorder. *Journal of the American Academy of Child and Adolescent Psychiatry, 50*, 283–292.

Najman, J. M., & others. (2010). Timing and chronicity of family poverty and development of unhealthy behaviors in children: A longitudinal study. *Journal of Adolescent Health, 46*, 538–544.

Nakamoto, J., & Schwartz, D. (2010). Is peer victimization associated with academic achievement? A meta-analytic review. *Social Development, 19*, 221–242.

Nansel, T. R., Overpeck, M., Pilla, R., Ruan, W., Simons-Morton, B., & Scheidt, P. (2001). Bullying behaviors among U.S. youth. *Journal of the American Medical Association, 285*, 2094–2100.

Narusyte, J., & others. (2011). Parental criticism and externalizing behavior problems in adolescents: The role of environment and genotype--environment correlation. *Journal of Abnormal Psychology, 120*, 365–376.

Narváez, D. (2006). Integrative moral education. In M. Killen & J. Smetana (Eds.), *Handbook of moral development*. Mahwah, NJ: Erlbaum.

Narváez, D. (2008). Four Component Model. In F. C. Power, R. J. Nuzzi, D. Narváez, D. K. Lapsley, & T. C. Hunt (Eds.), *Moral education: A handbook*. Westport, CT: Greenwood.

Narváez, D. (2010a). Moral complexity: The fatal attraction of truthiness and the importance of mature moral functioning. *Perspectives on Psychological Science, 5*(2), 163–181.

Narváez, D. (2010b). The embodied dynamism of moral becoming. *Perspectives on Psychological Science, 5*(2), 185–186.

Narváez, D., Bock, T., Endicott, L., & Lies, J. (2004). Minnesota's Community Voices and Character Education Project. *Journal of Research in Character Education, 2*, 89–112.

Narváez, D., & Hill, P. L. (2010). The relation of multicultural experiences to moral judgment and mindsets. *Journal of Diversity in Higher Education, 3*, 43–55.

Narváez, D., & Lapsley, D. K. (Eds.). (2009). *Personality, Identity, and Character: Explorations in Moral Psychology*. New York: Cambridge University Press.

National Assessment of Educational Progress. (2005). *The nation's report card: 2005*. Washington, DC: U.S. Department of Education.

National Assessment of Educational Progress. (2007). *The nation's report card: 2007*. Washington, DC: U.S. Department of Education.

National Center for Education Statistics. (1997). *School-family linkages*. Unpublished manuscript. Washington, DC: U.S. Department of Education.

National Center for Education Statistics. (1998). *Postsecondary financing strategies: How undergraduates combine work, borrowing, and attendance*. Washington, DC: U.S. Department of Education.

National Center for Education Statistics. (2002). *Contexts of postsecondary education: Earning opportunities*. Washington, DC: U.S. Department of Education.

National Center for Education Statistics. (2010). *The condition of education 2010*. Washington, DC: U.S. Department of Education.

National Center for Education Statistics. (2011). *The condition of education 2011*. Washington, DC: U.S. Department of Education.

National Center for Health Statistics. (2000). *Health United States, 1999*. Atlanta, GA: Centers for Disease Control and Prevention.

National Center for Health Statistics. (2002). Prevalence of overweight among children and adolescents: United States 1999–2000 (Table 71). *Health United States, 2002*. Atlanta, GA: Centers for Disease Control and Prevention.

National Center for Health Statistics. (2002). *Sexual behavior and selected health measures: Men and women 15–44 years of age, United States, 2002*, PHS 2003–1250. Atlanta, GA: Centers for Disease Control and Prevention.

National Center for Health Statistics. (2009). *Death rates*. Atlanta, GA: Centers for Disease Control and Prevention.

National Center for Health Statistics. (2010). *Health United States 2010*. Atlanta, GA: Centers for Disease Control and Prevention.

National Center for Health Statistics (2011). Vital signs: teen pregnancy—United States, 1991–2009. *MMWR, 60,* 414–420.

National Center for Injury Prevention and Control. (2006). Fatal injury reports [online database]. Retrieved March 16, 2006, from www.cdc.gov/ncipc/wisqars/

National Clearinghouse for Alcohol and Drug Information. (1999). *Physical and psychological effects of anabolic steroids.* Washington, DC: Substance Abuse and Mental Health Services Administration.

National Research Council. (1999). *How people learn*. Washington, DC: National Academic Press.

National Research Council. (2004). *Engaging schools: Fostering high school students motivation to learn.* Washington, DC: National Academies Press.

National Sleep Foundation. (2006). *2006 Sleep in America poll*. Washington, DC: National Sleep Foundation.

National Vital Statistics Reports (2010). Births, marriages, divorces, deaths: Provisional data for November 2009. *National Vital Statistics Reports, 58*(23), 1–5.

National Youth Risk Behavior Surveillance System (YRBSS). (2007). *National trends in risk behaviors.* Atlanta, GA: Centers for Disease Control and Prevention.

Nation, M., & others. (2003). What works in prevention: Principles of effective prevention programs. *American Psychologist, 58,* 449–456.

Natsuaki, M. N., & others. (2010). Early pubertal maturation and internalizing problems in adolescence: Sex differences in the role of cortical reactivity to interpersonal stress. *Journal of Clinical Child and Adolescent Psychology, 38,* 513–524.

Negriff, S., Susman, E. J., & Trickett, P. K. (2011, in press). The development pathway from pubertal timing to delinquency and sexual activity from early to late adolescence. *Journal of Youth and Adolescence.*

Neisser, U., & others. (1996). Intelligence: Knowns and unknowns. *American Psychologist, 51,* 77–101.

Nelson, C. A. (2003). Neural development and lifelong plasticity. In R. M. Lerner, F. Jacobs, & D. Wertlieb (Eds.), *Handbook of applied developmental science* (Vol. 1). Thousand Oaks, CA: Sage.

Nelson, C. A. (2011). Brain development and behavior. In A. M. Rudolph, C. Rudolf, L. First, G. Lister, & A. A. Gershon (Eds.), *Rudolph's pediatrics* (22nd ed.). New York: McGraw-Hill.

Nelson, L. J., & others. (2011). Parenting in emerging adulthood: An examination of parenting clusters and correlates. *Journal of Youth and Adolescence, 40,* 730–743.

Nelson, L. J., Padilla-Walker, L. M., Carroll, J. S., Madsen, S. D., Barry, C. M., & Badger, S. (2007). "If you want me to treat you like an adult, start acting like one!" Comparing the criteria that emerging adults and their parents have for adulthood. *Journal of Family Psychology, 21,* 665–674.

Nelson, M. C., & Gordon-Larsen, P. (2006). Physical activity and sedentary behavior patterns are associated with selected adolescent health risk behaviors. *Pediatrics, 117,* 1281–1290.

New, M. (2008, October). *Binge eating disorder.* Retrieved February 27, 2011, from http://kidshealth.org/parent/emotions/behavior/binge_eating.html

Newman, B. S., & Muzzonigro, P. G. (1993). The effects of traditional family values on the coming out process of gay male adolescents. *Adolescence, 28,* 213–226.

Nichols, J. F., Rauh, M. J., Lawson, M. J., Ji, M., & Barkai, H. S. (2006). Prevalence of female athlete triad syndrome among high school athletes. *Archives of Pediatric and Adolescent Medicine, 160,* 137–142.

Nieto, S. (2010). Multicultural education in the United States: Historical realities, ongoing challenges, and transformative possibilities. In J. A. Banks (Ed.), *The Routledge international companion to multicultural education.* New York: Routledge.

Nieto, S., & Bode, P. (2012). *Affirming diversity* (6th ed.). Boston: Allyn & Bacon.

Nie, Y., & Lau, S. (2009). Complementary roles of care and behavioral control in classroom management: The self-determination theory perspective. *Contemporary Educational Psychology, 34,* 185–194.

Nishina, A., Bellmore, A., Witkow, M. R., & Nylund-Gibson, K. (2010). Longitudinal consistency of adolescent ethnic identification across varying school ethnic contexts. *Developmental Psychology, 46,* 1389–1401.

Nitko, A. J., & Brookhart, S. M. (2011). *Educational assessment of students* (6th ed.). Boston: Allyn & Bacon.

Noddings, N. (1992). *The challenge to care in the schools.* New York: Teachers College Press.

Noddings, N. (2001). The care tradition: Beyond "add women and stir." *Theory into Practice, 40,* 29–34.

Noddings, N. (2006). *Critical lessons: What our schools should teach.* New York: Cambridge University Press.

Noddings, N. (2008). Caring and moral education. In L. Nucci & D. Narváez (Eds.), *Handbook of moral and character education.* Clifton, NJ: Psychology Press.

Noftle, E. E., & Robins, R. W. (2007). Person-ality predictors of academic outcomes: Big five correlates of GPA and SAT scores. *Journal of Personality and Social Psychology, 93,* 116–130.

Nolen-Hoeksema, S. (2011). *Abnormal psychology* (5th ed.). New York: McGraw-Hill.

Nosko, A., Tieu, T. T., Lawford, H., & Pratt, M. W. (2011). How do I love thee? Let me count the ways: Parenting during adolescence, attachment styles, and romantic narratives in emerging adulthood. *Developmental Psychology, 47,* 645–657.

Nottelmann, E. D., & others. (1987). Gonadal and adrenal hormone correlates of adjustment in early adolescence. In R. M. Lerner & T. T. Foch (Eds.), *Biological-psychological interactions in early adolescence.* Hillsdale, NJ: Erlbaum.

Nsamenang, A. B. (2002). Adolescence in sub-Saharan Africa: An image constructed from Africa's triple heritage. In B. B. Brown, R. W. Larson, & T. S. Saraswathi (Eds.), *The world's youth.* New York: Cambridge University Press.

Nucci, L. (2006). Education for moral development. In M. Killen & J. Smetana (Eds.), *Handbook of moral development.* Mahwah, NJ: Erlbaum.

Nucci, L., & Gingo, M. (2011). Moral reason-ing. In U. Goswami (Ed.), *Wiley-Blackwell handbook of childhood cognitive development* (2nd ed.). New York: Wiley.

Nucci, L., & Narváez, D. (2008). *Handbook of moral and character education.* New York: Psychology Press.

O

Oberle, E., Schonert-Reichl, K. A., & Zumbo, B. D. (2011). Life satisfaction in early adolescence: Personal, neighborhood, school, family, and peer influences. *Journal of Youth and Adolescence, 40,* 889–901.

O'Brien, L., Albert, D., Chein, J., & Steinberg, L. (2010, in press). Adolescents prefer more immediate rewards when in the presence of their peers. *Journal of Research on Adolescence.*

O'Brien, M., & Moss, P. (2010). Fathers, work, and family policies in Europe. In M. E. Lamb (Ed.), *The father's role in child development* (5th ed.). New York: Wiley.

Occupational Outlook Handbook. (2010–2011). Washington, DC: U.S. Department of Labor, Bureau of Labor Statistics.

O'Connor, M., & others. (2010). Predictors of positive development in emerging adulthood. *Journal of Youth and Adolescence, 40,* 860–874.

O'Donnell, L., O'Donnell, C., Wardlaw, D. M., & Stueve, A. (2004). Risk and resiliency factors influencing suicidality among urban African American and Latino youth. *American Journal of Community Psychology, 33,* 37–49.

OECD. (2010). *Strong performers and successful reformers in education: Lessons from PISA for the United States.* Paris, France: OECD.

Offer, D., Ostrov, E., Howard, K. I., & Atkinson, R. (1988). *The teenage world: Adolescents' self-image in ten countries.* New York: Plenum.

Ogden, C. L., Carroll, M. D., & Flegal, K. M. (2008). High body mass index for age among U.S. children and adolescents, 2003–2006. *Journal of the American Medical Association, 299,* 2401–2405.

O'Keefe, G. S., & others. (2011). The impact of social media on children, adolescents, and families. *Pediatrics, 127,* 800–804.

Oldehinkel, A. J., Ormel, J., Veenstra, R., De Winter, A., & Verhulst, F. C. (2008). Parental divorce and offspring depressive symptoms: Dutch developmental trends during early adolescence. *Journal of Marriage and the Family, 70,* 284–293.

Olds, D. L., & others. (2004). Effects of home visits by paraprofessionals and nurses: Age four follow-up of a randomized trial. *Pediatrics, 114,* 1560–1568.

Olds, D. L., & others. (2007). Effects of nurse home visiting on maternal and child functioning: Age-9 follow-up of a randomized trial. *Pediatrics, 120,* e832–e845.

Oliva, A., Jimenez, J. M., & Parra, A. (2008). Protective effect of supportive family relationships and the influence of stressful life events on adolescent adjustment. *Anxiety, Stress, and Coping, 12,* 1–15.

Olson, M., & Hergenhahn, B. R. (2011). *Introduction to theories of personality* (8th ed.). Upper Saddle River, NJ: Pearson.

Olweus, D. (2003). Prevalence estimation of school bullying with the Olweus bully/victim questionnaire. *Aggressive Behavior, 29*(3), 239–269.

Ong, K. K. (2010). Early determinants of obesity. *Endocrine Development, 19,* 53–61.

Ong, K. K., Ahmed, M. L., & Dunger, D. B. (2006). Lesson from large population studies on timing and tempo of puberty (secular trends and relation to body size): The European trend. *Molecular and Cellular Endocrinology, 254-255,* 8-12.

Ophir, E., Nass, C., & Wagner, A. D. (2009). Cognitive control in media multitaskers. *Proceedings of the National Academy of Sciences USA, 106,* 15583-15587.

Orobio de Castro, B., Merk, W., Koops, W., Veerman, J. W., & Bosch, J. D. (2005). Emotions in social information processing and their relations with reactive and proactive aggression in referred aggressive boys. *Journal of Clinical Child and Adolescent Psychology, 34,* 105-116.

Orr, A. J. (2011, in press). Gendered capital: Childhood socialization and the "boy crisis" in education. *Sex Roles.*

Ortet, G., & others. (2011, in press). Assessing the Five Factors of personality in adolescence: The Junior Version of the Spanish NEO-PI-R. *Assessment.*

Oser, F., Scarlett, W. G., & Bucher, A. (2006). Religious and spiritual development through the lifespan. In W. Damon & R. Lerner (Eds.), *Handbook of child psychology* (6th ed.). New York: Wiley.

Osofsky, J. D. (1990, Winter). Risk and protective factors for teenage mothers and their infants. *SRCD Newsletter,* pp. 1-2.

Oswald, D. L., & Clark, E. M. (2003). Best friends forever? High school best friendships and the transition to college. *Personal Relationships, 10,* 187-196.

Oude Luttikhuis, H., & others. (2009). Interventions for treating obesity in children. *Cochrane Database of Systematic Reviews (1),* CD001872.

Overvelde, A., & Hulstijn, W. (2011). Hand-writing development in grade 2 and grade 3 primary school children with normal, at risk, or dysgraphic characteristics. *Research in Developmental Disabilities, 32,* 540-548.

Owen, J. J., Rhoades, G. K., Stanley, S. M., & Markman, H. J. (2011). The role of leaders' working alliance in premarital education. *Journal of Family Psychology, 25,* 49-57.

Owens, J. A., Belon, K., & Moss, P. (2010). Impact of delaying school start time on adolescent sleep, mood, and behavior. *Archives of Pediatric and Adolescent Medicine, 164,* 608-614.

Oxford, M. L., Gilchrist, L. D., Gillmore, M. R., & Lohr, M. J. (2006). Predicting variation in the life course of adolescent mothers as they enter adulthood. *Journal of Adolescent Health, 39,* 20-36.

P

Padilla-Walker, L. M., & Coyne, S. M. (2011, in press). "Turn that thing off!" Parent and adolescent predictors of proactive media monitoring. *Journal of Youth and Adolescence.*

Padilla-Walker, L. M., Nelson, L. J., Carroll, J. S., & Jensen, A. C. (2010). More than just a game: Video game and Internet use during emerging adulthood. *Journal of Youth and Adolescence, 39,* 103-113.

Pakpreo, P., Ryan, S., Auinger, P., & Aten, M. (2004). The association between parental lifestyle behaviors and adolescent knowledge, attitudes, intentions, and nutritional and physical activity behaviors. *Journal of Adolescent Health, 34,* 129-130.

Palfrey, J., Sacco, D., Boyd, D., & DeBonis, L. (2009). *Enhancing child safety and online technologies.* Cambridge, MA: Berkman Center for Internet & Society.

Pals, J. L. (2006). Constructing the "springboard effect": Causal connections, self-making, and growth within the life story. In D. P. McAdams, R. Josselson, & A. Lieblich (Eds.), *Identity and story.* Washington, DC: American Psychological Association.

Paludi, M. A. (2002). *The psychology of women* (2nd ed.). Upper Saddle River, NJ: Prentice-Hall.

Papadimitriou, A., Nicolaidou, P., Fretzayas, A., & Chrousos, G. P. (2010). Clinical review: Constitutional advancement of growth, a.k.a., early growth acceleration, predicts early puberty and childhood obesity. *Journal of Clinical Endocrinology and Metabolism, 95,* 4535-4541.

Papini, D., & Sebby, R. (1988). Variations in conflictual family issues by adolescent pubertal status, gender, and family member. *Journal of Early Adolescence, 8,* 1-15.

Parade, S. H., Leerkes, E. M., & Blankson, A. N. (2010). Attachment to parents, social anxiety, and close relationships of female students over the transition to college. *Journal of Youth and Adolescence, 39,* 127-137.

Parens, E., & Johnston, J. (2009). Facts, values, and attention-deficit hyperactivity disorder (ADHD): An update on the controversies. *Child and Adolescent Psychiatry and Mental Health, 3,* 1.

Parent, J., Forehand, R. L., Merchant, M. J., Long, N., & Jones, D. J. (2011). Predictors of outcome of a parenting group curriculum: A pilot study. *Behavior Modification, 35,* 370-378.

Paris, F., & others. (2010). Premature pubarche in Mediterranean girls: High prevalence of heterozygous CYP21 mutation carriers. *Gynecological Endocrinology, 26,* 319-324.

Park, D. (2011). Neuroplasticity of cognitive function with age. In K. W. Schaie & S. L. Willis (Eds.), *Handbook of the psychology of aging* (7th ed.). New York: Elsevier.

Park, M. J., Brindis, C. D., Chang, F., & Irwin, C. E. (2008). A midcourse review of the healthy people 2010: 21 critical health objectives for adolescents and young adults. *Journal of Adolescent Health, 42,* 329-334.

Park, M. J., Paul Mulye, T., Adams, S. H., Brindis, C. D., & Irwin, C. E. (2006). The health status of young adults in the United States. *Journal of Adolescent Health, 39,* 305-317.

Parkay, F. W., & Stanford, B. H. (2010). *Becoming a teacher* (8th ed.). Upper Saddle River, NJ: Prentice Hall.

Parke, R. D., & Buriel, R. (2006). Socialization in the family: Ethnic and ecological perspectives. In W. Damon & R. Lerner (Eds.), *Handbook of child psychology* (6th ed.). New York: Wiley.

Parke, R. D., & Clarke-Stewart, K. A. (2011). *Social development.* New York: Wiley.

Parke, R. D., Coltrane, S., & Schofield, T. (2011, in press). The bicultural advantage. In J. Marsh, R. Mendoza-Denton, & J. A. Smith (Eds.), *Are we born racist?* Boston: Beacon Press.

Parker, J. D., Keefer, K. V., & Wood, L. M. (2011, in press). Toward a brief multidimen-sional assessment of emotional intelligence: Psychometric properties of the Emotional Quotient Inventory-Short form. *Psychological Assessment.*

Parkes, A., & others. (2011). Comparison of teenagers' early same-sex and heterosexual behavior: UK data from the SHARE and RIPPLE studies. *Journal of Adolescent Health, 48,* 27-35.

Parritz, R. H., & Troy, M. F. (2011). *Disorders of childhood.* Boston: Cengage.

Partnership for a Drug-Free America. (2005). *Partnership Attitude Tracking Study.* New York: Author.

Patel, D. R., & Baker, R. J. (2006). Musculo-skeletal injuries in sports. *Primary Care, 33,* 545-579.

Pate, R. R., & others. (2009). Age-related change in physical activity in adolescent girls. *Journal of Adolescent Health, 44,* 275-282.

Patterson, C. J. (2009). Lesbian and gay parents and their children: A social science perspective. *Nebraska Symposium on Motivation, 54,* 142-182.

Patterson, C. J., & Wainright, J. L. (2010). Adolescents with same-sex parents: Findings from the National Longitudinal Study of Adolescent Health. In D. Brodzinsky, A. Pertman, & D. Kunz (Eds.), *Lesbian and gay adoption: A new American reality.* New York: Oxford University Press.

Patterson, G. R., DeBaryshe, B. D., & Ramsey, E. (1989). A developmental perspective on antisocial behavior. *American Psychologist, 44,* 239-335.

Patterson, G. R., Forgatch, M. S., & DeGarmo, D. S. (2010). Cascading effects following intervention. *Development and Psychopathology, 22,* 949-970.

Patterson, G. R., Reid, J. B., & Dishion, T. J. (1992). Antisocial boys (Vol. 4). Eugene, OR: Castalia.

Patton, G. C., & others. (2010). Mapping a global agenda for adolescent health. *Journal of Adolescent Health, 47,* 427-432.

Patton, G. C., & others. (2011a). A prospective study of the effects of optimism on adolescent health risks. *Pediatrics, 127,* 308-316.

Patton, G. C., & others. (2011b, in press). Overweight and obesity between adolescence and young adulthood: A 10-year prospective study. *Journal of Adolescent Health.*

Paul, E. L., McManus, B., & Hayes, A. (2000). "Hookups": Characteristics and correlates of college students' spontaneous and anonymous sexual experiences. *The Journal of Sexual Research, 37,* 76-88.

Paul, E. L., & White, K. M. (1990). The development of intimate relationships in late adolescence. *Adolescence, 25,* 375-400.

Paul, P. (2003, Sept/Oct). The PermaParent trap. *Psychology Today, 36*(5), 40-53.

Paulhus, D. L. (2008). Birth order. In M. M. Haith & J. B. Benson (Eds.), *Encyclopedia of infant and early childhood development.* Oxford, UK: Elsevier.

Paus, T. (2010). Growth of white matter in the adolescent brain: Myelin or axon? *Brain and Cognition, 72,* 26-35.

Paus, T., & others. (2007). Morphological properties of the action-observation cortical network in adolescents with low and high resistance to peer influence. *Social Neuroscience 3*(3), 303-316.

Paxson, C., Donahue, E., Orleans, C. T., & Grisso, J. A. (2006). Introducing the issue. *The Future of Children, 16,* 3-17.

Pearson, N., Biddle, S. J., & Gorely, T. (2009). Family correlates of breakfast consumption among children and adolescents: A systematic review. *Appetite, 52,* 1-7.

Peck, J. D., Peck, B. M., Skaggs, V. J., Fukushima, M., & Kaplan, H. B. (2011). Socio-environmental factors associated with pubertal development in female adolescents: The role of prepubertal tobacco and alcohol use. *Journal of Adolescent Health, 48,* 241-246.

Peck, S. C., Roeser, R. W., Zarrett, N., & Eccles, J. S. (2008). Exploring the roles of extracurricular activity quantity and quality in the educational resilience of vulnerable adolescents: Variable- and pattern-centered approaches. *Journal of Social Issues, 64,* 135-155.

Pedersen, W., & Mastekaasa, A. (2011, in press). Conduct disorder symptoms and subsequent pregnancy, child-birth, and abortion: A population-

-based longitudinal study of adolescents. *Journal of Adolescence*.

Peeters, M., Cillessen, A. H. N., & Scholte, R. H. J. (2010). Clueless or powerful? Identifying subtypes of bullies in adolescence. *Journal of Youth and Adolescence, 39*, 1041–1052.

Perez-Brena, N. J., Updegraff, K. A., & Umana-Taylor, A. J. (2011, in press). Father- and mother-adolescent decision-making in Mexican-origin families. *Journal of Youth and Adolescence*.

Perry, D. G., & Pauletti, R. E. (2011). Gender and adolescent development. *Journal of Research on Adolescence, 21*, 61–74.

Perry, N. E., & Rahim, A. (2011). Supporting self-regulated learning in classrooms. In B. J. Zimmerman & D. H. Schunk (Eds.), *Handbook of self-regulation of learning and performance*. New York: Routledge.

Perry, W. G. (1970). *Forms of intellectual and ethical development in the college years*. New York: Holt, Rinehart & Winston.

Perry, W. G. (1999). *Forms of ethical and intellectual development in the college years: A scheme*. San Francisco: Jossey-Bass.

Pesce, C., Crova, L., Cereatti, L., Casella, R., & Bellucci, M. (2009). Physical activity and mental performance in preadolescents: Effects of acute exercise on free-recall memory. *Mental Health and Physical Activity, 2*, 16–22.

Peskin, H. (1967). Pubertal onset and ego functioning. *Journal of Abnormal Psychology, 72*, 1–15.

Petersen, A. C. (1987, September). Those gangly years. *Psychology Today, 21*, 28–34.

Petersen, A. C., & Crockett, L. (1985). Pubertal timing and grade effects on adjustment. *Journal of Youth and Adolescence, 14*, 191–206.

Petersen, J. L., & Hyde, J. S. (2010). A meta-analytic review of research on gender differences in sexuality, 1973–2007. *Psychological Bulletin, 136*, 21–38.

Pettit, G. S., Bates, J. E., Dodge, K. A., & Meece, D. W. (1999). The impact of after-school peer contact on early adolescent externalizing problems is moderated by parental monitoring, perceived neighborhood safety, and prior adjustment. *Child Development, 70*, 768–778.

Pew Research Center. (2010). *Millennials: Confident, Connected, Open to Change*. Washington, DC: Pew Research Center.

Pew Research Center. (2010). *The decline of marriage and rise of new families*. Washington, DC: Pew Research Center.

Pfaffle, R., & Klammt, J. (2011). Pituitary transcription factors in the etiology of combined pituitary hormone deficiency. *Best Practices & Research: Clinical Endocrinology & Metabolism, 25*, 43–60.

Phares, V., & Rojas, A. (2012). Parental involvement. In R. Levesque (Ed.), *Encyclopedia of adolescence*. New York: Springer.

Philipsen, N. M., Johnson, A. D., & Brooks-Gunn, J. (2009). Poverty, effects on social and emotional development. *International Encyclopedia of Education* (3rd ed.). St. Louis, MO: Elsevier.

Phillips, D. A., & Lowenstein, A. (2011). Early care, education, and child development. *Annual Review of Psychology* (Vol. 62). Palo Alto, CA: Annual Reviews.

Phinney, J. S. (2006). Ethnic identity exploration in emerging adulthood. In J. J. Arnett & J. L. Tanner (Eds.), *Emerging adults in America*. Washington, DC: American Psychological Association.

Phinney, J. S., & Baldelomar, O. A. (2011). Identity development in multiple developmental contexts. In L. Jensen (Ed.), *Bridging cultural and developmental approaches to psychology*. New York: Oxford University Press.

Phinney, J. S., Madden, T., & Ong, A. (2000). Cultural values and intergenerational discrepancies in immigrant and non-immigrant families. *Child Development, 71*, 528–539.

Piaget, J. (1952). *The origins of intelligence in children*. (M. Cook, Trans.). New York: International Universities Press.

Piaget, J. (1954). *The construction of reality in the child*. New York: Basic Books.

Piaget, J. (1972). Intellectual evolution from adolescence to adulthood. *Human Development, 15*, 1–12.

Pleck, J. H. (1983). The theory of male sex role identity: Its rise and fall, 1936–present. In M. Levin (Ed.), *In the shadow of the past: Psychology portrays the sexes*. New York: Columbia University Press.

Pleck, J. H. (1995). The gender-role strain paradigm. In R. F. Levant & S. Pollack (Eds.), *A new psychology of men*. New York: Basic Books.

Plener, P. L., Singer, H., & Goldbeck, L. (2011). Traumatic events and suicidality in a German adolescent community sample. *Journal of Traumatic Stress, 24*, 121–124.

Plomin, R. (2004). Genetics and developmental psychology. *Merrill-Palmer Quarterly, 50*, 341–352.

Plomin, R., & Davis, O. S. P. (2009). The future of genetics in psychology and psychiatry: Microarrays, genome-wide association, and non-coding RNA. *Journal of Child Psychology and Psychiatry, 50*, 63–71.

Plomin, R., DeFries, J. C., McClearn, G. E., & McGuffin, P. (2009). *Behavioral genetics* (5th ed.). New York: W. H. Freeman.

Plucker, J. (2010). Interview. In P. Bronson & A. Merryman. The creativity crisis. *Newsweek*, 42–48.

Polce-Lynch, M., Myers, B. J., Kliewer, W., & Kilmartin, C. (2001). Adolescent self-esteem and gender: Exploring relations to sexual harassment, body image, media influence, and emotional expression. *Journal of Youth and Adolescence, 30*, 225–244.

Pollack, W. (1999). *Real boys*. New York: Henry Holt.

Pope, L. M., Adler, N. E., & Tschann, J. M. (2001). Post-abortion psychological adjustment: Are minors at increased risk? *Journal of Adolescent Health, 29*, 2–11.

Popenoe, D. (2008). Cohabitation, marriage, and child wellbeing: A cross-national perspective. Piscataway, NJ: The National Marriage Project, Rutgers University.

Popenoe, D. (2009). *The state of our unions: 2008. Updates of social indicators: Tables and charts*. New Brunswick, NJ: The National Marriage Project, Rutgers University.

Popenoe, D., & Whitehead, B. D. (2008). *The state of our unions: 2008*. New Brunswick, NJ: Rutgers University.

Popham, W. J. (2011). *Classroom assessment* (6th ed.). Boston: Allyn & Bacon.

Portes, A., & Rivas, A. (2011). The adaptation of migrant children. *The Future of Children, 21*, 219–246.

Potard, C., Courtois, R., & Rusch, E. (2008). The influence of peers on risky behavior during adolescence. *European Journal of Contraception and Reproductive Health Care, 13*, 264–270.

Poulin, F., Kiesner, J., Pedersen, S., & Dishion, T. J. (2011). A short-term longitudinal analysis of friendship selection on early adolescent substance use. *Journal of Adolescence, 34*, 249–256.

Poulin, F., & Pedersen, S. (2007). Develop-mental changes in gender composition of friendship networks in adolescent girls and boys. *Developmental Psychology, 43*, 1484–1496.

Power, F. C., & Higgins-D'Alessandro, A. (2008). The Just Community Approach to moral education and moral atmosphere of the school. In L. Nucci & D. Narváez (Eds.), *Handbook of moral and character education*. New York: Psychology Press.

Powers, S. K., Dodd, S. L., & Jackson, E. M. (2011). *Total fitness and wellness*. Upper Saddle River, NJ: Pearson.

Prabhakar, H. (2007). Hopkins interactive guest blog: The public health experience at Johns Hopkins. Retrieved January 31, 2008, from http://hopkins.typepad.com/guest/2007/03/the_public_heal.html

Pressley, M. (2003). Psychology of literacy and literacy instruction. In I. B. Weiner (Ed.), *Handbook of psychology* (Vol. 7). New York: Wiley.

Pressley, M. (2007). An interview with Michael Pressley by Terri Flowerday and Michael Shaughnessy. *Educational Psychology Review, 19*, 1–12.

Pressley, M., Allington, R., Wharton-McDonald, R., Block, C. C., & Morrow, L. M. (2001). *Learning to read: Lessons from exemplary first grades*. New York: Guilford.

Pressley, M., Dolezal, S. E., Raphael, L. M., Welsh, L. M., Bogner, K., & Roehrig, A. D. (2003). *Motivating primary-grades teachers*. New York: Guilford.

Pressley, M., & Hilden, K. (2006). Cognitive strategies. In W. Damon & R. Lerner (Eds.), *Handbook of child psychology* (6th ed.). New York: Wiley.

Pressley, M., Mohan, L., Reffitt, K., Raphael-Bogaert, L. R. (2007). Writing instruction in engaging and effective elementary settings. In S. Graham, C. A. MacArthur, & J. Fitzgerald (Eds.), *Best practices in writing instruction*. New York: Guilford.

Pressley, M., Raphael, L., Gallagher, D., & DiBella, J. (2004). Providence–St. Mel School: How a school that works for African-American students works. *Journal of Educational Psychology, 96*, 216–235.

Priess, H. A., Lindberg, S. M., & Hyde, J. S. (2009). Adolescent gender-role identity and mental health: Gender intensification revisited. *Child Development, 80*, 1531–1544.

Prinstein, M. J. (2007). Moderators of peer contagion: A longitudinal examination of depression socialization between adolescents and their best friends. *Journal of Clinical Child and Adolescent Psychology, 36*, 159–170.

Prinstein, M. J., & Dodge, K. A. (2008). Current issues in peer influence. In M. J. Prinstein & K. A. Dodge (Eds.), *Understanding peer influence in children and adolescents*. New York: Guilford.

Prinstein, M. J., & Dodge, K. A. (2010). Current issues in peer influence research. In M. J. Prinstein & K. A. Dodge (Eds.), *Understand-ing peer influence in children and adolescents*. New York: Guilford.

Prinstein, M. J., Rancourt, D., Guerry, J. D., & Browne, C. B. (2009). Peer reputations and psychological adjustment. In K. H. Rubin, W. M. Bukowski, & B. Laursen (Eds.), *Handbook of peer interactions, relationships, and groups*. New York: Guilford.

Pryor, J. H., Hurtado, S., DeAngelo, L., Blake, L. P., & Tran, S. (2010). *The American freshman: National norms for fall 2010*. Los Angeles: Higher Education Institute, UCLA.

Pryor, J. H., Hurtado, S., Saenz, V. B., Lindholm, J. A., Korn, W. S., & Mahoney, K. M. (2005). *The*

American freshman: National norms for fall 2005. Los Angeles: Higher Education Research Institute, UCLA.

Pudrovska, T. (2009). Midlife crises and transitions. In D. Carr (Ed.), *Encyclopedia of the life course and human development.* Boston: Gale Cengage.

Pujazon-Zazik, M., & Park, M. J. (2010). To tweet or not to tweet: Gender differences and potential positive and negative health outcomes of adolescents' social Internet use. *American Journal of Men's Health, 4,* 77–85.

Pulkkinen, L., & Kokko, K. (2000). Identity development in adulthood: A longitudinal study. *Journal of Research in Personality, 34,* 445–470.

Purper-Ouakil, D., & others. (2011). Neurobiology of attention deficit/hyperactivity disorder. *Pediatric Research, 69,* 69R–76R.

Putallaz, M., Grimes, C. L., Foster, K. J., Kupersmidt, J. B., Clie, J. D., & Dearing, K. (2007). Overt and relational aggression and victimization: Multiple perspectives within the school setting. *Journal of School Psychology, 45,* 523–547.

Putnam, S. P., Sanson, A. V., & Rothbart, M. K. (2002). Child temperament and parenting. In M. Bornstein (Ed.), *Handbook of parenting* (2nd ed.). Mahwah, NJ: Erlbaum.

Puzzanchera, C., & Sickmund, M. (2008, July). *Juvenile court statistics 2005.* Pittsburgh: National Center for Juvenile Justice.

Q

Qui, M. G., & others. (2011, in press). Changes of brain structure and function in ADHD children. *Brain Topography.*

Quinlan, S. L., Jaccard, J., & Blanton, H. (2006). A decision theoretic and prototype conceptualization of possible selves: Implications for the prediction of risk behavior. *Journal of Personality, 74,* 599–630.

Quinton, D., Rutter, M., & Gulliver, L. (1990). Continuities in psychiatric disorders from childhood to adulthood in the children of psychiatric patients. In L. Robins & M. Rutter (Eds.), *Straight and devious pathways from childhood to adulthood.* New York: Cambridge University Press.

Quinton, W., Major, B., & Richards, C. (2001). Adolescents and adjustment to abortion: Are minors at greater risk? *Psychology, Public Policy, and Law, 7,* 491–514.

R

Raffaelli, M., & Ontai, L. (2001). "She's sixteen years old and there's boys calling over to the house": An exploratory study of sexual socialization in Latino families. *Culture, Health, and Sexuality, 3,* 295–310.

Raffaelli, M., & Ontai, L. L. (2004). Gender socialization in Latino/a families: Results from two retrospective studies. *Sex Roles, 50,* 287–299.

Randolph, M. E., Torres, H., Gore-Felton, C., Lloyd, B., & McGarvey, E. L. (2009). Alcohol use and sexual risk behavior among college students: Understanding gender and ethnic differences. *American Journal of Drug and Alcohol Abuse, 35,* 80–84.

Rao, U., Sidhartha, T., Harker, K. R., Bidesi, A., Chen, L-A., & Ernst, M. (2011). Relation-ship between adolescent risk preferences on a laboratory task and behavioral measures of risk-taking. *Journal of Adolescent Health, 48,* 151–158.

Rathunde, K., & Csikszentmihalyi, M. (2006). The developing person: An experiential perspective. In W. Damon & R. Lerner (Eds.), *Handbook of child psychology* (6th ed.). New York: Wiley.

Raven, P. H. (2011). *Biology* (9th ed.). New York: McGraw-Hill.

Read, J. P., Merrill, J. E., & Bytschkow, K. (2010). Before the party starts: Risk factors and reasons for "pregaming" in college students. *Journal of American College Health, 58,* 461–472.

Realini, J. P., Buzi, R. S., Smith, P. B., & Martinez, M. (2010). Evaluation of "big decisions": An abstinence-plus sexuality. *Journal of Sex and Marital Therapy, 36,* 313–326.

Ream, G. L., & Savin-Williams, R. (2003). Religious development in adolescence. In G. Adams & M. Berzonsky (Eds.), *Blackwell handbook of adolescence.* Malden, MA: Blackwell.

Regenerus, M., & Uecker, J. (2011). *Premarital sex in America: How Americans meet, mate, and think about marrying.* New York: Oxford University Press.

Reich, S. M., & Vandell, D. L. (2011). The interplay between parents and peers as socializing influences in children's development. In P. K. Smith & C. H. Hart (Eds.), *Wiley-Blackwell handbook of childhood social development* (2nd ed.). New York: Wiley.

Reid, P. T., & Zalk, S. R. (2001). Academic environments: Gender and ethnicity in U.S. higher education. In J. Worell (Ed.), *Encyclopedia of women and gender.* San Diego: Academic Press.

Reimuller, A., Hussong, A., & Ennett, S. T. (2011, in press). The influence of alcohol-specific communication on adolescent alcohol use and alcohol-related consequences. *Prevention Science.*

Reinehr, T., & Wabitsch, M. (2010, in press). Childhood obesity. *Current Opinion in Lipidology.*

Reinisch, J. M. (1990). *The Kinsey Institute new report on sex: What you must know to be sexually literate.* New York: St. Martin's Press.

Reis, O., & Youniss, J. (2004). Patterns of identity change and development in relationships with mothers and friends. *Journal of Adolescent Research, 19,* 31–44.

Remafedi, G., Resnick, M., Blum, R., & Harris, L. (1992). Demogra-phy of sexual orientation in adolescents. *Pediatrics, 89,* 714–721.

Renju, J. R., & others. (2011). Scaling up adolescent sexual and reproductive health interventions through existing government systems? A detailed process evaluation of a school-based intervention in the Mwanza region in the northwest of Tanzania. *Journal of Adolescent Health, 48,* 79–86.

Resnick, M. D., Wattenberg, E., & Brewer, R. (1992, March). *Paternity avowal/disavowal among partners of low income mothers.* Paper presented at the meeting of the Society for Research on Adolescence, Washington, DC.

Rest, J. R. (1986). *Moral development: Advances in theory and research.* New York: Praeger.

Rest, J. R. (1995). *Concerns for the social-psychological development of youth and educational strategies: Report for the Kaufmann Foundation.* Minneapolis: University of Minnesota, Department of Educational Psychology.

Rest, J. R., Narváez, D., Bebeau, M., & Thoma, S. (1999). *Postconventional moral thinking: A neo-Kohlbergian approach.* Hillsdale, NJ: Erlbaum.

Rey-Lopez, J. P., Vicente-Rodriguez, G., Biosca, M., & Moreno, L. A. (2008). Sedentary behavior and obesity development in children and adolescents. *Nutrition, Metabolism, and Cardiovascular Diseases, 18,* 242–251.

Reyna, V. F., Estrada, S. M., DeMarinis, J. A., Myers, R. M., Stanisz, J. M., & Mills, B. A. (2011, in press). Neurobiological and memory models of risky decision making in adolescents versus young adults. *Journal of Experimental Psychology: Learning, Memory, and Cognition.*

Reyna, V. F., & Farley, F. (2006). Risk and rationality in adolescent decision-making: Implications for theory, practice, and public policy. *Psychological Science in the Public Interest, 7,* 1–44.

Reyna, V. F., & Rivers, S. E. (2008). Current theories of risk and rational decision making. *Developmental Review, 28,* 1–11.

Rhoades, G. K., Stanley, S. M., & Markman, H. J. (2009). The pre-engagement cohabitation effect: A replication and extension of previous finding. *Journal of Family Psychology, 23,* 107–111.

Rhodes, J. E., & DuBois, D. L. (2008). Mentoring relationships and programs for youth. *Current Directions in Psychological Science, 17,* 254–258.

Rhodes, J. E., & Lowe, S. R. (2009). Mentoring in adolescence. In R. M. Lerner & L. Steinberg (Eds.), *Handbook of adolescent psychology* (3rd ed.). New York: Wiley.

Richards, M. H., & Larson, R. (1990, July). *Romantic relations in early adolescence.* Paper presented at the Fifth International Conference on Personal Relations, Oxford University, England.

Richmond, E. J., & Rogol, A. D. (2007). Male pubertal development and the role of androgen therapy. *Nature General Practice: Endocrinology and Metabolism, 3,* 338–344.

Rickards, T., & deCock, C. (2003). Understanding organizational creativity: Toward a paradigmatic approach. In M. A. Runco (Ed.), *Creativity research handbook.* Cresskill, NJ: Hampton Press.

Rickert, V. I., Sanghvi, R., & Wiemann, C. M. (2002). Is lack of sexual assertiveness among adolescent women a cause for concern? *Perspectives on Sexual and Reproductive Health, 34,* 162–173.

Rideout, V., Foehr, U. G., & Roberts, D. P. (2010). *Generation M2: Media in the lives of 8- to 18-year-olds.* Menlo Park, CA: Kaiser Family Foundation.

Rideout, V., Roberts, D. P., & Foehr, U. G. (2005). *Generation M.* Menlo Park, CA: Kaiser Family Foundation.

Rimsza, M. E., & Moses, K. S. (2005). Sub-stance abuse on the college campus. *Pediatric Clinics of North America, 52,* 307–319.

Rinsky, J. R., & Hinshaw, S. P. (2011, in press). Linkages between childhood executive functioning and adolescent social functioning and psychopathology in girls with ADHD. *Child Neuropsychology.*

Risch, N., & others. (2009). Interaction between the serotonin transporter gene (5-HTTLPR), stressful life events, and risk of depression: A meta-analysis. *Journal of the American Medical Association, 301,* 2462–2471.

Rivas-Drake, D. (2011). Ethnic-racial socialization and adjustment among Latino college students: The mediating roles of ethnic centrality, public regards, and perceived barriers to opportunity. *Journal of Youth and Adolescence, 40,* 606–619.

Rivas-Drake, D., Hughes, D., & Way, N. (2009). Public ethnic regard and perceived socioeconomic stratification: Associations with well-being among Dominican and Black American youth. *Journal of Early Adolescence, 29,* 122–141.

Rivers, S. E., Reyna, V. F., & Mills, B. (2008). Risk taking under the influence: A fuzzy-trace theory of emotion in adolescence. *Developmental Review, 28,* 107–144.

Roberts, B. W., Edmonds, G., & Grijaiva, E. (2010). It is develop-mental me, not generation

me: Developmental changes are more important than generational changes in narcissism—Commentary on Trzesniewski & Donnellan (2010). *Perspectives on Psychological Science, 97*–102.
Roberts, B. W., Jackson, J. J., Fayard, J. V., Edmonds, G., & Meints, J. (2009). Conscientiousness. In M. Leary & R. Hoyle (Eds.), *Handbook of individual differences in social behavior.* New York: Guilford.
Roberts, D. F., & Foehr, U. G. (2008). Trends in media use. *Future of Children, 18*(1), 11–37.
Roberts, D. F., Henriksen, L., & Foehr, U. G. (2004). Adolescents and the media. In R. Lerner & L. Steinberg (Ed.), *Handbook of adolescent psychology* (2nd ed.). New York: Wiley.
Roberts, D. F., Henriksen, L., & Foehr, U. G. (2009). Adolescence, adolescents, and the media. In R. M. Lerner & L. Steinberg (Eds.), *Handbook of adolescent psychology* (3rd ed.). New York: Wiley.
Roberts, G. C., Treasure, D. C., & Kavussanu, M. (1997). Motivation in physical activity contexts: An achievement goal perspective. *Advances in Motivation and Achievement, 10,* 413–447.
Roberts, M. A. (2010). Toward a theory of culturally relevant critical teacher care: African American teachers' definitions and perceptions of care for African American students. *Journal of Moral Education, 39,* 449–467.
Robins, R. W., Trzesniewski, K. H., Tracey, J. L., Potter, J., & Gosling, S. D. (2002). Age differences in self-esteem from age 9 to 90. *Psychology and Aging, 17,* 423–434.
Robinson, D. P., & Greene, J. W. (1988). The adolescent alcohol and drug problem: A practical approach. *Pediatric Nursing, 14,* 305–310.
Robinson, N. S. (1995). Evaluating the nature of perceived support and its relation to perceived self-worth in adolescents. *Journal of Research on Adolescence, 5,* 253–280.
Roche, K. M., Ghazarian, S. R., Little, T. D., & Leventhal, T. (2011). Understanding links between punitive parenting and adolescent adjustment: The relevance of context and reciprocal associations. *Journal of Research on Adolescence, 21,* 448–460.
Rogers, C. R. (1950). The significance of the self regarding attitudes and perceptions. In M. L. Reymart (Ed.), *Feelings and emotions.* New York: McGraw-Hill.
Rogoff, B., & others. (2011). Developing destinies: A Mayan midwife and town. New York: Oxford University Press.
Rogol, A. D., Roemmich, J. N., & Clark, P. A. (1998, September). *Growth at Puberty.* Paper presented at a workshop, Physical Development, Health Futures of Youth II: Pathways to Adolescent Health, Maternal and Child Health Bureau, Annapolis, MD.
Rohner, R. P., & Rohner, E. C. (1981). Parental acceptance-rejection and parental control: Cross-cultural codes. *Ethnology, 20,* 245–260.
Rokholm, B., Baker, J. L., & Sorensen, T. I. (2010). The leveling off of the obesity epidemic since the year 1999—a review of evidence and perspectives. *Obesity Reviews, 11,* 835–846.
Romas, J. A., & Sharma, M. (2010). *Practical stress management* (5th ed.). Upper Saddle River, NJ: Pearson.
Rönnlund, M., & Nilsson, L. G. (2008). The magnitude, generality, and determinants of Flynn effects on forms of declarative memory and visuospatial ability: Time-sequential analyses of data from a Swedish cohort study. *Intelligence, 36,* 192–209.
Rose, A. J., Carlson, W., & Waller, E. M. (2007). Prospective associations of co-rumination with friendship and emotional adjustment: Considering the socioemotional trade-offs of co-rumination. *Developmental Psychology, 43,* 1019–1031.
Rose, A. J., & Rudolph, K. D. (2006). A review of sex differences in peer relationship processes: Potential trade-offs for the emotional and behavioral development of girls and boys. *Psychological Bulletin, 132,* 98–132.
Rose, A. J., & Smith, R. L. (2009). Sex differences in peer relationships. In K. H. Rubin, W. M. Bukowski, & B. Laursen (Eds.), *Handbook of peer interactions, relationships, and groups.* New York: Guilford.
Rose, S., & Frieze, I. R. (1993). Young singles contemporary dating scripts. *Sex Roles, 28,* 499–509.
Rosenberg, M. (1979). *Conceiving the self.* New York: Basic Books.
Rosenberg, M. S., Westling, D. L., & McLeskey, J. (2011). *Special education for today's teachers* (2nd ed.). Upper Saddle River, NJ: Merrill.
Rosenblum, G. D., & Lewis, M. (2003). Emotional development in adolescence. In G. Adams & M. Berzonsky (Eds.), *Blackwell handbook of adolescence.* Malden, MA: Blackwell.
Rosenblum, S., Aloni, T., & Josman, N. (2010). Relationships between handwriting performance and organizational abilities among children with and without dysgraphia: A preliminary study. *Research in Developmental Disabilities, 31,* 502–509.
Rosengard, C. (2009). Confronting the intendedness of adolescent rapid repeat pregnancy. *Journal of Adolescent Health, 44,* 5–6.
Rosen, L., Cheever, N., & Carrier, L. M. (2008). The association of parenting style and child age with parental limit setting and adolescent MySpace behavior. *Journal of Applied Developmental Psychology, 29,* 459–471.
Rosenthal, N. L., & Kobak, R. (2010). Assessing adolescents' attachment hierarchies: Differences across developmental periods and associations with individual adaptation. *Journal of Research on Adolescence, 20,* 678–706.
Rosner, B. A., & Rierdan, J. (1994, February). *Adolescent girls' self-esteem: Variations in developmental trajectories.* Paper presented at the meeting of the Society for Research on Adolescence, San Diego.
Ross, H., & Howe, N. (2009). Family influences on children's peer relationships. In K. H. Rubin, W. M. Bukowski, & B. Laursen (Eds.), *Handbook of peer interactions, relationships, and groups.* New York: Guilford.
Rossiter, M. (Ed.). (2008). Possible selves and adult learning: Perspectives and potential. *New Directions for Adult and Continuing Education, 114,* 1–96.
Rostosky, S. S., Riggle, E. D., Horner, S. G., Denton, F. N., & Huellemeier, J. D. (2010). Lesbian, gay, and bisexual individuals' psychological reactions to amendments denying access to civil marriage. *American Journal of Orthopsychiatry, 80,* 302–310.
Rothbart, M. K. (2011). *Becoming who we are.* New York: Guilford.
Rothbart, M. K., & Bates, J. E. (1998). Temperament. In W. Damon (Ed.). *Handbook of child psychology* (5th ed., Vol. 3). New York: Wiley.
Rothbaum, F., Poll, M., Azuma, H., Miyake, K., & Weisz, J. (2000). The development of close relationships in Japan and the United States: Paths of symbiotic harmony and generative tension. *Child Development, 71,* 1121–1142.
Rothbaum, F., & Trommsdorff, G. (2007). Do roots and wings complement or oppose one another?: The socialization of relatedness and autonomy in cultural context. In J. E. Grusec & P. D. Hastings (Eds.), *Handbook of Socialization.* New York: Guilford.
Roth, J., Brooks-Gunn, J., Murray, L., & Foster, W. (1998). Promoting healthy adolescents: Synthesis of youth development program evaluations. *Journal of Research on Adolescence, 8,* 423–459.
Roustit, C., Campoy, E., Chaix, B., & Chauvin, P. (2010). Exploring mediating factors in the association between parental psychological distress and psychosocial maladjustment in adolescence. *European Child and Adolescent Psychiatry, 19,* 597–604.
Rowden, P., Matthews, G., Watson, B., & Biggs, H. (2011). The relative impact of work-related stress, life stress, and driving environment stress on driving outcomes. *Accident; Analysis and Prevention, 43,* 1332–1340.
Rowley, J. B. (2009). *Becoming a high-performance mentor.* Thousand Oaks, CA: Corwin Press.
Rowley, S., Kurtz-Costes, B., & Cooper, S. M. (2010). The role of schooling in ethnic minority achievement and attainment. In J. Meece & J. Eccles (Eds.), *Handbook of research on schools, schooling, and human development.* New York: Routledge.
Rubie-Davies, C. M. (2007). Classroom interactions: Exploring the practices of high– and low-expectation teachers. *British Journal of Educational Psychology, 77,* 289–306.
Rubie-Davies, C. M. (Ed.). (2011). *Educational psychology.* New York: Routledge.
Rubin, K. H., Bukowski, W., & Parker, J. G. (1998). Peer interactions, relationships, and groups. In N. Eisenberg (Ed.), *Handbook of child psychology* (5th ed., Vol. 3). New York: Wiley.
Rubin, K. H., Bukowski, W., & Parker, J. G. (2006). Peer interactions, relationships, and groups. In W. Damon & R. Lerner (Eds.), *Handbook of child psychology* (6th ed.). New York: Wiley.
Rubin, K. H., Coplan, R. J., Bowker, J. C., & Menzer, M. (2011). Social withdrawal and shyness. In P. K. Smith & C. H. Hart (Eds.), *Wiley-Blackwell handbook of childhood social development* (2nd ed.). New York: Wiley.
Rubin, Z., & Slomon, J. (1994). How parents influence their children's friendships. In M. Lewis (Ed.), *Beyond the dyad.* New York: Plenum.
Ruble, D. N., Boggiano, A. K., Feldman, N. S., & Loebl, J. H. (1980). Developmental analysis of the role of social comparison in self evaluation. *Developmental Psychology, 16,* 105–115.
Rumberger, R. W. (1995). Dropping out of middle school: A multilevel analysis of students and schools. *American Education Research Journal, 3,* 583–625.
Runco, M., & Spritzker, S. (Eds.). (2011). *Encyclopedia of creativity* (2nd ed.). New York: Elsevier.
Russell, A. (2011). Parent-child relationships and influences. In P. K. Smith & C. H. Hart (Eds.), *Wiley-Blackwell handbook of childhood social development* (2nd ed.). New York: Wiley.
Russell, S. T., Card, N. A., & Susman, E. J. (2011). Introduction: A decade review of research on adolescence. *Journal of Research on Adolescence, 21,* 1–2.
Russell, S. T., Crockett, L. J., & Chao, R. K. (2010). *Asian American parenting and parent-adolescent relationships.* New York: Springer.
Russell, S. T., & Joyner, K. (2001). Adolescent sexual orientation and suicide risk: Evidence from a

national study. *American Journal of Public Health, 91,* 1276–1281.

Ruthsatz, J., Detterman, D., Griscom, W. S., & Cirullo, B. A. (2008). Becoming an expert in the musical domain: It takes more than just practice. *Intelligence, 36,* 330–338.

Rutter, M. (1979). Protective factors in children's response to stress and disadvantage. In M. W. Kent & J. E. Rolf (Eds.), *Primary prevention in psychopathology* (Vol. 3). Hanover: University of New Hampshire Press.

Rutter, M., & Dodge, K. A. (2011). Gene-environment interaction: State of the science. In K. A. Dodge & M. Rutter (Eds.), *Gene-- environ-ment interaction and developmental psychopathology.* New York: Guilford.

Rutter, M., & Garmezy, N. (1983). Develop-mental psychopathology. In P. H. Mussen (Ed.), *Handbook of child psychology* (4th ed., Vol. 4). New York: Wiley.

Ryan, A. M. (2011). Peer relationships and academic adjustment during early adolescence. *Journal of Early Adolescence, 31,* 5–12.

Ryan, C., Huebner, D., Diaz, R. M., & Sanchez, J. (2009). Family rejection as a predictor of negative health outcomes in white and Latino lesbian, gay, and bisexual young adults. *Pediatrics, 123,* 346–352.

Ryan, M. K. (2003). Gender differences in ways of knowing: The context dependence of the Attitudes Toward Thinking and Learning Survey. *Sex Roles, 49,* 11–12.

Ryan, R. M., & Deci, E. L. (2009). Promoting self-determined school engagement: Motivation, learning, and well-being. In K. Wentzel & A. Wigfield (Eds.), *Handbook of motivation at school.* New York: Routledge.

Ryan, S. M., & others. (2011, in press). Parenting strategies for reducing adolescent alcohol use: A Delphi consensus study. *BMC Public Health.*

S

Saarni, C. (1999). *The development of emotional competence.* New York: Guilford.

Saarni, C., Campos, J. J., Camras, L., & Witherington, D. (2006). Emotional development. In W. Damon & R. Lerner (Eds.), *Handbook of child psychology* (6th ed.). New York: Wiley.

Sadker, M. P., & Sadker, D. M. (2005). *Teachers, schools, and society* (7th ed.). New York: McGraw-Hill.

Saewyc, E. M. (2011). Research on adolescent sexual orientation: Development, health disparities, stigma, and resilience. *Journal of Research on Adolescence, 21,* 256–272.

Sagan, C. (1977*). The dragons of Eden.* New York: Random House.

Sakamaki, R., Toyama, K., Amamoto, R., Liu, C. J., & Shinfuku, N. (2005). Nutritional knowledge, food habits, and health attitude of Chinese university students—a cross-sectional study. *Nutrition Journal, 9,* 4.

Salazar, L. F., & others. (2011). Personal and social influences regarding oral sex among African American female adolescents. *Journal of Women's Health, 20,* 161–167.

Salmivalli, C., & Peets, K. (2009). Bullies, victims, and bully-victim relationships in middle childhood and adolescence. In K. H. Rubin, W. M. Bukowski, & B. Laursen (Eds.), *Handbook of peer interactions, relationships, and groups.* New York: Guilford.

Salmivalli, C., Peets, K., & Hodges, E. V. E. (2011). Bullying. In P. K. Smith & C. H. Hart (Eds.), *Wiley-Blackwell handbook of childhood social development* (2nd ed.). New York: Wiley.

Salovey, P., & Mayer, J. D. (1990). Emotional intelligence. *Imagination, Cognition, and Personality, 9,* 185–211.

Salzinger, S., Rosario, M., Feldman, R. S., & Ng-Mak, D. S. (2011). Role of parent and peer relationships and individual characteristics in middle school children's behavioral outcomes in the face of community violence. *Journal of Research on Adolescence, 21,* 395–407.

Sanchez, B., Esparza, P., Colon, Y., & Davis, K. E. (2011, in press). Tryin' to make it during the transition from high school: The role of family obligation attitudes and economic context for Latino-emerging adults. *Journal of Adolescent Research.*

Sanchez-Johnsen, L. A., Fitzgibbon, M. L., Martinovich, Z., Stolley, M. R., Dyer, A. R., & Van Horn, L. (2004). Ethnic differences in correlates of obesity between Latin-American and black women. *Obesity Research, 12,* 652–660.

Sandler, I., Wolchik, S., & Schoenfelder, E. (2011). Evidence-based family-focused prevention programs for children. *Annual Review of Psychology* (Vol. 62). Palo Alto, CA: Annual Reviews.

Sanson, A., Hempill, S. A., Yagmurlu, B., & McClowry, S. (2011). Temperament and social development. In P. K. Smith & C. H. Hart (Eds.), *Wiley-Blackwell handbook of childhood social development* (2nd ed.). New York: Wiley.

Santa Maria, M. (2002). Youth in Southeast Asia: Living within the continuity of tradition and the turbulence of change. In B. B. Brown, R. W. Larson, & T. S. Saraswathi (Eds.), *The world's youth.* New York: Cambridge University Press.

Santelli, J. S., Abraido-Lanza, A. F., & Melnikas, A. J. (2009). Migration, acculturation, and sexual and reproductive health of Latino adolescents. *Journal of Adolescent Health, 44,* 3–4.

Santelli, J., Sandfort, T. G., & Orr, M. (2009). U.S./European differences in condom use. *Journal of Adolescent Health, 44,* 306.

Santiago, C. D., Etter, E. M., Wadsworth, M. E., & Raviv, T. (2011, in press). Predictors of responses to stress among families coping with poverty-related stress. *Anxiety, Stress, and Coping.*

Santrock, J. W., & Halonen, J. S. (2009). *Your guide to college success* (6th ed.). Belmont, CA: Wadsworth.

Santrock, J. W., Sitterle, K. A., & Warshak, R. A. (1988). Parent-child relationships in stepfather families. In P. Bronstein & C. P. Cowan (Eds.), *Fatherhood today: Men's changing roles in the family.* New York: Wiley.

Savin-Williams, R. C. (2001). A critique of research on sexual minority youths. *Journal of Adolescence, 24,* 5–13.

Savin-Williams, R. C. (2011, in press).Identity development in sexual-minority youth. In S. Schwartz, K. Luyckx, & V. Vignoles (Eds.), *Handbook of identity theory and research.* New York: Springer.

Savin-Williams, R. C., & Demo, D. H. (1983). Conceiving or misconceiving the self: Issues in adolescent self-esteem. *Journal of Early Adolescence, 3,* 121–140.

Savin-Williams, R. C., Pardo, S. B., Vrangalova, Z., Mitchell, R. S., & Cohen, K. M. (2011, in press). Sexual and gender prejudice. In D. McCreary & J. Chrisler (Eds.), *Handbook of gender research in psychology.* New York: Springer.

Savin-Williams, R. C., & Ream, G. L. (2007). Prevalence of stability of sexual orientation components during adolescence and young adulthood. *Archives of Sexual Behavior, 36,* 385–394.

Sawyer, M. G., Pfeiffer, S., & Spence, S. H. (2009). Life events, coping, and depressive symptoms among young adolescents: A one-year prospective study. *Journal of Affective Disorders, 117,* 48–54.

Sax, L. J., & Bryant, A. N. (2006). The impact of college on sex-atypical career choices of men and women. *Journal of Vocational Behavior, 68.* 52–63.

Sayer, L. C. (2006). Economic aspects of divorce and relationship dissolution. In M. A. Fine & J. H. Harvey (Eds.), *Handbook of divorce and relationship dissolution.* Mahwah, NJ: Erlbaum.

Sbarra, D. A. (2006). Predicting the onset of emotional recovery following nonmarital relationship dissolution: Survival analysis of sadness and anger. *Personality and Social Psychology Bulletin, 32,* 298–312.

Sbarra, D. A., & Ferrer, E. (2006). The structure and process of emotional experience following nonmarital relationship dissolution: Dynamic factor anslysis of love, anger, and sadness. *Emotion, 6,* 224–238.

Scales, P. C., Benson, P. L., & Roehlkepartain, E. C. (2011, in press). Adolescent thriving: The role of sparks, relationships, and empowerment. *Journal of Youth and Adolescence.*

Scarr, S. (1993). Biological and cultural diversity: The legacy of Darwin for development. *Child Development, 64,* 1333–1353.

Schaie, K. W. (2011). Developmental influences on adult intellectual development: The Seattle Longitudinal Study. New York: Oxford University Press.

Schaie, K. W., & Willis, S. L. (2012). Adult development and aging (6th ed.). Upper Saddle River, NJ: Prentice Hall.

Schalet, A. T. (2011). Beyond abstinence and risk: A new paradigm for adolescent sexual health. *Women's Health Issues, 21*(Suppl 3), S5–S7.

Schermerhorn, A. C., Chow, S-M., & Cummings, E. M. (2010). Developmental family processes and interpersonal conflict: Patterns of micro-level influences. *Developmental Psychology, 46,* 869–885.

Schiff, W. J. (2011). *Nutrition for healthy living* (2nd ed.). New York: McGraw-Hill.

Schilling, E. A., Aseltine, R. H., Glanovsky, J. L., James, A., & Jacobs, D. (2009). Adolescent alcohol use, suicidal ideation, and suicide attempts. *Journal of Adolescent Health, 44,* 335–341.

Schlegel, A., & Hewlett, B. L. (2011). Contributions of anthropology to the study of adolescence. *Journal of Research on Adolescence, 21,* 281–289.

Schmalz, D. L., Deane, G. D., Leann, L., Birch, L. L., & Krahnstoever Davison, K. (2007). A longitudinal assessment between physical activity and self-esteem in early adolescent non-Hispanic females. *Journal of Adolescent Health, 41,* 559–565.

Schmidt, M. E., Marks, J. L., & Derrico, L. (2004). What a difference mentoring makes: Service learning and engagement for college students. *Mentoring and Tutoring Partnership in Learning, 12,* 205–217.

Schmidt, M. E., & Vandewater, E. A. (2008). Media and attention, cognition, and school achievement. *Future of Children, 18*(1), 64–85.

Schmottiach, N., & McManama, J. (2010). *Physical education activity handbook* (12th ed.). Upper Saddle River, NJ: Pearson.

Schneider, B., & Stevenson, D. (1999). *The ambitious generation.* New Haven, CT: Yale University Press.

Schneider, M., Dunton, G. F., & Cooper, D. M. (2008). Physical activity and physical self-concept among sedentary adolescent females: An intervention study. *Psychology of Sport and Exercise, 9,* 1–14.

Schofield, H. L., Bierman, K. L., Heinrichs, B., Nix, R. L., & the Conduct Problems Prevention Research Group. (2008). Predicting early sexual activity with behavior problems exhibited at school entry and in early adolescence. *Journal of Abnormal Child Psychology, 36,* 1175–1188.

Schouten, A. P., Valkenburg, P. M., & Peter, J. (2007). Precursors and underlying processes of adolescents' online self-disclosure: Developing and testing an "Internet-attribute-perception" model. *Media Psychology, 10,* 292–314.

Schulenberg, J. E., & Zarrett, N. R. (2006). Mental health during emerging adulthood: Continuities and discontinuities in course, content, and meaning. In J. J. Arnett & J. Tanner (Eds.), *Advances in emerging adulthood.* Washington, DC: American Psychological Association.

Schunk, D. H. (2008). *Learning theories* (5th ed.). Upper Saddle River, NJ: Prentice Hall.

Schunk, D. H. (2012). *Learning theories* (6th ed.). Upper Saddle River, NJ: Prentice Hall.

Schunk, D. H., Pintrich, P. R., & Meece, J. L. (2008). *Motivation in education* (3rd ed.). Upper Saddle River, NJ: Prentice Hall.

Schwartz, D., Kelly, B. M., Duong, M., & Badaly, D. (2010). Contextual perspective on intervention and prevention efforts for bully/victim problems. In E. M. Vernberg & B. K. Biggs (Eds.), *Preventing and treating bullying and victimization.* New York: Oxford University Press.

Schwartz, P. D., Maynard, A. M., & Uzelac, S. M. (2008). Adoles-cent egocentrism: A contemporary view. *Adolescence, 43,* 441–448.

Schwartz, S. J., & Finley, G. E. (2010). Troubled ruminations about parents: Conceptual-ization and validation with emerging adults. *Journal of Counseling & Development, 88,* 80–91.

Schwartz, S. J., & others. (2011). Examining the light and dark sides of emerging adults' identity: A study of identity status differences in positive and negative psychosocial functioning. *Journal of Youth and Adolescence, 40,* 839–859.

Schweinhart, L. J., Montie, J., Xiang, Z., Barnett, W. S., Belfield, C. R., & Nores, M. (2005). *Lifetime effects: The High/Scope Perry Preschool Study Through Age 40.* Ypsilanti, MI: High/Scope Press.

Sciberras, E., Ukoumunne, O. C., & Efron, D. (2011, in press). Predictors of parent-reported attention-deficit/hyperactivity disorder in children aged 6–7 years: A national longitudinal study. *Journal of Abnormal Child Psychology.*

Scott, M. E., Wildsmith, E., Welti, K., Ryan, S., Schelar, E., & Steward-Streng, N. R. (2011). Risky adolescent behaviors and reproductive health in young adulthood. *Perspectives on Sexual and Reproductive Health, 43,* 110–118.

Scourfield, J., Van den Bree, M., Martin, N., & McGuffin, P. (2004). Conduct problems in children and adolescents: A twin study. *Archives of General Psychiatry, 61,* 489–496.

Search Institute. (1995). *Barriers to participation in youth programs.* Unpublished manuscript, the Search Institute, Minneapolis.

Search Institute. (2010). *Teen's relationships.* Minneapolis, MN: Author.

Seaton, E. K. (2010). Developmental charac-teristics of African American and Caribbean Black Adolescents' regarding discrimination. *Journal of Research on Adolescence, 20,* 774–788.

Seaton, E. K., Caldwell, C. H., Sellers, R. M., & Jackson, J. S. (2010). Developmental characteristics of African American and Caribbean Black adolescents' attributions regarding discrimination. *Journal of Research on Adolescence, 20,* 774–788.

Seaton, E. K., Yip, T., & Sellers, R. M. (2009). A longitudinal examination of racial identity and racial discrimination among African American adolescents. *Child Development, 80,* 406–417.

Sebastian, C., Burnett, S., & Blakemore, S-J. (2010). Development of the self-concept in adolescence. *Trends in Cognitive Science, 12,* 441–446.

Sedikdes, C., & Brewer, M. B. (Eds.). (2001). *Individual self, relational self, and collective self.* Philadelphia: Psychology Press.

Seiffge-Krenke, I. (2011). Coping with relationship stressors: A decade review. *Journal of Research on Adolescence, 21,* 196–210.

Seiffge-Krenke, I., Aunola, K., & Nurmi, J-E. (2009). Changes in stress perception and coping during adolescence: The role of situational and personal factors. *Child Development, 80,* 259–279.

Seiter, L. N., & Nelson, L. J. (2011, in press). An examination of emerging adulthood in college students and nonstudents in India. *Journal of Adolescent Research.*

Selfhout, M., & others. (2010). Emerging late adolescence friendship networks and Big Five personality traits: A social network approach. *Journal of Personality, 78,* 509–538.

Seligman, M. E. P., & Csikszentmihalyi, M. (2000). Positive psychology. *American Psychologist, 55,* 5–14.

Seligson, T. (2005, February 20). They speak for success. *Parade Magazine.*

Sellers, R. M., Copeland-Linder, N., Martin, P. P., & Lewis, R. L. (2006). Racial identity matters: The relationship between racial discrim-ination and psychological functioning in African American adolescents. *Journal of Research on Adolescence, 16,* 187–216.

Semaj, L. T. (1985). Afrikanity, cognition, and extended self-identity. In M. B. Spencer, G. K. Brookins, & W. R. Allen (Eds.), *Beginnings: The social and affective development of Black children.* Hillsdale, NJ: Erlbaum.

Sen, B. (2010). The relationship between frequency of family dinner and adolescent problem behaviors after adjusting for other characteristics. *Journal of Adolescence, 33,* 187–196.

Seo, D-C., & Sa, J. (2010). A meta-analysis of obesity interventions among U.S. minority children. *Journal of Adolescent Health, 46,* 309–323.

Settersten, R. A., Furstenberg, F. F., & Rumbaut, R. G. (Eds.). (2005). *On the frontier of adulthood: Theory, research, and public policy.* Chicago: University of Chicago Press.

Sharma, A. R., McGue, M. K., & Benson, P. L. (1996). The emotional and behavioral adjustment of adopted adolescents: Part I: Age at adoption. *Children and Youth Services Reviews, 18,* 101–114.

Sharma, M. (2006). School-based interventions for childhood and adolescent obesity. *Obesity Review, 7,* 261–269.

Sharp, E. H., Coatsworth, J. D., Darling, N., Cumsille, P., & Ranieri, S. (2007). Gender differences in the self-defining activities and identity experiences of adolescents and emerging adults. *Journal of Adolescence, 30,* 251–269.

Shaver, P. R., & Mikulincer, M. (2007). Attachment theory and research. In A. W. Kruglanski & E. T. Higgins (Eds.), *Social psychology* (2nd ed.). New York: Guilford.

Shaw, P., & others. (2007). Attention-deficit/hyperactivity disorder is characterized by a delay in cortical maturation. *Proceedings of the National Academy of Sciences, 104*(49), 19649–19654.

Shaywitz, S. E., Gruen, J. R., & Shaywitz, B. A. (2007). Management of dyslexia, its rationale and underlying neurobiology. *Pediatric Clinics of North America, 54,* 609–623.

Shebloski, B., Conger, K. J., & Widaman, K. F. (2005). Reciprocal links among differential parenting, perceived partiality, and self worth: A three-wave longitudinal study. *Journal of Family Psychology, 19,* 633–642.

Sheeber, L. B., Davis, B., Leve, C., Hops, H., & Tildesley, E. (2007). Adolescents' relationships with their mothers and fathers: Associations with depressive disorder and subdiagnostic symptomatology. *Journal of Abnormal Psychology, 116,* 144–154.

Sher-Censor, E., Parke, R. D. & Coltrane, S. (2011). Parents' promotion of psychological autonomy, psychological control, and Mexican-American adolescents' adjustment. *Journal of Youth and Adolescence, 40,* 620–632.

Shernoff, D. J. (2009, April). *Flow in educational contexts: Creating optimal learning environments.* Paper presented at the meeting of the Society for Research in Child Development, Denver.

Shifren, K., Furnham, A., & Bauserman, R. L. (2003). Emerging adulthood in American and British samples: Individuals' personality and health risk behaviors. *Journal of Adult Development, 10,* 75–88.

Shiraev, E., & Levy, D. A. (2010). *Cross-cultural psychology* (4th ed.). Boston: Allyn & Bacon.

Shors, T. J., Anderson, M. L., Curlik, D. M., & Nokia, M. S. (2011, in press). Use it or lose it: How neurogenesis keeps the brain fit. *Behavioral Brain Research.*

Shulman, S., Davila, J., & Shachar-Shapira, L. (2011). Assessing romantic competence among older adolescents. *Journal of Adolescence, 34,* 397–406.

Shulman, S., Scharf, M., & Shachar-Shapira, S. (2012). The intergenerational transmission of romantic relationships. In P. K. Kerig, M. S. Schulz, & S. T. Hauser (Eds.), *Adolescence and beyond.* New York: Oxford University Press.

SIECUS (1999). *Public support for sex education.* Washington, DC: Author.

Siegel, D. M., Aten, M. J., & Roghmann, K. J. (1998). Self-reported honesty among middle and high school students responding to a sexual behavior questionnaire. *Journal of Adolescent Health, 23,* 20–28.

Siegler, R. S. (2006). Microgenetic analysis of learning. In W. Damon & R. Lerner (Eds.), *Handbook of child psychology* (6th ed.). New York: Wiley.

Sieving, R. E., & others. (2011, in press). A clinic--based youth development program to reduce sexual risk behaviors among adolescent girls: Prime Time Pilot Study. *Health Promotion Practice.*

Sigal, A., Sandler, I., Wolchik, S., & Braver, S. (2011). Do parent education programs promote healthy post-divorce parenting? Critical directions and distinctions and a review of the evidence. *Family Court Review, 49,* 120–129.

Silberg, J. L., Maes, H., & Eaves, L. J. (2010). Genetic and environmental influences on the transmission of parental depression to children's depression and conduct disturbance: An extended Children of Twins study. *Journal of Child Psychology and Psychiatry, 51,* 734–744.

Silva, C. (2005, October 31). When teen dynamo talks, city listens. *Boston Globe,* pp. B1, B4.

Silver, E. J., & Bauman, L. J. (2006). The association of sexual experience with attitudes, beliefs, and risk behaviors of inner-city adoles-cents. *Journal of Research on Adolescence, 16,* 29–45.

Silverman, J. G., Raj, A., Mucci, L. A., & Hathaway, J. E. (2001). Dating violence against adolescent girls and associated substance use, unhealthy weight control, sexual risk behavior, pregnancy, and suicidality. *Journal of the American Medical Association, 386,* 572–579.

Silver, S. (1988, August). *Behavior problems of children born into early-childbearing families.* Paper presented at the meeting of the American Psychological Association, Atlanta.

Silverstein, M., & Giarrusso, R. (2010). Aging and family life: A decade review. *Journal of Marriage and the Family, 72,* 1039–1058.

Simmons, R. G., & Blyth, D. A. (1987). *Moving into adolescence.* Hawthorne, NY: Aldine.

Simons, J. M., Finlay, B., & Yang, A. (1991). *The adolescent and young adult fact book.* Washington, DC: Children's Defense Fund.

Simon, V. A., Aikins, J. W., & Prinstein, M. J. (2008). *Homophily in adolescent romantic relationships.* Unpublished manuscript, College of Arts and Sciences, Wayne State University, Detroit.

Simpson, R. L. (1962). Parental influence, anticipatory socialization, and social mobility. *American Sociological Review, 27,* 517–522.

Singh, S., Wulf, D., Samara, R., & Cuca, Y. P. (2000). Gender differences in the timing of first intercourse: Data from 14 countries. *International Family Planning Perspectives, 26,* 21–28, 43.

Sinha, J. W., Cnaan, R. A., & Gelles, R. J. (2007). Adolescent risk behaviors and religion: Findings from a national study. *Journal of Adolescence, 30,* 231–249.

Sinnott, J. D. (2003). Postformal thought and adult development: Living in balance. In J. Demick & C. Andreoletti (Eds.), *Handbook of adult development.* New York: Kluwer.

Sinnott, J. D., & Johnson, L. (1997). Brief report: Complex postformal thought in skilled, research administrators. *Journal of Adult Development, 4*(1), 45–53.

Sirsch, U., Dreher, E., Mayr, E., & Willinger, U. (2009). What does it take to be an adult in Austria? Views of adulthood in Austrian adolescents, emerging adults and adults. *Journal of Adolescent Research, 24,* 275–292.

Sisson, S. B., Broyles, S. T., Baker, B. L., & Katzmarzyk, P. T. (2010). Screen time, physical activity, and overweight in U.S. youth: National Survey of Children's Health 2003. *Journal of Adolescent Health, 47,* 309–311.

Skinner, B. F. (1938). *The behavior of organisms: An experimental analysis.* New York: Appleton-Century-Crofts.

Skorikov, V., & Vondracek, F. W. (1998). Vocational identity development: Its relationship to other identity domains and to overall identity development. *Journal of Career Assessment, 6*(1), 13–35.

Slavin, R. E. (2011). Instruction based on cooperative learning. In P. A. Alexander & R. E. Mayer (Eds.), *Handbook of research on learning and instruction.* New York: Routledge.

Slavin, R. E. (2012). *Educational psychology* (10th ed.). Upper Saddle River, NJ: Prentice Hall.

Slomkowski, C., Rende, R., Conger, K. J., Simons, R. L., & Conger, R. D. (2001). Sisters, brothers, and delinquency: Social influence during early and middle adolescence. *Child Development, 72,* 271–283.

Smaldino, S. E., Lowther, D. L., & Russell, J. D. (2012). *Instructional technology and media for learning* (10th ed.). Boston: Allyn & Bacon.

Smetana, J. G. (2008). Commentary: Conflicting views of conflict. *Monographs of the Society for Research in Child Development, 73*(2), 161–168.

Smetana, J. G. (2008). "It's 10 o'clock: Do you know where your children are?" Recent advances in understanding parental monitoring and adolescents' information management. *Child Development Perspectives, 2,* 19–25.

Smetana, J. G. (2010). The role of trust in adolescent-parent relationships: To trust is to tell you. In K. Rotenberg (Ed.), *Trust and trustworthiness during childhood and adolescence.* New York: Cambridge University Press.

Smetana, J. G. (2011a, in press). *Adolescents, families, and social development: How adolescents construct their worlds.* New York: Wiley-Blackwell.

Smetana, J. G. (2011b, in press). Adolescents' social reasoning and relationships with parents: Conflicts and coordinations within and across domains. In E. Amsel & J. Smetana (Eds.), *Adolescent vulnerabilities and opportunities: Constructivist and developmental perspectives,* New York: Cambridge University Press.

Smetana, J. G., & Gaines, C. (1999). Adolescent-parent conflict in middle-class African-American families. *Child Development, 70,* 1447–1463.

Smetana, J. G., Gettman, D. C., Villalobos, M., & Tasopoulos, M. (2007, March). *Daily variations in African American, Latino, and European American teens' disclosure with parents and best friends.* Paper presented at the biennial meeting of the Society for Research in Child Development, Boston.

Smetana, J. G., Villalobos, M., Tasopoulos-Chan, M., Gettman, D. C., & Campione-Barr, N. (2009). Early and middle adolescents' disclosure to parents about activities in different domains. *Journal of Adolescence, 32,* 693–713.

Smith, A. B., Halari, R., Giampetro, V., Brammer, M., & Rubia, K. (2011, in press). Developmental effects of reward on sustained attention networks. *NeuroImage.*

Smith, C., & Denton, M. (2005). *Soul searching: The religious and spiritual lives of American teenagers.* New York: Oxford University Press.

Smith, J. B. (2009). High school organization. In D. Carr (Ed.), *Encyclopedia of the life course and human development.* Boston: Gale Cengage.

Smith, M. A., & Berger, J. B. (2010). Women's ways of drinking: College women, high-risk alcohol use, and negative consequences. *Journal of College Student Development, 51,* 35–49.

Smith, P. K., & Hart, C. A. (Eds.). (2011). *Wiley-Blackwell handbook of childhood social development* (2nd ed.). New York: Wiley.

Smith, R. E., & Smoll, F. L. (1997). Coaching the coaches: Youth sports as a scientific and applied behavioral setting. *Current Directions in Psychological Science, 6,* 16–21.

Smith, R. L., Rose, A. J., & Schwartz-Mette, R. A. (2010). Relational and overt aggression in childhood and adolescence: Clarifying mean-level gender differences and associations with peer acceptance. *Social Development, 19,* 243–269.

Smith, T. E., Polloway, E. A., Patton, J. R., & Dowdy, C. A. (2012). *Teaching students with special needs in inclusive settings* (6th ed.). Upper Saddle River, NJ: Pearson.

Smits, I. A., & others. (2011). Cohort differences in the Big Five personality factors over a period of 25 years. *Journal of Personality and Social Psychology, 100,* 1124–1138.

Snarey, J. (1987, June). A question of morality. *Psychology Today, 21,* 6–8.

Snarey, J., & Samuelson, P. (2008). Moral education in the cognitive developmental tradition: Lawrence Kohlberg's revolutionary ideas. In L. P. Nucci & D. Narváez (Eds.), *Handbook of moral and character education.* New York: Routledge.

Solmeyer, A. R., McHale, S. M., Killoren, S. E., & Updegraff, K. A. (2011). Coparenting around siblings' differential treatment in Mexican-origin families. *Developmental Psychology, 25,* 251–260.

Solomon, D., Watson, P., Schapes, E., Battistich, V., & Solomon, J. (1990). Cooperative learning as part of a comprehensive program designed to promote prosocial development. In S. Sharan (Ed.), *Cooperative learning.* New York: Praeger.

Somerville, L. H., Jones, R. M., & Casey, B. J. (2010). A time of change: Behavioral and neural correlates of adolescent sensitivity to appetitive and aversive environmental cues. *Brain and Cognition, 72,* 124–133.

Sommer, B. B. (1978). *Puberty and adolescence.* New York: Oxford University Press.

Sommer, M. (2011). An overlooked priority: Puberty in sub-Saharan Africa. *American Journal of Public Health, 101,* 979–981.

Song, A. V., & Halpern-Felsher, B. L. (2010). Predictive relationship between adolescent oral and vaginal sex: Results from a prospective, longitudinal study. *Archives of Pediatric and Adolescent Medicine,165,* 243–249.

Song, L. J., & others. (2010). The differential effects of general mental ability and emotional intelligence on academic performance and social interactions. *Intelligence, 38,* 137–143.

Sontag, L. M., Clemans, K. H., Graber, J. A., & Lyndon, S. T. (2011). Traditional and cyber aggressors and victims: A comparison of social characteristics. *Journal of Youth and Adolescence, 40,* 392–404.

Sontag, L. M., Graber, J., Brooks-Gunn, J., & Warren, M. P. (2008). Coping with social stress: Implications for psychopathology in young adolescent girls. *Journal of Abnormal Child Psychology, 36,* 1159–1174.

Soto, C. J., John, O. P., Gosling, S. D., & Potter, J. (2011). Age differences in personality traits from 10 to 65: Big Five domains and facets in a large cross-cultural sample. *Journal of Personality and Social Psychology, 100,* 330–348.

Sousa, D. A. (1995). *How the brain learns: A classroom teacher's guide.* Reston, VA: National Association of Secondary School Principals.

Sowell, E. (2004, July). Commentary in M. Beckman, "Crime, culpability, and the adolescent brain." *Science Magazine, 305,* 599.

Sparling, P., & Redican, K. (2011). *MP iHealth.* New York: McGraw-Hill.

Spatz, C. (2012). *Basic statistics* (10th ed.). Boston: Cengage.

Spence, J. T., & Helmreich, R. (1978). *Masculinity and femininity: Their psychological dimensions.* Austin: University of Texas Press.

Spencer, M. B. (2000). Ethnocentrism. In A. Kazdin (Ed.), *Encyclopedia of psychology.* New York: Oxford University Press.

Speranza, M., & others. (2005). Depressive personality dimensions and alexithymia in eating disorders. *Psychiatry Research, 135,* 153–163.

Spiegler, M. D., & Guevremont, D. C. (2010). *Contemporary behavior therapy* (5th ed.). Boston: Cengage.

Spring, J. (2010). *Deculturalization and the struggle for equality* (6th ed.). New York: McGraw-Hill.

Spruijt-Metz, D. (2011). Etiology, treatment, and prevention of obesity in childhood and adolescence: A decade in review. *Journal of Research on Adolescence, 21,* 129–152.

Srabstein, J. C., McCarter, R. J., Shao, C., & Huang, Z. J. (2006). Morbidities associated with bullying behaviors in adolescents: School based study of American adolescents. *International Journal of Adolescent Medicine and Health, 18,* 587–596.

Sroufe, L. A. (2007). Commentary: The place of development in developmental psychology. In A. S. Masten (Ed.), *Multilevel dynamics in developmental psychology.* Mahwah, NJ: Erlbaum.

Sroufe, L. A., Coffino, B., & Carlson, E. A. (2010). Conceptualizing the role of early experience: Lessons from the Minnesota longitudinal study. *Developmental Review, 30,* 36–51.

Sroufe, L. A., Egeland, B., Carlson. E., & Collins, W. (2005). *The development of the person: The Minnesota Study of Risk and Adaptation from birth to maturity.* New York: Guilford.

Staff, J., Messersmith, E. E., & Schulenberg, J. E. (2009). Adolescents and the world of work. In R. M. Lerner & L. Steinberg (Eds.), *Handbook of adolescent psychology* (3rd ed.). New York: Wiley.

Stake, J. E. (2000). When situations call for instrumentality and expressiveness: Resource appraisal, coping strategy choice, and adjustment. *Sex Roles, 42,* 865–885.

Stangor, C. (2011). *Research methods for the behavioral sciences* (4th ed.). Boston: Cengage.

Stanley, S. M., Amato, P. R., Johnson, C. A., & Markman, H. J. (2006). Premarital education, marital quality, and marital stability: Findings from a large, household survey. *Journal of Family Psychology, 20,* 117–126.

Stanley, S. M., Rhoades, G. K., Amato, P. R., Markman, H. J., & Johnson, C. A. (2010). The timing of cohabitation and engagement: Impact on first and second marriages. *Journal of Marriage and the Family, 72,* 906–918.

Stanovich, K. E., West, R. F., & Toplak, M. E. (2011). Intelligence and rationality. In R. J.Sternberg & S. B. Kaufman (Eds.), *Cambridge handbook of intelligence.* New York: Cambridge University Press.

Stansfield, K. H., & Kirstein, C. L. (2006). Effects of novelty on behavior in the adolescent and adult rat. *Developmental Psychobiology, 48,* 273.

Starr, C. (2011). *Biology* (8th ed.). Boston: Cengage.

Starr, L. R., & Davila, J. (2009). Clarifying co-rumination: Associations with internalizing symptoms and romantic involvement among adolescent girls. *Journal of Adolescence, 32,* 19–37.

Staudinger, U. M., & Gluck, J. (2011). Psychological wisdom research. *Annual Review of Psychology* (Vol. 62). Palo Alto, CA: Annual Reviews.

Steca, P., Bassi, M., Caprara, G. V., & Fave, A. D. (2011, in press). Parents' self-efficacy beliefs and their children's psychosocial adaptation during adolescence. *Journal of Youth and Adolescence.*

Steel, P. (2007). The nature of procrastination: A meta-analytic and theoretical review of quintessential self-regulatory failure. *Psychological Bulletin, 133,* 65–94.

Steele, J., Waters, E., Crowell, J., & Treboux, D. (1998, June). *Self-report measures of attachment: Secure bonds to other attachment measures and attachment theory.* Paper presented at the meeting of the International Society for the Study of Personal Relationships, Saratoga Springs, NY.

Steinberg, L. (1986). Latchkey children and susceptibility to peer pressure: An ecological analysis. *Developmental Psychology, 22,* 433–439.

Steinberg, L. (2008). A neurobehavioral perspective on risk-taking. *Developmental Review, 28,* 78–106.

Steinberg, L. (2009). Adolescent development and juvenile justice. *Annual Review of Clinical Psychology* (Vol. 5). Palo Alto, CA: Annual Reviews.

Steinberg, L. (2010). A behavioral scientist looks at the science of adolescent brain develop-ment. *Brain and Cognition, 72,* 160–164.

Steinberg, L. (2011a). Adolescent risk-taking: A social neuroscience perspective. In E. Amsel & J. Smetana (Eds.), *Adolescent vulnerabilities and opportunities: Constructivist developmental perspectives.* New York: Cambridge University Press.

Steinberg, L. (2011b). *You and your adolescent: The essential guide for ages 10 to 25.* New York: Simon & Schuster.

Steinberg, L, Albert, D., Cauffman, E., Banich, M., Graham, S., & Woolard. J. (2008). Age differences in sensation-seeking and impulsivity as indexed by behavior and self-report: Evidence for a dual systems model. *Developmental Psychology, 44,* 1764–1778.

Steinberg, L., Graham, S., O'Brien, L., Woolard, J., Cauffman, E., & Banich, M. (2009). Age differences in future orientation and delay discounting. *Child Development, 80,* 28–44.

Steinberg, L. D. (1986). Latchkey children and susceptibility to peer pressure: An ecological analysis. *Developmental Psychology, 22,* 433–439.

Steinberg, L. D. (1988). Reciprocal relation between parent-child distance and pubertal maturation. *Developmental Psychology, 24,* 122–128.

Steinberg, L. D. (2004). Risk taking in adolescence: What changes, and why? *Annals of the New York Academy of Sciences, 1021,* 51–58.

Steinberg, L. D., & Cauffman, E. (2001). Adolescents as adults in court. *SRCD Social Policy Report, XV*(4), 1–13.

Steinberg, L. D., & Silk, J. S. (2002). Parenting adolescents. In M. Bornstein (Ed.), *Handbook of parenting* (2nd ed., Vol. 1). Mahwah, NJ: Erlbaum.

Steinberg, S. J., & Davila, J. (2008). Romantic functioning and depressive symptoms among early adolescent girls: The moderating role of parental emotional availability. *Journal of Clinical Child and Adolescent Psychology, 37,* 350–362.

Stein, C. J., & Micheli, L. J. (2010). Overuse injuries in youth sports. *Physician and Sportsmedicine, 38,* 102–108.

Stephens, J. M. (2008). Cheating. In N. J. Salkind (Ed.), *Encyclopedia of educational psychology.* Thousand Oaks, CA: Sage.

Sternberg, R. J. (1985, December). Teaching critical thinking, Part 2: Possible solutions. *Phi Delta Kappan,* 277–280.

Sternberg, R. J. (1986). *Intelligence applied.* Fort Worth: Harcourt Brace.

Sternberg, R. J. (1998). A balance theory of wisdom. *Review of General Psychology, 2,* 347–365.

Sternberg, R. J. (2004). Individual differences in cognitive development. In P. Smith & C. Hart (Eds.), *Blackwell handbook of cognitive development.* Malden, MA: Blackwell.

Sternberg, R. J. (2009). Intelligence. In M. E. Laur (Ed.), *Chicago companion to the child.* Chicago: University of Chicago Press.

Sternberg, R. J. (2010). The triarchic theory of successful intelligence. In B. Kerr (Ed.), *Encyclopedia of giftedness, creativity, and talent.* Thousand Oaks, CA: Sage.

Sternberg, R. J. (2011a). Personal wisdom in the balance. In M. Ferrari & N. Weststrate (Eds.), *Personal wisdom.* New York: Springer.

Sternberg, R. J. (2011b). Individual differences in cognitive development. In U. Goswami (Ed.), *Blackwell handbook of childhood cognitive development.* Malden, MA: Blackwell.

Sternberg, R. J. (2011c, in press). Intelligence. In B. McGaw, P. Peterson, & E. Baker (Eds.), *International encyclopedia of education* (3rd ed.). New York: Elsevier.

Sternberg, R. J. (2012). *Cognitive psychology* (6th ed.). Boston: Cengage.

Sternberg, R. J., & Ben-Zeev T. (2001). *Complex cognition.* New York: Oxford University Press.

Sternberg, R. J., Grigorenko, E. L., & Jarvin, L. (2011). *Explorations in giftedness.* New York: Cambridge University Press.

Sternberg, R. J., Jarvin, L., & Reznitskaya, A. (2011, in press). Teaching for wisdom through history: Infusing wise thinking skills in the school curriculum. In M. Ferrari (Ed.), *Teaching for Wisdom.* Amsterdam: Springer.

Sternberg, R. J., & Williams, W. M. (1996). *How to develop student creativity.* Alexandria, VA: ASCD.

Sternberg, S. J., & Davila, J. (2008). Romantic functioning and depressive symptoms among early adolescent girls: The moderating role of parental emotional availability. *Journal of Clinical Child and Adolescent Psychology, 37,* 350–362.

Steur, F. B., Applefield, J. M., & Smith, R. (1971). Televised aggression and the interpersonal aggression of preschool children. *Journal of Experimental Child Psychology, 11,* 442–447.

Stevenson, H. W. (1995). Mathematics achievement of American students: First in the world by the year 2000? In C. A. Nelson (Ed.), *Basic and applied perspectives on learning, cognition, and development.* Minneapolis: University of Minnesota Press.

Stevenson, H. W., Lee, S., Chen, C., Stigler, J. W., Hsu, C., & Kitamura, S. (1990). Contexts of achievement. *Monograph of the Society for Research in Child Development, 55* (Serial No. 221).

Stevenson, H. W., & Zusho, A. (2002). Adolescence in China and Japan: Adapting to a changing environment. In B. B. Brown, R. W. Larson, & T. S. Saraswathi (Eds.), *The world's youth.* New York: Cambridge University Press.

Stewart, A. J., Ostrove, J. M., & Helson, R. (2001). Middle aging in women: Patterns of personality change from the 30s to the 50s. *Journal of Adult Development, 8,* 23–37.

Stice, F., Presnell, K., & Spangler, D. (2002). Risk factors for binge eating onset in adolescent girls: A 2-year prospective investigation. *Health Psychology, 21,* 131–138.

Stiggins, R. (2008). *Introduction to student-involved assessment for learning* (5th ed.). Upper Saddle River, NJ: Prentice Hall.

Stipek, D. J. (2002). *Motivation to learn* (4th ed.). Boston: Allyn & Bacon.

Stipek, D. J. (2005, February 16). Commentary in *USA TODAY,* p. D1.

Stokes, C. E., & Raley, R. K. (2009). Cohabitation. In D. Carr (Ed.), *Encyclopedia of the life course and human development.* Boston: Gale Cengage.

Stone, L. B., Hankin, B. L., Gibb, B. E., & Abela, J. R. (2011, in press). Co-rumination predicts the onset of depressive disorders during adolescence. *Journal of Abnormal Psychology.*

Stoppa, T. M., & Lefkowitz, E. S. (2010). Longitudinal changes in religiosity among emerging adult college students. *Journal of Research on Adolescence, 20,* 23–38.

Story, M., Kaphingst, K. M., & French, S. (2006). The role of schools in obesity prevention. *Future of Children, 16*(1), 109–142.

St. Pierre, R., Layzer, J., & Barnes, H. (1996). *Regenerating two-generation programs.* Cambridge, MA: Abt Associates.

Strahan, D. B. (1983). The emergence of formal operations in adolescence. *Transcendence, 11,* 7–14.

Strasberger, V. C. (2009). Why do adolescent health researchers ignore the impact of the media? *Journal of Adolescent Health, 44,* 203–205.

Strasburger, V. C. (2010). Children, adolescents, and the media: Seven key issues. *Pediatric Annals, 39,* 556–564.

Strasburger, V. C., Wilson, B. J., & Jordan, A. (2008). *Children, adolescents, and the media.* Thousand Oaks, CA: Sage

Strati, A. D., Shernoff, D., & Kackar, H. Z. (2012). Flow. In J. R. Levesque (Ed.), *Encyclopedia of adolescence.* New York: Springer.

Straubhaar, J., LaRose, R., & Davenport, L. (2011). *Media now* (7th ed.). Boston: Cengage.

Stray, L. L., Ellertsen, B., & Stray, T. (2010). Motor function and methylphenidate effect in children with attention deficit hyperactivity disorder. *Acta Pediatrica, 99,* 1199–1204.

Streib, H. (1999). Off-road religion? A narrative approach to fundamentalist and occult orientations of adolescents. *Journal of Adolescence, 22,* 255–267.

Stroth, S., Kubesch, S., Dieterie, K., Ruchsow, M., Heim, R., & Kiefer, M. (2009). Physical fitness, but not acute exercise modulates event-related potential indices for executive control in healthy adolescents. *Brain Research, 1269,* 114–124.

Stroud, L. R., Papandonatos, G. D., Williamson, D. E., & Dahl, R. E. (2011, in press). Sex differences in cortisol response to corticotrophin releasing hormone challenge over puberty: Pittsburgh Pediatric Neurobehavioral Studies. *Psychoneuroimmunology.*

Stukenborg, J. B., Colon, E., & Soder, O. (2010). Ontogenesis of testis development population-based study. *Sexual Development, 4,* 199–212

Stulberg, L. M., & Weinberg, S. L. (Eds.). (2011). *Diversity in higher education.* New York: Routledge.

Su, R., Rounds, J., & Armstrong, P. I. (2009). Men and things, women and people: A meta-analysis of sex differences in interests. *Psychological Bulletin, 135,* 859–884.

Suárez-Orozco, C. (2007, March). *Immigrant family educational advantages and challenges.* Paper presented at the meeting of the Society for Research in Child Development, Boston.

Suarez-Orozco, M., & Suarez-Orozco, C. (2010). Globalization, immigration, and schooling. In J. A. Banks (Ed.), *The Routledge international companion to multicultural education.* New York: Routledge.

Subrahmanyam, K., & Greenfield, P. (2008). Online communication and adolescent relationships. *Future of Children, 18*(1), 119–146.

Sue, S. (1990, August). *Ethnicity and culture in psychological research and practice.* Paper presented at the meeting of the American Psychological Association, Boston.

Sue, S., & Morishima, J. K. (1982). *The mental health of Asian Americans: Contemporary issues in identifying and treating mental problems.* San Francisco: Jossey-Bass.

Sullivan, H. S. (1953). *The interpersonal theory of psychiatry.* New York: W. W. Norton.

Sullivan, P. J., & Larson, R. W. (2010). Connecting youth to high resource adults: Lessons from effective youth programs. *Journal of Adolescent Research, 25*(1), 99–123.

Sun, S. S., & others. (2008). Childhood obesity predicts adult metabolic syndrome: The Fels Longitudinal Study. *Journal of Pediatrics, 152,* 191–200.

Sun, Y., Tao, F., Hao, J., & Wan, Y. (2010). The mediating effects of stress and coping on depression among adolescents in China. *Journal of Child and Adolescent Psychiatric Nursing, 23,* 173–180.

Sund, A. M., Larsson, B., & Wichstrom, L. (2011). Role of physical and sedentary activities in the development of depressive symptoms in early adolescence. *Social Psychiatry and Psychiatric Epidemiology, 46,* 431–441.

Suris, J. C., Jeannin, A., Chossis, I., & Michaud, P. A. (2007). Piercing among adolescents: Body art as a risk marker: A population-based approach. *Journal of Family Practice, 56,* 126–120.

Susman, E. J. (2001). Unpublished review of J. W. Santrock's *Adolescence,* 9th ed. (New York: McGraw-Hill).

Susman, E. J., & Dorn, L. D. (2009). Puberty: Its role in development. In R. M. Lerner & L. Steinberg (Eds.), *Handbook of adolescent psychology* (3rd ed.). New York: Wiley.

Susman, E. J., Dorn, L. D., & Schiefelbein, V. L. (2003). Puberty, sexuality, and health. In R. M. Lerner, M. A. Easterbrooks, & J. Mistry (Eds.), *Comprehensive handbook of psychology: Developmental psychology* (Vol. 6). New York: Wiley.

Susman, E. J., & others. (2010). Longitudinal development of secondary sexual characteristics in girls and boys between ages 9½ and 15½ years. *Archives of Pediatric and Adolescent Medicine, 164,* 166–173.

Sutton-Smith, B. (1982). Birth order and sibling status effects. In M. E. Lamb & B. Sutton-Smith (Eds.), *Sibling relationships: Their nature and significance across the life span.* Hillsdale, NJ: Erlbaum.

Suyemoto, K. L. (2009). Multiracial Asian Americans. In N. Tewari & A. Alvarez (Eds.), *Asian American psychology.* Clifton, NJ: Psychology Press.

Swaab, D. F., Chung, W. C., Kruijver, F. P., Hofman, M. A., & Ishunina, T. A. (2001). Structural and functional sex differences in the human hypothalamus. *Hormones and Behavior, 40,* 93–98.

Swahn, M., Bossarte, R. M., & Sullivent, E. E. (2008). Age of alcohol use initiation, suicidal behavior, and peer and dating violence victimiza-tion and perpetration among high-risk, seventh-grade adolescents. *Pediatrics, 121,* 297–305.

Swanson, D. P. (2010). Adolescent psychosocial processes: Identity, stress, and competence. In D. P. Swanson, M. C. Edwards, & M. B. Spencer (Eds.), *Adolescence: Development in a global era.* San Diego: Academic Press.

Swanson, H. L. (1999). What develops in working memory? A life-span perspective. *Developmental Psychology, 35,* 986–1000.

Swartz, T. T., Kim, M., Uno, M. Mortimer, J., & O'Brien, K. B. (2011). Safety nets and scaffolds: Parental support in the transition to adulthood. *Journal of Marriage and the Family, 73,* 414–429.

Syed, M. (2010). Memorable everyday events in college: Narratives of the intersection of ethnicity and academia. *Journal of Diversity in Higher Education, 3,* 56–69.

Syed, M. (2011, in press). Developing an integrated self: Academic and ethnic identities among ethnically-diverse college students. *Developmental Psychology.*

Syed, M., & Azmitia, M. (2008). A narrative approach to ethnic identity in emerging adulthood: Bringing life to the identity status model. *Developmental Psychology, 44,* 1012–1027.

Syed, M., & Azmitia, M. (2009). Longitudinal trajectories of ethnic identity during the college years. *Journal of Research on Adolescence, 19*(4), 601–624.

Syed, M., & Azmitia, M. (2010). Narrative and ethnic identity exploration: A longitudinal account of emerging adults' ethnicity-related experiences. *Developmental Psychology, 46*(1), 208–219.

Syed, M., Azmitia, M., & Cooper, C. R. (2011, in press). Identity and academic success among under--represented ethnic minorities: An interdisciplinary review and integration. *Journal of Social Issues.*

Sykes, C. J. (1995). *Dumbing down our kids: Why America's children feel good about themselves but can't read, write, or add.* New York: St. Martin's Press.

Szulwach, K. E., & others. (2010). Cross talk between microRNA and epigenetic regulation in adult neurogenesis. *Journal of Cell Biology, 189,* 127–141.

Szwedo, D. E., Mikami, A. Y., & Allen, J. P. (2011, in press). Qualities of peer relations on social networking websites: Predictions from negative mother-teen interactions. *Journal of Research on Adolescence.*

T

TADS. (2007). The Treatment for Adolescents with Depression Study: Long-term effectiveness and safety outcomes. *Archives of General Psychiatry, 64,* 1132–1143.

Takeuchi, H., & others. (2011, in press). Regional gray matter density associated with emotional intelligence: Evidence from voxel-based morphometry. *Human Brain Mapping.*

Talpade, M. (2008). Hispanic versus African American girls: Body image, nutrition, and puberty. *Adolescence, 43,* 119–127.

Tamis-LeMonda, C. S., & Cabrera, N. (Eds.). (2002). *The handbook of father involvement.* Mahwah, NJ: Erlbaum.

Tamis-LeMonda, C. S., & McFadden, K. E. (2010). The United States of America. In M. H. Bornstein (Ed.), *Handbook of cultural develop-mental science.* New York: Psychology Press.

Tamis-LeMonda, C. S., Way, N., Hughes, D., Yoshikawa, H., Kallman, R. K., & Niwa, E. Y. (2008). Parents' goals for children: The dynamic coexistence of individualism and collectivism in cultures and individuals. *Social Development, 17,* 183–209.

Tannen, D. (1990). *You just don't understand: Women and men in conversation.* New York: Ballantine.

Tanner, J. M. (1962). *Growth at adolescence* (2nd ed.). Oxford, UK: Blackwell.

Tarokh, L., & Carskadon, M. A. (2008). Sleep in adolescents. In L. R. Squire (Ed.), *New Encyclopedia of Neuroscience.* Oxford, UK: Elsevier.

Tarokh, L., & Carskadon, M. A. (2010). Developmental changes in the human sleep EEG during early adolescence. *Sleep, 33,* 801–809.

Tarokh, L., Carskadon, M. A., & Achermann, P. (2011). Developmental changes in brain connectivity assessed using the sleep EEG. *Neuroscience, 31,* 6371–6378.

Tarpley, T. (2001). Children, the Internet, and other new technologies. In D. Singer & J. Singer (Eds.), *Handbook of children and the media*. Thousand Oaks, CA: Sage.

Tashiro, T., & Frazier, P. (2003). "I'll never be in a relationship like that again": Personal growth following romantic relationship breakups. *Personal Relationships, 10*, 113–128.

Tashiro, T., Frazier, P., & Berman, M. (2005). Stress-related growth following divorce and relationship dissolution. In M. A. Fine & J. H. Harvey (Eds.), *Handbook of divorce and relationship dissolution*. Mahwah, NJ: Erlbaum.

Tavris, C., & Wade, C. (1984). *The longest war: Sex differences in perspective* (2nd ed.). Fort Worth, TX: Harcourt Brace.

Taylor, B., Stein, N., & Burden, F. (2010). The effects of gender violence/harassment prevention programming in middle schools: A randomized experimental evaluation. *Violence and Victims, 25*, 202–203.

Taylor, J. H., & Walker, L. J. (1997). Moral climate and the development of moral reasoning: The effects of dyadic discussions between young offenders. *Journal of Moral Education, 26*, 21–43.

Taylor, L. M., & Fratto, J. M. (2012). *Transforming learning through 21st century skills*. Boston: Allyn & Bacon.

Taylor, N. L. (2011, in press). "Guys, she's humongous!": Gender and weight-based teasing in adolescence. *Journal of Adolescent Research*.

Taylor, R. D. (1996). Kinship support, family management, and adolescent adjustment and competence in African American families. *Developmental Psychology, 32*, 687–695.

Taylor, R. D. (2010). Risk and resilience in low-income African American families: Moderating effects of kinship social support. *Cultural Diversity and Ethnic Minority Psychology, 16*, 344–351.

Taylor, R. D., & Lopez, E. I. (2005). Family management practice, school achievement, and problem behavior in African American adolescents: Mediating processes. *Applied Developmental Psychology, 26*, 39–49.

Taylor, S. E. (2006). Tend and befriend: Biobehavioral bases of affiliation under stress. *Current Directions in Psychological Science, 15*, 273–277.

Taylor, S. E. (2011a). *Health Psychology* (8th ed.). New York: McGraw-Hill.

Taylor, S. E. (2011b). Tend and befriend theory. In A. M. van Lange, A. W. Kruglanski, & E. T. Higgins (Eds.), *Handbook of theories of social psychology*. Thousand Oaks, CA: Sage.

Taylor, S. E. (2011c). Affiliation and stress. In S. Folkman (Ed.), *Oxford handbook of stress, health, and coping*. New York: Oxford University Press.

Teenage Research Unlimited. (2004, November 10). *Diversity in word and deed: Most teens claim multicultural friends*. Northbrook, IL: Teenage Research Unlimited.

Teilmann, G., Juul, A., Skakkebaek, N. E., & Toppari, J. (2002). Putative effects of endocrine disruptors on pubertal development in the human. *Best Practices in Research and Clinical Endocrinology and Metabolism, 16*, 105–121.

Templeton, J. L., & Eccles, J. S. (2006). The relation between spiritual development and identity processes. In E. Roehlkepartain, P. E. King, L. Wagener, & P. L. Benson (Eds.), *The handbook of spirituality in childhood and adolescence*. Thousand Oaks, CA: Sage.

Terman, L. (1925). *Genetic studies of genius: Vol. 1. Mental and physical traits of a thousand gifted children*. Stanford, CA: Stanford University Press.

Terry-McElrath, Y. M., O'Malley, P. M., & Johnston, L. D. (2011). Exercise and substance among American youth, 1991–2009. *American Journal of Preventive Medicine, 40*, 530–540.

Testa, M., Hoffman, J. H., & Livingston, J. A. (2010). Alcohol and sexual risk behaviors as mediators of the sexual victimization-revictimization relationship. *Journal of Consulting and Clinical Psychology, 78*, 249–259.

The, N. S., & others. (2010). Association of adolescent obesity with risk of severe obesity in adulthood. *Journal of the American Medical Association, 304*, 2042–2047.

Thoma, S. J. (2006). Research on the Defining Issues Test. In M. Killen & J. Smetana (Eds.), *Handbook of moral development*. Mahwah, NJ: Erlbaum.

Thomaes, S., Bushman, B. J., Stegge, H., & Olthof, T. (2008). Trumping shame by blasts of noise: Narcissism, self-esteem, shame, and aggression in young adolescents. *Child Development, 18*, 758–765.

Thomas, A., & Chess, S. (1991). Temperament in adolescence and its functional significance. In R. M. Lerner, A. C. Petersen, & J. Brooks-Gunn (Eds.), *Encyclopedia of adolescence* (Vol. 2). New York: Garland.

Thomas, C. R., & Gadbois, S. A. (2007). Academic self-handicapping: The role of self-concept clarity and students' learning strategies. *British Journal of Educational Psychology, 77*, 109–119.

Thomas, C. W., Coffman, J. K., & Kipp, K. L. (1993, March). *Are only children different from children with siblings? A longitudinal study of behavioral and social functioning*. Paper presented at the biennial meeting of the Society for Research in Child Development, New Orleans.

Thompson, J., Manore, M., & Vaughn, L. (2011). *Science of nutrition* (2nd ed.). Upper Saddle River, NJ: Pearson.

Thompson, M., Kuruwita, C., & Foster, E. M. (2009). Transitions in suicide risk in a nationally representative sample of adolescents. *Journal of Adolescent Health, 44*, 458–463.

Thompson, M. P., & Light, L. S. (2011, in press). Examining gender differences in risk factors in suicide attempts made 1 and 7 years later in a nationally representative sample. *Journal of Adolescent Health*.

Thompson, R. A. (2008). Unpublished review of J. W. Santrock's *Life-span development*, 12th ed. (New York: McGraw-Hill).

Thompson, R. A. (2009). Early foundations: Conscience and the development of moral character. In D. Narváez & D. Lapsley (Eds.), *Personality, identity, and character: Explorations in moral psychology*. New York: Cambridge University Press.

Thompson, R. A. (2012, in press). Attachment and development: Precis and prospect. In P. Zelazo (Ed.), *Oxford handbook of developmental psychology*. New York: Oxford University Press.

Thompson, R. A., & Goodman, M. (2011). The architecture of social developmental science: Theoretical and historical perspectives. In M. K. Underwood & L. H. Rosen (Eds.), *Social development*. New York: Guilford.

Thompson, R. A., & Newton, E. K. (2010). Emotion in early conscience. In W. Arsenio & E. Lemerise (Eds.), *Emotions, aggression, and morality: Bridging development and psychopathology*. Washington, DC: American Psychological Association.

Thompson, R. A., Winer, A. C., & Goodvin, R. (2011). The individual child: Temperament, emotion, self, and personality. In M. Bornstein & M. E. Lamb (Eds.), *Developmental science: An advanced textbook* (6th ed.). New York: Psychology Press/Taylor & Francis.

Timperio, A., Salmon, J., & Ball, K. (2004). Evidence-based strategies to promote physical activity among children, adolescents, and young adults: Review and update. *Journal for Science and Medicine in Sport, 7*(Suppl), 20–29.

Tobler, A. L., & Komro, K. A. (2010). Trajectories of parental monitoring and communication and effects on drug use among urban young adolescents. *Journal of Adolescent Health, 46*, 560–568.

Tolan, P. H., Gorman-Smith, D., Henry, D., Chung, K., & Hunt, M. (2004). The relation of patterns of coping of inner-city youth to psychopathology symptoms. *Journal of Research on Adolescence, 12*, 423–449.

Tolman, D. (2002). *Dilemmas of desire: Teenage girls talk about sexuality*. Cambridge, MA: Harvard University Press.

Tolman, D. L., & McClelland, S. I. (2011). Normative sexuality development in adolescence: A decade in review, 2000–2009. *Journal of Research on Adolescence, 21*, 242–255.

Tomfohr, L., & others. (2011). Uplifts and sleep. *Behavioral Sleep Medicine, 9*, 31–37.

Tomlinson-Keasey, C. (1972). Formal operations in females from 11 to 54 years of age. *Developmental Psychology, 6*, 364.

Tompkins, T. L., Hockett, A. R., Abraibes, N., & Witt, J. L. (2011, in press). A closer look at co-rumination: Gender, coping, peer functioning, and internalizing/externalizing problems. *Journal of Adolescence*.

Tortolero, S. R., & others. (2010). It's your game. Keep it real: Delaying sexual behavior with an effective middle school program. *Journal of Adolescent Health, 46*, 169–179.

Touchette, E., & others. (2011). Subclinical eating disorders and their comorbidity with mood and anxiety disorders in adolescent girls. *Psychiatry Research, 185*, 185–192.

Townsend, M. (2011). Motivation, learning, and instruction. In C. M. Rubie-Davies (Ed.), *Educational psychology*. New York: Routledge.

Tracey, T. J. G., Robbins, S. B., & Hofsess, C. D. (2005). Stability and change in interests: A longitudinal study of adolescents from grades 8 through 12. *Journal of Vocational Behavior, 66*, 1–25.

Trafimow, D., Triandis, H. C., & Goto, S. G. (1991). Some tests of the distinction between the private and collective self. *Journal of Personality and Social Psychology, 60*, 649–655.

Triandis, H. C. (2007). Culture and psychology: A history of their relationship. In S. Kitayama & D. Cohen (Eds.), *Handbook of cultural psychology*. New York: Guilford.

Trucco, E. M., Colder, C. R., & Wieczorek, W. F. (2011). Vulnerability to peer influence: A moderated mediation study of early adolescent alcohol initiation. *Addictive Behaviors, 36*, 729–736.

Trzesniewski, K. H., & Donnellan, M. B. (2010). Rethinking "generation me": A study of cohort effects from 1976–2006. *Perspectives on Psychological Science, 5*, 58–75.

Trzesniewski, K. H., Donnellan, M. B., Moffitt, T. E., Robins, R. W., Poulton, R., & Caspi, A. (2006). Low self-esteem during adolescence predicts poor health, criminal behavior, and limited economic prospects during adulthood. *Developmental Psychology, 42*, 381–390.

Trzesniewski, K. H., Donnellan, M. B., & Robins, R. W. (2008a). Do today's young people really think they are so extraordinary? An examination of secular trends in narcissism and self-enhancement. *Psychological Science, 19,* 181–188.

Trzesniewski, M., Donnellan, M. B., & Robins, R. W. (2008b). Is "Generation Me" really more narcissistic than previous generations? *Journal of Personality, 76,* 903–918.

Tschann, J. M., Flores, E., de Groat, C. L., Deardorff, J., & Wibbelsman, C. J. (2010). Condom negotiation strategies and actual condom use among Latino youth. *Journal of Adolescent Health, 47,* 254–262.

Tseng, V. (2004). Family interdependence and academic adjustment in college: Youth from immigrant and U.S. born families. *Child Development, 75,* 966–983.

Tucker, C. J., McHale, S. M., & Crouter, A. C. (2001). Conditions of sibling support in adolescence. *Journal of Family Psychology, 15,* 254–271.

Tucker, C. J., & Winzeler, A. (2007). Adolescent siblings' daily discussions: Connections to perceived academic, athletic, and peer competency. *Journal of Research on Adolescence, 17,* 145–152.

Tucker, J. S., Edelen, M. O., Ellickson, P. L., & Klein, D. J. (2011). Running away from home: A longitudinal study of adolescent risk factors and adult outcomes. *Journal of Youth and Adolescence, 40,* 507–518.

Tung, R., & Ouimette, M. (2007). *Strong results, high demand: A four-year study of Boston's pilot high schools.* Boston: Center for Collaborative Education.

Turbin, M. S., Jessor, R., Costa, F. M., Dong, Q., Zhang, H., & Wang, C. (2006). Protective and risk factors in health-enhancing behavior among adolescents in China and the United States: Does social context matter? *Health Psychology, 25,* 445–454.

Twenge, J. M., & Campbell, W. K. (2001). Age and birth cohort differences in self-esteem: A cross-temporal meta-analysis. *Personality and Social Psychology Bulletin, 5,* 321–344.

Twenge, J. M., & Campbell, W. K. (2010). Birth cohort differences in the Monitoring the Future dataset and elsewhere: Further evidence for generation me—Commentary on Trzesniewski & Donnellan (2010). *Perspectives on Psychological Science, 5,* 81–88.

Twenge, J. M., Konrath, S., Foster, J. D., Campbell, W. K., & Bushman, B. J. (2008a). Egos inflating over time: A cross-temporal meta-analysis of the Narcissistic Personality Inventory. *Journal of Personality, 76,* 875–902.

Twenge, J. M., Konrath, S., Foster, J. D., Campbell, W. K., & Bushman, B. J. (2008b). Further evidence of an increase in narcissism among college students. *Journal of Personality, 76,* 919–928.

U

Udry, J. R. (1990). Hormonal and social determinants of adolescent sexual initiation. In J. Bancroft & J. M. Reinisch (Eds.), *Adolescence and puberty.* New York: Oxford University Press.

Ueno, K., & McWilliams, S. (2010). Gender-typed behaviors and school adjustment. *Sex Roles, 63,* 580–591.

Uhart, M., Chong, R. Y., Oswald, L., Lin, P. I., & Wand, G. S. (2006). Gender differences in hypothalamic-pituitary-adrenal (HPA) axis reactivity. *Psychoneuroendocrinology, 31,* 642–652.

Uhls, Y. T., & Greenfield, P. M. (2009). Adolescents and electronic communication. Retrieved June 25, 2010, from http://www.education.com/reference/article/adolescents-online-social-networking/

Ulloa, E. C., & Herrera, M. (2006). Strategies for multicultural student success: What about grad school? *Career Development Quarterly, 54,* 361–366.

Umana-Taylor, A. J., & Guimond, A. B. (2010). A longitudinal examination of parenting behaviors and perceived discrimination predicting Latino adolescents' ethnic identity. *Developmental Psychology, 46,* 636–650.

Umana-Taylor, A. J., Updegraff, K. A., & Gonzales-Bracken, M. A. (2011). Mexican-origin adolescent mothers' stressors and psychological functioning: Examining ethnic identity affirmation and familism as moderators. *Journal of Youth and Adolescence, 40,* 140–157.

Underhill, K., Montgomery, P., & Operario, D. (2007). Sexual abstinence programs to prevent HIV infection in high-income countries. *British Medical Journal, 335,* 248.

Underwood, M. K. (2011). Aggression. In M. K. Underwood & L. Rosen (Eds.), *Social development.* New York: Guilford.

UNICEF. (2003). *Annual report: 2002.* Geneva: Author.

UNICEF. (2007). *The state of the world's children 2007.* Geneva: Author.

UNICEF. (2011). *The state of the world's children 2011.* Geneva: Author.

University of Buffalo Counseling Services. (2011). *Procrastination.* Retrieved January 3, 2011, from http://ub-counseling.buffalo.edu/stressprocrast.shtml

University of Illinois Counseling Center. (1984). *Overcoming procrastination.* Urbana-Champaign, IL: Department of Student Affairs.

Updegraff, K. A., Kim, J-Y., Killoren, S. E., & Thayer, S. M. (2010). Mexican American parents' involvement in adolescent's peer relationships: Exploring the role of culture and adolescents' peer experiences. *Journal of Research on Adolescence, 20,* 65–87.

Updegraff, K. A., McHale, S., Whiteman, S. D., Thayer, S. M., & Delgado, M. Y. (2005). Adolescent sibling relationships in Mexican American families: Exploring the role of familism. *Journal of Family Psychology, 19,* 512–522.

Urban, J. B., Lewin-Bizan, S., & Lerner, R. M. (2010). The role of intentional self-regulation, lower neighborhood ecological assets, and activity involvement in youth developmental outcomes. *Journal of Youth and Adolescence.*

Urdan, T., & Midgley, C. (2001). Academic self-handicapping: What we know, what more is there to learn. *Educational Psychology Review, 13,* 115–138.

USA Today. (2001, October 10). All-USA first teacher team. Retrieved November 20, 2004, from www.usatoday/com/news/education2001

U.S. Census Bureau. (2008). *Population statistics.* Washington, DC: U.S. Department of Labor.

U.S. Census Bureau. (2010). *People.* Washington, DC: Author.

U.S. Department of Education. (1996). *International comparisons of education.* Washington, DC: Author.

U.S. Department of Energy. (2001). *The human genome project.* Washington, DC: Author.

V

Valkenburg, P. M., & Peter, J. (2009). Social consequences of the Internet for adolescents. *Current Directions in Psychological Science, 18,* 1–5.

Valkenburg, P. M., & Peter, J. (2011, in press). Online communication among adolescents: An integrated model of its attraction, opportunities, and risks. *Journal of Adolescent Health.*

Valle, J., & Connor, J. (2011). *Rethinking disability.* New York: McGraw-Hill.

Vandehey, M., Diekhoff, G., & LaBeff, E. (2007). College cheating: A 20-year follow-up and the addition of an honor code. *Journal of College Development, 48,* 468–480.

Vandell, D. L., Minnett, A., & Santrock, J. W. (1987). Age differences in sibling relationships during middle childhood. *Applied Developmental Psychology, 8,* 247–257.

van den Berg, P., Neumark-Sztainer, D., Hannan, P. J., & Haines, J. (2007). Is dieting advice from magazines helpful or harmful? Five-year associations with weight control behaviors and psychological outcomes in adolescents. *Pediatrics, 119,* e30–e37.

van den Dries, L., Juffer, F., van IJzendoorn, M. H., & Bakersman-Kranenburg, M. J. (2010). Infants' physical and cognitive development after international adoption from foster care or institutions in China. *Journal of Developmental and Behavioral Pediatrics, 31,* 144–150.

van der Stel, M., & Veenman, M. V. J. (2010). Development of metacognitive skillfulness: A longitudinal study. *Learning and Individual Differences, 20,* 220–224.

Van De Voorde, S., Roeyers, H., Verte, S., & Wiersema, J. R. (2011, in press). The influence of working memory load on response inhibition in children with attention-deficit/hyperactivity disorder or reading disorder. *Journal of Clinical Neuropsychology.*

van Geel, M., & Vedder, P. (2011, in press). The role of family obligations and school adjustment in explaining the immigrant paradox. *Journal of Youth and Adolescence.*

Van Goozen, S. H. M., Matthys, W., Cohen-Kettenis, P. T., Thisjssen, J. H. H., & van Engeland, H. (1998). Adrenal androgens and aggression in conduct disorder prepubertal boys and normal control. *Biological Psychiatry, 43,* 156–158.

van IJzendoorn, M. H., Kranenburg, M. J., Pannebakker, F., & Out, D. (2010). In defense of situational morality: Genetic, dispositional, and situational determinants of children's donating to charity. *Journal of Moral Education, 39,* 1–20.

Van Ryzin, M. J., Johnson, A. B., Leve, L. D., & Kim, H. K. (2011, in press). The number of sexual partners and health-risking sexual behavior: Prediction from high school entry to high school exit. *Archives of Sexual Behavior.*

van Soelen, I. L., & others. (2011). Heritability of verbal and performance intelligence in a pediatric longitudinal sample. *Twin Research and Human Genetics, 14,* 119–128.

Vansteenkiste, M., Timmermans, T., Lens, W., Soenens, B., & Van den Broeck, A. (2008). Does extrinsic goal framing enhance extrinsic goal-oriented individuals' learning and performance? An experimental test of the match perspective versus self-determination theory. *Journal of Educational Psychology, 100,* 387–397.

VanTassel-Baska, J. (2012). Curriculum as a system of thinking about learning: The dangers of dogmatic interpretation. In D. Ambrose, R. J. Sternberg, & B. Sriraman (Eds.), *Confronting dogmatism in education.* New York: Routledge.

Vasan, N. (2002). Commentary in "18-year-old inductees." Retrieved 4/24/09 from http://thekidshalloffame.com/CustomPage19.html

Vaughan, C. A., & Halpern, C. T. (2010). Gender differences in depressive symptoms during adolescence: The contributions of weight-related concerns and behaviors. *Journal of Research on Adolescence, 20,* 389–419.

Vaughn, M. G., Beaver, K. M., Wexler, J., DeLisi, M., & Roberts, G. J. (2011). The effect of school dropout on verbal ability in adulthood: A propensity score matching forward. *Journal of Youth and Adolescence, 40,* 197–206.

Veenman, M. V. J. (2011). Learning to self-monitor and self-regulate. In P. A. Alexander & R. E. Mayer (Eds.), *Handbook of research on learning and instruction*. New York: Routledge.

Veenstra, A., Lindenberg, S., Munniksma, A., & Dijkstra, J. K. (2010). The complex relationship between bullying, victimization, acceptance, and rejection: Giving special attention to status, affection, and sex differences. *Social Development, 19,* 480–486.

Velez, C. E., Wolchik, S. A., Tein, J. Y., & Sandler, I. (2011). Protecting children from the consequences of divorce: A longitudinal study of the effects of parenting on children's coping responses. *Child Development, 82,* 244–257.

Vermeersch, H., T'Sjoen, G., Kaufman, J. M., & Vincke, J. (2008). The role of testosterone in aggressive and non-aggressive risk-taking in boys. *Hormones and Behavior, 53,* 463–471.

Vernberg, E. M. (1990). Psychological adjustment and experience with peers during early adolescence: Reciprocal, incidental, or unidirectional relationships? *Journal of Abnormal Child Psychology, 18,* 187–198.

Verona, E., & Javdani, S. (2011, in press). Dimensions of adolescent psychopathology and relationships to suicide risk indicators. *Journal of Youth and Adolescence.*

Veronneau, M.-H., & Dishion, T. J. (2010). Predicting change in early adolescent problem behavior in the middle school years: A mesosystematic perspective on parenting and peer experiences. *Journal of Abnormal Child Psychology, 38,* 1125–1137.

Veronneau, M.-H., Vitaro, F., Pedersen, S., & Tremblay, R. E. (2008). Do peers contribute to the likelihood of secondary graduation among disadvantaged boys? *Journal of Educational Psychology, 100,* 429–442.

Verstraeten, K., Vasey, M. W., Raes, F., & Bitjtttebier, P. (2009). Temperament and risk for depressive symptoms in adolescence: Mediation by rumination and moderation by effortful control. *Journal of Abnormal Child Psychology, 37,* 349–361.

Veselka, L., Schermer, J. A., & Vernon, P. A. (2011). Beyond the big five: The Dark Triad and the supernumerary personality inventory. *Twin Research and Human Genetics, 14,* 158–168.

Veugelers, P. J., & Fitzgerald, A. L. (2005). Effectiveness of school programs in preventing obesity: A multilevel comparison. *American Journal of Public Health, 95,* 432–435.

Villanti, A., Boulay, M., & Juon, H. S. (2011). Peer, parent, and media influences on adolescent smoking by developmental stage. *Addictive Behaviors, 36,* 133–136.

Villanueva, C. M., & Buriel, R. (2010). Speaking on behalf of others: A qualitative study of the perceptions and feelings of adolescent Latina language brokers. *Journal of Social Issues, 66,* 197–210.

Vitaro, F., Pedersen, S., & Brendgen, M. (2007). Children's disruptiveness, peer rejection, friends' deviancy, and delinquent behaviors: A process-oriented approach. *Development and Psychopathology, 19,* 433–453.

Vondracek, F. W., & Porfeli, E. J. (2003). The world of work and careers. In G. Adams & M. Berzonsky (Eds.), *Blackwell handbook of adolescence.* Malden, MA: Blackwell.

Vreeman, R. C., & Carroll, A. E. (2007). A systematic review of school-based interventions to prevent bullying. *Archives of Pediatric and Adolescent Medicine, 161,* 78–88.

Vujeva, H. M., & Furman, W. (2011). Depressive symptoms and romantic relationship qualities from adolescence through emerging adulthood: A longitudinal examination of influences. *Journal of Clinical Child and Adolescent Psychology, 40,* 123–135.

Vygotsky, L. S. (1962). *Thought and language.* Cambridge, MA: MIT Press.

W

Waber, D. P. (2010). *Rethinking learning disabilities.* New York: Guilford.

Wachs, T. D. (1994). Fit, context and the transition between temperament and personality. In C. Halverson, G. Kohnstamm, & R. Martin (Eds.), *The developing structure of personality from infancy to adulthood.* Hillsdale, NJ: Erlbaum.

Wachs, T. D. (2000). *Necessary but not sufficient.* Washington, DC: American Psychological Association.

Wadsworth, M. E., Raviv, T., Santiago, C. D., & Etter, E. M. (2011). Testing the adaptation to poverty-related stress model: Predicting psychopathology symptoms in families facing economic hardship. *Journal of Clinical Child and Adolescent Psychology, 40,* 646–657.

Wahlstrom, D., Collins, P., White, T., & Luciana, M. (2010). Developmental changes in dopamine neurotransmission in adolescence: Behavioral implications and issues in assessment. *Brain and Cognition, 72,* 146–159.

Waite, L. J. (2009). Marriage. In D. Carr (Ed.), *Encyclopedia of the life course and human development.* Boston: Gale Cengage.

Walker, L. J. (2002). Moral exemplarity. In W. Damon (Ed.), *Bringing in a new era of character education.* Stanford, CA: Hoover Press.

Walker, L. J., deVries, B., & Bichard, S. L. (1984). The hierarchical nature of stages of moral development. *Developmental Psychology, 20,* 960–966.

Walker, L. J., deVries, B., & Trevethan, S. D. (1987). Moral stages and moral orientation in real-life and hypothetical dilemmas. *Child Development, 58,* 842–858.

Walker, L. J., & Frimer, J. A. (2011). The science of moral development. In M. K. Underwood & L. Rosen (Eds.), *Social development.* New York: Guilford.

Walker, L. J., & Hennig, K. H. (2004). Differing conceptions of moral exemplars: Just, brave, and caring. *Journal of Personality and Social Psychology, 86,* 629–647.

Walker, L. J., Hennig, K. H., & Krettenauer, R. (2000). Parent and peer contexts for children's moral reasoning development. *Child Development, 71,* 1033–1048.

Walker, L. J., Pitts, R. C., Hennig, K. H., & Matsuba, M. K. (1995). Reasoning about morality and real-life moral problems. In M. Killen & D. Hart (Eds.), *Morality in everyday life.* New York: Cambridge University Press.

Walker, L. J., & Taylor, J. H. (1991). Family interaction and the development of moral reasoning. *Child Development, 62,* 264–283.

Wallace-Broscious, A., Serafica, F. C., & Osipow, S. H. (1994). Adolescent career development: Relationships to self-concept and identity status. *Journal of Research on Adolescence, 4,* 127–150.

Waller, B. (2006). Math interest and choice intentions of non-traditional African-American college students. *Journal of Vocational Behavior, 68,* 538–547.

Waller, E. M., & Rose, A. J. (2010). Adjustment trade-offs of co-rumination in mother-adolescent relationships. *Journal of Adolescence, 33,* 487–497.

Wallerstein, J. S. (2008). Divorce. In M. M. Haith & J. B. Benson (Eds.), *Encyclopedia of infant and early childhood development.* Oxford, UK: Elsevier.

Wallis, C. (2011). Performing gender: A content analysis of gender display in music videos. *Sex Roles, 64,* 160–172.

Walsh, J. (2008). Self-efficacy. In N. J. Salkind (Ed.), *Encyclopedia of educational psychology.* Thousand Oaks, CA: Sage.

Walsh, R. (2011, in press). Lifestyle and mental health. *American Psychologist.*

Walsh, S. M., & Donaldson, R. E. (2010). Invited commentary: National Safe Place: Meeting the immediate needs of runaways and homeless youth. *Journal of Youth and Adolescence, 39,* 437–445.

Walter, C. A. (1986). *The timing of motherhood.* Lexington, MA: D. C. Heath.

Walters, E., & Kendler, K. S. (1994). Anorexia nervosa and anorexia-like symptoms in a population based twin sample. *American Journal of Psychiatry, 152,* 62–71.

Walvoord, E. C. (2010). The timing of puberty: Is it changing? Does it matter? *Journal of Adolescent Health, 47,* 433–439.

Wanakowska, M., & Polkowska, J. (2010). The pituitary endocrine mechanisms involved in mammalian maturation: Maternal and photope-riodic influences. *Reproductive Biology, 10,* 3–18.

Wandersman, A., & Florin, P. (2003). Community interventions and effective prevention. *American Psychologist, 58,* 441–448.

Wang, J., Nansel, T. R., & Iannotti, R. J. (2011, in press). Cyber and traditional bullying: Differential association with depression. *Journal of Adolescent Health.*

Wang, J. Q. (2000, November). *A comparison of two international standards to assess child and adolescent obesity in three populations.* Paper presented at the meeting of American Public Health Association, Boston.

Wang, L. Y., Chyen, D., Lee, L., & Lowry, R. (2008). The association between body mass index in adolescence and obesity in adulthood. *Journal of Adolescent Health, 42,* 512–518.

Wang, M. C., & others. (2010). Exposure to comprehensive school intervention increases vegetable consumption. *Journal of Adolescent Health, 47,* 74–82.

Wang, Q., & Pomerantz, E. M. (2009). The motivational landscape of early adolescence in the United States and China: A longitudinal study. *Child Development, 80,* 1272–1287.

Ward, L. M. (2002). Does television exposure affect emerging adults' attitudes and assumptions about sexual relationships? Correlational and experimental confirmation. *Journal of Youth and Adolescence, 31,* 1–15.

Ward, L. M., Day, K. M., & Epstein, M. (2006). Uncommonly good: Exploring how mass media may be a positive influence on young women's sexual health and development. *New Directions for Child and Adolescent Development, 112,* 57–70.

Ward, L. M., & Friedman, K. (2006). Using TV as a guide: Associations between television viewing and adolescents' sexual attitudes and behavior. *Journal of Research on Adolescence, 16,* 133–156.

Wardlaw, G. M., & Smith, A. M. (2011). *Contemporary nutrition* (8th ed.). New York: McGraw-Hill.

Warren, A., Lerner, R. M., & Phelps, E. (2011). *Thriving and spirituality among youth.* New York: Wiley.

Warren, J. T., & others. (2010). Do depression and low self-esteem follow abortion among adolescents? Evidence from a national study. *Perspectives on Sexual and Reproductive Health, 42,* 230–235.

Warrington, M., & Younger, M. (2003). "We decided to give it a twirl": Single-sex teaching in English comprehensive schools. *Gender and Education, 15,* 339–350.

Waterman, A. S. (1985). Identity in the context of adolescent psychology. In A. S. Waterman (Ed.), *Identity in adolescence: Processes and contents.* San Francisco: Jossey-Bass.

Waterman, A. S. (1992). Identity as an aspect of optimal psychological functioning. In G. R. Adams, T. P. Gullotta, & R. Montemayor (Eds.), *Adolescent identity formation.* Newbury Park, CA: Sage.

Watson, D. L., & Tharp, R. G. (2007). *Self-directed behavior* (9th ed.). Belmont, CA: Wadsworth.

Watson, J. B. (1930). *Behaviorism* (rev. ed.). Chicago: University of Chicago Press.

Watt, H. M. G. (2008). Gender and occupational outcomes: An introduction. In H. M. G. Watt & J. S. Eccles (Eds.), *Gender and occupational outcomes.* Washington, DC: American Psychological Association.

Watt, H. M. G., & Eccles, J. S. (Eds.). (2008). *Gender and occupational outcomes.* Washington, DC: American Psychological Association.

Watt, H. M. G., Eccles, J. S., & Durik, A. M. (2006). The leaking mathematics pipeline for girls: A motivational analysis of high school enrollments in Australia and the United States. *Equal Opportunities International, 25,* 642–659.

Way, N., & Silverman, L. R. (2012). The quality of friendships during adolescence: Patterns across context, culture, and age. In P. K. Kerig, M. S. Shulz, & S. T. Hauser (Eds.), *Adolescence and beyond.* New York: Oxford University Press.

Webb, J. T., Gore, J. L., Mend, E. R., & DeVries, A. R. (2007). *A parent's guide to gifted children.* Scottsdale, AZ: Great Potential Press.

Webster, N. S., & Worrell, F. C. (2008). Academically-talented adolescents' attitudes toward service in the community. *Gifted Child Quarterly, 52,* 170–179.

Wechsler, H., Davenport, A., Sowdall, G., Moetykens, B., & Castillo, S. (1994). Health and behavioral consequences of binge drinking in college. *Journal of the American Medical Association, 272,* 1672–1677.

Weikert, D. P. (1993). [Long-term positive effects in the Perry Preschool Head Start program.] Unpublished data. High Scope Foundation, Ypsilanti, MI.

Weiner, B. (2005). *Social motivation, justice, and the moral emotions.* Mahwah, NJ: Erlbaum.

Weinstein, C. S. (2007). *Middle and secondary management: Lessons from research and practice* (3rd ed.). New York: McGraw-Hill.

Weinstein, N., Deci, E. L., & Ryan, R. M. (2012). Motivational determinants of integrating positive and negative past identities. *Journal of Personality and Social Psychology, 100,* 527–544.

Weinstock, H., Berman, S., & Cates, W. (2004). Sexually transmitted diseases among American youth: Incidence and prevalence estimates, 2000. *Perspectives on Sexual and Reproductive Health, 36,* 6–10.

Weissberg, R., & Caplan, M. (1989, April). *A follow-up study of a school-based social competence program for young adolescents.* Paper presented at the meeting of the Society for Research in Child Development, Kansas City.

Weissberg, R. P., Kumpfer, K. L., & Seligman, M. E. P. (2003). Prevention that works for children and youth. *American Psychologist, 58,* 425–432.

Welch, K. J. (2011). *THINK human sexuality.* Upper Saddle River, NJ: Pearson.

Welti, C. (2002). Adolescents in Latin America: Facing the future with skepticism. In B. B. Brown, R. W. Larson, & T. S. Saraswathi (Eds.), *The world's youth.* New York: Cambridge University Press.

Wentzel, K. R. (1997). Student motivation in middle school: The role of perceived pedagogical caring. *Journal of Educational Psychology, 89,* 411–419.

Wentzel, K. R. (2004). Unpublished review of J. W. Santrock's *Adolescence,* 11th ed. (New York: McGraw-Hill).

Wentzel, K. R. (2009). Peers and academic functioning at school. In K. H. Rubin, W. M. Bukowski, & B. Laursen (Eds.), *Handbook of peer interactions, relationships, and groups.* New York: Guilford.

Wentzel, K. R. (2010). Teacher-student relationships and adjustment. In J. L. Meece & J. S. Eccles (Eds.), *Handbook of research on schools, schooling, and human development.* New York: Routledge.

Wentzel, K. R., & Asher, S. R. (1995). The academic lives of neglected, rejected, popular, and controversial children. *Child Development, 66,* 754–763.

Wentzel, K. R., Barry, C. M., & Caldwell, K. A. (2004). Friendships in middle school: Influences on motivation and school adjustment. *Journal of Educational Psychology, 96,* 195–203.

Wentzel, K. R., & Caldwell, K. (1997). Close friend and group influence on adolescent cigarette smoking and alcohol use. *Child Development, 31,* 540–547.

Wentzel, K. R., & Watkins, D. E. (2011). Instruction based on peer interaction. In P. A. Alexander & R. E. Mayer (Eds.), *Handbook of research on learning and instruction.* New York: Routledge.

Werner, N. E., Bumpus, M. F., & Rock, D. (2010). Involvement in Internet aggression during early adolescence. *Journal of Youth and Adolescence, 39,* 607–619.

Werner, N. E., & Hill, L. G. (2010). Individual and peer group norma-tive beliefs about relational aggression. *Child Development, 81,* 826–836.

Wetherill, R. R., Neal, D. J., & Fromme, K. (2010). Parents, peers, and sexual values influence sexual behavior during the transition to college. *Archives of Sexual Behavior, 39,* 682–694.

Whetstone, L. M., Morrissey, S. L., & Cummings, D. M. (2007). Children at risk: The association between weight status and suicidal thoughts and attempts in middle school youth. *Journal of School Health, 77,* 59–66.

White, M. (1993). *The material child: Coming of age in Japan and America.* New York: Free Press.

White, M. A., & Grilo, C. M. (2011). Diagnostic efficiency of DSM-IV indicators for binge eating episodes. *Journal of Consulting and Clinical Psychology, 79,* 75–83.

White, S. W. (2010). The school counselor's role in dropout prevention. *Journal of Counseling and Development, 88,* 227–235.

Whitehead, B. D., & Popenoe, D. (2003). *The state of our unions.* Piscataway, NJ: The National Marriage Project, Rutgers University.

Whitehead, K. A., Ainsworth, A. T., Wittig, M. A., & Gadino, B. (2009). Implications of ethnic identity exploration and ethnic identity affirmation and belonging for intergroup attitudes among adolescents. *Journal of Research on Adolescence, 19,* 123–135.

Whiteman, S. D., Jensen, A., & Bernard, J. M. (2012). Sibling influences. In J. R. Levesque (Ed.), *Encyclopedia of adolescence.* New York: Springer.

Whiteman, S. D., McHale, S. M., & Soli, A. (2011, in press). Theoretical perspectives on sibling relationships. *Journal of Family Theory and Review.*

Whitfield, K. W. (2011). Health disparities, social class, and aging. In K. W. Schaie & S. L. Willis (Eds.), *Handbook of the psychology of aging* (7th ed.). New York: Elsevier.

Whiting, B. B. (1989, April). *Culture and interpersonal behavior.* Paper presented at the meeting of the Society for Research in Child Development, Kansas City.

Whitton, S. W., Waldinger, R. J., Schulz, M. S., Allen, J. P., Crowell, J. A., & Hauser, S. T. (2008). Prospective associations from family-of-origin interactions to adult marital interactions and relationship adjustment. *Journal of Family Psychology, 22,* 274–286.

Wiencke, J. K., & others. (1999). Early age at smoking initiation and tobacco carcinogen DNA damage in the lung. *Journal of the National Cancer Institute, 91,* 614–619.

Wigfield, A., & Cambria, J. (2010). Students' achievement values, goal orientations, and interest: Definitions, development, and relations to achievement outcomes. *Developmental Review, 30,* 1–35.

Wigfield, A., & Eccles, J. S. (1989). Test anxiety in elementary and secondary school students. *Journal of Educational Psychology, 24,* 159–183.

Wigfield, A., Eccles, J. S., Schiefele, U., Roeser, R., & Davis-Kean, P. (2006). Development of achievement motivation. In W. Damon & R. Lerner (Eds.), *Handbook of child psychology* (6th ed.). New York: Wiley.

Wigfield, A., Klauda, S. L., & Cambria, J. (2011). Motivational sources and outcomes of self-regulated learning and performance. In B. J. Zimmerman & D. H. Schunk (Eds.), *Handbook of self-regulation of learning and performance.* New York: Routledge.

Williams, A. L., & Merten, M. J. (2009). Adolescents' online social networking following the death of a peer. *Journal of Adolescent Research, 24,* 67–90.

Williams, K. M., Nathanson, C., & Paulhus, D. L. (2010). Identifying and profiling academic cheaters: Their personality, cognitive ability, and motivation. *Journal of Experimental Psychology: Applied, 16,* 293–307.

Williams, R., & Hazell, P. (2011). Austerity, poverty, resilience, and the future of mental health services for children and adolescents. *Current Opinion in Psychiatry, 24,* 263–266.

William T. Grant Foundation Commission on Work, Family, and Citizenship. (1988, February). *The forgotten half: Noncollege-bound youth in America.* New York: William T. Grant Foundation.

Wilson, B. J. (2008). Media and children's aggression, fear, and altruism. *Future of Children, 18*(1), 87–118.

Wilson-Shockley, S. (1995). *Gender differences in adolescent depression: The contribution of negative affect.* Unpublished master's thesis, University of Illinois at Urbana-Champaign.

Winerman, L. (2005). Leading the way. *Monitor on Psychology, 36,* 64–67.

Winn, I. J. (2004). The high cost of uncritical teaching. *Phi Delta Kappan, 85,* 496–497.

Winne, P. H. (2011). Cognitive and metacogni-tive factors in self-regulated learning. In B. J. Zimmerman & D. H. Schunk (Eds.), *Hand-book of self-regulation of learning and performance*. New York: Routledge.

Winner, E. (1996). *Gifted children: Myths and realities*. New York: Basic Books.

Winner, E. (2006). Development in the arts. In W. Damon & R. Lerner (Eds.), *Handbook of child psychology* (6th ed.). New York: Wiley.

Winner, E. (2009). Toward broadening our understanding of giftedness: The spatial domain. In F. D. Horowitz, R. F. Subotnik, & D. J. Matthews (Eds.), *The development of giftedness and talent across the life span*. Washington, DC: American Psychological Association.

Witkow, M. R., & Fuligni, A. J. (2010). In-school versus out-of-school friendships and academic achievement among an ethnically diverse sample of adolescents. *Journal of Research on Adolescence, 20*, 631–650.

Witvliet, M., & others. (2010). Peer group affiliation in children: The role of perceived popularity, likeability, and behavioral similarity in bullying. *Social Development, 19*, 285–303.

Wolak, J., Mitchell, K., & Finkelhor, D. (2007). Unwanted and wanted exposure to online pornography in a national sample of youth Internet users. *Pediatrics, 119*, 247–257.

Wolf, S. A., Melnik, A., & Kempermann, G. (2011). Physical exercise increases adult neurogenesis and telomerase activity, and improves deficits in the mouse model of schizophrenia. *Brain, Behavior, and Immunology, 25*, 971–980.

Wolff, J. M., & Crockett, L. J. (2011, in press). The role of deliberative decision making, parenting, and friends in adolescent risk behaviors. *Journal of Youth and Adolescence*.

Wolfinger, N. H. (2011). More evidence for trends in the intergenera-tional transmission of divorce: A completed cohort approach using data from the general social survey. *Demography, 48*, 581–592.

Wolfgram, S. M. (2008). Openness in adoption: What we know so far—a critical review of the literature. *Social Work, 53*, 133–142.

Wolfson, A. R. (2010). Adolescents and emerging adults sleep patterns: New develop-ments. *Journal of Adolescent Health, 46*, 97–99.

Wolitzky-Taylor, K. B., & others. (2011). Is reporting of rape on the rise? A comparison of women with reported versus unreported rape experiences in the National Women's Study-Replication. *Journal of Interpersonal Violence, 26*, 807–832.

Women in Academia (2011). *A historical summary of gender differences in college enrollment rates*. Retrieved on June 12, 2011, from www .wiareport.com

Wong Briggs, T. (1999, October 14). Honorees find keys to unlocking kids' minds. Retrieved July 22, 2004, from www.usatoday.com/education/1999

Wong Briggs, T. (2005, October 13). USA Today's 2005 all-USA teacher team. *USA Today*, p. 6D.

Wood, D., Larson, R. W., & Brown, J. R. (2009). How adolescents come to see themselves as more responsible through participation in youth programs. *Child Development, 80*, 295–309.

Wood, J. T. (2011). *Communication mosaics* (6th ed.). Boston: Cengage.

World Health Organization. (2000). *The world health report*. Geneva: Author.

Wright, R. H., Mindel, C. H., Tran, T. V., & Habenstein, R. W. (2012). *Ethnic families in America* (5th ed.). Upper Saddle River, NJ: Pearson.

X

Xi, H., Zhang, L., Guo, Z., & Zhao, L. (2011). Serum leptin concentration and its effect on puberty in Naqu Tibetian adolescents. *Journal of Physiological Anthropology, 30*, 111–117.

Xia, N. (2010). *Family factors and student outcomes*. Unpublished doctoral dissertation, RAND Corporation, Pardee RAND Graduate School, Pittsburgh.

Y

Yancey, A. K., Grant, D., Kurosky, S., Kravitz--Wirtz, N., & Mistry, R. (2011). Role modeling, risk, and resilience in California adolescents. *Journal of Adolescent Health, 48*, 36–43.

Yang, C., & Brown, B. (2009, April). *From Facebook to cell calls: Layers of electronic intimacy in college students' peer relations*. Paper presented at the meeting of the Society for Research in Child Development, Denver.

Yell, M. L., & Drasgow, E. (2009). *What every teacher should know about No Child Left Behind* (2nd ed.). Upper Saddle River, NJ: Prentice Hall.

Yen, H. L., & Wong, J. T. (2007). Rehabilitation for traumatic brain injury to children and adolescents. *Annals of the Academy of Medicine Singapore, 36*, 62–66.

Yi, S., & others. (2010,). Role of risk and protective factors in risky sexual behavior among high school students in Cambodia. *BMC Public Health, 10*, 477.

Young, M. A., & Vazsonyi, A. T. (2011). Parents, peers, and risky sexual behaviors in rural African American adolescents. *Journal of Genetic Psychology, 172*, 84–93.

Youngblade, L. M., & Curry, L. A. (2006). The people they know: Links between interpersonal contexts and adolescent risky and health-promoting behavior. *Developmental Science, 10*, 96–106.

Youngblade, L. M., Curry, L. A., Novak, M., Vogel, B., & Shenkman, E. A. (2006). The impact of community risks and resources on adolescent risky behavior and health care expenditures. *Journal of Adolescent Health, 38*, 486–494.

Youniss, J., McLellan, J. A., & Yates, M. (1999). Religion, community service, and identity in American youth. *Journal of Adolescence, 22*, 243–253.

Youniss, J., & Ruth, A. J. (2002). Approaching policy for adolescent development in the 21st century. In J. T. Mortimer & R. W. Larson (Eds.), *The changing adolescent experience*. New York: Cambridge University Press.

Yu, T., Pettit, G. S., Lansford, J. E., Dodge, K. A., & Bates, J. E. (2010). The interactive effects of marital conflict and divorce on parent-adult children's relationships. *Journal of Marriage and the Family, 72*, 282–292.

Yuan, A. S. V. (2010). Body perceptions, weight control behavior, and changes in adolescents' psychological well-being over time: A longitudinal examination of gender. *Journal of Youth and Adolescence, 39*, 927–939.

Yudof, M. G., Levin, B., Moran, R., & Ryan, J. M. (2012). *Educational policy and the law* (5th ed.). Boston: Cengage.

Yussen, S. R. (1977). Characteristics of moral dilemmas written by adolescents. *Developmental Psychology, 13*, 162–163.

Z

Zaff, J. F., Hart, D., Flanagan, C., Youniss, J., & Levine, P. (2010). Developing civic engagement within a civic context. In M. E. Lamb, A. M. Freund, & R. M. Lerner (Eds.), *Handbook of life-span development* (Vol. 2). New York: Wiley.

Zager, K., & Rubenstein, A. (2002). *The inside story on teen girls*. Washington, DC: American Psychological Association.

Zalewski, M., Lengau, L. J., Wilson, A. C., Trancik, A., & Bazinet, A. (2011). Associations of coping and appraisal styles with emotion regulation during preadolescence. *Journal of Experimental Child Psychology, 110*, 141–158.

Zamboanga, B. L., & others. (2011). Pregaming in high school students: Relevance to risky drinking practices, alcohol cognitions, and the social drinking context. *Psychology of Addictive Behaviors, 25*, 340–345.

Zarrett, N., Fay, K., Li, Y., Carrano, J., Phelps, E., & Lerner, R. M. (2009). More than child's play: Variable– and pattern-centered approaches for examining effects of sports participation on youth development. *Developmental Psychology, 45*, 368–382.

Zayas, L., Guibas, L. E., Fedoravicius, N., & Cabassa, L. J. (2010). Patterns of distress, precipitating events, and reflections on suicide attempts by young Latinas. *Social Science & Medicine, 70*, 1773–1779.

Zeeck, A., Stelzer, N., Linster, H. W., Joos, A., & Hartmann, A. (2011, in press). Emotion and eating in binge eating disorder and obesity. *European Eating Disorders Review*.

Zeiders, K. H., Roosa, M. W., & Tein, J. Y. (2011). Family structure and family processes in Mexican--American families. *Family Process, 50*, 77–91.

Zeifman, D., & Hazan, C. (2008). Pair bonds as attachments: Reevaluating the evidence. In J. Cassidy & P. R. Shaver (Eds.), *Handbook of attachment* (2nd ed.). New York: Guilford.

Zill, N., Morrison, D. R., & Coiro, M. J. (1993). Long-term effects of parental divorce on parent--child relationships, adjustment, and achievement in young adulthood. *Journal of Family Psychology, 7*, 91–103.

Zimmerman, B. J., & Schunk, D. H. (Eds.). (2011). *Handbook of self-regulation of learning and performance*. New York: Routledge.

Zinn, M. B., & Wells, B. (2000). Diversity within Latino families: New lessons for family social science. In D. M. Demo, K. R. Allen, & M. A. Fine (Eds.), *Handbook of family diversity*. New York: Oxford University Press.

Zinzow, H. M., & others. (2010). Drug– or alcohol--facilitated, incapacitated, and forcible rape in relationship to mental health among a national sample of women. *Journal of Interpersonal Violence, 25*, 2217–2236.

Zinzow, H. M., & others. (2011, in press). Prevalence and risk of psychiatric disorders as a function of variant rape histories: Results from a national sample of women. *Social Psychiatry and Psychiatric Epidemiology*.

Ziol-Guest, K. M. (2009). Child custody and support. In D. Carr (Ed.), *Encyclopedia of the life course and human development*. Boston: Cengage.

Zittleman, K. (2006, April). *Being a girl and being a boy: The voices of middle schoolers*. Paper presented at the meeting of the American Educational Research Association, San Francisco.

Créditos

CRÉDITOS DAS FOTOS
p. 23: © Rubberball/Punchstock

Capítulo 1

p. 35: © Comstock/Getty RF; p. 36 (topo): © AP Photo; (centro): © AP Photo/Noah Berger, File; (abaixo): © Michael Maddaus, University of Minnesota, Division of Thoracic e Foregut Surgery; p. 37 (topo): © Archives of the History of American Psychology, University of Akron, Akron, OH; (abaixo): Cortesia da American Anthropological Association, Arlington, VA 22201; p. 39: © Ramin Talaie/Corbis; p. 40: © McGraw-Hill Companies/Suzie Ross, Photographer; p. 41: © Rolf Bruderer/Getty Images/Blend Images; p. 44 (topo): © Naser Siddique/UNICEF Bangladesh 2007; (centro): © AFP/Getty; (abaixo): © Dain Gair Photographer/Index Stock/PhotoLibrary; p. 45: © AP Photo/Ricardo Mazalan; p. 48 (esquerda-direita): Cortesia de Landrum Shettles; John Santrock; © Dynamics Graphics Group/PunchStock RF; © Corbis RF; © Comstock/PictureQuest RF; © Vol. 155/Corbis RF; © Corbis RF; © Corbis RF; p. 49 (esquerda): © Ariel Skelley/Blend Images LLC; (direita): © Ariel Skelley/Blend Images/Getty Images; (abaixo): © Andrew Councill; p. 52: © Juice Images/Cultura/Getty Images RF; p. 55 (esquerda): © Stockbyte/Getty RF; (direita): © Photodisc/Getty RF; p. 57: © Bettmann/Corbis; p. 58: © Barton Silverman/New York Times/Redux Pictures; p. 59: © Sarah Putnam/Index Stock Imagery/PhotoLibrary; p. 60: © Yves Debraine/Black Star/Stock Photo; p. 61 (topo): © A. R. Lauria/Dr. Michael Cole, Laboratory of Human Cognition; (abaixo): © Creatas/Jupiter Images RF; p. 62: Cortesia de Albert Bandura; p. 63: Cortesia da Cornell University, Dept. of Human Development and Family Services; p. 64: © Michael Newman/Photo Edit; p. 65: © Dr. Susan Tapert; p. 66 (topo): © David Grubin Productions, Inc., Reimpresso com permissão; (abaixo): Cortesia de Dana Boatman, Ph.D., Department of Neurology, John Hopkins University. Reimpresso com permissão de *The Secret Life of the Brain* © 2001 by the National Academy of Sciences. Cortesia da National Academies Press, Washington, D.C.; p. 69 (esquerda): © Syndicated Features Limited/The Image Works; (direita): © Thomas Craig/Index Stock/PhotoLibrary

Capítulo 2

p. 77: © Nicolas Russell/Getty Images/The Image Bank; p. 81: © Value RF/Corbis RF; p. 82: © Buddy Mays/Corbis; p. 86: © Jon Feingersh/The Stock Market; p. 87 (topo): © VSS 22/Getty RF; (abaixo): © Corbis RF; p. 88: © Britt Erlanson/Getty Images/Cultura RF; p. 90: © Cortesia de Anne Petersen, W. K. Kellogg Foundation; p. 91: © Chris Garrett/Photonica/Getty Images; p. 92: © Thomas Barwik/Getty; p. 93 (topo): © Spencer Grant/Photo Edit; (abaixo): © AP Photo/Kyle Ericson; p. 94: © Image Source/PunchStock RF; p. 96: Dallas Morning News, photographer Vernon Bryant; p. 97: © Richard T. Nowitz/Corbis; p. 98: © PhotoDisc/Getty RF; p. 99: © Lisa Peardon/Getty; p. 100: © Jim Lo Scalzo; p. 102: © Tom Brakefield/Getty RF; p. 105: © Tony Freeman/Photo Edit; p. 107: © Duomo/Corbis

Capítulo 3

p. 113: © Vol. RFDC697/Corbis RF; p. 116: © Steve Gschmeissner/Photo Researchers; p. 117: © Davis Turner-Pool/Getty Images; p. 118: © Archives Jean Piaget, Universite de Geneve, Switzerland; p. 119 (esquerda-direita): © Stockbyte/Getty Images RF; © BananaStock/PunchStock RF; © image100/Corbis RF; © Corbis RF; p. 120: © David Young-Wolf/Photo Edit; p. 122: © Wendy Stone/CORBIS; p. 124: © Johnny Le Fortune/Corbis; p. 125: © ImageSource/Corbis RF; p. 126: © Jose Luis Pelaez, Inc/Blend Images/Getty Images; p. 127 (esquerda): © A.R. Lauria/Dr. Michael Cole, Laboratory of Human Cognition; (direita): © Bettmann/Corbis; p. 129 (topo): © John Henley/Corbis; (abaixo): © Yellow Dog Productions/Getty; p. 133 (topo): © Big Cheese Photo/SuperStock RF; (abaixo): © Scott Houston/Corbis; p. 135: Cortesia de Laura Bickford; p. 136: © Gideon Mendel/Corbis; p. 138: © Rayman/Digital Vision/Getty RF; p. 140: © National Library of Medicine; p. 142: © Cortesia de Robert Sternberg; p. 143: © Tom Stewart/Corbis; p. 145: © Stewart Cohen/Stone/Getty; p. 146: © Car Culture/Getty

Capítulo 4

p. 152: © Masterfile RF; p. 155 (topo): © A. Huber/U. Starke/Corbis; (abaixo): © Hugh Arnold/The Image Bank/Getty; p. 156 (esquerda): © M. Regine/The Image Bank/Getty; (direita): © RandyFaris/Corbis; p. 157 (topo): © M. L. Harris/Ionica/Getty; (abaixo à esquerda): © Tim Pannell/Corbis RF; (abaixo à direita): © Charles Gupton/Getty; p. 159: © Klawitter Productions/Corbis; p. 162: © Anthony Redpath/Corbis; p. 164 (topo): © Bettmann/Corbis; (abaixo): © Bettmann/Corbis; p. 165: © Somos/Veer/Getty RF; p. 168: © Masterfile RF; p. 170: © Mike Watson Images/Corbis RF; p. 171: © 1997 USA Today Library, photo by Robert Deutsch; p. 172 (topo): © Patrick Sheandell/Photo Alto; (abaixo): © Mark Edward Atkinson/Getty RF; p. 174 (topo): © C. Devan/zefa/Corbis; (abaixo): © iStock RF; p. 176: © Jonathan Cavendish/Corbis; p. 178: © Steve Smith/Getty

Capítulo 5

p. 184: © Blend Images/Masterfile; p. 187 (abaixo à esquerda): © Charles Gullung/Corbis; (abaixo à direita): © Dylan Ellis/Corbis RF; p. 188: © David Young-Wolf/Getty; p. 189: © Dann Tardif/LWA/Corbis; p. 190: © Joeri DE ROCKER/Alamy; p. 196: © Ariel Skelley/Blend Images/Corbis RF; p. 197: © Reuters/Corbis; p. 199: Cortesia Cynthia de las Fuentes, Our Lady of the Lakes University, San Antonio, Texas; p. 200: © Image100/Corbis RF; p. 202 (topo): © Tony Freeman/Photo Edit; (abaixo): © Keith Carter Photography

Capítulo 6

p. 207: Masterfile RF; p. 210: © The McGraw-Hill Companies/John Fournoy, photographer; p. 211: Cortesia Everett Collection; p. 214: © Photomorgana/Corbis; p. 215: © Stockbyte/Punchstock; p. 216: © Getty RF; p. 218: © AP Photo/Nati Harnik; p. 221 (topo): © Michael Ray; (abaixo): © Patrick Steele/Alamy; p. 224 (topo): © Geoff Manasse/Getty Images RF; (abaixo): © Suzanne DeChillo/New York Times/Redux Pictures; p. 225: © Karen Kasmauski/Corbis; p. 226 (topo): Cortesia Lynn Blankinship; (abaixo): © Rosemarie Gearhart/iStockphoto RF; p. 227: © 1998 Frank Fournier; p. 228 (topo à esquerda): © Wendy Stone/Corbis; (topo à direita): Louise Gubb/Corbis SABA; p. 232: © Creasource/Corbis; p. 235: © James D. Wilson/Woodfin Camp e Associates; p. 236: © Li Ge/China Feature/Corbis Sygma

Capítulo 7

p. 240: Corbis; p. 241: © Matthew J. Lee/The Boston Globe/Getty; p. 242: © Desconhecido; p. 245: © Randy Faris/Corbis; p. 246: © Sean Adair/Reuters/Corbis; p. 247: © Raghu-Rai/Magnum Photos; p. 251: © Angela Hampton Picture Library/Alamy; p. 252: © ThinkStock/Corbis RF; p. 254 (topo à esquerda): © Bettmann/Corbis; (topo à direita): © Alain Nogues/Sygma/Corbis; p. 256 © Nancy Ney/Getty Images/Digital Vision; p. 258 (topo): © Ronald Cortes; (abaixo): © Tony Freeman/Photo Edit; p. 259: © Rubberball/Nicole Hil/Getty RF; p. 261: Cortesia Connie Flanagan; p. 262: Cortesia Nina Vasan; p. 263 (topo): © Digital Vision/Getty Images; (abaixo): © Big Stock Photo RF; p. 264: © Paul Chesley/Stone/Getty

Capítulo 8

p. 268: © Paul Barton/Corbis; p. 270: © Michael Newman/Photo Edit; p. 271 (abaixo à esquerda): © David Young-Wolf/Photo Edit; (abaixo à direita): © David Young-Wolf/Photo Edit; p. 272: © Jack Hollingsworth/Corbis RF; p. 274: © Pat Vasquez-Cunningham 1999; p. 275: © Ryan McVay/Getty RF; p. 277 (topo): © 2011 Photo Library RF; (abaixo): © JGI/Tom Grill/Blend Images/Corbis RF; p. 279: © BananaStock/PunchStock; p. 280: © BananaStock/PunchStock; p. 281: © Tom Stewart/Corbis; p. 282: © Bill Aron/Photo Edit; p. 284 (topo): © UpperCut Images/Getty RF; (abaixo): © Corbis RF; p. 287: © David Young Wolff/Photo Edit; p. 288: © Digital Vision/Getty Images; p. 289: © James G. White Photography; p. 290: © Jason Hosking/Stone/Getty; p. 293: © Bananastock/PunchStock; p. 296: © Todd Wright/Blend Images/Getty Images RF; p. 297: © The Photo Works/Alamy; p. 298: © Kathy Heister/Index Stock/PhotoLibrary; p. 301: © Bob Daemmrich/The Image Works; p. 300: © Erika Stone/Peter Arnold/PhotoLibrary

Capítulo 9

p. 305: © Huntstock, Inc/Alamy; p. 307: Getty Images RF; p. 308 (topo): © Creatas/PunchStock; (abaixo à esquerda): © Tom Grill/Corbis RF; (abaixo à direita): © Creasource/Corbis; p. 309 (abaixo à esquerda): © Mary Kate Denny/Photo Edit; (abaixo à direita): © Michael Newman/Photo Edit; p. 310: © Bob Jacobson/Corbis RF; p. 311: © Images100/Corbis RF; p. 312: © Tony Freeman/Photo Edit; p. 313: © PhotoDisc/Getty RF; p. 315: Corbis; p. 316: © Toney Freeman/Photo Edit; p. 317 (topo): ©

Corbis RF; (abaixo): © Tim Pannell/Corbis; p. 319: © Punchstock/Brand X Pictures; p. 321(topo): © Kevin Dodge/Corbis; (centro): © Michael A. Keller/zefa/Corbis; (abaixo): © Eri Morita/Getty; p. 323 (topo): © Photo by Bob Barrett/FPG/Hulton Archive/Getty Images; (abaixo): © PhotoDisc/Getty RF; p. 324: © Image Source/PictureQuest; p. 325 (topo): © Pinto/Corbis; (abaixo): © Pascal Broze/Getty RF; p. 327: © Ronnie Kaufmann/Corbis; p. 328: © Mike Watson/Corbis RF; p. 329: © Jenny Acheson/Getty Images; p. 331 (topo): © Reed Kaestner/Corbis RF; (abaixo): © Stockdisc/PunchStock RF; p. 332 (esquerda): © Mats Widen/Johner Images/Getty RF; (direita): © David Hanover/Stone/Getty; p. 353: © Digital Vision/Getty Images

Capítulo 10

p. 338: © Image Source/Alamy; p. 339 (topo à direita): © Andrew Itkoff; (topo à esquerda): © Dale Sparks; (centro): © Michael A. Schwarz Photography, Inc.; (abaixo): © Patty Wood; p. 340: © Tony Cordoza/Alamy; p. 341: © Creatas/PunchStock; P. 342 (centro): © PictureQuest RF; (abaixo): © Ed Kashi/Corbis; p. 343 (topo): © Stockbyte/Punchstock; (abaixo): © Wally McNamee/Corbis; p. 345: © Gill Ross/Corbis; p. 347: © Vol. 71/Photodisc/Getty RF; p. 349: © Photodisc/Getty RF; p. 350 (esquerda): © Hill Street Studios/Blend Images/Getty Images; (direita): © The Image Bank/Getty; p. 351: © Tommie Lindsey; p. 352: © Vera Berger/zefa/Corbis RF; p. 353 (topo): © James Ransome; (abaixo): © John S. Abbott; p. 354: © Fujifots/The Image Works; p. 357: © AP Photo/Manuel Balce Ceneta; p. 358 (topo): © JupiterImages; (abaixo): © Milton Hinnart/The Dallas Morning News; p. 359: © Koichi Kamoshida/Newsmakers/Getty; p. 360: © Doug Wilson/Corbis

Capítulo 11

p. 364: © PhotoAlto Agency/Getty RF; p. 366: © 2007 USA Today Library, photo by Kevin Moloney; p. 370: brainology.com; p. 371 (topo): © AP Photo/Michael Tweed; (abaixo): © Ralf-Finn Hestoft/Corbis; p. 372: © Martin Meyer/Corbis; p. 373 (topo): Cortesia de William Damon, Standford University; p. 374: © Adivasi mumnetra sangam gudalur; p. 373 (abaixo): © Comstock/Punch/Stock RF; p. 375: © Irwin Thompson/The Dallas Morning News; p. 376: Cortesia Sandra Graham; p. 378: © Robert A. Isaacs/Photo Researchers; p. 380: © Dennis MacDonald/Photo Edit; p. 382: © Jose Luis Perez/Corbis; p. 385: Cortesia Grace Leaf; p. 386: © Photodisc/Getty RF; p. 387: Cortesia de Armando Ronquillo

Capítulo12

p. 391: © Rolf Bruderer/Blend Images/Corbis RF; p. 393 (topo): © Tom Grill/Corbis RF; (abaixo): © Jay Dickman; p. 394: © Marjorie Shostak/Anthro Photos; p. 397 (esquerda): © Daniel Lainé; (centro): © Bill Gillette/Stock Boston; (direita): © Sylvia Plachy/Redux Pictures; p. 399: © BananaStock/PunchStock; p. 401: Cortesia de Margaret Beal Spencer; p. 402: © 1997 USA Today Library, photo by H. Darr Beiser; p. 405 (topo): © Tom Stewart/Crobis; (centro): © BananaStock/PunchStock; (abaixo): © imagebroker.net/PhotoLibrary; p. 409: © Idealink Photography/Alamy; p. 410: © L. Clarke/Corbis

Capítulo 13

p. 414: © BananaStock/PunchStock; p. 417 (topo): © Adam Gault/Digital Vision/Getty RF; (abaixo): © Taxi/Getty RF; p. 419 (topo): © Brand X Pictures/Jupiter Images RF; (abaixo): © Photodisc/Getty RF; p. 422: © Stephanie Maze/Corbis; p. 423: © Gary Houlder/Corbis; p. 424: Cortesia de Luis Vargas; p. 428 (topo): © Joe Raedle/Newsmakers/Getty; (abaixo): © Daniel Allan/Taxi/Getty; p. 431: © Josh Reynolds; p. 433 (topo): © BananaStock/JupiterImages/i2i/Alamy; (abaixo): © Charles Gullung/zefa/Corbis; p. 434: © Corbis RF; p. 435: © Stockdisc/PunchStock; p. 438: © Chuck Savage/Corbis; p. 439: © BananaStock/PunchStock; p. 442: © Jules Frazier/Getty RF; p. 443: © Karen Kasmausk/Corbis; p. 444: © Ian Thraves/Alamy; p. 446: © Peter Beavis/Getty; p. 447: © Image Source/Getty RF

CRÉDITOS DOS TEXTOS/ DESENHOS

Capítulo 1

Fig. 1.1: John W. Santrock, *Life-Span Development*, 9e, p. 19, fig. 1.5. Copyright © 2004 The McGraw-Hill Companies, Inc. Usado com permissão de The McGraw-Hill Companies, Inc. Fig. 1.2: (desenhos) John W. Santrock, *Life-Span Development*, 9e, p. 21, fig. 1.6. Copyright © 2004 The McGraw-Hill Companies, Inc. Usado com permissão de The McGraw-Hill Companies, Inc. Fig. 1.3: Schulenberg, J. E. e Zarrett, N. R. (2006). Mental health during emerging adulthood: Continuity and discontinuity in courses, causes, and consequences. In J. J. Arnett e J. L. Tanner (Eds.), *Emerging adults in America: Coming of age in the 21st Century*. Washington, DC: American Psychological Association, Figure 6.1, p. 136. Copyright © 2006 by the American Psychological Association. Adaptado com permissão. Fonte de dados: Monitoring the Future study, Institute of Social Research, University of Michigan. Fig. 1.4: Schulenberg, J. E. e Zarrett, N. R. (2006). Mental health during emerging adulthood: Continuity and discontinuity in courses, causes, and consequences. In J. J. Arnett e J. L. Tanner (Eds.), *Emerging adults in America: Coming of age in the 21st Century*. Washington, DC: American Psychological Association, Figura 6.4, p. 139. Copyright © 2006 by the American Psychological Association. Adaptado com permissão. Fonte de dados: Monitoring the Future study, Institute of Social Research, University of Michigan. Fig. 1.5: Eccles, J. S., e Gootman, J. (2002). Community programs to promote youth development, Box 3-1. Washington, DC: National Academies Press. Reimpresso com permissão da National Academies Press, Copyright © 2002 National Academy of Sciences. Fig. 1.7: John W. Santrock, *Life-Span Development*, 9e, p. 45, Fig. 2.1. Copyright © 2004 The McGraw-Hill Companies, Inc. Usado com permissão de The McGraw-Hill Companies, Inc. Fig. 1.9: John W. Santrock, *Psychology*, 7e, p. 129, fig. 4.7. Copyright © 2003 The McGraw-Hill Companies, Inc. Usado com permissão de The McGraw-Hill Companies, Inc. Fig. 1.10: John W. Santrock, *Psychology*, 7e, p. 487, fig. 12.6. Copyright © 2003 The McGraw-Hill Companies, Inc. Usado com permissão de The McGraw-Hill Companies, Inc. Fig. 1.15: John W. Santrock, *Psychology*, 7e, fig. 2.4. Copyright © 2003 The McGraw-Hill Companies, Inc. Usado com permissão de The McGraw-Hill Companies, Inc. Fig. 1.16: John W. Santrock, *Psychology*, 7e, Fig. 2.5. Copyright © 2003 The McGraw-Hill Companies, Inc. Usado com permissão de The McGraw-Hill Companies, Inc.

Capítulo 2

Fig. 2.4: Reproduzido de J. M. Tanner, R. H. Whitehouse, and M. Takaishi, "Standards from Birth to Maturity for Height, Weight, Height Velocity, and Weight Velocity: British Children 1965," *Archives of Disease in Childhood*, v. 41, pp. 613–633, copyright © 1966 com permissão de BMJ Publishing Group Ltd. Fig. 2.6: John W. Santrock, *Children*, p. 447, fig. 15.5. Copyright © The McGraw-Hill Companies, Inc. Usado com permissão de The McGraw-Hill Companies, Inc. Fig. 2.7: De A. F. Roache, "Secular Trends in Stature, Weight and Maturation," *Monographs of the Society for Research in Child Development*, n. 179. © 1977 The Society for Research in Child Development, Inc. Reimpresso com permissão da Society for Research in Child Development. Fig. 2.8: Reimpresso do *Journal of Adolescent Health*, 39(3), M. Jane Park, Tina Paul Mulye, Sally H. Adams, Claire D. Brindis and Charles E. Irwin, Jr., "The Health Status of Young Adults in the United States," p. 310, Copyright 2006, com permissão de Elsevier. Fig. 2.9: Segundo dados apresentados por *MMWR: Morbidity and Mortality Weekly Report*, Vol. 55, No. SS-5 (June 9, 2006). U.S. Department of Health and Human Services. Fig. 2.10: Segundo Tabela 52 de *MMWR: Morbidity and Mortality Weekly Report*, Vol. 55, No. SS-5 (June 9, 2006). U.S. Department of Health and Human Services. Fig. 2.11: Segundo Tabela 95 de Eaton, D. K., et al. "Youth risk behavior surveillance – United States, 2007." *MMWR Surveillance Summaries*. 57(SS04):1–131. June 6, 2008. Fig. 2.12: De John T. Bonner, *The Evolution of Culture in Animals*. © 1980 Princeton University Press. Reimpresso com permissão de Princeton University Press. Fig. 2.13: John W. Santrock, *A Topical Approach to Life-Span Development*, 3rd ed., fig. 2.3. Copyright © 2007 The McGraw-Hill Companies, Inc. Usado com permissão de The McGraw-Hill Companies, Inc. Fig. 2.14: John W. Santrock, *Children*, 7e, fig. 3.14. Copyright © 2003 The McGraw-Hill Companies, Inc. Usado com permissão de The McGraw-Hill Companies, Inc.

Capítulo 3

Fig. 3.1: John W. Santrock, *Child Development*, 10e, p. 131, fig. 5.1. Copyright © 2004 The McGraw-Hill Companies, Inc. Usado com permissão de The McGraw-Hill Companies, Inc. Fig. 3.3: John W. Santrock, *Life-Span Development*, 13th ed., p. 357, 11.4. Copyright © 2011 The McGraw-Hill Companies, Inc. Usado com permissão de The McGraw-Hill Companies, Inc. Fig. 3.4: John W. Santrock, *Child Development*, 13e, p. 174, fig. 6.1. Copyright © 2010 The McGraw-Hill Companies, Inc. Usado com permissão de The McGraw-Hill Companies, Inc. Fig. 3.5: Reimpresso com permissão de Dr. Jan Sinnott. Fig. 3.7: John W. Santrock, *Life-Span Development*, 9e, p. 248, Fig. 8.11. Copyright © 2004 The McGraw-Hill Companies, Inc. Usado com permissão de The McGraw-Hill Companies, Inc. Fig. 3.8: John W. Santrock, *Educational Psychology*, 2e, fig. 8.5. Copyright © 2004 The McGraw-Hill Companies, Inc. Usado com permissão de The McGraw-Hill Companies, Inc. Dados de Dempster, F. N. (1981). "Memory Span: Sources of Individual Variation and Developmental Differences," *Psychological Bulletin*, 89, p. 63–100. Fig. 3.9: John W. Santrock, *Psychology*, 7e, p. 314, fig. 8.8. Copyright © 2003 The McGraw-Hill Companies, Inc. Usado com permissão de The McGraw-Hill Companies, Inc. Fig. 3.10: John W. Santrock,

Educational Psychology, 3rd ed., p. 275, fig. 8.6. Copyright © 2008 The McGraw-Hill Companies, Inc. Usado com permissão. Dados de H. Lee Swanson, "What Develops in Working Memory? A Life Span Perspective" in *Developmental Psychology*, July 1999, 35, 4, 986–1000. Fig. 3.11: De Ellen Galinsky, *Mind in the Making*, p. 19. Copyright © 2010. Reimpresso com permissão de HarperCollins Publishers. Fig. 3.13: John W. Santrock, *Educational Psychology*, 3rd ed., p. 275, Fig. 8.6. Copyright © 2008 The McGraw-Hill Companies, Inc. Usado com permissão de The McGraw-Hill Companies, Inc. Dados de Ronald T. Kellogg, "Observations on the Psychology of Thinking and Writing," *Composition Studies*, vol. 21 (1993), pp. 3–41. Fig. 3.14: John W. Santrock, *Children*, 5th ed., Fig. 10.1. Copyright © 1997 The McGraw-Hill Companies, Inc. Usado com permissão de The McGraw-Hill Companies, Inc. Fig. 3.16: John W. Santrock, *Psychology*, 7e, p. 405, Fig. 10.5. Copyright © 2003 The McGraw-Hill Companies, Inc. Usado com permissão de The McGraw-Hill Companies, Inc. Fig. 3.17: Robert Sternberg, *Handbook of Intelligence*. Copyright © Cambridge University Press 2000. Reimpresso com permissão da Cambridge University Press. Fig. 3.18: Ulric Neisser, "The Increase in IQ Scores from 1932–1997." Usado com permissão.

Capítulo 4

p. 153: De "Self and Identity Development" by Susan Harter. In S. S. Feldman and G. R. Elliott (eds.), *At the Threshold: The Developing Adolescent*. Cambridge, MA: Harvard University Press, 1990, pp. 352–353. Usado com permissão de Dr. Susan Harter. Fig. 4.2: R. W. Robins, K. H. Trzesniewski, J. L. Tracy, S. D. Gosling, and J. Potter (2002). "Global Self-Esteem Across the Life Span," *Psychology and Aging*, 17(3), 423–434 (Figure 1). Copyright © 2002 by the American Psychological Association. Adaptado com permissão. Fig. 4.3: S. Harter (1999). *The Construction of The Self*, Table 6.1. New York: The Guilford Press. Reimpresso com permissão. Fig. 4.4: John W. Santrock, *Educational Psychology*, 2e, Fig. 3.7. Copyright © 2004 The McGraw-Hill Companies, Inc. Usado com permissão de The McGraw-Hill Companies, Inc. Fig. 4.5: John W. Santrock, *Children*, 7e, p. 542. McGraw-Hill, 2003. Copyright © 2003 The McGraw-Hill Companies, Inc. Usado com permissão de The McGraw-Hill Companies, Inc. Fig. 4.6: John W. Santrock, *Psychology*, 7e, p. 499, fig. 12.11. Copyright © 2003 The McGraw-Hill Companies, Inc. Usado com permissão de The McGraw-Hill Companies, Inc.

Capítulo 5

p. 185: De Zager, K., e Rubenstein, A. (2002). *The Inside Story on Teen Girls*. Washington, DC: American Psychological Association, pp. 21–22. Copyright © 2002 by the American Psychological Association. Reproduzido com permissão. Fig. 5.1: John W. Santrock, *A Topical Approach to Life-Span Development*, 3rd ed., Fig. 12.4. Copyright © 2007 The McGraw-Hill Companies, Inc. Usado com permissão de The McGraw-Hill Companies, Inc. Fig. 5.2: National Assessment of Educational Progress (2007). *The Nation's Report Card*. Washington, DC: U.S. Department of Education, Figure 6, p. 12. Fig. 5.4: John W. Santrock, *A Topical Approach to Life-Span Development*, 3rd ed., fig. 12.5. Copyright © 2007 The McGraw-Hill Companies, Inc. Usado com permissão de The McGraw-Hill Companies, Inc. Fig. 5.5: De Pryor, J. H., Hurtado, S., Saenz, V. B., Lindholm, J. A., Korn, W. S., e Mahoney, K. M. (2005). *The American freshman: National norms for fall 2005*. Los Angeles: Higher Education Research Institute, UCLA. Reimpresso com permissão.

Capítulo 6

Fig. 6.2: John W. Santrock, *Life-Span Development*, 12e, Fig. 11.5. Copyright © 2009 The McGraw-Hill Companies, Inc. Usado com permissão de The McGraw-Hill Companies, Inc. Fig. 6.4: Segundo dados apresentados pelo National Center for Health Statistics (2002). *Sexual behavior and selected health measures: Men and women 15–44 years of age, United States 2002*. PH2003-1250. Atlanta: Centers for Disease Control and Prevention. Fig. 6.5: National Center for Health Statistics, Births to Teenagers in the United Sates, 1940–2000, *National Vital Statistics Report*, Vol. 49, No. 10. Fig. 6.7: B. S. Fisher, F. T. Cullen, e M. G. Turner (2000). *The Sexual Victimization of College Women*. Washington, DC: National Institute of Justice, Exhibit 8, p. 19.

Capítulo 7

Fig. 7.1: De Selman, R. S. (1976). "Social-Cognitive Understanding." In Thomas Lickona (Ed.) *Moral Development and Behavior*. Reimpresso com permissão de Thomas Lickona. Fig. 7.2: De Kohlberg, L. (1969). "Stage and Sequence: The Cognitive-Developmental Approach to Socialization." In D. A. Goslin (Ed.), *Handbook of Socialization Theory and Research*. Chicago: Rand McNally. Reimpresso com permissão de David Goslin. Fig.7.3: De Colby, A. et al. (1983). "A Longitudinal Study of Moral Judgment," *Monographs for the Society for Research in Child Development*, Serial #201. Reimpresso com permissão da Society for Research in Child Development. Fig. 7.4: Yussen, S. R. (1977). "Characteristics of Moral Dilemmas Written by Adolescents," *Developmental Psychology*, 13(2), 162–163 (Table 1). Copyright © 1977 by the American Psychological Association. Adaptado com permissão. Fig. 7.6: De Pryor, J. H., Hurtado, S., Saenz, V. B., Lindholm, J. A., Korn, W. S., e Mahoney, K. M. (2005). *The American freshman: National norms for fall 2005*. Los Angeles: Higher Education Research Institute, UCLA. Reimpresso com permissão. Fig. 7.7: John W. Santrock, *Child Development*, 12e, fig. 13.5. Copyright © The McGraw-Hill Companies, Inc. Usado com permissão de The McGraw-Hill Companies, Inc.

Capítulo 8

Fig. 8.1: Belsky, J. (1981). Early human experience: A family perspective. *Developmental Psychology*, 17(1), 3-23 (Figure 1). Copyright © 1981 by the American Psychological Association. Reproduzido com permissão. Fig. 8.4: John W. Santrock, *Children*, 9e, p. 306, fig. 11.5. Copyright © The McGraw-Hill Companies, Inc. Usado com permissão. Fig. 8.5: John W. Santrock, *Child Development*, 10e, p. 495, fig. 15.6. Copyright © 2004 The McGraw-Hill Companies, Inc. Usado com permissão de The McGraw-Hill Companies, Inc. p. 280 Excertos de Clarke-Stewart, A., e Brentano, C. (2006). *Divorce: Causes and Consequences, pp. 127, 129, 137, 169*. Copyright © 2006 by Alison Clarke-Stewart and Cornelia Brentano. Todos os direitos reservados. New Haven, CT: Yale University Press. Usado com permissão.

Capítulo 9

Fig. 9.3: John W. Santrock, *Life-Span Development*, 11e, p. 513, fig. 16.4. Copyright © 2008 The McGraw-Hill Companies, Inc. Usado com permissão de The McGraw-Hill Companies, Inc. Fig. 9.4: De Dexter C. Dunphy, "The Social Structure of Urban Adolescent Peer Groups," *Sociometry*, Vol. 26. Washington, DC: American Sociological Association, 1963. Fig. 9.5: De "Romantic Development: Does Age at Which Romantic Involvement Starts Matter?" by Duane Burhmester, April 2001. Trabalho apresentado na reunião da Society for Research in Child Development, Minneapolis, MN. Reimpresso com permissão do autor. Fig. 9.6: De Popenoe, D., *The State of Our Unions 2008*. Figure 7, Copyright © 2008 by the National Marriage Project at the University of Virginia. Reimpresso com permissão do National Marriage Project.

Capítulo 10

Fig. 10.1: National Center for Education Statistics (2010). The condition of education 2010. Washington, D.C.: U.S. Department of Education. Fig. 10.2: De Nansel, T. R. et al., (2001, April 25). "Bullying Behaviors Among U.S. Youth," *Journal of the American Medical Association*, 285 (16): 2094–2100. Fig. 10.3: John W. Santrock, *Life-Span Development*, 11e, p. 320, fig. 10.3. Copyright © 2008 The McGraw-Hill Companies, Inc. Usado com permissão de The McGraw-Hill Companies, Inc. Fig. 10.5: John W. Santrock, *Educational Psychology*, 4e, Fig. 6.3. Copyright © 2009 The McGraw-Hill Companies, Inc. Usado com permissão de The McGraw-Hill Companies, Inc.

Capítulo 11

Fig. 11.2: De Deborah Stipek, *Motivation to Learn: Integrating Theory and Practice*, 4e. Publicado por Allyn and Bacon, Boston, MA. Copyright © 2002 by Pearson Education. Reimpresso com permissão do editor. Fig. 11.3: Dados de avaliação de 2009 de 65 países pela Organization for Economic Cooperation and Development. Fig. 11.4: De H. W. Stevenson, S. Lee, e J. W. Stigler, "Mathematics Achievement of Chinese, Japanese and American Children," *Science*, Vol. 231, No. 4739 (February 14, 1986), pp. 693–699, fig. 6. Reimpresso com permissão de AAAS. http://www.aaas.org. Os leitores podem visualizar, navegar e/ou fazer o *download* do material unicamente para uso temporário, desde que este uso seja para propósitos não comerciais. Exceto pelo previsto em lei, este material não pode ser reproduzido, distribuído, transmitido, modificado, adaptado, apresentado, publicado ou vendido integralmente ou em parte sem permissão prévia do editor.

Capítulo 12

Fig. 12.3: Segundo Tabela 1 de Sellers, R. M. et al. (2006). Racial Identity Matters: The Relationship Between Racial Discrimination and Psychological Functioning in African American Adolescents. *Journal of Research on Adolescence*, 16(2): 187–216. Malden, MA: Blackwell Publishers. Usado com permissão. Fig. 12.4: "Generation M: Media in the Lives of 8-18 Year-olds – Executive Summary" (#7250), The Henry J. Kaiser Family Foundation, March 2005. Estas informações foram reimpressas com permissão da Henry J. Kaiser Family Foundation. A Fundação da Família Kaiser é uma fundação de caráter privado sem fins lucrativos sediada in Menlo Park, California, dedicada à produção e à comunicação das melhores informações, pesquisas e analises possíveis sobre temas de saúde. p. 400: Harlem (2) ["What happens to a dream deferred..."]", de *The Collected Poems of Langston Hughes* by Langston Hughes, editado por Arnold Rampersad com David Roessel, Associate Editor. Copyright © 1994 pelo Estate of Langston Hughes. Usado com permissão de Alfred A. Knopf, uma divisão da Random House, Inc., e com permissão de Harold Ober Associates Incorporated. Fig. 12.5: John W. Santrock, *Child Development*, 10e, p. 598, Fig. 18.7. Copyright © 2004 The McGraw-Hill Companies, Inc. Usado com permissão de The McGraw-Hill Companies, Inc.

Capítulo 13

p. 419: De "Desert Places" in *The Poetry of Robert Frost*, editado por Edward Connery Lathem. Copyright © 1969 by Henry Holt and Company. Copyright © 1936 by Robert Frost, © Copyright 1964 by Lesley Frost Ballantine. Reimpresso por acordo com Henry Holt and Company, LLC. Fig. 13.2: De Achenback, T. M., e Edelbrock, C. S. (1981). "Behavioral Problems and Competencies Reported by Parents of Normal and Disturbed Children Aged Four through Sixteen," *Monographs for the Society for Research in Child Development*, 46 (1, Serial No. 188). © Society for Research in Child Development. Reimpresso com permissão da Society for Research in Child Development. p. 429: De Zager, K., e Rubenstein, A. (2002). *The Inside Story on Teen Girls*. Washington, DC: American Psychological Association, pp. 141. Copyright © 2002 by the American Psychological Association. Reproduzido com permissão. Fig. 13.3: Masten, A. S., e Coatsworth, J. D. (1998). "The Development of Competence in Favorable and Unfavorable Environments: Lessons from Research on Successful Children," *American Psychologist*, 53(2), 205–220 (Table 2). Copyright © 1998 pela American Psychological Association. Reproduzido com permissão. Fig. 13.4: Johnston, L. D., O'Malley, P. M., Bachman, J. G., e Schulenberg, J. E. (2011). *Monitoring the Future: National results on adolescent drug use: Overview of key findings, 2010*, Ann Arbor, Mich., Institute for Social Research, The University of Michigan. Fig. 13.5: Johnston, L. D., O'Malley, P. M., Bachman, J. G., e Schulenberg, J. E. (2011). *Monitoring the Future: National results on adolescent drug use: Overview of key findings, 2010*, Ann Arbor, Mich., Institute for Social Research, The University of Michigan. Fig. 13.9: Puzzanchera, C., e Sickmund, M. (2008, July). Figura da *Juvenile Court Statistics 2005*, p. 6. Pittsburgh: National Center for Juvenile Justice. Fig. 13.11: De Centers for Disease Control and Prevention. (2006, June 8). *National Youth Risk Behavior Survey 1991–2005: Trends in the Prevalence of Suicide Ideation and Attempts*. Atlanta, GA: Centers for Disease Control and Prevention.

Índice onomástico

A

Aalsma, M. C., 146, 159
Abbate-Daga, G., 444-445
Abbot, B. D., 86-87
Aber, J. L., 446-447
Abraido-Lanza, A. F., 212-213
Abruscato, J. A., 339
Achenbach, T. M., 418-419
Achermann, P., 99-100
Ackerman, A., 81-82
Ackerman, P. L., 137-138
ACS Teens, 262
Adams, J., 231-232
Adams, M. D., 167
Adams, R. E., 348-349, 407-408
Adelson, J., 40-41
Adie, J. W., 98
Adler, N. E., 223-224
Adolescent Counseling Services, 279
Afterschool Alliance, 296-297
Agras, W. S., 444-445
Ahmed, M. L., 84-86
Ahn, N., 224
Ahrberg, M., 445-446
Ahrons, C. R., 292-293
AIDS Society, 254-255
Aikens, N. L., 402
Aikins, J. W., 326-327
Ainsworth, M. D. S., 281-282
Ajrouch, K., 55-56
Akos, P., 383
Alan Guttmacher Institute, 217, 223-224
Albert, D., 115-116, 131-134
Alexander, C., 430
Alexander, J., 437-438
Alexander, K., 350-352, 396-397
Alexander, P. A., 139, 363
Ali, M. M., 315
Allen, C., 52-54, 73, 116-117, 358
Allen, G., 447-448
Allen, J. P., 52-54, 73, 116-117, 280-283, 310-311, 410, 416-417
Allen, M., 280-281
Allen, R., 41-42, 286-288
Alleyne, B., 232
Al-Mabuk, R., 250-251
Almas, A., 250-251
Almeida, D., 55-56, 271-272
Alsaker, F. D., 381
Altarac, M., 298
Alvarado, R., 448-449
Alvarez, A., 402-403
Amabile, T. M., 136-137
Amato, P. R., 291-294, 333
Ambrose, D., 358-360, 363
American Academy of Pediatrics, 211
American Association of University Women, 202-203, 233-234
American Cancer Society, 262
American College Health Association, 94
American Psychiatric Association, 437-438
American Psychological Association, 68-70, 144, 199,
Americorps, 257-258
Ames, M. A., 217-218
Amin, R., 99-100

Amsel, E., 274-275
Amstadter, A. B., 232
Anderman, E. M., 258-260, 341, 345, 365-373
Anderman, L. H., 258-259, 367-373
Anderson, C. A., 405-407
Anderson, D. R., 191, 405-407
Anderson, E., 295-296
Anderson, K. G., 415-416
Anderson, P. L., 356-357
Andersson, U., 130
Andrews, G., 60-61, 127-128
Angus, R. M., 41-43, 319, 320
Anisha, A., 93
Annie E. Casey Foundation, 301
Ansary, N. S., 398
Antai-Otong, D., 440
Antonishak, J., 310-311
Antonucci, T. C., 55-56
Apache Native Americans, 396-397
Appel, M., 405-406
Applefield, J. M., 405-406
Appleton, J. J., 339-340, 367-368
Aquino, K., 253-254
Araujo, D. M., 445-446
Araujo, K., 213
Archibald, A. B., 441-442
Ardelt, M., 125
Arden, R., 142-143
Arends, R. I., 339-340
Arenkiel, B. R., 117
Arim, R. G., 81-82
Aristotle, 36-37, 95
Arms, E., 188-189
Armstrong, D., 100
Armstrong, M. L., 87
Armstrong, P. I., 195-196
Arnett, A., 339
Arnett, J. J., 49-53, 146, 159-160, 168-169, 171-172, 284-285, 321-322
Aronowitz, T., 447-448
Aronson, E., 351-352
Arrasmith, D., 342
Arsenio, W., 174-175
Arseth, A., 169-170
Asarnow, J. R., 311-312
Ash, P., 116-117
Asher, S. R., 310-311
Ashton, M. C., 176-177
Assouline, S. G., 359-360
Ata, R. N., 441
Aten, M. J., 210-211
Atkins, R., 258-259
Attie, I., 441
Aunola, K., 420-422
Austin, S. B., 219-221
Avisar, A., 358
Ayers-Lopez, S., 308-309
Azmitia, M., 170-172, 183, 415-416

B

Babbie, E. R., 64, 66
Bachman, J. G., 51-52, 433-434
Baddeley, A. D., 130-132
Baer, W., 398-399
Baez, J., 165
Bagley, E., 413
Bagwell, C. L., 45

Baha, A., 402
Bailey, S. J., 284-285
Baker, F. C., 99-100
Baker, J. L., 441-442
Baker, P. N., 224
Baker, R. J., 99
Bakersmans-Kranenburg, M. J., 284-285
Bakken, J. P., 274-275, 308-309
Baldelomar, O. A., 169-171
Baldwin, S., 161-162
Ball, B., 231-232
Ball, H. A., 105-106
Ball, K., 97-98
Ballantine, J. H., 386
Baltes, P. B., 124
Bandura, A., 61-62, 102-104, 131-132, 136-137, 162-163, 188, 245-247, 249-250, 252-253, 311-312, 370-371, 378-379, 423-426
Banerjee, M., 388
Banerjee, S., 428
Bank, L., 289
Bankole, A., 226-227
Banks, J. A., 351-354, 401
Bapat, S. A., 104-105
Barber, B. K., 45
Barber, B. L., 87, 292-293, 349-350
Barker, E. T., 160-161
Barker, R., 307-308
Barkin, C., 73, 225, 446-447, 451
Barnard, C., 49-50
Barnes, G. M., 428
Barnes, H., 399
Barnouw, V., 322
Barry, C. M., 314-315
Barry, J., 270-271
Barry, M., 215-216
Basow, S. A., 201-202
Bassi, M., 370-371
Bates, J., 177-178
Bathgate, K., 319
Battistich, V. A., 256-257, 259-260
Bauerlein, M., 39-40, 129-130
Bauermeister, J. A., 446-447
Bauman, L. J., 214-215
Baumeister, R. F., 159, 161
Baumrind, D., 275-276, 344
Baur, K., 220-221, 225, 230-231, 333-334
Bauserman, R. L., 198-199, 294-295
Beardslee, W. R., 438-439
Beaulieu, J. M., 357-358
Beaver, K. M., 108, 448
Bednar, R. L., 162-163
Beebe, D. W., 99-100
Beethoven, L. von, 138-139
Beghetto, R. A., 135-136
Begley, R. A., 39-40
Behrens, R., 170
Bell, K., 258-259
Bell, M. A., 45-46
Beller, A. H., 399
Bellmore, A. D., 307-308, 310-312, 341, 347-348
Belon, K., 100-101
Belsky, J., 79, 82, 108, 270, 288
Bem, S. L., 197-199
Benner, A. D., 307-308, 317-318
Bennett, C. I., 392-393, 402-403

Benninghoven, D., 444-445
Benokratis, N., 330-331
Benson, B., 215
Benson, P. L., 42-43, 298, 419-420
Bentley, A. C., 43
Benveniste, L., 398-399
Berecz, J. M., 176-177
Berenbaum, S. A., 84-85, 87-88, 185-186, 188-195, 201-202, 206, 247-248
Berger, J. B., 428
Berger, S. H., 295-296
Berkel, C., 402-403
Berkowitz, M. W., 245-246, 256-257
Berman, M., 334
Berman, S., 230-231
Bernard, J. M., 288
Bernard, R., 298-299
Berndt, T. J., 310, 315-317, 341, 341
Berninger, V. W., 340, 357
Bernstein, N., 224
Berry, L., 375-376
Bersamin, M. M., 209-210
Berscheid, E., 326-327
Berzonsky, M, D., 167-168
Best, D. L., 192
Best, J. R., 97
Bethell, J., 440
Beyers, E., 172-173
Beyers, W., 50-51
Beznos, G. W., 87-88
Bichard, S. L., 245-246
Bickett, J., 189
Bickford, L., 135-136
Biddle, S. J., 95
Bier, M., 256-257
Big Brothers Big Sisters, 254-255, 375-376
Bigler, R. H., 191-192
Binet, A., 140
Birditt, K. S., 55-56, 272-273, 286-288
Birman, B. F., 340
Biro, F. M., 64-65, 78-86, 415-416
Bjorklund, D. F., 101-102, 131-132, 186-187
Black, M. M., 398
Blackemore, J., 83-84
Blackwell, L. S., 369-370
Blair, B. L., 408-409
Blake, J. S., 95
Blakemore, J. E. O., 84-85, 87-88, 114-115, 117, 189-195, 206, 247-248
Blakemore, S-J., 155-156
Blankenship, L., 225
Blankson, A. N., 284-285
Blanton, H., 154-155
Blasi, A., 265-266
Bleakley, A., 209-210, 234-235
Block, J., 178-179, 195-196
Block, J. H., 195-196
Blomeyer, D., 108
Blomfield, C. J., 349-350
Bloom, B., 359-360
Blos, P., 58
Blumenfeld, P. C., 367-368
Blumenthal, H., 88-89
Blyth, D. A., 161-162
Bo, I., 398-399

Bobkowski, P. S., 38, 403–404, 406–408
Bobrow, N. A., 89–90
Bode, P., 351–352, 401–403
Boethel, C. L., 295–296
Boiter, C., 262
Bonci, C. M., 98–99
Bonney, C., 134
Boone, T. L., 216–217
Boonstra, H., 222–223
Booth, A., 87–88, 299–300, 321–322
Booth-LaForce, C., 308–309
Borich, G. D., 339–340
Borjas, G. J., 417, 422
Bos, H., 219–220
Bossarte, R. M., 440
Boulay, M., 161–162
Boutsikou, T., 224
Bowen, R., 145, 147
Bowers, E., 41, 209
Bowker, J. C., 317–318
Bowlby, J., 281–282
Boy Scouts of America, 37–38
Boyd, M., 116–117
Boyle, J. R., 358
Boys and Girls Club, 91
Brabeck, K. M., 203
Brabeck, M. M., 203
Brackett, M., 142–143
Bradley, R. H., 398–399
Bradshaw, C. P., 418–419
Brady, S. S., 213, 446
Brand, S., 97
Brandon, P. D., 300–301
Brannon, L., 186–187
Bransford, J., 340
Braun-Courville, D. K., 210–211
Braver, S. L., 295
Bray, H., 199–200
Bray, J. H., 295–296
Brechwald, W. A., 306–307, 310, 315–317, 416–417
Brecklin, L. R., 231–232
Breen, A. V., 167–168
Brember, I., 161–162
Brendgen, M., 307–308, 315–317, 436–437
Brentano, C., 293–294, 304
Brewer, M. B., 157–158
Brewer, R., 225
Brewster, K. L., 213
Bridgeland, J. M., 258–259
Bridges, J. S., 288
Briefel, R. R., 443–444
Brigham, M., 358
Brislin, R. W., 392–393
Brockmeyer, S., 288
Broderick, R., 36
Brody, G. H., 52–53, 255–256, 290, 398–399
Brody, N., 142–143
Brodzinsky, D. M., 297–299
Bronfenbrenner, U., 61–63, 306–308, 392–393
Bronstein, P., 188, 203
Brook, J. S., 279, 436–437
Brooker, R., 101–102, 104–105
Brookhart, S. M., 341
Brooks-Gunn, J., 87–90, 97–98, 173–174, 277–278, 296–297, 349–351, 398–399, 410, 416–417, 441–442
Brophy, J., 367
Broughton, J., 120–121
Broverman, L., 191–192
Brown, B., 330–331, 409, 441–442

Brown, B. B., 38–39, 43–45, 63–64, 73, 188–189, 199–200, 274–275, 299–300, 306–310, 318–319, 321–322, 413
Brown, B. V., 52
Brown, C. S., 233–234
Brown, E. R., 188
Brown, H., 339
Brown, J. D., 38–39, 210–211, 403–408
Brown, J. R., 320
Brown, L. M., 202
Brown B. B., 319
Brown University, 333
Brownridge, D. A., 331–332
Brunstein Klornek, A., 347–348
Bryant, A. N., 387
Bryant, K., 383
Buchanan, C. M., 294–295
Bucher, A., 263–264
Buchmann, A. F., 432–433
Buchmann, M., 256–257
Bucx, F., 280–281, 286–288
Budde, H., 97
Bugental, D. B., 256–257
Buhi, E. R., 210–211
Buhl, H. M., 50–51
Buhrmester, D., 312–317, 320–321, 323–324
Buist, K. L., 436–437
Bukowski, W. M., 245, 311–315, 320, 375, 417, 439
Bulik, C. M., 443–444
Bumpus, M. F., 280–281, 407–408
Burchinal, M. R., 370–371
Burden, F., 232–233
Bureau, J-F., 417–418
Burgess-Champoux, T. L., 95
Buriel, R., 272–275, 277–278, 286–288, 400, 401
Burk, L. R., 416–417
Burke, J. D., 415–418, 434–437
Burke, M., 290
Burnett, S. M., 114, 155–156, 227
Burraston, B., 289
Bursuck, W. D., 356–358
Burt, K. B., 36, 52–53, 416–418
Burton, L. M., 399, 401
Burton, R. V., 249–250
Buss, D., 102, 186–187, 196
Busseri, M. A., 97–98, 219–220, 286–288
Bussey, K., 188
Butcher, K., 96, 97
Butler, L., 378–379
Butterworth, M. R., 333–334
Button, T. M. M., 105
Buzwell, S., 210–211
Bynner, J., 382
Byrne, D. C., 86–87
Byrnes, H. F., 274–275
Byrnes, J. P., 132
Bytschkow, K., 428
Bzostek, S., 441–442

C

Cabrera, N., 278
Cacioppo, J. T., 317–318
Cairns, A., 99–100
Caldwell, K. A., 314–315, 348–349
Callan, J. W., 312
Calvert, S. L., 189–190
Cambria, J., 365–366, 370–373
Cameron, J., 367–368
Cameron, J. L., 78–79

Cameron, J. M., 428
Campbell, B., 143
Campbell, C. Y., 189–190
Campbell, L., 141–142
Campbell, W. K., 159–161
Campos, J., 183
Camras, L., 183
Canter, A., 349
Capaldi, D. M., 216–217, 434–436, 438–439
Caplan, J. B., 197–198
Caplan, M., 312–313
Caplan, P. J., 197–198
Caprara, G. V., 175–176
Card, N. A., 63
Cardell, M., 333–334
Cardelle-Elawar, M., 138–139
Carlo, G., 250–251
Carlson, E. A., 281–283, 326–327, 417–418
Carlson, K. S., 159–160
Carlson, M. J., 270
Carlson, W., 439–440
Carnegie Council on Adolescent Development, 301, 341, 361, 410
Carnoy, M., 398–399
Carpendale, J., 165, 311–312
Carr, A., 262
Carrier, L. M., 409
Carroll, A. E., 348–349
Carroll, J., 142–144
Carroll, J. L., 213–214, 217–218
Carroll, J. S., 333
Carroll, L., 163
Carroll, M. D., 441–442
Carskadon, M. A., 99–100
Cartwright, K. B., 124
Carver, K., 323–324
Carver Center, 400
Casas, M., 346–347
Case, R., 122
Casey, B. J., 46, 104, 108, 114–117, 131, 133, 174, 416
Cash, J. E., 241, 253–254, 257–258
Caspers, K. M., 107–108, 183
Caspi, A., 107–108, 176–179
Cassidy, J., 55–56
Castle, J., 297–299
Cates, W., 230–231
Cauffman, B. E., 115–116, 441–442
Cauffman, E., 434–435
Cavanagh, S., 88–89
Cavanagh, S. E., 354–355
Ceballo, R., 352
Ceci, S. J., 143–144
Celera Corporation, 103–104
Center for Academic Integrity, 259–260
Center for Collaborative Education, 350–351
Center for Early Adolescence, 296–298
Centers for Disease Control and Prevention, 227–231, 442
Chan, M., 279
Chandler, M., 156–157
Chandra, A., 210–211, 217–218, 330–331
Chao, R. K., 170–171, 277–278, 400, 402–403
Chao, W., 291–292
Charles, C. M., 344
Cheah, C. S. L., 43–44, 69–70, 299–300, 400–401
Chedraui, P., 225
Cheever, N., 409

Chen, C., 377–378
Chen, J. J., 43–44, 92, 398–399, 416–417
Chen, X., 280–281, 299–300
Cherlin, A., 295, 330–332
Cherutich, P., 226–227
Chess, S., 177–179
Chi, M. T. H., 137–138
Chia-Chen, C. A., 234–235
Chiappe, D., 142–144
Chiffriller, S. H., 87
Child Development Project, 259–260
Childstats.gov, 43
Chira, S., 346–347
Chmielewski, C., 233
Choi, H., 332–333
Choi, N., 198–199
Choi, S., 398–399
Choi, Y., 400
Chong, C. M., 320–321
Chopra, S. B., 301
Chouinard, R., 368–369
Chow, S-M., 292–293
Christensen, K. Y., 81–82
Christensen, S., 273–274
Chu, C., 280–281
Church, A. T., 176
Cicchetti, D., 417–418, 451
Ciesla, J. A., 417–418, 420–421
Cillessen, A. H. N., 307–308, 310–311, 347–348
Clardy, C. E., 263–264
Clark, B., 340
Clark, E. M., 316
Clark, M. S., 250–251
Clark, P. A., 82–83
Clark, R. D., 186–187
Clarke-Stewart, A., 293–294, 304
Clarke-Stewart, K. A., 43, 269–270, 272–278, 291–297
Cleland, V., 95
Cleverley, K., 281–282
Clingempeel, W. G., 295–296
Clinkinbeard, S. S., 99–100
Cnaan, R. A., 263
Coates, V., 87–88
Coatsworth, J. D., 99
Cochran, S. D., 228–229
Coffino, B., 281–283, 326–327, 417–418
Coffman, J. K., 290
Cohen, D., 451
Cohen, G. L., 310
Cohen, P., 50–51
Cohn, A., 349
Coie, J. D., 310–311, 373–375
Coiro, M. J., 294–295
Coker, T. R., 219–221
Colangelo, N. C., 359–360
Colarossi, L. G., 281–282
Colby, A., 244
Colder, C. R., 416–417, 432–433
Cole, A. K., 122, 290
Cole, D. A., 416–417, 439–440
Cole, K. C., 92
Coleman, M., 295
Coley, R., 193–194
Coley, R. L., 296–297
Collins, D., 259
Collins, M., 381
Collins, R. L., 210
Collins, W. A., 48, 271, 278, 282, 316, 319, 322, 325, 327–328, 342
Colman, R. A., 435–436
Colon, E., 80–81

Colrain, I. M., 99–100
Coltrane, S., 280–281, 392–393, 400, 402
Committee on Child Development, 261
Commoner, B., 103–104
Commons, M. L., 124
Compas, B. E., 420–425
Comstock, G., 189–190, 406–407
Condry, J. C., 307–308
Conduct Problems Prevention Research Group, 448
Conger, J. J., 225
Conger, K. J., 288, 289, 396–397
Conger, R. D., 291–292, 299–301, 396–397
Conley, C. S., 415–416, 439–440
Connolly, J. A., 323–326, 328–329, 416–417
Connor, J., 358
Constantine, J. M., 342
Constantine, N. A., 226–227, 235, 236
Conway, D. E., 99
Cook, P. J., 341
Cook, T. D., 315–317
Cooksey, E. C., 222–223
Cooper, C. R., 156–157, 169–171, 183, 308–309, 351–352, 375–376, 401, 415–416
Cooper, D. M., 97
Cooper, M. L., 216–217
Cooper, S. M., 351–352, 375–376, 401
Coopersmith, S., 161–162
Copeland, W., 88–89
Coplan, R., 317–318
Corbin, W. R., 418–419
Cornelius, J. R., 214–215
Corner, J., 352–354, 398
Corner Project for Change, 352–354
Corporation for National and Community Service, 257–258
Corpus, J. H., 366
Cosmides, L., 101–102
Costa, P. T., 175–176
Coté, J., 165, 167–169
Courtois, R., 210–211
Covington, M. V., 378–380
Cowan, C. P., 270–271
Cowan, P. A., 270–271
Cox, K. S., 168–169
Cox, M., 291–292
Cox, R., 291–292
Coy, K. C., 278
Coyne, S. M., 320–321, 410
Cramond, B., 134–136
Crean, H. F., 279
Crespo, C., 86–87
Crick, N. R., 405–406
Crissey, C., 324–325
Crockett, L. J., 89–90, 215–216, 277–278, 428, 436–437
Crooke, R. L., 220–221, 225, 230–231, 333–334
Crouter, A. C., 280–281, 289, 296–297
Crowell, J. A., 288
Crowley, M., 196–197
Crowley, S. J., 99–100
Cruikshank, D. R., 339–340
Csikszentmihalyi, I. S., 367–368
Csikszentmihalyi, M., 41–42, 94, 136–137, 367–368, 383, 384
Cubbin, C., 214–215, 447–448
Cui, M., 327–328
Cullen, F. T., 231–232
Cummings, D. M., 440

Cummings, E. M., 291–293
Currie, C., 220–221
Curry, L. A., 92
Cushner, K. H., 402

D

Dabholkar, A. S., 115
Daddis, C., 318–319
Dahl, R. E., 92, 114–116
Dahmer, J., 36
Dai, D. Y., 358–359
Damer, M., 356–357
Damon, W., 39–40, 165, 183, 252–253, 261, 262, 372–376, 383
D'Angelo, L. J., 93
Daniels, H., 60–61, 125–126
Daniels, S. R., 443–444
Darling, N., 279
Darling-Hammond, N., 341
Darwin, C., 36–37, 101–104
Das, A., 233–234
D'Augelli, A. R., 324–325
Davenport, L., 189–190
Davidson, B., 359–360
Davidson, J., 359–360
Davidson, M., 256–257
Davidson, W. S., 258–259
Davies, J., 161–162
Davies, P. T., 291–293
Davila, J., 322, 325, 327–329
Davis, A. E., 342
Davis, C. L., 97, 143–144
Davis, G., 341, 363
Davis, K. E., 428
Davis, O. S. P., 103–104, 142–143
Dawson, H., 341, 345, 365–366
Day, J. M., 254–255, 262, 263
de Anda, D., 225
de Bruin, W. B., 146
De La Paz, S., 139
de Leo, D., 440
De Raad, B., 176–177
De Rose, L. M., 88–89
de Vries, B., 245–247
de Zegher, F., 81–82
Deardorff, J., 81–82
Deater-Deckard, K., 277–278
DeBaryshe, B. D., 438–439
deCharms, R., 366–367
Deci, E. L., 366–368
deCock, C., 136–137
DeGarmo, D. S., 417–419
DeJong, W., 428
DeLamater, J. D., 44, 213–214, 218–221, 224, 236, 299–300, 331–332
Delisle, T. T., 96
Demers, S., 87–88
Demo, D. H., 158–159, 292–293
Dempster, F. N., 129–130
Deng, Y., 315–317
Denham, S., 312–313
Denton, M., 263
DePaulo, B., 330–331
DeRicco, B., 428
DeRosa, D. A., 339–340
DeRose, L., 87–90
Derrico, P., 375–376
Deschesnes, M., 87–88
Deslisle, T. T., 97
Detzer, M. J., 220–221
Devos, T., 169–170, 400–401
Dewey, J., 255–256, 265–266
DeZolt, D. M., 189, 194
Diamond, A., 46, 104, 108, 116, 131
Diamond, L. M., 209, 212, 218–219, 221, 324–325, 334

Dickie, J. R., 263–264
Dickinson, D., 141–142
Diego, M., 97
Diekhoff, G., 259–260
Diekman, A., 188
Diekman, A. B., 188
Diemer, M. A., 400–401
Diener, E., 343
Dietz, E. L., 318–319
DiIulio, J. J., 258–259
Dindia, K., 202–203
Dishion, T. J., 194–195, 306–311, 416–418, 438–439
Dittman, C., 417–418
Dixon, S. V., 277–278
Dobbins, M., 443–444
Dodd, S. L., 95
Dodge, K. A., 107–108, 161–162, 188–189, 277–278, 306–307, 310–313, 337, 373–375, 433–434, 447–448
Doherty, W. J., 333
Dohnt, H., 99–100
Dohrenwend, B. S., 421–422
Dolcini, M. M., 146
Donahue, E. H., 410
Donaldson, R. E., 280–282
Donnellan, M. B., 158–161, 175–176
Doremus-Fitzwater, T. L., 114–115
Dorius, C., 291–294
Dorn, L. D., 80–84, 87–88, 173–174
Dorn, L. H., 64–65, 78–86, 368–369, 415–416
Dornsbusch, S., 294–295
Downs, J., 221–222
Doyle, A. C., 63–64
Dozier, M., 298–299
Dranovsky, L., 116–117
Drasgow, E., 340
Dregan, A., 99–100
Drummond, R. J., 64–65
Dryfoos, J. G., 73, 225, 446–447, 451
Du, D., 116–117
DuBois, D. L., 375–376
Duda, J. L., 97–98
Dugan, S. A., 97
Duggan, P. M., 145, 147
Duhoux, S., 115–116, 173–174
Duke, N. N., 176–177
Dulin, A., 347–348
Dumith, S. C., 443–444
Duncan, S. C., 95
Dunger, D. B., 84–86
Dunlop, S. M., 91
Dunlop, W. L., 257–258
Dunn, J., 288, 289, 291
Dunphy, D., 318–319
Dunton, G. F., 97
Dupéré, V., 350–351, 398–399
Dupre, M. E., 332–333
Duquesne University, 261
Durik, A. M., 387
Durston, S., 131–132, 357–358
Duschl, R., 139
Dusek, J. B., 158–159
DuToit, S., 68–69
Dweck, C. S., 368–371
Dworkin, S., 212–213
Dwyer, D. S., 314–315
Dyson, R., 162–163

E

Eagly, A. H., 44, 186–187, 194–197
East, P., 231, 288–289
Easterbrooks, M. A, 418
Eaton, D. K., 95, 97–100, 212–213, 221–222, 231–232, 235, 439–442

Ebata, A. T., 423–424
Eby, J. W., 339–340
Eccles, J. S., 52–53, 161–162, 186–187, 193–194, 263–264, 274–275, 341, 345–347, 349–351, 365–366, 370–371, 378–379, 387
Eckersley, R., 159–160
Edelbrock, C. S., 418–419
Edgington, C., 325–326
Edmonds, G., 159–160
Educational Testing Service Advanced Placement, 371–372
Edwards, A. R., 139
Edwards, R., 195–196
Efron, D., 357–358
Egeland, B., 341–342, 417–418
Eggum, N., 195–196
Eichen, D. M., 441
Eichorn, D., 94
Ein-Dor, T., 284–285
Eisenberg, M. E., 235, 236
Eisenberg, N., 177–178, 194–196, 249–259, 267
Eisenhower Corporation, 400
El Puente program, 400
Elkind, D., 121, 145, 147
Elkington, K. S., 446–447
Elks, C. E., 78–79, 84–86
Ellertsen, B., 358
Elliot, D. L., 98–99
Elliott, G. R., 41–42
Ellis, B. J., 81–82
Ellis, L., 217–218
Ellman, I. M., 294–295
Elmore, R. F., 344
Else-Quest, N. M., 193–194
El-Sheikh, M., 292–293
Emerson, R. W., 78–79, 313–314
Emery, R. E., 294–295, 398–399
Enea, C., 80–81
Enfield, A., 258–259
Engle, P. L., 398
Englund, M. M., 341–342, 370–371
Ennett, S. T., 428
Enright, R. D., 37–38, 250–251
Ensembl Human, 103–104
Entwistle, D., 350–352, 396–397
Enyeart Smith, T. M., 428
Epstein, J., 346–347
Erickson, J. B., 183, 185–186, 319, 385
Ericsson, K. A., 137–138, 358–359
Erikson, E. H., 58–59, 60, 163, 164, 166–172, 251–252, 263–266, 435–436
Ernst, J. L., 105–106
Ernst, M., 114–115
Escalante, J., 371
Escobar-Chaves, S. L., 405–407
Esmonde, I., 139
Espelage, D., 347–348
Espinosa-Hernandez, G., 234–235
Estrada, S., 134–135
Etaugh, C., 286–288
Euling, S. Y., 84–86
Evans, E., 440
Evans, G. W., 43, 398–399

F

Fabes, R. A., 250–251
Fabiano. G. A., 358
Fabricus, W. V., 292–295
Fagundes, C., 333–334
Fair, C. D., 232
Fairweather, E., 134–136

Faison, N., 261
Fakier, N., 99–100
Fallon, D., 225
Fang, L., 92
Fantasia, H. C., 215–216
Faraone, S. V., 357–358
Farley, F., 133–134
Farrell, M. P., 428
Farrington, D. P., 434–436
Fasick, F. A., 395–396
Fast Track, 447–448
Fatusi, A. O., 44, 45, 91, 94
Feeney, B. C., 284–285
Feinberg, M. E., 278–279
Feinstein, L., 353–354
Feinstein, S., 304
Feiring, C., 283–284, 328–329
Feldman, S., 208–209
Feldman, S. S., 41–42, 212–213, 234–235, 280–281
Feniger, Y., 189–190
Ferrer, E., 326–327
Field, A. E., 441–442
Field, T., 97
Fincham, F. D., 327–328
Fines, P., 87–88
Fingerhut, A. W., 333–334
Fingerman, K. L., 272, 286, 288
Finkelhor, D., 408–409
Finlay, B., 400
Finlay, G. E., 284–285
Finn, A. S., 130–131
Finn, S. E., 333–334
First Focus, 301
Fischer, K. W., 117
Fischhoff, B., 146, 235
Fisher, B. S., 231–232, 234–235
Fisher, C. A., 444–445
Fitzgerald, A. L., 98
Fitzpatrick, K. M., 347–348
Flammer, A., 381
Flanagan, A. S., 232–233
Flanagan, C. A., 261, 320
Flannery, D. J., 89–90, 146
Flavell, J. H., 138–139
Flegal, K. M., 441–442
Fleming, C. B., 326–327
Fletcher, A. C., 408–409
Flint, M. S., 104–105
Florence, N., 352–354
Florin, P., 446–447
Florsheim, P., 325–326
Flouri, E., 295–296
Flynn, J. R., 143–144
Flynn, J. T., 443–444
Foehr, U., 413
Foehr, U. G., 129–130, 189–190, 403–410
Folkman, S., 422–423
Forbes, E. E., 114
Ford, M. E., 372–373
Ford Foundation, 400
Forehand, R., 275–276
Forgatch, M. S., 417–419, 437
Fortenberry, J. D., 220–221
Forzano, L. B., 63–64, 66–68
Fosco, G. M., 270–271
Foster, E. M., 441
Foster-Clark, F. S., 171–172
Fouad, N. A., 382
4-H, 319
Fournier, M. A., 167–168
Fowler-Brown, A., 443–444
Fraga, M. F., 104
France, A., 339–340
Francis, J., 168–169
Franklin, S., 128, 131, 134

Franz, C. E., 178–179
Fraser, G., 168–169
Fraser, S., 143–144
Fratto, J. M., 39–40
Frazier, P., 326–327, 333–334
Fredericks, J. A., 349–350
Frederikse, M., 192–193
Fredrickson, B. L., 195–196
Fredstrom, B. K., 348–349, 407–408
Freeborn, B. A., 263
Freeman, D., 37–38
French, S., 443–444
Freud, A., 58
Freud, S., 57–59, 185–186, 251–252, 254–255, 265–266
Friedman, C. K., 186–187, 195–196
Friedman, H. S., 175–177, 198–199
Friedman, K., 210–211
Friedman, L., 229–230
Friend, M., 357–358
Friesch, R. E., 81–82
Frieze, I. R., 329
Frimer, J. A., 245–246, 252–254, 257–258
Frisen, A., 87–88
Froh, J. J., 251–252
Fromme, K., 216–217, 418–419
Frost, K., 203
Frost, R., 418–419
Frye, D., 127–128
de las Fuentes, C., 199–200
Fuligni, A. J., 170–171, 277–278, 280–281, 300–301, 315–317, 381, 400, 402–403
Fung, H., 43–44
Furman, E., 285–287
Furman, W., 47–48, 313–314, 320–323, 325–329, 337
Furnham, A., 198–199
Furstenberg, F. F., 94, 294–295, 332–333, 382
Fussell, E., 199

G

Gadbois, S. A., 379–380
Gaines, C., 278–279
Gainetdinov, R. R., 357–358
Galambos, N. L., 100–101, 160–161, 185–186, 188, 191–193, 195–196, 201–202, 206, 297–298
Galbraith, K. A., 215–216
Galinsky, E., 131–132, 134–135
Galliher, R. V., 170–171
Galupo, M. P., 124
Galvan, A., 132–134
Ganahl, D. J., 191
Gandhi, M., 164
Ganong, L., 294–295
Garai, E. P., 275–276
Garber, J., 416–418, 420–421, 439–440
Garcia, J. I. R., 269–270
Garcia Coll, C., 169–170, 400–401
Gardner, G., 99–100
Gardner, H., 141–143, 358–360
Gardner, M., 133–134, 349–350
Garfield High School, 371
Garmezy, N., 421–422
Garofalo, R., 218–219
Garrod, A., 247–248, 317–318
Gartrell, N., 219–220
Gates, W., 359–360
Gaudineau, A., 88–89
Gaudreau, P., 97–98
Gault-Sherman, M., 269–270

Gauthier, A. H., 382
Gauvain, M., 60–61, 125–126, 274–275
Gavin, L. E., 215–216
Geary, D. C., 185–187
Gecas, V., 278–279
Gelles, R. J., 263
Gentile, D. A., 405–407
George, C., 282–283
Gerrard, M., 133–134
Gestsdottir, S., 372–373
Getz, S., 133–134
Ghazarian, S. R., 436–437
Giarrusso, R., 286–288
Gibbons, J. L., 198–199
Gibbons, R. D., 68–69
Gibbs, J. C., 245–248, 267
Gibbs, J. T., 376–377, 398
Giedd, J. N., 192–193
Giedd, J. T., 114–117, 133–134
Gillen, M. M., 215–217
Gillig, P. M., 131–132
Gilligan, C., 202–203, 247–248, 264–265, 306
Gillmartin, S. K., 216–217
Gilman, R., 348–349, 407–408
Gil-Olarte Marquez, P., 142–143
Gilstrap, L. L., 143–144
Gingo, M., 247–249
Gino, F., 251–252
Ginorio, A. B., 351–352
Girls, Inc., 226–227
Gjerde, P. F., 159–160
Gladstone, T. R., 438–439
Glasper, E. R., 116–117
Glenn, N. D., 332–333
Glidden-Tracey, C., 446–447
Glover, M. B., 298–299
Gluck, J., 55–56
Gogtay, N., 117
Goji, K., 78–79
Gold, M. A., 263–264
Goldbeck, L., 441
Goldberg, W. A., 296–297
Goldstein, A. S., 398
Goldston, D. B., 440
Goleman, D., 142–143
Golombok, S., 299–300
Gonida, E., 378–379
Gonzales, N. A., 300–301, 400
Gonzales-Bracken, M. A., 170–171
Good, M., 263
Goodenough, J., 103–104
Goodhart, L., 392–393, 402
Goodman, M., 153–154, 194–195
Goodman, W. B., 296–297
Goodnow, C., 219–220
Goodnow, J. J., 256–257
Goodvin, R., 153–154, 195–196
Goodwin, P. Y., 330–331
Goossens, L., 146, 167
Gordon-Larsen, P., 98
Gorely, T., 95
Goto, S. G., 393–394
Gottfried, A. E., 366–367
Gottlieb, G., 55–56, 104–108
Gottman, J. M., 313–314, 337
Gould, E., 116–117
Gould, S. J., 102–104
Gove, W. R., 333
Govia, I. O., 402–403
Grabe, S., 191
Graber, J. A., 88, 90, 277, 438, 442
Gradisar, M., 99–100
Graf, V., 188–189
Graham, E. A, 81–82, 160–161, 370–371

Graham, J. A., 300–301
Graham, J. H., 399
Graham, S., 138–139, 375–377
Granqvist, P., 263–264
Grant, A. M., 251–252
Grant, C. A., 352–354
Grant, K. E., 421–422
Graves, K. N., 225
Gravetter, R. J., 63–64, 66–68
Gray, J., 194, 196
Greenberg, J. S., 423–426
Greenberg, M. T., 448–449
Greenberger, E., 280–281, 380, 381
Greene, B., 84–86
Greene, D. R., 45–46
Greene, J. W., 426–427
Greene, M. E., 199–200
Greenfield, P., 408–409
Greenfield, P. M., 407–408
Greenwood, P., 436–437
Gregory, A. M., 105–106
Grigorenko, E., 143–144, 400, 422–423
Grigorenko, E. L., 55–56, 105–106, 143–144, 358–359
Grijaiva, E., 159–160
Grilo, C. M., 445–446
Gross, J. J., 195–196
Gross, M. U. M., 359–360
Grotevant, H. D., 169–170
Gruen, J. R., 356–357
Gruhn, D., 123
Grusec, J. E., 54–55, 108–109, 248–251, 255–257, 275–276, 278–279
Grych, J. H., 270–271
Guerin, D. W., 178–179
Guerra, N. G., 347–349
Guevremont, D. C., 61–62
Guilamo-Ramos, V., 234–235
Guilford, J. P., 135–136
Guimond, A. B, 170–171
Gulley, B. L., 89–90
Gulliver, L., 418
Gumora, G., 174–175
Gunderson, E. A., 194–195
Gutman, L. M., 432–433
Guttentag, M., 199–200
Guttmannova, K., 432–433

H

Hagewen, K. J., 349
Hahn, D. B., 91, 423–424, 442–443
Hale, S., 128–129
Haley, C. C., 94
Halford, G. S., 60–61, 127–128
Hall, G. C., 278–279
Hall, G. N., 43
Hall, G. S., 36–38, 41–42, 172–173, 420–421
Hallahan, D. P., 356–357
Halliwell, J. O., 194–195
Halmi, K. A., 444–445
Halonen, J. A., 139, 396–397
Halonen, J. S., 343
Halpern, C. T., 220–221, 439–440, 443–444
Halpern, D. F., 192–194
Halpern, G. T., 325–326
Halpern-Felsher, B. L., 93, 94, 133–134, 212–214
Hamilton, M. A., 50, 196, 375, 382
Hamilton, R., 139
Hamilton, S. F., 50, 375, 382
Hammond, R., 437–438
Hampton, J., 235, 236
Hamza, C. A., 274–275, 438–439

Han, J. S., 230–231, 296–297
Han, W-J., 296–297
Hannish, L. D, 347–348
Hannok, W., 377–378
Hannover, B., 189–190
Harachi, T. W., 400
Harakeh, Z., 432–433
Hardaway, C., 413
Harden, K. P., 446–447
Hardy, S. A., 256
Hargreaves, D. A., 441–442
Harker Tillman, K., 212–213
Harmon, O. R., 259–260
Harold, R. D., 281–282
Harrell, Z. A. T., 388
Harris, C. J., 367–368
Harris, Y. R., 300–301
Harrison-Hale, A. O., 277–278
Hart, C. A., 54–55
Hart, C. L., 428
Hart, C. N., 99–100
Hart, D., 258–259
Harter, S., 153–163, 183, 202–203, 373–375
Hartshorne, H., 249–250, 252–253, 259–260, 264–265
Hartup, W. W., 306–307, 310–311, 314–315
Hartwell, L., 104–105
Harvard University, 359–360, 373–374, 400–401
Harwood, R., 277–278
Hasin, D. S., 333–334
Hastings, P., 250–251
Hastings, P. D., 195–196, 254–255
Hatfield, E., 186–187
Hatton, H., 307–308
Hatzenbuehler, M. L., 333–334, 421–422
Hawkins, J. A., 341, 341
Hawkins, R., 350–351
Hawley, P. H., 101–104
Hawton, K., 440
Hayashino, D., 301
Haydon, A., 325–326
Hayes, A., 216–217
Hazan, C., 283–284
Hazell, P., 398–399, 422–423
He, M., 400
Health Bridge, 226–227
Heath, S. B., 170–171, 320
Hebebrand, J., 443–444
Hecht, M. A., 195–196
Hedberg, K., 94
Hedeker, D., 68–69
Heeren, T., 432–433
Heiman, G. W., 66–67
Heitzler, C. D., 97–98
Heller, T., 440
Helmreich, R., 197–198
Helson, R., 169
Helwig, C. C., 245–249
Hemphill, S. A., 194–195
Henderson, V. L., 368–369
Hendriks, A. A., 175–176
Hendry, J., 280–281
Hendry, L. B., 280–281
Hennesey, B. A., 136
Hennessy, M., 406–407
Hennig, K. H., 245–246, 253–254
Hennighausen, K. H., 328–329
Henretta, J. C., 333
Henriksen, L., 405–406, 410
Henry, K. L., 433–434
Heppner, M. J., 386
Heppner, P. P., 386, 423–424
Hergenhahn, B. R., 175–176

Herman-Giddens, M. E., 80–81, 84–86
Hernandez, B. C., 422–423
Hernandez, D., 296–297
Herrell, A. L., 339–340
Herrera, C., 375–376
Herrera, D. E., 434–435
Herrera, M., 388
Hershenberg, R., 416–417
Hertenstein, M. J., 195–196
Herzog, E., 188–189
Hess, L., 250–251
Hetherington, E. M., 62–63, 278–279, 290–296, 327–328, 333–334
Hetrick, S. E., 444–445
Hewlett, B. L., 43–44, 392–393
Hewlett, B. S., 299–300
Hibell, B., 427
Higgins-D'Alessandro, A., 257–258
Hilden, K., 130–131
Hill, J. P., 201–202
Hill, L. G., 194–195
Hill, N. E., 351–352
Hill, P. L., 116–117, 145, 147, 159–160, 247–248
Hill, R. M., 423–424
Hillis, S. D., 215–216
Hillman, C. H., 97
Hillman, J. B., 81–82
Hindin, M. J., 44, 45, 91, 94
Hingson, R. W., 432–433
Hinkle, J. S., 97
Hinojosa, R., 294–296
Hinojoze, J., 350–351
Hinshaw, S. P., 357–358
Hipwell, A. E., 214–216
Hirsch, B. J., 341
Hirsch, J. K., 176–177
Hirschi, A., 383
HistoryAlive!, 340
Hjern, A., 357
Ho, A. Y., 341, 347–348
Ho, M. J., 325–326
Hodges, E. V. E., 347–349
Hoeksema, E., 357–358
Hoelter, L., 333
Hoeve, M., 276–277
Hoff, E., 396–397
Hofferth, S. L., 225
Hoffman, J. H., 231–232
Hoffman, J. P., 161–162
Hoffman, M. L., 251–252, 255–256
Hofsess, C. D., 387
Holladay, J., 402–403
Holland, A. S., 284–285
Holmes, L. D., 38
Holmqvist, K., 87–88
Holt, M., 347–348
Holtz, P., 405–406
Holzman, L., 125–126
Hommel, B., 127–128
Hong, K., 267
Honzik, M., 94
Hoover, K. W., 93
Hope, D. A., 333–334
Horn, J. M., 105–106
Horowitz, F. D., 359
Horwitz, A. G., 423
House, L. D., 215–216, 264–265
Howard, A. L., 100–101
Howard, K. S., 398–399, 416–417
Howard University College of Medicine, 353–354
Howe, A., 341
Howe, M. J. A., 358–359
Howe, R., 288, 308–309
Howe, W. A., 353–354

Hoza, B., 416–417, 439–440
Hrabosky, J. I., 444–445
Huang, L. N., 365, 392, 398
Huang, P. M., 331–332
Huebner, A. M., 247–248
Huerta, M., 233–352
Huesmann, L. R., 405–406
Hughes, D. L., 277–278, 280–281, 300–301, 400, 402–403
Hughes, L., 398
Hughes, M., 333
Hull, S. H., 188–189, 193–194
Hulstijn, W., 356–357
Human Genome Project, 103–104
Hunt, E., 143–144
Hunter, S. B., 274–275
Hussong, A., 428
Huston, A. C., 43, 396–397, 399
Huston, M., 351–352
Hutchinson, S. M., 444–445
Hutson, R. A., 396–397
Huttenlocher, P. R., 114–115
Huynh, V. W., 402–403
Hyatt, G., 342
Hyde, J. S., 44, 160–161, 171–172, 191–194, 196–197, 201–203, 213–214, 216–221, 224, 236, 247–248, 299–300, 331–332
Hyman, I., 348–349
Hymel, S., 308, 311

I

Iacono, W. G., 262
Ialongo, N., 418–419
Ianotti, R. J., 439–440
Ibanez, L., 81–82
Ickovics, J. R., 223–224
Idkowiak, J., 80–81
IJzendoorn, M. H., 284–285
Immordino-Yang, M. H., 117
Indian Youth of America, 319
Indiana University, 353–354
Ingul, C. B., 443–444
Institute for Youth, Education, and Families, 301
Institute of Social Research, 426–427
Intel Foundation Young Scientist Award, 365–366
Interlandi, J., 39–40
Irwin, C. E., 93, 94
Ito, K. E., 235
Ivanova, K., 326–329
Iyengar, S. S., 366

J

Jaccard, J., 154–155
Jackson, A., 341, 363
Jackson, E. M., 95
Jackson, J. S., 402–403
Jackson, L. A., 403–404, 407–409
Jackson, S. L., 56, 63–64, 68–69
Jacob, F., 210–211
Jacobs, J. E., 132
Jacobson, L. A., 358
Jaffee, S., 248
Jamieson, P. E., 146
Jamison, J., 428
Jamison, T., 294–295
Jamner, M. S., 97–98
Janssen, I., 442–443
Jarrett, R. L., 398–399
Jarvin, L., 125, 358–359
Javdani, S., 439–440
Jayakody, A., 214–215

Jayson, S., 49
Jekielek, S., 330–331
Jelalian, E., 99–100
Jenkins, D. B., 339–340
Jenni, O. G., 99–100
Jensen, A., 288
Jensen, A. R., 142–143
Jensen-Campbell, L. A., 175–176
Jerman, P., 235
Jessor, R., 92
Jeynes, W. H., 346–347
Jhally, S., 189–190
Jiang, X. U., 311–312
Jimenez, J. M., 421–422
Johns, B., 356–357
Johns Hopkins University, 374
Johnson, A. D., 398–399
Johnson, B. T., 402–403
Johnson, D. J., 388
Johnson, D. R., 313–314
Johnson, F. P., 313–314
Johnson, L., 123, 229–230, 435–436
Johnson, M. D., 104–105
Johnson, W. L., 93
Johnston, J., 357–358
Johnston, L. D., 51–52, 96, 426–434
Jones, J., 217–218
Jones, J. M., 38–39
Jones, K. D., 64–65
Jones, M. C., 88–89
Jones, M. D., 170–171
Jones, R. M., 114–117, 131–132, 173–175, 415–416
Jones, V., 344
Jordan, A., 406–407, 410
Jordan, M. L., 339–340
Jose, A., 331–332
Joseph, S., 422–423
Josephson Institute of Ethics, 259–260
Joshi, M., 350–351
Josselson, R., 167–168
Joy, E. A., 98–99
Joyner, K., 219–220, 223, 323–324
Juang, A., 235
Juang, L., 167–168
Juffer, F., 297–299
Juilliard School of Music, 360
Juon, H. S., 161–162
Jussim, L., 193–194, 346–347
Juvenile Video Court TV, 339
Juvonen, J., 311–312
Jylhava, J., 104–105

K

Kackar, H. Z., 136–137, 367–368
Kagan, J., 55–56
Kagan, J. W., 178–179
Kagitcibasi, C., 394–395
Kahn, A., 104–105
Kahn, J. A., 95
Kahwati, L. C., 443–444
Kail, R. V., 127–129
Kaiser Family Foundation, 403–404
Kalil, A., 349–350
Kan, M. L., 278
Kang, P. P., 263
Kanner, A. D., 421–422
Kaphingst, K. M., 443–444
Kaplan, N., 282–283
Kaplan, R., 413
Kaplowitz, P. B., 80–84
Karnes, F. A., 359–360
Karnick, P. M., 317–318
Karniol, R., 201–202
Karpov, Y. V., 125–126

Karpyk, P., 339
Karsenti, T., 368–369
Kashdan, T. B., 251–252
Kato, T., 326
Kauffman, J., 358
Kauffman, J. M., 356–357
Kaufman, J. C., 136–137
Kaufman, J. S., 135–136
Kavale, K. A., 358
Kavey, R. E., 443–444
Kavussanu, M., 98–99
Keating, D. P., 94, 129–130, 132–135, 359–360
Keefer, K. V., 143
Keijsers, L., 274–276
Keith, J. D., 262
Kelley, M. L., 422–423
Kellogg, R. T., 139
Kellogg Foundation, 90
Kelly, A. B., 217–218, 220–221, 228–229, 430, 432–433
Kelly, J., 290–296, 333–334
Kelly, J. B., 294–295
Keltner, D., 195–196
Kempermann, G., 116–117
Kempler, T. M., 367–368
Kendler, K. S., 444–445
Kennedy, J. F., 257–258
Kennedy, P., 259–260
Kenny, L. C., 224
Kerig, P. K., 231–232, 280–281, 284–285
Kerns, K. A., 290, 309
Kershaw, T. S., 223–224
Kessels, U., 189–190
Keyes, K. M., 333–334
Khashan, A. S., 224
Khmelkov, V., 256–257
Kia-Keating, M., 419–420
Kiang, L., 170–171
Kidd, S. A., 281–282
Kiefer, S. M., 373–375
Kim, J-Y., 289
Kim, K. H., 135–136
Kim, P., 43, 398–399
Kimble, M., 232–233
King, B. M., 209–210
King, C. A., 423–424
King, L. A., 41–42, 217–219, 423–424
King, M. L., Jr., 352–354
King, P. E., 261–264
Kinney, J., 432–433
Kins, E., 50–51
Kipp, K. L., 290
Kirby, D. B., 236
Kirk, S. A., 356–357
Kirkman, M., 234–235
Kirstein, C. L., 114–115
Kistler, M., 407–408
Kistner, J., 194–195
Kitayama, S., 156–157
Kiuri, N., 386
Klaczynski, P. A., 132–135
Klammt, J., 78–80
Klassen, R. M., 378
Klatt, J., 251
Klauda, S. L., 365–366, 372–373
Klimstra, T. A., 167–168
Kling, K. C., 160–161
Kloep, M., 280–281
Kloss, J. D., 100–101
Knoll, S., 444
Knopik, V. S., 357–358
Knox, D., 328–329
Ko, L. K., 400
Kobak, R., 282–283
Kochanska, G., 256–257

Kochenderfer-Ladd, B., 312–314
Koenig, L. B., 262
Koestner, R., 366–367
Kohlberg, L., 145, 147, 241–249, 254–255, 257–260, 264–265
Kohler, P. K., 236
Kohn, M. L., 255
Kokko, K., 168–170
Komro, K. A., 432–433
Konarski, R., 328–329
Koolhof, R., 436–437
Koppelman, K., 392–393, 402
Kornblum, J., 409
Koropeckyj-Cox, T., 330–331
Kort-Butler, L. A., 349–350
Koskinen, S. M., 105–106
Kottak, C. P., 392–393, 395–396, 402
Kouros, C. D., 292–293
Kozaitis, K. A., 392–393, 395–396, 402
Kozol, J., 351
Krahn, H. J., 160–161
Krajcik, J. S., 367–368
Kramer, L., 288, 289
Krampe, R. T., 137–138, 358–359
Krawchuk, L. L., 377–378
Krettenauer, R., 245–246
Kring, A. M., 195–196
Kroger, J., 49–50, 165, 168–169, 183, 263–264
Kruger, J. I., 158–159
Kruse, M. I., 418–419
Ksir, C. J., 428
Kucian, K., 356–357
Kuhlberg, J. A., 161–162
Kuhn, C., 80–81
Kuhn, D., 80–81, 114–115, 121, 122, 127–128, 131–132, 134–135, 138–139
Kumar, R., 352–354
Kumpfer, K. L., 446–449
Kunz, J. & J., 330
Kunzmann, U., 124
Kuo, S. I-C., 52–53
Kupersmidt, J. B., 310–311
Kuppens, S., 194–195
Kurdek, L. A., 333–334
Kurth, S., 99–100
Kurtz-Costes, B., 351–352, 375–376, 401
Kuruwita, C., 441

L

LaBeff, E., 259–260
Labouvie-Vief, G., 122, 123, 156–157
Labrie, J. W., 428
Ladd, G. W., 312–314
Lafferty, W. E., 236
Laflin, M. T., 215–216
LaFontana, K. M., 310–311
LaFrance, M., 195–196
Lagus, K. A., 235
Laird, R. D., 274–276, 435–436
Lakin, J. M., 140
Lally, M., 441
Lalonde, C., 157
Lamb, M., 301
Lamb, M. E., 294–295
Lambrinos, J., 259–260
Lampman-Petraitis, M. H., 173–174
Landale, N. S., 400
Landor, A., 215–216, 264–265
Lang, E., 342
Langston, W., 63–64
Langston Hughes Elementary School, 371–372
Langstrom, N., 217–218
Lansford, J. E., 215–216, 291–295

Lanz, M., 50
Lapsley, D. K., 37–38, 120–121, 145, 146, 159–160, 253–254, 280–281
Laris, B. A., 236
LaRose, R., 189–190
Larrivee, B., 345
Larson, N. I., 395–396
Larson, R., 43–45, 173–174, 325–326, 380, 381, 393–396, 413
Larson, R. W., 41–45, 65–66, 95, 199–200, 280, 299–300, 306–308, 319–322, 343, 381, 395–396
Larsson, B., 96, 97
Latzko, B., 251–252
Lau, S., 345
Laumann-Billings, L., 398–399
Laursen, B., 278–279, 282–283, 396–397, 416–417, 439–440
Laven, M., 253–254
LaVoie, J., 171–172
Lawler, M., 86–87
Lawyer, S., 428
Layzer, J., 399
Lazarus, R., 422–424
Leadbeater, B. J., 224, 225
Leaf, G., 385
Leaper, C., 186–187, 191–192, 195–196, 233–234
Leatherdale, S. T., 97–98
Lecke, S. B., 81–82
Lee, D., 423–424
Lee, J. M., 381
Lee, K., 176–177
Lee, L., 154–155
Lee, L. A., 333–334
Lee, S., 378–379
Leedy, P. D., 64–65
Leerkes, E. M., 284–285
Lefkowitz, E. S., 215–217, 234–235, 262
Lehr, C. A., 342
Leitenberg, H., 220–221
Leman, R. F., 94
Lenhart, A., 408–409
Lenroot, R. K., 192–193
Leonard, J., 402
Leonardi, A., 378–379
Lepper, M. R., 366–367
Lerner, J., 41–43
Lerner, J. W., 356–357
Lerner, R. M., 39–43, 63–64, 73, 116–117, 151, 183, 206, 208–209, 215–216, 262, 267, 319, 372–373, 419–420
Levant, R. F., 199–200
Levenson, R. W., 195–196
Leventhal, T., 350–351, 398–399
Levstik, L., 139
Levy, D. W., 196–197, 393–394
Levy, F., 341
Levykh, M. G., 125–126
Lewin-Bizan, S., 41, 209, 372–373
Lewis, A. C., 340
Lewis, C., 311–312
Lewis, C. G., 132
Lewis, M., 172–174, 283–284
Lewis, V. G., 89–90
Li, M. D., 104–105
Li, S-C., 127–128
Li, Z. H., 127–128
Liben, L. S., 84–85, 87–88, 189–195, 206, 247–248
Lickliter, R., 104–105
Lickona, T., 256–257
Lieberman, A. F., 417–418
Lieblich, A., 167–168
Light, L. S., 440–441
Limber, S. P., 348–349

Linblad, F., 357–358
Lindberg, S. M., 192–193, 201–202
Lindenberger, U., 124
Lindley, F. A., 375–376
Lindsey, T., 350–351
Linley, P. A., 422–423
Linn, M. C., 193–194
Linver, M. R., 97–98
Lippman, L. A., 262
Lipsitz, J., 234–235, 296–298
Little, T. D., 68–69
Littleton, K., 339–340
Liu, F. F., 422–423
Livingston, J. A., 231–232
Lobelo, F., 96
Loeber, R., 415–418, 434–437
Loehlin, J. C., 105–106
Logan High School, 351
Lohman, D. F., 140
Lohr, M. J., 319
Lomas, J., 142–143
Lonardo, R. A., 325–326
Longfellow, H. W., 114
Lonky, E., 250–251
Lopez, E. I., 274–275, 346–347
Lord, S. E., 161–162
Loukas, A., 434–435
Lounsbury, J. W., 176–177
Low, S., 325–326
Lowe, S. R., 375–376
Lowenstein, A., 54
Lowther, D. L., 39–40
Lubart, T. I., 135–136
Lucas, E. B., 91, 423–424, 442–443
Lucas, R. E., 175–176
Lucassen, P. J., 116–117
Lucas-Thompson, R., 296–297
Luciana, M., 114–116
Luckner, A. E., 370–371
Lucretius, 272–273
Ludden, A. B., 441
Luders, E., 192–193
Luna, B., 114–115, 131–132
Lund, H. G., 101
Lunday, A., 373–374
Lunkenheimer, E. S., 416–417
Luria, A., 188–189
Luthar, S. S., 398, 416–417
Luyckx, K., 156–157, 167–168
Lynam, D. R., 373–375
Lynch, M. E., 201–202
Lynne-Landsman, S. D., 92, 418–419
Lyons, H., 214–215
Lyons-Ruth, K., 417–418
Lytle, L. A., 444

M

Mac Iver, D., 358–359
Maccoby, E. E., 186–189, 192–193, 202–203, 276–277, 294–295, 320–321
MacDonald, K., 142–144, 272–273
Macfarlan, S. J., 299–300
MacGeorge, M., 195–196
MacGregor, R., 365–366
Maclean, A. M., 245–246, 263–264
MacMillan, R., 447–448
Macy, R. J., 232–233
Maddaus, M., 36, 40–41, 52–53, 425–426
Madden, T., 400
Mader, S. S., 54–55, 101–102
Madison, B. E., 171–172
Madkour, A. S., 214–215
Madsen, S. D., 327–328
Maehr, M., 352–354
Maehr, M. L., 372–373

ÍNDICE ONOMÁSTICO **513**

Mael, F. A., 189–190
Maggs, J. L., 100–101, 297–298
Magno, C., 138–139
Mahmoudi-Gharaei, J., 357–358
Mahoney, J., 349–350
Main, M., 282–283
Major, B., 224
Malamitsi-Puchner, A., 224
Malcolm, K. T., 175–176
Malik, N. M., 313–314
Maloy, R. W., 403–404, 407–408
Malter Cohen, M., 115–116, 173–174
Malti, T., 251–252, 256–257
Malvo, L., 116–117
Mandara, J., 274–275
Mandelman, S. D., 55–56, 105–106, 143–144
Manhart, L. E., 236
Manis, F. R., 129–130
Manongdo, J. A., 269–270
Manroe, M., 94
Marceau, K., 78–79, 82–83
Marcell, A. V., 93
Marcia, J., 165–169, 253–254
Marcia, J. E., 49–50, 168–169
Marcovitch, H., 358
Marecek, J., 333–334
Markey, C. N., 86–87, 161–162
Markham, C. M., 215–216
Markman, H. J., 331–332
Marks, A. K., 169–170, 400–401
Marks, J. L., 375–376
Marks, N. F., 332–333
Markstrom, C., 170–171, 395–396
Markus, H. R., 154–158
Marlatt, M. W., 116–117
Marrero, M. D., 274–276
Marshall Scholarship, 373–374
Marsiglio, W., 294–296
Marti, C. N., 432–433, 446–447
Martin, C. L., 191
Martin, J. A., 223–224, 276–277
Martin, L. R., 175–176
Martin, M. J., 402–403
Martinez, A., 381
Martini, T. S., 286–288
Martino, S. C., 407–408
Martinussen, M., 49–50
Marx, R. W., 367–368
Mash, E. J., 424–425
Mastekaasa, A., 446–447
Masten, A. S., 50–53, 93, 416–418, 424–426
Master, A., 369–371
Match.com, 330–331
Mathieson, L. C., 405–406
Matlin, M. W., 69–70, 186–187, 191–192, 387, 440
Matsen, A. S., 36
Matsuba, M. K., 245–246, 254–255, 258–259, 263–264
Matthews, G., 142–143
May, M., 249–250
May, M. S., 252–253, 259–260, 264–265
Mayer, J. D., 141–143
Mayer, R. E., 127–128, 139, 363
Mayers, L. B., 87–88
Mayeux, L., 310–311
Maynard, A. M., 145, 147
Mays, V. M., 228–229
McAdams, D. P., 165, 167–169
McAdoo, H. P., 300–301
McAlister, A., 430
McArthur Fellowship, 350–351
McAuliffe, C., 341
McCarty, C. A., 423–424
McCauley, E., 423–424

McClain, L. R., 331–332
McClelland, A., 402
McClelland, S. I., 208–211
McCleskey, J., 356–358
McClure, J. B., 230–231
McCombs, B., 339–340
McCormick, C. M., 52–53
McCourt, S. N., 447–448
McCrae, R. R., 175–176
McCutchen, D., 139
McDaniel, B., 267
McElhaney, K. B., 280–281, 301, 310–311, 416–417
McFadden, K. E., 300–301
McFarren, B., 253–254
McGee, K., 358
McGue, M., 262
McGue, M. K., 298–299
McGuire, B. A., 103–104
McHale, S. M., 99–100, 185–186, 188, 191–193, 201–202, 280–281, 288, 289
McInnes, C., 208–209
McIntyre, J. G., 158–159
McIsaac, C., 323–326, 416–417
McKee, L. G., 275–276
McKelvie, S., 203
McKinney, C., 278–279
McLaughlin, K. A., 421–422
McLaughlin, M. W., 170–171, 320
McLean, K. C., 167–168
McLellan, J. A., 263
Mclellan, R., 366–369
McLoyd, V. C., 43, 277–278, 300–301, 349–351, 398–399, 401, 413, 422–423
McMahon, T. J., 398
McManama, J., 97–98
McManus, B., 216–217
McMurray, R. G., 96
McNeely, C. A., 45
McWilliams, L. A., 284–285
McWilliams, S., 199–200
Mead, M., 37–38
Meade, C. S., 223–224
Meadows, S. O., 332–333
Meece, J. L., 368–369, 376–377
Meeus, W., 167–169
Mehta, C. M., 188–189
Meichenbaum, D., 378–379
Meier-Hedde, R., 356–357
Meijs, N., 311–312
Mello, Z. R., 401
Mellor, J. M., 263
Melnik, A., 116–117
Melnikas, A. J., 212–213
Mendle, J., 446–447
Mercier, L. R., 281–282
Merrill, D. M., 286–288
Merrill, J. E., 428
Merten, M. J., 424–425
Mesch, G. S., 407–408
Messersmith, E. E., 380, 381
Metcalf, K. K., 339–340
Metz, E. C., 258–259
Meyer, I. H., 219–220
Meyer-Bahlburg, H. F. L., 217–218
Meyers, J., 347–348
Michael, R. T., 213–214, 216–218
Michaud, P-A., 229–230, 430–431
Micheli, L. J., 98–99
Mick, E., 357–358
Microsoft, 358–360
Midgley, C., 378–379
Miga, E. M., 282–283, 310
Mikami, A. Y., 409, 410
Mikkelsson, L., 96
Mikulincer, M., 283–285, 423–424

Milevsky, A., 276–277, 289
Miller, J. G., 246–248
Miller, B., 398–399, 401
Miller, B. C., 215–216, 297–298
Miller, M., 396–397
Miller, P. H., 60, 121, 447–448
Miller, W. L., 80–81
Mills, B., 133–135
Mills, M., 326–329
Millstein, S. G., 93
Miltenberger, R. G., 378–379
Minnett, A., 290
Minuchin, P. P., 344, 352–354
Mischel, H., 249–250
Mischel, W., 176–177, 249–250, 252–253
Misra, M., 98–99
Mitchell, K., 408–409
MMWR, 212–213
Molina, R. C., 224
Molock, S. D., 440
Monahan, K. C., 381
Mond, J., 441
Money, J., 89–90
Monin, J. K., 284–285
Monitoring the Future Study, 426–427
Monsour, A., 154–155
Montemayor, R., 279
Montgomery, M., 172–173
Montgomery, P., 236
Moore, D., 103–104, 325–326
Moore, K., 441–442
Moos, R. H., 423–424
Morgano, E., 315–317
Morishima, J. K., 392
Morreale, M. C., 434–435
Morris, A., 267
Morris, A. S., 258–259
Morris, D., 101–102
Morris, J. E., 296–297
Morris, M. C., 417–418, 420–421
Morris, P., 349–350
Morris, P. A., 61–63
Morrison, D. R., 294–295
Morrison, F. J., 129–130
Morrison, G. S., 345–346
Morrison-Beedy, D., 447–448
Morrissey, S. L., 440
Morsch, D. M., 81–82
Mortimer, J. T., 343
Moses, L. S., 94
Mosher, W. D., 217–218, 330–331
Moshman, D., 167–168, 170–171
Moskowitz, J. T., 422–423
Moss, P., 100–101, 296–297
Mounts, N. S., 274–275, 306–309
Moyer, A., 331–332
Mueller, S. C., 78–79
Muhammad, J., 116–117
Mullally, P. R., 156–157
Mullis, I. V. S., 377–378
Munakata, Y., 45–46, 103–104, 107–108, 116–117, 131–132
Murdock, T. B., 259–260
Murnane, R. J., 341
Murphy, K. A., 384
Murray, A. D., 405–406
Murray, J. P., 405–406
Murray, K. M., 86–87
Murrell, P. C., 384
Murry, V. B., 398–399
Mussen, P. H., 94
Muzzonigro, P. G., 218–219
Myers, D., 129–130, 398–399
Myers, D. G., 108–109
Myers, L. B., 428
Myers, M. W., 310–311

N

Nader, P., 441–442
Nader, P. R., 95
Nagata, P. K., 392
Nagel, B. J., 357–358
Najman, J. M., 436–437
Nakamoto, J., 347–348
Nakamura, J., 136–137
Nansel, T. R., 347–348, 439–440
Narasimham, G., 134–135
Nardi, A. E., 445–446
Narusyte, J., 107–108
Narváez, D., 245–248, 253–254, 256–257, 259–260, 267
Nass, C., 404–405
Nathanson, C., 259–260
Nation, M., 446–447
Natsuaki, M. N., 86–89
Neal, D. J., 216–217
Nechita, A., 358–359
Negriff, S., 88–89
Neisser, U., 143–144
Nelson, C. A., 64–65, 114–117
Nelson, D. A., 320–321
Nelson, L. J., 51–53, 280–281, 285–286
Nelson, M. C., 97–98
Netzley, S. B., 191
New, M., 445–446
New Hope, 399
Newman, B. S., 218–219
Newman, H., 262
Newton, E. K., 245–246
Ngo, Q. E., 351–352
Nichols, J. F., 98–99
Nichols, T. R., 88–90
Nie, Y., 345
Nieto, S., 351–352, 401–403
Niles, S. G., 383
Nilsson, L. G., 143–144
Nishina, A., 169–170
Nitko, A. J., 341
Nixon, E., 86–87
Noddings, N., 257–258, 373–375
Noftle, E. E., 175–176
Nolen-Hoeksema, S., 173–174, 415–416, 425–426, 438–439
Norris, J., 232–233
Nosko, A., 326–327
Nottelmann, E. D., 79–80
Nsamenang, A. B., 43–44, 321–322
Ntoumanis, N., 97–98
Nucci, L., 247–249, 256–259, 267
Nurius, P., 154–155
Nurius, P. S., 232–233
Nurmi, J-E., 420–423

O

Oberle, E., 176–177
Obradovic, J., 36, 52–53
O'Brien, M., 115–116, 296–297
O'Connor, E. E., 438–439
O'Connor, M., 40–41
O'Donnell, L., 440
OECD, 376–377
Offer, D., 40–41
Ogden, C. L., 441–442
O'Hearn, K., 114–115, 131–132
O'Keefe, G. S., 408–409
Oldehinkel, A. J., 291–292
Olds, D. L., 436–437
O'Leary, K. D., 331–332
Oliva, A., 421–422
Olson, L., 350–352, 396–397
Olson, M., 175–176
Olweus, D., 348–349
O'Malley, M. M., 356–357

O'Malley, P. M., 51–52, 96
Omoto, A. M., 326–327
Ong, A., 400
Ong, K. K., 78–79, 81–82, 84–86
Ontai, L., 199–200, 329–330
Operario, D., 236
Ophir, E., 404–405
Orenstein, S., 333
Ormrod, J. E., 64–65
Orobio de Castro, B., 312–313
Orr, A. J., 193–194
Orr, M., 221–222
Ortet, G., 175–176
Oser, F., 263–264
Osipow, S. H., 384
Osofsky, J. D., 225
Ostrove, J. M., 169–170
Oswald, D. L., 315–317
Otsuki-Clutter, M., 170–171, 277–278, 400, 402–403
Oude Luttikhuis, H., 443–444
Ouimette, M., 351–352
Overvelde, A., 356–357
Owen, J. J., 333
Owens, J. A., 100–101
Oxford, M. L., 224
Oxford University, 373–374
Ozer, E. J., 223–224

P

Padilla-Walker, L. M., 406–410
Padmanabhan, A., 114–115, 131–132
Pakpreo, P., 441–442
Palfrey, J., 407–408
Palomera Martin, R., 142–143
Pals, J. L., 167–168
Paluck, E. L., 195–196
Paludi, M. A., 199–200
Papadimitriou, A., 81–82
Papini, D., 186–187
Parade, S. H., 284–285
Pardini, D., 435–436
Parens, E., 357–358
Parent, J., 270–271
Parents, J., 358
Paris, F., 78–79
Park, D., 47–48, 93, 94, 235, 439–442
Park, M. J., 409
Parkay, F. W., 339–340
Parke, R. D., 43, 125–126, 269–270, 272–278, 280–281, 291–297, 392–393, 400–402
Parker, A. M., 146
Parker, J. D., 142–143
Parker, J. G., 245–246, 310–311, 313–314, 373–375
Parkes, A., 219–220
Parks, R., 253–254
Parra, A., 421–422
Parritz, R. H., 378–379
Pasley, B. K., 327–328
Pasupathi, M., 167–168
Pate, R. R., 95
Patel, D. R., 98–99
Patterson, C. J., 299–300
Patterson, G. R., 417–419, 435–436, 438–439
Patton, F., 169–170, 400–401
Patton, G. C., 43–44, 176–177, 423–424, 441–442
Paul, E. L., 216–217, 322–323
Pauletti, R. E., 194–197
Paulhus, D. L., 259–260, 290
Paus, T., 114–117
Paxson, C., 443–444

Payne, W. A., 91, 423–424, 442–443
Pearson, N., 95
Peck, J. D., 82–83, 320
Peck, S. C., 353–354
Pedersen, S., 317–318, 436–437
Pedersen, W., 446–447
Peeters, M., 347–348
Peets, K., 347–349
Pellegrini, A. D., 101–102
Pena, J. B., 161–162
Peplau, L. A., 333–334
Perez, S. M., 274–275
Perez-Brena, N. J., 280
Perin, D., 138–139
Perreira, K. M., 400
Perry, D. G., 194–197
Perry, N. E., 373–375
Perry, T. B., 315–317
Perry, W. G., 122
Perry Preschool, 447–448
Peskin, H., 88–89
Peter, J., 407–409
Petersen, A., 90
Petersen, A. C., 84–86, 89–90
Petersen, J. L., 216–217
Peterson, S. R., 162–163
Pettit, G. S., 297–298
Pfaffle, R., 78–80
Pfeiffer, S., 176–177
Phares, V., 275–276
Phelps, E., 262
Philipsen, N. M., 398–399
Phillips, D. A., 54–55
Phinney, J. S., 164, 165, 167–172, 400
Piaget, J., 60–61, 118–126, 138–139, 153–154, 254–255
Piehler, T. F., 194–195, 310–311
Pierce, D., 367–368
Piko, B., 347–348
Pinderhughes, E., 297–299
Pintrich, P. R., 376–377
Plato, 36–37, 55–56
Pleck, J., 199–200
Plener, P. L., 441
Plomin, R., 103–109, 142–143
Plucker, J., 135–136
Polce-Lynch, M., 191
Polkowska, J., 79–80
Pollack, W., 185, 199–200, 206
Pomerantz, E. M., 393–394
Pope, L. M., 224
Popenoe, D., 215–217, 272–273, 330–333
Popham, W. J., 339–340
Porfeli, E. J., 386
Portes, A., 424–425
Potard, C., 210–211
Poteat, P., 347–348
Poulin, F., 314–315, 317–318
Power, F. C., 257–258
Powers, S. K., 95
Prabhakar, H., 373–374
Pratt, M. W., 167–168
Presnell, K., 444–445
Pressley, M., 130–131, 138–139, 340
Priess, H. A., 201–202
Prinsen, T. J., 191
Prinstein, M. J., 73, 161–162, 188–189, 306–307, 310, 315–317, 326–327, 337, 416–417
Procter, B., 186–187
Provost, M. C., 358
Pryor, J. H., 198–199, 260–262, 343
Pudrovska, T., 286–288
Pujazon-Zazik, M., 409
Pulkkinen, L., 168–170

Pullen, P. C., 356–357
Purcell, K., 413
Purper-Ouakil, D., 357–358
Putallaz, M., 194–195
Putnam, S. P., 177–178
Puzzanchera, C., 434–436

Q

Qui, M. G., 357–358
Quinlan, S. L., 154–155
Quinton, D., 417–418
Quinton, W., 224

R

Raaijmakers, Q., 286–288
Raden, A., 225
Radmacher, K., 183
Raffaelli, M., 199–200, 215–216, 329–330
Rahim, A., 373–375
Raley, R. K., 331–333
Ramos, J. S., 263–264
Ramsey, E., 438–439
Randolph, M. E., 428
Rao, U., 91
Rapee, R. M., 444–445
Rapkin, B. D., 341
Rathunde, K., 94
Raven, P. H., 101–102
Rawls, C., 345–346
Ray, O. S., 428
Read, J. P., 428
Realini, J. P., 236
Ream, G. L., 218–219, 263–264
Recchia, H., 288
Redican, K., 91
Reed, M. G., 417–418
Reeslund, K. L., 420–421, 424–425
Regenerus, M., 215–216
Rehbein, M., 65–66, 116–117
Reich, S. M., 54–55
Reid, J. B., 417–418, 438–439
Reid, L., 225
Reid, P. T., 70
Reiff, M. I., 357–358
Reimuller, A., 428
Reinehr, T., 443–444
Reinisch, J., 234–235
Remafedi, G., 217–218
Remedios, R., 366–369
Renju, J. R., 226–227
Renk, K., 162–163, 278–279
Resnick, M. D., 225
Rest, J. R., 246–247, 253–254
Rey-Lopez, J. P., 97–98
Reyna, V., 134–135
Reyna, V. F., 131–134, 146, 415–416
Reznitskaya, A., 125
Rhoades, A. E., 440
Rhoades, G. K., 331–332
Rhodes, J. E., 375–376
Rice, K. G., 280–281
Richards, C., 224
Richards, F. A., 124
Richards, M. H., 65–66, 173–174, 325–326
Richards, V., 341
Richmond, E. J., 89–90
Rickards, T., 136–137
Rickert, V. I., 231–232
Rickman, A., 43–45, 380, 381, 393–396
Rideout, V. J., 129–130, 403–409, 413
Rieger, E., 86–87
Rierdan, J., 202–203
Rimsza, M. E., 94

Rinsky, J. R., 357–358
Ripke, N. N., 396–397, 399
Risch, N., 107–108
Rivas, A., 424–425
Rivas-Drake, D., 170–171, 400, 402–403
Rivers, S. E., 133–134, 146, 415–416
Roalson, L. A., 434–435
Robbins, S. B., 387
Roberts, B. W., 159–160, 175–176
Roberts, D. F., 129–130, 189–190, 403–410, 413
Roberts, G. C., 98–99
Roberts, K. A., 386
Roberts, M. A., 257–258
Roberts, R. D., 142–143
Robins, R. W., 158–160, 175–176, 202–203
Robinson, A. H., 444–445
Robinson, D. P., 426–427
Robinson, N. S., 155–156, 162–163
Roche, K. M., 435–439
Rock, D., 407–408
Rodham, K., 440
Roehlkepartain, E. C., 42–43, 267
Roemmich, J. N., 82–83
Roeser, R. W., 263–264, 341, 345–346, 349–351, 365–366
Rogers, A. G., 202–203
Rogers, C., 154–155
Roghmann, K. J., 210–211
Rogoff, B., 125–126
Rogol, A. D., 82–83, 89–90
Rohner, E. C., 299–300
Rohner, R. P., 299–300
Roisman, G. I., 284–285, 416–418
Rojas, A., 275–276
Rojas, M., 210–211
Rokholm, B., 441–442
Rolleri, L. A., 236
Romas, J. A., 423–424
Romer, D., 91, 146
Romo, L. F., 263
Ronald McDonald House, 254–255
Rönnlund, M., 143–144
Ronquillo, A., 387
Roodin, P. A., 250–251
Roosa, M. W., 278–279
Rose, A. J., 194–195, 320–321, 421–422, 439–440
Rose, D., 99–100
Rose, S., 328–329
Rosen, L., 409
Rosenberg, M., 154–156
Rosenberg, M. S., 356–358
Rosenblatt, R., 47–48
Rosenblum, G. D., 172–174
Rosenbluth, B., 231–232
Rosengard, C., 223
Rosenthal, D., 210–211
Rosenthal, D. A., 234–235, 280–281
Rosenthal, N. L., 282–283
Rosenthal, S., 283–284
Rosner, B. A., 202–203
Ross, H., 308–309
Ross, H. S., 288
Rossiter, M., 156–157
Rostosky, S. S., 333–334
Roth, J., 226, 349–350
Roth, J. L., 97–98
Rothbart, M., 177–178
Rothbart, M. K., 129–132, 176–180
Rothbaum, F., 280–281, 299–300, 310, 321–322
Rothstein, R., 398–399
Rounds, J., 195–196
Rousseau, J-J., 119, 210–211
Roustit, C., 161–162

Rowden, P., 421–422
Rowe, D. C., 89–90
Rowley, J. B., 375–376
Rowley, S., 351–352, 375–376, 401
Roy, N., 368–369
Rubenstein, A., 185, 206, 420–421
Rubie-Davis, C. M., 371–372
Rubin, K., 317–318
Rubin, K. H., 188–189, 245–246, 307–308, 310–311, 347–348, 373–375
Rubin, L., 337
Rubin, Z., 308–309
Ruble, D. N., 155–156, 191
Rudolph, K. D., 415–416, 421–422, 439–440
Rumberger, R. W., 341–342
Runco, M., 135–137
Rusch, E., 210–211
Rushford, N., 444–445
Russel, S. T., 63–64
Russell, J. D., 39–40
Russell, S. T., 54–55, 219–220, 277–278
Ruth, A. J., 40–41
Ruthsatz, J., 138–139
Rutter, M., 107–108, 417–418, 421–422
Ryan, A. M., 314–315, 348–349, 373–375
Ryan, C., 220–221
Ryan, M. K., 202–203
Ryan, R. M., 366–368
Ryan, S. M., 428
Rydell, A-M., 312–314

S

Sa, J., 94
Saarni, C., 173–175, 183, 312–313
Sadek, S., 347–348
Sadker, D., 188–189
Sadker, M., 188–189
Saewyc, E. M., 210–211, 217–221
Safford, P., 402
Sagan, C., 101–102
Sakamaki, R., 94
Sakharov, A., 253–254
Salazar, L. F., 212–213
Salkind, N., 363
Salmivalli, C., 347–349
Salovey, P., 142–143
Salzinger, S., 314–317
Sampson, J. P., 97
Samuelson, P., 257–258
Sanchez, B., 388
Sanchez-Johnsen, L. A., 442–443
Sanders, C. E., 97
Sanders, R. D., 131–132
Sandfort, T. G., 221–222
Sandler, I., 417–418
Sanghvi, R., 231–232
Sanson, A. V., 176–180
Santa Maria, M., 321–322
Santelli, J., 212–213, 221–222
Santelli, J. S., 212–213
Santiago, C. D., 398–399, 416–417
Santos, G. F., 445–446
Santos, M. J. D., 250–251
Santrock, J. W., 139, 290, 295–296, 343, 396–397
Saperstein, M., 269–270
Saraswathi, T. S., 413
Saroha, E., 298–299
Savage, L. S., 124
Savin-Williams, R. C., 158–159, 208–212, 217–220, 239, 263–264, 324–325
Sawyer, M. G., 176–177

Sax, L. J., 387
Sayer, L. C., 294–295
Sbarra, D. A., 325–327
Scales, P. C., 41–43, 419–420
Scanlon, E., 339–340
Scarborough, B., 375–376
Scarlett, W. G., 263–264
Scarr, S., 105–106
Schaffer, D. R., 255–256
Schaie, K. W., 38–39, 47–48, 54–56, 67–68
Schalet, A. T., 226–227
Scharf, M., 286–288
Scharrer, E., 189–190, 406–407
Schermer, J. A., 176–177
Schermerhorn, A. C., 292–293
Schiefelbein, V. L., 80–82
Schiefele, U., 378–379
Schiff, W. J., 94, 441, 443–444
Schilling, E. A., 440
Schinke, S. P., 92
Schlegel, A., 43–44, 392–393
Schmalz, D. L., 97
Schmidheiny, K., 188
Schmidt, C. L., 45
Schmidt, M. E., 375–376, 405–407
Schmitt, D. P., 186–187
Schmottiach, N., 97–98
Schneider, B., 384
Schneider, M., 97
Schneider, S. K., 428
Schnieder, B., 383
Schoenfeld, T. J., 116–117
Schoenfelder, E., 417–418
Schofield, H. L., 215–216
Schofield, T., 392–393, 400, 402
Scholte, R. H. J., 347–348
Schonert-Reichl, K. A., 176–177
Schortt, J. W., 435–436
Schouten, A. P., 409
Schulenberg, J. E., 51–52, 380, 381, 418–419, 435–436
Schunk, D. H., 139, 365–373, 376–377
Schustack, M. W., 176–177, 198–199
Schuster, M. A., 219–221
Schwartz, D., 310–311, 347–348
Schwartz, J. E., 175–176
Schwartz, P. D., 145, 147
Schwartz, S. J., 167–169, 284–285
Schwartz-Mette, R. A., 194–195
Schweiger, P., 339
Schweinhart, L. J., 447–448
Sciberras, E., 357–358
Scott, C. W., 339
Scott, M. E., 216–217
Scourfield, J., 105–106
Search Institute, 43–44, 319, 419–420
Seaton, E. K., 169–170, 402–403
Sebastian, C., 155–156
Sebby, R., 186–187
Sedikdes, C., 157–158
Seff, M., 278–279
Seiffge-Krenke, I., 172–173, 420–424
Seiter, L. N., 52–53
Select Committee on Children, Youth, and Families, 296–297
Selfhout, M., 175–176
Seligman, M. E. P., 41–42, 343, 446–447
Seligson, T., 350–351
Sellers, R. M., 402–403
Sellers, S. L., 402–403
Semaj, L. T., 400
Sen, B., 432–433
Senior Corps, 257–258
Sentse, M., 274–275

Seo, D-C., 94
Serafica, F. C., 384
Serlin, R. C., 37–38
Shachar-Shapira, L., 322–323, 326–328
Shachar-Shapira, S., 286–288
Shadid, G. E., 280–281
Shaeffer, L., 320
Shalev, L., 358
Shapiro, E. K., 344, 352–354
Sharma, A. R., 298–299
Sharma, M., 423–424, 443–444
Sharp, E. H., 171–172
Sharples, M., 339–340
Shaver, P., 283–285, 423–424
Shaver, P. R., 283–284
Shaw, G. B., 332–333
Shaw, P., 357–358
Shaywitz, B. A., 356–357
Shaywitz, S. E., 356–357
Shearer, T. L., 216–217
Shebloski, B., 289
Sheeber, L. B., 438–439
Shen, Y-L., 215–216
Sher-Censor, E., 280–281
Sherman, A., 250–251
Shernoff, D., 136–137, 367–368
Shernoff, D. J., 367–368
Sherwood, J. K., 274–275
Shifren, K., 198–199
Shiner, R., 176–177, 183
Shiraev, E. B., 196–197, 393–394
Shors, T. J., 116–117
Shrout, P. E., 421–422
Shulman, S., 286–288, 322–323, 326–328
Sickmund, M., 434–436
SIECUS, 235
Siegel, D. M., 210–211
Siegler, R. S., 60–61
Sieving, R. E., 225
Sigal, A., 292–293
Silberg, J. L., 105–106
Silk, J. S., 276–278
Silva, C., 241
Silva, E., 319
Silver, E. J., 214–215
Silver, N., 337
Silver, S., 225
Silverman, J. G., 232–233
Silverman, L. R., 320–321
Silverstein, M., 286–288
Simmons, R. G., 161–162
Simon, M. L., 307–308
Simon, T., 140
Simon, V. A., 326–327
Simons, J. M., 400
Simpson, R. L., 386
Singer, H., 441
Singh, S., 213–214
Sinha, J. W., 263
Sinnott, J. D., 123
Sirsch, U., 50–51
Sisson, S. B., 97–98
Sitterle, K. A., 295–296
Skinner, B. F., 61–62
Skorikov, V., 384
Slavin, R. E., 313–314, 339–340
Sleeter, C. E., 352–354
Slomkowski, C., 436–437
Slomon, J., 308–309
Smaldino, S. E., 39–40
Smalls, C., 413
Smedley, B., 277–278
Smetana, J. G., 247–249, 274–279, 308–309
Smith, A. B., 114–115
Smith, A. M., 441

Smith, C., 263
Smith, J., 124
Smith, J. B., 341
Smith, M. A, 428
Smith, P. E., 372–373
Smith, P. K., 54–55
Smith, R., 405–406
Smith, R. E., 98–99
Smith, R. L., 194–195, 320–321, 358
Smits, I. A., 175–176
Smoll, F. L., 98–99
Snarey, J., 244–247, 257–258
Snyder, J., 289
Snyder, M., 326–327
Society for Adolescent Health and Medicine, 93
Society for Adolescent Medicine, 434–435
Socrates, 153–154
Soder, O., 80–81
Soli, A., 288
Solmeyer, A. R., 278–279
Solomon, D., 259–260
Somerville, L. H., 114–117, 131–132, 173–175, 415–416
Sommer, B. B., 395–396
Sommer, M., 226–227
Song, A. V., 213–214
Song, L. J., 142–143
Sontag, L. M., 89–90, 407–408, 438–439
Sorensen, T. I., 441–442
Soto, C. J., 176–177
Sousa, D. A., 117
Sowell, E., 116–117
Spangler, D., 444–445
Sparling, P., 91
Spatz, C., 66–67
Spaulding, L. S., 358
Spear, L. P., 114–115
Spence, J. T., 197–198
Spencer, M. B., 392–393, 400–401
Spencer, S. V., 317–318
Spense, S. H., 176–177
Speranza, M., 444–445
Spiegler, M. D., 61–62
Spinrad, T., 267
Spinrad, T. L., 250–251
Spinrad, T. R., 194–196
Spokane Community College, 385
Spokane Indian Reservation, 342
Spring, J., 352–354
Springer, D. W., 432–433, 446–447
Spritzer, P. M., 81–82
Spritzer, S., 135–137
Spruijt-Metz, D., 94, 441–444
Srabstein, J. C., 347–348
Srebnik, D., 220–221
Sriraman, B., 358–360, 363
Sroufe, L. A., 328–329, 417–418
St. Pierre, R., 399
Staff, J., 380, 381
Stake, J. E., 198–199
Stanford, B. H., 339–340
Stanford University, 140
Stangor, C., 56, 63–64, 66–67
Stanley, S. M., 331–333
Stanley-Hagan, M., 291–294
Stanovich, K. E., 140
Stansfield, K. H., 114–115
Starr, C., 101–104
Starr, L. R., 325–326
Staudinger, U. M., 55–56, 124
Steca, P., 373–375
Steel, P., 377–379
Steele, J., 283–284
Steffen, V. J., 194–195

Stein, C. J., 98–99
Stein, N., 232–233
Steinberg, L., 63–64, 73, 91, 92, 115–116, 131–134, 151, 172–173, 206, 267, 270–271, 297–298, 304, 306–307, 319, 380, 381, 415–416, 434–435
Steinberg, L. D., 270–271, 276–278, 434–435
Steinberg, R. J., 134–135
Steinberg, S. J., 325–326
Stephens, J. M., 259–260
Stephens, K. R., 359–360
Stephenson, C. I., 193–194
Stern, W., 140
Sternberg, R. J., 60–61, 124–126, 134–144, 358–360, 363
Sternberg, S. J., 439–440
Steur, F. B., 405–406
Stevens, V., 328–329
Stevenson, D., 384
Stevenson, H. W., 277–278, 376–379, 381
Stewart, A. J., 169–170
Stey, P., 116–117, 145, 147, 159–160
Stice, E., 432–433, 446–447
Stice, F., 444–445
Stiggins, R., 340
Stigler, J. W., 378–379
Stipek, D., 370–371
Stipek, D. J., 160–161, 366–371
Stocker, C., 155–156
Stokes, C. E., 331–333
Stone, L. B., 439–440
Stoneman, Z., 290
Stoolmiller, M., 438–439
Stoppa, T. M., 262
Story, M., 443–444
Strahan, D. B., 121
Straight, C. A., 193–194
Strasberger, V. C., 209–211, 404–407
Strati, A. D., 136–137, 367–368
Straubhaar, J., 189–190
Stray, L. L., 358
Stray, T., 358
Streib, H., 263–264
Stroth, S., 97
Stroud, L. R., 80–81
Strough, J., 188–189
Studer, J., 123
Stukenborg, J. B., 80–81
Stulberg, L. M., 349–350
Style, C. B., 333
Su, R., 195–196
Suárez-Orozco, C., 351–352, 400–401
Suárez-Orozco, M., 351–352, 400–401
Subrahanyam, K., 408–409
Sue, S., 392, 401
Sullivan, C., 195–196, 254–255
Sullivan, H. S., 314–315
Sullivan, P. J., 41–42
Sullivent, E. E., 440
Sun, S. S., 443–444
Sun, Y., 421–422, 438–439
Sund, A. M., 96, 97
Supreme Court, U. S., 116–117
Suris, J. C., 87–88
Susman, E. J., 63–64, 80–84, 87–89, 173–174
Sutton-Smith, B., 290
Suyemoto, K. L., 400–401
Swaab, D. F., 192–193
Swahn, M., 440
Swanson, D. P., 130–131, 167–168
Swanson, J. A., 280–281, 284–285
Swartz, T. T., 285–286

Swedish National Board of Education, 236
Syed, M., 167–168, 170–172, 183, 415–416
Sykes, C. J., 160–161
Szkrybalo, J., 191
Szulwach, K. E., 116–117
Szwedo, D. E., 410

T

TADS, 439–440
Takanishi, R., 400, 422–423
Talent Search, 342
Talpade, M., 81–82
Tamis-LeMonda, C. S., 278–279, 300–301, 394–395
Tannen, D., 194–197
Tanner, D., 83–84
Tardif, T., 396–397
Tarokh, L., 99–100
Tarpley, T., 408–409
Tashiro, T., 326–327, 333–334
Tasker, F., 299–300
Tavris, C., 196–197
Taylor, A. Z., 375–376
Taylor, B., 232–233
Taylor, J., 398–399, 401
Taylor, J. H., 244–246
Taylor, L. M., 39–40
Taylor, R. D., 274–275, 346–347, 422–423
Taylor, S., 421–422
Taylor, S. E., 421–426, 443–444
Teacher's Curriculum Institute, 340
Tebes, J. K., 440
Teenage Research Unlimited, 38–39
Teery-McElrath, Y. M., 96
Teilmann, G., 81–82
Tein, J. Y., 278–279
Templeton, J., 52–53
Templeton, J. L., 263–264
Terman, L., 358–359
Tesch-Römer, C., 137–138, 358–359
Testa, M., 231–232
Tharp, R. G., 378–380
The, N. S., 442–443
Thoma, S. J., 246–247
Thomaes, S., 159–160
Thomas, A., 177–179
Thomas, C. R., 379–380
Thomas, C. W., 290
Thomas, K. J., 400
Thomas, S., 177–179
Thompson, E. A., 234–235
Thompson, J., 94
Thompson, M. P., 439–441
Thompson, P. M., 114–117
Thompson, R. A., 54–55, 153–154, 194–196, 245–246, 252–253, 292–293
Thorne, A., 167–168
Tiggermann, M., 441–442
Timperio, A., Salmon, J., 97–98
Tipsord, J. M., 306–309
Tobler, A. L, 432–433
Tolan, D., 423–424
Tolman, D. L., 208–211, 214–215
Tomlinson-Keasey, C., 121
Tompkins, T. L., 320–321
Toplak, M. E., 140
Tornfohr, L., 421–422
Tortolero, S. R., 225
Touchette, E., 439–440
Townsend, M., 367–368
Tracey, T. J. G., 387
Trafimow, D., 393–394

Treasure, D. C., 98–99
Treboux, D., 286–288
Treel, K. T., 378–379
Trevethan, S. D., 246–247
Triandis, H. C., 392–394
Tribal India Health Foundation, 373–374
Trickett, P. K., 88–89
Trinh, K-C., 365
Trinh, N., 169–170
Trinity University, 424–425
Trommsdorff, G., 299–300
Troy, M. E., 378–379
Trucco, E. M., 416–417, 432–433
Trzesniewski, K. H., 159–163, 369–370
Tschann, J. M., 221–224
Tseng, V., 301
Tucker, C. J., 281–282, 289
Tuckman, B. W., 97
Tung, R., 351–352
Turbin, M. S., 91
Turiel, E., 245–249
Turner, M. G., 231–232
Turner, R., 212–213
Turning Points 1989, 361
Turning Points 2000, 341, 361
Twain, M., 270–271
Twenge, J. M., 159–161

U

U. S. Census Bureau, 330–333
U. S. Department of Education, 233–234, 355–356
U. S. Department of Energy, 103–104
U. S. Food and Drug Administration, 439–440
Udry, J. R., 185–186, 323–324
Uecker, J., 215–216
Ueno, K., 199–200
Uhart, M., 192–193
Uhls, Y. T., 407–408
Ukoumunne, O. C., 357–358
Ullman, S. E., 231–232
Ulloa, E. C., 388
Umana-Taylor, A. J., 170–171, 280
Underhill, K., 236
Underwood, M., 320–321
Underwood, M. K., 194–195, 312–315, 320–321
UNICEF, 44, 45, 186–187, 196–197, 199–200, 226–228, 392–394
University, St. Edwards, 424–425
University of Buffalo Counseling Services, 377–378
University of California at Berkeley, 400–401
University of Illinois, 377–378, 437–438
University of Illinois Counseling Center, 377–378
University of Iowa, 261
University of Michigan, 261, 353–354, 426–427, 431–433
University of Michigan School of Public Health, 353–354
University of Nebraska-Lincoln, 424–425
University of New Mexico Health Sciences Psychiatric Hospital, 424–425
University of Texas, 351–352
Updegraff, K. A., 170–171, 280, 288, 289
Urban, J. B., 372–373

Urdan, T., 378–379
USA Today, 339
Utendale, W. T., 195–196, 254–255
Uzelac, S. M., 145, 147

V

Valiente, C., 256–257
Valkenburg, P. M., 407–409
Valle, J., 358
Van De Voorde, S., 357–358
van den Berg, P., 441–442
van den Dries, L., 298–299
van der Stel, M., 138–139
van Dulmen, M., 315–317, 328–329
van Geel, M., 43, 300–301, 400
Van Goozen S. H. M., 87–88
Van Hook, J., 400
van IJzendoorn, M. H., 249–250, 297–299
van Pragg, H., 116–117
Van Ryzin, M. J., 214–215
van Soelen, I. L., 105–106
van Wel, F., 280–281, 286–288
Vandehey, M., 259–260
Vandell, D. L., 54–55, 290
Vandewater, E. A., 405–407
Vansteenkiste, M., 366–367
VanTassel-Baska, J., 359–360
Vanyur, J., 231–232
Vargas, L., 424–425
Varlinskaya, E. I., 114–115
Vaughan, C. A., 439–440, 443–444
Vaughn, L., 94
Vaughn, M. G., 341–342
Vazsonyi, A. T., 215–216
Vedder, P., 43, 300–301, 400
Veenman, M. V. J., 138–139
Veenstra, A., 347–348
Veenstra, R., 326–329
Velez, C. E., 293–294
Venn, A., 95
Ventura, S. J., 223–224
Verma, S., 381, 395
Vermeersch, H., 87–88
Vernberg, E. M., 439–440
Vernon, P. A., 176–177
Verona, E., 439–440
Veronneau, M. -H., 373–375, 416–417
Verstraeten, K., 178–179
Veselka, L., 176–177
Veuglers, P. J., 97–98
Vigna, J. F., 422–423
Villanti, A., 161–162
Villanueva, C. M., 286–288, 401
Villarreal, V. M., 341, 347–348
Violette, H. D., 423–424
Virgil, 370–371
Visan, N., 262
Vitaro, F., 436–437
Vohs, K. D., 158–159
Voltaire, 326–327
Vondracek, F. W., 384, 386
Vreeman, R. C., 348–349
Vujeva, H. M., 325–326
Vygotsky, L. S., 60–61, 122, 125–127, 140

W

Waber, D. P., 356–357
Wabitsch, M., 443–444
Wachs, T. D., 178–180
Wade, C., 196–197
Wadsworth, M. E., 422–424
Wagner, A. D., 404–405

Wagner, J. F., 139
Wahlsten, D., 104–105
Wahlstrom, D., 114–115
Wainright, J. L., 299–300
Waite, L. J., 331–333
Waldfogel, J., 296–297
Walker, A., 36, 40–41
Walker, K. C., 320, 395–396
Walker, L. J., 244–247, 252–255, 257–258, 263–264
Wallace-Broscious, A., 384
Waller, B., 388
Waller, E. M., 439–440
Wallerstein, J. S., 291–292
Wallis, C., 189–190
Walsh, J., 370–371
Walsh, R., 131–132
Walsh, S. M., 280–282
Walter, C. A., 272–273
Walters, E., 444–445
Walvoord, E. C., 84–86
Wanakowska, M., 79–80
Wandersman, A., 446–447
Wang, J., 215–216, 439–440
Wang, J. Q., 442–443
Wang, L. Y., 442–443
Wang, M. C., 95
Wang, Q., 393–394
Ward, L. M., 210–211, 406–407
Ward, R. M., 280–281, 284–285
Wardlaw, G. M., 441
Warner, C., 339–340
Warren, A., 262
Warren, J. T., 224
Warren, M. P., 87–89, 173–174
Warrington, M., 189–190
Warshak, R. A., 295–296
Wasserman, R., 80–81
Waterman, A. S., 167–168
Waters, P., 153–154, 202–203
Watkins, D. E., 347–349
Watson, D. L, 378–380
Watson, J., 275–276
Watt, H. M. G., 193–194, 387
Wattenberg, E., 225
Way, N., 224, 225, 277–278, 280–281, 300–301, 320–321, 400, 402–403
Webb, J. T., 359–360
Webster, N. S., 258–259
Wechsler, D., 141
Wechsler, H., 428
Wehner, E., 327–328
Weikert, D. P., 447–448

Weinberg, S. L., 349–350
Weiner, B., 368–369
Weinstein, C. S., 345
Weinstein, N., 366–367
Weinstock, H., 230–231
Weissberg, R., 312–313
Weissberg, R. P., 446–447
Welch, K. J., 209–210, 220–221, 224
Wells, B., 277–278
Wells, M. G., 162–163
Welsh, D. P., 47–48, 322–323, 326–329, 337
Welti, C., 45, 321–322, 355–356
Wentzel, K. R., 310–312, 314–315, 317–318, 345–349, 373–375
Werner, N. E., 194–195, 407–408
Wessel, M. T., 428
West, R. F., 140
Westling, D. L., 356–358
Wetherill, R. R., 216–217
Whaley, G., 370–371
Whetstone, L. M., 440
White, K. M., 322–323
White, M., 321–322
White, M. A., 445–446
White, S. W., 341–342
Whitehead, B. D., 272–273, 331–332
Whitehead, K. A., 170–171
Whiteman, S. D., 288
Whitesell, N., 153–154, 202–203
Whitfield, K. W., 271–272
Whiting, B. B., 196–197
Whitton, S. W., 286–288
Wichstrom, L., 96, 97
Widaman, K. F., 289
Wieczorek, W. F., 416–417, 432–433
Wiemann, C. M., 231–232
Wiencke, J. K., 430
Wigfield, A., 89–90, 345, 365–366, 370–375, 378–379
Wild, L. G., 99–100
William T. Grant Foundation Commission on Work, Family, and Citizenship, 386
Williams, A. L., 424–425
Williams, B., 409
Williams, J., 409
Williams, K. M., 259–260
Williams, K. R., 347–349
Williams, R., 398–399, 422–423
Williams, S., 107–108
Williams, V., 107–108
Williams, W. M., 136–138

Willis, S. L., 38–39, 47–48, 56, 67–68
Willoughby, T., 263, 274–275, 438–439
Wilson, B. J., 405–407
Wilson, K., 328–329
Wilson, S., 43–45, 380, 381, 393–396
Wilson-Shockley, S., 173–174, 325–326
Winer, A. C., 153–154, 195–196
Winerman, L., 199–200
Winkles, J. K., 326–329
Winn, I. J., 134–135
Winne, P. H., 372–373
Winner, E., 358–360
Winter, M. R., 432–433
Winzeler, A., 289
Witherspoon, D., 183
Witherspoon, D. P., 351–352
Witkow, M. R., 315–317
Wittrock, M. C., 139
Witvliet, M., 347–348
Wolak, J., 408–409
Wolchik, S., 417–418
Wolf, S. A., 116–117
Wolfe, C. D., 45–46
Wolfe, D. A., 424–425
Wolff, J. M., 428, 436–437
Wolfgram, S. M., 298–299
Wolfinger, N. H., 288
Wolfson, A. R., 100–101
Wolitzky-Taylor, K. B., 231–232
Wolters, C. A., 368–369
Women in Academia, 193–194
Wong, J. T., 117
Wong Briggs, T., 339, 365–366
Wood, D., 320
Wood, J. T., 191–192
Wood, L. M., 142–143
Wood, W., 44
Woods, T., 138–139
Woolf, V., 185–186
Worrell, F. C., 258–259
Wright, H. F., 307–308
Wright, M. O., 50–51
Wright, R. H., 396–397, 400–402
Wulsin, S. C., 258–259

X

Xi, H., 81–82
Xia, N., 376–377

Y

Yancey, A. K., 91, 92
Yang, A., 400
Yang, C., 409
Yates, M., 263
Yell, M. L., 340
Yen, H. L., 117
Yeung, C., 43–44, 69–70, 299–300, 400–401
Yi, S., 214–215
Ying, Y., 392
Yip, T., 402–403
Young, M. A., 215–216
Youngblade, L. M., 91, 92
Younger, M., 189–190
Youniss, J., 40–41, 258–259, 263
Yu, T., 292–293
Yuan, A. S. V., 86–88
Yudof, M. G., 358
Yurkewicz, C., 251–252
Yussen, S. R., 246–247

Z

Zaff, J. F., 258–259
Zager, K., 185, 206, 420–421
Zalewski, M., 422–423
Zalk, S. R., 70
Zamboanga, B. L., 428
Zarret, N., 98–99
Zarrett, N. R., 51–52, 418–419, 435–436
Zayas, L., 441
Zayas, L. H., 161–162
Zeeck, A., 445–446
Zeiders, K. H., 278–279
Zeidner, M., 142–143
Zeifman, D., 284–285
Zill, N., 294–295
Zimmerman, B. J., 365–366
Zimmerman, M. A., 446–447
Zinn, M. B., 277–278
Zinzow, H. M., 232–233
Ziol-Guest, K. M., 294–295
Zittleman, K., 87–88
Zumbo, B. D., 176–177
Zusho, A., 277–278, 372–373

Índice remissivo

A

A Geração Mais Burra (Bauerlein), 39–40
A Origem das Espécies (Darwin), 101–102
A Verdade de Gandhi (Erikson), 164
A Vergonha da Nação (Kozol), 351–352
Abertura à experiência, Cinco Grandes fatores da personalidade, 175–176
Abordagem biopsicossocial, 415–417
Abordagem construtivista da aprendizagem, 339–340
Abordagem construtivista social, 125–126
Abordagem da psicopatologia do desenvolvimento, 416–419
Abordagem de instrução direta da aprendizagem, 339–340
Aborto, 223–224
Abstração, e autoentendimento, 153–154
Abuso de analgésicos, 430–432
Abuso de OxyContin, 431–432
Abuso de prescrição de analgésicos, 430–432
Abuso de substância; *Veja* Uso de drogas
Abuso de Vicodin, 431–432
Ação ética, 259–260
Acidentes, morte devido a, 93–94
Ácido desoxirribonucleico (DNA), 102–105
Acomodação, teoria de Piaget, 118–119
Adequação de ajuste, temperamento, 179–180
Adequação pessoa-ambiente, escola, 345–346
Adoção, 297–299
Adolescência
 ciência do desenvolvimento, 56–70
 como período do desenvolvimento, 46–48
 conquistas, 365–380
 cultura, 391–411
 definição, 46–47
 desenvolvimento da personalidade, 175–180
 desenvolvimento de carreira, 383–388
 desenvolvimento emocional, 172–175
 escola, 339–360
 famílias, 268–301
 fim da, 47
 identidade, 163–173
 inicial, 46–48
 interações hereditariedade-ambiente, 102–109
 natureza do desenvolvimento, 45–56
 perspectiva evolucionista, 101–105
 pesquisa em, 63–70
 problemas, 414–449
 puberdade, 78–90
 saúde, 91–100
 self, 153–163
 sexualidade, 207–236
 teorias do desenvolvimento, 57–64
 trabalho, 380–382
 transição da infância para, 47–49
 transição para a idade adulta da, 49–53
 visão global, 43–45
 visão histórica, 36–43
Adolescência inicial, 46–47
Adolescence (Hall), 36–37
Adolescentes *Latchkey* (que ficam sozinhos em casa), 296–298
Adolescentes superdotados, 358–360
Adrenarca, 80–82
Adultez emergente
 adultos casados, 331–333
 adultos em coabitação, 330–332
 adultos solteiros, 330–331
 ambiente social mediado digitalmente, 408–410
 amizade na, 315–317
 apego aos pais, 283–285
 atitudes e comportamento heterossexual, 215–217
 autoentendimento na, 156–157
 autoestima na, 159–161
 características dos problemas na, 418–421
 conquistas, 373–374
 cultura, relevância para estudo da, 392–393
 de famílias divorciadas, 293–294
 definição, 49–50
 delinquência juvenil, 435–436
 estilos de vida na, 329–335
 étnica, 400–401
 identidade étnica na, 171–172
 relações pai-filho, 273–288
 religião e espiritualidade, papel, 263–264
 saúde, 94
 trabalho na, 382
 transição para, 49–53
 uso de álcool, 427–428
 uso de drogas na, 432–434
Adultos em coabitação, 330–332
Adultos solteiros, 330–331
Afeição, amizade por, 314–315
Afeto, temperamento, 177–178
Afeto negativo, temperamento, 177–178
Afeto positivo, temperamento, 177–178
Afirmação do poder, como técnica de disciplina parental, 255–256
Agressão; *Veja* Violência e agressão
Agressão relacional
 gênero, 194–195, 320–321
 mídia, 405–408
AIDS, 226–230
Ajustamento
 em famílias reconstituídas, 295–296
 fábula pessoal, 146
 namoro, 325–326
 pais que trabalham, 296–297
Ajuste
 grau de ajuste, temperamento, 179–180
 pessoa-ambiente, escola, 345–346

Álcool, 431–432
Altruísmo, 250–252
Alucinógenos, 429, 431–432
Alunos excepcionais, 355–360
 adolescentes com deficiências, 355–358
 dificuldades de aprendizagem, 355–358
 superdotados, 358–360
 transtorno de déficit de atenção/hiperatividade (TDAH), 357–358
Alunos superdotados, educando, 358–360
Ambiente social mediado digitalmente, 408–410
Ambiguidade de fronteiras, pais substitutos, 295–296
Amígdala
 comportamentos de exposição a risco, 92
 definição, 115–116
 e emoção, 115–117
Amigos, definição, 313–314
Amizade, 313–318
 estratégias para fazer amigos, 317–318
 idades heterogêneas, 315–318
 importância da, 313–315
 intimidade e semelhança, 315–317
 na adultez emergente, 315–317
 qualidade da, 314–315
 sucesso escolar, 348–349
Amor
 apaixonado, 326–327
 companheiro, 326–327
 retirada do, como técnica de disciplina parental, 255–256
 romântico, 326–329
Andrógino, 78–81
Androginia
 classificação gênero-papel, 197–199
 educação, 199–200
Anfetaminas, 430–432
Anorexia nervosa, 443–445
Anos finais do ensino fundamental
 estrutura das, 347–348
 melhoria, 341
 transição para, 341–341
Ansiedade
 apego, 417–418
 como barreira ao êxito, 378–379
Apego, 281–285
 conflito pais-filho, 282–283
 e ansiedade, 417–418
 na adultez emergente, 283–285
 tipos de, 281–283
Apego inseguro, 282–285, 417–418
Apego não resolvido/desorganizado, 282–283
Apego preocupado/ambivalente, 282–283
Apego recusado/evitativo, 282–283
Apego seguro, 281–285
Apoio, e enfrentamento, 423–425
Apoio ao ego, amizade por, 314–315
Apoio físico, amizade para, 313–314
Apoio social e enfrentamento, 425–426
Aprendizagem

observacional, 61–62
 serviços, 257–259
Aprendizagem *jigsaw*, 351–352
Arte corporal (*body art*), 87–88
Assédio sexual, 232–234
Assédio sexual em ambiente hostil, 233–234
Assédio sexual por permuta, 233–234
Assimilação, teoria de Piaget, 118–119
Assistente social, carreira como, 75–76
Associação Americana de Psicologia (APA) diretrizes éticas, 68–69
Assumir a perspectiva, 252–253, 352–354
Atenção
 funcionamento executivo, 131–132
 teoria de processamento da informação, 128–130
Atenção dividida, 128–129
Atenção executiva, 128–129
Atenção seletiva, 128–129
Atenção sustentada, 128–129
Atitudes e comportamento de minorias sexuais, 217–221
 caminhos desenvolvimentais, 219–220
 como pais, 299–300
 definição, 217–218
 discriminação e parcialidade contra, 219–221
 estilo de vida do adulto emergente, 333–334
 fatores associados, 217–219
 identidade e exposição, 218–219
 identidade *gay* ou lésbica, 308–309
 namoro e relações amorosas, 324–325
Atitudes e comportamento heterossexual, 211–218
 comparação transcultural, 213–214
 fatores de risco, 214–216
 na adultez emergente, 215–217
 namoro e relacionamentos amorosos, 323–324
 roteiros sexuais, 213–215
 sequência e mudança do comportamento sexual, 211–213
 sexo oral, 212–214
Atividade física; *Veja* Exercícios
Atividades diante da tela, 97–98
Atividades extracurriculares, escola, 348–350
Autoconceito, 157–159
Autoconsciência, 155–156
Autocontrole
 delinquência juvenil, 437
 e estilo parental, 275–277, 285–286, 409–410
 enfrentamento, 425–426
 funcionamento executivo, 134–138
 temperamento, 177–178
Autodesvalorização, pelas minorias sexuais, 219–221
Autodeterminação, 36–37, 366–368

Autoeficácia, 370–371
Autoentendimento, 153–158
    contexto, 156–158
    definição, 153–154
    dimensões do, 153–157
Autoestima, 157–163
    autonomia e cultura, 394–395
    baixa, consequência da, 161–163
    contextos, 161–162
    crescente, 162–163
    da adolescência para a adultez emergente, 159–161
    definição, 157–158
    domínios ligados a, 161–162
    indicadores comportamentais e medida da, 158–159
    narcisismo, 158–160
    percepção e realidade, 158–160
    proteção, evitando o fracasso, 378–380
    sucesso escolar e iniciativa, 159–162
Autoestimulação, sexual, 220–221
Autoexposição
    internet, 409
    para os pais, 275–276
Autoimagem; *Veja* Autoestima
Automaximização, autonomia e cultura, 394–395
Automonitoramento e conquistas, 371–373
Autonomia, 280–282
    complexidade da, 280
    cultura, 394–395
    definição, 280
    emocional, 280
    fugas, 280–282
    gênero e cultura, 280–281
    transições desenvolvimentais na, 280–281
Autonomia *versus* vergonha e dúvida, estágio de Erikson da, 58–59
Autoproteção, 155–157
Autorregulação, temperamento, 177–178
Autorregulação intencional, 372–373
Autorresponsabilidade, e motivação intrínseca, 367–368
Avós, relações entre as gerações, 286–288
Axônios, 114–115

B

Bairros
    delinquência juvenil, 437
    status socioeconômico (SSE) variações no, 396–398
Baixa autoestima, consequências da, 161–163
Barbitúricos, 430–432
Behaviorismo, 60–61
Bem-estar dos adultos emergente, 51–53
Bissexuais, 217–218; *Veja também* Atitudes e comportamento das minorias sexuais
Brainology, programa de computador, 369–371
Bulimia nervosa, 444–445
Bullying, 347–349

C

Candidíase, 230–231
Capital social, 92
Caráter

desenvolvimento positivo dos jovens (DPJ), 41–42
    educação baseada no, 256–258
    moral, 253–254
Carreiras em desenvolvimento adolescente, 74–76;
    Carreiras específicas
    clínica/aconselhamento/médica, 75–76, 199–200, 353–354, 385, 424–425, 437–438
    educação/pesquisa, 43–44, 70, 74–75, 90, 135–136, 199–200, 226, 261, 371–372, 385, 387, 400–401
    famílias/relacionamentos, 76, 279, 333
Casamento, 331–333; *Veja também* Divórcio
    benefícios do bom, 332–333
    educação pré-marital, 333
    tendências no, 331–333
Cascatas do desenvolvimento, 417–418
Cérebro
    comportamentos de exposição a riscos, 92–93
    desenvolvimento cognitivo, 114–117
    desenvolvimento e TDAH, 357–358
    diferenças de gênero, 192–193
    estrutura do, cognição e emoção, 114–117
    experiência e plasticidade, 116–117
    gênero, 186–187
    neurônios do, 114–115
Cinco Cs do desenvolvimento positivo dos jovens (DPJ), 41–42
Cinco Grandes fatores da personalidade, 175–176
Clamídia, 230–232
Classificação, teoria de Piaget, 120–121
Classificação gênero-papel, 196–202
    androginia, 197–199
    contexto e cultura, 196–200
    feminilidade, 197–199
    masculinidade, 197–200
    transcendência gênero-papel, 199–200
Clima da sala de aula e estratégias de manejo, 344–345
Cocaína, 430–432
Coeficiente de correlação, 65–67
Cognição social
    definição, 144–145, 159–160
    do desenvolvimento cognitivo, 144–146
    egocentrismo adolescente, 144–145, 147
    relações com os pares, 311–313
Coleta de dados para pesquisa, 63–66
Coletivismo, 393–395
Companheirismo, amizade por, 313–314
Comparação social, 155–156, 314–315
Competência
    desenvolvimento positivo dos jovens (DPJ), 41–42
    emocional, 173–175
Comportamento adaptativo, 101–102
Comportamento antissocial, 435–436; *Veja também* Delinquência juvenil

Comportamento de exposição a riscos, 91–93
Comportamento moral
    processos básicos no, 248–250
    pró-social, 250–252
    teoria de Kohlberg, 245–247
    teoria social cognitiva do desenvolvimento moral, 249–251
Comportamento pró-social, 195–196, 250–252
Comportamento sexual forçado, 231–233
Comportamentos que comprometem a saúde, 91
Compreensão do *self*, 153–158
    contexto, 156–158
    definição, 153–154
    dimensões do, 153–157
Compromisso
    de Marcia, 166
    identificação com, e desenvolvimento da identidade, 167
Compulsão alcoólica, 427–428
Computadores e tecnologia, 407–411
    ambiente social mediado digitalmente, 408–410
    e exercícios regulares, 97–98
    e mileniais, 38–40
    internet, 407–410
    uso, 407–409
Comunicação e gênero, 195–196
Comunidades
    delinquência juvenil, 437
    programas de sucesso como os baseados na comunidade, 446–447
    status socioeconômico (SSE) variações no, 396–398
Condicionamento operante de Skinner, 61–62
Conectividade
    autonomia e cultura, 394–395
    desenvolvimento positivo dos jovens (DPJ), 41–42
    identidade, 169–170
Confiança
    confiança *versus* desconfiança, estágio de Erikson, 58–59
    e divórcio, 333–334
Confiança, desenvolvimento positivo dos jovens (DPJ), 41–42
Confidencialidade, 68–69
Conflito
    autoridade, e delinquência juvenil, 437
    irmãos, 289–290
    marital, 291–293
    pai-filho, 270–271, 278–280, 282–283
Conformidade, e pressão dos pares, 310
Conformidade nas relações entre pais e filhos, 270–272
Confusão de identidade, 58–59, 163–164
Consciência, 251–252
Conselheiro de carreira, carreira como, 75
Conselheiro escolar, carreira como, 75
Conselheiro escolar/conselheiro universitário secundário, carreira como, 387
Conservação, teoria de Piaget, 120–121
Consolidação, identidade, 168–170

Contexto social, 43; *Veja também* Contextos
Contexto sócio-histórico
    do trabalho, 380
    visão intervencionista da adolescência, 37–39
Contextos
    autoentendimento, 156–158
    autoestima, 161–162
    de escolas, 344–356
    definição, 43
    desenvolvimento de carreira, 385–388
    desenvolvimento positivo dos jovens (DPJ), 41–43
    enfrentamento, 424–425
    gênero, 196–197
    identidade, 169–172
    papéis de gênero, 198–200
    relações com os pares, 308
    temperamento, 178–180
Contradições do *self*, 154–155
Contrato social ou utilidade e direitos individuais (estágio de Kohlberg), 243
Controle; *Veja* Autocontrole
Controle cognitivo, 131–132
Controle executivo, 131–132
Conversa relacional, 194–195
Conversa retórica, 194–195
Coparentalidade, 278–279
Corpo caloso, 114–116
Correlação, hereditariedade-ambiente, 105–107
Correlações ativas genótipo-ambiente, 106–107
Correlações genótipo-ambiente de busca de nichos, 106–107
Correlações passivas genótipo-ambiente, 105–106
Corruminação, e namoro, 325–326
Córtex pré-frontal, 92, 114–116
Cortisol, 80–81
Criação dos filhos; *Veja* Pais e estilos parentais
Crianças *back-to-bedroom* (B2B), 285–286
Crianças de aquecimento lento, temperamento, 177–178
Crianças difíceis, temperamento, 177–178
Crianças fáceis, temperamento, 177–178
Crianças na média, 310–311
Crianças negligenciadas, 310–311
Crianças polêmicas, 310–311
Crianças populares, 310–311
Crianças rejeitadas, 310–312
Criatividade, definição, 134–135
Crime; *Veja* Delinquência juvenil
Crise de identidade, 164–166
Cromossomos, 103–104
Cronossistema, teoria ecológica, 62–63
Cuidado/compaixão, desenvolvimento positivo dos jovens (DPJ), 41–42
Cultura, 391–411; *Veja também* Etnia; Mídia; *Status* socioeconômico (SSE)
    autonomia, 280–281, 394–395
    casamento, 332–333
    coletivista, 393–395
    comparações transculturais e, 392–396
    conquistas, 376–378
    contexto, classificação gênero-papel, 196–200
    definição, 43–44, 392–393

depressão, 438-439
descrição, 392-396
desenvolvimento moral, 246-248
educação, 349-356
educação sexual, 226-227, 236
estilos parentais, 277-278
estresse aculturativo, 422-423
família com um genitor, 291
famílias, 299-301, 394-395
gravidez, 222-223
identidade e etnia, 169-172, 400
individualismo, 393-395
internet, 407-410
mídia, 403-411
namoro e relações amorosas, 328-330
pobreza, 398-400
relações com os pares, 320-322
relevância do estudo da adolescência e da adultez emergente, 392-393
religiosidade, 262
ritos de passagem, 395-397
status socioeconômico (SSE), 396-400
suicídio, 440
tecnologia, 407-411
tempo gasto em atividades, 395-396
trabalho, 381
Currículo oculto, educação moral, 255-257
Cyberbullying, 348-349

D

Deficiências, educando adolescentes com, 355-358
Definição de objetivos, e conquistas, 371-373
Delinquência juvenil, 434-438
 antecedentes da, 435-437
 definição, 434-435
Delinquentes, 434-435; *Veja também* Delinquência juvenil
Delitos de *status*, 434-435
Delitos indexados, 434-435
Dendritos, 114-115
Depressão, 437-441
 hormônios e comportamento, 87-88
 sintomas de, 437-439
 suicídio, 93, 439-441
 transição do ensino médio para a faculdade, 343
Desenvolvimento, ciência do, 56-70
 método científico, 56-57
 pesquisa, 63-70
 teorias da adolescência, 57-63
Desenvolvimento, definição, 45-46
Desenvolvimento, natureza do, 45-56
 períodos do, 45-48
 processos no, 45-46, 48-49
 tema da continuidade-descontinuidade em, 61
 tema da experiência precoce e posterior, 54-56
 tema da natureza-aprendizado, 53-56
 transições no, 47-54
Desenvolvimento cognitivo, 113-151
 cérebro, 114-117
 cognição social, 144-146
 delinquência juvenil, 436-437
 desenvolvimento de carreira, 383-384

educação sexual, 234-235
funcionamento executivo, 131-139
gênero, 191
mudanças cognitivas na idade adulta e, 122-126
relações pai-filho, 270-272
religião e espiritualidade, 263
teoria de Piaget, 60-61, 118-127
teoria do processamento da informação, 60-61, 127-139, 127-129
teoria psicométrica da inteligência, 139-145
teoria sociocultural do desenvolvimento cognitivo, de Vygotsky, 60-61, 125-127
teorias comportamentais e sociais cognitivas, 60-62
Desenvolvimento da personalidade, 175-180
 Cinco Grandes Fatores do, 175-176
 desenvolvimento da carreira, 383-384
 identidade, 164
 moral, 252-255
 temperamento, 176-180
Desenvolvimento da carreira, 383-388
 aprendizagem baseada no trabalho/carreira, 381-382
 contextos, 385-388
 desenvolvimento da identidade, 384-385
 escola, 386
 etnia, 387-388
 fatores cognitivos, 383-384
 gênero, 386-387
 mudanças desenvolvimentais, 383
 status socioeconômico (SSE), 385-388
Desenvolvimento moral, 241-265
 comportamento moral, 245-252
 cultura, 246-248
 definição, 241
 escolas, 255-261
 estilo parental, 254-256
 pensamento moral, 241-249
 personalidade moral, 252-255
 raciocínio social convencional, 247-249
 religião e espiritualidade, 262-265
 sentimento moral, 251-253
 teoria social cognitiva do, 249-251
 valores, 260-261
Desenvolvimento socioemocional
 processos de, 45-46, 48-49
 relações pai-filho, 271-272
 semelhanças e diferenças de gênero, 194-196
Designação randômica, 67-68
Designs de pesquisa, 65-68
Diferenças individuais
 definição, 140
 inteligência, 140
 relações com os pares, 306-308
 uso da mídia, 404-405
Diferenciação, e autoentendimento, 153-155
Dificuldades de aprendizagem, educando alunos com, 355-358
Dificuldades diárias, e estresse, 421-422
Difusão da identidade, 166, 168-169
Dilema moral de Heinz, Kohlberg, 241-244, 246-247

Dimensões psicológicas da puberdade, 84-90
 abordagem biopsicossocial, 415-416
 arte corporal (*body art*), 87-88
 desenvolvimento positivo dos jovens (DPJ), 53-54
 diferenças de gênero, 86-88
 hormônios e comportamento, 87-89
 imagem corporal, 86-87
 maturação precoce e tardia, 88-90
Discalculia, 356-357
Discriminação
 contra minorias sexuais, 219-221
 étnica, 402-403
Disgrafia, 356-357
Dislexia, 356-357
Distorções cognitivas, delinquência juvenil, 437
Distribuição normal, 141
Diversidade; *Veja também* Etnia
 crianças adotadas, 297-298
 de grupos étnicos, 402-403
 sucesso escolar, 352-354
Divórcio, 291-295; *Veja também* Casamento
 ajustamento dos adolescentes, 291-293
 e casamento precoce, 332-333
 estilo de vida da adultez emergente, 333-334
 evitação dos pais, 292-293
 famílias reconstituídas, 294-296
 fatores de risco, 333
 processos familiares, 292-294
 relações entre as gerações, 286-288
 status socioeconômico (SSE), 294-295
 vulnerabilidade dos adolescentes a riscos, 293-295
DNA (ácido desoxirribonucleico), 102-105
Doença inflamatória pélvica (DIP), 230-231
Doenças sexualmente transmissíveis (DSTs), 226-232
 clamídia, 230-232
 definição, 226-227
 gonorreia, 229-231
 herpes genital, 229-230
 HIV/AIDS, 226-230
 sífilis, 230-231
 verrugas genitais, 229-230
Domínio, e talento, 358-359
Domínios ligados à autoestima, 161-162
Dopamina, 114-115
DSTs; *Veja* Doenças sexualmente transmissíveis (DSTs)

E

Ecstasy, 430-431
Educação, 53-54; *Veja também* Tema da natureza-aprendizado
Educação; *Veja também* Escola
 abordagem construtivista da, 339-340
 abordagem da instrução, 339-340
 adultez emergente, 50-52
 androginia, 199-200
 aprendizagem baseada no trabalho/carreira, 400-400
 caráter, 256-258
 carreiras em, 199-200

classificação de papéis de gênero, 199-200
cultura, 349-356
de adolescentes com deficiências, 355-360
educação sexual, 234-236
ética integradora, 259-260
multicultural, 352-354
pré-marital, 333
redução de gravidez, 225-227
responsabilidade, 340-341
transição da universidade para o trabalho, 343
Educação moral, 255-261
 abordagem integrativa da, 259-260
 aprendizagem de serviços, 257-259
 clarificação de valores, 257-258
 cognitiva, 257-258
 currículo oculto, 255-257
 educação do caráter, 256-258
 trapacear, 258-260
Educação sexual, 234-236
 efetiva, 236
 em escolas, 235-236
 fatores cognitivos, 234-235
Educador, carreiras como, 90, 135-136, 261, 371-372
Educador em ciência do consumidor, carreira como, 75
Efeitos coorte, 38-39
Ego, 58
Egocentrismo adolescente, 144-145, 147
Eixo hipotalâmico-pituitário-gonadal (HPG), 80-81
Emburrecendo Nossos Filhos (Sykes), 160-161
Emoção, definição, 172-173
Emoções e desenvolvimento emocional, 172-175
 competência emocional, 173-175
 desenvolvimento positivo dos jovens (DPJ), 53-54
 estrutura do cérebro, 114-117
 experiência, 173-174
 gênero, e regulação emocional, 195-196
 hormônios, 173-174
 irmãos, 289
 mudanças cognitivas na idade adulta e, 123
 namoro e relações amorosas, 324-326
 relações com os pares, 312-313
 relações pai-filho, 271-272
Empatia, 251-253
Emprego; *Veja* Trabalho
Encasulamento, 256-257
Enfermeiro psiquiátrico, carreira de, 75
Enfrentamento, 422-425
 apoio, 423-425
 contextos, 424-425
 definição, 422-423
 estratégias para, 425-426
 evitativo, 423-424
 focado na emoção, 423-424
 focado no problema, 422-423
 pensamento positivo, 423-426
Engajamento cognitivo, e motivação intrínseca, 367-368
Ensino médio
 aprendizado baseado no trabalho/carreira no, 381
 comparação transcultural, 353-356

evasões, 341-342
transição para a faculdade do, 280-281, 343, 428
Entrevista, 63-65
Equilibração, teoria de Piaget, 118-119
Escalas Wechsler, 141
Escapando da Adolescência Interminável (Allen e Allen), 52-54
Escola, 339-360; *Veja também* Educação
  abordagem construtivista da aprendizagem, 339-340
  abordagem da instrução direta da aprendizagem, 339-340
  adequação pessoa-ambiente, 345-346
  alunos excepcionais, 355-360
  anos finais do ensino fundamental, 341, 347-348
  aprendizagem de serviços, 257-259
  clarificação de valores, 257-258
  clima e manejo da sala de aula, 344-345
  contexto, 344-356
  contexto do desenvolvimento social, 344
  cultura, 349-356
  currículo oculto, 255-257
  desenvolvimento de carreira, 386
  desenvolvimento moral, 255-261
  e exercícios regulares, 97-98
  educação do caráter, 256-258
  educação moral, 255-261
  educação sexual na, 235-236
  escolas de nível médio; *Veja* Ensino médio
  etnia, 349-354
  gênero e, 188-190
  influência parental, 346-347, 354-355
  mudanças globais e tradições afetando a, 45
  pares, 347-349
  professores; *Veja* Professores
  professores premiados, 339
  responsabilização em educação, 340-341
  status socioeconômico (SSE), 349-352, 396-398
  transições na, 341-343
  trapacear, 258-260
  uso de drogas, 432-434
Escolha pessoal
  autonomia e cultura, 394-395
  motivação intrínseca, 366-368
Esforço de controle, temperamento, 177-178
ESM (método de amostragem de experiência), 64-66
Especialista em medicina adolescente, carreira como, 76
Espelho do *self*, 155-156
Espermarca, 81-82
Espiritualidade, 262; *Veja também* Religião e espiritualidade
Esportes, 97-99
"Esquecimento geracional" sobre uso de drogas, 427-428
Esquema, teoria de Piaget, 118-119
Esquemas, definição, 191
Estágio operatório-concreto, teoria de Piaget, 60-61, 119
Estágio operatório-formal, teoria de Piaget, 60-61, 119-121
Estágio pré-operatório, teoria de Piaget, 60-61, 119

Estágio sensório-motor, teoria de Piaget, 60, 119
Estágios de Tanner da maturação sexual, 83-85
Estágios psicossexuais, 57-59
Estereotipação
  de adolescentes, 39-41
  de gênero, 189-192
  mileniais, 38-40
  testes de inteligência, 141-142
Esteroides anabolizantes, 432-433
Estilo parental autoritário, 275-276
Estilo parental autoritativo, 275-278, 285-286, 410
Estilo parental indulgente, 276-277, 285-286, 409
Estilo parental negligente, 276-277
Estimulação, amizade para, 313-314
Estimulantes, 429-432
Estirão da altura e do crescimento, 82-84
Estirão do crescimento, na puberdade, 82-84
Estradiol, 78-80
Estratégia autoritária de manejo da sala de aula, 344-345
Estratégia autoritativa de manejo da sala de aula, 345
Estratégia permissiva de manejo da sala de aula, 345
Estratégias
  auto-obstáculos, 378-380
  enfrentamento, 425-426
  melhoria das habilidades sociais, 312-314
  múltiplas de enfrentamento, 425-426
  para fazer amizades, 317-318
  para reduzir o *bullying*, 348-349
Estratégias conglomeradas para aprimoramento das habilidades sociais, 313-314
Estresse, 420-425
  aculturativo, 422-423
  definição, 420-421
  enfrentamento, 422-425
  eventos vitais e dificuldades diárias, 421-422
  fatores socioculturais, 421-423
Estrogênios, 78-81
Estudo de caso, 65-66
Estudo Longitudinal Nacional da Saúde Adolescente, 447-449
Estudo Monitorando o Futuro, 426-427
Estudos de adoção, 105-106
Estudos de gêmeos, 105-106, 143-144
Estudos transculturais, 40-41, 43-44, 392-393; *Veja também* Cultura
Estupro, 231-233
Estupro em encontros, 231-233
Estupro por conhecidos, 231-233
Etnia, 400-404; *Veja também* Cultura
  adultez emergente, 400-401
  definição, 400
  desenvolvimento de carreira, 387-388
  diferenças grupais, 402-403
  discriminação, 402-403
  em escolas, 349-354
  estilos parentais, 277-278, 300-301
  evasão no ensino médio, 341-342
  êxito, 375-377
  famílias, 299-301
  identidade, 169-172, 400

imigração, 400
namoro e relações amorosas, 328-330
parcialidade, 402-403
pares, 320-321
pobreza, 398-400
preconceito, 402-403
relações com os pares, 320-321
sexualidade, 212-214
sobrepeso, 442-443
status socioeconômico (SSE), 401-402
uso da mídia, 404-405
Etnocentrismo, 392-393
Evasão, ensino médio, 341-342
Eventos vitais, e estresse, 421-422
Evocativas genótipo-ambiente, correlações, 106-107
Executivo central, 131-132
Exercícios, 95-99
  atividades diante da tela, 97-98
  benefícios de, 96-97
  esportes, 97-99
  mudanças desenvolvimentais, 95-96
  papel das escolas, 97-98
  papel das famílias, 97-98
Exossistema, teoria ecológica, 62-63
Expectativas
  conquistas, 370-372
  delinquência juvenil, 437
  testes de inteligência, 141-142
Expectativas interpessoais mútuas, relações e conformidade interpessoal (estágio de Kohlberg), 242-244
Experiência
  ambiental, compartilhada e não compartilhada, 106-108
  emoção, 173-174
  plasticidade do cérebro, 116-117
Experiências ambientais compartilhadas, 106-108
Experiências em ambientes não compartilhados, 106-108
Experimentação de papéis, e identidade, 164
Expertise, funcionamento executivo, 137-139
Exploração da identidade, adultez emergente, 49-50
Exploração em profundidade, desenvolvimento da identidade, 167
Exploração excessiva, identidade, 167-168
Exploração ruminativa, identidade, 167-168
Exposição, identidade, 166
Expressão genética, 103-104
Extroversão, Cinco Grandes Fatores da personalidade, 175-176

F

Fábula pessoal, 145, 147
Facebook, 409
Faculdade
  aprendizado baseado no trabalho/carreira na, 381
  cultura, 355-356
  trabalho durante, 381-381
  transição do ensino médio para, 280-281, 343, 428
  transição para o trabalho da, 343
  voltar para casa depois, 285-287
Falha, evitação e realização, 378-380

Famílias, 268-301; *Veja também* Divórcio; Casamento; Pais e estilos parentais; Irmãos
  adoção, 105-106, 297-299
  autonomia, 280-282, 394-395
  com sistemas, 269-271
  coparentalidade, 278-279
  cultura, 299-301, 394-395
  depressão, 438-439
  e exercícios regulares, 97-98
  estilos parentais, 275-279, 285-286, 409-410
  etnia, 300-301
  famílias reconstituídas, 294-296
  genitor divorciado e solteiro, 291-295
  identidade, 169-170
  irmãos, 288-291
  manejo, e escolas, 346-347
  maturação, 270-273
  mudanças globais e tradições que afetam, 45
  ordem de nascimento, 290-291
  pais como administradores, 274-276
  pobreza, 398-400
  reconstituídas, 294-296
  relações com os pares, 308-310
  relações entre as gerações, 286-288
  relações pai-filho na adultez emergente, 273-288
  socialização recíproca, 269-271
  status socioeconômico (SSE) variações no, 396-398
  trajetórias desenvolvimentais múltiplas, 271-273
Fatores ambientais
  experiências, compartilhadas e não compartilhadas, 106-108
  inteligência, 143-145
  interação com hereditariedade; *Veja* Tema da natureza-aprendizado
  timing puberal, 81-83
Fatores biológicos
  abordagem biopsicossocial, 415-416
  gênero, 185-187
Fatores de proteção, abordagem da psicopatologia do desenvolvimento, 416-417
Fatores de risco
  abordagem da psicopatologia do desenvolvimento, 416-417
  abuso de álcool, 428
  atitudes e comportamento heterossexual, 214-217
  características dos problemas na adultez emergente, 418-421
  definição, 418-419
  divórcio, 293-295
  minorias sexuais, 219-221
Fatores sociais
  abordagem biopsicossocial, 415-417
  desenvolvimento positivo dos jovens (DPJ), 53-54
  gênero, 186-191
Fatores socioculturais
  conquistas, 375-378
  estresse, 421-423
  período puberal, 81-83
Favoritismo, irmão, 289
Fé; *Veja* Religião e espiritualidade
Feminilidade, classificação papéis de gênero, 197-199
Feminização da pobreza, 399

Fenômeno *top-dog*, 343
Fenótipo, 104–105
Filhos bumerangue, 285–286
Fim da adolescência, 46–48
Fim da idade adulta, 47–48
Flexibilidade cognitiva, funcionamento executivo, 131–132
flexibilidade de enfrentamento, 424–425
Fluxo, e motivação intrínseca, 367–368
Foco ético, 259–260
Fuga de casa, 280–282
Fumar, 429–430
Funcionamento executivo, 131–139
 controle da atenção, 131–132
 definição, 130–131
 expertise, 137–139
 flexibilidade cognitiva, 131–132
 habilidades de pensamento em domínios específicos, 138–139
 metacognição, 138–139
 pensamento criativo, 134–138
 pensamento crítico, 134–135
 tomada de decisão, 131–135

G

g (inteligência geral), 142–143
Geeks, 359–360
Gêmeos fraternos, 105–106
Gêmeos idênticos, 105–106
Generatividade *versus* estagnação, estágio de Erikson de, 58–59
Gênero, 184–205
 adolescência inicial como momento decisivo para as garotas, 202–203
 autonomia, 280–281
 classificação de papéis de gênero, 197–202
 contexto, 196–197
 controvérsia sobre diferenças, 195–197
 definição, 185
 delinquência juvenil, 435–437
 depressão, 438–439
 desenvolvimento de carreira, 386–387
 desenvolvimento moral, 247–248
 estereotipação do gênero, 191–192
 guiando o desenvolvimento de gênero, 202–203
 hipótese da intensificação do gênero, 201–203
 identidade, 171–172
 imagem corporal, 86–88
 influências biológicas no, 185–187
 influências cognitivas no, 191
 influências sociais no, 186–191
 mudanças globais e tradições afetando, 44
 namoro e relações amorosas, 328–329
 perspectiva do cuidado, 247–248
 puberdade, 78–90
 relações com os pares, 320–321
 relações entre as gerações, 286–288
 religiosidade, 263
 semelhanças e diferenças, 78–90, 191–196
 semelhanças e diferenças cognitivas, 192–195
 semelhanças e diferenças físicas, 78–90, 192–193
 semelhanças e diferenças socioemocionais, 194–196

 sexualidade; *Veja* Sexualidade
 suicídio, 439–440
 teoria social cognitiva, 188
Genes, 103–104
Genética do comportamento, 105–106
Genética e hereditariedade
 comportamento, 105–106
 inteligência, 143–145
 interações hereditariedade-ambiente, 102–109
 processo, na puberdade, 102–105
 puberdade, 78–79
Genoma, 103–104
Genótipo, 104–105
"Geração eu", 159–160
Glândula pituitária, 79–81
Glândula tireoide, 79–81
Glândulas adrenais, 79–81
Glândulas sexuais, 79–80
Gonadarca, 80–82
Gônadas, 79–81
Gonorreia, 229–231
Gordura corporal
 puberdade, 81–82
 sobrepeso, 441–444
Gratidão, 251–252
Gravidez, 222–227
 aborto, 223–224
 adolescentes como pais, 225
 comparação transcultural, 222–223
 consequências da, 224
 contracepção, 221–223
 incidência de, 222–232
 prevenção da, 221–223
 redução, 225–227
Grupo experimental, 67–68
Grupo-controle, 67–68
Grupos
 autonomia e cultura, 394–395
 diferença entre grupos étnicos, 402–403
 funções do grupo de pares, 306–307
 organizações de jovens, 319–320
 "panelinhas" e turmas, 318–319

H

Habilidades de pensamento em domínio específicos, funcionamento executivo, 138–139
Habilidades em matemática, diferenças de gênero, 192–194
Habilidades na escrita e gênero, 193–194
Habilidades para a leitura e gênero, 193–194
Habilidades sociais, estratégias para melhoria, 312–314
Habilidades verbais, diferenças de gênero, 192–194
Habilidades visuoespaciais, gênero, 192–194
Hereditariedade; *Veja* Genética e hereditariedade
Herpes genital, 229–230
Hipotálamo, 79–81
Hipótese da intensificação do gênero, 201–203
Hipóteses, 57
HIV/AIDS, 226–230
HL (hormônio luteinizante), 79–81
Homens são de Marte, Mulheres são de Vênus (Gray), 196–197
Homicídio, 93
Homofilia, 315–317

Homofobia, 219–220
Homossexual, como termo, 217–218; *Veja também* Atitudes e comportamento das minorias sexuais
Hormônio folículo-estimulante (HFE), 79–80
Hormonio liberador da gonadotrofina (GnRH), 79–81
Hormônio luteinizante (LH), 79–81
Hormônios
 comportamento, 87–89
 definição, 78–79
 emoções, 173–174
 puberdade, 78–82
Hormônios do crescimento, 80–81
HPG (hipotalâmico-pituitário-gonadal), eixo, 80–81
HPV (papiloma vírus humano), 229–230

I

Id, 58
Idade adulta
 autoentendimento na, 156–157
 como período do desenvolvimento, 47–48
 mudanças cognitivas na, 122–126
 sabedoria na, 124–126
 transição para, da adolescência, 49–53; *Veja também* Adultez Emergente
Idade adulta inicial, 47–48
Idade adulta intermediária, 47–48
Idade média, 36–37
Idade mental (IM), 140
Ideal do ego, 251–252
Idealismo, e autoentendimento, 153–154
Identidade bicultural, 169–170
Identidade étnica, 169–172, 400
Identidade *gay*, 308–309; *Veja também* Atitudes e comportamento das minorias sexuais
Identidade lésbica, 308–309; *Veja também* Atitudes e comportamento das minorias sexuais
Identidade moral, 252–254
Identidade narrativa, 167–168
Identidade outorgada, 166
Identidade sexual, 210–211
Identidade *versus* confusão de identidade, estágio de Erikson, 58–59, 163–164
Identificação com o compromisso, desenvolvimento da identidade, 167
 contexto, 169–172
 definição, 163
 delinquência juvenil, 437
 desenvolvimento de carreira, 384–385
 etnia, 400
 étnica, 169–172, 400
 experimentação de papéis, 164
 gay ou lésbica, 308–309
 gênero, 171–172
 intimidade, 171–173
 moral, 252–254
 mudanças desenvolvimentais na, 167–170
 narrativa, 167–168
 pensamentos contemporâneos sobre, 164–165
 personalidade, 164
 quatro *status* de Marcia, 166–168
 sexual, 210–211
 visões de Erikson sobre, 163–166, 170–171

Igreja; *Veja* Religião e espiritualidade
IM (idade mental), 140
Imagem corporal
 autoestima, 161–162
 gênero, 86–88
 transtornos da alimentação, 441–446
Imagens por Ressonância Magnética (MRI), 64–65
Imagens por ressonância magnética funcional (fMRI), 114–115
Imigração, 400
Imitação, 61–62
Inalantes, 432–433
Inclusão (educação), 358
Índice de massa corporal (IMC), 441–442
Individualidade, e identidade, 169–170
Individualismo, 393–395
Individualismo, propósito instrumental e igualitarismo (estágio de Kohlberg), 242–244
Indução, como técnica de disciplina parental, 255–256
Infância, 46–49
 como período do desenvolvimento, 46–47
 início, metade e final, 46–47
 transição para a adolescência da, 47–49
Infecções do trato urinário, 230–232
Infecções nas aftas, 230–231–231–232
Infecções vaginais, afta, 230–232
Informação sexual, 234–236
Iniciativa, e autoestima, 160–162
Iniciativa *versus* culpa, estágio de Erikson, 58–59
Instabilidade, adultez emergente, 49–50
Integridade *versus* desespero, estágio de Erikson, 58–60
Inteligência
 analítica, 141–142
 corporal-cinestésica, 141–142
 criativa, 141–142
 definição, 140
 desenvolvimento positivo dos jovens (DPJ), 53–54
 emocional, 141–143
 espacial, 141–142
 geral (*g*), 142–143
 interpessoal, 141–142
 matemática, 141–142
 múltipla, 141–144
 musical, 141–142
 naturalista, 142–143
 prática, 141–142
 teoria triárquica da, 141–142
 testes de, 141–142
 verbal, 141–142
 visão psicométrica/da inteligência do desenvolvimento cognitivo, 139–145
Inteligência emocional (Goleman), 142–143
Interação G x A (gene x ambiente), 107–108
Interacionismo, personalidade, 176–177
Interações hereditariedade-ambiente, 102–109; *Veja também* Tema da natureza-aprendizado
 correlações hereditariedade-ambiente, 105–107
 experiências ambientais compartilhadas e não compartilhadas, 106–108

genética do comportamento, 105–106
interação genética x ambiente, 107–108
visão hipergenética, 107–108
Internet, 407–410
ambiente social mediado digitalmente, 408–410
cyberbullying, 348–349
definição, 407–408
uso pelos adolescentes, 407–409
Intimidade
amizade para, 314–317
e identidade, 171–173
namoro para, 322–323
Intimidade *versus* isolamento, estágio de Erikson, 58–59, 170–171
Inventário do Papel Sexual de Bem (BSRI), 198–199
Irmãos, 288–291; *Veja também* Famílias
delinquência juvenil, 436–437
gênero e, 188–189
ordem de nascimento, 290–291
papéis das, 288–290

J

Julgamento ético, 259–260

K

Kota congoleses, 396–397

L

Laboratório, 63–64
Leptina, 81–82
Levantamento, 63–65
LSD (dietilamida do acido lisérgico), 429, 431–432

M

Maconha, 429
Macrossistema, teoria ecológica do, 62–63
Maduros precoces, romance, 323–324
Maduros tardios, romance, 323–324
Mães, estratégias de socialização, 188; *Veja também* Famílias; Pais e estilos parentais
Manual Diagnóstico e Estatístico de Transtornos Mentais – Quarta Edição (DSM-IV), 437–438
Masculinidade
Classificação de papéis de gênero, 197–199
problemas comportamentais em meninos, 199–200
Massa branca, cérebro, 114–115
Massa cinzenta, cérebro, 114–115
Masturbação, 220–221
Maturação, nas famílias, 270–273
Maturação sexual, 83–85
Mecanismo psicológico evolucionista de domínios específicos, 101–105
Mecanismos de defesa, 58
Medida da autoestima, 158–159
Medidas fisiológicas, 64–65
Memória
de curto prazo, 129–130
de longo prazo, 130–131
de trabalho, 129–131
teoria do processamento da informação, 129–131
Menarca, 81–84
Menstruação, início da, 82–84

Mentalidade, 369–370
Mentalidade de crescimento, 369–370
Mentalidade fixa, 369–370
Mentores, e conquistas, 375–376
Mesosistema, teoria ecológica, 62–63
Metacognição, 120–121, 138–139
Método científico, 56–57
Método de amostragem de experiência (MAE), 64–66
Microsistema, teoria ecológica, 62–63
Mídia, 403–411
gênero, 189–191
móvel, 404–405
multitarefas, 404–405
música, 407–408
política social, 410
social, 408–409
tempo gasto usando, 403–405
transtornos da alimentação, 441
TV; *Veja* Televisão
uso da, 403–405
Mielinização, 114–115
Mileniais, 38–40
Mindset (Dweck), 369–370
Modelagem, 61–62
Modelo de turbulência e estresse, 36–38, 41–42
Modelo do processo dual, 133–134
Modelos morais, 253–255
Monitorando
automonitoramento e conquistas, 371–373
pelos pais, 274–275
uso da internet, 409–410
Moralidade dos sistemas sociais (estágio de Kohlberg), 242–244
Moratória
identidade, 166, 168–169
psicossocial, 163
Moratória da identidade, 166, 168–169
Moratória psicossocial, 163
Morte
principais causas de, 93–94
suicídio, 439–441
Motivação, 366–371
extrínseca, 366–368
intrínseca, 366–368, 394–395
obstáculos ao êxito, 377–380
para o domínio, 368–370
MRI (imagens por ressonância magnética), 64–65
Multitarefas, mídia, 404–405
Música, consumo de, 407–408

N

Nação Bumerangue (Furman), 287
Namoro, 322–330
ajustamento, 325–326
amor romântico, 326–329
emoções, 324–326
etnia e cultura, 328–330
funções do, 322–323
gênero, 328–329
relações heterossexuais, 323–324
relações nas minorias sexuais, 324–325
rompimento, 325–327
Narcisismo, 158–160
Narcóticos, 430–432
Nascimento, peso corporal no, 81–82
NCLB (No Child Left Behind – Nenhuma Criança Deixada para Trás), Lei, 368–370

Neopiagetianos, 122
Nerds, 359–360
Neurociência cognitiva desenvolvimental, 45–46
Neurociência social desenvolvimental, 45–46
Neurônios, 114–115
Neuroticismo, Cinco Grandes fatores da personalidade, 175–176
Neurotransmissores, 114–115
Normas sociais, 210–211
Nutrição, 94–95

O

O Carrossel do Casamento (Cherlin), 330–331
O Gene Dependente (Moore), 103–104
O Gênio Negado: Como Parar de Desperdiçar Nossas Mentes Jovens Mais Brilhantes (Davidson and Davidson), 359–360
Obediência, autonomia e cultura, 394–395
Obesidade, 441–444
Observação natural, 63–64
OCEAN, Cinco Grandes fatores da personalidade, 175–176
Oito estruturas da mente de Gardner, 141–143
Olweus, prevenção do *bullying*, 348–349
Opiáceos, 430–432
Ordem de nascimento, 290–291
Organizações de jovens, 319–320
Orientação para o desamparo, 368–369
Orientação para o desempenho, 368–369
Orientação teórica eclética, 62–64
Otimismo
e enfrentamento, 423–426
personalidade, 176–177

P

Pais, estratégias de socialização, 188; *Veja também* Famílias; Pais e parentalidade
Pais e parentalidade
adoção, 105–106, 297–299
adolescentes como, 225
apego, 281–285
autonomia, 280–282
casamento, 331–333
como gerenciadores, 274–276
conflito com, 270–271, 278–280, 282–283
conquistas, 370–375
coparentalidade, 278–279
copiando o comportamento dos pares, 308–310
delinquência juvenil, 435–437
depressão, 438–440
desenvolvimento de carreira, 386
desenvolvimento moral, 254–256
desenvolvimento moral de Kohlberg, 244–245
divórcio, 291–295
escolas, 346–347, 354–355
estilos parentais de, 275–279, 285–286, 409–410
etnia, 300–301
gays e lésbicas, 299–300
influências do gênero, 186–188
mudanças nas, e relações entre pai e filho, 271–272
que trabalham, 296–298

relações dos adultos emergentes, 284–287
religião e espiritualidade, 263–264
transtornos da alimentação, 441
uso de álcool, 428
uso de drogas, 432–434
"Pais Helicóptero", 287
"Panelinhas", 318–319
Papéis
papéis de gênero, 185, 196–202
teoria do papel social e gênero, 186–187
transtornos da alimentação, 441
Papel de gênero, definição, 185
Papiloma vírus humano (HPV), 229–230
Parcialidade
contra minorias sociais, 219–221
em pesquisa, 68–70
encaminhamento, 356–357
etnia na escola, 352–354
étnica, 402–403
Pares, 305–335
amizade, 313–318
apego e ansiedade, 417–418
bullying, 347–349
cognição social, 311–313
conquistas, 373–375
contextos para, 306–307
cultura, 320–322
definição, 306–307
delinquência juvenil, 436–437
desenvolvimento de carreira, 386
desenvolvimento moral de Kohlberg, 244–245
diferenças desenvolvimentais no tempo passado com, 307–308
diferenças individuais, 306–308
emoção, 312–313
escolas, 347–349
etnia, 320–321
gênero, 188–189, 320–321
grupos na adolescência, 306–307, 318–320
ligações família-pares, 308–310
melhoria das habilidades sociais, 312–314
mudanças globais e tradições afetando, 45
namoro, 322–330
necessidade de desenvolvimento, 307–308
pressão dos, 310
relações amorosas, 322–330
relações positivas e negativas com, 307–309
solidão, 317–318
status, 347–348
status socioeconômico (SSE), 320–321
status sociométrico, 310–312
uso de álcool, 428
uso de drogas, 432–434
Pênis, desenvolvimento do, 83–85
Pensamento
convergente, 135–136
criativo, 134–138
crítico, 134–135
divergente, 135–136
habilidades de pensamento em domínios específicos, 138–139
positivo e enfrentamento, 423–426
pós-formal, 123–124
realista e relativista, 122–123
Pensamento moral, 241–249

estágios de Kohlberg, 241–246
Kohlberg, críticas a, 245–248
teoria do domínio, 247–249
Percepção, e autoestima, 158–160
Perdão, 250–251
Período crítico, comportamento das minorias sexuais, 217–218
Período pré-natal, 46–47
Personalidade moral, 252–255
Perspectiva da justiça, 247–248
Perspectiva do cuidado, 247–248
Perspectiva evolucionista, 101–105
Perspectiva global na adolescência, 43–45
Peso corporal
  estirão do crescimento, 82–84
  no nascimento, 81–82
  primeira infância, 81–82
  puberdade, 81–82
  sobrepeso, 441–444
Pesquisa, 63–70
  carreiras em, 43–44, 199–200
  correlacional, 65–67
  descritiva, 65–67
  designs de, 65–68
  ética, 68–69
  experimental, 66–68
  longitudinal, 68–69
  métodos de coleta de dados, 63–66
  parcialidade em, 68–70
  sexualidade, 210–212
  transversal, 67–69
Pesquisador, carreira, 43–44, 74, 90, 261, 400–401
Piercings, 87–88
Planejamento, e conquistas, 371–373
Plasticidade, do cérebro, 116–117
Plateia imaginária, 145, 147
Pobreza, 398–400; *Veja também*
  Status socioeconômico (SSE)
  contrapondo os efeitos da, 399
  natureza da, 398–399
Política social
  definição, 43
  desenvolvimento adolescente, 43
  mídia, 410
Possibilidades, adultez emergente, 50–51
Prática deliberada, especialidade, 137–138
Pre-arming, 256–257
Precocidade, e talento, 358–359
Preconceito, étnico, 402–403
Pré-jogo, 428
Preservativos, uso de, 221–223
Pressão dos pares, 310
Primeira infância, 46–47, 81–82
Princípios éticos universais (estágio de Kohlberg), 242–244
Privacidade da mídia social, 409
Problema(s), 414–449
  abordagem biopsicossocial dos, 415–417
  abordagem da psicopatologia do desenvolvimento dos, 416–419
  características dos, 418–421
  crime, juvenil, 434–438
  delinquência juvenil, 434–438
  depressão, 437–441
  enfrentamento, 422–425
  estresse, 420–425
  externalizantes, 417–418
  internalizantes, 417–418
  múltiplos, 445–447
  prevenção e intervenção nos, 446–449

resiliência, 424–426
resultados sexuais, negativos, 224–234
suicídio, 439–441
transtornos da alimentação, 441–446
uso de drogas, 426–434
valores desenvolvimentais, 419–421
Processamento da informação social, relações com os pares, 311–313
Processos biológicos, 45–46, 48–49
Processos cognitivos, desenvolvimento dos, 45–46, 48–49, 118–119
Processos familiares
  delinquência juvenil, 435–437
  divórcio, 292–294
  maturação do adolescente, 270–272
  maturação do genitor, 271–272
  socialização recíproca, 269–271
  trajetórias desenvolvimentais múltiplas, 271–273
Procrastinação, 377–380
Produtividade *versus* inferioridade, estágio de Erikson, 58–59
Professor de crianças excepcionais, carreira como, 75
Professor de educação especial, carreira como, 75
Professor de faculdade/universidade, carreiras como, 74, 199–200, 261, 400–401
Professores; *Veja também* Escola
  apoiadores da autonomia, 367–368
  conquistas, 373–376
  do ensino médio, carreiras como, 74, 135–136, 371–372
  envolvimento parental nas escolas, 346–347
  expectativas de conquistas, 370–372
  ganhadores de prêmios, 339
  gênero e, 188–190
  influência dos, 345–347
Programa Fast Track, 447–448
Programa High Scope, 447–448
Progressão de Dunphy das relações nos grupos de pares, 318–319
Projeto Genoma Humano, 103–104
Propósito
  conquistas, 372–374
  valores, 39–40, 261
Prosperidade, 42–43
Proteção, do *self*, 155–157
Psicologia evolucionista, 101–104, 185–187
Psicólogo, carreira como, 70, 75, 199–200, 424–425, 437–438
Psicólogo clínico, careira como, 75, 424–425
Psicólogo conselheiro, carreiras como, 75, 199–200
Psicólogo da saúde, carreira como, 76, 437–438
Psicólogo do desenvolvimento, carreira como, 70
Psicólogo educacional, carreiras como, 70, 75
Psicólogo escolar, carreira como, 75
Psiquiatra, carreira como, 75
Psiquiatra infantil, carreira como, 353–354
Puberdade, 78–90
  definição, 78
  determinantes da, 78–83
  dimensões psicológicas da, 84–90

estirão do crescimento na, 82–84
força dos efeitos, 89–90
gênero, 185–186
maturação precoce e tardia, 88–90
maturação sexual, 83–85
tendências seculares em, 84–86
Puberdade precoce, 83–84
Punição
  condicionamento operante, 61–62

Q

QI (quociente de inteligência), 140
Quatro *status* da identidade de Marcia, 166–168
Questionário, 63–64
Questionário do Pensamento Complexo Pós-Formal, 123–124
Quociente de Inteligência (QI), 140

R

Raça; *Veja* Etnia
Raciocínio
  convencional, 242–244
  convencional social, 247–249
  hipotético-dedutivo, na teoria de Piaget, 120–121
  moral, avaliação do, 246–247
  pós-convencional, 242–244
  pré-convencional, 242–243
Realidade, e autoestima, 158–160
Realização, 365–380
  ansiedade, 378–379
  assistir televisão, 406–407
  autoeficácia, 370–371
  automonitoramento, 371–373
  contextos socioculturais, 375–378
  cultura, 376–378
  definição de objetivos, 371–373
  etnia, 375–377
  expectativas, 370–372
  gênero, 287
  identidade, 166, 168–169
  importância do, 365–366
  mentalidade, 369–370
  mentores, 375–376
  motivação para o domínio, 368–370
  namoro por, 322–323
  obstáculos motivacionais, 377–380
  pais, 373–375
  pares, 373–375
  planejamento, 371–373
  problemas na adultez emergente, 418–419
  processos motivacionais, 366–371
  procrastinação, 377–380
  professores, 373–376
  propósito, 372–374
  proteção da autoestima por meio da esquiva do fracasso, 378–380
  teoria da atribuição, 368–369
Realização, Cinco Grandes fatores da personalidade, 175–176
Realização da identidade, 166, 168–169
Recompensa, condicionamento operante, 61–62
Recreação, namoro por, 322–323
Relações amorosas, 322–330
  ajustamento, 325–326
  amor romântico, 326–329
  dissolução da, 325–327
  emoções, 324–326
  entre as gerações, 286–288

etnia e cultura, 328–330
funções do namoro, 322–323
gênero, 328–329
relações heterossexuais, 323–324
relações nas minorias sexuais, 324–325
Relato, 68–69
Religião e espiritualidade, 262–265
  definição, 262–263
  mudanças desenvolvimentais, 263–264
  papel positivo da, 263
  valores, 262
Religiosidade, 261
Rendimento escolar, e autoestima, 159–162
Repressão, 58
Resiliência, 52–53, 424–426
Respeito, autonomia e cultura, 394–395
Responsabilidades e adultez emergente, 50–52
Responsabilização, em educação, 340–341
Resultados sexuais, negativos, 224–234
  assédio sexual, 232–234
  comportamento sexual forçado, 231–233
  doenças sexualmente transmissíveis (DSTs), 226–232
  fatores de risco para, 214–216
  gravidez adolescente, 222–227
Ritos de passagem, 395–397
Rompimento, namoro, 325–327
Rotina familiar e desenvolvimento, 274–275

S

Sabedoria, 124–126
Saúde, 91–100
  causas principais de morte, 93–94
  comportamento de exposição a riscos, 91–93
  de adultos emergentes, 51–52, 94
  esportes, 97–99
  exercícios e esportes, 95–99
  gravidez adolescente, 224
  guiando o desenvolvimento do gênero, 202–203
  mudanças globais e tradições que afetam, 44
  nutrição, 94–95
  serviços de saúde, 93
  sono, 98–101
Scripts
  do namoro, 328–329
  sexuais, 213–215
Seios, desenvolvimento dos, 83–85
Seleção natural, 101–102
Self, 153–163
  autoconceito, 157–159
  autoentendimento, 153–158
  autoestima, 157–163
  definição, 153
  flutuante, 154–155
  ideal *versus* real, 154–156
  inconsciente, 58–59, 156–157
  possível, 154–156
  real *versus* ideal, 154–156
Semelhanças, e amizade, 315–317
Semelhanças e diferenças cognitivas, gênero, 192–195
Semelhanças e diferenças físicas, gênero, 78–90, 192–193
Sensibilidade ética, 259–260

Sentimento moral, 251-253
Serviços religiosos, 262
Sexo, masculino ou feminino; *Veja* Gênero
Sexo oral, 212-214
sexual, Atitudes e comportamento 211-221
   heterossexual, 211-218
   minoria sexual, 217-221
   pesquisa que avalia, 210-212
Sexualidade, 207-236
   assédio sexual, 232-234
   assistir televisão, 406-407
   atitudes e comportamento, 211-221
   atitudes e comportamento de minorias sexuais, 217-221
   atitudes e comportamento heterossexual, 211-218
   autoestimulação e masturbação, 220-221
   como aspecto normal do desenvolvimento, 208-210
   comportamento sexual forçado, 231-233
   doenças sexualmente transmissíveis (DSTs), 226-232
   educação e informação sexual, 234-236
   fontes de informação sobre, 234-235
   gênero, 185-186
   gravidez, 222-227
   identidade sexual, 210-211
   namoro, 322-330
   pesquisa em, 210-212
   problemas e resultados negativos, 224-234
   relações amorosas, 322-330
   religião e espiritualidade, 263-265
   resultados sexuais negativos, 222-234
   transtornos da alimentação, 441
   uso de álcool, 428
   uso de contraceptivo, 220-222
Sífilis, 230-231
Sinapses, 114-115
Sinaptogenese, 114-115
Sistema de *feedback* negativo, 80-81
Sistema endócrino, 79-81
Sistemas de atenção à saúde, utilização de, 93
Sobrepeso, 440-444
Social, cognição; *Veja* Cognição social; Teoria social cognitiva
Socialização
   cultura, 391-411
   escola, 339-360
   famílias, 268-301; *Veja também* Pais e parentalidade
   namoro para, 322-323
   recíproca, nas famílias, 269-271
   religião e espiritualidade, 262-265
   trabalho, 380-382
Socialização, Cinco Grandes fatores da personalidade, 175-176
Solicitação parental, 274-275
Solidão, 317-318
Sono, 98-101
Status socioeconômico (SSE), 396-400
   conquistas, 375-377
   cultura, 396-400
   definição, 396-397
   delinquência juvenil, 436-437

   desenvolvimento de carreira, 385-388
   divórcio, 294-295
   escola, 349-352
   etnia, 401-402
   pobreza, 398-400
   problemas na adultez emergente, 418-420
   relações com os pares, 320-321
   variações familiares, 396-398
   variações na escola, 396-398
   variações no bairro, 396-398
Status sociométrico dos pares, 310-312
Suicídio, 93, 439-441
Superdotado em domínios específicos, 358-360
Superego, 58, 251-252
Superficialidade étnica, 69-70

T

Tatuagens, 87-88
Técnicas disciplinares, e desenvolvimento moral, 255-257
Tecnologia, 407-411
   ambiente social mediado digitalmente, 408-410
   mileniais, 38-40
   uso, 407-409
Teen Outreach Program (TOP), 226-227
Televisão
   e exercícios regulares, 97-98
   gênero, 189-191
   rendimento e, 406-407
   sexo na, 406-407
   tempo gasto usando, 403-405
   violência na, 405-407
Tema da continuidade-descontinuidade, 54-55
Tema da experiência precoce e posterior, 54-56
Tema da natureza-aprendizado
   definição, 52-53
   desenvolvimental, 53-56
   interações hereditariedade-ambiente, 102-109
   talento, 358-359
Temperamento, 176-180
   categorias de, 177-179
   conexões e contextos desenvolvimentais, 178-180
   definição, 176-177
Tendências seculares, na puberdade, 84-86
Teoria, definição, 57
Teoria da aprendizagem social, personalidade moral, 252-253
Teoria da atribuição, 368-369
Teoria de Erikson
   de identidade, 163-166, 170-172
   definição, 58-59
   delinquência juvenil, 435-436
   gênero, 185-186
   psicossocial, 58-60
   religião e espiritualidade, 263-264
   sentimento moral, 251-252
Teoria de Kohlberg do desenvolvimento moral, 241-248
   avaliação do raciocínio moral, 246-247
   críticas a, 245-248
   estágios na, 241-246
   importância da, 241-242
   influências nos estágios de, 244-246
Teoria do desenvolvimento cognitivo de Piaget, 118-127

   avaliação das, 121-122
   descrição, 60-61
   estágios do desenvolvimento cognitivo, 118-119
   mudanças cognitivas na idade adulta e, 122-126
   processos cognitivos, 118-119
   teoria de Vygotsky *versus*, 127
Teoria do esquema de gênero, 191
Teoria do papel social, 186-187
Teoria do processamento da informação, desenvolvimento cognitivo, 127-139
   atenção, 128-130
   definição, 60-61
   funcionamento executivo, 131-139
   memória, 129-131
   recursos cognitivos, 127-129
Teoria dos domínios do desenvolvimento moral, 247-249
Teoria ecológica de Bronfenbrenner, 61-63
Teoria incremental, 369-370
Teoria neokohlbergiana, 246-247
Teoria psicanalítica, 57-59, 185-186, 251-252
Teoria psicossocial, 58-60
Teoria social cognitiva
   de gênero, 188
   descrição, 61-62
   do desenvolvimento moral, 249-251
Teoria social cognitiva de Bandura, 61-62
Teoria sociocultural do desenvolvimento cognitivo de Vygotsky, 60-61, 125-127
Teoria triárquica de Sternberg, 141-142
Teorias do desenvolvimento, 57-64
   abordagem da psicopatologia do desenvolvimento, 416-419
   orientação teórica eclética, 62-64
   teoria ecológica, 61-63
   teoria psicossocial, 58-60
   teoria social cognitiva, 61-62
   teorias cognitivas, 60-62
   teorias psicanalíticas, 57-59, 185-186, 251-252
Terapeuta de casal e família, carreiras como, 76, 279
terceira infância, 46-47
Término de uma relação amorosa, 325-327
Terrorismo, e pensamento moral, 245-247
Teste DIT – Defining Issues Test, 246-247
Testes
   de inteligência, 140-142
   padronizados, 64-65
Testes de Stanford-Binet, 141, 143-145
Testes padronizados, 64-65
Testosterona, 78-82
The Path to Purpose (Damon), 39-40, 261, 372-374, 383
Tomada de decisão
   adultez emergente, 50-52
   funcionamento executivo, 131-135
TOP (Teen Outreach Program), 226-227
Trabalho, 380-382
   aprendizagem baseada no trabalho/carreira, 381

   carreiras em desenvolvimento adolescente, 74-76; *Veja também* Carreiras específicas
   contexto sócio-histórico, 380
   desenvolvimento de carreira, 383-388
   durante a faculdade, 381-381
   em tempo parcial, 380-381
   mileniais, 38-40
   na adultez emergente, 382
   transições da faculdade para, 343
   variações globais no, 381
Trabalho em tempo parcial, 380-381
Traços expressivos, masculinos, 191-192
Traços instrumentais, masculinos, 191-192
Trajetórias desenvolvimentais múltiplas, 271-273
Tranquilizantes, 430-432
Transcendência dos papéis de gênero, 199-200
Transições
   da adolescência para a idade adulta, 49-53
   da faculdade para o mercado de trabalho, 343
   da infância para a adolescência, 47-49
   do desenvolvimento, 47-54, 280-281
   do ensino médio para a faculdade, 280-281, 343, 428
   na autonomia, 280-281
   na escola, 341-343
   para os últimos anos do ensino fundamental, 341-341
Transmissíveis, doenças sexualmente; *Veja* Doenças sexualmente transmissíveis (DSTs)
Transtorno de compulsão alimentar (TCA), 444-446
Transtorno de conduta, 434-435
Transtorno de déficit de atenção/hiperatividade (TDAH), 129-130, 356-358
Transtorno depressivo maior, 437-438
Transtornos da alimentação, 441-446
   adolescentes com sobrepeso e obesos, 441-444
   anorexia nervosa, 443-445
   bulimia nervosa, 444-445
   imagem corporal, 441
   transtorno de compulsão alimentar (TCA), 444-446
Trapaça, 258-260
Trapaça em pesquisa, 68-69
Tríade da mulher atleta, 98-99
Turmas, 170-171, 320, 339

U

Uma Nação Ludibriada : Como as Escolas Restringem os Alunos Mais Brilhantes da América (Colangelo et al.), 359-360
Universidade; *Veja* Faculdade
Uso de contraceptivo, 220-222
Uso de drogas, 426-434
   álcool, 427-429, 431-432
   alucinógenos, 429, 431-432
   depressores, 430-432
   ecstasy, 430-431
   esteroides anabolizantes, 432-433
   estimulantes, 429-432
   fumar cigarros, 429-430
   inalantes, 432-433

minorias sexuais, 219–220
psicodélicas, 429
tendências em, 426–427
Uso do telefone celular, 408–409

V

Valores, 260–261
    clarificação, e desenvolvimento moral, 257–258
    religião e espiritualidade, 262
Variáveis, independente e dependente, 66–67
Verrugas, genitais, 229–230
Videogames
    e exercícios, 97–98
    tempo gasto usando, 403–405
    violentos, 405–407
Violência e agressão
    assistir televisão, 405–407
    crianças rejeitadas, 310–312
    delinquência juvenil, 437
    minorias sexuais, 219–220
    relacionais, 194–195, 320–321, 405–408
Visão epigenética, 107–108
Visão intervencionista da adolescência, 37–39
Visão positiva da adolescência, 40–43
Visão psicométrica/da inteligência do desenvolvimento cognitivo, 139–145
    definição, 139
    hereditariedade e ambiente, 143–145
    inteligências múltiplas, 141–144
    testes de inteligência, 140–142
Visão sociocultural da adolescência de Mead, 37–38
Visões da adolescência, 36–45
    estereotipação, 39–41
    geracional, 41–42
    invencionista, 37–39
    perspectiva global, 43–45
    positivas, 40–43
    séculos XX e XXI, 36–40
    sociocultural, 39–40
Você Simplesmente Não Me Entende (Tannen), 196–197
"Voz" das garotas, teoria da intensificação do gênero, 202–203

Z

Zona de desenvolvimento proximal (ZDP), 125–126